РАБАШ

Шлавей Сулам

- статьи о группе разных лет
- статьи 1984-1987 годов

РАБАШ

Шлавей Сулам. Статьи 1984-1987 годов / РАБАШ– Laitman Kabbalah Publishers, 2016. – 656 с.

RABASH

Shlavey Sulam. Articles 1984-1987 years / RABASH – Laitman Kabbalah Publishers, 2023. – 656 pages.

ISBN 978-1-77228-100-2

Рабаш (Рав Барух Шалом Ашлаг, 1907-1991) – старший сын и ученик Бааль Сулама (Рав Йегуда Лейб Ашлаг, 1884-1954), был последним в цепи великих каббалистов от Адама до наших дней.

В сборник «Шлавей Сулам» (Ступени Лестницы) вошли статьи, созданные Рабашем с 1984 по 1991 гг. Эти статьи написанны Рабашем для группы его учеников, являются уникальным материалом для развития каббалистической группы, ведут через состояния внутренней работы к вершинам духовного постижения.

Данная книга является первым полным изданием переводов статей Рабаша, написанных с 1984 по 1987 гг. Работа над переводом статей более поздних лет из сборника «Шлавей Сулам» будет продолжена.

Данное издание предназначено для внутреннего использования.

Над книгой работал коллектив переводчиков Международной академии каббалы:
Михаил Палатник, Борис Канзберг, Дмитрий Перкин,
Аарон Гумник, Григорий Лернер.

Технический директор: *Михаил Бруштейн*.
Корректоры: *Наталья Серикова, Татьяна Панькова, Елена Устимова*.
Выпускающий редактор: *Светлана Добродуб*.

Copyright © 2021 by Laitman Kabbalah Publishers
1057 Steeles Avenue West, Suite 532
Toronto, ON M2R 3X1, Canada
All rights reserved

ОГЛАВЛЕНИЕ

СТАТЬИ О ГРУППЕ РАЗНЫХ ЛЕТ 7

- Цель группы (1.1)   8
- Цель группы (1.2)   9
- О любви к товарищам   10
- Любовь товарищей   11
- Человек да поможет ближнему   11
- Что дает правило «возлюби ближнего как самого себя»   12
- Любовь товарищей   12
- О правиле «возлюби ближнего как самого себя»   14
- Да продаст человек крышу дома своего   16
- О важности группы   18
- Имена и названия в духовном   19
- О важности товарищей   21
- Порядок собрания общества   23
- Сегодня вы все предстаете   24
- Сделай себе рава и приобрети друга (1)   28
- Сделай себе рава и приобрети друга (2)   30
- Оплот спасения моего   33
- Чем более изнуряли его   36
- И был вечер, и было утро   40
- Заповедь свидетельствовать   42
- Пойдем к фараону -2   49
- Молитва общества   57
- Порядок собрания   60
- Кто приводит к молитве   63
- Вера выше знания   65
- Необходимость любви к товарищам   72
- Чего требовать от собрания товарищей   74
- Ханукальная свеча слева   77
- Тора – средняя линия   80
- Человек в целом   84

1984 ГОД 87

- Цель группы (1.1)   88
- Цель группы (1.2)   89
- О любви к товарищам   90
- Любовь товарищей   91
- Человек да поможет ближнему   91
- Что дает правило «возлюби ближнего как самого себя»   92
- Любовь товарищей   92
- О правиле «возлюби ближнего как самого себя»   94
- Какое выполнение Торы и заповедей очищает сердце   96
- Да продаст человек крышу дома своего   97
- Какой ступени человек должен достичь?   99
- Заслуги праотцов   101
- О важности группы   102
- Имена и названия в духовном   103
- Обязанность жениться на дочери мудреца   105
- Как может сойти с Небес что-то плохое?   107

Что такое «желание отдавать» 111
О важности товарищей 117
Порядок собрания общества 119
Когда придешь в землю 120
Сегодня вы все предстаете 124

1985 ГОД 129

Сделай себе рава и приобрети друга -1 130
Ветвь и корень 132
Правда и вера 134
Вот родословная Ноаха 137
«Уйди из земли твоей» 140
«И открылся ему Творец в Алоней Мамре» 142
«Жизнь Сары» 144
Сделай себе рава и приобрети друга (2) 146
«И сталкивались сыны в утробе ее» 150
И вышел Яков1 52
Спор Якова с Лаваном 158
И поселился Яков 160
Оплот спасения моего 163
Я первый и Я последний 166
И обратил Хезкияу свое лицо к стене 169
Чем более изнуряли его 171
Узнай и прими сердцем 175
Обвинители 177
Пойдем к фараону -1 181
Кто укрепил сердце свое 184
Время Торе и время молитве 186
Вся Тора - это одно святое Имя 188
На ложе ночном 191
Три времени в работе 195
Во всем надо проводить различие между светом и сосудом (кли) 198
Покажи мне величие Свое 200
Возвращение 202
О разведчиках 210
Близок Творец ко всем зовущим Его 214
Три молитвы -1 216
Не видит себя грешником 219
Награда получающим 223
Преступники Израиля 225
И взмолился я Творцу 228
Когда человек знает, что такое трепет перед Творцом 230
И был вечер, и было утро 233
Заповедь свидетельствовать 236
Праведнику хорошо и плохо 242
Услышь наш голос 248

1986 ГОД 263

И пошел Моше 264
Слушайте, небеса 267
Что значит, что с помощью Торы удостаивается человек милостыни и мира 274
Милосердие 277
Уважение к отцу 281

Уверенность   284
Важность молитвы общества   293
Помощь, приходящая свыше   297
Ханукальная свеча   302
Молитва   306
Истинная молитва   309
О чем молиться   311
Пойдем к фараону -2   314
Для чего сосуды египтян   322
Молитва общества   327
Потому что избран Яаков   330
Порядок собрания 332
Кто приводит к молитве   336
Радость   338
Да будет согрешивший   346
Вера выше знания   349
Женщина, когда зачнет...   355
Трепет и радость   362
Отличие милости от подарка   364
Мера выполнения заповедей   371
Близкий и дальний пути   376
Творец и Израиль в изгнании   383
Нет общины меньше десяти   389
Разница между лишма и ло – лишма   393
Клипа предшествует плоду   403
Время зарождения и вскармливания   410
Что означает в молитве «должен выпрямить свои ноги и должен покрыть голову»   421
Заповеди, которыми человек пренебрегает   426
Судьи и стражники   431
Пятнадцатое ава   436
Подготовка к покаянию   439

1987 ГОД 443

Добрый, творящий добро   444
Важность осознания зла   445
У всего Исраэля есть доля в будущем мире   453
Нельзя слушать хорошее от плохого человека   458
В чем ценность работы относительно вознаграждения   462
Важность веры, которая присутствует всегда   478
Ханукальное чудо   482
Разница между милостью истинной и неистинной   489
Уровень человека зависит от степени его веры в будущее   499
В чем тяжесть злословия и против кого оно направлено   507
Пурим, когда заповедано «ад де-ло яда»   518
Что такое «половина шекеля» в духовной работе (1)   522
Почему праздник мацот называется Песах   538
Связь между Песахом, мацой и марором   543
Два свойства в святости   551
Разница между общей и индивидуальной работой («кналь» и «прат»)   554
Суть важности запрета обучать Торе идолопоклонников   559
Подготовка к получению Торы   570
Скрытие и раскрытие в работе Творца   574
Что такое личная собственность человека   581
Что такое грязные руки в духовной работе   586

Какой подарок человек просит у Творца?   590
Мир после ссоры лучше, чем, когда вообще нет ссоры   595
Что такое беспричинная ненависть в духовной работе   610
Что такое серьезность в духовной работе   614
Что такое легкая заповедь   620
Что такое проклятие и благословение в духовной работе   624
Что значит «не прибавляйте и не убавляйте» в работе   628
Что означает «По труду и награда»   633
Война за владение в духовной работе (1)   638
Что такое заключение союза в духовной работе   647

ИНФОРМАФИЯ О МЕЖДУНАРОДНОЙ АКАДЕМИИ КАББАЛЫ 653

Международная академия каббалы   654
Углубленное изучение каббалы — ежедневный урок   654
Интернет-магазин каббалистической книги   654

СТАТЬИ О ГРУППЕ РАЗНЫХ ЛЕТ

Цель группы (1.1)
Статья 1, часть 1, 1984 г.

Мы собрались здесь, чтобы заложить основу строения группы для всех тех, кто заинтересован идти путем и методикой Бааль Сулама, которая представляет путь, позволяющий подниматься по ступеням человека, не оставаясь в категории животного, как сказали мудрецы о строфе «вы – овцы Мои, паства Моя, вы – человек»: «Вы зоветесь человеком, а идолопоклонники не зовутся человеком» – это изречение Рашби.

Чтобы понять уровень *человека*, мы приведем здесь изречение мудрецов о строфе «Послушаем всему заключение: пред Творцом трепещи и заповеди Его соблюдай, потому что в этом весь человек». Спрашивает Гмара: «Что значит «в этом весь человек»? Сказал рабби Эльазар: «Весь мир сотворен лишь ради этого»» – то есть весь мир сотворен лишь ради трепета пред Творцом.

И следует понять, что это такое: «трепет пред Творцом». Ведь выходит, что это – причина, по которой был сотворен мир. Известно из всех изречений мудрецов, что причиной сотворения было *(желание)* принести благо Его творениям. Иными словами, Творец пожелал насладить творения, дабы они чувствовали себя счастливыми в мире. Здесь же мудрецы сказали о строфе «в этом весь человек», что причина творения – «трепет пред Творцом».

Однако это разъясняется в книге «Дарование Торы», где сказано, что творения не получают благо и усладу, хотя в этом причина сотворения, из-за различия свойств между Творцом и ними. Ведь Творец – Дающий, а творения – получающие. И существует правило, согласно которому ветви уподобляются своему корню, от которого родились.

Поскольку получение не свойственно нашему корню, то есть Творец не испытывает недостатка, чтобы Ему понадобилось получить что-либо и наполнить Свой недостаток, постольку, когда человек должен быть получающим, он ощущает дискомфорт. Поэтому каждый человек стыдится есть хлеб милости.

И чтобы исправить это, нужно было сотворить мир. «Мир» (олам – עולם) – значит сокрытие (hээлем – העלם, так как благо и наслаждение обязательно должны быть скрыты. Для чего? Ответ: ради трепета. Иными словами, чтобы у человека был трепет перед использованием своего сосуда получения, зовущегося «себялюбием».

Смысл в том, чтобы человек воздерживался от получения удовольствий потому, что он желает их, и чтобы у него была сила преодоления страсти к тому, чего он вожделеет.

Напротив, пускай получает наслаждения, из которых произрастет удовольствие Творцу. Смысл этого в том, что творение хочет совершать отдачу Творцу. И у него будет трепет пред Творцом, то есть перед тем, чтобы получать для собственной пользы. Ведь это получение удовольствия, которое человек испытывает для собственной пользы, отдаляет его от слияния с Творцом.

С другой стороны, когда человек выполняет какую-либо заповедь из заповедей Творца, он должен намереваться так, чтобы заповедь эта принесла ему чистые помыслы – чтобы он захотел совершить отдачу Творцу, выполняя эту заповедь. Как сказали мудрецы: «Рабби Ханания бен Акашия говорит: «Пожелал Творец удостоить Исраэль и потому преумножил им Тору и заповеди».

Поэтому мы собираемся здесь, чтобы основать группу – чтобы каждый из нас следовал этому духу «отдачи Творцу». А чтобы достичь отдачи Творцу, необходимо прежде начать отдавать человеку – и это называется «любовью к ближнему».

Но любовь к ближнему возможна лишь при самоотречении. С одной стороны, каждый должен принижать себя, а с другой стороны, мы должны гордиться тем, что Творец предоставил нам возможность, чтобы мы смогли вступить в группу, где у каждого из нас лишь одна цель – «чтобы Шхина пребывала меж нами».

И хотя мы еще не достигли цели, но в нас есть желание достичь цели. Это тоже должно быть важно для нас, хотя мы находимся еще в начале пути. Но мы надеемся, что достигнем этой возвышенной цели.

Цель группы (1.2)
Статья 1, часть 2, 1984 г.

Поскольку человек сотворен с сосудом (кли), который называется «себялюбие», постольку, когда человек не видит, что некое действие принесет ему какую-либо личную выгоду, у него нет горючего для усилий, чтобы сделать даже легкое движение. А без отмены себялюбия невозможно достичь слияния с Творцом, то есть подобия по свойствам.

И поскольку это противно нашей природе – нужно общество, в котором все будут представлять большую силу, чтобы мы могли работать вместе для отмены желания получать, называющегося «злом», так как именно оно препятствует достижению цели, ради которой сотворен человек.

Поэтому общество должно состоять из индивидуумов с единым для всех мнением о том, что нужно достичь этого. Тогда из всех индивидуумов создается одна большая сила, способная бороться с собой, потому что в каждого включены все. Таким образом, каждый базируется на большом желании – он хочет достичь цели.

А чтобы один включался в другого, каждый должен отменять себя перед другим. Осуществляется это посредством того, что каждый видит достоинства товарища, а не его недостатки. Тот же, кто полагает, что он немного выше товарищей, уже не может объединяться с ними.

Кроме того, во время собрания нужно быть серьезными, чтобы не выходить из намерения, с которым собрались. Из скромности, которая очень важна, внешне обычно проявляли несерьезность, но на самом деле в сердце их пылал огонь.

Однако маленькие люди, тем более во время собрания, должны остерегаться того, чтобы не увлечься за речами и делами, которые не ведут к цели собрания, состоящей в том, что посредством этого надо достичь слияния с Творцом. О слиянии смотри в книге «Дарование Торы» (книга, изданная на иврите – стр. 168).

И только находясь не среди товарищей, лучше не показывать окружающим намерение, которое у них в сердце, и внешне быть как все. Сказано об этом: «проявлять скромность с Богом твоим». Хотя на это есть более высокие толкования, но и простое толкование тоже важно.

Поэтому желательно, чтобы в среде товарищей при объединении они были равны друг с другом – дабы один мог отменять себя перед другими. В обществе надо особо следить за тем, чтобы в их среду не проникло легкомыслие, так как легкомыслие разрушает всё. Но, как уже сказано, это должно быть внутренним делом.

Однако в присутствии кого-либо не относящегося к этому обществу нужно не показывать никакой серьезности, а внешне соответствовать человеку, который сейчас пришел. Иными словами, говорить не о серьезных вещах, а о том, что подходит человеку, который сейчас пришел и который зовется «незваным гостем».

О любви к товарищам
Статья 2 1984 г.

1. Необходимость товарищеской любви.
2. По какой причине я выбрал именно этих товарищей, и почему товарищи выбрали меня?
3. Должен ли каждый из товарищей проявлять свою любовь к обществу? Или достаточно того, что у него в сердце есть любовь и он скромно работает над товарищеской любовью? И поэтому он не должен раскрывать то, что у него на сердце?

Известно, что скромность очень важна. Или же, наоборот, человек обязан проявлять любовь к товарищам, которая есть у него в сердце, так как этим проявлением он пробуждает сердце другого навстречу товарищам, чтобы товарищи тоже чувствовали, что каждый из них работает над товарищеской любовью. Выгода от этого состоит в том, что тем самым он получает более мощную силу, чтобы действовать в товарищеской любви с большей энергией и мощью, так как сила любви каждого включается в других.

Таким образом, вместо одной силы для работы над товарищеской любовью, — если общество состоит из десяти товарищей – в человека включены теперь десять сил необходимости; и они понимают, что должны работать над товарищеской любовью. С другой стороны, если каждый не показывает обществу, что он работает над товарищеской любовью, то ему недостает силы общества.

Дело в том, что очень трудно судить о товарище положительно. Каждый думает о себе, что он праведник и что только он работает над товарищеской любовью. Выходит, у него есть лишь малая сила для того, чтобы работать в любви к ближнему. Отсюда следует, что именно эта работа должна вестись открыто, а не в скромности.

Однако всегда нужно напоминать себе о цели общества. Иначе тело, по обыкновению, затушевывает цель, так как тело всегда заботится о собственной пользе. Ибо следует помнить, что общество в целом было утверждено на той основе, чтобы достичь любви к ближнему. А отсюда – трамплин к любви к Творцу.

И достигается это как раз посредством того, что человек признаёт необходимость общества, чтобы иметь возможность совершать отдачу товарищу совершенно безвозмездно. Смысл в том, что ему не нужно общество, которое будет оказывать ему помощь, дарить подарки и т.п., в результате чего получающие сосуды его тела будут удовлетворены. Но такое общество выстроено на основе себялюбия и приводит к развитию лишь получающих сосудов человека, который видит теперь, что у него есть перспективы, что его имущество возрастет благодаря тому, что товарищ помогает ему обретать материальные ценности.

Однако же следует помнить, что общество было утверждено на основе на любви к ближнему. Иными словами, каждый должен получать от общества любовь к ближнему и ненависть к собственной природе. При виде того как товарищ прилагает старания в аннулировании своей природы и в любви к ближнему, каждый проникнется намерением своего товарища.

Таким образом, как уже сказано, если общество базируется, к примеру, на десяти товарищах, то каждый проникается десятью силами, которые работают над аннулированием своей природы, ненавистью к своей природе и любовью к ближнему.

А иначе, мало того, что человек остается с одной-единственной силой любви к ближнему, не замечая, как товарищи работают над этим, поскольку они работают над любовью к ближнему в скромности, – напротив, товарищи приводят к тому, что он теряет свою силу, свое желание идти путем любви к ближнему. Тогда он учится по их делам и падает во власть себялюбия.

4. Должен ли каждый знать, чего недостает товарищу, в частном случае каждого из товарищей, – чтобы знать, чем он может наполнить их? Или же достаточно общей работы над любовью к товарищам?

Любовь товарищей
Статья 3, 1984

В Торе (Берешит, 37) сказано: «И нашел его (Иосифа) человек, когда он бродил по полю, и спросил его тот человек, говоря: "Что ты ищешь?" Он ответил: "Братьев моих ищу я, скажи мне, где они пасут?"» Что значит: «человек блуждает по полю»? Под полем подразумевают место, на котором должны вырасти дары земли, дающие пропитание всему миру. Как известно, полевыми работами являются: «пахота», «сеяние» и «жатва». Сказано нашими мудрецами: «То, что со слезами посеяно, с радостью будет сжато». И это называется поле, которое благословил Творец.

Бааль Турим объясняет это место в Торе, говоря, что здесь идет речь о человеке, который сбился с пути духовного развития, который не знает истинной дороги, который уже отчаялся и думает, что он никогда не достигнет своей цели. «И спросил его тот человек, говоря: "Что ты ищешь (левакеш)?"». Слово «левакеш» имеет в иврите два значения: искать и просить. Следовательно, вопрос «человека» можно понять и так: «Что попросишь?» – вместо – «Что ты ищешь?», – то есть – «Чем я могу тебе помочь?» И Иосиф отвечает ему: «Братьев я прошу (ищу)», – то есть я хочу быть в группе, где есть любовь к товарищам, и тогда я смогу подняться по дороге, ведущей к Творцу.

Эта дорога называется «дорога или путь отдачи». И наша природа находится в полном противоречии, вражде с этим путем. И чтобы идти по этой дороге, есть лишь один способ: быть в группе, где существует любовь к товарищам, и где каждый может помочь своему товарищу двигаться вперед именно по этому пути.

И сказал человек: «Ушли они отсюда». РАШИ объясняет: порвали они братские узы, то есть они не хотят объединяться с тобой. И это, в конце концов, привело к тому, что народ Израиля попали в египетское изгнание. И чтобы выйти из Египта, мы должны объединиться в группу, где существует любовь к товарищам, и с помощью этого мы удостоимся выйти из Египта и получить Тору.

Человек да поможет ближнему
Статья 4, 1984 г.

Следует понять, чем человек может помочь товарищу. Решается ли этот вопрос именно там, где есть бедные и богатые, умные и глупые, сильные и слабые и т.п.? Но если все богаты, или все умны, или все сильны и т.п. – чем человек может помочь другому?

Однако же мы видим, что есть одна вещь, которая присуща всем, – расположение духа. Сказано: «Тревога в сердце человека – пусть поведает о ней другим». Ибо пребывать в приподнятом расположении духа не помогут человеку ни богатство, ни мудрость, ни т.п.

Человек может помочь другому, именно когда видит, что тот пребывает в унынии. Сказано: «Не может человек сам освободить себя из тюрьмы», но именно товарищ способен вызвать у него приподнятое расположение духа.

Иначе говоря, товарищ поднимает его из состояния, в котором он находится, в состояние духа жизни. И он снова начинает обретать силу уверенности в жизни и богатстве. И начинает путь, как будто его цель сейчас близка к нему.

Отсюда следует, что каждый должен обращать внимание и думать о том, чем он может помочь товарищу, вызвав у него приподнятое расположение духа. Ибо в том, что касается расположения духа, каждый может найти в товарище место недостатка, которое он способен наполнить.

Что дает правило «возлюби ближнего как самого себя»
Статья 5, 1894

Вопрос: Что дает нам правило «возлюби ближнего своего»?
Ответ: С помощью выполнения этой Заповеди мы можем достичь любви к Творцу.
Вопрос: Если так, то что же нам дает соблюдение остальных 612 Заповедей?
Ответ: Прежде всего, нужно знать, что это за правило «возлюби ближнего своего». Известно, что правило основывается на множестве деталей, и без этих деталей правило не может существовать. Например, молитву «Кдуша» можно говорить только в миньяне, то есть когда собралось не менее 10 евреев. В Книге Зоар сказано, что там, где собрались десять человек, уже есть место для проявления божественного присутствия Шхины.

Заповедь «возлюби ближнего своего как самого себя» основывается на остальных 612 Заповедях. Это значит, что когда мы соблюдаем все 612, мы сможем подойти к исполнению Заповеди «возлюби ближнего». Получается, что детали, частности дают нам возможность соблюдать это правило. Когда же мы сможем соблюдать это правило, то мы сможем достичь любви к Творцу, как сказано в Тэилим (84): «Страстно возжелай Создателя».

Человек не может соблюдать все 612 Заповедей один. Например, заповедь «выкуп первенца». Если у человека сначала родилась дочь, то он не может исполнить эту заповедь. Женщины же вообще освобождены от соблюдения заповедей, связанных с определенным временем.

Но так как все связаны друг с другом, то получается, что все выполняют все Заповеди. Поэтому, с помощью исполнения 612 Заповедей, можно подойти к соблюдению правила «возлюби ближнего как самого себя». (См. в книге 6 «Предисловие к ТЭС» о уровне «612» и «613-ом» - достижения Творца).

Любовь товарищей
Статья 6, 1984

«Возлюби ближнего своего как самого себя». Рабби Акива сказал, что это большое правило в Торе (Кидушин). Это значит, что, соблюдая это правило, мы соблюдаем все детали Торы, которые включены в него. Тогда, получается, что нам вроде бы больше нечего делать.

Но мы видим, что Тора говорит нам: «Что Творец требует от тебя? Только того, чтобы ты боялся Его». Получается, что главным требованием для человека является трепет перед Создателем, то есть если человек исполняет эту Заповедь, то этим он соблюдает всю Тору и все Заповеди, и даже Заповедь «возлюби ближнего своего».

Тем не менее, согласно словам рабби Акивы, всё наоборот, то есть Заповедь «возлюби ближнего» включает в себя и Заповедь трепета перед Творцом. Мудрецы не соглашаются с рабби Акива и говорят (Брахот): «Во всём слушайся Творца и бойся Его, потому что в этом весь человек». Гмара спрашивает - что значит «весь человек»? Сказал рабби Элиэзер: «Сказал Создатель – весь мир сотворён только ради этого» (то есть весь мир сотворён только ради трепета перед Творцом). А согласно рабби Акиве, всё включено в правило «возлюби ближнего».

Однако в других местах Талмуда мудрецы говорят, что главное - это вера, то есть получается что и трепет перед Творцом, и любовь к ближнему включены в понятие «вера». И чтобы понять всё это, мы должны подумать о том, что же такое: вера, трепет перед Творцом и любовь к ближнему.

Прежде всего, мы должны всегда помнить, что же такое «Цель Творения». Известно, что она заключается в том, чтобы насладить создания. Если это так, то есть если Творец хочет дать своим созданиям всё благо, которое Он приготовил им, то зачем существуют эти три понятия: вера, трепет перед Создателем и любовь к ближнему? Они нужны только для того, чтобы сделать наши сосуды пригодными для получения того блага, которое нам приготовил Творец.

Теперь нужно понять - а как именно эти три Заповеди делают наши сосуды пригодными, «кашерными». Вера необходима для того, чтобы мы верили в то, что Целью Творения является наслаждение созданий, и в то, что каждый из нас способен достигнуть этой цели. Это значит, что Цель Творения могут достигнуть не только особо одарённые люди, а все создания без исключения, и не обязательно иметь для этого особый талант. Мудрецы сказали в «Мидраш Раба»: «Сказал Создатель евреям - вся мудрость и вся Тора будут легки для того, кто боится Меня и соблюдает слова Торы, и вся Тора и вся мудрость будут в сердце его».

Получается, что вера даёт человеку уверенность в том, что он может достичь цели, а не отчаиваться от первых неудач. Вера нужна человеку для того, чтобы он не свернул с середины пути. Человек должен верить, что Творец помогает всем, даже таким ничтожным людям как он, достичь слияния с Ним.

А чтобы удостоиться веры, сначала нужен трепет, как сказано в Книге Зоар: «Потому что трепет – это Заповедь, которая включает в себя все Заповеди Торы и она же является вратами для веры в Творца, и согласно пробуждению трепета перед Создателем увеличивается и его вера в Управление Творца». Что такое трепет перед Создателем? Человек должен бояться того, что он не сможет доставить удовольствие Творцу, а не того, что он сам не получит что-нибудь (например, грядущий мир). Итак, трепет перед Творцом является вратами веры, то есть без трепета нельзя удостоиться веры.

А для того, чтобы достичь трепета перед Ним, то есть страха того, что он не сможет доставить удовольствие Творцу, человек должен приобрести страстное желание доставлять удовольствие, то есть желание отдавать. Но, как правило, человек боится упустить что-нибудь, не получить что-либо для себя, и при этом он не боится, что он не сможет что-нибудь отдать Творцу.

Как же человек может получить это новое свойство – желание отдавать и при этом понять, что желание получать для себя очень вредит ему? Ведь это противоречит природе человека. Иногда, под влиянием наших священных книг и мудрецов, у человека появляются робкие попытки выйти из-под власти эгоизма, но это лишь иногда. Человек не может постоянно соблюдать все заповеди с мыслью о том, что делает это он не ради собственной выгоды.

Существует лишь один выход – собраться нескольким людям, у которых есть маленькая возможность выйти из-под власти эгоизма, вместе, в одну группу. Каждый член этой группы должен нивелировать себя по отношению к другому. У каждого из членов этой группы есть в потенциале любовь к Творцу, так вот, объединившись в такую группу и подавив свой эгоизм по отношению к товарищам, они создадут новую сущность. И если, например, в группе есть десять членов, то у этой сущности будет сила в 10 раз большая, чем была у каждого в отдельности.

Но существует условие: когда эти люди собрались в группу, каждый из них должен думать о том, как подавить свой эгоизм, а не о том, как насытить свои желания получать. Только таким путём он сможет приобрести новое качество – желание отдавать.

И от любви к товарищам он может перейти к любви к Творцу, то есть человек будет хотеть доставить удовольствие Создателю. Получается, что желание отдавать очень важно и необходимо, а приобрести его он может только с помощью товарищей. И тогда можно сказать, что человек боится Творца, то есть он боится, что не сможет доставить Ему удовольствие.

Итак, фундаментом, на котором можно построить здание святости, является правило «возлюби ближнего», с помощью которого можно получить желание доставлять удовольствие Творцу. После этого возникает понятие «трепета», то есть человек боится, что он не сможет доставить удовольствие Создателю. Затем, когда у человека уже есть врата, которые называются трепет перед Творцом, он может удостоиться веры. А вера – это сосуд, в который может войти Шхина.

Получается, что у нас есть 3 правила:

1. Первое из них – это правило рабби Акивы, то есть «возлюби ближнего своего как самого себя». И оно является основой основ, то есть если оно не выполняется, никакая сила не сможет сдвинуть человека из того положения, в котором он находится, потому что только соблюдая эту Заповедь, человек может перейти от любви к себе к любви к ближнему, то есть от эгоизма к альтруизму, и почувствовать, что любовь к себе очень вредна.
2. После этого переходим ко второму правилу, то есть к трепету перед Творцом, потому что, если нет боязни, то нет и веры (см. комментарий «Сулам»).
3. Затем переходим к третьему правилу, то есть к вере, и после того как мы выполним все эти три правила, мы удостаиваемся того, что чувствуем, что такое Цель Творения, то есть насладить создания.

О правиле «возлюби ближнего как самого себя»
Статья 7, 1984

Как уже было сказано, в это правило включены все остальные 612 Заповедей. В трактате «Шабат» мудрецы сказали, что с помощью соблюдения 612 Заповедей удостаиваются выполнения правила «возлюби ближнего», а после этого удостаиваются и любви к Творцу.

Если так, что же дает нам любовь к товарищам? В статье 5 было сказано, что так как у каждого человека любовь к ближнему очень слаба, она еще не проявилась, то должны несколько человек объединиться в одну группу. Потому что когда нужно что-то реально делать по отношению к другому, и человек помнит, что он в своих мыслях решил подавить свой эгоизм, то он видит, что он не может отказаться от малейшего удовольствия в пользу другого.

Если же несколько человек, у которых есть желание достичь любви к ближнему, объединились в группу, и когда каждый из них будет подавлять свой эгоизм по отношению к другому, то каждый из них получит силы всех остальных, и произойдет увеличение всех отдельных сил членов группы в одну большую силу. И тогда появляется возможность выполнения Заповеди «возлюби ближнего».

Вроде бы получается противоречие – мудрецы сказали, что для соблюдения этой Заповеди нужно выполнять все остальные 612, а мы видим, что для достижения любви к ближнему нужна лишь любовь к товарищам по группе.

В окружающей нас жизни мы видим, что у светских людей тоже существует любовь к товарищам, они тоже собираются в различные компании. В чем разница между группой, построенной на принципе любви к ближнему, и светскими компаниями друзей? В Тэилим сказано: «В сборище насмешников не сиди».

Что же это значит? Ведь известны запреты на то, чтобы говорить плохое о других, или вообще говорить пустые, глупые вещи. Зачем же было отдельно запрещать времяпрепровождение в сборище насмешников? Видимо, этот запрет чем-то отличается от первых двух.

Дело в том, что обычно люди объединяются в компании в надежде на то, что каждый из членов этой группы будет стараться улучшить материальное положение другого. Тогда получается, что каждый из членов такой группы получит максимальную материальную помощь со стороны других. Каждый из членов такой группы все время прикидывает, что он получил взамен своих стараний «на пользу общества», насколько он с помощью других членов группы удовлетворил свое желание получать, то есть такая группа основана на эгоизме. Если же член такой группы начинает чувствовать, что он сам по себе может получить больше, чем в рамках группы, то он начинает раскаиваться в том, что он вступил в нее.

Если в такой группе появляется человек, который говорит, что нужно строить группу на принципе помощи ближнему и любви к нему, то все начинают насмехаться над ним. Это и называется «сборище насмешников». И такая компания отдаляет человека от духовного, в этом и заключается запрет: «В сборище насмешников не сиди».

Наши мудрецы сказали (Санэдрин): «Грешникам лучше находиться порознь, лучше и им, и всему миру, а еще лучше, чтобы их вообще не было. Праведникам же, наоборот – лучше быть вместе, в собрании, хорошо им, хорошо и всему миру».

Праведники – это те, кто хотят выполнять правило «возлюби ближнего как самого себя», они хотят выйти из-под власти эгоизма и приобрести совершенно новую черту – любовь к ближнему. Вообще, человек может заставить себя делать это, но это будет вынужденная любовь, сердце человека по своей природе не может согласиться с этим. Если так, то как же сделать, чтобы сердце искренне полюбило ближнего?

Именно для этого нам и даны остальные 612 Заповедей, с помощью которых можно не заставить, а «уговорить» сердце. Но так как это против природы человека, то этого недостаточно. Существуют и дополнительные советы, что для того, чтобы человек смог увеличить свои силы для выполнения правила «возлюби ближнего», ему понадобится «любовь к товарищам».

Если каждый из членов группы подавит свой эгоизм по отношению к товарищам, то появится единый организм, и маленькие ростки любви к ближнему, которые есть у каждого, объединятся и создадут новую большую силу, причем эта большая сила будет у каждого из членов группы. А когда у каждого есть эта сила, то он сможет проявить свою любовь к ближнему. А после этого человек сможет достичь любви к Творцу.

Но все это при обязательном условии – каждый подавляет свой эгоизм по отношению к другому. Если же он отделен от товарища, то он не сможет получить от него его ростки любви к ближнему. Каждый должен сказать себе, что он ноль по отношению к товарищу.

Это похоже на то, как пишут цифры, если написать сначала 1, а потом 0, то получится 10, то есть в 10 раз больше, если же после единицы написать два ноля, то получится 100, то есть в 100 раз больше. Это значит, что мой товарищ – единица, а я – два ноля по отношению к нему, то получится 100, и сила наша будет в 100 раз больше первоначальной. Если же, наоборот, я – единица, а товарищ – ноль, то получится 0.1, а если я – единица, два моих товарища – два ноля, то получится 0.01 от первоначальных наших возможностей. Итак, чем хуже я оцениваю своих товарищей, тем хуже я делаю сам себе.

Допустим, у тебя уже есть силы для любви к ближнему, и ты можешь ее проявить реально, и ты уже чувствуешь, что личная выгода лишь вредит тебе, тем не менее – не верь себе. У тебя все время должен быть страх, что ты остановишься на середине пути и упадешь в объятия эгоизма. Ты должен бояться, что тебе дадут такие удовольствия, перед которыми ты не сможешь устоять и насладишься ими только ради себя.

То есть ты уже можешь устоять перед небольшими удовольствиями, не наслаждаться ими, или насладиться, но ради других. Но больших удовольствий ты должен бояться, это и есть трепет перед Творцом, о котором говорилось выше. Если у тебя уже есть и любовь к ближнему, и трепет перед Создателем, то тебе осталось приобрести только свет веры, который и приводит Шхину. В комментарии «Сулам» сказано, что веру дают согласно размеру трепета.

Поэтому всегда следует помнить, что понятие «возлюби ближнего как самого себя» нужно соблюдать как Заповедь, то есть как приказ Творца. Рабби Акива объяснил нам, что из этой заповеди нужно сделать железное правило, с помощью которого мы сможем соблюдать все

Заповеди ради Творца, а не ради собственной выгоды. Это значит, что такое их соблюдение не приведет к увеличению желания получать ради себя, потому что обычно человек соблюдает заповеди, не выполняя правило рабби Акивы, надеясь получить за это оплату в грядущем мире (или еще в этом, материальном мире).

Должно быть так: с помощью соблюдения мицвот мы действительно получим оплату, но оплатой этой будет то, что мы сможем подавить свой эгоизм и достичь любви к ближнему, а потом любви к Всевышнему. Об этом мудрецы сказали, что если человек удостоится, то Тора станет ему лекарством Жизни, а если не удостоится, то она будет ему ядом Смерти.

Это значит, что если он не удостоится, то он будет соблюдать Тору и мицвот ради любви к себе, и его эгоизм от этого только увеличится, и тогда Тора будет ему ядом Смерти. Если же человек удостоится, то его эгоизм исчезнет, а вместо него он приобретет любовь к ближнему, и с помощью этого он достигнет любви к Творцу, и единственным его желанием будет доставить удовольствие Творцу.

Да продаст человек крышу дома своего
Статья 9, 1984 г.

Сказал раби Йегуда от имени Рава: «Всегда будет продавать человек крышу (бревна) дома своего, чтобы купить обувь для ног своих» (Шабат). Нужно понять, что такое «бревна дома своего», и в чем важность обуви, что ради нее стоит продавать бревна дома своего.

Объясним это с точки зрения духовной работы. Бревна дома своего означают «случай», то есть то, что происходит с человеком в его доме. Под словом «человек» мы понимаем, с одной стороны, его знания, разум, с другой стороны, его чувства, что человек ощущает в сердце: хорошо ли ему или плохо. Эти случаи, которые происходят с человеком, пробуждают у него вопросы повседневной жизни. Эти вопросы касаются взаимоотношений между человеком и Творцом и между человеком и другими людьми.

Человек предъявляет претензии к Создателю, почему Он не удовлетворяет все его потребности, это значит, что человек думает, что Творец должен заполнить то, что, по мнению человека, ему не хватает. Иногда человек думает, что его состояние очень плохое по сравнению с другими, он считает, что другие находятся на более высокой ступени, чем он.

Получается, что он находится в положении «разведчиков» (мераглим), которые говорят о Высшем Управлении, так как он не чувствует благо и удовольствие в своей жизни, и тяжко ему сказать: «Пусть только благо и милость сопровождают меня все дни моей жизни» (Тэилим 23), и получается, что он в положении «разведчиков».

Об этом сказали мудрецы («Брахот» 54), что человек должен благословлять на плохое, как на хорошее. Так как иудаизм основывается на вере выше знания, то есть не полагаться на то, что разум заставляет нас думать, говорить и делать, а нужно верить в Высшее Управление, которое может делать только хорошее. Только тот человек удостаивается постичь и почувствовать благо и удовольствие, кто «оправдывает» Высшее Управление, то есть видит и за хорошим, и за плохим только хорошее.

Бааль Сулам рассказал притчу о человеке, у которого есть претензии к Творцу из-за того, что Он не удовлетворяет его просьбы. Это похоже на то, что человек с маленьким ребенком идет по улице, и ребенок горько плачет, и все прохожие, которые смотрят на отца, думают: «Какой жестокий человек! Он может спокойно слушать плач своего ребенка и не обращает внимания на него». Получается, что у прохожих плач ребенка вызывает жалость, но не у отца ребенка.

В конце концов, прохожие не выдержали и спросили отца ребенка: «Где же твое милосердие?» На что человек ответил: «А что же мне делать, если мой любимый сын, которого я берегу как зеницу ока, просит у меня булавку, чтобы почесать себе глаз. Разве из-за того, что я не выполняю его просьбу, меня можно назвать жестоким? Ведь если я сжалюсь над ним и дам ему булавку, он выколет себе глаза и станет слепым».

Поэтому мы должны верить, что все, что Творец делает нам, это для нашего же блага, тем не менее, мы должны просить Его убрать те горести, которые постигли нас. Но мы должны сознавать, что наша молитва это одно, а ответ на молитву это другое, то есть мы сделали то, что были обязаны сделать, мы попросили Творца, но Он, как сказано в притче, сделает то, что во благо нам.

То же самое присутствует и во взаимоотношениях между человеком и его товарищем. Выше мы говорили, что «продаст человек бревна дома своего и купит обувь для ног своих». Здесь имеются в виду все случаи взаимоотношений между человеком и его товарищами. Скажем, человек прикладывает большие усилия для своих товарищей и не видит реакции с их стороны, ему кажется, что они ведут себя не так как нужно. Ему кажется, что его товарищи ведут себя по отношению друг к другу не как нужно в группе, а как обычные люди.

Такому человеку начинает казаться, что он один любит своих товарищей, а другие ничего не делают для этого. И это называется «разведчик», то есть он следит за своими товарищами, смотрит, как они выполняют заповедь «возлюби ближнего». Ему кажется, что его товарищи даже говорят неправильно.

Дело в том, что у человека любовь к товарищу основывается на любви к себе. Поэтому он все время проверяет, а что он выиграл от любви к другому?

А должно быть так: мне нужна любовь к ближнему, поэтому я заинтересован в группе, которая была создана, чтобы я увидел, как каждый из нас прикладывает усилия ради товарища, и, глядя на это, мои крошечные ростки любви к ближнему постепенно растут, и со временем я смогу делать во имя других гораздо больше, чем это в моих силах.

Сейчас же я вижу, что я не выиграл ничего, потому что я вижу, что никто не делает это правильно, поэтому будет лучше, если я не буду с ними и не приобрету их качества.

Ответ может быть лишь таким: кто-то неслучайно собрал в одну группу именно этих людей, которые подходят для этой цели, то есть в каждом из них есть какая-то искра любви к ближнему, но эта искра сама не может зажечь пламя любви, которое бы засияло, поэтому эти люди согласились объединиться, чтобы они слились в одно большое пламя.

Однажды Бааль Сулам спросил, что такое заключение союза между двумя друзьями. В Торе сказано: «И взял Авраам мелкого и крупного скота и дал Авимелеху, и заключили они оба союз» (Ваира). Ведь если двое любят один другого, то, разумеется, они делают друг другу добро.

Если же нет любви между ними или по какой-то причине их любовь ослабла, то они, конечно же, ничего хорошего друг другу не делают. Так чем же им может помочь заключение союза? И сам же Бааль Сулам и ответил, что союз, который они сейчас заключают, рассчитан не на тот момент, когда они оба любят друг друга и им союз, в принципе, не нужен, а на будущее. Так как через некоторое время может случиться так, что они не будут ощущать любовь друг к другу, как сейчас, тогда-то им и понадобится заключенный союз.

Что касается вопроса группы, то хотя мы сейчас не чувствуем любовь так, как чувствовали в момент создания группы, тем не менее каждый должен пересиливать свое собственное мнение и действовать выше знания («лемала миадаат»), и тогда все исправится и каждый начнет видеть в товарищах только хорошее.

Теперь мы понимаем сказанное мудрецами: «Всегда будет продавать человек бревна дома своего и купит обувь для ног своих». Слово «миналав» (его обувь) родственно слову «неилат» (закрывание). Человек следит за товарищами (слежка – «ригуль» от слова «реглаим» – ноги). Это значит, что речь идет обо всех случаях в его взаимоотношениях с товарищами, то есть все то, что «разведчики» говорили о его товарищах плохого, все это он «продает», то есть полностью откажется от этого.

Это значит, что он выйдет из тех ситуаций, в которые его привели «его ноги» («реглав»), и он приобретет «обувь» («миналав») для ног своих. Это значит, он закроет свои ноги – сделает так, чтобы «разведчики» больше не вмешивались в его взаимоотношения с товарищами. И все свои претензии и вопросы он «закроет», и тогда все станет на свои места и наступит мир.

О важности группы
Статья 12, 1984

Известно, что если человек, у которого есть какое-то желание идти путем Истины, постоянно находится среди людей, не имеющих никакого отношения к этому пути, и которые активно противоборствуют людям, идущим этим путем, то он постепенно соглашается с их мнением, так как мысли людей, которые тесно общаются между собой, как бы «перемешиваются».

Поэтому нет другого пути, кроме как создать свою собственную группу с определенными рамками, то есть отдельный коллектив, в котором бы не было людей с идеями, отличными от идей этой группы. Кроме того, члены этого коллектива должны каждый раз напоминать себе о цели этой группы, чтобы не плестись вслед за другими людьми, так как природа человека такова, что он любит идти за большинством.

Если такая группа отделила себя от остальных людей, то есть не должно быть никакой связи с другими людьми в духовных делах, а все контакты должны быть ограничены только материальными вопросами, то тогда чужие идеи и мнения не оказывают влияния на нее, так как нет никакой связи в религиозных делах с посторонними.

Но если человек, идущий дорогой Истины, находится среди религиозных людей и начинает разговаривать и спорить с ними, то сразу же «смешиваются» его взгляды с их взглядами, и, помимо его воли, подсознательно, проникают их идеи в его сознание вплоть до того, что человек перестает сознавать, что это не его, а чужие взгляды.

То же самое относительно человека, идущего путем Истины – должен он отделиться от других людей. Чтобы идти по этому пути, нужно прикладывать очень большие усилия, потому что приходится идти против идей всего мира. Потому что идеи всего мира основываются на знании и получении, в то время как идеи Торы базируются на вере и желании отдавать.

Если же он не отделит себя от чужих мнений, то он забудет о пути Истины и попадет навсегда под власть эгоизма. И только в группе, где господствуют принципы любви к ближнему, человек может черпать силы для борьбы против идей и мнений всего мира.

В Книге Зоар («Пинхас») сказано, что если человек живет в городе, в котором живут плохие люди, и он не может осуществлять там Заповеди Торы и не может учить Тору, то он меняет место – он вырывает себя из этого места, чтобы поселиться в городе, где живут люди, занимающиеся Торой и заповедями.

Тора называется «Деревом». Наши мудрецы говорят: «Древо Жизни она (Тора) для тех, кто соблюдает ее». И человек похож на дерево, как сказано: «Человек – дерево плодоносное». А Заповеди похожи на плоды. Поэтому, если написано только «дерево», то это бесплодное дерево, то есть никчемное, которое будет срублено, так и не выполняющий Заповеди человек будет отсечен и от этого и от грядущего миров.

И потому человек должен вырвать себя из места, где находятся грешники, то есть из места, где он не может заниматься Торой и Заповедями. И он должен поместить себя в другое место, среди праведников, и тогда он сможет успешно соблюдать Тору и Заповеди.

Как было уже сказано, Зоар сравнивает человека с плодовым деревом, а, как известно, такие деревья страдают от окружающих их сорняков, которые нужно все время выпалывать. Также и человек, идущий путем Истины, должен удалять себя из такого окружения, то есть от людей, не идущих этим путем. Человек должен очень следить за этим, чтобы не подпасть под чужое влияние.

И это называется отделение, изоляция, то есть у данного человека есть только собственные мысли, относящиеся к «ашпаа», к желанию отдавать, а не мысли большинства, которые, в конечном счете, сводятся к любви к себе, то есть к эгоизму. И это называется два владения: первое – владение Творца, и второе – владение самого себя.

В Талмуде (трактат «Санэдрин», стр.78) написано: «Сказал рав Иегуда от имени Рава, что Адам был вероотступником, как сказано: «И воззвал Создатель к Адаму и сказал ему: «Где ты? Куда склонил ты сердце свое»?» Объяснение: он был вероотступником, склонным к «служению звездам» («аводат кохавим»). И другое объяснение: «Из написанного: «Где ты? Куда склонил ты сердце свое?» – можно сделать вывод, что вероотступничество Адама заключалось в нарушении запрета «не следуйте за сердцами вашими». Это вероотступничество, что склонил свое сердце в другую сторону.

И это очень странно, как можно сказать об Адаме, что он склонил сердце к «аводат кохавим», или, согласно второму объяснению, что его вероотступничество состояло в том, что он нарушил заповедь «не следуйте за сердцами вашими»? Мы учим, что понятие «служение Творцу» заключается в том, чтобы все делать для того, чтобы отдавать. Получается, что если Адам служил, чтобы получать, то это чуждая нам работа («авода зара», «аводат кохавим»), ведь мы должны служить, только чтобы отдавать, а он взял все, чтобы получать.

И в этом и заключается смысл того, что он нарушил заповедь «не следуйте за сердцами вашими», то есть Адам не мог получить плод Древа Познания ради отдачи, а только чтобы получать. И это называется уровень «сердца», то есть сердце хочет получать только ради собственной пользы. И это было грехом Древа Познания (чтобы понять это лучше, см. «Предисловие к книге «Паним масбирот»).

Из вышесказанного мы можем осознать пользу группы, которая может создать совершенно другую атмосферу, в которой возможно служение только, чтобы отдавать.

Имена и названия в духовном
Статья 13, 1984 г.

Иногда называют душу словом «нешама», как сказано: «тело и нешама», а иногда называют душу словом «нэфеш», как сказано: «И возлюби Творца всем сердцем твоим и всей душою («нэфеш») своей».

Обычно, когда мы говорим о духовном объекте, то имеем в виду его высшую ступень, у человека – это «нешама». Когда человек знает, что он может достигнуть высокого уровня в духовности, то есть получить уровень «нешама», то это знание пробуждает в его сердце желание достичь этот уровень, и он размышляет: какова причина того, что он еще не достиг его? И со временем человек поймет, чего именно не хватает ему для достижения духовности.

А не хватает ему «иштавут ацура» – тождественности свойств с Творцом. Телу с самого рождения присущ эгоизм, любовь к себе, и это «шинуй цура» – различие свойств относительно Создателя, который, как известно, только отдает («машпиа»). Поэтому человек должен очистить свое тело и достичь с помощью «иштавут ацура» того, что он тоже захочет совершать действия только такие, чтобы отдавать, и тогда появится у него возможность достичь того высокого уровня, который называют «нешама». Поэтому всегда говорят: «Тело и нешама».

Но когда имеем в виду порядок работы, тогда мы говорим, что после ступени «тело» идет ступень «нэфеш». Поэтому сказано: «И возлюби Создателя своего всем сердцем твоим и всей душою («нефеш») твоей». То есть «нэфеш» является вторым уровнем после тела. Поэтому сказано сначала «всем сердцем твоим», а потом – «всей душою («нэфеш») твоей». То есть «нэфеш» – это то, что человек должен быть готов отдать Творцу.

Однако если после этого человек постиг более высокую ступень духовности – «руах», а потом «нешама», то он тоже должен быть готов отдать их Творцу. Человек должен быть готов отдать Ему абсолютно все, что у него есть в данный момент. Это значит, что он ничего не делает для собственной выгоды, а все делает ради Творца. И это называется, что он делает, чтобы отдавать («леашпиа»), и поднимается вверх не ради себя, а ради Творца.

Нужно также понять, что сказано в Зоар (глава «Трума»), «всей душой» («нэфеш») – это значит, что имеются в виду и «руах», и «нешама», то есть все части духовности. Книга Зоар говорит нам также, что слово «всей» (душой, «нэфеш») указывает на то, что в уровень «нэфеш» включаются и «руах», и «нешама», но мы говорим «нэфеш», потому что сразу после уровня «тело» идет уровень «нэфеш».

Когда же мы говорим о духовности (о душе) вообще, то мы называем ее «нешама», как написано в Торе (гл. «Берешит»): «И вдохнул в ноздри его душу («нешама») жизни».

Чтобы достигнуть ступени НАРАН (Нэфеш, Руах, Нешама), мы должны идти дорогой «ашпаа» – отдачи и стараться выйти из-под власти эгоизма, и это называется «Путь Истины», то есть с помощью этого пути можно постичь Истину, которая есть в Провидении («ашгаха») Творца, который является Абсолютным Добром и делает нам лишь Добро.

Печатью, окончательным решением Создателя, является Истина. Это значит, что окончанием Его работы, то есть работы по созданию миров, является наслаждение создания, и человек должен постичь Истину Творца. После того, как человек постиг свойство Творца, постиг, что Он – Добро и творит только добро для него, этот человек должен увидеть, что Творец делает добро и для других, абсолютно для всех созданий.

В «Предисловии к «Талмуду Эсер Сфирот» сказано, что четвертая ступень любви, то есть любовь независимая ни от чего, – вечна. Это после того, как человек «перевел» весь мир в сторону добра, то есть почувствовал любовь абсолютную и вечную. И тогда спадают все завесы, и человек начинает видеть все проявления Творца, Его лицо («гилуй паним»). Этот человек уже знает все дела Создателя со всеми Его созданиями с точки зрения истинного управления («ашгаха»), которое проявляется в том, что Творец делает добро как хорошим, так и плохим.

Такой человек достиг цельности, он постиг истинное положение вещей. Но перед этим есть ряд предшествующих ступеней. В «Предисловии к «Талмуд Эсер Сфирот» сказано, что первой ступенью является тшува из-за страха (перед Творцом). Она характеризуется постижением и ощущением проявления Творца в виде оплаты и наказания.

Это гарантирует о том, что он не будет больше совершать грехов. Итак, это называется «тшува из-за страха». У человека, сделавшего «тшува из-за страха», те грехи, которые он сделал злонамеренно, превращаются в нечаянные поступки, и такой человек называется «незаконченный, неполный праведник» или «средний».

Но есть еще более ранний признак того, что человек начал идти по пути Истины. Если человек до начала продвижения в этом направлении чувствовал свою близость к святости, а потом, когда начал продвигаться, почувствовал себя хуже, то есть оказался дальше от святости, – это и есть этот ранний хороший признак.

Как же так?! Ведь согласно известному правилу, тот, кто приобщается к святости, уже не удаляется от нее. Возникает вопрос: почему сейчас, когда человек начал идти по пути Истины, он чувствует, что идет назад, а не вперед? Казалось бы, человек должен подниматься и уж во всяком случае не опускаться с предыдущего уровня.

Ответ таков, что сначала у человека, идущего по пути Истины, должен возникнуть недостаток святости, а после этого он должен этот недостаток заполнить. Поэтому сначала человек должен постепенно понять правду о себе самом, насколько он погружен в эгоизм, и человек должен постепенно все больше осознавать, насколько любовь к себе вредна и плоха, потому что именно она мешает человеку получать то добро, которое Творец приготовил для нас, именно эгоизм отделяет нас от Творца.

Теперь мы можем понять, что если человек чувствует, что он удаляется от святости, то это на самом деле не так. Наоборот, это говорит о том, что человек продвигается в нужном направлении. И пока служение человека не станет полностью основываться на пути отдачи («ашпаа») и веры, он будет далек от того, чтобы видеть Истину. На первом этапе человек должен осознать все то плохое, что есть у него, то, что называется «чужой божок» («эль зар»). В Книге Зоар сказано: «Что такое "чужой божок" в теле человека? Это желание получать, которое есть у человека, – это зло, которое в нем».

Когда человек достигает осознания зла («акарат а-ра»), которое в нем, тогда он может начинать исправлять его. Но пока человек не осознал все зло, которое в нем, пока оно не стало бесконечно, нестерпимо противным для него, нечего ему исправлять. Отсюда следует, что человек действительно очень продвинулся по пути Истины, чтобы увидеть свое истинное состояние.

И когда человек осознал всё зло, которое в нем, до такой степени, что не может больше терпеть его, он начинает искать пути, чтобы избавиться от этого зла. А выход для еврея есть только один – обратиться к Творцу, чтобы Он начал светить в глаза и в сердце человека и чтобы дал ему изобилие («шефа элион»). Как сказали мудрецы: «Тому, кто начинает очищаться – помогают ему».

И когда он начинает получать помощь от Творца, тогда все его недостатки заполняются Его светом, и тогда он начинает подниматься по ступеням святости, т. к. его недостаток уже был готов у него, то есть он осознал свое истинное состояние, осознал зло, которое в нем. Поэтому у него есть сейчас подготовленное место получить цельность.

И тогда человек начинает видеть, как каждый день он согласно своему служению идет вверх все выше и выше. Но всегда нужно пробуждать в себе любовь к товарищам, с помощью которой нужно прийти к любви к ближнему, а это очень неприятно для сердца, которое называется «любовью к себе».

Поэтому, когда есть любое собрание товарищей (членов группы, идущей по пути Истины), нужно всегда задавать вопрос самому себе: «Что я сделал для того, чтобы продвинуться в любви к ближнему, какие действия сделал, чтобы еще приблизиться к ней?».

О важности товарищей
Статья 17, 1984 г. (часть 1)

О важности товарищей, находящихся в обществе, – как их оценивать? То есть, какую важность каждый должен придавать товарищу? Логика обязывает к тому, что если человек видит товарища находящимся на более низкой, чем он, ступени, тогда он хочет учить его, как вести себя, проявляя лучшие качества, чему у него есть. В таком случае человек не может быть ему товарищем, а может принимать его как ученика, но не товарища.

Если же человек видит товарища стоящим на более высокой, чем он, ступени и видит, что может поучиться у него хорошим качествам, в таком случае тот может быть его учителем (равом), а не товарищем.

Следовательно, именно в то время, когда человек видит товарища стоящим на одной с ним ступени, тогда он может принимать его как товарища и объединяться с ним. Ибо понятие *това-*

рищ означает, что оба они находятся в одном состоянии. К этому обязывает логика: у них обоих сходные мнения, и потому они решили объединиться. И тогда оба они будут действовать во имя той цели, которой хотят достичь.

Подобно двум товарищам со сходными мнениями, которые вместе ведут какое-нибудь дело, чтобы это дело приносило им прибыль. При таком порядке оба они чувствуют, что у них равные силы. В отличие от этого, если один из них чувствует, что он талантливее другого, или не хочет принимать его, чтобы они были партнерами на равных, а вместо этого они участвуют в деле на паях, то есть сообразно с силами и достоинствами, которыми один превосходит другого, тогда дело сводится к трети или к четверти. И тогда нельзя сказать, что оба они равны в деле.

В отличие от этого, при товарищеской любви, когда товарищи объединяются, чтобы между ними царило единство, это означает как раз, что оба они равны. Это и называется «единством». Например, если они вместе ведут дело и решают, что прибыль не будет делиться поровну, то называется ли это «единством»?

Однако же, разумеется, любое дело, вытекающее из товарищеской любви, должно вестись так, чтобы вся прибыль, которую принесет товарищеская любовь, сопровождалась равным контролем над их имуществом. Пускай ничего не проводят тайком и не скрывают этот от того, а тот от этого, а напротив, пускай всё будет в любви и дружелюбии, правдиво и мирно.

Однако в книге «Дарование Торы» (стр. 142) сказано: «Два условия действуют на пути к возвышению:

1. Всегда выслушивать и принимать оценку окружения в повышенной мере.
2. Окружение должно быть большим, как сказано: «В многочисленности народа – величие царя».

Чтобы принять первое условие, каждый ученик обязан ощущать себя наименьшим из всех товарищей. Тогда он сможет проникаться ценностью возвышения ото всех, поскольку не может большой получать от малого и, тем более, воодушевляться его речами, но лишь малый воодушевляется от того, что ценно для большого.

А согласно второму условию, каждый ученик обязан превозносить достоинства каждого товарища, как будто он величайший человек в поколении. Тогда окружение будет воздействовать на него, как если бы оно было великим в должной мере, поскольку качество важнее количества».

Из вышесказанного следует, что товарищеская любовь, принцип помощи ближнему означает, что достаточно, если каждый поддерживает товарища, как находящегося с ним на одной ступени. Но поскольку каждый должен учиться у товарища, существуют взаимоотношения учителя и ученика. Поэтому человек должен считать товарища бо́льшим, чем он сам.

Но как можно считать товарища бо́льшим, чем он сам, в то время как человек видит, что обладает бо́льшими достоинствами, чем товарищ: он более талантлив и по природе обладает лучшими качествами. Понять это можно двумя путями:

1. Человек идет верой выше знания: выбрав себе товарища, он наряду с этим уже смотрит на него выше знания.
2. Более естественным путем, внутри знания. Поскольку он решил принять его в товарищи и работает над собой, чтобы любить его, – из любви видны лишь хорошие вещи, а плохие вещи, хотя они и присущи товарищу, он не видит, как сказано: «Все преступления покроет любовь».

Мы видим, что человек может замечать недостатки у соседских детей, а у своих детей он их не видит. Когда речь заходит о каких-либо недостатках его сыновей, он тотчас дает отпор и начинает рассказывать о достоинствах, которыми обладают его сыновья.

Возникает вопрос: в чем истина? У его сыновей есть достоинства, и потому он сердится, когда говорят о его сыновьях? Как я слышал от своего отца и учителя, дело в том, что в действительности у каждого человека есть достоинства и недостатки. Так что каждый – и сосед, и отец – говорит правду. Только сосед не относится к чужим сыновьям как отец к сыну, то есть у него нет той любви к этим сыновьям, которая есть у их отца.

Поэтому, глядя на чужих детей, он видит только их недостатки, так как от этого он получает большее удовольствие. Ведь он может демонстрировать, что превосходит другого, благодаря тому, что его дети лучше. Поэтому он смотрит только на недостатки другого. И то, что он видит, – это истина. Но видит он лишь те вещи, от которых получает удовольствие.

Однако же и отец видит истину, только он смотрит лишь на хорошие вещи, присущие его сыновьям. А плохих вещей у своих сыновей он не видит, так как это не доставляет ему удовольствия. Поэтому он говорит правду – то, что он видит у своих сыновей, поскольку он смотрит лишь на те вещи, от которых можно получить удовольствие. А раз так, он видит только достоинства.

Это имеет значение, если у человека есть любовь к товарищам. Ведь закон любви таков, что мы хотим видеть именно достоинства другого, а не его недостатки. Поэтому, если человек видит какой-либо недостаток у товарища, значит, этот недостаток есть не у товарища, а у него самого. Иными словами, он повредил товарищескую любовь и потому видит недостатки у товарища.

В таком случае, он должен теперь понять: не товарищу нужно исправлять себя, а он сам нуждается в исправлении. Из вышесказанного следует, что человеку не нужно смотреть, как его товарищ получает исправление недостатков, которые он в нем видит, – но он сам нуждается в исправлении того, что повредил в товарищеской любви. И когда он исправит себя, тогда будет видеть только достоинства товарища, а не его недостатки.

Порядок собрания общества
Статья 17, 1984 г. (часть 2)

Прежде всего, когда собираются (товарищи), необходима повестка дня. Это значит, что каждый в мере своих сил будет говорить о важности общества – иными словами, какую выгоду несет ему общество. Сообразно с его надеждами на то, что общество принесет ему важные вещи, которые он сам не в силах обрести, – в этой мере он ценит общество.

Сказали об этом мудрецы («Брахот», 32): «Объяснил рабби Симлай: всегда будет человек воздавать славу Творцу, а потом будет молиться. Откуда нам это известно? От Моше, как сказано: «Умолял я Творца в то время». И сказано: «Господи Боже, Ты начал *(показывать)*». А также сказано: «Дай перейду я и посмотрю на эту добрую землю».

Смысл того, что сначала надо воздать славу Творцу, состоит в следующем. Общепринято, что когда человек просит что-либо у кого-либо, требуется соблюдение двух условий:

1. Он обладает тем, чего я у него прошу. Например, он богат, влиятелен, известен своим богатством и блеском.
2. У него доброе сердце, то есть у него есть желание совершать отдачу другим.

У такого человека можно просить об услуге. Поэтому и сказано: «Всегда будет человек воздавать славу Творцу, а потом будет молиться». Иными словами, раз уж человек верит в величие Творца, в то, что у Него есть всевозможные наслаждения для отдачи творениям и Он желает творить добро, – тогда можно сказать, что человек молится Творцу. И Творец, конечно же, поможет ему, так как Он желает творить добро, и потому может дать человеку то, чего желает его сердце. Тогда есть возможность для молитвы, сопровождаемой уверенностью в том, что Творец примет его молитву.

Так и в любви товарищей: прежде всего, когда они собираются, нужно воздать славу товарищам, осознать важность каждого из товарищей. Насколько человек оценивает величие общества – в этой мере он может уважать общество. А потом будет молиться. Иными словами, каждый должен отдавать себе отчет в том, сколько сил он прилагает ради общества. И когда товарищи видят, что у них нет сил сделать что-либо на благо общества, тогда есть возможность для молитвы, чтобы Творец помог ему, чтобы дал ему силы и желание работать над любовью к ближнему.

А затем каждый должен поступать как в трех последних (*благословениях*) молитвы «Шмонэ-эсре». Иными словами, раз уж он связал всё желаемое с Творцом, сказано в святом Зоаре, что три последних (благословения) молитвы «Шмонэ-эсре» будут для человека такими, как если бы Творец уже дал ему желаемое, и он ушел от Него.

Вот и в любви товарищей следует поступать так же. После того как человек отдал себе самоотчет и прибег к известному средству – к молитве, пускай думает теперь, что его молитва принята, и сидит с товарищами так, словно все товарищи – это единое тело. И как тело хочет, чтобы все его органы наслаждались, так и человек хочет, чтобы все товарищи наслаждались сейчас.

Поэтому после всех расчетов настает время радости от товарищеской любви. И тогда каждый должен чувствовать себя счастливым, как будто он заключил сейчас хорошую сделку, благодаря которой заработает много денег, и потому, как принято, угощает товарищей напитком.

Так и здесь, каждому нужно, чтобы его товарищ выпил напиток и отведал печений и т.п. Ведь он сейчас счастлив и потому хочет, чтобы товарищи тоже чувствовали, что им хорошо. Поэтому, когда собрание расходится, это должно проистекать из радости и возвышения.

Происходит это согласно «времени Торы» и «времени молитвы». «Время Торы» – это совершенство, лишенное всякого недостатка. И называется это «правой линией», как сказано: «От правой руки Его – пламя закона для них». С другой стороны, «время молитвы» называется «левой линией», так как место недостатка – это место, нуждающееся в исправлении. И это называется «исправлением келим», тогда как в категории Торы, называющейся «правой линией», нет места исправлениям. Поэтому Тора называется «подарком».

Подарки принято дарить тем, кого любишь. И так заведено в мире, что мы не любим тех, кто обладает недостатком. Поэтому «во время Торы» нет места для мыслей об исправлениях. Когда же мы расходимся с собрания, нужно пребывать в состоянии, подобном трем последним (*благословениям*) молитвы «Шмонэ-эсре», как сказано выше. И благодаря этому все будут ощущать совершенство.

Сегодня вы все предстаете
Статья, 19 1984 г.

В Торе сказано: «Сегодня вы стоите все: и руководители ваши, и колена ваши, и старейшины ваши, и стражники ваши, каждый человек Израиля». Комментаторы спрашивают, почему в начале отрывка сказано «вы» - то есть множественное число, а в конце его говорится: «каждый человек Израиля», то есть в единственном числе?

В книге «Маор вэ шемеш» говорится, что в этом отрывке намекается на понятие любви к товарищам, то есть несмотря на то, что есть и руководители, и колена, и т.д., тем не менее, ни один из нас не должен считать, что он выше другого еврея, это значит, что никто не должен обвинять другого в чем-нибудь. Поэтому и наверху ведут себя так же, по принципу «мера за меру», тогда вниз и спускается все благо.

Согласно нашему учению, а мы обсуждаем все, как-будто это все происходит внутри одного человека, это нужно понимать следующим образом. Человек должен принять на себя Высшее Царство, «как бык ярмо, как осел поклажу», которые являются уровнями «мозга» и «сердца». То есть вся духовная работа человека должна быть направлена на то, чтобы отдавать.

Согласно этому получается, что если человек выполняет духовную работу для того, чтобы отдавать, и не хочет никакой оплаты за это, то есть он хочет заниматься лишь служением Творцу, и не рассчитывает на какое-нибудь добавление к тому, что у него есть. Он даже не хочет никакого увеличения в своем служении, ведь если есть это увеличение, то это говорит о том, что он идет правильным путем, и, разумеется, это было бы законным желанием, тем не менее, он отказывается даже от этого, потому что он хочет с закрытыми глазами верить Творцу, и то, что он может – он делает.

Иногда такому человеку кажется, что он понимает смысл в служении. Иногда он чувствует, что он находится на уровне «руководители ваши», и т.д. Временами человек чувствует, что если он хочет служить Создателю, то ему нужно прикладывать большие усилия для того, чтобы заставить свое тело подчиниться ему. В такие периоды человек принуждает себя служить Творцу, так как у него нет в данный момент никакого желания делать это. Это происходит потому, что его тело хочет лишь полного покоя, и больше его ничего не волнует.

Есть периоды, когда человек понимает, что нет ничего, кроме служения Творцу ради отдачи. Находясь в этом состоянии и сравнивая его с тем, что было раньше, человек не может понять, что он находится в состоянии подъема. Человеку кажется, что падений уже никогда не будет. Но через день, час или даже несколько минут человек может упасть очень низко, то есть у него произойдет духовный «спуск».

Причем, человек может даже не заметить этого, и лишь спустя некоторое время он вдруг видит, что «упал». Раньше ему казалось, что он герой из героев, а сейчас он видит, что он обычный человек. И тогда человек начинает размышлять о том, что он должен сделать, чтобы поднять себя на тот уровень, где он был. Тогда человек должен идти по пути истины.

Это значит, что человек должен сказать себе: «Я нахожусь сейчас на очень низком уровне – это не случайно. Это было сделано сверху. Меня опустили на первоначальный уровень для того, чтобы я узнал, действительно ли я хочу служить Творцу с намерением отдавать, или я хочу это делать потому, что я получаю от этого большее удовольствие, чем от чего-нибудь другого».

Если человек может сказать, что он хочет сейчас служить Творцу с намерением отдавать, а не для того, чтобы получать за это какую-нибудь оплату, так как само служение уже является ему наградой, подобно каждому еврею, который молится и учит какой-нибудь дневной лист Талмуда, и нет у него времени подумать, с какой целью он это делает, то есть он просто выполняет заповедь без какого-либо специального намерения, то тогда ему снова разрешается служить Создателю, потому что он снова хочет служить без всяких предварительных условий.

И об этом сказано: «Сегодня вы стоите все». Здесь намекается на все состояния, которые у вас были. Это были и состояния подъема, и состояния падения, и некие промежуточные. Так вот, вы не должны оценивать эти состояния, потому что вас не должна интересовать никакая оплата. Для вас должно быть важным лишь то, что вы выполняете желание Творца, который заповедал нам соблюдать заповеди и учить Тору, и тогда мы осуществляем это как каждый простой еврей. Это значит, что для него важно то состояние, в котором он сейчас находится, и именно это состояние он рассматривает как подъем.

И именно тогда Создатель заключает с ним союз. Это происходит в то время, когда человек начинает служить Творцу без всяких условий, без всякой оплаты, безоговорочно подчиняясь ему.

Бааль Сулам, благословенна память праведника, говорил, что два человека заключают союз, когда они видят, что они любят друг друга и хотят закрепить это навечно. Зачем же людям, считающим, что их любовь навсегда, еще и формально заключать союз?

Заключение союза - это просто церемония, или что-то более важное? Ответ таков: заключают союз не для того момента, когда находятся в хороших отношениях друг с другом, а на те времена, когда дружба по какой-либо причине ослабеет. И в это время, когда у друзей могут быть претензии один к другому, они должны вспомнить, что союз был заключен на вечные времена.

В момент, когда они уже не чувствуют любовь друг к другу как прежде, они не обращают на это внимания, а продолжают делать друг другу только хорошее. Этим и полезно заключение союза.

Итак, главное в заключении союза – это то, что он заключается на будущее. Сейчас они понимают, что каждый из них любит другого, в силу причин, которые в данный момент очевидны им. Каждый из них чувствует, что он заботится только о благе друга, тогда они и заключают союз.

Сейчас ни у одного из них нет никаких претензий к другому, так как в противном случае они бы союз не заключали. Находясь в таком благоприятном состоянии, они говорят один другому, что стоит заключить союз на вечные времена. Если же в будущем возникнут у них претензии друг к другу, то тогда каждый из них вспомнит о союзе, который был заключен в те времена, когда любовь между ними была очевидна обоим.

Получается, что несмотря на то, что сейчас они не чувствуют ту же силу любви, которая была у них тогда, тем не менее они пробуждают воспоминания о былой любви и не обращают внимания на теперешнее состояние. Они снова начинают делать друг другу хорошее – этим и полезно заключение союза – даже когда любовь ослабела, ее можно возродить, усилить за счет прошлых состояний.

Заключение союза – это своеобразный договор, необходимый для того, чтобы заключившие его стороны не могли расторгнуть его, даже когда они видят, что любовь между ними ослабла. Они помнят, что эта любовь приносила им в прошлом огромное удовольствие – они делали много хорошего друг другу, хотя сейчас эта любовь ослабла, и у них нет сил делать хорошее друг другу.

Если же они действительно хотят сделать что-нибудь для другого, то они должны вспомнить о союзе, и на основе этих воспоминаний они должны построить любовь заново.

Получается, что «Сегодня вы стоите все» и перечисляет все детали – «и руководители ваши, и колена ваши, и старейшины ваши, и стражники ваши». «Каждый человек Израиля» – из всех высоких ступеней, на которых был человек, наиболее важной для него является именно эта ступень – «каждый человек Израиля», и он принимает это свое состояние, хотя у него бывали и лучшие состояния.

Человек говорит: «Я делаю свое, а то, что Творец хочет мне дать, я согласен с этим без всякой критики», – тогда-то человек и удостаивается заключения союза с Творцом. Это значит, что связь между ними остается навечно, потому что Творец заключает союз на вечные времена.

Согласно вышесказанному можно объяснить и отрывок: «Сокрытое – Создателю нашему, а открытое – нам и сынам нашим навечно, чтобы выполнять все слова Торы» (Дварим 29; 28).

Следует понять, в чем же смысл этого отрывка? Не следует понимать это так, что скрытое нам не узнать, только Творец все знает. Это не так - мы и без этого отрывка знаем, что скрыто от нас.

Известно, что существуют скрытое и открытое, явное. Например, действие, заповедь, мы явно видим, делаем мы данное действие или нет, и если нет, если тело сопротивляется, то существует возможность заставить себя, свое тело сделать это. Получается, что если что-то относится к открытой части Торы, то можно себя заставить что-то сделать.

Скрытая же часть – это намерение, с которым выполняется данная заповедь. Причем посторонний человек не может определить, какое намерение имеет другой человек. Более того, сам человек тоже не может определить, не обманывает ли он себя, не выдает ли он желаемое за действительное – что он выполняет заповедь только во Имя Творца. В открытой же части, в действии, обмануть себя невозможно - или ты выполняешь заповедь, или нет.

Что же касается намерения, то в этом случае как раз можно обмануть даже самого себя. Человек может верить, что он делает все ради Творца, на самом же деле он все делает ради себя, своего желания получать. Кроме того, невозможно заставить себя думать о том, что «надо». Если у человека нет правильного намерения, то он не может заставить себя думать по-другому. Человек не может заставить себя понять то, что находится выше его понимания, или почувствовать то, что он не чувствует.

Получается, что мы можем заниматься только той частью Торы, которая говорит о действии, как сказано: «А открытое – нам и сынам нашим навечно, чтобы выполнять все слова Торы», то есть нам приказывают выполнять действия. И мы должны выполнять эти действия, даже насильно заставляя себя.

Относительно же намерения (которая называется скрытой частью и над которой у нас нет никакой власти) возникает вопрос – что же нам делать для того, чтобы мы смогли выполнять и скрытую часть Торы? Единственное, что человек может делать – это проверять себя, все ли он делает во Имя Творца, сопротивляется ли ему тело. И согласно тому, насколько он чувствует свою отдаленность от желания отдавать, насколько он понимает, что он сам, своими собственными силами не может приблизиться, настолько он приближается к правде.

В то же время это может привести его к отчаянию. Ведь он видит, что все, что бы он ни делал, не помогает ему. В этом состоянии стоит вспомнить об отрывке, в котором говорится о том, что скрытая часть Торы относится к Творцу, все, что касается этой скрытой части, полностью зависит от Него. Только сам Творец может помочь человеку, стремящемуся выполнять скрытую часть Торы. Сам же человек ничего не сможет сделать, потому что это выше его природы.

Поэтому и говорится в отрывке: «Сокрытое – это Творцу нашему», то есть Творец должен дать человеку силы подняться над своей природой, только Он может дать желание отдавать.

И об этом сказано в трактате «Кидушим»: «Эгоизм человека побеждает его каждый день и требует его смерти, как сказано: смотрит грешник на праведника и просит убить его. И если бы не Творец, который спасает человека, то так бы оно и было. Как сказано: Творец не оставит его».

Слова: «Требует его смерти» означают, что эгоизм требует, чтобы человек все делал ради себя, ради собственного удовольствия, отрезая себя этим от Жизни Жизней, оставаясь, разумеется, в мертвом состоянии, как сказано: «Грешники и при жизни являются мертвыми».

Итак, под смертью подразумевается намерение получить ради себя, ничего не отдав взамен. Для того, чтобы удостоиться сближения и слияния с Творцом, то есть удостоиться получить от Него желание отдавать, нужно получить помощь от самого Творца.

Теперь, в свете вышесказанного, мы сможем понять смысл отрывка: «Сокрытое – Создателю нашему, а открытое – нам и сынам нашим навечно, чтобы выполнять все слова Торы». Это значит, что мы должны делать то, что зависит от нас, а Творец будет делать то, что зависит от Него.

Но и в скрытой Торе мы можем кое-что сделать. Ведь для того, чтобы Творец дал нам скрытую часть Торы, мы должны Его об этом попросить – сделать то, что называется «пробуждение снизу». Как известно, не бывает света без соответствующего ему желания. Это значит, что не бывает наполнения, удовлетворения без недостатка, нехватки. Ты ничего не сможешь поставить, пока у тебя не будет пустого места. Когда же у тебя есть пустое место, то ты можешь поставить туда все, что захочешь.

Поэтому прежде всего мы должны понять, что нам не хватает желания отдавать. И это является нашим светом, ведь как было сказано в предыдущих статьях, главной нашей оплатой является желание отдавать, которое называется «отраженный свет». В «Предисловии к книге Паним Масбирот» сказано, что вся наша оплата, которую мы рассчитываем получить, это отраженный свет. Если желание отдавать называется «свет», то недостатком, нехваткой его называется отсутствие сил отдавать.

Это ощущение отсутствия сил отдавать, ощущение, что он теряет из-за этого, превращается в необходимое пустое место, в которое человек теперь может получить наполнение, и это называется, что свет входит в сосуд.

Но нужно знать, что для того, чтобы получить этот сосуд, это желание, человек должен много работать над собой. Ведь в начале пути у человека есть только желание получать ради себя, и именно его человек и хочет удовлетворить. Это очень важные желания, потому что это, собственно, и есть Творение, созданное Творцом. Ведь все остальное – это, по сути, сам Творец. Целью Творения, как известно, является желание насладить творения, то есть Творец хочет дать наполнение этим желаниям.

Но это желание получать захотело приобрести сходство свойств с Творцом, слиться с Ним, то есть стать таким же, как Творец. Поэтому это желание перестало быть сосудом для получения света, то есть удовольствия, предназначенного Творцом для него. Теперь нужно создать новый сосуд для получения света, который бы одевался в предыдущее желание получения, и только с помощью обоих этих желаний, то есть когда желание отдавать одевается в желание получать, можно теперь получить свет.

Получается, что предыдущий сосуд, который называется «желание получать», был создан непосредственно Творцом, и само творение ничего не может изменить в этом желании. Более того, второй сосуд, который называется «желание отдавать», тоже был дан нам Творцом, и творение опять-таки ничего не может изменить в нем, подобно первому сосуду. Вся разница заключается только в том, что человек должен сам попросить у Творца сосуд желания отдавать. Первый же сосуд, сосуд желания получать, Творец сам дает человеку.

Сделай себе рава и приобрети друга (1)
Статья 1, 1985

В Мишне «Авот» Йешуа бен Парахия говорит: «Сделай себе рава и приобрети себе друга и оценивай каждого человека в лучшую сторону (то есть всегда находи для него оправдание)». Итак, мы видим, что здесь идет речь о трех вещах:

1. сделай себе рава;
2. приобрети друга;
3. оценивай каждого человека в лучшую сторону. Это значит, что «сделать» себе рава и приобрести товарищей – недостаточно. Нужно еще хорошо относиться и искать оправдание всем людям.

Кроме того, нужно осознать разницу между понятиями «сделай», «приобрети» и «оценивай в лучшую сторону» (ищи оправдание). Слово «сделай» предполагает практическое действие, без излишних раздумываний. Кроме того, как правило, разум противится тому или другому действию. Так вот, слово «сделай» предполагает действие даже наперекор собственному рассудку.

Если человек принимает на себя власть Высшего Управления, то это называется «действие». Это подобно тому, как на быка надевают ярмо, чтобы он вспахал нам поле. Даже если бык не хочет этого делать, мы все равно силой заставляем его. Принимая на себя Управление Свыше, мы тоже должны это сделать без малейших колебаний.

Мы должны это сделать не потому, что наше тело чувствует, что оно извлечет из этого какую-то выгоду для себя, а потому что этим мы хотим доставить удовольствие Творцу. А как же тело может согласиться с этим? Поэтому наше служение должно быть на уровне «лемала мидаат», то есть вера выше нашего знания, понимания. Это и называется «сделай себе рава».

В Книге Зоар сказано, что нужно бояться Создателя, потому что Он велик и правит всем. Творец велик, потому что Он является корнем всех миров, которые исходят, распространяются из Него. Его величие проявляется в Его действиях, и Он управляет всем, потому что все миры, как верхние, так и нижние – ничто по сравнению с Ним, и ничего они не добавляют к сущности Творца.

Согласно вышесказанному получается, что человек должен начинать с понятия «сделай себе рава», то есть он должен принять на себя власть Управления Свыше на уровне «выше понимания». И это называется «действие», то есть только действие, без понимания, действие наперекор желаниям своего тела.

После этого нужно «приобрести себе друга». Понятие «приобретение» («покупка»), предполагает отказ от чего-то, что у тебя было давно (денег, например), и получение взамен этого чего-то нового. Для того чтобы «приобрести» состояние слияния с Творцом, то есть состояние единения свойств с Ним, человек должен отказаться от очень многого, то есть «заплатить». Под словами «приобрести себе друга» подразумевается приобретение, постижение состояния слияния с Творцом.

Но до того как человек «сделает себе рава», то есть примет на себя власть Создателя, нельзя переходить к следующему этапу – «приобрети себе друга», то есть к стадии слияния с «Равом» (с Творцом). Но после того как человек «сделал себе рава», можно начинать требовать от своего тела, чтобы оно отступилось от своих желаний. И этим путем можно «приобрести» слияние с Творцом и желание доставлять Ему удовольствие.

Чем больше человек осознает величие «Рава», тем больше это дает ему сил идти дальше, к этапу «приобрети себе друга». Насколько человек больше чувствует величие «Рава», настолько он будет больше требовать от своего тела, чтобы оно отказалось от своих желаний. Все это нужно для того, чтобы человек мог слиться с «Равом». Человек должен понять, что Он может сделать все и поступиться всем, лишь бы достичь слияния с Творцом.

Получается, что если человек видит, что он не в силах преодолеть желания своего тела, то есть он считает, что он человек слабохарактерный, то это неправда. На самом деле этот человек еще не осознает величие «Рава», то есть он не понимает важности власти Духовного над собой, поэтому у него и нет сил для преодоления. Когда же он поймет всю важность этого, то это даст ему силы отказаться от желаний тела и приобрести то, чего хочет он, то есть слияния с Творцом.

Например, человек очень устал и пошел спать. В три часа его будят и говорят: «Иди, учи Тору». Разумеется, человек скажет, что у него нет сил встать. А если он чувствует слабость, и его температура немного повышена, то тем более у него не будет сил встать. Но если этого же человека, который очень устал, больного, с повышенной температурой, разбудить ночью и сказать, что его дом горит, то он немедленно вскочит на ноги. При этом он не будет причитать, что у него нет сил, что он болен и т.д., а сразу бросится тушить пожар. Даже если человек очень болен, он приложит в данном случае все силы, чтобы спасти себя, родных и имущество.

Поэтому человек, который действительно пытается «сделать себе рава» и верит, что от этого зависит его жизнь, может преодолеть все препоны, возникающие на его пути. Чем больше он будет чувствовать, что это его жизнь, тем больше будет у него сил бороться с препятствиями.

Согласно вышесказанному получается, что все служение человека Творцу (изучение Торы, молитвы) на данном этапе должно сконцентрироваться на осознании величия и важности «Рава». Нужно много и усердно молиться для этого. И это называется «поднимать» Высшее Царство, которое находится во «прахе». На земле Ему не придают должного значения.

А что делают с ненужной вещью? Выбрасывают ее в прах. Поэтому, первым делом, человек, который хочет духовно развиваться, должен поднять Присутствие Творца (Шхину) из «праха». Это значит, что он должен правильно оценить величие этого и значимость. А для того, чтобы возвеличить, он должен молиться, и тогда у человека появятся силы правильно оценить Шхину.

Исходя из вышесказанного, мы можем понять смысл слов: «Итак, дай почет, Создатель, народу Своему», которые мы говорим в молитве на Рош а-Шана. На первый взгляд трудно понять, как можно просить у Творца почет для себя. Ведь мудрецы сказали (Авот, 14), что нужно быть скромными. Как же мы можем просить почет? Дело в том, что эти слова нужно понимать так: «Итак, дай ощутить почет к Тебе, народу Твоему».

Это значит, что у нас не хватает истинного уважения к Творцу, ведь «Город Творца низведен до преисподней..», и это называется «Шхина во прахе». Мы не прикладываем должных усилий, чтобы «сделать себе рава». Поэтому в Рош а-Шана, – а именно это время для принятия на себя власти Управления Творца, – мы просим у Создателя, чтобы он дал нам ощутить Свое Величие.

Когда народ Израиля почувствует истинное уважение к Творцу, тогда он сможет учить Тору и соблюдать заповеди во всей полноте. Потому, что нам не хватает лишь осознания важности и величия дела слияния с Создателем. И не найдется ни одного человека в мире, который бы предпочел смерть Жизни. Если, конечно, он чувствует, что может наслаждаться жизнью.

Если же человек не чувствует вкуса жизни, то он может выбрать и смерть. Потому что человек не способен терпеть страдания, так как это противоречит Цели Творения, которая, как известно, заключается в том, чтобы насладить творения, то есть чтобы они наслаждались жизнью.

Поэтому, когда человек не видит ничего хорошего в жизни и не надеется на перемены к лучшему, он кончает жизнь самоубийством, потому что у него нет цели в жизни. Итак, нам не хватает только понятия «сделай себе рава», то есть чтобы у нас было ощущение величия Творца. Когда у нас появится это чувство, то мы все сможем достигнуть цели – слиться с Ним.

Объясним теперь высказывание Йешуа бен Парахия (Авот 14), который сказал три вещи:
1. сделай себе рава;
2. приобрети себе друга;
3. оценивай каждого человека в лучшую сторону – с точки зрения любви к товарищам.

Сделай себе рава и приобрети друга (2)
Статья, 8 1985 г. (часть 2)

Необходимо различать связи:
1. между человеком и Творцом;
2. между человеком и его ближним по группе;
3. между человеком и остальными людьми, которые не являются его товарищами по группе.

Сказано: «Создай себе рава и купи себе товарища» – это путь исправления. Сказано также: «Оправдывай каждого человека» («Авот», ч.1).

Что означает «создай», «купи», «оправдывай»? Следует пояснить, что «создай», в данном случае, выходит за рамки разума, так как в ситуации, когда разум не понимает, стоит ли делать что-либо или нет, как же тогда можно принять решение, что хорошо для меня, а что плохо? Если с точки зрения разума два пути равны, то кто же тогда склоняет человека принять решение, что стоит ему делать? И вот именно тогда своим действием он может принять решение.

Итак, перед человеком стоят два пути:
1. работать ради отдачи;
2. работать ради получения.

Есть части в теле человека, которые говорят ему: «Неужели ты больше преуспеешь в жизни, если будешь работать с намерением отдавать? Неужели только в этом случае ты получишь наслаждение?» Сказано: «Если делаешь так – счастлив ты в этом мире, хорошо тебе в мире грядущем». И это – утверждение доброго начала в человеке.

Утверждение злого начала – как раз наоборот: лучше и выгоднее работать с намерением получать. И вот тогда только сила, которая называется «действие верой выше разума», склоняет человека к правильному решению, а не разум и не чувства. Поэтому «действие» называется «верой выше разума и здравого смысла». Выходит, что вера – это сила, обратная разуму.

Действие «купи» – это действие внутри разума, то есть согласно разуму. Как и в нашей жизни, когда человек хочет что-либо купить: продавец предлагает ему товар, а он стоит перед выбором – стоит ли покупать по той цене, что у него просят. Если не видит выгоды – не покупает. Выходит, что «купи» подразумевает использование разума.

А сейчас разберем понятия «**рав**» и «товарищ». Иногда под товарищами подразумевают группу, вместе с которой хотят быть в единой связке. Это может быть благодаря совпадению по свойствам, когда каждый заботится о ближнем, то есть отношения построены на основе любви к ближнему. Получается, что таким путем объединяются, становятся как одно целое.

Поэтому, когда образуется некое общество, ставящее своей целью создание единой группы, тогда люди, которым захотелось основать такую группу, ищут обычно людей, подобных себе по убеждениям и по свойствам. И они должны ощущать, более или менее, близость по духу. Тех же, кто не подходит под это, не принимают в создаваемую группу.

После этого в группе начинается работа. Но если с самого начала, то есть еще до того, как объединиться в одну группу, не ставили они единой целью такое объединение, то не стоит и надеяться, что получится что-нибудь из всего этого. И если до того, как они стали группой, можно было различить, что у них есть, более или менее, одно стремление, тогда можно сказать, что они способны начать работу в группе над любовью к ближнему.

Между человеком и Творцом
Между человеком и Творцом порядок работы таков, что сначала надо «сделать себе Рава», а потом уже «купить себе Товарища», то есть сначала человек должен поверить выше разума, что Творец – он Рав (то есть большой, превосходящий собственное я человека). Как написано в предисловии к Книге Зоар, что «самое главное – это страх перед Творцом, и означает он, что человек должен трепетать перед своим Создателем, потому как Он велик и властвует над всем».

И в той мере, в которой он верит в величие Творца, называемого в таком случае Равом, в той же мере есть у него силы для действия «купи», то есть купить путем отказа от собственного эгоизма, единение по свойствам с Творцом, называемое также слиянием с Ним, и тогда Творец называется Товарищ – «Хавер», поскольку есть тогда объединение – «хибур» с Творцом («хавер» и «хибур» – однокоренные слова). К примеру, когда покупают в нашем мире разные вещи, то обязаны заплатить за них деньгами или почетом, или просто приложить усилия, чтобы достичь чего-либо. Так же, когда человек хочет приобрести слияние с Творцом, он обязан заплатить отказом от эгоизма, так как иначе не прийти ему к совпадению по свойствам с Творцом.

В то же время, когда человек видит, что не способен на такой отказ ради достижения единения с Творцом, то он должен понимать, что это не из-за того, что он родился слабохарактерным и потому не способен преодолеть собственный эгоизм, но недостаток его в «Сделай себе Рава», то есть в том, что он не работает над верой. Так как только в той мере, насколько он верит в важность и величие Творца, в той мере есть у него силы оказаться от эгоизма.

И более того, человек должен знать, что если он хочет оценить величину собственной веры, то он может увидеть это по той степени ограничений на использование своего эгоизма, на которую он способен пойти. Тогда он узнает, насколько находится в работе «выше разума», и это верно между человеком и Творцом.

Между человеком и его ближним

А между человеком и его ближним, то есть товарищами по группе, надо сказать сначала «купи» себе товарища, а уж потом «сделай» себе рава. Потому что в то время, когда человек ищет себе товарища, он должен проверить его сначала, действительно ли стоит объединиться с ним. Как мы видим из установленной для нас специальной молитвы, связанной с товарищем, которую мы говорим в молитве «да будет желание»: «Отдали нас, Творец, от плохого человека и от плохого друга». Выходит из этого, что возложено на человека еще до того, как он принимает другого себе в товарищи, проверить его со всех сторон, а для этого необходимо воспользоваться своим разумом, поэтому не сказано «сделай себе товарища», так как «сделай» подразумевает действие выше разума. Следовательно, в отношениях с ближним в группе человек должен использовать свой разум и предварительно проверить, насколько это возможно, подходит ли ему его товарищ по взглядам и по свойствам, чтобы знать, сблизиться ли ему с ним или отдалиться от него, о чем мы и молимся каждый день: «и отдали нас от плохого человека и от плохого друга».

И тогда, если он видит, что стоит объединиться с ним, то он должен заплатить за это, то есть отказаться от эгоизма и получить взамен этого силу любви к ближнему. И тогда он сможет надеяться достичь также любви к Творцу.

А после того, как он объединился с группой людей, которые стремятся достичь состояния любви к Творцу, и хочет приобрести от них силу для работы с намерением отдавать, и хочет восхищаться тем, что они говорят о необходимости достижения любви к Творцу, тогда он должен возвышать каждого члена группы, считать его больше самого себя. Как написано про это в книге «Матан Тора», что «тогда человек не ценит группу в той степени, чтобы прислушаться к ее мнению, когда не считает, что эта группа – выше его». Поэтому каждый должен чувствовать себя, что он меньше всех, так как больший не может получить от меньшего. Как написано: «Восхищаться Его величием» – только меньший может восхищаться большим.

Получается, что на втором этапе, то есть когда каждый должен научиться чему-либо от другого, тогда входит в силу правило – сделай себе рава, для того, чтобы суметь сказать, что его товарищ выше его, а для этого он должен использовать «действие», поскольку только выше разума он может сказать, что его товарищ находится на более высокой ступени.

Поэтому между человеком и его ближним в группе порядок таков: сначала он должен выполнить «купи себе товарища», а потом уже – «сделай себе рава».

Между человеком и остальными людьми

Также Мишна говорит нам («Авот», ч.1): «Сделай себе рава, купи себе товарища и оправдывай каждого человека».

Ранее мы выяснили, что между человеком и его ближним по группе существует такой порядок: вначале – «купи себе товарища», где «купи», как уже было разъяснено, означает внутри разума, а потом уже должны заниматься тем, что называется «сделай себе рава». А между человеком и Творцом порядок таков: вначале – «сделай себе Рава», а потом уже «купи себе Товарища», как это было объяснено выше. Теперь же надо разобраться: что означает, когда про всех других людей говорят «оправдывай каждого» – имеют в виду «купи» или «сделай»?

На основе всего сказанного мы должны растолковать это изречение не как «купи», а как «сделай».

Пусть, например, есть синагога, в которой молится много людей. И образуется внутри этой синагоги маленькая группа людей, желающих слиться воедино, где основой отношений будет любовь к ближнему. Скажем, к примеру, что есть там сто молящихся, и десять из них хотят сблизиться. Следует разобраться: почему выбрали именно эти десять человек, чтобы они объединились друг с другом, а не других людей из той же синагоги?

Может быть причина в том, что эти люди считают, что они лучше по сравнению с другими людьми из их синагоги? Или же потому, что они хуже других молящихся, и потому они почувствовали, что нуждаются в каком-то действии, чтобы возвыситься до вершин Торы и страха перед Творцом?

Все это можно объяснить следующим образом. То, что эти люди согласились объединиться в одну группу, основываясь на любви к ближнему, так это потому, что каждый из них почувствовал, что есть у них одно общее желание, могущее сблизить их мысли и дающее им возможность получить силу для этой любви. Известно от АРИ, что «как лица не похожи друг на друга, так и мнения не похожи друг на друга». Несмотря на это, люди, согласившиеся объединиться между собой в одну группу, поняли, что не так уж далеки их мысли, в том смысле, что все они понимают необходимость в работе над любовью к ближнему, поэтому каждый способен уступить в пользу другого и посредством этого они могут слиться. А остальные люди не испытывают такой уж необходимости в этой работе, поэтому не может группа с ними объединиться.

Выходит, что когда работают над слиянием в группе, в это время каждый проверяет другого – его мысли, его характерные качества: стоит ли принять его, достоин ли он войти к ним? Отсюда наша просьба в каждодневной молитве: «и обереги нас от плохого человека и плохого друга». Это называется «купи себе товарища» и подразумевает работу на основе разума.

Из-за этого получается, что он гордится перед остальными молящимися из синагоги. А как же можно поступать так, ведь это против указаний Мишны («Авот», ч.4): «Сказал рав Левитас, что надо быть очень скромным».

Про это говорит раби Ешуа сын Перхия («Авот, ч.1): «И оправдывай каждого человека». То есть по отношению к остальным людям он должен идти выше разума, что означает состояние «делай» – то есть действие, а не разум. Так как с точки зрения разума он видит, что они не такие способные, как те, кого он выбрал друзьями. И так рассуждает каждый. Получается, что каждый превозносит себя перед всеми!? И здесь можно посоветовать только «оправдывать каждого».

Это имеется в виду по отношению к каждому человеку, то есть по отношению к остальным молящимся в синагоге он должен оправдать каждого и сказать, что они на самом деле важнее его, и это его вина в том, что он не может оценить важность и величие масс, поэтому внутри разума он не видит их величия. Таким образом, по отношению к ближнему в группе, как мы уже объяснили, человек должен «купить», а по отношению к массам он должен «сделать» – что выше разума, и называется это «оправдай каждого».

Оплот спасения моего
Статья 13, 1985

В ханукальной песне мы поем:
«Твердыня и крепость моего спасения,
Тебе принадлежат мои восхваления,
Стань домом моих молитв,
И там вознесем благодарение».

Песня начинается со слов о восхвалении – «Тебе принадлежат мои восхваления», затем говорится о молитве – «стань домом моих молитв», и затем снова слова благодарности и восхваления – «и там вознесем благодарение».

Таким образом, здесь есть три части, подобно тому, как в молитве «шмона эсрэ»: три первых благословения – это восхваления и возвеличивания, средние благословения являются просьбами, и три последних благословения – снова восхваления и возвеличивания.

Итак, начало дано в настоящем времени: **«Тебе принадлежат мои восхваления»**, то есть мы благодарим и восхваляем Тебя за те блага, что мы получили от тебя. Это подобно тому, что сказали мудрецы (Брахот, 32): «Всегда будет человек сначала превозносить величие Творца, и только затем молиться Ему».

Смысл в том, что только у того, кто верит, что Творец добр и милосерден и желает насладить творения, есть у него «место» для молитвы. И потому мы обязаны предварительно возвеличить Творца, то есть сам человек должен возвысить величие этого «места», а вовсе не то, что Творец бы увидел, что человек возвеличивает Его, ибо Творец не нуждается в творениях, а сам человек должен увидеть величие Творца, и только потом он сможет просить у Него помощь, чтобы помог и ему, поскольку это суть Его – наслаждать творения.

И потому после слов «Тебе принадлежат мои восхваления» идет молитва **«стань домом моих молитв»**. «Дом моих молитв» – смысл этих слов такой же, как в высказывании «и привел их на гору моей святости, и наслаждались в доме моих молитв». «Гора» («хар» на иврите) от слова раздумья, мысли (хирхурим), то есть освяти их мысли, чтобы все их размышления были бы из святости, и в этом смысл слов **«гора моей святости».**

«И наслаждались в доме моих молитв» – это сердце человека, там должно быть «место» для возвышения, вдохновения шхины, так как шхина называется молитва, как известно, что малхут называется молитва, как написано **«и Я – молитва»** («Я» в Кабале означает «малхут»). А после слов «стань домом моих молитв» идет « и там **вознесем** благодарение». Таким образом сначала идет восхваление, затем молитва, и затем снова благодарность и восхваление, в той же последовательности, что и в молитве «шмона эсре», которая завершается восхвалением и возвеличиванием Творца.

Но что делать человеку, который и хотел бы начать с восхваления, но сердце замкнуто, и ощущает он в себе множество недостатков, и не способен воспеть и воздать хвалу? Единственный совет – идти верой выше знания и сказать, что во всем – скрытое милосердие, то есть сказать, что все вокруг – милосердие, но для него оно пока неявное, поскольку это сам он пока недостаточно чист, чтобы мог увидеть все те блага и наслаждения, которые уготованы Творцом для его творений.

И после того, как возвеличил славу этого «места», то есть когда он верит выше знания, что абсолютно все вокруг – только благо и милосердие, то должен он молиться, чтобы Творец исправил ему сердце. Чтобы стало оно **«домом молитв»**, что означает, что милосердие Творца станет там явным, это называется явное, проявленное милосердие. «И там **вознесем** благодарение, то есть воздаст благодарность за то, что сумел принести в жертву свой эгоизм. Это и называется «и там **вознесем** благодарение» за то, что удостоился принести в жертву свое желание получать для себя, свой эгоизм, и взамен получил желание отдавать, альтруизм, что называется «освятил место».

Но самое главное – прежде всего у человека должно быть желание избавиться от своего эгоизма, а поскольку эгоизм составляет самую сущность творений, то человек любит его, и потому очень трудно осознать, что от него следует полностью избавиться, но иначе невозможно ничего достичь в духовном.

В нашем мире мы видим, что есть у человека желания и потребности, касающиеся его самого, идущие от его внутренних нужд, а есть желания, которые человек получает извне. То есть сам он, не будь вокруг него людей, которые породили в нем эти желания, сам человек никогда бы не почувствовал, что этого ему не хватает, и только окружающие порождают в нем эти желания и потребности.

Например, человек, даже если и нет никого вокруг, все равно сам желает есть, пить, спать и т.д. Но если есть вокруг другие, то появляется также понятие стыда, то есть он обязан пить и есть то, что его вынуждают другие. И особенно заметно на примере одежды, что дома человек ходит в том, что нравится ему самому, а когда появляется в обществе, то должен быть одет так, как там это принято, а не иначе, поскольку стыд вынуждает его соответствовать общим меркам.

Точно так же и в духовном. У человека есть внутреннее стремление к духовному с его собственной стороны, то есть даже когда он совершенно один и нет вокруг никого, кто мог бы как-то подействовать на него и пробудить в нем какие-то желания, но изнутри, из собственных побуждений вдруг пробуждается стремление и желание работать на Творца.

Но внутреннее желание, имеющееся у него, конечно еще не настолько велико, чтобы достигнуть с его помощью духовных целей, и его надо еще и еще увеличивать. Для этого советуют мудрецы действовать, как и в нашем мире, то есть увеличивать, укреплять это желание с помощью окружающих, которые обязывают тебя, например, ходить одетым в соответствии с их взглядами и вкусами.

И когда он присоединяется к людям, у которых, как он видит, тоже есть стремление к духовному, то это желание, владеющее окружающими его людьми, порождает и усиливает и его собственную тягу к духовному, и тогда стремление человека к духовному становится достаточно сильным. То есть кроме того желания, что есть у него самого, человек получает и те желания к духовному, которые окружающие порождают в нем, и тогда его желание достигает такой силы, которая помогает ему достичь цели.

И в этом сущность понятия «любовь к товарищам», что каждый из группы, кроме того желания, которое имеет сам, приобретает желания и от всех друзей. И эту великую ценность невозможно приобрести никак иначе, как только с помощью любви к товарищам. Но следует очень остерегаться, чтобы не попасть в группу людей, у которых нет желания проверять самих себя, сущность своей работы – основана ли она на альтруизме или на эгоизме, на желании отдавать или получать, и не желают видеть, ведут ли их действия по пути истины, то есть путем чистого альтруизма, ведь только такая группа способна сделать желания друзей альтруистическими.

Это значит, что каждый получает от друзей ощущение потребности, недостатка, то есть ощущает, насколько недостает ему силы альтруизма. То есть если человек везде, где он бывает, во всем, что делает, жадно ищет любую возможность, которая могла бы добавить ему силу альтруизма, то когда попадает в такую группу, где все жаждут силы альтруизма и где все получают друг от друга эти силы, то это и называется, что получает силы извне, снаружи, в дополнение к тем небольшим силам, что были у него самого изначально.

И наоборот, есть вокруг и такие силы, что запрещено получать от них какую бы то ни было помощь, несмотря на то, что помощь от этих внешних сил вроде бы и может помочь ему в работе. И нужно очень остерегаться, чтобы не поддаться таким силам. В этом нужны особенно тщательные усилия и предосторожности еще и потому, что тело вообще очень склонно делать что-то под влиянием окружающих людей.

Это бывает с человеком, когда он слышит, как о нем говорят, например, что у него выдающиеся способности, или что он знаток учения, или что у него силен праведный страх не согрешить, или говорят, что он – человек, обостренно ищущий правду. И когда человек слышит такие речи, то хотя услышанные им разговоры вроде и дают ему силу для работы, но он тогда начинает получать уважение, почет и т.п. как плату за свою работу.

И тогда он больше не нуждается в том, чтобы Творец помог ему черпать силы для работы только в вере выше знания и в альтруизме. Наоборот – силы для работы он тогда получает от своего окружения. То есть окружающие обязывают его заниматься Торой и выполнять заповеди, а не Творец.

И в этом важность понятия «скромность», что одна из причин для нее – это не «вскармливать» эгоизм окружающих, и потому должен человек действовать скромно и независимо, как сказано: «И скромность с Творцом, Создателем твоим» (Миха, 6,5).

Поскольку окружение, то есть посторонние люди, они «вскармливают» свой эгоизм за счет его работы, потому что после того, как человек слышит, как его расхваливают, то он уже учится для своего окружения, а не во имя Творца, так как он уже не нуждается в том, чтобы Творец приблизил его к своей работе – ведь теперь он делает эту работу во имя того, чтобы окружающие воздавали ему почести и т.п., чтобы он за это учился и работал ради них, то есть это они, а не Творец, обязывают его работать.

Видим, что это подобно тому, будто он работает «на чужих богов». Это означает, что они обязывают его работать ради них, заниматься Торой и выполнять заповеди только за те почести, почет и т.п., что они воздают ему. Сказанное означает, что в случаях, когда они не знают о его работе, а он сам не видит никого, кто наблюдал бы за его занятиями Торой, то нет никого и ничего, что обязывало бы его трудиться. И это называется усилением эгоизма окружающих, и потому должен человек трудиться скромно и независимо.

Однако того, что он работает в скромности, еще недостаточно, и хотя теперь только Творец обязывает его к духовной работе, но должно выполняться еще условие: человек должен работать не во имя получения вознаграждения. А это уже совсем иная работа, поскольку это абсолютно противно нашей природе, так как человек создан по природе своей только с желанием получать, а здесь он должен трудиться только альтруистически, на отдачу, и ничего не получать для самонаслаждения. И поэтому-то и следует найти группу, в которой каждый убежден в том, что трудиться следует чисто альтруистически.

То есть поскольку эта сила – сила альтруизма очень мала у человека, то должен он найти людей, которые тоже нуждаются в таких силах, и когда они соединятся вместе, то каждый из них сможет получить силы от друзей, так как очень нуждается в этом. И тогда Творец пошлет нам помощь, чтобы смогли мы продвигаться путем альтруизма.

Чем более изнуряли его
Статья 16, 1985

«И по мере того, как изнуряли Исраэль, множился он и разрастался, и египтяне стали тяготиться сынами Исраэля» (Недельная глава «Шмот») – то есть насколько притесняли его, в той же мере он разрастался и множился. Неужели рост и умножение в работе по духовному продвижению невозможны, если не будут основываться на мучениях? Неужели предварительные мучения – необходимое условие для духовного продвижения?

Чтобы понять написанное, должны мы узнать то главное, что составляет нашу сущность. У Бааль Сулама сказано, что все наше составляющее, наша суть – это только наше желание получить (наслаждение). И, конечно же, наполнение эгоистических потребностей не называется работой, так как «работой» называется то, за что получают плату. Работа – это такие действия, от которых человек готов отказаться, но делает их только потому, что нет у него другого выхода, так как страстно желает получить плату, вознаграждение.

Вознаграждением называется то, к чему стремится человек, когда все устремления и желания его направлены к этому. А настоящее страстное желание – это когда желаемое проникло в его сердце настолько, что человек говорит себе: «Если не будет у меня возможности достигнуть этого, то такой жизни я предпочитаю смерть».

Поэтому, если не ощущает человек муки и боль из-за отсутствия того, к чему стремится, то желание это еще не является страстным влечением. И в той мере, насколько чувствует он страдания от нехватки этого, этим определяется величина его устремления.

Из этого следует, что если человек хочет получить какое-либо наслаждение, то должен прежде ощутить недостаток его, ибо нет ощущения наслаждения без желания на его получение. И невозможно наполнить себя ничем, если не чувствовать недостаток этого.

Например, не может человек кушать, если нет у него аппетита, получать удовольствие от отдыха, если не было ощущения усталости. Поэтому, если не мучается человек от страданий, которые посылаются ему египтянами (его же эгоистическими желаниями), если не мучают они его изнутри, если не желает он слушать их голос, а хочет идти прежней дорогой, то это означает, что нет еще у него достаточного желания для избавления из Египта – избавления от своего эгоизма.

Корнем получения в человеке является его эгоизм, и свойство это называется «Египет». Существует множество свойств человека – народов, и их общее деление на «семьдесят народов мира», потому что в каждом свойстве есть 10 подсвойств. Эти 70 свойств – народов, есть как с альтруистической, так и с эгоистической стороны человека, и они соответствуют «противостоящим» свойствам друг друга.

«Египет» представляет собой общий эгоизм, эгоизм в его общем виде. В него упали альтруистические желания, искры духовного – народ Исраэля, который находится там, чтобы исправить эгоизм. Но должны сначала ощутить страдание и боль от того, что не могут выйти из-под власти египтян. Как написано: «И стонали сыны Исраэля от работы, и воззвали к Творцу от этой работы, и услышал Творец их стенания» (Шмот, 2).

Сказано дважды «от работы», потому что стоны их были оттого, что не могли работать ради Творца. И все их страдания потому, что не могли делать эту работу бескорыстно, так как находились под властью египтян – неисправленных, эгоистических желаний.

Поэтому написано дважды «от работы»:
1. все стоны их были из-за того единственного, в чем ощущалась истинная потребность, хотя при этом не хватало им и многого другого. Это значит, что не желали никаких излишеств и никакой оплаты, и была у них единственная потребность, потому что ощущали страдания и боль оттого, что не могли сделать что-либо ради Творца. В нескольких словах это можно объяснить так: хотели они, чтобы появилось у них желание наслаждать Творца, а не собственный эгоизм, но не могли прийти к этому, и от этого страдали. И это называется, что хотелось им иметь хоть какую-то опору в духовном;
2. во второй раз «от работы» приходит, чтобы научить тому, что когда «вознесли свои крики о помощи к Творцу», Творец услышал их стоны потому, что просили только о работе, и на это указывает второе упоминание «от работы». Получается, что всякое изгнание, которое ощущалось, было только из-за того, что находились под властью эгоистических желаний Египта, и были не в состоянии сделать что-либо альтруистически.

Написано в Книге Зоар (Шмот, 108): «Сказал раби Егуда: «Обрати внимание, что это так, как сказал раби Йошуа де Сахнин, что все то время, пока Исраэль находится под властью Фараона, не слышны крики Исраэля, но как только упал властитель, как написано: «умер Царь Египетский», то сразу «застонали сыны Исраэля от работы и вскричали, и вознесли вопли свои к Творцу», но до того часа не получали ответа на свои крики».

И это дает повод спросить: неужели пока не придет время снятия ярма Египетского (человеку), нет места свободе (его) выбора, чтобы раскаялись (его эгоистические желания) и смогли выйти из изгнания? Ведь в комментарии «Сулам» (п. 140) сказано: «В те многочисленные дни» – когда дни пребывания Исраэля в Египте стали многочисленны, то есть когда состояние изгнания дошло до предела, тогда «и умер царь египетский», что означает: «свержен властитель египетский со своих высот, и пало его величие», и поэтому говорится о нем, что «умер правитель египетский», так как потеря своего прежнего положения для него равносильна смерти.

А потому как пал царь египетский (в глазах человека), то вспомнил Творец Исраэль (вспомнил человек о пути к Творцу) и услышал молитву их (молитву человека о духовном возвышении)».

И Зоар задает такой вопрос на высказывание «Когда станет невмоготу тебе, то с тобой случится все это» : неужели прежде, чем воплотится все, что положено, невозможно прийти к совершенству? И поясняется, что все, что должны пройти, могут пройти в меру ощущения страданий, и это не определяется ни временем и ни количеством, а только величиной, степенью ощущения.

Это можно понять на примере: если человек должен приложить усилие в 1 кг, соответствующее 1000 г страданий, то соответственно этому будет оплата, как говорили мудрецы: «По страданиям и вознаграждение». И то, что человек должен раскрыть это тяжелым трудом, прежде чем получит свою плату, это оттого, что «нет света, наслаждения без желания на это наслаждение», потому что нет наполнения, если не ощущался прежде его недостаток. И усилие, которое человек прилагает – это подготовка к тому, чтобы ощутить недостаток, чтобы была у него затем возможность ощутить в нем полноту, наполнение.

И, скажем, 1000 г недостатка – человек может дать их разными частями, которые будут отличаться друг от друга как качественно, так и количественно. Например, человек может прикладывать усилия 10 мин. в день – т. е. сожалеть о том, что удален он от Творца, а может сожалеть об этом и 10 мин. в неделю, или 10 мин. в месяц он вспоминает о том, что находится в удалении от Творца, и только тогда сожалеет об этом.

Подобно этому и качество страданий, вызывающих у человека сожаление тогда, когда вспоминает он о том, что находится в отдалении от Творца. И хотя это вызывает боль, но нет у него никакого чувства страха или опасения за то, что удален – ведь есть вещи, к которым влечет его гораздо сильнее, и боль за них сильнее. Выходит, что и качественную сторону человек должен взвешивать, принимать в расчет.

Есть и в этом у человека выбор, несмотря на то, что должен пройти весь путь усилий и страданий, пока в итоге не придет к полному слиянию с Творцом там, где прежде ощущались им страдания, оттого что отдален от Него.

Но есть у человека возможность уменьшить время прохождения страданий, увеличив как количество, так и качество ощущения страданий, что удален он от Творца. И тут необходимо знать, что есть огромная разница между количественным увеличением этих страданий – увеличением времени их прохождения, и качественным увеличением их ощущения.

Для того, чтобы увеличить количество времени, человек может сделать себе распорядок: сколько времени он может этому уделить, даже принудив себя к этому. То есть при всем том, что не желает тело – его эгоистические желания, сидеть и сожалеть об удалении от Творца то количество времени, которое человек выделил для себя, решив, что он должен для этого высидеть столько-то минут или часов, все же, если есть у него при этом сильное желание и твердый характер – он сможет выполнить то, что наметил. Ведь это – действие, а в действии человек в силах принудить себя.

Но что касается качества усилий – это намного тяжелее, так как не в состоянии человек заставить себя ощутить иначе, чем он чувствует на самом деле. Получается, что если человек попытается разобраться в степени своих ощущений, насколько он испытывает боль и мучается от того, что отдалился от Творца, то обнаружит, что иногда он испытывает состояние, когда ему совершенно все равно. И тогда не знает он, что ему делать – ведь не может же он поменять свое ощущение на какое-то иное – и впадает тогда в состояние паники, растерянности.

И от этого зависит продолжительность изгнания – состояния, когда человек не ощущает никакой связи с Творцом, потому что трудно нам дать необходимое количество усилий, а уж тем более их качество. И когда начинает человек размышлять о том, до какой степени ощущается им потребность в этой связи, то видит, что отсутствие сближения с Творцом не вызывает в нем никакой боли, и нет в нем даже осознания этого. Не чувствует он того, что удаленность от Творца означает отсутствие в нем Духовной жизни, и потому это не вызывает в нем никаких страданий.

И тогда не остается ничего другого, как молить к Творцу, чтобы дал ему хоть немного вкусить Духовного – чтобы смог человек ощутить, что смертельно болен и нуждается в исцелении души. Но случается, что человек испытывает состояние такого глубокого падения – настолько находится во власти своего эгоизма, что даже и об этом нет сил у него просить. Тогда все становится ему безразлично, а состояние его определяется как «духовно неживое», то есть отсутствует в этот момент у человека всякое внутреннее движение к духовному.

И в таком состоянии только группа может ему помочь. Когда находится человек среди своих товарищей по духовному продвижению, не подвергая никакой критике их действия, не выискивая, есть ли у них мысли, мешающие общей работе, есть ли у них помехи, подобные его помехам, пытаются ли они противостоять всему этому? Или может просто из-за того, что даже и не пытаются они разобраться в себе, поэтому в состоянии заниматься Торой и Заповедями? «Так зачем же тогда мне уподобляться всему тому, что в них есть?» – в итоге думает он.

И не в состоянии тогда человек получить никакой поддержки от группы, потому что нет у него никакого единения с товарищами, никакого слияния с ними – ведь они не достойны того, чтобы стоило ему с ними соединяться. И тогда не получает он ничего от той силы, которая в изобилии есть в группе. Поэтому, мало того, что состояние его определяется как «духовное падение», и не чувствует он никакой потребности в духовном, но наполняют его мысли о собственном величии – что он может всех вразумить в группе.

А группа может помочь лишь тогда, когда пришел человек к своим товарищам не с поднятой гордо головой, оттого что он умный, а они глупцы, а когда отбрасывает он все свое высокомерие и тщеславие.

Вернемся же к первому вопросу – к тому, о чем писал Зоар: **«Когда состояние изгнания дошло до предела, тогда «и умер царь Египетский»,** так как потеря своего прежнего положения для него равносильна смерти», – ведь если человек не принимает в расчет свои эгоистические желания, то для эгоизма это равносильно смерти. «И потому как упал царь Египетский – их правитель», – если эгоизм больше не властен над человеком, **«то вспомнил Творец Исраэль и услышал их молитву»,** – раскрываются тогда в человеке истинно альтруистические желания, и вся его дальнейшая работа проходит соответственно желаниям, направленным к Творцу – свойство «Исраэль» в человеке.

Это дает нам основание полагать, что не поможет никакая молитва, если не пришел еще назначенный срок. Но если это действительно так, то к чему тогда все усилия, если все равно Творец не услышит такую просьбу?

Попросту говоря, когда придет назначенное время, то почувствует человек состояние Духовного подъема – пробуждение, посланное ему Творцом. И тогда Исраэль – внутренние устремления человека к Творцу, пробудившиеся сейчас, раскаявшись, вернутся к вере – осознает человек, что желание «получать для себя» является злом для него, и обратится к Творцу.

Получается, что человек может повлиять только на время прохождения страданий. И значит, не стоит человеку ждать, пока придет время его избавления от эгоизма, что прежде этого времени просьба об этом спасении не будет принята. Имеется в виду время прохождения страданий – как их количество, так и глубина, качественная их сторона. И есть определенное количество времени, в течение которого должны проявиться все отведенные данному человеку страдания – во всем их объеме и степени их ощущения. Но мы можем значительно сократить сами страдания тем, что все они раскроются в человеке в течение короткого времени. Но и тогда проявиться должно будет все.

И был вечер, и было утро
Статья 36, 1985

На сказанное в Торе (Берешит 1, 5): «И был вечер, и было утро» – говорит Зоар (Берешит, п.151): «И был вечер», – говорится о происходящем от тьмы, то есть малхут. «И было утро», – это идет от света, то есть Зэир Анпин, и поэтому написано про них «день один», показывая тем самым, что и вечер, и утро – как одно целое, и они вместе образуют один день.

Раби Иуда спрашивает: «И был вечер, и было утро» указывает на единство ЗОН (Зэир Анпин и нуква, малхут), то есть из них обоих создается свет дня, и вместе с тем после написанного сообщается, что это был один день. Что же тогда послужило причиной того, что о каждом дне написано «и был вечер, и было утро»?

И отвечает: «Для того чтобы знать, что не существует дня без ночи и ночи без дня, и никогда они не отделятся один от другого. И поэтому возвращается написанное снова сообщить нам, что это происходит каждый день, то есть чтобы указать на невозможность света дня без предшествующей ему ночной тьмы. И также невозможно существование ночи без того, что ей на смену придет свет дня, так как они никогда не отделятся один от другого».

А сейчас выясним, что же такое свет и что означает тьма, и почему день может состоять только из них обоих вместе взятых? Другими словами: из того, что день состоит из тьмы и света, выходит, что день начинается в тот момент, когда наступает тьма, и только тогда начинается последовательность зарождения одного дня.

Но почему выражение «день» применимо к темноте? Значит ли это, что в тот момент, когда наступает тьма, мы можем уже начинать отсчитывать новый день?

Известно, что после всех сокращений и исхода света, которые произошли в Высших мирах, после второго сокращения и после разбиения сосудов, появилась система нечистых сил. Вследствие этого место миров БЕ»А разделилось на две части: от половины ее и выше – чистые миры БЕА, а в нижней половине образовалось место постоянного нахождения нечистых желаний.

И оттуда они тянутся вниз, в наш мир. Поэтому человек в нашем мире не чувствует никакой потребности в духовном, и о нем сказано: «Подобным дикому ослу рождается человек» (Иов 11, 12).

Спрашивается: откуда же тогда приходит к человеку ощущение духовного и потребность в нем, да еще настолько, что чувство удаленности от Творца дает ему ощущение ночи и тьмы? Просто мы должны знать, что в тот момент, когда человек начинает ощущать свое удаление от Творца, значит, что хоть и в ничтожной степени, но начинает он уже верить в существование Творца. Иначе как можно сказать, что он удален от чего-то, если нет этому существования в мироздании? Но мы должны признать, что существует у человека некое небольшое свечение издалека, которое светит ему по мере того, как он ощущает свою удаленность от Творца.

И из вышесказанного находим, что как только приходит тьма, то есть как только человек начинает ощущать наличие тьмы, в тот момент начинает ему светить небольшой свет дня, ощущаемый как плохой, потому что ощущает человек недостаток в том, что нет у него огромного света Творца, который чувствуется им как хорошее. Но свет ощущается им сейчас как недостаток, то есть он начинает чувствовать, что сейчас ему недостает этого света Творца, называемого «день». Вместе с тем тот, кому не светит свет дня, тот вообще не знает, что существует такое состояние, когда человек чувствует, что ему недостает света Творца, называемого день.

И можно сказать, что человек может иногда чувствовать, что он находится во тьме, то есть что он удален от Творца и стремится приблизиться к Нему. И как следствие этого, человек ощущает страдание оттого, что он удален от Творца.

Вопрос заключается в том, кто приводит человека к тому, что он начинает стремиться к духовному миру?

Иногда человек ощущает тьму и страдания в ином виде. Например, он видит, что его знакомый преуспевает в материальном, то есть в деньгах и имуществе, а у него нет такого достатка и почета. И одновременно с тем, он видит себя более способным, чем его товарищ, как по части таланта, так и по части происхождения, и поэтому он считает, что ему полагается больше почестей, чем его товарищу. А на самом деле он стоит намного ниже, чем его товарищ, и от этого ему очень неприятно.

И вследствие этого нет у него сейчас никакой связи с духовным, и даже не помнит, что у него самого было такое время, когда смотрел на своих друзей, с которыми учится, как на маленьких детей. И в то время, когда смотрел на их страдания, на то, к чему они стремятся, чтобы достигнуть совершенства в своей жизни, то они выглядели в его глазах как маленькие дети, которые не в состоянии сделать правильный выбор, а только стремятся к тому, что видят пред собою: один раз думают, что самое главное в жизни – это деньги, другой раз решают, что самое главное – это получить почет от людей и т.д. И сейчас он сам находится среди этих вещей, над которыми смеялся в прошлом, и ощущает, что нет у него никакого смысла в жизни, пока не поставит он свои стремления и ценности в жизни на тот же уровень, на который поставили его друзья, называемый целью жизни.

Спрашивается, что является сейчас той причиной, которая приводит его к тому, что снова начинает искать Истину? Это значит, что сейчас Творец смилостивился над ним и проявился ему в ощущении подобно дню, который сначала ощущается с плохой стороны, то есть сначала чувствует человек в своем сердце тьму, и именно это и называется зарождением дня. И тогда начинают расти в нем желания, пригодные для ощущения света дня с хорошей стороны, являющейся светом Творца. И тогда начинает ощущать любовь Творца и вкус в Торе и Заповедях.

И отсюда поймем сказанное выше в Зоар, что именно из вечера и утра вместе складывается день, как сказано об этом, что это «один день», показывая тем самым, что это – одно целое, и только вместе они составляют день. И также сказал раби Иуда, что возвращается написанное снова, чтобы указать, что невозможно, чтобы существовал свет дня без предшествующей ему ночной тьмы, как невозможно существование ночи без того, чтобы ей на смену пришел свет дня, так как они никогда не отделяются один от другого.

И из сказанного выше выходит, что не существует света без желания к нему, и чтобы появилось это желание, мы также нуждаемся в свете, называемом «день».

Но также надо понять, что когда человек уже удостаивается крохотного ощущения дня, но это пока только с его плохой (в ощущениях человека) стороны. То есть уже чувствует, что вся его жизнь направлена только на то, чтобы удостоиться слияния с Творцом, и вследствие этого начинает ощущать страдания оттого, что он удален от Творца.

Но кто же приводит человека к тому, что он падает со своего состояния подъема вниз? Ведь раньше был он уверен, что целью жизни является достижение духовного мира, а сейчас вдруг падает в такое низкое состояние, которого всегда старался избегать, и всегда удалялся от людей, целью жизни которых являлось достижение животных наслаждений. А сейчас он сам находится среди них и перенимает все то, что есть у них.

И более того, удивляет, как он мог забыть в своем сердце, что когда-то он уже находился в возвышенном состоянии! А сейчас он находится как бы в забытье, до такой степени, что даже не может вспомнить, что когда-то смотрел на этих людей, среди которых сейчас он сам находится, как на обладающих самыми низкими стремлениями в жизни!? И сейчас даже не стесняется того, как мог попасть в такую атмосферу, от которой всегда убегал. То есть в той атмосфере, в которой они спокойно существуют в достатке, он всегда задыхался и говорил, что это душит духовное. А сейчас он сам находится внутри нее и не чувствует никакого недостатка в этом!?

И ответ на это заключен в сказанном в Теилим (1): «Счастлив человек, который не ходил по совету нечестивых». Что это за «советы нечестивых»? В Пасхальной агаде приводится вопрос нечестивого сына: «Что это за работа у вас здесь?»

И объяснял раби Иуда Ашлаг, что как только человек начинает работать над тем, чтобы все только отдавать Творцу, приходит тогда к нему этот вопрос нечестивого сына, спрашивающего: что будет тебе оттого, что ты не работаешь на себя? И когда человек задается таким вопросом, он начинает задумываться: может быть, на самом деле правда на стороне этого нечестивца? И тогда он падает в его сети.

Исходя из этого, мы должны объяснять сказанное: «счастлив человек, который не ходил по совету нечестивых» так: в тот момент, когда они приходят к нему (подобные низкие состояния) и советуют, что не стоит работать, если человек не видит в этом выгоду для себя, то он не слушает их голоса, а укрепляется в своей работе, говоря: «Сейчас я вижу, что иду по истинному пути, а эти нечестивые люди (низкие желания) хотят запутать меня». И если человек так преодолевает себя, то он счастлив.

И затем говорится в Теилим (1): «И на пути грешников не стоял». И надо объяснить, что это за «путь грешников», на котором он «не стоял»?

Определение «грех» происходит из того, что человек нарушает запрет «не добавляй». Это означает, что настоящий путь заключается в том, что должны идти выше разума, и это называется верой. А обратное этому называется знание. Тело человека всегда понимает только то, что в тот момент, когда у него нет выбора, он должен верить выше разума. Поэтому, как только человек начинает ощущать некоторый вкус в работе, тотчас он берет это в качестве опоры для себя, говоря: «сейчас я уже не нуждаюсь в вере, так как у меня уже есть некоторая основа». И вследствие этого сразу же падает со своей ступени. Поэтому, когда человек опасается этого и **«не стоит»** – не останавливается даже на мгновение, чтобы посмотреть, стоит ли менять свою основу, то говорится, что такой человек **«счастлив»**, что **«не стоял на пути грешников»** и не обращал внимания на их путь.

И затем говорится в Теилим: «и в собрании насмешников не сидел». И надо понять, что это за «собрание насмешников», то есть людей, которые проводят свою жизнь впустую и не принимают свою жизнь всерьез, чтобы каждое прожитое мгновение считалось бы очень дорогим в их глазах. Вместо этого они сидят и думают о других: в порядке ли они или нет, и насколько другие должны исправлять свои поступки, совершенно не относя это к себе и не беспокоясь о своей жизни. И это приводит их к падениям.

И объясняет это РАДАК: «Насмешники – это хитрецы со злым умыслом – они порочат людей, наносят этим им увечье и раскрывают тайное друг другу». И это говорится о бездельниках, пустых людях, и поэтому об этом сказано: «В собрании легкомысленных не сидел» – это и есть причина всех падений.

Заповедь свидетельствовать
Статья 37, 1985

В Зоар (Судьи) сказано: «Заповедь – свидетельствовать в суде, чтобы не потерял ближний деньги из-за того, что не свидетельствует. И посему постановили: свидетели человеку – стены дома его, что значит – стены сердца. Написано: «Обратил Хизкияу лицо свое к стене», – что значит, Хизкияу молился из стен сердца своего. Также члены дома свидетельствуют в пользу человека. «Члены дома» – это 248 его органов (желаний), так как тело называется домом.

Так постановили авторы Мишны: грешник – грехи его вытеснены на его костях. Праведник – благодеяния его вытеснены на его костях. И потому сказал Давид: «Все кости мои заговорят».

Но почему грехи вытеснены на костях больше, чем на мясе, жилах, коже? Это потому, что кости белого цвета, а черный не проступает иначе, чем на белом фоне.

Так же Тора – белая изнутри, то есть пергамент и черные чернила снаружи, черное и белое – это свет и тьма. Кроме того, тело восстает на собственных костях, и потому благодеяния и грехи вытеснены на его костях. И если удостоится человек, восстанет тело на костях своих, а если не удостоится, не восстанет и не будет воскрешено из мертвых».

Необходимо понять язык Зоар, что означает «закон, обязующий человека свидетельствовать на суде, чтобы не потерял деньги ближний», – что означает это во внутренней работе по исправлению души? Нужно понять, из чего состоит его претензия, что он требует, и у кого он требует, какое значение имеет то, что только за верного человека стоит свидетельствовать?

Во внутренней работе человек претендует на то, чтобы дал ему Творец то, что он требует. И если это так, то для того, чтобы показать, что его претензии справедливы, он должен свидетельствовать? Неужели Творец не знает, говорит человек правду или лжет, или только когда человек свидетельствует, Творец видит, что его требование верно?

И как может человек достоверно давать показание о себе? И еще должны понять мы: почему свидетельство (показания) должно быть от стен его сердца?

Но разве не принято, что признание должно идти изо рта, как сказали наши мудрецы: «Из уст их, а не из их писаний»? А здесь говорится о том, что должно исходить из стен сердца, а не изо рта?! И также надо понять, что он имеет в виду, что так постановили авторы Мишны: «Грешник – грехи его вытеснены на костях его, праведник – благодеяния его вытеснены на костях его». Неужели в земных костях записаны грехи и благодеяния? Как духовные понятия, то есть Заповеди и их нарушения, запечатлены на обычных костях?

А объяснение, почему и как могут быть записаны грехи и благодеяния на костях, еще более запутанное: кости белого цвета, а черный текст не проявляется иначе как сквозь белое. И еще нужно понять слова: «И не иначе как тело, которое восстанет на собственных костях». Почему именно на костях, разве от костей зависит, восстанет тело к жизни или нет!?

Для того чтобы понять вышесказанное применительно к духовной работе, нужно помнить известное правило, что нет света без сосуда, то есть невозможно получить какое-либо наполнение, если нет для того острой нужды – желания, которое будет заполнено.

Например, не станет человек обедать, если он не голоден. И больше того: та мера наслаждения, которую получает человек от трапезы, измеряется величиной потребности (голода), которая возникает у него к данной трапезе. Следовательно, если человек не чувствует никакой потребности, нечего надеяться, что у него возникнет возможность получить какое бы то ни было наслаждение. Так как нет в нем «места» для наполнения (наслаждением).

В случае, когда мы говорим о порядке внутренней работы человека, который продвигается вглубь ощущения мироздания, себя – это значит, что у него есть желание выполнить эту работу с намерением ради Творца. Разумеется, согласно вышеуказанному правилу, у него должна быть к этому потребность, то есть он чувствует, что обязан делать действия ради Творца. Согласно той мере, в которой он чувствует эту необходимость, в той степени мы можем сказать, что у него есть сосуд (кли). А наполнение этого сосуда происходит в то время, когда он работает ради Творца, то есть что он хочет доставить удовольствие Творцу, тело уже согласно на эту работу ради Творца.

Человек сотворен получающим (наслаждение) согласно своей природе, а не отдающим. И если хочет человек работать на отдачу, то есть есть у него желание, тело воспрепятствует этому и тотчас спросит: почему ты хочешь изменить природу, в которой создан, в чем состоит твоя потребность, чего тебе недостает? И действительно ли ты понимаешь на все 100%, что ты должен работать на отдачу?

Разве ты не видишь, как остальные выполняют Заповеди, как стараются, чтобы их действия были точны и скрупулезны? Это значит, что, живя согласно Торе и Заповедям, их главной заботой является, чтобы их **действия** были соблюдены до мельчайшей подробности. И не особенно думают при этом о **намерении,** говоря: «Ясное дело, то, что мы можем – мы выполняем, а на намерение не обращаем особого внимания, так как работа на Творца – это для избранных, а не для всего общества».

Когда тело задает свои вопросы, очевидно, оно спрашивает по делу. И не получая достойного ответа, оно не разрешает человеку задумываться над желаниями отдавать, так как справедливость с телом, и нет света без сосуда. «Если ты не ощущаешь потребности к альтруизму, зачем тогда поднимать весь этот шум?»

Поэтому тело говорит человеку: «Скажи мне сначала, какая потребность в альтруистических желаниях, а потом будем говорить дальше». И согласно вышесказанному, нужда в этом желании должна быть в том, что чувствует страдания оттого, что не может отдавать, и посему, т. к. не построил сосуд, разумеется, что не может удостоиться получить свет, т. е. исправление.

Несмотря на это, человек должен стараться, чтобы появилась у него огромная неудовлетворенность оттого, что не может он отдавать Творцу. И величина этой неудовлетворенности соответствует тем страданиям, которые он испытывает от недостачи этого ощущения, потому как нет у него того, о чем он просит. В любом случае это не называется потребностью, т. к. истинная потребность измеряется той болью, которую он испытывает, оттого что не имеет.

И из этого можно понять слова АРИ: «Возлюбите Творца вашего и служите ему всем сердцем», – что это за работа, которая в сердце? – это молитва». И следует понимать, почему перестали использовать молитву в ее обычном толковании. Так водится в мире – когда человек хочет получить что-либо у другого, он открывает рот и просит у него. Как написано: «Слышу я молитву от каждого рта». Тогда почему сказано, что молитвой называется работа, что в сердце?

Учитывая вышесказанное, что молитвой является ощущение недостатка, и человек желает, чтобы Творец заполнил этот недостаток, но нет никакого значимого недостатка во рту у человека, т. к. все чувства его ощущаемы в сердце. Поэтому, если человек не чувствует в сердце недостатка, то все, что сходит с его губ, не идет в расчет. Допустим, действительно не хватает ему того, что он просит ртом, но наполнение, которое он просит, должно заполнить то место, где находится недостаток, т. е. сердце. Поэтому сказали мудрецы, что молитва должна исходить из глубины сердца, то есть чтобы каждое сердце ощутило тот недостаток, исполнения которого оно желает.

И, как известно, свет и сосуд подразумевают наполнение (наслаждение) и недостаток. Свет – наполнение – мы относим к Творцу, а сосуд – желание, относится к творениям. И посему человек должен приготовить сосуд, то есть подготовить свое желание, для того, чтобы Творец смог залить его светом, иначе нет места для наполнения. Несмотря на это, когда человек просит у Творца помощи, чтобы направить поступки с намерением ради отдачи, тело спрашивает его: «Для чего произносишь ты эту молитву, чего тебе недостает без нее?».

Поэтому необходимо изучать книги, в которых говорится о важности работы в альтруизме, пока человек не поймет и не почувствует, что если у него не будет этого сосуда, не сможет он достичь выхода к духовному. И человек не должен равняться на общество, которое говорит, что главное – это действия, а не намерения, что только в поступки нужно вкладывать всю энергию, так как действия, согласно заповедям, которые мы выполняем, и изучение Торы, вполне достаточны для нас.

Вместо этого человек должен следовать Торе и Заповедям, чтобы привели его к альтруистическому намерению, и после того как он приобретает ясное понимание того, насколько необходимо ему работать на отдачу, и чувствует боль и страдание оттого, что не хватает ему этой силы, тогда считается, что ему уже есть о чем возносить молитву, т. к. молитва эта – о той работе, что в сердце.

Ведь сердце чувствует то, чего ему не хватает. И тогда только на эту молитву приходит ответ, то есть ему дают сверху ту силу, с которой он уже может работать альтруистически, потому как у него уже появилось истинное желание духовного.

Но что может сделать человек, если после всех попыток и усилий, которые предпринял, он пока не чувствует боли и страданий оттого, что не может работать на отдачу? В такой ситуации необходимо просить Творца, чтобы послал ему желание – сосуд, называемый «потребность в чувствах».

Если он способен сожалеть и чувствовать страдания и недостаток того, что нет у него этой потребности, он сможет продвинуться. Ведь смысл страданий заключается в том, что не чувствует иначе человек, насколько отдален от духовного и как глубоко погряз в бездуховности.

И почему он не может понять, что та жизнь, которой он живет и стремится удовлетворить земные потребности, не представляет ценность более, чем жизнь прочих живущих, на которых падает его взгляд? И если бы повнимательней присмотрелся, то увидел бы, насколько он похож на них во всех их планах и мечтах. И нет никакой разницы, как только в хитрости человека, способного использовать ближнего себе на пользу, и остальных живущих, не настолько развитых, чтобы могли использовать ближнего в своих целях.

И даже после того как знает, для чего даны Тора и Заповеди, что даны они только для исправления человека и его духовного возвышения, забывает об этом во время выполнения Заповедей и занятий Торой, что нужно наладить связь с Творцом через Тору и Заповеди. Эти два понятия кажутся ему не связанными между собой, то есть Тора и Заповеди – отдельно, а Творец – отдельно.

И если сожалеет он о том, что не ощущает как недостаток то, что он похож на остальных живущих, – это также называется работой в сердце и молитвой. Это значит, что на этот недостаток у него уже есть место получить наполнение от Творца, чтобы дал ему почувствовать недостаток в виде сосуда, который Творец может наполнить.

Из этого поймем ответ на вопрос: почему молитва находится в сердце, а не во рту? Потому что молитвой называется ощущение недостатка (потребность), а недостаток не имеет отношения к речам во рту, а является ощущением в сердце.

Теперь нужно выяснить смысл слов, написанных в Зоар, что грехи и благодеяния написаны на костях, и от костей может человек возродиться к жизни или не возродиться. Зоар уподобляет грехи и благодеяния, основанные на костях, Торе, где под черным подразумевается темнота, а под белым – свет.

И нужно разъяснить вопрос о костях: из-за того, что белые они, потому записаны на них грехи и благодеяния, т. к. в служении человека Творцу то, что человек занимается Торой и Заповедями, является сутью и главным. А Тора и Заповеди считаются белым, т. к. то, в чем нет недостатка, называется белым. И к тем поступкам, которые совершает человек, нечего добавить, потому как сказано об этом: «Не прибавь и не убавь». И поэтому его занятия Торой и Заповедями называются «белыми костями», и на них записаны грехи и благодеяния человека.

Но если человек потом анализирует свои поступки: в чем основа, на которой он строит свой фундамент, т. е. какая причина заставляет его заниматься Торой и Заповедями, какое намерение вкладывает он во время совершения действий, старается ли он видеть, насколько поступки, которые он совершает – ради Творца, то есть чтобы доставить наслаждение Творцу – тогда он сможет увидеть правду, что находится в той эгоистической природе, в которой родился, называемой «получать ради получения», и не хочет заниматься Торой и Заповедями безвозмездно.

Настоящая причина того, что не может человек выйти за рамки собственной природы, заключается в том, что не видит он необходимости в том, чтобы изменить природу, впечатанную в нем, которая зовется эгоизмом, и обратиться к любви к ближнему для того, чтобы достичь любви к Творцу. Наоборот, человек чувствует, что ему не хватает любви той среды, в которой он находится, чтобы семья, земляки и пр. возлюбили его. А что он выиграет с того, что возлюбит Творца, что он выиграет с того, что возлюбит товарищей своих? Разве не он всегда смотрит, выгодно ли это эгоизму!? Как же он может выйти из рамок любви к себе?

И если он спросит себя: «Почему он учит Тору и выполняет заповеди механически, почему соблюдает скрупулезно все мелочи?» – он оправдывается тем, что получил веру с воспитанием, так как воспитанием наставляют человека заниматься Торой и заповедями ради себя, как написано у РАМБАМА: «И за то, что принял на себя веру в Творца, за эту работу получит награду и в этом мире, и в духовном».

Поэтому, когда говорят человеку, что настоящая вера в Создателя, который наказал нам соблюдать Тору и Заповеди – это означает, что с помощью этого удостоимся достичь подобия свойств, называемого «единение с Творцом».

Это значит, что человек должен выйти из рамок эгоизма (любви к себе) и принять на себя любовь к ближнему. В той мере, в какой он избавляется от эгоизма, в той мере он может удостоиться полной веры, иначе он находится в отдалении (изгнании).

Как пишет Бааль Сулам в предисловии к Книге Зоар: «Таков закон, что не может творение получить зло от Творца своего открыто, т. к. это бросает тень на репутацию Творца, ведь тогда творение постигает Его как действующего во зло, то есть несовершенного. И в той мере, как человек чувствует зло, в той же мере он ощущает управление как принуждение, и **исчезает у него ощущение Творца, что является самым большим наказанием в мире.**

И если человек предъявляет счет своей душе и знает, что настоящая работа в Торе и Заповедях должна быть ради Творца, и чувствует, как он удален от правды (действительности), то через эти наблюдения он ощущает страдания и боль от того, что все это время он не шел правильной дорогой и не стал потому «служителем Творца». Напротив, вся его работа была ради собственной выгоды, что называется «работа на себя», на собственный эгоизм, и по этому пути идут все создания, но это не пригодно для уровня «человек», а только для уровня «животное».

Посредством этих страданий он получает сосуд – т. е. желание, потребность в этом, потому как видит, что не способен своими силами выйти из рамок эгоизма, т. к. нет у него сил идти против собственной природы, что тут существует только один выход – просить Творца о помощи. И только тогда появляется у него место для наполнения желания, т. к. нет света без сосуда.

И сказанное выше вызывает следующий вопрос: что может поделать человек, понимающий, что для работы на отдачу в любом случае нет у него боли и страданий, оттого что не может он настроиться отдавать альтруистически? Тогда он должен знать, что не хватает ему полноты веры. Ведь в то время, что есть у человека полная вера в Творца, есть закон природы, что меньший подавляет себя в пользу большего, а потом, если бы действительно была у него полная вера в величие Творца, так аннулировал бы себя перед Создателем, и захотел бы служить ему без всякого вознаграждения.

И видно из этого, что нет здесь потребности, то есть нет сил преодолеть собственную природу, а есть здесь нехватка веры. И даже если есть у него вера, в доказательство чему он соблюдает Тору и Заповеди, но нет у него **полной** веры, то он не чувствует и не ведет себя так, как должны вести себя, когда есть полная вера. То есть все совершенство, вся полнота заключается в том, чтобы верить в величие Творца.

И если человек хочет знать, есть ли у него полная вера, тогда он может увидеть, насколько готов он работать на отдачу, и насколько тело готово подавить себя перед Творцом. Это означает, что нет потребности в том, чтобы человек мог работать на отдачу, но есть здесь потребность еще большая и эта потребность основная, – что не хватает ему полноты веры.

Но что человек может сделать, если несмотря на то, что он видит, что нет у него полной веры, все-таки этот недостаток не вызывает в нем боли и страданий? Настоящая причина в том, что он смотрит на окружающих и видит вокруг себя людей влиятельных, занимающих положение в обществе, и вовсе не видно, что у них есть недостаток полноты веры, так как в разговоре с ними они утверждают, что это только лишь для избранных. И это уже общепринятое мнение. И это огромная стена, которая стала барьером перед человеком, чтобы не смог продвигаться в правильном направлении.

И потому для окружения нам нужны люди, сплоченные в группу, чтобы держались все одного мнения, что должны добиться полной веры, и только это может спасти человека от общепринятых суждений. И тогда один укрепляет, поддерживает другого в стремлении достичь степени полной веры, чтобы смог полностью отдавать Творцу, и только об этом были бы все его помыслы.

Но на этом еще не заканчивается совет достичь потребности в полной вере. Человек, кроме того, должен увеличивать, усиливать свои действия более обычного, как количественно, так и качественно. И, разумеется, тело сопротивляется и спрашивает: «Чем отличается день один от другого дня?». На что человек отвечает: «Я представляю себе, как я мог бы служить Творцу, если бы имел полную веру, поэтому я хочу работать над собой в таком темпе, как будто уже удостоился полной веры». Тогда может проявиться у него потребность и тоска, оттого что нет у него полной веры, так как сопротивление тела способствует появлению веры, ведь это происходит именно там, где он идет в наступление против собственного тела, то есть работает с телом против его воли.

Из этого видно, что эти два направления — то, что он работает больше, чем обычно и сопротивление тела — вынуждают его к полной вере. И через это его сосуд опустошается, для того чтобы потом свет смог бы одеться в него, потому что сейчас есть у него в сердце место для молитвы, то есть потребность в ней. И Творец, который слышит его молитву, посылает ему свет веры, с помощью чего он сможет служить Творцу не ради вознаграждения.

И здесь найдем мы ответ на свой вопрос: что означает, что на костях вытеснены грехи и благодеяния? Под костями подразумевается суть вещей — Тора и Заповеди, что он выполняет, которые были даны нам, чтобы выполнять их механически. И здесь нечего добавить, как написано: «Не прибавить и не убавить к этому».

И на этих действиях вытеснены грехи и благодеяния, если он хочет идти дорогой правды и контролирует свои поступки, чтобы были с альтруистическим намерением. И он — человек, который не кривит душой, и не интересует его, что делают окружающие, но он хочет быть уверен, что выполняет Тору и Заповеди ради Творца, а не для собственного блага. И тогда он замечает, что полностью погружен в эгоизм и не может вырваться своими силами. И тут он кричит Творцу, чтобы помог выбраться из эгоизма и чтобы удостоил его любви к ближнему и к Нему. «И близок Творец каждому, кто взывает к нему из глубины души». И поэтому он удостаивается слияния с Творцом.

И это означает, что на костях его вытеснены благодеяния. Тора и Заповеди, которые он выполняет, называются белым, так как согласно действиям — все выбелено, то есть положительное, и нечего к ним добавить. И только после проверки, которую устроил себе, что намерение у него не совсем верное, и подобное правит в Торе и Заповедях из-за того, что он отдален, так как нет у него степени слияния, что значит сходство в свойствах, чтобы делал все с альтруистическим намерением, напротив, он находится во власти эгоизма.

Следовательно, у него наблюдается степень темноты, проступающей на белом. Это и есть белые кости, как сказано в Книге Зоар, т. е. на основе Торы и Заповедей, которые соблюдал, он видит, что проступает некая темнота, которая является удалением от света, т. к. суть света — полная, бескорыстная отдача, а он делает все из расчета получить, потому как не может делать он ничего другого, кроме того, что касается эгоизма.

Следовательно, кости, то есть Тора и Заповеди в действии – являются белыми, что означает отсутствие в действиях какой-либо потребности, с помощью которой он мог бы что-то добавить, и только с помощью контроля, который человек проводит над этим белым фоном, он видит, как там проступает темное. И если он стремится это исправить, так как чувствует боль и страдания от той темноты, в которой находится, и молится Творцу, чтобы помог ему выйти из своего эгоизма, с помощью этого затем удостоится слияния с Творцом.

Это и называется «на костях праведника вытеснены его благодеяния» – тот контроль, который провел он над белыми костями, способствовал ему в том, что удостоится он «восстать из мертвых», так как грешники при жизни называются мертвыми, потому что отдалены они от самой сути жизни. Поэтому когда они удостаиваются слияния с Творцом, это называется, что они удостоились восстать из мертвых.

«Грешник – грехи его вытеснены на костях», – так как грешником называется тот, кто пока еще погружен в свой эгоизм. Праведник – это добро, а добро – это альтруизм, как написано: «Сердцем моим завладело добро и деяния мои – Царю». Что значит добро? Чтобы мог сказать: «Дела мои – для Царя», – то есть все его действия ради Творца, а не ради собственной выгоды, поэтому «добрый глаз будет благословен».

Те люди, которые выполняют Тору и Заповеди в действии, что является костью. Тора и Заповеди были даны Творцом для выполнения, и это называется белым так как нет в самих действиях никакой потребности, как написано: «Не прибавь и не убавь», а посему кости его – белые. «И грехи его вытеснены на белых костях», – вероятно, не контролировал свои действия: бескорыстны они или нет, и выполнял Тору и Заповеди так, как принято в обществе, а общество утверждает, что выполнение ради Творца – это работа только для избранных поколения, а обычный человек не обязан идти по этому пути и волноваться о том, чтобы действия его были с альтруистическим намерением.

И это мнение общества называется «мнение хозяев», тогда как «мнение Торы» заключено в другом, как известно, и «мнение хозяев» противоречит «мнению Торы». «Мнение хозяев» таково, что человек, выполняя Тору и Заповеди, увеличивает свое благосостояние, то есть он становится более крупным хозяином, это значит, что все, что он совершает, пополняет его эгоизм. В то время как «мнение Торы», – как сказано у АРИ на изречение «человек да умрет в шалаше»: «Не исполняется Тора иначе, как только теми, которые принижают себя перед Ней». Это значит, что свое «Я», то есть эгоизм, человек принижает, и поэтому нет у него никаких приобретений, так как нет «хозяина», чтобы можно было отнести к нему приобретенное, ведь все его стремления – к отдаче, а не к получению, следовательно, он отменяет значение своего «Я».

«Грешник, чьи грехи вытеснены на костях его», – т. е. в том, что не пошел по пути Торы, т. к. Тора называется черным на белом фоне, как сказано в Книге Зоар: «Потому благодеяния его вытеснены на костях его, что кости – белого цвета, а текст черный не виден иначе как на белом фоне, подобному Торе. Если есть белый, то есть если выполняет человек Тору и Заповеди, в таком случае можно сказать одно из двух: или он как Тора, что есть у него черное на белом фоне, – тогда он старается приблизиться к слиянию с Творцом, – или он так и остался с белыми костями и ничего на них не пишет, а посему называется грешником, «грехи которого вытеснены на собственных костях». В то время как те, у кого нет белого, то есть нет у них Торы и Заповедей в действиях, они не относятся к категории грешников, а числятся в разряде животного мира, то есть просто животные.

Пойдем к фараону -2
Статья 13, 1986

Книга Зоар спрашивает, почему сказано: «Пойдем к Паро (Фараону), — хотя, казалось бы, следовало сказать: «Иди к Паро». Поскольку Творец видел, что Моше богобоязнен, в то время как другие высокие посланцы не смогли приблизить народ к Нему, то сказал Творец: «Вот Я приведу тебя к Паро, царю египетскому, большому крокодилу, сидящему в своем Ниле». Хотя, казалось бы, Творец должен был Сам вести с ним войну, как сказано, «Я – Творец», то есть «Я, а не кто-нибудь другой» и «не какой-нибудь посланец» (см. начало главы «Бо»).

Разница между словами «пойдем» и «иди» заключается в том, что «пойдем» означает, что мы пойдем вместе (как человек говорит «пойдем» своему приятелю).

И в этом нам надо разобраться. Книга Зоар спрашивает, зачем Творец должен был идти вместе с Моше, и отвечает, что Моше не мог в одиночку бороться с Паро, а только вместе с самим Творцом и ни с кем другим. Тогда зачем же Моше было идти с Творцом? Разве не сказано: «Я, а не какой-нибудь посланец»? В чем же тогда был смысл идти Творцу к Паро, названному крокодилом, вместе с Моше? Разве не мог Он пойти к Паро один, без Моше?

И, кроме того, мы должны еще понять слова наших мудрецов (Талмуд, трактат Кидушин, л. 30, стр. 2). Сказал Рейш Лакиш: «Зло в человеке борется с ним каждый день, желая сгубить его, как сказано: «Злодей наблюдает за праведником». И если бы Творец не помогал человеку, человек бы не выстоял, как сказано: «Рука Творца не оставит нас».

И тут у нас возникает еще вопрос: если сам человек не способен выдержать эту борьбу без помощи Творца, зачем нам нужно это дублирование? Казалось бы, или пусть Творец даст человеку силы справиться самому, или пускай Он сделает все сам. А для чего тут нужны две силы: вначале сила человека, а затем еще и сила Творца? Как будто только с помощью двух сил можно преодолеть силу зла, а одной силы будет недостаточно.

Как нам известно, человек достигает совершенства по достижении Цели творения. То есть он должен достичь той Цели, ради которой создан мир, Цели, которая называется «давать благо своим творениям». Иначе говоря, творения должны прийти к получению всех удовольствий и благ, которые задумал для них Творец.

А до того нельзя назвать творение соответствующим своему Творцу. Ибо, как известно, от совершенной причины должны происходить лишь совершенные следствия. А значит, все должны почувствовать красоту этого творения, так, чтобы каждый мог превозносить его и восхищаться им, и чтобы каждый мог благодарить и превозносить Творца за то творение, которое Он создал, и чтобы каждый смог сказать: «Благословен Тот, по чьему слову возник мир». То есть все бы благодарили Творца за то, что Он создал прекрасный мир, полный наслаждений, и все были бы довольны и счастливы, испытывая радость от всех наслаждений, получаемых в мире.

Однако когда человек начинает задумываться над тем, действительно ли он доволен своей жизнью, много ли радости он получает от самого себя и своего окружения, он видит, что все вокруг, наоборот, страдают, причем каждый – по-своему. И если он должен сказать: «Благословен Тот, по чьему слову возник мир», – он видит, что говорит это неискренне.

Но, как известно, наслаждения и блага не могут раскрыться в мире прежде, чем у нас будут желания отдавать. Ведь наши желания получать все еще нечисты из-за нашего эгоистического способа получения («ради себя»), который не только очень ограничен, но еще и отделяет нас от Творца. Это следствие того, что в сосудах получения работает закон первого сокращения, который не позволяет получить в них свет. (См. «Предисловие к Книге Зоар», стр. 138, «Сулам»).

Стремление же получить «желания отдавать» приводит к войнам и раздорам, ибо эти желания противоречат нашей природе. А потому, для того, чтобы мы могли достичь уровня отдачи, даны нам Тора и Заповеди – как сказано, «Я создал злое начало, и Я создал Тору для его исправления» (Талмуд, Кидушин, стр. 30).

А, кроме того, дана нам Заповедь «возлюби ближнего своего, как самого себя», о которой рабби Акива сказал, что это великий закон Торы. То есть, совершенствуя любовь к своим товарищам, человек приучает себя выходить из рамок любви к себе одному, стараясь достичь любви к ближнему.

Но как понять, что люди (мы наблюдаем их собственными глазами), которые вкладывают все свои силы в любовь к товарищам, ни на йоту не приблизились к любви к Творцу, то есть к такому состоянию, когда они смогли бы выполнять Тору и Заповеди только из любви к Нему. Точнее, эти люди говорят, что в любви к ближнему они немного продвигаются, однако, в любви к Творцу никакого продвижения они не наблюдают. Однако и в любви к товарищам есть разные ступени, которые также необходимы.

И это можно уподобить трехэтажному зданию, в котором на 3-м этаже живет Царь. Тому, кто хочет войти к Царю, то есть тому, чье единственное желание лицом к лицу говорить с Царем, сказано, что прежде он должен подняться на 2-ой этаж, ибо невозможно подняться на 3-й этаж, не побывав предварительно на 2-м.

И каждый, конечно, понимает, что это так. Но есть особая причина в том, что нужно прежде подняться на 2-й этаж, называемый «исправления». Ибо, поднявшись на 2-й этаж, человек может научиться разговаривать один на один с Царем. И тогда он сможет попросить у Царя все, что его душе угодно. Человек, который слышал, что прежде нужно подняться на 2-й этаж, и лишь потом уже можно подняться на 3-й, прекрасно понимает это, но поскольку его единственное желание – увидеть Царя, и больше его ничего не интересует, то подняться на 2-й этаж для него – тяжкий груз.

Но у него нет выбора, и вот он поднимается на 2-й этаж, и его нисколько не интересует, что там есть, хотя он и слышал, что на 2-м этаже людей обучают общаться с Царем. Но на это он не обращает внимания, ибо не это его цель, а его цель – дойти до Царя, а не научиться чему-то на 2-м этаже, ведь цель его не учеба, а встреча лицом к лицу с Царем. И незачем ему тратить время на пустые дела, потому что в сравнении с Царем все ничтожно. А коли так, чего же ему интересоваться тем, чему учат на 2-м этаже?

И потому, когда он поднимается туда, у него нет ни малейшего желания там задерживаться, а хочет он сразу подняться на 3-й этаж, туда, где находится сам Царь, ибо только лишь в этом его желание. Но тут ему говорят, что если он не выучит законов, действующих на 2-м этаже, он наверняка оскорбит достоинство Царя. А потому у него нет никакой надежды подняться на 3-й этаж до тех пор, пока не выучит все, чему учат на 2-м.

Так же и с любовью к ближнему: невозможно удостоиться любви к Творцу, пока ты не удостоишься любви к товарищам. Как сказал рабби Акива: «Возлюби ближнего своего, как самого себя – это великое правило Торы». Но когда человек упражняет себя в любви к товарищам, он не рассматривает ее, как самостоятельную ценность, видя в ней лишь нечто дополнительное, необязательное.

И он выполняет эту Заповедь, ибо у него нет выбора, но при этом каждую минуту он думает так: «Когда же я уже удостоюсь любви к Творцу и смогу освободиться от любви к товарищам, которая для меня такой тяжкий груз? Ведь так тяжело мне терпеть моих товарищей, поскольку, как я вижу, свойства каждого из них отличны от моих, и нет между нами никакого подобия. И только в силу необходимости я сижу с ними, ибо нет у меня другого выхода, поскольку сказали мне, что без любви к товарищам не смогу я достичь любви к Творцу.

Но я могу сказать сам себе, что лишь одно я имею от того, что сижу с ними вместе и терплю их речи, которые мне совсем не по духу и не по нраву – и это исправление себя с помощью страданий. И делать нечего, ибо мне говорят, что должен я терпеть страдания в этом мире, и потому я страдаю, и сижу, и жду наступления того часа, когда я смогу сбежать от них и не смотреть больше на ту низость, которую я в них вижу».

Понятно, что такой человек не берет от любви к товарищам того лекарства, которое называется «любовь к ближнему». Он действует, исходя лишь из того, что ему сказали, что у него нет выхода, ибо иначе он не сможет достичь любви к Творцу. Поэтому он выполняет заповедь любви к товарищам, исполняя все обязательства, предписываемые товарищами. Но то, чему надо научиться, проходит мимо него. То есть выйти из любви к себе, из своего эгоизма он не может, и любви к ближнему он не достигает. И Заповедь эту он исполняет не из любви, а из страха, ибо нельзя достичь любви к Творцу, прежде чем достигают любви к товарищам. Потому он и боится не исполнить Заповеди любви к товарищам, ибо иначе он не достигнет любви к Творцу.

Подобно этому в нашем примере человек не может подняться на 3-й этаж, где находится Царь, прежде чем поднимется на 2-й. И смысл тут в том, что он должен научиться не оскорбить достоинства Царя. Здравый смысл говорит нам, что человек, поднявшийся на 2-й этаж, должен радоваться, ибо сейчас он учится правильно вести себя в присутствии Царя, и когда он потом войдет в царский дворец, то не оскорбит царского достоинства. Поэтому, находясь на 2-м этаже, он должен сосредоточить все свое внимание на законах, которые тут приняты, и упражняться в них, потому что хочет войти к Царю, чтобы служить ему, а не оскорблять его достоинство.

Но это относится только к тем, кто хочет войти к Царю для того, чтобы доставить ему удовольствие. Тот же, кто хочет войти к Царю для того, чтобы получить что-нибудь для себя, рассматривает свое пребывание на 2-м этаже, как лишнее и неинтересное. И на 2-й этаж он поднимается лишь из страха, зная, что иначе ему не дадут подняться на 3-й этаж. Однако он не чувствует никакой потребности изучать правила поведения перед Царем, которые там учат. Ибо все его желание войти к Царю основано лишь на любви к себе, то есть на эгоизме.

Поэтому мы должны усвоить, что заповедь любви к товарищам дана нам, чтобы через нее мы научились не оскорблять достоинство Царя. Иначе говоря, если «дать наслаждение Творцу» не является единственным желанием человека, этот человек непременно оскорбит достоинство Царя. А потому мы не должны пренебрегать любовью к товарищам, ибо через это человек научится, как ему выйти из эгоизма и встать на путь любви к ближнему. И когда человек полностью завершит всю свою духовную работу, связанную с любовью к ближнему, он сможет удостоиться любви к Творцу.

И надо знать, что в любви к товарищам есть особенность, заключающаяся в том, что человек не может обманывать себя, говоря, что он любит своих товарищей, в то время как на самом деле он не любит их. Ведь тут человек может контролировать себя – действительно ли он любит своих товарищей, или нет. А в любви к Творцу человек не в состоянии себя контролировать: действительно ли его намерением является любовь к Творцу, то есть желает ли он лишь давать Творцу, или же его желание – получение ради себя.

Но нужно знать, что после всех тех исправлений, которые человек в состоянии сделать без помощи Творца, он все же ни капли не продвигается в духовной работе. И тут у нас возникает вопрос: для чего же человек должен все это делать, если все равно потом он должен заслужить помощь Творца? Неужели Творец не мог помочь без действий со стороны творения? Ведь в любом случае действия человека не помогут ему в духовном продвижении.

А дело тут в том, что, пока человек не начнет духовную работу, он не знает, что он не в состоянии справиться со своим эгоизмом. Но когда человек начинает свою духовную работу и делает все, что он только в состоянии, он может вознести истинную молитву к Творцу, прося Его помощи.

Однако зачем Творец хочет, чтобы человек вознес к Нему истинную молитву? Казалось бы, только люди могут хотеть, чтобы к ним обратились с настоящей просьбой. Ибо если человек по-настоящему просит о чем-нибудь своего товарища, это значит, что он потом будет ему по-настоящему благодарен. А, как известно, людям очень важно уважение и признание окружающих, и поскольку благодарность как бы унижает человека перед его товарищем, последний получает от этого удовольствие. Но если мы говорим о Творце – неужели и Он нуждается в почестях, которые Ему могут дать люди? Зачем же Творцу нужно, чтобы человек вознес к Нему истинную молитву из глубины сердца?

А дело в том, что, как известно, не может быть света без желания к нему, то есть невозможно дать человеку нечто, что не имело бы для него огромную ценность. Ведь человек, у которого нет настоящего желания иметь какую-то вещь, не будет ценить и хранить ее, и, в итоге, она пропадет. И это потому, что человеческая потребность в чем-либо пропорциональна тому, насколько ему этого предмета не хватает. И лишь эта потребность дает ему ощущение важности данного предмета. А пропорционально важности предмета человек будет оберегать его, следить, чтобы он не пропал, – в противном же случае все уходит к силам зла (клипот).

И это состояние, когда все уходит в эгоистические желания, забирающие себе все то чистое (кдуша), чем человек пренебрегает, называется вскармливанием клипот. Отсюда мы понимаем, почему человек должен начать духовную работу. Но почему же Творец не дал человеку сил завершить духовную работу самому, без Его помощи?

А дело тут в следующем. Известно, что сказано в Книге Зоар по поводу слов мудрецов: «Пришедшему очиститься помогают». На это Зоар спрашивает: «Каким образом?». И отвечает: «Новой чистой душой (нешмата кадиша»), – то есть этот человек получает озарение свыше, которое и называется «душа», называемая «Божественное постижение», которое является частью Замысла творения насладить все Его создания.

Итак, благодаря тому, что у человека есть стремление и желание совершать действия ради отдачи, он сможет потом получить в них свет, называемый душой. Таким образом, оба фактора являются необходимыми. Благодаря тому, что человек начинает духовную работу, он получает сосуд. А поскольку самостоятельно он не в состоянии ее закончить и вынужден вскричать к Творцу о помощи, он получает свет.

И теперь мы сможем понять слова: «пойдем к Паро, ибо ожесточил Я сердце его и сердца рабов его, дабы совершить Мне все эти знамения Мои на них». Естественный вопрос: зачем же Творец ожесточил его сердце? Писание объясняет: «Дабы совершить Мне все эти знамения Мои на них». Но истинный смысл этого вопроса: зачем же Творец ожесточил сердце человека так, что он не может самостоятельно справиться со злом в себе?

Ответ состоит в том, чтобы человек вскричал к Творцу. И благодаря этому он получит сосуд – кли. И тогда Творец сможет поместить внутрь этого сосуда буквы Торы («буквы внутрь» и «знамения на них» на иврите звучит одинаково), и это называется душой, которую Творец дает человеку в помощь. Это состояние называется «Тора и Творец – одно целое», ибо «Мои знамения» означает «буквы Торы», то есть имена Творца. Это значит «насладить Его создания», что является частью Замысла творения. И произойти это может только с тем, у кого есть пригодное желание для этого. А это желание появляется через ожесточение сердца, способствующее тому, чтобы человек вскричал к Творцу о помощи. А помощь Его заключается, как сказано выше, в даровании «новой чистой души».

Теперь надо понять слова «пойдем к Паро», то есть «пойдем вдвоем». Человек должен начать работу, чтобы увидеть, что он не в состоянии справиться один. Это видно из того, что Моше боялся подойти к нему, и Творец сказал ему: «Вот Я приведу тебя к Паро...», – и это была помощь от Творца. И в чем же была эта помощь? В «новой чистой душе», как сказано в Книге Зоар.

Таким образом, ожесточение сердца – как сказано, «ибо ожесточил Я сердце его» – было для того, чтобы у человека появилась потребность в молитве. Причем, молитва эта – не то, что у людей, которые, стремясь к уважению окружающих, получают это уважение от тех, кто обращается к ним с просьбами. Здесь смысл молитвы в том, чтобы у человека появился сосуд (кли), то есть, чтобы он вознуждался в помощи Творца. Ибо «нет света без сосуда». А когда человек видит, что он не в состоянии справиться один, тут у него появляется потребность в помощи Творца.

И об этом говорят наши мудрецы: «Творец жаждет услышать молитву праведников». И тут тоже возникает вопрос: неужели Творцу нужно, чтобы человек сдался и попросил Его о помощи? Как мы уже сказали, желание Творца – насладить Свои творения, и, поскольку, нет света без сосуда, Он жаждет услышать молитву праведников, с помощью которой они раскроют свои сосуды, и Творец сможет дать в них Свой свет. Отсюда следует, что тот момент, когда человек видит, что он не в состоянии справиться со своим злом, и есть настоящее время просить Творца о помощи.

И теперь мы поймем слова Творца: «И возьму Я вас народом Себе и буду вам Творцом, и узнаете, что Я – Творец ваш, который выводит вас из-под страданий египетских» (Тора, «Ваера»). А в трактате «Брахот» наши мудрецы так комментируют слова «который выводит вас из-под страданий египетских»: «И сказал Творец Израилю: «Когда выведу вас, будете служить Мне, ибо как вы узнаете, что именно Я вывел вас из Египта, как сказано: «Я – Творец ваш, выводящий вас»».

То есть недостаточно того, что Творец вывел народ Израиля из Египта, и они освободились от мук и страданий, которые испытывали там. И когда мы говорим о служении Творцу, то есть о духовной работе, – разве не достаточно этого? Того, что сделались они теперь свободными от египетского рабства, где под властью Паро не могли они служить Творцу, и где все, что они строили для себя – тот уровень, которого они достигали в духовной работе, – все это уходило в землю. Как говорят наши мудрецы (Талмуд, Сота, л. 11), «Питом и Рамсес». Вот мнения Рава и Шмуэля. Первый говорит, что город назывался Питом, а «Рамсес» означает, что он рассыпался (на иврите слово «митросес» означает «рассыпаться»). А в толковании РАШИ сказано, что, как только строили они немного, город рассыпался и падал. И снова строили они, и он снова падал. А второй говорит, что город назывался Рамсес, а «Питом» означает, что пропасть поглотила его (снова по созвучию слов).

Как мы видим, разногласие между Равом и Шмуэлем связано не с пониманием действительности, а с толкованием. А действительность состоит в том, что все, что они строили, падало. То есть, какое бы здание они ни строили для себя в духовной работе – приходили египтяне, то есть посторонние мысли, называемые египтянами, и разрушали всю их работу. И так всю духовную работу, которую они делали, изо всех сил стараясь служить Творцу, всю ее поглощала земля. И каждый день они должны были начинать сначала. И казалось им, что они вообще не делают духовной работы. Более того, всякий раз, когда они думали, что вот сейчас они должны продвигаться, они видели, что не то что не продвигаются, а еще и отступают, ибо всякий раз у них возникали все новые вопросы типа «кому» и «зачем».

И теперь мы должны понять, что особенного в Исходе из Египта. Ведь сыны Израиля уже могли служить Творцу без чужих, египетских, мыслей. В чем же тогда заключается то знание, о котором сказано «и узнаете»? Что дает нам знание того, что именно Творец выводит их из Египта? И еще непонятно, когда мы говорим о египетском рабстве, что работали они на изнурительных работах, и когда были вызволены оттуда – чего же им еще не хватает?

А что такое изнурительная работа? Наши мудрецы (Талмуд, Сотэ, л. 11, стр. 2) говорят: «Всю их работу, которую они выполняли под гнетом...». Сказал рабби Шмуэль бар Нахмани, от имени рабби Йонатана, что давали мужскую работу женщинам, а женскую – мужчинам. И обременяли египтяне сынов Исраэля изнурительной работой. Рабби Элазар сказал: «Сладкими речами», – что звучит на иврите так же, как «под гнетом».

Мы должны понять, что означает «под гнетом» в смысле духовной работы. И тут следует различать два аспекта:

    1. Действие.

Оно называется открытой частью, то есть то, что открыто человеку. И нельзя об этом сказать, что тут человек может ошибаться или обманываться, ибо невозможно ошибиться в том, что открыто глазу. Выполнение Заповедей и изучение Торы видны самому человеку, и остальные тоже могут видеть, выполняет ли человек Тору и Заповеди.

2. Намерение.

Оно называется скрытой частью, ибо намерение, которое человек вкладывает в совершаемое им действие, не видно никому другому. Но также и сам человек не может видеть намерения своего действия, ибо в намерении можно ошибиться или обмануться. Ведь только в том, что видно глазу, и что называется открытой частью, любой может видеть правду. В то время как в том, что касается намерения сердца и мысли, человек не может полагаться на себя. То есть это скрыто, как от него, так и от остальных.

Теперь мы можем объяснить, что значит «изнурительная работа», как сказано: «заменяли мужскую работу на женскую» и т.д. Мужской работой называется состояние, когда человек – уже мужчина, способный справиться со своим злом и заниматься Торой и заповедями в действии. А потому, когда он уже называется мужчиной, то есть воином, человек должен воевать со своим злом в действии. Поэтому для него настало время заниматься духовной работой во втором из упомянутых аспектов – скрытой ее частью, намерением. То есть с этого момента он должен стараться построить намерение своих действий «ради того, чтобы дать наслаждение Творцу», а не для собственного эгоизма.

И что же сделали египтяне, когда увидели, что Исраэль стал мужчиной, способным выйти из-под их власти и войти под действие светлых сил (кдуша)? Они заменили их работу на женскую, то есть сделали так, чтобы вся их работа как бы стала женской. Другими словами египтяне дали им понять, что никому не нужно их намерение, а главное – это действие. А в действиях ты сможешь преуспеть, ибо ты видишь, что ты мужчина, и сможешь справиться со своим злом и исполнять Тору и Заповеди во всех их тонкостях, и должен вложить всю свою энергию в точное исполнение Торы и Заповедей.

Но не должен ты заниматься намерением, ибо эта работа не для тебя, а лишь для избранных. И если ты станешь работать ради отдачи, то есть станешь стремиться к тому, чтобы во всем было намерение «ради Творца», у тебя уже не хватит сил соблюдать все тонкости открытого действия, в котором ты не можешь обмануться, ибо ты сам видишь, что ты делаешь. И, соответственно, тут ты можешь сделать больше, выполняя действия во всех их тонкостях.

С другой стороны, что касается намерения, тут у тебя нет истинного самоконтроля. И потому мы советуем тебе для твоей же пользы. И не думай, пожалуйста, что мы хотим отдалить тебя от духовной работы. Ибо мы, наоборот, желаем, чтобы ты возвысился в уровне своей духовной чистоты (кдуша).

Это называется, что заменяли мужскую работу на женскую. Вместо того чтобы Израиль делали мужскую работу, египтяне объясняли им, что им лучше делать женскую работу, то есть работу, полагающуюся женщинам.

А женскую работу на мужскую – означает, что у этих мужчин нет сил бороться, ибо «истощились силы их, как у женщины», то есть стали слабы в выполнении Торы и Заповедей, и не было у них сил соблюдать даже открытую часть Заповедей, называемую действием. И вся их духовная работа по преодолению зла в себе была лишь в отношении действия, а не в отношении намерения.

Поэтому пришли к ним египтяне и объяснили, что не хотят мешать им в их духовной работе, а, наоборот, хотят, чтобы они стали истинными служителями Творца, дескать, мы видим, что вы хотите делать духовную работу, и поэтому мы сообщаем вам, что главное в духовной работе – не действие, а намерение. Вы хотите работать в действии, то есть приучать себя бороться со своим телом, учиться лишний час или там молиться лишние полчаса. Или же вы хотите проявить свое старание, произнося все положенные ответы во время публичной молитвы, не разговаривая во время публичного повтора молитвы. И кому это надо? Главное – это намерение «ради Творца». И именно тут нужно прилагать все ваши усилия. А зачем же вам тратить свои силы на пустые вещи? Даже если, с точки зрения Галахи, и нужно соблюдать все эти мелочи, эта работа не для вас. Это женская работа, а вы должны выполнять работу мужскую. А то, что вы хотите работать лишь в действии, не подобает вам. Ведь вы должны делать упор на намерение, то есть все силы, которые у вас есть для работы, направляйте на то, чтобы все было ради Творца. И ни в коем случае не подумайте, что мы хотим вам помешать в вашей духовной работе, ибо мы хотим, чтобы вы, как раз наоборот, возвысились в духовном и пришли к совершенству, то есть состоянию, когда «все дела ваши будут лишь для того, чтобы доставить наслаждение вашему Творцу».

И поскольку они все еще находятся на ступени, называемой «женщины», нет у них сил противостоять этому даже и в действии. И это называется «истощились силы их, как у женщины». И тут египтяне объяснили им, что главное – это намерение «ради Творца». И египтяне были уверены, что у них не хватит сил для борьбы в духовной работе.

И об этом писал РАМБАМ: «Как сказали наши мудрецы, пусть все время человек занимается Торой, хотя бы даже и с эгоистическим намерением, ибо от эгоистического намерения приходят к альтруистическому. И потому, когда учат детей, женщин и людей простых, их учат работать из страха и за вознаграждение до тех пор, пока не умножится их знание и не преисполнятся они мудрости. Лишь тогда открывают им эту тайну очень постепенно и приучают их к этому не спеша, чтобы постигли они это и познали, и стали служить Творцу из любви».

А египтяне советовали находящимся на «женской» ступени не поступать согласно РАМБАМу, а, наоборот, несмотря на то, что они находятся на ступени «женщин и детей», сразу начинать работать над намерением «ради Творца». И при этом египтяне были уверены, что останутся они под их властью, вне духовного.

Это и называется «изнурительной работой», как сказал рабби Шмуэль бар Нахмани: «под гнетом и ломкой». И объяснял РАШИ: «Под ломкой и разрушением тела и поясницы». И дело в том, что, когда заменяют мужскую работу на женскую, а женскую – на мужскую, получается то, что описано выше. Ибо мужская работа была в том, чтобы бороться с собой и идти вперед, строя намерение «ради Творца». И египтяне ослабили их в этой работе, поскольку были против нее. И потому, кроме преодоления себя для того, чтобы выстроить намерение «ради Творца», у них была дополнительная работа, поскольку египтяне убеждали их, что эта их работа никому не нужна. Ибо работа на отдачу не для них, а лишь для избранных. Это и называется «двойной работой»:

1. Работа по преодолению себя, для построения альтруистического намерения.
2. Борьба с египтянами в убеждении, что это неверно, и они (сыны Израиля) смогут построить альтруистическое намерение, а то, что египтяне говорят, что они должны делать женскую работу, – это неправда. А все намерение египтян состояло в том, чтобы Израиль не приблизились к альтруистической работе.

Они заменяли женскую работу на мужскую, говоря, что женская работа ничего не стоит и пустое – выполнять Тору и Заповеди лишь в действии, то есть когда вся борьба со злом в себе заключается лишь в действии. А это противоречит словам РАМБАМа, что женщины должны заниматься лишь делами, и не надо учить их строить альтруистическое намерение.

И потому, когда пришли египтяне и сказали им, что они должны делать мужскую работу, то есть строить альтруистическое намерение, то тяжкой стала их работа после того, как услышали, что «ради Творца» они вообще не способны работать.

Бороться с телом и выполнять практические Заповеди стало им труднее, чем до прихода чужих, египетских, мыслей, которые внушали им, что практические действия без намерения ничего не стоят, и тем снизили важность выполнения Торы и Заповедей с эгоистическим намерением. Таким образом, из-за египтян женская работа потеряла для них теперь всякую ценность. И это привело к тому, что она стала «изнурительной работой», «под ломкой и разрушением тела и поясницы».

Итак, мы видим, что слово «изнурение» можно толковать тремя разными способами. Причем, между всеми этими толкованиями нет никакого противоречия, поскольку все эти три вещи сосуществуют одновременно, и каждый выбирает подходящее себе толкование.

Первое толкование дает рабби Элазар, который говорит, что значит «сладкими речами».

Второе толкование дает рабби Шмуэль бар Нахмани, который говорит, что значит «ломка», «разрушение».

Третье толкование дает рабби Шмуэль бар Нахмани, который говорит от имени рабби Йонатана, что заменяли мужскую работу на женскую, а женскую – на мужскую.

Но все соглашаются с тем, что «изнурительная работа» – это «ломка тела». Потому что была эта работа тяжелой до такой степени, что говорят о ней: «Работа, ломающая тело и поясницу». И потому что заменяли мужскую работу на женскую, и наоборот. А это приводит к тяжелой работе.

Однако почему же они слушались египтян? Потому что говорили те с Исраэлем «сладкими речами», то есть «египетские мысли» приходят к Исраэлю в виде «сладких речей» и советов, призванных ни в коем случае не отдалить их от духовной работы, а наоборот, показать, как им надо идти путем Творца, чтобы преуспеть, не тратя времени попусту, без продвижения в духовной работе. И поскольку Исраэль слышали, что к ним обращаются со «сладкими речами», было им тяжело справиться с этими мыслями.

Отсюда понятно, почему слушались они египтян, когда те заменяли мужскую работу на женскую и наоборот. Это опять-таки потому, что египтяне обращались к Исраэлю со «сладкими речами». Итак, из-за двух вышеназванных причин сыны Исраэля делали «изнурительную работу», которая, как говорит рабби Шмуэль бар Нахмани, «ломала» их, то есть была работой, ломающей тело.

И отсюда ясно, что недостаточно, что Творец вывел народ Исраэля из Египта, то есть из-под рабства египтян, и они могли заниматься Торой и Заповедями, каждый согласно уровню своего постижения, а египетская «клипа», то есть нечистые желания, называемые египтянами, уже не могла помешать их духовной работе. Насколько велико было это чудо, и кто в состоянии оценить все его величие? Ибо человек отдает себе отчет в том, сколько страданий и тягот выпало на его долю, когда он был в изгнании и рабстве у Паро, царя египетского, и оценивает в сердце своем глубину тьмы во время строительства «Питома и Раамсеса».

И теперь в один момент открываются врата нечистых египетских «клипот», и он выходит на свободу и остается в своей собственной власти. То есть теперь у него появилась свобода заниматься Торой и Заповедями, сколько он хочет, без всяких посторонних помех. Какую радость и подъем духа это приносит человеку, когда он сравнивает состояние тьмы с состоянием света! И это называется «Отделяющий свет от тьмы».

И из сказанного ясно, почему необходимо знать, что «лишь Творец выводит вас из-под мук египетских», согласно толкованию наших мудрецов, «когда выведу вас, будете служить делом, ибо как вы узнаете, что именно Он вывел вас из Египта, как сказано: «Я – Творец ваш, выводящий вас и из-под мук египетских».

Но всегда нужно помнить ту цель, которую мы стремимся достичь. И поскольку Цель творения – дать наслаждение всем созданиям, наша цель – получить все те блага и наслаждения, которые Он нам уготовил. Однако для исправления, которое называется «слияние с Творцом», то есть сравнения с Творцом по свойствам, мы должны совершить работу, которая поможет нам получить желания отдавать. Тем не менее, это всего лишь исправление творения, а совершенство при этом еще не достигается. Ведь совершенство – это познание Творца, то есть необходимо познать и постичь Тору, которая называется «Именами Творца».

Поэтому **недостаточно того, что у нас уже есть силы исполнять Тору и Заповеди без всякой помехи, ибо это только лишь исправление, а не достижение совершенства.** А совершенство – это достижение знания Торы, когда «Тора, Исраэль и Творец – суть одно». И об этом говорят наши мудрецы: «И как сказал Творец Исраэлю: «Когда выведу вас, будете служить делом, ибо как вы узнаете, что именно Он вывел вас из Египта, как сказано: «И узнаете, что Я – Творец ваш, выводящий вас из-под мук египетских. Я, а не посланец...»». И это значит, что все должны прийти к постижению Творца, называемому «Тора», которая называется «Имена Творца».

Молитва общества
Статья 15, 1986

Сказано в Зоар: «Я нахожусь среди своего народа». Что это означает? Ответ таков: «В час, когда суд правит над миром, не отделится человек от общества, так как те, о ком известно, что отделились, даже несмотря на то, что это праведники, они попадают под суд первыми. И, поэтому, не должен человек отделять себя от общества никогда, так как милость Творца постоянно на всем народе вместе. И потому сказано: «В своем народе Я нахожусь, и не хочу отделяться от них».

Закон, распространяющийся на мир – это желание получить, эгоизм, и с такой природой родились все творения, что является следствием желания Творца насладить свои творения. Поскольку у творения было желание уподобиться по свойствам Творцу, чтобы оно не испытывало чувства стыда, был установлен закон, запрещающий использовать желание получить ради самонаслаждения, а только зная, что будет достаточно сил придать альтруистическое намерение получению – «ради отдачи». И только тогда разрешено ему использовать желание получать.

И отсюда следует объяснение: в то время, когда закон правит над миром, а весь мир погружен в свой эгоизм, то тьма распространяется в мире, так как нет в нем места, чтобы свет-наслаждение проник вниз к созданиям по причине различия свойств света и творений, получающих этот свет-наслаждение. И на это различие свойств распространяется закон, в соответствии с которым наслаждение не может ощущаться в эгоистических желаниях.

И потому, когда человек пробуждается и хочет, чтобы Творец приблизил его – дал ему альтруистические желания, келим, – это называется «приближение». И человек просит Творца помочь ему. Но известно, что помощь, приходящая от Творца, называется «Высший свет» и определяется именем «душа». Написано в Зоар, что помощь, получаемая сверху, заключается в том, что дается новая «чистая душа».

Когда человек приходит просить у Творца, чтобы приблизил его к Себе, то ему кажется, что он один такой, то есть он считает, что Творец должен приблизить только его одного. Но почему он думает, что остальные могут оставаться в своем нынешнем положении, и только с ним Творец должен обходиться по-другому? Это происходит потому, что человеку представляется, что он обладает хорошими качествами, которых нет в других. И поскольку это люди, отделенные от общества тем, что считают, что им положено приближение к Творцу больше, чем другим, и потому считающие себя праведниками, они-то и попадают первыми, так как суд, то есть эгоизм, распространяется на них в большей мере, чем на остальное общество. И они становятся еще более испорченными со стороны своего эгоизма.

И это происходит с человеком, если он думает, что положено ему больше, чем всем остальным людям. Им достаточно того, что есть у них в настоящее время, но, посмотрев на себя, он считает, что положено ему больше, чем остальным. Мысль эта – свойство настоящего эгоизма, стопроцентного самонаслаждения. Мы видим, что эгоизм начал развиваться у него больше, чем у других.

Из сказанного следует, что он действует все время для самонаслаждения. Но в своих глазах он себя видит праведником, ведь он хочет действовать, как отдающий, и говорит себе, что его просьба к Творцу, чтобы приблизил его – это форма праведности, так как он просит Творца дать ему сил выполнять Тору и Заповеди ради Него, и какой еще недостаток может быть, ведь он хочет служить Царю.

И этим можно объяснить сказанное в Зоар, где дается совет людям, у которых есть требование, идущее изнутри, и которые не могут смириться со своим положением. И не видят никакого продвижения в духовной работе, и они верят в написанное (Дварим 30; 20): «И возлюби Творца и исполняй волю Его, и соединись с Ним, ведь Он жизнь твоя и долголетие твое…». Но они видят, что не хватает им любви и слияния с Творцом, и не чувствуют жизни в Торе, и не могут применить эти советы к себе, чтобы достичь явных ощущений сказанного в Торе.

А совет заключается в том, чтобы просить за все общество в целом, а именно, просить все то, что чувствует, как недостающее ему, и невозможно тогда про него сказать, что он отделяет себя от общества, считая, что положено ему больше, чем есть у всех. Сказано: «В своем народе Я нахожусь». И я прошу за все общество, потому что хочу прийти к состоянию, когда буду беспокоиться не ради себя, а чтобы доставить радость Творцу. А тогда мне не важно, эта радость Творцу идет от меня, или то же самое Он может получить от других.

Это значит, что человек просит у Творца дать ему осознание того, что называется «ради Творца», то есть, что он уверен в себе и не обманывает себя, что хочет отдавать Творцу. Ведь, может быть, на самом деле он думает о собственной выгоде, о том, чтобы почувствовать удовольствие и наслаждение.

Поэтому он просит за все общество. Ведь если есть несколько человек, которые могут достичь Цели творения – соединиться с Творцом – тем самым они доставят Творцу большую радость, чем, если бы только он один достиг этой Цели. И он отказывается от себя и хочет, чтобы Творец помог им, так как они доставят Творцу удовольствие большее, чем может быть от его личной работы. И поэтому он просит за все общество, чтобы Творец помог всему обществу, и дал бы ему чувство удовлетворение от того, что может отдать Творцу, чтобы доставить Ему радость.

Так в каждом случае просьба должна идти от самого человека, а помощь со стороны Творца получат другие, те, о которых человек знает, что Ему будет от этого больше пользы.

Находим, что если есть у него силы просить это, так наверняка будет у него истинная проверка, согласен ли он с этой просьбой. Но если он знает, что это только пустые слова, то, что же он может сделать в то время, когда видит, что тело не согласно на такую просьбу, чтобы была действительно полная отдача без примеси получения.

И на это есть только один совет – просить Творца и верить выше знания, что Он может помочь ему и всему обществу в целом. И не обращать внимание на то, что много раз уже просил и не получал ответа, и это приводит человека к отчаянию, что его эгоизм смеется над ним и говорит: «Неужели ты не видишь, что ты не способен ни на что и нет у тебя никакой надежды, а сейчас просишь у Творца удовлетворить твои желания, непонятные обычным людям».

И эгоизм требует тогда наоборот: скажи мне, кто из благочестивых и порядочных людей хочет, чтобы Творец дал им вещь, которую их сознание не переносит. И еще, разве ты не видишь, даже вещи гораздо меньшие, чем те, о которых ты просишь помощи у Творца сейчас, еще не выполнены, хотя просил у Него о помощи. И сейчас ты говоришь, что хочешь просить у Творца выполнить твое требование на большую вещь, то есть на очень важную вещь, несмотря на то, что нет в мире много подобных требований к Творцу, чтобы Он дал силы совершать поступки ради общества, а именно, чтобы все общество получило удовольствия и наслаждения посредством твоих усилий, что называется полной и чистой отдачей без примеси личной заинтересованности.

И ты думаешь, что твои просьбы о небольших вещах не примутся, и, наоборот, о вещах больших и важных, самых главных в мире – будут приняты. Скажем, например, что стоит прийти к какому-то человеку, у которого есть в доме особенные вещи, самые важные в мире – нужно обойти весь мир, пока сможешь найти такие вещи, находящиеся только у единиц во всем мире. Приходит один невзрачный, средний человек, у которого не всегда есть и самые обычные вещи, принятые в доме, и вдруг приходит к нему мысль, что он должен тоже попытаться добыть те вещи, находящиеся у избранных. И конечно, кто услышит – посмеется над ним.

И как написано у нас, во время, что человек не богат знанием, а находится ниже среднего, и он хочет просить у Творца, чтобы дал ему «желания избранных мира», тут сам эгоизм смеется от этого и говорит ему: «Глупец! Как пришло тебе в голову по собственному желанию просить у Творца то, чего нет даже у богатых знанием людей! Поэтому, как я могу дать тебе силы на такие глупости?».

И здесь начинается настоящая работа, то есть работа человека в этом мире заключается в том, чтобы выйти из-под власти своего эгоизма, называющегося получением ради себя. И захочет ли он, чтобы Творец помог ему идти путем чистого альтруизма без всякой примеси эгоизма.

Работа эта совершается против самого эгоизма, который не хочет оставлять никакие свои владения. Но человек устремляется сейчас не только к тому, чтобы работать и в будущем не для личной выгоды, но он просит Творца даже то, что ранее сделал эгоистически, перевести в альтруизм, во владения Творца.

И, значит, сейчас он обращается к Творцу, чтобы дал ему силы совершить **раскаяние**. То есть, чтобы Творец дал ему силы обратить все действия ради себя в отдачу – во владения Творца – как в прошлом, так и в будущем. Об этом писал РАМБАМ, что раскаяние должно быть и за прошлое. И объяснял далее, что раскаяние означает, что «оставит грешник свой грех и запретит в мыслях, и завершит в сердце, что не сделает более, как сказано, «и оставит злодей свой путь», и раскается о прошлом». Сказано: «И после вернется раскаяние мое и засвидетельствует Знающий тайны, что не вернется к этому греху более никогда».

Из этого понятно, насколько важна молитва многих, как написано: «В своем народе Я нахожусь», и Зоар говорит: «Поэтому не должен человек отделяться от народа никогда, так как милость Творца находится всегда на всем народе вместе». И в Зоар объясняется, что если человек просит Творца, чтобы дал ему альтруистические намерения (сказано мудрецами; «Как Творец милосерден, так и ты будь милосерден»), то он должен просить за все общество, потому что тогда видно, что его желание состоит в том, чтобы Творец дал ему чистые альтруистические намерения, как сказано выше: «Милость Творца находится всегда на всем народе вместе». И как сказано далее: «Свыше не разделяют...», – то есть когда Творец дает наслаждение, оно предназначается для всего общества в целом.

И потому человек должен просить за все общество, так как все наслаждение, приходящее сверху, дается всегда всему народу. В сказанном «милость Творца находится всегда на всем народе» есть два значения: для достижения чистого альтруизма было бы достаточно, чтобы молился только за одного человека кроме себя. Но есть здесь еще одна сторона: человек должен просить только о совершенном, потому что в духовном существует закон – от Творца исходят только совершенные действия, а все различия, как известно, лишь со стороны получающих. И поэтому человек должен просить только за все общество в целом.

Поскольку наслаждение приходит для всего общества в целом, то человек, просящий за это общество, тоже получает наслаждение, так как существует правило, что нет наслаждения без желания к нему. И по этому поводу говорили мудрецы: «Каждый, просящий милость за друга, удостаивается ответа вначале, так как ему нужно то же самое».

Наслаждение дается всему обществу в целом, но не хватает пока всем желания к этому наслаждению. То есть этого наслаждения от Творца достаточно для всего народа, но когда нет желания, то есть ощущения недостатка в получении этого наслаждения, то общество не получает его. Но тот, у кого есть ощущение недостатка, он удостаивается получения вначале.

Порядок собрания
Статья 17, 1986

В Масэхет «Брахот» сказано: «Так будет всегда: человек прежде установит величие Творца, а затем воздаст Ему молитву». Бааль Сулам пояснил это: «Тот, кто хочет что-то попросить у кого-либо, попросить о каком-либо одолжении, должен знать наверняка:
1. что есть у него то, что просит – ведь если нет, что толку просить;
2. что дающий добр – ведь может быть и так, что есть у него необходимое тебе, но давать он не желает.

И поэтому прежде надо прийти к осознанию величия Творца, то есть должен человек поверить в то, что у Творца есть абсолютно все, что он просит, и, кроме того, Творец Добр и Милостив и каждому просящему дает все к добру.

И потому, когда собираются товарищи вместе, конечно же, собрание это преследует определенную цель. Ведь каждый уделяет этому часть своего времени, которое должен был использовать для личных нужд: он откладывает все свои дела и приходит участвовать в собрании. Значит, человек хочет что-то получить от этого. Если так, то нужно стараться, чтобы каждый, уходя домой после собрания, видел, с чем он пришел на собрание, что приобрел на нем, и с чем уходит он сейчас домой.

Но иногда, когда во время собрания группы каждый ощущает важность этого собрания, тогда не возникает даже такой мысли: а что приобрел я, с чем ухожу домой. То есть что конкретно есть у меня в руках такого, что приобрел я на собрании товарищей, и чего не было, пока я не пришел в группу? И тогда видит человек, что нет у него совершенно ничего.

И это похоже на то, о чем написано: «Когда придешь в виноградник ближнего своего и будешь есть вволю, но сосуды свои не наполнишь». То есть когда собираются товарищи (что и есть «виноградник ближнего»), когда сидят, едят и пьют вместе, разговаривают о том, о сем, тело наслаждается от самого процесса. И это подобно тому, как сказано: «И есть будешь плоды, сколько душе угодно».

Но когда расходятся по домам, то хотят увидеть, что же есть в келим, сосудах, такого, что сможет дать ощущение жизни – для дома. И когда покидают собрание и хотят видеть, что же осталось в келим, сосудах, от всего этого общения, то видят – «и в сосуды свои не возьмешь», – нет ничего в келим желаний для оживления души после собрания.

И человек должен обращать внимание на то, чтобы в то время, когда он прикладывает какое-либо усилие, не осталось оно без оплаты. Как мы просим в молитве: «Чтобы нам не трудиться впустую». Но когда человек идет на собрание, он должен получить там пищу, чтобы, отправляясь домой, имел возможность увидеть, что у него есть, что внести внутрь своих келим желаний. И тогда будет у него пища прокормить себя до следующей встречи, и за это время она будет у него приготовлена из того, что приобрел во время собрания товарищей.

Поэтому **должен прежде установить для себя важность собрания.** А затем смотреть, что можно приобрести из этого. Как приводилось выше сказанное мудрецами: «Всегда прежде установит человек величие Творца, а затем обратит к Нему молитву».

То есть в начале собрания, в речах, которыми оно открывается, надо говорить о важности группы. И каждый по очереди должен постараться объяснить смысл возвышенности и важности того, что есть внутри них. И не говорить ни о чем, кроме восхваления преимуществ группы до тех пор, пока не будет выявлена эта важность с помощью товарищей.

Тогда должны сказать, что закончили первую стадию собрания и перейти ко второй части. То есть нужно, чтобы каждый в отдельности сказал, что, по его мнению, можно сделать, какие действия совершить, чтобы у каждого в группе была возможность приобрести любовь товарищей. То есть, что каждый может сделать, чтобы обрести возможность в сердце своем возлюбить конкретно каждого в группе. И после того, как закончили второй этап, ответы, что сделать ради группы, начинается новая ступень – приведение к практическому осуществлению установленных товарищами решений, к тому, что именно необходимо сделать.

О том, что касается важности группы (общества, союза), смотри в книге «Матан Тора» (137 стр.). Там объясняется значение любви между членами группы, объясняется, что посредством соединения друзей можно прийти к величию Творца. Поскольку весь мир погружен в собственный эгоизм, а он хочет идти путем отдачи. И это против мирского понимания, поскольку такова природа, с которой мы родились в силу замысла творения – «желания Творца делать добро сотворенным Им».

И вся энергия, с которой мы можем пойти против своей природы, то есть произвести обратное действие, понимая, что недостаточно еще того, что мы не желаем получать ради личной выгоды, но мы еще желаем дать – то есть все наши действия будут только ради доставления радости создавшему нас – вся наша энергия истекает из силы, содержащейся в природе отдачи: когда человек дает кому-то, кто очень важен и дорог ему, он получает от этого наслаждение. Получается, что без получения наслаждения человек не в силах сделать ни малейшего действия, потому что это против нашей природы.

Но мы можем поменять источник наслаждения. То есть, вместо того, чтобы получать удовольствие от действия получения, мы желаем получать удовольствие от действия отдачи. Потому что это называется «сравнением свойств», когда мы должны сказать: также как Творец видит наслаждение в том, что Он дает творениям, так же и у нас должно быть наслаждение от того, что мы отдаем Творцу.

Иначе, если мы отдаем Творцу без радости и удовольствия, мы не достигаем сравнения свойств, как сказали мудрецы: «Не было радости пред Ним и в тот день, когда сотворены были небо и земля. И не было радости перед Творцом со дня сотворения мира, подобной той радости, которой будет радоваться с праведниками в грядущем мире» (Книга Зоар, 1, 115).

Поэтому, если нет у нас радости в то время, когда мы выполняем заповеди Творца, то получается, что даже когда есть намерение ради отдачи, это не называется «сравнением свойств». Потому что не может человек радоваться нигде, кроме, как только в месте, где находит наслаждение.

Выходит, если нет у него наслаждения и радости оттого, что отдает Творцу, еще не называется это «сравнением свойств», когда было бы у него место для высшего наслаждения, потому что еще недостает ему наслаждения, которое есть у Творца во время отдачи творениям.

И отсюда следует, что вся база, на основании которой мы можем получить наслаждение и радость – это то, чем дозволено нам наслаждаться, и более того, большая заслуга наслаждаться от действия отдачи – это работать в одном направлении: ценить духовное. И это выражается в сосредоточении внимания на том, «к Кому я обращаюсь», «с Кем я разговариваю» и «Чьи Заповеди я выполняю», и «Чью Тору я изучаю», то есть необходимо выискивать возможности (советы, замыслы, способы действий) для того, чтобы оценить значимость Дающего Тору.

И поскольку человек, со своей стороны, прежде чем удостоился какого-либо свечения свыше, должен искать людей более или менее подобных себе, которые также ищут способы возвеличить важность духовного, быть хоть в каком-то контакте с Творцом (в каком бы то ни было виде), и поскольку уже многие осознают важность этого, то каждый может получить поддержку от своего друга.

И необходимо «самое малое количество – это двое». Это значит, что если двое товарищей сидят вместе и думают, как возвеличить важность Творца, уже есть у них сила получить усиление осознания величия Творца в качестве побуждения снизу, и на действие приходит затем побуждение сверху, когда они начинают чувствовать немного величие Творца.

И согласно написанному – «в многочисленности народа величие Царя» – получается, что чем больше количество, тем сила действует больше, то есть создается более насыщенная атмосфера величия и важности Творца. И тогда каждый своим телом чувствует, что все действия, которые он хочет выполнить ради духовного (что и называется «отдачей Творцу»), ценятся у него как несметные богатства оттого, что удостоился войти в круг людей, удостаивающихся служить Царю. Тогда от каждого малого действия он полон радости и удовольствия, что есть у него сейчас, чем услужить Царю.

И в той мере, в какой группа во время собрания думала о величии Творца, в каждом в своей мере это вызвало осознание величия Творца, и тогда он может находиться весь день в мире радости и веселья. И от каждой малости, когда он занят работой Творца, он наслаждается этим. Потому что, если даже вспомним на мгновение, что надо думать о духовном, тотчас он говорит: «Я уже благодарен и возвеличиваю, и восхваляю Творца», потому что он верит, что Творец призвал его сейчас и хочет говорить с ним.

И когда человек представит себе, что Царь обращается к нему и говорит ему, что хочет общаться с ним, какая радость была бы тогда у человека, и какое бы было настроение у него! И, несомненно, в таком приподнятом настроении не думал бы, конечно, о чем-то постороннем и только бы немного стеснялся того, что не знает законов и обычаев Царя, как вести себя, когда Царь обращается к нему.

И то, что он умеет делать для Царя, считалось бы у него за бесценное богатство. Потому что все-таки он знает немного законы, чтобы выполнять с их помощью заповеди Царя – тем, что учил в школе, когда был маленьким. И конечно теперь, когда он уже повзрослел и хочет служить Царю, несомненно, не хватает ему знаний законов Царя. Выходит, что заботы его лишь в том, что не знает, от чего будет больше радости у Царя – от какого действия или намерения. Но кроме этого, он живет в мире, который хорош всем. Об этом всем группа должна думать, когда собирается вместе. И говорить о важности группы, как уже сказано: «Всегда прежде человек установит величие Творца, а затем воздаст Ему молитву».

Также и в группе, если мы хотим попросить что-то необходимое от группы, что и называется «воздаст молитву», мы обязаны прежде установить для себя важность группы. «И лишь затем воздаст молитву». То есть просить у группы, чтобы дала ему то, что он желает получить от нее.

В таком случае он должен увидеть сначала, что есть у группы. Каким имуществом обладают ее члены, чтобы он мог получить от них посредством объединения с ними. А может быть, в том, чем они обладают, он не нуждается, а наоборот, избегает этого и не захочет приблизиться на расстояние выстрела из лука.

И потому человек должен всегда быть начеку, когда приходит на собрание группы, – а есть ли у товарищей та цель, которой он хочет достичь. И у каждого из них есть такая часть от этой цели. И он думает, что, несомненно, если объединиться всем вместе в движении к единой цели, то у каждого будет своя часть от нее. А также части всех товарищей группы. И получается тогда, что у каждого в группе будет сила, как у всей группы вместе.

Отсюда следует, что каждый отдельно взятый член группы должен уделить пристальное внимание цели собрания, и это должно привести к ощущению, что после собрания каждый приобрел что-то, что может вложить в свои келим желания. И чтобы они не остались в состоянии, о котором сказано: «А в сосуды свои не соберешь». И каждый должен принять в расчет, что если не сидит на собрании с особым вниманием, мало того, что потерян для самого себя, но еще и наносит ущерб всей группе.

И это подобно тому примеру, что приводится в Мидраше: «Двое пришли на судно, и один из них начал делать под собой отверстие в дне шхуны. Спросил его другой: «Зачем ты сверлишь дырку?» И тот отвечает: «Что ты беспокоишься, я ведь под собой сверлю, а не под тобой». И первый сказал ему: «Глупец, ведь мы оба погибнем на этой шхуне»».

После обсуждения на собрании важности и необходимости группы начинается определение порядка исправлений: как и в чем можно усилить группу, чтобы быть одной общностью, как сказано: «и встал там Израиль станом напротив горы», (Шмот 19) и что объясняется в комментарии: «все как один – единым сердцем». И порядок должен быть таким, чтобы каждый, у кого есть какой-то замысел, могущий принести пользу, мог обсудить его со всеми. **И решение должно быть принято всеми и каждым, чтобы не было никакого принуждения.**

До сих пор говорилось о связи между человеком и его товарищем, которая даст нам связь между человеком и Творцом, как написано в книге «Матан Тора» (стр.137). Соответственно этому, говоря о важности любви между товарищами, мы выяснили, что вся важность состоит в том, что это приведет нас к связи с Творцом. А значит, мы должны помнить, что понимание важности любви между товарищами должно привести нас к пониманию важности любви между человеком и Творцом.

Кто приводит к молитве
Статья 18, 1986

Сказано мудрецами (Брахот 32): «Сначала человек должен восхвалить Творца, а затем только молиться».

Из этого мы видим, что человек обязан верить, что если он находится в состоянии, когда ощущает недостаток в работе на Творца, ощущает, что нет у него той веры, которая ему необходима, то это означает, что со временем сможет поверить в то, что Творец добр и справедлив.

И ощущение это, что не в силах благодарить Творца и сказать во весь голос, одновременно устами и сердцем: «Благословен сказавший: да будет мир», – то есть что он наслаждается миром до такой степени, что благодарит Творца за то, что создал этот мир, и есть у него от чего наслаждаться. И если, не дай Бог, не ощущает тех благ и наслаждений, которые можно получить, то ему трудно тогда благодарить за это. И больно ему, что не в состоянии прославлять Творца за то, что создал мир и сказать: «Благословен сказавший: да будет мир», – в полный голос.

И недостаток этот приносит ему боль, то есть он говорит, что, конечно же, ощущение это идет от того, что он отдален от Творца, то есть погружен в любовь к себе. И это отделяет его от Создателя, то есть нет у него чувства величия Творца, так как Творец скрыт от него, и поэтому не в состоянии видеть правду, как написано: «Так как Он – жизнь твоя, Продлевающий дни твои». И поэтому он не в состоянии ощутить важности Торы, как написано: «Потому что Он есть ваша мудрость и ваш разум в глазах народов, которые, услышав все эти законы, скажут: «Как мудр и велик этот народ!».

И когда человек проверяет себя: где это вдохновение, почему другие народы говорят о нас: «Как мудр и велик этот народ!», – благодаря силе Торы, благодаря тому, что мы выполняем написанное: «Храните и исполняйте, ибо Он есть ваша мудрость и ваш разум в глазах народов». Но почему же я не чувствую важность Торы и Заповедей?

И когда он глубже всматривается в свое состояние и ощущает, насколько он далек от понимания важности работы на Творца, начинает тогда пробуждаться и задумываться, что, конечно же, необходимо что-либо сделать, чтоб не остаться в этом низменном состоянии до конца дней своих. И тогда человек начинает молить Творца, чтоб приблизил его к себе и дал ему помощь сверху, как сказано у мудрецов: «приходящему очиститься, помогают».

То есть он просит, чтобы Творец снял с него сокрытие величия и важности духовного, чтобы смог тогда противостоять любым своим низменным мыслям и желаниям, исходящим из его эгоизма, и чтобы все его переживания и заботы были бы только о том, как и что еще сделать для святости, называемой «намерение дать радость Создателю», и которой, конечно же, можно достичь только в той мере, в какой есть у него вера в величие и важность Творца.

И если это так, то он просит у Творца, чтобы открыл ему глаза, чтобы мог увидеть и почувствовать величие и важность Творца, как написано: «Почему Творец оставил душу мою, скрыл лицо от меня». И только тогда это будет молитва из глубины сердца, когда человек желает, чтобы Творец излечил его сердце, как написано: «Исцеляет разбитые сердца и удаляет грусть».

И тогда, конечно же, человек думает, что пробуждение к молитве о том, чтобы Творец приблизил его к себе, исходит из его собственных усилий, и ждет помощи Творца, ждет, что Он ответит на его молитву и поможет ему тем, что приблизит к себе. А то, что он молится сейчас, то это по причине ощущения недостатка, которого ранее не было.

Другими словами, когда человек не получает от Творца то, что по его мнению, Творец обязан дать ему, то человек вопит, почему Творец не отвечает на его молитвы, как и всем остальным людям. Но ведь они, по его мнению, не получают ответа по причине, что нет у них желания к духовному. А он-то не похож на всех остальных, у которых отсутствует всякое желание к Творцу, и поэтому Творец не должен приближать их к себе.

И человек этот, который молит Творца, чтобы помог ему, приблизив к себе, думает: «Неужели Творец сам не видит, что он отличен от остальных людей и стоит выше остальных тем, что есть у него понятие смысла жизни, что он отдает себе отчет, для какой цели он создан и к чему должен прийти». Ну, а что касается остальной массы людей, то он видит их низменное состояние и то, что все их мысли и желания направлены на извлечение выгоды для себя. А он ощущает, что понимает по-другому, что его стандарты и его мысли намного возвышенней, чем у других.

И более того, иногда человек видит, что находится намного выше и важнее даже над теми, с кем состоит в дружеских отношениях. И он видит, что и они иногда задумываются о духовном, тогда как все его мысли и желания все время о духовном, и он постоянно желает выйти из состояния любви к себе, и все его просьбы к Творцу только о том, чтобы вывел его из этого состояния низменности, а у остальных он не видит настолько серьезных намерений.

Поэтому есть у него претензии к Творцу, почему Он не отвечает на его молитвы, на то, что он просит, и оставляет его в том состоянии, в котором он сейчас находится (как и все остальные), и не задумывается о нем, о том, что он молит от всего сердца. Или, не дай Бог, он видит в ответе сверху недостаток и задает сам себе вопрос о том, что сказано: «Так как Ты слышишь молитву всех уст» – значит, во весь голос все его тело молит и требует, чтобы Творец помог ему. И, напротив, остальные не получают ответа на свои молитвы, потому что они не во весь голос молят.

Пишут мудрецы: «Прежде чем позовешь – отвечу, прежде чем скажут – услышу». И объяснял это Бааль Сулам, что то, что человек ощущает недостаток в чем-либо и молит Творца об этом, не является настоящей причиной его молитвы, а причиной его молитвы на самом деле является то, что он нашел милость в глазах Творца, и поэтому Творец желает помочь ему.

Поэтому тогда Творец посылает ему ощущение недостатка – этим Он зовет его, чтобы приблизился и слился с Ним. Это означает, что Творец приближает его к себе тем, что дает ему желание обратиться к Себе, чтобы говорил с Творцом, значит, есть у Него уже ответ на молитву, прежде чем попросил. Это значит, что Творец приблизил человека к себе прежде, чем пришли ему в голову мысли о том, что необходимо молить Творца.

Но почему именно его выбрал Творец – на это нет ответа; этому нужно верить верой выше знания – это и называется «частным управлением». То есть запрещено человеку говорить, что подожду, пока мне дадут сверху желание, тогда и буду заниматься духовной работой. Поэтому Бааль Сулам говорил, что на будущее человек обязан верить в поощрение и наказание. То есть должен сказать: «Если не я для себя, то кто же, но если я для себя, то кто я, и если не сейчас, то когда?».

И если так, то запрещено человеку медлить даже на мгновение, а должен сказать себе, что если не сейчас – то когда? И нельзя ждать более подходящего времени, «что только тогда начну заниматься духовной работой».

Но после своего действия, должен человек верить в частное управление: не то, что человек взывает к Творцу, а напротив, Творец зовет человека к себе. Выходит, что причина сближения идет не со стороны человека, а со стороны Творца, и потому не вправе человек даже думать о том, что Творец не слышит его молитвы, ведь уже приблизил его прежде, чем человек попросил об этом.

И это называется, что «прежде, чем человек позовет, Творец ответит ему». Выходит, что если человек вдруг начнет ощущать низменное свое состояние, то это не исходит от него, а Творец послал ему это ощущение для того, чтоб попросил приблизить его. То есть сразу же, как только приходит к человеку мысль о том, что он отдален от Творца, и желает, чтоб приблизил его к Себе, **то не должен молиться об этом прежде, чем сначала не поблагодарит Творца за то, что позвал его, чтобы приблизить его к Себе.**

И Творец желает, чтобы человек молил Его. И когда человек задумывается, чего это вдруг он вспомнил о существовании духовного в мире и необходимо ему достичь чего-либо в духовном, то если же сразу скажет, что мысли эти послал ему Творец, то затем может уже молиться.

И это то, о чем сказали мудрецы: «Сначала должен человек восхвалить Творца». Это значит, что сразу, как только упал в своих мыслях о духовном состоянии, сразу же необходимо ему восхвалять и благодарить Творца за то, что дал ему эти мысли и желания к духовному. И затем, то есть после того, как он знает, что Творец зовет его, сразу же благодарит и восхваляет Его за то, что приблизил его, и только тогда он может молиться о своем состоянии. И поскольку видит, что не хватает ему Торы и совершенно не разбирается, где правда, а где ложь, поэтому молит Творца, чтобы показал ему правильный путь.

И из этого поймем то, о чем сказали мудрецы: «И ответил ему Творец...». Раби Леви привел пример о сыне Царя, который вел подкоп под домом отца, чтобы взять у него фунт золота. И был этот подкоп как изнутри, так и снаружи. Это значит, что и отец в свою очередь вел подкоп с желанием поскорее дать. «И был этот подкоп с двух сторон, чтобы ускорить получение».

И из того, что мы разобрали, видим, что причина, по которой человек желает приблизиться к Творцу, исходит от самого Создателя. И Творец не ждет, пока человек сам пробудится, а сам первым пробуждает его. И затем человек молится, чтобы Творец приблизил его к себе. И это видно из вышеприведенного примера, когда отец его, то есть Творец, вел подкоп изнутри, то есть Творец дал ему мысли и желания молить к Нему, а затем сын царский «подкапывал снаружи». Это означает, что народ Израиля – «сыны Царя», и находятся они «снаружи дворца», но пожелали приблизиться к Творцу, то есть войти во дворец. Но первым всегда начинает Творец.

Вера выше знания
Статья 21, 1986

О понятии «выше знания». Следует пользоваться этим сосудом (кли) как в отношениях человека с товарищем, так и человека с Творцом. Но есть разница, поскольку между человеком и Творцом это отношение должно оставаться всегда. То есть никогда нельзя пренебрегать этим кли, называемым «вера выше знания». В отношении же к товарищу предпочтительнее, чтобы человек мог разумом оценить достоинства товарища.

Но природа тела такова, что человек, наоборот, видит недостатки товарища, а не преимущества. И поэтому сказали мудрецы: «Всякого человека старайся оправдать». То есть, несмотря на то, что разумом человек понимает, что товарищ его не прав, все-таки должен пытаться оправдать его. И это может оказаться выше понимания. Но, несмотря на то что умом понимает, что не в чем его оправдывать, все же идя выше своего понимания, может оправдать его.

А если может оправдать разумом – это, конечно, предпочтительнее. Представим себе теперь, что человек видит, что товарищи его стоят на ступень выше его, и осознает, насколько он низко находится по сравнению с ними. Он видит, что все его товарищи во время приходят на занятия и молитву и больше него интересуются происходящим среди них, чтобы помочь каждому, чем только возможно и все, что слышат о «работе Творца» на уроках, сразу же берут на себя, чтобы исполнить на деле.

Конечно, это влияет на него, давая ему силы преодолеть свою лень, когда будят его встать утром на занятия. И во время учебы тело его проявляет больший интерес к урокам, ведь иначе будет отстающим. И ко всему в духовном он вынужден относиться с большей серьезностью, поскольку тело не может вынести унижения. И более того, когда смотрит на остальных и видит, как они занимаются для достижения высшей цели, тело его тоже дает ему возможность работать ради отдачи.

А причина в том, что не готово тело выдержать унижения, потому что любое тело преисполнено гордостью за себя и не может выдержать, чтобы товарищ его был больше него. Получается, что когда видит, что товарищи стоят на ступень выше, это вызывает в нем стремление тоже быть на высоте.

И об этом сказано мудрецами: «Соперничество умножает мудрость». То есть, когда каждый смотрит на остальных – на каком высоком уровне они находятся, как мыслями, так и действиями, то, естественно, что каждый из них обязан подняться на ступень более высокую, чем позволяют силы и свойства его тела.

Это означает, что, хотя ему лично не свойственны сильные желания, и нет у него стремления к большим наслаждениям, и не склонен он страстно желать почета, все же в ходе соперничества может приобрести дополнительные силы, не присущие его природе с рождения. И ревность рождает в нем новые силы, которыми обладают его товарищи по группе, и с их помощью он приобретает новые качества и силы, не присущие ему от рождения.

Получается, что есть свойства, которые родители передали своим детям, и есть качества, приобретенные от группы. И это новое приобретение пришло к нему только от силы соединения с группой, из-за ревности к товарищам, когда он видит, что у них есть качества лучшие, чем у него. И это дает ему толчок взять их лучшие качества, которых нет у него, и потому он соперничает с ними.

И, таким образом, человек выигрывает новые качества, приобретенные им у группы. Он видит, что члены ее находятся выше него, и зависть толкает его к тому, что и он становится выше, чем в ситуации, когда не было у него этого окружения, потому что получил с их помощью новые силы.

Но это можно сказать только тогда, когда он, в самом деле, видит, что остальные на ступень выше него. Но когда проявляется в нем эгоистическое начало, оно показывает ему ничтожество его окружения, давая понять: «Пожалуй, эти люди, к которым ты хочешь присоединиться, не подходят тебе, поскольку находятся намного ниже тебя. И если так, то не то, что ты можешь что-то выиграть, но, наоборот, те незначительные силы, имеющиеся в тебе с рождения, можно сейчас потерять, ведь силы у них меньше, чем у тебя.

Значит, наоборот, ты должен держаться подальше от них. И если, несмотря на это, ты все же хочешь быть с ними, то позаботься, по крайней мере, чтобы они слушались тебя. Чтобы все делали в соответствии с тем, как ты это понимаешь: каким образом будут сидеть, когда собираться вместе, как будут учиться и молиться.

Чтобы были все серьезными, и чтоб насмешка не сорвалась с их уст, и чтобы не говорить о материальном: какой у другого заработок, легко или тяжело он ему достается, страдает ли от работодателей, с кем вместе работает, притесняют ли его из-за того, что он верующий – все это вещи незначительные и не стоит о них думать, поскольку они относятся к материальному.

Ты же участвуешь в собрании товарищей с высокой целью – стать работающим на Творца. И в то время, как ты хочешь забыть свои материальные заботы, хотя они тебя на самом деле очень беспокоят, но все-таки ты отказываешься и не хочешь вспоминать про них – твои товарищи начинают говорить о материальных заботах друг друга.

Но тебя сейчас это не интересует, тебе хочется духовного, и почему это вдруг товарищи путают твои мысли материальными проблемами, которые тебя совершенно не касаются. Для того ли ты хочешь забыть свои материальные заботы, чтоб думать о материальных проблемах товарищей? Разве это возможно? «Если так, – говорит ему тело, – послушайся моего совета и держись от них подальше и тогда преуспеешь, зачем же тебе забивать свою голову разными глупостями».

И что же он может ответить телу, показывающему, как низко находятся его товарищи, ведь оно пришло с претензиями праведника. То есть советует ему отдалиться не потому, что хочет сделать его нарушителем, но, наоборот, говорит ему: «Отдалившись от них, ты станешь праведным, будешь мыслями только в духовном, и лишь в момент настоящей необходимости – и в материальном тоже».

Поэтому, если человек верит, что без группы и товарищей он не может продвинуться в достижении любви к Творцу – поскольку это отправная точка для перехода из себялюбия к любви к Творцу – ничего не остается, кроме как идти выше разума. И это значит, что в них еще непостоянно стремление достичь любви к Творцу, как и у тебя, но так как ты – мое «тело», то в тебе я вижу качества более возвышенные, чем в «телах» товарищей, – ты хочешь работать на Творца, и именно потому советуешь мне оставить группу. Их низменность проявляется внешне, и нет у них сил скрыть свои непристойные свойства, ведь среди людей принято скрывать свой эгоизм от других, чтобы тебя уважали за твою благопристойность.

А здесь их плохие качества настолько сильны, что не могут их преодолеть и скрыть от другого. И поэтому они низки в моих глазах. Но без группы я ничего не выиграю, несмотря на все хорошее, что есть во мне. И выше моего понимания указание мудрецов, которое я выполняю (Авот, ч.4,4): «Будь в высшей степени смиренным». То есть я обязан идти выше своего понимания и верить, что они находятся выше меня. И в силу моей веры я могу получить поддержку и уверенность от группы, и получить от них все, что способна дать группа.

Получается, что человек принимает любовь товарищей выше разума – вынужденно, из-за отсутствия выбора, но разумом видит, что правда на его стороне. Но как раз в отношении товарищей понять разумом важнее, чем идти выше разума. Поскольку на самом деле человек, желающий приблизится к Творцу посредством своей работы, желая работать только ради отдачи, начинает открывать в себе плохие качества. И они не постигаются умом, а ощущаются в сердце.

То есть он должен почувствовать, что он самый плохой и самый низменный во всем мире. И если еще не достиг этого ощущения и кажется ему, что есть кто-то хуже его, то наверняка еще не достиг осознания зла. То есть зло, скрытое в сердце, ему еще не открылось. Поскольку не может видеть его, пока нет в нем хоть немного хорошего. Как, например, в темноте не видна грязь в доме. Но когда зажигают свет, то можно увидеть, что она там есть.

И также, если не совершает человек хороших поступков, то есть не занимается Торой и молитвой, и хочет приблизиться к Творцу, но нет у него, чем посветить в свое сердце, чтобы была возможность увидеть все зло, находящееся в нем.

Почему же он не видит, что в сердце его больше зла, чем у всех его товарищей? Это потому, что не достает ему еще свойств добра. Поэтому думает о себе, что свойства его лучше, чем у его товарища.

Из сказанного следует, что пока человек еще видит, что его товарищи хуже него, это значит, что нет в нем свойств света, чтобы увидеть зло внутри себя. И значит, все зло, находящееся в человеке, не называется злом. Потому что у всех есть это зло, называющееся «желание получать ради себя» или эгоизм.

Но все различие – в обнаружении зла. Человек не ощущает вреда от своего эгоизма, потому что не видит, что ему будет плохо от того, что занят лишь удовлетворением, наполнением своего эгоизма, своего себялюбия. Но когда он начинает выполнять духовную работу путем Истины, то есть хочет достичь слияния с Творцом, чтобы все его действия были ради отдачи, он получает каждый раз немного света, показывающего ему, что желание получать для себя – зло. И это происходит последовательно и постепенно, так, чтобы каждый раз видеть, что оно мешает достичь слияния с Творцом, и с каждым разом он видит все отчетливее, что его желание получать – постоянный враг его. Царь Шломо называл эгоистическое начало «смертельным врагом», как написано: «Если голоден враг твой, накорми его хлебом, потому что горящие угли сгребаешь ты на голове его».

Мы видим, что человек, на самом деле, должен почувствовать, что он хуже всех, потому что такова истина. И надо еще понять сказанное мудрецами: «Дух соперничества умножает мудрость». И это происходит как раз тогда, когда человек воспринимает все своим разумом. Но когда идет выше разума, то превосходство товарища ему не видно настолько, чтобы могла возникнуть зависть к нему, которая толкала бы его к труду и усилиям, поскольку дух соперничества с товарищами обязывает к этому.

Бааль Сулам объяснил высказывание рабби Йоханана: «Увидел Творец, что малочисленными становятся праведники, взял и поселил их в каждом поколении», как сказано, «потому что у Творца основы земные, и держится на них Вселенная». И объяснил: «Рассеял во всех поколениях», чтобы были основой и поддержкой и началом существования Вселенной. (Йома 88, 2. с). «Малочисленны» – означает, что их становится меньше и исчезают совсем. Поэтому, что Он сделал? – «Взял и поселил в каждом поколении». То есть посредством того, что поселил в каждом поколении, они умножатся. И надо понять, как посредством рассеяния во всех поколениях будут умножаться. То есть надо понять, в чем отличие: находятся ли все праведники в одном поколении или рассеяны во всех поколениях, как вытекает из сказанного РАШИ, что с помощью этого станет больше праведников.

И он (Бааль Сулам) сказал: «Благодаря тому, что будут праведники в каждом поколении, будет место тем, у кого нет от рождения подходящих свойств, чтобы достичь слияния с Творцом. Поэтому соединятся с этими праведниками и, благодаря тому, что будут связаны с ними, будут учиться их действиям и смогут приобрести новые свойства от этих праведников. Поэтому рассеял их в каждом поколении, чтобы таким образом умножались праведники». Как уже говорилось, также с помощью связи с товарищами можно получить новые свойства, обладая которыми, удостоятся достижения слияния с Творцом.

И только в случае, если человек видит преимущества товарищей, можно сказать, что он научится их действиям. Но когда видит себя выше них, тогда уже нечего ему взять от них.

Поэтому сказано, что, когда твой эгоизм указывает на то, что твои товарищи хуже и ниже тебя, ты должен идти выше своего разума. Но, конечно же, лучше и успешнее он продвигался бы, если бы понимал своим разумом, что товарищи выше него. И становится понятной молитва, составленная для нас рабби Элимелехом: «Дай нашему сердцу видеть в своих товарищах только лучшее, а не их недостатки».

Но в отношениях между человеком и Творцом все совершенно по-другому. Здесь лучше идти выше разума, и если человек ставит веру выше разума, значит, он находится на верном пути.

Но человек понимает по-другому, своим умом, то есть считает, что если бы Высшее управление стало открытым всем, тогда весь мир занимался бы Торой и Заповедями, и не осталось бы атеистов, и все бы были верующими. Но поскольку управление Его скрыто от низших, то должны верить, и это трудно, ведь Творец дал нам разум и понимание каждой вещи согласно тому, что предстает перед нашими глазами. Все отношения между людьми мы оцениваем нашим разумом и все познаем только умом, как сказано (Бава Батра, 131): «Судья выносит решение согласно тому, что видит воочию». И получается, что во всем мы следуем пониманию внутри нашего разума, но не выше него.

Поэтому, когда человек начинает работу Творца и должен следовать указанию «принять на себя веру выше знания», он начинает думать: «Разве я не вижу, что Творец дал нам разум судить обо всем согласно нашему пониманию, насколько наш разум осознает. И как я могу согласиться с чем-то, что идет против нашего разума». И очень трудно нашему телу понять, что стоит работать выше разума.

А выше разума должно быть как в уме, так и в сердце. И поэтому не каждый может включиться в работу ради отдачи – работу выше разума. Потому обучают приходящих заниматься каббалой в порядке, предложенном еще РАМБАМом: начинают в «ло лишма» – не ради Творца, пока не умножатся их знания и не приобретут дополнительную мудрость, тогда открывают им, что основа работы – ради отдачи, называемая работой ради Творца – «ли шма».

И надо понять, почему именно «ради отдачи» предпочтительнее. Ведь разум обязывает к обратному. Если бы работа Творца была понятна нашему разуму, больше людей хотели бы работать на Творца. Об этом Бааль Сулам сказал: «Чтоб не думал человек, что работа «выше разума», данная нам Творцом, – низкая ступень. Мы должны верить, что это очень высокая ступень, что именно с помощью этого есть у человека возможность достичь ступени «ради отдачи», а иначе вынужден будет работать «ради получения»».

Поэтому, если бы работа совершалась разумом, конечно, было бы больше работающих, но никогда не смогли бы прийти к слиянию с Творцом – к работе «ради отдачи». Поэтому, хотя работа и выполнялась бы с большим рвением, но не было бы никакой возможности прийти к состоянию, когда человек стал бы пригоден для получения добра и наслаждения, которые Творец хочет ему дать. Ведь известно: Его желание – делать добро творениям.

Но чтобы не было недостатка в полученном наслаждении (недостаток этот называется стыдом), произошло исправление сокращением, чтобы высшее наслаждение могло светить только в мере подобия свойств. Это значит, что создания получат наслаждения только в мере своего желания отдавать, а пока этих желаний нет, вынуждены оставаться во тьме, что называется, «умрут, не приобретя мудрости».

Но должны знать, что даже в состоянии «ло-лишма» есть свет Торы. Об этом сказали мудрецы: «Пусть постоянно занимается человек Торой и Заповедями «ло-лишма», потому что из «ло-лишма» приходят в «лишма», поскольку свет Торы возвращает к Источнику». Но затем должен достичь состояния «ради отдачи», то есть и умом, и сердцем работать выше разума.

Что же касается отношения к товарищу, то если может любить его, понимая это своим разумом, пытаясь увидеть, что товарищи находятся выше него в своей связи с духовным – такая работа предпочтительнее. То есть, если разумом понимает, что товарищи ближе него к слиянию с Творцом – в этом есть преимущество относительно состояния, когда должен верить выше разума. Когда же на самом-то деле он видит себя выше и видит низменное состояние своих товарищей, но верит выше своего разума, помня Заповедь, в соответствие с которой он должен верить, что они не такие, какими он их видит. Но, конечно, лучше, если он уже достиг осознания этого.

Подобным образом можем объяснить написанное (Шмуэль 16, 7): «Но сказал Творец Шмуэлю: «Не смотри на вид его и высокий рост его, ибо отверг Я его: ведь суть не в том, что видит человек, ибо человек видит глазами, а Творец видит то, что в сердце».

Мы видим, что когда Творец послал пророка Шмуэля помазать на царство одного из сыновей Ишая, Шмуэль понял согласно увиденному им воочию, что Элиав сын Ишая достоин быть царем Исраэля вместо царя Шауля. Творец не согласился с этим. И только в конце, когда привели к нему Давида, а он был «пастухом овец, румяный, с красивыми глазами и миловидный», сказал Творец: «Встань, помажь его, ибо это – он».

Чему нас это учит? Мы видим здесь две особенности:
1. Шмуэль, со своей стороны, увидел в Элиаве качества, достойные для царствования над Израилем.
2. Творец же сказал ему: «Нет, не иди согласно своему пониманию». Потому что в отношении к Творцу разум не может принести никакой пользы. Но выбери того, кого Творец пожелал провозгласить Царем. Это называется отношениями между человеком и Творцом, где нет места пониманию, «ибо Мои мысли – не ваши мысли, и Мои пути – не ваши пути». Поэтому сказал ему Творец: «Не то, что видит человек: ведь человек видит глазами, а Творец видит то, что в сердце».

И, согласно этому, можно объяснить сказанное: «ибо человек видит глазами» – это хорошо в отношениях человека к товарищу. Хорошо, когда может идти в соответствии со своим разумом, согласно тому, что предстает глазам человека. Вместе с тем – «...а Творец видит то, что в сердце». То есть, то, что касается человека и Творца – это выше разума, и не должен смотреть человек на видимое глазами, а выше этого. И надо понять:
1. в отношениях между человеком и Творцом предпочтительнее идти выше разума;
2. в отношениях между человеком и товарищем – лучше разумом.

Поэтому сказал ему Творец: «Не смотри на вид его». Ведь идти согласно увиденному хорошо по отношению к товарищу, если способен увидеть преимущества товарища. И если Я хочу помазать его на царство, это действие относится ко Мне – Я хочу, чтобы был Царем. Это относится к отношениям «между человеком и Творцом». И здесь именно работа «выше разума» является правильной работой, и как раз посредством нее человек может достичь намерения «ради отдачи», а иначе упадет в свой эгоизм, что является причиной отделения и отдаления от духовного.

Но здесь спрашивается: что происходит после того, как человек решил идти выше разума, не обращая внимания на вопросы, которые его «тело» представляет ему в виде возражений всего мира? Он отвечает на все эти вопросы и не хочет смотреть ни на что, идущее в противоречии с «разумом и сердцем», но решил идти только «выше разума». И тогда, после этого решения, приходят иногда к нему красивые объяснения, с которыми его тело вынуждено согласится. И если он видит, что идет сейчас «разумом», что он может предпринять, когда стал понимать посредством объяснений, которые получил свыше? И говорит себе: «Что же мне делать, когда нет у меня возможности работать выше разума. Ведь сейчас я понимаю, что именно так и должно быть, что я работаю ради отдачи. И нет у меня возражений против работы Творца, которые были, когда вынужденно работал выше разума. Но, поскольку, суть работы – выше знания, что можно предпринять в теперешнем своем состоянии?»

И Бааль Сулам сказал, что когда человек удостаивается какого-то откровения свыше, он чувствует тогда, что стоит работать на Творца. Получается, что до этого была у него работа выше разума, когда «тело» не соглашалось, и он должен был все время сосредотачивать усилия на преодолении сопротивления «тела» и нуждался в Творце, чтобы дал ему силу идти выше разума. Теперь же он уже не нуждается в помощи Творца, потому как чувствует, что есть у него основа, которая может стать фундаментом его здания: ему есть уже на что опереться.

В сравнении с предыдущим состоянием получается, что человек наносит ущерб вере, как бы говоря: «Наконец-то я избавился от бремени веры, которая была ярмом и тяжелым грузом. Сейчас уже можно опереться на разум, поскольку я получил побуждение свыше, и тело тоже согласно с целесообразностью выполнения Торы и Заповедей. И таким образом причиняется ущерб вере.

И поэтому сказал Бааль Сулам: «Теперь человек обязан сказать, что видит настоящий путь — идти именно выше разума. И доказательством тому служит, что получил свечение свыше именно как результат согласия идти выше разума. Потому и удостоился, чтобы Творец приблизил его немного к Себе и дал свыше стремление к духовному».

Это, полученное свыше, стремление и дает ему ответ на все трудности и свидетельствует о правильности пути «выше разума». Что же мне делать, чтобы продолжить идти тем же путем? Собрать только силу воли и начать искать возможности работать «выше разума».

Получается, что не навредил совсем вере, в которой находился перед получением свечения свыше, так как и сейчас не берет это свечение за основу, на которой выстроит все здание своей работы, но берет это свечение в качестве доказательства, что идет истинным путем — верой выше знания. И только в этой работе Творец приближает человека к Себе и дает ему место приблизится к Себе, потому что такое приближение не даст ему упасть в свой эгоизм, называемый «знание». Поскольку Творец видит, что он старается идти только выше знания.

Из сказанного следует, что в отношении пути «выше разума» есть разница, когда говорится об отношениях «между человеком и Творцом» или «между человеком и его товарищем».

Потому что умение понять своим разумом положительные качества товарища похвально. Но если человек видит только недостатки товарищей, нет у него выбора — только идти выше разума и сказать: «Все, что я вижу, слышу и чувствую — все это неверно и неправда. Потому что не может быть, что я ошибся, выбирая именно этих товарищей для соединения с ними. Не может быть, чтоб мой расчет был неверен, когда я думал, что они смогут обогатить меня духовно, поскольку есть в них достоинства, которых нет у меня. И потому, соединившись с ними, я смогу подняться на более высокий уровень — так мне казалось. Сейчас же я вижу, что на самом-то деле думаю иначе. Но я же слышал, что Бааль Сулам сказал: «Единственное, что может помочь человеку выйти из себялюбия и удостоиться любви Творца — это любовь к товарищам».

Поэтому нет у меня выбора: я должен соединиться с ними, несмотря на то, что вижу, что лучше бы мне отдалиться от них и не присоединяться к ним. Но ничего не поделаешь, я обязан верить, что на самом деле все мои товарищи находятся на ступеньку выше меня. А я не заслужил увидеть их достоинства. И поэтому должен верить «выше понимания». И если бы смог увидеть это своим разумом, то мог бы получить большую пользу от них. Но, к сожалению, выбирать не приходится».

В отношениях же «между человеком и Творцом» — всё по-другому. Потому что место, где может идти выше разума, предпочтительнее. И поэтому человек может получать поддержку в разуме, то есть если удостоился небольшого свечения свыше, то есть у него теперь возможность сказать: «Я вижу, что стоит быть работником Творца, ведь я чувствую вкус в работе».

Получается, что он взял это свое ощущение за основу, на которой строит свое единство с Творцом. И сейчас он понимает своим умом — стоит выполнять Тору и Заповеди. То есть все основание его опирается на это условие: когда есть вкус в работе, стоит слушаться голоса Творца. Выходит, в противном случае, когда нет вкуса к работе, — неспособен выполнять заповеди Творца.

Известно, что принятие Высшего Управления должно быть «всей душой и всем естеством», даже, когда забирают у него «душу». Значит, когда нет в нем никаких жизненных сил, нет ни малейшего желания, то и тогда должен работать на Творца и не выставлять Творцу условий, говоря: «Если Ты выполнишь мое желание (в том, чего мне не хватает, по моему разумению, в чем я ощущаю недостаток), если исполнишь его, я обещаю Тебе, что буду твоим работником. Если же не исполнишь все, что мне кажется необходимым, – не смогу принять на себя все то, что Ты заповедал мне через Моше Рабейну».

Но человек должен принять Высшее Управление на себя без всяких условий, выше разума. Более того, должен сказать, что необходимо работать выше разума не потому, что Творец не может нам дать разум, но потому, что надо верить, что это для нашей же пользы. Получается, что в отношениях человека с Творцом надо стараться быть выше разума. И если человек получает какое-то знание, то должен вести себя так, как объяснялось выше.

Необходимость любви к товарищам
Статья 14, 1988

Товарищеская любовь обладает многими чудесными свойствами:

1. **Помогает выйти из любви к самому себе и возлюбить ближнего.**

И сказано рабби Акивой: «Возлюби ближнего, как самого себя, – это великое правило Торы». Через любовь к товарищам человек приходит к любви к Творцу.

Но необходимо знать, что любовь к ближнему и работа на благо ближнего не является целью творения, как это понимают обыватели. Ведь мир сотворен не для того, чтобы люди делали добро друг другу. Он сотворен для того, чтобы каждый смог получить наслаждение для себя. Работа на благо ближнего необходима только для исправления творения, а не как самоцель. Это исправление необходимо, чтобы не было стыда от получения. Оно заключается в приобретении свойства отдачи, так как только в этом случае творения смогут получить все приготовленное для них добро и наслаждение. И тогда это получение будет совершенным – без изъяна, вызываемого стыдом.

Об этом написано в Книге Зоар: «Их милосердие – грех. Все совершаемое ими добро делают они ради себя». То есть, вся доброта их и милосердие – с корыстным намерением, для себя. Это означает, что они делают добро из собственного понимания, а не ради выполнения заповеди «возлюби ближнего, как самого себя», данной Творцом, сотворившим этот мир для того, чтобы насладить творения. И заповеди Он дал лишь для того, чтобы с их помощью очистить творения и этим помочь им достичь слияния с Собой. Таким образом, Творец помогает творениям получать от Него добро и наслаждение, не отрываясь от Него.

2. **Объединяясь в единую группу, товарищи приобретают силу, дающую им возможность придать важность цели духовной работы, заключенной в том, чтобы достичь «лишма» (бескорыстного намерения ради Творца).**

Массы воспитываются согласно сказанному Рамбамом: «Женщин, детей и простой народ учат работать из страха и ради награды, пока не преумножится их мудрость, и только тогда постепенно раскрывают им тайну».

И поскольку, чтобы раскрыть им тайну о необходимости работать с намерением ради Творца, а не ради себя, нужно ждать, пока не «преумножится их мудрость», то получается, что большинство остается в намерении ради себя, а не ради Творца.

Закон природы таков, что единицы естественным образом подчиняют свое мнение мнению большинства. Поэтому, чтобы не попасть под влияние большинства, товарищи, желающие идти по пути, ведущему к «лишма», должны объединиться между собой, чтобы каждый отдал себя другому с намерением через любовь к ближнему прийти к любви к Творцу. Это является их целью, как сказано: «И возлюби Творца всем сердцем своим и всей душою своею». Ведь таким образом, став хоть и небольшим, но единым коллективом, они уже сами являются обществом и не отменяют свое мнение перед общим большинством. И, вследствие этого, способны уже вести работу по обретению любви к товарищам, с намерением прийти к любви к Творцу.

Заповедь «возлюби ближнего, как самого себя» относится ко всему народу Израиля. Но большинство еще не понимает, что она является лишь средством, чтобы достичь любви к Творцу, что намерение «лишма» – это главное в заповеди. Поэтому связь с этим большинством естественным образом ослабляет стремление идущего духовным путем, в соответствии с правилом «соединяясь, люди заражают друг друга своим мнением». Следовательно, тот, кто еще не достиг, а только стремится достичь бескорыстного намерения в работе на Творца, должен с осторожностью выбирать свои связи. Он должен стараться объединиться только с теми, кто уже понимает, что все намерение целиком должно быть «ради Творца», а не ради собственной выгоды, и что любовь к ближнему является лишь средством для достижения любви к Творцу. Только им он должен поставить себя на службу.

В этом состоит польза товарищеской любви внутри особой группы, в которой у всех есть единая цель – достичь любви к Творцу.

Но есть люди, которые, хоть и занимаются соблюдением заповедей и изучением Торы, объединяются просто так, – не для того чтобы прийти к намерению ради отдачи Творцу, а по причине, которую в них вложили при воспитании – ради получения для себя. Такое намерение называется «лолишма». Объединение с такими людьми неизбежно заражает мнением, что не стоит стремиться к «лишма», поскольку «лишма» тяжелее, чем «лолишма», ведь «лишма» противно природе человека. Поэтому нужно опасаться соединяться с теми людьми, чья мудрость пока что еще не приумножилась, которые пока не знают, что главное в духовной работе – это намерение ради Творца, а не ради себя.

Хотя любовь к ближнему заповедана всему народу Израиля, необходимо осторожно выбирать, с кем объединяться. Это необходимо, поскольку человек, прежде чем удостоится выйти из любви к самому себе, всегда ощущает, насколько это тяжело, потому что «тело» противится этому. Но если он находится в окружении группы людей, объединенных единым мнением, сконцентрированных на цели, а не на работе, тогда важность этой цели не ослабевает в нем.

Если же человек не находится постоянно в соединении со своими товарищами, ему очень тяжело удержаться в стремлении к отдаче. И лишь милостью небес может не ослабнуть в нем приобретенное прежде понимание, что стоит прилагать усилия и продвигаться в русле работы на отдачу.

Ведь он может вдруг заразиться мыслью, что стоит идти путем большинства и не стоит выделяться из общей массы, хотя в то время, когда он был соединен с товарищами, он думал по-другому. Как только человек теряет связь со своей маленькой группой, он тут же попадает под влияние общей массы и принимает их мнение, что достаточно учить Тору и тщательно соблюдать заповеди в нашем мире, с простым намерением выполнять то, что заповедовал нам Творец через Моисея и живших после него мудрецов. Что этого нам достаточно и за это будет у нас награда. Говорят они: «Мы верим мудрецам, сказавшим: «Достоин доверия хозяин работы твоей, за твои деяния он заплатит тебе». Так с чего вдруг нам нужно думать о чем-то, кроме этого? Как говорится, «если будем выполнять все, как положено, – этого уже достаточно». Как сказал рабби Ханания бен Акашия – «хотел Творец удостоить Израиль, поэтому приумножил им Тору и заповеди». То есть, Тора и заповеди даны нам, чтобы приумножилась наша награда.

Все это оттого, что сейчас человек набрался «ума» по сравнению с тем временем, когда он был включенным в маленькую группу и понимал тогда по-простому, что необходимо работать ради небес, а не ради себя. Что необходимо выйти из любви к себе и удостоиться слияния с Творцом. И хотя видел, что тяжело выйти из любви к себе, но понимал, что это истинный путь, что человек должен прийти к работе с намерением ради Творца. Когда же он отделился от группы, то тут же упал во мнение большинства людей в мире. Ведь большинство еще не пришло к тому состоянию, о котором говорил Рамбам: «Когда приумножится их мудрость, откроют им тайну», что необходимо работать в «лишма». Возникает вопрос, откуда пришло это к человеку – попасть в такое место, войти в такую группу, путь которой прийти к «лишма»? Нужно верить, что так ему выпало с небес.

Но тогда почему же он в дальнейшем отдаляется от группы? Об этом сказал Й. Ашлаг – когда человек вступает на путь истины, то, конечно же, это намерение дается ему пробуждением свыше. Но затем по какой-либо причине человек начинает халатно относиться к работе и возвращается к обычному пути масс. Почему же не дают ему еще раз пробуждение свыше?

Он объяснил это на примере человека, плывущего по реке и потерявшего посередине плаванья силы. А рядом с ним плывет еще один человек и подталкивает его, чтобы тот продолжал плыть. Он подталкивает его раз за разом, чтобы спасти. Но если видит, что тот не участвует в собственном спасении и уже не пытается плыть, то оставляет его. А если после каждого толчка тот снова начинает сам плыть, то продолжает подталкивать его, пока опасность не исчезает.

Так и в работе – человек получает пробуждение свыше, подталкивающее его в место, где работают сознательно ради того, чтобы прийти к намерению отдачи Творцу. Так пробуждают человека несколько раз, но если он не прикладывает собственные усилия в том же направлении, то начинает сам себя оправдывать и неизбежно сходит с пути. Человек в этом случае ощущает себя праведником, поскольку оправдывает свой выход из группы.

Поэтому возложено на человека влиться в группу. И поскольку все члены группы едины, она является обществом. И хоть по сравнению с внешним большинством это маленькое общество, тем не менее, оно не отменяет себя перед этим большинством, так как общее не отменяется перед общим.

3. **Есть особое преимущество в слиянии товарищей. При слиянии мнения и мысли переходят от одного к другому, поэтому каждый включает в себя силы другого. И таким образом, у каждого есть сила всей группы. То есть, каждый человек, являясь единицей, тем не менее, обладает всеми силами группы.**

Чего требовать от собрания товарищей
Статья 30, 1988

Из сказанного поймем суть собрания товарищей: о чем следует говорить, когда они собираются. Прежде всего, всем должна быть ясна цель, что результатом собрания должна быть любовь товарищей. Когда каждый из товарищей пробуждается любить другого, это называется любовью к ближнему. Такова цель. Но чтобы родился этот милый ребенок, необходимо выполнить действие, которое вызовет любовь. А в понятии любви есть 2 уровня:
1. Естественная любовь, ради которой человек не должен прилагать усилий. Он должен остерегаться, чтобы не испортить природу.
2. Любовь, приходящая за счет того, что один доставляет добро другому. Это тоже естественно, поскольку тот, кто дает подарок другому, вызывает тем самым любовь к себе. Поэтому когда собирается группа людей, которые хотят вместе работать над любовью к товарищам, каждый должен насколько возможно помогать другому.

И в этом есть много градаций, поскольку никто не похож на другого. Потребность одного не является потребностью другого. Но в одном вопросе все равны: каждому из товарищей необходимо хорошее настроение. Однако, если у товарищей нет хорошего настроения, это не означает, что у них одинаковая потребность, ведь у каждого своя причина, из-за которой у него нет радости.

Поэтому на каждого возложено подумать, чем он может создать хорошее настроение другу. И поэтому необходимо остерегаться, чтобы не вести речи, которые опечалят группу, ведь этим по его вине каждый чувствует себя плохо. И тогда по дороге домой он спрашивает себя, что выиграл от пребывания в группе, чтобы знать, что мое нынешнее состояние низкое, и я должен об этом сожалеть. Получается, будто я встречался с группой, чтобы они ввели меня в печаль. Если так, то жаль времени. Наверняка было бы лучше совсем туда не ходить. И, конечно же, он говорит, что в следующий раз, если мне придется идти в группу, я приведу им доказательства, чтобы я мог увильнуть от них.

Из этого следует, что каждый должен стараться внести в группу приподнятое настроение и надежду, придать энергию группе, чтобы каждый ее член мог сказать себе, что сейчас начинает новую страницу в работе. То есть, что до прихода в группу он был разочарован своим продвижением в духовной работе. А сейчас товарищи дали ему дух жизни, полный надежды, что достигнет с их помощью уверенность и силы преодоления. Ведь сейчас он чувствует, что может достичь совершенства. И все, что было важно, что стояло против него как огромная гора, и он думал, что не способен ее покорить, и это действительно сильные помехи, сейчас он думает, что это просто ноль. И все получил от силы группы, потому что каждый постарался привнести дух одобрения и свежую атмосферу в группу.

Но что человек может сделать в то время, когда чувствует печаль, как относительно материального, так и относительно духовного состояния, а надо идти в группу? И еще сказали мудрецы: «Забота в сердце человека говорит другим». То есть говорит своим товарищам, может они могут помочь. Если так, то как же мы говорим, что каждый должен создать в группе хорошее настроение, когда у него его нет? Но есть правило: «Нельзя дать то, чего у тебя нет». Что же ему делать, чтобы дать что-нибудь товарищам, что поднимет настроение в группе?

И нет другого совета, как необходимость следовать правой линии. То есть прежде чем он идет к любви между товарищами, должен прочесть статью Бааль Сулама, где он объясняет, что правая линия означает «выше знания». Оттуда он получит силу, чтобы, придя в группу, вдохнуть в каждого, больше или меньше, дух жизни. И от этого все товарищи получат радость, поддержку и уверенность.

И нельзя пробуждать во время собрания товарищей левую линию. Только когда человек находится наедине с собой, он может работать с левой линией, но не больше чем полчаса в день. Основная работа человека заключается именно в том, чтобы продвигаться в правой линии. А два человека между собой не должны обсуждать левую линию, только таким образом они получат помощь от группы.

Однако хуже всего, когда человек приходит в группу и видит, что вся группа находится в состоянии падения, как же он может получить от них силы? В таком случае он должен оправдывать всех. И отсюда мы поймем ответ на вопрос, в чем связь между указанием «купи себе друга» и требованием оправдать товарища. Если человек хочет приобрести что-то от группы, он должен оправдывать товарищей, в таком случае он сможет приобрести у товарищей помощь в работе, поскольку есть ему от кого получить. Если же он считает, что стоит на голову выше всей группы, от кого же он тогда получит? И об этом мудрецы сказали: «Ты должен оправдать каждого человека». Выходит, что главное, что нужно человеку, чтобы купить себе друга – работать в любви к ближнему, поскольку благодаря этому сможет удостоиться любви к Творцу.

Однако товарищи в основном должны говорить между собой о величии Творца. Потому что согласно мере величия Творца, которое человек представляет себе, в этой же мере он естественно отменяет себя перед Творцом. Мы видим в природе, что маленький отменяет себя перед большим, это не относится к духовному, и касается также и людей нерелигиозных. Это означает, что Творец сделал это в природе. Получается, что когда товарищи говорят о величии Творца, у них пробуждается желание отменить себя перед Творцом, поскольку они начинают ощущать стремление и сильное желание соединиться с Творцом.

И следует помнить, что насколько товарищи могут оценить важность и величие Творца, они всегда должны идти верой выше знания. То есть Творец выше, чем человек может себе представить в своем разуме и надо сказать, что мы должны верить верой выше разума, что он управляет миром с помощью доброго управления. Если человек верит, что Творец желает людям только добра, он начинает любить Творца пока не достигает состояния «возлюби Творца своего всем сердцем и душой». И это человек должен получить от своих товарищей.

Постижение величия возможно именно с помощью группы. И что написано в книге **«Дарование Торы» (стр. 141),** где говорится об отношениях ученика и рава (учителя), то же самое является главным в отношении величия Творца. И таковы его слова: «постижение величия зависит полностью от окружения. И одному человеку невозможно здесь что-либо сделать. Однако два условия должны соблюдаться при постижении величия:

1. всегда выслушивать и принимать оценку общества в мере их старания в этом;
2. окружение должно быть большим, как сказано: «В многочисленности народа – величие царя».

И для того чтобы принять первое условие, обязан каждый ученик ощущать себя наименьшим из всех товарищей. Тогда сможет он получить степень величия ото всех, поскольку не может больший получить от меньшего и, тем более, проникнуться его речами, но лишь малый воспринимает оценку большого.

Согласно же второму условию, каждый ученик обязан превозносить достоинства товарищей и почитать их, как будто они величайшие люди поколения. Тогда окружение будет воздействовать на него таким образом, как если бы оно было действительно большим, поскольку качество важнее, нежели количество».

Но, что делать товарищу, если ему нужна помощь товарищей? Как сказано выше, нельзя рассказывать на собрании товарищей о плохих вещах, которые могу опечалить. И ответом на это является то, что человек должен рассказать об этом какому-то товарищу, который ему наиболее близок. А этот товарищ должен поговорить с группой, но не в то время, которое определено для постоянного собрания товарищей. То есть он может поговорить со всей группой вместе, но не во время постоянного собрания товарищей. Можно сделать особое собрание товарищей ради этого товарища, нуждающегося в помощи.

По вопросу **«купи себе товарища»,** надо объяснить понятие **«купи»**, что означает, надо заплатить ему, и с помощью этой платы он покупает его. А что он ему платит? Можно сказать, что плату получают за труд. То есть иногда человек хочет купить, например, красивый шкаф, который стоит, скажем, два тысячи долларов. И он говорит продавцу, что у него нет денег, заплатить, но он слышал, что тот ищет работника на полмесяца. И поэтому вместо денежной платы за шкаф, я проработаю у тебя на эту сумму денег, которую я должен тебе заплатить. И разумеется, продавец согласится. Мы видим, что оплата может быть сделана заменой.

И так же у нас в отношении любви товарищей. В то время, когда человек должен оправдывать товарищей, это является большим усилием, и не каждый на это согласен. И есть иногда более сложная ситуация, то есть иногда человек видит, что товарищ пренебрегает им. И даже более того, когда узнает о злословии, то есть когда услышал от одного товарище, что другой сказал о нем, и что этот товарищ сказал такие вещи, которые не хорошо говорить товарищам друг о друге. И он должен пригнуть себя, и оправдать его, и это огромное усилие. Получается, что с помощью усилия он платит, а это важнее, чем оплата деньгами.

Но если человек говорит о нем плохо, то где товарищ возьмет силы любить его, ведь очевидно, что тот ненавидит его, иначе не говорил бы о нем плохие вещи. А если так, то какой смысл в том, что он его оправдывает? Ответ в том, что любовь товарищей, которая построена на любви ближнего, благодаря чему мы можем достичь любви Творца, это вещь противоположная тому, что принято между товарищами. Это означает, что вопрос любви ближнего не в том, что товарищи будут его любить. А это я должен любить товарищей. И если так, то мне не важно, что товарищ говорит обо мне плохо, и, несомненно, меня ненавидит. И если человек хочет купить любовь товарищей из любви к ближнему, он должен пройти исправление, чтобы полюбить другого.

Поэтому, когда человек прилагает усилия и оправдывает его, это является чудесным средством, когда, благодаря прилагаемому усилию, что называется пробуждением снизу, ему дают сверху силы, чтобы смог полюбить каждого товарища без исключений. И это называется **«купи себе товарища»,** когда человек должен приложить усилие, чтобы достичь любви ближнего. И это называется **«усилием»,** когда он должен работать выше разума. Ведь со стороны разума, как можно оправдать другого, в то время, когда разум показывает ему истинное лицо товарища, что он ненавидит его? И если так, то что он может ответить на это своему телу, почему он должен себя принизить перед товарищем?

Ответ. Поскольку он хочет достичь слияния с Творцом, называемого сравнением по свойствам, то есть не думать о своей выгоде, то почему это принижение (склонение) кажется ему таким трудным? Причина этого в том, что он должен аннулировать свое самолюбие, и всю свою жизнь, которую он хочет прожить, думать только о том, чтобы работать ради пользы ближнего, начиная с любви ближнего между товарищами и до любви Творца.

В таком случае совсем наоборот, именно здесь он может сказать, что ни в одном действии, которое он выполняет, нет никакой личной заинтересованности. Разум заставляет его думать, что товарищи должны его любить, а он преодолевает свой разум, идет верой выше знания и говорит, что для себя самого не стоит жить. Не всегда человек находится на такой ступени, что может так сказать, но в любом случае это является целью его работы, поэтому у него уже есть, что ответить своему телу. Из сказанного следует, что прежде чем человек приходит на собрание товарищей, он должен подумать, что он может дать группе, чтобы поднять в ней дух жизни. И в этом нет отличия между «бедным знаниями» и «богатым знаниями», поскольку мысли человека, то о чем он думает, даже если он ничего не знает, он должен молиться о помощи и верить что Творец слышит его молитву.

Ханукальная свеча слева
Статья 11, 1990

Человек, как сказано в Торе это маленький мир, включающий в себя все, что есть в творении: есть в человеке свойства из желания, называемые 70 народов мира, включающие в себя все отрицательные свойства, противоположные 7 положительным духовным свойствам, потому как Творец создал все в противоположности, 70 народов мира властвуют над Израилем.

Когда это происходит, такое состояние для Израиля называется галут – изгнание из под власти Творца под власть народов мира и нет никакой возможности у Израиля работать на Творца, а только ради себя и только по указаниям своего ума и понимания разума, и невозможно даже представить себе, как можно освободиться от власти народов мира в нас, потому что сам человек на себе видит, что все его усилия бесплодны, и даже наоборот, чем больше он пытается выйти из-под власти эгоистических сил, тем больше убеждается, что это невозможно.

Но как сказано: «Я твой Творец, выводящий тебя из Египта, чтобы быть твоим Творцом» — Творец выводит человека из духовного рабства, называемого Египет, чтобы предстать перед человеком как его Творец, вместо эгоистического властителя Фараона. Каждого из нас только Творец может вывести из рабства нашего эгоизма, власти составляющих его 70 желаний, называемых 70 народов, и стать нашим властителем вместо Фараона-эгоизма.

Не должен утверждать человек, что те, которые удостоились выйти из под власти своего эгоизма, были менее эгоистичны, чем он, и поэтому Творец мог им помочь, дав силу преодолеть их природу. Ведь когда человек начинает осознавать свое подлинное ничтожество и бессилие противостоять своей природе, он входит в состояние бездеятельности и отчаяния, а подчас и подавленности, граничащей с депрессией, ощущая себя самым плохим в мире, что не может быть хуже, а потому те, кто удостоились выхода из эгоизма, были, очевидно, лучше его.

В таком случае надо верить в сказанное АРИ, что перед выходом из Египта народ Израиля был на 49-ой нечистой ступени — максимальном эгоизме, и только тогда открылся им Творец и вывел их из Египта. Поэтому, хотя человек видит, что он находится в самом низком духовном состоянии, не должен позволить себе выйти из повседневной своей работы над собой, а верить, что Творец вызволит его из власти эгоистических желаний.

Из сказанного видим, что основа продвижения вперед — это вера в возможность духовного освобождения, вопреки доводам разума, хотя разум человека — это главное, что есть у него, все его «Я», и оценивают человека именно по его разуму, если разум человека позволяет ему видеть свое истинное состояние, дает ему возможность идти выше разума, видеть, что выше разума человек не может идти без помощи Творца.

Ведь если он видит со стороны разума, что может идти вперед, то не нуждается в помощи Творца. Главное, что требуется от человека — это достичь своего совершенства, постичь НАРАН-ХАЙ своей души. Это постигается тем, что человек нуждается в Творце, как сказано «Приходящему исправиться помогают его чистой душой», тем, что постепенно дают ему все новые порции света.

Поэтому воистину неоценимое, состояние если человек нуждается в Творце, в Его помощи, потому что спасение заключается в том, что человек получает все большие силы свыше, силы его души, пока не получает весь свет НАРАНХАЙ, соответствующий корню его души.

Поэтому чудо заключается в осознании того, что не в состоянии человек самостоятельно достичь ничего духовного, а нуждается в помощи свыше. Только в таком виде называется чудо.

Поэтому если человек приходит к состоянию, что есть в нем уже осознание его зла, что уже сознает, что не в его силах что либо совершить, выйти из эгоистических желаний, властвующих в нем, что его стремления к духовному, к Творцу находятся в изгнании под властью эгоизма, обязан верить, что Творец выведет каждого поодиночке из духовного рабства, каждого, кто идет по пути Творца.

И это действительно чудо — возможность выйти из власти эгоистической природы любви только к себе и заботиться только о благе Творца. И когда человек достигает такого состояния, считается, что он достиг своей души, то есть достиг веры в Творца и уже есть у него силы работать только ради Творца, и это называется душой.

Это называется также правой линией, потому что человек занимается поисками путей «отдать» Творцу, чтобы все, что делает, было ради Творца, сделать приятное Творцу. Но необходимо знать, что то, что человек желает делать для Творца, называется исправлением творения, а не целью творения, поскольку цель творения, чтобы человек получил наслаждение в свои желания насладиться (килим дэ кабала), только на эти желания надо добавить некоторое исправление, называемое «ради Творца» (аль минат леашпиа).

Наслаждение от получения цели творения называется светом Творца, или светом Мудрости (ор хохма), или светом жизни (ор хаим), потому что оживляет творение, человека.

Этот свет называется левым, потому что получают его в желания получить, которые требуют исправления, и потому называются левыми, как левая рука слабее правой и потому требует помощи.

Исправление, требуемое для получение ор хохма, называется «отдача» (хасадим) и называется правой линией, то есть после того, как удостоился цели творения, наслаждения, называемого ор хохма, необходимо еще раз дойти до ор хасадим, когда наслаждение получается в желание отдавать, потому как дана нам работа в Торе и Заповедях в виде выполнения (наасэ) и в виде ощущения результата (нишма): от того, что выполняют в действии Тору и Заповеди (наасэ), удостаиваются прийти к состоянию ощущения (нишма), то есть человек вначале обязан выполнять Тору и Заповеди через силу, и нет необходимости дожидаться пока у него появится желание к этому, что только тогда он будет выполнять, но человек обязан выполнять против своих желаний, только в действии, а сами действия приведут его к состоянию ощущения важности Торы и Заповедей, то есть достигнет ощущения наслаждений, находящихся в Торе и Заповедях.

Поэтому правой линией называются занятия «отдачей», желания отдавать, потому как это гарантия того, что действия человека будут ради Творца. Видим, что действие влияет на намерение, и если человек получает свыше свет «ор хохма», то действие должно изменить намерение и оно станет как действие: действие «получать» заставляет думать о «получении» и создает намерение «ради получения».

Если так, то даже во время «получения ради отдачи» ор хохма, все равно обязан будет получить наслаждение от действия. Поэтому необходима уверенность в правильном получении ор хохма, необходимо «одеяние на ор хохма». В этом одеянии также есть правило «наасэ вэ нишма», действие (наасэ) – «отдача» рождает соответствующее намерение «отдачи».

И это является гарантией того, что желание получить наслаждение, при получении «ор хохма», сможет удержаться в намерении «ради отдачи» во время ощущения наслаждения, и общее действие будет «получение ради отдачи». Подстраховка правильности действий называется правой линией, хэсэд, работа с желаниями отдавать, милосердие, отдача, действия, не нуждающиеся в исправлении. Тогда как хохма, левая линия, работа с желанием получать наслаждения нуждается в сдерживании и исправлении.

Работа человека начинается с правой линии, альтруистических желаний, отдачи, совершенства своих действий, а затем постепенно присоединяют левую линию, чтобы и она была «ради отдачи». Работа начинается с правой линии, совершенства, что означает, сколько человек делает в ней, он благодарит Творца, что дал ему хоть немного желания работать в духовном, отчего есть у него немного связи с Торой и Заповедями в действии.

В таком случае он не думает о своих намерениях, поскольку намерения есть двух видов:
1. намерение «кто обязывает меня заниматься Торой и Заповедями, окружающее общество, потому как все окружающие заняты этим, молятся, выполняют и изучают или я выполняю Тору и Заповеди только потому, что Творец велел выполнять их, и я верю в мудрецов, передавших мне это от Творца, и потому выполняю;
2. намерение о вознаграждении, которое желает получить от выполнения Торы и Заповедей.

Как говорит Книга Зоар, есть 3 причины занятия Торой и Заповедями:
1. получение вознаграждения в этом мире;
2. получение вознаграждения в будущем мире;
3. не получать вознаграждение, от величия Творца, потому как Он велик и всемогущ.

Человек начинает свою работу в Торе и Заповедях ради вознаграждения. Поначалу человек еще не силен в вере, чтобы работать ради Творца, что получит от Него вознаграждение, потому как подсознательно не хватает ему веры, чтобы совершать нужные действия, но выполняет указанное, потому как не желает падать в глазах окружающих – не потому что Творец заставляет его, а от боязни стыда от окружающих, и конечно считает это за крайнее падение, что окружающие заставляют его работать, а не Творец.

Но и за такую возможность быть в связи с Торой и Заповедями человек должен благодарить Творца – за то, что Творец дал силу окружению человека заставить его выполнять по их воле действия.

И это называется, что Творец управляет человеком в сокрытии от него, что Творец скрывает Себя облачением в окружение человека, заставляет его выполнять нужное, а человек выполняет Тору и Заповеди не понимая, что выполняет желания Творца, а не окружающих, хотя в любом случае человек выполняет всегда волю Творца, но если бы знал, что выполняет волю Творца, не выполнял бы, потому что думает, что выполняет только желания окружающих.

Такой метод принуждения человека называется неосознанным (ло ми даато), сокрытие Творца называется сокрытием лица (астарат паним). Но если человек благодарит Творца за то, что Творец скрыто помогает ему, давая человеку возможность выбора, возможность сказать, что работает по принуждению окружающих, а с Творцом не имеет никакого контакта, или верить, что Творец скрывает себя, облачаясь в окружающих, благодаря чему человек вынужденно занимается Торой и Заповедями, то человек выбирает себе путь утверждать, что только Творец помог ему совершать нужные действия тем, что облачается в окружающих и благодарит Творца за это, то это приводит к духовному подъему, удостаивается открытия лица Творца, то есть Творец дает ему мысли и желания выполнять Его желания, потому как человек получает небольшое ощущение света Творца, тем что шел верой выше разума, и потому Творец помог ему с помощью сокрытия удостоиться раскрытия Творца, осознанного выполнения (ми даато).

Тора – средняя линия
Статья 19, 1990

В Книге Зоар (Итро стр. 62, 71) говорится, что Тора относится к средней линии, потому что состоит из правой и левой линий. Порядок работы в исправлении эгоизма состоит в принятии на себя направления продвижения к цели – достичь возможности работать «ради Творца», а не ради себя.

А затем уже человек может учить Тору, потому что до принятия на себя власти Творца, чью же Тору он учит, ведь обязан прежде верить в Дающего Тору, а уже затем может выполнять ее.

Принятие на себя власти Творца означает, что он принимает на себя идти «выше своего разума», что означает, что даже если его разум придет к нему со многими вопросами, он ответит, что все эти вопросы связаны с разумом, а он вообще не имеет с разумом никаких дел, потому что идет «выше разума», не обращая на его доводы никакого внимания, потому что желает достичь состояния, которое разум не в состоянии постичь и понять.

И такое отношение человека к своему разуму, когда нет места вопросам, называется верой. Такое состояние называется также правым, потому что человек верит, что Творец управляет всем миром абсолютно добрым управлением.

И хотя, глядя на окружающий мир, возникает в нем много вопросов, все равно он принимает их «выше своего разума» и благословляет Творца, за то, что Творец дает миру только добро. Поэтому это состояние называется правым, или милосердием – по восприятию управления человеком. Но есть в человеке эгоистическое, злое, дурное начало, называемое так, потому что рисует человеку картину плохого управления миром и в общем дает человеку низменное представление о духовной работе.

Но как человек может противиться этому ощущению и утверждать в своем сердце, что «только добро Творца и милосердие преследует его всю его жизнь»? На это отвечает Творец: «Я создал эгоизм, сотворил Тору для его исправления».

Получается, что Тора, которой он сейчас занимается, она как орудие для его исправления, чтобы получить силы для преодоления эгоизма. Идя по пути добра, «отдачи», человек получает свет милосердия – ор хасадим, и находится в правой стороне, и потому Тора называется данной справа, по имени ее действия, потому как готовит человека идти по правой линии, линии «отдачи», когда человек получает одно из свойств Торы, правое свойство, называемое совершенством, потому что в ней человек не ощущает никакого недостатка.

А второе свойство Торы называется левым, светом мудрости – ор хохма, мудрость Торы: после того, как человек обрел правое свойство Торы, милосердие – хэсэд, веру выше разума, когда верит в то, что Творец управляет миром абсолютным добром ко всем своим созданиям, то он достигает ощущения и Дающего Тору, называемого мудростью Торы, свет ор хохма.

То есть после того, как человек верит что есть Дающий Тору, ощущает свет Торы. И это состояние можно назвать левым. Но оно наступает после того, как человек приобрел правое состояние, веру выше знания – хасадим мехусим.

Но когда есть уже левая часть, левая линия, свет Торы, ор хохма, наступает необходимость в еще одном, третьем состоянии, называемом средним, когда Тора, свет Торы, свет мудрости, ор хохма должна быть одета в веру «выше знания», альтруистические желания, милосердие, ор хасадим.

А до достижения этого состояния, есть большое различие между хохма и хасадим, правым и левым состоянием. Эти действия происходят в соответствии со сказанным: «Изучающий Тору «ли шма» – изучающий Тору с намерением достичь качеств «ли шма», достичь уровня, свойств альтруизма, хэсэд, чтобы были у него силы все делать «ради Творца», без какого либо вознаграждения, когда уже удостаивается такого свойства, «раскрываются ему тайны Торы», что называется левая сторона, и необходимо левую эту сторону включить в правую, одеть ор хохма в ор хасадим, тогда получится Тора, средняя линия, между левой и правой.

Поэтому первое состояние, когда человек находится в эгоизме, но уже желает прийти к свойству «ли шма», все отдавать Творцу, тогда человек ощущает изгнание от духовного, власть эгоизма, зла. И тогда он нуждается в Торе, нуждается в изучении Торы, чтобы Тора привела его к «ли шма», деяниям «ради Творца».

В таком случае называется, что он уже изучает Тору «ли шма», потому что верит в сказанное мудрецами «Я сотворил эгоизм и Я же сотворил Тору для его исправления». Тора в таком случае есть правая сторона, хэсэд, альтруистическая, «ради Творца» – по ее качествам, которые она дает человеку.

А затем, когда человек уже достиг свойства «ли шма», он приходит ко второму этапу своего духовного восхождения: после ощущения, что есть в мире Дающий Тору, раскрываются ему тайны Торы, что Дающий Тору вручает ее человеку. Но на этом еще не заканчиваются духовные состояния человека, потому что должен достичь третьего, среднего состояния, когда хохма соединяется с хасадим, одевается в хасадим, потому что Тора это хохма и должна быть одета в хасадим, называемые действиями, и не должна быть хохма больше чем действия, хохма больше хасадим, а должны быть уравновешены, получающейся третьей линией.

В изучении Торы «ли шма» есть два состояния:

Если человек чувствует, что не в состоянии выполнять «ради Творца», находится под властью эгоизма, утверждающего, своими свойствами, что желает, чтобы все в мире принадлежало ему, что эгоизм не позволяет совершить ничего не ради себя, может работать только на себя.

А если он не видит выгоды для своего эгоизма, нет сил ничего совершить. То есть его измерения, оценки того или иного действия зависят полностью от эгоизма, от того, насколько тот видит свою выгоду в том или ином действии, ее результате.

И в той мере, в какой человек пытается выйти из галута, изгнания и порабощения эгоизмом, в той же мере он ощущает насколько он находится под его властью, в духовной тьме и эгоистическом плену.

Но, зная сказанное мудрецами: «Я создал эгоизм и создал Тору для его исправления», он видит обратное, что по мере его попыток освободиться от эгоизма, последний постоянно, и в степени попыток избавиться от него, возрастает и усиливается, и нет уже сил справиться ни с малейшим животным желанием.

Человек ощущает, что до того, как начал свои попытки духовного развития, был намного сильнее и устойчивее против своих низменных желаний, и не представлял себе никогда, что он на самом деле настолько слаб, слабоволен, сластолюбив, что может упасть в своих желаниях и слабости настолько низко перед ничтожными и, казавшимися прежде, такими незначительными наслаждениями.

И хотя ощущение своей слабости и ничтожества приходит свыше, потому что сам Творец действует в соответствии со сказанным «Я ожесточил сердце Фараона», но в ощущениях человека он чувствует, что находится в духовной темноте, и нет ничего вокруг, чтобы светило ему, и вся его жизнь имеет вкус изгнания, хоть это и исходит свыше.

В приходящем свыше свете Торы, называемом «лишма», есть 2 свойства:
1. желание (кли) – ощущение тьмы – чувство, что не может переносить тьму.
2. наслаждение (свет) – то есть сила Торы, дающая намерение делать, «ради Творца».

Таким образом тьма – есть желание, стремление ощущения необходимости кли достичь получения света Торы, возвращающего человека к его Источнику. И это называется «Я создал эгоизм и я же дал для его исправления Тору», потому что сила Торы аннулирует эгоизм, зло, то есть появляется у человека возможность намереваться поступать «ради Творца».

Если есть ощущение кли – духовной тьмы, ощущение желания поступать «ради Творца» и нехватки сил для этого, значит есть место, в которое может войти сила, свет Торы, и светить там. Но когда нет темного места, то есть еще не чувствует человек, что не хватает ему, что не может делать «ради Творца», то значит нет места, в которое может войти свет Торы.

Ощущение этих желаний относится к правой стороне, что означает, что постиг альтруистические желания (килим дэ ашпаа), что делает ради Творца, от чего есть у него наполнение этих килим-желаний. А затем начинает 3-ю стадию – постигает тайны Торы, что называется левой стороной, потому что этот свет приходит в желания получить, которые, конечно же, должны быть с намерением «ради Творца».

Но хотя и уже постиг свойства альтруизма, и даже получать в состоянии не ради себя, все равно это называется левой стороной, потому что недостает тут исправления для наполнения светом хохма внутри света хасадим, иначе будет его хохма больше хасадим – мудрость, знания, наслаждения больше альтруистических действий, намерений.

И отсюда начинается средняя линия – хохма одевается в хасадим: левая, желание получить, получает хохма, одетая в правое-хасадим. И это называется, что Тора (хасадим, альтруистические намерения), приходит справа, затем идет налево (открытие мудрости-наслаждений-хохма) и надо соединить, как правое с левым, так и левое с правым.

И это называется, что Тора – это средняя линия, потому что сочетается с действиями человека и с мудростью. И не должно быть одно более другого. Но необходимо постоянно остерегаться, чтобы не начать желать получить ради себя свет хохма, а чтобы хасадим, одежда для хохма, намерения «ради Творца» были в человеке прежде, чем тайны Торы, свет хохма, наслаждения, мудрость.

А свет Торы (хохма), одетый в свет желания «ради Творца», называется средней линией, совершенством, потому что состоит из хохма и хасадим вместе и поровну, из действий человека-хасадим и из получаемой им мудрости-хохма.

Но человек должен верить, что «нет никого, кроме Творца», что все делает только Творец, что прежде своего действия, человек обязан сказать, что выбор дан только ему, что если не я, то кто сделает за меня, то есть что все зависит от его выбора.

Но после действия, человек обязан сказать, что все исходит от личного управления Творца им, что он не сделал ничего. Мы обязаны верить в то, что Творец дает нам силы делать добрые дела.

Но до тех пор, пока человек не достоин, запрещено ощущать, что Творец обязывает его делать добрые дела, поэтому Творец скрывает себя в одеяниях, называемых «ло лишма», то есть Творец скрывается в различных одеяниях: за спиной его товарищей, которые якобы вынуждают его вставать рано утром учиться, и, хотя он очень усталый, вынужден встать, потому что стыдится раскрыть им свою ничтожность и бессилие.

Видим, что если человек еще не в состоянии встать на занятия, если это Заповедь Творца, нет еще в нем своих сил, и по причине Заповеди, желания Творца, остался бы спать в тепле, поэтому заставляет его Творец встать через его товарищей.

И подобно этому примеру, также происходит во всем остальном: все окружающее обязывает человека неосознанно выполнять желания Творца, делать добрые деяния. Но какая важность есть в таком случае у человека, в том, что он вынужден делать?

Но человек обязан верить, что нет никого, кроме Творца, то есть Творец обязывает его делать добрые дела, только поскольку еще не достоин знать о том, что это Творец обязывает его, то Творец одевается во всевозможные одеяния нашего мира и через них производит над человеком всевозможные действия.

То есть человек обязан верить, что за каждым из его окружающих, кто хоть как то действует на него, стоит Творец и действует через этих людей, заставляя, вынуждая человека к тому, чего Он желает. Выходит, что Творец делает все, но человек оценивает все по тому как он видит, а не так, как должен был верить и поэтому говорит, что он делает действия «ло лишма» (как в вышеприведенном примере, что товарищи вынуждают его делать).

Поэтому после действия, например после того, как человек уже пришел рано утром на занятия, потому что товарищи заставили его, он говорит, что Творец был причиной его прихода, только Творец оделся в вид его товарищей перед ним. Поэтому сейчас, он благодарит Творца, за то, что Творец был причиной его действия.

Выходит, что то, что человек делает что-либо в «ло лишма», то есть что не Творец был причиной его доброго поступка, а он сделал это по вынуждению окружающих, например, потому что был вынужден слушаться их, человек должен верить, что делал это потому, что Творец заставил его выполнить это доброе дело, но только Творец скрыл себя от человека в одеянии «ло лишма», в виде товарищей и т.п., что через это одеяние человек думает, что он обязан слушать указания в «ло лишма».

Но человек обязан верить, что все делал Творец. Получается, что после того, как человек совершил действие, обязан сказать, что это совершил Творец, одеваясь в его окружающих, за скрытием в «ло лишма». Выходит, в таком случае, что человек обязан благодарить Творца, за то, что Творец дал ему желание выполнить доброе дело или Заповедь, посредством этого одеяния.

Из вышесказанного поймем настоящее значение «ло лишма» – не так как представляет себе это человек, что в состоянии «ло лишма» он вынужден выполнять свои действия по диктату его эгоизма или по желанию окружающих.

Нет! Все, что он делает, делает потому, что Сам Творец в этом состоянии вынуждает его, так как сам еще не удостоился понять величие, важность Творца, в этих действиях, и поэтому считает, что состояние «ло лишма» его вынуждает, потому его действие не такое важное, как если бы его вынуждал Творец.

Но если человек осознает, что нет никого, кроме Творца, то получается, что он действительно всегда выполняет то, чего желает Творец, всегда выполняет то, что желает Царь Вселенной, и он всегда прислуживает Ему, что всегда есть у него связь с Творцом и потому всегда может благодарить Творца, за то, что Творец одевается в одеяния «ло лишма» – и отсюда человек может оценить важность Торы и Заповедей даже в состоянии «ло лишма».

Человек в целом
«Даргот Сулам», статья 759

Жизнь человека в целом подразделяется на две части:
1. саму жизнь;
2. образ жизни.

Существует три образа жизни:
1. Удовлетворение лишь самым необходимым, без чего прервется существование. Для того чтобы существовать достаточно раз в день съедать небольшой кусочек черствого хлеба с одним стаканом холодной воды. И поспать несколько часов на скамейке не снимая одежду. И даже не дома, а где-нибудь в поле, во время же дождей в какой-нибудь пещере, чтобы только не промокнуть. А одежды человека могут быть заплатка на заплатке.
2. Обычная для людей мещанская традиция. Это не означает стремления уподобиться богатым, у которых есть много комнат и много красивой модной мебели, стильных одежд и дорогой утвари. Не означает стремления есть и пить все, что только бывает, как привыкли питаться богачи.
3. Стремление и требование в теле уподобиться богатым. И даже если не может человек достигнуть желаемого, но его глаза и сердце отданы этому. И надеется, и прилагает усилия, как прийти к такой жизни – стать богатым.

И есть еще форма существования, которая обнаруживается в каждом из этих трех образов жизни. При этом если человек заработал на сегодня, то уже не волнуется за завтра. Каждый из дней считается всеми годами его жизни. Подобно тому, как принято в мире волноваться об удовлетворении своих потребностей и желаний в семьдесят лет жизни. О том же, как он будет зарабатывать на жизнь после ста двадцати лет, человек вообще не волнуется. Так бывают и люди, которые решили, что каждый день будет новым в их глазах. То есть человек в новый день становится новым творением. Как будто вчерашний человек совершил кругооборот и родился заново сегодняшним человеком. Но при этом он должен исправить все сделанное вчера. Это относится, как к обязательствам, так и к правам. То есть к тому, совершал ли он заповеди или же прегрешения. Например, если человек взял у своего товарища что-то, то обязан это вернуть. А если одолжил товарищу что-то, то должен получить это назад, поскольку возврат долга – это заповедь. И потому необходимо дать товарищу возможность совершить эту заповедь.

А сейчас поговорим о любви к Творцу. Прежде всего, человек должен знать, что любовь покупается делами – тем, что он дает своему товарищу подарки. При этом каждый подарок становится стрелой, становится пулей, делающей дыру в сердце товарища. И хотя сердце товарища подобно камню, тем не менее, каждая пуля делает дырочку. Из многих же дырочек создается пустота в сердце. И тогда любовь дающего подарки входит в эту пустоту. А тепло этой любви притягивает к себе искры любви товарища.

И тогда эти две любви связываются в одеяние любви, покрывающее их обоих. То есть единая любовь окружает их и покрывает. И тогда двое становятся одним человеком, поскольку их одеяние одно, поэтому оба в нем отменяются.

Есть закон, по которому человек впечатляется всем новым и забавляется с ним. Поэтому, когда человек получает от ближнего одеяние любви, то забавляется только любовью к ближнему и забывает о любви к самому себе. И тогда каждый из них начинает получать наслаждение только оттого, что заботится о товарище, и нет в нем места для заботы о самом себе, поскольку каждый человек способен прилагать усилия только в том месте, в котором может получить наслаждение. Занимаясь любовью к ближнему человек именно от этого получает наслаждение и нет у него никакого наслаждения от заботы о самом себе. А раз нет наслаждения, нет заботы, то нет и места для приложения усилий.

Поэтому бывает в природе такая сильная любовь, что из-за нее идут на смерть. Так и в любви к Творцу бывает иногда, что человек готов ради нее отменить третий вид из перечисленных выше. А потом готов отменить и второй вид из перечисленных выше. А потом и первый вид, то есть любой образ жизни. Но отменить также и саму жизнь, разве это возможно?

Возникает вопрос, если человек отменит само свое существование, кто тогда будет принимать любовь? Но Творец, Он дал такую выходящую из ряда силу в любви, что она не умещается в рамки нашего понимания. Человек в самом деле, силой этой любви, желает убрать себя из реальности. И нет у разума силы остановить его. Поэтому на вопрос, как такое возможно, чтобы человек мог достичь такого состояния, на это есть ответ – «вкусите и увидите, как прекрасен Творец»! И потому природа обязывает самоотмениться, хотя в разуме это и непонятно.

Отсюда становится ясным, что означают слова – «и возлюби Творца всем сердцем своим, всей душою своею и всем свои существованием». «Всем свои существованием» означает всем образом жизни. «Душа» означает саму жизнь. А «всем сердцем» – это уже очень высокий уровень, означающий возлюбить обоими началами, как добрым началом, так и злым началом.

1984 ГОД

Цель группы (1.1)
Статья 1, часть 1, 1984 г.

Мы собрались здесь, чтобы заложить основу строения группы для всех тех, кто заинтересован идти путем и методикой Бааль Сулама, которая представляет путь, позволяющий подниматься по ступеням человека, не оставаясь в категории животного, как сказали мудрецы о строфе «вы – овцы Мои, паства Моя, вы – человек»: «Вы зоветесь человеком, а идолопоклонники не зовутся человеком» – это изречение Рашби.

Чтобы понять уровень *человека*, мы приведем здесь изречение мудрецов о строфе «Послушаем всему заключение: пред Творцом трепещи и заповеди Его соблюдай, потому что в этом весь человек». Спрашивает Гмара: «Что значит «в этом весь человек»? Сказал рабби Эльазар: «Весь мир сотворен лишь ради этого»» – то есть весь мир сотворен лишь ради трепета пред Творцом.

И следует понять, что это такое: «трепет пред Творцом». Ведь выходит, что это – причина, по которой был сотворен мир. Известно из всех изречений мудрецов, что причиной сотворения было *(желание)* принести благо Его творениям. Иными словами, Творец пожелал насладить творения, дабы они чувствовали себя счастливыми в мире. Здесь же мудрецы сказали о строфе «в этом весь человек», что причина творения – «трепет пред Творцом».

Однако это разъясняется в книге «Дарование Торы», где сказано, что творения не получают благо и усладу, хотя в этом причина сотворения, из-за различия свойств между Творцом и ними. Ведь Творец – Дающий, а творения – получающие. И существует правило, согласно которому ветви уподобляются своему корню, от которого родились.

Поскольку получение не свойственно нашему корню, то есть Творец не испытывает недостатка, чтобы Ему понадобилось получить что-либо и наполнить Свой недостаток, постольку когда человек должен быть получающим, он ощущает дискомфорт. Поэтому каждый человек стыдится есть хлеб милости.

И чтобы исправить это, нужно было сотворить мир. «Мир» (олáм – עולם) – значит сокрытие (hээлéм – העלם), так как благо и наслаждение обязательно должны быть скрыты. Для чего? Ответ: ради трепета. Иными словами, чтобы у человека был трепет перед использованием своего сосуда получения, зовущегося «себялюбием».

Смысл в том, чтобы человек воздерживался от получения удовольствий потому, что он желает их, и чтобы у него была сила преодоления страсти к тому, чего он вожделеет.

Напротив, пускай получает наслаждения, из которых произрастет удовольствие Творцу. Смысл этого в том, что творение хочет совершать отдачу Творцу. И у него будет трепет пред Творцом, то есть перед тем, чтобы получать для собственной пользы. Ведь это получение удовольствия, которое человек испытывает для собственной пользы, отдаляет его от слияния с Творцом.

С другой стороны, когда человек выполняет какую-либо заповедь из заповедей Творца, он должен намереваться так, чтобы заповедь эта принесла ему чистые помыслы – чтобы он захотел совершить отдачу Творцу, выполняя эту заповедь. Как сказали мудрецы: «Рабби Ханания бен Акашия говорит: «Пожелал Творец удостоить Исраэль и потому преумножил им Тору и заповеди».

Поэтому мы собираемся здесь, чтобы основать группу – чтобы каждый из нас следовал этому духу «отдачи Творцу». А чтобы достичь отдачи Творцу, необходимо прежде начать отдавать человеку – и это называется «любовью к ближнему».

Но любовь к ближнему возможна лишь при самоотречении. С одной стороны, каждый должен принижать себя, а с другой стороны, мы должны гордиться тем, что Творец предоставил нам возможность, чтобы мы смогли вступить в группу, где у каждого из нас лишь одна цель – «чтобы Шхина пребывала меж нами».

И хотя мы еще не достигли цели, но в нас есть желание достичь цели. Это тоже должно быть важно для нас, хотя мы находимся еще в начале пути. Но мы надеемся, что достигнем этой возвышенной цели.

Цель группы (1.2)
Статья 1, часть 2, 1984 г.

Поскольку человек сотворен с сосудом (кли), который называется «себялюбие», постольку когда человек не видит, что некое действие принесет ему какую-либо личную выгоду, у него нет горючего для усилий, чтобы сделать даже легкое движение. А без отмены себялюбия невозможно достичь слияния с Творцом, то есть подобия по свойствам.

И поскольку это противно нашей природе – нужно общество, в котором все будут представлять большую силу, чтобы мы могли работать вместе для отмены желания получать, называющегося «злом», так как именно оно препятствует достижению цели, ради которой сотворен человек.

Поэтому общество должно состоять из индивидуумов с единым для всех мнением о том, что нужно достичь этого. Тогда из всех индивидуумов создается одна большая сила, способная бороться с собой, потому что в каждого включены все. Таким образом, каждый базируется на большом желании – он хочет достичь цели.

А чтобы один включался в другого, каждый должен отменять себя перед другим. Осуществляется это посредством того, что каждый видит достоинства товарища, а не его недостатки. Тот же, кто полагает, что он немного выше товарищей, уже не может объединяться с ними.

Кроме того, во время собрания нужно быть серьезными, чтобы не выходить из намерения, с которым собрались. Из скромности, которая очень важна, внешне обычно проявляли несерьезность, но на самом деле в сердце их пылал огонь.

Однако маленькие люди, тем более во время собрания, должны остерегаться того, чтобы не увлечься за речами и делами, которые не ведут к цели собрания, состоящей в том, что посредством этого надо достичь слияния с Творцом. О слиянии смотри в книге «Дарование Торы» (книга, изданная на иврите – стр. 168).

И только находясь не среди товарищей, лучше не показывать окружающим намерение, которое у них в сердце, и внешне быть как все. Сказано об этом: «проявлять скромность с Богом твоим». Хотя на это есть более высокие толкования, но и простое толкование тоже важно.

Поэтому желательно, чтобы в среде товарищей при объединении они были равны друг с другом – дабы один мог отменять себя перед другим. В обществе надо особо следить за тем, чтобы в их среду не проникло легкомыслие, так как легкомыслие разрушает всё. Но, как уже сказано, это должно быть внутренним делом.

Однако в присутствии кого-либо не относящегося к этому обществу нужно не показывать никакой серьезности, а внешне соответствовать человеку, который сейчас пришел. Иными словами, говорить не о серьезных вещах, а о том, что подходит человеку, который сейчас пришел и который зовется «незваным гостем».

О любви к товарищам
Статья 2, 1984 г.

1. Необходимость товарищеской любви.
2. По какой причине я выбрал именно этих товарищей, и почему товарищи выбрали меня?
3. Должен ли каждый из товарищей проявлять свою любовь к обществу? Или достаточно того, что у него в сердце есть любовь и он скромно работает над товарищеской любовью? И поэтому он не должен раскрывать то, что у него на сердце?

Известно, что скромность очень важна. Или же, наоборот, человек обязан проявлять любовь к товарищам, которая есть у него в сердце, так как этим проявлением он пробуждает сердце другого навстречу товарищам, чтобы товарищи тоже чувствовали, что каждый из них работает над товарищеской любовью. Выгода от этого состоит в том, что тем самым он получает более мощную силу, чтобы действовать в товарищеской любви с большей энергией и мощью, так как сила любви каждого включается в других.

Таким образом, вместо одной силы для работы над товарищеской любовью, – если общество состоит из десяти товарищей – в человека включены теперь десять сил необходимости; и они понимают, что должны работать над товарищеской любовью. С другой стороны, если каждый не показывает обществу, что он работает над товарищеской любовью, то ему недостает силы общества.

Дело в том, что очень трудно судить о товарище положительно. Каждый думает о себе, что он праведник и что только он работает над товарищеской любовью. Выходит, у него есть лишь малая сила для того, чтобы работать в любви к ближнему. Отсюда следует, что именно эта работа должна вестись открыто, а не в скромности.

Однако всегда нужно напоминать себе о цели общества. Иначе тело, по обыкновению, затушевывает цель, так как тело всегда заботится о собственной пользе. Ибо следует помнить, что общество в целом было утверждено на той основе, чтобы достичь любви к ближнему. А отсюда – трамплин к любви к Творцу.

И достигается это как раз посредством того, что человек признаёт необходимость общества, чтобы иметь возможность совершать отдачу товарищу совершенно безвозмездно. Смысл в том, что ему не нужно общество, которое будет оказывать ему помощь, дарить подарки и т.п., в результате чего получающие сосуды его тела будут удовлетворены. Но такое общество выстроено на основе себялюбия и приводит к развитию лишь получающих сосудов человека, который видит теперь, что у него есть перспективы, что его имущество возрастёт благодаря тому, что товарищ помогает ему обретать материальные ценности.

Однако же следует помнить, что общество было утверждено на основе на любви к ближнему. Иными словами, каждый должен получать от общества любовь к ближнему и ненависть к собственной природе. При виде того как товарищ прилагает старания в аннулировании своей природы и в любви к ближнему, каждый проникнется намерением своего товарища.

Таким образом, как уже сказано, если общество базируется, к примеру, на десяти товарищах, то каждый проникается десятью силами, которые работают над аннулированием своей природы, ненавистью к своей природе и любовью к ближнему.

А иначе, мало того что человек остается с одной-единственной силой любви к ближнему, не замечая, как товарищи работают над этим, поскольку они работают над любовью к ближнему в скромности, – напротив, товарищи приводят к тому, что он теряет свою силу, свое желание идти путем любви к ближнему. Тогда он учится по их делам и падает во власть себялюбия.

4. Должен ли каждый знать, чего недостает товарищу, в частном случае каждого из товарищей, – чтобы знать, чем он может наполнить их? Или же достаточно общей работы над любовью к товарищам?

Любовь товарищей
Статья 3, 1984

В Торе (Берешит, 37) сказано: «И нашел его (Иосифа) человек, когда он бродил по полю, и спросил его тот человек, говоря: «Что ты ищешь?» Он ответил: «Братьев моих ищу я, скажи мне, где они пасут?» Что значит: «человек блуждает по полю»? Под полем подразумевают место, на котором должны вырасти дары земли, дающие пропитание всему миру. Как известно, полевыми работами являются: «пахота», «сеяние» и «жатва». Сказано нашими мудрецами: «То, что со слезами посеяно, с радостью будет сжато». И это называется поле, которое благословил Творец.

Бааль Турим объясняет это место в Торе, говоря, что здесь идет речь о человеке, который сбился с пути духовного развития, который не знает истинной дороги, который уже отчаялся и думает, что он никогда не достигнет своей цели. «И спросил его тот человек, говоря: «Что ты ищешь (левакеш)?»». Слово «левакеш» имеет в иврите два значения: искать и просить. Следовательно, вопрос «человека» можно понять и так: «Что попросишь?» – вместо – «Что ты ищешь?», – то есть – «Чем я могу тебе помочь?» И Иосиф отвечает ему: «Братьев я прошу (ищу)», – то есть я хочу быть в группе, где есть любовь к товарищам, и тогда я смогу подняться по дороге, ведущей к Творцу.

Эта дорога называется «дорога или путь отдачи». И наша природа находится в полном противоречии, вражде с этим путем. И чтобы идти по этой дороге, есть лишь один способ: быть в группе, где существует любовь к товарищам, и где каждый может помочь своему товарищу двигаться вперед именно по этому пути.

«И сказал человек: «Ушли они отсюда»». РАШИ объясняет: порвали они братские узы, то есть они не хотят объединяться с тобой. И это, в конце концов, привело к тому, что народ Израиля попали в египетское изгнание. И чтобы выйти из Египта, мы должны объединиться в группу, где существует любовь к товарищам, и с помощью этого мы удостоимся выйти из Египта и получить Тору.

Человек да поможет ближнему
Статья 4, 1984 г.

Следует понять, чем человек может помочь товарищу. Решается ли этот вопрос именно там, где есть бедные и богатые, умные и глупые, сильные и слабые и т.п.? Но если все богаты, или все умны, или все сильны и т.п. – чем человек может помочь другому?

Однако же мы видим, что есть одна вещь, которая присуща всем, – расположение духа. Сказано: «Тревога в сердце человека – пусть поведает о ней другим». Ибо пребывать в приподнятом расположении духа не помогут человеку ни богатство, ни мудрость, ни т.п.

Человек может помочь другому, именно когда видит, что тот пребывает в унынии. Сказано: «Не может человек сам освободить себя из тюрьмы», но именно товарищ способен вызвать у него приподнятое расположение духа.

Иначе говоря, товарищ поднимает его из состояния, в котором он находится, в состояние духа жизни. И он снова начинает обретать силу уверенности в жизни и богатстве. И начинает путь, как будто его цель сейчас близка к нему.

Отсюда следует, что каждый должен обращать внимание и думать о том, чем он может помочь товарищу, вызвав у него приподнятое расположение духа. Ибо в том, что касается расположения духа, каждый может найти в товарище место недостатка, которое он способен наполнить.

Что дает правило «возлюби ближнего как самого себя»
Статья 5, 1894

Вопрос: Что дает нам правило «возлюби ближнего своего»?

Ответ: С помощью выполнения этой Заповеди мы можем достичь любви к Творцу.

Вопрос: Если так, то что же нам дает соблюдение остальных 612 Заповедей?

Ответ: Прежде всего, нужно знать, что это за правило «возлюби ближнего своего». Известно, что правило основывается на множестве деталей, и без этих деталей правило не может существовать. Например, молитву «Кдуша» можно говорить только в миньяне, то есть когда собралось не менее 10 евреев. В Книге Зоар сказано, что там, где собрались десять человек, уже есть место для проявления божественного присутствия Шхины.

Заповедь «возлюби ближнего своего как самого себя» основывается на остальных 612 Заповедях. Это значит, что когда мы соблюдаем все 612, мы сможем подойти к исполнению Заповеди «возлюби ближнего». Получается, что детали, частности дают нам возможность соблюдать это правило. Когда же мы сможем соблюдать это правило, то мы сможем достичь любви к Творцу, как сказано в Тэилим (84): «Страстно возжелай Создателя».

Человек не может соблюдать все 612 Заповедей один. Например, заповедь «выкуп первенца». Если у человека сначала родилась дочь, то он не может исполнить эту заповедь. Женщины же вообще освобождены от соблюдения заповедей, связанных с определенным временем.

Но так как все связаны друг с другом, то получается, что все выполняют все Заповеди. Поэтому, с помощью исполнения 612 Заповедей, можно подойти к соблюдению правила «возлюби ближнего как самого себя». (См. в книге 6 «Предисловие к ТЭС о уровне «612» и «613-ом» - достижения Творца).

Любовь товарищей
Статья 6, 1984

«Возлюби ближнего своего как самого себя». Рабби Акива сказал, что это большое правило в Торе (Кидушин). Это значит, что, соблюдая это правило, мы соблюдаем все детали Торы, которые включены в него. Тогда, получается, что нам вроде бы больше нечего делать.

Но мы видим, что Тора говорит нам: «Что Творец требует от тебя? Только того, чтобы ты боялся Его». Получается, что главным требованием для человека является трепет перед Создателем, то есть если человек исполняет эту Заповедь, то этим он соблюдает всю Тору и все Заповеди, и даже Заповедь «возлюби ближнего своего».

Тем не менее, согласно словам рабби Акивы, всё наоборот, то есть Заповедь «возлюби ближнего» включает в себя и Заповедь трепета перед Творцом. Мудрецы не соглашаются с рабби Акива и говорят (Брахот): «Во всём слушайся Творца и бойся Его, потому что в этом весь человек». Гмара спрашивает - что значит «весь человек»? Сказал рабби Элиэзер: «Сказал Создатель — весь мир сотворён только ради этого» (то есть весь мир сотворён только ради трепета перед Творцом). А согласно рабби Акиве, всё включено в правило «возлюби ближнего».

Однако в других местах Талмуда мудрецы говорят, что главное - это вера, то есть получается что и трепет перед Творцом, и любовь к ближнему включены в понятие «вера». И чтобы понять всё это, мы должны подумать о том, что же такое: вера, трепет перед Творцом и любовь к ближнему.

Прежде всего, мы должны всегда помнить, что же такое «Цель Творения». Известно, что она заключается в том, чтобы насладить создания. Если это так, то есть если Творец хочет дать своим созданиям всё благо, которое Он приготовил им, то зачем существуют эти три понятия: вера, трепет перед Создателем и любовь к ближнему? Они нужны только для того, чтобы сделать наши сосуды пригодными для получения того блага, которое нам приготовил Творец.

Теперь нужно понять - а как именно эти три Заповеди делают наши сосуды пригодными, «кашерными». Вера необходима для того, чтобы мы верили в то, что Целью Творения является наслаждение созданий, и в то, что каждый из нас способен достигнуть этой цели. Это значит, что Цель Творения могут достигнуть не только особо одарённые люди, а все создания без исключения, и не обязательно иметь для этого особый талант. Мудрецы сказали в «Мидраш Раба»: «Сказал Создатель евреям - вся мудрость и вся Тора будут легки для того, кто боится Меня и соблюдает слова Торы, и вся Тора и вся мудрость будут в сердце его».

Получается, что вера даёт человеку уверенность в том, что он может достичь цели, а не отчаиваться от первых неудач. Вера нужна человеку для того, чтобы он не свернул с середины пути. Человек должен верить, что Творец помогает всем, даже таким ничтожным людям как он, достичь слияния с Ним.

А чтобы удостоиться веры, сначала нужен трепет, как сказано в Книге Зоар: «Потому что трепет – это Заповедь, которая включает в себя все Заповеди Торы и она же является вратами для веры в Творца, и согласно пробуждению трепета перед Создателем увеличивается и его вера в Управление Творца». Что такое трепет перед Создателем? Человек должен бояться того, что он не сможет доставить удовольствие Творцу, а не того, что он сам не получит что-нибудь (например, грядущий мир). Итак, трепет перед Творцом является вратами веры, то есть без трепета нельзя удостоиться веры.

А для того, чтобы достичь трепета перед Ним, то есть страха того, что он не сможет доставить удовольствие Творцу, человек должен приобрести страстное желание доставлять удовольствие, то есть желание отдавать. Но, как правило, человек боится упустить что-нибудь, не получить что-либо для себя, и при этом он не боится, что он не сможет что-нибудь отдать Творцу.

Как же человек может получить это новое свойство –- желание отдавать и при этом понять, что желание получать для себя очень вредит ему? Ведь это противоречит природе человека. Иногда, под влиянием наших священных книг и мудрецов, у человека появляются робкие попытки выйти из-под власти эгоизма, но это лишь иногда. Человек не может постоянно соблюдать все заповеди с мыслью о том, что делает это он не ради собственной выгоды.

Существует лишь один выход – собраться нескольким людям, у которых есть маленькая возможность выйти из-под власти эгоизма, вместе, в одну группу. Каждый член этой группы должен нивелировать себя по отношению к другому. У каждого из членов этой группы есть в потенциале любовь к Творцу, так вот, объединившись в такую группу и подавив свой эгоизм по отношению к товарищам, они создадут новую сущность. И если, например, в группе есть десять членов, то у этой сущности будет сила в 10 раз большая, чем была у каждого в отдельности.

Но существует условие: когда эти люди собрались в группу, каждый из них должен думать о том, как подавить свой эгоизм, а не о том, как насытить свои желания получать. Только таким путём он сможет приобрести новое качество – желание отдавать.

И от любви к товарищам он может перейти к любви к Творцу, то есть человек будет хотеть доставить удовольствие Создателю. Получается, что желание отдавать очень важно и необходимо, а приобрести его он может только с помощью товарищей. И тогда можно сказать, что человек боится Творца, то есть он боится, что не сможет доставить Ему удовольствие.

Итак, фундаментом, на котором можно построить здание святости, является правило «возлюби ближнего», с помощью которого можно получить желание доставлять удовольствие Творцу. После этого возникает понятие «трепета», то есть человек боится, что он не сможет доставить удовольствие Создателю. Затем, когда у человека уже есть врата, которые называются трепет перед Творцом, он может удостоиться веры. А вера – это сосуд, в который может войти Шхина.

Получается, что у нас есть 3 правила:

4. Первое из них – это правило рабби Акивы, то есть «возлюби ближнего своего как самого себя». И оно является основой основ, то есть если оно не выполняется, никакая сила не сможет сдвинуть человека из того положения, в котором он находится, потому что только соблюдая эту Заповедь, человек может перейти от любви к себе к любви к ближнему, то есть от эгоизма к альтруизму, и почувствовать, что любовь к себе очень вредна.
5. После этого переходим ко второму правилу, то есть к трепету перед Творцом, потому что, если нет боязни, то нет и веры (см. комментарий «Сулам»).
6. Затем переходим к третьему правилу, то есть к вере, и после того как мы выполним все эти три правила, мы удостаиваемся того, что чувствуем, что такое Цель Творения, то есть насладить создания.

О правиле «возлюби ближнего как самого себя»
Статья 7, 1984

Как уже было сказано, в это правило включены все остальные 612 Заповедей. В трактате «Шабат» мудрецы сказали, что с помощью соблюдения 612 Заповедей удостаиваются выполнения правила «возлюби ближнего», а после этого удостаиваются и любви к Творцу.

Если так, что же дает нам любовь к товарищам? В статье 5 было сказано, что так как у каждого человека любовь к ближнему очень слаба, она еще не проявилась, то должны несколько человек объединиться в одну группу. Потому что когда нужно что-то реально делать по отношению к другому, и человек помнит, что он в своих мыслях решил подавить свой эгоизм, то он видит, что он не может отказаться от малейшего удовольствия в пользу другого.

Если же несколько человек, у которых есть желание достичь любви к ближнему, объединились в группу, и когда каждый из них будет подавлять свой эгоизм по отношению к другому, то каждый из них получит силы всех остальных, и произойдет увеличение всех отдельных сил членов группы в одну большую силу. И тогда появляется возможность выполнения Заповеди «возлюби ближнего».

Вроде бы получается противоречие – мудрецы сказали, что для соблюдения этой Заповеди нужно выполнять все остальные 612, а мы видим, что для достижения любви к ближнему нужна лишь любовь к товарищам по группе.

В окружающей нас жизни мы видим, что у светских людей тоже существует любовь к товарищам, они тоже собираются в различные компании. В чем разница между группой, построенной на принципе любви к ближнему, и светскими компаниями друзей? В Тэилим сказано: «В сборище насмешников не сиди».

Что же это значит? Ведь известны запреты на то, чтобы говорить плохое о других, или вообще говорить пустые, глупые вещи. Зачем же было отдельно запрещать времяпрепровождение в сборище насмешников? Видимо, этот запрет чем-то отличается от первых двух.

Дело в том, что обычно люди объединяются в компании в надежде на то, что каждый из членов этой группы будет стараться улучшить материальное положение другого. Тогда получается, что каждый из членов такой группы получит максимальную материальную помощь со стороны других. Каждый из членов такой группы все время прикидывает, что он получил взамен своих стараний «на пользу общества», насколько он с помощью других членов группы удовлетворил свое желание получать, то есть такая группа основана на эгоизме. Если же член такой группы начинает чувствовать, что он сам по себе может получить больше, чем в рамках группы, то он начинает раскаиваться в том, что он вступил в нее.

Если в такой группе появляется человек, который говорит, что нужно строить группу на принципе помощи ближнему и любви к нему, то все начинают насмехаться над ним. Это и называется «сборище насмешников». И такая компания отдаляет человека от духовного, в этом и заключается запрет: «В сборище насмешников не сиди».

Наши мудрецы сказали (Санэдрин): «Грешникам лучше находиться порознь, лучше и им, и всему миру, а еще лучше, чтобы их вообще не было. Праведникам же, наоборот – лучше быть вместе, в собрании, хорошо им, хорошо и всему миру».

Праведники – это те, кто хотят выполнять правило «возлюби ближнего как самого себя», они хотят выйти из-под власти эгоизма и приобрести совершенно новую черту – любовь к ближнему. Вообще, человек может заставить себя делать это, но это будет вынужденная любовь, сердце человека по своей природе не может согласиться с этим. Если так, то как же сделать, чтобы сердце искренне полюбило ближнего?

Именно для этого нам и даны остальные 612 Заповедей, с помощью которых можно не заставить, а «уговорить» сердце. Но так как это против природы человека, то этого недостаточно. Существуют и дополнительные советы, что для того, чтобы человек смог увеличить свои силы для выполнения правила «возлюби ближнего», ему понадобится «любовь к товарищам».

Если каждый из членов группы подавит свой эгоизм по отношению к товарищам, то появится единый организм, и маленькие ростки любви к ближнему, которые есть у каждого, объединятся и создадут новую большую силу, причем эта большая сила будет у каждого из членов группы. А когда у каждого есть эта сила, то он сможет проявить свою любовь к ближнему. А после этого человек сможет достичь любви к Творцу.

Но все это при обязательном условии – каждый подавляет свой эгоизм по отношению к другому. Если же он отделен от товарища, то он не сможет получить от него его ростки любви к ближнему. Каждый должен сказать себе, что он ноль по отношению к товарищу.

Это похоже на то, как пишут цифры, если написать сначала 1, а потом 0, то получится 10, то есть в 10 раз больше, если же после единицы написать два ноля, то получится 100, то есть в 100 раз больше. Это значит, что мой товарищ – единица, а я – два ноля по отношению к нему, то получится 100, и сила наша будет в 100 раз больше первоначальной. Если же, наоборот, я – единица, а товарищ – ноль, то получится 0.1, а если я – единица, два моих товарища – два ноля, то получится 0.01 от первоначальных наших возможностей. Итак, чем хуже я оцениваю своих товарищей, тем хуже я делаю сам себе.

Допустим, у тебя уже есть силы для любви к ближнему, и ты можешь ее проявить реально, и ты уже чувствуешь, что личная выгода лишь вредит тебе, тем не менее – не верь себе. У тебя все время должен быть страх, что ты остановишься на середине пути и упадешь в объятия эгоизма. Ты должен бояться, что тебе дадут такие удовольствия, перед которыми ты не сможешь устоять и насладишься ими только ради себя.

То есть ты уже можешь устоять перед небольшими удовольствиями, не наслаждаться ими, или насладиться, но ради других. Но больших удовольствий ты должен бояться, это и есть трепет перед Творцом, о котором говорилось выше. Если у тебя уже есть и любовь к ближнему, и трепет перед Создателем, то тебе осталось приобрести только свет веры, который и приводит Шхину. В комментарии «Сулам» сказано, что веру дают согласно размеру трепета.

Поэтому всегда следует помнить, что понятие «возлюби ближнего как самого себя» нужно соблюдать как Заповедь, то есть как приказ Творца. Рабби Акива объяснил нам, что из этой заповеди нужно сделать железное правило, с помощью которого мы сможем соблюдать все Заповеди ради Творца, а не ради собственной выгоды. Это значит, что такое их соблюдение не приведет к увеличению желания получать ради себя, потому что обычно человек соблюдает заповеди, не выполняя правило рабби Акивы, надеясь получить за это оплату в грядущем мире (или еще в этом, материальном мире).

Должно быть так: с помощью соблюдения мицвот мы действительно получим оплату, но оплатой этой будет то, что мы сможем подавить свой эгоизм и достичь любви к ближнему, а потом любви к Всевышнему. Об этом мудрецы сказали, что если человек удостоится, то Тора станет ему лекарством Жизни, а если не удостоится, то она будет ему ядом Смерти.

Это значит, что если он не удостоится, то он будет соблюдать Тору и мицвот ради любви к себе, и его эгоизм от этого только увеличится, и тогда Тора будет ему ядом Смерти. Если же человек удостоится, то его эгоизм исчезнет, а вместо него он приобретет любовь к ближнему, и с помощью этого он достигнет любви к Творцу, и единственным его желанием будет доставить удовольствие Творцу.

Какое выполнение Торы и заповедей очищает сердце
Статья 8, 1984

Вопрос: «Если мы занимаемся Торой и заповедями, чтобы получить награду, ощущает ли это наше сердце, как сказали мудрецы: «Я создал злое начало (йецер ра), и Я создал Тору для его исправления, которая очищает сердце». Может быть, это относится только к соблюдению Торы бескорыстно, независимо от получения награды. Или, может быть, что если мы занимаемся Торой и мицвот ради награды, то это тоже очищает наше сердце?

Ответ: – находится в «Предисловии к Книге Зоар» (п. 44), там сказано, что когда человек начинает заниматься Торой и выполнением заповедей без всякого намерения, то есть без любви и страха, а именно так следует служить Царю, даже «ло лишма» (не во Имя Торы, не ради Творца), все равно у такого человека «некуда ше-ба-лев» (точка, которая в сердце) начинает расти и проявлять свои действия.

Потому что для соблюдения заповедей не нужно намерение, а выполнение действия без намерения может очистить желание получать, но на самом низком, первом уровне, который называется «домем» («неживая природа»). Когда человек очистил уровень «домем» в своем желании получать, то он построил 613 органов в своей точке, которая в сердце, то есть он приобрел «домем» в «нэфеш» (самый низкий уровень души) святости (у души, как и у тела, есть 613 органов). Итак, мы видим, что занятие Торой и мицвот даже «ло лишма» очищает сердце.

Вопрос: Соблюдать Тору и Заповеди не ради награды способны только избранные единицы, или все, кто пойдет путем соблюдения Торы и Заповедей не ради награды, удостоятся слияния с Творцом?

Ответ: Желание получать только для себя вытекает из Идеи Творения (махшевет а-брия), но с помощью исправления «нешамот» (душ) люди превратят желание получать только для себя в желание получать, чтобы отдавать. Это исправление произойдет путем соблюдения Торы и мицвот.

И это касается всех без исключения, потому что всем дана эта возможность, а не только избранным. Но так как это дело выбора, то существуют те, кто быстро продвигаются в этом направлении, а есть, которые очень медленно (см. книгу 5 серии «Предисловие к Книге Зоар», п. 13,14), но в конце концов все достигнут этой цели.

Вместе с тем, когда начинают заниматься Торой и заповедями, начинают «ло лишма» (не во Имя Ее), потому что человек создан с желанием получать, поэтому он ничего не будет делать, пока не будет знать, что это принесет ему личную пользу.

Рамбам пишет: «Мудрецы говорят, всегда будет заниматься человек Торой, даже «ло лишма», и от «ло лишма» перейдет к «лишма» (во Имя Торы самой). Поэтому когда обучают женщин и детей и «амей а-арец» (простых, малограмотных людей), то учат их служить Создателю из-за страха перед Ним и чтобы получить награду от Него, до тех пор, пока не увеличатся их знания, и пока они не получат большую мудрость, только тогда открывают им постепенно эту тайну и приучают их к этому осторожно, пока они не постигнут и не признают, что нужно служить Всевышнему ради любви к нему» (Илхот «Тшува», ч. 10).

Итак, согласно Рамбаму, мы видим, что все должны прийти к состоянию «лишма», разница заключается только во времени.

Вопрос: Если человек видит и чувствует, что он идет по дороге, которая приведет его к состоянию «лишма», должен ли он стараться повлиять на другого, чтобы и тот пошел тем же путем, или нет?

Ответ: Это вопрос общий. Подобно тому, как религиозный человек смотрит на нерелигиозного и искренне считает, что он сможет вернуть его к служению Творцу, то он должен это сделать, так как есть заповедь: «Ты увещевай ближнего твоего».

Также и человек идущий по дороге к состоянию «лишма», может сказать своему ближнему, что стоит идти по более верной дороге, но это, если его намерение только в том, чтобы исполнить эту Заповедь, но часто мы видим, что один человек читает мораль другому, чтобы показать свое превосходство над другим, а не ради исполнения Заповеди «увещевай ближнего своего».

Из вышесказанного видно, что каждый хочет, чтобы другой тоже шел дорогой Истины, и это порождает спор между религиозными и светскими, между литаим и хасидами, и между различными течениями в хасидизме, и каждый из них считает, что правда на его стороне, и каждый хочет убедить другого, чтобы тот шел прямым путем.

Да продаст человек крышу дома своего
Статья 9, 1984 г.

Сказал раби Йегуда от имени Рава: «Всегда будет продавать человек крышу (бревна) дома своего, чтобы купить обувь для ног своих» (Шабат). Нужно понять, что такое «бревна дома своего», и в чем важность обуви, что ради нее стоит продавать бревна дома своего.

Объясним это с точки зрения духовной работы. Бревна дома своего означают «случай», то есть то, что происходит с человеком в его доме. Под словом «человек» мы понимаем, с одной стороны, его знания, разум, с другой стороны, его чувства, что человек ощущает в сердце: хорошо ли ему или плохо. Эти случаи, которые происходят с человеком, пробуждают у него вопросы повседневной жизни. Эти вопросы касаются взаимоотношений между человеком и Творцом и между человеком и другими людьми.

Человек предъявляет претензии к Создателю, почему Он не удовлетворяет все его потребности, это значит, что человек думает, что Творец должен заполнить то, что, по мнению человека, ему не хватает. Иногда человек думает, что его состояние очень плохое по сравнению с другими, он считает, что другие находятся на более высокой ступени, чем он.

Получается, что он находится в положении «разведчиков» (мераглим), которые говорят о Высшем Управлении, так как он не чувствует благо и удовольствие в своей жизни, и тяжко ему сказать: «Пусть только благо и милость сопровождают меня все дни моей жизни» (Тэилим 23), и получается, что он в положении «разведчиков».

Об этом сказали мудрецы («Брахот» 54), что человек должен благословлять на плохое, как на хорошее. Так как иудаизм основывается на вере выше знания, то есть не полагаться на то, что разум заставляет нас думать, говорить и делать, а нужно верить в Высшее Управление, которое может делать только хорошее. Только тот человек удостаивается постичь и почувствовать благо и удовольствие, кто «оправдывает» Высшее Управление, то есть видит и за хорошим, и за плохим только хорошее.

Бааль Сулам рассказал притчу о человеке, у которого есть претензии к Творцу из-за того, что Он не удовлетворяет его просьбы. Это похоже на то, что человек с маленьким ребенком идет по улице, и ребенок горько плачет, и все прохожие, которые смотрят на отца, думают: «Какой жестокий человек! Он может спокойно слушать плач своего ребенка и не обращает внимания на него». Получается, что у прохожих плач ребенка вызывает жалость, но не у отца ребенка.

В конце концов, прохожие не выдержали и спросили отца ребенка: «Где же твое милосердие?» На что человек ответил: «А что же мне делать, если мой любимый сын, которого я берегу как зеницу ока, просит у меня булавку, чтобы почесать себе глаз. Разве из-за того, что я не выполняю его просьбу, меня можно назвать жестоким? Ведь если я сжалюсь над ним и дам ему булавку, он выколет себе глаза и станет слепым».

Поэтому мы должны верить, что все, что Творец делает нам, это для нашего же блага, тем не менее, мы должны просить Его убрать те горести, которые постигли нас. Но мы должны сознавать, что наша молитва это одно, а ответ на молитву это другое, то есть мы сделали то, что были обязаны сделать, мы попросили Творца, но Он, как сказано в притче, сделает то, что во благо нам.

То же самое присутствует и во взаимоотношениях между человеком и его товарищем. Выше мы говорили, что «продаст человек бревна дома своего и купит обувь для ног своих». Здесь имеются в виду все случаи взаимоотношений между человеком и его товарищами. Скажем, человек прикладывает большие усилия для своих товарищей и не видит реакции с их стороны, ему кажется, что они ведут себя не так как нужно. Ему кажется, что его товарищи ведут себя по отношению друг к другу не как нужно в группе, а как обычные люди.

Такому человеку начинает казаться, что он один любит своих товарищей, а другие ничего не делают для этого. И это называется «разведчик», то есть он следит за своими товарищами, смотрит, как они выполняют заповедь «возлюби ближнего». Ему кажется, что его товарищи даже говорят неправильно.

Дело в том, что у человека любовь к товарищу основывается на любви к себе. Поэтому он все время проверяет, а что он выиграл от любви к другому?

А должно быть так: мне нужна любовь к ближнему, поэтому я заинтересован в группе, которая была создана, чтобы я увидел, как каждый из нас прикладывает усилия ради товарища, и, глядя на это, мои крошечные ростки любви к ближнему постепенно растут, и со временем я смогу делать во имя других гораздо больше, чем это в моих силах.

Сейчас же я вижу, что я не выиграл ничего, потому что я вижу, что никто не делает это правильно, поэтому будет лучше, если я не буду с ними и не приобрету их качества.

Ответ может быть лишь таким: кто-то неслучайно собрал в одну группу именно этих людей, которые подходят для этой цели, то есть в каждом из них есть какая-то искра любви к ближнему, но эта искра сама не может зажечь пламя любви, которое бы засияло, поэтому эти люди согласились объединиться, чтобы они слились в одно большое пламя.

Однажды Бааль Сулам спросил, что такое заключение союза между двумя друзьями. В Торе сказано: «И взял Авраам мелкого и крупного скота и дал Авимелеху, и заключили они оба союз» (Ваира). Ведь если двое любят один другого, то, разумеется, они делают друг другу добро.

Если же нет любви между ними или по какой-то причине их любовь ослабла, то они, конечно же, ничего хорошего друг другу не делают. Так чем же им может помочь заключение союза? И сам же Бааль Сулам и ответил, что союз, который они сейчас заключают, рассчитан не на тот момент, когда они оба любят друг друга и им союз, в принципе, не нужен, а на будущее. Так как через некоторое время может случиться так, что они не будут ощущать любовь друг к другу, как сейчас, тогда-то им и понадобится заключенный союз.

Что касается вопроса группы, то хотя мы сейчас не чувствуем любовь так, как чувствовали в момент создания группы, тем не менее каждый должен пересиливать свое собственное мнение и действовать выше знания («лемала миадаат»), и тогда все исправится и каждый начнет видеть в товарищах только хорошее.

Теперь мы понимаем сказанное мудрецами: «Всегда будет продавать человек бревна дома своего и купит обувь для ног своих». Слово «миналав» (его обувь) родственно слову «неилат» (закрывание). Человек следит за товарищами (слежка – «ригуль» от слова «реглаим» – ноги). Это значит, что речь идет обо всех случаях в его взаимоотношениях с товарищами, то есть все то, что «разведчики» говорили о его товарищах плохого, все это он «продает», то есть полностью откажется от этого.

Это значит, что он выйдет из тех ситуаций, в которые его привели «его ноги» («реглав»), и он приобретет «обувь» («миналав») для ног своих. Это значит, он закроет свои ноги – сделает так, чтобы «разведчики» больше не вмешивались в его взаимоотношения с товарищами. И все свои претензии и вопросы он «закроет», и тогда все станет на свои места и наступит мир.

Какой ступени человек должен достичь?
Статья 10, 1984 г.

Вопрос: Какой ступени должен достичь человек, чтобы ему не пришлось кругообращаться повторно?

В книге «Врата кругооборотов» (стр. 10, второй столбец) сказано, что «все сыновья Исраэля обязаны кругообращаться, пока не восполнятся всеми *(светами)* НАРАНХАЙ. Однако у большинства людей нет всех пяти частей, называющихся НАРАНХАЙ, а есть лишь нефеш, что из мира Асия».

Отсюда следует, что каждый должен исправить лишь свою часть и корень своей души – и не более. Тем самым восполняется его категория – то, что он должен исправить.

Дело в том, что следует знать: все души происходят от души Адам Ришон, ибо после того как он совершил грех Древа познания, разделилась его душа на шестьсот тысяч душ. Иными словами, то, что для Адам Ришон было одним светом, называющимся на языке святого Зоара «высшим свечением», которое было у него в райском саду единовременно, – разделяется на многочисленные части.

Загляни в книгу «Паним масбирот» (стр. 56), где сказано: «Ибо после того как перемешались добро и зло (то есть после прегрешения), у клипот возникло большое построение, и у них есть сила, чтобы держаться за Святость. И чтобы оберегаться от них, разделился свет семи дней сотворения на очень малые части, от которых клипот не могут питаться вследствие их малости.

По примеру царя, который пожелал отослать большую сумму золотых динаров своему сыну в заморскую страну. Все жители его страны – воры и обманщики, и нет у него верного посланника. Что же он сделал? Разменял динары на мелкие монеты и отослал их с многочисленными посланцами, так чтобы им не было смысла насладиться грабежом и нарушить ради этого царское достоинство».

Таким же образом, распределив время среди многочисленных душ, можно посредством свечений дней проявить все святые искры, которых ограбили клипот вследствие греха Древа познания.

Тайна многочисленных душ – разделение на внутренние света́, а категория многочисленных дней – разделение на внешние света́. Грошик за грошиком присоединяется к счету большого света, с которым согрешил Адам Ришон, – и тогда наступит конец исправления.

Отсюда следует, что каждый рождается лишь с малой частью от его части души Адам Ришон. И когда он исправляет свою часть – уже не должен снова кругообращаться. Поэтому человек может исправить лишь то, что относится к его части, и об этом сказано в книге Ари «Древо жизни»: «Ни один день не похож на другой, ни одно мгновение не похоже на другое, ни один человек не похож на другого, и гальбан исправит то, чего не исправит ладан. Но каждый должен исправить то, что относится к его части».

Однако следует знать, что у каждого родившегося человека есть работа над выбором. Ибо человек не рождается праведником, как сказали мудрецы (трактат «Нида, 16:2»): «Сказал рабби Ханания Бар Папа: тот ангел по имени Ночь, что отвечает за беременность, берет каплю семени, представляет ее Творцу и спрашивает: «Властитель мира, что выйдет из этой капли: герой или слабый, мудрец или глупец, богач или бедняк?». А грешник или праведник – не говорит».

Таким образом, отсюда следует, что человек не рождается праведником, так как «праведник или грешник – не говорит», а отдано это на выбор человека. Каждый, согласно своим усилиям в Торе и заповедях, удостаивается очистить свое сердце и исправить свою категорию – то, что возложено на него сообразно корню его души. И тогда он обретает совершенство.

Первая ступень, на которой рождается человек

В Зоар, «Мишпатим» (стр. 4, п. 11 в комментарии «Сулам») сказано: «Смотри же: когда рождается человек, дают ему душу (нефеш) со стороны животного, со стороны чистоты, со стороны тех, кто называется колесами святости, то есть из мира Асия. Удостоился большего – дают ему дух (руах) со стороны животных святости, то есть со стороны мира Ецира. Удостоился большего – дают ему душу (нешама) со стороны престола, то есть из мира Брия. Удостоился большего – дают ему душу (нефеш) через Ацилут. Удостоился большего – дают ему дух (руах) Ацилута со стороны срединного столпа, и зовется он сыном Творцу, как сказано: «Сыновья вы Господу Богу вашему». Удостоился большего – дают ему душу (нешама) со стороны Аба вэ-Има, представляющих Бину, о которых сказано: «Всякая душа да восхвалит Творца». И восполняется в них АВАЯ».

Совершенство души – когда есть у человека НАРАН из миров БЕА и НАРАН из Ацилута. Это совершенство было у первого человека (Адам Ришон) до прегрешения. И лишь после прегрешения он опустился со своей ступени, и разделилась его душа (нешама) на шестьсот тысяч душ.

Поэтому духовный мир человека называется *нешама*, даже тогда, когда у него есть лишь нефеш дэ-нефеш. Ибо существует правило: о какой бы вещи ни шла речь, всегда говорится о ее наивысшем свойстве. А поскольку наивысшее свойство человека – это ступень нешама, постольку в целом духовный мир человека всегда называется именем *нешама*.

И хотя каждый человек рождается на наименьшей ступени, вместе с тем сказано (см. «Врата кругооборотов», стр. 11, второй столбец): «Каждый человек может стать как Моше, если захочет очистить свои деяния. Ибо он может взять себе другой дух (руах), более высокий, до высоты мира Ецира, а также душу (нешама) с высоты мира Брия». Тем самым ты поймешь также известное высказывание мудрецов: «Духи праведников или их души приходят и включаются в человека тайной зарождения, чтобы помогать ему в служении Творцу».

Кроме того, в комментарии «Сулам» (Предисловие к Зоар, стр. 93) сказано: ««Погонщик ослов» – это подмога душам праведников, посылаемая им свыше, чтобы поднимать их со ступени на ступень. Ибо без этой подмоги, которую Творец посылает праведникам, они не смогли бы сойти со своей ступени и взойти выше. А потому посылает Творец каждому праведнику высокую душу свыше – каждому согласно его достоинствам и ступени, – душу, помогающую ему на пути. Это называется включением души праведника и раскрытием души праведника».

Отсюда вытекают известные слова: нет поколения, в котором не было бы подобных Аврааму, Ицхаку, и Яакову. Это не значит, что они родились такими и у них нет выбора. Однако же, люди, старающиеся идти путем истины и прилагающие усилия, которые должны прилагать, всегда получают помощь свыше посредством включения души праведника, то есть получают силу, чтобы подниматься по высшим ступеням.

Таким образом, всё, что дают свыше, приходит как подмога, но не в отсутствие всякой работы и выбора. И мир обеспечивается благодаря этим праведникам, которые привлекают изобилие свыше, посредством чего есть обеспечение наверху.

Заслуги праотцов
Статья 11, 1984

Существует спор о том, что такое заслуги праотцов. Рабби Шмуэль говорит, что совершенство – это заслуги праотцов, а рабби Йоханан говорит, что молитва – заслуги праотцов (Шабат стр. 55). В Мидраше (Ваикра Раба) написано, что рав Аха сказал: «Всегда существуют заслуги праотцов, и всегда напоминается о них». Там же, в Тосафот, сказано, что заслуги праотцов – это совершенство, но причина союза праотцов другая. А рабби Йоханан не соглашается с рабби Шмуэлем, который сказал, что это для грешников, а не для праведников, и говорит, что заслуги праотцов предназначены только для праведников.

И в соответствии со сказанным сможем мы объяснить то, что спрашивают по поводу выбора: если есть заслуги праотцов, то значит, нет никакого выбора, потому как заслуги праотцов ведет к тому, чтобы стал человек праведником. Согласно Тосафот от имени АРИ говорится, что заслуги праотцов – это только для праведников. Получается, что сначала у него есть выбор, чтобы стать праведником, а потом он может наслаждаться от заслуг праотцов.

Из книги «Дарование Торы» (стр. 36, пункт 19) следует, что благодаря заслугам праотцов у нас есть силы сделать выбор, и если бы не заслуги праотцов, то не было бы у нас никакой возможности сделать выбор. В действительности мы видим, что даже при том, что у нас есть заслуги праотцов, все равно не видно, чтобы у всех была эта сила сделать выбор. И для каждого это трудно.

Однако заслуги праотцов помогают нам сделать выбор, поскольку выбор делается там, где есть две одинаковые вещи, и мне необходимо решить. Ведь когда одна вещь важнее, невозможно выбрать, поскольку человек само собой склоняется в более сильную сторону. Поэтому в понятии заслуги праотцов есть две равные силы, чтобы мы могли выбирать. И это означает, что нам дана сила, сделать выбор.

Для того чтобы лучше понять это, следует прочесть 19 раздел в книге «Дарование Торы». Там сказано, что Творец не нашел никакого народа готового для получения Торы, кроме потомков Авраама, Ицхака и Якова. Как известно, наши патриархи исполняли всю Тору еще до того, как она была дана. Это значит, что в силу величия их душ у них была способность постичь и пройти все пути Творца в постижении духовности Торы, исходящей из слияния с Ним, без предварительного выполнения практической стороны Торы, на что у них не было возможности.

Без сомнения, телесное очищение и духовное величие наших праотцов повлияли на всех потомков. Итак, только благодаря заслугам праотцов у нас есть возможность делать выбор, в противном случае мы не могли бы этого делать.

Тем не менее, мы нуждаемся в большой милости, несмотря на то, что у нас есть заслуги праотцов, чтобы делать выбор, то есть подавить в себе эгоизм и приобрести любовь к ближнему, чтобы единственным нашим желанием было доставить удовольствие Творцу. Мы должны с помощью Торы и Заповедей победить свое зло и превратить его в добро.

Но надо понять сказанное, что заслуги праотцов совершенны. Возникает вопрос, что было до того, как заслуги праотцов стали совершенными? И если так, то не нужен был выбор, потому что у него есть заслуги праотцов? Но необходимо сказать, что когда человек просит, чтобы его приблизили к истинной работе Творца, сама молитва, когда он просит, чтобы ему помогли заслуги праотцов, называется выбором, и выбор в том, чтобы сделать все, что в его силах. Это называется выбором.

О важности группы
Статья 12, 1984

Известно, что если человек, у которого есть какое-то желание идти путем Истины, постоянно находится среди людей, не имеющих никакого отношения к этому пути, и которые активно противоборствуют людям, идущим этим путем, то он постепенно соглашается с их мнением, так как мысли людей, которые тесно общаются между собой, как бы «перемешиваются».

Поэтому нет другого пути, кроме как создать свою собственную группу с определенными рамками, то есть отдельный коллектив, в котором бы не было людей с идеями, отличными от идей этой группы. Кроме того, члены этого коллектива должны каждый раз напоминать себе о цели этой группы, чтобы не плестись вслед за другими людьми, так как природа человека такова, что он любит идти за большинством.

Если такая группа отделила себя от остальных людей, то есть не должно быть никакой связи с другими людьми в духовных делах, а все контакты должны быть ограничены только материальными вопросами, то тогда чужие идеи и мнения не оказывают влияния на нее, так как нет никакой связи в религиозных делах с посторонними.

Но если человек, идущий дорогой Истины, находится среди религиозных людей и начинает разговаривать и спорить с ними, то сразу же «смешиваются» его взгляды с их взглядами, и, помимо его воли, подсознательно, проникают их идеи в его сознание вплоть до того, что человек перестает сознавать, что это не его, а чужие взгляды.

То же самое относительно человека, идущего путем Истины – должен он отделиться от других людей. Чтобы идти по этому пути, нужно прикладывать очень большие усилия, потому что приходится идти против идей всего мира. Потому что идеи всего мира основываются на знании и получении, в то время как идеи Торы базируются на вере и желании отдавать.

Если же он не отделит себя от чужих мнений, то он забудет о пути Истины и попадет навсегда под власть эгоизма. И только в группе, где господствуют принципы любви к ближнему, человек может черпать силы для борьбы против идей и мнений всего мира.

В Книге Зоар («Пинхас») сказано, что если человек живет в городе, в котором живут плохие люди, и он не может осуществлять там Заповеди Торы и не может учить Тору, то он меняет место – он вырывает себя из этого места, чтобы поселиться в городе, где живут люди, занимающиеся Торой и заповедями.

Тора называется «Деревом». Наши мудрецы говорят: «Древо Жизни она (Тора) для тех, кто соблюдает ее». И человек похож на дерево, как сказано: «Человек – дерево плодоносное». А Заповеди похожи на плоды. Поэтому, если написано только «дерево», то это бесплодное дерево, то есть никчемное, которое будет срублено, так и не выполняющий Заповеди человек будет отсечен и от этого и от грядущего миров.

И потому человек должен вырвать себя из места, где находятся грешники, то есть из места, где он не может заниматься Торой и Заповедями. И он должен поместить себя в другое место, среди праведников, и тогда он сможет успешно соблюдать Тору и Заповеди.

Как было уже сказано, Зоар сравнивает человека с плодовым деревом, а, как известно, такие деревья страдают от окружающих их сорняков, которые нужно все время выпалывать. Также и человек, идущий путем Истины, должен удалять себя из такого окружения, то есть от людей, не идущих этим путем. Человек должен очень следить за этим, чтобы не подпасть под чужое влияние.

И это называется отделение, изоляция, то есть у данного человека есть только собственные мысли, относящиеся к «ашпаа», к желанию отдавать, а не мысли большинства, которые, в конечном счете, сводятся к любви к себе, то есть к эгоизму. И это называется два владения: первое – владение Творца, и второе – владение самого себя.

В Талмуде (трактат «Санэдрин», стр.78) написано: «Сказал рав Иегуда от имени Рава, что Адам был вероотступником, как сказано: «И воззвал Создатель к Адаму и сказал ему: «Где ты? Куда склонил ты сердце свое?»?» Объяснение: он был вероотступником, склонным к «служению звездам» («аводат кохавим»). И другое объяснение: «Из написанного: «Где ты? Куда склонил ты сердце свое?» – можно сделать вывод, что вероотступничество Адама заключалось в нарушении запрета «не следуйте за сердцами вашими». Это вероотступничество, что склонил свое сердце в другую сторону.

И это очень странно, как можно сказать об Адаме, что он склонил сердце к «аводат кохавим», или, согласно второму объяснению, что его вероотступничество состояло в том, что он нарушил заповедь «не следуйте за сердцами вашими»? Мы учим, что понятие «служение Творцу» заключается в том, чтобы все делать для того, чтобы отдавать. Получается, что если Адам служил, чтобы получать, то это чуждая нам работа («авода зара», «аводат кохавим»), ведь мы должны служить, только чтобы отдавать, а он взял все, чтобы получать.

И в этом и заключается смысл того, что он нарушил заповедь «не следуйте за сердцами вашими», то есть Адам не мог получить плод Древа Познания ради отдачи, а только чтобы получать. И это называется уровень «сердца», то есть сердце хочет получать только ради собственной пользы. И это было грехом Древа Познания (чтобы понять это лучше, см. «Предисловие к книге «Паним масбирот»).

Из вышесказанного мы можем осознать пользу группы, которая может создать совершенно другую атмосферу, в которой возможно служение только, чтобы отдавать.

Имена и названия в духовном
Статья 13, 1984 г.

Иногда называют душу словом «нешама», как сказано: «тело и нешама», а иногда называют душу словом «нэфеш», как сказано: «И возлюби Творца всем сердцем твоим и всей душою («нэфеш») своей».

Обычно, когда мы говорим о духовном объекте, то имеем в виду его высшую ступень, у человека – это «нешама». Когда человек знает, что он может достигнуть высокого уровня в духовности, то есть получить уровень «нешама», то это знание пробуждает в его сердце желание достичь этот уровень, и он размышляет: какова причина того, что он еще не достиг его? И со временем человек поймет, чего именно не хватает ему для достижения духовности.

А не хватает ему «иштавут ацура» – тождественности свойств с Творцом. Телу с самого рождения присущ эгоизм, любовь к себе, и это «шинуй цура» – различие свойств относительно Создателя, который, как известно, только отдает («машпиа»). Поэтому человек должен очистить свое тело и достичь с помощью «иштавут ацура» того, что он тоже захочет совершать действия только такие, чтобы отдавать, и тогда появится у него возможность достичь того высокого уровня, который называют «нешама». Поэтому всегда говорят: «Тело и нешама».

Но когда имеем в виду порядок работы, тогда мы говорим, что после ступени «тело» идет ступень «нэфеш». Поэтому сказано: «И возлюби Создателя своего всем сердцем твоим и всей душою («нефеш») твоей». То есть «нэфеш» является вторым уровнем после тела. Поэтому сказано сначала «всем сердцем твоим», а потом – «всей душою («нэфеш») твоей». То есть «нэфеш» – это то, что человек должен быть готов отдать Творцу.

Однако если после этого человек постиг более высокую ступень духовности – «руах», а потом «нешама», то он тоже должен быть готов отдать их Творцу. Человек должен быть готов отдать Ему абсолютно все, что у него есть в данный момент. Это значит, что он ничего не делает для собственной выгоды, а все делает ради Творца. И это называется, что он делает, чтобы отдавать («леашпиа»), и поднимается вверх не ради себя, а ради Творца.

Нужно также понять, что сказано в Зоар (глава «Трума»), «всей душой» («нэфеш») – это значит, что имеются в виду и «руах», и «нешама», то есть все части духовности. Книга Зоар говорит нам также, что слово «всей» (душой, «нэфеш») указывает на то, что в уровень «нэфеш» включаются и «руах», и «нешама», но мы говорим «нэфеш», потому что сразу после уровня «тело» идет уровень «нэфеш».

Когда же мы говорим о духовности (о душе) вообще, то мы называем ее «нешама», как написано в Торе (гл. «Берешит»): «И вдохнул в ноздри его душу («нешама») жизни».

Чтобы достигнуть ступени НАРАН (Нэфеш, Руах, Нешама), мы должны идти дорогой «ашпаа» – отдачи и стараться выйти из-под власти эгоизма, и это называется «Путь Истины», то есть с помощью этого пути можно постичь Истину, которая есть в Провидении («ашгаха») Творца, который является Абсолютным Добром и делает нам лишь Добро.

Печатью, окончательным решением Создателя, является Истина. Это значит, что окончанием Его работы, то есть работы по созданию миров, является наслаждение создания, и человек должен постичь Истину Творца. После того, как человек постиг свойство Творца, постиг, что Он – Добро и творит только добро для него, этот человек должен увидеть, что Творец делает добро и для других, абсолютно для всех созданий.

В «Предисловии к «Талмуд Эсер Сфирот» сказано, что четвертая ступень любви, то есть любовь независимая ни от чего, – вечна. Это после того, как человек «перевел» весь мир в сторону добра, то есть почувствовал любовь абсолютную и вечную. И тогда спадают все завесы, и человек начинает видеть все проявления Творца, Его лицо («гилуй паним»). Этот человек уже знает все дела Создателя со всеми Его созданиями с точки зрения истинного управления («ашгаха»), которое проявляется в том, что Творец делает добро как хорошим, так и плохим.

Такой человек достиг цельности, он постиг истинное положение вещей. Но перед этим есть ряд предшествующих ступеней. В «Предисловии к «Талмуд Эсер Сфирот» сказано, что первой ступенью является тшува из-за страха (перед Творцом). Она характеризуется постижением и ощущением проявления Творца в виде оплаты и наказания.

Это гарантирует о том, что он не будет больше совершать грехов. Итак, это называется «тшува из-за страха». У человека, сделавшего «тшува из-за страха», те грехи, которые он сделал злонамеренно, превращаются в нечаянные поступки, и такой человек называется «незаконченный, неполный праведник» или «средний».

Но есть еще более ранний признак того, что человек начал идти по пути Истины. Если человек до начала продвижения в этом направлении чувствовал свою близость к святости, а потом, когда начал продвигаться, почувствовал себя хуже, то есть оказался дальше от святости, – это и есть этот ранний хороший признак.

Как же так?! Ведь согласно известному правилу, тот, кто приобщается к святости, уже не удаляется от нее. Возникает вопрос: почему сейчас, когда человек начал идти по пути Истины, он чувствует, что идет назад, а не вперед? Казалось бы, человек должен подниматься и уж во всяком случае не опускаться с предыдущего уровня.

Ответ таков, что сначала у человека, идущего по пути Истины, должен возникнуть недостаток святости, а после этого он должен этот недостаток заполнить. Поэтому сначала человек должен постепенно понять правду о себе самом, насколько он погружен в эгоизм, и человек должен постепенно все больше осознавать, насколько любовь к себе вредна и плоха, потому что именно она мешает человеку получать то добро, которое Творец приготовил для нас, именно эгоизм отделяет нас от Творца.

Теперь мы можем понять, что если человек чувствует, что он удаляется от святости, то это на самом деле не так. Наоборот, это говорит о том, что человек продвигается в нужном направлении. И пока служение человека не станет полностью основываться на пути отдачи («ашпаа») и веры, он будет далек от того, чтобы видеть Истину. На первом этапе человек должен осознать все то плохое, что есть у него, то, что называется «чужой божок» («эль зар»). В Книге Зоар сказано: «Что такое «чужой божок» в теле человека? Это желание получать, которое есть у человека, – это зло, которое в нем».

Когда человек достигает осознания зла («акарат а-ра»), которое в нем, тогда он может начинать исправлять его. Но пока человек не осознал все зло, которое в нем, пока оно не стало бесконечно, нестерпимо противным для него, нечего ему исправлять. Отсюда следует, что человек действительно очень продвинулся по пути Истины, чтобы увидеть свое истинное состояние.

И когда человек осознал всё зло, которое в нем, до такой степени, что не может больше терпеть его, он начинает искать пути, чтобы избавиться от этого зла. А выход для еврея есть только один – обратиться к Творцу, чтобы Он начал светить в глаза и в сердце человека и чтобы дал ему изобилие («шефа элион»). Как сказали мудрецы: «Тому, кто начинает очищаться – помогают ему».

И когда он начинает получать помощь от Творца, тогда все его недостатки заполняются Его светом, и тогда он начинает подниматься по ступеням святости, т. к. его недостаток уже был готов у него, то есть он осознал свое истинное состояние, осознал зло, которое в нем. Поэтому у него есть сейчас подготовленное место получить цельность.

И тогда человек начинает видеть, как каждый день он согласно своему служению идет вверх все выше и выше. Но всегда нужно пробуждать в себе любовь к товарищам, с помощью которой нужно прийти к любви к ближнему, а это очень неприятно для сердца, которое называется «любовью к себе».

Поэтому, когда есть любое собрание товарищей (членов группы, идущей по пути Истины), нужно всегда задавать вопрос самому себе: «Что я сделал для того, чтобы продвинуться в любви к ближнему, какие действия сделал, чтобы еще приблизиться к ней?».

Обязанность жениться на дочери мудреца
Статья 14, 1984 г.

«Всегда будет человек продавать все, что есть у него, и женится он на дочери талмид-хахама (ученика мудреца)» («Псахим» 49). Это значит, что все имущество, что приобрел он с помощью своих усилий, все он продаст, от всего откажется и возьмет вместо этого дочь талмид-хахама.

Смысл заключается в том, что если он не возьмет дочь талмид-хахама, то во всех его усилиях в Торе и Заповедях не будет цельности. И только, если он женится на дочери талмид-хахама, только тогда будет у него эта цельность, завершенность. Поэтому и сказали мудрецы, что он продаст все, что есть у него, ради дочери талмид-хахама. Поэтому нужно понять, кто же такая дочь талмид-хахама.

Бааль-Сулам, благословенна память праведника, сказал, что талмид-хахам – это ученик мудреца, то есть тот, кто учится у мудреца, и поэтому он называется ученик. А мудрецом является Творец, которому присуще только отдавать («леашпиа»), и тот, кто учится у Него «леашпиа», называется «ученик-мудреца» (талмид-хахам).

И сейчас можно понять, что имели в виду мудрецы, когда они говорили, что всегда продаст человек все, что есть у него и женится на дочери талмид-хахама, это значит, что человек приложит все свои усилия для соблюдения Торы и духовной работы и получит взамен этого оплату в форме приобретения «ашпаа» (желания отдавать). То есть он сможет перебороть свою натуру, которая заложена в его сердце, а натура эта является эгоизмом и приобретет взамен вторую натуру, которая является желанием отдавать.

У такого человека все его мысли, слова и действия будут направлены только на отдачу. И это является тем новым, к чему должен стремиться человек, то есть именно этого уровня человек должен достигнуть. Потому что мы должны создать только сосуды, в отличие от света, который является наполнением этих сосудов, и именно его нам дает Творец. В Талмуде («Псахим») сказано, что больше, чем теленок хочет сосать, корова хочет его накормить, поэтому, чтобы получать свет, нам не хватает только желания отдавать.

И сейчас можно прокомментировать то, что сказано в Книге Зоар («Пинхас»): «Если удостоится Израиль, то спустится как огненный лев и поглотит жертвы, а если не удостоится, то спустится как огненный пес». Известно, что слово «лев» намекает на сфиру хесед – свойство «правой стороны» на Меркава.

На иврите слова «заху» (удостоились) и «зах» (быть чистым) пишутся похоже и в данном случае намекают на желание отдавать, и они указывают на правило «мида кенегед мида», то есть что мы сделали, то мы и получили, «мера соответственно мере», то есть когда мы удостоились, то пришел «лев», то есть хесед («милость»), распространился на «нижних» (то есть нас), и мы получаем очень много света. А если мы не удостоились, то есть у нас нет желания отдавать, а есть у нас только эгоизм, то сверху спускается пес.

Что значит пес? В Зоар есть отрывок, в котором говорится, что две девушки лают как собаки: «Дай нам все богатства этого мира и дай нам все богатства мира грядущего». По-арамейски слово «гав» это значит «дай», то есть получается, что эти две девушки говорили: «гав, гав» (дай! дай!). Это значит они требовали богатства ради желания получать, без всякого желания отдавать. Сверху нам показывают, что не могут дать нам свет, пока мы будем требовать ради удовлетворения желания получить (Гав! Гав!). И это называется «мида кенегед мида», то есть как вы себя ведете, точно также и с вами будут обращаться.

Согласно этому получается, что главное в нашей духовной работе – это удостоиться сосудов, в которые мы могли бы получить свет, то есть сосуды, соответствующие желанию отдавать. Поэтому человек должен напрячь все свои силы для достижения этой цели. И это будет его единственной наградой, которую он хочет получить за изучение Торы и соблюдения Заповедей, и с помощью этого он достигнет слияния с Творцом.

В Книге Зоар сказано о других народах, что любые хорошие действия они делают не для того, чтобы отдать ближнему, а для получения какой-либо оплаты за это. Если же они чувствуют, что не могут получить что-нибудь взамен, то они ничего не делают.

В отличии от других народов Исраэль могут делать действия, связанные с желанием отдавать. Следует понять, в чем же причина этой способности евреев. Нужно также понять слова людей, которые раньше были светскими, а потом стали религиозными о том, что когда они были светскими, то им было легче отдавать.

И чтобы понять эти две вещи, нужно вспомнить, что человек является творением только потому, что у него есть желание получать, и это творение называется «еш ми аин», то есть было создано из ничего. И такое творение по своей природе не может делать никаких поступков для того, чтобы отдавать, если оно не получит взамен оплату.

Не обязательно, чтобы эта оплата была каким-либо овеществленным предметом, она может быть неким успокоением. Например, одному человеку стало жаль другого, и у него появилось желание помочь ему, и пока он не сделает это, совесть не даст ему покоя. Когда же человек помог несчастному, пробудившему к себе жалость, то он успокоился. Так вот это успокоение и является оплатой за оказанную помощь. Но просто делать что-либо, чтобы доставить удовольствие другому, такой человек все равно не может. Он говорит сам себе: «А какую пользу я смогу из этого извлечь?»

У евреев все обстоит по-другому. Они могут с помощью Торы и Заповедей получить вторую натуру. Это значит, что они могут приобрести вместо желания получать только для себя, которое являлось их природой, заложенной с момента рождения, вторую натуру, то есть желание отдавать. И это происходит благодаря Торе и Заповедям, которые дают ему искры желания отдавать. Без Торы и Заповедей человек не может выйти из-под власти эгоизма.

Теперь настало время понять слова людей, ставших религиозными, о том, что, когда они были светскими, им было легче делать действия во имя других. В Книге Зоар сказано: «С момента рождения есть у него только желание получать материальное. Поэтому несмотря на то, что до 13 лет он получил большое желание получать, тем не менее это желание получать еще не приобрело окончательные размеры.

Главная же часть желания получать – это желание получать духовное. До 13 лет человек может получить лишь желание проглотить все богатства, почести и удовольствия материального мира, то есть мира преходящего. Когда же человек приобретает желание получать духовное, тогда он хочет поглотить и насладиться всеми благами грядущего мира, который вечен».

Отсюда выходит, что у людей, до того как они стали религиозными, желание получать ограничивается лишь рамками материального, а это желание не такое уж большое, поэтому у них было больше сил и возможностей делать что-либо на благо других. Когда же они стали религиозными, то у них появилось желание получать духовное и им стало тяжелей бороться с намного увеличившимися желаниями.

Поэтому до того, как они стали религиозными, у них были некоторые силы делать действия на благо других. Когда же они стали религиозными и приобрели желание получать духовное, то им стало намного труднее это делать. Но нельзя сказать, исходя из этого факта, что они стали хуже, и нельзя сказать, что религиозные хуже светских, исходя из того, что им тяжелее делать поступки во имя других, так как их желание получать гораздо больше и намного тяжелее бороться с ним.

Но нельзя сказать, что они идут вспять. Все наоборот, просто сейчас им нужно приложить усилия для того, чтобы победить приобретенные ими силы зла. Единственным средством для достижения этой цели являются Тора и Заповеди.

Получается, что человек, идущий вперед, получает дополнительное зло для последующего его исправления. Но, как говорится, каждое начало тяжело, поэтому человеку кажется, что он стал хуже. Но человек должен знать, что каждый раз ему будут давать все больше и больше таких свойств для их последующего исправления до тех пор, пока он не исправит все.

Как может сойти с Небес что-то плохое?
Статья 15, 1984 г.

Вернемся к сказанному в статье 14. В Книге Зоар написано: «Если удостоятся евреи, то спустится как огненный лев и поглотит жертвы, а если не удостоятся, то спустится как огненный пес». На это был задан вопрос: как может сойти с Небес что-то плохое? Ведь мы знаем, что всё, что исходит свыше – это для нашей пользы. А огненный пес – это вроде бы что-то отрицательное.

Объясним это с помощью притчи. У одного человека был больной сын. Человек пошел к врачу, и тот дал ему лекарство, но оно не помогло сыну. После этого друзья посоветовали ему обратиться к очень известному врачу, который, правда, брал за лечение очень большие деньги, но в то же время был очень большим специалистом. Человек отвел сына к этому врачу, тот осмотрел его, поставил точный диагноз и сказал, что это очень опасная болезнь, после этого он получил за это ту оплату, которая была оговорена заранее.

После этого человек пришел домой, позвал своих друзей и сказал им: «Вы посоветовали мне обратиться к этому известному врачу и заплатить ему огромные деньги. И что же в конце концов этот хваленый врач сделал? Он сказал, что мой сын болен еще более страшной болезнью, чем считалось ранее. Я ведь ходил к врачу для того, чтобы он вылечил болезнь, а не для того, чтобы он сказал, какой именно страшной болезнью болен мой сын».

На это друзья ответили, что этот врач поставил правильный диагноз, и мы теперь знаем как лечить его. Ведь для того чтобы лечить болезнь, не нужен великий врач. Потому что известно, какое лекарство помогает от какой болезни. Самое главное – это нужно знать, какой именно болезнью человек болеет. И получается, что для установления правильного диагноза лучше заплатить огромные деньги известному врачу, чем обращаться к обычному, посредственному лекарю.

Согласно этому получается, что даже осознание существования недостатка уже полезно. Ведь пока не знаешь, что именно нужно исправлять, никакого исправления не будет. То есть пока не известен диагноз, невозможно лечить болезнь. Поэтому, когда спускается огненный пес (понятие «пес» указывает нам на то, что «нижние» находятся под властью любви к себе, как говорит книга «Зоар»: «Гав! Гав!», как собака), это также хорошее явление. То есть мы теперь знаем, что мы должны исправлять – наши сосуды получения.

То, что сверху пришел огненный пес, это тоже для исправления, а не для разрушения. Поэтому это тоже считается положительным, а не отрицательным явлением, так как всё, что было спущено сверху, несмотря на то, что обитателям нижних миров оно может казаться как недостаток, как что-то плохое, тем не менее после размышления они могут увидеть, что всё это для их же пользы, что это дано для того, чтобы было осознано то, что нужно исправить.

Желание получать что-то материальное является лишь маленькой частью всего желания получать. Только когда человек приобретет желание получать духовное, тогда у него будет законченное желание получать. Получается, что если у меня есть желание получать материальное, то это не так уж плохо. Для чего же мне нужно приобретать еще и желание получать духовное? Ведь тогда будет еще хуже.

Поэтому я могу сказать, что лучше уж оставаться с желанием получать материальное, чем стараться приобрести желание получать духовное и быть более «плохим». Зачем мне входить в опасную зону, если я не смогу уберечься, то есть не смогу исправить законченное желание получать. Получается, что лучше оставаться с желанием получать материальное, то есть чтобы все мои желания ограничивались лишь материальными вещами, и вообще не стоит желать духовность.

В «Предисловии к Книге Зоар» сказано, что первым делом нужно приобрести желание получать, которое рассеяно без границ, со всей его испорченностью, и сделать это можно только под властью 4 темных миров АБИ"А (Ацилут, Брия, Йецира, Асия де тума). Если же у нас не будет этого желания со всей его испорченностью, то мы не сможем исправить его, т. к. нельзя исправить то, чего нет.

Поэтому нет у нас другого выхода, мы вынуждены делать действия, направленные на приобретение желания получать духовное. И это тоже нелегко – приобретать желание получать духовное, потому что это зависит от веры.

Человек должен сначала поверить в то, что существует духовное, и что оно важней, чем все материальные удовольствия, причем он должен поверить до такой степени, чтобы он понял, что нужно пренебречь всеми материальными удовольствиями ради духовных. Далеко не каждый может достичь этого без большой и упорной работы. И, несмотря на это, человек все еще остается в нехорошем состоянии, то есть он приобрел желание получать со всей его испорченностью (и это уже потребовало больших усилий).

И это когда человек из состояния «ло лишма» («не ради Торы», ради себя) переходит в состояние «лишма» («ради Торы»), то есть сначала человек должен достичь ступени «ло лишма», и после этого он может исправлять себя, чтобы достичь состояния «лишма».

Так как невозможно делать что-то с кавана (намерением), если нет самого действия. Лишь после того, как у человека есть действие, тогда можно стараться, чтобы это действие осуществлялось правильно, то есть во Имя Небес (лишма).

Согласно этому получается, что, в общем, существуют 4 уровня в духовной работе человека, то, чего он должен достигнуть, то, ради чего он создан.
1. Получает, чтобы получать («мекабель бэальменат лекабель»).
2. Отдает, чтобы получать («машпиа бэальменат лекабель»).
3. Отдает, чтобы отдавать («машпиа бэальменат леашпиа»).
4. Получает, чтобы отдавать («мекабель бэальменат леашпиа»).

Первым уровнем является: «получает, чтобы получать», все создания рождаются с ним. Это значит, что всё, находящееся за пределами любви к себе, недоступно для понимания, то есть нет никакого стремления сделать что-нибудь хорошее для кого-то другого. Такие создания, согласно их природе, находятся под властью желания получать только ради себя. На этом уровне находится весь наш мир.

Второй уровень называется «отдает, чтобы получать». Эта ступень уже выше чем уровень, на котором находится весь мир, обитатели которого привыкли делать действия только для того, чтобы получать. Человек, находящийся на этом уровне, уже может отдавать. Но он должен сформулировать и объяснить себе причину, почему он хочет быть отличающимся от всего мира, то есть делать действия против своей природы.

Тогда он говорит своему телу: «Знай, что с помощью того, что я отдаю, я получу еще большее удовольствие». И он дает понять своему телу, что стоит заниматься этим, что это потом восполнится. И если тело поверит в это, то оно даст возможность человеку действовать в этом направлении, но только в том объеме, что тело поверило, что ему восполнится, то есть оно получит оплату за то, что оно не будет действовать ради личного потребления, а будет отдавать. И это называется «ло лишма», и об этом сказали мудрецы, что из состояния «ло лишма» приходят к состоянию «лишма» (Псахим).

Переход из состояния «ло лишма» в состояние «лишма» похож на прыжок с трамплина, так как действия при обоих этих состояниях одинаковы. Разница существует только в кавана (намерении), это значит, что нужно только думать, что действие, которое осуществляется, оно действительно Заповедь Творца, что Он приказал нам исполнять Заповеди, и мы хотим осуществлять их, потому что это большая наша заслуга, что Творец дал нам познать, как мы можем служить Ему.

И тогда начинается работа на уровне бирур («выяснение», «прояснение»), то есть действительно ли этот человек такой, что всё его намерение в Торе и Заповедях только, чтобы отдавать, или есть у него какой-то другой расчет, то есть может быть он исполняет Тору и Заповеди из-за каких-либо эгоистических намерений.

И когда человек видит, как он еще далек от того, чтобы его действия были действительно во Имя Небес, тогда ему нужен бирур правды. Так как есть много людей, у которых нет этого бирура правды, то есть они думают, что они действительно делают Заповеди во Имя Небес, что хотя они еще может быть не достигли всех 100% служения во Имя Небес, тем не менее они чувствуют, в общем, что это всё ради Творца, хотя есть еще что улучшать.

Но в действительности у них нет истинного ощущения либо из-за их натуры, либо нет хорошего учителя, который бы показал бы им способ как не преувеличивать свои способности и достижения. Поэтому такие люди не могут достичь состояния «лишма». Потому что «лишма» называется Правда. А «ло лишма» называется ложь. Должно быть промежуточное звено между правдой и ложью, которое бы могло стать трамплином между ложью и правдой. И этим промежуточным звеном является ложь в правде. Потому что только тогда он может «войти» в истинную правду, то есть от правды лжи к правде правды.

Если человек не знает, что он идет путем лжи, то зачем же ему менять свой путь и идти иначе, так как нет у него понимания, что он находится во лжи. Только если человек поймет, что в действительности он на неправильном пути, только тогда он может изменить направление и пойти путем Истины. И согласно этому получается, что этот человек уже идет путем Истины, то есть «лишма», но он находится пока лишь посередине пути.

Например, человек хочет ехать в Иерусалим, он садится на автобус, на котором есть вывеска, что он едет в Иерусалим, и, несмотря на то, что он уже проехал 80% или даже 90% пути по дороге на Иерусалим, тем не менее он еще не находится в Иерусалиме, и только когда он приедет туда, можно сказать, что он находится в Иерусалиме.

То же самое и в духовности — пока человек в действительности не перейдет в состояние «лишма», то есть Истины, мы обязаны говорить, что он все еще во лжи, то есть в состоянии «ло лишма», хотя этот человек и прошел почти весь путь и он стоит возле ворот, которые называются «Истина», но всё же он еще находится снаружи.

Получается, что человек не может узнать, что он прибыл к состоянию «лишма», пока он не удостоится войти в него полностью. Когда же человек может узнать, что он находится в состоянии «лишма»? Каков признак того, что он поднялся на ступень Истины?

Ответ на это мы находим в «Предисловии к «Талмуду Эсер Сфирот», там сказано, что Творец будет свидетельствовать, что данный человек, совершивший раскаяние, не будет больше совершать грехи. И на первый взгляд это странно, ведь кто из нас может подняться на Небеса, чтобы услышать это свидетельство Творца? Также непонятно, кому должен Создатель свидетельствовать? Разве не достаточно того, что Творец Сам знает, что этот человек раскаялся всем сердцем и не согрешит снова?

Ответ простой: действительно человек не уверен абсолютно в том, что он не согрешит, если он все еще не находится в состоянии постижения Провидения Создателя в виде оплаты и наказания, то есть состояния «открытия лица» («гилуй паним»). И это состояние «гилуй паним» со стороны Творца называется свидетельство. То есть если человек удостоился «гилуй паним» (раскрытия лица) Создателя, то он этим получил знак того, что он двигается в правильном направлении и что он не вернется вспять.

Получается, что когда человек подходит к уровню «желание отдавать», он удостаивается «открытия лица» Творца, и это значит, что Творец свидетельствует ему, что он достиг уровня «лишма».

И это называется третий уровень, то есть «отдает, чтобы отдавать». И это считается, что человек уже прибыл к состоянию «лишма», то есть достиг уровня Истины. И сделал он это с помощью трамплина, то есть из состояния «ло лишма» попал в состояние «лишма».

После того как человек достиг уровня «отдавать, чтобы отдавать», он может переходить на четвертый уровень, то есть «получать чтобы отдавать». А это является высшим, законченным уровнем. Человек, достигший этот уровень, может сказать: «Я хочу получать удовольствие, потому что я знаю, что этим я доставляю удовольствие Творцу». Творец создал творение потому, что хотел насладить свои создания, в этом и заключалась Цель Творения. Такой человек хочет получить удовольствие и благо от Творца потому что таково Его желание.

Вообще, у человека из-за эгоизма нет никакого желания к этому, и лишь когда человек достигает уровня «иштавут ацура» (сравнение свойств, форм), который называется «отдает чтобы отдавать», тогда у него появляется стремление осуществить желание Творца насладить творения.

Следует отметить, что есть два понятия: Цель Творения и Исправление Творения. Целью Творения является насладить творения, то есть чтобы творения получали удовольствие и благо. Получается, что чем больше творения получают удовольствие, тем больше «наслаждается» Творец. Поэтому тот, кто достиг четвертого уровня, то есть уровня законченности, совершенства, тот всегда хочет получить побольше удовольствия, чтобы доставить этим больше удовольствия Творцу.

Тот же, кто достиг уровня «отдает, чтобы отдавать», то есть уровня слияния и «иштавут ацура», достиг лишь исправления Творения. То есть творение должно прийти к состоянию, чтобы получать удовольствие и в то же время оставаться на уровне желания отдавать, то есть получать не ради себя. И это называется «получать, чтобы отдавать».

Что такое «желание отдавать»
Статья 16, 1984 г.

Выясним, что такое «желание отдавать». Если человек служит тому, кто важен в глазах многих людей, то тот, кому он служит, в принципе, может ничего не давать ему взамен, ведь уже само служение является оплатой.

То есть, если человек знает, что тот, кому он служит, великий человек, то он получает удовольствие уже от самого факта служения и ему уже больше ничего не надо. Если же он служит у простого, ничем не выдающегося человека, то какое же может быть удовольствие от службы? Поэтому ему нужна оплата. Речь в обоих случаях шла об одной и той же службе, вся разница заключается только в том, кому служить – великому человеку или обычному.

Например, в аэропорт прилетел очень важный человек, которого встречали тысячи людей. В руке у него маленький чемоданчик. Этот человек дает свой чемоданчик кому-то из встречающих, чтобы тот донес его до машины. Допустим теперь, что после того, как они подошли к машине, важный человек дает помогавшему ему большую сумму денег в качестве оплаты за услугу. Тот, разумеется, откажется, потому что для него помощь, служение в данном случае была дороже и важнее, чем любая оплата.

А для того, чтобы помогать обычным людям, даже за деньги, есть не очень-то много охотников. Допустим, что обычный человек попросил другого за деньги донести чемодан до машины, тот скорее всего откажется, сказав, что для этого существуют носильщики. Ну а носильщики за деньги, разумеется, с радостью помогут ему.

Получается, что одно и то же действие можно выполнять совершенно по-разному, то есть выполнение зависит от того, ради кого ты это выполняешь. Как уже было сказано, если ты делаешь что-либо ради важного человека, то оплатой является само действие. Причем не так уж важно, сам ты сознаешь величие этого человека или под влиянием людей, которые тебя окружают.

Теперь нужно понять, какова действительная причина службы для важного человека. Собственно говоря, их может быть две: первая – человек хочет, чтобы важный человек получал удовольствие; но есть и вторая – он хочет служить, потому что сам получает от этого удовольствие. Когда речь идет о второй причине, то если бы человек получал равнозначное удовольствие от чего-нибудь другого, то он мог бы отказаться от этой службы, потому что в этом случае он служит из-за того, что наслаждается ею.

А какая разница в том, как именно человек служит важному человеку? Мы должны знать значение слов «сосуд отдачи». Существуют 3 разновидности в действии «отдачи»:

1. Человек занимается «отдачей» на благо другого, ради получения оплаты, то есть удовольствия от этого ему недостаточно и ему нужна еще и какая-нибудь оплата, например, уважение, то есть он хочет, чтобы его уважали за то, что он делает хорошие поступки. Если же у него нет уверенности в том, что он получит что-то взамен, то у него не будет сил делать действия «отдачи».
2. Человек совершает действия «отдачи» на благо другого и ему не нужно ничего взамен, кроме одного – он должен получать удовольствие от того, что он делает. У такого человека это заложено в его природу – получать удовольствие от того, что он делает другим хорошо. Разумеется, это более высокая ступень, чем первая разновидность. Мы видим, что этот человек действительно хочет отдавать другим, не получая за это никакой оплаты от других. Этот уровень называется «отдавать, чтобы отдавать».

Однако если мы более детально рассмотрим этот пример, то мы увидим, что в конечном счете это тоже разновидность любви к себе, так как человек совершает действия «отдачи», потому что наслаждается этим, просто его природа – получать удовольствия от этих, а не каких-либо других действий.

Иногда бывает, что человек получает удовольствие от того, что другим хорошо, поэтому он старается помочь им. Допустим, что такой человек узнает, что кто-то другой сможет сделать эту же работу лучше, чем он. Такой человек не сможет уступить свое место другому.

3. Человек совершает хорошие поступки без желания получить что-либо взамен. И такой человек может уступить свое место другому, если будет уверен, что тот сможет выполнить это же действие лучше его.

Теперь выясним: какое действительно намерение имеет человек, когда он делает что-нибудь для важного человека? Делает ли он это потому, что он получает удовольствие от службы, или он служит только для того, чтобы доставить удовольствие важному человеку?

Чтобы осознать разницу между этими двумя состояниями, нужно знать: а что же человек говорит по этому поводу сам себе? Допустим, он говорит: «Этот человек, которому я служу, очень важен в моих глазах, поэтому я хочу доставить ему удовольствие, чтобы у него было хорошее настроение, поэтому я хочу услужить ему». Но во время, когда человек служит, он сам получает огромное удовольствие от этого. Удовольствие, которое по своей силе превосходит все другие, потому что он служит самому важному человеку в мире, и нет у него слов передать свои чувства.

И теперь он может проконтролировать себя, какое у него было намерение, когда он хотел доставить удовольствие важному человеку. Заботился ли он в этот момент о собственной выгоде, то есть делал ли он это из-за того, чтобы получить удовольствие от службы, или же он служил только для того, чтобы доставить удовольствие важному человеку.

Величие этого человека пробудило в нем большое желание услужить ему, и, хотя он получает удовольствие от служения, тем не менее, если он узнает, что кто-то сможет доставить важному человеку большее удовольствие, то он сможет уступить свое место другому, потому что для него главное, чтобы важному человеку было хорошо.

Получается, что он согласен отказаться от службы, которая доставляет ему огромное удовольствие, т. к. для него важно не удовольствие, а польза важного человека. Итак, выходит, что такой человек действительно не думает о своей выгоде, а всё, что он делает, подчинено желанию отдавать. И такой человек не может себя обмануть, то есть доказать, что он может справиться со службой лучше. И это называется окончательная, законченная, полная отдача.

Но нужно сознавать, что не в силах человека самому достигнуть этого. Сказано, что «злое начало», желание получить человека побеждает его и каждый день просит его смерти. Об этом написано, что «грешник следит за праведником и просит его смерти, но Творец помогает праведнику, и грешник не может одолеть его» (Трактат «Кидушин»).

Это значит, что человек должен сначала увидеть, есть ли у него силы достичь состояния, при котором все его хорошие поступки будут только ради того, чтобы отдавать, чтобы доставлять удовольствие Создателю. И, когда человек поймет, что он не может собственными силами достичь этого, тогда он фокусирует всю Тору и Заповеди в одну точку – на свет Творца, который возвращает человека к Нему. И это будет ему единственной оплатой, которую он хочет получить от Торы и Заповедей. Это значит, что оплатой за его усилия будет то, что Творец даст ему силу, которая называется силой отдачи.

Существует правило, что если человек прикладывает какое-либо усилие, то делает он это вследствие того, что он хочет что-нибудь. Ведь человеку понятно, что без усилий ничего не дадут ему, поэтому он должен прикладывать старания. И поэтому человек старается приложить усилия для изучения Торы и соблюдения Заповедей. Раз он это делает, значит он хочет что-то, значит ему не хватает чего-то.

Согласно этому, перед тем, как начать духовную работу, человек должен подумать о том, что именно он хочет, то есть на какую оплату он рассчитывает. Или, если сказать проще, то какова причина его занятий Торой и Заповедями.

И когда человек начинает решать, чего именно ему не хватает, ради чего ему нужно стараться, тогда появляется у него множество мыслей и ему становится тяжело решить: а что же он действительно хочет. Поэтому есть много людей, которые, размышляя над этой проблемой, не могут определить истинную цель своей работы.

Поэтому они говорят: «А зачем нам мучиться в поисках цели? – и действуют без нее, говоря, – мы стараемся ради грядущего мира. А что такое грядущий мир? Что нам ломать голову над этим, мы верим, что там будет хорошо, и хватит с нас. Когда мы получим оплату в грядущем мире, тогда и узнаем, что это такое, и незачем нам сейчас углубляться в этот вопрос».

И лишь единицы говорят о том, что существует такое понятие как слияние с Творцом. А для того, чтобы достигнуть этого, нужно прийти к сходству свойств, черт. Человек, который понимает это, начинает стремиться достичь состояния единения, чтобы все его действия были подчинены только желанию отдавать, и только тогда исчезнет сокращение и сокрытие Творца, и человек начнет ощущать духовное, высшее.

Но во время начала своей работы по достижению уровня «отдачи» человек видит, насколько он далек от этого и что у него нет желания достичь этого, и он не знает, что делать, чтобы появились силы для достижения «отдачи». И каждый раз, когда он прикладывает усилия чтобы приблизиться к этой цели, он видит, что он, наоборот, удаляется. Это продолжается до тех пор, пока человек окончательно не поймет, что это выше человеческих сил.

Тогда человек понимает, что только Творец может помочь ему. И только тогда он понимает, что единственной оплатой за его соблюдение Торы и Заповедей является сила, которую Создатель дает человеку, чтобы тот мог достичь состояния отдачи – «отдачи». И человек надеется на получение только этой оплаты, потому что он хочет достичь слияния с Творцом, то есть добиться состояния единения с Ним путем приобретения уровня «отдачи».

Снова повторим – это его единственная награда, на которую он надеется. Человек надеется, что, соблюдая Тору и Заповеди, он удостоится того, чего сам достичь не может – желания отдавать. Приведем пример из материального мира. Человек сам не может «сделать» деньги, он должен приложить старания, и тогда кто-то другой заплатит ему за его работу. Так же и в духовном мире: то, что не можешь достичь собственными силами, то тебе дадут, и это мы называем «оплата».

Поэтому, когда человек хочет достичь уровня «отдачи», а это ему нужно для того, чтобы слиться с Творцом, то сам он этого добиться не может, только Создатель может помочь ему в этом. И это желание, чтобы Творец дал ему силы «отдачи», является оплатой. Как известно, существует правило, что оплату нужно заработать, а единственный способ это сделать – соблюдение Торы и Заповедей.

Соблюдая Тору и Заповеди, человек удостаивается того, что ему дают силы для отдачи, и он выходит из-под власти любви к себе и получает новое желание – желание отдавать, то есть любовь к ближнему.

Но существует вопрос: почему человек должен сначала постараться сам, и лишь потом он удостаивается того, что свет Торы делает его лучше. Почему не дают ему сразу свет Торы, который тут же сделал бы его лучше? Почему человек должен прикладывать усилия и терять время «напрасно», разве не лучше бы было, чтобы человеку сразу дали сияние Торы в самом начале его работы. То есть человек сразу же получил бы это сияние и немедленно начал бы работу «лишма» – ради Творца.

Но проблема заключается в том, что нет света без сосуда. Что такое сосуд? Это желание. Когда у человека есть какой-то недостаток, который он страстно желает заполнить, этот недостаток и становится сосудом. И только тогда, когда есть у него сосуд, то есть желание получить наполнение, тогда можно сказать, что ему дают это наполнение.

И человек удовлетворяет свое желание тем наполнением, которое дают ему, потому что именно этого он страстно желал. Оплата является наполнением, т. к. страстное желание исполняется. Более того, степень важности наполнения зависит от величины желания, то есть согласно количеству страданий, которые пережил человек, он получает удовольствие от наполнения.

Поэтому невозможно сделать так, чтобы сияние Торы сделало человека лучше в то время, когда у человека нет никакого желания, никакой потребности в этом. Потому что понятие «исправление человека» означает, что он теряет любовь к себе и получает любовь к другому.

Если же у человека нет никакого желания выйти из-под власти любви к себе, а ему говорят: «Ты работай, старайся, и за это ты удостоишься того, что ты распростишься с этой самой любовью к себе», – то это не является для этого человека оплатой за работу. Наоборот, человеку кажется, что его обманули – он работал, старался, а какую же он оплату получил? Разве для него избавление от эгоизма – это оплата? Кто же согласится так бесполезно транжирить свои силы?

Поэтому сначала человек должен учить Тору «ло лишма» – ради себя, тогда тело будет помогать ему, потому что оно согласно отказаться от маленького удовольствия ради того, чтобы получить большее. Природа человека такова, что он не может представить себе удовольствие, если оно не основано на любви к себе, то есть оно должно быть понятно и приятно телу. Поэтому такому человеку нужно говорить, что за занятия Торой и Заповедями он получит оплату. И это не ложь.

Действительно, человек получит оплату, только не такую, на которую он надеялся в начале своего пути. Изменится сама суть оплаты. Приведем пример. Папа сказал своему сыну, что если он будет хорошим мальчиком, то он купит ему игрушечную машинку. После этого папа уехал за границу и работал там несколько лет. Когда же он вернулся, сын его уже вырос, и отец желает купить ему не игрушечную, а настоящую машину. Так как сын повзрослел, то он, конечно же, согласился на такую замену. Можно ли сказать, что отец обманул сына? Конечно нет.

Так же и в жизни: сначала человек начинает что-то делать в надежде на оплату, то есть «ло лишма», и если он удостоился состояния «лишма», то он получит оплату неизмеримо большую, чем ту, на которую он рассчитывал. Ведь он получит ни больше, ни меньше, как сосуд для получения тех истинных наслаждений, которые приготовил Творец для него, то есть он получит нечто, больше, которого в мире просто ничего не существует.

Получается, что человек действительно работает ради того, чтобы получить оплату, даже, если он работает с намерением отдавать. «Неправда» заключается лишь в том, что оплата, которую он получит, будет совершенно другая, чем та, на которую он надеялся, когда занимался Торой и Заповедями «ло лишма».

Лишь потом, гораздо позднее, когда человек «повзрослеет» (в духовном смысле, разумеется), он поймет, что главной и единственной оплатой может быть только желание отдачи – сосуды «ашпаа», и именно с помощью этих сосудов можно получить то благо, которое уготовил для него Творец.

И когда человек понимает это, то он чувствует себя самым счастливым в мире. Когда же человек занимался Торой и Заповедями «ло лишма», то он рассчитывал на оплату, которая в действительности соответствует лишь желаниям малого ребенка.

Получается, что когда человека учат заниматься Торой и Заповедями «ло лишма», то есть прикладывать усилия, чтобы получить за это награду, то это не является ложью. Потому что он ничего не теряет, просто маленькую оплату ему заменяют на большую. Но следует сказать, что в состоянии «ло лишма» человек не понимает истинного значения понятия «оплата». Но, тем не менее, от этого оплата не перестает быть оплатой, изменяется лишь истинный смысл этого понятия, то есть вместо мнимой оплаты человек получает оплату истинную.

Итак, из вышесказанного следует, что человек должен получить от Создателя за свои старания в соблюдении Торы и Заповедей сосуды «ашпаа», то есть то, что человек сам приобрести не может, т. к. это находится в противоречии с его природой. Это является его оплатой, подарком с Небес. Человек постоянно надеялся на это, то есть все время хотел получить возможность доставить Творцу удовольствие, т. к. для него это и является оплатой.

Чтобы лучше понять вышесказанное, нужно посмотреть во «Вступление к книге «Паним Масбирот», где сказано, что корень тьмы – это экран сосуда малхут, а корень оплаты возникает при помощи «отраженного света», который появляется в результате «ударного единения». И он создает корень всему, что мы видим в этом материальном мире, абсолютно всё является лишь ответвлениями корней, которые находятся в Высших Мирах.

Корень усилий человека, которые он прикладывает в материальном мире, происходит из корня экрана сосуда малхут. Это значит, что сосуд, который есть у творений, является желанием получать удовольствие, и таким его сотворил Создатель, потому что хотел Он насладить Свои творения. И это называется малхут высших сфирот. После этого произошло сокращение – Цимцум.

Это значит, что сосуд не захотел больше получать, потому что он хочет быть в единении с Творцом, то есть сравнять свои качества с Создателем. Поэтому во всех Духовных Мирах с этого момента начало четко соблюдаться жесткое правило – нельзя ничего получать, если у тебя нет намерения отдавать, то есть можно получать только ради кого-то, а не для себя.

И это называется исправление с помощью экрана, когда отказываются получать Высший Свет. Например, когда человек не хочет, чтобы солнечный свет попадал в комнату, он задергивает штору. Поэтому, когда говорят о Высшем Свете, то имеют в виду, что малхут, несмотря на свое колоссальное желание получить этот свет, который доставил бы ей огромное удовольствие, тем не менее отказывается от него, потому что она хочет быть в слиянии по свойствам с Творцом. И это называется усилием, то есть отказываясь от получения удовольствия, она делает это против своего желания. В материальном мире то же самое: если человек отказывается от удовольствия, тогда это называется усилие.

Корень оплаты происходит из «отраженного света», который является желанием отдавать. Этот свет появляется в результате ударного единения, которое происходит между Высшим Светом с одной стороны и экраном с другой.

Что такое «ударное соединение» в духовных мирах? Это, когда сталкиваются две противоположные силы и происходит удар. Например, кто-то очень хочет получить что-либо, т. к. он видит, что получит от этого огромное удовольствие, но, с другой стороны, он перебарывает свое желание, потому что он хочет остаться в подобии свойств – «иштавут ацура». Это значит, что в данном случае столкнулись два противоположных желания — желание получить удовольствие и желание остаться в иштавут ацура.

В результате столкновения этих двух сил появляется нечто новое — «ор хозер» («отраженный свет»), с помощью которого объект может получить Высший свет, потому что «ор хозер» и является сосудом для получения света. Получается, что у этого сосуда есть две черты:

1. сосуд получает удовольствие, которое заключено в свете, а это является осуществлением Идеи Творения — насладить создания;
2. в тоже время сосуд остается в единении свойств с Творцом.

Из этого можно сделать вывод, что «ор хозер» как раз и является оплатой человеку за его усилия в занятиях Торой и Заповедями. «Ор хозер» — это сила отдачи, которую низший получает от высшего. Это значит, что свет, который пришел от Творца, называется «ор яшар» — «прямо распространяющийся свет», как сказано в «Коэлет»: «Творец создал человека прямым (не лживым)».

Согласно Идее Творения — насладить создания, низшие получат свет, удовольствие и это называется «прямой свет». А то, что получающие свет хотят при этом остаться в единении по свойствам с качествами Творца, это исправление называется «ор хозер». Это значит, что объект получает свет не потому, что он хочет насладиться, а потому, что он хочет отдавать вышестоящему, то есть высший хочет, чтобы низший насладился, а низший принимает наслаждение только потому, что он хочет этим получением доставить удовольствие высшему.

Итак, получается, что главным в оплате является «ор хозер», то есть сила «ашпаа», которую низший получает от высшего.

Мы должны понять, почему мы называем сосуд силой «ашпаа» и говорим, что это и есть вся оплата? Что такое оплата вообще? Оплатой является то, что получают. Как говорят: я работаю для того, чтобы получить оплату, или говорят: Цель Творения — насладить создания, то есть чтобы они получили оплату.

А тут мы говорим, что оплата — это подарок. Что мы имеем в виду, когда говорим, что человек получает оплату, удостаиваясь постижения Творца и тайн Торы? Мы говорим, что оплата — это когда мы получаем силу отдавать, и это исходит из верхнего корня, который называется «отраженный свет».

Известно правило (Псахим), что больше, чем теленок хочет сосать, корова хочет его накормить. Получается, что Создатель хочет дать созданиям в большей мере, чем они хотят получить. Но кто же мешает этому?

Нужно вспомнить, что такое сокращение, которое произошло для того, чтобы у созданий было единство с Творцом. Существует такое понятие — «даровой хлеб» («неама дэ кисуфа»). У Творца есть только желание отдавать и совершенно отсутствует желание получать. У Него нет никакого недостатка, который нужно было бы заполнить.

Существует правило, что каждая ветвь хочет быть похожей на свой корень. Поэтому, когда низший (ветвь) хочет сделать что-то, что не присуще его корню, он чувствует неловкость, дискомфорт. А нашим корнем является Творец. У человека нет сосуда, который мог бы принять уготованные ему удовольствия, и это из-за стыда.

Получается, что единственное чего не достает нам, так это сосуда, который называется сила «ашпаа», то есть нам не хватает не самого Света (который Создатель все время дает нам и хочет, чтобы мы получили его), а сосудов для его получения. Следовательно, главной оплатой является сила отдачи — «ашпаа».

Но чтобы приобрести этот сосуд, то есть желание отдавать, необходимо желание получить его. Поэтому нам и дана возможность заниматься Торой и Заповедями, причем сначала можно это делать даже ради себя («ло лишма»). И в этом все наши усилия и старания. Мы видим, что всё, чтобы мы ни делали, это только лишь для личной выгоды, а не для того, чтобы отдавать, и тогда мы видим, что нам не хватает силы «ашпаа», то есть у нас появляется желание получить ее, и мы хотим оплату за нашу работу, чтобы Творец дал нам оплату, то есть желание отдавать.

И, когда у нас будет эта сила, это желание, мы сможем получить всё то благо, которое уготовил нам Создатель, но специально ради этого мы не должны работать, потому что это дает нам сам Творец. Когда человек поднимается со ступени на ступень в духовных мирах ему нужно каждый раз приобретать силу «ашпаа», а больше ничего ему делать не нужно.

О важности товарищей
Статья 17, 1984 г. (часть 1)

О важности товарищей, находящихся в обществе, – как их оценивать? То есть, какую важность каждый должен придавать товарищу? Логика обязывает к тому, что если человек видит товарища находящимся на более низкой, чем он, ступени, тогда он хочет учить его, как вести себя, проявляя лучшие качества, чему у него есть. В таком случае человек не может быть ему товарищем, а может принимать его как ученика, но не товарища.

Если же человек видит товарища стоящим на более высокой, чем он, ступени и видит, что может поучиться у него хорошим качествам, в таком случае тот может быть его учителем (равом), а не товарищем.

Следовательно, именно в то время, когда человек видит товарища стоящим на одной с ним ступени, тогда он может принимать его как товарища и объединяться с ним. Ибо понятие *товарищ* означает, что оба они находятся в одном состоянии. К этому обязывает логика: у них обоих сходные мнения, и потому они решили объединиться. И тогда оба они будут действовать во имя той цели, которой хотят достичь.

Подобно двум товарищам со сходными мнениями, которые вместе ведут какое-нибудь дело, чтобы это дело приносило им прибыль. При таком порядке оба они чувствуют, что у них равные силы. В отличие от этого, если один из них чувствует, что он талантливее другого, или не хочет принимать его, чтобы они были партнерами на равных, а вместо этого они участвуют в деле на паях, то есть сообразно с силами и достоинствами, которыми один превосходит другого, тогда дело сводится к трети или к четверти. И тогда нельзя сказать, что оба они равны в деле.

В отличие от этого, при товарищеской любви, когда товарищи объединяются, чтобы между ними царило единство, это означает как раз, что оба они равны. Это и называется «единством». Например, если они вместе ведут дело и решают, что прибыль не будет делиться поровну, то называется ли это «единством»?

Однако же, разумеется, любое дело, вытекающее из товарищеской любви, должно вестись так, чтобы вся прибыль, которую принесет товарищеская любовь, сопровождалась равным контролем над их имуществом. Пускай ничего не проводят тайком и не скрывают этот от того, а тот от этого, а напротив, пускай всё будет в любви и дружелюбии, правдиво и мирно.

Однако в книге «Дарование Торы» (стр. 142) сказано: «Два условия действуют на пути к возвышению:
1. Всегда выслушивать и принимать оценку окружения в повышенной мере.
2. Окружение должно быть большим, как сказано: «В многочисленности народа – величие царя».

Чтобы принять первое условие, каждый ученик обязан ощущать себя наименьшим из всех товарищей. Тогда он сможет проникаться ценностью возвышения ото всех, поскольку не может большой получать от малого и, тем более, воодушевляться его речами, но лишь малый воодушевляется от того, что ценно для большого.

А согласно второму условию, каждый ученик обязан превозносить достоинства каждого товарища, как будто он величайший человек в поколении. Тогда окружение будет воздействовать на него, как если бы оно было великим в должной мере, поскольку качество важнее количества».

Из вышесказанного следует, что товарищеская любовь, принцип помощи ближнему означает, что достаточно, если каждый поддерживает товарища, как находящегося с ним на одной ступени. Но поскольку каждый должен учиться у товарища, существуют взаимоотношения учителя и ученика. Поэтому человек должен считать товарища бо́льшим, чем он сам.

Но как можно считать товарища бо́льшим, чем он сам, в то время как человек видит, что обладает бо́льшими достоинствами, чем товарищ: он более талантлив и по природе обладает лучшими качествами. Понять это можно двумя путями:
1. Человек идет верой выше знания: выбрав себе товарища, он наряду с этим уже смотрит на него выше знания.
2. Более естественным путем, внутри знания. Поскольку он решил принять его в товарищи и работает над собой, чтобы любить его, – из любви видны лишь хорошие вещи, а плохие вещи, хотя они и присущи товарищу, он не видит, как сказано: «Все преступления покроет любовь».

Мы видим, что человек может замечать недостатки у соседских детей, а у своих детей он их не видит. Когда речь заходит о каких-либо недостатках его сыновей, он тотчас дает отпор и начинает рассказывать о достоинствах, которыми обладают его сыновья.

Возникает вопрос: в чем истина? У его сыновей есть достоинства, и потому он сердится, когда говорят о его сыновьях? Как я слышал от своего отца и учителя, дело в том, что в действительности у каждого человека есть достоинства и недостатки. Так что каждый – и сосед, и отец – говорит правду. Только сосед не относится к чужим сыновьям как отец к сыну, то есть у него нет той любви к этим сыновьям, которая есть у их отца.

Поэтому, глядя на чужих детей, он видит только их недостатки, так как от этого он получает большее удовольствие. Ведь он может демонстрировать, что превосходит другого, благодаря тому что его дети лучше. Поэтому он смотрит только на недостатки другого. И то, что он видит, – это истина. Но видит он лишь те вещи, от которых получает удовольствие.

Однако же и отец видит истину, только он смотрит лишь на хорошие вещи, присущие его сыновьям. А плохих вещей у своих сыновей он не видит, так как это не доставляет ему удовольствия. Поэтому он говорит правду – то, что он видит у своих сыновей, поскольку он смотрит лишь на те вещи, от которых можно получить удовольствие. А раз так, он видит только достоинства.

Это имеет значение, если у человека есть любовь к товарищам. Ведь закон любви таков, что мы хотим видеть именно достоинства другого, а не его недостатки. Поэтому, если человек видит какой-либо недостаток у товарища, значит, этот недостаток есть не у товарища, а у него самого. Иными словами, он повредил товарищескую любовь и потому видит недостатки у товарища.

В таком случае, он должен теперь понять: не товарищу нужно исправлять себя, а он сам нуждается в исправлении. Из вышесказанного следует, что человеку не нужно смотреть, как его товарищ получает исправление недостатков, которые он в нем видит, – но он сам нуждается в исправлении того, что повредил в товарищеской любви. И когда он исправит себя, тогда будет видеть только достоинства товарища, а не его недостатки.

Порядок собрания общества
Статья 17, 1984 г. (часть 2)

Прежде всего, когда собираются (товарищи), необходима повестка дня. Это значит, что каждый в мере своих сил будет говорить о важности общества – иными словами, какую выгоду несет ему общество. Сообразно с его надеждами на то, что общество принесет ему важные вещи, которые он сам не в силах обрести, – в этой мере он ценит общество.

Сказали об этом мудрецы («Брахот», 32): «Объяснил рабби Симлай: всегда будет человек воздавать славу Творцу, а потом будет молиться. Откуда нам это известно? От Моше, как сказано: "Умолял я Творца в то время". И сказано: "Господи Боже, Ты начал *(показывать)*"». А также сказано: «Дай перейду я и посмотрю на эту добрую землю».

Смысл того, что сначала надо воздать славу Творцу, состоит в следующем. Общепринято, что когда человек просит что-либо у кого-либо, требуется соблюдение двух условий:

1. Он обладает тем, чего я у него прошу. Например, он богат, влиятелен, известен своим богатством и блеском.
2. У него доброе сердце, то есть у него есть желание совершать отдачу другим.

У такого человека можно просить об услуге. Поэтому и сказано: «Всегда будет человек воздавать славу Творцу, а потом будет молиться». Иными словами, раз уж человек верит в величие Творца, в то, что у Него есть всевозможные наслаждения для отдачи творениям и Он желает творить добро, – тогда можно сказать, что человек молится Творцу. И Творец, конечно же, поможет ему, так как Он желает творить добро, и потому может дать человеку то, чего желает его сердце. Тогда есть возможность для молитвы, сопровождаемой уверенностью в том, что Творец примет его молитву.

Так и в любви товарищей: прежде всего, когда они собираются, нужно воздать славу товарищам, осознать важность каждого из товарищей. Насколько человек оценивает величие общества – в этой мере он может уважать общество. А потом будет молиться. Иными словами, каждый должен отдавать себе отчет в том, сколько сил он прилагает ради общества. И когда товарищи видят, что у них нет сил сделать что-либо на благо общества, тогда есть возможность для молитвы, чтобы Творец помог ему, чтобы дал ему силы и желание работать над любовью к ближнему.

А затем каждый должен поступать как в трех последних *(благословениях)* молитвы «Шмонэ-эсре». Иными словами, раз уж он связал всё желаемое с Творцом, сказано в святом Зоаре, что три последних (благословения) молитвы «Шмонэ-эсре» будут для человека такими, как если бы Творец уже дал ему желаемое, и он ушел от Него.

Вот и в любви товарищей следует поступать так же. После того как человек отдал себе самоотчет и прибег к известному средству – к молитве, пускай думает теперь, что его молитва принята, и сидит с товарищами так, словно все товарищи – это единое тело. И как тело хочет, чтобы все его органы наслаждались, так и человек хочет, чтобы все товарищи наслаждались сейчас.

Поэтому после всех расчетов настает время радости от товарищеской любви. И тогда каждый должен чувствовать себя счастливым, как будто он заключил сейчас хорошую сделку, благодаря которой заработает много денег, и потому, как принято, угощает товарищей напитком.

Так и здесь, каждому нужно, чтобы его товарищ выпил напиток и отведал печений и т.п. Ведь он сейчас счастлив и потому хочет, чтобы товарищи тоже чувствовали, что им хорошо. Поэтому, когда собрание расходится, это должно проистекать из радости и возвышения.

Происходит это согласно «времени Торы» и «времени молитвы». «Время Торы» – это совершенство, лишенное всякого недостатка. И называется это «правой линией», как сказано: «От правой руки Его – пламя закона для них». С другой стороны, «время молитвы» называется «левой линией», так как место недостатка – это место, нуждающееся в исправлении. И это называется «исправлением келим», тогда как в категории Торы, называющейся «правой линией», нет места исправлениям. Поэтому Тора называется «подарком».

Подарки принято дарить тем, кого любишь. И так заведено в мире, что мы не любим тех, кто обладает недостатком. Поэтому «во время Торы» нет места для мыслей об исправлениях. Когда же мы расходимся с собрания, нужно пребывать в состоянии, подобном трем последним *(благословениям)* молитвы «Шмонэ-эсре», как сказано выше. И благодаря этому все будут ощущать совершенство.

Когда придешь в землю
Статья 18, 1984 г.

Комментаторы задают вопрос на отрывок из Торы (Дварим): «И будет, когда ты придешь в землю, которую Творец дает тебе во владение, и приобретешь ее, и поселишься в ней». Они спрашивают, что именно Творец дал? Разве евреи не захватили эту землю в ходе войн? И объясняют, что человек в глубине души понимает, что не в его силах овладеть землею, что земля – это подарок Создателя.

Теперь нужно понять это путем работы. Следует знать, что земля называется «желание», то есть желание, которое есть в сердце человека, называется «земля». И эта земля называется «сердце человека». Там, в сердце человека, живут «народы мира» (то есть нееврейские взгляды и желания), живет там и народ Израиля. Но нужно знать, что вместе они там жить не могут. Не могут народ Израиля и народы мира вместе править. Или есть там власть народов мира, или есть там власть Израиля.

И нужно понять, в чем истинная причина того, что они не могут сосуществовать в одном месте. Известно, что причиной создания мира было желание Творца насладить творения. Поэтому Он создал желание получать удовольствие, то есть создал у творений ощущение недостатка после получения удовольствия. И мы видим, что творение ощущает наслаждение согласно размеру желания, страсти.

И это сосуд, созданный Творцом. И это первый уровень, который мы можем определить у творений. И если у созданий еще нет этого желания, то они еще не являются созданиями в полном смысле. Это значит, что мы называем созданием только то, что имеет желание получать удовольствие, то есть является сосудом для получения наслаждения.

Но из-за стыда, который мудрецы называли на арамейском языке «нэама декисуфа» («даровой хлеб»), произошло сокращение, то есть было принято решение не получать ради себя, а только имея намерение отдавать, и это состояние называется сравнение свойств. Это значит, что создания могут получать наслаждение, только если есть у них намерение отдачи, намерение доставить удовольствие Творцу, тогда они получают, в противном случае они не хотят получать.

И это называется уровень «Исраэль». На иврите слово Исраэль пишем с буквой «син», которая, по существу, является буквой «шин», то есть Исраэль можно прочитать «яшар-кэль» – прямой к Творцу. Это значит, что всё, о чем человек думает, всё напрямую достигает Творца! И тогда человек не думает о себе ничего, все его помыслы устремлены только к Создателю.

И это называется Эрец Исраэль, то есть у человека есть желание к Творцу, и нет у него любви к себе (эгоизма), а есть только любовь к ближнему. И нет у него желания наслаждаться жизнью только для себя. Все же его желания являются лишь средствами отдавать для Творца. И то, что он кормит свое тело, это только для того, чтобы были силы отдавать.

Подобно тому, как человек кормит и поит коня, но делает он это не потому, что любит коня, а потому, что использует коня для работы. Поэтому, когда он хочет сделать хорошее коню, то это не из любви к нему, а потому, что он просто хочет использовать коня для своей пользы, но не для пользы коня. И это называется «Земля-Исраэль», то есть все мысли человека – это только земля, желание, чтобы всё было направлено прямо к Творцу.

Совершенно другим понятием является «земля народов», эта «земля» является желанием получать только для себя, и это называется «невежественные люди», то есть все их желания – это страсти простого народа, и нет у них намерения исполнять волю Создателя, а лишь желания простонародья, то есть желания творений, а творения называются «народ». Творец создал народ. В Торе (Дварим) сказано: «И увидят все народы земли, что имя Творца наречено на тебе, и убоятся тебя».

И еще сказано: «И встал Авраам, и поклонился народу той земли, сынам Хета». Это значит, что желания эти не знают и не чувствуют ничего, кроме любви к себе, и этот уровень – уровень народа, и называется уровень творений. Совершенно иначе всё у народа Исраэля, который стремится выйти из-под власти желания получать, которое было создано Творцом из ничего, т. к. у Него этого желания, разумеется, нет.

Поэтому мы говорим в праздничном Кидуше: «что выбрал нас из всех народов». Итак, мы видим, что не может существовать двоевластие: правит или желание отдавать, или желание получать. Вместе же они не могут сосуществовать, потому что они противоположны, а две противоположности не могут быть в одном носителе.

Именно это является причиной борьбы с эгоизмом, то есть человек должен бороться с собой, чтобы подчинить себе сердце, которое является вместилищем всех этих желаний, и изгнать оттуда желание получать, дать возможность править желанию отдать Творцу.

Когда человек начинает заниматься служением Творцу, с намерением только во Имя Небес, тогда у него начинается война между этими двумя желаниями. И если человек прикладывает большие усилия, то он удостаивается права победить в этой битве, и тогда в его сердце устанавливается власть желания отдавать Создателю.

И тогда человек может сказать: «Сила моя и мощь руки моей принесет мне успех» (Дварим). И только с помощью работы человек «получает» сердце, которое сейчас называется «Эрец Исраэль», потому что его желание «яшар-кэль» – прямо к Творцу. Об этом и говорит нам отрывок: «И будет, когда ты придешь в землю, которую Творец даст тебе», то есть не ты захватишь ее своими силами, а Творец даст ее тебе».

Это значит, что после того как человек приложил необходимые усилия, чтобы «захватить», подчинить себе сердце путем беспрерывной войны с «народами мира», и если он победил их, то он получает сердце, которое называется сейчас «Земля Исраэль», а не «Земля народов». Но, несмотря на это, он должен верить, что не он захватил эту землю, а Творец дал ему, что не «сила моя и мощь руки моей принесли мне этот успех».

И нужно понять, что именно обещал Создатель Аврааму, как сказано в «Берешит»: «И сказал ему: Я – Бог, который вывел тебя, чтобы дать тебе эту землю во владение».

В таком случае, почему же Творец сначала отдал эту землю «народам мира», и лишь потом пришли сыны Исраэля, и были вынуждены вести с ними войны и изгонять их со своей земли, возбуждая этим претензии всего мира: почему, мол, вы захватили землю, которая никогда вам не принадлежала, и лишь после ее завоевания вы говорите, что это ваша земля.

Все понимают, что было бы гораздо лучше, если бы Создатель не давал эту землю неевреям, ведь тогда еще не было недостатка места, где селиться, даже после этого еще долго создавались другие государства. И Творец мог бы сделать так, чтобы неевреи не селились вообще на этой территории.

Тем не менее, Он дал возможность поселиться здесь семи народам, и народу Израиля пришлось воевать с ними, чтобы изгнать из этой земли. Все народы мира возмутились тогда, и возопили на евреев: «Разбойники вы, раз захватили земли семи народов». Зачем же нам все эти хлопоты?

Как приводит РАШИ высказывание мудрецов (Берешит): «Смысл начинать Берешит (именно с этого места) заключается в том, что если скажут гои сынам Израиля: «Разбойники вы, раз захватили земли семи народов», то мы ответим, что вся Земля принадлежит Создателю, что Он создал ее, и его желание было дать им ее, а потом забрать и отдать нам».

Все равно не совсем понятен порядок событий, то есть до того, как земля была отдана нам, Творец поселил там «народы мира». И только после того, как они поселились, тогда Творец сказал нам, чтобы мы выгнали их из этой земли, потому что Он обещал ее Аврааму.

Мы можем понять это с помощью метода «ветвей и корней». Как известно, земля называется «малхут» – «царство», и является корнем для творений, то есть получает ради получения. И этот корень, то есть первый получатель, называется миром Бесконечности.

Потом начались исправления, то есть не получать ради личной выгоды, но можно получать с условием, что нижний хочет этим доставить удовольствие Творцу, то есть нижний хочет отдавать. Желание получить только для себя исчезнет у него – это значит, что он не будет использовать это желание, а все занятия будут посвящены только одной цели – доставить удовольствие Творцу.

Из вышесказанного следует, что порядок создания материального мира должен соответствовать тому порядку, который существует в духовном мире, то есть сначала эта земля была отдана неевреям, и после этого, после борьбы и войн, они были изгнаны с этой земли, и народ Исраэля захватил ее, унаследовав ее вместо гоев.

Корень народов мира – это срединная точка, малхут мира Бесконечности, на которую и было сделано Сокращение, то есть первое состояние, которое было создано сначала, чтобы быть получающим ради получения, так как в противном случае ему нечего будет сокращать, то есть оно не сможет сократить себя, чтобы не получать. Только тогда можно сказать, что существует преодоление, когда у творения существует сильное желание, которое это создание преодолевает и стремится к подобию Творцу.

Поэтому сначала именно неевреи должны были получить эту землю, также как и корень желания получать, который является главной частью творения, должен быть создан первым. А после этого можно говорить об исправлениях.

Поэтому после того, как народы мира получили эту землю, пришел народ Исраэля и исправил ее, чтобы всё было во Имя Творца. И она стала называться Землей Исраэль, как сказано в Торе (Дварим): «Земля, о которой Творец заботится постоянно, глаза Его на ней – от начала года и до конца года».

И нужно понять, что подразумевается, когда сказано, что Эрец Исраэль – это земля, на которую смотрят «глаза» Творца «от начала года и до конца года». Это значит, что Его управление именно в Эрец Исраэль. Но ведь, как мы знаем, Провидение Всевышнего существует во всем мире, как же мы можем говорить, что оно только в Эрец Исраэль?

Когда мы говорим «Эрец Исраэль», то это значит, что имеется в виду земля, которая уже вышла из-под власти гоев и попала во владение народа Израиля. И именно на это намекает отрывок. Тора дает нам знак, находятся-ли они в земле Исраэля, или все еще находятся в земле гоев.

Этим знаком является отрывок: «Земля, о которой Творец заботится постоянно», т. о. отрывок сообщает нам, что представляет собой Эрец Исраэль. Он говорит нам, что мы должны знать о том, что Создатель постоянно заботится о ней. В чем же заключается забота Творца? Об этом отрывок говорит дальше: «Глаза Творца на ней – от начала года и до конца года», то есть Его Высшее управление называется «глаза Творца».

Поэтому, если человек видит управление Творца «от начала года до конца года», то есть беспрерывно, то это называется «Эрец Исраэль». В отличие от этого о земле гоев говорят, что только Создатель знает о своем провидении там, а народы мира не ощущают этого. И это признак, по которому мы можем определить, находимся ли мы в Эрец Исраэль, или земля, на которой мы живем, все еще остается землей народов мира.

Согласно этому получается, что сначала гои должны войти в эту землю – это значит, что сначала на этом месте должно появиться желание получать. После этого начинаются войны с этим желанием, чтобы подчинить его святости, то есть всё, что делает человек, будет согласно тому, что требует Всевышний.

Теперь давайте снова вернемся к отрывку из «Дварим»: «И будет, когда ты придешь в землю, которую Творец даст тебе», это значит, что человек не должен говорить, что он своими силами достиг успеха в ежедневной войне с эгоизмом, а он должен понимать, что это Создатель дал ему возможность победить в этой битве. И это является смыслом слов «которую дает тебе».

В этих словах заключены два значения. Первое: заповедь, то есть уровень веры, – это называется ручной тфилин, о котором сказали мудрецы: «И будет тебе знаком, – тебе, а не другим», потому что ручной тфилин должен быть скрыт, то есть уровень веры называется «и скрытое идет от Творца, и это является уровень выше познания».

Второе значение: уровень Торы, что соответствует головному тфилину, о котором сказано (Брахот): «И увидят все народы земли, что имя Творца на тебе, и испугаются тебя». Головной тфилин должен быть открытым, чтобы все могли его видеть, и это уровень Торы, Которая тоже должна быть открыта. В отличие от него ручной тфилин должен быть скрыт, что значит «выше знания», т. к. человек ничего не может сказать другому словами, потому что если что-то можно описать словами, то это уже знание. А в понятиях «выше познания» нет слов. Поэтому сказано: «Тебе знаком, а не другим».

Согласно этому получается, что Творец дал эту землю народу Израиля, чтобы из нее выросли плоды. Когда говорят с точки зрения работы, то, как известно, под словом земля подразумевают сердце. Создатель вложил в сердце две вещи, два уровня: первый – вера, а второй – Тора. И только с помощью этих двух вещей человек достигает цельности. И хотя вера и Тора реализуются с помощью человека, в то же время нужно сознавать, что это Творец дает их, и поэтому человек не может сказать: «Моя сила и мощь руки моей принесли мне этот успех».

И сейчас можно понять, почему сказано в «Бикурим», что слова «и ответишь, и скажешь» нужно произносить в полный голос, а в «Видуй маасар» написано только «и скажешь», и не написано «и ответишь», поэтому Видуй Маасар читают тихо.

Маасар называется «заповедь», которая является Высшим Царством. И это связано с высказыванием «скромный идет с Творца», то есть с уровнем «ручной тфилин», как сказали мудрецы: «Тебе будет знаком, – тебе, а не другим». Поэтому в «Маасар», который намекает на понятие «заповедь», написано только «и скажешь», и произнести эти слова нужно тихо, чтобы не было слышно другим, и это уровень «скромный идет с Творца».

«Бикурим» намекает на головной тфилин, который, в свою очередь, намекает на понятие «Тора», и сказано: «И увидят все народы земли, что Имя Творца написано на тебе, и убоятся тебя». Поэтому написано в «Бикурим» «и ответишь, и скажешь», то есть произнести это нужно в полный голос, т. к. это уровень «Тора», который должен быть открыт, доступен всем, то есть то, что Творец хочет дать благо всем своим творениям, должен знать весь мир.

Сегодня вы все предстаете
Статья 19 1984 г.

В Торе сказано: «Сегодня вы стоите все: и руководители ваши, и колена ваши, и старейшины ваши, и стражники ваши, каждый человек Израиля». Комментаторы спрашивают, почему в начале отрывка сказано «вы» - то есть множественное число, а в конце его говорится: «каждый человек Израиля», то есть в единственном числе?

В книге «Маор вэ шемеш» говорится, что в этом отрывке намекается на понятие любви к товарищам, то есть несмотря на то, что есть и руководители, и колена, и т.д., тем не менее, ни один из нас не должен считать, что он выше другого еврея, это значит, что никто не должен обвинять другого в чем-нибудь. Поэтому и наверху ведут себя так же, по принципу «мера за меру», тогда вниз и спускается все благо.

Согласно нашему учению, а мы обсуждаем все, как-будто это все происходит внутри одного человека, это нужно понимать следующим образом. Человек должен принять на себя Высшее Царство, «как бык ярмо, как осел поклажу», которые являются уровнями «мозга» и «сердца». То есть вся духовная работа человека должна быть направлена на то, чтобы отдавать.

Согласно этому получается, что если человек выполняет духовную работу для того, чтобы отдавать, и не хочет никакой оплаты за это, то есть он хочет заниматься лишь служением Творцу, и не рассчитывает на какое-нибудь добавление к тому, что у него есть. Он даже не хочет никакого увеличения в своем служении, ведь если есть это увеличение, то это говорит о том, что он идет правильным путем, и, разумеется, это было бы законным желанием, тем не менее, он отказывается даже от этого, потому что он хочет с закрытыми глазами верить Творцу, и то, что он может – он делает.

Иногда такому человеку кажется, что он понимает смысл в служении. Иногда он чувствует, что он находится на уровне «руководители ваши», и т.д. Временами человек чувствует, что если он хочет служить Создателю, то ему нужно прикладывать большие усилия для того, чтобы заставить свое тело подчиниться ему. В такие периоды человек принуждает себя служить Творцу, так как у него нет в данный момент никакого желания делать это. Это происходит потому, что его тело хочет лишь полного покоя, и больше его ничего не волнует.

Есть периоды, когда человек понимает, что нет ничего, кроме служения Творцу ради отдачи. Находясь в этом состоянии и сравнивая его с тем, что было раньше, человек не может понять, что он находится в состоянии подъема. Человеку кажется, что падений уже никогда не будет. Но через день, час или даже несколько минут человек может упасть очень низко, то есть у него произойдет духовный «спуск».

Причем, человек может даже не заметить этого, и лишь спустя некоторое время он вдруг видит, что «упал». Раньше ему казалось, что он герой из героев, а сейчас он видит, что он обычный человек. И тогда человек начинает размышлять о том, что он должен сделать, чтобы поднять себя на тот уровень, где он был. Тогда человек должен идти по пути истины.

Это значит, что человек должен сказать себе: «Я нахожусь сейчас на очень низком уровне – это не случайно. Это было сделано сверху. Меня опустили на первоначальный уровень для того, чтобы я узнал, действительно ли я хочу служить Творцу с намерением отдавать, или я хочу это делать потому, что я получаю от этого большее удовольствие, чем от чего-нибудь другого».

Если человек может сказать, что он хочет сейчас служить Творцу с намерением отдавать, а не для того, чтобы получать за это какую-нибудь оплату, так как само служение уже является ему наградой, подобно каждому еврею, который молится и учит какой-нибудь дневной лист Талмуда, и нет у него времени подумать, с какой целью он это делает, то есть он просто выполняет заповедь без какого-либо специального намерения, то тогда ему снова разрешается служить Создателю, потому что он снова хочет служить без всяких предварительных условий.

И об этом сказано: «Сегодня вы стоите все». Здесь намекается на все состояния, которые у вас были. Это были и состояния подъема, и состояния падения, и некие промежуточные. Так вот, вы не должны оценивать эти состояния, потому что вас не должна интересовать никакая оплата. Для вас должно быть важным лишь то, что вы выполняете желание Творца, который заповедал нам соблюдать заповеди и учить Тору, и тогда мы осуществляем это как каждый простой еврей. Это значит, что для него важно то состояние, в котором он сейчас находится, и именно это состояние он рассматривает как подъем.

И именно тогда Создатель заключает с ним союз. Это происходит в то время, когда человек начинает служить Творцу без всяких условий, без всякой оплаты, безоговорочно подчиняясь ему.

Бааль Сулам, благословенна память праведника, говорил, что два человека заключают союз, когда они видят, что они любят друг друга и хотят закрепить это навечно. Зачем же людям, считающим, что их любовь навсегда, еще и формально заключать союз?

Заключение союза - это просто церемония, или что-то более важное? Ответ таков: заключают союз не для того момента, когда находятся в хороших отношениях друг с другом, а на те времена, когда дружба по какой-либо причине ослабеет. И в это время, когда у друзей могут быть претензии один к другому, они должны вспомнить, что союз был заключен на вечные времена.

В момент, когда они уже не чувствуют любовь друг к другу как прежде, они не обращают на это внимания, а продолжают делать друг другу только хорошее. Этим и полезно заключение союза.

Итак, главное в заключении союза – это то, что он заключается на будущее. Сейчас они понимают, что каждый из них любит другого, в силу причин, которые в данный момент очевидны им. Каждый из них чувствует, что он заботится только о благе друга, тогда они и заключают союз.

Сейчас ни у одного из них нет никаких претензий к другому, так как в противном случае они бы союз не заключали. Находясь в таком благоприятном состоянии, они говорят один другому, что стоит заключить союз на вечные времена. Если же в будущем возникнут у них претензии друг к другу, то тогда каждый из них вспомнит о союзе, который был заключен в те времена, когда любовь между ними была очевидна обоим.

Получается, что несмотря на то, что сейчас они не чувствуют ту же силу любви, которая была у них тогда, тем не менее они пробуждают воспоминания о былой любви и не обращают внимания на теперешнее состояние. Они снова начинают делать друг другу хорошее – этим и полезно заключение союза – даже когда любовь ослабла, ее можно возродить, усилить за счет прошлых состояний.

Заключение союза – это своеобразный договор, необходимый для того, чтобы заключившие его стороны не могли расторгнуть его, даже когда они видят, что любовь между ними ослабла. Они помнят, что эта любовь приносила им в прошлом огромное удовольствие – они делали много хорошего друг другу, хотя сейчас эта любовь ослабла, и у них нет сил делать хорошее друг другу.

Если же они действительно хотят сделать что-нибудь для другого, то они должны вспомнить о союзе, и на основе этих воспоминаний они должны построить любовь заново.

Получается, что «Сегодня вы стоите все» и перечисляет все детали – «и руководители ваши, и колена ваши, и старейшины ваши, и стражники ваши». «Каждый человек Израиля» – из всех высоких ступеней, на которых был человек, наиболее важной для него является именно эта ступень – «каждый человек Израиля», и он принимает это свое состояние, хотя у него бывали и лучшие состояния.

Человек говорит: «Я делаю свое, а то, что Творец хочет мне дать, я согласен с этим без всякой критики», – тогда-то человек и удостаивается заключения союза с Творцом. Это значит, что связь между ними остается навечно, потому что Творец заключает союз на вечные времена.

Согласно вышесказанному можно объяснить и отрывок: «Сокрытое – Создателю нашему, а открытое – нам и сынам нашим навечно, чтобы выполнять все слова Торы» (Дварим 29; 28).

Следует понять, в чем же смысл этого отрывка? Не следует понимать это так, что скрытое нам не узнать, только Творец все знает. Это не так - мы и без этого отрывка знаем, что скрыто от нас.

Известно, что существуют скрытое и открытое, явное. Например, действие, заповедь, мы явно видим, делаем мы данное действие или нет, и если нет, если тело сопротивляется, то существует возможность заставить себя, свое тело сделать это. Получается, что если что-то относится к открытой части Торы, то можно себя заставить что-то сделать.

Скрытая же часть – это намерение, с которым выполняется данная заповедь. Причем посторонний человек не может определить, какое намерение имеет другой человек. Более того, сам человек тоже не может определить, не обманывает ли он себя, не выдает ли он желаемое за действительное – что он выполняет заповедь только во Имя Творца. В открытой же части, в действии, обмануть себя невозможно - или ты выполняешь заповедь, или нет.

Что же касается намерения, то в этом случае как раз можно обмануть даже самого себя. Человек может верить, что он делает все ради Творца, на самом же деле он все делает ради себя, своего желания получать. Кроме того, невозможно заставить себя думать о том, что «надо». Если у человека нет правильного намерения, то он не может заставить себя думать по-другому. Человек не может заставить себя понять то, что находится выше его понимания, или почувствовать то, что он не чувствует.

Получается, что мы можем заниматься только той частью Торы, которая говорит о действии, как сказано: «А открытое – нам и сынам нашим навечно, чтобы выполнять все слова Торы», то есть нам приказывают выполнять действия. И мы должны выполнять эти действия, даже насильно заставляя себя.

Относительно же намерения (которая называется скрытой частью и над которой у нас нет никакой власти) возникает вопрос – что же нам делать для того, чтобы мы смогли выполнять и скрытую часть Торы? Единственное, что человек может делать – это проверять себя, все ли он делает во Имя Творца, сопротивляется ли ему тело. И согласно тому, насколько он чувствует свою отдаленность от желания отдавать, насколько он понимает, что он сам, своими собственными силами не может приблизиться, настолько он приближается к правде.

В то же время это может привести его к отчаянию. Ведь он видит, что все, что бы он ни делал, не помогает ему. В этом состоянии стоит вспомнить об отрывке, в котором говорится о том, что скрытая часть Торы относится к Творцу, все, что касается этой скрытой части, полностью зависит от Него. Только сам Творец может помочь человеку, стремящемуся выполнять скрытую часть Торы. Сам же человек ничего не сможет сделать, потому что это выше его природы.

Поэтому и говорится в отрывке: «Сокрытое – это Творцу нашему», то есть Творец должен дать человеку силы подняться над своей природой, только Он может дать желание отдавать.

И об этом сказано в трактате «Кидушим»: «Эгоизм человека побеждает его каждый день и требует его смерти, как сказано: смотрит грешник на праведника и просит убить его. И если бы не Творец, который спасает человека, то так бы оно и было. Как сказано: Творец не оставит его».

Слова: «Требует его смерти» означают, что эгоизм требует, чтобы человек все делал ради себя, ради собственного удовольствия, отрезая себя этим от Жизни Жизней, оставаясь, разумеется, в мертвом состоянии, как сказано: «Грешники и при жизни являются мертвыми».

Итак, под смертью подразумевается намерение получить ради себя, ничего не отдав взамен. Для того, чтобы удостоиться сближения и слияния с Творцом, то есть удостоиться получить от Него желание отдавать, нужно получить помощь от самого Творца.

Теперь, в свете вышесказанного, мы сможем понять смысл отрывка: «Сокрытое – Создателю нашему, а открытое – нам и сынам нашим навечно, чтобы выполнять все слова Торы». Это значит, что мы должны делать то, что зависит от нас, а Творец будет делать то, что зависит от Него.

Но и в скрытой Торе мы можем кое-что сделать. Ведь для того, чтобы Творец дал нам скрытую часть Торы, мы должны Его об этом попросить – сделать то, что называется «пробуждение снизу». Как известно, не бывает света без соответствующего ему желания. Это значит, что не бывает наполнения, удовлетворения без недостатка, нехватки. Ты ничего не сможешь поставить, пока у тебя не будет пустого места. Когда же у тебя есть пустое место, то ты можешь поставить туда все, что захочешь.

Поэтому прежде всего мы должны понять, что нам не хватает желания отдавать. И это является нашим светом, ведь как было сказано в предыдущих статьях, главной нашей оплатой является желание отдавать, которое называется «отраженный свет». В «Предисловии к книге Паним Масбирот» сказано, что вся наша оплата, которую мы рассчитываем получить, это отраженный свет. Если желание отдавать называется «свет», то недостатком, нехваткой его называется отсутствие сил отдавать.

Это ощущение отсутствия сил отдавать, ощущение, что он теряет из-за этого, превращается в необходимое пустое место, в которое человек теперь может получить наполнение, и это называется, что свет входит в сосуд.

Но нужно знать, что для того, чтобы получить этот сосуд, это желание, человек должен много работать над собой. Ведь в начале пути у человека есть только желание получать ради себя, и именно его человек и хочет удовлетворить. Это очень важные желания, потому что это, собственно, и есть Творение, созданное Творцом. Ведь все остальное – это, по сути, сам Творец. Целью Творения, как известно, является желание насладить творения, то есть Творец хочет дать наполнение этим желаниям.

Но это желание получать захотело приобрести сходство свойств с Творцом, слиться с Ним, то есть стать таким же, как Творец. Поэтому это желание перестало быть сосудом для получения света, то есть удовольствия, предназначенного Творцом для него. Теперь нужно создать новый сосуд для получения света, который бы одевался в предыдущее желание получения, и только с помощью обоих этих желаний, то есть когда желание отдавать одевается в желание получать, можно теперь получить свет.

Получается, что предыдущий сосуд, который называется «желание получать», был создан непосредственно Творцом, и само творение ничего не может изменить в этом желании. Более того, второй сосуд, который называется «желание отдавать», тоже был дан нам Творцом, и творение опять-таки ничего не может изменить в нем, подобно первому сосуду. Вся разница заключается только в том, что человек должен сам попросить у Творца сосуд желания отдавать. Первый же сосуд, сосуд желания получать, Творец сам дает человеку.

1985 ГОД

Сделай себе рава и приобрети друга -1
Статья 1, 1985

В Мишне «Авот» Йешуа бен Парахия говорит: «Сделай себе рава и приобрети себе друга и оценивай каждого человека в лучшую сторону (то есть всегда находи для него оправдание)». Итак, мы видим, что здесь идет речь о трех вещах:

1. сделай себе рава;
2. приобрети друга;
3. оценивай каждого человека в лучшую сторону. Это значит, что «сделать» себе рава и приобрести товарищей — недостаточно. Нужно еще хорошо относиться и искать оправдание всем людям.

Кроме того, нужно осознать разницу между понятиями «сделай», «приобрети» и «оценивай в лучшую сторону» (ищи оправдание). Слово «сделай» предполагает практическое действие, без излишних раздумываний. Кроме того, как правило, разум противится тому или другому действию. Так вот, слово «сделай» предполагает действие даже наперекор собственному рассудку.

Если человек принимает на себя власть Высшего Управления, то это называется «действие». Это подобно тому, как на быка надевают ярмо, чтобы он вспахал нам поле. Даже если бык не хочет этого делать, мы все равно силой заставляем его. Принимая на себя Управление Свыше, мы тоже должны это сделать без малейших колебаний.

Мы должны это сделать не потому, что наше тело чувствует, что оно извлечет из этого какую-то выгоду для себя, а потому что этим мы хотим доставить удовольствие Творцу. А как же тело может согласиться с этим? Поэтому наше служение должно быть на уровне «лемала мидаат», то есть вера выше нашего знания, понимания. Это и называется «сделай себе рава».

В Книге Зоар сказано, что нужно бояться Создателя, потому что Он велик и правит всем. Творец велик, потому что Он является корнем всех миров, которые исходят, распространяются из Него. Его величие проявляется в Его действиях, и Он управляет всем, потому что все миры, как верхние, так и нижние – ничто по сравнению с Ним, и ничего они не добавляют к сущности Творца.

Согласно вышесказанному получается, что человек должен начинать с понятия «сделай себе рава», то есть он должен принять на себя власть Управления Свыше на уровне «выше понимания». И это называется «действие», то есть только действие, без понимания, действие наперекор желаниям своего тела.

После этого нужно «приобрести себе друга». Понятие «приобретение» («покупка»), предполагает отказ от чего-то, что у тебя было давно (денег, например), и получение взамен этого чего-то нового. Для того чтобы «приобрести» состояние слияния с Творцом, то есть состояние единения свойств с Ним, человек должен отказаться от очень многого, то есть «заплатить». Под словами «приобрести себе друга» подразумевается приобретение, постижение состояния слияния с Творцом.

Но до того как человек «сделает себе рава», то есть примет на себя власть Создателя, нельзя переходить к следующему этапу – «приобрети себе друга», то есть к стадии слияния с «Равом» (с Творцом). Но после того как человек «сделал себе рава», можно начинать требовать от своего тела, чтобы оно отступилось от своих желаний. И этим путем можно «приобрести» слияние с Творцом и желание доставлять Ему удовольствие.

Чем больше человек осознает величие «Рава», тем больше это дает ему сил идти дальше, к этапу «приобрети себе друга». Насколько человек больше чувствует величие «Рава», настолько он будет больше требовать от своего тела, чтобы оно отказалось от своих желаний. Все это нужно для того, чтобы человек мог слиться с «Равом». Человек должен понять, что Он может сделать все и поступиться всем, лишь бы достичь слияния с Творцом.

Получается, что если человек видит, что он не в силах преодолеть желания своего тела, то есть он считает, что он человек слабохарактерный, то это неправда. На самом деле этот человек еще не осознает величие «Рава», то есть он не понимает важности власти Духовного над собой, поэтому у него и нет сил для преодоления. Когда же он поймет всю важность этого, то это даст ему силы отказаться от желаний тела и приобрести то, чего хочет он, то есть слияния с Творцом.

Например, человек очень устал и пошел спать. В три часа его будят и говорят: «Иди, учи Тору». Разумеется, человек скажет, что у него нет сил встать. А если он чувствует слабость, и его температура немного повышена, то тем более у него не будет сил встать. Но если этого же человека, который очень устал, больного, с повышенной температурой, разбудить ночью и сказать, что его дом горит, то он немедленно вскочит на ноги. При этом он не будет причитать, что у него нет сил, что он болен и т.д., а сразу бросится тушить пожар. Даже если человек очень болен, он приложит в данном случае все силы, чтобы спасти себя, родных и имущество.

Поэтому человек, который действительно пытается «сделать себе рава» и верит, что от этого зависит его жизнь, может преодолеть все препоны, возникающие на его пути. Чем больше он будет чувствовать, что это его жизнь, тем больше будет у него сил бороться с препятствиями.

Согласно вышесказанному получается, что все служение человека Творцу (изучение Торы, молитвы) на данном этапе должно сконцентрироваться на осознании величия и важности «Рава». Нужно много и усердно молиться для этого. И это называется «поднимать» Высшее Царство, которое находится во «прахе». На земле Ему не придают должного значения.

А что делают с ненужной вещью? Выбрасывают ее в прах. Поэтому, первым делом, человек, который хочет духовно развиваться, должен поднять Присутствие Творца (Шхину) из «праха». Это значит, что он должен правильно оценить величие этого и значимость. А для того, чтобы возвеличить, он должен молиться, и тогда у человека появятся силы правильно оценить Шхину.

Исходя из вышесказанного, мы можем понять смысл слов: «Итак, дай почет, Создатель, народу Своему», которые мы говорим в молитве на Рош а-Шана. На первый взгляд трудно понять, как можно просить у Творца почет для себя. Ведь мудрецы сказали (Авот, 14), что нужно быть скромными. Как же мы можем просить почет? Дело в том, что эти слова нужно понимать так: «Итак, дай ощутить почет к Тебе, народу Твоему».

Это значит, что у нас не хватает истинного уважения к Творцу, ведь «Город Творца низведен до преисподней..», и это называется «Шхина во прахе». Мы не прикладываем должных усилий, чтобы «сделать себе рава». Поэтому в Рош а-Шана, – а именно это время для принятия на себя власти Управления Творца, – мы просим у Создателя, чтобы он дал нам ощутить Свое Величие.

Когда народ Израиля почувствует истинное уважение к Творцу, тогда он сможет учить Тору и соблюдать заповеди во всей полноте. Потому, что нам не хватает лишь осознания важности и величия дела слияния с Создателем. И не найдется ни одного человека в мире, который бы предпочел смерть Жизни. Если, конечно, он чувствует, что может наслаждаться жизнью.

Если же человек не чувствует вкуса жизни, то он может выбрать и смерть. Потому что человек не способен терпеть страдания, так как это противоречит Цели Творения, которая, как известно, заключается в том, чтобы насладить творения, то есть чтобы они наслаждались жизнью.

Поэтому, когда человек не видит ничего хорошего в жизни и не надеется на перемены к лучшему, он кончает жизнь самоубийством, потому что у него нет цели в жизни. Итак, нам не хватает только понятия «сделай себе рава», то есть чтобы у нас было ощущение величия Творца. Когда у нас появится это чувство, то мы все сможем достигнуть цели – слиться с Ним.

Объясним теперь высказывание Йешуа бен Парахия (Авот 14), который сказал три вещи:
1. сделай себе рава;
2. приобрети себе друга;
3. оценивай каждого человека в лучшую сторону – с точки зрения любви к товарищам.

Ветвь и корень
Статья 2, 1985

Понятия «ветвь» – следствие и «корень» – причина: Эрец Исраэль является ветвью сферы малхут. Малхут называется «сосуд», который создан Творцом для получения блага – света, которым Творец задумал, желает насладить творения.

Изначально Творцом создано желание получать только ради себя, только ради собственной выгоды. Затем произошло исправление – получать в такой сосуд, в такое желание – запрещено. Вслед за этим было сделано следующее исправление – условие, при котором сосуд может получать свет, желание может наполняться наслаждением. Это стало возможно при условии намерения насладиться ради дающего, то есть намерения дать (наслаждение), насладить, а не насладиться самому, намерение получить наслаждение, но не ради себя, не для себя.

Это исправление необходимо для нейтрализации чувства стыда, возникающего у того, кто получает незаслуженное им. Это ощущение стыда настолько самоунижает творение, что оно предпочитает не получать вообще. Чувство стыда, возникающее при получении, обращает приходящее наслаждение в боль, унижение, страдание.

Но после исправления этого намерения, если творение наслаждается только ради дающего, оно может получать благо без малейшего стыда, ведь получает не для себя, а ради Дающего – Творца, доставляя Ему этим удовольствие, и только поэтому.

Если творения получают ради себя, то есть ради собственной выгоды, они вынуждены получать лишь ограниченное количество блага, так как они испытывают стыд, и получают только самое необходимое. Потому что на необходимое для существования нет стыда. Ведь творение не виновато в том, что обязано дышать, есть, спать.

Но получение кроме необходимого вызывает стыд. Поэтому такое получение от Творца ограничено. Творец же желал создать творение получающим безгранично. Поэтому и создал «Сокращение» и «Экран» – дабы творения смогли получать не ради себя, не испытывая таким образом стыд, а потому – безгранично.

Это творение, на котором произошли исправления, «установка» сокращения и «экрана», называется малхут. Все созданное, все в мироздании кроме Творца – это малхут или ее отдельные части. От этой малхут, малхут мира бесконечности, вниз, в мир Ацилут нисходит ветвь, называемая малхут мира Ацилут, называемая «Эрэц» (земля). «Эрэц» – от слова «рацон» – желание.

Она называется «Святая Земля», святое желание, потому что здесь, в Святой Земле, есть специальные исправления на нее – заповеди, связанные с землёй, которые необходимо соблюдать только в Исраэль, в желании, устремленном к Творцу (Исраэль от слов «Яшар Эль» – прямо к Творцу), но не в других странах, не в иных желаниях.

Существуют также свои духовные корни для земель (желаний), находящихся вокруг Исраэль: Заиордании, Сирии, Вавилонии, Ливана и для всех вместе взятых остальных стран. (см. «Талмуд Эсер а-Сфирот», часть 16).

Итак, «святое место» находится именно в Святой Земле, то есть в Земле Израиля, после того как она была освящена, исправлена альтруистическом намерением. До того же, как народ Израиля (намерение «ради Творца») пришёл в эту землю (соединился с первоначальным эгоистическим желанием), здесь жили 7 народов (7 эгоистических желаний, называемых «Гои»).

Если говорить в понятиях «корень – ветвь», то корнями этих 7 народов были 7 сфирот из нечистой эгоистической системы, которая противоположна альтруистической системе святости. Это означает, что эти народы, желания, происходят из системы, где малхут не имеет экрана, который меняет намерение «самонасладиться» на намерение «насладить».

Сначала пришли 7 народов, которые относятся к малхут, 7 желаний, которые составляют общее эгоистическое желание – малхут, которая ещё не поставила себе масах, то есть до того, как она начала свое исправление. А затем произошло ее исправление – на нее, на ее желания, появился экран, альтруистическое намерение на то же желание, как сказано, что пришёл Израиль и захватил эту землю.

То же происходит и в сердце человека: вначале там поселяется «йецер-ра» (плохое желание – желание получать только для себя), а затем его вытесняет «йецер а-тов» (хорошее, доброе желание – желание получать только ради Творца).

Но всё же существует разница между сердцем человека и Землёй Израиля, хотя обе эти ветви исходят из одного корня – малхут. Есть внешняя и внутренняя сторона в каждом духовном объекте. Внутренней стороной «Земли Израиля» является власть Творца. Его внешней стороной – собственно земля, территория Земли Израиля, то есть физическое понятие.

Поэтому, чтобы удостоиться уровня «Власть Творца», то есть Земли Израиля, совершенно не обязательно находиться на территории Израиля. Как известно, многие величайшие еврейские мудрецы постигли Творца и удостоились слияния с Ним (явления Шхины), находясь за пределами Земли Израиля.

И наоборот, живущие на Земле Израиля, могут быть закоренелыми грешниками, и Святая Земля никак не воздействует на них, не заставляет их исправляться – учить Тору и соблюдать Заповеди. Это значит, что внешняя сторона духовного объекта не может оказывать влияния на внутреннюю сторону. То есть внешняя сторона Земли Израиля (как территория) не влияет напрямую на сердце человека (внутренняя сторона этого объекта).

Но иногда внешняя сторона влияет на внутреннюю. Например, нельзя говорить «Кадиш», если нет миньяна, то есть 10 взрослых евреев в одном месте. Причем, если есть 10 простых (неученых) евреев, они могут говорить «Кадиш», читать свиток Торы и т.д., а девять праведников – нет. Потому что Заповеди касаются внешней, а не внутренней стороны.

В «Предисловии к Книге Зоар», п. 69, сказано, что запрещено спорить с еврейскими мудрецами, жившими в древности, в вопросах «открытой» Торы. Потому что во всём, что касается практического выполнения заповедей, они сделали неизмеримо больше, чем последующие поколения, включая наше.

Уровень практического исполнения исходит из сосудов – сфирот, которые являются внешними относительно света, находящегося в них. Свет же является внутренней частью духовной системы.

Тайны Торы и внутренний, скрытый смысл каждой Заповеди, духовного действия, исходят из света, наполняющего сфиру. Отсюда, открытая часть Торы, то есть её практическая часть, относится к внешней стороне духовной системы.

Поэтому практически существуют Заповеди, которые можно соблюдать только на территории Земли Израиля. Например, Храм можно строить только в Земле Израиля. Но с точки зрения внутренней стороны, то есть когда идёт речь о сердце человека, человек не обязан быть на территории Земли Израиля, несмотря на то, что у них есть общий корень – малхут (называемая Земля Израиля).

Но есть единицы, особые личности, которые стремятся объединить внешнюю и внутреннюю стороны – это они могут сделать, только находясь на территории Эрец Исраэль.

Существуют три понятия: «мир» – место, «год» – время, «душа» – обитатель мира, находящийся в определённом месте в определенное время. Чтобы объединить эти три понятия, необходимо выполнить все три условия одновременно. Это означает, что должно быть определённое место – «мир» (например, Святая Святых в Храме), должно быть определённое время – «год» (например, Йом Кипур), и должна быть определённая «душа» (например, Коэн Гадоль, первосвященник). Только совместное сочетание этих трёх понятий может породить определённое духовное действие.

С внутренней же точки зрения, когда идёт речь о сердце человека, имеют в виду работу, направленную на выход из-под власти эгоизма, который называется «земля неевреев», «земля семи народов», достичь такого состояния желаний, чтобы человеком полностью управляла лишь любовь к Творцу – и это называется «ввести народ Израиля на территорию Эрец Исраэль» (то есть в своё сердце).

И тогда можно говорить о духовном понятии «день» и «ночь»: «день» – это внутреннее состояние человека, когда у него хорошее настроение и ничего не требует улучшения, как будто солнышко светит, и человеку ничего не нужно делать для того, чтобы оно продолжало светить. Человек лишь не должен «мешать» солнцу светить.

«Ночь» же – это состояние, когда человек должен что-то делать, чтобы у него был свет. Например, в материальном мире человек включает лампу или зажигает свечи. Если же человек ничего не будет делать, то есть не будет производить определённые «исправления», то и света у него не будет.

Правда и вера
Статья 3, 1985 г.

Правда и вера – два противоположных понятия. Мы видим, что в нашей молитве, которую постановили члены Великого Собрания, так же есть две противоположные вещи. С одной стороны порядок молитвы построен так, что ее нужно говорить именно в то время, когда у человека есть недостаток чего-либо. Еще мудрецы сказали, что молитва должна идти из глубины сердца, то есть чтобы недостаток ощущался всем сердцем.

Это значит, что в сердце не должно быть никакого, даже маленького участка, где была бы цельность, законченность, напротив – все сердце должно представлять собой недостаток. И чем этот недостаток больше, тем лучше принимается молитва.

В Книге Зоар говорится о трех молитвах: «Молитва Моше – такая молитва, что нет ей подобной в другом человеке; молитва Давида – молитва, которой нет у другого царя; и есть еще молитва бедняка. Какая же из них самая главная? Молитва бедняка – эта молитва важнее, чем молитвы Моше и Давида, и важнее всех остальных молитв, которые только есть в мире.

Каков же смысл этого? Сказано, что сердце бедного – разбито. А Творец, как известно, близок к тем, у кого разбито сердце. И бедняк всегда ссорится с Ним, а Творец внимательно слушает его слова.

Согласно Книге Зоар получается, что лучшая молитва именно у человека с разбитым сердцем, у которого ничего нет для оживления души, о таком состоянии и говорят, что молитва идет из глубины сердца. И эта молитва наиболее важная из всех молитв, которые только есть в мире, потому что у этого человека нет ничего такого, чтобы он мог сказать – у меня есть, а у другого нет, – и этот человек переполнен недостатками. И это время и место для истинной молитвы, рвущейся из глубины сердца. Это значит, чем больше недостаток, тем более существенна молитва.

Кроме собственно молитвы, то есть просьбы, мудрецы установили еще порядок хвалы и благодарения, которые находятся в противоречии с самой просьбой. Как принято во всем мире, если один человек делает другому что-то хорошее, то второй благодарит его, но объем благодарности всегда определяется количеством того хорошего, что было сделано.

Например, если один из товарищей помог второму так, что это составило половину дохода, то есть второму этого дохода хватило только на половину от необходимого для содержания дома. В этом случае его благодарность еще неполная. Но если один из товарищей не только полностью удовлетворил все потребности другого, но дал еще и больше, то, разумеется, второй будет его благодарить от всей души и всего сердца.

Согласно вышесказанному получается, что когда человек благодарит Творца и возносит Ему хвалу, и делает он это от всей души, то, разумеется, он должен видеть, что Творец удовлетворяет все его запросы, в противном случае его благодарность не будет иметь цельность.

Человек должен стараться увидеть, что все его недостатки восполнены Творцом. И только тогда человек может искренне благодарить Его, и именно это является тем служением, которое было постановлено мудрецами в молитвах.

Получается, что собственно молитва и просьба с одной стороны, и служение и восхваление с другой, находятся между собой в противоречии. Так как, собственно, молитва и просьба являются цельными, только когда человек буквально переполнен недостатками, желаниями. Все совершенно иначе, когда речь идет о служении и восхвалении – в это время у человека должны быть удовлетворены все желания, чтобы его благодарность была искренней.

И нужно понять, почему, в самом деле, мудрецы постановили именно такую последовательность молитв, какая была в этом необходимость и что дает нам этот порядок? И еще: как можно совместить эти две противоположности?

АРИ сказал: «В чреве женщины должны быть «двери», они нужны для того, чтобы не давать плоду выйти наружу до тех пор, пока он полностью не сформируется, а также у нее должна быть «сила», формирующая плод».

И объясняет смысл этого, что в материальном мире, если вследствие какого-либо нарушения в системе деторождения женщины у нее произошел выкидыш, то есть плод «вышел» наружу недоразвитым, то такой процесс нельзя назвать родами, так как плод не является жизнеспособным. Поэтому говорят, что произошел выкидыш, это значит, что не родился, а «упал» («был выкинут»).

Также и в духовных мирах. В «ибуре» – периоде развития духовного плода – есть два уровня:
1. собственно «ибур», то есть уровень «малого состояния», и это его истинная форма;
2. но состояние это считается недостаточным. А если в каком-либо месте в системе святости существует какой-нибудь недостаток, то это является зацепкой для темных, эгоистических сил. И тогда они могут привести к «выкидышу», то есть к состоянию «отчаяния», падения. Под «выкидышем» в духовных мирах имеют в виду духовный объект, падение которого происходит прежде того, как заканчивается процесс его развития.

Поэтому должна быть некая духовная сила, которая удерживала бы плод, отталкивая от него эгоистические силы, давая зародышу духовного ощущение совершенства, цельности, роста.

Но как можно дать рост плоду в период, когда он еще не может получить даже малое свое состояние, ведь у него еще нет подготовленных желаний, сосуда, в который он сможет получать, чтобы отдавать?

На это есть объяснение. Мудрецы говорят, что плод в чреве матери ест то, что его мать ест. Как сказано в трактате «Гитин»: «Плод является бедром матери», то есть пока плод находится в материнском чреве, он не является отдельной сущностью, поэтому он все необходимое получает от матери, то есть он все получает через материнские сосуды.

Поэтому если у плода еще нет желаний, в которые можно было бы получить «большое состояние», он все же может его получить с помощью желаний высшего духовного объекта, который является его «матерью», так как плод совершенно не проявляет собственные свои свойства и пока еще является лишь составной частью высшего духовного объекта.

И когда плод получает рост, он становится цельным, законченным. Теперь у темных сил уже нет зацепки, поэтому состояние роста называется удерживающей, тормозящей силой. И эта сила не дает духовному плоду «выпасть», подобно тому, как в материальном мире мать старается сберечь своего ребенка, которого она носит под сердцем, чтобы с ним что-либо не произошло.

Из вышесказанного следует, что в духовной работе человека есть два состояния. Первое – истинное состояние, в котором находится человек, то есть малое. В этом состоянии все, что он думает и делает, воспринимается им как всего лишь состояние незначительности, малости. Человек начинает ощущать его в то время, когда он хочет идти по пути Истины, то есть путем духовной работы. Тогда он начинает видеть, как он далек от понятия желания отдавать, что не в его силах сделать какое-либо действие, чтобы отдать. И это называется уровнем правды, то есть это истинное состояние, в котором он находится.

Как уже было сказано, во время малого состояния у клипот есть зацепка за того, кто находится в этом состоянии, и они могут вызвать «выкидыш». Получается, что человек, который начал идти по пути Истины, находится в состоянии духовного зарождения, и эгоистические силы, действующие на него, могут спровоцировать «выкидыш». Это значит, что человек может упасть с духовной ступени, на которой он находится. Если это произошло, то человек должен снова начинать свою духовную работу, как будто он и не начинал служить Творцу.

Поэтому и существует сила, которая защищает духовный «плод» от выпадения наружу. Человек должен иметь ощущение цельности и совершенства, то есть он должен чувствовать, что у него нет никакого недостатка в духовной работе, что он сейчас близок к Создателю, что есть у него полное слияние с Ним. И никто не может сказать ему, что у него нет продвижения в служении Творцу.

В противном случае получается, что человек зря старается, что он не пригоден для служения Творцу, и поэтому он должен не высовываться, а идти, как все. И зачем этот человек поднимает суматоху тем, что он хочет находиться на более высокой ступени, чем общая масса? К тому же он совершенно не получает удовлетворения от своей духовной работы.

Это дает тебе силы, чтобы ты смог получить мысли и желания, которые должны вывести тебя из служения общей массе, чтобы ты шел дальше к Истине, и верно, что это называется «правда». Тем не менее, ты видишь, что хотя ты хочешь идти по пути Истины, ты не готов к этому или вследствие недостатка способностей, или из-за недостаточной силы преодоления своей натуры, чьей основой является эгоизм. Поэтому оставь эту духовную работу и вернись к состоянию общей массы людей, не зазнавайся, а сверни лучше с этого пути.

И чтобы человек не попал под власть этих рассуждений, ему нужна сдерживающая сила то есть, он должен верить верой выше знания в то, что он начал продвигаться по пути Истины, и что это очень большой и важный успех. И нет у него возможности оценить важность того, что он начал идти по этому пути. Потому что для этого нужно исправленное желание, заполненное светом Творца.

Но это все относится к тому периоду, когда речь шла о желаниях высшего духовного объекта, то есть Творец знает, когда данный человек должен почувствовать свое слияние с Ним. В своих же собственных желаниях человек чувствует себя гораздо хуже, чем было раньше, когда он шел по обычному пути, подобно всем остальным, когда он чувствовал каждый день, что он что-то добавляет в соблюдении Торы и Заповедей. Сейчас же, когда человек начал идти по своему собственному пути, то есть все время взвешивать, сколько действий он может сделать во Имя Творца, насколько он может избавиться от эгоизма, в этот период все выглядит совершенно иначе.

И тогда он, в зависимости от того, насколько приблизился к Истине, начинает сознавать правду, а она заключается в том, что человек не может выйти из-под власти эгоизма. Тем не менее, используя желания высшего, то есть верой выше знания, человек может поднять себя и сказать: «Мне очень важно, что я даю Творцу, и я хочу, чтобы Создатель приблизил меня к Себе. Я уверен, что Творец знает, когда наступит мое время, чтобы я почувствовал, что Он приблизил меня. А пока я верю, что Творец знает, что хорошо для меня.

Я должен верить, что Творец относится ко мне свойством «Добра и Творящего добро». И если я верю в это, то Он даст мне знак, чтобы мог я благодарить и восхвалять Творца».

И разумеется, мы должны понимать, что это для нашей же пользы, что именно с помощью веры мы сможем достичь цели – получать, для того чтобы отдавать. Творец мог бы вести нас не с помощью веры, а с помощью знания, тем не менее это не так.

И сейчас пришло время понять ответ на вопрос, который мы задали в начале. Зачем нужны два понятия, находящиеся в противоречии? С одной стороны, мы должны идти по пути правды, то есть осознавать наше действительное состояние, в котором мы чувствуем, что не удаляемся от эгоизма и не приближаемся к любви к ближнему.

Мы видим, что пока духовность не очень важна нам. Мы чувствуем, что у нас есть большой недостаток. Мы сожалеем об этом, нам больно от того, что мы так далеки от Творца. И это все называется правдой, это значит, что мы ощущаем наше состояние согласно нашим же органам восприятия, нашим чувствам.

Еще нам дан путь веры выше знания, то есть не считаться с нашими чувствами и познаниями. Как говорится, «глаза их не видят, уши их не слышат», то есть нужно верить, что Творец наблюдает за нами, и Он знает, что хорошо для нас, а что плохо. Поэтому Творец хочет, чтобы я ощущал свое состояние так, как я его ощущаю. И лично мне не важно, как я ощущаю себя, потому что я хочу доставлять удовольствие Творцу.

Поэтому главное, что я должен делать – это служить во Имя Творца. И хотя я чувствую, что нет никакого совершенства в моей работе, тем не менее в восприятии Высшего, то есть со стороны Высшего, я нахожусь в состоянии совершенства. Поэтому у меня есть право служить Царю, пусть даже на самой маленькой должности. Я рассматриваю это как большую заслугу, что Творец дал мне возможность немного приблизиться к Нему.

Итак, сейчас мы можем понять, что такое правда и вера. Правда – это когда человек видит свое истинное положение, и поэтому есть у него возможность для искренней молитвы, потому что тогда у него есть ощущение недостатка, который нужно заполнить. Поэтому человек может молиться Творцу и просить, чтобы Он восполнил его недостаток, и тогда он может подниматься по ступеням Святости. Вера – это уровень цельности, совершенства, который дает человеку возможность искренне благодарить и восхвалять Создателя, и тогда он может быть рад.

Вот родословная Ноаха
Статья 4, 1985 г.

«Вот родословная Ноаха, Ноаха, мужа праведного, невинен был он в своих поколениях, с Творцом ходил Ноах» (Берешит 6, 9).

Толкование РАШИ: «Это учит, что главное в родословной праведников – их благие дела». РАШИ объясняет: когда говорится «вот родословная Ноаха», не называются имена его сыновей, ведь казалось бы, должен перечислить имена его сыновей, то есть Шема, Хама и Йефета. Но тогда почему он говорит: «вот родословная Ноаха, мужа праведного»? – потому что главное в родословной праведников – их благие дела.

«В своих поколениях». Толкование РАШИ: «Некоторые мудрецы считают, что это похвала, то есть, хотя он жил в поколении праведников, был он большим праведником. Другие считают, что это порицание – если бы он жил в поколении Авраама, его бы ни во что не ставили».

«С Творцом ходил Ноах». Толкование РАШИ: «А Авраам говорит о Творце: Тот, пред Кем я шел. Ноах нуждался в помощи для поддержки, тогда как Авраам укреплялся в своей праведности самостоятельно».

Для того, чтобы понять все, о чем здесь говорится, с точки зрения духовной работы, надо знать, что отец и сын, так же, как праотцы и потомки – это причина и следствие. Ибо так заведено в мире, что совершая какое-нибудь действие, человек уверен, что от этого действия что-то произойдет. Например, если человек собирается работать на заводе, он хочет вследствие этого получить зарплату на пропитание. То есть «отец» в данном случае – это усилия, а сын или порождение – это зарплата. Или человек, изучающий какую-нибудь науку, желает заслужить звания мудреца. Так и все, что человек делает, направлено на то, чтобы увидеть следствие своих дел. Посему человек, занимающийся Торой и Заповедями, конечно же хочет, чтобы произошло желательное для него следствие от его дел.

В Книге Зоар («Предисловие к Книге Зоар п.190) сказано: «Есть три категории страха. Две из них не имеют достойного корня, и лишь одна является корнем страха. Бывают люди, которые боятся Творца, чтобы жили их дети, боятся наказания своему телу, за свое богатство. Страх, которым боится такой человек, не относится к корню, ибо корень тут – эгоизм, а страх – производное от него.

А бывают люди, которые боятся Творца из-за страха наказания в Будущем Мире и наказаний в аду. Два этих вида страха – страх наказания в Этом Мире и страх наказания в Будущем Мире – не главное в страхе и не его корень. Как сказано в п.191, что главный вид страха – это когда человек боится своего Творца, потому что Он велик и управляет всем, Он – главное и Он – корень всех миров, и все ничто пред Ним.

Утруждая себя работой, называемой «отцом», человек хочет видеть ее порождение, называемое «плодом дел его». Следует различать три вида порождений:

1. оплата в этом мире, то есть, чтобы безбедно жили дети этого человека, чтобы он преуспевал в своем деле и т.п.;
2. оплата в Будущем Мире;
3. «потому что Он велик и всем управляет» – то есть все порождение, на которое человек рассчитывает, заключается в том, что он сможет доставить наслаждение Творцу.

Отсюда следует, что существует следствие поступков человека, следствие, называемое добрыми делами. Добрым делом называется давать наслаждение Творцу, как сказано в Псалмах (Теилим, 45): «Шорохи сердца моего – добрые дела, о которых я говорю Царю».

То есть человек хочет, чтобы все его дела были ради Творца, и тогда это называется «добрыми делами», а для собственной пользы ему не надо никакой платы. Вся плата, на которую он рассчитывает, – это иметь возможность совершать дела, приносящие наслаждение Творцу, без платы за его собственные труды.

Таким образом, его плата в том, чтобы ему дали этот подарок, эту способность совершать дела только лишь ради Творца, и не было бы к ней примешано намерение ради себя самого. Это его плата, за которую он занимается Торой и Заповедями. И это те хорошие дела, которые он надеется совершить, как оплату за свой труд. И об этом именно сказано (Талмуд, Трактат «Кидушин», 30): «Я создал злое начало и создал Тору, как приправу к нему».

Каковы же, исходя из этого, порождения праведников? Только лишь добрые дела. То есть то производное, которое следует из причины, где причина – занятия Торой и Заповедями, у всех прочих людей будет оплата в Этом или в Будущем Мирах, тогда как у праведников – одни лишь добрые дела. И это вся плата, на которую они рассчитывают – способность доставлять наслаждение Творцу.

Поэтому РАШИ говорит, что главное «родословие» праведников – это их благие дела, что все их дела будут ради того, чтобы доставлять наслаждение Творцу.

Но нужно понять, что же РАШИ называет «главным порождением праведников», что же тогда у них является второстепенным, чего нельзя назвать главным?

Есть дело и знание. Понимание – то, что находится «внутри знания» – это то, почему тело тоже согласно заниматься Торой и Заповедями. Ибо, достигнув уровня «ради Творца» («лишма»), человек удостоится света жизни, скрытого в Торе и Заповедях.

Это называется категорией «понимание», когда и тело понимает, что стоит работать ради Творца. Как говорит раби Меир (трактат «Авот», гл. 6): «Всякий занимающийся Торой ради Творца («лишма»), удостаивается многого: он оправдывает существование всего мира, и раскрываются ему тайны Торы».

Но все то, что обычный человек достигает, занимаясь Торой ради Творца, для праведников не является главным, то есть не в этом было их намерение, когда занимались они Торой и Заповедями. Главное для них – это добрые дела, то есть доставить наслаждение Творцу. К этому они стремятся – достичь уровня, когда дела выше разума, а совсем не к тому, чтобы их порождением было понимание или знание. Одни лишь дела были в их намерении. И поэтому РАШИ пишет: «Это учит нас, что главное порождение праведников – их благие дела».

Теперь мы можем объяснить толкование РАШИ выражения «в своих поколениях»: «Некоторые мудрецы считают, что это похвала, то есть, хотя жил в поколении праведников, был он большим праведником. Другие считают это порицанием: если бы он жил в поколении Авраама, его бы ни во что не ставили».

«В своих поколениях» означает два различных поколения, то есть принадлежит ли человек к поколению грешников или праведников, в нем все равно есть высшие свойства и качества, за которые он должен благодарить Творца и восхвалять Его.

Иначе говоря, человек, находящийся в состоянии грешных желаний и мыслей, должен приложить большое усилие, чтобы пересилить аргументы грешников, сверлящие его мозг известными вопросами «кто?» и «что?».

И тут у человека нет другого способа пересилить их, кроме как силой веры выше разума. И это называется, что он разрешает аргументы грешников не ответом в рамках разума, ибо лишь силой веры выше разума можно победить их.

И это называется категорией «дела», то есть без вмешательства рассудка, и это означает, что «совершивший одну Заповедь удостаивается перевесить себя и весь мир на положительную сторону» (Трактат «Кидушин», 40), ибо лишь делом можно победить аргументы грешников, а не рассудком или разумением.

А посему поколение Ноаха, то есть поколение грешников, «можно истолковать как похвалу», ибо в таком случае на него была возложена главная тяжесть работы. «А можно истолковать как порицание» – ибо, в конце концов, он принадлежит поколению грешников, то есть у него есть дурные мысли, не достойные быть в уме и в сердце того, кто служит Творцу.

Так же и о поколении Авраама, то есть о поколении праведников можно сказать, что у него есть хорошие мысли праведников, то есть в его уме и сердце живет лишь одно желание – доставить наслаждение Творцу, в то время как мысли и желания грешников ни разу не приходили ни в его ум, ни в его сердце.

Но по поводу человека, принадлежащего к поколению праведников, «можно истолковать как похвалу» – то есть если бы Ноах находился в этом состоянии, среди праведников, если сравнить силу преодоления эгоизма, какая была у него среди поколения грешников, и то ощущение, которое у него было, с тем, какое он испытывает теперь, – ощущение приятности и сладости Торы – очевидно, что время поколения Ноаха – поколения грешников – не ставится ни во что, ибо тогда он не ощущал такого наслаждения и блага, как он ощущает в поколении праведников.

Тем не менее, с точки зрения духовной работы, находясь в поколении грешников, он имел большие возможности для работы. Получается, что поколение Ноаха важно тем, что он имеет возможность делать дела, а главное порождение праведников – это их благие дела.

«С Творцом ходил Ноах». Толкование РАШИ: «Авраам говорит о Творце: "Тот, пред Кем я шел". Ноах нуждался в поддержке, тогда как Авраам укреплялся в своей праведности самостоятельно».

Как известно, у человека есть два типа сосудов («килим») – получающие и отдающие, причем отдающие сосуды относятся к Творцу, ибо лишь Он может давать, а получающие сосуды относят к творению, которое получает.

При этом получающие сосуды, относимые к творению, «находятся» прежде отдающих сосудов. На языке каббалы отдающие сосуды называются «кетер, хохма и ГАР де-бина», а ниже их находятся получающие сосуды, называемые «ЗАТ де-бина, Зеир Анпин и малхут».

Отсюда выходит, что отдающие сосуды называются «с Творцом ходил Ноах», то есть в смысле отдающих сосудов, тех, которые мы относим к Творцу, он был в состоянии пребывать (ходить) в святости, то есть ради Творца. И поэтому сказано: «Ноах нуждался в помощи для поддержки», ибо отдающие сосуды даются свыше, а это и значит, что Ноах нуждался в помощи для поддержки. То есть высший (парцуф) побуждал его к работе, что называется «пробуждением сверху» (этарута де-леэла).

Таким образом, у него есть отдающие сосуды, которые он заработал с помощью «этарута де-леэла», что и означает, что Ноах нуждается в поддержке, которая приходит свыше. И это была ступень Ноаха.

В то же время Авраам не нуждался в помощи для поддержки. РАШИ выводит это из выражения «пред Кем я шел», что означает, что Авраам использовал получающие сосуды («ходил с ними»), которые предваряют отдающие сосуды. Ибо отдающие сосуды – кетер, хохма и ГАР де-бина – стоят выше, а ниже них находятся получающие сосуды – ЗАТ де-бина и ЗОН.

И поскольку Авраам использовал сосуды, которые «перед ним», то есть перед отдающими сосудами – использовал получающие сосуды, относящиеся не к Творцу, а к творению, поэтому использование получающих сосудов мы называем пробуждением снизу «этарута дэ-летата» – пробуждение со стороны нижнего.

И это называется, что «Авраам не нуждался в помощи для поддержки», ибо он использовал получающие сосуды и с их помощью служил Творцу. В то время как о Ноахе сказано, что «с Творцом ходил Ноах», то есть с отдающими сосудами, сосудами Творца. А эти сосуды даются Творцом.

«Уйди из земли твоей»
Статья 5 1985 г.

«Уйди из земли твоей, и из родни твоей, и из дома отца твоего в землю, которую я укажу тебе» (Берешит). Это не соответствует обычному порядку вещей, потому что сначала человек выходит из дома отца, потом из родни своей, лишь потом – из своей земли. Такой вопрос задают комментаторы.

Теперь объясним, что это значит с точки зрения духовной работы. Слово «арцеха» («земля твоя») похоже на слово «рацон» (желание), как сказали мудрецы: «Произрастит земля зелень, с радостью выполняя желание Творца». Поэтому слова «уйди из земли твоей» следует понимать так: «выйди из-под власти своего желания». Какого желания? Того, с которым человек рождается – с желанием получать удовольствие для себя, то есть с эгоизмом.

Объясним теперь значение слов «из родни твоей». Следует отметить, что понятия отец и потомство можно рассматривать как причина и следствие. Потому что потомство происходит из «капли, которая в мозге отца», о чем мы говорили в предыдущих статьях. Это значит, что человек старается, прикладывает усилия в работе, чтобы получить оплату, и эти старания «порождают» оплату. Если бы не желание получить оплату, то он не прикладывал бы никаких усилий. Согласно этому получается, что человек соблюдает Тору и Заповеди, чтобы родить сына, имя которому – оплата.

Мы уже говорили о том, что есть 2 вида оплаты: первая, это оплата в этом мире, а вторая – оплата в грядущем мире. Сказано в Книге Зоар, что эти два вида не являются главными. И объясняется это в комментарии «Сулам», что эти два вида оплаты основываются на эгоизме, который называется желанием получать для себя.

Согласно этому получается, что если человек прикладывает усилия в Торе и заповедях ради того, чтобы получить оплату, которая бы удовлетворила его желание получать, то, следовательно, и отец (усилия), и потомство (оплата) основываются на эгоизме, то есть на желании получать. Это значит, что «капля в мозге отца» (старания), уже с самого начала действовала под властью эгоизма, и оплата (потомство), тоже остается под властью эгоизма.

Итак, слова «уйди из земли твоей» означают «выйди из-под власти желания получать», а слова «и из родни твоей» означают: «отдались от потомства дома твоего отца», то есть от оплаты, которую «породило» старание и которая тоже основывается на желании получать, на эгоизме. От всего этого следует отдалиться.

«В землю, которую Я укажу тебе». Здесь под словом «земля» тоже подразумевается желание, но уже другое желание – желание отдавать. Слова же «которую Я укажу тебе» означают, что Творец лично сделает это. А на желание получать налагается сокращение и сокрытие, и там наступает тьма и полное отделение от Жизни Жизней.

Когда у человека есть только желание получать, то Творец не «может» открыться ему. Если же у человека есть желание отдавать, которое называется единением свойств, то Творец открывается ему, минуя сокращение и сокрытие.

«И сделаю тебя великим народом». В Мидраше написано: «Сказал раби Леви: когда Авраам был в Арам Наарайм (Арамейское Междуречье) и увидел их легкомысленными, едящими и пьющими, то он сказал, что хорошо бы, чтоб не было у меня даже части земли этой. А когда он прибыл в «Сульма шель Цур», и увидел их, пропалывающих во время прополки, и копающих во время копания, то он сказал, что хорошо бы получить эту землю. И сказал ему Создатель: «Потомству твоему отдал Я землю эту».

Нужно понять, что означают эти слова с точки зрения духовной работы. Как уже было сказано, земля означает желание. Буквы слова «беарам» (в Арам) такие же, как и слова Аврам (первое имя Авраама). Слово «наарайм» сходно со словом «наор» (свет на арамейском). Авраам видел, что желание жителей Арам Наарайм – получать свет.

И это называется «едят и пьют», то есть их намерение – получить оплату. Поэтому Авраам сказал, что он не хочет иметь даже часть этой земли, это значит, что он не хотел иметь такое желание, так как все их помыслы были только получить оплату, духовная работа совсем их не интересовала.

Слово Цур сходно со словом Цар (узкий, неприятный), то есть у жителей того места были неприятности в работе. Авраам увидел, что они находятся на «Сульма» – это значит «сулам» – лестница, которая стоит на земле, а ее верхушка достигает небес.

«И увидел Авраам, что жители этого места пропалывают во время прополки и копают во время копания». Это значит, что все их мысли были подчинены духовной работе, они очень следили за тем, чтобы их духовная работа хорошо выполнялась, то есть они следили за тем, чтобы их желания, куда должен поступать свет, были в порядке – исправлены, а о плодах своей работы, то есть об оплате, они не заботились.

Из того, что сказано, что они пропалывали во время прополки, а копали во время копания, следует, что они тщательно следили за порядком работ. И Авраам, увидев это, сказал, что хорошо бы иметь часть земли этой. То есть иметь такое желание, заботиться о том, чтобы духовная работа была в порядке, и не интересоваться ее плодами.

Сказано, что Творец сам позаботится о нашей оплате, и не наше это дело думать о ней. Мы же должны думать о том, как бы еще хоть немного увеличить нашу духовную работу. И именно это – наша великая привилегия.

Снова вернемся к словам: «И сделаю тебя великим народом». На иврите «великий» – это «гадоль». А, как известно, «гадлут» (состояние роста, совершенства) зависит от действия. С помощью веры выше знания люди получают совершенство. Но свет, который они получают в результате своей духовной работы, не берется в расчет, потому что свет относится к уровню сокрытия. Свет создается Творцом, и Он распоряжается им так, как считает нужным. И люди не просят у Него свет, потому что это не является их целью.

У них лишь одна цель – доставлять удовольствие Создателю, не требуя ничего взамен, так как вся их оплата – это привилегия служить Царю. И неважно им, какую именно службу они выполняют, главное – это возможность доставить удовольствие Царю.

Немногие хотят делать духовную работу, основываясь на вере выше знания. Все считают эту работу низкой, эта работа рассматривается как уровень «изгнание», но люди, которые действительно хотят доставить удовольствие Творцу, выбирают именно этот вид служения. Большинство же хотят служить Ему для того, чтобы получить свет (удовольствие) от Него, то есть ради оплаты.

Итак, слова: «И сделаю тебя великим народом» следует понимать так, что главное – это действие, а не свет. Это значит, что главное в нашем служении – это любовь к ближнему, и не нужно думать о своей выгоде. Тот же, кто «увидел» лицо Шхины (Божественного присутствия), разумеется, получает больше удовольствия и для тела от служения с любовью к ближнему.

Поэтому, когда Творец сказал Аврааму: «И сделаю тебя великим народом», имелось в виду, что главное в величии – это действие, то есть чтобы человек был уверен, что его не интересует результат работы, прибыль. Самым большим достижением будет то, что он удостоился «увидеть лицо» Шхины. В любом случае он выбрал для себя именно практическое действие, то есть его не интересует оплата за проделанную работу, а он весь поглощен исполнением самой работы.

Это значит, что это действительно великое дело – отказаться от оплаты за работу и поставить себя в такие условия, чтобы сама работа стала оплатой. Весь мир же ведет себя совершенно по-другому, то есть все прикладывают усилия только для того, чтобы получить оплату. Теперь мы можем понять, что величие, о котором говорит Творец, заключается именно в том, что для нас сама работа, само служение Ему является оплатой.

«И открылся ему Творец в Алоней Мамре»
Статья 6 1985 г.

«И открылся ему Творец в Алоней Мамре». РАШИ объясняет: «То, что дал Аврааму совет об обрезании, означает, что открылся ему частично». Сказано в Книге Зоар: «И открылся ему Творец в Алоней Мамре. Почему в Алоней Мамре, а не в другом месте? Потому что Мамре дал ему совет об обрезании. Так как, когда Творец указал Аврааму сделать обрезание, пошел Авраам советоваться со своими друзьями. Сказал ему Анар: «Тебе уже больше девяноста лет, и ты подвергнешь себя страданиям!» Сказал ему Мамре: «Вспомни тот день, когда бросили тебя халдеи в горящую печь. И тот голод, что прошел по миру, как написано: и был голод в земле и пошел Авраам в Египет. И тех царей, за которыми гнались твои люди и одолели их. Творец спас тебя среди всех, и никто не может причинить тебе зла. Встань, выполни Заповедь твоего Господина». Сказал Творец Мамре: «Мамре, ты дал ему совет об обрезании, и Я явлюсь ему только в твоем чертоге».

Но как можно сказать, что Творец повелел Аврааму сделать обрезание, а он пошел советоваться с друзьями, стоит ли выполнять повеление Творца, как такое может быть?

Следует толковать это в аспекте внутренней работы: когда сказал ему Творец обрезаться, он пошел советоваться со своими друзьями, то есть со своим эгоизмом. Так как эгоизм должен совершить это действие, он спросил свой эгоизм: согласен ли тот на это или он считает, что не нужно слушать повеление Творца? Потому что в эгоизме находятся эти друзья человека, которые являются желаниями, связанными вместе в эгоизме, – их он должен спросить, так как они должны выполнить повеление Творца. И когда он узнает их мнение, он будет знать, что делать.

И следует знать, что в эгоизме есть три души. Как сказано в Книге Зоар: «Сказал рабби Юда, что три метода управления есть в человеке: управление мудростью и разумом – это сила святой души. И управление вожделением, все плохие страсти и вожделения – это сила вожделения. И управление, руководящее человеком и укрепляющее эгоизм, – оно зовется душой эгоизма».

Эти три управления называются друзьями Авраама, то есть находятся в нем. И Авраам пошел спрашивать их, каково их мнение, желая знать мнение каждого из друзей.

И Анар сказал ему: «Тебе ведь уже больше девяноста лет, и ты подвергнешь себя страданиям». Числовое значение слова «Анар» – 320, и оно указывает на 320 искр света. В этих 320 искрах света есть также примесь Малхут, называемой «каменное сердце», которое хочет получать только ради себя и суть которого – себялюбие. Поэтому сказал Анар Аврааму: «Тебе ведь уже больше девяноста лет, так неужели ты подвергнешь себя страданиям?» Это «каменное сердце», то есть вожделеющая душа, сказало ему: «Ты всегда должен стараться получить удовольствие и наслаждение, а не подвергать себя страданиям». Таким образом, он сказал ему, что не стоит слушать повеление Творца.

Мамре же сказал ему: «Вспомни тот день, когда бросили тебя халдеи в горящую печь». Иными словами: ты же видишь, что Творец поступает с тобой превыше разума, так как разум утверждает, что тот, кого бросили в горящую печь, – сгорит, а то, что ты спасся – это превыше того, что утверждает разум. Поэтому ты так же прими на себя Его свойства и тоже поступай превыше разума. И хотя с точки зрения разума правда с Анаром, ты поступай превыше разума».

А Эшколь – это душа эгоизма, как сказано, что он укрепляет эгоизм. Имя это происходит от ивритского слова «взвешивать», то есть он должен взвесить, с кем стоит объединиться: с вожделеющей душой, имя которой Анар, или с Мамре, который является «душой мудрости и разума и силой святой души», как сказано в Книге Зоар.

Мамре происходит от слов «неверный сын», потому что он не послушал Анара и сказал Аврааму, чтобы тот шел превыше разума. Поэтому сказано: «И явился ему Творец в Элоней Мамре». Так как именно в том месте, где идут превыше разума и собственного понимания, именно там проявляется Творец и удостаиваются Высшей Мудрости. Поэтому Мамре – это свойство человека работать выше разума, называемый душой Разума и Мудрости, так как именно там, где идут выше разума, проявляются Разум и Мудрость.

Таким образом, толкование того, что написано в Книге Зоар, что Авраам пошел советоваться с друзьями, оно будет следующим: друзья – собственные желания (эгоизм) Авраама, которые должны выполнить повеление Творца. Поэтому Авраам спросил у эгоизма его мнение, чтобы знать, что делать. То есть должен ли Авраам принудить его, или он согласен с тем, что говорит

Творец. И то, что сказано, что пошел советоваться со своими друзьями, имеются в виду три души, которые есть в его эгоизме, и они – его друзья, с которыми он всегда вместе.

Сказано в Мидраш Раба: «Сказал Авраам: до того как я обрезался, приходили ко мне проходящие и возвращающиеся, а как обрезался – не приходят ко мне. Сказал ему Творец: до того как ты обрезался, приходили люди необрезанные, а сейчас – Я и Моя свита являемся к тебе».

Здесь требуется пояснение. Авраам ведь не получил ответа на свой вопрос. Он спросил: «Почему сейчас не заходят ко мне проходящие». А какой ответ был дан? Вместо ответа на вопрос, почему они не приходят, он получил другой ответ: что раньше были необрезанные, а сейчас Творец является ему.

В аспекте внутренней работы: он сказал, что до обрезания порядок его работы был таков, что всегда приходили к нему состояния отдаления и приближения к Творцу, то есть у него были мысли, отдаляющие его от Творца, а потом приходили состояния возвращения к Творцу. То есть до обрезания порядок работы у него был таков, что были мысли, отдаляющие его от Творца, а потом было место для работы по приближению к Творцу, то есть возврата к Нему, и тогда он знал, что он отдалился от Творца. А теперь, после обрезания, нет места отдалению и приближению, и значит, нет места для работы.

Тогда сказал ему Творец: не стоит мучиться из-за этого, так как в конце концов твоя работа была работой людей необрезанных. То есть твоя работа не была чисто альтруистической, так как еще не смог ты сделать обрезание, то есть аннулировать свой эгоизм. И теперь тебе не надо расстраиваться, что нет работы того рода. Так как в конце концов, хотя тогда была работа человеческая и вроде бы возвышенная, с другой же стороны работа была внешняя, так как были необрезанными твои желания. А теперь, после обрезания, есть подобие свойств, и потому Я и Моя свита можем проявиться тебе.

«Жизнь Сары»
Статья 7 1985 г.

В Книге Зоар, в недельной главе «Хаей Сара» (Жизнь Сары, стр.7, п.17) сказано: «Ангел – это женщина, у которой страх перед Творцом, как говорится, что женщина, боящаяся Творца, будет благословенна присутствием Творца. Обработанное поле – это чуждая женщина, то есть темные силы, о которых говорится: «Берегись чужой женщины». Но есть разные поля. Есть поле, которое благословенно во всем, – «как запах поля, на котором благословение Творца», Его присутствие. А есть поле, что всякая разруха, скверна, истребления, убийства и войны располагаются на нем, и поле это – эгоизм».

Объясняется это тем, что духовное продвижение происходит по двум путям: или идти по дороге, приводящей к Творцу, – и это путь альтруизма, либо идти по дороге, ведущей к людям, что называется эгоизмом, так как творения называются сотворенными только согласно наличию в них свойства, созданного Творцом, – желания получить наслаждение и любовь к себе, которое заложено в них с основой творения.

Так как на это свойство творения сделано «сокращение» и сокрытие, поэтому не ведомо тому, кто находится в нем, что «вся земля (желания) наполнена Творцом». Поэтому, только когда человек освобождается от свойства «получение ради себя», он может постичь, что «вся земля» – то есть все его желания – заполнены Творцом». Но пока человек не освободился от эгоистического свойства «получать», может только верить (но не видеть), что это так.

И чтобы смог человек почувствовать это, дают ему совет: покинуть «место получения», то есть перестать получать ради самонаслаждения, что и является «местом тьмы и смерти», потому как не может свет Жизни раскрыться в таком желании. Хотя он там находится, но относительно самого человека он скрыт.

А тот, кто приходит в это «место», кто подпадает под власть желания получать, тот становится отделенным от источника Жизни – Творца. Поэтому и говорится, что желания эти несут тьму и смерть, и всевозможные несчастья находятся там, и это называется «темные силы» – силы, противоположные альтруизму.

Альтруистические желания называются местом святости, так как это свойства, соответствующие свойствам Творца, и именно в них раскрывается все Добро и Наслаждение, так как это место благословения и святости. Вся наша работа состоит в том, чтобы достичь свойства страха перед Творцом, означающего принятие на себя Управления Свыше.

Отсюда поймем сказанное мудрецами на отрывок «черны, как ворон» (Эрувин, 22): «В ком ты находишь это? Сказал Раба: «В том, кто жесток к сыновьям своим и к живущим в доме его, подобно ворону».

В другом месте приводится иное определение: «Кем определяешь ты стройность, последовательность Торы?» И поясняет РАШИ: «Ворон, что безжалостен к своим детям, ведь сказано: «когда взывают сыновья ворона».

Ворон – от слова гарант (на иврите ворон и гарант – слова одного корня), как написано: «Потому что голос Твой – гарант». И это противоположность голубю, как объясняется в отрывке: «И прилетел к нему голубь, и вот сорванные оливковые листья в клюве его».

Написано (Эрувин, 18): «Сказал р. Ирмияу сын Элазара, написано: «Вот сорванные оливковые листья в клюве его. Сказал голубь Творцу: «Пусть будет пища моя горькая, как оливки, но данные Твоей рукой, чем будет сладкая, как мед, но из рук человека».

Так как известно, что во время, когда человек работает ради получения, и все его направление только к любви к самому себе – работа эта называется сладкой. Это то, что голубица сказала: «Лучше чтобы пища моя была горькой, как оливки, но из рук Творца…», что означает: пища, то есть заработок человека, то, чем он обеспечивает себя, и на этом заработке живет.

Если работа человека направлена к Творцу, то есть альтруистическая, то даже если «пища эта горькая», все равно человек должен желать приблизиться к Творцу и предпочитать только это. Называется «горькой», так как тело не согласно, чтобы питание его было во имя Творца. Тело родилось с желанием получать и желает только то, что может обеспечить его любовь к себе – это называется питанием из рук творения. От этого пропитания тело наслаждается, поэтому оно для него «сладкое», – это свойство «ворона», и только пропитание от плоти и крови является гарантом такому человеку.

И, наоборот, в случае с пропитанием, зависящим от Творца: если пропитание будет только от того, что может сделать ради Творца – от этого он старается убежать, так как в альтруистических действиях чувствует вкус горечи.

Выходит, что «вороном» называют работу ради себя, а так как на желание получать был наложен запрет, это – скрытие и там не раскрывается высший свет, поэтому работа ворона «черна», и поэтому говорится «черны, как ворон».

То есть кому Тора приказывает? У кого свет Торы может светить? Только у того, кто уже понял, что «ворон» – это работа в эгоизме, которая является причиной черноты – что только тьму он может получить, а не свет. И об этом сказали мудрецы, что Тора приказывает только тому, «кто жесток по отношению к сыновьям и членам своей семьи, как ворон».

Известно, что отец и сын – это причина и следствие. Поэтому тот, кто понял, что работает во имя плоти и крови, и она является работой для себя, а работа эта «сладкая», т. е. она «ворон»; кроме того, он знает результаты этой работы, то есть он знает, что родится от такой работы – только тьма, называемая «черный».

Тогда он знает, что стал «жесток к своим детям», то есть он уже не сожалеет о результатах, которые родятся в результате этого. Получается, что если он знает, что стал более жесток, значит он продвигается на пути «ворон».

Тогда он меняет свой путь и начинает идти по пути «голубя», то есть согласен работать во имя Творца, даже если вознаграждение за это «горько, как оливковые плоды». Но результаты, то есть «дети», будут наслаждаться его работой, так как альтруистическая работа приводит к тому, что на это место опускается все благо, уготованное Творцом.

Исраэль сравнивается с голубем, потому что свойство «Исраэль» – это стремление: «Исра» – прямо, «Эль» – Творец, то есть свойство «прямо к Творцу». То есть «народ Исраэля» делает свое намерение прямо по направлению к Творцу. И противоположность этому «народы мира» – свойство в человеке «не желать работать в соответствии с Творцом».

Этим можно объяснить отрывок: «Дает животному пищу, детям ворона, которые попросят Его». В чем соответствие между животным и вороном? Объясняется это из высказывания: «Человека и животное спасает Творец» (Хулин, 5). «Сказал р. Йеуда: «Эти люди с познаниями, но ставят себя в положение животного», что означает свойство веры выше знаний, основой которого являются альтруистические качества.

«Дети ворона» – когда человек видит результаты, родившиеся от любви к себе, он начинает взывать к Творцу, чтобы дал ему альтруистические качества и свойство «вера выше знаний». Но это лишь после того, как пришел к осознанию, какой результат принесла ему любовь к себе, называемая свойством «ворон». Поэтому сказано: «Близок Творец к каждому взывающему к Нему, к каждому, кто действительно воззовет к Нему».

И это в соответствии со сказанным: «Простри милосердие Свое к знающим Тебя, Творец ревнивый и мстительный». Так как человек осознал, что если не пойдет по пути альтруизма, то сразу получит свойство «мщения», он уже уверен, что сохранит себя от неудач и не сойдет на путь любви к себе, так как он знает, что душа его упадет в таком случае в место тьмы и смерти.

Поэтому он просит Творца, чтобы дал ему милосердие – ведь иначе он знает, что пропал, что только с милосердием Творца он сможет получить альтруистические свойства, качество «голубя».

И противоположность этому «ворон», то есть от «сладости», называемой «гарантом», которую он требует как условие своей работы, – от этого он становится жесток, убивает всех своих детей, то есть теряет все свое будущее из-за «сладости», так как желание получить руководит им.

А объяснение слов «дающий животному его хлеб»: когда Творец дает хлеб, называемый вера? – дает хлеб только «детям ворона, которые воззовут». Когда человек понимает, что результаты его работы, называемые «дети, родившиеся от ворона», обречены на смерть, так как отделены от жизни, тогда воззовет он к Творцу в самом деле, как сказано: «Близок Творец к каждому из зовущих его, к каждому, который воззовет к нему по-настоящему».

Сделай себе рава и приобрети друга (2)
Статья 8, 1985 г. (часть 2)

Необходимо различать связи:
1. между человеком и Творцом;
2. между человеком и его ближним по группе;
3. между человеком и остальными людьми, которые не являются его товарищами по группе.

Сказано: «Создай себе рава и купи себе товарища» – это путь исправления. Сказано также: «Оправдывай каждого человека» («Авот», ч.1).

Что означает «создай», «купи», «оправдывай»? Следует пояснить, что «создай», в данном случае, выходит за рамки разума, так как в ситуации, когда разум не понимает, стоит ли делать что-либо или нет, как же тогда можно принять решение, что хорошо для меня, а что плохо? Если с точки зрения разума два пути равны, то кто же тогда склоняет человека принять решение, что стоит ему делать? И вот именно тогда своим действием он может принять решение.

Итак, перед человеком стоят два пути:
1. работать ради отдачи;
2. работать ради получения.

Есть части в теле человека, которые говорят ему: «Неужели ты больше преуспеешь в жизни, если будешь работать с намерением отдавать? Неужели только в этом случае ты получишь наслаждение?» Сказано: «Если делаешь так – счастлив ты в этом мире, хорошо тебе в мире грядущем». И это – утверждение доброго начала в человеке.

Утверждение злого начала – как раз наоборот: лучше и выгоднее работать с намерением получать. И вот тогда только сила, которая называется «действие верой выше разума», склоняет человека к правильному решению, а не разум и не чувства. Поэтому «действие» называется «верой выше разума и здравого смысла». Выходит, что вера – это сила, обратная разуму.

Действие «купи» – это действие внутри разума, то есть согласно разуму. Как и в нашей жизни, когда человек хочет что-либо купить: продавец предлагает ему товар, а он стоит перед выбором – стоит ли покупать по той цене, что у него просят. Если не видит выгоды – не покупает. Выходит, что «купи» подразумевает использование разума.

А сейчас разберем понятия «**рав**» и «товарищ». Иногда под товарищами подразумевают группу, вместе с которой хотят быть в единой связке. Это может быть благодаря совпадению по свойствам, когда каждый заботится о ближнем, то есть отношения построены на основе любви к ближнему. Получается, что таким путем объединяются, становятся как одно целое.

Поэтому, когда образуется некое общество, ставящее своей целью создание единой группы, тогда люди, которым захотелось основать такую группу, ищут обычно людей, подобных себе по убеждениям и по свойствам. И они должны ощущать, более или менее, близость по духу. Тех же, кто не подходит под это, не принимают в создаваемую группу.

После этого в группе начинается работа. Но если с самого начала, то есть еще до того, как объединиться в одну группу, не ставили они единой целью такое объединение, то не стоит и надеяться, что получится что-нибудь из всего этого. И если до того, как они стали группой, можно было различить, что у них есть, более или менее, одно стремление, тогда можно сказать, что они способны начать работу в группе над любовью к ближнему.

Между человеком и Творцом

Между человеком и Творцом порядок работы таков, что сначала надо «сделать себе Рава», а потом уже «купить себе Товарища», то есть сначала человек должен поверить выше разума, что Творец – он Рав (то есть большой, превосходящий собственное я человека). Как написано в предисловии к Книге Зоар, что «самое главное – это страх перед Творцом, и означает он, что человек должен трепетать перед своим Создателем, потому как Он велик и властвует над всем».

И в той мере, в которой он верит в величие Творца, называемого в таком случае Равом, в той же мере есть у него силы для действия «купи», то есть купить путем отказа от собственного эгоизма, единение по свойствам с Творцом, называемое также слиянием с Ним, и тогда Творец называется Товарищ – «Хавер», поскольку есть тогда объединение – «хибур» с Творцом («хавер» и «хибур» – однокоренные слова). К примеру, когда покупают в нашем мире разные вещи, то обязаны заплатить за них деньгами или почетом, или просто приложить усилия, чтобы достичь чего-либо. Так же, когда человек хочет приобрести слияние с Творцом, он обязан заплатить отказом от эгоизма, так как иначе не прийти ему к совпадению по свойствам с Творцом.

В то же время, когда человек видит, что не способен на такой отказ ради достижения единения с Творцом, то он должен понимать, что это не из-за того, что он родился слабохарактерным и потому не способен преодолеть собственный эгоизм, но недостаток его в «Сделай себе Рава», то есть в том, что он не работает над верой. Так как только в той мере, насколько он верит в важность и величие Творца, в той мере есть у него силы оказаться от эгоизма.

И более того, человек должен знать, что если он хочет оценить величину собственной веры, то он может увидеть это по той степени ограничений на использование своего эгоизма, на которую он способен пойти. Тогда он узнает, насколько находится в работе «выше разума», и это верно между человеком и Творцом.

Между человеком и его ближним

А между человеком и его ближним, то есть товарищами по группе, надо сказать сначала «купи» себе товарища, а уж потом «сделай» себе рава. Потому что в то время, когда человек ищет себе товарища, он должен проверить его сначала, действительно ли стоит объединиться с ним. Как мы видим из установленной для нас специальной молитвы, связанной с товарищем, которую мы говорим в молитве «да будет желание»: «Отдали нас, Творец, от плохого человека и от плохого друга». Выходит из этого, что возложено на человека еще до того, как он принимает другого себе в товарищи, проверить его со всех сторон, а для этого необходимо воспользоваться своим разумом, поэтому не сказано «сделай себе товарища», так как «сделай» подразумевает действие выше разума. Следовательно, в отношениях с ближним в группе человек должен использовать свой разум и предварительно проверить, насколько это возможно, подходит ли ему его товарищ по взглядам и по свойствам, чтобы знать, сблизиться ли ему с ним или отдалиться от него, о чем мы и молимся каждый день: «и отдали нас от плохого человека и от плохого друга».

И тогда, если он видит, что стоит объединиться с ним, то он должен заплатить за это, то есть отказаться от эгоизма и получить взамен этого силу любви к ближнему. И тогда он сможет надеяться достичь также любви к Творцу.

А после того, как он объединился с группой людей, которые стремятся достичь состояния любви к Творцу, и хочет приобрести от них силу для работы с намерением отдавать, и хочет восхищаться тем, что они говорят о необходимости достижения любви к Творцу, тогда он должен возвышать каждого члена группы, считать его больше самого себя. Как написано про это в книге «Матан Тора», что «тогда человек не ценит группу в той степени, чтобы прислушаться к ее мнению, когда не считает, что эта группа – выше его». Поэтому каждый должен чувствовать себя, что он меньше всех, так как больший не может получить от меньшего. Как написано: «Восхищаться Его величием» – только меньший может восхищаться большим.

Получается, что на втором этапе, то есть когда каждый должен научиться чему-либо от другого, тогда входит в силу правило – сделай себе рава, для того, чтобы суметь сказать, что его товарищ выше его, а для этого он должен использовать «действие», поскольку только выше разума он может сказать, что его товарищ находится на более высокой ступени.

Поэтому между человеком и его ближним в группе порядок таков: сначала он должен выполнить «купи себе товарища», а потом уже – «сделай себе рава».

Между человеком и остальными людьми

Также Мишна говорит нам («Авот», ч.1): «Сделай себе рава, купи себе товарища и оправдывай каждого человека».

Ранее мы выяснили, что между человеком и его ближним по группе существует такой порядок: вначале – «купи себе товарища», где «купи», как уже было разъяснено, означает внутри разума, а потом уже должны заниматься тем, что называется «сделай себе рава». А между человеком и Творцом порядок таков: вначале – «сделай себе Рава», а потом уже «купи себе Товарища», как это было объяснено выше. Теперь же надо разобраться: что означает, когда про всех других людей говорят «оправдывай каждого» – имеют в виду «купи» или «сделай»?

На основе всего сказанного мы должны растолковать это изречение не как «купи», а как «сделай».

Пусть, например, есть синагога, в которой молится много людей. И образуется внутри этой синагоги маленькая группа людей, желающих слиться воедино, где основой отношений будет любовь к ближнему. Скажем, к примеру, что есть там сто молящихся, и десять из них хотят сблизиться. Следует разобраться: почему выбрали именно эти десять человек, чтобы они объединились друг с другом, а не других людей из той же синагоги?

Может быть причина в том, что эти люди считают, что они лучше по сравнению с другими людьми из их синагоги? Или же потому, что они хуже других молящихся, и потому они почувствовали, что нуждаются в каком-то действии, чтобы возвыситься до вершин Торы и страха перед Творцом?

Все это можно объяснить следующим образом. То, что эти люди согласились объединиться в одну группу, основываясь на любви к ближнему, так это потому, что каждый из них почувствовал, что есть у них одно общее желание, могущее сблизить их мысли и дающее им возможность получить силу для этой любви. Известно от АРИ, что «как лица не похожи друг на друга, так и мнения не похожи друг на друга». Несмотря на это, люди, согласившиеся объединиться между собой в одну группу, поняли, что не так уж далеки их мысли, в том смысле, что все они понимают необходимость в работе над любовью к ближнему, поэтому каждый способен уступить в пользу другого и посредством этого они могут слиться. А остальные люди не испытывают такой уж необходимости в этой работе, поэтому не может группа с ними объединиться.

Выходит, что когда работают над слиянием в группе, в это время каждый проверяет другого – его мысли, его характерные качества: стоит ли принять его, достоин ли он войти к ним? Отсюда наша просьба в каждодневной молитве: «и оберегли нас от плохого человека и плохого друга». Это называется «купи себе товарища» и подразумевает работу на основе разума.

Из-за этого получается, что он гордится перед остальными молящимися из синагоги. А как же можно поступать так, ведь это против указаний Мишны («Авот», ч.4): «Сказал рав Левитас, что надо быть очень скромным».

Про это говорит раби Ешуа сын Перхия («Авот, ч.1): «И оправдывай каждого человека». То есть по отношению к остальным людям он должен идти выше разума, что означает состояние «делай» – то есть действие, а не разум. Так как с точки зрения разума он видит, что они не такие способные, как те, кого он выбрал друзьями. И так рассуждает каждый. Получается, что каждый превозносит себя перед всеми!? И здесь можно посоветовать только «оправдывать каждого».

Это имеется в виду по отношению к каждому человеку, то есть по отношению к остальным молящимся в синагоге он должен оправдать каждого и сказать, что они на самом деле важнее его, и это его вина в том, что он не может оценить важность и величие масс, поэтому внутри разума он не видит их величия. Таким образом, по отношению к ближнему в группе, как мы уже объяснили, человек должен «купить», а по отношению к массам он должен «сделать» – что выше разума, и называется это «оправдай каждого».

«И сталкивались сыны в утробе ее»
Статья 9, 1985 г.

«И сталкивались сыны в утробе ее». Пояснил РАШИ: «Когда проходила она мимо места, где изучали Тору, — Яков ворочался, стремясь выйти, а когда проходила мимо места, где поклоняются идолам, — Эйсав трепетал, желая выйти».

Бааль Сулам этим определил порядок духовной работы: человек начинает свой труд на пути духовного продвижения, и когда он проходит у врат Торы, то его внутреннее свойство, называемое Яков, пробуждается, и человек хочет идти путем Торы. А когда проходит у места, где поклоняются идолам, то свойство Эйсав в человеке стремится выйти.

Человек от рождения создан с эгоистическим желанием получать для себя, которое называется «злом», но есть в его сердце, и Духовная точка, определяемая как «добро». И когда входит человек в работу ради Творца, он находится в состоянии постоянного перехода от одного состояния к другому, поэтому есть у него подъемы и падения, совершенно отсутствует какое-либо постоянство, на него постоянно давит окружение, и нет сил противостоять всему этому.

Поэтому, когда он пребывает в окружении тех, кто занимается работой, чуждой Духовной, основанной на эгоизме, то пробуждаются в нем его эгоистические желания, стремясь выйти из сокрытия, в котором пребывали до сих пор. Они стремятся захватить власть над желаниями человека, не оставляя ему силы ни для какой иной работы, кроме работы, направленной ради себя.

Но когда находится человек среди тех, кто работает на Творца, то пробуждается альтруистическое его свойство, называемое Яков, и проявляющиеся теперь действия альтруизма начинают управлять телом, его желаниями.

И тогда, оглядываясь назад, видит он, насколько был погружен в желание самонасладиться, и не может понять — неужели это возможно, чтобы человек так низко пал, находя удовлетворение в низких, животных наслаждениях. Ведь недостойно это взрослого человека, чтобы строил он жилище своей душе меж низких желаний и грязных мыслей. И он испытывает стыд и унижение от этих мыслей, в которых пребывал прежде.

Но затем, «проходя у мест поклонения идолам», — когда вновь попадает в эгоистическую среду, то вновь пробуждается в нем Эсав, его эгоизм и стремится вырваться наружу. И всякий раз это повторяется снова и снова у занятого Духовной работой человека, день за днем. А у того, кто старается вложить в эту работу всю свою энергию, подобные состояния могут меняться даже каждый час и каждую минуту.

«И пошла она спросить Творца, узнать, для чего ей дано все это, чтобы сказал ей Создатель, чем все это закончится». И каков же был ответ? — «И сказал ей Творец, что в утробе ее два племени, которые станут двумя народами — один народ будет сильнее другого, и старший будет служить младшему».

А РАШИ поясняет: «Никогда не смогут они сравняться: когда встанет один — другой упадет. И в этом причина разрушений: на развалинах Иерусалима отстроен Цор».

В чем же смысл ответа, данного ей Творцом? Две эти силы должны быть в человеке. Ведь, как известно, основу творения составляет желание получить — эгоистическое свойство, называемое «Эсав». Но приходит затем вторая сила, называемая «Яков», — желание отдавать, альтруистическое желание. Каждая из двух этих сил в одиночку хочет властвовать над человеком.

В этом и заключается вся борьба между Эсавом и Яковом, описываемая в Торе. «Когда встает один — второй падает, и на развалинах Иерусалима выстроен Цор», — нам должно быть понятно и ясно, что не могут быть в человеке одновременно два противоположных желания — или же им правит желание получать, или желание отдавать. Из-за этого необходимо раз и навсегда осознать, что человеку, желающему развиваться духовно, нельзя находиться там, где властвуют всякого рода низменные желания.

А когда увидит человек, что не в силах он противостоять своему желанию получать наслаждения, то поймет, что он против своего эгоизма – ноль, не значащий ничего. То есть при всем том, что пришел к осознанию того, что желание получать вредит ему, он при этом видит, что не может сам справиться с ним. Поэтому только тогда он понимает, что нуждается в милости Свыше, что без помощи Творца невозможно выйти из-под власти эгоизма.

И об этом сказали мудрецы: «Эгоизм человека каждый день берет верх над ним, и если бы не помощь Творца, не было бы никакой возможности противостоять ему». Но только если человек уже встал на путь духовного развития и сделал все, что было в его силах, тогда не нужно ему верить в помощь Творца, потому что он теперь явно видит и сам, что не осталось ни одной уловки или совета, к которым бы он не прибегнул, и все безрезультатно, всякий раз помогал ему только Творец. И лишь тогда в состоянии человек понять, что помочь может только Творец.

Но в чем теперь разница между ним и его товарищем по духовной работе? Ведь так же, как Творец помог ему, Он может помочь и остальным. И поэтому не может человек возвыситься над остальными, ведь видит он, что все, что он имеет сейчас, он достиг не своими силами.

Но те, кто еще не начали духовно работать, кто не пришел еще к полной отдаче без какого-либо получения для себя, те не видят пока, что Творец помогал им во всех их делах. Поэтому говорят они, что только собственными силами они достигли своего успеха. Потому-то есть еще у них повод гордиться перед остальными людьми, не вставшими пока на путь духовного возвышения.

И в таком случае нет никакой разницы между стремлением человека к духовному и его эгоистическими устремлениями, потому что его желание к духовному основано на желании самонасладиться. И хотя учит он Тору и выполняет Заповеди, но неведом ему спор между Яковом и Эсавом, что в нем. И поэтому не нуждается он в помощи Свыше, чтобы Творец вытащил его из эгоизма и, смилостивившись, дал бы ему желание отдавать. Потому что не видит он, что человек по природе своей не в состоянии работать альтруистически.

Это оттого, что ему даже в голову не приходит, что изучать Тору и выполнять Заповеди нужно для того, чтобы удостоиться слияния с Творцом, а не ради себя. И из-за того, что работа на отдачу совершенно его не интересует, поэтому нет у него смены внутренних состояний, «когда падает один – второй подымается».

Только когда начинает человек продвигаться духовно, лишь тогда начинают сталкиваться в нем эгоизм и альтруизм. Тогда человек должен сделать все от него зависящее, чтобы его эгоизм не одержал верх над стремлением к духовному, пока не осознает правду – что не в состоянии он помочь себе сам. И когда видит он, что не может больше ничего сделать, тогда рождается в нем потребность в помощи Свыше, и тогда «пришедшему очиститься (тому, кто готов избавиться от своего эгоизма) – помогают».

Но в чем смысл сказанного «и старший служить будет младшему»? Это значит – не достаточно еще человеку удостоиться того, что уже его стремление к Духовному правит в нем, а у желания получить нет никакой силы противостоять ему, – но ведь тогда человек может работать на Творца только с помощью желания отдавать. Необходимо же прийти к состоянию совершенства в его полном, законченном виде, как сказали мудрецы: «Возлюби Творца своего всей душою своей – обоими началами, что в тебе заложены». («Брахот», 54). Это означает, что и эгоизм человека должен быть использован им для работы на Творца, но для этого прежде нужно познать свой эгоизм.

Основой эгоизма, заложенного в нас, является желание получать, от которого приходит к нам все зло, то есть все наши дурные помыслы и желания. Желание же отдавать приносит нам все наши хорошие желания и мысли. Поэтому, когда правит в человеке его альтруизм, его стремление к Духовному, тогда все нисходящее на нас из Высших Духовных миров проявляется относительно нас как милость, милосердие.

Но это только исправление творения – приведение наших свойств в единение со свойствами Творца, называемое слиянием с Ним, для чего нужно все свои мысли и устремления направить к Творцу. Но цель творения – это получение созданиями Истинного наслаждения от Творца, а не доставлять наслаждение Ему, как будто Творец нуждается в том, чтобы те, кто находятся в самом низу Мироздания, давали Ему что-то.

Поэтому, если человек хочет получить что-то от Творца, то должен воспользоваться своим желанием получать, своим эгоизмом – ведь именно он создан для получения наслаждения.

Получает наслаждение только страстное стремление к чему-либо, и только такое стремление к наслаждениям называется «желание получить». Следовательно, для получения наслаждения должен человек использовать свои эгоистические желания, сделав на них предварительное исправление – придав им намерение «ради Творца». И это значит, что человек работает теперь на Творца и с помощью своего эгоизма.

Эгоизм называется «старший», так как с рождением даются человеку сначала эгоистические желания, и лишь когда достигает ступени, называемой «13-ти летие», даются ему и альтруистические желания. Об этом сказано, что «старший служить будет младшему», то есть желание получать, называемое «старший», будет служить желанию насладить Творца, которое зовется «младшим».

Таким образом, желание доставить наслаждение Творцу становится правящим в человеке. Иногда для этого человек использует желание отдавать – свойство «Яков», и тогда называется, что он служит Творцу в альтруистических желаниях. А иногда для служения Творцу пользуется человек своими желаниями получения, и тогда говорится, что человек поставил на службу Творцу и свой эгоизм. Поэтому, когда человек работает на отдачу в своем желании получать, сказано о нем, что он любит Творца «всей душой своей» – как альтруистическое начало в нем устремлено к Творцу, так и в эгоизме своем стремится он Его насладить.

И на основании этого поймем слова Бен Зома («Авот», ч.23): «Кто он, герой среди героев? Тот, кто ненавистника своего обращает в любящего». В другом месте Бен Зома говорит, что «героем зовется тот, кто умеет обуздать свой эгоизм». В чем же разница между двумя этими истолкованиями?

«И народ один будет сильнее другого», «когда подымется один, падет второй», – все это сказано о свойстве «герой» в человеке, когда он подчинил свой эгоизм, и правит им сейчас только желание отдавать, то есть только в альтруистических своих свойствах работает он на Творца.

О свойстве же «герой среди героев» говорит выражение «и будет старший служить младшему», то есть «старший» – эгоизм человека, «служить станет младшему» – будет на службе у желания отдавать, что означает, что человек использует свой эгоизм для того, чтобы доставить этим наслаждение Творцу. И тогда приходит он к работе ради Творца во всей ее полноте – «всей душою своей», то есть как желания отдавать, так и желания получать несут наслаждение Творцу.

И вышел Яков
Статья 10, 1985

«И вышел Яков» (Берешит 28, 10). Объясняет РАШИ: «Не было необходимости так писать, но почему то, что пошел Яков в Харан, напоминает об исходе? А это говорит, что выход праведника из места запоминается. Когда праведник в городе, он – величие его, сияние и красота, и великолепен город. А когда вышел оттуда, покинули город величие и сияние, оставила его красота». Но с точки зрения духовной работы, что значит «праведник» и что значит след, который он оставляет во время своего выхода?

А объяснение таково, что Творец называется праведником. Как пишется: «Творец – праведник, а я и народ мой – грешники». Потому что в то время, когда человек близок к Творцу, то есть ощущает, что Творец близок к нему, и ощущает, как Творец делает ему добро, тогда есть у него настроение, вкус к Торе и к молитве. И во всех действиях своих ощущает близость Создателя, а все, что бы ни делал, делает с радостью и приподнятым духом.

А затем наступает спад, т. е. пропадает у него вкус к занятию Торой и хорошим действиям, а только остается у него «след» со времен подъема, когда были у него вкус и настроение к Торе, и было состояние радости. И «след», который остался в нем, вызывает ощущение тоски по прошлому состоянию. (И это очень похоже на распространение и выход света, который образует в дальнейшем кли.) И это значит, что посредством этих «следов» – решимот, он пробуждает возможные варианты возвращения к прошлому состоянию, в котором был у него вкус к Торе и молитвам, называемому состоянием подъема. И только теперь он ощущает свою низость в отдалении от духовного.

Возникает вопрос – за что и для чего такое падение? И кто в выигрыше от этого? Может быть, это наказание за какой-то его грех, и он должен исправиться в этом? Но он не знает в чем вина его, что из-за нее упал из состояния подъема, в котором находился. И поэтому не знает, что исправлять. С одной стороны, не видит в себе никакого недостатка, из-за которого бы потерял состояние подъема, и поэтому вынужден сказать себе, что это идет от Творца. Но тогда возникает вопрос: в чем польза от того, что Творец удалил его, спустил его вниз?

И этим можем разъяснить, почему «выход праведника со своего места оставляет след». Так как во время подъема, то есть когда «Творец находится в этом месте» – в «теле», тогда вызывает Он у человека ощущение восхищения от Торы и заповедей. И поэтому у человека не возникал даже вопрос: уделить ли внимание важности того, что Творец находится в нем, как сказано: «Я – Творец, пребываю в вас, в нечистоте вашей». И как оценить то, что есть у него такой дар – знать, кто находится внутри его и воздать уважение в должной мере. Но получается, что никто не сможет помочь ему подняться на более высокую ступень, потому что чувствует удовлетворение и достаток в работе на данной ступени.

Для этого и спустили его с небес, чтобы вновь смог узнать, как необходимо ценить то состояние, когда подняли его и приблизили, а он не отнесся с важностью к этому.

Возникает вопрос: зачем человеку ценить важность подъема? В свете нет разделения на ступени, а все состояния – большие и малые – зависят от постижения их в желаниях человека: как постигнет свет, такой и будет величина этого света. И если человек получил что-нибудь сверху и есть у него разум придать важность этому, то в мере того, насколько это для него важно, возвеличивается и свечение в нем. И не надо никакого большого света, но свет сам, в меру того, насколько придадут ему важность, возрастает и засветит каждый раз на более высокой ступени.

И выходит, что весь его грех, что спустили его «вниз», оттого, что не придал важности состоянию, в котором находился, и оттого был доволен им. И потому был бы вынужден остаться на этой ступени навеки, поэтому падение это – на пользу человеку, и с помощью этого «падения» есть теперь у него возможность подняться на более высокую духовную ступень.

И поэтому высказывание «выход праведника оставляет след», когда праведник «в городе» – «он величие, сияние, красота его», объясняется так: не сумел оценить он всю важность того, что там было – поэтому «вышел оттуда и оставил величие, оставил сияние, оставил красоту».

И потому выход праведника оставляет след, чтобы знал, что из-за того, что когда находился в городе, не обращал он внимание на важность величия, сияния, красоты его, а «оставил» – значит не было в нем ощущения важности всех этих ступеней. И это означает «делает след» – т.

е. должно остаться воспоминание в нем, что причиной выхода праведника с места было, что «оставил», т. е. что действительно были там все ступени, но просто он не обращал на это внимания. Потому как должен был знать, что в Свете нет изменений, а все зависит от килим – исправленных желаний. Поэтому можем мы сказать, что выход света не был по причине греха, а для того, чтоб было ему место подняться по ступеням святости.

И есть еще пояснение к высказыванию «Выход праведника из места оставляет след». Подразумевается здесь, что когда «праведник в городе», т. е. когда человек может оправдать это управление, когда преодолевает состояние, в котором находится, и говорит: «Конечно же, Творец добр и справедлив, а отношение Его ко мне – это добро и справедливость, и желает Он, чтобы я чувствовал именно то, что я чувствую». Выходит, что он оправдывает управление, и тогда сразу же видит важность альтруистической работы – работы выше разума, и это называется, что «когда праведник в городе, он – величие его, сияние его, красота его», что тогда все эти достоинства – он.

«Вышел оттуда», т. е. вышел из того состояния, когда оправдывал управление, и теперь желает воспринимать все своим разумом, поэтому не ощущает никакого вкуса в альтруистической работе. Тогда оставил Величие, оставил сияние, оставил красоту и снова упал в себялюбие – это означает, что нет у него никакого постижения, а все построено только на том, что известно, и на собственном разуме. И это означает, что «выход праведника из места оставляет след». Когда посредством выхода праведника, т. е. когда запала мысль, что сейчас я чувствую вкус к Торе и молитвам, и нет мне необходимости работать «верой выше разума», – это вызывает выход праведника из места и оставляет след, чтоб знал с сегодняшнего дня, как беречь себя от того, чтобы не оставлять работу выше разума.

Бааль Сулам сказал: «Когда человек говорит, что есть у меня на сегодняшний день опора, и не нахожусь я между небом и землей, то тогда человек обязательно «упадет» с этой «ступени», потому что тем самым вредит своей работе – вере выше разума». И поэтому только в падении, когда «свет выходит», – он оставляет след, посредством которого человек узнает еще раз, как остерегаться и не навредить работе в «вере выше разума», а постоянно оправдывать высшее управление.

«И вот лестница, стоящая на земле, а вершина уходит к небесам, и там ангелы Творца поднимаются и спускаются».

Толкователи спрашивают: «Надо бы сказать сначала «спускаются», а затем «поднимаются». Чтобы объяснить это с точки зрения «работы», надо пояснить, что лестница – это человек, у которого, несмотря на то, что стоит на земле, голова уходит к небесам. Это значит, что когда человек начинает подниматься вверх, он достигает небес, и нечего ему негодовать, что лестница установлена на земле.

Но сначала должны мы понять – что значит «на земле»? Земля – это низшая точка, ниже которой упасть невозможно, но тем не менее мы видим, что все красивые строения и все хорошие плоды всходят именно из земли.

Как известно, под словом «земля» подразумевается желание получить, которое является основой всего сотворенного. И все зло в мире происходит от этого желания. И однозначно, что все войны, убийства и прочее происходят из одного корня – из желания получить. И это называется «лестница, стоящая на земле», что человек в начале его прихода в мир стоит на земле (ивритское «эрэц» – земля, от слова «эрцэ» – желаю), т. е. желает получать, и это самое низменное состояние и нет ниже его. Но при этом голова «поднимается в небо», т. е. посредством того, что лестница «стоит на земле», голова его может достигать небес. А также слово «эрцэ» имеет два значения: 1) я хочу – «эрцэ», 2) низшее состояние – от слова земля – «эрэц».

И, как известно, самое главное в творении – желание получить, что видно из последовательности построения всего сотворенного. Ведь с начала творения вышло только это желание, а затем происходили исправления, называемые «соответствие по свойствам» – когда низший, называемый «земля», достигает «неба» – соответствия свойств высшего, который зовется дающим, наслаждающим. И отсюда пояснение, что несмотря даже на то, что он стоит на земле, есть у него возможность исправления, и тогда «голова», называемая «конец лестницы», достигнет небес, т. е. будет в соответствии по свойствам с небом, определяемом как получение с намерением отдать.

Подобно тому, как в начале творения вышло желание получить, а затем было создано исправление на него – намерение отдавать, так и здесь: под словом «лестница» подразумевается человек, стоящий на земле – сначала на земле, а затем он достигает небес.

Смысл этого в том, что не стоит удивляться тому, что человек полон желаний, относящихся к «земле», и нет в нем ни искорки отдачи, потому не в состоянии он поверить, что появится у тела возможность работать с намерением отдавать. Но чтобы верил в то, что Творец желает, чтобы путь и порядок работы были такими, чтобы «лестница стояла на земле, а вершиной достигала небес».

И из этого поймем написанное: «И ангелы Творца поднимаются и опускаются в нем». И задается вопрос, объясняющий это высказывание: «Ведь знаем, что ангелы находятся на небесах, и нужно было бы написать, что сначала спускаются, а затем поднимаются, а не наоборот?»

А объяснение этому, что речь идет о человеке – именно он посланник Творца. Потому как посланник зовется ангелом, то те люди, которые идут дорогами Творца, называются Его ангелами. И они сначала поднимаются, т. к. «лестница стоит на земле», доходят до вершины лестницы, что называется «голова доходит до небес», а затем спускаются.

У лестницы два края. Один край на земле, т. е. в наинизшем состоянии, а второй – «голова доходит до небес». Это говорит о том, что в той мере, в которой человек возвеличивает «голову», достигает небес, в этой же мере он сможет почувствовать низменность своего нахождения на земле и сожалеть о том, что находится в земных желаниях. Но если нет у него постижения настоящего – если не «достигает голова его небес», то не с чем сравнить ему свое теперешнее состояние как падение.

Это значит: насколько поднимается человек, «головой достигая небес», настолько сможет оценить величину падения и свою низменность. Это и является объяснением написанному: «Сначала поднимаются, потом спускаются». То есть не чувствует человек своего состояния спуска, а только в размере, насколько ценит «небеса» – поэтому «поднимаются», а затем «опускаются».

И лестница, по которой человек должен подняться, чтобы выполнить предназначение, с которым послан Творцом, начинается со ступени, называемой «лестница, стоящая на земле», и доходит до ступени – «голова доходит до небес». Это значит, что сначала низменное состояние – желание получать, природное свойство человека, а затем состояние «головы», то есть в конце лестницы должен достигнуть «небес» – дойти до «отдачи», и это называется «небеса», т. к. земля называется получающей, а небеса – дающими.

А теперь разберем «поднимаются и опускаются». Человек должен знать, что в то время, когда он ощущает состояние падения, например, когда занят торговлей, или работает на заводе, или просто идет по улице, и вдруг, будто очнувшись от сна, ощущает себя в состоянии глубокого падения. Тогда должен знать, что это состояние наступает всегда после подъема, и это называется «сначала подъем, а затем спуск», т. к. если бы не было подъема на этой ступени от возбуждения «сверху», то не пришло бы это ощущение. На самом же деле – таким образом «зовут» его сверху.

И выходит, что вся наша работа подобна «лестнице, стоящей на земле, а вершиной, уходящей в небеса», то есть у «лестницы человека» существует два качества, с которыми он подымается по «лестнице жизни»:

1. Когда «лестница стоит на земле», то есть его желание получить определяется как «земля» – низменное состояние, так как земля – получающая, женское начало, и она получает от «неба», а «небо» называется мужским началом, т. е. дающим. И «голова уходит в небеса» – это значит, что свойство «отдавать», называющееся «небом», является его «головой», т. е. важной для него частью. И в той мере, насколько значимо для него состояние отдачи, настолько «земля» – его желание получить, определяется у него как состояние низменное;
2. Когда состояние человека – «земля», то есть «я хочу» зовется в нем «голова», тогда «небо» для него – как самое низменное состояние.

И тот, кто считает себя посланником Творца, пришедшим в этот мир для исправлений, зовется «ангелом Творца». «Подымаются и опускаются в нем» – видит в себе лестницу жизни, стоящую на земле, что желание получить – состояние низменное, а «голова доходит до небес», то есть что «небеса» – это состояние отдачи, и значит, что желают достигнуть состояния отдачи, потому что главное в работе – доставить удовольствие Творцу, и это у них определяется как «голова» – главное. И когда получают желание отдавать, то это зовется «возвеличиванием», и этого они с нетерпением ждут. А в то время, когда они находятся под властью «земли», ощущают состояние низменное, и ждут только, чтобы начать отдавать Творцу.

Выход праведника оставляет след
(Вариант 2)

Творец называется праведником, потому что когда человек видит все действия Творца, он оправдывает все их и сам называет Творца праведником. Тогда и сам человек, потому как достиг такой ступени раскрытия Творца, называется праведником.

Ведь раскрыть такое свойство Творца человек может только если сам исправит свои свойства до свойств праведности. Ведь есть в духовном основной закон, что почувствовать можно только в месте нахождения в себе этого свойства.

Кстати, так устроены и наши земные свойства: только то, что мы понимаем – можем понять в другом, что уже ощутили – можем осознать. А если в нас какого-либо свойства внутри нет, мы никогда не сможем даже осознать, что его нам недостает, и конечно не сможем ощутить то, что ощущается только в нем.

Поэтому, если цель Творения в соединении с Творцом, все, что обязан сделать человек – это приобрести свойства Творца. Каббалисты говорят, что этой цели человек обязан достичь еще в этой жизни на земле. От человека зависит только достичь такого состояния в этой его жизни или в будущих приходах в этот мир, в будущих кругооборотах.

В духовном пути человека поэтому есть только одно измерение – насколько его состояние, его внутренние свойства более или менее подобны свойствам Творца.

Человеку дается понимание цели творения, силы, и если он постепенно исправляет свои свойства, желания, то по мере того как он их исправляет, ему даются все новые плохие желания. Если он исправляет и их, то ему еще подбавляют плохих желаний, чтобы было всегда что исправить.

Потому что только исправляя данные ему «снаружи» желания, человек делает их своими, а мера, величина этих желаний в их исправленном виде и говорит о его духовной ступени. И так до тех пор, пока Творец передаст ему все эгоистические желания, которые равны, но противоположны по свойствам желаниям Творца. Исправив все их, человек становится полностью равным Творцу и полностью сливается с Ним.

Получение новых эгоистических желаний вместо уже исправленных, альтруистических, ощущается человеком как духовное падение – пропадает ощущение Творца, потому как свойства человека вновь стали отличными от свойств Творца. Человек ощущает себя плохо, вплоть до физической боли, болезни, а не только депрессии. Это потому что все наши проблемы и болезни исходят только из отсутствия света в нас, в наших неисправленных желаниях.

Но как только человек находит в себе силы исправлять данные ему Творцом эгоистические желания, то по мере их исправления он начинает ощущать себя все более сильным, жизнерадостным, здоровым.

Поэтому путь человека в достижении цели творения состоит из подъемов и падений. И каждый раз, когда он выходит из своего исправленного состояния в новое, неисправленное, чтобы затем исправить новое состояние и таким образом достичь исправленного состояния более высокого уровня, чем прошлое, человек в состоянии духовного падения обязан оправдать Творца, посылающего ему настоящее, плохое состояние, эгоистические мысли, отчаяние и слабость. И должен, вопреки всем своим ощущениям, в своем разуме (потому что сердце все равно с этим не согласно) сказать, что это все исходит от Творца и только для его пользы, дабы смог еще больше духовно подняться.

Так вот, праведником называется тот, кто в своем ощущении, то есть в сердце, оправдывает действия Творца над ним. А если упал вследствие того, что Творец дал ему слишком большие эгоистические желания, которые у него еще нет сил исправить и тогда лишь оправдать Творца, то он, согласно своему ощущению в сердце, называет Творца грешником, потому что в сердце своем ощущает плохое от Творца.

Поэтому праведник или грешник – это один человек, только в различных состояниях. И эти состояния могут меняться помногу раз даже в один день. Но как человек может удержаться и не упасть, несмотря на то, что Творец дает ему все новые и более сильные эгоистические желания?

Только если находясь в самом наилучшем духовном подъеме, будет критически пытаться видеть в нем еще не полное совершенство. Тогда он оценивает свое состояние подъема не как подъем, а как некоторое падение, если находит в нем некоторый изъян, и тогда может вновь подниматься. Потому как нет прямого, неподвижного состояния, всегда только вверх или вниз. А то, что человеку кажется, что его настоящее состояние статично, это только потому, что уже начал падать, но еще не ощущает этого.

Но если намерения человека именно к Творцу, и он желает только все отдать Творцу и усладить Его, а сам эгоистически не наслаждается, то есть все его наслаждение своим состоянием только потому, что наслаждает этим Творца, то независимо от того, в каком состоянии он находится, в подъеме или в падении, он всегда счастлив и весел, потому что знает, что во всех его состояниях есть у него связь только с Творцом.

В таком случае его ощущение своего состояния не зависит от того, что ему дает Творец, а зависит только от мысли, что и сейчас он приближается к Творцу, то есть его ощущение выше его разума, а потому называется «лемала ми адаат» – «выше разума». В общем, вся задача человека сводится к тому, чтобы постоянно стремиться к состоянию, когда бы он мог выше разума, то есть вопреки ему, оправдывать действия Творца, то есть свое состояние.

Путь, по которому поднимается человек, называется «Сулам» – «лестница». Стоит она на земле, на самом низу, ниже которого нет места, то есть состояния человека. В этом состоянии человек рождается – с самыми плохими своими качествами, совершенный эгоист. Духовно такое состояние находящихся на земле – «арэц», от слова «рацон» – желание, то есть человек является рабом своих естественных эгоистических желаний. Арэц также от слов «ани роцэ» – я желаю.

Но вершина этой лестницы достигает небес. То есть задача человека – достичь свойств неба. Но поскольку желания в человеке не меняются, только по мере того, как он в состоянии их исправлять, он обнаруживает в себе все более грубые эгоистические желания, то как же он может вообще приподняться со своего места на земле, не говоря уже о том, чтобы стать по свойствам подобным Творцу?

Дело в том, что нет совершенно никакой необходимости менять свои желания на желания Творца, да это и невозможно. Необходимо только пользоваться ими для отдачи, как делает это Творец. Желание Творца – только отдать все наслаждение человеку. Но поскольку человек не является Творцом, а творением, то его единственное желание – «получать», которое создал в нем Творец.

Необходимо только получать, потому что этим услаждаешь Творца, и тогда человек становится подобным по намерению Творцу. А намерение – это самое главное, потому что определяет положение человека, находится ли он своими свойствами в этом мире или в духовном и, соответственно, ощущает только этот мир или еще и духовный.

Но только по мере своего подъема по лестнице «к небу», то есть к альтруистическим свойствам, человек осознает ничтожество своих природных эгоистических желаний, только в свете Творца можно увидеть истинное свое состояние.

Поэтому если человек вдруг обнаруживает себя упавшим в своих намерениях, желаниях, он должен понять, что это, в общем-то, подъем в его осознании, что это – предварительная стадия более высшей духовной ступени. Что следующей стадией будет получение свыше силы, чтобы и эти, новые в нем эгоистические желания обратить в альтруистические и таким образом подняться на эту более высокую ступень.

На языке каббалы самая нижняя ступень лестницы называется малхут – желание только получать наслаждение, а самая верхняя ступень называется кетер – желание только отдавать, свойство Творца. Если человек поднимает свое свойство малхут до уровня кетер, то он все свое эгоистическое желание обращает на отдачу и потому становится равным Творцу по намерению, а по действию – во много раз больше, потому что использует свои желания получать на отдачу.

Таким образом хотя ноги человека остаются стоять на земле, он не в состоянии убежать от своих желаний, но его голова – в небе, потому что все его мысли и намерения в духовном.

Поэтому сказано в Торе, что по этой лестнице видит Яков, как поднимаются и спускаются ангелы. Ангелом называется духовное желание, сила, которая желает только выполнять желание Творца. Если человек желает быть ангелом, все свои желания поставить на отдачу, как Творец, он вначале поднимается, а затем, в мере своего подъема спускается, видит свои неисправленные свойства и исправляет их.

Спор Якова с Лаваном
Статья 11, 1985

В Торе говорится, что в споре с Яковым Лаван сказал ему: «Дочери – мои, скот – мой, все, что есть у тебя – мое это!». В споре же Якова с Эйсавом сказал Эйсав: «Есть у меня множество всего, да будет у тебя все, что твое».

Как Эйсав, так и Лаван являются клипот, нечистыми силами, то есть еще неисправленными желаниями человека, и неисправленными мыслями тоже, потому что мысли в человеке появляются только в той степени, в которой они должны помочь желаниям достичь желаемого.

И эти мысли и желания постоянно третируют желающего духовного роста. Посылаются они специально самим Творцом, чтобы заставить человека воевать с ними, как со своими. Но в результате борьбы человек осознает, что нет в нем сил самому преодолеть эти желания, а единственное решение – просить от этом Творца.

И этим Творец достигает своей цели – чтобы человек возжуждался в Нем!!! – а уж тогда Он сможет дать человеку альтруистические намерения к его эгоистическим желаниям, то есть поможет исправить их и даст в уже исправленные желания наслаждения.

Сам человек – нейтральное существо, только ощущающее, что в него вкладывается свыше. Причем человек не ощущает, что в него кто-то вкладывает его желания, стремления, мысли – ему кажется, что это он сам так думает, желает, стремится. И это оттого, что не ощущает источника всего происходящего с ним, не ощущает Творца.

У начинающего каббалиста, также как у обычного человека, еще отсутствует ощущение Творца, и поэтому он воспринимает подступающие к нему помехи, мысли о ненужности заниматься Каббалой и пр. как его личные, а не посылаемые Творцом.

Если приходят помехи типа «Лаван», то они, эти мысли, говорят человеку, что все равно он не может совершать никаких духовных поступков, что только единицы достигают духовного, что он слабее других, ни семья, ни окружающие, ни работа не позволят ему достичь духовного, он должен обеспечивать семью – и так постоянно эти мысли одолевают его. Этим клипа держит человека и не позволяет ему заниматься вечным и самым необходимым.

Человек обязан ответить на это своему телу и мыслям, что все возражения против духовной работы правильны, что тело, родня и весь мир совершенно правы в том, что нет никакого смысла заниматься Каббалой. Так действительно это представляется в эгоистических понятиях человека, а большего он осознать не в состоянии ввиду отсутствия в нем духовных свойств. Эта клипа называется «ничтожность», по тем мыслям, которые вызывает.

Но – отвечает он на возражения тела – он считает, что это Творец специально посылает ему помехи именно для того, чтобы отогнав эти мысли, духовно подняться. И, кроме того, если он должен достичь того, чтобы делать все ради Творца, то какое ему дело до того, что получится от его усилий, результат его вообще не интересует, а только само действие ради Творца.

Но если, преодолев эти помехи типа «Лаван», человек учит Каббалу, думает о духовном, прилагает усилия прибыть на занятия и пр., то является к нему иная клипа – помехи типа «Эйсав». Появляются в нем мысли: «Какой я все таки особый, смог все преодолеть и насколько я выше других, по сравнению с ничтожными окружающими, даже с теми, с кем я занимаюсь – нет в них такой силы воли, как у меня, преодолеть все препятствия, не стоят они того, чтобы я сближался с ними.» Эта клипа называется «Гордость», по тем мыслям, которые вызывает.

Но если человек отвечает, что он нисколько не лучше других, а то, что делал ради себя – поэтому он хуже других, которые не знают, для себя или не ради себя они поступают.

Правильный выход человека из власти любых помех в том, что в человеке появляется необходимость обращения за помощью к Творцу. И так на каждой ступени духовной лестницы, то есть в каждом своем состоянии человек обязан контролировать свои мысли и отличать: а не клипа ли сейчас в нем диктует его мысли и действия.

Вообще намерение, то есть мысли и действия ради Творца, могут быть только в той мере, в которой человек возвеличивает Творца. А для этого необходимо ощущение Творца. Поэтому все усилия человека должны быть направлены только на то, чтобы ощутить величие Творца, тогда в мере этого он начнет изменять свои намерения и начнет входить в духовный мир.

Но проблема в том, что все может делать человек, кроме как прилагать усилия для возвеличивания Творца в своих глазах. Потому что как только ощущает себя в состоянии духовного подъема, немедленно понимает, что стоит заниматься духовным, потому что ощущает важность духовного против материального.

Поэтому подъемы и падения по лестнице не в ощущениях человека, а в мере важности духовного, то есть желания отдавать. А проверка – духовны или материальны желания человека, то есть ради Творца или ради себя он действует, в том, что если человек действует духовно, то заинтересован не результатом, а самим действием, и поэтому не может клипа указывать ему, что не стоит прилагать усилия, и не может убедить его в том, что стоит заняться более подходящим делом. Потому что в случае духовной работы человек думает только о приложении себя, а не о выигрыше. А поскольку нет связи с собой, то нет места помехам.

И поселился Яков
Статья 12, 1985

«И поселился Яков в стране пребывания отца своего, в земле Кнаанской». В Книге Зоар (Ваешев) сказано: «Тот праведник, который боится своего Властелина, – от скольких бедствий страдает он в этом мире. И все это для того, чтобы не поверил он эгоизму и не стал бы его соучастником, и тогда спасет его Создатель».

И это подобно написанному: «Много бедствий у праведника, но от всех них спасает его Творец». Это значит, что праведник страдает от множества несчастий, потому что Творец любит его, так как бедствия эти удаляют его от эгоизма. В этом и заключается любовь Творца, это и называется, что «спасает его от всего».

Здесь возникает несколько вопросов:
1. Если праведником зовется тот, кто много страдает, значит тот, у кого нет больших страданий, тот не праведник?
2. Почему для того, чтобы не быть соучастником эгоизма, человек должен много страдать?
3. Почему сказано, что человека, которого Творец любит, Он спасает? Как будто другого человека Творец не спасает?
4. Почему, с одной стороны, сказано, что бедствия удаляют человека от эгоистического начала, а с другой стороны говорится, что Творец спасает его от них? Если страдания, которые удаляли человека от его эгоизма, прекратятся, то человек снова приблизится к нему?

Объясним теперь эти вопросы. В Кидушин написано, что раби Шимон бен Леви сказал, что эгоизм каждый день побеждает человека и просит его смерти, как сказано: «Смотрит грешник на праведника и просит его смерти». Но так как Творец помогает человеку, то не может он победить, ведь сказано: «Не оставит нас Создатель под властью эгоизма».

В трактате «Сукка» про это же сказано: «Семь имен есть у эгоистического начала». Царь Шломо назвал его «ненавидящим»: «Если голоден ненавидящий тебя, накорми его хлебом, а если жаждет, напои его водой. И тогда горящие угли собираешь ты на голову его, и Творец воздаст тебе».

Теперь нужно понять вышесказанное. Следует знать, что желание получать – это главное, что есть в творении. Создатель сотворил его из ничего, то есть это нечто новое по отношению к Творцу, так как у Него есть все, кроме этого желания. И вся духовная работа человека заключается в том, чтобы изменить свою природу – желание получать, чтобы появилось у него желание отдавать.

Но желание это – желание отдавать – противоположно природе человека, с ее точки зрения человек должен заботиться только о себе, и у него не должно быть никакого стремления заботиться о ближнем. Если же мы иногда видим, что человек делает что-то ради других, то это значит, что он в данном случае надеется получить что-либо за проделанную работу. То есть делает он это, чтобы удовлетворить свое желание получать. Оплата за работу обязана успокоить его эгоизм. В противном случае – нет у человека возможности выйти из-под власти своего эгоистического желания.

Если же человек может что-либо делать ради того, чтобы отдавать и не получать ничего взамен, то это уже неестественно, то есть противоречит человеческой природе. Если мы видим, что есть люди, которые отдают свои жизни во имя Родины, не требуя ничего за это, то это значит, что Родина очень важна для них. Но эта любовь к Родине еще не выходит за рамки человеческой природы.

Мудрецы сказали, что у людей существует такое понятие как любовь к месту, где они живут, но разные люди любят разные места по-разному. Есть много добровольцев, которые идут в армию из-за того, что Родина им важна, тем не менее, они это делают из-за того, что знают, что очень большой опасности в этом нет, так как опыт подсказывает им, что многие люди возвращаются с войны живыми и здоровыми.

Если же люди видят, что идут на верную гибель, то лишь очень немногие, которым очень важна Родина, готовы пойти на это. И даже у этих людей большую роль играет надежда на то, что если они погибнут за Родину, то их имена не будут забыты, и что все их будут почитать.

Но когда речь идёт о духовной работе, человек должен быть очень скромным, чтобы не было зацепки для тёмных, эгоистических сил. Для того, чтобы этого не было, другие люди не должны знать о его духовной работе.

Нужно понять, что если человек жертвует собой во имя чего-то, например, во имя своей страны, во имя своего народа, то даже если он «получает» что-то за это (память потомков, например), то это уже большое дело. Потому что он получает «оплату» не для удовлетворения эгоистических желаний, а вследствие любви к ближним, ради которых он жертвует собой, чтобы этим принести им пользу.

Но если он может достигнуть той же цели, не прибегая к самопожертвованию, то, разумеется, он постарается избежать его и достигнуть цели другим путём. Потому что главным для него является получить награду от общества; и не работа является целью, а та польза, которую он хочет принести Родине, надеясь получить что-то взамен, и это даёт ему силы. Поэтому он не смотрит на то, какими средствами приносить пользу Родине. Если же он видит, что это требует самопожертвования Родине (он может принести Родине пользу),– он также готов на это.

Однако в духовной работе, когда мы говорим, что человек должен работать на Творца «без всякой награды», - имеется ввиду, что он готов к самопожертвованию без всякой награды, без того, чтобы родилась какая-либо награда за его самопожертвование. Это и есть суть его цели,– в том, что он хочет отменить себя перед Творцом, то есть, отменить своё желание получать, что является действительностью творения, – это он хочет отменить перед Творцом. Выходит, что это и есть его цель. Это означает, что его цель в том, чтобы отдать душу Творцу.

Когда же мы говорим о любви к ближнему в материальном мире, что тоже является высоким уровнем, и не все люди могут что-то делать для пользы общества, то есть для других, то мы видим, что самопожертвование является лишь средством для достижения цели, а не самой целью. И каждый хотел бы спасать других не такой огромной ценой, как самопожертвование.

Если спросить людей, добровольно идущих на войну во имя Родины, хотите ли вы, чтобы она была спасена без вашей гибели, то, разумеется, они бы ответили утвердительно. Но так как другого выхода нет, то они готовы идти на смерть, спасая и защищая других. Для этого нужны колоссальные силы, но, тем не менее, это не имеет никакого отношения к самопожертвованию во имя Творца, когда самопожертвование само является целью, а результаты не важны.

Поэтому самопожертвование в материальном смысле неизмеримо ниже, чем самопожертвование во имя Творца, потому что оно является лишь средством, а не целью.

Теперь мы должны понять, что значит «получать, чтобы отдавать». Это когда единственной целью человека является отдавать Создателю, то есть единение его свойств со свойствами Творца. Когда человек достигает уровня самопожертвования во имя Творца, то есть хочет ликвидировать свой эгоизм, чтобы доставить удовольствие Творцу, то он начинает видеть цель, которую преследовал Творец и которая была заложена в основу Идеи Творения, то есть насладить творения.

И это называется получать, чтобы отдавать. Но есть и другой уровень – отдавать, ради получения, то есть человек хочет получить духовное удовольствие, и для этого он начинает отдавать. Но, как было уже сказано, если целью человека была отдача, и нет у него никакого желания получать ради собственной выгоды, а только ради Творца, то тогда он может достичь уровня получения, ради отдачи.

Я слышал от Бааль Сулама, благословенна память праведника, что человек должен относиться к самопожертвованию как раби Акива (Брахот), который сказал своим ученикам, что он всю жизнь сожалел о том, что не может выполнить то, о чем сказано в отрывке: «Всей душою твоей, даже если Творец забирает душу твою». Он говорил: «Когда же представится возможность исполнить его? И сейчас появилась такая возможность, и я не исполняю».

Разумеется, если у человека есть такое желание отдавать, что он хочет получить благо и удовольствие потому, что это является целью творения, то единственным его желанием является получать ради того, чтобы доставлять этим удовольствие Творцу.

И сейчас пришло время понять четыре приведенных выше вопроса.

1. Почему тот, кто много страдает, тот праведник, а тот, у кого нет больших страданий, тот не праведник? Получается, что слово «страдания» («раот» на иврите) означает желание получать («йецер ра» – тот же корень). Это значит, что именно тот, кто чувствует, что его эгоизм приносит ему много страданий, что он не дает ему приблизиться к Творцу, именно такой человек является праведником.

Если же человек не чувствует, насколько он далек от Творца, и не ощущает страданий от этого, то такой человек не является праведником, потому что он еще не осознал свой эгоизм как зло для себя, то есть это не беспокоит его, не причиняет ему боль.

2. Почему для того, чтобы не быть соучастником желания получать, человек должен много страдать? Ответ очень прост. Как уже было сказано, под словом «страдания» мы подразумеваем эгоистическое начало. И если человек не чувствует, что его желание получать причиняет ему страдания, то он не считает, что у него есть эгоизм, чьим соучастником никому быть не хочется.

И то, что в действительности является эгоистическим началом, человек рассматривает как начало доброе, альтруистическое, а так как, по его мнению, это приносит ему добро, то почему бы и ему не поучаствовать в этом. Если бы он видел, какие бедствия приносит ему его эгоизм, он не помогал бы ему, не был бы его соучастником.

3. Почему сказано, что человека, которого Творец любит, Он спасает? Как будто другого человека Творец не спасает? Если человек чувствует, что его эгоизм причиняет ему страдания, то он кричит, обращаясь к Творцу, он взывает о помощи, и такого человека Творец любит. Если же человек не чувствует, что эгоизм приносит ему страдания, то и Творец относится к нему совершенно по-другому. Потому что нет у него никакого желания к тому, чтобы Творец спас его.

4. Почему сказано, что бедствия удаляют человека от его эгоизма, а с другой стороны говорится, что Творец спасает его от них? Если страдания, которые удаляли человека от эгоизма, прекратятся, то человек снова приблизится к нему?

Спасение, которое исходит от Творца, принципиально отличается от спасения, которое существует в материальном мире. Зло проявляется во время периода «сокрытия» Творца, когда человек видит это сокрытие. Так как известно, что «маленький» аннулируется по отношению к «большому». Разумеется, человек, занимающийся духовной работой, должен подавить, аннулировать свою сущность по отношению к Творцу, стать «свечой на фоне Факела». Но человеку тяжело подчинить свое тело, свое желание получать, которое не хочет идти верой выше знания.

И тогда человек чувствует, что «тело» его желаний причиняет ему страдания тем, что оно не хочет подчиниться власти Высшего Управления, и из-за этого человек отдаляется от духовности. Но когда человек должен поверить в то, что Создатель создал мир, являясь Абсолютным Добром и творящим только добро, тогда зло, которое находится в его теле – его эгоизм, удаляет человека от добра, уготованного ему Творцом.

Например, человек начинает учить Тору и не ощущает ее «вкуса», или он начинает молиться и тоже не чувствует никакого «вкуса». Или же начинает выполнять какую-нибудь заповедь и тоже никак не ощущает ее и не видит в этом никакого смысла. Это происходит потому, что эгоизм, что в нем, силой удерживает человека верить в Творца верой выше знания, и этим он лишает смысла все, что связано с духовным.

Когда человек начинает заниматься чем-либо духовным, ему все кажется сухим, лишенным жизненности. Принимая во внимание то, что человек начал свою духовную работу, сказали ему, и он поверил в то, что Тора является Торой Жизни, как сказано: «Ибо это не что-то пустое для вас, а жизнь ваша, и благодаря этому вы проходите дни ваши на земле и т.д.» (Дварим), и еще сказано: «Вожделенней золота они и множества чистого золота, и слаще меда и сотового меда».

И когда человек размышляет об этом, то он видит, что во всем виноват его эгоизм, и человек начинает понимать, какое зло он причиняет ему. И тогда он начинает понимать сказанное в Теилим «много бед у праведника» – человек осознает, что это говорится о нем и смотрит он тогда, как же заканчивается этот отрывок: «И от всех них спасает его Творец».

Тогда он начинает взывать к Творцу, просить Его о помощи, потому что все, зависящее от него самого, человек уже сделал, и это не принесло ему пользу. Человек уже думает, что это о нем сказано в Коэлет: «Все, что сможет рука твоя делать, в меру сил своих делай». И тогда приходит время избавления, и Создатель спасает его от эгоизма. И с этого времени эгоистическое желание покоряется человеку и уже не может спровоцировать его совершить какое-либо нарушение.

Однако после того как Творец видит, что человек завершил меру своих усилий и закончил всё, что ему полагалось сделать силой своего выбора и укрепления веры в Творца, тогда помогает ему Творец, и человек удостаивается постижения явного управления, то есть раскрытия лика. И тогда удостаивается совершенного возвращения, означающего, что возвращается и сливается с Творцом всем сердцем и душою, как само собой следует из постижения явного управления.

И это и есть ответ на четвертый вопрос. То есть Творец спасает человека от власти эгоизма, чтобы тот не причинял ему больше страданий. В Книге Зоар сказано, что бедствия, от которых страдает праведник, нужны для того, чтобы он не был соучастником эгоистического желания. Получается, что если Творец спасает его, то он снова может стать соучастником – снова начать желать получать для себя.

Но, как мы объяснили, спасение, что приходит от Творца – это Его раскрытие человеку, то есть Творец сам гарантирует, что этот человек больше не согрешит – не возжелает самонасладиться. Поэтому бедствия, от которых праведник страдал, были для того, чтобы он мог искренне обратиться к Творцу. Как сказано: «Если нет сокрытия Творца, то нет и раскрытия Его». Получается, что открытие Творца перед человеком – это наилучший признак для человека.

Оплот спасения моего
Статья 13, 1985

В ханукальной песне мы поем:
«Твердыня и крепость моего спасения,
Тебе принадлежат мои восхваления,
Стань домом моих молитв,
И там вознесем благодарение».

Песня начинается со слов о восхвалении – «Тебе принадлежат мои восхваления», затем говорится о молитве – «стань домом моих молитв», и затем снова слова благодарности и восхваления – «и там вознесем благодарение».

Таким образом, здесь есть три части, подобно тому, как в молитве «шмона эсрэ»: три первых благословения – это восхваления и возвеличивания, средние благословения являются просьбами, и три последних благословения – снова восхваления и возвеличивания.

Итак, начало дано в настоящем времени: **«Тебе принадлежат мои восхваления»**, то есть мы благодарим и восхваляем Тебя за те блага, что мы получили от тебя. Это подобно тому, что сказали мудрецы (Брахот, 32): «Всегда будет человек сначала превозносить величие Творца, и только затем молиться Ему».

Смысл в том, что только у того, кто верит, что Творец добр и милосерден и желает насладить творения, есть у него «место» для молитвы. И потому мы обязаны предварительно возвеличить Творца, то есть сам человек должен возвысить величие этого «места», а вовсе не то, что Творец бы увидел, что человек возвеличивает Его, ибо Творец не нуждается в творениях, а сам человек должен увидеть величие Творца, и только потом он сможет просить у Него помощь, чтобы помог и ему, поскольку это суть Его – наслаждать творения.

И потому после слов «Тебе принадлежат мои восхваления» идет молитва **«стань домом моих молитв»**. «Дом моих молитв» – смысл этих слов такой же, как в высказывании «и привел их на гору моей святости, и наслаждались в доме моих молитв». «Гора» («хар» на иврите) от слова раздумья, мысли (хирхурим), то есть освяти их мысли, чтобы все их размышления были бы из святости, и в этом смысл слов **«гора моей святости»**.

«И наслаждались в доме моих молитв» – это сердце человека, там должно быть «место» для возвышения, вдохновения шхины, так как шхина называется молитва, как известно, что малхут называется молитва, как написано «и Я – молитва» («Я» в Кабале означает **«малхут»**). А после слов «стань домом моих молитв» идет « и там **вознесем** благодарение». Таким образом сначала идет восхваление, затем молитва, и затем снова благодарность и восхваление, в той же последовательности, что и в молитве «шмона эсре», которая завершается восхвалением и возвеличиванием Творца.

Но что делать человеку, который и хотел бы начать с восхваления, но сердце замкнуто, и ощущает он в себе множество недостатков, и не способен воспеть и воздать хвалу? Единственный совет – идти верой выше знания и сказать, что во всем – скрытое милосердие, то есть сказать, что все вокруг – милосердие, но для него оно пока неявное, поскольку это сам он пока недостаточно чист, чтобы мог увидеть все те блага и наслаждения, которые уготованы Творцом для его творений.

И после того, как возвеличил славу этого «места», то есть когда он верит выше знания, что абсолютно все вокруг – только благо и милосердие, то должен он молиться, чтобы Творец исправил ему сердце. Чтобы стало оно **«домом молитв»**, что означает, что милосердие Творца станет там явным, это называется явное, проявленное милосердие. «И там **вознесем** благодарение, то есть воздаст благодарность за то, что сумел принести в жертву свой эгоизм. Это и называется «и там **вознесем** благодарение» за то, что удостоился принести в жертву свое желание получать для себя, свой эгоизм, и взамен получил желание отдавать, альтруизм, что называется «освятил место».

Но самое главное – прежде всего у человека должно быть желание избавиться от своего эгоизма, а поскольку эгоизм составляет самую сущность творений, то человек любит его, и потому очень трудно осознать, что от него следует полностью избавиться, но иначе невозможно ничего достичь в духовном.

В нашем мире мы видим, что есть у человека желания и потребности, касающиеся его самого, идущие от его внутренних нужд, а есть желания, которые человек получает извне. То есть сам он, не будь вокруг него людей, которые породили в нем эти желания, сам человек никогда бы не почувствовал, что этого ему не хватает, и только окружающие порождают в нем эти желания и потребности.

Например, человек, даже если и нет никого вокруг, все равно сам желает есть, пить, спать и т.д. Но если есть вокруг другие, то появляется также понятие стыда, то есть он обязан пить и есть то, что его вынуждают другие. И особенно заметно на примере одежды, что дома человек ходит в том, что нравится ему самому, а когда появляется в обществе, то должен быть одет так, как там это принято, а не иначе, поскольку стыд вынуждает его соответствовать общим меркам.

Точно так же и в духовном. У человека есть внутреннее стремление к духовному с его собственной стороны, то есть даже когда он совершенно один и нет вокруг никого, кто мог бы как-то подействовать на него и пробудить в нем какие-то желания, но изнутри, из собственных побуждений вдруг пробуждается стремление и желание работать на Творца.

Но внутреннее желание, имеющееся у него, конечно еще не настолько велико, чтобы достигнуть с его помощью духовных целей, и его надо еще и еще увеличивать. Для этого советуют мудрецы действовать, как и в нашем мире, то есть увеличивать, укреплять это желание с помощью окружающих, которые обязывают тебя, например, ходить одетым в соответствии с их взглядами и вкусами.

И когда он присоединяется к людям, у которых, как он видит, тоже есть стремление к духовному, то это желание, владеющее окружающими его людьми, порождает и усиливает и его собственную тягу к духовному, и тогда стремление человека к духовному становится достаточно сильным. То есть кроме того желания, что есть у него самого, человек получает и те желания к духовному, которые окружающие порождают в нем, и тогда его желание достигает такой силы, которая помогает ему достичь цели.

И в этом сущность понятия «любовь к товарищам», что каждый из группы, кроме того желания, которое имеет сам, приобретает желания и от всех друзей. И эту великую ценность невозможно приобрести никак иначе, как только с помощью любви к товарищам. Но следует очень остерегаться, чтобы не попасть в группу людей, у которых нет желания проверять самих себя, сущность своей работы – основана ли она на альтруизме или на эгоизме, на желании отдавать или получать, и не желают видеть, ведут ли их действия по пути истины, то есть путем чистого альтруизма, ведь только такая группа способна сделать желания друзей альтруистическими.

Это значит, что каждый получает от друзей ощущение потребности, недостатка, то есть ощущает, насколько недостает ему силы альтруизма. То есть если человек везде, где он бывает, во всем, что делает, жадно ищет любую возможность, которая могла бы добавить ему силу альтруизма, то когда попадает в такую группу, где все жаждут силы альтруизма и где все получают друг от друга эти силы, то это и называется, что получает силы извне, снаружи, в дополнение к тем небольшим силам, что были у него самого изначально.

И наоборот, есть вокруг и такие силы, что запрещено получать от них какую бы то ни было помощь, несмотря на то, что помощь от этих внешних сил вроде бы и может помочь ему в работе. И нужно очень остерегаться, чтобы не поддаться таким силам. В этом нужны особенно тщательные усилия и предосторожности еще и потому, что тело вообще очень склонно делать что-то под влиянием окружающих людей.

Это бывает с человеком, когда он слышит, как о нем говорят, например, что у него выдающиеся способности, или что он знаток учения, или что у него силен праведный страх не согрешить, или говорят, что он – человек, обостренно ищущий правду. И когда человек слышит такие речи, то хотя услышанные им разговоры вроде и дают ему силу для работы, но он тогда начинает получать уважение, почет и т.п. как плату за свою работу.

И тогда он больше не нуждается в том, чтобы Творец помог ему черпать силы для работы только в вере выше знания и в альтруизме. Наоборот – силы для работы он тогда получает от своего окружения. То есть окружающие обязывают его заниматься Торой и выполнять заповеди, а не Творец.

И в этом важность понятия «скромность», что одна из причин для нее – это не «вскармливать» эгоизм окружающих, и потому должен человек действовать скромно и независимо, как сказано: «И скромность с Творцом, Создателем твоим» (Миха, 6,5).

Поскольку окружение, то есть посторонние люди, они «вскармливают» свой эгоизм за счет его работы, потому что после того, как человек слышит, как его расхваливают, то он уже учится для своего окружения, а не во имя Творца, так как он уже не нуждается в том, чтобы Творец приблизил его к своей работе – ведь теперь он делает эту работу во имя того, чтобы окружающие воздавали ему почести и т.п., чтобы он за это учился и работал ради них, то есть это они, а не Творец, обязывают его работать.

Видим, что это подобно тому, будто он работает «на чужих богов». Это означает, что они обязывают его работать ради них, заниматься Торой и выполнять заповеди только за те почести, почет и т.п., что они воздают ему. Сказанное означает, что в случаях, когда они не знают о его работе, а он сам не видит никого, кто наблюдал бы за его занятиями Торой, то нет никого и ничего, что обязывало бы его трудиться. И это называется усилением эгоизма окружающих, и потому должен человек трудиться скромно и независимо.

Однако того, что он работает в скромности, еще недостаточно, и хотя теперь только Творец обязывает его к духовной работе, но должно выполняться еще условие: человек должен работать не во имя получения вознаграждения. А это уже совсем иная работа, поскольку это абсолютно противно нашей природе, так как человек создан по природе своей только с желанием получать, а здесь он должен трудиться только альтруистически, на отдачу, и ничего не получать для самонаслаждения. И поэтому-то и следует найти группу, в которой каждый убежден в том, что трудиться следует чисто альтруистически.

То есть поскольку эта сила – сила альтруизма очень мала у человека, то должен он найти людей, которые тоже нуждаются в таких силах, и когда они соединятся вместе, то каждый из них сможет получить силы от друзей, так как очень нуждается в этом. И тогда Творец пошлет нам помощь, чтобы смогли мы продвигаться путем альтруизма.

Я первый и Я последний
Статья 14, 1985

Сказано: «Я первый и Я последний, и кроме меня нет Создателя». Известно, что целью нашего служения является слияние с Творцом. И достичь этого можно только с помощью духовной работы во Имя Творца. Но человек с детства получает воспитание, согласно которому начинать нужно с работы «ради себя».

Как написано у РАМБАМА: «Сказали мудрецы, что человек должен заниматься Торой всегда, пусть даже «ради себя», но от «ради себя» он придет к «ради Творца». Согласно этому детей, женщин и народы земли учат соблюдать Тору из-за страха перед Творцом и в надежде получить за это оплату. Когда же их познания увеличатся, то постепенно, не спеша открывают им эту тайну, что служить Творцу нужно из любви к Нему».

Если же человек хочет достичь слияния с Творцом, то есть иметь намерение все делать только для отдачи, то такому человеку сначала нужно ощутить в себе недостаток такой работы. Это значит, что такой человек уже не получает удовлетворения от работы, которая направлена на то, чтобы насладиться самому, поэтому он начинает искать что-то другое, какой-то другой вид работы. Потому что раньше он занимался Торой и заповедями, опираясь на свое желание получать, то есть «ради себя».

В данный же момент человек должен поменять саму основу, на которой базировались все его занятия Торой и вся его жизнь. Сейчас человек начинает видеть, что эта дорога была неправильной и что она не принесла ему покоя. И такой человек не успокоится до тех пор, пока не перейдет от состояния «ради себя» к состоянию «ради Творца».

Но в то время, когда он находится под властью своего эгоизма, когда вся его работа только ради себя, кто же дает человеку возможность почувствовать, что это неверный путь, и что он очень далек от слияния с Творцом? К тому же он видит, что все остальные идут по тому же пути, что и он, так почему же он должен быть исключением из общего правила?

Еще тяжелей человеку, когда он видит, что люди, намного способнее него, прикладывающие больше усилий в духовной работе, удовлетворяются тем уровнем, который они получили в детстве, когда учили их заниматься Торой и заповедями «ради награды».

Тем не менее, человек не может успокоиться, не может удовлетвориться таким своим состоянием. И тогда у него появляется вопрос: а действительно ли он менее талантлив, действительно ли он меньше прикладывает усилий в духовной работе, почему состояние «ради себя» не дает ему покоя?

И ответом является «Я первый», то есть Творец дал ему ощутить это состояние как недостаток, отобрав тем самым у человека возможность продолжать идти по накатанному пути. И чтобы человек не возомнил, что это он сам дошел до этого, Творец сказал: «Я первый». Это значит: «Я дал тебе стимул, чтобы ты начал идти по истинному пути, дав тебе ощутить свое состояние как недостаток, чтобы ты почувствовал, что тебе не хватает Истины». И тогда начинается духовная работа, и человек начинает стремиться достичь состояния, в котором он сможет подавить свой эгоизм, и тогда все его действия будут только ради отдачи.

И после того, как человек удостаивается слияния с Творцом, он понимает, что достиг этого с помощью усилий в Торе и заповедях и с помощью того, что преодолел свой эгоизм. И он видит, что только Творец дал ему ту настойчивость в работе над собой, что только Творцом были даны ему силы полностью использовать все, что было возможно, и поэтому весь его успех пришел к нему от Творца, и он удостоился того, чего удостоился. Об этом сказано: «и Я последний».

То есть «Я был первым, когда дал тебе почувствовать недостаток, и Я последний, потому что Я же дал наполнение этому недостатку». Ощущение нехватки света Творца порождает желание к нему, заполнить которое можно только самим светом. А так как нет света без желания, готового принять его, то сначала выстраивают желание, а потом дают ему наполнение светом. Поэтому Творец сначала дал человеку желание – «Я первый», а после этого наполнил его Своим светом – «Я последний».

Нужно понять разницу между тем, кто занимается обычной, материальной работой на какой-нибудь фабрике, и между человеком, который занимается духовной работой. Когда речь идет об обычной работе, то если человек не работает, он не получает оплату, но и наказание за это он тоже не получает.

Если же человек не занимается духовной работой, то есть не соблюдает Тору и заповеди, то он получает наказание. Мудрецы сказали (Авот): «Десятью речениями сотворен мир. Чему это учит нас, разве он не мог быть сотворен одним речением? Это было сделано, чтобы взыскать с грешников, которые губят мир, который был создан десятью речениями, и дать хорошую оплату праведникам, которые поддерживают мир, созданный десятью речениями».

«Взыскать с грешников» – это значит причинить им страдания, которые есть у них в их жизни. Речь идет о «грешниках», которые находятся внутри самого человека, то есть о его желании получать, и если он видит, что все, что он делает, это лишь для удовлетворения своего желания получать, то это причиняет ему страдания и не дает удовлетворения в жизни.

Но с помощью этих страданий он начинает ощущать недостаток духовности, то есть «кли», желание, готовое для получения света. Эти страдания, которые испытывает человек, толкают его искать то состояние, в котором бы он получил удовлетворение от жизни. Согласно этому получается, что наказание, которое он получает за то, что не идет по правильному пути, не являются мщением и злопамятством, а напротив – это помощь, которая дает человеку возможность получить благо.

В Теилим (33) сказано: «Счастлив человек, которого наказываешь Ты, Господи». Это значит, что страдания, которые Творец дает человеку, когда тот идет по неверному пути, являются кли, и об этом сказано: «Я первый».

Но не всем, идущим по пути «ради себя», Творец дает ощутить страдания. А только «кого полюбит Творец, того убедит», то есть чувствует себя человек грешником, погрязшим в эгоизме. И это выталкивает его с пути обмана – на путь истины.

В материальном, если работник не работает – то не получает оплаты, однако не наказывают его за нежелание работать. Но в духовном не так – если ленится в работе, то получает наказание. Как сказано мудрецами, что «воздастся грешникам» *(Мидраш Раба)*. На самом же деле не наказывают человека, а возвышают его, давая ему возможность встать на правильный путь, и поэтому это определяется не как наказание, а как исправление. Ведь существует два пути, ведущих к исправлению: 1) путь страданий, 2) и путь Торы. В данном же случае исправление приходит к человеку через страдания.

Вместо прежнего эгоистического желания получать только для себя человек получает сейчас новое желание – человек надеется на Творца, что Он придаст его прежнему желанию намерение работать на отдачу. А когда желание его уже исправлено намерением «отдавать», то есть работать ради Творца, тогда он удостаивается того блага, которое заложено в сути Творения – «насладить творения». Это и есть «Я последний», то есть имеется в виду наполнение, которое дает сейчас Творец человеку там, где раньше им ощущалась потребность в Его свете.

Все это зависит только от Творца. Но человек со своей стороны должен говорить, что все зависит от него, потому что только согласно усилиям, приложенным им в работе по преодолению своего эгоизма, он может удостоиться той цели, для которой был создан. И это значит, что человек должен верить в оплату и наказание, но вместе с тем, после того как проделал определенную духовную работу, он должен сказать, что всем правит Высшее Управление, все зависит только от Творца. Как было сказано: «Я первый и Я последний».

Чтобы достигнуть цели, человек должен знать, что главное, к чему он должен прийти – это всем своим поступкам и мыслям придать намерение «ради Творца». Как сказано в «Пророках» (Ишайя): «Каждого, названного Именем Моим, во славу Себе сотворил Я его, создал и сделал Я его» («баратав», «яцартав», «аситав» – разные уровни творения).

Нужно понять, что заключается в этих словах. Получается, что тот, кто не назван Именем Творца, тот не создан Ему во славу? И что значит «назван Именем Моим».

Это значит, что человек принадлежит Творцу, как сказано: «Исраэль – народ Твой», то есть принадлежность Творцу означает единение с Ним по свойствам. И тогда так же как Творец наслаждает человека, так же и человек стремится доставить Ему удовольствие, и потому все его действия – только во славу Творца, а не ради личной выгоды.

«Каждый, кто назван Именем Моим», – так кто же может сказать, что он относится к Творцу? Тот, кто внутри себя пришли к постижению того, что все Творение создано только во славу Создателя, а не ради эгоистического желания самонасладиться. И такой человек принадлежит общности, которая называется «Исраэль – народ Творца». И тогда он начинает ощущать на себе внутренний смысл слов: «Избирает Творец народ Свой в любви».

Получается, что человек должен ощутить недостаток, он должен почувствовать, что нуждается в помощи Творца, чтобы Он помог ему достичь такого состояния, когда все его действия будут направлены к Нему, и с этого начинается его истинная работа по духовному продвижению.

И обратил Хезкияу свое лицо к стене
Статья 15, 1985

И повернулся Хизкияу лицом к стене и взмолился к Творцу Зоар, Ваихи). Там же в комментарии «Сулам» сказано: Человек должен молиться вплотную к стене, чтобы не было преграды между ним и стеной, поэтому и говорится: «И повернулся Хизкияу лицом к стене».

Нужно понять: что это за стена, вплотную к которой нужно молиться, и что это за преграда, которой не должно быть. И далее, в комментарии «Сулам» объясняется, что стена – это Повелитель всей Земли – Творец, и это Шхина.

Из этого можно понять, что «молиться вплотную к стене», – означает молиться в максимальном сближении (свойств) с Шхиной. Но еще нужно уточнить: что значит «вплотную», какова мера этой близости. И тогда нам объясняют – настолько близко, чтобы не было преграды между человеком и «стеной». Но что это за преграда?

Такой преградой является желание получать. Так же как Шхина – это желание насладить «нижних», так же и человек, отбросив желание получать, должен прийти к тому, что все его устремления и желания будут направлены только на отдачу Творцу. И тогда это будет называться, что человек «близок», находится «вплотную к стене» – то есть к Шхине.

Однако прежде всего мы должны знать или по крайней мере должны постараться понять, насколько позволяет нам наш разум: о чем мы должны молиться. То есть из всего, что нам недостает, мы должны выделить что-то как наиболее важное для себя, и настолько, что если бы могли заполнить этот недостаток, то были бы полностью удовлетворены.

Известно, что главная молитва – о «Шхинта бе-галута» (о Шхине в изгнании). Но и это требует объяснения. Во многих местах написано, что главное, о чем мы должны молиться, это о «поднятии Шхины из праха». И этому есть множество различных толкований.

То, что мы можем немного понять – что Шхина зовется «Царством Творца», «Царством Небес» («Малхут Шамаим»). Это значит, что когда человек принимает решение, что отныне его единственной целью становится служение Царю, причем без желания получить за это награду, тогда он удостаивается слияния с Творцом, и у него появляется возможность доставить Ему удовольствие, потому как свойства его стали подобны свойствам Творца. И такой человек в состоянии осуществить замысел Творения – желание Создателя насладить вои творения.

Но такое качество, как «доставить наслаждение Творцу», отсутствует у творений, так как с момента создания заложено в них только желание получать. И поэтому понятие «отдачи» совершенно непостижимо для них. Это подобно тому, как некая вещь валяется в пыли, и потому человек не обращает никакого внимания на нее и не кажется ему, что стоит ее поднять. И это называется «Шхина во прахе». Как сказано в молитве «Слихот»: «Созданный мною город – весь он на развалинах выстроен, город же Творца унижен и подобен кромешному аду».

«Город» – о нем сказано: «Маленький город и людей в нем немного» (Коэлет 9). Ибн Эзра объясняет это так: «Ранние комментаторы говорили, что на языке притчи «маленький город» – это тело (желания) человека, «и людей в нем немного» – тех, кто в силах породить, кто прислуживают душе».

«Город Творца» – когда тело хочет, чтобы в нем поселился Творец, тогда все его органы начинают сопротивляться этому. И тогда духовная работа – работа во имя Творца – теряет для человека всякий смысл, кажется самой низкой и бесчестной, приобретая вкус праха. Поэтому проклят был Змей словами (Берешит): «И прах будешь есть все дни жизни твоей». Это значит, что все, что бы он ни ел, будет иметь для него вкус праха.

Так же и здесь: когда человек начинает работать духовно, работать ради Творца, и не видит он, что из этого хоть что-то достанется его эгоизму, и не сможет он получить наслаждение ради себя, тогда такая работа кажется ему низкой, никчемной. И все, что бы не делалось им в этой работе, приобретает для него вкус праха. И это и называется, что «город Творца унижен до преисподней».

Это значит, что если есть преграда между человеком и Шхиной, то есть если духовная работа человека строится на основе эгоизма, тогда начинает ему казаться, что он уже находится в полнейшем совершенстве, в «Небесных Высях». Если же человек хочет убрать эту преграду, то есть он хочет, чтобы его духовная работа основывалась на желании отдавать, тогда он ощущает себя «униженным до преисподней». Потому что его эгоизм не видит, что он может получить что-либо взамен, и потому все его желания – «органы» его эгоизма, сопротивляются, не давая человеку работать.

И теперь понятно нам, что главная наша молитва должна быть о том, что Шхина в нас подобна праху. Это значит, что духовная работа – насладить Творца – ощущается нами как низкая и грязная, и мы просим Творца, чтобы Он «посветил» нам (приоткрыл духовное), чтобы «завеса тьмы» (желание самонасладиться) спала с наших глаз. И об этом мы и должны просить – чтобы «поднял Творец из праха бедняка, из сора возвысил нищего», как сказано в Теилим.

Известно, что Шхина называется «бедная и нищая», как сказано в Зоар, что «во прахе Она». «Из сора возвышающий нищего» – говорится о тех, кто стремится слиться со Шхиной и потому ощущают свое состояние как низкое и тяжелое, и не видят никакой возможности самим выбраться из этого болота. И тогда они просят Творца, чтобы Он поднял, возвысил их.

Если же духовная работа основывается на желании получать, тогда тело (эгоизм) с этим соглашается и не противится, ведь нет у него ни малейшего представления о том, что такое желание отдавать. И такая работа приводит человека к тщеславию и высокомерию, и он чванится тем, что он «служит» Творцу. Такому человеку кажется, что другие ниже и хуже него, так как он видит лишь их недостатки.

Все совершенно иначе у тех, кто продвигается к Истине, то есть у тех, кто хочет достичь свойства отдачи. Эти люди видят свои недостатки, и поэтому они не считают себя выше других. «Ашпаа» может быть только у тех, кто подавил, принизил свое эго. Такие люди называются «приниженными».

Когда такие люди шли по обычному пути, то им казалось, что вся проделываемая ими духовная работа – это очень большое и важное дело, она была для них предметом гордыни. А сейчас, когда они начали идти по пути Истины, им стало стыдно, что они все делали лишь ради собственной выгоды, удовлетворяя собственный эгоизм. Но они смогли осознать это только с помощью Творца.

На более позднем этапе человек, идущий по пути Истины, начинает понимать, что раз ему помогал в этом сам Творец, то его духовная работа является наиболее важной из всего существующего на свете.

Теперь о понятии «Шхина в галуте» (изгнании, порабощении). Человек должен почувствовать, что Шхина – то есть духовное – находится в «изгнании» в нем. Известно, что человек – это мир в миниатюре, и в нем есть 70 основных народов мира (совокупность его эгоистических желаний), а Израиль (желание к духовному), что внутри человека, находится в галуте, то есть он порабощен этими 70 народами. И потому не в состоянии человек сделать что-либо на благо Творца, а вся его работа – только ради себя.

Свойства, желания человека, направленные к Творцу, называются «народ Израиля» – «яшар-кэль», то есть прямой к Богу. Когда человек находится в них, он желает доставлять удовольствие Творцу. Но его «народы мира» хотят служить Творцу, только получая оплату, то есть ради получения собственной выгоды – именно такое, эгоистическое получение и называется «народы мира».

Согласно этому можно объяснить то, что сказано в Талмуде (Мегила): «Исраэль, находящийся в галуте» – то есть когда народ Израиля находится в изгнании, и потому не может человек ничего сделать для своего свойства «яшар-кэль», тогда «Шхина пребывает с ними» – человек чувствует, будто Шхина тоже изгнана вместе с ним и потому не может им править, потому что находится под властью «народов мира» – человек ощущает, что находится под властью своего эгоизма.

И об этом сказал царь Давид: «Не нам, но Имени Твоему дай славу ради милости Твоей, ради правды Твоей. Почему говорят народы: "Где же Бог их?" А Творец наш на Небесах. Все, что хочет, делает Он».

Объясним теперь вышесказанное. Когда мы просим Творца, чтобы Он помог нам выйти из рабства (эгоизма), то мы говорим: «Не нам» – то есть не ради нашего желания получать. Это значит, что мы хотим, чтобы все наши мысли, желания и действия базировались не на желании получать ради себя, (а это уровень народов мира), но «Имени Твоему дай славу» – чтобы Шхина не была в галуте, не была во прахе, то есть чтобы раскрылось перед нами Величие Творца, о чем сказано: «Да будет возвеличено и освящено Величие Его Имени».

И это объясняют слова: «Почему говорят народы: "Где же Бог их?"». Это значит, что эгоистические свойства «народы мира», что внутри самого человека, сопротивляются альтруистическому свойству «Исраэль», что в нем. То есть вместо духовной работы, основанной на разуме и сердце (свойство «Исраэль»), эгоизм человека (свойство «народы мира») толкает его к работе, которая основывается только на собственном знании («бе тох а-даат»). «Но Творец наш на небесах» – именно продвижение выше разума, выше собственного знания и называется «небеса», и это означает, что Творец – выше нашего понимания.

Почему же Он сделал так, что наша духовная работа требует веры выше знания? Ведь Он мог сделать как угодно, тем не менее Творец решил, что это самый подходящий для человека путь, чтобы смог он прийти к цели Творения – получать Добро и наслаждение, оставаясь при этом дающим, то есть подобным Творцу, а не получая ради собственной выгоды.

Когда мы просим Творца, чтобы «Имени Своему дал Он славу» – то «ради милости Своей» – означает, чтобы раскрылось нам свойство «хесед», дающее силы для духовного продвижения, так как это свойство желаний отдачи – «келим ашпаа». Тем самым мы станем равными по свойствам Творцу, что позволит нам затем получать наслаждение. Такое состояние называется «мерой правды». Как разъясняется в «Талмуде Эсер Сфирот»: «Раскрытие Управления Творца называется "правдой"», так как это и есть истинное Его желание. Ведь все сокрытия, существующие в мирах созданы Им только для того, чтобы раскрылось затем это Истинное Его Управление – желание насладить свои творения. Поэтому имя этому исправлению в «Зэир Анпин» – правда». И потому говорим мы в молитве: «Ради правды Твоей».

Чем более изнуряли его
Статья 16, 1985

«И по мере того, как изнуряли Исраэль, множился он и разрастался, и египтяне стали тяготиться сынами Исраэля» (Недельная глава «Шмот») – то есть насколько притесняли его, в той же мере он разрастался и множился. Неужели рост и умножение в работе по духовному продвижению невозможны, если не будут основываться на мучениях? Неужели предварительные мучения – необходимое условие для духовного продвижения?

Чтобы понять написанное, должны мы узнать то главное, что составляет нашу сущность. У Бааль Сулама сказано, что все наше составляющее, наша суть – это только наше желание получить (наслаждение). И, конечно же, наполнение эгоистических потребностей не называется работой, так как «работой» называется то, за что получают плату. Работа – это такие действия, от которых человек готов отказаться, но делает их только потому, что нет у него другого выхода, так как страстно желает получить плату, вознаграждение.

Вознаграждением называется то, к чему стремится человек, когда все устремления и желания его направлены к этому. А настоящее страстное желание – это когда желаемое проникло в его сердце настолько, что человек говорит себе: «Если не будет у меня возможности достигнуть этого, то такой жизни я предпочитаю смерть».

Поэтому, если не ощущает человек муки и боль из-за отсутствия того, к чему стремится, то желание это еще не является страстным влечением. И в той мере, насколько чувствует он страдания от нехватки этого, этим определяется величина его устремления.

Из этого следует, что если человек хочет получить какое-либо наслаждение, то должен прежде ощутить недостаток его, ибо нет ощущения наслаждения без желания на его получение. И невозможно наполнить себя ничем, если не чувствовать недостаток этого.

Например, не может человек кушать, если нет у него аппетита, получать удовольствие от отдыха, если не было ощущения усталости. Поэтому, если не мучается человек от страданий, которые посылаются ему египтянами (его же эгоистическими желаниями), если не мучают они его изнутри, если не желает он слушать их голос, а хочет идти прежней дорогой, то это означает, что нет еще у него достаточного желания для избавления из Египта – избавления от своего эгоизма.

Корнем получения в человеке является его эгоизм, и свойство это называется «Египет». Существует множество свойств человека – народов, и их общее деление на «семьдесят народов мира», потому что в каждом свойстве есть 10 подсвойств. Эти 70 свойств – народов, есть как с альтруистической, так и с эгоистической стороны человека, и они соответствуют «противостоящим» свойствам друг друга.

«Египет» представляет собой общий эгоизм, эгоизм в его общем виде. В него упали альтруистические желания, искры духовного – народ Исраэля, который находится там, чтобы исправить эгоизм. Но должны сначала ощутить страдание и боль от того, что не могут выйти из-под власти египтян. Как написано: «И стонали сыны Исраэля от работы, и воззвали к Творцу от этой работы, и услышал Творец их стенания» (Шмот, 2).

Сказано дважды «от работы», потому что стоны их были оттого, что не могли работать ради Творца. И все их страдания потому, что не могли делать эту работу бескорыстно, так как находились под властью египтян – неисправленных, эгоистических желаний.

Поэтому написано дважды «от работы»:
1. все стоны их были из-за того единственного, в чем ощущалась истинная потребность, хотя при этом не хватало им и многого другого. Это значит, что не желали никаких излишеств и никакой оплаты, и была у них единственная потребность, потому что ощущали страдания и боль оттого, что не могли сделать что-либо ради Творца. В нескольких словах это можно объяснить так: хотели они, чтобы появилось у них желание наслаждать Творца, а не собственный эгоизм, но не могли прийти к этому, и от этого страдали. И это называется, что хотелось им иметь хоть какую-то опору в духовном;
2. во второй раз «от работы» приходит, чтобы научить тому, что когда «вознесли свои крики о помощи к Творцу», Творец услышал их стоны потому, что просили только о работе, и на это указывает второе упоминание «от работы». Получается, что всякое изгнание, которое ощущалось, было только из-за того, что находились под властью эгоистических желаний Египта, и были не в состоянии сделать что-либо альтруистически.

Написано в Зоар (Шмот, 108): «Сказал раби Егуда: «Обрати внимание, что это так, как сказал раби Йошуа де Сахнин, что все то время, пока Исраэль находится под властью Фараона, не слышны крики Исраэля, но как только упал властитель, как написано: «умер Царь Египетский», то сразу «застонали сыны Исраэля от работы и вскричали, и вознесли вопли свои к Творцу», но до того часа не получали ответа на свои крики».

И это дает повод спросить: неужели пока не придет время снятия ярма Египетского (человеку), нет места свободе (его) выбора, чтобы раскаялись (его эгоистические желания) и смогли выйти из изгнания? Ведь в комментарии «Сулам» (п. 140) сказано: «В те многочисленные дни» – когда дни пребывания Исраэля в Египте стали многочисленны, то есть когда состояние изгнания дошло до предела, тогда «и умер царь египетский», что означает: «свержен властитель египетский со своих высот, и пало его величие», и поэтому говорится о нем, что «умер правитель египетский», так как потеря своего прежнего положения для него равносильна смерти. А потому как пал царь египетский (в глазах человека), то вспомнил Творец Исраэль (вспомнил человек о пути к Творцу) и услышал молитву их (молитву человека о духовном возвышении)».

И Зоар задает такой вопрос на высказывание «Когда станет невмоготу тебе, то с тобой случится все это»: неужели прежде, чем воплотится все, что положено, невозможно прийти к совершенству? И поясняется, что все, что должны пройти, могут пройти в меру ощущения страданий, и это не определяется ни временем и ни количеством, а только величиной, степенью ощущения.

Это можно понять на примере: если человек должен приложить усилие в 1 кг, соответствующее 1000 г страданий, то соответственно этому будет оплата, как говорили мудрецы: «По страданиям и вознаграждение». И то, что человек должен раскрыть это тяжелым трудом, прежде чем получит свою плату, это оттого, что «нет света, наслаждения без желания на это наслаждение», потому что нет наполнения, если не ощущался прежде его недостаток. И усилие, которое человек прилагает – это подготовка к тому, чтобы ощутить недостаток, чтобы была у него затем возможность ощутить в нем полноту, наполнение.

И, скажем, 1000 г недостатка – человек может дать их разными частями, которые будут отличаться друг от друга как качественно, так и количественно. Например, человек может прикладывать усилия 10 мин. в день – т. е. сожалеть о том, что удален он от Творца, а может сожалеть об этом и 10 мин. в неделю, или 10 мин. в месяц он вспоминает о том, что находится в удалении от Творца, и только тогда сожалеет об этом.

Подобно этому и качество страданий, вызывающих у человека сожаление тогда, когда вспоминает он о том, что находится в отдалении от Творца. И хотя это вызывает боль, но нет у него никакого чувства страха или опасения за то, что удален – ведь есть вещи, к которым влечет его гораздо сильнее, и боль за них сильнее. Выходит, что и качественную сторону человек должен взвешивать, принимать в расчет.

Есть и в этом у человека выбор, несмотря на то, что должен пройти весь путь усилий и страданий, пока в итоге не придет к полному слиянию с Творцом там, где прежде ощущались им страдания, оттого что отдален от Него.

Но есть у человека возможность уменьшить время прохождения страданий, увеличив как количество, так и качество ощущения страданий, что удален он от Творца. И тут необходимо знать, что есть огромная разница между количественным увеличением этих страданий – увеличением времени их прохождения, и качественным увеличением их ощущения.

Для того, чтобы увеличить количество времени, человек может сделать себе распорядок: сколько времени он может этому уделить, даже принудив себя к этому. То есть при всем том, что не желает тело – его эгоистические желания, сидеть и сожалеть об удалении от Творца то количество времени, которое человек выделил для себя, решив, что он должен для этого высидеть столько-то минут или часов, все же, если есть у него при этом сильное желание и твердый характер – он сможет выполнить то, что наметил. Ведь это – действие, а в действии человек в силах принудить себя.

Но что касается качества усилий – это намного тяжелее, так как не в состоянии человек заставить себя ощутить иначе, чем он чувствует на самом деле. Получается, что если человек попытается разобраться в степени своих ощущений, насколько он испытывает боль и мучается от того, что отдалился от Творца, то обнаружит, что иногда он испытывает состояние, когда ему совершенно все равно. И тогда не знает он, что ему делать – ведь не может же он поменять свое ощущение на какое-то иное – и впадает тогда в состояние паники, растерянности.

И от этого зависит продолжительность изгнания – состояния, когда человек не ощущает никакой связи с Творцом, потому что трудно нам дать необходимое количество усилий, а уж тем более их качество. И когда начинает человек размышлять о том, до какой степени ощущается им потребность в этой связи, то видит, что отсутствие сближения с Творцом не вызывает в нем никакой боли, и нет в нем даже осознания этого. Не чувствует он того, что удаленность от Творца означает отсутствие в нем Духовной жизни, и потому это не вызывает в нем никаких страданий.

И тогда не остается ничего другого, как молить к Творцу, чтобы дал ему хоть немного вкусить Духовного – чтобы смог человек ощутить, что смертельно болен и нуждается в исцелении души. Но случается, что человек испытывает состояние такого глубокого падения – настолько находится во власти своего эгоизма, что даже и об этом нет сил у него просить. Тогда все становится ему безразлично, а состояние его определяется как «духовно неживое», то есть отсутствует в этот момент у человека всякое внутреннее движение к духовному.

И в таком состоянии только группа может ему помочь. Когда находится человек среди своих товарищей по духовному продвижению, не подвергая никакой критике их действия, не выискивая, есть ли у них мысли, мешающие общей работе, есть ли у них помехи, подобные его помехам, пытаются ли они противостоять всему этому? Или может просто из-за того, что даже и не пытаются они разобраться в себе, поэтому в состоянии заниматься Торой и Заповедями? «Так зачем же тогда мне уподобляться всему тому, что в них есть?» – в итоге думает он.

И не в состоянии тогда человек получить никакой поддержки от группы, потому что нет у него никакого единения с товарищами, никакого слияния с ними – ведь они не достойны того, чтобы стоило ему с ними соединяться. И тогда не получает он ничего от той силы, которая в изобилии есть в группе. Поэтому, мало того, что состояние его определяется как «духовное падение», и не чувствует он никакой потребности в духовном, но наполняют его мысли о собственном величии – что он может всех вразумить в группе.

А группа может помочь лишь тогда, когда пришел человек к своим товарищам не с поднятой гордо головой, оттого что он умный, а они глупцы, а когда отбрасывает он все свое высокомерие и тщеславие.

Вернемся же к первому вопросу – к тому, о чем писал Зоар: «Когда состояние изгнания дошло до предела, тогда «и умер царь Египетский», так как потеря своего прежнего положения для него равносильна смерти», – ведь если человек не принимает в расчет свои эгоистические желания, то для эгоизма это равносильно смерти. «И потому как упал царь Египетский – их правитель», – если эгоизм больше не властен над человеком, «то вспомнил Творец Исраэль и услышал их молитву», – раскрываются тогда в человеке истинно альтруистические желания, и вся его дальнейшая работа проходит соответственно желаниям, направленным к Творцу – свойство «Исраэль» в человеке.

Это дает нам основание полагать, что не поможет никакая молитва, если не пришел еще назначенный срок. Но если это действительно так, то к чему тогда все усилия, если все равно Творец не услышит такую просьбу?

Попросту говоря, когда придет назначенное время, то почувствует человек состояние Духовного подъема – пробуждение, посланное ему Творцом. И тогда Исраэль – внутренние устремления человека к Творцу, пробудившиеся сейчас, раскаявшись, вернутся к вере – осознает человек, что желание «получать для себя» является злом для него, и обратится к Творцу.

Получается, что человек может повлиять только на время прохождения страданий. И значит, не стоит человеку ждать, пока придет время его избавления от эгоизма, что прежде этого времени просьба об этом спасении не будет принята. Имеется в виду время прохождения страданий — как их количество, так и глубина, качественная их сторона. И есть определенное количество времени, в течение которого должны проявиться все отведенные данному человеку страдания — во всем их объеме и степени их ощущения. Но мы можем значительно сократить сами страдания тем, что все они раскроются в человеке в течение короткого времени. Но и тогда проявиться должно будет все.

Узнай и прими сердцем
Статья 17, 1985

В Книге Зоар, «Ваэйра» (стр.29, п.89, «Сулам») написано: «Открыл раби Элиэзер и сказал: «Познай сегодня и прими к сердцу твоему, что АВАЯ — это ЭЛОКИМ. Спрашивает: «Но в этом случае нужно было сказать: «Познай сегодня, что АВАЯ — это ЭЛОКИМ». А в конце: «И прими к сердцу твоему» — потому что знание, что АВАЯ есть ЭЛОКИМ, действительно, можно принять к сердцу.

Отвечает: «Но сказал Моше: «Если ты хочешь стоять на этом знании, что АВАЯ есть ЭЛОКИМ, то прими к твоему сердцу и т.д. Ведь нельзя познать, что АВАЯ есть ЭЛОКИМ иначе, как посредством «и прими к сердцу твоему», поэтому сначала написано «прими к сердцу твоему», чтобы познать при помощи этого, что АВАЯ есть ЭЛОКИМ».

Порядок нашей духовной работы не таков, как обязывает разум, подобно знанию народов мира — «сначала услышим, а потом сделаем», а наоборот — «сначала сделаем, а затем услышим», как сказал народ Израиля на горе Синай при получении Торы: «Сделаем и услышим».

Как сказали мудрецы (Шабат, часть 8): «В час, когда Израиль поставил «сделаем» раньше, чем «услышим», раздался Голос, который сказал: «Кто открыл сыновьям моим эту тайну, которой пользуются ангелы, мои служители?» Ведь тем, что сказали «сделаем и услышим», уподобились ангелам-служителям, а не людям.

Ангелом называется посланец. Есть два вида ангелов:
1. неважно, что именно посылающий поручил им сделать, их не интересует, в чем суть дела. Как, например, кто-то дал пакет, чтобы передать другому. И не интересно посланнику, что находится в пакете, какие отношения между пославшим вещь и получающим. А раз он хочет исполнить приказ посылающего, он делает это с желанием сердца, и, разумеется, посланный получает за это действие какую-то награду, и это означает, что он служит своему господину ради получения вознаграждения.
2. Бывает, что посылающий — человек важный, и тогда вознаграждение посланца заключается в том, что он удостоился услужить господину, и ему не нужно взамен никакой другой награды.

Следовательно, посланцу нет никакого дела и никакой необходимости знать связь, существующую между посылающим и получающим некую вещь, также как нет необходимости знать, что это за вещь, то есть что находится в этом пакете, который он получил от посылающего, чтобы доставить кому-то.

В этом заключается смысл «сделаем» как посланец, и не интересует нас ничего, так как мы хотим услужить Творцу, чтобы доставить Ему удовольствие. А наше удовольствие заключается в том, что Он дает нам возможность услужить Ему — это состояние ангела, то есть посланца.

А смысл понятия «услышим» в том, что он уже слышит и понимает все, что делается со всех сторон. Это означает, что он уже не называется ангел – посланец, а в этом случае он сам превращается в получающего подарок от посылающего.

И это отношение уже не называется «посланник и посылающий», а «дающий и получающий», ибо он сам знает, что находится в этом пакете, и потому как дающий хочет, чтобы он получил пакет и увидел важность подарка, который он дает ему.

В соответствии с этим мы можем дать толкование, что понятие «и прими к сердцу своему» равнозначно понятию «сделаем», которое есть ни что иное, как вера выше знания. А после этого можем удостоиться состояния, что «АВАЯ – это ЭЛОКИМ», которое является состоянием «услышим».

А понятие «деяние» означает намерение сделать во что бы то ни стало, а его время – когда нет у человека никакой возможности ответить телу (своим эгоистическим желаниям) на его вопрос о смысле действий человека, и он видит, что то, о чем тело спрашивает – это вопрос правильный и что нечем ответить на него. И потому нет места для обсуждения и для слов, потому что оно задает правильный вопрос, и есть лишь один ответ – выше знания.

То есть, несмотря на то, что тело сопротивляется всем действиям, которые он хочет сделать ради Творца, в любом случае он должен сказать: «Заповедь приводит заповедь». Иными словами, есть у него одна заповедь, которую он выполняет всегда – это заповедь обрезания (отторжения эгоизма).

Этой заповеди тело не может сопротивляться, поэтому если он может радоваться, что выполняет заповедь Творца – пусть даже в чем-то одном – и если он думает о выполнении этой заповеди, о которой у тела нет ни малейшего понятия, то как он может снова пробудить в себе состояние своего деяния и работать снова с той же энергией, как до падения?

Но нужно знать, что каждый подъем – это нечто новое, что когда человек поднимается, он не поднимается в прежнее состояние, а это всегда, как известно, новое состояние. Как писал АРИ: «Один день не похож на другой, одно мгновение не похоже на другое, и один человек (в прошлом кругообороте) не может исправить то, что исправит другой (в настоящем кругообороте)».

И этим можно объяснить слова мудрецов (Минхот, 43): «В то время, когда Давид вошел в купальню и увидел себя стоящим голым, он сказал: «Горе мне, что буду стоять голым (неисправленным) и без добрых дел. Но вспомнил о заповеди обрезания, которое было на его теле, и вселилось в него веселье. А после того как вышел из купальни, сочинил песню: «Псалом Давида об обрезании, данном восьмого (дня от рождения)».

Так вот, состояние чистоты называется «купальня», и когда человек входит, чтобы очиститься, считается, что человек вошел в купальню. А когда смотрит на себя, определяя, сколько есть у него Торы и Заповедей, о которых он может сказать, что выполнял их ради неба, то видит себя голым – и это, когда смотрит на прошлое. После этого он смотрит на настоящее и видит, что и сейчас он не хочет делать ничего ради отдачи – и в этом смысл слов «Горе мне, что стою голый без добрых дел».

«Так как вспомнил о заповеди обрезания, которое на его плоти, вселилось в него осознание» – потому что в час выполнения заповеди обрезания не было у него никаких чуждых мыслей, ибо знание младенца не участвовало в этом процессе. И на основе обрезания он начинает сейчас строить весь порядок своей работы, что это также будет выше знания.

«После того как вышел, сочинил об этом песню» – это означает, что после того, как вышел из своего состояния, т. е. во время подъема, то что называется «вышел из купальни» уже очищенный. «Сочинил об этом песню» – ибо на этой основе – «выше знания», построил все здание от этого момента и далее, то есть первая заповедь, которая была на его счету – «выше его знания».

Подобным образом можно прокомментировать слова «увидел себя стоящим голым» – это значит, что нет у него никакого желания выполнять заповеди, а если так, то нет у него сейчас никакой связи с Духовным, потому что тело сейчас сопротивляется всему, имеющему отношение к святости. «Но потому что вспомнил о заповеди обрезания, которая на его мясе», – что уж этому тело не может противиться. Но ведь те, кто сами себя обрезали, во время самого обрезания имели свободу выбора. Тогда они были на подъеме, иначе не смогли бы себя обрезать. Однако потом, во время падения у них уже нет свободы выбора в обрезании.

А как могут преодолевать женщины, к которым не относится заповедь обрезания в теле? Это возможно благодаря поручительству – «весь Израиль в поручительстве друг за друга», и заповедь эта отпечатана буквально в мясе его тела, и это не заповедь деяния, которая на внешней поверхности тела – то вселилось в него осознание, что даже в состоянии такого падения он находится в связи с заповедями Творца.

Это может дать ему место для построения здания святости, и чтобы сказать своему телу: «Ты не можешь довести меня до полного отчаяния!» И это притом, что желания его тела говорят ему: «Неужели ты не видишь, что ты полностью оторван от всего дела Торы и Заповедей, и нет у тебя ни малейшего желания, а раз так, то что же ты еще мечтаешь о действительности, где Творец приблизит тебя больше, чем остальных? Разве ты не видишь, что ты хуже других?! Откуда ты набрался такой наглости, чтобы думать о том, что он приблизит тебя к Истинному Пути – к отдаче без всякого получения, и это в то время, когда ты видишь, что даже с занятиями Торой и Заповедями не ради Творца твое тело не согласно?!»

В любом случае на это есть ответ, что «по начальному намерению оставил Творец Заповедь на моем теле, чтобы можно было видеть, что пока еще есть то, что связывает меня с Творцом – это заповедь обрезания, которую ты не в состоянии аннулировать. И это говорит, что «не оттолкнет от себя далекий», но все приблизятся к Творцу». Потому вселилось осознание, что необходимо начать строить все свое знание на обрезании, которое на его мясе.

Это и есть обрезание, которое дано восьмого дня, ибо бина называется «восьмой», и это состояние скрытых «хасадим», то есть «выше знания».

Обвинители
Статья 18, 1985

Сказано в Зоар: **«Счастлив народ, умеющий возвещать. Сколько нужно человечеству пройти путями Творца, соблюдая законы Торы, чтобы с помощью Ее удостоиться будущего мира, и чтобы избавила Она их от всех обвинителей, высших и низших. Потому что так же как есть обвинители внизу, в мире, так же существуют они и в выси, стоящие в неизменной готовности обвинить человека».**

Для чего существуют обвинители наверху: когда хотят дать что-либо человеку, тут же появляются его ненавистники, обвиняющие его и убеждающие, что не стоит давать человеку то, что хотят ему дать.

Но внизу какие могут быть обвинения, относительно кого можно обвинить человека в мире, там, где существует скрытие, что это за враги внизу?

Все в Торе говорится только относительно самого человека. Если человек хочет продвигаться по пути отдачи, восходящему к доставлению наслаждения Творцу, тогда-то и появляются его внутренние ненавистники: «Дорога альтруизма не для тебя, – говорят они, – она предназначена только для выдающихся личностей, людей с особыми качествами и уникальными способностями, отважных и сильных, могущих противостоять трудностям. Но как можешь заниматься этим ты, ведь нет в тебе всех этих качеств, которыми обладают избранные из народа? Для тебя же сказано, что «среди народа Моего Я нахожусь», то есть продвигайся в одной «колее» с общей массой народа, и пусть не будет у тебя желания быть исключением».

Поэтому и говорит нам Зоар словами раби Йегуды, что «счастлив народ, знающий как возвестить», а РаШИ поясняет, что это те, кто «знают, как уговорить своего Создателя». Чем же можно уговорить Творца, чтобы насладил Он их? И добавляет раби Йеуда, что для этого нужно продвигаться по пути Творца и соблюдать законы Торы.

Но что это за пути Творца и как можно им следовать, если сказано о них, что «отличны мысли человека от мыслей его Создателя, а пути человека – от путей Творца». Поэтому продвигаться по пути Творца можно только приняв этот путь на веру, поставив его выше своего понимания и разума. Но если пытаться основываться на собственном разуме, тогда само тело человека (его желания) начинает возмущаться, сопротивляться этому, злословить на человека и обвинять его в том, что человек дает ему понять, что путь отдачи, путь Творца – это не для него.

Таким образом, когда человек начинает выяснять, в чем заключается его внутренняя работа, и видит те условия, которые ставят перед ним, тогда решает он, что нет у него никакой возможности принять на себя этот путь отдачи. Невозможно это, считает он, по двум причинам:

1. Так как нет в нем полной уверенности в оплате его труда – получении желаемого им, потому что не видел он пока никого, кто получил бы то, для чего прикладывал так много усилий. То есть когда он пытался разобраться в людях, которые, насколько мог он видеть, покорно терпят условия работы, и он действительно видит, что они вкладывают огромные силы в это, но не видит он, чтобы получили они хоть что-то за свой труд.

И если спрашивает он себя: «Тогда почему же они так и не получили желаемое?». Тогда удается найти ему прекраснейшее объяснение этому: тот, кто выполняет **все**, что требуется от него, тот конечно же получает вознаграждение за это. Но те, кто приложили много усилий, но пока еще не полностью, не на все сто процентов сделали все от них зависящее, те находятся в состоянии, которое ставит их вне работы, так как, по их мнению, работа на отдачу, работа ради Творца – она не для них.

2. И возникает тогда второй вопрос: кто может знать, подходит ли он больше них для этой работы, что он сможет дать все, что от него потребуется, сможет выполнить полностью все поставленные перед ним условия, что в результате этого сможет он прийти к слиянию с Творцом?

И обе эти причины приводят его к решению, что он прав на все сто процентов в том, что не желает принять на себя этот путь, который строится на вере выше разума и основан на полной отдаче. Он настолько понимает это, что уверен в том, что не найдется ни одного человека в мире, который смог бы доказать ему обратное.

Но тогда напрашивается вопрос: а что же те люди, которые вступили уже на этот путь, приняв на себя все его условия и решив все же работать ради Творца, как же они смогли преодолеть все эти проблемы и вопросы? Ведь конечно же, если говорят человеку: иди и приложи огромные усилия, но взамен этого ты не получишь ничего, – сразу же рождаются в нем все эти вопросы, не оставляя человека в покое ни на минуту. Так какая же сила может помочь выйти из этого состояния, разрешив эти внутренние вопросы, которые называются «бурные воды»?

И нет иного совета, кроме как продвигаться выше собственного разума, сказав самому себе: «То, что вижу я, что правда на моей стороне, и что следует мне продвигаться тем же путем, что и все, – не соответствует истине. Только тот, кто «видит» духовное, в состоянии увидеть истинное положение вещей. Но тот, кому духовное пока не открылось, нет у него никакой возможности осознать Истину».

Но потому как человек, задающий себе все эти вопросы, находится в это время под влиянием своего эгоизма, и потому обращается только к тому, что может дать ему хоть какую-то личную выгоду, поэтому не в состоянии он видеть правду. И потому сказано о таком состоянии:

«Будь неподкупным (к уговорам своего эгоизма), так как принявший этот подкуп из зрячего превращается в слепого».

И нет тогда возможности сказать ему, что он прав, ведь он основывается на том, что видит, а видит он, основываясь на взглядах своего эгоизма, и потому все, что видит – ложь. Просто человек должен сказать своему эгоизму: «Слышал я все твои вопросы, но сейчас не в состоянии ответить на них. Лишь когда удостоюсь духовного, альтруистического желания, тогда лишь «раскроются» мои глаза (смогу отделить альтруистическое от эгоистического), и если придешь ты тогда со всеми своими вопросами, тогда конечно же я отвечу тебе и ответы эти будут верными. Сейчас же могу я тебе посоветовать лишь одно – идти выше своего знания, так как все мое сегодняшнее понимание, весь мой разум приходят ко мне только со стороны эгоизма.

И хотя кажется мне, что все мои расчеты верны, но вместе с тем не в состоянии я пока отличить правду от лжи. Это значит, что все, что говорится о работе ради Творца – сказано не обо мне. А я, как любой обычный верующий человек, которому вполне достаточно простое выполнение заповедей Торы, и он говорит: «Что положено мне делать – я делаю, о намерении же пусть заботится тот, кто чувствует в этом необходимость, но у меня нет такой потребности – быть умнее всех». Этими измышлениями подменяются речения праведников», я же хочу продвигаться выше этого, выше того, что подсказывает мне мой разум».

И потому сказано во всех книгах, что человек должен быть чистым перед исполнением каждой Заповеди. О чистоте этой сказал Бааль Сулам, что во всем, чтобы ни делал человек, должен он остерегаться, чтобы ложь не примешивалась к его делам, и следить за тем, чтобы каждый свой шаг оставаться на стороне Истины. И еще он сказал: «Как есть разница в соблюдении чистоты между людьми: кто-то следит за чистотой своей одежды, а кто-то чистит ее только тогда, когда грязь уже явно проступает на ней. То есть это зависит от того, насколько опротивела человеку его грязь».

Так же и в духовном не существует двух одинаковых людей: насколько опротивело человеку его ложное (эгоистическое) состояние, настолько не может он терпеть эту ложь, и в этой мере приближается человек к осознанию своего истинного состояния».

«Человек должен знать, что эта грязь (его эгоизм) приносит настоящий вред душе. И поскольку душа – вечна, поэтому человек должен оберегать ее ото лжи, чтобы истинное его состояние было чисто от всякой нечистоты эгоизма».

Теперь попытаемся понять сказанное раби Хия бар Аба со слов раби Йоханана, что ученик мудреца, запятнавший свои одежды, должен умереть.

Как же может быть такое, что за испорченные одежды человеку полагается смерть? И почему «каждый ненавидящий любит смерть»? Если человек ненавидит что-то, почему это должно являться признаком его любви к смерти?

Объяснением этому является все та же чистота: если человек хочет продвигаться по духовному пути, он должен очищаться ото лжи эгоизма, чтобы не примешивалось это состояние лжи к его делам.

Истинным называется состояние работы ради Творца. РАМБАМ о нем сказал: «Тот, кто работает на Творца из любви, занимается Торой и выполнением Заповедей, продвигаясь путями мудрости, не из-за того, что так хочет окружающий мир и не из-за страха перед злом эгоизма, и не для того, чтобы приобрести что-то. А делает добро просто потому, что это добро, и тогда само действие уже доставляет удовольствие».

Так что же означают «грязные пятна на одежде»? Одеяниями называются такие свойства человека, в которые получает он духовное наслаждение и в них же ощущает он жизнь. Они должны быть чисты от любой мельчайшей примеси эгоизма и направлены только на отдачу Творцу.

Но почему сказано, что «каждый ненавистник любит смерть»? Неужели может быть кто-то врагом только из-за того, что любит смерть? Что же означает смерть?

Тот, кто находится в слиянии с Творцом – источником Жизни, в том существует жизнь. Но кто отделён от Него – отделён от жизни. Поэтому и сказано «ненавидящий», то есть тот, в ком нет любви к Творцу, кто не стремится работать только ради Него, а примешивает к духовной работе и свой эгоизм. А так как эгоизм является качеством смерти, потому как приводит к удалению от Творца ввиду различия с Ним по свойствам, поэтому «любит смерть» – то есть свою эгоистическую природу, и потому становится противником, ненавистником (свойств) Творца.

РАШИ так поясняет значение слова «ненавистники»: «Это те, кто вызывают отвращение у созданий. И люди говорят о них, что горе тем изучающим Тору, что вызывают ненависть и порицание, ведь это возбуждает ненависть и к Торе».

Как же это понимать: если одеяние человека (его альтруистические свойства) потемнели от какого-то пятна (примешались к ним свойства эгоизма), то он становится ненавистен людям? И неужели тем самым он приводит к тому, что вокруг начинают ненавидеть Тору, и настолько, что за это полагается ему в качестве наказания смерть? Как сказали мудрецы: «Каждый учащийся у мудреца и запятнавший свои одежды подлежит смерти».

Попробуем объяснить, основываясь на принципах внутренней работы, сказанное РАШИ о тех, «кто вызывают отвращение у созданий». Созданиями называются желания и мысли самого человека, ведь человек, как известно, называется отдельным, самостоятельным миром. И эти составляющие человека говорят ему: «Горе тем изучающим Тору, что вызывают ненависть и порицание. Ведь о них сказано, что должны быть «прекрасней золота и слаще мёда», так почему же мы не видим этого в нашем случае»?

Причиной того, что не видится то ценное, что есть у занимающихся Торой (внутренние стремления человека к постижению духовного), потому что есть «грязные пятна на их одеждах». То есть к нашим внутренним устремлениям к постижению Творца примешивается эгоизм во время работы по духовному продвижению. Это и есть те самые «грязные пятна», которые приводят к тому, что наслаждение и наполнение жизнью, идущие от Творца, не могут быть приняты в эти «запятнанные» эгоизмом одеяния, потому как стремления эти в нас ещё не исправлены настолько, чтобы совпадать по свойствам с Творцом, то есть быть полностью дающими. И тогда творения, что внутри человека, то есть его мысли, желания, приходят в отчаяние, приводя тем самым к тому, что начинает человек ненавидеть Тору и всю эту внутреннюю работу.

Это значит, что там, где человек, используя данное ему стремление к духовному, должен раскрыть самое ценное, самое дорогое что есть в Торе, – происходит наоборот! И что же является этому причиной? Происходит это потому, что человек не следит за «чистотой своих одежд» (его желаний к духовному), «пятнает» их.

И потому становится понятным, почему человек, запятнавший «одежды» своих духовных желаний (эгоизмом), говорится о нём, что подлежит смерти. Ведь эгоизм этот, что он примешивает к своим стремлениям к духовному, приводит к различию его свойств со свойствами Творца, отделяя человека от Источника всего живого. И поэтому сказано о нём, что он «толкает себя к состоянию, именуемому смерть».

Всё это происходит потому, что не следит человек за чистотой в своей внутренней работе и примешивает к своей духовной работе и эгоистические свои качества, которые зовутся «работой, не направленной к Творцу». А нужно, чтобы всё в человеке пришло к единому стремлению – ради Творца.

Пойдем к фараону -1
Статья 19, 1985

Сказано в Торе, что Творец сказал Моше: «Пойдем к Фараону». Сказано в Зоар: «: «Почему сказано «Пойдем к Фараону», ведь надо бы сказать: «Иди к Фараону». И поясняется: «Это потому, что ввел Он Моше, комната за комнатой, к чудовищу одному высшему, и поскольку увидел Творец, что боится Моше, сказал Он: «Вот над тобой Фараон – царь Египта, огромное чудовище возлежит в его реках». И вести с ним войну должен только Творец, и никто иной. И сказанное «Я – Творец» поясняется: «Я, а не посланник».

Из всего этого следует, что сказанное «пойдем» означает, что пойдем мы вместе, вдвоем.

И чтобы объяснить это в работе Творца, прежде всего надо знать, что мы требуем за то, что занимаемся Торой и Заповедями, что мы требуем взамен этого? И это должно быть нам понятно и ясно для того, чтобы смогли мы понять, что стоит поступиться материальными наслаждениями «тела», если мы видим, что они мешают высшей цели, которая и является тем, что мы требуем взамен занятий Торой и Заповедями.

Поэтому надо знать, что основная награда, которую мы желаем получить за выполнение Торы и Заповедей – это слияние с Творцом, что означает – сравнение с Ним по свойствам, качество «соединения с Ним».

Как сказали мудрецы: «Сотворил Творец злое начало и создал Тору для его исправления». Потому что именно это и есть то кли-желание, которое может принять в себя цель Творения «Делать Добро созданиям». И это, как сказано в «Матан Тора», называется «раскрытие свойств Творца творениям в этом мире».

Получается, что есть две разновидности:
1. исправление Творения, называемое слиянием;
2. цель Творения, определяемая как получение Добра и Наслаждения.

И награда за нашу работу – исправление Творения.

Известно, что основная работа – работа по созданию кли – желания, а наполнение, которым является принимаемое наслаждение, приходит со стороны Высшего, со стороны Творца, свойством которого является «Желание делать Добро творениям».

И, конечно же, с Его стороны нет ничего, что бы помешало Ему дать нам это Добро. Все недостатки, нами испытываемые, возникают из-за отсутствия в нас исправленных желаний, в которые смогли бы мы получить наслаждения. Потому что в нас открываются желания, уже прошедшие разбиение эгоизмом. Ведь по причине этого разбиения, произошедшего в мире Некудим, появились «клипот» – эгоистические желания получать для себя.

Объясняется разбиение в духовном на примере разбиения сосуда в нашем мире: если наливать какое-нибудь питье в разбитый сосуд, оно вытекает из него. Так же и в духовном – если вкрадывается в кли мысль, желание «получить для себя», то наслаждение уходит наружу, то есть выходит за пределы альтруистического кли.

Святостью называется состояние «ради Творца», а все кроме этого называется «ситра ахра» – то, что обратно, противоположно Творцу (по свойствам). Поэтому говорится, что святость – это свойство отдачи, свойство Творца, а нечистота – это желание получить для себя. И в силу того, что мы родились после разбиения, так или иначе, все наши желания – только получать, и потому не могут нам давать наслаждение, поскольку конечно же все уйдет в «нечистые силы».

И это вся причина того, что мы удалены от получения того Добра и Наслаждения, которое Творец приготовил нам, потому что все, что бы ни дал Он нам, придет в негодность. И сказано мудрецами: «Кто такой глупец – теряющий то, что дается ему».

Отсюда следует, что причиной того, что глупец теряет, является то, что он – глупец. Но почему глупец обязан потерять, а у мудрого остается то, что дается ему, и не теряет он?

Надо объяснить, что глупцом называется тот, кто неизменно остается в своей природе, называемой себялюбием, и не ищет всевозможные способы и уловки, чтобы выйти из эгоистического желания получить.

И хотя есть у него удивительные возможности и средства выйти из своей природы, он остается «голым», как в день своего рождения, без другого «одеяния», которое зовется «желание отдавать», что в это одеяние «отдавать» он сможет одеть то Добро и наслаждение, которое ему предназначено.

Но бывает, что человек начинает работу по отдаче и объясняет «телу», что вся цель работы – получить желание отдавать. И после всех споров, которые возникают у него с «телом», оно говорит ему: «Как можешь ты изменить свою природу после того, как Творец создал ее такой, когда вообще все творение, определяемое свойством «произошедшее из ничего» – это только желание получать? Как смеешь ты сказать, что можешь изменить созданную Творцом природу?!».

И на это сказано: «Пойдем к Фараону», то есть пойдем вместе, что Я – Творец – тоже иду с тобой для того, чтобы Я изменил твою природу. И Я хочу одного: чтобы ты попросил Меня о том, чтобы Я помог тебе изменить природу – обратить ее из желания получать в желание отдавать. Как сказали мудрецы: «Зло в человеке преобладает над ним каждый день, и если бы Творец не помогал ему – не смог бы справиться с ним».

Но и это надо понять: для чего же нужен Творец, неужели чтобы просить у Него? Ведь это свойственно только человеку из «плоти и крови», который желает почета, чтобы просили у него, чтобы знал просящий, что именно этот человек помог ему. Но как можно сказать такое о Творце?

Согласно правилу, что нет света без желания, готового к его принятию, то есть невозможно наполнение, если не было предварительного ощущения недостатка, то поскольку пока нет недостатка в чем-либо, если дать человеку это, то не сможет оценить его. И если не может оценить важность – не может остерегаться, чтобы не украли у него эту вещь.

И вот это и есть причина, почему человек должен просить помощи от Творца. Ведь если дадут ему просветление свыше, то чтобы знал как беречься, чтобы не забрали у него «темные силы», знающие в отличие от него цену духовному просветлению.

А настоящая просьба начинается как раз тогда, когда человек видит, что он сам не может помочь себе, тогда он знает совершенно точно, что нет ничего другого, как только просить Творца, чтобы помог ему, иначе останется отделенным от духовного и не будет у него никакой возможности выйти из состояния себялюбия. Поэтому, когда Творец помогает ему, он знает уже, что это большая ценность, и надо очень остерегаться, чтобы не отобрали ее посторонние.

И это то, что говорит АРИ в 7-ой части ТЭС: «И это тайна преследования Злом и Нечистой силой праведников – чтобы прегрешили, для того, чтобы присосаться к духовному, словно нет им жизни без того. И когда увеличивается Доброе и Святое, усиливается их живучесть, и не удивляйся теперь, зачем Злое начало преследует человека, заставляя его согрешить, и пойми это».

Поэтому, чтобы человек сумел уберечься и не потерять то, что дают ему, должен приложить сначала большие усилия, потому как то, что дается человеку с усилиями, заставляет его остерегаться не потерять приобретенное.

Но во время работы, когда человек видит, что далек еще труд от своего завершения, он иногда отходит от «работы» и приходит в отчаяние и нуждается тогда в дополнительном укреплении – поверить в Творца, что Творец поможет ему. И то, что помощь еще не приходит, говорит о том, что еще не дал того количества и качества усилий, которое необходимо для того, чтобы ощутить недостаток, чтобы смог затем получить наполнение.

Как написано в предисловии к ТЭС, п.18: «И если кто-нибудь занимался Торой и не смог избавится от дурных склонностей, то это или из-за недостаточного усердия дать необходимые в изучение Торы труд и усилия, как сказано: «Не трудился и нашел – не верь», или, может быть, дал нужное количество усилий, но пренебрег качеством».

Поэтому «пойдем к Фараону» – надо держать это в сердце и верить в это во всех состояниях, самых плохих, какие только будут. Не уходить от работы, но всегда быть уверенным в Творце, что Он может помочь человеку, когда понадобится ему как маленькая помощь, так и большая.

И, говоря откровенно, тот, кто понимает, что нуждается в большой помощи от Творца, поскольку он хуже всех остальных людей, он более подходит, чтобы молитва его была принята, как сказано (Теилим 34,19): «Близок Творец к сокрушенным сердцем, и угнетенных духом спасает».

Поэтому нет основания у человека сказать, что он не годен к тому, чтобы Творец приблизил его, и это причина того, что он ленится в работе. Но человек должен все время находиться в преодолении, борьбе и не давать проникнуть в мозг мыслям отчаяния. И это, как сказали мудрецы (Брахот 10): «Даже когда острый меч возложен на его шею, не оставит милосердие».

И «меч возложен на его шею», то есть несмотря на то, что зло человека, называемое себялюбием, «возложено на его шею» и хочет отделить его от святости, показывая ему, что нет никакой возможности избавиться от его гнета, тогда должен человек сказать, что то, что перед ним предстает сейчас – это правда, но «не оставит милосердие», то есть он должен верить, что Творец может дать ему милосердие – свойство отдавать. Своими силами человек не способен выйти из-под власти эгоизма, но Творец, помогая, безусловно, может вывести его, и это то, что написано «Я Господь, Творец ваш, который вывел вас из страны Египет, чтобы быть для вас Творцом».

И это мы произносим во время утренней и вечерней молитвы «крият Шма», что это – принятие на себя власти Высшего Управления, поскольку мы должны знать, что Творец выводит человека из-под власти получения, определяемого как «разделение», и вводит его в духовное. И тогда осуществляется «чтобы быть для вас Творцом», и теперь он называется народ Исраэля, а не народ земли. И это то, о чем сказали мудрецы (Псахим, 118): «Сказал раби Йоханан Бен Лакиш: «Когда Творец сказал Человеку: «И колючку, и чертополох произрастишь себе», – залились глаза его слезами, и сказал он: «Создатель, я и осел мой будем есть один корм». Но поскольку сказал ему Творец: «В поте лица своего будешь есть хлеб», – успокоился».

Но надо понять, что претензия Первого Человека (Адам а Ришон), не понявшего действие Творца – за что полагается ему, что он будет есть один корм вместе с ослом его, – претензия правильная, и подтверждение тому – Творец дал ему совет есть хлеб, и если бы претензия не была оправданной, Творец не принял бы ее. Но, с другой стороны, претензия его непонятна: в чем его преимущество? Разве не говорили мудрецы (Санедрин, 38): «Человек сотворен в канун Субботы, и если одолеет его гордыня, говорят ему, что комар значительнее тебя в Сотворении мира!?».

И если у комара преимущество, то в чем же претензия, что «я и осел мой будем есть из одних яслей?». Но надо объяснить, что после того как согрешил, упал в свойство себялюбия, тогда стал похож на осла, не понимающего ничего, кроме своего эгоизма, и поэтому «залили слезы глаза его» и сказал: «Я и осел мой будем есть из одних яслей?». То есть из одного свойства – себялюбия?

Поэтому дал Творец ему совет: «В поте лица кушай хлеб», потому что хлеб называется пищей человека, то есть посредством усилий он выйдет из свойства «народы стран» и назовется тогда именем «народ Исраэля» – по имени свойства, которое приобрел, направленного к Творцу.

Но когда народ Исраэля был в изгнании в свойстве египтян, а египтяне называются народом, подобным ослу, – имеется в виду только себялюбие, – поэтому спасение Исраэля было в том, что Творец вывел их из Египта.

И это то, к чему нужно направить желание при принятии на себя Высшего Управления: «Я – Творец ваш, который вывел вас из страны Египет, чтобы быть для вас Творцом». Что именно с помощью Творца можно выйти из Египта и удостоиться свойства «быть для вас Творцом».

Кто укрепил сердце свое
Статья 20, 1985

В Книге Зоар написано: «Сказал раби Ицхак: «Не нашли мы никого больше, кто ожесточил бы **свое** сердце перед Творцом, как Фараон». Сказал раби Йоси: «Но ведь цари Сихон и Ог тоже ожесточили сердца свои». Ответил ему раби Ицхак: «Это не так: они ожесточили сердца свои против Исраэля, а не против Творца. Фараон же ожесточился именно против Творца: даже видя всю Его мощь – не вернулся он к Нему».

Какая разница в том, что они ожесточили сердца свои против Творца или против Исраэля? Вся ненависть, что есть у других народов против Исраэля, из-за того, что он является народом Творца. Как сказано: «Я выбрал гору Синай, чтобы была ненависть у язычников к вам» (на иврите название горы – «Синай» и ненависть – «сина»).

В вопросе ненависти к Исраэлю. Фараон ненавидел народ Исраэля и хотел уничтожить его, а когда Моше пришел с просьбой Творца отпустить народ Его, не захотел слушать Фараон и сказал: «Кто такой Творец, чтобы слушался я Его?».

Цари Сихон и Ог также ненавидели Исраэль. Причина ненависти Сихона и Ога к Исраэлю в том, что ожесточили сердца свои против Исраэля, что народ Исраэля не важен, поэтому ненавидят его, как и Фараон ожесточился в сердце своем против Творца, что Творец не важен в глазах его, поэтому есть у него ненависть к народу Исраэля. Если так, то в чем разница?

Необходимо знать, что есть два препятствия, стоящие против человека и не дающих перейти через границу в духовный мир, достигнуть любви к Творцу. Рассмотрим первое препятствие.

Человек рождается с желанием получить для себя и не в состоянии сделать что-нибудь без эгоистического расчета. Так человек может отказаться от самополучения, чтобы отдать что-то кому-то, если это дает ему душевное удовлетворение. Например, человек может работать для важного человека: скажем, большой человек появился в аэропорту с чемоданом и дал его одному из своих поклонников, а затем вручил сто долларов за его помощь. Конечно, поклонник откажется от оплаты и возвратит сто долларов. Почему он отказывается от оплаты за свой труд? Может, ему оплатили недостаточно? Ведь если бы великий в его глазах человек дал десять долларов простому носильщику, тот был бы доволен! Так почему же он не желает получить плату в виде денег? Потому что имеет возможность услужить своему кумиру, что стоит в его глазах больше ста долларов.

Отсюда видно, что для кого-то важного человек в состоянии работать без обычной оплаты. И поэтому, когда начинает выполнять Тору и Заповеди ради Творца, в состоянии человек отказаться от самолюбия ради Творца. В чем же проявляется препятствие в работе на Творца, чтобы человек не смог идти к Творцу? Препятствие проявляется только в одном – оно не дает возможность представить человеку величие и важность Творца.

Следовательно, вся сила, что есть у нечистых сил (ситра ахра), направлена против Творца. Говорит она человеку: «Я знаю, что ты сильный человек, что ты можешь справиться с пагубными желаниями своими, не как люди, слабые сердцем и характером. Ты же сильнее всех, а то, что ты не идешь путем правды, это потому, что цель не очень важна, чтобы ты аннулировал свое я из-за нее». И этим она мешает ему достигнуть цели.

Сказано в Зоар раби Ицхаком: «Не найти еще такого, кто бы ожесточил свое сердце, как Фараон», потому что это свойство человека, называемое «Фараон», не видит важности Творца. Поэтому сказал: «Кто Творец, чтобы послушал я Его?» Это первое препятствие.

Второе препятствие появляется, когда эгоистическая, нечистая сила человека, препятствующая оценить величие Творца (ситра ахра), видит, что человек начинает преодолевать претензии первого препятствия, и идет верой выше знаний, не обращает внимания на то, что она говорит ему.

Тогда появляются претензии к свойству Исраэль в человеке. То есть все претензии направлены против желания идти дорогой Творца, которая называется Исра-Эль, «прямо к Творцу», то есть человек желает, чтобы все его действия, что он совершает, поднялись прямо к Творцу, и не желает, чтобы было в нем другое намерение.

Так что же делает второе препятствие? Оно преуменьшает значение свойства Исраэль в человеке, заявляя ему: «Свойство Исраэль, что внутри тебя, очень слабо и по способности, и по силе противостояния. И путь, что ты выбрал, чтобы все действия были альтруистическими, это можно требовать с того, у кого свойство Исраэль сильно, со всеми подходящими данными, а именно: хорошее воспитание, способности и он крепок сердцем, чтобы смог бороться с плохим началом, что внутри него – такой человек сможет идти этим путем, но не такой слабохарактерный, как ты».

Так в чем же препятствие? Уже не ведется разговор о важности цели, как претензии Фараона, который преуменьшал важность цели: «Цель – она очень важна, но не думаешь же ты, что сможешь идти этим высоким путем, поэтому иди дорогой масс и не будь исключением. И только этот путь твой».

Так в Зоар сказано о разведчиках: «И вернулись, то есть вернулись на плохую сторону, сошли с дороги правды, когда спросили: «Что мы будем иметь? До сегодняшнего дня не видели хорошего в мире, трудимся в Торе, а дом пустой. И кто заслуживает тот мир, кто войдет в него? Может быть, было бы лучше нам, если бы не очень старались? Ведь трудились и учились, чтобы узнать часть того духовного мира, что предложил ты нам – мира с молочными реками и медовыми берегами! Хорош он, высший мир, как мы узнали из Торы, но кто может заслужить его, войти в него, жить в нем? Только тот, кто не считаясь с этим миром, не стремясь к богатству, заслужил высший мир. Кто он, что сможет сделать так, чтобы заслужить его? Детей великанов видели мы в нем, то есть необходимы сила и мужество, а ведь сказано, что Тора ослабляет силы человека».

Претензия разведчиков, как комментирует Зоар, не в важности Исраэль, как претензии Фараона, а эти, вторые препятствия основаны на противостоянии Исраэль. Теперь возможно объяснить разницу между претензией Фараона, который ожесточился против Творца, и претензией царей Сихона и Ога, которые ожесточились против Исраэля.

Фараон сказал: «Кто такой Творец, чтобы послушал я Его?» – потому что все его силы направлены на уменьшение важности Творца. И это первое препятствие. Сихон и Ог ожесточились против Исраэля, то есть хотели принизить значение Исраэля – это второе препятствие.

На все эти претензии нет другого ответа – только идти верой выше знаний, не обращая внимания на них, верить в Творца, что Он может всем помочь, и нет силы, способной противостоять силе Творца, и поэтому должны верить в Творца, в то, что Он поможет.

Об этом написано в Зоар: «Сказал раби Йегуда, сказал раби Ицхак: «Фараон был умнее всех чародеев своих, в каждом поступке их увидел, что будет освобождение Исраэлю, Фараон не думал, что существует другая связь, властвующая над всеми нечистыми силами, поэтому ожесточил свое сердце».

По словам Зоар получается, что свойство Фараон находится внутри знания, и нет никакой возможности с помощью ума выйти из-под их власти, а идти вперед можно только «силой веры выше знания» – эта сила, которая аннулирует все силы, существующие в мире.

Время Торе и время молитве
Статья 21, 1985

Всегда надо различать между Торой и работой. Торой называется ступень, которая как бы скрыта сама в себе, и тогда невозможно говорить со стороны человека, он как будто вообще не существует в мире, а говорится только со стороны Торы, которая состоит вся из имен Творца. И тогда должен человек обратить внимание на важность Торы, то есть от кого мы говорим.

Это означает, что мы всегда должны помнить, что говорим только от Творца: как Он дал нам порядок поведения, как Его свойства, передаваемые высшим светом, оказывают влияние на души, и как они получают эти свойства-Имена и поддерживают их существование, то есть чтобы не было у них падения с раскрытием этих Святых Имен, как сказано: «Кто поднимется на гору Творца и кто устоит на Его святом месте?».

Но в то время, когда человек пытается почувствовать, от Кого он говорит, то есть что он говорит от Творца, он осознает, что на самом деле нет у нас ни малейшего понятия и связи, что все, что мы говорим – от Творца, и мы должны только верить, что вся Тора состоит из Имен Творца, и Он одевается в разные запреты и Заповеди, которые человек должен выполнять по отношению к Творцу или другим людям; или также Творец может одеваться в разные истории, описанные в Торе, или в язык Каббалы и Святые Имена. И тогда мы должны обязательно помнить, что внутренняя часть, которая облачается во все эти одеяния, относится исключительно к Творцу, как сказано, что «вся Тора – это Имена Творца».

Поэтому, когда мы занимаемся Торой, мы должны учить, как учат массы, то есть должны помнить, о Ком мы говорим, и учить в трепете и страхе – в таком виде мы можем притянуть на себя свет из Торы, почувствуем, что в этом вся наша жизнь. Вследствие учебы с таким намерением, человек может находиться в радости от того, что находится в слиянии с Источником жизни, человек начинает чувствовать, что желание Творца – насладить Свои творения, что это желание является причиной создания всех миров. И это наслаждение мы должны притянуть на себя из Торы, и это называется, что мы возносим хвалу только Торе и совсем не думаем о самих себе.

Поэтому находим, что во время изучения Торы человек должен находиться в совершенстве, согласно правилу: «Там, где мысли человека – там он и находится». И от такого состояния должен человек получить жизненную силу на весь день, потому что «время Торе и время молитве», то есть состояние «Торы» отделено от состояния «молитвы», скрыто одно от другого.

А время работы – это совсем другое понятие, так как там говорится от имени человека, Тора же говорит нам только со стороны Творца, потому и называется «Его Торой».

Напротив, работа касается именно человека, так как человек обязан трудиться, как сказано «человек рожден тяжело работать». И находим, что человек – это творение, ощущающее недостаток (наслаждения), созданное из «ничего», и он называется «желание получить», которое мы должны наполнить (наслаждением, исходящим из Творца), так как это и есть цель Творения.

И вследствие закона единения свойств с Творцом создано сокращение на это желание, мы же должны исправить это сокращение на желание получать все ради себя, и только тогда сможем прийти к цели, которая является желанием Творца насладить Свои творения.

И чтобы пройти это сокращение, дано нам средство, называемое Тора и Заповеди, как сказано: «Я создал эгоизм и Я же создал Тору для его исправления».

И здесь – в деле, касающемся работы, всегда нужно выяснять, продвигается ли человек к цели исправления или нет, то есть есть ли уже у него зачатки альтруистического желания, получил ли уже что-то от средства, называемого Тора и Заповеди, в виде очищения своих мыслей и желаний. Из этого видно, что в работе всегда должен присутствовать самоконтроль.

Вместе с тем не подвергают сомнениям то, что написано в Торе, а учат Ее такую, какая Она есть, только должны просить совета, как поднять важность Торы, которая является действительностью, называемой «Имена Творца».

И находим, что когда учим из Торы какие-либо законы или просто рассказы о каких-либо событиях, или пути работы – все это еще не называется Торой, хотя и изучается из Нее. А сама Тора не имеет никакого отношения к созданиям, а только к Создателю.

Другими словами, Тора называется раскрытием присутствия Творца. Это является внутренней частью Торы. А все, что раскрывается как внешнее действие, то есть законы, запреты, пути работы и просто исторические рассказы – все это называется «одеяния на Тору». А только Имена Творца, Его раскрытие человеку, называется внутренней частью Торы.

После всего сказанного возникает вопрос: Если Тора сама по себе относится только к Создателю, то это похоже на ступень, называемую «друш» (требование, «требуй – и получишь плату»).

Но что человек может вынести из того, что учит Тору, если у него нет никакой связи с Ней? И об этом сказали мудрецы в трактате Кидушин (стр.40): «Увеличивай требование, которое приходит в результате действия, потому что человек нуждается только в действии, как сказано «создал Творец для действия», поэтому главное – не требование, а действие.

И из этого следует, что «увеличивай требование, которое приходит в результате действия» означает, что свет, который находится в Торе, и который является внутренней Ее частью, светит человеку, чтобы появились у него силы совершать хорошие поступки. И это и называется скрытая сила Торы, с помощью которой появляются у человека силы действовать, как сказано в Торе «создал Творец, чтобы делать».

И это то, о чем сказали мудрецы: «Время Торе и время молитве», то есть каждое из состояний в сокрытии друг от друга, потому что во время занятий Торой человек должен думать только о Ее важности, а не о Ней Самой.

Но во время молитвы человек должен, прежде всего, выяснить для себя, чего ему не хватает, чтобы смог просить на это ответ, так как невозможно человеку осознать, чего ему не хватает, прежде чем не начнет искать в себе это.

Это ведь только в материальном мире понятно, чего у тебя нет, так как ощущение недостатка чего-либо рождается в нас из желания получать, а только его мы и ощущаем, оно раскрыто нам. В духовном же все построено на альтруистическом желании отдавать, оно являет собой основу творения духовного мира – ведь малхут, называемая «желание получать», стремилась стать подобной Творцу, то есть приобрести желание отдавать.

И это как следствие продолжается в творениях, уже прошедших «разбиение сосудов» и «грехопадение Адама», и не в состоянии человек просто так ощутить потребность в желании отдавать. Он должен приложить огромные усилия для того, чтобы почувствовать недостаток в себе этого желания.

И в мере ощущения важности недостающего ему желания отдавать, в мере этого человек может молиться Творцу, чтобы помог Он ему и дал ему кли, то есть желание. И чтобы все его тревоги сводились к тому, что нет у него еще этой силы, называемой «желание отдавать». Но в той мере, в которой он еще удален от этого желания, в той же мере он должен сожалеть об этом и просить милости у Творца, чтобы сжалился над ним и дал ему это альтруистическое желание.

Более того, человек должен просить у Творца, чтобы дал Он почувствовать нехватку желания отдавать, что это – то единственное, что задерживает его продвижение в духовный мир, так как ощущение этого как недостатка не приходит само по себе. И поэтому находим, что Творец должен дать человеку как сосуд – желание, так и его наполнение – свет.

Исходя из этого, поймем сказанное «Впереди и сзади Ты окружаешь меня». «Сзади» – это желание человека, «впереди» – это свет Творца, наполняющий это желание. Таким образом, находим, что как кли, так и свет – все это исходит от Творца.

И как сказано мудрецами в Талмуде, в трактате «Кидушин»: «Идеальное лекарство, если станет тебе Тора эликсиром жизни», так Творец сказал Исраэлю: «Я создал злое начало – эгоизм, Я же и создал Тору для его исправления. Если вы занимаетесь Торой, то вы не будете отданы в его руки».

Свет, находящийся в Торе, являющийся внутренней ее частью, он и возвращает к своему Источнику – к Творцу. Но мы должны направить свои намерения на получение этого света во время учебы, как сказано у раби Йегуды Ашлага в «Предисловии к Талмуд Эсер Сфирот», п. 17.

Вся Тора - это одно святое Имя
Статья 22, 1985

Сказано в Книге Зоар: «Сказал рав Ицхак: вся Тора является одним святым Именем Творца и с помощью Торы создан мир». С помощью Торы создан человек, как сказано: «Молвил Творец: «Сделаем человека». «Сделаем» – сказано во множественном числе, как сказал Создатель Торе: «Ты и Я поместим человека в мир». Раби Хаим сказал, что письменная Тора – это Зэир Анпин, а устная Тора – это Малхут, и они поставят человека в мире».

Отсюда мы видим:
1. вся Тора – это одно святое Имя;
2. мир создан с помощью Торы;
3. человек создан с помощью Торы.

Всем известен комментарий мудрецов: «Берешит» («в начале») – относится к Торе, которая называется «решит» (начало) и к Исраэлю, который также называется «решит» (начало). Миры были созданы с целью насладить творения, то есть для душ, чтобы души получили наслаждение. Но если со стороны Творца существует желание насладить, то чего не достает созданным для того, чтобы получить это наслаждение?

Для того чтобы сравниться свойствами с Творцом, должны творения заслужить свойство «отдавать». А так как желание отдавать не естественно природе человека, то речь идет о том, чтобы Творец дал эту силу, называемую «желание отдавать». И человек получает эту силу отдачи с помощью Торы, так как свет Торы возвращает человека на верный путь.

В соответствие с этим: если начало – это Исраэль, а Исраэлю нужна Тора, чтобы получить уготовленное наслаждение, то и Тора называется началом, так как одно без другого не существует.

Известно выражение Зоар: «Тора, Исраэль и Творец – едины»: если Исраэль прикладывает усилия в Торе, с помощью этого он постигает Творца, то есть Имена Творца.

Есть отличие между двумя свойствами Торы:
1. свет Торы, который приходит, чтобы вернуть человека на верный путь, – свет исправления желаний (сосудов);
2. свет постижения, который является святыми Именами Творца и зовется раскрытием Божественности Творца творениям в этом мире.

Когда мы учим Тору, нужно помнить об этом делении:
1. Притягивать свет исправления, который создает в нас желание отдавать. А без свечения Торы невозможно достичь желания отдавать. В то же время, какую награду человек ожи-

дает получить за изучение Торы? Все желания человека направлены на получение этого желания, сосуда, называемого «сосуд отдачи».

Именно после того как человек начал работу по отдаче и уже приложил много усилий, чтобы делать что-то с намерением «ради Творца» – только тогда он по-настоящему узнает, что невозможно избавиться от эгоизма, данного ему природой, только тогда начинает понимать, что нуждается в милости Творца, и что только Творец может создать в нем желание отдавать. И эта помощь приходит в виде света Торы.

И поэтому нужно всегда исследовать себя во время учебы: в чем моя цель при изучении Торы? То есть чего я должен требовать во время учебы? И тогда говорят ему, что для начала нужно просить желание, чтобы появилось желание отдачи, с которым исчезает скрытие Творца от человека, скрытие, которое Он специально создал относительно человека.

В этом процессе человек начинает ощущать Творца, чувствовать смысл в работе ради Творца, радоваться, потому как святость порождает радость, – ведь там, в желании отдавать, светит свет, дающий наслаждение творениям.

И это называется подготовка сосудов, чтобы стали пригодными для получения высшего света. То есть человек желает своими усилиями в учебе удостоиться желаний (сосудов) отдачи, соответственно правилу: «Свет Торы возвращает человека на верный путь».

(Но если человек еще не решил, что нужно всегда идти по пути отдачи, чтобы все его действия были «ради Творца», то на него не распространяется правило «Свет Торы возвращает человека на верный путь»).

2. После того, как удостоился желания отдавать (сосудов отдачи), он достигает уровня, называемого «постижение Торы». Это постижение называется «Имена Творца», ступень, на которой языком «Зоар» «Тора и Творец и Исраэль едины».

Теперь можно понять, сказанное в «Зоар»: «С помощью Торы создан человек». Какая связь между Торой и человеком, что значит, что человек создан Торой?

Прежде всего, надо понять, сказанное мудрецами: «Раби Шимон бар Йохай говорил, что Исраэль называются «адам», а язычников нельзя называть «адам».

Что это за ступень «адам» (человек), что язычники не могут быть названы «человек»? Сказано: «Послушай самое важное: бойся Творца и выполняй Его заповеди, так как в этом весь человек». Откуда известно, что в этом весь человек? Потому что сказал раби Элиэзер: «Сказал Творец, что весь мир создан только для этого».

«Человек» – это тот, кто трепещет перед Творцом. Но так как человек создан эгоизмом, который отдаляет его от трепета перед Творцом, то как можно человеку достичь трепета перед Творцом?

И на это существует ответ: с помощью Торы человек может победить эгоизм, как сказано: «Я создал эгоизм, и Я создал Тору, помогающую против эгоизма, так как свет Торы возвращает человека на верный путь».

Отсюда поймем сказанное, что человек создан с помощью Торы: ведь ступень «человек» достигается с помощью Торы, а это означает **«и Торой создан человек».**

И так же можно объяснить сказанное в Зоар, что **«с помощью Торы создан мир»**. Ведь это тоже трудно понять: какая связь существует между Торой, полностью духовной сущностью, называемой «Имена Творца», и материальным миром, исходящим из Торы?

Сказано, что мир создан, то есть имеется в виду весь целый мир – мир, в котором находятся души, в котором осуществляется цель творения насладить души, чтобы они получили все уготовленное наслаждение.

Создание мира – имеется в виду создание эгоизма. Но чтобы было сравнение свойств между «ветвями» (душами) и «корнем» (Творцом), произошло скрытие высшего света, источника наслаждения. Тогда как же возможно существование мира, чтобы творения получили и не умирали, как было с разбиением сосудов, которые разбились и умерли потому, что не было у них намерения доставить удовольствие Творцу?

С помощью Торы, свет которой возвращает на верный путь, создания получат желание отдавать, в которое смогут получить все наслаждение. И это осуществится потому, что смогут получить с намерением отдавать. Это и означает, что «с помощью Торы создан мир», так как создание мира было сразу с намерением «ради Творца», чего можно достичь только с помощью Торы.

Из всего этого следует, что мы всегда должны помнить о цели насладить творения, и если эгоизм приходит к человеку и задает все трудные вопросы Фараона, то не нужно отталкивать его, а надо сказать себе: «Сейчас со всеми твоими вопросами я могу начать работу ради Творца». То есть не говорить, что вопросы эгоизма возникают для того, чтобы понизить человека с его ступени, а наоборот, они приходят, чтобы дать ему место для работы так, что с помощью этого он будет подниматься по ступеням совершенствования.

То есть всякое преодоление себя в работе называется продвижением, как копейка к копейке собираются в крупную сумму, так и преодоления собираются до определенной степени нужной, чтобы вдруг стать сосудом для получения высшего наслаждения.

Преодоление означает, что берется часть сосуда получения и превращается в сосуд отдачи. Это похоже на «масах» (экран), который нужно поставить на «авиют» (толщину эгоизма человека). Получается, что если нет эгоизма, не на что делать экран. Поскольку эгоизм посылает человеку недуховные мысли, это подходящее состояние поднимать эти недуховные мысли до уровня «лемала ми даат» (выше своего понимания).

И так человек может поступать с каждым желанием, которое пожелает его душа, то есть не говорить, что у него отняли работу, а должен сказать, что с небес ему даны желания и мысли для того, чтобы он внес их в святость. Получается, что его приближают сверху, и поэтому ему послана работа.

Об этом сказано: «Прямы пути Творца, праведники пойдут по ним, а злодеи потерпят неудачу». То есть если человек удостоится, он восходит по духовным ступеням, а если нет – он духовно опускается. Спуск происходит медленно, в соответствие с личными ступенями.

Обычно человек забывает о работе, что нужно стремиться к слиянию с Творцом, а вместо этого вся энергия уходит на материальные вещи. То есть тогда он находит больше смысла в материальных вещах. Ведь когда человек работал ради Творца, тогда был немного отдален от материальных вещей, считал, что не надо считаться с материальными потребностями.

Но теперь, когда начал отдаляться от работы ради Творца, то тогда любая вещь, не имевшая значения для него, вдруг приобретает важность до такой степени, что даже мелочи становятся большим препятствием на пути, и он не может продвигаться вперед.

Иногда человек опускается настолько, что при одном воспоминании о духовной работе становится грустным и хочет только спать, то есть хочет убежать от этого состояния и думает, что с помощью сна забудет о своих состояниях.

А иногда доходит до такого разочарования, что говорит: «Я не вижу никакого продвижения, а наоборот, если посчитать, сколько я вкладываю усилий, так уже должен был бы продвинуться немного в духовном, но вместо этого я вижу, что иду назад. И уж, наверное, эта работа по отдаче не для меня, так как у меня не хватает способностей для этой работы, и потому что у меня слабый характер, и у меня не хватает сил преодолеть свои желания».

И после всех споров с собственным телом (эгоизмом), тело дает ему понять, насколько он правильно говорит – и тогда наступает состояние, когда он хочет убежать от своей духовной цели и опять погрузиться в материальный мир, как все общество, и больше не заинтересован быть умнее масс, а хочет жить как все. И самое главное, что он уверен в том, что его решение не может быть другим.

Что же делает Творец? После того, как этот человек уже все забыл, он вдруг получает сверху от Творца желание к духовному и начинает снова постоянно работать. И тогда он полон сил и уверенности в том, что обязательно достигнет слияния с Творцом. И тогда забывает все решения, которые принял, находясь в здравом разуме и с четким расчетом, до такой степени, что даже сожалел о своем первичном решении начать работу ради Творца, а ведь он был уверен в правильности своих расчетов на сто процентов.

Но возбуждение к работе, полученное сверху, заставило его забыть обо всем. Смысл этого действия со стороны Творца в том, что Творец желает показать человеку настоящий порядок работы, желает продемонстрировать сверху, что человек не стоит ничего со всем своим разумом, а только если обратится к Творцу с просьбой о помощи — только тогда сможет спастись.

И только если это будет настоящая просьба, то есть если будет точно знать, что нет никакой возможности для человека выйти из под контроля эгоизма, называемого «египетское изгнание», в котором находится и сердце и мозг.

Но если человек только говорит, но не чувствует на сто процентов, что не в состоянии помочь себе, то тогда не приходит сверху настоящее приближение, и тогда возвращается обратно туда, где был раньше. То есть снова появляются у него эгоистические мысли и желания, и опять ведутся прежние споры с собственным телом, и возвращаются прежние состояния, и опять решает, что надо бежать от работы по отдаче.

И опять приходит к нему возбуждение сверху, называемое «зов Творца», когда его снова призывают, желая приблизить к Творцу, и если опять не старается использовать данный ему шанс, то тогда опять все повторяется в том же порядке.

Несмотря на это, не надо пугаться того, что эгоизм иногда показывает свои темные стороны, а нужно всегда идти выше своего понимания, и не прислушиваться к советам эгоизма, который пытается отделить нас от святости, и преодолевать эгоизм с помощью настоящей молитвы, и тогда наверняка сможем выйти из под власти Египта и заслужить спасение.

На ложе ночном
Статья 23, 1985

Книга Зоар (Тазрия) по тексту «Песнь песней» спрашивает «о моем ложе»: Раби Элиэзер сказал: «Народ Израиля, говоря с Творцом о галуте, так как он находится среди других народов, лежит в другой стране, оскверненной, поэтому он просит о ложе своем». Галут называется ночами. Поэтому просит любовь души своей, чтобы вытащил ее оттуда.

Известно, что народ Израиля называется «малхут», которая включает в себя все души. И, как сказано в Зоар, «каждый человек — это маленький мир», то есть человек включает в себя семьдесят народов мира, что соответствует семи сфирот, каждая из которых делится еще на десять, итого 70. Каждому народу соответствуют стремления и желания соответствующие его уровню. И человек включает в себя семьдесят желаний, которые имеются у «народов мира».

Аспект «Израиль» так же есть в человеке, что обозначает его собственный уровень. Называется он «точка в сердце». И точка эта темная, то есть «Израиль» не светится в ней, относится она к обратной стороне, находясь в галуте, то есть под властью «семидесяти народов мира» в человеке.

Но откуда есть у них сила властвовать над аспектом «Израиль»? А делают они это с помощью вопросов, которые задают «Исраэлю», когда он хочет сделать что-то для Творца, так как называется Исра-Эль (прямо к Творцу). Своими вопросами они дают понять, что стоит работать только ради любви к самому себе. А по поводу работы ради Творца они спрашивают: «Что дает вам работа эта?».

Это подобно вопросам ненавистника. И если человек хочет одолеть эти жалобы, тогда приходит к нему вопрос Фараона: «Кто такой Творец, что нужно слушать голос Его?» И если вопросы не подействовали на человека с первого раза, тогда они возвращаются и повторяются весь день. И не может человек справиться с их властью, и они принижают уровень «Израиль» в человеке до «праха земного». Как сказано в Теилим: «Так как принизилась душа наша к праху, то присоединилась к животу своему».

Из за того, что «принизилась душа наша к праху» это привело нас к тому, что «присоединилась к животу». «Живот» – это кли кабала (сосуд для получения) человека. Так как «точка в сердце» соответствует праху земному, это приводит к тому, что наши килим (наши желания) соединены только с материальностью, самолюбием.

И наоборот, если бы была «малхут шамаим» (власть Творца) почетной, важной в нашем сознании, тогда было бы почетным нам использовать любую возможность в том, чтобы оказать какую-либо услугу Творцу, пусть даже самую маленькую, засчиталось бы это нам как огромный капитал. Что стоит ради этой почести отказаться от всех наслаждений, которые мы получаем в наше самолюбие.

В молитве «Мусаф ле шалош рэгалим» говорится: «Отец наш, Царь наш! Яви нам славу власти Своей». Потому что «малхут шамаим» принижена и называется «шхинта бэ афра» (величие Творца в прахе земном), поэтому мы просим Творца, чтобы раскрыл нам важность и славу «малхут шамаим», Его власти, чтобы с помощью этого преодолеть самолюбие и заслужить любовь к Творцу.

Известно, что «человек», то, что в нас кроме нашего животного тела, – наша душа, состоит из трех душ: а) святая душа, б) нейтральная душа «клипа нога», в) душа трех нечистых клипот.

Святая душа светит в точке, что в «сердце» человека. Сердце человека это просто мышца, насос, имеется в виду желания человека, его стремления. Она получает свет свыше.

Душа клипы нога, для того чтобы получить свет, должна присоединяться к святой душе, чтобы получать от нее.

Душу трех оскверненных или нечистых клипот невозможно исправить, приобрести на нее экран – на эти желания невозможно обрести намерение поступать с ними ради Творца.

Святую душу исправлять не надо, она и так по своей природе исправлена. Поэтому вся работа человека над собой сводится к работе с душой клипы нога: когда человек выполняет заповеди, клипа нога присоединяется к кдуше (святости, чистоте, альтруизму), а когда он совершает нарушения, эгоистические действия, тогда душа клипы нога присоединяется к душе трех оскверненных клипот.

Однако когда святая душа не светит, находится в состоянии принижения, когда властвуют в человеке нечистые силы, тогда нет желания стараться исполнять Заповеди, чтобы клипа нога присоединилась к кдуше. И об этом сказано: «На ложе ночном... просил у любви души моей, чтобы вывела меня» – вывела из этого состояния, потому что святая душа относится к народу Израиля и находится сейчас в стране оскверненной, и просит у любви души своей, то есть у Творца, чтобы вывела оттуда.

Ведь когда святая душа принижена, поэтому клипа нога совершает действия, которые хотят три оскверненные клипы. Поэтому святая душа вынуждена терпеть власть оскверненных клипот и просит о выходе из галута, который называется «ночью».

Сказано в Зоар, что еще до зарождения будущего человека Творец постановляет о семени, из которого он будет зачат: мужчина это или женщина. Если женщина дала свое семя раньше, чем мужчина, родится мужчина. Если так, то не нужно постановления Творца. Сказал Раби Йоси, что Творец разделяет между семенем мужчины и женщины и поэтому выбирает и постановляет, будет это женщина или мужчина».

И пояснение это непонятно: почему то, что Он разделяет, мужчина ли это или женщина, означает, что постановляет? И почему Он должен постановлять, если это происходит само собой, в зависимости от того, кто первым даст свое семя – женщина или мужчина?

Зоар объясняет в комментарии «Сулам»: «Три составляющих есть в человеке: Творец, отец и мать. Отец дает белое семя, мать красное, а Творец дает душу. И если семя первым дает мужчина, дает Творец душу мужчины, и если первой семя дала женщина, дает душу женщины. Отсюда следует, что если женщина зачата сначала, еще не было семя окончательно мужчиной, пока Творец не послал душу мужчины. То, что Творец определяет, будет ли это семя мужчиной или женщиной, называется «постановлением Творца». Если бы Творец не определил это и не послал бы душу мужчины, не завершилось бы семя мужчиной».

Чтобы понять, что это все означает в духовной работе человека, ведь только об этом говорит Тора, все святые книги, необходимо разобрать все три силы, составляющие будущего человека: Творец, отец, мать – что все они означают.

Благодаря отцу и матери, двум силам, человек рождается. «Отец» называется мужское, дающее, альтруистическое начало, совершенство. «Отец дает белизну», ведь белое называется совершенство, так как нет в нем никакой грязи – эгоизма. Понятно, что имеются в виду свойства Творца, которые приобретает человек, а не деление в нашем мире на мужчин и женщин.

«Мать» называется женское начало, называется женщина, называется недостаток, эгоизм – то, что необходимо исправить. Называется красным, и как нельзя идти на красный свет, потому он как заслон, который не дает продвигаться вперед.

«И Творец дает душу» – так как все может человек сделать, но душа принадлежит Творцу.

Порядок работы состоит в том, что человек должен разделить ее на «ночь» и на «день». «День» называется совершенство, а «ночь» – недостаток. И для того, чтобы родился ребенок – чистая вечная душа, и было у него долголетие, не попал под власть нечистых сил и поневоле бы вновь лишился света, должен он родиться с помощью «отца и матери», так как отец дает ему белое, совершенство, что является мужским началом, а мать дает ему ощущение недостатка. И говорится, что мать дает ему красное и это является недостатком или женским началом.

Человек должен получить питание, духовное питание для того, чтобы жить духовно, тогда он сможет работать, духовно продвигаться для работы ради Творца. Человек должен получать духовное питание, тогда он сможет увидеть, что ему необходимо исправить, а без питания, духовной «подпитки», не будет у него силы работать. А питание мы получаем только от совершенства.

Посему дается нам возможность приобрести совершенство во время занятий Торой и Заповедями. И не нужно в это время смотреть, насколько тщательно мы выполняем Тору и Заповеди, а нужно смотреть на то, чью Тору и Заповеди мы выполняем. И должны мы думать о давшем Тору.

Так же как когда мы благословляем: «Благословен давший Тору» – средство нашего возвышения, а выполняя Заповеди, говорим: «Который осветит нас своими Заповедями», потому, что выполняя духовно законы духовного мира, называемые «Заповедями», человек получает высший свет, освящает себя.

Таким образом мы должны знать, что выполняем Заповеди Творца. Поэтому мы должны смотреть на важность дающего, должны получать жизнь и радость от того, что удостоились выполнить то, что Он указал нам. И хотя простое выполнение – это пока еще не называется настоящим исполнением, но есть люди, у которых нет желания исполнять Тору и Заповеди, а нам дал Творец желание и стремление выполнять хоть с каким-то пониманием. И мы, в конце концов, делаем что-то, а у других даже этого нет. И когда обращаем на это внимание, то оно поддерживает нас и дает жизнь, ведь этим Творец впускает нас в высший, вечный мир.

И это называется: «Отец дает белизну», так как совершенство называется белым, нет там никакой «грязи», неисправленных желаний. Получает в итоге человек двойной выигрыш от исправления своих желаний с эгоистических на альтруистические: во-первых, он связан с совершенством, с Творцом. От того, что дает Творец совершенство, человек чувствует, что он также становится совершенным. Это дает ему силы в работе «ради Творца».

Во-вторых – в соответствии с ощущением важности этой работы, возникает ощущение недостатка в работе. То есть он чувствует, что из-за небрежности в своей работе он многое теряет, сравнивая важность Творца со своей низостью, и это дает ему силы для работы.

Но человек должен исправить себя в «отдающих желаниях». И исправление это называется «исправлением нуквы», хисарон (недостаток). Эти недостатки называются: «мать дает красное», то есть что видит красный свет, который закрывает ему путь для достижения цели, а потому избегает его.

И тогда приходит время молитвы, потому как видит, что та работа, которую он может выполнить благодаря своему уму и сердцу, недостаточна для продвижения. И видит также, что тело его слабое, и нет у него сил для преодоления своей природы, а если Творец не поможет ему, он пропадет.

Из двух состояний совершенства и недостатка, являющихся силами отца и матери, рождается человек, потому что в эти две силы Творец дает душу, Свою силу. И тогда рождается духовно человек, то есть дается ему долголетие, свет жизни духовной. А если нет у него души, которую дает Творец, называется, что новорожденный этот упал (выкидыш). Значит, нет у него права на существование, и потому он упал со своей ступени.

И необходимо знать, что Творец, со своей стороны, всегда желает дать, то есть чтобы высший свет не прекращал светить человеку, но чтобы получать его, мы нуждаемся в исправленных желаниях.

Поэтому есть две силы: а) силы получать, б) силы отдавать. И эти две силы должны исправиться – получение должно быть ради отдачи. Сила отдавать называется «мужчина», сила получать называется «женщина». Везде, во всех каббалистических книгах, где говорится о полах, мужчине и женщине, имеется в виду именно это отличие между силами души каждого из нас, как мужчин, так и женщин.

Когда человек проделывает работу, чтобы достичь какого-то результата, это называется «сеяние». Например, когда человеку нужна пшеница, он засевает пшеницей, если ему нужен картофель, он засевает картофелем. То есть в соответствии с тем результатом, который человек хочет получить, он должен строить свою работу.

Так же и в духовной работе: если он хочет исправить келим ашпаа (отдающие желания), зовущиеся «мужчина», то называется это: «если зачат был мужчина вначале», то есть было задумано исправить келим ашпаа. Тогда рождается женщина, т. к. имеется обратная зависимость между келим-желаниями и входящим в них светом, и «свет женщины» называется катнут (уменьшенный).

«Если зачата была женщина вначале» – т. е. желает исправить кли кабала (получение), чтобы получение было ради отдачи, тогда рождается «мужчина», то есть мужской свет, что означает гадлут (увеличение).

Творец дает душу» – это означает, что Творец различает в семени, то есть в работе человека, с какой целью идет зачатие: или он хочет, чтобы келим кабала стали ради отдачи, тогда он дает мужскую душу, или он хочет, чтобы келим ашпаа стали получать ради отдачи, тогда он дает свет катнут, называемый женский.

Три времени в работе
Статья 24, 1985

Человек должен различать в своей работе три времени: прошлое, настоящее и будущее.

Прошлое означает, что когда он начинает входить в работу на Творца, то должен смотреть в прошлое, то есть какова причина того, что он хочет сейчас принять на себя бремя Духовного Управления. Он должен всмотреться в эту причину, достаточна ли она для того, чтобы войти в работу на Творца до такой степени, чтобы днем и ночью думать только о Нем. И чтобы не было у человека ничего другого, кроме Торы, на чем бы он сосредотачивал свои усилия, поскольку он пришел к решению, что нет ничего, о чем стоило бы думать, кроме как о Ней – о Торе.

А это, конечно же, может быть только по причине большого страдания, которое он на себе ощущает – отсутствие в мире того, ради чего стоило бы жить. И не находит он смысла ни в чем, кроме как в слиянии с Творцом. Для того же, чтобы удостоиться слияния с Творцом, необходимо выйти из любви к самому себе, а для того, чтобы выйти из этой любви, человек должен поверить словам мудрецов: «Сотворивший эгоизм сотворил и Тору для его исправления».

И это обязывает его дни и ночи заниматься Торой, потому что иначе он не сможет выйти из любви к самому себе. Отсюда следует, что причина занятия Торой – стремление к слиянию с Творцом. Причину же, обязывающую его стремиться удостоиться слияния с Творцом, необходимо всегда обновлять, потому что у нее есть много противников. Эгоизм человека, называемый его телом, приходит каждый раз со все новыми и новыми вопросами, желая опротестовать эту причину. Один раз он говорит, что это слишком тяжело, в другой раз утверждает, что все это не подходит человеку, и доводит его до отчаяния, а иногда вводит чужие мысли в его сердце и разум.

Несмотря на это, необходимо всмотреться в прошлое, то есть на причину, давшую ему начальное побуждение. Эту причину необходимо постоянно проверять, поскольку, может быть, были и другие причины, приведшие его к духовной работе, возможно, что слияние с Творцом не было изначальной причиной. В дальнейшем же от «не ради Творца» он пришел к «ради Творца». И новой его задачей стало достижение слияния с Творцом. А может быть и наоборот: первопричиной было слияние с Творцом, затем же, в силу различных обстоятельств, появились другие причины, заставившие его принять на себя бремя Торы и заповедей.

Отсюда следует, что необходимо постоянно проверять причину, заставляющую его идти дорогой работы ради Творца. И это называется «учиться у прошлого». То есть имеется в виду изначальная причина всех путей и вариантов его духовной работы, причина, называемая целью. А в соответствии с величиной и важностью цели, человек способен приложить усилия ради ее достижения. Есть только разница в том, что человек считает важным, что он ценит. Обычно человек ценит вещи, полезные ему самому, то есть только то, что выгодно с точки зрения его любви к самому себе. Если же задача состоит в том, чтобы отдавать, то, согласно естеству человека, такая цель ничего не значит в его глазах.

Поэтому, если причина не настоящая, то не в состоянии человек дойти до конца, то есть до слияния с Творцом. Потому что как только он видит, что ничего не выиграет от достижения цели, так сразу же бежит от нее, поскольку причина, по которой он принял на себя выполнение Торы и заповедей, была не ради отдачи, а ради собственной пользы.

Поэтому, когда он не чувствует собственную выгоду во время работы, когда то, что он видит, не ощущается им как оплата за собственный труд, то он вынужден лениться при ее выполнении, потому что вся основа его усилий – ради себя. Однако от усилий, прилагаемых ради себя, приходят в дальнейшем к духовной работе. Тогда открывают человеку ощущение духовной работы – что эта работа не ради себя, а ради Творца, и тогда человек тут же бежит от нее.

Не смотря на это, обязан человек постоянно выяснять свою цель, чтобы помнить, что она состоит в отдаче Творцу. Когда же дают ему ощущение, что значит отдавать, то он не путается, а точно знает, что это тяжело, что это против его природы. Поэтому только сейчас, после того, как он уже чувствует, как тяжело работать ради отдачи, только после этого есть у него возможность просить Творца из глубины своего сердца, потому что он уже видит, что сам не в состоянии сделать ничего – только молиться Творцу, чтобы Он дал ему силу работать ради достижения этой цели. Поэтому всегда должны выяснять прошлое, то есть истинную причину, заставляющую человека заниматься духовной работой.

Настоящее – это ощущение человека во время работы. Человек должен выполнять духовную работу в нескольких видах, как написано в Талмуде («Авот», ч.1): «На трех вещах стоит мир: на Торе, на работе и на милосердии».

Мир означает человека, потому что каждый человек сам по себе – маленький мир. Для того же, чтобы человек состоялся, то есть для того, чтобы он существовал в этом мире, чтобы почувствовал и постиг Творца как Доброго и несущего Добро, для этого ему нужны три этих вещи. И это потому, что человек создан с эгоизмом, то есть с желанием получить все только для самого себя. А на такое желание получить было наложено сокращение, что означает скрытие от него Высшего наслаждения. Поэтому никакое удовольствие не ощущается прежде, чем человек не придет к слиянию свойствами с Творцом, то есть к тому, чтобы все его действия были только ради отдачи.

Поэтому нужна Тора, как сказано: «Сотворил Я эгоизм, сотворил и Тору для его исправления».

А работа необходима, потому что именно молитва является работой – работа в сердце. Потому что сердцем человека является корень желания получить. И именно его необходимо обратить, чтобы его целью стала отдача, а не получение. Выходит, что у человека есть большая работа по изменению своего сердца. И поскольку это против его природы, поэтому он должен просить Творца, чтобы Он помог ему выйти из естества человека и войти в состояние, называемое «выше природы», а это уже чудо, которое только Творец может сделать. Получается, что дана человеку возможность выйти из любви к самому себе – именно это действие является чудом.

Про милосердие сказано у РаШИ: «Милосердие к бедному – больше, чем простая дача милости, потому что не вызывает стыда. И еще: милосердие, в отличие от милостыни, можно оказывать как бедным, так и богатым, как живым, так и мертвым, как телу, так и душе. Написано, что «милосердие Творца безгранично и вечно для боящихся Его». И сказал Творец: «Милосердие построит мир – показать тебе, что ради милосердия мир и существует». Милосердие – это выход из любви к самому себе и вхождение в любовь к Творцу. Как сказал раби Акива, что «возлюби ближнего, как самого себя – это обобщающий закон Торы».

Таким образом мы видим, как эти три основополагающие вещи: Тора, работа в сердце и милосердие – действуют в человеке в его настоящем. Причем, в это настоящее человек должен включить также и прошлое, то есть цель, являющуюся причиной, по которой он прилагает все свои усилия.

Будущее. Человек должен смотреть в будущее: что еще ему надо достичь на его пути к совершенству? Известно, что свет настоящего называется внутренним светом. А окружающим светом называется то, что человек должен получить в будущем.

В нашем мире, когда человек, занимаясь торговлей, вкладывает во что-то много денег, то это, конечно же, ради того, чтобы выручить этим еще больше денег. Поэтому нам ясно, что когда он покупает много товара, то делает это ради того, чтобы заработать, перепродав немедленно весь этот товар. Так один торговец купил оптом большую партию товара и привез ее в свой город. Увидев это, жители города решили, что он немедленно наймет много магазинов, чтобы продать побыстрее весь свой товар. Однако вскорости они увидели, что торговец отправил свой товар на склады и не желает его продавать. Вместе с тем, несмотря на то, что он не продал ничего, все видели, что он радуется, как будто бы заработал целое состояние. Друзья торговца не поняли этого и спросили его: «Чего же ты так радуешься, ведь ты ничего не продал и ничего, естественно, не заработал?» А он им ответил: «Я купил весь этот товар по дешевке, потому что его цена падала, и все боялись его покупать. Я же подсчитал, что через два года будет много желающих приобрести этот товар, но его уже не будет. Вот я и купил его и теперь смогу на нем разбогатеть. Поэтому, думая о будущем, я радуюсь, несмотря на то, что в настоящем не заработал ничего».

Отсюда мы видим, что если будущее светит в настоящем, то человек, несмотря на то, что сейчас у него ничего нет, может радоваться этому будущему, как будто бы оно и есть его настоящее. Но это только в том случае, если будущее на самом деле светит. И это называется на языке Каббалы, что человек получает удовольствие от окружающего света, то есть от света, который получит после своего исправления.

Таким образом, если человек видит, что идет к цели истинным путем, то, несмотря на то, что он еще не пришел к совершенству, все же, если уверенность в достижении цели светит ему, он может тогда наслаждаться в настоящем, как будто бы окружающий свет уже наполнил его желания.

Таким же образом объяснил Бааль Сулам слова мудрецов о том, что «праведники воспевают то, что должно прийти к ним в будущем». Имеется в виду, что праведники могут воспевать то, что придет к ним позже – то есть они верят, что в конце концов удостоятся совершенства. И потому они поют (песня в каббале означает наслаждение ради Творца), хотя все еще не пришли к совершенству (не получили внутренний свет).

И это же объясняет Книга Зоар (гл. «Ваелех», п.47): «Сказал Раби Элазар, что Исраэль будет говорить песню снизу вверх и сверху вниз, и свяжет узел веры, а затем споет эту песню. Не скажет, а споет, то есть придет к совершенству».

Получается, что человек должен получить часть окружающего света, то есть того света, который должен прийти в будущем, и продолжить его внутрь настоящего.

Поэтому все три времени: прошлое, настоящее и будущее включаются в настоящее. А эгоизм человека всегда советует наоборот – разделить эти три времени, чтобы они не светили вместе. Мы же должны, не взирая на это, всегда идти против эгоизма, утверждая, что все, что он говорит, конечно же, не в нашу пользу, потому что это не его функция – оказывать нам помощь в работе.

Например, как сказано в 30-ой статье, что иногда эгоизм говорит человеку: «Зачем ты так много молишься, занимаешься Торой и т.д., ведь намерение твое не ради Творца? То, что остальные так много времени уделяют молитве, так углубляются в Тору, так они это делают ради Творца, но ты ведь не такой». Тогда ему нужно ответить: «Наоборот, я работаю ради Творца, и не хочу я слушать твои советы». И это происходит потому, что эгоизм хочет помешать работе человека, чтобы тот не занимался Торой и Заповедями.

А потом эгоизм приходит и утверждает: «Ты – праведник, и не сравнить тебя с другими людьми, и все, что ты делаешь – ради Творца». Тогда человек должен ему ответить: «Наоборот – все мои действия не ради Творца, все, что ты утверждаешь, я знаю, что это не на пользу мне». И это потому, что эгоизм хочет ввести человека в грех гордыни, хуже чего нет, как сказано мудрецами: «Про каждого гордеца говорит Творец, что Он и гордец не могут находиться вместе».

Поэтому не может человек установить раз и навсегда, какой дорогой идти – дорогой принижения или дорогой возвышения, все же его действия должны быть только согласно ситуации.

Во всем надо проводить различие между светом и сосудом (кли)
(Нет света без сосуда)
Статья 25, 1985

Во всем нужно различать между светом и сосудом, то есть между дающим, которым является Творец, и получающим, которым является творение. А поскольку «нет света без сосуда», то есть нет того, кто постигает свет, то кто же может рассказать что-либо о нем? Поэтому мы можем говорить только о свете, который уже облачен в сосуд. Это означает, со стороны наслаждения, которое Дающий дает телу, то есть в той мере, в которой тело ощущает воздействие от приходящего к нему наслаждения.

Нужно верить, что все то, что человек получает, приходит от Творца – как материальное, так и духовное, потому как нет иной Дающей силы в мире.

Поэтому, когда человек начинает входить в духовную работу, он должен благодарить и восхвалять Творца – это и есть начало его вхождения в работу. Порядок работы начинается, как сказано мудрецами: «всегда пусть возвеличит человек Творца, а после этого молится». О Моше написано: «И взмолился к Творцу: Ты начал показывать Своему рабу Величие Свое и руку Свою сильную, ибо кто еще на небе и на земле такой, как Ты, кто уподобился бы Тебе в деяниях и в могуществе. Так проведи меня (к себе) и покажи мне землю (желания) добрую» (Брахот, 32:71).

Поэтому, когда человек начинает благодарить Творца, прежде всего он должен поблагодарить Творца за то, что Он создал мир, как говорим мы в молитве: «Благословен Тот, Кто сказал, и возник мир». И тогда начинается работа, то есть оценка того, насколько в силах человека воздать благодарность Творцу за то, что создал мир. То есть сила благодарности зависит от размера наслаждения.

И здесь начинается выяснение, где правда и где ложь. И этим частная работа отличается от работы масс, то есть выясняется, насколько Тора является его мастерством. Как объяснял Бааль Сулам: «Тора – это мастерство», означает, что с помощью Торы человек хочет удостоиться веры, а иначе уподобится массам, изучающим Тору для того, чтобы заслужить Будущий мир, то есть ради получения, а не тем людям, которые идут индивидуальным путем и занимаются ради отдачи.

Когда человек начинает возвеличивать Творца, то должен он отделить правду от лжи. То есть как и обычно, у человека, который должен поблагодарить кого-то, кто помог ему, степень благодарности зависит от степени ощущения помощи, полученной им. Таким образом, когда человек начинает благодарить Творца за то, что ему дано, тело начинает взвешивать то доброе, что Творец дал ему, и в меру того, насколько это добро воздействует на него, в меру этого ощущает он благодарность.

Когда человек говорит: «Благословен Тот, Кто сказал, и возник мир», то это зависит от степени его наслаждения миром. Тогда тело начинает указывать ему, что недостает ему материального блага и недостает ему ощущения духовного, не давая ему утвердить величие Творца. И здесь требуется большая работа, чтобы идти выше знания, эгоистического ощущения, и верить, что Творец делает с ним лишь хорошее, и это является выбором между правдой и ложью.

Поскольку Имя Творца Добр и Творит добро, нужны большие усилия, чтобы поверить выше разума, что Творец действительно Добрый и творит Добро. В соответствии с этим выходит, что в то время, когда человек начинает утверждать для себя величие Творца, то уже есть ему о чем молиться – чтобы смог идти выше знания, а до того не было у него такого недостатка в вере в Творца выше знания. А сейчас он чувствует, что недостает ему веры, и тогда возникает в нем потребность в изучении Торы, чтобы свет Ее вернул человека к Источнику.

Получается, что желание возвеличить Творца вызывает у человека ощущение недостатка, и когда у него есть недостаток, который называется «сосудом», то в соответствии с ощущением того, что он далек от совершенства, в той же мере есть у него возможность работы и потребность в молитве и в Торе.

Но есть и иная потребность. Подчас, когда человек ощущает свое состояние как низкое, он отчаивается и убегает от цели. И все удовольствия, которые он тогда получает, ощущаются им только тогда, когда забывает он о своем состоянии, то есть не думает о духовном, или когда может спать, то есть получать большое удовольствие от сна. И это не потому, что есть у него тогда особое наслаждение от сна, а потому, что во время сна он не помнит о духовной работе, и от этого его удовольствие. Иными словами, в то время, когда он вспоминает о работе по духовному продвижению, тут же тело (его желания) приводит его в состояние падения и отчаяния.

Поэтому человек должен всегда остерегаться, чтобы не впасть в отчаяние, когда приходит к нему состояние страданий, когда видит он, что не может продолжить работу. Поэтому Бааль Сулам указал, что человек должен быть осторожен, занимаясь самокритикой, и делать это только в определенное время, которое он устанавливает заранее, а не когда тело навязывает ему подведение итогов.

Человек должен сказать своему телу (своему эгоистическому желанию): «Есть у меня специальное время для того, чтобы проверять себя: иду ли я в соответствии с линией, данной мне, или же свернул я с правильной линии. А сейчас я занимаюсь Торой и молитвой и уверен я, что Творец поможет мне, как помогал всем работающим ради Творца, кто желал идти правильным путем, чтобы достичь цели, ради которой были сотворены». То есть нужно сказать телу обратное тому, что тело говорит нам.

Из этого мы поймем трудный вопрос Книги Зоар и его ответ (Бэхукотай, 18): «И сделаете их себе законами» Спрашивается, что означает «и сделаете их», ведь уже сказал: «пойдете и будете соблюдать», почему снова «и сделаете»? И отвечает: ведь тот, кто соблюдает заповеди Торы и идет Ее путями, он как бы создает Творца наверху. Сказал Творец: «Как будто вы создаете Меня» и установил это. Поэтому «и сделаете их законом и судом».

И выглядит этот ответ очень странным: как можно сказать, что выполнением Торы и заповедей создают Творца наверху? Разве не «полна вся земля славой Творца» даже прежде того, как были созданы творения, Тора и Заповеди? А если так, то каков смысл слов «как будто вы создаете Меня»?

Но, как сказано выше, не говорится о свете без сосуда, ибо относительно кого определяется, что есть свет? Лишь если есть сосуд, то сосуд постигает свет (наслаждение). И поэтому, когда мы говорим, что цель творения – это насладить создания, то говорится только о творениях, когда они получают добро и наслаждение, и это означает, что есть сосуд на получение света, когда все получаемое от Творца воспринимается как добро и наслаждение. Но в то время, когда творения не получают от Него добро и наслаждение, возникает вопрос: относительно кого проявляется Имя Творца «Добрый и Творящий добро»?

И для того, чтобы раскрылось имя Творца, как Доброго и творящего Добро, которое является общим для всех имен, и чтобы творения смогли получить Добро и наслаждение от Творца в полной мере, чтобы при получении наслаждения не возникало состояния стыда, ради этого произошло сокращение и сокрытие. В результате этого творения не могут постичь и ощутить Добро, пока не приведут себя в соответствие с альтруистическими свойствами отдачи, что является подобием свойств (Творцу).

Получается, что это имя «Добрый и Творящий добро» не проявляется, а это приводит к тому, что творения не могут ощутить Творца, и поэтому существуют в мире творящие зло и не верящие в Творца.

И чтобы Имя Творца проявилось в мире для всех, необходимо прийти к единению свойств со свойствами Творца. А для того, чтобы прийти к альтруистическим желаниям, которые являются результатом единения свойств, то этого можно достичь только выполнением Торы и Заповедей.

Во время выполнения Торы и Заповедей необходимо намерение, чтобы удостоиться выполнять Тору и заповеди ради возвышения народа Израиля. Смысл слова Исраэль трактуется как «направленный к Творцу», то есть все действия будут ради Творца, а не ради собственной выгоды – это-то и зовется «единением свойств».

На языке Зоар это называется «поднять Шхину (присутствие Творца) из праха». Ведь духовное не имеет никакого почтения в наших глазах, чтобы могли мы сказать своему телу, что это огромная заслуга, что мы можем служить Творцу, и тогда тело покорилось бы и аннулировало себя перед святостью (совершенством).

И в этом смысл сказанного в Книге Зоар, что с помощью того, что «будете следовать Моим законам и соблюдать Мои заповеди», то «сделаете их». То есть как будто вы создаете Меня наверху, то есть если будете следовать Духовным Законам, то проявится имя Творца в своем свойстве «Добрый и Творящий добро». То есть все почувствуют Его Добро по причине того, что удостоились подобия свойств.

Покажи мне величие Свое
Статья 26, 1985

«И сказал Моше: покажи мне величие Свое. И когда сниму руку Мою, увидишь ты обратную Мою сторону, а лицо Мое не будет видно» (Тора, книга «Шмот»). На что указывает нам вопрос Моше и ответ Творца применительно к нашей работе?

Когда начинает человек работу по духовному продвижению, он стремится увидеть величие Творца. То есть в то время, когда посвятит ему Творец, появляется в человеке вкус к занятиям Торой и к исполнению Заповедей, весь он стремится к духовному, тогда может он заниматься этой духовной работой, и знает он, что идет по пути Творца. В таком состоянии человек ощущает себя выше всех остальных людей, что все погрязли в материальном, и только он знает и понимает, что такое духовное.

А потому, как известно ему изречение мудрецов («Авот», ч.4): «Раби Левитас из Явне сказал: «Будь в высшей степени скромен», – поэтому предстоит ему большая работа, чтобы нашел в себе хоть какой-то недостаток и смог сказать, что он низок. Но поскольку Заповедь предписывает выполнять сказанное мудрецами, он принимает ими сказанное на веру, ставя их мнение выше своего разума, говоря себе, что, конечно же, он еще несовершенен.

Также есть время, состояние, когда Творец отворачивается от человека (в его ощущениях), поворачивается к нему «обратной стороной», и как следствие такого отношения Творца, не влечет человека к Торе и Заповедям, не ощущает он недостатка в том, что нет у него стремления к слиянию с Творцом. В таком состоянии есть у человека возможность увидеть себя в истинном виде, где он на самом деле находится, каковы его естественные свойства.

Если он еще видит себя приподнятым над другими, значит, должен работать на самопринижение, принять на себя эту Заповедь, невзирая на доводы разума. Если он смотрит на других людей как на находящихся в духовном падении, а только у него существует состояние подъема, следовательно, только в состоянии «обратной стороны» может он увидеть истину, тогда как в состоянии, когда духовное ощущается обращенным лицом к нему, человек может обманываться.

Однако ступень сокрытия Творца имеет много градаций, потому что если человек уже вошел в духовную работу, встал на путь работы «ради Творца», только тогда он начинает чувствовать по-настоящему сокрытие Творца. Ведь только тогда открывается иногда вид «обратной» стороны, когда видит он свое естественное, низкое состояние, а также, что было у него состояние раскрытия, до того как ощутил падение в свое теперешнее состояние.

Но теперь-то он видит, что нет у него никакого стремления ни к Торе, ни к Заповедям, ни к молитве, и чувствует он себя как совершенно пустой сосуд, в котором не осталось ни единой крохи от работы ради Творца. А в дополнение к этому видит он себя так, словно никогда не действовал ради отдачи, и вообще он не знает сейчас, что такое работать ради Творца.

А иногда человек находится во власти тьмы настолько, что если он начинает говорить себе, что нужно войти в работу, и что вовсе нет у него никакого стремления остаться совершенно без цели в жизни, то кажется ему, что он говорит себе нечто абсолютно новое, как будто ни разу не слышал о духовном.

И тогда удивляется он себе: как возможно такое чувство, что он находится сейчас в состоянии начинающего, который ни разу не занимался духовной работой? Но это потому, что осталось слабое воспоминание в его памяти: ведь он всегда причислял себя к наиболее продвинутым в работе, и вдруг все стерлось из сердца, и он вспоминает все это, словно во сне.

Следовательно, видит он свое истинное состояние только в то время, когда духовное скрыто. И об этом сказано: «И увидишь ты обратную Мою сторону, а лицо Мое не будет видно». И только в таком состоянии есть у человека возможность для внутренней работы над собой, то есть просить у Творца, чтобы приблизил его к Себе, раскрыл ему Свой Свет. И раскается человек настолько, что Создатель не вернет его более в его эгоизм.

Разъясняется в «Предисловии к Талмуду «Эсер сфирот»: «Необходимо знать, что вся работа по выполнению Торы и Заповедей по пути выбора проявляется, в основном, двумя видами скрытого управления. И об этом времени говорится: «В мере страданий – оплата». Потому как управление Творца скрыто, и увидеть Его можно только в сокрытии, которое называется «обратной стороной». Но когда увидит Творец, что человек приложил отведенную ему меру усилий, и закончил то, что должен был сделать в меру своих сил и в соответствии с величиной его веры в Творца – тогда помогает ему Творец, и удостаивается человек постижения явного управления. И это называется, что открыл Творец лицо Свое».

Из этого следует, что начало истинной работы происходит в состоянии сокрытия. И дается это для того, чтобы человек подготовил свои желания, в которые войдет затем свет Творца. Это значит, что пока человек не пройдет состояние сокрытия, нет у него желания к тому, чтобы Творец помог ему, а думает он, что своими силами, без помощи Творца, сможет прийти к совершенному состоянию.

Но хотя нет пока у человека нужды и желания, чтобы Творец помог ему, однако верит он, что, конечно же, Творец помогает ему во всех его нуждах. Необходимо прийти к осознанию того, что не нуждается в помощи Творца, ведь помощь Творца – это такое Его воздействие на человека, которое дает ему силы идти по пути Истины. Истинным называется путь «ради Творца», то есть когда все делается, чтобы доставить удовольствие Творцу. Потому что в таком состоянии своих желаний человек подобен Творцу и потому становится совершенным.

Тогда тело человека (его эгоизм) начинает сопротивляться, утверждая, что вся его работа заключается в том, чтобы удовлетворять потребности тела – желания самонасладиться. (под понятием «тело» Каббала подразумевает не белковую массу, а естественные, природные желания человека.)

И вот начинает человек понимать, что нет у него никакой возможности противостоять телу, и тогда возникает у него необходимость в помощи Творца. И это называется, что есть теперь у него желание и потребность, чтобы Творец заполнил его. И тогда проявляется в нем то, о чем сказано мудрецами: «Приходящему очиститься – помогают.» И Книга Зоар комментирует:

«Если человек стремится очиститься, поддерживают его святой душой, очищают его и освящают, и зовется святым».

Ведь мы видим, что пока не проявится у человека желание, не могут дать ему свет – только после того, как ощутит сердцем, что нуждается в помощи Творца, он получает помощь. Как сказано, что именно тогда, когда он приходит очиститься и видит, что не может, тогда получает сверху чистую душу – свет, предназначенный для него, чтобы помог ему продвигаться вперед и одержать верх над своими эгоистическими желаниями, и чтобы мог использовать их в намерении «ради Творца».

Это можно пояснить сказанным: «Благополучие – примирение вдали и вблизи». Ведь примирение указывает на примирение в споре, а спор, как сказано: «Навсегда пусть разозлит человек злое свое начало на доброе». И добавляется, что пусть ведет с ним войну.

Кажется человеку, что только тогда, когда он чувствует сближение с Творцом, тогда он совершенен, и видится ему, что он уже удостоился раскрытия Творца. Однако тогда, когда он чувствует, что удален от Творца, думает, что не продвигается к совершенству. Тогда говорят: «Мир, мир», то есть мир, который провозглашает Творец.

Сказано (Теилим,85): «Послушай, что скажет Создатель, потому что провозгласит Мир народу своему и приверженцам своим ревностным, и не вернутся к глупости». И должны мы поверить сказанному, так как Творец приветствует Миром и тогда, когда чувствует человек, что удален от Него. Ведь кто дал человеку понять, что он удален сейчас больше, чем когда-либо?

Как правило, человек начинает чувствовать свое удаление тогда, когда начинает прикладывать больше усилий в Торе и Заповедях, когда желание его продвигаться по пути Истины увеличивается – тогда видит себя удаленным еще больше. Но в соответствии с правилом «Заповедь порождает Заповедь», он должен был бы чувствовать большее сближение. Однако об этом и говорится, что Творец приближает человека тем, что показывает ему его истинное состояние, для того чтобы обратился в своем сердце к помощи Творца. Показывает этим Творец человеку, что не в состоянии человек выиграть эту войну без помощи Творца. Таким образом, состояние, когда чувствует человек свое удаление от Творца, называемое «обратной стороной», является временем сближения с Творцом.

Возвращение
Статья 27, 1985

В Зоар (Насо, «Сулам» п.28) сказано: «И эта заповедь – заповедь возвращения – это Бина. Что такое Бина? Это буквы «бен», «юд-хэй», а «бен» этот – «вав», слитый с ней, получает от нее мудрость «юд-хэй», и каждый исправляющийся, он словно возвращает букву «хэй» – малхут букве «вав», происходящей от «юд-хэй», и восполняется этим АВАЯ».

В пункте 29 комментария «Сулам» сказано: «Потому что буква «хэй», конечно же, откровение и тайна сказанного, «возьмите с собой слова, и возвращайтесь к Творцу, и говорите Ему, и восполняется вознесение уст наших». Потому что когда человек грешит, вызывает этим отдаление «хэй» от «вав», и поэтому разрушается Храм, и изгоняется Исраэль в изгнание между народами, и поэтому каждый исправляющийся способствует возвращению «хэй» к «вав».

В пункте 31 в «Сулам» написано так: «Возвращение это – оно малхут и «хэй» имени АВАЯ и называется жизнь, как сказано, что от Него исходит жизнь, что это – души Исраэля, и их источник – малхут, которая называется жизнь. И эта малхут – она «придыхание», входящее и исходящее изо рта человека, без труда и усилий, она – тайна «хэй» начала Творения, потому что буква «хэй» исходит из уст легче всех остальных.

И о ней сказано: «Над каждым «хэй», исходящим из уст, будет Человек», потому что малхут называется «хэй», исходящим из уст, и она над головой человека, то есть «а над моей головой Шхина – присутствие Творца». И о ней сказано: «Увидит образ Творца». Потому что малхут называется «образ Творца». И так же: «Только в «подобии» будет ходить Человек».

В пункте 32 в «Сулам» так сказано: «И потому как она над головой человека, то запрещено ему пройти четыре локтя с непокрытой головой. Потому что если она отстраняется от головы человека, тотчас же уходит жизнь из него».

А в пункте 34 в «Сулам» сказано: «Но установили достоверно насчет формы буквы «хэй»: хороший подарок есть у Меня в хранилищах, и Шабат – имя ему. Потому что Шабат – это Малхут, когда она поднимается в Бину. И когда эта Малхут в свойстве Шабат пребывает над Исраэлем, нет у них ни усилий, ни порабощения, и в ней душа, усиленно трудившаяся, пребудет в покое и отдохнет».

И надо понять все эти имена, которыми называется малхут в Зоар:
1. что означает, что малхут называется «хэй», и она «пар без труда и усилий» – ведь существует правило: «нашел, не приложив усилий – не верь!»?
2. что означает, что малхут называется «жизнь», а в нескольких местах Зоар называется малхут мерой справедливости, из которой исходит свойство «смерть»?
3. что означает, что малхут называется «устами Творца»?
4. как объяснить, что она «над головой человека»?
5. почему малхут называется «образ Творца», как написано (Бемидбар 12): «И увидит образ Творца»?
6. что означает, что малхут называется ЦЭЛЕМ – подобие, о чем написано (Теилим 39): «Только в «подобии» будет ходить человек»?

И чтобы это выяснить, надо понять сначала весь смысл цели Творения, то есть всю связь, которая должна быть у творений для соединения с Творцом, что на этой противоположности основывается вся наша работа и наказания, в случае, если мы не исправляем это. И эта связь – вся наша награда, которую мы получаем во время соединения с Творцом.

Известно, что цель Творения – делать Добро творениям, но чтобы не было стыда при получении, появилось исправление, и оно – уподобление по свойствам, поэтому различие свойств – это отдаление, а подобие свойств называется сближением. Поэтому хотя желание Его делать Добро творениям безгранично, все-таки появилось «сравнение по свойствам», то есть получать Добро и наслаждение только при условии, чтобы получение это было ради доставления удовольствия Творцу.

И отсюда происходят наши усилия, то есть необходимо сделать «экран» – «масах», чтобы могли получать добро и наслаждение только ради отдачи. И это корень, первопричина наших усилий, как написано во Введении (общее введение к книге «Паним меирот умасбирот»): «Знай, что масах, который в кли малхут, он причина тьмы, то есть в имеющейся в масахе силе задерживания Высшего света, чтобы не распространился в свойство «далет». И он также корень усилий «ради получения награды», потому что усилие – это действие, которого нет в желании, потому что желание действует только чтобы оставаться в покое, но поскольку «хозяин» платит ему зарплату, он аннулирует свое желание перед желанием хозяина.

Ведь, все, что мы должны сделать, то есть работа, возложено на нас. Как написано: «Создал Творец для действия», где «создал» – это то, что относится к Творцу – желание делать Добро творениям. И от свойства «создал» произошло в нас разделение и различие свойств, но посредством «действий», то есть посредством нашей работы, когда мы трудимся для того, чтобы достичь ступени «ради отдачи», мы снова приближаемся к Творцу в сравнении по свойствам.

И это – совместная работа творений с Творцом, как написано в Зоар (введение в Зоар, п. 67): «И сказать Циону: «Ты мой народ», и читай не «ты мой народ» (АМИ), а «ты со мной» (ИМИ), что означает – быть соучастником Творца. То есть Творец дает желание получить – им созданный недостаток, называемый тьмой, как сказано: «И сотворил Тьму», что это исходит из силы Его желания делать Добро. А создания должны сделать «масах» – экран, посредством которого появляется в нас сравнение с Ним по свойствам, что только тогда есть в нас килим – желания, пригодные получить наслаждение, идущее от свойства Творца «делать Добро Творениям». Получается, что «создал» – идет свыше, «делать» – идет от низших.

В отношении приложения усилий мы обнаруживаем две вещи:
1. что работа и награда – различны, то есть, что работа не вместе с наградой: время работы – отдельно, и время награды – отдельно;
2. что работа и награда – в одном месте и в одно время.

Потому что усилие – это когда надо сделать какое-нибудь движение, и движение проявляется в трех видах: 1) усилия тела, 2) умственные усилия, 3) умственные усилия, когда надо работать умом, а делать действия, которые против понимания и ума, и это – труднее всего. То есть при этом должен человек отменить свой разум, что означает, что разум обязывает сделать его так-то, а он делает движение и отменяет свой разум, хотя понимает своим умом, что это стопроцентная правда, и все-таки отменяет – это настоящее усилие.

Вернемся к тому, что такое усилие, например: человек делает какое-то движение, чтобы получить что-нибудь взамен, иначе бы оставался в состоянии покоя, поскольку человек создан так, что желает покоя.

И объясняется во «Внутреннем созерцании» (часть 1, п. 19), что это потому, что в Корне, из которого мы происходим, нет движения, а преобладает покой, что нет в Нем никакого движения.

И мы видим, что согласно величине, важности и необходимости того, что человек должен получить, он способен прикладывать усилия, но если бы мог найти какую-нибудь возможность получить требуемое без труда, тотчас отказался бы от усилий, потому что это для него только средство получить награду. И потому, если может получить другими способами, то есть не работая, он думает: «Зачем мне работать бесплатно?» Потому что не получает никакой платы за работу, а то, что должен получить за работу, может получить не работая. Получается, что работа его без оплаты, а так как бесплатно работать невозможно, поэтому он отказывается от работы. И это называется, что работа и оплата не в одном месте и не в одно время.

Потому что работа – это, как например, на заводе – работает в одном месте, а получает зарплату в кассе, и относительно времени – время работы отдельно и время получения зарплаты отдельно, потому что работает все время, каждое мгновение, а плату получает только в конце дня, после окончания работы, как написано («Ки Тецэ», 7): «Не притесняй работника, в тот же день верни заработанное им, чтоб не успело встать над ним солнце».

Но иногда работа и оплата в одном месте и в одно время. И это когда сама работа является наградой, и человек не ждет, что дадут ему другую награду за его работу, то есть за каждое движение, производимое телом. Согласно уже сказанному, что не способно сделать тело бесплатно никакого движения, вместе с тем, когда сама работа – награда, выходит, что получает оплату в том же месте, где работает. Это означает, что не должен дожидаться конца дня, как говорилось, но за каждое свое движение получает награду тотчас же, на месте.

Пример: если в страну приезжает большой ребе, то конечно же, его хасиды идут его встречать, а в руке у него какой-то небольшой сверток. И он выбирает одного из хасидов, чтобы поднес этот сверток до такси. Вслед за этим, достает ребе чек на сто долларов и дает ему за работу носильщика – за то, что поднес сверток к такси. Несомненно, хасид его не захочет взять эти деньги. И если ребе спросит его: «Почему ты не хочешь брать деньги, ведь это же незначительная вещь, разве простой носильщик, не хасид, не понимающий, что значит ребе, и не знающий, что я уважаемый человек, если бы дал я ему десять долларов, он был бы мне очень благодарен, а тебе я даю в десять раз больше, и ты не хочешь принять?».

Только что можно сказать о том, что хасид его не хочет ничего принять от него взамен за переноску? То есть он-то знает величие и важность ребе, и ребе выбрал его, чтобы он прислужил ему, и он считает это большой наградой, стоящей многого, настолько, что если бы кто-нибудь из хасидов был в состоянии купить у него эту услугу, конечно, хасид ответил бы ему: «Все богатство мира ничего не стоит по сравнению с услугой, которую мне ребе предоставил, и выбрал меня единственного из всех».

И здесь мы видим, что усилия и награда – в одном месте и в одно время, потому что во время работы он несет на себе ношу и нуждается в получении награды, поскольку без платы невозможно работать. Не получает плату в другом месте, как в случае, когда работа в том, что он несет поклажу, а награда в ином – в деньгах, или в другое время – по окончании работы.

Но здесь работа и награда – вместе. Работа в том, что несет сверток, и награда в том, что несет сверток ребе. И не надо давать ему что-то другое, что называлось бы наградой, но сама работа, что он несет сверток ребе – это его награда. И это также называется в одно время, то есть во время работы, в то же самое время он получает награду, и тут нельзя сказать, что он получает свою плату в тот же момент, так что нельзя разделить тут между временем работы и временем оплаты. Потому что вся его награда – это услуга, которую он оказывает ребе, и получает от нее удовольствие больше, чем от всех богатств в мире.

Получается здесь то, чего на самом деле нет в действительности: чтобы получал в каждый отдельный момент награду за свою работу, ведь получает всегда награду по окончании ее. Как написано: «Сегодня – делать, завтра – получать награду», а здесь иначе: работа и награда приходят вместе, как одно целое.

И поэтому получается, что такая работа не называется усилием, за которое можно получить награду, а называется так только тогда, когда работа и награда не в одном месте и не в одно время. То есть когда работа – это только средство, чтобы получить награду, тогда она называется усилием. Поэтому если бы была возможность избавиться от этого средства и тотчас же достичь цели, зачем ему тогда средство?

Ведь если вся цель – награда, тогда все помыслы его сердца только к награде, и ищет всегда: как, поменьше работая, побольше выиграть.

Но если работа и награда в одно время, такая работа и называется усилиями, чтобы можно было сказать, что хочет избавиться от работы, ведь работа и оплата – в одном месте и в одно время, потому что получает удовольствие от того, что прислуживает важному человеку.

И согласно этому получается, что усилия в Торе и Заповедях есть только тогда, когда несет человек на себе бремя Торы и Заповедей как носильщик, несущий поклажу ребе, когда он постоянно прицениваeтся и хочет больше того, чем ребе платит ему за его работу.

А в примере с любавичским ребе хасид берет сверток, который тот дает ему, так как хасид знает важность и величие ребе, и потому не хочет от него никакой награды, а величина награды измеряется тем, насколько он познает величие и важность ребе, настолько увеличивается награда. Потому что хотя и имеет место в нашей природе огромное удовольствие во время прислуживания важному человеку, все же есть, несомненно, степени различия в самой важности тоже. Поскольку если человек прислуживает самому важному человеку в городе, хоть и получает удовольствие, но не настолько, как если бы знал, что прислуживает человеку, самому важному в своем государстве. И все-таки самое большое удовольствие было бы, если б знал, что служит человеку, самому великому в мире – не было бы тогда предела его удовольствию.

Выходит, что то, что человек вынужден прикладывать усилия в Торе и Заповедях, происходит по причине, что недостаточно ощущает он важность и величие Творца. И языком Зоар это называется «поднять Шхину из праха», то есть все духовное в нас скрыто оттого, что не чувствуем важность в нашей работе, то есть не чувствуем важности Того, для Кого мы работаем и Кому прислуживаем.

Поэтому, когда человек работает, преодолевая себя, такая работа по принуждению называется усилиями, потому что награда не вместе с работой. То есть оттого, что он работает по принуждению, он надеется получить награду по прошествии времени и в другом месте, и поскольку оплата отдалена от времени работы, есть у него время думать, что сейчас он работает, а затем получит заработанное, тогда есть время, в котором имеет место работа, называемая усилиями.

И совсем по-другому, когда чувствует, Кому он прислуживает, тогда награда приходит вместе с работой, и такая работа не называется усилиями, поскольку работа и награда идут одновременно и вместе.

И можно понять, что здесь, когда работа и награда вместе, то получается, что сама работа во время ее выполнения и является целью. Поэтому не захочет человек отказаться от работы – ведь в нашем мире не принято отступать от цели, отказываются только от средства ее достижения. Поэтому, когда награда и работа вместе и в одно время, человек не откажется от работы, потому что если отказывается от работы – значит, отказывается от награды, поскольку они вместе.

Но если человек работает, как грузчик в нашем примере, когда усилия его от того, что награда и работа не идут вместе, то тогда человек хочет избавиться от таких усилий, потому что они являются только средством получить награду, а он хочет лишь ее. Например: человек работает, чтобы постичь «будущий мир», но он будет готов отказаться от работы, если и без нее ему предоставят такую возможность, поскольку нужна ему только цель, но не средства.

Те же различия существуют и в подарке. Важный человек дает подарок. И получающий этот подарок различает в нем две вещи: а) что человек этот любит его – иначе не подарил бы подарок; б) сам подарок. И здесь тоже надо видеть то же отличие: что здесь цель, а что – средство, и здесь также решающее значение имеет, насколько важен дающий. Если он – важный человек, то любовь – это цель, а подарок – средство, при помощи которого проявляется любовь.

Получается, что и тут готов человек отказаться от подарка, но не от любви. И наоборот: если дающий – простой человек, тогда подарок – цель, а любовь – средство, тогда можно отказаться от любви, ведь главное, чтобы давал ему подарки. Получается, что как по отношению к дающему, так и по отношению к тому, что он получает, производится тот же расчет: насколько человек важен.

До сих пор говорилось о награде и работе, но существует еще наказание. То есть если не выполняет человек Тору и заповеди, то получает за это наказание. Но здесь нужно различать, получает ли он наказание там же, где нарушает законы, или наказание в другом месте и в иное время.

Возьмем в качестве примера награды и наказания за несоблюдение законов государства: нарушающий государственные законы получает наказание, но это наказание не тут же на месте и не тотчас, в то же время. Если, например, человек обокрал друга, и стало известно, что именно он был вором, получает наказание: «заключение» или денежные выплаты, но не в то же время и не в том же месте. А если не известно, что он вор, никогда не получит наказание.

И хотя то же самое происходит с преступающими законы Торы, все же есть большая разница между преступившими законы Торы и преступившими законы государства.

С точки зрения открытой части Торы, то есть выполнения Торы и заповедей, каждый может видеть, что делает другой, здесь тоже преступление и наказание не вместе и не одновременно. Если человек сделал преступление и есть свидетели, видевшие это, то он получает наказание за совершенное преступление. Ел он, к примеру, свинину и есть свидетели. По прошествии времени суд присуждает ему наказание палками. Получается, что преступление и наказание в разных местах и в разное время, как в случае нарушения законов государства.

Но с точки зрения внутренней работы человека, чтобы приблизиться к внутренней Торе, называемой «скрытая часть», тут надо быть незаметным, так как никто не может видеть внутренней работы человека, потому что не знает, что в сердце друга. Например, приходит кто-то и говорит: «Я хочу пожертвовать на ешиву, в которой изучают Тору, но хочу, чтобы поставили в ешиве большой камень с надписью, что я дал деньги, и чтобы в газетах опубликовали, что это я дал такое большое пожертвование, и чтобы куда бы я ни пришел, почитали меня. Тогда, конечно, можно сказать о нем, что он большой благодетель, но нельзя сказать, что намерение его — желание поддержать изучающих Тору.

Но, одновременно с этим, желание почета, называемое себялюбием, имеется внутри желания «укрепить изучающих Тору». Однако настоящее его намерение скрыто от нас, потому что может так быть, что он на самом деле хочет только поддержать изучающих Тору, и чтобы люди, получившие от него деньги, не начали почитать его, он им показывает, что на самом деле хочет почета за то, что дает эту сумму денег в пожертвование. А поскольку хочет поменять наслаждение от денег на наслаждение почетом, то, таким образом, они не станут его уважать.

И это то, что касается отношения человека к другу, где надо различать между явной и скрытой частью, и уж тем более в отношениях между человеком и Творцом, где конечно же существует огромное отличие.

Общеизвестно сказанное мудрецами: «Всегда пусть занимается человек Торой и Заповедями, несмотря на то, что занятие это «ло лишма» (ради себя), поскольку из «ло лишма» придет к «лишма» (ради Творца) (Псахим 50, 2к).

В выполнении заповедей и в изучении Торы есть большое различие между «открытой частью», то есть действием и «скрытой частью» — намерением, потому что нет человека, который мог бы видеть намерения. Потому в действиях человека к Творцу нет между ним и Творцом никого, кто бы мог проконтролировать его намерение, поскольку каждый, как правило, занят своими делами, и нет у него времени думать о расчетах другого. Получается, что о намерении человек думает только сам. Когда действие его ради себя, то есть ждет человек награду за свое действие, то работа и награда идут не вместе и не в одно время. И когда мы говорим о наказаниях, преступление и наказание тоже не вместе и не одновременно, потому что наказание человек получает после совершения преступления, в этом ли мире или в «будущем». И это относится только к части «ло лишма» — ради себя.

Вместе с тем у людей, работающих над своим намерением, чтобы могли направить свои действия «ради отдачи», у них награда и наказание вместе и в одно время, так как то, что не может человек направить свое действие на доставление радости Творцу — это для него наказание. И не нужно ему ждать другого наказания, потому что нет для него больших страданий, чем видеть, насколько он еще удален от Творца. И доказательство тому, что не чувствует достаточно любви к Творцу, чтобы захотеть почитать Его, и все это из-за того, что находится в состоянии ограничения и скрытия. Это причиняет ему боль и это его наказание, а награда его — если чувствует любовь к Творцу и хочет доставить ему радость.

Но это присутствует только у тех, кто хочет достичь работы «только ради Творца», а не ради себя, и о них говорится, что наказание и награда — в одном месте и в одно время. Но в нашем мире общепринято, что наказание и награда следуют не вместе. Так, например, принято называть выполнением Торы и заповедей, то есть «открытой», явной Их части, только само действие, поскольку само действие открыто каждому: что делает человек и о чем он говорит.

На основании всего сказанного попробуем ответить на шесть вопросов, которые уже задавались о написанном в Зоар. Известно, что малхут называется последней буквой в имени АВАЯ и является четвертой стадией приходящего света, а свойство ее — «получение ради получения». И все исправления, которые производятся нами при помощи Торы и Заповедей — это исправление малхут, чтобы свойство получения, присущее ей, стало бы «ради отдачи», что называется «слияние с Творцом». Но если не исправляет человек намерение на «ради отдачи», то отдаляется от Творца.

Известно, что во всем, что мы изучаем о Высших мирах, говорится только по отношению к душам, как сказано мудрецами: «Сказал раби Брахия: «Небо и Земля – заслугами человека созданы, как написано: «Вначале создал Творец» – нет начала, кроме Исраэля, о чем сказано (Иеремия, 2): «Посвятил Исраэль Творцу первенцы урожая». Поэтому все, что изучается о Высших мирах – для того, чтобы души получили Высшее наслаждение, ведь цель Творения – делать доброе творениям».

И надо исправить различие свойств, преобладающее в природе малхут и называемое свойством «получать ради получения», так как отличие свойств ведет к разрыву в духовном. И из кли малхут, являющейся кли всех душ, был создан человек, на которого возложено это исправление, чтобы все желания получить стали «ради отдачи». В предисловии к Книге Зоар (п.10, 11) написано так: «И чтобы исправить этот разрыв, образовавшийся в кли всех душ, создал Творец все миры и разделил их на две системы – четыре чистых мира АБЕА и четыре нечистых, как написано: «Одну против другой сотворил Создатель».

И поместил желание отдавать в систему чистых миров АБЕА, которые освободил от желания получать для себя, поместив это желание к самонаслаждению в систему нечистых миров АБЕА. И завершились миры созданием этого материального мира – места, в котором душа и тело находятся вместе, где также есть время порчи и исправления. Ведь «тело» – желание «получать для себя», исходит еще из самого замысла Творения и проходит свой путь через систему нечистых миров АБЕА, (как сказано: «Диким ослом рожден человек»), находясь под властью этой системы до «13 лет», называемых «временем порчи».

При помощи выполнения заповедей, начиная с состояния, называемого «13 лет», и далее, когда человек выполняет их ради доставления наслаждения Творцу, начинает он очищать заключенное в нем желание получать для себя и постепенно, очень медленно превращать его в желание отдавать, получая таким образом чистую душу (не отягощенную эгоизмом), заключенную в замысле Творения. И проходит через систему чистых миров, и чистая душа одевается в тело (желания), и человек таким образом продвигается все дальше, приобретая и постигая ступени чистых миров из замысла Творения еще в Мире Бесконечности, пока они не помогут ему превратить все желания «для себя», находящиеся в нем, в свойство получать ради наслаждения Создавшего его».

И из того, что приводится в предисловии к Зоар, мы видим, что все, что мы говорим о Высших мирах – это только относительно душ, и то, что мы говорим, что буква «хэй», означающая малхут, отдалилась от имени АВАЯ – тоже относительно душ, которые должны исправить ее, чтобы соединилась с именем АВАЯ, поскольку по отношению к ним она отдалилась. Но когда человек принимает на себя бремя Высшего Управления «выше разума», ради отдачи, называемой единением свойств, то делается это для того, чтобы малхут, от которой происходит человек, тоже была отдающей, то есть сравнялась со свойствами Творца.

Теперь, когда человек занимается отдачей, называемой сравнением свойств, малхут, которая была удалена от Дающего различием свойств, приблизила себя к имени АВАЯ – к Дающему. И этим объясняется «верни «хэй» посредством «вав». Что «юд», «хэй», «вав» называются «тет ришонот» – девятью первыми (сфирот), и это – свойства Дающего, свойства Творца, а буква «вав» дает самой малхут, поскольку теперь малхут отдает, уподобившись «вав».

То есть с одной стороны, «юд», «хэй», «вав» дают малхут, которая получает, но получает для того, чтобы давать душам, так как то, что получают души, идет от малхут – их корня. И поэтому называет Зоар малхут именем «хэй», и это ответ на первый наш вопрос.

С одной стороны, малхут в корне своем – начало всех созданий, называется «получающая ради получения», и из этого свойства ее происходит свойство «смерть», потому что получение отделяет от «Дающего жизнь» – от Творца. Поэтому называется малхут «деревом смерти», как сказано в Зоар (Бэаалотха, с.33, п.96): «Сказал р.Иегуда, сказал р.Хия: «Писание свидетельствует, что каждый, дающий милостыню бедным, пробуждает «дерево жизни», и оно – Зэир Ампин, добавит жизнь «дереву смерти» – малхут, и тогда вселяются жизнь и радость наверху в Малхут».

И тут мы видим, что с одной стороны – со стороны своего корня (какой создана), Малхут называется «деревом смерти», но когда создания совершают действия отдачи, тогда пропадает ограничение и скрытие, бывшие в ней, и именно из нее, из Малхут, получает жизнь весь мир, и в этом качестве Малхут называется жизнь. И этим объясняется второй вопрос: почему Малхут называется жизнь, ведь зовется «деревом смерти»? Ответ: «работой снизу возбуждают работу сверху», то есть действиями, которые производятся снизу, возбуждаются высшие корни, и тем самым возникает единство Творца и Шхины Его, и от этого единства жизнь вливается в мир.

И третий вопрос был: что означает, что Малхут называется «уста АВАЯ»? Мы видим в обыденной жизни, что уста открывают то, что в мыслях человека. АВАЯ называется свойство милосердия. Это значит, что Творец дает Добро и Наслаждение творениям. И в то время, когда Малхут называется Жизнь, то есть в то время, когда снизу занимаются отдачей, тогда приходит из Малхут Высшая Жизнь – Цель Творения, называемая светом Мудрости, и он – свет Жизни. И когда Малхут открывает это, то называется «уста АВАЯ, потому что открывает Малхут замысел Творения – делать Добро творениям.

И этим сможем объяснить то, о чем спрашивали в четвертом вопросе: что означает «из-за того, что она над головой человека, запрещено человеку пройти расстояние в четыре локтя с непокрытой головой». Потому что известно, что Малхут называется верой, а вера всегда выше разума, а головой человека называется его разум. Тогда получается, что высшая Малхут, которую надо принять на себя, должна быть выше понимания и разума, и получается, что Малхут – «над головой» человека. Поэтому запрещено «пройти четыре локтя с неприкрытой головой», поскольку если она уходит со своего места над головой человека, тотчас уходит из него жизнь.

«Неприкрытие головы» означает, что Малхут, являющаяся свойством веры, не находится выше разума человека и его понимания, а поскольку нет в нем Веры, то свет Жизни, исходящий из Малхут, покидает его. Потому что Малхут называется Жизнь только посредством исправления желаний отдавать, а в желаниях получить малхут называется «деревом смерти», поэтому жизнь уходит от него.

И пятый вопрос: почему Малхут называется образом Творца? Потому что картина, образ, означает как в случае, когда мы говорим: «Я хочу понять общую картину». И когда хотят знать общую картину духовного, говорится: «И увидит образ Творца», то есть возможность видеть общую картину духовного зависит от того, насколько человек удостоился веры в Творца, и насколько вера эта проявляется в его уме и сердце. И в меру того, насколько удостоился веры, получает он видение образа, картины. Поэтому, поскольку Малхут называется Верой, она же называется образом Творца, то есть соответственно своей вере получает человек общую картину духовного – духовный образ.

И таким же образом можно ответить на шестой вопрос: почему Малхут называется ЦЭЛЕМ – подобие, как написано: «Только в подобии (Творцу) будет ходить человек». Известно, что подобие также называется свойством веры, потому что «солнце» называется знанием, а ЦэЛь (тень) – это свойство, скрывающее «солнце», и это качество веры, называемое одеяние, то есть если у человека оно есть, то одевается в него «Высший Свет», как написано в Зоар (Ваехи, с.64, «Сулам» п.201): «Если исчезает ЦЭЛЕМ – тень, подобие, то уходит Мудрость, и по тому, какой ЦЭЛЕМ, то есть насколько уподобился, так одевается в него Мудрость».

О разведчиках
Статья 28, 1985

Зоар трактует эпизод с разведчиками, которых Моше послал разведать страну Исраэля, в смысле духовной страны (Шлах, стр. 20-23, комментарий «Сулам», пп. 56-57). «Сказано, что повелел им Творец, говоря: **«Идите на юг,** – то есть усердствуйте в Торе, и через Нее познаете вы этот мир. **И осмотрите эту страну, какова она,** – то есть оттуда увидите вы этот мир, в который веду Я вас.

И народ, живущий в ней – это праведники, живущие в раю. **Силен он или слаб,** – то есть увидите там, почему вы удостоились всего этого: потому ли, что преодолели силой свою природу и сломили ее, или в слабости, без всякого усилия. Укрепили свои силы в Торе, занимаясь Ею денно и нощно, или бессильно оставили Ее, но все-таки удостоились всего этого.

Малочислен он или многочислен, – много ли тех, кто занимаясь служением Мне и укрепляя в Торе свои силы, удостоился всего этого, или нет? **И какова земля эта, тучна она или тоща,** – через Тору узнаете вы, какова земля эта, – то есть каков этот мир, – изобилует ли она высшим благом для жителей своих или скудна во всем.

И взошли в пустыне и дошли до Хеврона. «И взошли в пустыне» (буквально «поднялись») означает, что люди поднимаются в Ней, в Торе. **«В пустыне»** – означает с ленивым сердцем, подобно человеку, который впустую прилагает усилия на сухой земле и не ждет от нее никакой награды. Он видит, что богатство этого мира потеряно для этой земли, и думает, что все уже потеряно.

«В пустыне» – то есть, как сказано: «пересохли воды». **«И дошел до Хеврона»,** то есть дошел до слияния с Торой (ивр. «Хеврон» и «леитхабер», слиться, соединиться – однокоренные слова). А Хеврон был построен на семь лет – имеются в виду 70 ликов Торы.

И дошли до долины Эшколь – имеется в виду сказание и толкование, основанные на вере. **И срезали там ветвь,** то есть узнали там основы всему, нечто главное. Те, в ком есть вера, радуются этим вещам. В них эти вещи получают благословение. И видят они, что корень у этих вещей один и суть в них одна, и не отделены они друг от друга. Те же, у кого нет веры и не учат Тору ради Творца, отделяют веру, то есть Малхут, от Зеир Анпина, потому что нет в них веры в то, что суть их одна и корень у них один.

И то, что сказано: **«и понесли ее на шесте вдвоем»** – означает, что отделили они письменную Тору от устной Торы. **И от гранатов, и от смоковниц** – то есть, от тех вещей, которые полностью принадлежат нечистой силе, как со стороны вероотступничества, так и со стороны разделения. Ведь слово **«гранат»** происходит от слова «вероотступник», а «смоковница» – от слов «и Творец не с ним» – это сказано о тех, кто не верит в управление Творца и все называет случайностью. Эти люди отделяют Творца от мира.

И возвратились они с осмотра страны. «И возвратились», то есть вернулись ко злу и свернули с истинного пути, говоря: «Что выйдет нам с этого? До сего дня не видели мы добра в мире. Трудились в Торе, но дом наш пуст. Были мы средь падших народа этого. А тот мир, – кто удостоится его, и кто войдет в него? Лучше было нам не прилагать стольких усилий».

И рассказали ему и сказали: вот мы трудились и изучали, чтобы узнать ту часть мира, как ты нам присоветовал, «и правда течет она молоком и медом», хорош этот высший мир, как мы знали и из Торы, но кто же может Ее, то есть Торы удостоиться? **Однако силен народ.** «Силен» народ, который удостоился того мира, и пренебрег всем этим миром с его богатством. Кто способен поступить так во имя того, чтобы удостоиться Торы?

Однако, конечно, силен народ, населяющий **ее**. Кто хочет удостоиться Ее, должен быть силен богатством, как сказано, и богатый ответит силой. **И города большие укрепленные,** то есть дома, полные всякого добра, и нет у них ни в чем недостатка. А также, «и еще великанов видели мы там», то есть тело должно быть сильным и мощным, как у льва, ибо Тора истощает силы человека, – кто же сможет удостоиться Ее?

А также Амалек живет в пустынной стране. Так что, если даже скажет человек, что все это он смог преодолеть, то «Амалек живет в пустыне, то есть нечистая сила, неотступный обвинитель, вечно сидит в теле человека. Выражено это в словах «и удержали они сердца народа Исраэля, ибо дурной слух пустили они о земле этой».

Что же сказали те, в ком была вера? Если благоволит к нам Творец, то даст нам **ее** (землю). То есть, поскольку человек стремится к Творцу желанием сердца, то удостоится этой земли, ибо все, что ему надо от Творца – это ответа на желание сердца.

Однако же, но не восставайте против Творца, то есть должны не восставать против Торы, ибо Тора не нуждается ни в богатстве, ни в золоте и серебре. И не бойтесь народа той страны, ибо даже тело, сломленное по мере занятия Торой, излечится абсолютно, и все обвинители человека превратятся в его помощников.

Зоар разбирает эпизод с разведчиками в связи с вступлением человека во внутреннюю работу, которую мы называем принятием на себя бремени Высшего Царства. Таким путем удостаиваются получения Торы, как это произошло на горе Синай, когда сказали сыны Исраэля: «сделаем и услышим».

Так же и каждый отдельный человек, желающий удостоится получения Торы, должен пройти период, называемый **«сделаем»**, и только после этого сможет удостоиться категории « услышим». Категория «сделаем» подразделяется на много ступеней, но в целом ее можно разделить на две части:

1. **открытая** часть Торы, когда человек в действии выполняет Тору и Заповеди, уча их денно и нощно. И он соблюдает Заповеди во всех тонкостях и деталях, так, что нечего ему прибавить в действии. И намерение его – делать все ради Творца, исполнять Заповеди Царя, за что он надеется получить награду в этом мире и в будущем мире. И с этой точки зрения он называется праведником;

2. **скрытая** часть Торы, то есть намерение человека в момент его действий. Это намерение скрыто от других людей и главным образом от самого человека, потому что его работа должна быть выше разума. Тогда разум не сможет критиковать его работу, если конечно человек идет по пути, ведущему к слиянию с Творцом, то есть по пути, называемом «ради отдачи», или иначе, «не ради получения награды».

Поэтому – это скрытая часть, ибо человек работает не за награду, и награда сокрыта от него. (объяснение: человек, работающий за вознаграждение, знает, что работает как следует, потому что получает оплату. Однако те люди, которые работают ради того, чтобы дать блаженство своему Творцу, насладить Его, не могут видеть получает ли Творец наслаждение от их работы. Им остается верить, что Творец наслаждается от этого. Выходит, что их оплата, называемая «ради отдачи» – тоже выше разума).

Есть и другие причины, по которым эта работа называется скрытой частью. И эта работа относится не ко всему обществу в целом, а к отдельным людям, как пишет РАМБАМ (в конце законов о Тшуве): «И сказали мудрецы, что вечно будет человек заниматься Торой, хотя бы и не ради Творца, ибо от «не ради Творца» придет к «ради Творца».

Поэтому, когда учат малолетних, женщин и вообще простой народ, их учат работать из страха и за награду. Пока не возрастет их знание, и не наберут они мудрости, шаг за шагом открывают им эту тайну и осторожно приучают их к этому, до тех пор, пока не постигнут Его, не познают и не станут служить Ему из любви».

История с разведчиками, как правило, начинает проявляться у человека, когда он хочет идти по пути слияния с Творцом, то есть по пути «отдачи». Тогда приходят к нему разведчики со своими справедливыми, по их разумению, утверждениями и убеждают, что с рациональной точки зрения они правы.

Как говорит Зоар: «Человек – это мир в миниатюре, включающий в себя семьдесят народов мира и категорию Исраэль». Это объясняется тем, что существуют семь категорий, то есть семь сфирот, которым соответствуют семь категорий нечистых сил, каждая из которых в свою очередь состоит из десяти, всего получается семьдесят. Каждому народу соответствует свое желание, и каждый народ хочет, чтобы его желание возобладало над другими. Народу Исраэля в человеке тоже соответствует определенное желание – желание слиться с Творцом.

Однако есть закон, согласно которому человек не в состоянии бороться с самим собой. Для этого требуются особые силы, позволяющие человеку идти наперекор собственному мнению. В то же время, если человек уверен в истинности своего мнения, у него достанет сил на борьбу с противником – другим человеком. И он ни за что не уступит чужому мнению.

И если действительно семьдесят народов сидят в самом человеке, разве может он противостоять самому себе? Когда верх берет один из семидесяти народов, человек попадает под власть соответствующего ему желания. В своих мыслях человек воспринимает это желание как свое, и не предполагает, что это один из семидесяти народов пытается подчинить его. Он думает, что это и есть он сам, а, как известно, бороться с самим собой необыкновенно тяжело.

Поэтому человек должен представить себе, что в его теле сидят семьдесят народов мира и народ Исраэля, и определиться, к какому народу он принадлежит. Ибо есть правило, согласно которому каждый человек любит свою родину и готов сражаться ради ее блага. Посему он должен решить, принадлежит ли он народу Исраэля или к одному из семидесяти народов. И если он решает для себя, что он принадлежит народу Исраэля, он может противостоять семидесяти народам всякий раз, когда видит, что они собираются воевать с ним.

И он видит, что семьдесят народов хотят погубить народ Исраэля, как сказано в пасхальном Сказании: «И это то, что поддерживало отцов наших и нас, потому что не один только Фараон восстал на нас, чтобы погубить нас, но во всяком поколении встают на нас враги, чтобы погубить нас, и Творец всегда спасает нас от их рук».

И если сам человек твердо знает, что он принадлежит народу Исраэля, у него найдутся силы противостоять семидесяти народам, ибо сама природа дает ему силы сражаться за родину. И поскольку он уверен, что он – израильтянин, и семьдесят народов хотят погубить его, мы различаем как бы два воюющих друг с другом тела. В такой ситуации у человека есть силы сопротивляться.

Когда речь идет у духовной работе, народ Исраэля называется Яшар-**кель** – прямо к Творцу, ибо он желает слиться с Творцом, и он желает царства, то есть хочет принять на себя бремя Высшего Царства. А Царство называется Богом, как сказано в Зоар (Корах, стр. 5, «Сулам», п. 14): «И Бог гневается каждый день, и Он – Царство. И семьдесят народов в теле человека противятся этому и борются с категорией Исраэль, и разными приемами пытаются уничтожить ее.

Но, когда человек работает над своим намерением, то есть стремится настроить свое намерение «на отдачу», начинают действовать утверждения разведчиков, разобранные в Зоар. Основываясь на словах Торы, Зоар толкует эти утверждения в том смысле, что разведчики не согласны с категорией «Исраэль» в человеке и воюют с ним, желая стереть его с лица земли. Чтобы и не воображал себе, что когда-нибудь достигнет того, чего он хочет достичь.

И они прибегают ко всякого рода аргументам в своей борьбе против Исраэля, ведь семьдесят народов основываются на желании получать, в то время как категория Исраэль основана на желании аннулировать себя перед Творцом, не требуя за это никакого вознаграждения.

Поэтому когда человек хочет идти наперекор их мнению, они особенно поднимают голос, своими доводами давая человеку умом понять, что у него нет ни малейшего шанса достичь того, чего он хочет.

А иногда разведчики внушают человеку мысль, которая намного тяжелее, чем все их прочие доводы, говоря ему: «Знай, что такому низкому человеку как ты, Творец не может помочь». И это тяжелее всего, ибо всякий час, когда человека постигает несчастье, у него есть возможность молиться. Но когда они объясняют человеку, что он работает напрасно, ибо не может Творец помочь ему, они забирают у него возможность молиться, и что ему остается тогда делать? К кому ему обращаться за помощью?

Зоар говорит (Шлах, «Сулам», 82): «Сказал раби Иоси: «Взяли себе за правило обо всем дурно отзываться. Что значит «обо всем»? Имеется в виду о стране и о Творце». Сказал раби Ицхак: «О стране – это верно, но о Творце – откуда мы можем это знать?» И отвечал он: «Это смысл слов **«однако, силен народ».** То есть кто может справиться с ним? Ибо силен народ, то есть даже Творец не может справиться с ним. Следовательно, отзывались дурно и о Творце».

На все аргументы разведчиков, которые возникают у человека, он не должен возражать рациональным путем и не должен ждать, пока найдет опровержения, все это время оставаясь под их властью. Он должен понять, что никогда не сможет опровергнуть их аргументы внешним разумом.

Только, когда он обретет внутренний разум, он получит язык, с помощью которого сможет объясняться с ними. Пока же он вынужден идти выше разума, говоря: «Хоть разум и важная вещь, вера все же важнее разума».

Он должен идти не разумом, а верой, веря в то, что сказали наши мудрецы, то есть в то, что человек должен принять на себя бремя Высшего Управления, идя выше знания. Только тогда рассеются все аргументы разведчиков, ведь все они построены только на знании в рамках внешнего разума.

И это сказанное Исраэлю, когда он готовился к получению Торы: сделаем и потом услышим, где деяние идет без участия внешнего разума, полагаясь на приказывающего, в уверенности, что приказывающий точно знает, что человеку плохо и что ему хорошо.

Спрашивается, зачем Творец наделил нас внешним разумом, которым мы пользуемся во всем, если в духовной работе мы должны идти наперекор тому разуму, который мы получили при рождении, а не в согласии с ним. Ответ: потому, что Творец хотел, чтобы мы просили Его о помощи, и помощь, которую Он дает нам – это свет Торы.

А если бы мы могли обойтись без помощи Творца, мы бы не нуждались в свете Торы, как сказано мудрецами: «Я создал нечистую силу и сотворил Тору, как приправу к Ней». И для того, чтобы человек вознуждался в свете Торы, нам дано работать в категории «скрытого», так, чтобы человек ощущал необходимость во внутреннем разуме.

Ибо внешний разум создан Творцом таким образом, что он нисколько не помогает человеку в духовной работе, скорее мешая ему работать «на отдачу». Как сказано в Зоар (Ноах, стр. 23, «Сулам», п. 63): «Если человек хочет очиститься, ему помогают святой душой, и очищают и освящают его, и он называется святым».

И через это у человека появляется потребность получить света НАРАНХАЙ, принадлежащие корню его души, как части общей души Первого Человека. Как пишет АРИ: «Есть такие, которые являются частью его головы, и есть – являющиеся частью его тела».

Поэтому и было произведено исправление, называемое сокрытием, так, чтобы знание, или внешний разум человека, препятствовало работе ради Творца. И поэтому, все соображения человека, основанные на знании в рамках внешнего разума, говорят ему, что не стоит ему работать на отдачу.

Но если он борется с этим и не бежит с поля битвы, а молится, чтобы Творец помог ему идти выше знания, то есть выйти из-под власти желания получать, тогда в тот момент, когда Творец помогает ему, он получает внутренний разум, или внутреннее знание.

Вооружаясь этим знанием, тело уже согласно работать ради того, чтобы доставить наслаждение Творцу. Как сказано: «Если желанны Творцу пути человека, даже враги его, то есть его нечистые желания, примирятся с ним».

Когда же человек идет внутри знания, то есть сам разум говорит ему о целесообразности духовной работы, он способен прилагать усилия в этой работе. Поэтому внешний разум обязывает человека работать с намерением «ради получения», что и называется «внутри знания». А когда он удостаивается внутреннего разума, то есть внутреннего знания, разум обязывает его работать «ради отдачи», чтобы дать блаженство Творцу.

Близок Творец ко всем зовущим Его
Статья 29, 1985

В Книге Зоар (26, 78) говорится: «Тот, кто желает пробудить Высшие миры действием или речью, если это действие или речь было недостойно – ничто не пробуждается. Все человечество ходит в молельные дома пробудить Высшие миры, но лишь немногие знают, как это сделать. Творец же близок лишь к тем, кто знает, как воззвать к Нему, и удален от тех, кому это не ведомо, как сказано: "Близок Творец ко всем истинно зовущим Его". Истинно – означает, что знают они, как пробудить Истину».

Отсюда следует, что тот, кто не знает, как обратиться к Творцу, тому нечего идти в синагогу, ведь из-за незнания молитва его не будет принята. Так неужели неумение обратиться к Творцу – это достаточный повод для того, чтобы не ходить в место общего собрания на молитву!?

И если так, то что же должен делать человек, чтобы научиться взывать к Творцу, сблизиться с Ним? И поясняет Зоар, что нам нужно узнать, чтобы затем смогли мы постараться прийти к этому: «Истина – вот единственное знание, и тот, кто в истине взывает к Творцу, только тот к Нему близок».

И если знанием называется только истинное обращение к Творцу, что же нового из этого следует? Что же получается, что только знание чего-то особенного дает нам возможность взывать к Творцу? Но ведь сказанное «Творец близок **ко всем,** взывающим к Нему» – означает, что Он близок ко всем, без каких-либо исключений. Вдобавок, завершается все условием – чтобы «**истинно** взывал», и если этим завершается все сказанное, значит это очень важное требование к человеку.

Что же это за особое условие для обращающегося к Творцу – Истина? Не так ли заведено в нашем мире, что если человек зовет другого, и этот другой знает, что он лжет ему, конечно, он не будет слушать его, так как точно знает, что все, что он говорит ему, является ложью. Поэтому он сделает вид, что стоит далеко и не слышит его голоса. Как же понять тогда то особое требование, предъявляемое к человеку?

Конечно же, у Творца существуют иные, особые условия, которых нет у людей, но то, что необходимо **истинно** взывать к Творцу, – не является ли это самым незначительным из всех возможных условий? Требование «истины» несет в себе какое-то особое намерение, и оно – это намерение – оно-то и зовется Истиной.

И чтобы понять, что же такое Истина, приведем вначале высказывание мудрецов: «Каждый, кто гордится собой, – говорит Творец, – не может существовать там же, где и Я». Спрашивается, какое дело Творцу до гордецов? Если человек, скажем, попадает в курятник и видит, что один петух чванится перед другим, это ведь не приводит человека в негодование? Но сказал на это раби Иуда Ашлаг, что Творец любит Истину и не выносит ложь, как сказано в Теилим: «Приводящий зло не будет предо Мной».

А на самом деле, Творец создал человека с желанием получать, и это единственное желание, существующее в нем — его эгоизм. Он является источником всех низких страстей, существующих в мире: воровство, убийства, войны — все вытекает из этого эгоистического желания. Получается, что это Творец создал человека в совершенной низости, и если гордится человек, говоря, что он не такой как все, то он лжет, а Истина не терпит лжи.

Из этого следует, что если человек пришел в синагогу просить Творца, чтобы Он услышал его молитву, так как считает, что он заслужил того, чтобы Творец услышал его молитву, — чтобы Творец дал ему больше, чем другим, потому что ему причитается от Творца больше, чем кому бы то ни было, — даже если просьба его о Духовном, все равно этот человек удален от Творца, как ложь далека от Истины. Поэтому такой человек называется не знающим, как взывать к Творцу, так как его просьба основана на ложном состоянии.

И это означает удаление от Творца, а не близость к Нему, потому что есть правило в духовном мире, что близость определяется единением по свойствам, а удаление — различием свойств. А поскольку не существует большего различия, чем между Истиной и ложью, поэтому говорится, что не знает, как взывать к Творцу, и доказательство этому — отсутствие сближения с Творцом. Во время такой молитвы просящий находится в состоянии обмана, так как ощущает себя выше других, видя в других **свои** недостатки, и об этом он просит помощи у Творца. Как сказали мудрецы в трактате Кидушин (стр. 70, п. 71): «Тот, кто выискивает пороки в других — порочен сам и не стремится возвеличить мир, а недостаток другого он видит в своем недостатке».

Есть такие, кто всегда смотрят на других: «Учится ли он так, как мне кажется верным, молится ли так, как я понимаю молитву?». И если это так, то такой человек в порядке в его глазах. А если не так, то сразу же находит в нем какой-то недостаток. И об этом сказал раби Иуда Ашлаг, что у «завистников» принято так: если есть кто-то, кто ведет себя строже, то он называется «фрумер», то есть человек крайностей. О таком человеке нечего разговаривать и не стоит даже думать о нем. Но если кто-то менее скрупулезен, чем это принято, это значит, что он легкомысленнейший человек, и поэтому надо преследовать его до полного его поражения, чтобы не испортил других.

И когда такой человек приходит просить Творца, чтобы Он приблизил его к Себе, так как считает, что он находится выше всех, тогда далек он от Творца вследствие различия свойств, потому что свойство Творца — это Истина, а его свойство сейчас — это полная ложь. Но ведь сказано, что «Величие Творца наполняет всю землю», то есть абсолютно все желания, как же можно тогда объяснить, что Он далек от человека? Просто это говорится так, будто Творец находится далеко от человека и поэтому не слышит его голоса, как если бы один человек находился далеко от другого, то не слышал бы его. В духовном же мера удаления или сближения зависит от единения или различия свойств.

Если же человек приходит молиться Творцу, говоря: «Мне Ты должен помочь больше, чем кому бы то ни было, потому что никто не нуждается в Твоей помощи так, как я, — ведь они исправленнее меня, не настолько погрязли в своем эгоизме и гораздо послушнее меня. А я вижу, что нуждаюсь в Твоей помощи больше, чем все эти люди, так как чувствую свою испорченность и низость, и потому удален я от Тебя больше, чем другие. Поэтому пришел, повинуясь этому чувству, как написано: «И нет кроме Тебя Царя иного у нас, спасающего и избавляющего».

Значит, просьба этого человека является истинной, и поэтому Творец соглашается принять ее. И об этом сказано в Торе (Ваикра 16, 16): «Я, Творец, нахожусь с вами в вашей нечистоте», то есть несмотря на то, что они погружены в свой эгоизм — источник всех нечистых желаний, но так как просьба этого человека является истинной, то Творец близок к нему, потому что Истина находится в подобии с Истиной, а подобие свойств означает близость.

И исходя из этого поймем сейчас, о чем спрашивалось выше в Зоар, что тот, кто не умеет взывать к Творцу, то нечего ему идти в синагогу, так как Творец не слышит его молитвы вследствие его удаления от Творца. Как возможно такое? Не противоречат ли это сказанному «возвышен Творец, но униженного увидит» (Теилим, 138)? Но «униженный» – означает, что нет у него понимания! Так что же, того, кто не умеет взывать к Творцу, Он также «увидит?».

Из вышесказанного выходит, что человеку нужно знать только одно – свое истинное, свое настоящее состояние относительно духовного, относительно Творца. Состояние, когда нет в нем никакой «мудрости», и никакие наставления не могут уже помочь ему, и это ощущается им как нечто самое тяжелое, что только может быть. Тогда осознает человек, что если Творец не поможет ему, то пропал он под властью своего эгоизма. Но если не чувствует этого человек и кажется ему, что есть люди намного хуже него, значит не видит он правды, и ложь эта удаляет его от Истины – от Творца.

И из этого поймем второй вопрос, где спрашивалось: что должен делать человек, чтобы научиться взывать к Творцу и стать ближе к Нему? Что он должен учить, чтобы узнать это? И тогда отвечают ему, что он не должен учить ничего особенного, а только должен стараться идти по истинному пути – путь подобия Творцу, и из этого родится его настоящая молитва – о необходимом, а не о лишнем. И сказано, что **«спасает Творец души от смерти, оживляя их голодом»**, то есть давая ощущение отсутствия духовной жизни.

И значит «близок Творец ко всем, кто взывает к Нему», без никаких исключений. Условие же, «к тем, кто истинно взывает к Нему», не является каким-то особым условием. Ведь даже между детьми, если один зовет другого, и тот, второй знает, что его обманывают, то даже не посмотрит в его сторону. В отношении же с Творцом тем более должны мы знать точно, что такое Истина. Но сам человек не в состоянии правильно определить свое состояние – истинное оно или ложное, так как не в состоянии он видеть Истину. Поэтому нуждается человек в проводнике, который научил бы его и указал ему на то, чего не хватает ему и от чего он должен избавиться, чтобы не мешало это ему прийти к Истине.

И об этом сказано: «Требуйте Творца, чтобы найти Его, взывайте к Нему, когда Он близок».

Безусловно, когда ощущается близость Творца, то достигают Его, но где то место, которое определяется как близость к Нему? «Каждый, **истинно** взывающий к нему», – если просьба человека к Творцу из состояния, которое ощущает как истинное, то находит Его.

Три молитвы -1
Статья 30, 1985

В Зоар (Балак) сказано: «Есть три молитвы: молитва Моше, молитва Давида и молитва бедного. Какая из них более важная? И отвечает – молитва бедного. Молитва эта предшествует молитве Моше и молитве Давида. Потому что бедный – это сокрушенный сердцем, а сказано, что Творец ближе к тем, кто сокрушен сердцем. И бедный всегда ссорится с Творцом, а Творец прислушивается к его речам. Молитва бедного как бы окутывает, и никакая другая молитва не проходит, пока его молитва не пройдет.

Творец уединяется с его просьбами. Все ангелы спрашивают друг у друга: чем занимается сейчас Творец? И отвечают им, что Он уединился с душами тех, кто сокрушены сердцем. И это молитва, которая задерживает все остальные молитвы».

И нужно понять по поводу этих трех молитв, какая разница между ними: между молитвами Моше, Давида и бедняка. В чем большая важность бедного: из-за того, что есть у него обиды на Творца, и поэтому он задерживает все молитвы?

Также нужно понять, что означает «задерживает все молитвы», как будто не может Творец ответить на все молитвы одновременно, нужно ему время для ответов в порядке очереди?

Объясним это, словно все эти три молитвы исходят от одного человека и являются тремя его состояниями, которые чередуются одно за другим. Здесь мы находим три недостатка, о которых человек просит, чтобы Творец заполнил их:
1. ступень, называемая Моше;
2. ступень, называемая малхут – Давид;
3. бедный, который относится к ступени сокрушенных сердцем, которая называется сосудами Творца.

И нужно понять, что значит «близок Творец к сокрушенным сердцем». Близок – означает в духовном равенство свойств. Но какое может быть равенство свойств с Творцом, если говорим о человеке с сокрушенным сердцем?

Кроме этого, говорим, что близок Творец к тем, кто сближаются с истиной. Какая связь с приближением к истине, тем более с сокрушенным сердцем? И в чем значение претензий бедного к Творцу? Ведь Творец говорит, что справедливость на стороне бедного, как мы видим, что из-за претензий этих Он прислушивается к голосу бедного больше, чем к голосам других, как говорится в Зоар.

В Зоар сказано, что раби Шимон говорил: «Тот, кто доволен своим положением и не отдает часть Творцу – сколько бед вокруг него». Далее поясняет, что значит часть для Творца – это значит, порадовать бедных, так как «Он приходит смотреть свои разбитые сосуды».

И разъясняется в «Сулам», почему часть Творца – это бедные, когда имеются в виду разбиение сосудов, которое было до создания миров. Так как во время разбиения сосудов упали осколки святости в нечистые силы. От них получает она все виды наслаждения, которые потом передает человеку, и это способствует всевозможным преступлениям: воровству, грабежу, убийству.

В соответствии с этим можно объяснить, что означает бедный. Почему жалоба его – это досада. Так как он говорит: «В чем я виноват, что создал Ты меня из желаний, разбитых эгоизмом, и из-за этого есть во мне плохие желания и мысли.

И все это приходит ко мне только из-за того, что я появился после разбиения сосудов – ведь там было первоначальное место, где появилось желание получить высший свет в желании, направленном для себя, а не для того, чтобы отдавать. И из-за этого имеется во мне эгоизм, и нахожусь я далеко от духовного, и нет во мне частички святости, в которой имеется намерение делать ради Творца.

То есть то, что я страдаю из-за невозможности приблизиться к Духовному и удален от Тебя из-за разницы в свойствах, из-за эгоизма, и ненавижу все это, что есть в моем сердце – это результат того, что ты создал меня таким».

Поэтому обращается он с жалобой: «Нет у меня сил изменить свою природу, которую Ты создал, но я хочу от Тебя: так же как создал Ты мой эгоизм, что является моей первой природой, дай мне вторую природу – желание отдавать. И есть у меня доказательство, что Ты виноват в том, что нет у меня силы сопротивляться эгоизму».

Следовательно, жалоба бедного, что нет у него сил сопротивляться своей сущности, если Творец не поможет ему – справедлива. Смысл этого в том, что Творец дает ему это состояние намеренно, так как ждет молитвы праведников, то есть тех, которые молятся, чтобы стать праведниками. В соответствии с этим досада его на то, что Творец создал его таким падшим – справедлива, то есть Творец сам сделал так, что неоткуда ему больше ждать помощи, кроме как от Творца.

Поэтому молитва бедного, «сокрушенного сердцем», – это молитва, приходящая от разбитых сосудов, и является истинной. А истина называется «близко», потому что она соответствует по свойствам Творцу. Поэтому молитва эта принимается в первую очередь, потому что отсюда начинается порядок работы.

Отсюда понятно то, что спрашивали: почему один раз говорится, что близко – это Истина, а другой, что близко – это к сокрушенным сердцем. А ответ в том, что молитва сокрушенных сердцем является молитвой истинной, и значит оба эти понятия являются одинаковыми, то есть когда приходим молиться к Творцу, должны говорить с ним об Истине.

Это означает, что когда человек приходит с молитвой к Творцу, он просит, чтобы тот помог ему, так как находится в самом плохом положении среди всех. «Ведь есть люди, стоящие ниже меня – как в Торе, так и в работе, однако не чувствуют они Истину так, как я вижу свое положение, поэтому они не нуждаются настолько, чтобы Ты помог им.

Однако я вижу свое состояние, что нет у меня никакого отношения к духовности, после всей работы, которую было мне по силам выполнить. И насколько я хочу продвинуться вперед, настолько вижу, что я двигаюсь назад». Это называется истинной просьбой. О таком можно сказать, что есть у него равенство свойств с Творцом в том, что просьба его – истинна.

В связи с этим поймем ответ на вопрос: почему молитва бедного задерживает все молитвы? И разве не может Творец ответить на все молитвы одновременно? Для этого мы должны изучить эти три молитвы в одном теле, то есть невозможно ответить человеку на то, что он просит, кроме как в той последовательности, в которой он сможет получить, и это будет для его пользы.

Ведь если получит какое-то наполнение, что он просит, и это будет во вред, конечно не дадут ему по его желанию, так как Творец хочет дать только для пользы, а не во вред. Поэтому должен получить сверху, что недостает, согласно истинному состоянию, то есть нужно молиться ему о бедности, что создан он с желанием получить и отсюда все страдания его.

После этого он должен просить, чтобы дали ему Малхут Шамаим, так как есть у него уже желание отдавать и он получить веру, которая называется «Малхут Шамаим». Таким образом не может человек получить веру до того, как будет у него желание отдавать.

Как говорится в Книге Зоар: закон таков, что не может творение получить плохое от Творца открыто, так как это нанесет вред, из-за того, что творение будет считать, что Творец – несовершенен. То есть **в то время, что человек страдает, в той же степени он отрицает управление со стороны Творца**.

Поэтому человек, прежде чем получить силу сверху, должен обладать желанием отдавать, и после этого он может просить следующую ступень – уровень Давида, которая является Малхут Шамаим. Следовательно, молитва бедного задерживает все остальные молитвы – прежде чем не получит бедный то, что он просит, невозможно получить следующую ступень.

После этого приходит **вторая молитва – Давида**, которая является уровнем Малхут Шамаим. Здесь человек просит, чтобы была у него вера в Творца, который контролирует весь мир, так как сейчас он может постичь Творца как действующего только на пользу, благодаря тому, что есть у него уже исправленное желание отдавать.

Нельзя постичь веру, которая является Малхут Шамаим, прежде чем достиг исправления свойств, то есть всегда человек должен быть готов отдавать, а не получать для себя – иначе не дадут ему сверху подняться на уровень веры.

И это определяет то, что «молитва бедного задерживает все остальные молитвы», то есть прежде чем человек не осознает свой недостаток в том, что он делает все усилия ради любви к себе и захочет выйти из этого, не сможет он просить об остальных вещах.

Третья молитва – это молитва Моше, которая является уровнем Торы, и нельзя заслужить уровень Торы прежде, чем постиг уровень веры, так как нельзя изучать Тору язычникам, ведь сказано: «Это Тора, которую передал Моше сынам Израиля». И как записано в Зоар: «Запрещено учить Тору язычникам». И также «тот, кто обрезан, но не соблюдает Заповеди Торы – подобен необрезанным».

Как написано в Торе (Итро, мафтир): «И если жертвенник из камней будешь делать Мне, то не закладывай их тесаными. Ибо раз нанес ты на какой-нибудь из них тесло твое, ты осквернил его». Несмотря на то, что нанес тесло свое, то есть обрезал себя, все равно «осквернился», так как осквернил обрезание. Отсюда следует, что даже тот, кто обрезан и родители его евреи, еще не называется, согласно Торе, уровень Израиля, и нельзя изучать с ним Тору, если не соблюдает Заповеди Торы.

Сказано в Зоар: «Вино, веселящее сердце человека, – это вино Торы, так как оно считается тайной. И как вино должно быть плотно закупоренным, чтобы не стало непригодным, так и тайна Торы должна быть закупорена. И все секреты ее не для касающихся, а для боящихся Его, ведь уровень Торы относится к страху перед Творцом».

Отсюда мы видим, что уровень молитвы Моше – это уровень Торы, являющейся следующей ступенью после Малхут Шамаим, которая называется страхом, и поэтому Тора передана именно боящимся Творца.

И как говорится: «Молитва руки предшествует молитве головы, потому что записано: «И в знак повяжи их на руку твою, и будут они украшениями над глазами твоими». Зоар поясняет: молитва руки – это Малхут, молитва головы – это Зеир Анпин. Молитва руки должна быть покрыта, потому как написано «и будет тебе знаком на руке», и поясняли «тебе знаком, а не для других знаком», так как малхут называется верой, и поэтому намекает «тебе» – потому что должна быть в сокрытии.

Объяснение этому в том, что Малхут Шамаим – это уровень веры выше разума, и называется сокрытием, поэтому после того, как получаем уровень веры, называемой Малхут Шамаим, тогда можем заслужить уровень Торы, которая называется Зеир Анпин и подразумевает головной тфилин, и здесь уже имеется раскрытие Торы.

Не видит себя грешником
Статья 31, 1985

О том, что «не причисляет человек себя к грешникам», сказано в Зоар (Балак, стр. 73, комментарий «Сулам», п. 193): **«Царь Давид причислял себя к четырем категориям. Причислял себя к бедным. Причислял себя к благочестивым и т.д. Причислял себя к благочестивым, как сказано: «Оберегай душу Мою, ибо Благочестив Я». Ведь человек не должен причислять себя к грешникам.**

Но в таком случае никогда не исповедуется он в грехах своих – это не так. Ведь когда исповедуется он в грехах своих, тогда и станет благочестивым. Ибо когда человек хочет получить ответ на исповедь о своих грехах, он обнаруживает себя на стороне нечистых сил и находит, что до сей поры пребывал он в собственном эгоизме, который для него теперь подобен нечистотам, и что лишь теперь прилепился к Высшему – «руке» Творца, которая простерта, чтобы принять его и являет собою милосердие. И поскольку прилепился он к милосердию, называется он благочестивым.

И не говори, что не принимает его Творец до тех пор, пока не переберет он все грехи свои со дня своего появления на свет. Или не только их, но даже и те грехи свои, о которых он сам не подозревает и, следовательно, не помнит их. Это не так: он должен разобрать только те грехи свои, которые он помнит, и если есть у него желание раскаяться в них во время исповеди, то все другие грехи сами потянутся за ними».

Необходимо понять следующие две вещи:
1. Как может человек говорить о себе, что он благочестив, если благочестие уже является по отношению к нему высшей ступенью? И как может он восхвалять себя самого?

2. Сказано: «да не причислит человек самого себя к грешникам». Но с другой стороны, говорится, что человек должен перебрать свои грехи, но не все, совершенные им со дня появления на свет, а только те, которые он помнит. Казалось бы, когда он перебирает свои грехи, он уже грешник. Почему же тогда говорится, «да не причислит он самого себя к грешникам»?

Неужели вся разница в том, что он признается в содеянных грехах, однако при этом грешником себя не называет? Разве тем уже, что признал свои грехи, он не назвал себя грешником? Как сказано у наших мудрецов (Талмуд, Санэдрин 9, 2): «Сказал рав Иосеф: «Над неким человеком совершили насилие, и он вместе со свидетелем подает иск на смертную казнь для насильника. Если происшедшее было совершено по воле пострадавшего, то этот свидетель является преступником, как говорит Тора, «не бери себе в свидетели преступника». А Раба сказал, что человек наиболее близок себе самому и поэтому себя никогда не причисляет к грешникам».

Отсюда вытекает, что если человек говорит, что грешил, он нечестен сам с собой, ибо грешен он. И поэтому мы должны сказать, что, когда он исповедуется в своих грехах, он грешен только лишь на словах. А как это возможно? Ведь сказано: «Не причисляет человек сам себя к грешникам». Итак, мы вернулись к началу нашей задачи: каким образом он перебирает свои грехи во время исповеди?

Надо знать, что смысл фразы: «не причисляет человек сам себя к грешникам» – в том, что человек является ближайшим **себе**. «Любовь покрывает все грехи», – и мы не способны видеть недостатки тех, кого мы любим. А поскольку **человеку наиболее близок он сам, следовательно, любит он только самого себя и не может видеть собственные недостатки**.

Ведь недостатки – это плохо, а человек не может сделать плохо себе самому, так как любовь к самому себе делает его необъективным, как бы давая ему взятку. Поэтому не причисляет человек сам себя к грешникам и не может свидетельствовать против себя, подобно родственнику, свидетельство которого в суде недействительно.

Но возникает еще следующий вопрос: если человек обращается к Творцу с тем, чтобы Он помог ему вернуться к Нему, и он в самом деле хочет этого, кто мешает ему это сделать? Разве не сам он принимает решение о возвращении к Творцу? Но тогда зачем ему просить Творца о помощи?

А в молитве «Шмона Эсре» («Восемнадцать благословений») мы говорим: «Обрати нас, Отец наш, к Своей Торе, и приблизь нас, Царь наш, к служению Своему, и возврати нас полностью к Себе». То есть без помощи свыше человек не в состоянии вернуться к Творцу. Но почему человек не способен сделать это самостоятельно?

Мы уже объясняли причину этого в предыдущих статьях. Творец создал в нас природу «желания получать» (наслаждения). Изначально это желание получать родилось с **намерением получения ради себя**. Как мы учим, лишь впоследствии было сделано исправление, запрещающее получение с целью получения и оставляющее возможность получать только с **намерением отдавать**.

Это исправление мы называем «Законом сокращения». И до тех пор, пока нижний объект не будет способен получать с намерением отдавать, он останется пустым, незаполненным светом (наслаждением). И как следствие этого исправления для творений, находящихся внизу, – до тех пор, пока человек не выйдет из своего **эгоизма**, он не может почувствовать свет Творца. Таким образом, вначале человек должен выйти из эгоизма, в противном случае он останется под властью закона сокращения.

И действительно, человек не в состоянии выйти из созданной Творцом природы, поскольку она создана самим Творцом. И все, что человеку остается – это просить Творца дать ему вторую, иную природу – желание отдавать. Выбор, стоящий перед человеком, ограничива-

ется молитвой, в которой человек просил бы Творца, чтобы Он помог ему и дал вторую природу.

Поэтому, когда человек хочет вернуться к Творцу, все, что он должен сделать – это просить Творца, чтобы Он помог ему выйти из эгоизма в альтруизм. Поэтому в молитве мы обращаемся к Творцу с просьбой: «Обрати нас, Отец наш».

Когда же человек действительно просит Творца, чтобы Он вернул его к Себе? Лишь когда человек по настоящему чувствует, что он должен вернуться к Творцу. И пока человек не признал себя грешником, он не может молиться истинной молитвой к Творцу, чтобы Он вернул его к добру, по той причине, что человек не чувствует, что настолько плох, чтобы нуждаться в милосердии Творца.

Человек возносит молитву, на которую может быть получен ответ, только когда он действительно нуждается в милосердии. Как говорится в молитве «Восемнадцать благословений»: **«Ибо Ты слышишь молитву каждых уст народа Твоего Исраэля в милосердии»**. Так когда же Творец услышит вознесенную к Нему молитву? Только когда человек чувствует, что он нуждается в милосердии. То есть он чувствует, что никто не поможет ему в беде, и он обращается к Творцу и просит у Него милосердия.

И совсем другое дело, когда человек обращается к Творцу с просьбой об излишествах. То есть его ситуация не так уж и плоха, и он видит, что другим людям бывает намного хуже. В таком случае он обращает к Творцу свою молитву не потому, что нуждается в высшем милосердии, а потому, что хочет, чтобы его положение было лучше и почетнее других. Это означает, что он просит Творца, чтобы дал ему жить с излишествами, то есть он хочет быть счастливее других.

Поэтому, если человек хочет, чтобы Творец принял его молитву, он должен, прежде всего, почувствовать, что ему более других необходимо, чтобы ему **даровали Жизнь**. Он должен увидеть, что другие люди как-то живут в этом мире, а ему нет никакой жизни, так как он чувствует себя грешником, погрязшем в эгоизме более всех других. И он чувствует, что нуждается в высшем милосердии не потому, что ищет жизни с излишествами, а потому что нет у него никакой духовной жизни.

В этом случае он действительно просит о милосердии, так как он хочет стать чем-то, воскресить свою душу. Тогда он взывает к Творцу, говоря Ему: «Ведь Ты даешь хлеб голодным – дай же и мне хлеба! Ты вызволяешь узников – вызволи же и меня из темницы!».

То есть человек видит, что ему не хватает «веры», называемой хлеб, видит, что находится в «темнице», называемой эгоизм, и не в силах выбраться оттуда, и только Творец может помочь ему в этом. Это называется, что человек возносит истинную молитву.

Молитва основывается на ощущении недостатка. А недостатком называется не то, что **у него чего-нибудь нет**, а **необходимость, потребность.** Поэтому большой недостаток **означает большую потребность в том, чего он просит**.

А если у него нет большой потребности, у него нет и большого недостатка, и, следовательно, у него не возникает сильная молитва. Ведь он не так уж сильно нуждается в том, чего он просит, и значит, просьба его не будет достаточно действенной.

Из сказанного выше следует, что человек не может видеть плохое в себе самом. Допустим, человек знает, что он болен, а болезнь – это заведомо плохо, и он обращается к врачу, чтобы врач вылечил его, но этот врач говорит, что не видит ничего плохого в его теле.

Этот человек наверняка не поверит врачу и пойдет к более крупному специалисту. И если специалист скажет ему, что он нашел что-то нехорошее в его теле, что нуждается в операции, то человек наверняка обрадуется, что его проблема обнаружена, и заплатит врачу подобающую сумму в благодарность за то, что он обнаружил, как вылечить его, чтобы он смог жить и наслаждаться жизнью.

Таким образом, мы видим, что если обнаружение плохого может быть хорошо, как в случае с болезнью, мы уже не скажем, что человек не видит в себе плохого. Ибо когда человек хочет исправить плохое в себе, это плохое называется хорошим, и в этом случае человек способен его увидеть.

На основе этого мы можем ответить на поставленный нами вопрос: с одной стороны Зоар говорит, что не причисляет человек себя к грешникам, а с другой стороны говорится, что человек должен перебрать свои грехи. Разве перебирая свои грехи и говоря, что он совершил то-то и то-то, человек тем самым автоматически не причисляет себя к грешникам?

Можно ответить, что тут дело обстоит по-другому. Допустим, человек обращается к Творцу, чтобы Он приблизил его, полностью осознавая при этом, что причина, мешающая этому – то, что он погряз в эгоизме. Он знает, что если он желает, чтобы молитва его была принята, то должен молиться Творцу из глубины сердца. То есть он нуждается в большем милосердии, чем все остальные, ибо он ощущает, что он хуже их.

А это означает, что он должен видеть плохое в себе больше других людей, иначе выходит, что он лжет, говоря, что он хуже остальных. Сказано: «Близок Творец ко всем, кто **воистину** взывает к Нему». Поэтому, если он сам осознает плохое в себе и чувствует большую необходимость в помощи Творца, то это считается **хорошим**.

И поэтому, когда человек перебирает свои грехи, это не называется причислять себя к грешникам, а как раз наоборот, именно теперь он может вознести истинную молитву о том, чтобы Творец приблизил его к Себе. Таким образом, тем, что человек находит плохое в себе, он возбуждает в себе большую потребность в Творце, ведь потребностью называется ощущение недостатка.

Но молитва должна исходить из глубины сердца, то есть недостаток, о наполнении которого он молится, должен быть не поверхностным, а должен затрагивать самую глубинную точку его сердца, когда этот недостаток чувствуется во всех его органах – только тогда это действительно называется молитвой.

И отсюда поймем заданный нами вопрос: как может Давид говорить о себе, что он благочестив, если благочестие – это определенная ступень, данная далеко не каждому? Как же может он восхвалять себя самого и себя самого называть благочестивым?

От моего отца и Учителя я слышал следующее рассуждение. Сказано: «Дающий мудрость мудрецам». Разве не следовало бы сказать: «Дающий мудрость глупцам»? И на это отвечал он, что мудрецом человек называется по своему будущему состоянию. То есть стремящийся к мудрости уже называется мудрым. К чему человек стремится, даже если он еще этого свойства не приобрел, уже называется по имени этого свойства.

Согласно этому, когда Давид говорит о себе, что он благочестив, имеется в виду, что он **хочет** стать благочестивым, то есть возлюбить ближнего своего. Поэтому вначале он произнес молитву о бедняке, то есть о том, что он пребывает в эгоизме, и закончил, говоря: «Я хочу стать благочестивым».

Поэтому Зоар заканчивает свое описание словами: «И тогда станет благочестивым. Ибо когда человек хочет получить ответ на свою исповедь, он обнаруживает себя на стороне нечистых сил и находит, что до сей поры пребывал он в собственных нечистотах, но лишь теперь прилепился к вышней деснице, которая простерта, чтобы принять его, и являет собою милосердие. **И поскольку прилепился он к милосердию, называется он благочестивым».** То есть, поскольку теперь он желает прилепиться к милосердию, он называется благочестивым, по своему будущему состоянию.

А теперь поймем также слова Зоар: «И не скажи, что не принимает его Творец, до тех пор, пока не переберет он все грехи свои со дня своего появления на свет или те грехи свои, о которых он сам не подозревает и, следовательно, не помнит их... если есть у него желание раскаяться в них во время исповеди, все другие грехи сами потянутся за ними».

Надо сказать, что если человек молится о корне, из которого происходят и в который включаются все грехи, то есть о желании получать, эгоизме – если он молится о корне – все грехи потянутся за своим корнем, за эгоизмом, и тоже исправятся!

Награда получающим
Статья 32, 1985

Известно, что человек не способен работать без вознаграждения. Это означает, что если бы не было дано ему вознаграждение, не сделал бы он ни малейшего движения. И это исходит из Творца – Корня творений, в Котором нет никакого движения.

Об этом так сказано в «Талмуде десяти сфирот» (ч. 1, «Истаклют пнимит», п. 19): «Мы любим покой и ненавидим движение в самой его сути, до такой степени, что любое наше движение делается нами только ради достижения покоя. И это потому, что нет в нашем Корне никакого движения, а напротив – Он находится в состоянии совершенного покоя и движение не свойственно ему совершенно. Поэтому-то это противно нашей природе и ненавистно нам».

И в соответствии с этим нам нужно узнать: в чем заключается наше вознаграждение, ради которого нам стоит работать? Чтобы выяснить это, нужно немного взглянуть на то, что нам уже известно – на цель Творения и исправление творения. Цель Творения исходит со стороны Творца, то есть мы говорим: «То, что Творец создал творение, соответствует Его желанию насладить свои создания».

На это существует известный вопрос: почему же творения не получают благо и наслаждение? Ибо кто же может пойти против Творца и сказать, что не хочет благо и наслаждение, если Он дал творениям такую природу, чтобы каждый желал получать наслаждение? Ведь учим мы, что только желание получить называется творением, что понятие творения – это нечто совершенно новое, называемое «существующим из ничего». Следовательно, Он создал эту природу в творениях, и естественно, что все хотят получить, а Он – хочет дать, – так кто же препятствует этому?

Это объясняется в словах АРИ в начале книги «Древо жизни», что для того, чтобы «раскрыть совершенство Своих действий, сократил Он Себя». И объясняется там же, что отличие между дающим и получающим приводит к различию свойств и к отсутствию наслаждения у получающих.

Для того чтобы это исправить, было сделано такое исправление, в результате которого наслаждение проявляется лишь там, где есть намерение насладиться «ради отдачи». Как известно, это называется единением по свойствам, слияние с Творцом. Тогда получающий благо и наслаждение не испытывает неприятное, поэтому Высшее наслаждение может наполнить получающего, т. к. получающий не почувствует тогда ни малейшего недостатка при его получении. То есть не будет в получающем наслаждение ощущения недостатка от того, что он – получающий, ибо намерение его – доставить этим радость и наслаждение Творцу, а не ради самонаслаждения.

В соответствии с этим, спросим самих себя: что нужно нам сделать для того, чтобы получить Добро и Наслаждение? Это возможно только если раскрыть желания, которые обладают иной природой и называются «сосудами отдачи», «килим дэ ашпаа», альтруистические желания. Обретение таких намерений и называется **исправлением творения.**

Отсюда понятно, какую награду мы должны требовать от Творца за нашу работу в Торе и Заповедях – чтобы дал нам альтруистические желания. Корнем приложения усилия является экран и отраженный свет. «Прямым светом» называется то, что высший дает нижнему, – создает экран, дающий силы не получать ради самонаслаждения. И нижний может тогда сделать расчет, сколько наслаждения он может получить в намерении ради Творца. То, что творение желает доставить наслаждение Творцу, называется «отраженный свет», то есть нижний повторяет действие высшего, стремясь насладить Дающего.

Поэтому не изобилия и наслаждения мы требуем в награду за работу, а желания отдавать, так как только этого нам не хватает, чтобы получить добро и наслаждение. Но пока не приобретет человек альтруистические желания (намерения), терпит в своей жизни страдания, т. к. нет у него сосудов – желаний, пригодных для получения блага и наслаждения.

В работе наши действия можно поделить на три группы:
1. запрещенные действия;
2. разрешенные действия;
3. действия по выполнению Заповедей.

Так вот, в отношении запрещенных действий нельзя сказать, что есть в них намерение ради Творца, не может человек сказать: я могу делать то, что запрещено, даже «ради Творца». И это называется, по словам мудрецов, «заповедь, исполняющаяся в нарушении». И только в отношении разрешенных действий можно сказать, что выполняются они либо в намерении «ради Творца», либо не может человек дать намерение, – тогда Заповедь им не выполнена. То есть Заповедь выполняется, если только делается в намерении «ради отдачи Творцу».

В действиях по выполнению Заповеди, например, есть мацу или совершать трапезу в суке и т.п., даже если нет в них альтруистического намерения, все равно действие является выполнением Заповеди, потому что это Заповедь даже и не в намерении «ради Творца».

Но когда человек действительно создает намерение ради отдачи, это дает ему возможность удостоиться света этой Заповеди. Но пока еще не в состоянии дать намерение, делает это «не ради Творца», сказано: «Пусть всегда занимается человек Торой и Заповедями, даже с намерением «не ради Творца», потому что из намерений «не ради Творца» придет (обретет) к намерению «ради Творца» (Псахим, 50). Выходит, что даже если нет истинного намерения, все равно он выполняет Заповедь Творца, в то время как в разрешенных действиях простое выполнение не может пойти на счет Заповеди.

Если же совершается человеком какое-либо из запрещенных действий, то это засчитывается ему как грех. И тогда удаляется он от пути Торы, удаляется от Творца. Но когда он выполняет заповедь «не ради Творца», он все равно приближается к Творцу, однако это медленный путь. То есть в этом случае ему предстоит пройти длинный, долгий путь, пока появится у него возможность прилепиться к Творцу. В то время как выполняя Заповеди «ради Творца», прилепляется к Творцу с их помощью все больше и больше, до такой степени, что удостаивается ощутить вкус Торы и вкус Заповедей.

И отсюда следует, что нужно различать, получает ли он удовольствие от выполнения Заповеди. То есть когда ест мацу в количестве, достаточном для благословения, не получая при этом удовольствие, то нельзя выполнить Заповедь – ведь он не получает от этого удовольствие. Потому что тот, кто ест мацу величиной хотя бы с маслину, не испытывая наслаждения от этого, не засчитывается это как Заповедь – нужно получить удовольствие, иначе нельзя благословить.

Например: наслаждение Субботой – это заповедь, и если человек не получает удовольствие от еды во время субботней трапезы, тогда тоже не засчитывается ему эта Заповедь как выполненная. Поэтому есть закон, что в канун субботы не должен человек есть, пока не стемнеет, дабы получил наслаждение от трапезы. Как говорили наши мудрецы (Псахим, стр.99): «Пусть не ест человек с полудня перед субботами и праздниками, чтобы вошел в них с желанием насладиться». Но в любом случае, даже если не может дать намерение «ради отдачи Творцу», он все же выполняет Заповедь есть мацу и т.п.

Так же и в разрешенных действиях, если даже не может вознамериться «ради Творца», все же не отягощается материальным. Например, если ест разрешенную пищу, когда это диктуется необходимостью, то есть если без нее человек не может существовать. Такие вещи разрешено потреблять в любом случае, то есть если даже не может дать намерение «ради отдачи».

В то время как в вещах разрешенных, которые не являются необходимыми, если человек пользуется ими, он духовно огрубляется, даже если не делает никакого нарушения, когда ест их. Но в определенном смысле можно сказать, что необходимые вещи, когда делаем их не ради Творца, стоят на одну ступень ниже, чем выполняемые как Заповедь.

В соответствии с этим получается, что нужно различать снизу вверх:
1. запрещенные действия;
2. действия разрешенные, но в которых не может дать намерение «ради Творца»;
3. вещи разрешенные, но в то же время необходимые;
4. выполнение Заповеди, но без намерения «ради Творца»;
5. разрешенные действия в намерении «ради Творца»;

(Заповедь без намерения «ради Творца» и разрешенные действия «ради Творца» требуют выяснения, какие из них более важные, и потому, что здесь возможна ошибка, я пока воздерживаюсь выяснять это. Но указываю на отличие!)

6. выполнение заповеди в намерении «ради Творца».

Вывод из этого, что главная плата – это достижение альтруистических желаний. И если человек достигает этих желаний, то уже есть у него все.

Преступники Израиля
Статья 33, 1985

Сказал Рейш Лакиш: «Огонь Геенома (ада) не властвует над преступниками Исраэля. И это видно по золотому жертвеннику. Всего на нем золота толщиной с золотой динар, но годами не властвует над ним воздух. Тем более преступники Исраэля, которые полны заповедей, подобно гранату. Как сказано: «подобен дольке граната висок твой». Следует читать не «висок твой, а «пустующие в тебе» (на иврите «рейкатех» следует читать вместо «ракатех» – то есть преступники твои), которые полны заповедей, подобно гранату» (Талмуд, конец трактата «Хагига»).

Прежде всего, надо выяснить, перед кем грешат «преступники Исраэля»: 1) Может быть, перед Торой? 2) Или они называются преступниками Исраэля по отношению ко всему Исраэлю? 3) Или же они преступники в отношении самого человека, и это он сам видит и чувствует себя преступником Исраэля? Ибо при простом рассмотрении трудно понять, как можно одновременно быть полным заповедей, как гранат, и в то же время быть преступником Исраэля.

Если мы решим, что речь идет о самом человеке, можно истолковать это следующим образом. Хотя человек и полон заповедей, как гранат, он видит, что все еще остается преступником Исраэля. Слово гранат (ивр. «римон») следует производить от слова обман (ивр. «рамаут»), то есть человек видит, что он обманывает себя самого. Иными словами, он видит, что полон заповедями, как гранат, и не в силах прибавить к этому ни одной заповеди.

И для него ясно, что по затраченным усилиям он давно бы уже должен был достичь категории Исраэль, то есть Яшар-Эль (ивр. «прямо к Богу»; на иврите Исраэль и Яшар-Эль – одно слово), то есть такого уровня, когда все свои поступки он делает ради Творца. Но, взглянув на себя критически, человек понимает, что обманывает самого себя, и основная причина, побуждающая его выполнять Тору и заповеди, это эгоизм, а вовсе не желание доставить блаженство Творцу.

Но только такое желание называется «Яшар-Эль», ибо вся работа, совершаемая человеком, идет прямо к Творцу. И видя, что всю свою работу он совершает «ради получения», человек осознает, что он преступник в отношении Исраэля. Ведь он не хочет, чтобы вся его работа была направлена «наверх», «ради отдачи Творцу», а хочет, чтобы она осталась «внизу», в категории «получение».

И это связано с тем, что получающий считается ниже по значению, в то время как дающий – выше по значению. И это разделение есть следствие духовного корня, заключающегося в том, что Творец дает, и потому Он называется «высшим», а творения получают от Творца и называются «низшими по значению».

Таким образом, если человек работает «ради получения», говорится, что он желает, чтобы его усилия по исполнению Торы и Заповедей остались внизу, то есть в категории «получение». И такой человек называется преступником Исраэля.

Ибо вместо того, чтобы служить Творцу, желать работать на отдачу Ему, этот человек делает прямо противоположное: он хочет, чтобы Творец служил человеку. И как сказано мудрецами, что ничего не дается просто так, и награда, как и в материальном мире, зависит от затраченных усилий. Так же и человек хочет приложить усилия и работать на Творца с условием, что Творец заплатит ему за его труды. А иначе, то есть без вознаграждения, нет у него сил сделать ни малейшего движения.

Об этом сказали наши мудрецы: «Невозможно увидеть правду до тех пор, пока человек не удостоился света». Человек, который видит, как много Заповедей он исполняет и насколько он полон праведными поступками, не видит никакой возможности сделать хоть что-нибудь еще, что привело бы его к категории «Исраэль». То есть к такому состоянию, когда он хочет работать только на Творца и ничего ему не нужно ради себя. Но не видит человек, как мог бы он достичь этого самостоятельно, без помощи свыше. А один человек никак не может этого достичь.

Итак, мы видим, что благодаря заповедям, которые он исполнял, человек увидел Истину. Если раньше он обманывал себя и думал, что в состоянии самостоятельно приобрести силы работать на отдачу («аль менат леашпиа»), сейчас он пришел к четкому осознанию, что это не так. И то, что сказал Рейш Лакиш: «Даже пустующие в тебе полны заповедей, как гранат», мы можем истолковать следующим образом.

Несмотря на то, что они полны заповедей, все же чувствуют себя пустыми, ибо видят, что они подобны гранату, как сказано: «Звал я любящих друзей моих, но они меня обманули» (Эйха, 1). То есть они видят, что относятся к категории «обман» (гранат – «римон», обманывающий – «мераме»), и понимают, что всю свою работу они делают ради себя, а не ради Творца. Но что может подтолкнуть человека к этому выводу?

Следует сказать, что как раз тот факт, что он полон заповедями, помогает ему избавиться от иллюзий и осознать, что он не может прийти к категории Исраэль, и увидеть, что он преступник Исраэля. Итак, человек не может правдиво оценить свой духовный уровень, пока он не наполнится Заповедями.

И тут он видит, что до сей поры он был окружен обманом, и теперь находится на уровне преступников Исраэля. С другой стороны, «без Заповедей» – означает без света, а без него человек не может видеть Истину – что для того, чтобы достичь категории Исраэль, он нуждается в помощи Творца.

Однако надо иметь в виду следующее. Как сказано: «Человек полный заповедями видит, что он подобен гранату». Но это предполагает одно условие, а именно, что речь идет о человеке, ищущем Истину. И это о нем сказано, что человек, ищущий правду, не может увидеть ее, пока не наполнится заповедями. Поэтому тут нужно применять двойственный подход.

С одной стороны, человек должен выполнять Тору и Заповеди в меру своих сил и не задумываться, идет ли он дорогой истины. И только после этого наступает время анализа, но ни в коем случае не во время исполнения Торы и Заповедей. Ибо во время исполнения Торы и Заповедей человек должен чувствовать совершенство («шлемут»).

Как сказано мудрецами (Талмуд, Псахим, 50): «Вечно будет человек заниматься Торой и Заповедями, ибо от «ради себя» (ло ли-шма) приходят к «ради Творца» (ли-шма)». И поэтому в этот момент не имеет значения, каким образом он исполняет Тору и заповеди, ибо в любом случае он исполняет предписанное мудрецами.

Но после этого человек обязан проанализировать, были ли его поступки «ради Творца», или к ним было примешано что-нибудь еще. И так, руководствуясь этими двумя правилами, человек может прийти к категории «подобно гранату».

В свете этого рассмотрим следующие слова, сказанные нашими мудрецами (Талмуд, Авода Зара, стр. 17). «Когда преступили рабби Элиэзер бен Парта и рабби Ханина бен Терадион, сказал ему рабби Ханина: «Горе мне, что преступил я что-то одно и не спасся, ибо ты занимался Торой и благотворительностью, в то время как я занимался одной лишь Торой».

И как сказано у рава Хуны: «Всякий, кто занимается одной лишь Торой, как будто нет у него Бога, как сказано (Диврей Ямим, 15): «И долги были дни Исраэля без истинного Бога, и без наставляющего священника, и без Торы». Что значит, без истинного Бога? То есть всякий, кто занимается только Торой, как будто нет у него Творца».

И необходимо понять, что значит: если не занимается благотворительностью, как будто нет у него Творца? И еще непонятно: почему так выделяется заповедь благотворительности? Разве нет других заповедей, которые надо выполнять? Так почему же именно без благотворительности говорится о человеке, как будто нет у него истинного Бога? Будто бы именно по благотворительности можно судить, является ли Тора, которую учит человек, истинным Богом!

Мы учим, что вся наша работа направлена на сравнение по свойствам с Творцом и на достижение состояния, называемого «как Он милосерден, так же и ты милосерден». И поэтому во время изучения Торы человеку нельзя анализировать, чью Тору он учит. Тогда он может учить Тору хотя бы и «ради себя» (ло лишма). Ибо изучение Торы даже «ради себя» все равно есть выполнение заповеди, как сказали наши мудрецы: «Вечно будет человек заниматься Торой и Заповедями, даже и ради себя, ибо от «ради себя» приходят к «ради Творца».

Однако когда человек анализирует свое состояние с точки зрения сравнения по свойствам с Творцом, проверяя, как далеко он ушел от эгоизма и насколько он уже приблизился к любви к ближнему, он должен осознавать, что прежде всего надо проверять свое милосердие (хесед). Как много он уделяет милосердию, и сколько усилий прилагает к этому? И как много он думает о разного рода способах прийти к сравнению по свойствам? И нет у него иного способа встать на истинный путь.

Поэтому мы заключаем, что нет у него истинного Бога, ибо как объяснено в «Талмуде Эсер Сфирот», Истина – это седьмое исправление из 13-ти исправлений Дикны. И Бааль Сулам объясняет в комментарии «Ор Пними», что тогда (то есть во время седьмого исправления Дикны) раскрывается свойство Творца, создавшего мир, чтобы насладить творения. Ибо раскрывается свет хохма, Свет Цели Творения, и все творения начинают чувствовать добро и наслаждение. И все творения явственно осознают, что цель – суть Истина.

Таким образом, выходит, что если человек не занимается благотворительностью (гмилут хасадим), через которую приходят к любви к ближнему, не сможет он получить отдающие сосуды (килим де-ашпаа), то есть сосуды, в которые можно принять высший свет. И тогда не может он получить удовольствие и добро, которые составляют цель творения, как сказано: «Творец создал творение, чтобы насладить его».

И о таком состоянии человека говорят, что у него «нет истинного Бога», то есть Истинность управления Творца, состоящая в том, чтобы насладить творения, не является для него Истиной. Таким образом, истину возможно достичь только лишь через занятия благотворительностью, однако без Торы человек не может узнать, каково его состояние, ибо в отсутствии света нельзя ничего разглядеть.

И для того, чтобы человек увидел, что относится к преступникам Исраэля, он должен быть полон заповедей: как заповеди изучения Торы, так и всех остальных. И должен человек устраивать себе проверку только после того, как посвятил определенное время выполнению Торы и заповедей, ибо нельзя ему заниматься анализом во время работы, а только по ее окончании.

И взмолился я Творцу
Статья 34, 1985

Несмотря на то, что праведники выполняют возвышенные действия, они не просят у Творца ничего, кроме безвозмездного подарка.

Сказано в мидраш Раба: «Умолял Моше Творца и всегда обращался к Творцу только языком мольбы». Сказал раби Йоханан: «Отсюда вывод, что нет для творения ничего у Творца, и даже Моше, величайший из пророков, обращался к Творцу языком мольбы. И говорил Творец Моше: «Сжалился Я над теми, для которых имеется в Моих руках, милосердно поступлю с ними. И одарю тех, для которых нет в Моих руках».

1. Как объяснить сказанное: «Сжалился над теми, кому должен»? То есть Творец говорит, что кому положен долг от Него, над теми Он сжалился. Ведь должен был сказать, что оплатит. Как же можно сказать о возврате долга как о милосердии?
2. Как объяснить, что имеются два понятия столь далекие друг от друга: что положен ему долг от Творца, как говорится «кто имеет в Моих руках», и второе «кто не имеет в Моих руках ничего». Что хотят выразить эти далекие друг от друга понятия, что является причиной возникновения этих понятий?

Для понимания этого необходимо знать, что среди занимающихся Торой и Заповедями есть две разновидности. И если по отношению к физическому исполнению нет между ними никакого различия, то по отношению к намерению есть огромная разница.

У одних цель занятий Торой и Заповедями заключается в том, чтобы получить что-то взамен их усилий. Потому как заложено в нашей природе, что не можем мы работать без получения чего-либо взамен. Поэтому обязывает их выполнять Тору и Заповеди **страх**, что не смогут они удовлетворить свои потребности, и поэтому есть у них к этому сильное желание.

Отсюда делают они все возможное для удовлетворения своих потребностей. Поэтому страх этот и является причиной, обязывающей их заниматься Торой и Заповедями. И страх этот обязывает их действовать не ради Творца, а ради собственной выгоды, как сказано в предисловии к Книге Зоар: «Выходит, что собственная выгода является корнем, а страх – ветвью, возникающей от собственной выгоды».

Следует отсюда, что этот сорт людей занимается Торой и Заповедями для того, чтобы получить плату от Творца, т. е. имеется у Творца долг. Получается, что они вложили много усилий для получения плодов и потому обращаются к Творцу с жалобой: «Заплати нам за усилия».

Исходя из этого, можно разъяснить сказанное в мидраше, что Творец сказал: «Для кого имеется в моих руках», – то есть что положен ему долг и было у него изначальное намерение, что заплатит ему Творец за старания в выполнении Торы и Заповедей. Однако еще нужно разъяснить, почему сказал Творец, что на эту просьбу Он сжалился. Какая может быть жалость, если положен долг? К чему относится сказанное «со снисхождением Я поступлю с ним»?

И вторая разновидность – это люди, намерение которых совершенно противоположное и желают они делать все ради Творца, без получения взамен. Но ведь известно, что человек создан с желанием получать для себя, как же возможно работать без получения взамен? И как уже я писал в других статьях, есть те, кто работают ради того, чтобы получить что-то взамен, а есть те, для которых сама работа является вознаграждением. Например, когда обслуживаем важного человека, то это уже будет вознаграждением и не ждет человек еще чего-то дополнительного. И надеемся тогда, что всегда будет у нас право обслуживать Творца, без перерыва, так как это и есть цель жизни, и это также заложено нашей в природе, как и любовь к самому себе.

Однако необходимо понять, зачем Творец создал такую природу, что нижний, если он чувствует важность высшего, то желает обслуживать его без вознаграждения? Об этом говорил Бааль Сулам, что Творец создал миры для того, чтобы дать наслаждения творениям, и для этого создал в творении страстное желание получать наслаждения, ведь нельзя без этого желания получать наслаждения и удовольствия, так как нет наполнения, если нет ощущения недостатка.

Вместе с тем, из-за разницы в свойствах дающего и получающего произошло сокращение в духовных мирах, то есть творение получает (наслаждение) только в том случае, если хочет доставить удовольствие Творцу, в противном случае отказывается получать наслаждение.

Однако здесь возникает вопрос: если человек родился с желанием получать для себя и это его природа, откуда может взяться желание отдавать, ведь это против природы?

Для этого создал Творец вторую природу, когда низший отменяет себя перед высшим и получает при этом наслаждение от того, что обслуживает кого-то великого. Поэтому думает он, что же сможет дать Творцу, чтобы доставить Ему удовольствие? Тогда видит, что высшему недостает только одного – чтобы низший получил от него удовольствие и наслаждение, и от этого Творец также получит наслаждение, так как в этом была цель Творения – насладить создания.

Из этого выходит, что человеку недостает только одного для того чтобы было у него желание отдавать – это ощущение величия Творца. Как только постигает он величие Творца, тут же желает отдавать ему все, в соответствии с заложенным в природе, что низший отменяет себя перед высшим.

Поэтому дано нам страдать от отсутствия духовного. Это объясняется тем, что смысл духовного в ощущении состояния низости, когда «Божественное присутствие находится в земле» – то есть важность проявления Творца подобна земле, на которую наступаем, и нет в этом никакого значения.

Поэтому в выполнении каждой Заповеди должно быть намерение поднять «Божественное присутствие с земли», то есть каждое действие должно быть направлено на возвеличивание Творца, как сказано: «Отец наш, Царь наш, раскрой нам величие Царства Твоего», – это означает, что духовность не должна быть у нас как земля, а должна быть как величие.

Поэтому для тех людей, которые желают, чтобы Творец раскрыл им Свое величие, нет в руках Его ничего для них, так как они не требуют ничего от Творца взамен, а лишь желают обслуживать Его, доставлять Ему удовольствие. И само собой, не могут они сказать, что дали Творцу и за это просят, чтобы Он удовлетворил теперь их потребности, так как если они могут совершать что-нибудь ради Творца, так это лишь потому, что Он раскрыл им немного Свою важность, и почувствовали они немного Его величие. Этим людям, для которых «не имеется в руках Творца ничего», Он дает, как сказано: «С милосердием безвозмездный подарок даю ему».

И наоборот: работающие ради того, чтобы получить что-либо взамен, говорят, что «имеется в руках Творца что-то для них», – то есть Творец дает им работу, а они просят у него оплату за нее.

В действительности же Творец оплачивает всем за их работу. Однако необходимо понять, что означает «И сжалился, с милосердием Я поступаю с ним». Это означает, что Творец говорит о жалости к тем, кто идет по этому пути, но так как не задерживает Он оплату никому, поэтому платит Он им так, как они требуют.

Сейчас поймем то, что спрашивали: как может быть столь большая разница между двумя этими подходами? Дело в том, что со стороны Творца, как мы учим, есть только одна цель – насладить творения, но творения сами разделяют это на два аспекта:

1. Кто не верят в важность и величие Творца, и нет у них никакого пути начать работу, кроме как ради получения вознаграждения. Сказано о них: «Никогда не займется человек Торой и Заповедями, кроме как ради получения вознаграждения». И чувствуют они как будто дают что-то Творцу.
2. Кто хотят работать ради Творца, видят, что не могут дать ничего Творцу, и это называется «нет у меня ничего для Него». Выходит, что желают они лишь того, чтобы Творец раскрыл им немного свое величие, и они просят этого как милосердия. Тогда Творец отвечает им: «С милосердием безвозмездный подарок даю ему».

Когда человек знает, что такое трепет перед Творцом
Статья 35, 1985

В Зоар (Вээтханан, стр.25 и в «Сулам» п.68) сказано так: «Потом, когда человек уже знает, что такое страх Творца, то есть, когда уже постигает уровень самой Малхут, что она – это страх из любви, что это основа и суть любви к Творцу. Страх этот ведет к соблюдению всех заповедей Торы, чтобы стал человек, как подобает, верным рабом Творца».

Необходимо понять, что сказанное «когда постигает уровень самой малхут, что это страх из любви» означает, что удостоился получения самой малхут, являющейся свойством любви, и эта любовь вызывает в нем страх. Но почему любовь вызывает страх? И также надо понять, что это за страх после того, как удостоился любви.

И надо объяснить это согласно объяснению спора между «пастухами стада Авраама» и «пастухами стада Лота», как написано: «И был спор между пастухами стада Авраама и пастухами стада Лотова» (Лех-Леха, 3).

Авраам зовется Отцом веры, потому что вся его работа была на основе «веры выше знания», без всякой опоры, на которой можно было бы установить его «здание», когда он строит «здание» своей жизни. И он был уверен, что только посредством веры выше знания, он может прийти к сближению с Творцом, и только это видел целью своей жизни. А когда пожелал удостоиться сближения в знании, то увидел, что разум обязывает его к иному, потому что, к чему бы он не обращался, то видел противоречия в том, как Творец обращается со своими творениями. И тогда понял, что Творец желает, чтобы он работал на него «выше разума», и понял, что если бы путь, когда основываются на том, что говорит разум, был бы способен привести человека к сближению с Творцом, наверняка Творец вел бы себя иначе, потому что «кто может указать Тебе, что делать».

Но он поверил: то, что нет другого пути, кроме как выше разума, это потому, что Творец сделал так намеренно, с самого начала, поскольку такой путь на пользу человеку, потому решил, что он будет работать на Творца именно «выше разума». Означает это, что если бы даже была у него возможность постичь управление Творца «в знании», то он против этого, поскольку придавал важное значение работе выше знания, так как в таком случае он более уверен, что его намерение будет только ради того, чтобы насладить Творца.

Но что мог поделать Авраам, если видел, что когда управление Творца открывается его пониманию, тогда уже нет у него выбора идти «выше разума», потому что все открыто ему?!

И мой отец и учитель объяснял, что в то время, когда видел, что ему открывается какой-нибудь свет и наслаждение, то при этом не говорил: «Теперь я удовлетворен и не должен идти выше разума, потому что это работа, на которую «тело» не соглашается», потому что «телу» приятнее, когда есть поддержка, когда можно опереться, то есть, чтобы все его усилия имели под собой основание.

И все «строения», возводимые человеком, были бы на основании разума, то есть разум обязывает его поступать таким образом. И потому там, где разум не может сказать, что то, что он делает – это хорошо, тогда, конечно же, трудно ему идти этим путем. Поэтому там, где есть у человека возможность постичь что-либо разумом, тут же оставляет он путь «выше разума» и тотчас начинает работать на новом основании – на основе построений разума. И есть у него опора, на которую можно возлагать свои усилия, и уже не нуждается в помощи Творца. Ведь «выше разума» идти трудно, поэтому всегда есть необходимость в помощи Творца, чтобы дал ему силы продвигаться «выше разума». Между тем, теперь разум уже говорит ему: «Есть у тебя теперь поддержка разума и знания, и уже ты можешь идти вперед без помощи Творца, и постичь то, что надо постичь».

И сказал мой отец и учитель, что рекомендуется тогда человеку сказать: «Теперь я вижу, что настоящий путь – путь только выше разума, поскольку именно благодаря тому, что шел выше разума, из-за того, что этого желает Творец, удостоился сейчас приблизиться к Творцу, а также продвинуться в Торе и молитве».

Таким образом, получается, что он берет за основу и поддержку то, что разум говорит ему, что стоит выполнять Тору и заповеди и уже не надо идти путем веры «выше знания», но осторожен, чтобы не причинить вред вере, то есть чтобы не принять для себя путь в знании и оставить веру, называемую малхут.

Потому что это называется, что он позорит веру и наносит ей вред, потому что сначала, когда не было у него другого выбора, он взял ее, и в тот момент, когда он видит, что может избавиться от нее, тотчас же позорит ее и бросает ее, и берет вместо нее знание. И сказано об этом (Шмуэль): «Потому что уважающим меня Я дам уважение, а позорящие меня посрамятся». И также написано (Иошеа 14.10): «Потому что прямы пути Творца, праведные пройдут по ним, а преступающие оступятся на них».

И, согласно этому, сможем понять: когда постигает величину самой малхут, постигает, что это – страх из любви. Спрашивается: «Если уже есть любовь, для чего надо говорить о страхе? И нужно ли говорить о страхе, когда уже удостоился любви?

И, следуя объяснению моего отца и учителя, объяснившего в отношении «пастухов стада Авраама», то сможем понять это просто. Он сказал, что выражение «пастухи стада Авраама» означает, что Авраам «пас» свойство веры, и слово «стадо» происходит от «приобретение», то есть что во всех приобретениях, которых удостоился, он «пас» свою Веру, то есть что сказал: «Сейчас я вижу, что путь Веры – настоящий путь, и потому удостоился приближения Творца, поэтому отсюда и далее я принимаю для себя пути только Верой «выше знания».

Вместе с тем выражение «пастухи стада Лотова» означает, что все его приобретения он получает в свойство Лот. И Зоар объясняет, что слово «Лот» происходит от слова «проклятие», то есть что нет места благословению, называемому «поле, благословенное Творцом», а есть только место проклятию. И это свойство «в знании», что означает, что то, чему разум обязывает его, он делает. Но он тоже начинал продвижение по пути Творца, начинал тоже в вере выше знания, но всегда ждал: «когда смогу избавиться от этой работы «выше знания», потому что тело всегда требует какого-нибудь обоснования, на котором основывает все свои усилия в Торе и заповедях.

То есть, в то время, когда работа построена на разуме, и разум дает понять целесообразность работы, тело работает с большими усилиями и постоянной отдачей согласно тому, что разум обязывает его. Как в примере человека, который пошел спать ночью, в двенадцать часов, и он очень устал, и у него высокая температура и запрещено подниматься с кровати, потому что начался вдруг озноб. И в комнатах, смежных с его, начался пожар, и пришли и сказали ему:

«Слушай! Сойди скорей с кровати, потому что еще немного – не сможешь выйти из дому и можешь сгореть!». Тогда разум обязывает его без всяких сомнений, что если будет обращать внимание на то, насколько в силу нескольких причин в его положении неудобно встать с кровати, то может сгореть. Тогда, конечно же, соскочит с кровати без всяких споров – ведь разум обязывает обосновывать приложенные им усилия, и тогда конечно сделает все без всякого замешательства.

Получается, что там, где разум обязывает приложить усилия, не обращают внимание на оценку усилий, но смотрят на целесообразность, то есть чего он может достичь посредством усилий. Но в то время, когда работают на основании «выше знания», тогда человек все время находится под давлением тела, которое спрашивает: «В чем твоя уверенность, что ты на правильном пути? На самом ли деле целесообразны те усилия, которые ты прикладываешь для достижения цели? На самом ли деле это та работа, которая дает возможность тебе достичь цели, которую ты просишь?».

Несмотря на это, есть у него всегда подъемы и падения: иногда преобладает разум, иногда – «выше знания». И постоянно он думает: «Когда наступит то время, что смогу установить свою работу «в знании», и тогда у меня будет сильная база (основа), потому что смогу все строить в соответствии с разумом. И, конечно, тогда у меня не будет никаких падений в работе на Творца, как во всем том, что построено на здравом смысле. Но не знает, что из того, что надеется достичь, не достигнет благословения, а только проклятия, потому что «в знании» – это место удержания нечистых сил, как уже объяснялось, что те, кто хотят достичь слияния с Творцом, должны знать, что Творец выбрал именно путь «выше знания», потому что это настоящий путь достижения сближения с Творцом.

А вот ступень Лот – Земля проклятая, страна на которой лежит проклятие, а не благословение. И это называется «пастухи стада Лотова», что постоянно ищет приобретение в знании, называемое свойством Лота, то есть проклятие, и это то, что написано: «И был спор между пастухами стада Авраама и пастухами стада Лота».

Объяснение: спор был в том, что каждый утверждал, что правда на его стороне, потому что те, которые были в свойстве «пастухи стада Лота», говорили: «Если сможем построить свое основание на разуме, называемом «в знании», не будет у нас подъемов и падений, потому как постоянно будем находиться в состоянии подъема, в месте, где разум обязывает поступать как надо и некому помешать. Вместе с тем, когда нет у нас выбора, мы вынуждены идти «выше знания», но когда есть у нас возможность выбрать идти «в знании», тогда наоборот мы должны сказать, что доставляет удовольствие наверху то, что с сегодняшнего дня и далее не будет у нас падений в работе, и если так, конечно наш путь более правильный».

Но «пастухи стада Авраама» – люди, чья основа была как раз на «вере выше знания», сказали: «Если бы Творец хотел, чтобы мы перешли на основу разума, с самого начала не вел бы себя с нами скрытым образом. И, конечно, этот путь самый успешный, и поэтому не надо нам искать возможность избавиться от «веры выше знания», но если получит какое-нибудь понимание и приближение к Творцу, не примет это в качестве основания бросить веру. Но скажем: «сейчас ты видишь, что это настоящий путь, потому что благодаря ему удостоились сближения. Поэтому мы должны держаться и принять для себя, что с сегодняшнего дня и далее мы не будем искать никакой возможности избавиться от веры, а напротив – укрепиться в «вере выше знания».

И тем самым поймем сказанное в Зоар, что после того, как удостоился свойства самой малхут, которая является свойством любви, что это – страх из любви». И спрашивалось: К чему относится страх, если есть уже любовь? И еще, что это за свойство – страх?

И согласно сказанному получается, что после того, как удостоился свойства любви, то нет у тебя больше, чем это, что бы обязывало работать, потому что это основа, заключенная в самом знании, потому что разум обязывает работать. И так устроен мир, что если кого-то любят, хотят ему услужить, а если это так, то не остается уже места для веры: на что теперь можно указать, что это выше знания? И он боится, что может причинить сейчас вред вере, потому что тело сейчас больше наслаждается от работы, поскольку она основана сейчас на знании. А если он причинит вред вере, получается «задним числом», что «вера выше знания», которая была у него, была вынужденной, то есть не из уважения, а только ждал все время – когда смогу избавиться от нее и смогу работать в знании, но не в вере?

И тогда, поскольку причинил вред вере, сейчас же упадет со своей ступени, и тотчас же отдалится от Творца, потому что знание – это свойство получения. (Как известно, свойство получения, являющееся свойством себялюбия, понимается нами в двух видах: а) разумом; б) сердцем.) Получается, что в то время, когда удостоился любви, сама любовь вызывает в нем страх – страх не быть втянутым в свойство «знание», поэтому он должен очень остерегаться, чтобы не упасть в желание получать. Тогда понятно нам, что любовь сама является причиной страха, и сейчас мы уже знаем, что это за страх вызванный любовью, то есть, что он боится упасть посредством этой любви в любовь к самому себе.

И вместе с этим можем понять очень важное правило. Хотя и принято, что за грех приходит наказание, но внутренний смысл этого понятия совершенно отличается и немного трудно его понять. Мой отец и учитель сказал: «Мы должны знать, что грех – наказание, а наказание – это уже исправление».

И можно спросить: «Если грех – наказание, тогда что же такое грех?» И теперь уже можем объяснить, что грех был как раз во время подъема, что именно в то время, когда удостоился любви, и было у него желание принять любовь за основу, и бросить веру в понимании «пастухов стада Лотова». Тогда получил падение и снова опустился в себялюбие, от которого тянутся все грехи. Получается, что он оступился именно во время подъема, хотя он думал: «Более того, тем что он возьмет любовь за основу и поддержку, для того чтобы прилагать усилие, тем самым не будет у него падений, ибо там, где обязывает разум, – этот путь – верный, – и никогда он не упадет. И это на самом деле был грех, называемый «всякий прибавляющий делает плохо».

Получается: то, что опустился в самолюбие, это является наказанием за то, что причинил вред вере, а наказание, которое получил, – это исправление, чтобы снова поднялся на прямой путь.

И был вечер, и было утро
Статья 36, 1985

На сказанное в Торе (Берешит 1, 5): «И был вечер, и было утро» – говорит Зоар (Берешит, п.151): «И был вечер», – говорится о происходящем от тьмы, то есть малхут. «И было утро», – это идет от света, то есть Зэир Анпин, и поэтому написано про них «день один», показывая тем самым, что и вечер, и утро – как одно целое, и они вместе образуют один день.

Раби Иуда спрашивает: «И был вечер, и было утро» указывает на единство ЗО"Н (Зэир Анпин и нуква, малхут), то есть из них обоих создается свет дня, и вместе с тем после написанного сообщается, что это был один день. Что же тогда послужило причиной того, что о каждом дне написано «и был вечер, и было утро»?

И отвечает: «Для того чтобы знать, что не существует дня без ночи и ночи без дня, и никогда они не отделятся один от другого. И поэтому возвращается написанное снова сообщить нам, что это происходит каждый день, то есть чтобы указать на невозможность света дня без предшествующей ему ночной тьмы. И также невозможно существование ночи без того, что ей на смену придет свет дня, так как они никогда не отделятся один от другого».

А сейчас выясним, что же такое свет и что означает тьма, и почему день может состоять только из них обоих вместе взятых? Другими словами: из того, что день состоит из тьмы и света, выходит, что день начинается в тот момент, когда наступает тьма, и только тогда начинается последовательность зарождения одного дня.

Но почему выражение «день» применимо к темноте? Значит ли это, что в тот момент, когда наступает тьма, мы можем уже начинать отсчитывать новый день?

Известно, что после всех сокращений и исхода света, которые произошли в Высших мирах, после второго сокращения и после разбиения сосудов, появилась система нечистых сил. Вследствие этого место миров БЕ»А разделилось на две части: от половины ее и выше – чистые миры БЕА, а в нижней половине образовалось место постоянного нахождения нечистых желаний.

И оттуда они тянутся вниз, в наш мир. Поэтому человек в нашем мире не чувствует никакой потребности в духовном, и о нем сказано: «Подобным дикому ослу рождается человек» (Иов 11, 12).

Спрашивается: откуда же тогда приходит к человеку ощущение духовного и потребность в нем, да еще настолько, что чувство удаленности от Творца дает ему ощущение ночи и тьмы? Просто мы должны знать, что в тот момент, когда человек начинает ощущать свое удаление от Творца, значит, что хоть и в ничтожной степени, но начинает он уже верить в существование Творца. Иначе как можно сказать, что он удален от чего-то, если нет этому существования в мироздании? Но мы должны признать, что существует у человека некое небольшое свечение издалека, которое светит ему по мере того, как он ощущает свою удаленность от Творца.

И из вышесказанного находим, что как только приходит тьма, то есть как только человек начинает ощущать наличие тьмы, в тот момент начинает ему светить небольшой свет дня, ощущаемый как плохой, потому что ощущает человек недостаток в том, что нет у него огромного света Творца, который чувствуется им как хорошее. Но свет ощущается им сейчас как недостаток, то есть он начинает чувствовать, что сейчас ему недостает этого света Творца, называемого «день». Вместе с тем тот, кому не светит свет дня, тот вообще не знает, что существует такое состояние, когда человек чувствует, что ему недостает света Творца, называемого день.

И можно сказать, что человек может иногда чувствовать, что он находится во тьме, то есть что он удален от Творца и стремится приблизиться к Нему. И как следствие этого, человек ощущает страдание оттого, что он удален от Творца.

Вопрос заключается в том, кто приводит человека к тому, что он начинает стремиться к духовному миру?

Иногда человек ощущает тьму и страдания в ином виде. Например, он видит, что его знакомый преуспевает в материальном, то есть в деньгах и имуществе, а у него нет такого достатка и почета. И одновременно с тем, он видит себя более способным, чем его товарищ, как по части таланта, так и по части происхождения, и поэтому он считает, что ему полагается больше почестей, чем его товарищу. А на самом деле он стоит намного ниже, чем его товарищ, и от этого ему очень неприятно.

И вследствие этого нет у него сейчас никакой связи с духовным, и даже не помнит, что у него самого было такое время, когда смотрел на своих друзей, с которыми учится, как на маленьких детей. И в то время, когда смотрел на их страдания, на то, к чему они стремятся, чтобы достигнуть совершенства в своей жизни, то они выглядели в его глазах как маленькие дети, которые не в состоянии сделать правильный выбор, а только стремятся к тому, что видят пред собою: один раз думают, что самое главное в жизни – это деньги, другой раз решают, что самое главное – это получить почет от людей и т.д. И сейчас он сам находится среди этих вещей, над которыми смеялся в прошлом, и ощущает, что нет у него никакого смысла в жизни, пока не поставит он свои стремления и ценности в жизни на тот же уровень, на который поставили его друзья, называемый целью жизни.

Спрашивается, что является сейчас той причиной, которая приводит его к тому, что снова начинает искать Истину? Это значит, что сейчас Творец смилостивился над ним и проявился ему в ощущении подобно дню, который сначала ощущается с плохой стороны, то есть сначала чувствует человек в своем сердце тьму, и именно это и называется зарождением дня. И тогда начинают расти в нем желания, пригодные для ощущения света дня с хорошей стороны, являющейся светом Творца. И тогда начинает ощущать любовь Творца и вкус в Торе и Заповедях.

И отсюда поймем сказанное выше в Зоар, что именно из вечера и утра вместе складывается день, как сказано об этом, что это «один день», показывая тем самым, что это – одно целое, и только вместе они составляют день. И также сказал раби Иуда, что возвращается написанное снова, чтобы указать, что невозможно, чтобы существовал свет дня без предшествующей ему ночной тьмы, как невозможно существование ночи без того, чтобы ей на смену пришел свет дня, так как они никогда не отделяются один от другого.

И из сказанного выше выходит, что не существует света без желания к нему, и чтобы появилось это желание, мы также нуждаемся в свете, называемом «день».

Но также надо понять, что когда человек уже удостаивается крохотного ощущения дня, но это пока только с его плохой (в ощущениях человека) стороны. То есть уже чувствует, что вся его жизнь направлена только на то, чтобы удостоиться слияния с Творцом, и вследствие этого начинает ощущать страдания оттого, что он удален от Творца.

Но кто же приводит человека к тому, что он падает со своего состояния подъема вниз? Ведь раньше был он уверен, что целью жизни является достижение духовного мира, а сейчас вдруг падает в такое низкое состояние, которого всегда старался избегать, и всегда удалялся от людей, целью жизни которых являлось достижение животных наслаждений. А сейчас он сам находится среди них и перенимает все то, что есть у них.

И более того, удивляет, как он мог забыть в своем сердце, что когда-то он уже находился в возвышенном состоянии! А сейчас он находится как бы в забытье, до такой степени, что даже не может вспомнить, что когда-то смотрел на этих людей, среди которых сейчас он сам находится, как на обладающих самыми низкими стремлениями в жизни!? И сейчас даже не стесняется того, как мог попасть в такую атмосферу, от которой всегда убегал. То есть в той атмосфере, в которой они спокойно существуют в достатке, он всегда задыхался и говорил, что это душит духовное. А сейчас он сам находится внутри нее и не чувствует никакого недостатка в этом!?

И ответ на это заключен в сказанном в Теилим (1): «Счастлив человек, который не ходил по совету нечестивых». Что это за «советы нечестивых»? В Пасхальной агаде приводится вопрос нечестивого сына: «Что это за работа у вас здесь?»

И объяснял раби Иуда Ашлаг, что как только человек начинает работать над тем, чтобы все только отдавать Творцу, приходит тогда к нему этот вопрос нечестивого сына, спрашивающего: что будет тебе оттого, что ты не работаешь на себя? И когда человек задается таким вопросом, он начинает задумываться: может быть, на самом деле правда на стороне этого нечестивца? И тогда он падает в его сети.

Исходя из этого, мы должны объяснять сказанное: «счастлив человек, который не ходил по совету нечестивых» так: в тот момент, когда они приходят к нему (подобные низкие состояния) и советуют, что не стоит работать, если человек не видит в этом выгоду для себя, то он не слушает их голоса, а укрепляется в своей работе, говоря: «Сейчас я вижу, что иду по истинному пути, а эти нечестивые люди (низкие желания) хотят запутать меня». И если человек так преодолевает себя, то он счастлив.

И затем говорится в Теилим (1): «И на пути грешников не стоял». И надо объяснить, что это за «путь грешников», на котором он «не стоял»?

Определение «грех» происходит из того, что человек нарушает запрет «не добавляй». Это означает, что настоящий путь заключается в том, что должны идти выше разума, и это называется верой. А обратное этому называется знание. Тело человека всегда понимает только то, что в тот момент, когда у него нет выбора, он должен верить выше разума. Поэтому, как только человек начинает ощущать некоторый вкус в работе, тотчас он берет это в качестве опоры для себя, говоря: «сейчас я уже не нуждаюсь в вере, так как у меня уже есть некоторая основа». И вследствие этого сразу же падает со своей ступени. Поэтому, когда человек опасается этого и **«не стоит»** – не останавливается даже на мгновение, чтобы посмотреть, стоит ли менять свою основу, то говорится, что такой человек **«счастлив»**, что **«не стоял на пути грешников»** и не обращал внимания на их путь.

И затем говорится в Теилим: «и в собрании насмешников не сидел». И надо понять, что это за «собрание насмешников», то есть людей, которые проводят свою жизнь впустую и не принимают свою жизнь всерьез, чтобы каждое прожитое мгновение считалось бы очень дорогим в их глазах. Вместо этого они сидят и думают о других: в порядке ли они или нет, и насколько другие должны исправлять свои поступки, совершенно не относя это к себе и не беспокоясь о своей жизни. И это приводит их к падениям.

И объясняет это РАДАК: «Насмешники – это хитрецы со злым умыслом – они порочат людей, наносят этим им увечье и раскрывают тайное друг другу». И это говорится о бездельниках, пустых людях, и поэтому об этом сказано: «В собрании легкомысленных не сидел» – это и есть причина всех падений.

Заповедь свидетельствовать
Статья 37, 1985

В Зоар (Судьи) сказано: «Заповедь – свидетельствовать в суде, чтобы не потерял ближний деньги из-за того, что не свидетельствует. И посему постановили: свидетели человеку – стены дома его, что значит – стены сердца. Написано: «Обратил Хизкияу лицо свое к стене», – что значит, Хизкияу молился из стен сердца своего. Также члены дома свидетельствуют в пользу человека. «Члены дома» – это 248 его органов (желаний), так как тело называется домом.

Так постановили авторы Мишны: грешник – грехи его вытеснены на его костях. Праведник – благодеяния его вытеснены на его костях. И потому сказал Давид: «Все кости мои заговорят». Но почему грехи вытеснены на костях больше, чем на мясе, жилах, коже? Это потому, что кости белого цвета, а черный не проступает иначе, чем на белом фоне.

Так же Тора – белая изнутри, то есть пергамент и черные чернила снаружи, черное и белое – это свет и тьма. Кроме того, тело восстает на собственных костях, и потому благодеяния и грехи вытеснены на его костях. И если удостоится человек, восстанет тело на костях своих, а если не удостоится, не восстанет и не будет воскрешено из мертвых».

Необходимо понять язык Зоар, что означает «закон, обязующий человека свидетельствовать на суде, чтобы не потерял деньги ближний», – что означает это во внутренней работе по исправлению души? Нужно понять, из чего состоит его претензия, что он требует, и у кого он требует, какое значение имеет то, что только за верного человека стоит свидетельствовать?

Во внутренней работе человек претендует на то, чтобы дал ему Творец то, что он требует. И если это так, то для того, чтобы показать, что его претензии справедливы, он должен свидетельствовать? Неужели Творец не знает, говорит человек правду или лжет, или только когда человек свидетельствует, Творец видит, что его требование верно?

И как может человек достоверно давать показание о себе? И еще должны понять мы: почему свидетельство (показания) должно быть от стен его сердца?

Но разве не принято, что признание должно идти изо рта, как сказали наши мудрецы: «Из уст их, а не из их писаний»? А здесь говорится о том, что должно исходить из стен сердца, а не изо рта?! И также надо понять, что он имеет в виду, что так постановили авторы Мишны: «Грешник – грехи его вытеснены на костях его, праведник – благодеяния его вытеснены на костях его». Неужели в земных костях записаны грехи и благодеяния? Как духовные понятия, то есть Заповеди и их нарушения, запечатлены на обычных костях?

А объяснение, почему и как могут быть записаны грехи и благодеяния на костях, еще более запутанное: кости белого цвета, а черный текст не проявляется иначе как сквозь белое. И еще нужно понять слова: «И не иначе как тело, которое восстанет на собственных костях». Почему именно на костях, разве от костей зависит, восстанет тело к жизни или нет!?

Для того чтобы понять вышесказанное применительно к духовной работе, нужно помнить известное правило, что нет света без сосуда, то есть невозможно получить какое-либо наполнение, если нет для того острой нужды – желания, которое будет заполнено.

Например, не станет человек обедать, если он не голоден. И больше того: та мера наслаждения, которую получает человек от трапезы, измеряется величиной потребности (голода), которая возникает у него к данной трапезе. Следовательно, если человек не чувствует никакой потребности, нечего надеяться, что у него возникнет возможность получить какое бы то ни было наслаждение. Так как нет в нем «места» для наполнения (наслаждением).

В случае, когда мы говорим о порядке внутренней работы человека, который продвигается вглубь ощущения мироздания, себя – это значит, что у него есть желание выполнить эту работу с намерением ради Творца. Разумеется, согласно вышеуказанному правилу, у него должна быть к этому потребность, то есть он чувствует, что обязан делать действия ради Творца. Согласно той мере, в которой он чувствует эту необходимость, в той степени мы можем сказать, что у него есть сосуд (кли). А наполнение этого сосуда происходит в то время, когда он работает ради Творца, то есть что он хочет доставить удовольствие Творцу, тело уже согласно на эту работу ради Творца.

Человек сотворен получающим (наслаждение) согласно своей природе, а не отдающим. И если хочет человек работать на отдачу, то есть есть у него желание, тело воспрепятствует этому и тотчас спросит: почему ты хочешь изменить природу, в которой создан, в чем состоит твоя потребность, чего тебе недостает? И действительно ли ты понимаешь на все 100%, что ты должен работать на отдачу?

Разве ты не видишь, как остальные выполняют Заповеди, как стараются, чтобы их действия были точны и скрупулезны? Это значит, что, живя согласно Торе и Заповедям, их главной заботой является, чтобы их **действия** были соблюдены до мельчайшей подробности. И не особенно думают при этом о **намерении,** говоря: «Ясное дело, то, что мы можем – мы выполняем, а на намерение не обращаем особого внимания, так как работа на Творца – это для избранных, а не для всего общества».

Когда тело задает свои вопросы, очевидно, оно спрашивает по делу. И не получая достойного ответа, оно не разрешает человеку задумываться над желаниями отдавать, так как справедливость с телом, и нет света без сосуда. «Если ты не ощущаешь потребности к альтруизму, зачем тогда поднимать весь этот шум?»

Поэтому тело говорит человеку: «Скажи мне сначала, какая потребность в альтруистических желаниях, а потом будем говорить дальше». И согласно вышесказанному, нужда в этом желании должна быть в том, что чувствует страдания оттого, что не может отдавать, и посему, т. к. не построил сосуд, разумеется, что не может удостоиться получить свет, т. е. исправление.

Несмотря на это, человек должен стараться, чтобы появилась у него огромная неудовлетворенность оттого, что не может он отдавать Творцу. И величина этой неудовлетворенности соответствует тем страданиям, которые он испытывает от недостачи этого ощущения, потому как нет у него того, о чем он просит. В любом случае это не называется потребностью, т. к. истинная потребность измеряется той болью, которую он испытывает, оттого что не имеет.

И из этого можно понять слова АРИ: «Возлюбите Творца вашего и служите ему всем сердцем», – что это за работа, которая в сердце? – это молитва». И следует понимать, почему перестали использовать молитву в ее обычном толковании. Так водится в миру – когда человек хочет получить что-либо у другого, он открывает рот и просит у него. Как написано: «Слышу я молитву от каждого рта». Тогда почему сказано, что молитвой называется работа, что в сердце?

Учитывая вышесказанное, что молитвой является ощущение недостатка, и человек желает, чтобы Творец заполнил этот недостаток, но нет никакого значимого недостатка во рту у человека, т. к. все чувства его ощущаемы в сердце. Поэтому, если человек не чувствует в сердце недостатка, то все, что сходит с его губ, не идет в расчет. Допустим, действительно не хватает ему того, что он просит ртом, но наполнение, которое он просит, должно заполнить то место, где находится недостаток, т. е. сердце. Поэтому сказали мудрецы, что молитва должна исходить из глубины сердца, то есть чтобы каждое сердце ощутило тот недостаток, исполнения которого оно желает.

И, как известно, свет и сосуд подразумевают наполнение (наслаждение) и недостаток. Свет – наполнение – мы относим к Творцу, а сосуд – желание, относится к творениям. И посему человек должен приготовить сосуд, то есть подготовить свое желание, для того, чтобы Творец смог залить его светом, иначе нет места для наполнения. Несмотря на это, когда человек просит у Творца помощи, чтобы направить поступки с намерением ради отдачи, тело спрашивает его: «Для чего произносишь ты эту молитву, чего тебе недостает без нее?».

Поэтому необходимо изучать книги, в которых говорится о важности работы в альтруизме, пока человек не поймет и не почувствует, что если у него не будет этого сосуда, не сможет он достичь выхода к духовному. И человек не должен равняться на общество, которое говорит, что главное – это действия, а не намерения, что только в поступки нужно вкладывать всю энергию, так как действия, согласно заповедям, которые мы выполняем, и изучение Торы, вполне достаточны для нас.

Вместо этого человек должен следовать Торе и Заповедям, чтобы привели его к альтруистическому намерению, и после того как он приобретает ясное понимание того, насколько необходимо ему работать на отдачу, и чувствует боль и страдание оттого, что не хватает ему этой силы, тогда считается, что ему уже есть о чем возносить молитву, т. к. молитва эта – о той работе, что в сердце.

Ведь сердце чувствует то, чего ему не хватает. И тогда только на эту молитву приходит ответ, то есть ему дают сверху ту силу, с которой он уже может работать альтруистически, потому как у него уже появилось истинное желание духовного.

Но что может сделать человек, если после всех попыток и усилий, которые предпринял, он пока не чувствует боли и страданий оттого, что не может работать на отдачу? В такой ситуации необходимо просить Творца, чтобы послал ему желание – сосуд, называемый «потребность в чувствах».

Если он способен сожалеть и чувствовать страдания и недостаток того, что нет у него этой потребности, он сможет продвинуться. Ведь смысл страданий заключается в том, что не чувствует иначе человек, насколько отдален от духовного и как глубоко погряз в бездуховности.

И почему он не может понять, что та жизнь, которой он живет и стремится удовлетворить земные потребности, не представляет ценность более, чем жизнь прочих живущих, на которых падает его взгляд? И если бы повнимательней присмотрелся, то увидел бы, насколько он похож на них во всех их планах и мечтах. И нет никакой разницы, как только в хитрости человека, способного использовать ближнего себе на пользу, и остальных живущих, не настолько развитых, чтобы могли использовать ближнего в своих целях.

И даже после того как знает, для чего даны Тора и Заповеди, что даны они только для исправления человека и его духовного возвышения, забывает об этом во время выполнения Заповедей и занятий Торой, что нужно наладить связь с Творцом через Тору и Заповеди. Эти два понятия кажутся ему не связанными между собой, то есть Тора и Заповеди – отдельно, а Творец – отдельно.

И если сожалеет он о том, что не ощущает как недостаток то, что он похож на остальных живущих, – это также называется работой в сердце и молитвой. Это значит, что на этот недостаток у него уже есть место получить наполнение от Творца, чтобы дал ему почувствовать недостаток в виде сосуда, который Творец может наполнить.

Из этого поймем ответ на вопрос: почему молитва находится в сердце, а не во рту? Потому что молитвой называется ощущение недостатка (потребность), а недостаток не имеет отношения к речам во рту, а является ощущением в сердце.

Теперь нужно выяснить смысл слов, написанных в Зоар, что грехи и благодеяния написаны на костях, и от костей может человек возродиться к жизни или не возродиться. Зоар уподобляет грехи и благодеяния, основанные на костях, Торе, где под черным подразумевается темнота, а под белым – свет.

И нужно разъяснить вопрос о костях: из-за того, что белые они, потому записаны на них грехи и благодеяния, т. к. в служении человека Творцу то, что человек занимается Торой и Заповедями, является сутью и главным. А Тора и Заповеди считаются белым, т. к. то, в чем нет недостатка, называется белым. И к тем поступкам, которые совершает человек, нечего добавить, потому как сказано об этом: «Не прибавь и не убавь». И поэтому его занятия Торой и Заповедями называются «белыми костями», и на них записаны грехи и благодеяния человека.

Но если человек потом анализирует свои поступки: в чем основа, на которой он строит свой фундамент, т. е. какая причина заставляет его заниматься Торой и Заповедями, какое намерение вкладывает он во время совершения действий, старается ли он видеть, насколько поступки, которые он совершает – ради Творца, то есть чтобы доставить наслаждение Творцу – тогда он сможет увидеть правду, что находится в той эгоистической природе, в которой родился, называемой «получать ради получения», и не хочет заниматься Торой и Заповедями безвозмездно.

Настоящая причина того, что не может человек выйти за рамки собственной природы, заключается в том, что не видит он необходимости в том, чтобы изменить природу, впечатанную в нем, которая зовется эгоизмом, и обратиться к любви к ближнему для того, чтобы достичь любви к Творцу. Наоборот, человек чувствует, что ему не хватает любви той среды, в которой он находится, чтобы семья, земляки и пр. возлюбили его. А что он выиграет с того, что возлюбит Творца, что он выиграет с того, что возлюбит товарищей своих? Разве не он всегда смотрит, выгодно ли это эгоизму!? Как же он может выйти из рамок любви к себе?

И если он спросит себя: «Почему он учит Тору и выполняет заповеди механически, почему соблюдает скрупулезно все мелочи?» – он оправдывается тем, что получил веру с воспитанием, так как воспитанием наставляют человека заниматься Торой и заповедями ради себя, как написано у РАМБАМА: «И за то, что принял на себя веру в Творца, за эту работу получит награду и в этом мире, и в духовном».

Поэтому, когда говорят человеку, что настоящая вера в Создателя, который наказал нам соблюдать Тору и Заповеди – это означает, что с помощью этого удостоимся достичь подобия свойств, называемого «единение с Творцом».

Это значит, что человек должен выйти из рамок эгоизма (любви к себе) и принять на себя любовь к ближнему. В той мере, в какой он избавляется от эгоизма, в той мере он может удостоиться полной веры, иначе он находится в отдалении (изгнании).

Как пишет Бааль Сулам в предисловии к Книге Зоар: «Таков закон, что не может творение получить зло от Творца своего открыто, т. к. это бросает тень на репутацию Творца, ведь тогда творение постигает Его как действующего во зло, то есть несовершенного. И в той мере, как человек чувствует зло, в той же мере он ощущает управление как принуждение, и **исчезает у него ощущение Творца, что является самым большим наказанием в мире.**

И если человек предъявляет счет своей душе и знает, что настоящая работа в Торе и Заповедях должна быть ради Творца, и чувствует, как он удален от правды (действительности), то через эти наблюдения он ощущает страдания и боль от того, что все это время он не шел правильной дорогой и не стал потому «служителем Творца». Напротив, вся его работа была ради собственной выгоды, что называется «работа на себя», на собственный эгоизм, и по этому пути идут все создания, но это не пригодно для уровня «человек», а только для уровня «животное».

Посредством этих страданий он получает сосуд – т. е. желание, потребность в этом, потому как видит, что не способен своими силами выйти из рамок эгоизма, т. к. нет у него сил идти против собственной природы, что тут существует только один выход – просить Творца о помощи. И только тогда появляется у него место для наполнения желания, т. к. нет света без сосуда.

И сказанное выше вызывает следующий вопрос: что может поделать человек, понимающий, что для работы на отдачу в любом случае нет у него боли и страданий, оттого что не может он настроиться отдавать альтруистически? Тогда он должен знать, что не хватает ему полноты веры. Ведь в то время, что есть у человека полная вера в Творца, есть закон природы, что меньший подавляет себя в пользу большего, а потом, если бы действительно была у него полная вера в величие Творца, так аннулировал бы себя перед Создателем, и захотел бы служить ему без всякого вознаграждения.

И видно из этого, что нет здесь потребности, то есть нет сил преодолеть собственную природу, а есть здесь нехватка веры. И даже если есть у него вера, в доказательство чему он соблюдает Тору и Заповеди, но нет у него **полной** веры, то он не чувствует и не ведет себя так, как должны вести себя, когда есть полная вера. То есть все совершенство, вся полнота заключается в том, чтобы верить в величие Творца.

И если человек хочет знать, есть ли у него полная вера, тогда он может увидеть, насколько готов он работать на отдачу, и насколько тело готово подавить себя перед Творцом. Это означает, что нет потребности в том, чтобы человек мог работать на отдачу, но есть здесь потребность еще большая и эта потребность основная, – что не хватает ему полноты веры.

Но что человек может сделать, если несмотря на то, что он видит, что нет у него полной веры, все-таки этот недостаток не вызывает в нем боли и страданий? Настоящая причина в том, что он смотрит на окружающих и видит вокруг себя людей влиятельных, занимающих положение в обществе, и вовсе не видно, что у них есть недостаток полноты веры, так как в разговоре с ними они утверждают, что это только лишь для избранных. И это уже общепринятое мнение. И это огромная стена, которая стала барьером перед человеком, чтобы не смог продвигаться в правильном направлении.

И потому для окружения нам нужны люди, сплоченные в группу, чтобы держались все одного мнения, что должны добиться полной веры, и только это может спасти человека от общепринятых суждений. И тогда один укрепляет, поддерживает другого в стремлении достичь степени полной веры, чтобы смог полностью отдавать Творцу, и только об этом были бы все его помыслы.

Но на этом еще не заканчивается совет достичь потребности в полной вере. Человек, кроме того, должен увеличивать, усиливать свои действия более обычного, как количественно, так и качественно. И, разумеется, тело сопротивляется и спрашивает: «Чем отличается день один от другого дня?». На что человек отвечает: «Я представляю себе, как я мог бы служить Творцу, если бы имел полную веру, поэтому я хочу работать над собой в таком темпе, как будто уже удостоился полной веры». Тогда может проявиться у него потребность и тоска, оттого что нет у него полной веры, так как сопротивление тела способствует появлению веры, ведь это происходит именно там, где он идет в наступление против собственного тела, то есть работает с телом против его воли.

Из этого видно, что эти два направления – то, что он работает больше, чем обычно и сопротивление тела – вынуждают его к полной вере. И через это его сосуд опустошается, для того чтобы потом свет смог бы одеться в него, потому что сейчас есть у него в сердце место для молитвы, то есть потребность в ней. И Творец, который слышит его молитву, посылает ему свет веры, с помощью чего он сможет служить Творцу не ради вознаграждения.

И здесь найдем мы ответ на свой вопрос: что означает, что на костях вытеснены грехи и благодеяния? Под костями подразумевается суть вещей – Тора и Заповеди, что он выполняет, которые были даны нам, чтобы выполнять их механически. И здесь нечего добавить, как написано: «Не прибавить и не убавить к этому».

И на этих действиях вытеснены грехи и благодеяния, если он хочет идти дорогой правды и контролирует свои поступки, чтобы были с альтруистическим намерением. И он – человек, который не кривит душой, и не интересует его, что делают окружающие, но он хочет быть уверен, что выполняет Тору и Заповеди ради Творца, а не для собственного блага. И тогда он замечает, что полностью погружен в эгоизм и не может вырваться своими силами. И тут он кричит Творцу, чтобы помог выбраться из эгоизма и чтобы удостоил его любви к ближнему и к Нему. «И близок Творец каждому, кто взывает к нему из глубины души». И поэтому он удостаивается слияния с Творцом.

И это означает, что на костях его вытеснены благодеяния. Тора и Заповеди, которые он выполняет, называются белым, так как согласно действиям – все выбелено, то есть положительное, и нечего к ним добавить. И только после проверки, которую устроил себе, что намерение у него не совсем верное, и подобное правит в Торе и Заповедях из-за того, что он отдален, так как нет у него степени слияния, что значит сходство в свойствах, чтобы делал все с альтруистическим намерением, напротив, он находится во власти эгоизма.

Следовательно, у него наблюдается степень темноты, проступающей на белом. Это и есть белые кости, как сказано в Книге Зоар, т. е. на основе Торы и Заповедей, которые соблюдал, он видит, что проступает некая темнота, которая является удалением от света, т. к. суть света – полная, бескорыстная отдача, а он делает все из расчета получить, потому как не может делать он ничего другого, кроме того, что касается эгоизма.

Следовательно, кости, то есть Тора и Заповеди в действии – являются белыми, что означает отсутствие в действиях какой-либо потребности, с помощью которой он мог бы что-то добавить, и только с помощью контроля, который человек проводит над этим белым фоном, он видит, как там проступает темное. И если он стремится это исправить, так как чувствует боль и страдания от той темноты, в которой находится, и молится Творцу, чтобы помог ему выйти из своего эгоизма, с помощью этого затем удостоится слияния с Творцом.

Это и называется «на костях праведника вытеснены его благодеяния» – тот контроль, который провел он над белыми костями, способствовал ему в том, что удостоится он «восстать из мертвых», так как грешники при жизни называются мертвыми, потому что отдалены они от самой сути жизни. Поэтому когда они удостаиваются слияния с Творцом, это называется, что они удостоились восстать из мертвых.

«Грешник – грехи его вытеснены на костях», – так как грешником называется тот, кто пока еще погружен в свой эгоизм. Праведник – это добро, а добро – это альтруизм, как написано: «Сердцем моим завладело добро и деяния мои – Царю». Что значит добро? Чтобы мог сказать: «Дела мои – для Царя», – то есть все его действия ради Творца, а не ради собственной выгоды, поэтому «добрый глаз будет благословен».

Те люди, которые выполняют Тору и Заповеди в действии, что является костью. Тора и Заповеди были даны Творцом для выполнения, и это называется белым так как нет в самих действиях никакой потребности, как написано: «Не прибавь и не убавь», а посему кости его – белые. «И грехи его вытеснены на белых костях», – вероятно, не контролировал свои действия: бескорыстны они или нет, и выполнял Тору и Заповеди так, как принято в обществе, а общество утверждает, что выполнение ради Творца – это работа только для избранных поколения, а обычный человек не обязан идти по этому пути и волноваться о том, чтобы действия его были с альтруистическим намерением.

И это мнение общества называется «мнение хозяев», тогда как «мнение Торы» заключено в другом, как известно, и «мнение хозяев» противоречит «мнению Торы». «Мнение хозяев» таково, что человек, выполняя Тору и Заповеди, увеличивает свое благосостояние, то есть он становится более крупным хозяином, это значит, что все, что он совершает, пополняет его эгоизм. В то время как «мнение Торы», – как сказано у АРИ на изречение «человек да умрет в шалаше»: «Не исполняется Тора иначе, как только теми, которые принижают себя перед Ней». Это значит, что свое «Я», то есть эгоизм, человек принижает, и поэтому нет у него никаких приобретений, так как нет «хозяина», чтобы можно было отнести к нему приобретенное, ведь все его стремления – к отдаче, а не к получению, следовательно, он отменяет значение своего «Я».

«Грешник, чьи грехи вытеснены на костях его», – т. е. в том, что не пошел по пути Торы, т. к. Тора называется черным на белом фоне, как сказано в Книге Зоар: «Потому благодеяния его вытеснены на костях его, что кости – белого цвета, а текст черный не виден иначе как на белом фоне, подобному Торе. Если есть белый, то есть если выполняет человек Тору и Заповеди, в таком случае можно сказать одно из двух: или он как Тора, что есть у него черное на белом фоне, – тогда он старается приблизиться к слиянию с Творцом, – или он так и остался с белыми костями и ничего на них не пишет, а посему называется грешником, «грехи которого вытеснены на собственных костях». В то время как те, у кого нет белого, то есть нет у них Торы и Заповедей в действиях, они не относятся к категории грешников, а числятся в разряде животного мира, то есть просто животные.

Праведнику хорошо и плохо
Статья 38 1985 г.

Зоар разъясняет высказывание: «Праведник – и плохо ему, грешник и хорошо ему». «Кто это праведник, что плохо ему, то есть что это от дерева добра и зла. Говорится о том, что зло находится с ним, и «нет праведника, который бы не согрешил», потому что грех находится рядом с ним. Грешник – и хорошо ему, потому что взяло в нем зло верх над добром, и поэтому говорят, что хорошо ему. Потому что добро его под властью греха, и из-за того, что зло властвует над добром в нем, поэтому он и грешник, так как тот, кто правит в нем и властвует, тем именем его и называют. Но если управляет добро над злом в нем, то называют его праведник – и плохо ему, так как зло его подвластно добру».

Чтобы понять «хорошо» и «плохо» в общей форме, надо знать, что поскольку корень творений исходит от сфиры «малхут», называющейся «получать ради получения» – то это корень всего зла в творениях, так как он отделен от замысла Творения – «насладить создания», которые Творец сотворил «из ничего», как недостаток (света) – желание только **получать** наслаждения. А так как в духовных мирах слияние и разделение определяется только соответствием свойств, то Творец – Дающий, совершенно отличен по свойствам от творения – получающего, и это их разделяет, поэтому не в состоянии творение получить все наслаждение, уготованное ему Творцом.

И чтобы получить это наслаждение, необходима способность «келим» совершить намерение отдачи, и тогда получат эти блага.

И выходит, что зло в нас, по причине которого не в состоянии получить уготованное нам — это не больше и не меньше, как любовь к себе, что в нас, мешающая получить наслаждения и блага, вызывающая в нас состояние смерти тем, что отделяет нас от «Жизни Жизней» — Творца. Поэтому и зовемся мы мертвецами. Как говорят мудрецы: «Грешники и при жизни мертвы».

И когда сосредоточимся на зле нашем, над тем, как оно говорит с нами и желает властвовать над нами, то если и придет некая сила слушать претензии его, то появляются ее определения:

1. Есть возможность уподобить ее отношению ответной любви. (А так как ответная любовь — понятие сложное, то тут мы говорим только относительно).
2. Можем уподобить ответному трепету.
3. Человек не в состоянии противостоять и укрепиться в ответном действии, но остался окончательно сломлен и потрясен оттого, что не в состоянии произвести ответное действие.
4. Что без сожаления относится к тому, что не противостоял злу и не сделал ответа.

Разберем сказанное по порядку. В том случае, когда человек движим желанием совершать все действия на благо Творца, то при этом, что бы он ни делал, прежде всего, заботится о пользе Творца и не обращает внимания на личную выгоду. Тогда обращается к нему его «тело» с претензиями, в которых начинает злословить на путь, которым человек движется, — путь альтруистический, бескорыстный, — с целью извлечь выгоду для себя. И предъявляет претензии грешника и претензии Фараона в виде вопросов разума и сердца: «кто» и «что». Кто он, Творец, что необходимо слушаться Его, и в чем смысл работы на благо ближнего?

И поражается человек, слушая претензии «тела», так как никогда не слышал таких претензий как сейчас — настолько они сильны. А ведь думал, когда начинал свою работу, что будет с каждым разом все больше и больше продвигаться к цели, то есть был уверен, что с каждым разом будет осознавать необходимость работать на благо Творца. Но вдруг видит, что там, где он должен был бы ощущать все большую жажду работать на Творца, чувствует огромное сопротивление своего тела.

И вот оно говорит ему: «Почему не желаешь идти дорогой протоптанной, дорогой масс, где главное — в точном и скрупулезном выполнении «механических действий»? Ну а что касается намерений к действиям, то должен сказать: «Пусть будет желание пред Тобой, как будто с намерением выполняю». А ты, я вижу, обращаешь внимание прежде на намерения, будто бы в состоянии сделать намерения на благо Творца, а не с выгодой для себя. Будто бы ты — исключение, и не возникает желания у тебя идти гарантированным путем масс. Ведь эту уверенность и гарантию можно наблюдать у многих».

Вот здесь и начало работе по сопротивлению (эгоизму). Тогда необходимо быть стойким в натиске мыслей Фараона и Грешника, чтобы не смогли склонить человека в свою сторону. И, конечно же, должен человек дать им полные ответы на то, что эти мысли ему говорят. Ведь все действия с альтруистическими намерениями невозможно понять умом, так как разум обязывает человека, рожденного получающим, получать и заполняться. И поэтому правильный путь — наполняться, а иначе — для чего жить, если не наслаждаться жизнью и не выполнять все требования тела. И эти претензии абсолютно принимаются разумом и нечем возразить на них.

А ответ — он в том, что должны идти путем мудрецов, путем веры выше разума и знаний. То есть настоящая вера — выше разума, и не всегда все правильно, что понятно. И, как учим, что не всякие мысли — Мысль, и не всякий путь — Путь.

И тут начинаются этапы в процессе работы:

1. Когда человек говорит своему телу: все претензии твои верны и принимаемы моим разумом. Но путь, полученный от мудрецов, — выше разума, и не было у меня возможности проявить его и воспользоваться им. А теперь ты предлагаешь идти путем разума, и сквернословишь на путь альтруизма и бескорыстия. И я до-

волен, что ты говоришь языком зла, давая мне возможность выявить собственные мысли, построенные на вере и работе на благо Творца. И, благодаря этому, я могу сказать, что иду путем веры выше разума, чего не мог позволить себе раньше.

И более того, я люблю твои претензии – ведь ты оказал мне огромную помощь своим злословием, которое повлияло на мои действия и укрепило мою работу в «вере выше разума». И выходит, что «речь зла» твоя – только она заставила принять Высшее управление бескорыстно и верой выше разума. И если бы не пришел ты ко мне со своими претензиями, то не было бы у меня необходимости брать на себя заповеди веры, а сейчас я вынужден дать ответ.

Выходит, что человек не держит зла на злословие, что в нем. Это можно сравнить с состоянием ответной любви (эти 2 состояния – ответной любви и трепета – очень высокие), как говорят мудрецы, что у покаявшегося от любви злонамеренные поступки обернутся заслугами, то есть надо понять, как злой умысел и зло приведет к заслугам, достоинствам.

Но как возможно понять это? Ведь в состоянии зломыслия человек злится на то, что приходят к нему такие мысли. А в состоянии, когда удостоился заслуг – радуется. Как же можно сказать, что грехи обернулись достоинствами?

И что здесь является злоумышленным грехом? Это когда тело намеренно предъявляет претензии к вере, принятой им выше разума. И что может быть более греха этого, чем умышленно злословить на святое? Но если человек «возвращается от любви», то грех переходит в «очищение», становится преимуществом. То есть человек, совершающий возвращение сейчас, принимает на себя веру выше разума. И с ясным сознанием решает идти путем веры.

Потому как сейчас есть перед ним два пути, то он выбирает. Таким образом, есть у него возможность выбора, но до прихода «тела» с его злословием, хотя и принял на себя веру выше разума, еще не открылись перед ним два пути. Теперь же он делает настоящий выбор и решает, что нужно идти именно путем веры выше знания.

И находим из этого, что он рад слышать «злословие» о вере, а злой умысел этих речей дал возможность выбору и выявил, что действительно желание его – идти верой выше разума. А намеренный грех важен ему как очищение, ведь ни разу у него не было возможности сделать выбор. И если рад он случаю сделать такую работу, значит, отношение это называется «возвращение к работе от любви», то есть любит работу, которую делает. Ведь, само собой разумеется, что грех, который побуждает к ответу, засчитывается в очищение, то есть человек любит его как свои положительные качества, без которых не в состоянии двигаться. И связь эта подобна связи между светом и «кли», то есть состояние недостатка, вызываемое «грехом», называется «кли», а ответ, определяемый как действие «выбора», похож на действие света.

И это является первой ступенью в порядке работы.

2. Определение в работе.

Когда человек противится телу, то есть отвечает ему: «Все, что слышу от тебя – это только твои речи, речи, навязанные разумом. Но я пойду путем, о котором слышал, что главное – работа на благо Творца, пойду «верой выше знаний». Таким образом, человек не желает быть движимым знаниями и умом, а хочет быть выше этого, и это праведный ответ. Но тем не менее, человек был бы рад не слышать претензий «Фараона» и сопротивлений тела, так как не уверен в своей способности совершить выбор. И ответ этот – ответ вследствие «трепета», то есть человек трепещет в страхе от работы, в которой придется воспротивиться телу, зная по опыту, насколько это тяжело выбирать «хорошее».

Выходит, что «ответ» этот похож на ответ от трепета и страха, то есть преднамеренный грех перешел в ошибку. Иными словами: когда совершили исправление, то преднамеренный грех стал ошибкой, но никак не заслугой, так как определение «заслуга» сравнимо с очищением и выигрышем. Например, если человек стремится к очищению, он радуется от работы, как от выигрыша, что дали ему возможность сделать выбор.

Но если причина его работы – страх и трепет перед «злом», то этим он сам себе подтверждает грех свой, как ошибку, но не как выигрыш. А если даже и поднимает зло к праведности, то есть исправил грех тем, что пришел к «ответу», но «ответ» этот намного ниже уровнем, чем «ответ» от любви, так как «не обращает грехи в заслуги», потому что нет здесь самостоятельного действия, то и называется это второй ступенью в порядке работы.

3. Когда обращается тело с «претензиями» против веры человека в работу на благо ближнего, склоняя человека настолько, что не в состоянии он устоять против натиска тела и вынужден «сойти со ступени», находясь на которой, считал себя работающим на Творца. Сейчас же видит, что далек от этого, хотя до «знакомства» с претензиями тела считал себя «праведным», не ощущающим никакого стремления к личной выгоде, то есть все свои действия видел альтруистическими. А теперь явно видит, как не в состоянии устоять против «натиска» тела. Хотя тело еще не начало свою «работу», и все его опасения только в мыслях, но, тем не менее, человек видит, что не в состоянии выдержать, что не способен идти верой выше разума и сказать, что он желает идти путем бескорыстия и альтруизма.

И человек сидит, поражаясь себе: как перевернулось состояние его, и кажется ему, что он подобен колесу, которое вертится в обратную сторону. Так как те состояния, то, к чему раньше относился с презрением, видит он теперь, что сам в них находится. Он прекрасно помнит, какое отвращение вызывали в нем люди, желающие только получать и признающие только знания, смотрел на них, как на людей неразвитых, с виду взрослых, но играющих в игрушки, отчего всегда отдалялся от них. А оказалось, что сам находится в их состоянии и не может выйти из этого своими силами.

И видит человек в своем состоянии случай, который рассказывали о раби Ионатане, что был у него спор с ксендзом, который заявил, что в состоянии изменить природу. На что раби ответил, что природу, которую создал Творец, изменить нельзя, и только Творцу подвластно это действие, но не под силу человеку. Тогда ксендз взял нескольких котов, обучил их на официантов и одел в униформу. Организовал застолье, пригласил царя, министров и раби. И снова затеял спор об изменении природы. Раби Ионатан снова возразил, что только Творец в состоянии изменить природу. Ксендз предложил сначала начать трапезу, а затем продолжить спор. Вошли официанты – коты, переодетые в обслугу, накрыли столы с аккуратностью настоящих официантов.

С изумлением смотрели король, ксендз и министры на чудеса официантов. И были совершенно уверены, что после такого представления не осталось места для споров. И все смотрели с удивлением на безмятежность раби. Ни капли удивления и смятения не заметили они на его лице, несмотря на то, что «черным по белому» сейчас показали ему возможность изменить природу. И как отреагировал раби Ионатан? А раби по окончании трапезы, когда официанты стояли в ожидании, чтобы убрать со столов, вынул табакерку. Все подумали, что он собирается понюхать табак, но когда открылась табакерка, то все увидели несколько выбегающих из нее мышей. И как только заметили их официанты, то забыли сразу свои обязанности и гостей, и бросились ловить мышей, так как природа их кошачья требовала этого. Так все увидели правоту раби Ионатана.

То же происходит и с нами: когда «тело» человека начинает со всей серьезностью показывать вкус к наслаждениям от любви к себе, тут же забрасывает человек и Тору, и работу, и Творца и мчится достичь наслаждений, которые показывает ему тело. И тогда видит он, что нет никаких сил самостоятельно вытащить себя из состояния любви к себе.

И то состояние, в котором он видит себя, будучи полностью погруженным в любовь к себе в силу своей природы, определяется это состояние как достижение определенной ступени в работе. То есть достиг ступени действительности, называемой «осознание собственного эгоизма». И знает теперь, что придется начинать свою работу сначала, так как до этого возвышал свое собственное «Я» и считал себя одним из избранных в народе. А сейчас увидел правдивую картину, и это создало в нем ощущение «недостатка» и необходимость молить Творца из глубины души своей, так как остро ощущает, что сильно удален от Создателя и от альтруизма, и что нет никакой возможности у человека своими руками избавить себя от себялюбия, а только Творец может помочь ему. И это и есть третья ступень – ступень, намного ниже всех предыдущих.

4. Четвертая ступень ниже всех трех предыдущих. Когда тело «приходит» со своими претензиями, но человек не дает никакого ответа, а принимает эти претензии с серьезностью. А также видит, что это природа толкает тело на эгоистические поступки, и нет у человека сил самостоятельно сделать какое-либо движение альтруистически. И остается в себялюбии, в своем обычном состоянии, не способным совершить никакое действие, и воспринимает это все хладнокровно.

И забывает человек свое прежнее состояние и место, в котором находился секунду назад. То есть до «прихода тела» со своими претензиями, считал себя не похожим на людей, у которых вся их работа построена на себялюбии. А сейчас видит, что и сам движется путем масс. Так как все требования, свалившиеся на него, провозглашены сверху, чтобы была у него возможность подняться по ступеням: 1-ой, которая похожа на ответ из любви; или 2-ой, что похожа на ответ от трепета; или 3-ей, которая создает место для ощущения недостатка, позволяющее взмолиться к Творцу. И видит, что нет никакой возможности самостоятельно помочь себе.

Находится человек в таком состоянии, что верит и ощущает на себе то, что говорят мудрецы (Сукка, 52): «Сказал раби Шимон бен Лакиш: «Эго человека противостоит ему и усиливается с каждым днем, и просит умертвить его, как сказано, что грешник следит за праведником и просит умертвить его. И если бы не помощь Творца, не было бы сил справиться с ним». Но ведь «Не оставит Творец и не обвинит приговором».

И человек видит, что тело и вправду просит умертвить его, что посредством претензий желает отделить его от «жизни жизней». И нет собственных сил противостоять этому, а ждет, что Творец поможет ему. И выходит, что приходящие к нему вопросы не были впустую, так как дали ему место для молитвы из глубины сердца. А на четвертой ступени, когда он принимал все хладнокровно, вышло так, будто вопросы, приходящие к нему, прошли впустую.

Но необходимо знать, что для человека, идущего дорогой альтруизма и бескорыстия, ничего не проходит впустую. И тогда, по прошествии нескольких дней или часов, оправившись от состояния, когда находился под влиянием эгоизма, он видит совершенно новую «картину»: как человек может пасть с наивысшего состояния до низшей точки – того состояния, в котором находится, и, тем не менее, ничего не ощущать, как будто бы ничего не происходит, оставаясь в состоянии тишины и спокойствия. Даже согласен с этим – остаться в покое, спокоен и настроение удовлетворительное. И это несмотря на то, что раньше, если не видел продвижения в духовном, то готов был расстаться с жизнью, всегда чутко и с трепетом желал узнать, как продвинуться. Всегда с удивлением смотрел на людей, относящихся к Торе и заповедям с сухостью и черствостью, оставаясь при этом спокойными и удовлетворенными, как будто бы эти люди – группа ученых.

И сейчас не ощущает человек, что нуждается в чьей-то поддержке, так как не имеет ощущения недостатка, считает естественным то состояние, когда желает быть в спокойствии, а не искать трудностей и беспокойств. То есть заключить себя в «безопасную линию», когда на каждый случай, в котором он ощущает «неудобство» и недостаток, есть у него сразу множество ответов, и главное для него – быть без страданий, так как помнит, что прошлые мысли о духовном вызывали в нем множество переживаний. Ну а сейчас, «слава Богу», не ощущает недостатка и беспокойства, и живет, как все остальные.

Но! Когда снова приходит к нему какое-то пробуждение сверху, то снова начинает переживать о духовном и видит новую «картину»: что не властен человек над собой, и ощущает тогда себя в невыносимом состоянии. Будто бы бросают его, как хотят, управлением свыше – раз бросают его в состояние, что он отбрасывает все, касающееся материального, то есть собственной выгоды, а затем бросают вниз, в мир физических наслаждений до такой степени, что забывает совсем свое «духовное» состояние.

И, несмотря на это, четвертая эта ступень тоже называется ступенью, так как дают возможность учиться правде. И оттого, что показывают человеку, что он во всем подвластен Творцу, захочет приблизиться к Нему и пробуждается к мольбе, чтобы Творец помог ему вырваться из себялюбия и достичь слияния с Ним.

Но это еще не конец пути, путь долог, порядок работы установлен мудрецами, и человек должен сказать: «Если не я себе, то кто же?» То есть человек должен сказать, что все зависит от него, и право выбора остается за человеком, а не ждать пробуждения сверху. С другой же стороны должен верить, что все находится под властью частного Управления, и то, что пожелают свыше, то он и вынужден делать. И нет у него никакого выбора, и не может человек ничего добавить к своей работе. И это самый короткий и удачный путь, так как «выигрываем время», потому что страдаем мы из-за продолжительности времени!

И находим, что человек, начавший работу отдачи и веры, проходит четыре стадии развития:
1. Когда претензии своего тела человек принимает с любовью: «Сейчас есть у меня возможность сделать работу верой выше разума». До этого же полагался только на знания. То есть отношение к эгоизму своему называется: «ответ от любви», и он любит этот «ответ».
2. Когда он противостоит эгоизму своего тела и ненавидит работу эту по причине тяжести и неприятности, и похоже это на ответ от «трепета», где грех его переходит в ошибку, так как был бы рад, если бы не столкнулся с претензиями своего тела.
3. Когда «приходит» к нему тело с претензиями, и он склоняется перед ними, и нет сил противостоять, и ощущает в себе зло, хотя раньше считал себя среди работающих на Творца. А сейчас ощущает, что нет у него ничего, и сожалеет об этом. Но помочь себе самостоятельно не в состоянии и потому находится он в состоянии зла своего.
4. В то время, когда приходят «претензии» тела, он подавлен их тяжестью, и готов выполнить любые требования тела, воспринимает все хладнокровно, и тут же на месте забывает, что только сейчас, секунду назад был работающим на Творца. Ощущает себя прекрасно, будто бы ничего не случилось, наслаждается от своего состояния, так как нет у него никаких страданий от того, что не озабочен работой на Творца, а желает остаться в своем состоянии на протяжении всей жизни. И никогда даже об этом не думает, и вообще перестал задумываться о смысле жизни, просто хорошо ему и все.

И эти четыре состояния можно уподобить четырем ступеням, о которых говорили мудрецы:
1. Праведник – и хорошо ему.
2. Праведник – и плохо ему.
3. Грешник – и плохо ему.
4. Грешник – и хорошо ему.

И, несмотря на то, что мудрецы говорят с «высоких ступеней», можно сделать соответствие: Прежде состояние, похожее на ответ от любви – **«праведник – и хорошо ему»**.

Затем состояние, подобное ответу из трепета – **«праведник – и плохо ему»**, то есть в состоянии человек справиться со злом своим (эгоизмом), дает ответ на злословие тела своего. И грехи его переходят в ошибки. И выходит, что зло в нем находится под властью добра. Есть у человека зло, но находится пока под его властью.

Вслед за этим идет состояние, когда слышит он злословие тела своего и уступает ему, и нет никаких самостоятельных сил справиться с этим – дать ответ на злословие, и принимает его, но сожалеет о том, что не в состоянии противостоять злу (эгоизму). И называется это состояние: **«Грешник – и плохо ему»**. Он – грешник, потому что не может дать ответа, но ощущает неприятное состояние от этого, называемое «грешник он», потому что нет сил противостоять.

И четвертое состояние, когда человек принимает злословие с хладнокровием, будто бы и не слышит его, называется **«грешник – и хорошо ему»**. То есть несмотря на то, что грешен, но хорошо ему так, и не ощущает в себе никакого недостатка.

Услышь наш голос
Статья 39, 1985

Мы говорим в Слихот («Дни прощения» перед Новым Годом): «Услышь наш голос, Создатель, Боже наш (Адоной Элокейну), пощади и смилуйся над нами, и прими милосердно и с желанием нашу молитву». В молитве «Таханун» (Мольба) по понедельникам и четвергам мы говорим: «Пощади нас, Адоной, по милосердию Твоему и не отдай нас в руки жестоким. Почему говорят народы: Где их Бог? Наш голос услышь и помилуй, и не оставь нас в руках наших врагов, чтобы стереть наше имя. Но при всем этом Имя Твое мы не забыли, – не забывай же и нас».

Нужно понять последнее предложение. Смысл его заключается в том, что мы просим Творца, чтобы Он нам помог в силу того, что мы говорим: «Но при всем том Имя Твое мы не забыли». В чем же значение и причина того, что мы говорим, что не забыли Имени Творца и вследствие этого просим, чтобы и Он не забыл нас?

Чтобы понять вышесказанное, нужно знать, что это за народы, которые спрашивают: «Где их Бог?» Нужно также понять, что мы имеем в виду, когда говорим Творцу: «И не отдай нас в руки жестоких». Кто эти «жестокие»? И еще: если бы мы не были отданы в руки жестоких в изгнание, если бы нам не было так плохо, то мы бы не молились об избавлении из этого изгнания.

Выясним смысл этого с точки зрения духовной работы. Мы родились с желанием получать, и после того, как произошло сокращение и сокрытие этого желания, в нас проявляется только желание получать ради собственной выгоды, и поэтому мы считаем, что стоит работать только для себя.

Из-за того, что мы порабощены желанием получить ради собственной выгоды, мы удалены от Творца вследствие сокращения (Цимцум), ведь, как известно, под понятиями близость и удаленность имеются в виду сравнение, единение свойств и изменение, различие по свойствам.

Эгоист отделен от Жизни Жизней, и он не может почувствовать вкус Торы и заповедей. Только когда человек верит, что он выполняет их ради Творца, а не для собственной пользы, только тогда этот человек может слиться с Дарующим Тору. Ведь Творец является Источником Жизни, и человек, подавивший свой эгоизм, чувствует вкус жизни. И тогда Тора становится для него Торой Жизни.

Но когда человек отделен от Творца, он ощущает лишь тьму. Наши мудрецы говорили: «Всегда будет человек заниматься Торой и заповедями, даже «ло лишма» (не во Имя Торы), что из «ло лишма» станет «лишма» (ради Творца). Но для этого существует много условий. Прежде всего у человека должна быть потребность заниматься Торой и заповедями во имя Ее самой, а не ради собственной пользы.

Чтобы достичь такого выполнения, человек должен всегда помнить, что он стремится к этому не для того, чтобы получить какую-либо материальную или духовную награду. И он учится «ло лишма» потому, что этим путем он удостоится достичь уровня соблюдения Торы и заповедей «лишма».

И тогда у него появляется вопрос, так как «ло лишма» не достаточно для него. Он должен приложить усилия, потому что тело спрашивает у человека: «Что я выиграю от того, что ты хочешь работать, чтобы отдавать?» Человек отвечает: «Если я приложу усилие «ло лишма», тогда я получу очень важную вещь, которая называется «лишма».

Но на самом деле – наоборот. Если он скажет телу: «Займись Торой и заповедями «ло лишма» и это приведет к «лишма», – то тогда тело точно будет мешать ему. Если цель человека действительно достигнуть состояния слияния, единения с Творцом, то тело приведет ему много отговорок, что он не сможет делать такую работу.

Человеку, который учится «ло лишма», чтобы достичь состояния «лишма», тело мешает и не дает ему заниматься даже «ло лишма», так как оно боится, что человек достигнет своей цели. Есть люди, которые не учатся с намерением достичь состояния «лишма», то есть те, которые занимаются Торой и заповедями только потому, что Творец приказал нам делать это, и мы получим за исполнение этого приказа оплату в грядущем мире.

Эти люди не имеют намерения во время изучения Торы, что они учатся для того, чтобы выйти из-под власти любви к себе, что нужно заниматься Торой и заповедями, чтобы «отдавать». Тогда получается, что такой человек не идет против своего тела, то есть против своего эгоизма, и поэтому его тело не очень-то и сопротивляется выполнению Торы и заповедей, потому что человек и так остается полностью под властью своего тела, то есть эгоизма.

Совершенно иначе все происходит у человека, который занимается Торой и заповедями с намерением достичь состояния «лишма». Такому человеку тяжело заниматься даже «ло лишма», потому что его тело боится, что этот человек полностью выйдет из-под власти эгоизма и начнет все делать во имя Творца, и тогда не останется во власти тела ничего.

Получается, что есть разница в самом состоянии «ло лишма», и эта разница заключается в намерениях, которые имеет человек во время занятий Торой и заповедями «ло лишма». Если у человека есть намерение остаться в этом состоянии и не идти дальше, чтобы в конце концов достичь состояния «лишма», тогда ему легко заниматься Торой, потому что у него нет настоящего сопротивления со стороны тела.

Если же человек во время изучения Торы и заповедей «ло лишма» имеет намерение достичь состояния «лишма», то этим он идет против желания тела. И хотя он все еще находится в состоянии «ло лишма», но так как его целью является достичь состояния «лишма», то его тело сопротивляется и вредит каждой малейшей попытке человека к продвижению в этом направлении.

Поэтому люди, у которых нет цели достичь состояния «лишма», когда они слышат о существовании помех и трудностей у людей, которые стремятся достичь состояния «лишма», смеются над ними и говорят им, что они не понимают их. Они не понимают, как это может быть, что люди, идущие по дороге «лишма» принимают каждую маленькую вещь за большую труднопреодолимую преграду, и что малейшее продвижение вперед требует у них огромных усилий.

Люди, у которых нет цели достичь состояния «лишма», не понимают их, и говорят: «Посмотрите на себя и на ваш путь, посмотрите, насколько неудачен он. А мы, с Божьей помощью, учимся и молимся, и нет над нами никакой власти со стороны тела, которая могла бы помешать нам заниматься Торой и заповедями. На вашем же пути, как вы сами говорите, осуществление даже самой маленькой вещи требует больших усилий».

И можно представить, почему сказали наши мудрецы («Сукка», 52): «В будущем уничтожит Творец «йецер ра» (эгоизм) в праведниках и в грешниках. И праведникам он будет казаться как высокая гора, а грешникам – как волосок, и т.д.» Даже когда говорим не о будущем, все равно можно привести этот пример, потому что те, чье намерение достичь состояния «лишма», находятся на уровне праведников, так как цель их – быть праведником.

А что значит быть праведником (цадиком)? Это значит, что все его помыслы только во Имя Творца. И у них «йецер ра» как высокая гора. А те, у кого нет цели достичь «лишма», то есть выйти из-под власти эгоизма, они на уровне грешников, так как йецер ра, который является получением, чтобы получать только для себя, остается у них, и они сами говорят, что не хотят выйти из-под власти любви к себе. И этим людям йецер ра кажется как волосок.

Это похоже на то, что рассказывают о раби Буниме, которого спросили в Данциге, который тогда принадлежал Германии: «Почему евреи в Польше лгуны и ходят в грязной одежде, тогда как евреи Германии правдивые люди и ходят в чистой одежде?» И ответил раби Буним, что это похоже на то, что сказал раби Пинхас бен-Яир («Авода зара»): «Тора приводит к осторожности, чистота приводит к отшельничеству, боязнь греха приводит к святости».

Когда немецкие евреи начали соблюдать чистоту, то их ецер ра заявил им, что не даст им соблюдать чистоту, потому что чистота приведет к остальным вещам, которые ведут к святости. Далее ецер ра продолжил, что если они хотят, чтобы он дал им возможность достичь святости, то они должны прекратить заниматься чистотой.

Что они могли сделать? Ведь им очень хотелось быть чистыми. И тогда они пообещали ецер ра, что если он прекратит мешать им соблюдать чистоту, то они не пойдут дальше, и что он может не бояться, что они придут к святости, так как они люди правдивые и не обманут. Поэтому немецкие евреи такие чистоплотные, так как ецер ра не мешает им соблюдать чистоту.

Когда ецер ра увидел, что польские евреи занимаются чистотой, он тоже захотел им помешать, так как боялся, что это приведет их к святости, а он, как известно, против этого. И польские евреи сказали ему, что не пойдут дальше. Но когда он отстал от них, они продолжили свой путь, пока не достигли святости. Когда ецер ра увидел, что они наврали ему, он сразу же начал бороться с ними, чтобы они прекратили соблюдать чистоту. Поэтому польские евреи лгуны и тяжело им ходить в чистой одежде.

В этом же ключе можно понять, что имеют в виду наши мудрецы, когда обещают, что от занятий Торой «ло лишма» можно перейти к занятиям «лишма». Мы должны всегда помнить, что мы занимаемся Торой, чтобы достичь изучения Ее во Имя Творца, и это наша оплата, этого мы ожидаем. Тем людям, которые учат Тору «ло лишма» и у которых нет желания достичь «лишма», ецер ра не мешает, и об этом повествуется в рассказе раби Бунима.

Совершенно иначе все происходит у людей, у которых есть желание достичь состояния «лишма». Они вынуждены заниматься Торой «ло лишма» сначала, потому что другого пути нет, как сказали наши мудрецы, что от состояния «ло лишма» переходят в состояние «лишма». Такие люди надеются, что постепенно достигнут этого состояния. И тогда ецер ра (эгоистическая природа в человеке) видит, что они делают усилия, чтобы достичь «лишма», и начинает всячески мешать этим людям. Он не дает им делать даже маленькое действие «ло лишма», как это сказано в ответе раби Бунима.

Итак, мы видим, что в состоянии «ло лишма» есть два уровня. Первый, когда занимаясь Торой и заповедями «ло лишма», целью является достичь состояния «лишма». Человек, идущий этим путем, все время проверяет себя, продвинулся ли он хоть немного в нужном направлении, приблизился ли он к уровню «лишма».

И когда он видит, что совершенно не сдвинулся с места, то он очень сожалеет и ощущает себя так, будто вообще не начал служить Создателю. И поэтому, когда он видит, что даже маленькое действие он не может совершить «лишма», он чувствует, что как будто он ничего не сделал в служении Творцу. И тогда он начинает думать: что будет с его целью, дни идут, и он не может выйти из состояния, в котором находится, и он по-прежнему остается во власти любви к себе.

И, что еще хуже, что он каждый день вместо того, чтобы оценивать вещи, мешающие его работе как неважные, мелкие, он видит в них большую преграду, которую не может преодолеть.

О таких состояниях, которые называются «ахораим» – обратная сторона, сказал Бааль Сулам, что именно в них человек продвигается. Однако человеку не дано это видеть, так как в противном случае, это уже был бы уровень «паним» – раскрытие, лицо ступени. Потому что когда человек видит, что он продвигается, тогда уменьшается у него сила молитвы, потому что он видит, что все не так уж плохо, что он все-таки продвигается, пусть маленькими шажками, пусть медленно, но все-таки идет в правильном направлении.

Когда же человек видит, что он идет назад («ахора»), тогда молитва его рвется из глубины сердца, пропорционально страданиям, которые он чувствует в этом плохом состоянии. И сейчас можно понять, что мы говорим в молитве «Таханун»: «Пощади нас, Творец, по милосердию Твоему, и не отдай нас в руки жестоким». Так кто же эти «жестокие»?

Следует помнить, что когда говорят о личной работе данного человека, то тогда нужно рассматривать этого человека как микрокосмос, который включает в себя все, в том числе уровень народов мира (неевреев). Это значит, что ему присущи страсти и взгляды неевреев, и что он находится в изгнании, под властью этих неврейских страстей и понятий, находящихся в нем самом. И это называется «руки жестоких». И потому мы просим Творца: «Не отдай нас в руки жестоких».

Жестоким в материальном мире считается тот, кто причиняет страдания человеку без всякого милосердия, и не волнует его, что он причиняет другому боль.

Также в служении Творцу. Когда человек хочет принять на себя власть Высшего Управления, тогда «неврейские» страсти и мнения пробуждаются в нем и мучают его, и человек должен бороться с ними. И если они окажутся сильнее его, то он покоряется им и вынужден слушаться их. И это приводит к страданиям.

Написано в Торе: «И стенали сыны Израиля от работы, и вопль их от работы поднялся к Творцу. И услышал Он стенания их» Итак, мы видим, что страдания, которые человек получает от ецер ра – своего эгоизма, являются причиной молитвы.

Согласно сказанному получается, что именно во время борьбы с ецер ра, когда человек думает, что он не может продвигаться, именно тогда у него появляется возможность для продвижения. Бааль Сулам говорил, что человек даже не может оценить важность времени серьезного контакта с Творцом.

Получается, что человек чувствует, что он находится в руках жестоких, и что нет у народов мира, которые вокруг него, никакого милосердия к нему. И главное в их жестокости заключается в том, что они спрашивают человека, как написано: «Почему говорят народы: Где их Бог?»

И это является еретическим вопросом, они хотят стереть имя Израиля с него, как сказано: «Не оставь нас в руках наших врагов, чтобы стереть наше имя». Получается, что главное, чего хотят народы мира (эгоистические страсти и взгляды внутри самого человека), чтобы он вырвал из себя веру Израиля в Творца. И этими претензиями они отделяют себя от Создателя, они не могут связаться с Ним, слиться с Жизнью Жизней и почувствовать вкус духовной жизни.

Поэтому они говорят: «Где Бог их?». Но «Имя Твое мы не забыли», – то есть мы еще помним, к Кому нужно обращаться, что Творец остался в нас, а не только в Имени, а они ведут к тому, что Имя Его останется у нас «сухим», без всякого вкуса и смысла. Но в любом случае «Имя Твое мы не забыли», поэтому просим: «Не забывай же и нас», чтобы Творец дал нам силы слиться с Ним, чтобы мы смогли постичь то, что заключается в Святом Его Имени.

Сказано в Торе, что призвал умирающий Яков сына своего Йосефа, оказав ему истинную милость тем, что возьмет Йосеф останки Якова по выходе из Египта с собой и похоронит их в стране Израиля.

Но почему позвал Яков именно Йосефа и почему сказал ему: «Окажи ты мне истинную милость»? Комментатор Торы РАШИ объясняет, что истинная милость – это милость к мертвым, когда человек не ждет ответного вознаграждения.

Но сказано в Торе: «И дал я тебе преимущество в один надел над братьями твоими». РАШИ поясняет: потому как ты берешься за мое погребение.

Если Яков дает Йосефу преимущество в один надел над его братьями в обмен за то, что Йосеф трудится над перенесением его праха и погребением его в Израиле, то это не настоящая милость, ведь он платит ему за труды его тем, что дает преимущество в один надел над братьями. А настоящая милость – это милость к мертвым: «Ибо милость к мертвым в том, что не ждут от них ответной награды».

Чтобы понять сказанное выше, нужно сначала вспомнить, в чем состоит цель сотворения мира. А она, как мы учили, состоит в том, чтобы насладить творения.

Однако чтобы не возник стыд от получения неположенного наслаждения, было сделано такое исправление, благодаря которому при получении удовольствия стыд не ощущается. Такое исправление достигается приложением к получению намерения «насладиться ради дающего».

Тогда, поскольку намерение получающего не ради собственной выгоды, а все, что он получает, он получает, чтобы доставить наслаждение Творцу, ибо желает Его насладить, тогда исчезает стыд.

Но как только такое намерение исчезает, немедленно исчезает само наслаждение. На языке Каббалы: свет покидает желания насладиться (килим), как только они теряют намерение отдавать, если исчезает экран – исчезает свет (наслаждение). Кли теряет отраженный свет (намерение насладить Творца), обратный свет (ор хозер), смысл которого в том, что низший хочет вернуть наслаждение высшему. То есть так же, как высший свет входит в низший (объект), чтобы насладить творение, точно также низший, в свою очередь, возвращает теперь наслаждение высшему. Иначе говоря, низший хочет насладить высшего тем, что получает высший свет.

И по той же причине возникли нечистые силы (клипот), свойством которых является желание получить исключительно для себя. И добро, и зло, которые мы ощущаем в нашем мире, также вытекают из этой причины, и все дефекты и исправления происходят из того же желания, называемого «желание получить наслаждение».

Однако, если получающий сосуд (кли кабала) остался бы таким же, каким он возник, каким его создал Творец – получающим ради себя, – это вызывало бы стыд при получении наслаждения вследствие разницы свойств получателя со свойствами дающего – Творца.

Поэтому было сделано исправление, называемое намерением «ради отдачи». И это намерение изменяет смысл желания с желания получить для себя на желание получить «ради отдачи». И в этом изменении намерения и состоит вся работа человека, которую ему надлежит выполнить.

Таким образом, если у низшего (под низшим всегда понимается творение, человек, а под высшим – Творец) есть сила работать на отдачу, он получает высший свет, и уровень получаемого света определяется величиной силы отдачи.

Чем больший эгоизм человек может преодолеть, применив его с альтруистическим намерением, отдав обратный свет («ор хозер»), тем большей духовной ступени он достигает и тем в большей степени ощущает все мироздание и самого Творца – то есть все зависит от уровня отдачи, силы экрана, на который низший оказывается способен.

Желание получить, называемое творением, сосудом («кли»), куда светит высший свет – наслаждение, делится на 4 категории:

1. Весь мир, который идет на поводу у своего стремления получить удовольствие и наслаждение в желании самонасладиться.

2. Те, кто доставляют удовольствие и наслаждение другим. И тут есть две подкатегории:

а) если они доставляют удовольствие и наслаждение другим и берут за это деньги, то это не считается отдачей другим, а называется обменом, когда каждый меняет то, что у него есть, а другой отдает ему взамен то, что есть у него.

Например, если человек – хозяин ресторана или гостиницы, и он предоставляет людям место для ночлега или еду и питье, никто не скажет о нем, что он работает на отдачу, потому что за свою работу он получает деньги и к тому же оценивает, сколько денег он возьмет за то, что дает им.

Или возьмем, к примеру, официантов, которые обслуживают гостей: даже если они не берут с гостей никакой мзды, в любом случае никто не скажет, что официанты работают на отдачу, потому что хозяин гостиницы платит им за то, что они обслуживают гостей;

б) когда человек работает на отдачу, то есть дает людям еду и питье и предоставляет ночлег, но не требует за это никакого денежного вознаграждения, – он один знает, что делая одолжения другим, он приобретает себе доброе имя и добивается того, чтобы весь город знал, что он достоин почета за то, что тратит свои силы и средства на нужды общества.

Такой человек удостаивается имени доброго благотворителя, радушного хозяина, и т.п., и несмотря на то, что он занимается этим ради почета, никто не может сказать, что все, что он делает, он делает для себя, то есть из-за того, что он жаждет почета.

И принято в мире, что если человек поступает таким образом, то есть совершает благодеяния для общества, считается, что он служит обществу без всякого вознаграждения. И все его действительно уважают за праведность и бескорыстие.

Но в духовной работе эта категория называется «давать ради получения» («леашпиа аль менат лекабель»). Иначе говоря, первая категория называется «получать ради получения» («лекабель аль менат лекабель»), в то время как рассматриваемая категория, когда человек не желает денег за свои труды, называется «давать ради получения» («леашпиа аль менат лекабель») или «не ради Творца» («ло лишма»).

И хотя само действие состоит в том, чтобы давать – ведь человек тратит свои силы и средства на высшие цели, но взамен он хочет вознаграждение – это и определяет вторую категорию, называемую «давать ради получения».

3. Третья категория – это когда за свои усилия, будь то затраченные силы или потраченные средства, человек не желает ничего взамен. То есть в отношениях с ближним он держится скромно, не афиширует свои поступки, а в отношениях с Творцом, обращаясь к Нему, он говорит: «Я благодарю Тебя за то, что Ты дал мне желание сделать что-то для Твоего наслаждения, и вся моя награда в том, что я удостоился служить Тебе. И я прошу Тебя, чтобы Ты дал мне вознаграждение, увеличив мое желание в том, чтобы не возникло у меня никаких посторонних мыслей сделать что-нибудь для собственной выгоды, а все мои желания были бы только работать на Тебя».

И я считаю, что нет в мире ничего важнее, чего человек мог бы надеяться удостоиться в жизни, чем счастье, когда человек удостаивается служить своему Творцу и может не помышлять о личной выгоде, а думать лишь о Его пользе, такой человек по-настоящему счастлив. И я знаю это, потому что я так чувствую, и потому не хочу никакой другой награды, кроме этой. В то время как все люди, будучи одинаковы в своем желании быть счастливыми, работают ради богатства и стремятся достичь его. И им неизвестно, что такое настоящее счастье. А вот я знаю, что это такое».

Поэтому он просит, чтобы Творец даровал ему возможность умножить работу «ради Творца», как сказано нашими мудрецами (трактат «Авот», ч. 4): «Награда – возможность выполнить

Заповедь». Поэтому на эту награду он и рассчитывает. Эта категория людей называется «давать ради отдачи» («леашпиа аль менат леашпиа»), или категория «ради Творца» (лишма).

4. Четвертая категория – когда человек уже готов сказать: «Я хочу получать наслаждение не от отдачи, а от того, что я на самом деле получаю», поскольку он уже достиг уровня «отдавать ради отдачи» и уверен, что не думает о собственной выгоде. Он начинает рассуждать так: Разве нужно Творцу получать от нас? Ведь Ему принадлежит весь мир?».

Это рассуждение приводит человека к мысли о цели сотворения мира, и видит он, что цель эта – насладить творения, то есть Творец хочет дать Своим творениям наслаждение и благо. И поэтому он обращается к Создателю: «Дай мне благо и наслаждение, ведь я хочу этого не для самонаслаждения, а потому что от того, что наслаждаюсь я, наслаждаешься Ты – лишь с этим намерением прошу я, чтобы Ты дал мне благо и наслаждение, ведь нет во мне ни капли желания эгоистически самонасладиться, а все мои мысли и поступки направлены лишь на то, чтобы доставить радость Тебе».

Когда человек хочет вырваться из состояния, в котором находится остальной мир, получающий «ради получения», порядок действий таков, что вначале он входит во второе состояние, которое называется «отдавать ради получения», или категория «ради себя» («ло лишма»), потому что по действию – он отдает, но за свою работу «на отдачу» надеется получить вознаграждение.

И тут тоже надо различать два момента:

1. Человек хочет вознаграждения от людей, и это выглядит так, как будто он работает и делает благодеяния, поскольку люди обязывают его тем уважением, которое они оказывают ему. Также выходит, как будто он выполняет Тору и Заповеди потому, что люди, а не Творец, обязывают его к этому.

2. Человек работает бескорыстно и не хочет от людей никакой награды, ибо не показывает им свою работу; но он хочет, чтобы сам Творец наградил его за выполнение Торы и Заповедей. И здесь есть огромная разница по сравнению с состоянием «ради себя» («ло лишма»), потому что в данном состоянии **Творец** велит ему выполнять Тору и Заповеди, а не люди вынуждают его к этому.

Поэтому говорится, что такой человек служит Творцу, ибо вся его работа в том, чтобы выполнять Заповеди, данные нам Творцом. А главное, что награду за свою работу он хочет получить от самого Творца, а не от смертных людей.

Однако, как сказано (Талмуд, трактат «Псахим», 50-2): «Всегда будет человек выполнять Тору и Заповеди, пусть даже «ради себя», ибо от «ради себя» приходят к «ради Творца» («митох ше ло лишма баим лишма»)».

И в работе «ради себя», когда человек хочет достичь уровня «ради Творца», ему нужно особенно остерегаться, чтобы не оступиться, хорошо понимать, куда он идет, и следовать руководству, которое помогло бы ему выйти из состояния «ради себя» и прийти к состоянию «ради Творца».

И потому этот этап особенно сложный, ибо не в состоянии человек выяснить правду и увидеть, где истина и где ложь, поскольку это заложено в его природе – не видеть собственных недостатков, так как «близок человек себе самому», то есть необъективен, подобно получившему взятку. А, как известно: «взятка застилает глаза мудрецов».

И более того, даже если он видит правду, то есть, что идет неверным путем, и надо идти по другому и выходить из эгоизма, но эгоистическое желание (Мицраим – Египет) властвует над его телом, и не в состоянии человек выйти из-под его власти без помощи Свыше.

Про такое состояние сказано: «Страсти человека одолевают его каждый день, и если не поможет ему Творец, то не выдержит он». Из всего этого следует, что основная работа начинается во втором состоянии, которое называется «ради себя» (ло лишма).

Основная работа – работа с телом человека, которое сопротивляется и мешает ему работать – наступает тогда, когда человек работает бескорыстно и не ждет от людей никакой награды, а работает лишь ради Творца, потому что Творец заповедал нам выполнять Тору и Заповеди.

Человек на этом этапе своего пути уже хочет исполнять волю Творца, и только по этой причине он выполняет Тору и Заповеди. Но все же он ждет за это вознаграждения, то есть ему очевидно, что не в состоянии он работать без какого-либо вознаграждения.

И только если пообещает своему телу, что оно получит что-нибудь за усилия, то в той мере, в которой тело поверит в оплату, в этой мере он способен выполнять Тору и Заповеди, но как только тело усомнится в оплате, пропадает у него энергия выполнять усилия. И в этом состоянии, когда человек желает служить Творцу не ради награды, тело его протестует изо всех сил и не дает ему покоя.

Тогда обращается человек так к своему телу: «Я хочу выполнять Тору и Заповеди без всякой оплаты, а лишь исполняя Заповедь веры, то есть веруя в величие Творца, несмотря на то, что ты – тело мое, не чувствуешь величие Творца, чтобы стоило внимать Его голосу и выполнять Его Заповеди, и этим служить Ему.

Но если бы тут оказался один из лидеров поколения, и надо было бы служить ему, а он не доверит этого всякому, и выбор его пал на нескольких человек, и я вошел бы в их число, – какую тогда испытал бы я радость! Так почему же в служении Творцу я не в состоянии работать без всякой оплаты, а жду, чтобы мне дали что-нибудь за мои услуги? Это оттого, что в первом случае я вижу воочию человека, которого все уважают, и говорят мне, как он велик, и я осознаю его величие, о котором они толкуют, и служу ему за его величие».

Что касается Творца – мы обязаны верить в Его величие и значительность, и главное – верить в то, что Он абсолютно добр и творит добро. Но тело желает видеть воочию, что это так, а не просто верить в это. Из-за этого даже в тех случаях, когда человеку удается частично ощутить веру, то есть его веры хватает на то, чтобы отдавать Творцу на небольшую часть, даже и тогда верить полной верой у него все равно нету сил (см. «Предисловие к Талмуд Эсер Сфирот», п. 14).

И из сказанного мы можем заключить, в чем причина того, что человек не в состоянии продвигаться в своей работе «на отдачу» – то есть почему там, где он не видит плату за свой труд, у него пропадает «энергия», и тело перестает работать.

Нужно сказать, что единственная причина этому – недостаток веры. И если человек об этом знает, то есть осознает причину, ослабляющую его настолько, что у него пропадает сила работать, то существует надежда, что он сможет себя исправить и стать духовно здоровым и сильным, чтобы снова приняться за духовную работу.

В то же время, если он не знает истинной причины своей слабости, он может слушать советы разных людей как ему излечиться. Но это не поможет ему, ибо каждый скажет по своему разумению как нужно ему лечиться, и он тут же примет от них лекарство и решит, что они в этом разбираются, ведь иначе он не стал бы их слушать.

И более того, тем легче поверить в то, что другие знают, о чем говорят, ведь они-то сами считают себя большими специалистами в проблемах веры, и лекарства, рекомендуемые ими, не опасны его эгоистической жизни. Поэтому всякий, почувствовавший слабость в работе, обращается к ним, и они дают ему лекарства.

Но лекарства эти – успокоительные. То есть тот, кто чувствует небольшие страдания от того, что видит, как он далек от истины, и, не желая обманывать себя, просит лекарство, чтобы излечить свою слабость в работе, то, приняв рекомендуемые ими лекарства, поначалу думает, что они истинные, потому что страдания от того, что он не идет истинной дорогой, проходят, и благодаря принятому лекарству исчезла его потребность в истине; а значит, эти лекарства – успокоительные, то есть притупляют боль!

И это, как если бы у человека болела голова, и он принял обезболивающее, которое не лечит, но успокаивает боль на время. Так же и в нашем деле: все советы, которые он получает от обычных людей, не могут рекомендовать ему метода «работы на отдачу», а только успокаивают, не касаясь сути его «болезни», являющейся главной причиной духовной слабости человека.

А если человек постиг причину своей болезни и понял, что все дело в том, что ему недостает веры в величие и значимость Творца, в таком состоянии Творец ощущается человеком как некая незначительная сила, совершенно неважная.

Поэтому такое ощущение Творца на языке Зоар называется «Шхинта бе-афра» – «Творец во прахе» – в глазах человека столь ничтожно ощущается Величие Творца. Из этого следует вся работа человека – она состоит в том, чтобы «поднять Творца из праха», и это открывает нам совсем другой путь в духовной работе.

Итак, человек должен понять, что в практическом, доступном нам всем выполнении Торы и Заповедей («наасе»), как в словах, так и в поступках, нужно различать:

1. само действие;
2. его намерение.

То есть и в Торе, и в Заповедях есть еще и намерение, и необходимо выяснить, чего бы я хотел получить за исполнение Торы и Заповедей. Именно это определяет, как я должен настроить себя во время Их исполнения. Но главное – человек должен определить, ради кого он их выполняет.

Большинству людей (кляль) нет необходимости настраивать определенным образом свое намерение при выполнении Торы и Заповедей, ибо, как сказано, что от «ради себя» (ло лишма) придут к «ради Творца» (лишма). И довольно для этого одних лишь действий, потому нельзя вынуждать их создавать правильное намерение.

Ведь уже и то, что они практически выполняют Тору и Заповеди, как в словах, так и в поступках, неважно, в каком намерении, пусть даже нет у них вообще никакого намерения, кроме «так заповедал нам Творец» – этого уже достаточно для категории «ради себя» (ло лишма).

Однако, когда человек желает достичь категории «ради Творца» (лишма) и хочет выполнять Тору и Заповеди не для получения награды, а для того, чтобы доставить наслаждение Творцу, чтобы прийти к этому, необходимо правильное намерение, то есть нужно отдавать себе отчет, с каким намерением я выполняю Заповедь, которую я совершаю сейчас.

Но, как мы знаем, невозможно работать без оплаты, наше тело нуждается в энергии для совершения мыслительной, физической или нравственной работы. Тело создано Творцом таким, что без получения выгоды в каком бы то ни было виде оно не в состоянии совершить ничего, как машина без бензина.

Что же такое можно сказать человеку, чтобы создать мотивацию работать не ради награды, ведь не награда же нужна ему? Есть только один способ: мы можем сказать ему, что он удостоится служить самому Великому.

Человек по своей природе, опять-таки, создан Творцом таким, что преклоняется перед мнением большинства, перед тем, кого все величают и уважают. Поэтому если раскроется ему величие Творца, не будет никакого усилия работать «ради Творца», а наоборот, не будет для него большего наслаждения, чем служить Царю.

Это наслаждение находится в прямой зависимости от значительности Творца в глазах человека, то есть степень наслаждения от служения Творцу зависит только от того, как высоко человек Его ценит.

И поскольку «Творец в изгнании» (Шхинта бе Галута) и «Творец во прахе» (Шхинта бе афра), сказано в Зоар, что человек должен направлять свое намерение на то, чтобы поднять Творца из праха, ибо прах – это та грязь, что человек топчет своими пятками и считает, что все остальное – выше праха.

То есть во время исполнения Торы и Заповедей человек в своем намерении должен настраиваться так, чтобы его вознаграждением за выполнение было удостоиться «поднять Творца из праха» в своих глазах. Иначе говоря, вознаграждение, которое он требует за свой труд по выполнению Торы и Заповедей, заключается в том, чтобы удостоиться чувства служения великому Царю.

Это значит – почувствовать во время работы, что он работает на духовное, ибо в работе «ради отдачи» (аль менат леашпиа) он чувствует вкус праха, потому что духовное сокрыто от нас настолько, что мы не видим и не ощущаем его важности, – и это корень всех препятствий на пути к духовному.

Но если Творец снимет с Себя сокрытие, и почувствует человек Его значение и величие – это будет лучшая награда, какую только может человек пожелать в свой жизни. И жаждет, чтобы ему дали возможность возблагодарить Творца за то, что сотворил его Себе на славу. И хочет служить Творцу так, чтобы все его тело было согласно, и сердце было бы полностью согласно с произносимым устами в благодарении Творца за то, что создал его Себе на славу, а не для собственного человеческого эгоизма, и чтобы все желания его слились вместе в одном намерении – насладить Творца.

И именно к такому намерению человек должен стремиться в каждом совершаемом им действии, чтобы благодаря этому действию Творец подарил ему намерение на отдачу и уничтожил его эгоистические желания. Ибо видит человек, что не в состоянии выйти из-под их власти, и находится Исраэль – его стремление к Творцу – в изгнании среди народов мира, эгоистических желаний его тела.

Сказано в Зоар: «Ибо человек – это маленький мир». Как в мире есть 70 народов, так и в человеке есть 70 эгоистических желаний, как в мире есть один народ Исраэль, так и в человеке есть одно особое желание – стремление к Творцу, но Исраэль находится в нем в изгнании, под властью семидесяти народов, что в его теле.

Сказано мудрецами: «Приходящему очиститься – помогают» (трактат Шабат, 104-2). «Приходящему» – означает действие, совершаемое человеком в желании направить намерение ради Творца (лишма), но нет у него возможности этого сделать, ибо находится он в изгнании под властью народов мира.

«Помогают» – означает, что спасает его Творец из изгнания среди народов, властвующих над ним. Согласно этому выходит, что когда человек совершает действие в желании, чтобы оно было ради Творца и не исходило из эгоизма, то есть не было ради получения награды – оплаты в этом мире или в будущем, – он все же хочет получить что-то за свое действие.

Однако теперь он требует от Творца, чтобы его действие дало ему полное удовлетворение, чувство, что он самый счастливый человек в мире, ибо служит Царю. Но если бы он получил еще что-то за свою работу, это повредило бы его службе Царю и означало бы, что он хочет еще чего-то.

Но чего ему еще требовать? Так почему же он не испытывает трепетного волнения, когда говорит с Царем? Например, когда он просит у Творца что-нибудь во время «Благословения на еду» и произносит: «Благословен Ты, Творец, Извлекающий хлеб из земли»? Почему он не может предстать перед Творцом в трепете и страхе, как обыкновенные люди стоят перед царем, а он говорит с Творцом, и ничто в нем не трепещет от того, с Кем он говорит.

Если человеку больно ощущать в себе такое состояние, и поскольку не в состоянии он исправить себя сам, то он просит Творца о помощи, чтобы открылся Творец ему хоть немного, чтобы он смог почувствовать, что на самом деле он стоит перед Царем Царей.

На утверждение «идущему к очищению – помогают», Зоар спрашивает: чем? И отвечает: чистой душой (святой душой – «нэшмата кадиша»), то есть дают ему свыше свет, называемый «душой» (нэшама), что помогает человеку обрести способность выйти из-под власти эгоистического изгнания и войти в чистоту (святость, кдуша) – войти в такое состояние, чтобы все его мысли были бы только, как доставить блаженство Творцу, ибо с помощью души, духовного желания «отдавать», которую он получил, исчезают скрытие и сокращение (цимцум) на ощущение Творца, и открывается перед человеком величие Творца, и тело его склоняется пред светом Творца, «как свеча пред факелом».

И тут он чувствует, что вышел из рабства на свободу. Но в то время, как он хотел бы работать на одного лишь Творца, вместо этого являются ему сразу вопросы 70 народов мира, что в его теле. И спрашивают: а нельзя ли вообще отказаться от желаний тела, не думать о нем совсем, а все силы и чувства посвятить лишь поиску того, как дать блаженство Творцу?

Эти вопросы опасны тем, что не понимает человек: мысли ли это народа Исраэля или принадлежат они 70 народам мира. И думает человек, что это – его собственные мысли, и что он сам задает себе эти вопросы, а как возможно бороться с самим собой?

Человек создан так, что пока он верит, что это не его собственные мысли, он в состоянии бороться с ними, как с чужеродным телом, но если станет думать, что эти чужие мысли – его собственные, не в состоянии будет бороться с ними, как не в состоянии бороться сам с собой.

И нет у человека другого выхода, кроме как просить Творца, чтобы Он помог ему выйти из этого горького изгнания. Как сказано в Зоар, что помощь, приходящая свыше, заключается в том, что дают человеку душу, и только с помощью души, приоткрывающей величие Творца, тело может сдаться.

Так говорится о выходе Израиля из Египта в Пасхальном сказании: «Над всеми богами египетскими свершу Я суд, Я – Творец, Я, а не посланец, Я, а не кто иной». Это означает, что лишь Творец может помочь выйти из плена и изгнания у Фараона, царя египетского, который держит человека, чтобы не смог он выйти из эгоизма и чтобы служил только собственной выгоде.

В своих усилиях самостоятельно выйти из изгнания в собственных эгоистических желаниях человек доходит до такого состояния, что полностью растерян, и видит полную невозможность исхода из изгнания, и ничто не может ему подсказать, как действовать, хоть в чем-то суметь поступить «ради Творца» – и тут приходит помощь свыше.

Но когда человек может сказать, что нет у него никакой мысли, как сделать хоть что-нибудь ради Творца? Только тогда, когда он со своей стороны сделал уже все, что было в его силах, и воспользовался уже всеми существующими в мире советами, которые могли ему помочь, и все же ничего не помогло ему; тогда лишь может он сказать с полным правом: «Если не поможет мне Творец, я пропал, ибо все, что только в человеческих силах, все уже я сделал, и ничего мне не помогло».

Как, например, если заболел кто-то дома, приглашают врача, веря в то, что врач будет хорошим посланцем Творца, и больной выздоровеет. Но если не выздоровел, идут к профессору, веря, что он-то наверняка будет хорошим посланцем Творца и вылечит больного. Если же профессор тоже не может помочь, собирают консилиум профессоров, в надежде на то, что все вместе, посоветовавшись, они найдут какое-нибудь лекарство для больного.

Ну а если и это не помогает, тогда обращаются к Творцу: «Господин Мира, если и Ты не поможешь – нет более никого, кто поможет, потому что были мы уже у всех великих врачей, посланцев Твоих, и никто мне не может помочь, и не у кого мне больше просить помощи, кроме Тебя, чтобы Ты помог мне». И когда выздоравливает больной, человек говорит, что сам Творец Лично, а не через посланцев, помог ему.

И об этом говорится в Пасхальном сказании о выходе из Египта, что исход из Египта произошел с помощью Самого Творца, а не с помощью посланца, как сказано «и со всеми богами египетскими свершу Я суд, Я – Творец, Я, а не посланец, Я, а никто другой».

То есть только когда человек исчерпал уже все советы, которые можно уподобить посланцам, как врачи из нашего примера, – и ничего не помогло, тогда человек может взмолиться из глубины сердца, потому что некуда ему больше обратиться за помощью, ибо воспользовался уже всеми возможными советами, тогда, как сказано в Торе: «И застонали сыны Исраэля от работы, и возопили, и вознесся этот вопль от работы их к Творцу».

Что значит, что от работы были стоны их? «От работы» – значит после того, как сделал человек уже все, что можно было сделать с точки зрения работы, и увидел, что после всей работы не приходит спасение. Поэтому поднимается мольба в человеке из глубины его сердца, то есть видит он, что никакой посланец не может помочь ему, а только лишь Сам Творец, как сказано, «Я, а не посланец», и тогда приходит его спасение – «и вышли они из Египта», и начинает ощущать Творца и духовные миры.

Говорит АРИ, что перед исходом из Египта народ Исраэля пребывал в 49-ти вратах нечистоты, и тогда лишь открылся им Царь Царей и спас их.

Но напрашивается вопрос: зачем же Творец ждал до того момента, пока они окажутся на дне низости? И из сказанного выше понятно, что лишь когда человек видит истинную низость своего положения, в котором оказался, и осознал, что не может продвигаться к духовному, тогда только понимает он, что никакой посланец не может ему помочь, как в примере с врачами: «и вскричали тогда к одному лишь Творцу, чтобы помог им». Поэтому сказано: «Я, а не посланец».

А то, что сам Он спас их и Самолично вывел из Египта, – означает, что постигли они, что нет в мире никакого посланца, а все делает Творец, и это, как сказано в Зоар, «идущему к очищению помогают», – и спрашивает, чем помогают ему? – «высшей душой (нешмата кадиша)».

То есть человек получает высшее раскрытие, называемое душой (нешама), и за счет этого постигает корень и ощущает себя как ничтожная, но божественная часть великого Творца, как свеча пред факелом.

Теперь можно понять, почему Яков позвал именно Йосефа и сказал ему: «И окажи ты мне истинную милость». Почему не обратился к другим сыновьям. Милость к мертвым – это истинная милость, которая не ждет ответной платы. Но сказано: «И я дал тебе преимущество в один надел над братьями твоими». Разве не вознаграждает он его за работу тем, что дает на один надел больше, чем братьям его?

На самом деле, тут дается порядок всей духовной работы, от начала и до конца, как наказал Яков сыну своему Йосефу:

Первым делом надо оказывать истинную милость, ибо работа начинается с того, что приходят к категории «ради Творца» (лишма), называемой «отдавать ради отдачи» и не требовать никакой платы за работу.

Поэтому говорит РАШИ, что милость к мертвым, это когда не ждут никакой платы, а оказывают чистую милость, то есть «отдают ради отдачи» и не ждут никакой платы взамен. Поэтому сказано: «Грешники при жизни называются мертвыми» (Талмуд, трактат «Брахот» 18-2).

В предисловии к Зоар говорится, что смысл того, что «грешники при жизни называются мертвыми» в том, что они погрязли в эгоизме, желании получить для себя, этим они бесконечно удалены от Источника Жизни и потому зовутся мертвыми. Это категория, которую уже выше назвали «получать ради получения».

И так как человек создан с желанием получать, которое, как сказано в предисловии к Книге Зоар (п. 11), происходит из нечистых миров АБЕ''А, он должен стараться оказать истинную милость собственному телу, называемому «мертвым». То есть он должен направлять его, чтобы пришло оно к работе на «отдачу ради отдачи».

И это называется истинной милостью, которую человек оказывает собственному телу, называемому «мертвым», – чтобы пришло к работе на отдачу. Ведь мертвый не требует никакой оплаты.

А когда достигает человек этого уровня, то называется, что он пришел к 3-ей категории, которая называется «отдавать ради отдачи», или категория «ради Творца» (лишма). И в этом смысл сказанного: «И позвал сына своего Йосефа, и наказал ему оказать истинную милость».

А затем следует 4-й уровень, называемый «получать ради отдачи». То есть после того, как достиг уровня «ради Творца» (лишма) в отдающих желаниях – сосудах (килим де-ашпаа), наставил его Яков на то, что все же нужно получать, но делать это так, чтобы у него при этом хватило сил работать на отдачу, удержаться в альтруистическом намерении.

И это соответствует словам: «И я дал тебе преимущество в один надел над братьями твоими», – то, что ты берешься за мое погребение, свидетельствует о совершенстве, и после этого ты уже можешь получать ради отдачи.

Но почему позвал сына своего Йосефа? Велел Иосефу оказать истинную милость – имел в виду, чтобы он работал только лишь на отдачу, а не на эгоизм, что не будет в нем ни малейшей ненависти к братьям, ибо тот, кто работает на отдачу и не печется о собственной выгоде, не испытывает ненависти к своим обидчикам.

И из сказанного уясним разницу между истинной милостью и ложной. В духовной работе милость, оказанная мертвому, называется истинной милостью, ибо человек не ждет никакого вознаграждения. Иначе говоря: то, что человек работает на отдачу, то есть исполняет Тору и Заповеди, включая все 620 Заповедей – все это является милостью к телу, которое называется «мертвым», так как происходит из нечистых миров АБЕ»А.

А тело называется «грешным и мертвым», потому что отделено от источника жизни – Творца. Милость эта, как нам говорят, должна быть истинной, то есть намерение должно совпадать с действием, иначе говоря, намерение тоже должно быть «ради отдачи», тогда как если намерение не будет ради отдачи, такая милость не называется истинной.

А если эта милость не истинна, она не может исправить свое «мертвое тело», которое названо «грешным» из-за своего желания получить, из-за которого тело получило две характеристики: мертвого и грешного.

Для того, чтобы его исправить, исправление должно пойти путем прямо противоположным тому, которым оно шло до сих пор: ведь до сих пор оно шло путем получения, а не путем отдачи. Выходит, что если милость эта не истинна, а намерение человека расходится с совершаемым им милосердным поступком отдачи, тело от этого не получает существенного исправления, хотя и верно утверждение, что от «ради себя» (ло лишма) приходят к «ради Творца» (лишма), – но это лишь промежуточная стадия, означающая, что нельзя прийти к истинной милости, не пройдя через первый этап, называемый неистинной милостью.

Однако главное тут – прийти к истине, где милость должна быть истинной, а не только внешне казаться милостью. То есть важно не только действие, открытое наружу всем, но и скрытое, невидимое нам в глубине человеческого сердца намерение. Ведь может так быть, что в глубине сердца, где скрывается намерение действия, прячется расчет получить за свой милосердный поступок какую-нибудь оплату. А это уже называется «давать ради получения».

И таким образом можно объяснить сказанное: «Веди себя тайно с Творцом твоим» – не может другой человек видеть, что ты в действительности думаешь о своем поступке. «Тайно» – что не знает товарищ твоих мыслей. «Веди себя тайно» – старайся, чтобы твоя работа в сердце была с Творцом, то есть работай намерением на отдачу так же, как ты это делаешь явно, в действии – и это называется «уста его и сердце равны».

Поэтому надо различать две категории:
1. Милость, которая неистинна, «ради себя» (ло лишма), или «отдавать ради получения».
2. Истинная милость или категория «ради Творца» (лишма) – «отдавать ради отдачи».

Но все же главное – это цель Творения, то есть чтобы нижний получил благо и наслаждение, направляя при этом свое намерение «ради отдачи», как сказано: «И окажи мне истинную милость», то есть такую милость, которая приведет к истине.

Истина означает, как сказано в «Талмуд Эсер Сфирот» (ч. 13, п. 17): «Седьмое исправление из 13-ти исправлений», – когда человек достигает седьмого исправления, называемого «истина», он сам видит, что высшее управление творениями является благом и несет благо.

То есть если до этого он мог только верить в это управление, теперь он удостаивается постижения и ощущения, что так оно и есть, и тогда получает он наслаждение в виде «получения ради отдачи». И в этом состоит цель творения, что Творения должны получить наслаждение, и таким образом цель реализуется.

А теперь «Близок Творец всем, взывающим к Нему, всем, кто воистину взывают к Нему» можно объяснить также двумя путями:

1. «Близок Творец» – слышит молитву всех тех, кто воистину взывает к Нему, кто, работая на отдачу, прилагает усилия и все равно видит, что далек от намерения «ради отдачи». И видят они, какое поистине огромное расстояние лежит между их действием и намерением, но не могут выйти из намерения «ради себя».

И молятся они Творцу, чтобы вывел их из этого рабства, ибо это их единственное желание, и лишь этого спасения ждут они, потому что верят, что пока человек находится в эгоизме, он удален от Источника Жизни.

И об этом сказано, что «близок Творец ко всем, кто взывает к Нему». И откроет Он им Истину, чтобы смогли оказать истинную милость, а не довольствовались бы лживой милостью «ради себя» (ло лишма). И поскольку это молитва о даровании истины, Творец приходит к ним на помощь и открывает им Истину.

2. Когда желают удостоиться свойства «Истина», седьмого из 13-ти исправлений Дикны, через которое открывается творениям, как Творец управляет своим миром через доброе и несущее добро Управление, и это называется «хасадим мегулим» («открытое, явное милосердие»), тогда всем раскрывается, что милосердие Творца – истинно, и исходящий от Него Высший свет наслаждения и мудрости заполняет собою все творение, все души.

1986 ГОД

И пошел Моше
Статья 1, 1986

Сказано в Книге Зоар (Ваелех, 1-3): «И пошел Моше...». Открыл рабби Хизкия: «...расступились воды пред ними. Трое святых, братья и сестра, шли меж ними: Моше, Аарон и Мирьям». Мы учили, что Аарон был правой рукой Израиля. Ведь написано: «И услышал ханаанец, царь Арада, что вот идет народ Израиля через его земли...». «Через его земли» – означает, что Израиль был подобен человеку, идущему без поддержки, полагающемуся только на самого себя. Поэтому сказано далее: «...и воевал царь Ханаана с Израилем и многих взял в плен, так как были без «правой руки». Из этого видно, что Аарон олицетворяет собой правую руку духовного тела, то есть тиферет. Поэтому сказано: «Повел вправо Моше рукой своей, тиферет...».

Необходимо понять смысл сказанного: «И услышал царь Ханаана...». Объясняет РАШИ: «Шма (слушай) означает, что услышали о смерти Аарона и о том, что исчезли облака святости, а потому поняли, что лишился Израиль поддержки. Также следует понять сказанное так, что у кого нет поддержки, тот во всяком месте полагается только на самого себя».

И необходимо знать, что у любого действия, которое человек желает совершить, обязана быть причина, заставляющая его совершить это действие. И в мере важности этой причины человек может приложить усилия для достижения желанной цели.

Поэтому, когда человек вступает на путь работы ради Творца, то есть желает все отдавать только Творцу, он, естественно, хочет понять, почему необходимо идти именно этим путем. И любому человеку понятно, что если бы эта работа опиралась на знание и эгоистическое получение, то была бы более успешной, так как тело человека, его эгоизм, не сопротивлялся бы ей. Ведь телу больше нравится отдыхать, чем работать. А в данном случае было бы намного больше людей, изучающих Тору и выполняющих Заповеди.

Но рабби Йехуда Ашлаг объясняет, что Творец специально задумал, чтобы тело сопротивлялось работе, и вследствие этого человек вознуждался бы в помощи Творца.

А без помощи Творца у человека нет никакой возможности достичь цели Творения, поднимаясь с каждым разом на все более высокую духовную ступень. Сказано мудрецами: «приходящему очиститься – помогают».

Спрашивает Зоар: «Чем помогают?». И отвечает: «Дают ему святую душу». То есть с каждым разом, в соответствии с количеством приложенных усилий, человек поднимается на более высокую духовную ступень. Но в процессе духовной работы, когда человек желает попросить помощи у Творца, он должен быть осторожным, так как его тело при этом немедленно начинает говорить ему: «Зачем тебе прикладывать огромные усилия, чтобы победить свой эгоизм? Ведь, так или иначе, ты нуждаешься для этого в помощи Творца. Так зачем же работать впустую?».

И по этому поводу отвечал рабби Йехуда Ашлаг, что перед тем, как начать свою работу на Творца, человек должен сказать себе, что выбор зависит только от него самого и не нужно надеяться на Творца. Поэтому все, что в его силах, он обязан сделать, а все оставшееся завершит за него Творец, так как человек не в состоянии закончить всю работу сам, как было объяснено выше.

Об этом же сказано мудрецами в трактате «Авот» (часть 5, 21): «Не в силах человека завершить работу». Если так, то спрашивается, зачем же человеку вообще начинать работать, если не в его силах ее закончить? Какой же тогда прок от нее? И на это отвечают мудрецы: «Но нет у тебя возможности освободиться от нее».

В сказанном выше мы видим противоречие: с одной стороны, человеку говорят, что он должен работать, как «бык под ярмом и осел под поклажей», и от самого человека зависит, закончит он свою духовную работу или нет. А с другой стороны, человеку говорят, что Творец завершит за него его работу.

Решение этого противоречия заключается в том, что на самом деле и то, и другое верно. С одной стороны, человек должен сам сделать выбор, чтобы приобрести желание работать ради Творца. Ведь если бы он сейчас смог закончить свою работу, то свое состояние он ощущал бы как совершенное, так как видел бы, что уже работает на Творца, и что все его действия – ради отдачи Творцу, и чего же тогда еще не хватает? И у человека в таком состоянии нет никакой возможности для продвижения вперед к слиянию с Творцом.

А чтобы у человека было желание, он должен ощущать недостаток света Творца в соответствии с правилом: «не существует света без желания к нему». Поэтому, когда человек начинает свою духовную работу и видит, что не в состоянии сам ее закончить, он ощущает, в результате, необходимость и недостаток в свете Творца.

По этому поводу было сказано мудрецами: «свет Творца возвращает человека к своему источнику», – и по мере того, как человек желает очиститься, он обязательно получает свыше с каждым разом все большую помощь.

Поэтому две вещи, о которых было сказано выше, не противоречат одна другой, а наоборот, одна дополняет другую, и человек нуждается в них обеих, так как у каждой из них есть свое отдельное предназначение.

И в нашем мире, который является отражением тех действий, которые происходят в духовном мире, мы видим аналогичные ситуации. Например, человек стоит на улице с тяжелым мешком на земле и просит у проходящих мимо людей помочь поднять этот тяжелый мешок ему на плечо, чтобы он смог нести его. И у всех находится какая-нибудь причина отказать ему в этом. Они скажут, что торопятся, нет времени, и советуют попросить помощи у кого-нибудь другого, проходящего мимо. Но если мешок с грузом уже лежит на плече у человека, но немного сдвинулся и вот-вот упадет на землю, и человек просит поправить его, то мы увидим, что никто в этом случае не скажет, что он торопится, и у него нет времени, но первый же попавшийся прохожий немедленно поможет поправить мешок. Мы видим отличие между мешком, лежащим на земле, и мешком, который находится уже на плече у человека, но немного сполз с него.

И мы можем сделать вывод, что существует различие между человеком, находящимся в середине своей духовной работы и человеком, находящимся в начале этой работы. Если человек уже находится на каком-то этапе своей духовной работы и просит помощи у Творца, чтобы Он дал ему силы продолжить ее (подобно человеку, у которого мешок немного сполз с плеча), такому человеку помогают свыше продолжить его духовную работу.

Но если человек еще до того, как начал свою работу, уже просит о помощи, то ему говорят, что у тебя не горит, подумай сначала. Не так страшно, если желание начать работать на Творца придет к тебе через некоторое время.

И каждый, кто проходит мимо, считает, что такой человек не так уж и сильно нуждается в немедленной помощи. Есть у него время подождать кого-нибудь, у кого найдется лишнее время помочь ему.

Отсюда вывод: человек, который ждет, чтобы Творец помог ему, и говорит, что пока Творец не даст ему желание и стремление к духовному, он сам не в состоянии преодолеть эгоистическое желание своего тела и начать свою духовную работу, похож на того, кто стоит и ждет, пока кто-то из прохожих поможет ему поднять мешок на плечо. Он стоит и ждет, пока Творец даст ему силы начать духовную работу. И ему говорят тогда: «Подожди, пока появится возможность, а пока оставайся со своим «мешком на земле»».

Но тот, кто сумел начать свое духовное продвижение и не ждет, пока Творец даст ему силы, имеет настолько сильное стремление, что оно толкает его к достижению цели творения, несмотря на то, что он видит, что не сможет идти вперед без помощи Творца.

И человек этот видит, что не в состоянии продвигаться в своей работе и боится, что то «иго Царства Небесного», которое он на себя взял, начинает «падать» с него, как мешок с плеча. И, как в примере с человеком, у которого мешок немного съехал с плеча, он сразу, как только попросил, получил помощь. Подобное этому происходит в духовном мире: когда человек видит, что он вот-вот окажется в состоянии духовного падения, то он просит Творца о помощи, и Творец помогает ему. Как сказали мудрецы: «приходящему очиститься – помогают».

Но о том, кто ждет, чтобы сначала Творец помог ему, а тогда уже появятся у него свои силы работать на Творца, о таком сказал царь Шломо (Коэлет, 11): «Ожидающий ветра не посеет, и всматривающийся в тучи не пожнет». И объяснял это рабби Йехуда Ашлаг, что если такой человек стоит на месте и надеется, что Творец пошлет ему свою помощь, то он никогда не достигнет цели творения.

А сейчас вернемся к началу статьи, где спрашивалось о человеке, лишенном поддержки и потому полагающемуся только на самого себя (как народ Израиля, лишившийся после смерти Аарона поддержки, и тогда царь Ханаана смог воевать с ним).

Необходимо знать, что Аарон олицетворяет собою свойство «хэсэд», то есть альтруистическое желание. Поэтому, когда он был с народом Израиля, никто не мог победить его. Это означает, другими словами, что тело человека, то есть его эгоизм, говорит ему, что если он будет слушаться его и поступать так, как оно ему советует, то за это человек получит огромные наслаждения. Но если тело слышит, что все желания и помыслы человека связаны с единственной целью – все отдавать Творцу, то нет тогда сил у эгоистического тела противостоять этому.

Поэтому, пока Аарон, (то есть альтруистическое желание, присутствующее в человеке) был с народом Израиля, они слушались его, и поэтому никто не мог победить их. Но как только он умер, сразу же «пришел царь Ханаана и начал воевать с Израилем», то есть пропало у них альтруистическое свойство, и сразу же эгоизм начал нападать на человека. Другими словами, им стало не хватать сил идти верой выше разума, поэтому за каждое свое усилие тело требовало поддержку, то есть спрашивало: «Какую плату ты требуешь от меня взамен того, что я дам тебе силы в твоей работе?». Это называется, что человек «повис между небом и землей», то есть, как объяснял рабби Йехуда Ашлаг, идти верой выше разума означает, что нет у человека никакой опоры со стороны разума, и он как бы висит в воздухе без всякой поддержки.

Другими словами, когда умер Аарон, то есть пропали у человека силы все отдавать только Творцу, то стали полагаться на свой разум (об этом сказано, что стали полагаться только на самих себя), и, как следствие этого, сразу же пришел царь Ханаана и стал воевать с ними. Разум говорит им, что нуждаются в поддержке, но если идут верой выше разума, то нет никакой возможности победить их, и они не нуждаются ни в какой поддержке.

Отсюда мы можем сделать вывод, что основное усилие прикладывается тогда, когда человек начинает идти верой выше разума, и силы для этого он должен получить свыше. Но затем человек должен уже сам прикладывать усилия и просить Творца, чтобы дал ему силы продвигаться дальше.

Вследствие этого мы можем разделить здесь людей на две категории: тех, кто стоит и ждет, пока Творец даст им силы начать духовную работу, и тех, у кого нет терпения ждать этого, и они начинают сами прикладывать усилия, а когда видят, что не в состоянии сами продвигаться дальше, тогда взывают к Творцу о помощи, и тогда Творец помогает им. И молитва должна быть такой, как будто человек стоит пред лицом опасности, но не желает покориться своему эгоизму, который предъявляет к человеку всевозможные претензии и пытается запутать его, чтобы он сошел со своего пути, направленного на приобретение альтруистических свойств.

Поэтому, когда человек желает принять на себя власть Творца, то его эгоистическое тело всячески сопротивляется этому, подобно тому, как противится «вол – ярму и осел – поклаже», но, несмотря на это, все равно делают свою работу. Но если они получают удовольствие от своей работы, например, во время еды, то это уже не называется, что они работают.

Поэтому, когда нет еще у человека «правой руки», альтруистических свойств, он может наслаждаться своей работой, то нет тогда у темных сил, эгоизма, никакой возможности мешать ему в его работе. Но когда «умер Аарон», то есть человек еще не удостоился свойства чистой отдачи, хэсэд, к нему могут приходить посторонние силы и мешать ему в его духовной работе.

Слушайте, небеса
Статья 2, 1986

Сказано в Зоар: «Слушайте, небеса...». Сказал рабби Йеуда: «Открыл я возлюбленному своему..., зовет голос Его...». И пояснил: «зовет голос Его» – это Моше, который доказал свою правоту Израилю во многих спорах и ссорах». Как написано, «и вот эти слова: «...были вы бунтарями... ...и в опустошении оказались...»». Об этом говорит слово «зовет». И хотя Моше спорил и убеждал народ Израиля, но все говорилось им с любовью. Как написано, «народ святой вы для Творца вашего, вас избрал Творец быть Его народом..., ...поскольку любовь Творца с вами».

И есть вопросы по поводу того, что написано в Зоар:

1. Если Он воздает такие почести народу Израиля (как написано, «народ святой вы для Творца вашего, вас избрал Творец быть Его народом»), то как можно говорить о доказательствах и вообще спорах, ведь они и так, в буквальном смысл слова, «народ святой», – чего же им еще недостает?
2. Чему именно могут научиться у них последующие поколения, ведь в них сочетаются две противоположности: то ли это «народ святой», то ли «бунтари и спорщики»?
3. Есть правило: «от всех грешников скрывай свою любовь». А в Торе говорится (гл. Веитханан, 7): «Не ко многим, а из всех народов к вам – стремление Творца, вас выбрал Он, поскольку любовь Творца с вами...». Если так, то как можно видеть в них грешников, ведь от всех грешников надо скрывать свою любовь?

И разобраться в этом нам поможет известное правило: два высказывания противоречат друг другу до тех пор, пока не приходит третье высказывание и не разрешает это противоречие. В духовном действует понятие 3-х линий, и свойство хэсэд называется «правая линия». Понятие хэсэд (буквально – милосердие) – это когда человек желает совершать по отношению к близким только милосердные, альтруистические поступки и не желает за это никакой платы. И он стремится к любви к Творцу и совершенно не беспокоится о себе самом, а все его помыслы устремлены на то, чтобы доставить наслаждение Творцу, а для себя он довольствуется минимальным. Другими словами, ему достаточно того, что имеет, то есть он не желает сейчас наслаждений ни от Торы, ни от молитвы, ни от соблюдения заповедей, а радуется тому, что есть у него в данный момент.

Так же и в духовном, когда человек дает отчет самому себе, то он говорит, что верит в частное, персональное управление, осуществляемое Творцом. Он верит, что все дается свыше, что это Творец дал ему мысли и желания заниматься духовной работой, изучать Тору и соблюдать заповеди. И несмотря на то, что сам он не чувствует никакого вкуса ни в Торе, ни в соблюдении заповедей, он не обращает на это никакого внимания и говорит, что ему хватает и того, что у него есть возможность соблюдать заповеди, данные Творцом, и этого уже достаточно ему, словно он выиграл крупный приз. И хотя нет у него истинного постижения величия Творца, но и того, что есть у него, ему вполне достаточно. И он убежден, что это дар свыше – то, что даровали ему такие мысли и желания, в то время как другим, как он видит, этого не дано, и все их устремления направлены только на удовлетворение материальных потребностей, то есть на то, чтобы понравиться окружающим или насладить тело простейшими удовольствиями, подобно тому, как это делают и все животные.

И в это время ему даны мысли и стремления служить Творцу. Но почему Творец выбрал именно его? Сказано в молитве: «Благословен Ты, Создатель, избравший народ Израиля с любовью». Мы благословляем Творца за то, что избрал нас, то есть дал нам мысли и желания изучать Тору и соблюдать заповеди.

И когда смотрит этот человек на окружающих, у которых нет того стремления к Торе и заповедям, что есть у него, он благодарит за то, что из всех именно его избрали служить Творцу. И, несмотря на то, что дана ему очень простая работа, совершенно не требующая размышлений, он говорит, что даже этой работы, самой простой и примитивной, он не достоин, поскольку сравнивает свою ничтожность и величие Творца и говорит, что и этого он не достоин. И потому, конечно, он должен быть доволен и счастлив, словно получил службу, достойную только самых великих людей.

И это – «правая линия», свойство, которое исходит из высших духовных сфирот. Называется это свойство «сфира хэсэд», и смысл его заключается в подобии свойств Творцу. Также как он дает наслаждение, так и творение желает доставить наслаждение Творцу, и это называется «подобие свойств». А на себя самого он при этом совершенно не смотрит и не использует свое эгоистическое желание самонаслаждения. И все оценки совершенства его состояния зависят только от степени возможности доставить наслаждение Творцу.

И даже если нет у него особых возможностей доставить наслаждение Творцу, он и тут удовлетворяется имеющимися, поскольку смотрит на свою ничтожность относительно Творца. А относительно других людей он видит, что, хотя по своим личным качествам они превосходят его, все же именно ему даны свыше мысли и желания, которые не даны им, и ни о чем, ни о каких достижениях он не говорит: «**Мои** силы, мощь **моих** рук».

И потому он постоянно находится в душевном равновесии, и ему нечего добавить к этому в своей духовной работе. А за все те возможности, что предоставляются ему, он благодарен Творцу и восхваляет Его всеми возможными способами. И если даже у него не получается выразить чувства благодарности и восхищения в той степени, в которой, как он понимает, их надлежит выражать, то и это не вызывает у него сожалений и страданий, так как он говорит себе, мол, кто я такой, чтобы постоянно говорить с Царем, как то подобает только самым достойным людям, а не таким ничтожным, как я. И, таким образом, он постоянно находится в состоянии совершенства, и нечего добавить к этому.

Даже если иногда он вдруг забывает обо всей своей духовной работе и целиком погружается в обыденные заботы и хлопоты, то через некоторое время вновь вспоминает о духовном и видит, что все время был занят материальными проблемами нашего мира. И все же он не сожалеет о том времени, когда находился в отдалении. Нет, он благодарен, что Творец позвал его из общей массы. Поэтому сразу же ощущает искреннюю благодарность к Творцу за то, что напомнил ему, что надлежит думать о духовной работе. То есть даже в таком состоянии он не размышляет о недостатках, почему он начисто позабыл о всякой духовной работе на все то время, и не сожалеет о том. А, напротив, он благодарен за то, что сейчас, несмотря ни на что, он может думать о служении Творцу.

То есть и сейчас он находится в состоянии совершенства и не впадает в состояние, когда ощущает себя ослабевшим и бессильным в своей работе. А, напротив, он постоянно находится в состоянии совершенства. И это называется «правая линия», «хэсэд», совершенство. Но это зависит от степени веры человека в личное управление, то есть в то, что все исходит от Творца: и свет – наслаждение, и кли – сосуд для его получения. То есть и все его желания, и чувство недостатка, что вот сейчас он недостаточно совпадает по свойствам с Творцом, и ощущение, что недостаточно усердно занимается Торой и заповедями, – все это дает ему Творец. Также и свет, конечно, тоже должен давать Творец, поскольку наслаждение от Торы и заповедей, конечно, даются Творцом.

И это подобно тому, что мы говорим в вечерней молитве на Йом Кипур: «И вот, подобно материалу в руках рабочего, который по своему желанию удлиняет его или по своему желанию укорачивает, так и мы в Твоих руках, творящих милосердие…» и т.д. Из этого следует, что если человек видит, что в нем пробудилось стремление учиться, пусть только час в день и когда молится, то он, пусть только на считанные минуты, но помнит, что вот сейчас молится и не забывает, что на нем талит и тфилин, хотя потом сердце вдруг заполняют всякие житейские размышления. Но потом он через некоторое время снова вспоминает, что он облачен в талит и тфилин и находится посреди молитвы, и начинает ощущать, к кому он обращает свою молитву, и чувствует, что не просто говорит, а находится перед лицом Царя и верит, что «Творец слышит молитву каждого». И, несмотря на то, что он видит, что уже много раз он молился и нет ответа на его молитвы, все же он верит верой выше знания, что Творец слышит его, а то, что пока молитва не принята, это, конечно, потому, что молился не от всего сердца.

И потому он принимает решение молиться с более глубокими намерениями и считает тогда, что, конечно, Творец поможет ему и примет его молитву. И сразу начинает благодарить Творца за то, что напомнил ему о том, что вот сейчас он облачен в талит и тфилин, и за то блаженство, которое ощущает. И он смотрит на других, пребывающих как бы во сне, а его Творец пробудил посреди молитвы. И он рад и счастлив этому.

И вот проходят несколько минут, и он снова забывает, где он находится, и размышляет об обыденных вещах, но внезапно вновь пробуждают его свыше. И разум осуждает его за то, что должен был сосредоточиться, но позабыл про все на свете, и про то, что находится в синагоге. Но он не желает слышать ничего этого, а счастлив тому, что о нем сейчас снова вспомнили.

Таким образом, поскольку он выделяет сейчас только хорошие действия, то есть доволен тем, что может сделать что-то хорошее сейчас, и не оглядывается на прошлое, то нет опасности отдаления от Творца. И все это он может почувствовать в той мере, в которой осознает свою незначительность, что он ничем не лучше других, хотя среди них есть такие, что даже щеголяют своим неверием в Творца, и нет у них даже искры интереса к духовному.

А есть и такие, кто вообще не обращает внимания на существование духовного. Они просто живут, подобно прочим животным, и не заботятся ни о каком смысле жизни. А вся их жизнь, при том, что им кажется, будто они стоят намного выше прочих животных, состоит в том, что они стремятся, кроме прочего, еще и к почету. И они понимают, что порой стоит умерить или даже преодолеть прочие страсти, чтобы добиться почета. Но о духовном, даже если родители и сделали им обрезание, не думают совершенно, поскольку есть вещи, которые кажутся им гораздо более интересными и важными.

И когда этот человек смотрит на них, ему совершенно непонятно, в чем именно его заслуга, большая, чем у них, за что Творец именно ему дал мысли и желания исполнять Тору и заповеди, пусть даже на уровне простого соблюдения. Он видит, что пока еще очень далек от достижения уровня «во имя Творца». Но он говорит себе, что, во всяком случае, уровня «не ради Творца» он уже удостоился. А, как известно, мудрецы сказали: «Из выполнения «не ради Творца» приходят к выполнению «ради Творца»». Таким образом, в любом случае первой ступени святости он уже удостоился. И он критически осмысливает свое поведение и проверяет, на самом ли деле он достоин того, чтобы Творец поднял его на первую ступень святости, называющуюся «не ради Творца», и способен ли он в должной мере благодарить Творца и благословлять Его.

И особенно, когда человек удостоился того, что ему даны мысли и желания заниматься скрытой частью Торы, каббалой, пусть даже он и не понимает ни слова из того, что там написано, в любом случае это большая честь, что он причастен к изучению внутренней части Торы, так как он верит, что в ней говорится именно о самой сути Божественного. И ему дана возможность вникнуть в самую суть, так как все, что изучается, – это подлинная духовность, и совершенно ясно, что ему выпала счастливая участь. И потому нет у него большего желания, чем благодарить Творца и благословлять Его. Ведь весь мир, все окружающее людей и вся их жизнь состоит из пустых занятий, а он уже удостоился начать постижение духовных миров и получить первую ступень святости, называемую «не ради Творца». И такое состояние называется **правая линия**, то есть состояние совершенства, не нуждающееся ни в каких исправлениях.

Однако и в **левой линии** мы тоже очень нуждаемся. И, действительно, если человек ощущает, что находится в состоянии совершенства и может день и ночь благодарить Творца и благословлять Его, так чего же еще ему не хватает? Но ведь сам человек знает, что это еще «не ради Творца», а замысел состоит в том, что он должен действовать «во имя небес». И сам он говорит, что эта ступень им пока еще не достигнута.

Но как же может человек подняться на следующую ступень, если у него нет острого ощущения недостатка? Ведь есть правило: если человек просит что-либо у Творца, это должно идти из глубины сердца, то есть человек должен чувствовать потребность всем сердцем, а не какое-то поверхностное желание, просто «на языке». Ведь, когда человек просит об излишествах, о вещах, без которых вполне можно обойтись, никто не посочувствует ему, когда он страдает и жалуется, что ему чего-то не хватает, так как есть многие, которые без этого «чего-то» вполне обходятся. И хотя он плачет и кричит, чтобы дали ему, мир устроен так, что не найдется никого, кто бы сжалился над ним.

Но, в то же время, если человек кричит и плачет о чем-то, что есть у всех вокруг, а у него нет, то все слышат его, и каждый, кто способен помочь, всячески старается сделать это.

То же самое и в духовной работе, когда он пытается достичь совершенства в правой линии. Пусть даже теоретически он знает, что следует стараться, чтобы все его действия и намерения были «ради Творца». И знает также, что человек должен действовать подобно тому, как написано в Теилим (1): «Ведь к Торе Творца все стремление его, и в Торе Его будет он прикладывать все свои усилия во все дни и ночи свои». А он таким образом не действует, но при этом изо всех сил старается ощутить совершенство в правой линии. И, само собой разумеется, что он, хотя и знает, что совершенства пока не достиг, все же не может всерьез просить Творца, чтобы дал ему сил, чтобы он смог «в Торе Его прикладывать все свои усилия во все дни и ночи свои». И не может также требовать от Творца, чтобы помог ему достичь уровня «ради Творца», ведь для него это излишество, а не жизненно необходимое.

Это происходит по причинам, рассмотренным выше. Поскольку, когда человек просит что-либо, чего нет у него, но нет и ни у кого другого вокруг, то он не может сказать, что это ему жизненно необходимо, так как это излишество. А об излишествах, которых нет у человека, бесполезно плакать и умолять.

И сейчас, находясь в правой линии, он видит: то, что дано ему, этого нет у других, поскольку такой уровень в духовном, который есть у него, можно найти лишь у очень немногих в мире. А если так, то сможет ли он требовать у Творца, чтобы приблизил его настолько, чтобы он смог действовать «ради Творца», ведь это всего лишь излишества? А об излишествах невозможно просить от всего сердца и утверждать, что эта потребность идет из самых глубин сердца. Ведь он же сам видит, что то, что уже дано ему, это само по себе уже очень много. А потому, как можно об излишествах просить всерьез, просить, чтобы Он сжалился над ним и дал ему силы действовать во имя Творца, то есть с целью доставить наслаждение Творцу?

И совершенно нереально, чтобы человек смог просить Творца указать ему, как продвинуться по пути истины. Ведь нет у него в этом настоящей потребности. А об излишествах, то есть о вещах, которых нет и у других тоже, говорят: «Несчастье многих – это уже наполовину утешение». И потому нет у него никакого шанса прийти когда-либо к «осознанию зла», то есть к осознанию, что раз не способен действовать в Торе и в соблюдении заповедей во имя Творца, то это называется «зло», изъян в его работе. И получается, что он ощущает себя совершенным и в том состоянии, когда действует не во имя Творца, несмотря на то, что эта дорога называется «путь лжи, а не путь истины», и никогда не будет у него возможности почувствовать, что идет путем лжи, как написал Бааль-Сулам в «Предисловии к Книге Зоар».

Это означает, что человек должен также продвигаться и в левой линии. Но человек должен на это отвести только небольшую часть своего времени, а основное время должен находиться в правой линии. Поскольку только тем людям, у которых есть внутренняя потребность достичь состояния «ради Творца», только им разрешено продвигаться и в левой линии также. В то время как тем, которые чувствуют, что не смогут противостоять своим желаниям, запрещено идти в левой линии.

И, потому, даже те, у кого есть внутреннее влечение, тяга достичь состояния «ради Творца», а значит, и действительная возможность продвигаться в левой линии, даже они должны ограничить себя и не находиться в левой линии, кроме короткого, точно определенного времени – не более, и только в соответствии с тем, сколько его каждый из них определил для себя заранее. Должен существовать распорядок дня, и человек должен заранее намечать порядок действий на день: каждый день, или каждую неделю, или раз в месяц. Каждый по-своему, в соответствии со своими ощущениями. Но не менять установленный порядок, который наметил каждый сам для себя заранее.

И если в середине пути он хочет изменить порядок, потому что тело дает ему понять, что для его же пользы было бы лучше установить иной, чем тот, что сейчас, то ему, в таком случае, следует ответить, что уже установлен постоянный порядок. «А вот когда я буду намечать другой (например, я наметил порядок действий на неделю, то, когда закончится неделя, я начну планировать заново), вот тогда приходи и советуй, как улучшить распорядок, который я делаю. А в середине пути я изменений не вношу».

Теперь рассмотрим подробнее понятие левой линии, поскольку существует множество разных типов левой линии. Например, есть левая линия, называемая **абсолютная тьма,** определяющаяся тем, что малхут, являющаяся мерой запрета, поднялась внутри каждой сферы и этим создала тьму, то есть там абсолютно не светит никакой свет.

А есть тип левой линии, называемый **«свет хохма без облачения в свет хасадим»**, и это состояние тоже называется тьмой. Но это тьма, вызванная избытком света. А келим, духовные сосуды, уже достигли состояния святости. Это означает, что и в то время, когда человек использует свои сосуды, келим, для получения, он способен уже получать с намерением «ради Творца». Этот вид левой линии относится к очень высокой духовной ступени. И называется «тьмой» только из-за обилия света, который в этом случае проявляется. И все то время, что нет у него облачения, то есть сочетания со светом хасадим, запрещено ему пользоваться этим светом, так как, если бы он использовал его, то мог бы впасть в состояние получения для самонаслаждения по причине огромной силы этого наслаждения, против которого невозможно устоять и получить только альтруистически. И потому нам необходима средняя линия. А для нее, то есть для того, чтобы получить среднюю линию, очень важна левая линия.

Как известно, в духовном мире нет ни времени, ни места. Но если так, то каков смысл понятий: «правая» линия, «левая» линия? Смысл такой: **та часть, которая в исправлении не нуждается, называется «правая линия», а та часть, которая нуждается в исправлении, называется «левая линия».**

Мы видим это на примере одевания тфилин. Как сказали мудрецы (Менахот, 37): «Рабби Йоси Хорем говорит о том, что тфилин надевают на левую руку». Почему он так считает? Потому что этому учит рав Натан со слов рава АШИ о том, что в Торе слово «твоя рука», написано через мягкую «хэй», а не через обычную – «хаф софит». РАШИ пояснил: «Мягкая «хэй» говорит о женском начале, то есть о левой руке, которая слаба, как женская».

Из этого следует, что левая линия – это «слабость», в ней нет силы, и поэтому ей должны добавлять силу. И мы видим, что во всех тех случаях, когда мудрецы хотят привести пример чего-либо, что требует исправлений, они определяют это понятием «левый». И, потому, вследствие необходимости исправлять левую линию, нам нужна **средняя линия,** которая и является **исправлением левой линии.**

А потому и мы тоже определяем то, что требует исправлений, как «левое», чтобы знать, что здесь мы должны произвести исправления. И исправление, исправляющее левую линию, называется «средняя линия», поскольку левая линия показывает недостатки, присущие правой линии. Это означает, что правая линия, взятая только сама по себе, не видит в себе никаких недостатков. И только используя левую линию, то есть находясь в левой линии, человек видит, что в правой линии есть недостатки. И после того, как уже вошел в «левое» состояние, тем самым он утратил то состояние совершенства, которое было присуще ему в «правом» состоянии. И потому он находится сейчас в несовершенном состоянии, в состоянии острого ощущения своего несовершенства.

Однако, в том состоянии неудовлетворенности, которое порождает левая линия, следует различать множество различных оттенков. То есть важно, какую причину левая линия определяет как недостаток, то есть в чем именно левая линия видит несовершенство, имеющееся в правой линии. Но иногда бывает, что в самой левой линии не видно никаких недостатков. Как же тогда мы можем утверждать, что в левой линии тоже есть недостаток, после того, как она показала нам несовершенство правой линии? Ведь, вроде бы, в этом случае левая линия есть состояние совершенства? А если так, то по какой причине должен найтись недостаток в левой линии, что из-за этого она называется «левая»? В этом есть множество аспектов, и все зависит от конкретных обстоятельств. То есть в каждом конкретном случае, в каждом состоянии, в котором находится человек, он находит свою причину. И невозможно задать одну общую причину, а все зависит от конкретных обстоятельств.

Сущность понятия «левая линия» в самом начале духовной работы заключается в проверке и критике правой линии: верно ли, что достаточно оставаться в лживом состоянии. Тора и заповеди даны нам, поскольку в нас есть зло, называющееся «эгоизм». Он диктует нам ни о чем не заботиться, а использовать все средства, чтобы достичь своей цели, а именно: заполнить, ублажить наше «желание получать» всеми теми удовольствиями, которые только могут представиться.

И это желание получать называется «зло», поскольку оно мешает достичь слияния с Творцом и выйти из того эгоизма, использовать который обязывает нас наш животный разум. Но цель творения заключается в том, чтобы удостоиться слияния с Творцом. Ибо тогда человек получит все то наслаждение, которое имеется в замысле творения, называющееся «желание Творца насладить свои творения». И этим он может доставить наслаждение Творцу, поскольку, таким образом, Творец воплощает свою цель из замысла в действие, то есть творения ощущают всю ту полноту блаженства и наслаждения, которую Он уготовил для них.

И поскольку лишь желание получать (то есть эгоизм) препятствует этому, то оно называется «зло». И для выхода из этого зла даны нам Тора и заповеди, чтобы достичь ступени, называющейся «праведник, действующий только во имя Творца». Чтобы не работал для самонаслаждения, а чтобы достиг ступени «ради Творца».

«Правое» же состояние удовлетворяется ощущением того совершенства, которое определяется как еще «не ради Творца». Получается, что он движется путем лжи, и, даже сознавая, что находится на ступени «не ради Творца», он все же хочет в этом состоянии остаться.

Происходит это потому, что человек не может просить Творца всем сердцем о потребности, являющейся излишеством, а только об абсолютно необходимом. И поскольку он удовлетворен тем, что находится в состоянии «не ради Творца» (даже после всех уговоров самого себя, что не стоит быть довольным этим состоянием – «не ради Творца»), он не способен прочувствовать во всей полноте потребность, во что бы то ни стало, достичь состояния, в котором он будет выполнять Тору и заповеди «ради Творца», и, значит, эта потребность так и будет у него только на уровне излишеств. И потому он вынужден оставаться в правой линии.

Поэтому следует уделять особое внимание критике и проверке правой линии, то есть умению видеть недостатки, имеющиеся в правой линии. Потому что важна та мера, в которой он чувствует ее недостатки, так как сам по себе тот факт, что он видит эти недостатки, еще не говорит ни о чем. Поскольку степень воздействия недостатков на человека зависит от того, насколько они задевают его сердце, заставляют ощущать этот недостаток как ощущение острой неудовлетворенности, несовершенства, а также от того, есть ли у него тяга к истине и отвращение ко лжи. И если то несовершенное состояние, в котором он находится, ощущается всем сердцем и доставляет ему страдание, то тогда предыдущее ощущение – ощущение состояния правой линии как состояния совершенства – обращается в страдание.

Вот тогда он способен взмолиться к Творцу из глубины сердца. Поскольку сейчас ступень «ради Творца» жизненно важна для него: ведь только она даст ему духовную жизнь. В то время как раньше, когда находился в правой линии, ступень «ради Творца» казалось ему излишеством, без которого вполне можно было бы обойтись. И только лишь для того, чтобы быть выше общей массы, он должен был улучшить, усовершенствовать свое состояние, стараться достичь состояния «ради Творца».

И, наоборот, когда человек ощущает, что понятие «ради Творца» для него не излишество, оно необходимо не просто для возвышения над общей массой, как было сказано выше, он чувствует себя самым несовершенным из всех, он видит, насколько он удален от Творца и насколько он далек от свойства истины. И то, что все окружающие, как он видит, тоже не способны двигаться путем «ради Творца», это ничего не меняет и не облегчает его страданий, хоть он и не видит никого, кто бы действовал «ради Творца». В вещах, ощущающихся всем сердцем, человек не способен утешиться примером других, хоть и говорят: «Общее горе – это уже половина утешения». Такие соображения и утешения не облегчают его состояния.

Вот пример – человек, у которого болят зубы. Он плачет и страдает. Его утешают, мол, что же ты страдаешь, ты ведь видишь, что здесь, у зубного врача, есть много людей, у которых, как и у тебя, болят зубы. Но он не прекращает плакать от зубной боли, которую испытывает. И то, что есть еще люди, страдающие, как он, ничего не меняет. Если ему действительно больно, то он не способен утешиться и успокоить свою боль, глядя на боль других людей.

Аналогично: если человек, действительно, ощущает, насколько же он удален от истины, он не способен утешиться тем, что и все остальные двигаются по ложному пути. И он все дни и все ночи ищет способ, как бы выйти из этого состояния. И тогда человек приобретает **потребность достичь состояния «ради Творца»,** поскольку ложь становится для него нестерпимой.

Но такое желание не создается за один раз. Получаемое от левой линии, оно понемногу-понемногу накапливается у него, пока не наберется полная мера. А до того он еще не способен достичь состояния «ради Творца», поскольку «нет света без желания к нему».

Это означает, что он не способен удостоиться состояния «ради Творца» до того, как появится у него истинное желание. И оно постепенно растет у него, пока не накапливается полноценное желание. И тогда уже в нем может облачиться состояние «ради Творца», поскольку у человека уже имеется целостное кли, то есть **полноценное желание удостоиться состояния «ради Творца».**

Однако следует знать, что в то время, когда он находится в левой линии, то есть в состоянии критики самого себя, он находится в состоянии отдалённости от Творца. Поскольку он и сам в это время чувствует, насколько он погружен в эгоизм, его совершенно не интересует, может ли он сделать что-либо ради Творца. И в таком состоянии он не способен существовать, поскольку существование человека возможно только при положительной оценке своего образа действий, а не при отрицательной. И потому должен человек снова войти в правую линию. Это значит –

выполнять Тору и заповеди хотя и «не ради Творца», но при этом ощущать, что в этом есть совершенство, как это пояснялось выше.

Следует учитывать еще одно важное правило: как известно, **внутренний свет** сильно отличается от света окружающего. Внутренний свет означает, что свет светит внутри сосудов-желаний. Это значит, что свет облачается в кли, поскольку есть такое соответствие между светом и сосудом, что кли уже способно получать свет альтруистически, только во имя Творца.

А **окружающим светом** называется свечение издалека. Это означает, что, несмотря на то, что кли до сих пор отделено от света, поскольку намерение кли – получение ради самонаслаждения, а свойства света чисто альтруистические, при всем том свет излучает издалека свечение, окружающее кли и понемногу очищающее его. И потому во время занятий Торой и выполнения заповедей даже не ради Творца все же получают подсветку в виде окружающего света.

То есть, даже когда человек занимается «не ради Творца», у него уже есть соприкосновение, контакт с высшим светом, пусть даже это и подсветка издалека. И потому это оказывает положительное воздействие и дает человеку жизненные силы и возможность существовать. И придавая все более важное значение работе даже «не ради Творца», он возвышает значение духовной работы вообще и необходимости быть причастным к выполнению Торы и заповедей должным образом.

Как объяснял Бааль Сулам, истина состоит в том, что человек не способен правильно оценить всю важность выполнения Торы и заповедей даже не ради Творца. Поскольку, в конце концов, в механическом выполнении он не должен ничего добавлять, а просто выполнять волю Творца. И потому это называется «первый этап в духовной работе». И об этом сказали мудрецы: «Из выполнения «не ради Творца» приходят к выполнению «ради Творца»». И поэтому человеку надо получать жизненные силы и ощущение совершенства из правой линии, так как при этом он получает свет Творца в виде окружающего света.

И затем он снова должен перейти в состояние критики своих действий, которые совершал в правой линии. А затем снова перейти в правую линию. И таким образом развиваются у него обе линии. Но при этом обе эти линии противоречат, критикуют и отрицают одна другую. И об этом говорится: «Два высказывания противоречат друг другу до тех пор, пока не придет третье высказывание и не разрешит это противоречие».

Однако следует знать, что третью линию, называемую «средняя линия», дает нам Творец. Как сказали мудрецы: «Трое совместно создают человека: Творец, отец и мать».

Из сказанного следует, что **две линии относятся к творениям, а третья линия относится к Творцу**. Это означает, что две линии дают ему возможность вознести молитву к Творцу из самой глубины сердца, чтобы помог выйти из эгоизма и достичь слияния с Творцом. И в то время, когда человек молится из глубины сердца, его молитва принимается.

Что значит, что с помощью Торы удостаивается человек милостыни и мира
Статья 3, 1986

В Книге Зоар (глава «Лех-Леха», пункт 1) поясняет рабби Аба, почему удостоился Авраам из всех людей его поколения того, что сказал ему Творец: «Уходи из страны твоей». И вот что там написано: «Сказал рабби Аба: Внемлите Мне, упрямые, далекие от пожертвования»». «Внемлите Мне, упрямые» – означает, что сердца грешников настолько ожесточились, что при том, что видят дороги и пути Торы, при всем том не обращают на них внимания. И противятся сердца их тому, чтобы вернуться в вере к своему Властелину, потому и зовутся непреклонными, упрямыми. А далеки от пожертвования они ввиду того, что удаляются от Торы, поэтому «далекие от пожертвования».

Рабби Хизкия сказал, что упрямыми они зовутся потому, что удаляются от Творца. Почему же сказано, что «далеки от пожертвований»? Из-за того, что не хотят сближения с Творцом, упрямы, поэтому далеки они от пожертвований. И как следствие того, что далеки от подаяния, далеки они от спокойствия, нет им примирения, как написано: ««Нет вам мира», – сказал Творец грешникам». Это означает, что из-за того, что далеки они от милости, пожертвования, нет у них спокойствия.

Необходимо разобраться в том, что сказал рабби Аба: ведь «далеки от подаяния» – означает, что удаляются от Торы, вследствие этого удаляются от милости, подаяния. Получается, что, с одной стороны, он говорит, что пожертвованием называется Тора, а затем говорит, что вследствие того, что удаляются от Торы, они далеки от подаяния. Вывод из сказанного таков, что Тора приводит к подаянию, но мы не видим никакой связи между Торой и подаянием.

А народы мира, хотя и не дана им Тора (как сказано: «Речения Свои говорит Он Яакову»), несмотря на это, дают подаяние. Но ведь для того, чтобы давать пожертвование, необходимо верить в Творца и выполнять Его Тору и Заповеди, и только тогда смогут давать подаяние. И почему рабби Аба говорит, что поскольку далеки они от Торы, должны быть далеки и от подаяния?

Получается, что Тора как будто является причиной того, что с ее помощью могут давать подаяние. То есть важнее всего для нас прийти к подаянию. Но как можно достигнуть такой большой ступени? Достичь ее можно только с помощью Торы.

Из всего этого важно понять, в чем же заключается величие и важность пожертвования, что даже ступень Торы находится ниже – ведь Тора дает возможность подойти к подаянию? И это требует пояснений.

И еще тяжелее понять слова рабби Хизкия, который добавляет к словам рабби Аба: «Кто эти упрямцы, не желающие сближения с Творцом? Из-за того, что не хотят сблизиться с Творцом, далеки они от подаяния. Как это понимать? Именно сближаясь с Творцом, будут удостоены более высокой ступени, называемой пожертвованием».

И надо также разобраться в том, что говорит рабби Хизкия, что «так как они далеки от подаяния, поэтому далеки от мира...». И это еще труднее понять: ведь после того, как разъяснил нам важность пожертвования, которое, по мнению рабби Аба, выше Торы, а рабби Хизкия ставит его даже важнее сближения с Творцом, сейчас вдруг говорит, что если не достигли ступени пожертвования, то не могут прийти к ступени, называемой «мир».

Следовательно, надо понять, что это за ступень такая «мир», если только по окончанию всей работы приходят к этой ступени? То есть первая ступень называется Торой или сближением с Творцом, вторая – пожертвованием и третья – миром.

Пожертвованием зовется вера, как сказано об Аврааме: «И поверил в Творца, и зачлось ему пожертвование». А потому как вера называется подаянием, мы уже можем осознать важность пожертвования не в обычном его понимании, а то, что указывает оно на веру.

А что же такое вера, относящаяся к свойству пожертвования? Видим мы, что тот, кто дает подаяние бедному, не надеется, что бедный вернет и отплатит ему чем-нибудь взамен подаяния, что дал ему. А в случае пожертвования, данного тайно, тем более не думает получить ничего взамен. Таким образом, только то зовется пожертвованием, что делается без всякой отдачи.

Выходит, что вера, которую мы должны принять на себя, должна быть без всякой выгоды для себя. Это означает, что должен верить в величие Творца, величие, которое на языке Зоар зовется «ради Него, Великого и Властвующего».

И не должно быть ни малейшей мысли, что он принимает на себя «власть небес», чтобы с помощью этого получить от Него какую-нибудь награду. Наоборот, весь он ради отдачи. И потому называется вера именем «пожертвование», чтобы разъяснить нам, в каком виде должна быть наша вера, которую мы принимаем на себя.

Но это требует от нас особого внимания, каким образом приходят к такой вере, которая является свойством чистой отдачи? Ведь наша природа – это только получать, а не отдавать, так что же может сделать человек, чтобы прийти к этому свойству отдачи? И тут он говорит нам, что именно с помощью Торы. Как сказано нашими мудрецами в Талмуде, в трактате «Кидушин»: «Я создал эгоистическое начало, Я же создал ему в дополнение Тору».

И, как написано в «Предисловии к Талмуд Эсер Сфирот» (п. 11): «Но находим мы и видим в словах мудрецов Талмуда, что они облегчили нам путь Торы больше мудрецов Мишны, сказав: «Пусть всегда человек занимается Торой и заповедями, даже ради себя, потому как из занятий ради себя придет к исполнению ради Творца. И это потому, что свет, заключенный в Торе, возвращает человека к Своему Источнику»».

Таким образом, открыли нам нечто новое вместо страданий, приведенных в Мишне, в трактате «Авот». И это – свет Торы, в котором существует достаточно силы, чтобы вернуть человека к его Источнику и привести его к изучению Торы и заповедей ради Творца.

Отсюда становятся понятными слова рабби Аба: «Далекие от пожертвования означает удаляющихся от Торы, поэтому далеки они от подаяния». Ибо у нас Тора – это причина для того, чтобы прийти к пожертвованию? А без Торы не можем давать подаяние?

Но дело в том, что подаяние – это свойство веры. И не может человек прийти к истинному свойству веры, прежде чем не будет у него единение свойств с Творцом, что означает, что все его действия будут направлены только на то, чтобы доставить наслаждение Творцу.

И сказано в «Предисловии к Книге Зоар»: «Закон – он таков, что не сможет творение получить явное зло от Творца, ведь это осквернение величия Создателя, ведь тогда творение будет постигать Его так, будто Он действует во зло. И поэтому когда человек чувствует злое, в той же мере возникает в нем отрицание управления Творца, и скрывается Творец от человека».

Причина состоит в том, что пока человек не удостоился альтруистических свойств, у него нет возможности получить все наслаждение от Творца, и это отсутствие наслаждения вызывает в нем ощущение зла. И поэтому не может человек удостоиться настоящей веры прежде, чем не исправил свое зло, называемое получением ради себя или эгоизмом.

Получается, что благодаря Торе, возвращающей человека к источнику, к Творцу, а значит, к получению альтруистических желаний, удостоится человек свойства веры, называемого «пожертвование». Свойство это дает человеку веру в Творца как Великого Властителя, а вся его вера основывается уже не на желании получить какую-либо выгоду для себя.

Подобным же образом попытаемся теперь понять и слова рабби Хизкия: «Упрямы они, потому что удаляются от Творца, и вследствие этого далеки от пожертвования». Но как может быть сближение с Творцом причиной появления возможности давать пожертвование, и, вообще, есть ли какая-то связь между ними? И так написано в комментарии «Сулам», что «рабби Хизкия не противоречит рабби Аба, а дает еще более глубокое тому пояснение». Неужели разъяснение рабби Хизкия тяжелее понять?

Мы выяснили, что рабби Хизкия углубляет свое разъяснение о тех, кто называются упрямыми, непреклонными, вследствие чего они далеки от пожертвования. Ведь слова рабби Абы о том, что удалились от Торы, могут быть восприняты в их обычном понимании, что просто нужно учить Тору и с помощью этого удостоиться прийти к пожертвованию, называемому верой.

А рабби Аба имел также в виду, что с помощью Торы свойства их станут подобны свойствам Творца – желанию отдавать. Ибо пока не приобретут они альтруистические желания, не смогут прийти к проявлению истинной веры, как написано в «Предисловии к Книге Зоар» на стр. 138.

Поэтому рабби Хизкия проясняет еще больше, что упрямыми называются те, кто удаляется от Творца. А так как не хотят сблизиться с Творцом, вследствие упрямства, поэтому удалены они от милости, пожертвования. И это сказано выше, что невозможно удостоиться свойства веры, проявлением которой является пожертвование, до того, как удостаиваемся сближения с Творцом, единения с Ним по свойствам – удостаиваемся альтруистического желания отдавать.

То, что рабби Аба не объясняет подобно рабби Хизкия, может означать, что рабби Аба желает показать нам две вещи одновременно: причину и совет. Причина отсутствия веры заключается в том, что нет альтруистических свойств.

И тут же совет – заниматься Торой: тогда с помощью света Торы удостоятся подобия свойств с Творцом, то есть все действия будут только ради отдачи. И тогда удостоятся прийти к пожертвованию – качеству совершенной веры.

И добавил рабби Хизкия, что с помощью пожертвования удостоятся мира. По поводу этого было у нас, что если подаяние является настолько важным, что под ним подразумевается вера, то что же такое мир, который как будто еще важнее?

И объясняется это тем, что понятие «мир» подразумевает совершенство, стадию завершенной работы. Ведь пока человек не удостоится альтруистических свойств, нет в его сердце места для веры. А после того, как пришел он уже к желанию отдавать и удостоился веры, тогда постигает он цель всего творения, состоящую в желании Творца доставить наслаждение своим созданиям.

Иными словами, тогда он ощущает все то добро и наслаждение, которое создал Творец, чтобы усладить им свое творение, и тогда удостаивается человек совершенства мира.

Но прежде того, как человек удостоился прийти к милости, пожертвованию, пока не пришел он к вере на основе альтруистических свойств, нечем ему постичь все то добро и наслаждение. И это потому, что недостает к этому наслаждению исправленного состояния, чтобы исчезло то сокрытие на получение света, ради которого и было введено исправление, называемое сокращением.

И только после того, как придут творения к этому исправлению, называемому «альтруистические свойства», тогда свет Творца, то есть Его желание насладить свои творения, сможет покоиться в них.

Но до тех пор человек в «ссоре» с Творцом, как сказано в «Предисловии к Книге Зоар»: «Обвинило благополучие, что все оно – сплошная ссора. Потому как нет у него возможности выполнять заповеди в намерении ради Творца, если не присоединит к этому собственное удовольствие. Из-за этого находится постоянно в ссоре с Творцом. Ведь видится ему, что он совершенный праведник и не чувствует совершенно своих недостатков. То есть не чувствует, что все его занятия Торой и заповедями – ради себя. И идет и возмущается тем, что отношение Творца к нему иное, чем отношение к совершенному праведнику».

Итак, мы видим, что до того, как удостоился ступени пожертвования, являющейся проявлением веры в Творца, которое основывается на желании отдавать и приводит человека к сближению с Творцом, негде проявиться совершенству.

Таким образом, завершением всей работы является достижение цели, и приходят к этому с помощью ступени «мир», «совершенство». К совершенству же не прийти до прохождения предшествующих ему стадий: сближение с Творцом, вера, называемая пожертвованием, а после этого приходят к цели – к совершенству.

Милосердие
Статья 4, 1986

Сказано в Книге Зоар о милосердии: «Не ранее чем после Аврама стал называться Авраамом, так как до этого был не обрезан, а сейчас обрезан, и, как обрезан был, воссоединился с

Творцом». И потому стал называться Авраам с дополнительной буквой «хэй». Как написано, «вот порядок создания их – неба и земли», и это учит, что созданы – «хэй», и все знаки имени означают, что ради Авраама, который означает свойство милосердия, создан мир. (В иврите слова «создал их» и «Авраам» состоят из одних и тех же букв – прим. переводчика.)

И спрашивает далее: в чем смысл имени Авраама? И отвечает – намек о милосердии. И ради милосердия создан мир. И нет противоречия одного другому, ибо все сводится к единому. И это означает, что если присутствует милосердие в мире – также и святость находится в нем. Здесь же в нашем мире, наоборот, и потому есть два понятия: милосердие и Шхина, – которые едины в сущности своей, и создан этот мир для милосердия, а также и для святости. И надо понять, в чем суть понятия милосердия, почему только ради него создан мир.

И необходимо понять, что понятие милосердие относится к взаимоотношениям между людьми. И с тем, чтобы один человек проявлял милосердие к другому, Творец создал все высшие миры и все, их населяющее, – все для того, чтобы Рувен проявил милосердие к Шимону, и т.д. Но что Творцу от этого – возможно ли вообще сказать такое? И в связи с этим должны понять суть милосердия, во имя которого создан мир.

Известно, что цель творения заключается в желании Творца насладить свои создания. И если так, то почему спрашивается о написанном «порядок создания их – неба и земли», что в нем есть два толкования: одно, по сути, о Шхине, другое – об Аврааме, означающем свойство милосердия.

И необходимо сказать, что в сказанном «создал их» объясняется только, как достичь цели творения. Это означает, что творения должны достичь ощущения наслаждения во всем его совершенстве, то есть, чтобы во время получения наслаждения не ощущали бы никакого неудобства, называемого «чувство стыда». И чтобы исправить это, было сделано сокращение, запрет на получение наслаждения ради себя. Как сказано у АРИ: «Знай, до того, как были созданы все творения, был только простой бесконечный свет, наполняющий все творение. И не было свободного незаполненного пространства... И когда задумал Творец сотворить миры и создания, их населяющие, этим раскрыв совершенство свое, то сократил себя».

Находим, что скрытие духовных наслаждений было сделано с определенной целью, так как если бы величие Творца было раскрыто всем в этом мире, то кто бы тогда захотел заниматься обыденными вещами, в то время как видели бы огромные наслаждения духовного мира. Ведь человек может получить для себя представление только о том, что уже прошел в прошлом.

Допустим, человек может представить себе, что самое главное, что было у него, – когда ощущал, насколько же важно ему духовное. И наблюдая за собой, а также за всем миром, видел, как бесполезно, бесцельно проходит время. Но когда находился в возвышенном состоянии, все в его глазах были как дети малые, забавляющиеся игрушками.

Например, мы видим иногда, как ребенок берет веревку, кладет ее на плечо другому и говорит: «Ты будешь лошадью, а я наездником». И тогда двое наслаждаются своей игрой. И если сказать этим детям: «Вы же играете выдуманными вещами, ведь ты на самом деле не лошадь, а он не наездник», – то они не поймут, о чем это им говорят.

Так и человек, который представляет себе то время, когда был в возвышенном состоянии: он относился к остальным людям, занятым только материальными проблемами, как взрослый, смотрящий на игры детей.

Что же недостает нам, чтобы работать ради Творца, – только явного раскрытия этого духовного наслаждения. И тогда, кто же не захочет таких наслаждений?! И какой человек захочет жить в курятнике и, подобно курам, рыться в мусоре, при этом пребывая веселым и довольным, в то время, когда способен наслаждаться, как человек. Это означает, что будет наслаждаться от того, что приносит радость людям, а не от того, что радует животных. Но все это относится к тому времени, когда он осознает различие между образом жизни людей и животных.

Однако, в период скрытия, когда не видит человек другой жизни в мире, а только то, чем наслаждаются все в этом мире, он, когда видит людей, отказывающихся от материальных наслаждений ради духовной жизни, смотрит на них, как на глупых детей, у которых совершенно отсутствует разум, когда дают малым детям поиграть серьезными вещами, а они выбрасывают их, беря вместо этого пустые игрушки.

Таким же образом можно было бы наслаждаться и материальными вещами, а они выбрасывают их ради духовных наслаждений, которые для них – нечто бесполезное, не имеющее ценности. Однако все это по причине скрытия духовных наслаждений.

А теперь, разберем два значения сказанного «создал их». Первое из них – это милосердие, и второе – Шхина. И спрашивали, неужели ради милосердия стоило создавать как этот, так и будущий мир? Но как мы выяснили выше, цель творения заключается в наслаждении созданий, и невозможно, чтобы проявилось это наслаждение прежде, чем смогли бы получить его с альтруистическим намерением. Если так, то невозможно, чтобы цель эта достигла своей полноты.

И потому необходимо объяснить сказанное «создал их», то есть с их помощью будет достигнута цель творения, но без них цель сотворения не достигла бы своего завершения. И потому также сказано – «в Аврааме», то есть в свойстве милосердия, в том, что, проявляя милосердие, могут достигнуть альтруистического желания «ради Творца» и благодаря этому смогли бы получить высшее наслаждение. Это и называется получать ради отдачи.

И об этом сказано у Бааль Сулама в «Предисловии к Книге Зоар»: «Во время сотворения мира сказал Творец ангелам: «Сделаем человека по подобию нашему». И ответило Милосердие: «Сотворим, ибо он – делающий милосердие». Истина сказала: «Не сотворим, ибо он – полон лжи и т.д.».

И объяснено там то, что милосердие сказало: «Сотворим, потому что человек творит милосердие», – так как заповеди исполнения милосердных деяний непременно пробудят альтруистические желания в человеке и этим понемногу исправит себя до такой степени, что будет способен исполнять все заповеди с чистым альтруистичным намерением. А потом, в конце концов, непременно достигнет своей цели – действовать только во имя Творца. Вот поэтому требовало милосердие сотворения человека.

Находим, что сказанное «создал их» означает, что создание их является только средством, а не целью. Как известно, цель Творения – насладить создания. И в этом совет, как достигнуть того, чтобы создания смогли бы достигнуть своей цели, то есть получить высшее наслаждение. То есть для этого необходимо достигнуть подобия свойств между дающим и получающим. А пока они противоположны по своим свойствам, нет у них никакой возможности получить это наслаждение.

И потому один утверждает, что средство это – милосердие, которое один делает другому и этим удостаивается духовных альтруистических желаний, посредством которых и смогут получить все добро и наслаждение, которое находится в замысле творения.

И другой утверждает, что «создал их» означает, что он не разделяет эти понятия, а здесь есть намек на малхут, то есть Шхина, обозначающаяся буквой «хэй» в слове «создал их», что, как сказал АРИ, является намеком на пять парцуфим (числовое значение буквы «хэй» – 5) в мирах Ацилут и БЕА.

Отсюда находим объяснение буквы «хэй» в слове «создал их»: имеется в виду Шхина, получившая исправление, называемое «сочетание свойств суда и милосердия». То есть малхут, являющаяся свойством суда и корнем всех творений, – это желание получать, и оно должно получить все добро и наслаждение, заключенные в замысле творения. Но вследствие исправления, называемого «сочетание свойств суда и милосердия», создан запрет на использование желания получать ради себя, пока не сможет исправить его на намерение «ради Творца». Это и называется свойством суда и сокращением.

Существование мира невозможно без этого исправления, называемого «получение с альтруистическим намерением». Иначе невозможно раскрытие высшего наслаждения творениям по причине суда и сокращения, созданных для исправления мира. Однако каким же образом мы сможем изменить свою эгоистическую природу на альтруистическую? Для этого и было создано исправление, называемое сочетанием свойств: малхут – желания получать и бины – желания отдавать. И только с его помощью творение может исправить свое эгоистическое намерение ради себя на намерение ради Творца.

Во «Введении в науку Каббала» сказано: «Вначале задумал Творец сотворить этот мир свойством суда, но затем увидел, что невозможно такое существование мира. Тогда добавил к нему свойство милосердия…». «Невозможно существование мира» означает, что у человека, сотворенного в таком состоянии, не будет никакой возможности прийти к намерению отдавать. Поэтому добавил свойство милосердия, в результате чего к малхут – желанию получать – добавились искры от бины – желания отдавать».

Находим, что средством достижения цели творения «насладить создания» является уменьшение свойства суда, что в малхут, и замена его на свойство милосердия. Как сказано выше: кли получения в своем корне соединились со свойством отдачи, называемым милосердием.

Отсюда поймем то, что указывается в Книге Зоар: «Нет противоречий между ними, ибо все соединяется воедино». Это означает, что если присутствует милосердие в мире, также и Шхина находится там. И наоборот. Мир этот сотворен как для милосердия, так и для Шхины.

Другими словами, как свойство милосердия, так и Шхина, исправленная с помощью милосердия, были созданы с одной целью: чтобы с их помощью человек достиг цели творения, заключающейся в желании Творца насладить свои творения. И потому сказано: «Если нет милосердия, то нет и Шхины».

А объяснение этому в том, что если не будет исправление мира свойством милосердия, то есть чтобы творения смогли бы получать наслаждения с альтруистическим намерением, то нет и присутствия Шхины, а значит, бесполезно исправление в малхут, называемое «сочетанием категорий милосердия и суда». Но если присутствует в мире милосердие, то есть если исправлена им малхут, то это является помощью в достижении цели творения.

Однако должны понять, почему малхут называется «Шхина». Бааль Сулам объяснял сказанное в Книге Зоар: «Он – Шохен, и Он – Шхина». Место раскрытия Творца называется Шхина. И потому необходимо человеку постоянно молиться, чтобы удостоился свойства веры. Однако возникает, если знает человек, что ему не хватает веры в Творца, то тогда кому же он молится? Ведь только в то время, когда верит в Творца, можно сказать, что просит у Него что-либо.

И это можно объяснить на примере сказанного в «Предисловии к Талмуд Эсэр Сфирот»: «У кого его Тора – это его вера». Ведь отношение человека к занятиям Торой показывает величину его веры в Тору. Это подобно человеку, в меру своей веры дающему в долг определенную сумму денег. Величина этой суммы определяется величиной его веры: может ли поверить своему другу на 1 шекель, или на половину своего состояния, или на все, что имеет, без всякого сомнения – только в последнем случае его вера считается полной, в противном случае – частичной, в той или иной мере.

Отсюда видим, что вера бывает неполной. Если есть у человека частичная вера, тогда можно сказать, что просит Творца, чтобы помог ему удостоиться полной веры.

Невозможно удостоиться полной веры, прежде чем не удостоился совпадения свойств с Творцом. И потому необходимы все эти исправления, о которых было сказано выше – «создал их»:

1. с помощью свойства милосердия достигнуть совпадения свойств с Творцом – ступень Авраама;

2. свойство Творца – Шхина; то есть малхут – желание получить – включила в себя также свойство милосердия, желание отдавать, и, таким образом, с помощью этого человек может достичь свойства отдачи; и тогда осуществится Цель творения – «насладить создания».

Уважение к отцу
Статья 5, 1986

В Книге Зоар рабби Шимон сказал: «Пусть сын почитает отца своего, а слуга – господина своего». «Сын почитает отца» – это как Ицхак Авраама. И спрашивается, когда и в чем выразилось почтение? И объясняется, что в то время, как Авраам связал его и возложил на жертвенник, Ицхак не воспротивился воле отца своего. Слуга почитает господина своего – это Элеэзер Авраама. «Я – слуга Авраама, и Творец благословил господина моего», – так сказал Элеэзер, выполнив все поручения Авраама, находясь в Хоране. И этим выразил ему свое почтение. Ведь человек, принесший в дар серебро, золото, драгоценные камни, верблюдов и сам по себе достойный и приятной внешности, не сказал, что он любимец Авраама или его родственник. А сказал: «Слуга Авраама – я» – и сделал он это с целью воздать хвалу Аврааму и выразить ему свое уважение в их глазах.

Сказано также (п.145): «Пусть сын почитает отца своего, а слуга – господина своего. А вы, Израиль, сын мой, позор глазам вашим говорить, что Я – Отец ваш, или вы Мой слуга. И если Я – Отец, то где почтение ко мне, и если Я – Господин, то где благоговение предо Мной».

И надо понять сказанное в Книге Зоар, когда Творец обращается к народу Израиля: «А вы, Израиль, сын мой, позор глазам вашим говорить, что Я – Отец ваш». Из этого выходит, что мы должны сказать кому-то, что Творец – он Отец наш. И мы не можем сказать этого, так как стесняемся. Так кто же этот кто-то и что это за стыд, по причине которого мы не можем так сказать?

Ведь каждый день мы повторяем в молитве: «Отец наш, Царь наш». И также: «Возвращающий нас, Отец наш, к Торе Твоей». В таком случае, кому еще мы должны сказать что Творец – он Отец наш? А мы стесняемся этого, и поэтому Творец «обижается» на нас говоря: «...если Отец Я, то где почтение ко Мне?».

И нам необходимо выяснить для себя, что тот единственный, кому мы должны сказать о том, что Творец – это наш Отец, это и есть сам Творец.

И мы постоянно говорим: «Отец наш, Царь наш». И Творец сердится на нас за это: «Как вам не стыдно называть Меня своим Отцом, не испытывая ни капли уважения ко Мне. Если Я – Отец, то где ваше почтение предо Мной?».

То есть Творец говорит: «Позор вам называть Меня своим Отцом, когда я вижу, что ваше почтение предо Мной подобно праху, и как вам не стыдно называть Меня своим Отцом.

И если Я – Господин, то где благоговение предо Мной? Вы говорите, что служите Творцу, но Я не вижу, чтобы у вас был страх предо Мной. Ведь слуга – это тот, у кого нет личной собственности: то, что купил слуга – купил его хозяин. Слуга полностью аннулирует себя перед господином, и все, что получает от господина, это только для того, чтобы смог услужить господину, а не для своей пользы.

Но Я вижу, что вы идете обратной дорогой, то есть вы хотите, чтобы Я прислуживал вам, наполняя ваше желание самонасладиться. И вы приходите ко Мне и просите, чтобы Я увеличил вашу собственность. Таким образом, вы – господа, а Я – ваш слуга. И вы приходите каждый день ко Мне с претензиями, как будто Я ваш должник. Но если бы вы были готовы получить от Меня сполна, то, конечно бы, давно получили».

И что сделал Творец, чтобы не получали сполна? Скрыл Свое присутствие до тех пор, пока создания не будут готовы стать слугами, то есть работать ради Творца. И это называется получать с целью доставить радость Творцу, что означает, слиться с Ним по свойствам. Как известно, пока желание самонасладиться властвует над творениями, то чем больше получаешь, тем ощущаешь себя хуже, и, тем самым, все более отдаляешься от Творца. Поэтому Творец сделал важное исправление тем, что скрыл от человека все духовные наслаждения, пока тот находится под властью желания самонасладиться.

Но человек видит только те частички наслаждений, которые доступны ему. АРИ писал, что дана для эгоистических желаний искра света, чтобы могли существовать. И мы можем увидеть, выделить из света только те наслаждения, которые могут заполнить наши эгоистические желания. Вместе с тем, все духовное, все духовные наслаждения скрыты от нас, находятся во тьме. И теперь понятно, почему мы не получаем сполна. И настоящие наслаждения настолько скрыты от нас, что даже для будущего мира нет силы что-то сделать. Поэтому, все те, чьи желания направлены на самонаслаждение, убегают от истины, которая включает в себя все самое хорошее и все наслаждения. И об этом сказано, что «тьма покрывает землю».

И поэтому не может человек сразу, в начале своей работы, работать с намерением «ради Творца», а обязан начать с намерения «не ради Творца», то есть эгоистически. «Ради Творца» — это дорога истины, по этой причине тело (эгоизм человека) обязано убегать от этой работы. Так как свойство любого творения — стремиться к подобному себе. Принимая во внимание, что человек создан с желанием самонасладиться, он, как только сталкивается с какой-то вещью, мыслью или действием, которые не могут наполнить его желание самонасладиться, в ту же секунду убегает от них, потому что это не его свойство. Так как его свойство, природа, с которой он создан — желание самонасладиться. И нет в ней ничего от желания отдавать.

И для того чтобы начинающий работать на Творца не убежал от этой работы — отдавать (которая не соответствует его свойствам) — обязан начать работу с эгоистическим намерением «ради себя». То есть человек выполняет Тору и Заповеди, заповеданные ему Творцом, и взамен хочет получить вознаграждение за свою работу. А работать мы можем только эгоистически, то есть зарабатывать деньги, почет и наслаждаться отдыхом. Но мы все же отказываемся от этих требований нашего эгоизма и вместо этого хотим выполнять Тору и Заповеди, заповеданные нам Творцом.

И если мы потребуем от нашего эгоизма, чтобы он отказался от удовольствий, которыми наслаждается, то он сразу задается вопросом: что я выиграю от этого, даст ли мне новая работа, которую ты хочешь делать, более сильное наслаждение? Если нет, то для чего тебе менять свое место работы, ведь ты уже привык работать у этого хозяина. А то, что ты сейчас хочешь работать у Творца и ради Творца, и Он нуждается в твоей работе, то надо еще выяснить, а заплатит ли Он тебе за эту работу больше, чем ты имеешь сейчас? То есть, будешь ли ты получать большее удовольствие, чем от прежней работы, к которой ты привык?»

И, конечно же, мы обязаны сказать тогда своему эгоизму, что до сих пор все его наслаждения были искусственные. А сейчас, когда начнет работать на Творца, то удостоится настоящих наслаждений, потому что Творец желает наполнить нас огромным духовным наслаждением. Но получение духовного наслаждения без затраченных ради него усилий вызывает чувство стыда. Поэтому и даны нам для работы Тора и заповеди. И мы обязаны верить, что Творец заплатит нам за эту работу, то есть мы отказываемся от привычных нам наслаждений в обмен на настоящее, истинное духовное наслаждение.

Но, несмотря на то, что мы не знаем, что такое духовное, мы все-таки верим, что это что-то очень важное и большое, по сравнению с которым все вместе взятые эгоистические наслаждения приравниваются к небольшой искре духовного света. АРИ объясняет, что вследствие разбиения сосудов и совершения греха «Эц а-Даат» (Древа Жизни), проникли духовные искры света в эгоистические желания для поддержания в них жизни. А настоящие желания скрыты и находятся в духовных мирах. Поэтому стоит нам работать, то есть соблюдать Тору и Заповеди, а взамен мы удостоимся будущего мира.

Но после того как человек уже приступил к работе на Творца и хочет знать, как правильно он должен работать, Творец обращается к нему и говорит: «Если Я – Господин, то где благоговение передо Мной?» Ведь слуга работает только для своего господина, а не для себя. А как вы работаете? Вы только хотите получить будущий мир взамен на вашу работу. А слуга работает без какого-либо вознаграждения для себя. И все, что хозяин дает слуге, только для того, чтобы слуга смог работать для него. Но нет у слуги своей собственности, так как есть только одна собственность – собственность хозяина».

Но вся наша работа в Торе и Заповедях должна быть для достижения подобия свойств с Творцом, то есть слияние с Ним. А причина, по которой мы выполняем Тору и Заповеди, отличается от того, что мы думали раньше. Мы думали, что Творец хочет от нас соблюдения Торы и Заповедей, и за это мы получим от Него впоследствии вознаграждение. Но, оказывается, это нужно не Ему, а нам. То есть, выполняя Тору и Заповеди, мы получим свет Торы, и это поможет нам стать подобными по своим свойствам Творцу, так как «свет, приходящий от Творца, возвращает человека к его Источнику».

Из всего сказанного выше следует вопрос, что это за вознаграждение, которое мы должны требовать за работу по исправлению нашего эгоизма, то есть когда эгоизм отказывается от своих потребностей с целью выполнять Тору и Заповеди? И, конечно же, без вознаграждения невозможно работать, так как эгоизм сразу спрашивает человека: «Для чего ты отказываешься от удовольствий, которыми можешь наслаждаться. Что ты от этого выигрываешь?».

И ответить на этот вопрос можно очень просто: что все наше вознаграждение – это доставлять наслаждение Творцу. И это очень важно, так как это и есть Истина – достигнуть слияния с Творцом. Вместе с тем, все наслаждения построены так, что использовать мы их можем только самонаслаждаясь. Но получать и самонаслаждаться – это присуще животным, а не человеку. Ведь человек является избранным среди всех творений. Поэтому наслаждаться, как животному, ему не подобает.

И все, чем человек хочет насладиться, должно быть наполнено альтруизмом. А так как без наслаждения невозможно ничего сделать, то все наслаждения человека измеряются тем, насколько он сможет доставить удовольствие Творцу. Если человек хочет знать, сколько наслаждения он получит от своей работы, то пусть мерилом ему служит не его собственное наслаждение от услужения Творцу, а то, насколько он хочет, чтобы Творец получил удовольствие от его работы. Отсюда следует, что важнее всего то, для чего он работает на Творца.

Если человек хочет проверить себя, насколько он продвигается в духовной работе, то это можно сделать в двух формах:

1. Пусть посмотрит на вознаграждение, которое надеется получить от Творца, и если он получает каждый день все большее вознаграждение, тогда мерилом этого является желание получить.
2. Насколько он наслаждается тем, что приносит радость Творцу, и в этом все его вознаграждение. И это можно понять на простом примере: когда человек служит очень важному и известному в обществе человеку, то получает от этого удовольствие, но если он будет услуживать кому-то еще более важному и известному, то, конечно же, его удовольствие будет еще больше. Поэтому он хочет, чтобы каждый день он ощущал Творца в своих глазах все более большим и более важным. И это является настоящим мерилом.

Уверенность
Статья 6, 1986 г.

Написано в Зоар («Толдот» ст. 53, пп. 122-124): «Рабби Элазар сказал: «Счастлив человек, чья сила и уверенность в Творце»». Уверенность эта может быть подобна той, что была у Ханании, Мишаэлья и Азарии, утверждавших, что, конечно же, Творец спасет их от огня. Но не так это, ведь если не спасет их и не объединится с ними, то разве же не благословится имя Творца в их глазах? Поэтому, когда они узнали, что произнесли неподобающие слова, они исправились и сказали, что вне зависимости от того, спасет их Творец или нет, они будут поклоняться Ему, а не Его тени, то есть Ему самому, а не их собственному представлению о том, каким Он должен быть.

Поэтому человек должен быть уверен не в том, что Творец его спасет или сделает ему что-то определенное, а в том, что Творец поможет ему так, как сам Творец считает нужным, если, конечно, человек будет стараться выполнять Заповеди Торы, и если будет пытаться идти дорогой правды. И тогда, поскольку человек пришел очиститься, ему помогают. На эту помощь Творца человек и должен полагаться. И ни в ком, кроме Творца, не должен он быть уверен. Как сказано: «Сила человека в Творце».

Написано, что необходимо проложить путь в сердце. Это означает, что человек должен сделать свое сердце подобающим, чтобы не было в нем примеси посторонних желаний. Чтобы сердце было подобно исправным путям, по которым можно перебраться туда, куда нужно: хоть вправо, хоть влево. И будет ли ему хорошо от того, что сделает ему Творец или нет – в любом случае сердце человека должно быть исправлено и подготовлено, и ни в коем случае, чтобы не примешались к нему желания, направленные не к Творцу.

Счастлив человек, чья сила в Творце. Как сказано: «даст Творец ему силу», то есть Тору. Сила человека в Творце. Это означает, что человек должен заниматься Торой ради имени Творца, то есть ради Шхины, называемой именем Творца. Потому что каждый, кто занимается Торой и не стремится делать это ради имени Творца, лучше бы было для него, чтобы он вообще не родился. Проложить путь в сердце, как сказано «дать путь наезднику в ночи», означает возвысить Творца в ночи, то есть, тогда, когда не светит человеку наслаждение в его желаниях.

«Путь сердца» означает также, что, занимаясь Торой, человек должен намереваться возвеличить Творца, сделать Его самым почитаемым и великим в мире. Человек в сердце своем, занимаясь Торой, должен иметь намерение принести в мир ощущение безграничного совершенства Творца, чтобы имя Его возвеличилось всюду. Как написано: «Наполнится Земля знанием Творца». Вот тогда осуществятся слова: «И будет Творец Царем над всей Землей».

Согласно сказанному, трудно понять, что такое уверенность, и почему Зоар говорит, что «человек должен быть уверен не в том, что Творец его спасет, а не в том, что сделает ему что-то определенное». Так мы видим, что просящий помощи у своего хорошего друга, имеющего доброе сердце, конечно же, уверен в нем, в том, что тот поможет. Но как может человек положиться на своего товарища, даже тогда, когда тот не делает то, о чем его просят, как написано: «не понадеется человек и не скажет: «Творец спасет меня...»».

Тяжело понять также написанное, что «ни в ком, кроме Творца, не должен быть человек уверен». Как сказано: «сила человека в Творце». С одной стороны, не должен человек говорить, что Творец спасет его, то есть он должен быть уверен в Творце, даже в случае, если Творец его не спасает.

Но, кроме того, не должен еще человек полагаться ни на кого другого, пусть даже этот другой, безусловно, спасет и поможет ему. Как будто бы есть кто-то, безусловно, без всякого сомнения, способный спасти человека, и поэтому есть запрет полагаться на этого другого. Полагаться же можно только на Творца, даже не зная, спасет ли Он. Но разве же есть кто-либо еще в мире, кроме Творца, способный спасти человека от духовной смерти?

И чтобы разобраться в словах Зоар, необходимо, прежде всего, вспомнить о Цели творения. То есть о том, что у процесса творения есть Цель, как со стороны Творца – что Он хочет от этого творения, так и со стороны творений – к чему они должны прийти. Скажем, та их Цель, ради достижения которой они и были созданы.

Известно, что Творец желает насладить творения, цель создания которых и состоит в том, чтобы дать им добро и наслаждение. И поскольку Он хочет, чтобы то добро, что Он им делает, было совершенным, необходимо исправление, которое состоит в том, что пока творения не смогут получать ради Творца, они не получат вообще никакого добра и наслаждения. И это необходимо, потому что по своей природе ветвь (следствие) стремится уподобиться корню (причине). И поскольку причина творения – это **желание дать наслаждение** творению, постольку эти творения чувствуют неудобство от процесса получения. Поэтому произведено исправление, называемое «сокращение», и необходим экран, позволяющий получать только ради отдачи Творцу и дающий творениям возможность получать удовольствие от всего добра и наслаждения, существующих в замысле творения.

Цель же творений состоит в том, что они должны прийти к слиянию, называемому совпадением свойств, с Творцом. То есть, подобно тому, как Творец хочет насладить творения, точно также и они должны прийти к тому, чтобы все их желания заключались в том, чтобы доставить наслаждение Творцу.

И поэтому те люди, которые хотят встать на путь правды, чтобы прийти к слиянию с Творцом, должны приучить себя к тому, чтобы все их мысли, слова и действия были с намерением, что посредством выполнения заповедей и занятий Торой доставят радость Творцу. Причем, нельзя им подсчитывать, что они могут получить от Творца за то, что хотят принести Ему радость, и чтобы не появились у них мысли, что же Творец им даст, и чтобы не было у них возможности вынести что-либо из владения Творца в собственное владение. Потому что это приведет к тому, что возникнут два владения, то есть альтруистическое желание Творца и эгоистические желания творений, а это противоречит слиянию, потому что слияние означает единство, когда из двух объединяющихся вещей возникает одно целое.

Два же владения означают раздел. Поэтому, оттого что они думают о себе, заботятся о том, чтобы получить что-нибудь у Творца в собственное владение – от такого получения они становятся еще более оторванными от Творца, чем были до сих пор.

Теперь становятся понятными слова Зоар: «Милосердие – грех, если несущие добро делают это ради себя». Возникает вопрос: почему недостаточно, скажем, в нашем мире отказаться от получения денежной платы за свой труд? Потому что, если цель состоит не в том, чтобы делать добро, а в том, чтобы получить награду, то есть, если делать добро другому не ради него, а ради себя, ради ожидаемой оплаты, то неважно, в чем состоит эта оплата, в деньгах, в почете или в ожидаемой духовной награде. Главное – получает ли человек награду за свое эгоистическое желание или нет.

Еще надо разобраться, почему это названо грехом? Что же, выходит, было бы лучше, если бы люди вообще не делали добрые дела? Разве же доброе дело может быть преступлением? Так почему же сказано – грех?

И вот, согласно тому, что мы объяснили о людях, желающих идти дорогой правды, то есть удостоиться слияния с Творцом, достигнув одинаковых с Ним свойств, выходит, что, когда они сидят и ничего не делают, не требуя ничего для своего эгоизма, то тем самым они не отдаляются от Творца. В то время, как если делают какое-либо добро, то просят, тем самым, чтобы Творец дал им какую-нибудь награду, чтобы выполнил их желание. Выходит, что они просят того, что отдалит их от Творца. Поэтому называется такое «доброе дело» грехом. Однако не имеется в виду выполнение Заповедей и занятие Торой. Как сказали мудрецы, в любом случае должен человек заниматься Торой и выполнять Заповеди, даже если делает это не ради Творца. Потому что вследствие выполнения действий «не ради Творца» приходят к действиям «ради Творца».

Однако, согласно природе человека, без получения удовольствия невозможно совершить никакого действия. Так как же это возможно работать ради отдачи, не получая никакого вознаграждения в свои желания. Как можно отменить власть собственных желаний, чтобы все сердце человека принадлежало только лишь одному Творцу. Что же движет в этом случае человеком, что дает ему силу для работы, энергию делать что-либо ради Творца?

Этой энергией, дающей человеку силу для работы, должно быть то, что человек служит Творцу. И поскольку Творец заложил в природу человека ощущение им большого наслаждения оттого, что он служит важному лицу, соответственно ощущению важности Творца, человек чувствует наслаждение от работы, совершаемой ради Творца.

Наслаждение это, получаемое от службы Творцу, состоит в том, что чем важнее Творец в глазах человека, тем больше хочется человеку аннулировать себя перед Ним. Следовательно, **все наслаждение от службы Творцу, получаемое человеком, не входит под власть его собственных желаний, потому что, согласно величию и важности Творца, и как следствие того, что человек хочет аннулировать себя перед Ним, согласно этому остается в сердце человека место только для Творца.**

Но в тот момент, когда человек хочет получить от Творца какую-нибудь награду за свою работу, его желания сразу попадают под две отдельные друг от друга власти. Выходит, что вместо того, чтобы прийти к слиянию с Творцом, человек отдаляется от Него. А это прямо противоположно цели, к которой должны прийти творения.

Следовательно, только возможность отдавать Творцу является причиной, дающей человеку силу для работы. Но до тех пор, пока человек не пришел к ощущению величия Творца, он находится в состоянии войны со своим эгоизмом, поскольку тот не согласен работать безвозмездно. А работать благодаря большому наслаждению от служения Творцу он не может, поскольку нет у него ощущения величия Творца. Еще ближе к истине будет сказать, что недостает такому человеку веры в то, что Творец управляет всем миром.

Как сказали мудрецы: «Знай, что выше тебя есть глаз, который видит, и ухо, которое слышит, и все твои действия в книге записываются». Когда человек верит, что есть Правитель в мире, тогда все зависит от того, насколько этот Правитель велик и важен. Но даже если есть у человека просто вера в Правителя мира, пусть он даже и не считается с Его величием, сама вера уже приносит человеку ощущение важности Творца. И есть тогда уже у человека сила работать, служить Творцу.

А поскольку не хватает ему веры, то есть вера его только частична (см. «Предисловие к ТЭС», п.14), то когда хочет этот человек работать ради отдачи, немедленно выступает его эгоизм и кричит: «Ты что, с ума сошел, что идешь работать безвозмездно. То, что ты говоришь, что хочешь служить Творцу, что это само по себе огромная награда, так это можно сказать про того, кто ощущает Творца, ощущает то, что Творец смотрит на него и на каждое производимое им движение. Про него говорят, что такой человек работает, поскольку это великая заслуга для него делать что-либо для Творца, но не про тебя это».

И это приводит к войне со злом, в которой иногда человек преодолевает эгоизм, а иногда эгоизм берет верх над ним. Человек возражает эгоизму: «Ты виноват в том, что я не чувствую величие Творца, поскольку ты хочешь все заполучить в собственное владение, называемое получением ради себя. А на это желание есть скрытие. В нем невозможно увидеть истину. Поэтому дай мне выйти из-под твоей власти. И начнем работать ради отдачи. Тогда ты увидишь важность и величие Творца. И тогда ты сам согласишься со мной, что стоит служить Творцу, что нет ничего более важного в мире».

Но когда человек хочет работать только ради отдачи, ничего за это не получая, и считаться только с тем наслаждением, которое есть у Творца от его работы, совсем несмотря на себя, как тогда человек может знать, на самом ли деле он идет этой дорогой? Возможно, что он обманывает сам себя, и все его намерение – получить. Тогда он находится в состоянии отдачи ради получения и не идет дорогой правды, на которой все желания человека состоят в том, чтобы отдавать ради отдачи.

В этом человек может проверить себя, свое намерение. Потому что в то время, когда он молит Творца о помощи в войне со своим злом, чтобы его эгоизм не пришел к нему и не захотел управлять им своими утверждениями о работе, когда человек просит, чтобы Творец дал ему желание быть всем сердцем и всей душой жаждущим трудиться для Него, то, конечно же, не может эта молитва состояться без уверенности в том, что Творец ее слышит. Потому что, иначе, если нет у него уверенности, что Творец его слышит, то и молиться он не может.

Тогда возникает человек видит, что его молитва не услышана, что никто на нее не отвечает в том плане, в котором, как он понимает, должны на нее ответить, дать ему то, что он требует. Потому что Творец добр, и если бы он услышал, то, конечно же, дал бы человеку то, что он просит. Так почему же Он не ответил на молитву? Разве же возможно такое сказать, что Он не слышит ее?

Человек должен верить в то, что Творец слышит его молитву. Как сказано: «Ты в милосердии своем слышишь молитву любых уст народа Израиля». Просто нужно верить в написанное, что «Мои мысли не ваши мысли». То есть Творец знает, что хорошо для человека, на его пути к совершенству, а что может этому помешать.

Можно сказать, что Творец всегда слышит и всегда отвечает, делая для человека самое для него лучшее. И необходимо верить в то, что Творец хочет, чтобы человек прочувствовал все те состояния, которые тот проходит в своих ощущениях, потому что это на пользу самому человеку.

Следовательно, главное, в чем человек должен положиться на Творца, – уверенность человека в том, что Творец слышит его молитву и отвечает на нее. Но не согласно тому, как человек это понимает, а согласно тому, что Творец считает нужным дать человеку. Выходит, что главное, в чем человек должен быть уверенным в Творце, это в том, что Творец помогает всем (как написано, «милосердие во всех действиях Его»), полагаясь не на то, что Творец поможет, согласно разуму человека, а на то, что Он сделает лучшее в Его глазах.

Однако есть люди, которые думают, что уверенность относится к тому, чего, по мнению человека, ему недостает, то есть человек может быть в некоторой степени уверен в получении того, чего ему не хватает. Если же он не верит в то, что Творец обязан помочь ему в том, в чем, по мнению человека, ему нужна помощь, то это не называется уверенностью и верой в Творца. Эти люди думают, что человек должен быть уверен в том, что Творец даст ему то, что человек желает.

Теперь можно понять слова Зоар: «Пусть не будет человек уверен в том, что Творец спасет его или сделает ему то-то и то-то. Уверенность человека должна быть в самом Творце, в том, что Творец поможет ему так, как нужно». И приводит мнение Ханании, Мишаэля и Азарии, сказавших, что, вне зависимости от того, спасет их Творец или нет, они все равно будут уверенны в Нем. И еще говорит Зоар, что «приходящему очиститься помогают», и человек должен быть уверенным в Творце, в том, что Он поможет, Он и никто другой.

Как сказано: «Сила человека в Творце». Почему же, как мы уже спрашивали, написано, что «ни в ком, кроме Творца, не должен быть человек уверен». Как будто бы есть кто-то еще, способный спасти человека от «адского огня», то есть от стремления к самонаслаждению, в чем и состояла просьба Ханании, Мишаэля и Азарии, и поэтому существует запрет полагаться на этого другого.

Дело в том, что тот, кто хочет идти дорогой правды, тот, кто стремится все делать только ради Творца, то есть только ради отдачи и ни в коем случае не ради себя самого, такой человек должен верить, что Творец лучше него знает, что ему дать, а чего не дать. Поэтому человеку должно быть не важно, в каком состоянии он находится. Для того же, чтобы не обмануть самого себя, чтобы постоянно видеть, идет ли он дорогой отдачи Творцу, для этого человек должен проверять себя. И эта проверка заключается в том, что в каком бы состоянии человек не находился, он должен быть в радости.

И он должен быть уверенным, что, конечно же, на то есть желание Творца. Человек должен сказать: все, что мне нужно – это приложить усилия и молиться Творцу, в каком бы состоянии я ни находился. Молиться о том, что человек способен понять и быть уверенным в Творце, в том, что Он поможет человеку. А в чем состоит эта помощь, знает только Творец, но не человек. В этом-то и состоит способность человека проверить себя, занимается ли он Торой и Заповедями с намерением отдачи Творцу или с намерением получения собственной выгоды, то есть с намерением отдачи ради получения.

Поэтому, когда человек упорядочивает свою работу, намереваясь обратить молитву к Творцу, он должен быть уверенным в Творце, в том, что Тот принимает молитву человека. И уверенность эта должна основываться на мнении Творца, а не на мнении кого-то другого. Где этот «другой» и есть сам человек. То есть уверенность должна быть в том, что Творец поможет так, как Он это понимает, а не так, как это понимает человек.

Человек называется «другой», так как сказано у мудрецов: «Каждый, совмещающий имя Творца с чем-либо другим истреблен будет из этого мира». Следовательно, все должно быть только ради Творца, без какого-либо самонаслаждения, называемого получением. То есть, даже если человек, выполняя заповедь, намеревается делать это ради Творца, однако хочет при этом немного и для себя, то он «истреблен будет из мира».

Что значит «истреблен из мира»? Неужели же каждый, не удостоившийся придать всем своим действиям правильное намерение, должен исчезнуть из мира? Здесь необходимо разъяснить о каком мире говорится. Согласно тому, что мы учим, имеется в виду вечный мир, называемый миром Творца. В этом мире известно имя Творца, называемого «добрым и приносящим добро». И там раскрыт замысел Творца, то есть Его желание насладить творения.

С этой целью был сотворен мир, и из этого мира человек исчезает, то есть не может удостоиться раскрытия ему добра и наслаждения, из-за исправления, заключающегося в сокращении света наслаждения, исправления, которое произошло с целью удостоить человека слияния с Творцом, то есть сравнения с Ним по свойствам. Поэтому, когда человек хочет получить немного и для себя, в той же степени он отдаляется от слияния с Творцом, и не может уже удостоиться добра и наслаждения, заложенных в цели творения. Про такого человека и говорится, что он «истреблен будет из мира Творца».

Когда человек хочет знать, не обманывает ли он себя в том, что хочет работать на Творца с единственным намерением доставить Тому наслаждение, тогда, конечно же, у этого человека, в то время когда он молит Творца о помощи, должна быть уверенность в том, что Творец поможет. А иначе, как же он может просить, если не уверен в том, что Творец ему поможет. Нет тогда места для этой молитвы. Не может человек умолять кого-либо о помощи, если не знает, может ли тот, у кого он просит, оказать ему эту помощь.

Поэтому человек обязан быть уверен во время своей молитвы в том, что Творец ему поможет. Если же человек видит, что Творец ему не помогает, как казалось бы Он должен был помочь, по мнению самого человека, то тем самым человек наговаривает на Творца, утверждая, что Тот не слышит его молитву. Поэтому, говорит Зоар, человек должен просить Творца и должен быть уверенным в том, что Он поможет человеку так, как это необходимо, то есть так, как сам Творец это понимает, потому что человек ведь как раз и хочет заниматься только лишь доставлением наслаждения Творцу и ни в коем случае не самому себе.

А раз так, то какая разница, каким именно образом он работает на Творца и что отдает Ему. Поэтому надо верить, что если Творец решил, что именно то состояние, в котором человек находится, именно оно идет ему на пользу, то неважно тогда, какой именно меркой мерит человек то, что лучше для Творца. Неважно тогда, поможет ли Творец человеку, согласно пониманию самого человека о том, каким образом доставить большее наслаждение Творцу.

Поэтому человек должен быть уверенным в Творце, что Тот поможет ему так, как сам Творец это понимает. И это называется на языке Зоар «положиться на Творца, что Он поможет так, как это необходимо», то есть введет человека в должное, по мнению Творца, состояние. В том же состоянии, в котором человек находится сейчас, он должен просить Творца о помощи. То есть о том, чего, по мнению человека, ему не хватает, об этом он должен просить Творца. Творец же сделает то, что надо сделать.

Когда можно сказать, что человек соглашается с Творцом и не упрямится требовать от Него помощи согласно своему разуму? Именно тогда, когда человек просит то, что, как он понимает, ему необходимо, и молит Творца о той помощи, которая, как он считает, ему нужна, и вместе с тем он аннулирует свое желание перед желанием Творца. Вот тут-то и можно сказать, что человек полагается на Творца, что Тот окажет ему необходимую помощь, то есть поможет не так, как это понимает человек, а так, как это понимает Творец.

На это и указывают мудрецы (Пиркей Авот, ч.2): «Отмени свое желание пред желанием Творца». Если же у человека нет никакого желания чего-либо достичь с помощью Творца в то время, когда он обращает к Нему свою молитву, то это означает, что и нечего ему отменять перед желанием Творца. Но разве же это недостаток? Наоборот, было бы логичней сказать, что, конечно же, лучше, если человек согласен с желанием Творца, чем, если бы было у него какое-либо желание, отличное от желания Творца, и человек должен был бы его отменить. Как будто бы есть у человека нечто плохое, и это плохое необходимо как бы вычеркнуть. Ведь лучше было бы, если бы этого плохого вообще не было.

Дело в том, что для того, чтобы духовное желание было способно наполниться добром и наслаждением, необходимы два условия:

а) чтобы это желание обладало определенной «глубиной» (авиют), то есть эгоизмом – стремлением насладиться;

б) чтобы это желание обладало «экраном», то есть способностью получать в соответствии не с собственным стремлением насладиться, а в соответствии с тем, будет ли от этого наслаждение Творцу, что и называется получением ради отдачи Творцу.

Если же нет у человека желания получить, то есть отсутствует у него стремление к наслаждению, то он не способен получить высший свет, потому что не бывает наполнения без ощущения его недостатка. Поэтому **необходимо постараться, чтобы создать в себе этот недостаток, стремление к тому, чтобы Творец приблизил к Себе и насладил тем, что Он желает дать творению.** Человек стремится к этому наслаждению, но вместе с тем он отменяет свое желание и полагается на Творца, на Его помощь, на то, что Творец даст ему лучшее для него. И тогда нет уже у человека претензий, что Творец не помог ему так, как этого хотелось человеку.

Про это и говорится, что человек аннулирует свое желание и заявляет: «Я делаю свое, то есть то, что, как мне кажется, идет мне на пользу. Однако я понимаю и уверен в том, что, конечно же, Творец знает лучше меня мое состояние, и я согласен идти этой дорогой и выполнять заповеди, как будто бы Творец помог мне так, как кажется мне, что именно таким образом Он должен был бы ответить на мою молитву. И даже, несмотря на то, что я вижу, что Он не дал мне никакого ответа на мою просьбу, я верю, что Творец слышит мою молитву и отвечает мне наилучшим для меня же образом. Поэтому я должен всегда обращать молитву к Творцу, чтобы

Он оказал мне так желаемую мною помощь, и Он помогает мне, но только так, как, с Его точки зрения, лучше всего для меня.

Спрашивается, если Творец так или иначе помогает согласно тому, что Он считает, то зачем же мне нужна эта молитва, это требование в сердце человека? Ведь Творец отвечает не на эту мою просьбу. Творец делает то, что Ему ясно с Его уровня. Но в чем же тогда польза от молитвы человека, зачем же тогда она нужна Творцу, когда мы просим то, что нам кажется необходимым, а Он отвечает нам тем, что нам нужно в Его понимании.

Здесь необходимо уточнить, что **молитва – это наша просьба о том, чего нам не хватает, причем мы в точности знаем, чего же нам не достает, поэтому мы обращаемся к Творцу, чтобы Он ответил нам на нашу молитву. И нам кажется, что если Он выполнит нашу просьбу, то мы будем счастливейшими из людей, получившими от Него все, чего нам недоставало.**

И еще надо уяснить, что нет света без сосуда, то есть нет наслаждения без желания к нему. Выходит, что даже если человек знает, чего ему не хватает, то это все-таки пока еще не называется желанием, пригодным к наполнению. То есть, когда человек думает, что ему чего-то не хватает, то это еще не является настоящим желанием, потому что настоящее желание – это когда человеку позарез не достает чего-то. Если же у человека просто чего-то нет, то это еще не означает, что у него есть к этому желание. Поскольку есть много вещей, которых у нас нет, но это еще не означает, что мы их хотим, то есть, что есть у нас желание, способное наполниться наслаждением.

Возьмем, например, человека, гражданина некоего государства, в котором проходят выборы президента. Президент был выбран, а человек остался простым гражданином, но совершенно не страдает от того, что не стал президентом. А есть еще один человек в той же стране, который надеялся, что именно его выберут президентом. И он приложил к этому много усилий, призывая всех своих друзей и знакомых помочь ему стать президентом. Но, в конце концов, не его выбрали президентом, он же остался со своим желанием. Между двумя этими людьми есть большая разница. Несмотря на то, что оба они не стали президентами, однако есть огромное отличие между человеком, приложившим большие усилия, чтобы стать президентом, но оставшимся со своим нереализованным желанием, и другим человеком, не ощущающим никаких страданий оттого, что не его выбрали президентом. То есть даже если и захотят сделать его президентом, то все равно он не сможет им стать, потому что нет у него никаких способностей делать то, что должен делать президент.

Поэтому именно желание является сосудом, пригодным к наполнению наслаждением. Желание же является настоящим только тогда, когда человек жаждет его реализовать, наполнить. Иногда же человек хочет чего либо, и, казалось бы, есть у него желание, однако это его желание пока еще не истинное, не способное пока еще исполниться.

Желание только тогда является настоящим, когда человек страдает от того, что не может его реализовать. Достижение же необходимого человеку является реализацией, наполнением этого желания и называется наслаждением. И именно в той степени, в которой есть у человека страдание от отсутствия желаемого, именно в этой степени он может насладиться его получением.

Теперь можно вернуться к вопросу о молитве. Молитва – это наша просьба о помощи, обращенная к Творцу, когда мы просим то, что нам представляется наилучшим для нас, и верим, что Он слышит молитву каждого, и полагаемся на Него в этом, однако полагаемся мы не на то, что Творец должен нам помочь, согласно человеческому пониманию, а полагаемся мы на Него в том, что Он поможет нам согласно Своему пониманию.

Зачем же, спрашивается, человек должен молить Творца о помощи, если Творец всегда все делает согласно своему пониманию? Дело в том, что посредством молитвы увеличивается потребность к достижению желаемого. Выходит, что когда человек приумножает свои молитвы, увеличивается в нем желание, и он начинает ощущать все большую потребность в том, о чем он молится. В то время как, когда он только начинал просить об исполнении своего желания, тогда еще не было в нем ощущения истинности этого желания. Он просто-напросто видел, что другие хотят что-то, и слышал, что нужно просить об этом Творца. Поэтому и он начал молиться Творцу об исполнении своего желания. Но еще не было в его сердце ощущения истинности этой просьбы.

Когда же человек приумножает свои молитвы, то он уже сам начинает всматриваться, по-настоящему ли не хватает ему того, что он просит, является ли это его желание основным или же это, требуемое им, наслаждение, является для него просто излишеством. Возможно, что основным для него является быть таким, как массы – простым человеком, выполняющим Его заповеди, а то, что он просит сейчас, является для него всего лишь неким дополнительным духовным заработком.

И это внимание человека к молитве, которую он обращает к Творцу, приводит его к осознанию, что он, в самом деле, нуждается в помощи Творца, чтобы совершить хоть какое-то духовное действие. Молитва человека обращает его внимание на себя, на то, зачем же он молится: на самом ли деле не хватает ему того, о чем говорится в молитвах, составленных мудрецами. То есть не хватает ли мне того же, чего не хватало им, или же я хочу чего-то другого – того, чего требует мой эгоизм, того, что, в его понимании, стоит просить.

Выходит, что после множества молитв начинает появляться у человека настоящее желание, такое, что он начинает страдать от ощущения недостатка. И вот только тогда **сформировывается в человеке истинное желание, чтобы Творец приблизил его к Себе**. И это называется помощью Творца, как написано в Зоар: «Положись на Творца, что Он поможет так, как нужно», то есть вся уверенность должна быть в том, что Творец ответит на молитву человека согласно собственному Его пониманию о том, как необходимо ответить».

А сейчас разъясним продолжение слов Зоар: «даст Творец силу своему народу», то есть Тору. И еще – «счастлив человек, чья сила в Творце». Это означает, что человек должен заниматься Торой «ради имени Творца», то есть ради Шхины, называемой «имя Творца».

Почему же написано: «ради имени Творца», то есть ради Шхины, называемой «имя»? Ведь известно, что все наше намерение должно быть ради отдачи Творцу. Почему же тогда написано не ради Творца, а ради Его имени? Выходит, что во время занятий Торой и Заповедями намерение наше должно быть – ради Шхины. Поэтому необходимо понять, что такое Шхина. И еще написано в Зоар, что намерение во время занятий Торой и Заповедями должно быть о «поднятии Шхины из пепла». Почему же говорят «Шхина», а не Творец?

Сказано в Зоар: «Он Присутствующий (Шохен), и Он Присутствие (Шхина)». Бааль Сулам объяснил, что место, то есть желание, в котором раскрывается присутствие Творца, называется «Шхина». Следовательно, Творец и Шхина едины, и нет между ними никакого различия. И это называется свет, то есть постижение Творца, и сосуд – желания, с помощью которых и происходит Его постижение. Поэтому, когда говорят про Творца, то говорят только про Его раскрытие в наших сосудах – желаниях.

О свете же – в отрыве от желания к нему – не говорят вообще. Так вот, когда мы называем замысел творения, состоящий в желании насладить творения, по имени «Мир бесконечности», то сосуд, в котором происходит постижение всего добра и всех наслаждений, существующих этому замыслу, называется «Малхут» и называется «Шхина».

Творец желает насладить творения и для этого творениям не хватает только сосудов – исправленных желаний, способных получить это наслаждение. И это происходит по причине противоположности в свойствах между получающими и отдающим. Поэтому не раскрыты в мире добро и наслаждение, и существует поэтому зло в мире, то есть человеку представляется духовное, отдача, как нечто плохое, неприемлемое, и лишь получение ради себя представляется, как хорошее.

И поэтому нет никакой возможности у человека в его неисправленных состояниях сделать что-либо ради отдачи, потому что не может он сделать плохо самому себе. И не раскрыты из-за этого человеку добро и наслаждение, идущие от Творца.

Выходит, что Шхина, то есть имя Творца «Добрый и Несущий добро», скрыто от человека в этих его низменных состояниях, «находится в изгнании». Поэтому, когда человек, хоть в чем-то, хоть чуть-чуть начинает работать ради отдачи, немедленно он начинает ощущать это «изгнание» в своей работе, и он хочет скрыться, уйти от этого состояния. Происходит это потому, что, пока человек погружен в свой эгоизм, нет у него никакого представления об альтруистической работе. Когда же он начинает чувствовать, что продвигается в отдаче и не получает ничего, ему становится как бы темно в глазах, и он хочет убежать из этого состояния, подобно человеку, стремящемуся убежать из изгнания.

Как человек, согрешивший против власти и изгнанный в наказание за это, постоянно думает, как вернуться, также и у человека, ощущающего, что он не получает ничего от своих усилий в духовной работе, исчезает желание работать, и он вообще хочет бросить занятия каббалой. Такое состояние, когда человек ощущает вкус изгнания в своей работе, и называется, что имя Творца – «Шхина» – находится в изгнании.

И поэтому мы молим Творца и занимаемся Торой и заповедями, чтобы «встала Шхина из пепла». Шхина, то есть имя Творца «Добрый и Приносящий добро» раскрывается только в альтруистических желаниях. Однако что делать, если человек ощущает в альтруистической работе вкус пепла, вкус изгнания? А это и называется, что «Шхина находится в изгнании». И стремится тогда человек избежать этой духовной работы, заключающейся в отдаче Творцу.

И вот поэтому каждый из нас должен просить об избавлении, то есть, чтобы каждый почувствовал, что он вышел из изгнания. А это означает, что **во время занятия альтруистической работой человек должен ощущать себя на земле Израиля, то есть, что его желанием является достичь только стремления к Творцу.** (Израиль переводится с иврита, как «прямо к Творцу», а земля – «эрец» означает желание – «рацон»).

И подтверждение, проверка этого желания в том, может ли человек **всем сердцем** произнести слова (из благословения после трапезы): «Благодарим тебя, Творец наш, что Ты дал отцам нашим землю прекрасную, добрую и широкую...». И, кроме того, что мы просим о всеобщем избавлении, мы должны молиться и за каждого.

Выходит, что в том месте, то есть в тех желаниях, в которых человек ощущает себя в изгнании, в то время, когда представляет себе, что означает отдавать, и не ради себя, а ради Творца, он ощущает вкус пепла. Во время же избавления и выхода из изгнания, то есть во время исправления этих желаний, он, совершая альтруистическую работу, ощущает себя на «прекрасной, доброй и широкой земле».

Ощущение страданий называется землей изгнания, из которой постоянно хочется убежать. Выход же из изгнания – это приход в «прекрасную, добрую и широкую землю», называемую землей Израиля, за которую и благодарят Творца. Вот к какому избавлению мы должны стремиться!

Однако возникает вопрос. Почему человек ощущает «вкус пепла» в альтруистической работе, почему он хочет убежать от нее, подобно тому, кто находится в изгнании?

И хотя дано на это уже много ответов, необходимо добавить еще один. Есть правило, что нет света без сосуда, то есть не бывает наслаждения без желания к нему. Поэтому, чтобы прийти к избавлению, необходимо прежде уйти в изгнание, то есть ощутить страдание от духовной работы, против которой негодует и протестует желание получить, называемое телом, потому что это против его природы.

Есть такие, кто старается отдавать. И, несмотря на то, что их эгоизм сопротивляется, они не уступают его требованиям. И страдая от этого сопротивления, они все-таки не оставляют своих занятий, не прекращают своей работы. Они всегда находятся в состоянии войны со злом, иногда побеждая, а иногда проигрывая, переживая подъемы и падения и никогда не успокаиваясь.

И они не похожи на остальных людей, которые, видя, что их эгоизм противится отдаче, немедленно прекращают свои усилия. Такие люди не переживают страданий, потому что не совершают никакой работы, не пробуют вкус изгнания. Они находятся под властью собственного эгоизма, уступая его сопротивлению. И они подобны тем лазутчикам, которые злословили на землю Израиля.

И как мы уже объясняли в предыдущих статьях, нет у таких людей подходящих сосудов – желаний, в которых они могли бы ощутить избавление. Бааль Сулам пишет в своей книге «Матан Тора», что изгнание – это «отсутствие, предваряющее раскрытие Творца», которое и является избавлением. Поэтому на иврите слово «гэула» (избавление) состоит из тех же букв, что и слово «гола» (изгнание) плюс буква «алеф», которая означает Творца – предводителя мира (от слова «алуф» – предводитель). Форма же отсутствия является всего лишь отрицанием раскрытия Творца.

Поэтому, когда мы в благословении после трапезы благодарим Творца, то говорим: «За то, что вывел нас Творец из земли египетской и освободил нас от рабства». Для того чтобы достичь «прекрасной, доброй и широкой земли», необходимо прежде пройти этап формирования желаний. То есть «находиться в земле египетской» и ощущать себя рабом Фараона – Царя египетского. **Страдания же в изгнании приводят к необходимости обращения к Творцу, к молитве о выходе из изгнания**. Как сказано: «И застонали сыны Израиля от работы, и возопили, и вознесся этот их вопль к Творцу» («Шмот» п. 2.23). Выходит, что изгнание – это сосуд, а избавление – свет и наслаждение.

Шхина – это имя Творца. Спрашивается, почему написано, что, занимаясь Торой и Заповедями, необходимо делать это ради Шхины? А ответ заключается в том, что Творец и Шхина едины, что Шхина это желание, в котором раскрывается Творец.

Это можно понять на примере человека, которого называют мудрым, богатым и щедрым. Разве же все эти имена представляют собою нечто отличное от самого человека? В то время, когда раскрывается людям мудрость этого человека, они зовут его мудрым, когда им раскрывается его щедрость – щедрым и т.д. Выходит, что имя Творца – это лишь некое Его раскрытие.

Важность молитвы общества
Статья 7, 1986

Сказал раби Шимон: «Молитва масс поднимается к Творцу, и Он украшается ею, потому что она предстает в нескольких разновидностях: один просит милости, другой – мужества, третий – жалости. И молитва состоит из нескольких сторон: правой, левой, средней».

И поскольку состоит молитва из нескольких сторон, она становится короной, возложенной на голову вечного праведника, на «есод», воздействующий на «нукву», а от нее – на все общество.

Яков заключал в себе три линии, поэтому желал Творец его молитву, совершенную, как молитва масс. Поэтому сказано: «и убоялся Яков очень», потому что Творец послал ему это ощущение, дабы обратился он с молитвой, так как Он желал его молитвы.

Здесь мы видим, что Зоар разъясняет молитву масс на одном человеке, говоря, что Яков состоял из трех линий. Но во всех местах, где сказано о молитве масс, следует понимать просто, что массы молятся.

Сказано в Зоар: «Молюсь я Творцу во время желания». Когда время желания? Когда общество молится, то есть массы молятся вместе. И отсюда можно понять, как это молитва становится венцом, возложенным на голову вечного праведника.

Венец на голове, как царская корона, как венец царства. То, что от молитвы появляется венец на голове, означает важность и величие молитвы. Именно, чтобы раскрыть величие и важность молитвы, говорится, что молитва создает венец Царю.

И говорится, что это называется «есод», и он воздействует на «нукву», а через нее – и на все общество. Известно, что молитву мы обращаем к Творцу, почему же тогда молитва масс образует молитву на «есод», и как понять, что «есод» воздействует на «нукву», а через «нукву» – на все общество?

Молитва масс означает, что человек молится для других, это называется «молитва масс». И эта молитва масс зовется временем желания, так как в то время, когда человек молится для себя, имеются сомнения, будет ли молитва его принята.

И наоборот: когда он молится для масс, нет необходимости разбираться, нужно ли ответить на его молитву, ведь он ничего не просит для себя, но лишь для других!

Поэтому сказано, что молитва масс называется временем желания, то есть временем, когда молитва принимается. И, как говорится в комментарии «Сулам», «молитва масс» означает малхут, которая называется «Кнесет Израэль» или «Шхина Кдуша», называемая «массы», так как включает в себя все души.

Как известно, для того, чтобы выполнить замысел Творца, было первое сокращение, то есть там, где есть только келим для получения ради себя, высшее наслаждение сокрыто. И лишь там, где есть келим, получающие ради Творца, туда поступает Высшее наслаждение.

Так как природа человека – это получение, то там, где проявляется желание получить для себя, он не может получить. Но он должен делать все для Шхины, то есть для малхут, и лишь когда Творец проявляется для низших. Об этом говорится, что это аспект – «да возвысится и освятится Имя Его!», так как имя Создателя называется «Делающий добро» и проявляется в мире как Цель творения, называемая «Делающий Добро для Своих творений». И все постигают это, когда есть желание получения с намерением ради отдачи, называемое соединение с Творцом.

Получается, что творения созданы с желанием получать ради себя, и не могут, если не пойдут против своей природы, действовать ради отдачи, этим они способствуют тому, что малхут остается уподобленной праху, то есть не могут видеть того, что она может получить от Творца, так как все сокрыто из-за действия Закона сокращения.

Однако мы должны верить в то, что нам говорят о наслаждениях физического мира, которые являются лишь тоненькой свечкой по сравнению с духовными наслаждениями. И, как говорится в «Сулам», в этом заключается секрет разбиения сосудов, которое произошло до создания миров. При этом осколки разбившихся чистых, альтруистических килим упали в нечистые, эгоистические, и те получили представление о наслаждениях, которые они и передают человеку для получения им наслаждения. Хотя основные наслаждения находятся в духовном, мы видим обратное, видим, что у каждого есть, чем наслаждаться в физическом мире. И с другой стороны, для того, чтобы человек работал в соответствии с Торой и заповедями, необходимо пообещать ему вознаграждение за это, и когда он поверит в то, что сможет получить вознаграждение, то будет он заниматься Торой и заповедями. Ведь в физическом мире, когда человек получает еду, деньги, почет и т.д., он не спрашивает, для чего он должен заниматься этим. Так как там, где человек получает наслаждение, не возникает у него вопроса: «какова цель – ради чего я получаю наслаждение? И все, что необходимо ему во время получения наслаждения – знать, как увеличить его количество и качество, а не то, для чего он должен получить наслаждение.

Но иногда человек получает наслаждение, за которое ему не надо платить, и очень наслаждается этим, но все-таки у него пробуждается вопрос о цели этого наслаждения. Пример наслаждения, которое не нужно покупать – это наслаждение от отдыха, покоя. Часто человек спрашивает себя: «Что я буду иметь от того, что наслаждаюсь отдыхом?». Но когда человек получает истинное наслаждение, он никогда не спрашивает о его цели, и если появляется у него мысль о цели наслаждения, это признак того, что оно не истинное, так как осталось у него еще место думать о цели. Это означает, что в этом наслаждении есть недостаток, и поэтому человек может думать о другой цели, кроме наслаждения, которое сейчас получает.

В «Предисловии к Книге Зоар» сказано: «Основной смысл жизни и наслаждения находится в Торе и Заповедях, так как в них находится Высший свет в качестве вклада. В каждой из 613 заповедей есть частичка света, соответствующая этой ступени и определенному органу души и тела. Выполняя заповедь, человек притягивает соответствующий свет, и это называется внутренний аспект заповеди». А значит, выполнение Торы раскрывает цель творения как желание Творца делать Добро для творений. Однако это происходит лишь в том случае, когда выполнение Торы и заповедей делается с правильным намерением, в противном случае не будет светить Высший свет, относящийся к данной заповеди, и будут эти заповеди называться советами, как достигнуть внутреннего света.

И вся работа человека, заключающаяся в преодолении желаний и мыслей, мешающих ему двигаться по пути Истины, выполняется только в то время, когда он находится в состоянии, называемом «ахораим» – обратная сторона. В этом состоянии он еще не ощущает Высший свет, входящий в Тору и Заповеди, поэтому выполняет все благодаря вере в то, что это большая заслуга – возможность заниматься Торой и Заповедями, даже не ощущая их важности, а делая все верой выше разума. Ведь цель – соединиться с Творцом, и он делает все для этого, прилагая большие усилия с намерением достичь совершенства.

И после всех усилий в желании преодолеть помехи, стоящие на пути, видит, что его действия далеки от соединения с Творцом, и тогда он обращается к Нему с молитвой, чтобы помог ему поднять Шхину из праха: ведь он видит ее именно в таком состоянии. Он видит и то, что другие пренебрегают духовной работой, так как не знают, как открыть для себя ее важность. И это называется молитвой масс, то есть молитвой для масс.

Здесь есть две стороны:
1. малхут называется «массы», так как включает в себя все души;
2. молитва масс – потому что молимся для масс, чтобы массы заслужили подняться до ощущения важности Торы и Заповедей, то есть заслужили уровня 613 вкладов, где имеется Высший свет в каждой из заповедей.

В конце концов, выходит, что из двух сторон получается одна. Это значит, что молимся, чтобы массы заслужили увидеть величие и важность малхут, и будет это в то время, когда все удостоятся альтруистических желаний, и тогда 613 Заповедей называются 613 вкладами.

Смысл того, что молитва масс не возвращается пустой, в том, что молимся для общества. И обществом называется общность Израиля, а также святая Шхина. Выходит, что общество состоит из нескольких аспектов. Поэтому сказано в Зоар, что молитва общества принимается, потому что есть в ней целостность. И об этой молитве говорится, что Творец «окутывается ею», потому что есть в ней несколько характеров: один просит милости, другой – мужества, третий – жалости.

Необходимо понять, почему нужна молитва, включающая в себя все стороны. Это следует из того, что все ступени, которые мы различаем в духовном мире, должны нам раскрываться для нужд исправления. Поэтому, когда мы пользуемся понятиями трех линий, то имеем в виду, что совершенство – это когда раскрыты все три линии, то есть Творец хочет дать творениям изобилие, чтобы могли пользоваться им. Чтобы не произошло, как в мире Некудим, где было разбиение сосудов из-за того, что не было там исправления делением на линии, как сказано у АРИ.

Значит, когда высший хочет дать нижнему наслаждение, он хочет, чтобы нижний его получил, и чтобы было это для его пользы. Однако если желание не исправлено, то низший не может принять это наслаждение, и оно выходит наружу, как было во время разбиения сосудов, когда наслаждение вышло наружу из кдуши и не попало к нижним, и это называется, что молитва не принята.

Исправление, называемое «три линии», состоит в том, чтобы Высший свет остался в кдуше, а не выходил наружу. В этом случае молитва может быть принята. В соответствии с этим, поясняет Зоар, что Яков состоял из 3-х линий, то есть он сам называется средней линией, в которую включены также правая и левая.

Поэтому желал Творец его молитву, которая полноценна, как молитва масс. Со стороны Творца нет никакой задержки давать наслаждение, так как Его желание – делать добро творениям, и Он лишь ждет, чтобы было готово желание, сосуд, который сможет его получить. Поэтому, чтобы не ушло наслаждение наружу (к эгоистическим желаниям), необходимо исправление для желания малхут, которая должна перевести это наслаждение к низшим. И это исправление называется исправлением линий.

Теперь мы можем разобрать, что значит, что молитва «состоит из нескольких характеров и сторон», и почему молитва масс создает венец на голове Вечного Праведника, или «есод», который передает все малхут, и от нее – на все общество. Здесь возникает почему, если мы молимся и обращаемся в бесконечность, то молитва масс создает венец именно вокруг «есод»? Дело в том, что порядок передачи света к малхут называется «есод». То есть все девять сфирот передают все свои качества «есод», который также называется «все».

Мы всегда говорим о дающем и получающем наслаждение – о малхут. Создатель хочет давать и ждет, когда будут у творений сосуды, способные получать. Поэтому, когда молитвы поднимаются вверх и соответствуют тому, чтобы быть принятыми, то называются они сосудом, получающим наслаждение. И если он поднимается к дающему, а этим дающим является «есод», то считается, что молитва поднялась к «есод».

Когда снизу есть желание приблизиться к Творцу и заслужить слияния с Ним, тогда просят у Него помощи. И как сказано в Зоар, что если человек приходит очиститься, то помогают ему, очищают его, и называется он святой.

Если человек хочет улучшить свои действия, то это влечет соединение желания дающего с его желанием, и благодаря этому спускается наслаждение вниз. Это называется поднятием МАН, и оно вызывает недостаток вверху. Необходимо понять: почему нижний вызывает недостаток вверху? Для этого нужно знать, что означает здесь понятие недостатка.

Известно, что сосудом называется недостаток, значит, там нужда и место, чтобы его заполнить, удовлетворить. Со стороны Создателя нет никакой задержки, чтобы насладить, ибо это и есть Его желание. И то, что мы воспринимаем как сокрытие света, происходит по причине, что нет исправленных желаний для его получения, поэтому нижний хочет очистить себя, но нет у него сил сделать это, и просит помощи. Тогда недостаток его поднимается наверх, и есть сейчас у верхнего сосуд – желание нижнего, в которое он может давать наслаждение. Это называется поднятием МАН.

Значит молитва, являющаяся ощущением недостатка, который просит заполнить нижний, поднимается к дающему, называемому «есод» и передающему Кнесет Исраэль, называемому малхут. Молитва эта создает венец на голове «есод». И венец нужно понимать, как корону, являющуюся короной Царя и указывающую на величие Царя. Следовательно, когда есть раскрытие света Творца, все видят Его величие. И, наоборот, во время сокрытия Его лица, называемого «Шхина в изгнании», не постигают в это время вкуса духовного, а Тора и Заповеди кажутся, как вкус земной пыли, и все из-за того, что нет сосудов для получения света Творца. Поэтому Величие Его осквернено среди гоев, так как до того, как человек заслуживает уровня «ехуди», он находится на уровне гоев. То есть известно, что каждый человек – это маленький мир, и состоит он из 70 народов и уровня Исраэль.

Во время сокрытия, когда свет Творца не может раскрыться из-за отсутствия исправленных желаний, необходимых для этого, если даже будет дана некоторая частица света сверху, то она уйдет к темным силам. Поэтому верхний свет сокрыт для нижних, что называется «упал венец с Его головы», и означает, что величие Творца осквернено.

Но когда приходит человек очиститься, то есть хочет, чтобы Творец приблизил его к Себе и дал ему альтруистическое желание, с помощью которого он сможет соединиться с Ним, тогда весь Высший свет, который раскроется, он будет получать с намерением отдавать. Значит, хочет человек, чтобы дали ему сверху силы для того, чтобы была у него всегда возможность находиться в кдуше, что соответствует слиянию с Творцом. Тогда молитва его создает венец, корону Царя, потому что проявляется тогда Величие Царя. Или, как говорится в Зоар, молитва «создает венец, возлагаемый на голову Вечно Живущего Праведника», то есть «есод», передающего все нукве, а от нее – всему обществу. Получается, что с помощью молитвы поступает Высший свет к нижним, и раскрывается тогда добро и наслаждение. Называется это – корона Царя или величие Царя.

Помощь, приходящая свыше
Статья 8, 1986

Сказано мудрецами в трактате «Сукка»: «Эгоизм человека каждый день восстает на него с целью оторвать от духовного, когда свойство грешника в душе человека стремится вытеснить свойство праведника. И если бы человек ежесекундно не получал помощь Творца, свойство «раша» в борьбе со свойством «цадик» вытеснило бы его и уничтожило, что называется духовной смертью. Но сказано, что «Творец не покинет и не оставит свое творение, и не будет судить его».

Зоар приводит слова рава Хизкии: «Если так, то почему Яаков остался один? И куда исчезли ангелы, которые всегда сопровождали его?» Сказал рабби Йехуда: «Из-за того, что сознательно подверг себя явной опасности (сказано, что Яаков был один ночью, поэтому была явная опасность), а ангелы пришли охранять Яакова от скрытой опасности и поэтому оставили его». Спрашивается – в какой момент ангелы оставили его? В тот момент, когда подверг себя опасности. То есть сначала подверг себя опасности, а только затем исчезли ангелы. Поэтому сказано: «И остался Яаков один».

Исходя из этого, следует понять, в чем заключается смысл сказанного, что когда есть явная опасность, ангелы не остаются охранять Яакова.

Если, допустим, что у ангелов нет силы уберечь от открытой опасности, но тогда как же они могут уберечь от опасности, которая скрыта? Спрашивается, относительно кого опасность должна быть скрыта или открыта – ангелов или человека? Или если даже существует открытая опасность, то почему ангелы оставляют человека, даже если ему известно об этой опасности?

Надо понять вышесказанное в духовной работе. Прежде всего, необходимо выяснить, что же вообще такое опасность, а затем, что такое открытая опасность.

Известно, что порядок работы начинается с правой линии. Правая линия – это свойства, не нуждающиеся в исправлении, а свойства, которые нуждаются в исправлении, называются левой линией. Поэтому тфилин накладывают на левую руку.

Вследствие этого, когда обучают человека духовной работе, начинают с правой линии, так как в ней нет места опасности для духовной жизни, и человек сможет идти и продвигаться дальше по духовной лестнице. Потому что правая линия – это свойство хесед, милость Творца. И это значит, что когда человек выполняет Тору и Заповеди даже с простым намерением выполнять просто механически, не зная настоящего намерения, он говорит, что Творец сотворил с ним милость, хесед, послав ему мысль и желание просто выполнять Тору и Заповеди – даже этого ему сейчас вполне достаточно, и он доволен этим.

И поэтому за каждое свое действие в Торе и Заповедях он благодарит и восхваляет Творца за посланную ему возможность – мысль и желание выполнять Тору и Заповеди. И неважно количество, а то, что уже его тело позволяет ему заниматься и выполнять Заповеди, за это уже человек благодарен Творцу и счастлив, что может выполнять сейчас волю Творца, что не дано другим.

Но это еще не называется, что идет по правой линии, так как отсутствует левая линия. Потому что правая линия проявляется только в сочетании с левой, а если она отсутствует, то это называется просто одной линией.

Поэтому, когда начинают обучать человека духовной работе, говорят, что Творец не требует от него сейчас каких-то особых глубоких намерений, а ему нужно просто выполнять Тору и Заповеди в меру своих способностей, и этого ему сейчас вполне достаточно.

Об этом сказал АРИ, что как нет похожих дней и мгновений, также нет похожих людей по их врожденным свойствам. Поэтому с каждого требуется не более чем то, что доступно его врожденному разуму и силе, и не более того.

Отсюда вывод, что работа в одной линии не включает в себя поиск недостатков в духовной работе.

А если человек выполняет в самом упрощенном виде Тору и Заповеди, то это уже считается много, так как этим ведь он выполняет указание Царя. И человек должен подводить итог всех таких действий, то есть произносить слова молитв и благословений, спрашивая себя, к кому он обращается. Тогда, несомненно, человек почувствует себя по-другому, несмотря на то, что еще не понимает смысла произносимых молитв, но это уже само по себе очень важно, так как важно не что человек говорит, а **к кому он обращает эти слова.**

Например, когда исполняет какую-нибудь Заповедь, например облачение в цицит, он видит, что есть еще евреи в мире, у которых не было возможности носить цицит. А у него есть, и этим он удостоился выполнить Заповедь Творца. Сколько благодарности он должен дать Творцу за это! Поэтому простым умом, в меру своей веры в величие Творца, благословляет и благодарит Творца за то, что выпало на его долю, что удостоен выполнить Его желание, что дал ему то, чего не дал другим людям.

Он благодарит Творца и когда получает наслаждение в этом мире, веря, что наслаждение исходит и создано Творцом, хотя другие люди даже не осознают этого. И в своей молитве он благодарит за то, что «не сделал его гоем, а сделал его (евреем) Израэль».

Отсюда видим, что мы должны благодарить Творца даже за самую малую долю, что связывает нас с Ним, и, несмотря на то, что нет у нас возможности оценить эту связь, все равно мы должны верить в нее.

Но Бааль Сулам сказал, что как бы мы ни понимали важность исполнения Торы и заповедей с намерением «ради Творца», на самом деле **выполнение «не ради Творца» на этом этапе еще важнее, чем выполнение «ради Творца».** Это значит, что нет у нас силы оценить наслаждение Творца от того, что мы хотим выполнить Его желание. Ведь каждое действие, совершенное внизу, в нашем мире, влечет за собой пробуждение в Высших мирах, как сказано в Книге Зоар: «Работа нижних пробуждает работу высших». Поэтому, пока человек еще не удостоился войти в «чертоги Царя» и достигнуть духовных миров, ему остается лишь верить в это.

Когда человек приходит в синагогу, чтобы прочитать одну главу из Торы, нельзя оценить важность такого действия для Творца, так как тогда человек совершает действие, и к нему нечего прибавить, и это признак того, что есть в действии совершенство, будто он исполнил его с намерением, как большой праведник. Это значит, что когда говорят ему, что есть праведники, которые добавляют к действию только намерение, то действие от этого не прибавится. Поэтому о нем сказано: «не убавь и не прибавь».

Но говорят ему, что действие с намерением – это не для него, что это относится только к избранным.

А на самом деле, если это его совершенство, то он направляет всю свою энергию и силу на сохранение всего, что получил от воспитания. И он знает, что все, что ему следует делать – только заботиться о количестве. А качество, то есть углубление намерения, причины, обязывающие соблюдать Тору и Заповеди, он знает из данного ему в прошлом воспитании.

Поэтому он считает, что причитается ему и этот мир, и будущий как вознаграждение за исполнение Торы и Заповедей. И это называется, что он идет в одной линии, и она вовсе не является правой! Так как нет здесь свойств левой, а правой линии не может быть без левой.

И на таком пути нет у него никакой опасности в том, что потеряет свой духовный уровень. А будет постоянно продвигаться вперед, так как итоги его деятельности будут измеряться по количеству. И каждый день будет прибавлять в исполнении, поэтому он всегда продвигается вперед, видя всегда, что только прибавляет количество заповедей. Допустим, что достиг, например, 20-летнего возраста, имея за плечами 7 лет исполнения Торы и Заповедей, а когда пришел к 30-летнему возрасту, у него уже 17 лет исполнения Торы и заповедей.

И выходит, что это самый безопасный путь, на котором нет опасности для его «духовной жизни», так как имеется основа для измерения своего продвижения. И потому этот путь назван безопасным: на нем нет места падению со своей ступени, отчаянию из-за неудачи в духовной работе, и поэтому всегда можно быть спокойным. И все переживания заключаются в том, что человеку больно оттого, что остальные люди, окружающие его, **не делают, как он**. И только из-за этого он переживает. Но в себе он видит причину радоваться, потому что у него есть багаж выполненных им заповедей Торы.

Но в то время, когда ему говорят, что есть еще один путь, который называется левой линией (то есть, находясь в левой линии), человек видит, что даже если он и прилагает усилия в Торе и заповедях, все же ему необходимо исправлять себя, но не сами действия, а намерение, с которым эти действия совершаются, и которое является причиной, обязывающей его выполнять Тору и Заповеди. Но это уже считается «опасный путь» по двум причинам.

1. Тело не может работать без стимула, ему необходима энергия для работы. Но человеку говорят, что все его вознаграждение состоит в том, чтобы удостоиться доставить наслаждение Творцу. А этой причины телу не понять. Ее недостаточно для того, чтобы тело дало человеку силы на такую работу, потому что это противоположно природе человека, который стремится все получать только ради себя.

И потому, когда он прикидывал усилия, находясь в одной линии, то есть, опираясь на неизменное вознаграждение и в этом и в будущем мире, телу это понятно – ради такого вознаграждения стоит прикладывать усилия.

Но в то время, когда ему говорят, что он должен приложить усилия и к ним добавить еще и намерения – намерения на каждое производимое действие, намерения насладить своими действиями Творца, тогда человек остается без сил к работе, его тело требует объяснений: «Как можно, чтобы я трудился и отказался от многих вещей, приносящих телу наслаждения, только чтобы наслаждался Творец?». Вот почему этот путь являет собой опасность – опасность того, что утратит человек всю свою духовную жизнь, даже то, что приобрел, работая в одной линии.

2. А вторая причина опасности заключается в том, что, стараясь работать с намерением на отдачу Творцу и видя, что ему не удается создать правильное намерение, человек впадает в отчаяние, ведь уже три года прикладывает усилия, но не достиг альтруистического намерения, и спустя пять лет положение только ухудшается. И наоборот, работая в одной

линии, он видел продвижение в Торе и Заповедях, которое зависело от количества лет их исполнения, а здесь, в правой линии, пролетели три года, и он не может добавить к своим действиям намерение на отдачу, что и приводит его к отчаянию.

Но на самом деле, с одной стороны, человек приближается к правде, то есть к осознанию собственного зла: ведь раньше он думал, что не так уж тяжело преодолеть собственное зло. И об этом сказано мудрецами, что «эгоизм кажется грешникам подобным тонкой нити, а для праведников он, как высокая гора». А с другой стороны, человек все-таки должен видеть правду о себе – что его эгоизм никуда не уходит и не исчезает. И в этом заключается опасность: он начинает испытывать отчаяние, говоря себе, что в работе на себя нет никакой пользы и важности для него, что главное – это работать на Творца, а этого тоже не может делать. Выходит, что идя в левой линии, он может вообще оставить духовную работу, так как не видит выхода ни с той и ни с другой стороны.

И поэтому не направляют человека идти только в одной линии. Но если в нем проснулось желание к Творцу, и есть у него самостоятельное стремление к поиску правды, то, когда он находится в начале работы, не раскрывают ему пока левую линию: необходимость исправить себя, чтобы все действия были направлены с намерением «ради Творца».

И об этом сказал РАМБАМ, что, как сказано мудрецами, «пусть человек занимается Торой и Заповедями даже не ради Творца, но вследствие этого он придет к выполнению Торы и Заповедей с намерением ради Творца. Поэтому, когда обучают детей, женщин и массы, обучают их выполнять Тору и Заповеди из страха перед Творцом, с целью получить затем вознаграждение. До тех пор, пока не приобретут большую мудрость и знания, а тогда постепенно, без принуждения, раскрывают им способ работы ради Творца».

Поэтому надо идти, используя правую и левую линии, даже с сознанием того, что истина заключается в работе ради Творца. Путь, по которому шел раньше, давал возможность различить только одну линию, и сейчас эта линия приобрела новое имя и является правой линией. Но что это нам добавляет, что мы называем сейчас эту линию правой?

И ответ заключается в том, что сейчас добавлено намерение на правую линию. То есть у правой линии появляется особое, присущее ей намерение, а когда шел в одной линии, его не было. Главное – нельзя человеку упускать из виду левую линию и идти только в правой, так как нет правой без левой. Поэтому, когда шел в одной, не знал, что есть другой путь. А сейчас в сопоставлении с этой одной линией есть также левая, а та, что раньше была единственной, стала правой.

Идя в правой линии, человек получает чувство совершенства, которое не значит, что он идет без каких-либо недостатков, а означает, что это чувство появляется от того, что пусть даже он и не достиг намерения ради Творца, но рад тому, что, как и до осознания левой линии, чувствовал радость от работы. Так и сейчас рад, что хоть чуть-чуть дотронулся до святости тем, что уже знает, что работа ради Творца – это истина, и Творец ему дал силу почувствовать ее, а другим – нет, поэтому и рад и благодарит Творца за эту возможность в будущем удостоиться работе на Творца. Выходит, что в этом состоянии он находится в совершенстве.

Но когда сейчас начинает работать в левой линии и понимает, что главное – это работа на отдачу, ему уже трудно довольствоваться малым, то есть тем совершенством, что было в правой линии, и потому нужно теперь прилагать усилия, чтобы добиться полного совершенства.

Но его тело не позволяет ему сейчас использовать себя для духовной работы. И об этом сказано: «в том месте, где отсутствует святость, находятся нечистые желания – клипот». Это означает, что клипот дают ему сейчас понять, что для того, чтобы хоть немного почувствовать духовный мир, человек должен затратить огромное количество усилий. И у клипот есть силы отдалить человека достаточно серьезно, причем хитро намекая, что это хорошо быть слугой Царя, но ведь у тебя нет достаточно сил на это. И тогда возникает опасность вообще оставить духовную работу, так как тело теперь сопротивляется работе, потому что человек сам начал видеть свои недостатки в духовной работе.

Тогда как раньше, в одной линии, четко знал, что это его совершенство, а работа на Творца дана только великим людям, которые получили от рождения это качество и способности преодолеть тело и управлять им, и что задумают, то и могут совершить, и нет сил ни у кого остановить их. А от тебя требуют только то, что ты в состоянии сделать. То есть что можешь – делай, и тем самым ты исполнил свой долг, так как сказано: «Тора не дана ангелам, а всему народу, каждому в мере его способностей».

Но после того как человек начал идти в левой линии и почувствовал, что и он должен прийти к слиянию с Творцом, работать на отдачу, он сразу теряет чувство совершенства, что было у него в правой линии, так как левая линия сейчас мешает ему. И здесь самое важное – начать идти верой выше разума.

Таким образом, человек должен поверить, что работа на Творца очень важна. И притом не существенно, достигнет ли он истинного совершенства или той меры, которая ему полагается. И хотя еще не удостоился работать ради Творца на все сто процентов, а пока лишь на очень малый процент, но считает это большим богатством, важность которого не может оценить. Мы видим, что работая в левой линии, нужно каждый раз поднимать степень важности духовного. Даже не ощущая пока духовного мира, человек должен верить выше своего разума в его величие. И он должен тогда сказать себе, что необходимо пока верить выше разума в важность духовного, потому, что еще не достоин ощутить эту важность и величие. А почувствовать все то добро и наслаждение, что есть в духовном, он еще не может вследствие того, что погружен пока в свой эгоизм, и должен верить, что когда будет достоин, то почувствует все это.

Мы видим, что человек должен верить выше разума не из-за недостатка Высшего света, заключенного в Торе и Заповедях, а этот недостаток – следствие неподготовленности сосуда (кли) его принять. И Творец знает, когда буду достоин, и обязательно даст мне почувствовать наслаждение, заключенное в Торе и Заповедях.

Отсюда следует, что вера выше разума должна присутствовать в человеке весь период исправления своего сосуда (кли), так как сказано, что «Тора – это жизнь». То есть не только в состоянии, когда Свет исчез и нет другого выбора, как идти верой выше разума, а тогда, когда завершится исправление, то свет распространится в каждой частице святости, которую исправил.

Так, если человек идет в правой линии, веря выше разума в важность и величие Торы и Заповедей, то в мере этой веры он может возвеличить и сделать важным даже небольшую свою связь с духовным, пусть даже «не ради Творца», и в этой мере он уже может быть рад и счастлив, так как этим выполняет волю Творца

Но после этого он должен перейти работать в левой линии, то есть должен проверить свои действия – на самом ли деле его действия направлены на достижение слияния с Творцом. Написано: «Я создал эгоизм, Я же и дал Тору для его исправления» – к этой ли цели двигается человек? И это называется, что подвергает себя опасности, как было сказано выше. Находим, что в то время, когда он идет в левой линии, его работа в основном заключается в молитве, то есть чтобы молил Творца о помощи, как сказано: «Приходящему очиститься, помогают».

И теперь вернемся к вопросу об ангелах, окруживших Яакова, заданному в начале статьи. Зоар объясняет, что Высшая сила, то есть ангелы, пришли на помощь Яакову, чтобы дать ему возможность продолжить идти дальше. Но помощь свыше приходит, когда человек уже начал работу и стоит посреди пути и кричит о помощи. Но до того, как начал свою работу, помощь прийти не может.

Когда Яаков начал свою работу, он тем самым подверг себя опасности и поэтому просит у Творца помощи. И тогда приходит Высшая сила Творца, называемая ангелами, чтобы смог победить свой эгоизм, борьбу с которым уже начал. И, закончив эту работу, хотел начать новую, а так как начало работы – это тьма – «ночь», то это называется явная опасность. То есть левая линия – это место тьмы, опасности. Но он сам должен начать свою новую духовную работу. И когда убедится, что не сможет сам, начинает просить помощь свыше, и тогда снова получит ее.

Ханукальная свеча
Статья 9, 1986

В «Масехет Шабат» (23,72) написано: «Сказал рабби Пшита: «Если мне выбирать между свечей домашней и ханукальной, то домашняя свеча предпочтительней из-за мира в семье»». А вот комментарий РАШИ: «Домашняя свеча – это свеча в шаббат, он бедняк, и нет у него возможности купить масло для двух свечей. Мир в семье, как об этом говорится далее, перевешивает душевный покой. Это зажигание свечей в шаббат, чтобы домочадцы не грустили, сидя в темноте».

Но ханукальная свеча не для установления мира в семье, ибо запрещено пользоваться ее светом. Как говорят, после зажигания ханукальных свечей: «Эти свечи – святость, и мы не имеем права пользоваться ими, а можем лишь смотреть на них». И нужно понять:

1. Почему приводится причина, что субботняя свеча важнее свечи ханукальной – из-за мира в семье. Эта вещь требует разъяснения. Разве этого достаточно, чтобы отменить свечи Хануки, которые так важны из-за святости, которая в них? До такой степени, что, как говорили мудрецы, запрещено пользоваться их светом? Как мы сказали выше: «Свечи эти – святость, и мы не имеем права пользоваться ими, а можем только смотреть на них». И ради мира в семье, который относится к материальному, отменяют эту заповедь?
2. Вообще нужно понять, какая существует связь между субботней свечей и миром в семье, как мы учим из сказанного: «и пренебрежет домашним покоем». Это означает зажигание свечей в субботу.

А чтобы понять сказанное выше, сначала нужно выяснить три понятия:
1. что такое шаббат;
2. что такое семейный мир;
3. что такое Ханука.

Написано в субботней вечерней молитве: «Ты освятил седьмой день ради Имени Твоего, цель творения неба и земли». Здесь понятие цели утверждает, что это цель, ради которой созданы небо и земля.

Известно, что Целью творения является желание Творца насладить свои творения. Это и называется Целью творения. А что же мы имеем до Цели? Это время работы. Спрашивается: если Цель – дать добро, то зачем же мне работать для этого?

Но известен и ответ: чтобы не было чувства стыда, дана нам работа, которая называется «исправление творения». Это означает, что посредством этого исправления мы сможем получить добро и наслаждение. Потому что уже будет у нас тогда совпадение свойств с Творцом, ибо творения захотят давать Творцу так же, как Творец хочет давать творениям. Выходит, что из-за того, что человек работает ради отдачи Творцу, он не испытывает больше стыда.

В соответствии с этим получается, что **понятие работы, которая дается нам, связано с исправлением творения, а не с его целью, ибо Цель творения – наслаждаться, а не работать.** А то, что нам нужно для исправления, не подразумевает собой удовольствие, которое Творец дает вследствие цели творения. Но чтобы добро и наслаждение, которое мы получим, было бы совершенным, а это совершенство заключается в том, что сможем получить добро, не почувствовав неудобства. И именно это и дает работа, которая заключается в том, что мы должны поменять наши келим «желания», полученные от природы, приобретя другие келим, называемые «желания отдавать». И тогда мы не будем больше испытывать неудобство во время получения наслаждения от Творца.

И эти два аспекта, выясненные по поводу цели творения, которая будет достигнута в ее совершенстве, объясняются нам в двух состояниях:

1) Порядок исправления творения заключается в том, что мы занимаемся Торой и Заповедями ради отдачи. И особенность этой работы заключена в том, что мы работаем с альтруистическими желаниями. Это означает, что есть действия и есть намерения. И в этом состоянии мы пользуемся альтруистическими действиями, которыми являются Тора и Заповеди. А заключаются эти действия в том, что человек выполняет их, подобно сказанному: «как Творец милосерден, так и ты будь милосерден». То есть человек желает отдавать Творцу по примеру того, как Творец желает давать творениям. Поэтому, если человек поступает так по примеру Творца, то есть идет Его путем, то он хочет, чтобы Творец дал ему плату за его работу ради творений. Однако здесь есть еще работа с намерением, которая подразумевает, чтобы намерение было подобно действию.

Потому что иногда бывает и такое, что действие заключается в отдаче, но намерение иное. Значит, причина того, что он отдает – чтобы потом получить взамен на это. И это называется – «не ради Творца».

Потому нужна большая работа, если человек хочет совершить альтруистическое действие. И то, что обязывает его совершать такие действия, – это наличие определенной причины, заставляющей его именно отдавать, а не получать. Так принято и в нашем мире: у того, кто любит, пробуждается в сердце желание давать любимому, потому что в этом выражается любовь одного к другому. И по отношению к важному человеку пробуждается у другого в сердце подобное чувство, когда раскрывается ему любовь в результате того, что тот дал ему подарок. И это называется «уста и сердце его едины», что означает, что его действие и его намерения одинаковы, и нет в сердце намерения, отличного от действия, ибо причина действия заключается в намерении отдать. И это называется «ради Творца».

2) Второе состояние – Цель творения – заключается в том, что тогда мы сможем использовать свои эгоистические желания. Это означает, что мы будем получать наслаждение. Но причина того, что мы хотим получить наслаждения не в том, чтобы наполнить свои эгоистические желания, страстно желая этих наслаждений, которые хотим немедленно получить. А есть здесь совершенно иная причина, противоположная нашему действию, заключающаяся в том, что мы страстно желаем все отдавать Творцу, а для себя самих мы совершенно не хотим получать внутрь нашего желания наслаждение, ибо это является причиной того, что мы отделены от Творца. Но что же мы можем дать Творцу, чтобы он наслаждался этим? И о чем можно сказать, что именно этого Ему не достает? И ответить на это можно лишь то, что Он сотворил творение, чтобы насладить его, поэтому-то мы и хотим получить это наслаждение, чтобы выполнить это Его желание – насладить свои творения.

3) А сейчас мы можем разобраться в вопросе: что же такое Ханука? Согласно нашему объяснению понятие 1 – это работа по исправлению творения, которая необходима, чтобы приобрести альтруистические желания, с которыми затем можно достичь цели творения. И это можно определить, как «духовное», потому что человек не желает совершать никакого действия ради себя, но только ради Творца. Как сказали мудрецы: «Возносится жертвоприношение Творцу – это все духовное».

Так вот, чудо Хануки определялось, как духовное, как мы говорим в благословении: «Когда поднялось злодейское царство Греции на твой народ Израиля, чтобы забыл он Твою Тору и чтобы отвратить его от законов Твоих. И Ты в своем великом милосердии встал против них в этот недобрый для них час».

В соответствии с нашим объяснением выходит, что духовностью называется использование альтруистических желаний. А понятие «власть греков» отражает положение, в котором греки не давали йехудим заниматься ничем, относящимся к этим альтруистическим желаниям, потому что была у них власть над выполнением Торы и Заповедей. И это относится к внешней части. В то время как во внутренней части – властвовали над мыслью, чтобы не было у Израиля возможности даже для малейшего намерения ради Творца, но чтобы народ Израиля погряз в своем эгоизме и в результате этого был бы отделен от Творца. И все эгоистические мысли направлены на то, чтобы отдалить Израиль от Творца. А отдаленность и отделенность проявляются только из-за несовпадения свойств.

И Бааль Сулам объяснял по поводу вопроса мудрецов о том, «что такое Ханука» (Шаббат, 21, 72): что «хану» – «остановились» и «ка» – от «здесь»; также «25». То есть 25 (каф-хей) кислева не было концом войны, а было лишь временной остановкой. Как когда армия готовится к новой мощной атаке, и ей дают передышку, чтобы собрать новые силы и продолжить войну.

И есть глупцы, которые когда получают приказ не продвигаться в сторону врага, а отдохнуть, то полагают, что война окончена, и не нужно побеждать неприятеля. Таким образом, Ханука – это еще не окончательное достижение Цели, а лишь состояние исправления творения. Когда дающие келим исправлены, то есть наличие действий, направленных на отдачу.

И согласно вышесказанному, суть Хануки – это еще не совершенство цели, а только исправление творения, исправление альтруистических желаний выполнением действия ради отдачи Творцу. А пользоваться ханукальным светом запрещено, потому что его использование – это действия, направленные на получение, а чудо было только с альтруистическими действиями, чтобы могли совершать их с намерением ради отдачи, то, что называется «ради Творца».

И это было чудо, которое заключалось в том, что вышли из-под власти греков и могли идти теперь верой выше знания. Но если бы нечистые эгоистические силы греков властвовали над Израилем, то не могли бы сделать ни малейшего действия, если бы не знали зачем, и какая польза выйдет из этого действия, и в каждом частном действии идти с намерением веры выше разума.

В соответствии с нашим объяснением получается, что ханукальная свеча – это намек на духовное чудо, заключающееся в том, что народ Израиля вышел на свободу из-под власти греков, но вместе с тем это было только полдела. Потому что только альтруистические желания были исправлены посредством ханукального чуда. И это называется «исправление творения», но не Цель творения.

В то время как шаббат, который соответствует «будущему миру» или цели «творения неба и земли» – это Цель творения, то есть то, что откроется в Конце исправления (Гмар Тикун). И светит этот источник в шаббат.

Поэтому, шаббат – это время получения наслаждения, то есть разрешено использовать также и эгоистические желания, но должны лишь использовать их с намерением «ради отдачи». Об этом говорится, что все, приходящие в этот мир, должны достичь этого уровня, «ибо никто не будет отвергнут Мною, но все достигнут совершенства Цели», то есть получения наслаждения, но будет оно ради отдачи Творцу.

А теперь выясним то, что спрашивали: в чем связь понятий шаббат и мир в доме? Известно, что домом называется Малхут, которая получает Высшее наслаждение ради Творца. Однако у Малхут есть много имен. Имя «дом» указывает на совершенство, как об этом написано у Бааль Сулама (Ноах, стр.88, 249): «И нужно, чтобы ты знал, что в то время, когда человек находится в полном совершенстве, считается он живущим в доме... Однако в то время, когда человек нуждается в исправлениях, потому что нет у него совершенства, ему необходима охрана, чтобы не получили в нем опору нечистые эгоистические желания, склоняющие его к греху. Поэтому он должен «выйти из дома», ибо запрещено ему получать этот Высший свет-наслаждение из опасения, что получит его ради себя. И поэтому обязан выйти на путь Творца, то есть получать необходимые ему исправления.

Таким образом, мы видим, что нужно различать два состояния:
1. состояние, называемое «дом»;
2. состояние, называемое «постоялец».

Пока человек не находится в состоянии совершенства, он должен выйти в состояние «путник», на путь Творца, чтобы получить исправления, с помощью которых он придет к совершенству. И поэтому такие люди называются прохожими, путниками дорог – ведь они пока находятся в пути и не пришли еще к Цели, которой должны достичь. И даже праведники подобные Ноаху, который был совершенным праведником, но все же имел еще недостаток, поскольку исправил лишь «келим де-ашпаа», называемые «духовные келим».

Такое состояние, как уже упоминалось выше, называется исправлением творения, поскольку в нем человек может отдавать с намерением «ради отдачи» – и это называется «ли-шма». И благодаря этому ясно, что свеча праздника «Хану-ка» (как объяснялось выше) намекает на то, что это лишь остановка, а не конец работы. И потому нельзя пользоваться светом ханукальной свечи, поскольку чудо свершилось для духовных келим, как объяснялось выше. А о том, чтобы получить наслаждение от света в дающие келим, не может быть и речи. И потому на эти свечи можно «только смотреть».

Другое дело – субботняя свеча, потому что суббота – это «цель творения неба и земли» и это соответствует будущему миру, который называется «цель творения» – дать наслаждение творениям, чтобы они получили добро и блаженство. Это свет, получаемый в эгоистические желания, а процесс называется «получение ради отдачи». Это означает использование эгоистических желаний ради Творца.

И это называется свойством «дом». А слова «в мудрости выстроит дом» на языке каббалы означают, что Малхут, являющаяся корнем душ и называющаяся «Собрание Израиля» (Кнесет Исраэль), получает Высшее наслаждение для душ в то время, когда творения достойны получать свет Хохма, который называется «Свет субботы». И этот свет хохма – это свет цели творения. Из этого делаем вывод, что ханукальная и субботняя свечи означают два состояния, совершенно не похожие друг на друга.

А сейчас выясним ответ на вопрос, который задавали ранее – какова связь между шаббатом и «миром в доме», о чем сказали мудрецы, что его свеча «предпочтительнее свечи Хануки».

Сфира Есод называется «мир в доме», потому что она дающая относительно Малхут, являющейся корнем душ. И когда Малхут находится в состоянии «точка», это означает, что она не светит, и тогда души не получают Высшее наслаждение, предназначенное им. Это называется «Шхина в изгнании». И тогда клипот – нечистые эгоистические силы усиливаются и хотят властвовать над святостью, и в этом состоит большая работа для творений, и из-за этого происходит борьба между святостью и тьмой.

А когда свет от Есод передает Высшее наслаждение Малхут, то есть дает ей свет Хохма, то создается «мир в доме». Потому называется Есод «мир», что он создает «мир в доме», тогда аннулируются нечистые силы, как об этом написано: «Когда желанны для Творца пути человека, то и враги его смирятся с ним» (из субботней вечерней молитвы).

Получается, что «дом», то есть Малхут, когда она получает Высшее наслаждение субботы, превращается в мир, и вся строгость суда удаляется от нее. Поэтому субботняя свеча намекает на наслаждение окончательного исправления, тогда как ханукальная свеча указывает на свет, постигаемый в процессе работы. Потому субботняя свеча называется «мир в доме» благодаря наслаждению, приходящему от Есод к Малхут.

Молитва
Статья 10, 1986

Сказано (Масехет Таанит, стр. 2): «Для любви Творца, Создателя вашего, и для Его работы служит молитва». Молитва ли это или просто работа? Сказано в Талмуде: «Это работа всем сердцем вашим. Что же это за работа, что в сердце? Ответ: это и есть молитва». Почему молитву называют «работа»? Работа ли это — молить Творца, чтобы выполнил наши просьбы и удовлетворил все наши потребности? И если уж мудрецы говорят именно так, то, видимо, намекают на то, что есть в понятии молитвы особый смысл, что это *работа*, а не просто молитва. А если так, что же это за смысл, на который намекают мудрецы?

Человек, безусловно, не способен молиться и просить о чем-то, если нет у него ощущения, что ему чего-то недостает. Только когда человек чувствует, что ему чего-либо не хватает, только тогда он начинает просить это. Причем именно у того, кто способен дать это ему. Ведь человек способен просить только у того, у кого есть нужная вещь. И он знает, кого просить — у кого есть желание помочь ближнему. И потому, когда человек уже молится и просит Творца, чтобы удовлетворил его потребности, молитва обязательно должна быть конкретной и точной, то есть он должен ясно понимать, чего же именно ему не хватает.

Это означает, что когда человек просит Творца, то должен представить себе, что сейчас он говорит, например, с Царем. И этот Царь способен легко и просто дать ему такие блага, что он станет самым счастливым человеком в мире, ведь абсолютно все имеется у Царя, и ни в чем нет недостатка. И человек должен заранее, до молитвы, вдуматься и тщательно разобраться, чего же именно не хватает ему на самом деле. Чтобы, получив от Царя то, что просит, уже не ощущал больше недостатка ни в чем и стал бы самым совершенным человеком в мире.

Как уже говорилось, Цель творения — насладить творения, то есть со стороны Творца нет никаких препятствий к тому, чтобы дать творениям все блага и наслаждения. То есть то, что Творец создал в творениях потребность, называемую «желание получать», создано Им именно для того, чтобы удовлетворить эту потребность. Ведь, как мы уже говорили, неудовлетворенные потребности ощущаются как страдания и беды. Таким образом, каждая из потребностей была создана именно такой — с намерением, чтобы через ее удовлетворение ощутили бы наслаждение. Ведь намерение насладить включает в себя и то, что должна быть потребность в таком наслаждении, в соответствии с правилом, что только сильная потребность получить что-либо дает настоящее наслаждение от ее удовлетворения. Известно ведь, что даже когда угощают человека «угощением по его вкусу и вовремя», то наслаждается, но если нет у него в данный момент аппетита, то не получит никакого удовольствия от еды.

И потому, когда у человека есть потребность, которую он не может удовлетворить, и, конечно, он начинает молить Творца, чтобы дал ему желаемое, так как человек обычно просит у Творца все наслаждения и удовольствия, то, как мы уже выяснили, со стороны Творца нет необходимости, чтобы человек молил Его дать ему блага и наслаждения, ведь это и есть желание Творца — насладить творения. Нет никакой необходимости просить у кого-либо вещь, которую он сам хочет дать и дает. Из этого следует, что человек должен хорошо все продумать, прежде чем начнет просить Творца, чтобы дал ему желаемое, то, чего ему не хватает настолько, что вынужден просить это у Творца. И это похоже на то, что Творец будто бы не даст человеку до того, как человек сначала попросит Творца. Но цель Творения, состоящая в том, чтобы насладить творения, не включает в себя никаких просьб.

Просьба — это вещь, которая родилась позже со стороны творений. И потому это проблема творений — просить у Творца. Но просто о наслаждениях и благах, неконкретно, нет необходимости просить Творца, ведь Его желание именно и состоит в том, чтобы насладить творения. Но тут следует иметь в виду, что имело место Сокращение, которое называется исправлением Творения. Оно было вызвано тем, что получение дара Творца вызвало у творения чувство неудобства, стыда, так называемое, скрытие, исчезновение наслаждения. И это исправление мы относим к творению, которое называется «Малхут мира Бесконечности», к тому кли – «сосуду», который и получил весь свет Творца.

И когда этот сосуд получил весь свет Творца, все уготованное для него наслаждение, то под воздействием света в нем пробудилось стремление к тому, чтобы по своим свойствам уподобиться Творцу, и потому сделал Сокращение, сократил себя, то есть прекратил получать. В ТЭС, стр.9, написано: «И высший свет не прекращает светить для творений ни на миг... А понятия «сокращение» и «исчезновение света», которые мы здесь обсуждаем, используются только применительно к действиям кли, то есть центральной точки творения. Пояснение: несмотря на то, что свет свыше не прекращает светить, кли все же не получает абсолютно ничего из этого света, поскольку ограничил, сократил самого себя».

Как сказано, понятие «не получать ради самонаслаждения» не относится к Цели творения, а определяется как исправление творения. И это действие, производимое со стороны творения, которое стремится уподобиться по свойствам Творцу. Из этого следует, что неисправленные творения не могут получить блага и наслаждения, несмотря на то, что Творец желает их дать, поскольку для этого нужны им альтруистические свойства. И это зависит от получающего, а не от дающего, так как именно творение, называемое «Малхут мира Бесконечности», сделало сокращение. А потому исправление, то есть создание соответствующего кли, относится к творению: это оно решило получать лишь при условии, что у него будет намерение получать альтруистически, то есть только для того, чтобы доставить наслаждение Творцу.

И потому, когда человек молится Творцу, чтобы дал то, чего ему не хватает, то следует понимать, что не хватает-то ему вещи, которая не относится к Цели творения, а только того, что относится к самим творениям. То есть Малхут, называемая «творение», которая получает от высшего наслаждение, создает новое кли, то есть решает не получать наслаждения, кроме как в это новое кли, которое называется «альтруистическое кли». Следовательно, только об этом новом кли и следует молиться Творцу, чтобы дал его, потому что только его и не хватает творению.

И в этом следует разобраться. Если это кли должно создать творение, как было сказано выше, что Малхут «создает новое кли», то почему человек сам, своими силами не делает это кли, а должен молиться Творцу, чтобы дал ему это кли? Кроме того, если мы говорим, что это кли должно создать творение, то почему сказано, что только об этом и следует просить Творца? Если это относится к духовной работе самого человека, то почему же он должен просить об этом Творца?

И это рассматривается в «Брахот», (32, 2): «Рабби Ханина сказал: «Все в руках небес, кроме страха небес». Как сказано: «И вот сейчас, Израиль, ответь, что же требует Творец, Создатель твой, от тебя, от народа своего, как не страха небес». И поясняет РАШИ: «Все в руках небес, но праведником или грешником не становятся по воле небес, этот выбор оставлен самому человеку, и открыты ему две дороги, и выберет он для себя страх небес». Понятие страха небес рассмотрено в «Сулам» («Предисловие в Книгу Зоар», стр. 191, п. 203): «Но ни страх начальный, ни страх последующий, они ни в коем случае не для выгоды творения, а только от боязни не упустить никакой малости в желании доставить наслаждение Творцу». Это и есть объяснение, что такое страх небес: это значит, что человек должен иметь намерение, чтобы все, что он делает, делалось только, чтобы доставить наслаждение Творцу.

И мы спросили: «Если это так, и понятие альтруизма предоставлено для работы человека, то почему мы сказали, что возможность действовать таким образом он должен просить у Творца? Ведь сказано: «Все в руках небес, кроме страха небес»?» Но следует знать, что человек не способен действовать против своей природы, наперекор тому, каким он родился. А Творец создал человека эгоистическим от природы, с желанием получать, как это выше уже сказано, что без желания получить наслаждение нет никакой возможности насладиться.

Как мы уже говорили, суть творений, то новое, что создано из «ничего», – это желание получать. И потому, когда человек хочет сделать хоть что-нибудь альтруистическое, он должен идти против своей природы. Если так, если нет у человека возможности изменить свою природу, то почему мудрецы говорят: «Все в руках небес, кроме страха небес», – что вроде бы есть у человека возможность и силы изменить себя? Можно уточнить, что здесь есть два этапа:
1. есть только желание, замысел, то есть только намерения поступать альтруистически;
2. есть у него также возможность и силы претворить свои мысли в действия.

И теперь ясно, почему от человека требуют, что следует выбрать альтруистический образ действий: потому, что это и есть кли, сосуд для получения Цели творения, то есть способ получить все блага и наслаждения. А если нет у человека такого кли, он останется во тьме, без света Творца. И после того, как он понял это совершенно ясно и точно и пытается начать действовать с альтруистическими намерениями, то видит, что абсолютно не способен действовать против своей природы.

И вот этот момент – лучшее время для молитвы. Но не раньше, поскольку раньше он не способен просить, требовать помощь срочно и неотложно. Он просит альтруистических свойств, которые и дадут ему жизнь, а существование без них для него уже подобно смерти, как сказано: «Грешники при жизни называются мертвыми». Ведь по своей природе человек не способен просить о помощи, кроме тех случаев, когда невозможно самому достичь желаемого, так как до этого мешает чувство стыда. Высказывание: «крум – это унижение для людей» – мудрецы поясняют следующим образом: «Когда человеку нужна помощь других людей, то лицо его меняется, как у крума. Что такое крум? Есть птица, живущая у кромки моря, она зовется крум. Когда восходит солнце, изменяется ее окраска на множество цветов и оттенков» (Брахот, стр.6).

Известно, что наша материальная природа дана нам для того, чтобы на ее примере мы научились духовным действиям, то есть научились действовать духовным, альтруистическим образом. Но прежде, чем человек окончательно поймет, что не способен самостоятельно достичь альтруистических свойств, он не способен просить Творца, чтобы дал их ему, так как нет у него еще настоящего желания, настолько сильного, чтобы Творец ответил на его молитву. И потому должен человек сделать все возможное, пытаясь получить альтруистические свойства. И только после множества попыток и усилий, завершившихся безрезультатно и потраченных якобы впустую, появляется подлинная молитва из самой глубины сердца. И вот тогда он уже способен получить помощь свыше, как сказано: «Приходящему очиститься, помогают».

Но поскольку эта молитва против природы человека, так как человек создан с желанием получать, то есть с чувством себялюбия, как же он может молиться Творцу, чтобы дал ему альтруистические свойства, когда все тело, все его существо противятся этому желанию? Поэтому и говорится, что молитва – это работа: требуются огромные усилия, чтобы из самой глубины сердца взмолиться к Творцу о том, чтобы Он дал альтруистические свойства и помог уничтожить в человеке эгоистические силы, желание получать для себя.

И потому говорят мудрецы: «Ваша работа – это молитва, та работа, что в сердце». И теперь понятно, почему молитва – это работа всем сердцем: потому, что человек должен изо всех сил работать над собой, чтобы уничтожить свое себялюбие и заменить его работой по постижению альтруистических свойств. То есть именно над желанием, чтобы появились у него альтруистические свойства, и должен работать человек, чтобы это желание породило истинную молитву о том, чтобы даровали ему альтруистические свойства.

Истинная молитва
Статья 11, 1986

В Торе сказано: «И вот имена сынов Израиля, пришедших в Египет... И встал над Египтом новый царь, который не знал Иосефа... И поработили египтяне сынов Израиля тяжкой работой... И застонали сыны Израиля от работы, и возопили, и вознесся вопль их от работы к Творцу, и услышал Творец их стенания...».

Необходимо понять, что значит «и вознесся вопль их от работы к Творцу...». Неужели они не испытывали в Египте больших страданий, чем работа? Смысл здесь в том, что все их вопли, то есть все их страдания, происходили только от работы. Сказано также: «...и услышал Творец их стенания...», – то есть молитва их была услышана благодаря стенаниям, причиной которых была только работа.

Объясним это каббалистическим методом. Известно, что не станет человек работать на отдачу, если нет у него на это причин, как сказано в Зоар (Книга 8, п.п. 190, 191): «Есть две причины, которые побуждают исполнять Тору и заповеди:

1. желание получить удовольствия этого мира. Человек боится, что, если не будет исполнять Тору и Заповеди, накажет его Творец;
2. желание получить удовольствия будущего мира. И поскольку боится человек, что ему их могут не дать, эта, вторая, причина вынуждает его исполнять Тору и Заповеди. И коль скоро причина, вынуждающая человека исполнять Тору и Заповеди, происходит из эгоизма, тело его не слишком сопротивляется, ведь в той мере, в которой он верит в награду и наказание, в этой мере он в состоянии работать, и каждый день он чувствует, как растут его накопления. И действительно, каждый день, проведенный в исполнении Заповедей и занятии Торой, присоединяется к предыдущему, и человек ощущает, будто он приумножает свое имущество в Торе и Заповедях.

Дело в том, что главное намерение человека – награда, и не помышляет он о намерении, чтобы оно было «для отдачи», а верит в награду или наказание, что воздастся ему награда по делам его.

Поэтому все намерение его направлено на дела, чтобы были они правильными во всех деталях. А если не будут они правильными, наверняка Творец не захочет принять его работу и воздать награду за нее. Поэтому, видя свои дела как правильные, ему не о чем более беспокоиться.

И поэтому все, что волнует его – это количество, то есть он должен стараться сделать как можно больше праведных дел. И если он знаток Торы, то он знает, что ему надо все больше углубляться в то, что он учит, а Заповеди надо соблюдать более тщательно, чтобы все было по Галахе (закону).

Таким образом, мы приходим к выводу, что люди, которые соблюдают Тору и заповеди, видя в этом подчинение Высшему Управлению и зарабатывая награду в этом мире и в будущем мире,– не нуждаются они в Творце, чтобы дал им силы соблюдать Тору и Заповеди. Ибо в мере их веры в награду и наказание тело позволяет им соблюдать все Заповеди – каждому в соответствии с его уровнем.

В то же время те люди, которые хотят работать на отдачу (альтруистически), без какого-то ни было вознаграждения, хотят выполнять Тору и Заповеди ввиду величия Творца и почтут за большую честь, если им дадут служить Творцу, как сказано в Зоар: «Трепет пред Ним – вот главное... ...человек возбоится Господина своего, ибо Он – Правитель, Главное и Первопричина...».

Есть три вида трепета перед Творцом:
1. страх наказаний в этом мире;
2. дополнительно к этому еще и страх наказаний в аду.

И оба они не есть настоящий трепет, потому что страх этот вызван не тем, что так заповедал Творец, а собственным эгоизмом. И мы видим, что корень тут в эгоизме, а трепет – производное, следствие и проистекает от эгоизма.

3. А главный вид трепета – когда боится Творца, потому что Он велик и управляет всем. Таким образом, величие Творца – причина, обязывающая человека исполнять Тору и Заповеди. И тогда это определяется как единственное желание – все отдать Творцу, «доставить удовольствие своему Создателю, а не собственному эгоизму».

И тут начинается изгнание (галут), то есть человеку не дают направить свое намерение так, чтобы работа его была не ради награды, потому что это противно его природе. И хоть человек может заставить себя работать вопреки согласию тела, так же как аскет, занимающийся самоограничениями хоть это и против природы, но это относится к действиям. То есть в поступках, противных желаниям тела, человек способен идти выше разума, что называется «против желания тела».

Однако он не может пойти против своих чувств и разума и сказать, что он чувствует иначе, чем он чувствует. К примеру, если человек чувствует, что ему холодно или ему жарко, он не может сказать, что его ощущения не соответствуют истине, и заставить себя чувствовать иначе, чем он сейчас чувствует.

Таким образом, когда человек хочет исполнять Тору и Заповеди, потому что он хочет работать на отдачу Творцу, природа его тела такова, что не позволит ему совершить ни одного движения, если не увидит от этого какой-нибудь отдачи. И, следовательно, нет у него ни малейшей возможности работать ради Творца, а не ради собственной выгоды.

И тут начинается изгнание, то есть страдания оттого что, сколько он не работает, он не видит ни малейшего духовного продвижения. Например, если человек двадцать лет занимается Торой и Заповедями, то, с одной стороны, можно сказать, что он скопил состояние от этих двадцатилетних занятий. Но, с другой стороны, он может сказать, что уже двадцать лет исполняет Тору и Заповеди и еще не достиг способности работать на отдачу, а, напротив, все его мысли и деяния основаны на эгоизме.

Таким образом, все страдания и вся боль, которые испытывает человек, происходят оттого, что он не в состоянии работать ради Творца, хочет работать на отдачу, но тело, которое порабощено нечистыми силами (клипот), не дает ему настроить себя на это намерение. И тогда он взывает к Творцу, чтобы помог ему, ибо видит он, что находится в изгнании среди нечистых сил, что они властвуют над ним, и не видит возможности выйти из-под их власти.

И тогда молитва его называется истинной, потому что не в силах человек выйти из этого изгнания без посторонней помощи. Но, как известно, нет света без сосуда (кли), то есть наполнения без ощущения недостатка, который и является тем сосудом, в который получают наполнение.

Поэтому до того, как вошел человек в изгнание и пока не увидел, что сам он не может из него выйти, нельзя сказать, что его вызволят. Потому что хоть и просит вызволить его из состояния, в котором находится, но это еще не настоящая молитва, ибо как он может знать, что не может выбраться самостоятельно?

И только тогда, когда он почувствует изгнание, он взмолится из глубины сердца. Потому что для того, чтобы поднялась его молитва из глубины сердца, должны быть соблюдены два условия:

1. Работа его должна быть против природы: то есть он должен желать, чтобы все его поступки были на отдачу, желать вырваться из своего эгоизма – тогда можно сказать, что он ощущает свое несовершенство.

2. Он должен пытаться самостоятельно вырваться из своего эгоизма, приложить к этому усилия и убедиться, что не может сдвинуться из своего состояния. Вот тут-то у него и по-

является потребность в Творце, чтобы Он помог ему. И тогда молитва его истинна, ибо видит он, что сам не может ничего поделать. И теперь, когда он взывает о помощи к Творцу, он знает, что это происходит от работы, как сказано: «И застонали сыны Израиля от работы...», – то есть оттого, что тяжело работали, так как хотели достичь уровня, когда они смогут отдавать Творцу, но увидели, что не в состоянии выйти из своей природы, тогда лишь взмолились из глубины сердца.

Таким образом, становится понятным сказанное: «И вознесся вопль от работы их к Творцу...», – то есть самые большие страдания, все их стенания, были только от работы, а не от каких-либо других причин. И возопили, что не в силах сами выйти из собственного эгоизма и работать ради Творца, и это было их изгнанием, причинявшее страдания, во власти которых они себя ощущали.

Из этого видно, что в египетском изгнании они заработали сосуды (келим), то есть желание, чтобы Творец помог им выйти из изгнания. Только когда человек видит, что нет у него никакой возможности спастись, а лишь Творец может помочь ему – это и называется истинной молитвой.

О чем молиться
Статья 12, 1986

Известно, что творением называется недостаток, незаполненное желание. Поэтому оно называется «существующее из ничего». Человек создан с множеством недостатков-желаний. Поэтому, чтобы он преуспел в работе, собираясь восполнить недостатки, он должен сначала узнать, в чем главный недостаток, чтобы отдать ему предпочтение перед всеми остальными. И поскольку есть недостатки духовные, и есть недостатки материальные, нам надо, прежде всего, выяснить, что называется духовным и что – материальным.

В книге «Введение в науку Каббала» (стр.3, п.11) написано: «...и найди, таким образом, настоящее определение, чтобы различать между духовным и материальным. Потому что все, в чем есть завершенное во всех его проявлениях «желание получить», – это четвертая стадия и называется материальным, и она проявляется во всех деталях действительности, предстающей перед нашими глазами в этом мире. А все, что находится над этой огромной мерой желания получить, называется духовным».

В соответствии с вышесказанным, выходит, что материальным называется то, что наполняет наше желание получить для себя. То есть все, что человек совершает ради своей выгоды, называется материальным, а то, что выполняет ради Творца, называется духовным.

И понятно из сказанного, что кли «желание к материальному» означает недостаток в получении собственной выгоды, и мы не должны беспокоиться о создании такого желания – получать ради получения, потому что такие желания дал нам Творец тотчас при появлении творения. Ведь известно, что замысел творения, называемый «желание давать Добро творениям», создал «существующее из ничего» – желание получать, стремление получить добро и наслаждение. И, конечно, Творец наполняет это кли по своему желанию. Выходит, что о желании получить для себя не нужно просить.

Поэтому молитва, когда мы просим о материальном, она только о наполнении: чтобы Творец дал все то, чего, по нашему ощущению, нам недостает. Потому что чувство недостатка – это то, что доставляет нам страдания. А страдания заставляют нас делать все возможное для восполнения недостающего.

Но как мы можем молиться о духовном, ведь такой недостаток еще не родился в нас, нет у нас желания наполнить кли, называемое «желание отдачи»? И в этом различие между духовным и материальным. Потому что «желанием к материальному» называется желание получить то, что выгодно самому, а «духовным желанием» называется желание того, что выгодно Творцу против собственной выгоды.

И этого желания нет в природе творения, потому что человек рождается только с желанием все использовать для себя, и когда мы говорим своему телу, что надо работать на пользу Творцу, оно даже не понимает, о чем мы ему говорим. Потому что ему даже не приходила в голову такая мысль – не обращать внимания на собственную выгоду, а думать весь день о пользе Творцу. И особенно, когда говорят ему, что стоит отказаться от наслаждений, относящихся к собственной выгоде, ради пользы Творцу.

Человеку кажется это настолько странным, когда слышит о необходимости работать «ради отдачи», что тотчас спрашивает: «Хотелось бы мне знать, видишь ли ты людей, идущих этой же дорогой, ради которых ты готов поступать, подобно им? Тогда бы я согласился с тобой. Но скажи сам: сколько ты видел людей, которые всю жизнь беспокоятся лишь о пользе Творца, а не о своей? И допустим, ты знаешь все-таки, что есть люди, идущие этой дорогой, но сколько же усилий и времени они вложили, пока не приобрели возможность все делать ради отдачи? Сколько это займет времени? Месяц, два, год, два года?». И он продолжает умничать: «Все ли вложившие время и усилия, преуспели в достижении этой ступени, и могут прилагать намерение отдачи к своим действиям?». Есть в этих словах сила, способная отдалить человека от работы, приближающей его к пути отдачи.

Из вышесказанного вытекает, что в отношении духовного действия, называемого «доставлять радость Творцу», человек не испытывает недостатка. И наоборот, если приходит к нему мысль, что надо сделать что-нибудь для отдачи Творцу без получения чего-либо взамен, тотчас восстают на него все мысли и желания тела и кричат: «Не будь дураком и выскочкой, идущим против проторенного всеми пути, ведь известно, что главная причина, заставляющая работать – это собственная выгода!».

Выходит, что к духовному, называемому «доставлять удовольствие Творцу», нет у человека желания. И даже наоборот, если приходит к человеку какая-либо мысль о необходимости доставить удовольствие Творцу безвозмездно, немедленно возмущаются в человеке все мысли и желания его тела, и кричат: «Не будь глупцом, не становись исключением, будь как все люди, которые знают, что единственное, что заставляет человека работать – это личная выгода!».

И это-то и составляет всю ту силу, с которой он может заниматься Торой и Заповедями. И хотя знает, что надо работать ради Творца, но имеется на это общепринятое возражение, что он выполняет сказанное мудрецами: «Пусть занимается человек Торой и Заповедями «ло ли шма» (для себя), и из «ло ли шма» удостоится «ли шма» (ради Творца)».

И нет необходимости беспокоиться об этом, то есть проверять себя, на самом ли деле приблизился хоть немного к ступени «ли шма» и уверен, что почет приходит в конце, то есть, конечно же, он достигнет свойства «ли шма». И, само собой, нет необходимости даже думать, что означает «ли шма», потому что нет у него обязанности думать об этом и входить в детали, но живет, как и все.

Но, вместе с тем, есть большое различие между молитвой о материальном и молитвой о духовном. **Потому что в духовном нужно сначала просить о кли желания,** о том, чтобы почувствовать недостаток, страдание и сожаление, что нет у него кли, называемого «желание насладить Создателя».

И значит, не надо просить об удовлетворении недостатка, как в материальных желаниях, поскольку у человека пока нет никакого желания к духовному. И если он собирается молиться о духовном, то надо просить о получении желания отдавать Творцу. И потом, когда есть у него кли желания, относящееся к духовному, тогда может уже молиться о свете, который бы наполнил это желание.

Получается, что **истинный недостаток, о восполнении которого должен человек просить Творца, – это желание к духовному.** И это соответствует закону «нет света без кли» – нет наслаждения без желания его получить. И когда он молится об истинном недостатке, о том, чего ему не хватает, приходит ответ на молитву, и Творец дает ему новое желание. Об этом сказано: «И удалю каменное сердце, и дам вам сердце из плоти».

Относительно этого недостатка слышал я от моего отца и учителя, что сказал его ребе из Пурсов по поводу отрывка «Заповедай Аарону» («Цаве»): «И толкует РАШИ, что нет другой заповеди, кроме как «торопись сейчас и в поколениях». Сказал рабби Шимон: «Еще больше должно торопиться в месте, где есть желание наполнить карман». И объяснил: карман – «кис» – это желание, сосуд, в который вносят «кесеф» – желание, деньги. И так устроено в мире, что люди беспокоятся и прикладывают усилия, чтобы добыть деньги. И сказал, что **более всего должен беспокоиться человек там, где есть желание наполнить карман (подразумевается нехватка желания)».**

Следовательно, в духовном человек не должен просить, чтобы Творец дал ему наслаждение и свет, но должен побеспокоиться сначала, чтобы было у него кли, то есть желание и стремление отдавать Творцу, ведь в нашей природе есть только желание получать, а не отдавать.

И когда человек начинает духовную работу и хочет достичь совершенства, должен вкладывать все свои силы для достижения желания доставить наслаждение Творцу. И на этом он должен сосредоточить все свои молитвы, чтобы Творец помог ему и дал это новое желание. И он обратится к Нему: «Подобно тому, как Ты создал меня в этом мире с единственным желанием – получать ради собственной выгоды, сейчас я прошу Тебя дать мне новое кли, то есть, чтобы было у меня одно-единственное желание – доставлять Тебе радость».

Но как же может человек молиться о том, чтобы дали ему кли, называемое «желание отдавать», в то время, когда говорится, что он не ощущает желания к этому? Человек не чувствует, что этого ему не хватает. И если так, как можно просить о том, в чем не чувствует недостатка?

И хотя он видит, что нет в нем этого кли – желания отдавать, но ведь это вовсе не значит, что всего, чего нет у человека, ему не хватает. О высших сфиротах сказано, что, хотя сфира Бина, являющаяся «хафец хесед», желанием отдавать вышла посредством второго сокращения из «рош» (головы) парцуфа Арих-Анпин, считается, несмотря ни на что, как будто она и не вышла. И хотя нет в ней света «хохма», но это не воспринимается ею как недостаток, поскольку не чувствует его нехватки.

Мы видим, что отсутствие чего-либо определяется как недостаток, только когда ощущается как нехватка. И более того, отсутствие этого должно вызывать страдание. Если же человек чувствует, что ему не хватает чего-то, но не страдает от этого, это еще не считается недостатком. А если так, то как может просить о том, в чем нет острого ощущения нехватки?

И поэтому возложена на человека обязанность думать, размышлять о Цели творения – «дать доброе творениям». И когда человек начинает производить проверку этого добра, которое Творец хочет дать им, и не находит его в творениях, он приходит к осознанию, что, конечно же, существует какая-то причина, не дающая творениям получить это добро и наслаждение. И по этой причине не может открыться высшее наслаждение, и потому не может быть достигнута Цель творения.

И когда он смотрит на себя самого, то понимает, что творения не пришли к получению наслаждения, конечно, по причине невыполнения Торы и Заповедей, как положено выполнять заповеди Царя. И об этом сказано: «Хотел Творец удостоить Израиль, поэтому преумножил для них Тору и Заповеди». Из этого следует, что при помощи Торы и Заповедей можно удостоиться блага и наслаждений.

Но почему же, спрашивается, не выполняется Тора и Заповеди так, как полагается при служении Царю? И отвечает, что из-за недостаточного ощущения важности Торы и заповедей: мы просто не чувствуем важности их выполнения.

И человек приходит тогда к окончательному решению, что только Творец может это исправить. То есть, если Он немного приоткроет свет Торы и заповедей так, что человек почувствует наслаждение, которое заключено в них, то, конечно, каждый сможет служить Царю всем своим существом и всей душой, как и полагается тем, кто чувствует величие Царя. И, значит, все, о чем должны просить в молитве к Творцу – чтобы дал немного Высшего наслаждения. Тогда все будут заниматься Торой и Заповедями как следует, оставив всякую небрежность.

Говорит АРИ, что не была там совершенной нуквы, поэтому произошло разбиение. Высшее наслаждение должно войти внутрь кли, чтобы оно получило его «ради отдачи», но так как свет был больше, чем кли было готово получить, что означает, что кли должно получать свет точно в соответствии с возможностью сделать намерение «ради отдачи», а на такой большой свет не смог приложить намерение «ради отдачи», поэтому свет был вынужден войти в келим, желание которых – «ради получения».

И это называется «клипа». Поэтому разбились келим, а это означает, что если придет наслаждение в эти келим, оно выйдет наружу, то есть в клипот. И, подобно этому, говорится, что сосуд разбился, и потому в него ничего не помещают, поскольку все выльется наружу.

Поэтому, не должен человек просить, чтобы дали ему наслаждение свыше, поскольку, наверняка, все уйдет наружу. Но надо просить у Творца, чтоб дал кли, сосуд, который бы являлся желанием и стремлением наслаждать Творца, и когда будет у него это кли, обязательно откроется человеку Высшее наслаждение и почувствует все то хорошее, что содержится в Цели творения – «насладить творения». Поэтому, надо просить у Творца о том, чего человеку на самом деле не хватает – это желания отдавать. А об остальном не надо просить.

Пойдем к фараону -2
Статья 13, 1986

Книга Зоар спрашивает, почему сказано: «Пойдем к Паро (Фараону), – хотя, казалось бы, следовало сказать: «Иди к Паро». Поскольку Творец видел, что Моше богобоязнен, в то время как другие высокие посланцы не смогли приблизить народ к Нему, то сказал Творец: «Вот Я приведу тебя к Паро, царю египетскому, большому крокодилу, сидящему в своем Ниле». Хотя, казалось бы, Творец должен был Сам вести с ним войну, как сказано, «Я – Творец», то есть «Я, а не кто-нибудь другой» и «не какой-нибудь посланец» (см. начало главы «Бо»).

Разница между словами «пойдем» и «иди» заключается в том, что «пойдем» означает, что мы пойдем вместе (как человек говорит «пойдем» своему приятелю).

И в этом нам надо разобраться. Книга Зоар спрашивает, зачем Творец должен был идти вместе с Моше, и отвечает, что Моше не мог в одиночку бороться с Паро, а только вместе с самим Творцом и ни с кем другим. Тогда зачем же Моше было идти с Творцом? Разве не сказано: «Я, а не какой-нибудь посланец»? В чем же тогда был смысл идти Творцу к Паро, названному крокодилом, вместе с Моше? Разве не мог Он пойти к Паро один, без Моше?

И, кроме того, мы должны еще понять слова наших мудрецов (Талмуд, трактат Кидушин, л. 30, стр. 2). Сказал Рейш Лакиш: «Зло в человеке борется с ним каждый день, желая сгубить его, как сказано: «Злодей наблюдает за праведником». И если бы Творец не помогал человеку, человек бы не выстоял, как сказано: «Рука Творца не оставит нас».

И тут у нас возникает еще вопрос: если сам человек не способен выдержать эту борьбу без помощи Творца, зачем нам нужно это дублирование? Казалось бы, или пусть Творец даст человеку силы справиться самому, или пускай Он сделает все сам. А для чего тут нужны две силы: вначале сила человека, а затем еще и сила Творца? Как будто только с помощью двух сил можно преодолеть силу зла, а одной силы будет недостаточно.

Как нам известно, человек достигает совершенства по достижении Цели творения. То есть он должен достичь той Цели, ради которой создан мир, Цели, которая называется «давать благо своим творениям». Иначе говоря, творения должны прийти к получению всех удовольствий и благ, которые задумал для них Творец.

А до того нельзя назвать творение соответствующим своему Творцу. Ибо, как известно, от совершенной причины должны происходить лишь совершенные следствия. А значит, все должны почувствовать красоту этого творения, так, чтобы каждый мог превозносить его и восхищаться им, и чтобы каждый мог благодарить и превозносить Творца за то творение, которое Он создал, и чтобы каждый смог сказать: «Благословен Тот, по чьему слову возник мир». То есть все бы благодарили Творца за то, что Он создал прекрасный мир, полный наслаждений, и все были бы довольны и счастливы, испытывая радость от всех наслаждений, получаемых в мире.

Однако когда человек начинает задумываться над тем, действительно ли он доволен своей жизнью, много ли радости он получает от самого себя и своего окружения, он видит, что все вокруг, наоборот, страдают, причем каждый – по-своему. И если он должен сказать: «Благословен Тот, по чьему слову возник мир», – он видит, что говорит это неискренне.

Но, как известно, наслаждения и блага не могут раскрыться в мире прежде, чем у нас будут желания отдавать. Ведь наши желания получать все еще нечисты из-за нашего эгоистического способа получения («ради себя»), который не только очень ограничен, но еще и отделяет нас от Творца. Это следствие того, что в сосудах получения работает закон первого сокращения, который не позволяет получить в них свет. (См. «Предисловие к Книге Зоар», стр. 138, «Сулам»).

Стремление же получить «желания отдавать» приводит к войнам и раздорам, ибо эти желания противоречат нашей природе. А потому, для того, чтобы мы могли достичь уровня отдачи, даны нам Тора и Заповеди – как сказано, «Я создал злое начало, и Я создал Тору для его исправления» (Талмуд, Кидушин, стр. 30).

А, кроме того, дана нам Заповедь «возлюби ближнего своего, как самого себя», о которой рабби Акива сказал, что это великий закон Торы. То есть, совершенствуя любовь к своим товарищам, человек приучает себя выходить из рамок любви к себе одному, стараясь достичь любви к ближнему.

Но как понять, что люди (мы наблюдаем их собственными глазами), которые вкладывают все свои силы в любовь к товарищам, ни на йоту не приблизились к любви к Творцу, то есть к такому состоянию, когда они смогли бы выполнять Тору и Заповеди только из любви к Нему. Точнее, эти люди говорят, что в любви к ближнему они немного продвигаются, однако, в любви к Творцу никакого продвижения они не наблюдают. Однако и в любви к товарищам есть разные ступени, которые также необходимы.

И это можно уподобить трехэтажному зданию, в котором на 3-м этаже живет Царь. Тому, кто хочет войти к Царю, то есть тому, чье единственное желание лицом к лицу говорить с Царем, сказано, что прежде он должен подняться на 2-ой этаж, ибо невозможно подняться на 3-й этаж, не побывав предварительно на 2-м.

И каждый, конечно, понимает, что это так. Но есть особая причина в том, что нужно прежде подняться на 2-й этаж, называемый «исправления». Ибо, поднявшись на 2-й этаж, человек может научиться разговаривать один на один с Царем. И тогда он сможет попросить у Царя все, что его душе угодно. Человек, который слышал, что прежде нужно подняться на 2-й этаж, и лишь потом уже можно подняться на 3-й, прекрасно понимает это, но поскольку его единственное желание – увидеть Царя, и больше его ничего не интересует, то подняться на 2-й этаж для него – тяжкий груз.

Но у него нет выбора, и вот он поднимается на 2-й этаж, и его нисколько не интересует, что там есть, хотя он и слышал, что на 2-м этаже людей обучают общаться с Царем. Но на это он не обращает внимания, ибо не это его цель, а его цель – дойти до Царя, а не научиться чему-то на 2-м этаже, ведь цель его не учеба, а встреча лицом к лицу с Царем. И незачем ему тратить время на пустые дела, потому что в сравнении с Царем все ничтожно. А коли так, чего же ему интересоваться тем, чему учат на 2-м этаже?

И потому, когда он поднимается туда, у него нет ни малейшего желания там задерживаться, а хочет он сразу подняться на 3-й этаж, туда, где находится сам Царь, ибо только лишь в этом его желание. Но тут ему говорят, что если он не выучит законов, действующих на 2-м этаже, он наверняка оскорбит достоинство Царя. А потому у него нет никакой надежды подняться на 3-й этаж до тех пор, пока не выучит все, чему учат на 2-м.

Так же и с любовью к ближнему: невозможно удостоиться любви к Творцу, пока ты не удостоишься любви к товарищам. Как сказал рабби Акива: «Возлюби ближнего своего, как самого себя – это великое правило Торы». Но когда человек упражняет себя в любви к товарищам, он не рассматривает ее, как самостоятельную ценность, видя в ней лишь нечто дополнительное, необязательное.

И он выполняет эту Заповедь, ибо у него нет выбора, но при этом каждую минуту он думает так: «Когда же я уже удостоюсь любви к Творцу и смогу освободиться от любви к товарищам, которая для меня такой тяжкий груз? Ведь так тяжело мне терпеть моих товарищей, поскольку, как я вижу, свойства каждого из них отличны от моих, и нет между нами никакого подобия. И только в силу необходимости я сижу с ними, ибо нет у меня другого выхода, поскольку сказали мне, что без любви к товарищам не смогу я достичь любви к Творцу.

Но я могу сказать сам себе, что лишь одно я имею от того, что сижу с ними вместе и терплю их речи, которые мне совсем не по духу и не по нраву – и это исправление себя с помощью страданий. И делать нечего, ибо мне говорят, что должен я терпеть страдания в этом мире, и потому я страдаю, и сижу, и жду наступления того часа, когда я смогу сбежать от них и не смотреть больше на ту низость, которую я в них вижу».

Понятно, что такой человек не берет от любви к товарищам того лекарства, которое называется «любовь к ближнему». Он действует, исходя лишь из того, что ему сказали, что у него нет выхода, ибо иначе он не сможет достичь любви к Творцу. Поэтому он выполняет заповедь любви к товарищам, исполняя все обязательства, предписываемые товарищами. Но то, чему надо научиться, проходит мимо него. То есть выйти из любви к себе, из своего эгоизма он не может, и любви к ближнему он не достигает. И Заповедь эту он исполняет не из любви, а из страха, ибо нельзя достичь любви к Творцу, прежде чем достигают любви к товарищам. Потому он и боится не исполнить Заповеди любви к товарищам, ибо иначе он не достигнет любви к Творцу.

Подобно этому в нашем примере человек не может подняться на 3-й этаж, где находится Царь, прежде чем поднимется на 2-й. И смысл тут в том, что он должен научиться не оскорбить достоинства Царя. Здравый смысл говорит нам, что человек, поднявшийся на 2-й этаж, должен радоваться, ибо сейчас он учится правильно вести себя в присутствии Царя, и когда он потом войдет в царский дворец, то не оскорбит царского достоинства. Поэтому, находясь на 2-м этаже, он должен сосредоточить все свое внимание на законах, которые тут приняты, и упражняться в них, потому что хочет войти к Царю, чтобы служить ему, а не оскорблять его достоинство.

Но это относится только к тем, кто хочет войти к Царю для того, чтобы доставить ему удовольствие. Тот же, кто хочет войти к Царю для того, чтобы получить что-нибудь для себя, рассматривает свое пребывание на 2-м этаже, как лишнее и неинтересное. И на 2-й этаж он поднимается лишь из страха, зная, что иначе ему не дадут подняться на 3-й этаж. Однако он не чувствует никакой потребности изучать правила поведения перед Царем, которые там учат. Ибо все его желание войти к Царю основано лишь на любви к себе, то есть на эгоизме.

Поэтому мы должны усвоить, что заповедь любви к товарищам дана нам, чтобы через нее мы научились не оскорблять достоинство Царя. Иначе говоря, если «дать наслаждение Творцу» не является единственным желанием человека, этот человек непременно оскорбит достоинство Царя. А потому мы не должны пренебрегать любовью к товарищам, ибо через это человек научится, как ему выйти из эгоизма и встать на путь любви к ближнему. И когда человек полностью завершит всю свою духовную работу, связанную с любовью к ближнему, он сможет удостоиться любви к Творцу.

И надо знать, что в любви к товарищам есть особенность, заключающаяся в том, что человек не может обманывать себя, говоря, что он любит своих товарищей, в то время как на самом деле он не любит их. Ведь тут человек может контролировать себя – действительно ли он любит своих товарищей, или нет. А в любви к Творцу человек не в состоянии себя контролировать: действительно ли его намерением является любовь к Творцу, то есть желает ли он лишь давать Творцу, или же его желание – получение ради себя.

Но нужно знать, что после всех тех исправлений, которые человек в состоянии сделать без помощи Творца, он все же ни капли не продвигается в духовной работе. И тут у нас возникает вопрос: для чего же человек должен все это делать, если все равно потом он должен заслужить помощь Творца? Неужели Творец не мог помочь без действий со стороны творения? Ведь в любом случае действия человека не помогут ему в духовном продвижении.

А дело тут в том, что, пока человек не начнет духовную работу, он не знает, что он не в состоянии справиться со своим эгоизмом. Но когда человек начинает свою духовную работу и делает все, что он только в состоянии, он может вознести истинную молитву к Творцу, прося Его помощи.

Однако зачем Творец хочет, чтобы человек вознес к Нему истинную молитву? Казалось бы, только люди могут хотеть, чтобы к ним обратились с настоящей просьбой. Ибо если человек по-настоящему просит о чем-нибудь своего товарища, это значит, что он потом будет ему по-настоящему благодарен. А, как известно, людям очень важно уважение и признание окружающих, и поскольку благодарность как бы унижает человека перед его товарищем, последний получает от этого удовольствие. Но если мы говорим о Творце – неужели и Он нуждается в почестях, которые Ему могут дать люди? Зачем же Творцу нужно, чтобы человек вознес к Нему истинную молитву из глубины сердца?

А дело в том, что, как известно, не может быть света без желания к нему, то есть невозможно дать человеку нечто, что не имело бы для него огромную ценность. Ведь человек, у которого нет настоящего желания иметь какую-то вещь, не будет ценить и хранить ее, и, в итоге, она пропадет. И это потому, что человеческая потребность в чем-либо пропорциональна тому, насколько ему этого предмета не хватает. И лишь эта потребность дает ему ощущение важности данного предмета. А пропорционально важности предмета человек будет оберегать его, следить, чтобы он не пропал, – в противном же случае все уходит к силам зла (клипот).

И это состояние, когда все уходит в эгоистические желания, забирающие себе все то чистое (кдуша), чем человек пренебрегает, называется вскармливанием клипот. Отсюда мы понимаем, почему человек должен начать духовную работу. Но почему же Творец не дал человеку сил завершить духовную работу самому, без Его помощи?

А дело тут в следующем. Известно, что сказано в Книге Зоар по поводу слов мудрецов: «Пришедшему очиститься помогают». На это Зоар спрашивает: «Каким образом?». И отвечает: «Новой чистой душой (нешмата кадиша)», – то есть этот человек получает озарение свыше, которое и называется «душа», называемая «Божественное постижение», которое является частью Замысла творения насладить все Его создания.

Итак, благодаря тому, что у человека есть стремление и желание совершать действия ради отдачи, он сможет потом получить в них свет, называемый душой. Таким образом, оба фактора являются необходимыми. Благодаря тому, что человек начинает духовную работу, он получает сосуд. А поскольку самостоятельно он не в состоянии ее закончить и вынужден вскричать к Творцу о помощи, он получает свет.

И теперь мы сможем понять слова: «пойдем к Паро, ибо ожесточил Я сердце его и сердца рабов его, дабы совершить Мне все эти знамения Мои на них». Естественный вопрос: зачем же Творец ожесточил его сердце? Писание объясняет: «Дабы совершить Мне все эти знамения Мои на них». Но истинный смысл этого вопроса: зачем же Творец ожесточил сердце человека так, что он не может самостоятельно справиться со злом в себе?

Ответ состоит в том, чтобы человек вскричал к Творцу. И благодаря этому он получит сосуд – кли. И тогда Творец сможет поместить внутрь этого сосуда буквы Торы («буквы внутрь» и «знамения на них» на иврите звучит одинаково), и это называется душой, которую Творец дает человеку в помощь. Это состояние называется «Тора и Творец – одно целое», ибо «Мои знамения» означает «буквы Торы», то есть имена Творца. Это значит «насладить Его создания», что является частью Замысла творения. И произойти это может только с тем, у кого есть пригодное желание для этого. А это желание появляется через ожесточение сердца, способствующее тому, чтобы человек вскричал к Творцу о помощи. А помощь Его заключается, как сказано выше, в даровании «новой чистой души».

Теперь надо понять слова «пойдем к Паро», то есть «пойдем вдвоем». Человек должен начать работу, чтобы увидеть, что он не в состоянии справиться один. Это видно из того, что Моше боялся подойти к нему, и Творец сказал ему: «Вот Я приведу тебя к Паро…», – и это была помощь от Творца. И в чем же была эта помощь? В «новой чистой душе», как сказано в Книге Зоар.

Таким образом, ожесточение сердца – как сказано, «ибо ожесточил Я сердце его» – было для того, чтобы у человека появилась потребность в молитве. Причем, молитва эта – не то, что у людей, которые, стремясь к уважению окружающих, получают это уважение от тех, кто обращается к ним с просьбами. Здесь смысл молитвы в том, чтобы у человека появился сосуд (кли), то есть, чтобы он возжаждался в помощи Творца. Ибо «нет света без сосуда». А когда человек видит, что он не в состоянии справиться один, тут у него появляется потребность в помощи Творца.

И об этом говорят наши мудрецы: «Творец жаждет услышать молитву праведников». И тут тоже возникает вопрос: неужели Творцу нужно, чтобы человек сдался и попросил Его о помощи? Как мы уже сказали, желание Творца – насладить Свои творения, и, поскольку, нет света без сосуда, Он жаждет услышать молитву праведников, с помощью которой они раскроют свои сосуды, и Творец сможет дать в них Свой свет. Отсюда следует, что тот момент, когда человек видит, что он не в состоянии справиться со своим злом, и есть настоящее время просить Творца о помощи.

И теперь мы поймем слова Творца: «И возьму Я вас народом Себе и буду вам Творцом, и узнаете, что Я – Творец ваш, который выводит вас из-под страданий египетских» (Тора, «Ваера»). А в трактате «Брахот» наши мудрецы так комментируют слова «который выводит вас из-под страданий египетских»: «И сказал Творец Израилю: «Когда выведу вас, будете служить Мне, ибо как вы узнаете, что именно Я вывел вас из Египта, как сказано: «Я – Творец ваш, выводящий вас»».

То есть недостаточно того, что Творец вывел народ Израиля из Египта, и они освободились от мук и страданий, которые испытывали там. И когда мы говорим о служении Творцу, то есть о духовной работе, – разве не достаточно этого? Того, что сделались они теперь свободными от египетского рабства, где под властью Паро не могли они служить Творцу, и где все, что они строили для себя – тот уровень, которого они достигали в духовной работе, – все это уходило в землю. Как говорят наши мудрецы (Талмуд, Сота, л. 11), «Питом и Рамсес». Вот мнения Рава и Шмуэля. Первый говорит, что город назывался Питом, а «Рамсес» означает, что он рассыпался (на иврите слово «митросес» означает «рассыпаться»). А в толковании РАШИ сказано, что как только строили они немного, город рассыпался и падал. И снова строили они, и он снова падал. А второй говорит, что город назывался Рамсес, а «Питом» означает, что пропасть поглотила его (снова по созвучию слов).

Как мы видим, разногласие между Равом и Шмуэлем связано не с пониманием действительности, а с толкованием. А действительность состоит в том, что все, что они строили, падало. То есть, какое бы здание они ни строили для себя в духовной работе — приходили египтяне, то есть посторонние мысли, называемые египтянами, и разрушали всю их работу. И так всю духовную работу, которую они делали, изо всех сил стараясь служить Творцу, всю ее поглощала земля. И каждый день они должны были начинать сначала. И казалось им, что они вообще не делают духовной работы. Более того, всякий раз, когда они думали, что вот сейчас они должны продвигаться, они видели, что не то что не продвигаются, а еще и отступают, ибо всякий раз у них возникали все новые вопросы типа «кому» и «зачем».

И теперь мы должны понять, что особенного в Исходе из Египта. Ведь сыны Израиля уже могли служить Творцу без чужих, египетских, мыслей. В чем же тогда заключается то знание, о котором сказано «и узнаете»? Что дает нам знание того, что именно Творец выводит их из Египта? И еще непонятно, когда мы говорим о египетском рабстве, что работали они на изнурительных работах, и когда были вызволены оттуда — чего же им еще не хватает?

А что такое изнурительная работа? Наши мудрецы (Талмуд, Сотэ, л. 11, стр. 2) говорят: «Всю их работу, которую они выполняли под гнетом...». Сказал рабби Шмуэль бар Нахмани, от имени рабби Йонатана, что давали мужскую работу женщинам, а женскую — мужчинам. И обременяли египтяне сынов Исраэля изнурительной работой. Рабби Элазар сказал: «Сладкими речами», — что звучит на иврите так же, как «под гнетом».

Мы должны понять, что означает «под гнетом» в смысле духовной работы. И тут следует различать два аспекта:

1) Действие.
Оно называется открытой частью, то есть то, что открыто человеку. И нельзя об этом сказать, что тут человек может ошибаться или обманываться, ибо невозможно ошибиться в том, что открыто глазу. Выполнение Заповедей и изучение Торы видны самому человеку, и остальные тоже могут видеть, выполняет ли человек Тору и Заповеди.

2) Намерение.
Оно называется скрытой частью, ибо намерение, которое человек вкладывает в совершаемое им действие, не видно никому другому. Но также и сам человек не может видеть намерения своего действия, ибо в намерении можно ошибиться или обмануться. Ведь только в том, что видно глазу, и что называется открытой частью, любой может видеть правду. В то время как в том, что касается намерения сердца и мысли, человек не может полагаться на себя. То есть это скрыто, как от него, так и от остальных.

Теперь мы можем объяснить, что значит «изнурительная работа», как сказано: «заменяли мужскую работу на женскую» и т.д. Мужской работой называется состояние, когда человек — уже мужчина, способный справиться со своим злом и заниматься Торой и заповедями в действии. А потому, когда он уже называется мужчиной, то есть воином, человек должен воевать со своим злом в действии. Поэтому для него настало время заниматься духовной работой во втором из упомянутых аспектов — скрытой ее частью, намерением. То есть с этого момента он должен стараться построить намерение своих действий «ради того, чтобы дать наслаждение Творцу», а не для собственного эгоизма.

И что же сделали египтяне, когда увидели, что Исраэль стал мужчиной, способным выйти из-под их власти и войти под действие светлых сил (кдуша)? Они заменили их работу на женскую, то есть сделали так, чтобы вся их работа как бы стала женской. Другими словами египтяне дали им понять, что никому не нужно их намерение, а главное — это действие. А в действиях ты сможешь преуспеть, ибо ты видишь, что ты мужчина, и сможешь справиться со своим злом и исполнять Тору и Заповеди во всех их тонкостях, и должен вложить всю свою энергию в точное исполнение Торы и Заповедей.

Но не должен ты заниматься намерением, ибо эта работа не для тебя, а лишь для избранных. И если ты станешь работать ради отдачи, то есть станешь стремиться к тому, чтобы во всем было намерение «ради Творца», у тебя уже не хватит сил соблюдать все тонкости открытого действия, в котором ты не можешь обмануться, ибо ты сам видишь, что ты делаешь. И, соответственно, тут ты можешь сделать больше, выполняя действия во всех их тонкостях.

С другой стороны, что касается намерения, тут у тебя нет истинного самоконтроля. И потому мы советуем тебе для твоей же пользы. И не думай, пожалуйста, что мы хотим отдалить тебя от духовной работы. Ибо мы, наоборот, желаем, чтобы ты возвысился в уровне своей духовной чистоты (кдуша).

Это называется, что заменяли мужскую работу на женскую. Вместо того чтобы Израиль делали мужскую работу, египтяне объясняли им, что им лучше делать женскую работу, то есть работу, полагающуюся женщинам.

А женскую работу на мужскую — означает, что у этих мужчин нет сил бороться, ибо «истощились силы их, как у женщины», то есть стали слабы в выполнении Торы и Заповедей, и не было у них сил соблюдать даже открытую часть Заповедей, называемую действием. И вся их духовная работа по преодолению зла в себе была лишь в отношении действия, а не в отношении намерения.

Поэтому пришли к ним египтяне и объяснили, что не хотят мешать им в их духовной работе, а, наоборот, хотят, чтобы они стали истинными служителями Творца, дескать, мы видим, что вы хотите делать духовную работу, и поэтому мы сообщаем вам, что главное в духовной работе — не действие, а намерение. Вы хотите работать в действии, то есть приучать себя бороться со своим телом, учиться лишний час или там молиться лишние полчаса. Или же вы хотите проявить свое старание, произнося все положенные ответы во время публичной молитвы, не разговаривая во время публичного повтора молитвы. И кому это надо? Главное — это намерение «ради Творца». И именно тут нужно прилагать все ваши усилия. А зачем же вам тратить свои силы на пустые вещи? Даже если, с точки зрения Галахи, и нужно соблюдать все эти мелочи, эта работа не для вас. Это женская работа, а вы должны выполнять работу мужскую. А то, что вы хотите работать лишь в действии, не подобает вам. Ведь вы должны делать упор на намерение, то есть все силы, которые у вас есть для работы, направляйте на то, чтобы все было ради Творца. И ни в коем случае не подумайте, что мы хотим вам помешать в вашей духовной работе, ибо мы хотим, чтобы вы, как раз наоборот, возвысились в духовном и пришли к совершенству, то есть состоянию, когда «все дела ваши будут лишь для того, чтобы доставить наслаждение вашему Творцу».

И поскольку они все еще находятся на ступени, называемой «женщины», нет у них сил противостоять этому даже и в действии. И это называется «истощились силы их, как у женщины». И тут египтяне объяснили им, что главное — это намерение «ради Творца». И египтяне были уверены, что у них не хватит сил для борьбы в духовной работе.

И об этом писал РАМБАМ: «Как сказали наши мудрецы, пусть все время человек занимается Торой, хотя бы даже и с эгоистическим намерением, ибо от эгоистического намерения приходят к альтруистическому. И потому, когда учат детей, женщин и людей простых, их учат работать из страха и за вознаграждение до тех пор, пока не умножится их знание и не преисполнятся они мудрости. Лишь тогда открывают им эту тайну очень постепенно и приучают их к этому не спеша, чтобы постигли они это и познали, и стали служить Творцу из любви».

А египтяне советовали находящимся на «женской» ступени не поступать согласно РАМБАМу, а, наоборот, несмотря на то, что они находятся на ступени «женщин и детей», сразу начинать работать над намерением «ради Творца». И при этом египтяне были уверены, что останутся они под их властью, вне духовного.

Это и называется «изнурительной работой», как сказал рабби Шмуэль бар Нахмани: «под гнетом и ломкой». И объяснял РАШИ: «Под ломкой и разрушением тела и поясницы». И дело в том, что, когда заменяют мужскую работу на женскую, а женскую – на мужскую, получается то, что описано выше. Ибо мужская работа была в том, чтобы бороться с собой и идти вперед, строя намерение «ради Творца». И египтяне ослабили их в этой работе, поскольку были против нее. И потому, кроме преодоления себя для того, чтобы выстроить намерение «ради Творца», у них была дополнительная работа, поскольку египтяне убеждали их, что эта их работа никому не нужна. Ибо работа на отдачу не для них, а лишь для избранных. Это и называется «двойной работой»:

1) Работа по преодолению себя, для построения альтруистического намерения.

2) Борьба с египтянами в убеждении, что это неверно, и они (сыны Израиля) смогут построить альтруистическое намерение, а то, что египтяне говорят, что они должны делать женскую работу, – это неправда. А все намерение египтян состояло в том, чтобы Израиль не приблизились к альтруистической работе.

Они заменяли женскую работу на мужскую, говоря, что женская работа ничего не стоит и пустое – выполнять Тору и Заповеди лишь в действии, то есть когда вся борьба со злом в себе заключается лишь в действии. А это противоречит словам РАМБАМа, что женщины должны заниматься лишь делами, и не надо учить их строить альтруистическое намерение.

И потому, когда пришли египтяне и сказали им, что они должны делать мужскую работу, то есть строить альтруистическое намерение, то тяжкой стала их работа после того, как услышали, что «ради Творца» они вообще не способны работать.

Бороться с телом и выполнять практические Заповеди стало им труднее, чем до прихода чужих, египетских, мыслей, которые внушали им, что практические действия без намерения ничего не стоят, и тем снизили важность выполнения Торы и Заповедей с эгоистическим намерением. Таким образом, из-за египтян женская работа потеряла для них теперь всякую ценность. И это привело к тому, что она стала «изнурительной работой», «под ломкой и разрушением тела и поясницы».

Итак, мы видим, что слово «изнурение» можно толковать тремя разными способами. Причем, между всеми этими толкованиями нет никакого противоречия, поскольку все эти три вещи сосуществуют одновременно, и каждый выбирает подходящее себе толкование.

Первое толкование дает рабби Элазар, который говорит, что значит «сладкими речами».

Второе толкование дает рабби Шмуэль бар Нахмани, который говорит, что значит «ломка», «разрушение».

Третье толкование дает рабби Шмуэль бар Нахмани, который говорит от имени рабби Йонатана, что заменяли мужскую работу на женскую, а женскую – на мужскую.

Но все соглашаются с тем, что «изнурительная работа» – это «ломка тела». Потому что была эта работа тяжелой до такой степени, что говорят о ней: «Работа, ломающая тело и поясницу». И потому что заменяли мужскую работу на женскую, и наоборот. А это приводит к тяжелой работе.

Однако почему же они слушались египтян? Потому что говорили те с Исраэлем «сладкими речами», то есть «египетские мысли» приходят к Исраэлю в виде «сладких речей» и советов, призванных ни в коем случае не отдалить их от духовной работы, а наоборот, показать, как им надо идти путем Творца, чтобы преуспеть, не тратя времени попусту, без продвижения в духовной работе. И поскольку Исраэль слышали, что к ним обращаются со «сладкими речами», было им тяжело справиться с этими мыслями.

Отсюда понятно, почему слушались они египтян, когда те заменяли мужскую работу на женскую и наоборот. Это опять-таки потому, что египтяне обращались к Исраэлю со «сладкими речами». Итак, из-за двух вышеназванных причин сыны Исраэля делали «изнурительную работу», которая, как говорит рабби Шмуэль бар Нахмани, «ломала» их, то есть была работой, ломающей тело.

И отсюда ясно, что недостаточно, что Творец вывел народ Исраэля из Египта, то есть из-под рабства египтян, и они могли заниматься Торой и Заповедями, каждый согласно уровню своего постижения, а египетская «клипа», то есть нечистые желания, называемые египтянами, уже не могла помешать их духовной работе. Насколько велико было это чудо, и кто в состоянии оценить все его величие? Ибо человек отдает себе отчет в том, сколько страданий и тягот выпало на его долю, когда он был в изгнании и рабстве у Паро, царя египетского, и оценивает в сердце своем глубину тьмы во время строительства «Питома и Раамсеса».

И теперь в один момент открываются врата нечистых египетских «клипот», и он выходит на свободу и остается в своей собственной власти. То есть теперь у него появилась свобода заниматься Торой и Заповедями, сколько он хочет, без всяких посторонних помех. Какую радость и подъем духа это приносит человеку, когда он сравнивает состояние тьмы с состоянием света! И это называется «Отделяющий свет от тьмы».

И из сказанного ясно, почему необходимо знать, что «лишь Творец выводит вас из-под мук египетских», согласно толкованию наших мудрецов, «когда выведу вас, будете служить делом, ибо как вы узнаете, что именно Он вывел вас из Египта, как сказано: «Я — Творец ваш, выводящий вас и из-под мук египетских».

Но всегда нужно помнить ту цель, которую мы стремимся достичь. И поскольку Цель творения — дать наслаждение всем созданиям, наша цель — получить все те блага и наслаждения, которые Он нам уготовил. Однако для исправления, которое называется «слияние с Творцом», то есть сравнения с Творцом по свойствам, мы должны совершить работу, которая поможет нам получить желания отдавать. Тем не менее, это всего лишь исправление творения, а совершенство при этом еще не достигается. Ведь совершенство — это познание Творца, то есть необходимо познать и постичь Тору, которая называется «Именами Творца».

Поэтому **недостаточно того, что у нас уже есть силы исполнять Тору и Заповеди без всякой помехи, ибо это только лишь исправление, а не достижение совершенства.** А совершенство — это достижение знания Торы, когда «Тора, Исраэль и Творец — суть одно». И об этом говорят наши мудрецы: «И как сказал Творец Исраэлю: «Когда выведу вас, будете служить делом, ибо как вы узнаете, что именно Он вывел вас из Египта, как сказано: «И узнаете, что Я — Творец ваш, выводящий вас из-под мук египетских. Я, а не посланец...»». И это значит, что все должны прийти к постижению Творца, называемому «Тора», которая называется «Имена Творца».

Для чего сосуды египтян
Статья 14, 1986

Сказано в Торе: «Скажи, пожалуйста, народу, чтобы выпросили каждый у ближнего своего и каждая у ближней своей вещей серебряных и вещей золотых. И дал Творец милость народу в глазах египтян...» и т.д. (Шмот, 11-2,3).

И объяснили это мудрецы в трактате Брахот. И вот слова рабби Яная: «Пожалуйста», — выражение просьбы.

Сказал Творец Моше: «Прошу тебя! Иди и скажи Израилю...», «Прошу вас, выпросите у египтян вещей серебряных и вещей золотых, чтобы не сказал тот праведник...», — то есть Авраам, что «будут порабощены и угнетены» – Я исполнил, «а затем выйдут с большим имуществом» – не исполнил.

Спрашивается: если Творец хотел исполнить обещанное Им Аврааму, как сказано: «и затем вышли с большим имуществом», – то разве не было в Его власти оставить народ Израиля без прошения в долг вещей у египтян? Ведь с первого взгляда это выглядит нечестно, так как изначально было понятно, что это обман, то есть было взято с намерением не возвращать.

И также нужно понять сказанное Творцом Моше, чтобы он уговорил народ Израиля взять вещи у египтян, так как слово «на» на иврите означает просьбу. И то, что Моше уговаривал народ, означает то, что Творец знал с самого начала, что они будут сопротивляться этому, и поэтому просил Моше, чтобы он поговорил с народом.

Вместе с тем, также нужно понять, что являлось причиной сопротивления израильтян. И также нужно понять сказанное в Торе: «И дал Творец милость своему народу в глазах египтян...». Как можно понять эти противоположности? С одной стороны, Творец может все... Но в обычной интерпретации тяжело нам понять то, что сказано в Торе (Шмот 1,12): «По мере того, как изнуряли Израиль, он все больше размножался и разрастался, и опротивели египтянам сыны Израиля». Учат мудрецы в Талмуде (Сота, 11): «...были в глазах египтян как колючки», – то есть если раньше они не могли терпеть народ Израиля, то теперь обратилось все в другую противоположность, то есть «народ Израиля нашел милость в глазах египтян».

И находим, что в обещании Творца Аврааму – «и выйдете с большим имуществом» – надо еще понять приводимые там же (Берешит 16, 7) слова: «И сказал ему: «Я – Господь, который вывел тебя из Ур Касдима, чтобы дать тебе эту землю во владение». И он сказал: «Господи Боже! Как я узнаю, что буду ею владеть?» И сказал Он Аврааму: «Знай, что пришельцами будут потомки твои в земле не своей, и поработят их, и будут угнетать четыреста лет..., а затем они выйдут с большим имуществом».

И надо понять здесь, какой ответ Авраам получил на свой вопрос: «Как я узнаю, что буду ею владеть?» Ответ Творца был следующий: «И сказал Аврааму: знай, что пришельцами будут потомки твои в земле не своей..., а затем они выйдут с большим имуществом».

В этом случае вопрос был о гарантии владения, а ответ заключался в том, что народ будет в изгнании. И поэтому изгнание являлось гарантией того, что народ унаследует землю Израиля. И как объяснял этот вопрос рабби Йехуда Ашлаг: известно, что не существует света, «ор», без желания к нему, «кли», то есть невозможно получить наполнение, если нет желания к нему, и это **ощущение недостатка и называется сосуд – кли.**

И потому, когда увидел Авраам, что Творец желает дать его потомкам, то сказал: «Неужели я не вижу, что мои сыновья также будут нуждаться унаследовать духовную землю Израиля?»

Поэтому сказал: «Если они получат некоторое небольшое наслаждение, этого будет уже им достаточно, так как самая маленькая ступень в духовном мире несет человеку наслаждение более всех наслаждений в нашем мире. И потому, когда получат небольшое количество света – наслаждения, сразу подумают, что не существует более высокой ступени, чем они достигли, и в таком случае не захотят просить сверх этого».

И поэтому спрашивал Авраам у Творца: «Как узнаю, что они будут нуждаться в унаследовании именно духовной земли? Поэтому он просил у Творца, чтобы сказал ему, как это будет выглядеть, что у них будет свет – наслаждение без желания к нему – кли».

И Авраам понял, что свет дает Творец. Но келим, то есть желание к еще большим светам, чем они получили... – кто даст им понять, что должны прийти к еще большему духовному возвышению по сравнению с тем, что ощущают сейчас?

В духовном мире есть закон, что любое духовное состояние, которое приходит к человеку, ощущается им как совершенное, то есть что не существует выше него, так как духовное – это ощущение совершенства без какого-либо ощущения недостатка, иначе это уже не называется духовным. Только в нашем материальном мире может быть наслаждение, и наряду с этим мы ощущаем, что существует еще большее наслаждение. В духовном мире это невозможно.

Вследствие этого Авраам сомневался – как они смогут захотеть просить у Творца, чтобы дал им ступень еще более высокую, называемую «наследие землей». И то, что ответил ему Творец: «Знай, что пришельцами будут потомки твои в чужой стране...», – это ответ Аврааму, что отсюда – из египетского изгнания – они захотят просить Творца, чтобы давал им каждый раз все большие и большие силы.

И причина этого в том, что когда человек начинает работать на Творца, он хочет, чтобы все его действия были с намерением все отдавать Творцу, и он видит, что это не в его силах. И тогда человек взывает к Творцу, чтобы помог ему. И об этом сказали мудрецы: «Приходящему очиститься помогают». И спрашивает Зоар: «В чем заключается помощь?». И отвечает: «Дают ему чистую душу».

И поэтому-то все усилия, которые пытались бы приложить, «ушли бы в землю», как сказано по этому поводу в Торе о том, как строили Питом и Рамсес, то есть каждый день должны были начинать свою работу сначала, так как все, что строили, пропадало впустую и всегда видели самих себя, как будто не начинали работу, так как видели, что не удостоились Торы-света, которые связаны с их работой. И всегда, когда проверяли самих себя, спрашивали: «Где наша работа, куда ушли те усилия, которые мы приложили в ней?».

И еще тяжелее понять, как смогла нечистая сила, называемая «Фараон», поглотить всю их работу, которую сделали, до такой степени, что сейчас они не чувствуют, что когда-то работали на Творца, и была у них цель достичь совершенства, и знали, что хотят, и вдруг пришли к такому состоянию, что все забыли, и не осталось у них никакого воспоминания об этой работе.

Но это было так задумано сначала, что Творец приготовил нечистые желания и силы – клипот, чтобы каждый раз находились в начале пути, так как известно, что начинать всегда тяжело, и вследствие этого вынуждены были бы просить Творца, чтобы помог им, как сказано: «Приходящему очиститься помогают». И говорит Зоар, что каждый раз получают новую «чистую душу», что определяется как получение силы сверху, и затем каждый раз получают дополнительную душу. И это, как известно, складывается затем в большое количество.

А каждое небольшое свечение, которое мы получаем свыше, исчезает через мгновение. Но когда восполнится сумма необходимых усилий, возложенных на человека, как сказано: «все, что в твоих силах, делай...» – то тогда он получает сразу все то, что заслужил, раз за разом прилагая усилия. А он думал, что все его труды уходят в нечистые силы и желания – клипот, но сейчас все возмещается ему.

Исходя из вышесказанного, находим, что египетское изгнание было необходимо для того, чтобы получить желания и необходимость в огромных наслаждениях, называемых «унаследование Земли Исраэля». И именно в этом сомневался Авраам, сказав, что он не видит, что его потомки будут нуждаться в этих огромных наслаждениях. А, как известно, не существует наслаждения-света без желания-сосуда, и поэтому, даже если желают дать им, нет у них сосуда, кли, чтобы получить.

Поэтому заранее было уготовлено народу Израиля египетское изгнание, чтобы с помощью претензий и вопросов египтян каждый раз опустошались от той святости, которую уже успели приобрести и благодаря которой существовали. И поэтому всегда вынуждены были просить Творца, чтобы осветил им путь, по которому смогут идти вперед. Но они видели, что каждый раз как бы возвращаются назад. И это то, о чем писал АРИ: «Что во время исхода из Египта народ Израиля находился на 49-й нечистой ступени, и тогда раскрылся им Творец и спас их».

С первого взгляда, это идет вопреки разуму. Ведь известно, что Моше и Аарон пришли в Египет и говорили народу Израиля, что Творец желает вывести их из Египта, и совершили там все чудеса. И из того, что видели десять казней, обрушившихся на египтян, из-за этого были уверены, что это должно было приблизить народ Израиля к святости, а не превратиться в противоположное действие, в результате которого падали раз за разом все глубже в нечистые желания до такой степени, что захотели бы выйти из Египта.

Другими словами, должна была быть подготовка для получения света избавления, но, в итоге, мы видим, в каком состоянии они находились в момент получения света избавления – на 49-й нечистой ступени. И как могло произойти такое?

И как объяснял рабби Йехуда Ашлаг, египетское изгнание было необходимо для приобретения желаний египтян, но только в долг, с целью затем вернуть им обратно. И далее Бааль Сулам поясняет, что то, что Творец сказал Аврааму: «пришельцами будут твои потомки в чужой земле…» – являлось **обещанием об унаследовании Земли Израиля,** то есть чтобы **захотели** получить наслаждение от Творца.

Желание выйти из египетского рабства может быть только с помощью получения новой чистой души, и тогда каждый раз будут нуждаться в помощи Творца, и значит, захотят каждый раз подниматься на все более высокую ступень.

И из вышесказанного мы поймем, для чего было египетское изгнание и взятие у египтян вещей. Когда Моше и Аарон пришли к сынам Израиля, как сказано в Торе (Шмот 4,29): «И пошли Моше с Аароном, и собрали они всех старейшин из сынов Израиля, и пересказал Аарон все слова, которые говорил Бог Моше, и сотворил знамения на глазах у народа, – поверил народ и услышали…».

И как только пришли Моше и Аарон к сынам Израиля, то они приняли на себя верой выше разума все слова, которые говорил Творец Моше. И поэтому все те сложные вопросы, которые египтяне задавали сынам Израиля об их вере, не принимались ими, так как они шли выше разума. И в связи с тем, что все время были в изгнании, это никак не могло отразиться на них.

То есть после того как пришли Моше и Аарон к сынам Израиля сказать им, что Творец желает вывести их из изгнания, те немедленно приняли это в себя, чтобы с этого момента и далее не слушать уговоры египтян, говоривших от имени Фараона, что сынам Израиля стоит остаться под их властью. И хотели египтяне убедить их в истинности своего пути, чтобы не слушали, что говорят Моше и Аарон. И еще говорили сынам Израиля: «Вот мы видим, что вы кричите: «Пойдем, принесем жертвы нашему Богу», – то есть вы должны оставить Египет и идти за Моше и Аароном с закрытыми глазами. Разве возможно такое? В то время как мы говорим о реальных вещах и нечего вам возразить нам, и, несмотря на это, вы все равно упрямитесь, говоря, что готовы идти до конца по слову Моше и Аарона».

И отсюда мы видим, что после прихода Моше и Аарона с хорошим известием об избавлении от рабства, где не могли работать на Творца, обрадовались сыны Израиля этому известию, и не нужно было им видеть подтверждение этому в виде раскрытия Торы и Заповедей, а просто радовались, что могут выполнять Заповедь в действии, и этого было им вполне достаточно, чтобы выполнять беспрекословно желание Творца, как сказано: «Они кричат: «Пойдем, принесем жертвы Богу нашему…»» (Шмот 5, 8).

И находим, что теперь, при выходе из египетского изгнания с имуществом – келим – ни в чем не нуждались, как сказано: «И поверил народ, и услышали…», – и нет у них сейчас никакого желания наследовать Землю Израиля, которую обещал Творец Аврааму, как написано: «Знай… …а затем выйдут с большим имуществом». И как было сказано выше, изгнание являлось гарантией получения огромного наслаждения, называемого «наследие Землей», которую Творец обещал дать потомкам Авраама. Но пока нет у них желания к этому, и они довольствуются малым.

И поэтому «сказал Творец Моше…, …скажи же, пожалуйста, народу, чтобы выпросили каждый у ближнего своего и каждая у ближней своей вещей серебряных и вещей золотых…». И, как объяснял рабби Йехуда Ашлаг, это выпрашивание вещей у египтян подразумевает под собой взятие себе их желаний, то есть всех трудностей, которые были у них по пути народа Израиля.

И всегда египтяне говорили народу Израиля, что всякое дело, которое вы делаете, должно быть осознано и понято. А то, что вы предпринимаете по преодолению себя, чтобы выйти из самолюбия и все делать ради отдачи Творцу – это неправильный путь, ведь Творец добр и творит добро, и, когда создавал мир, желал насладить свои творения, то есть чтобы мы наслаждались. И вы оставляете этот правильный путь и вступаете на путь, который против Цели творения. И вы, народ Израиля, говорите нам, что это правильный путь, то есть что мы ничего не должны хотеть для самонаслаждения, а все делать только, чтобы доставить своими действиями наслаждение Творцу.

И всегда, когда народ Израиля слышал это злословие египтян, порочащих их альтруистический путь, то бежали прочь от них, то есть от этих мыслей, запутывавших помыслы сынов Израиля и влиявших на их мнения.

И поэтому Творец знал, что они не пожелают слушать все эти трудные вопросы египтян, которые они каждый день задавали им. Но у них не было никакого желания отдать им свое огромное имущество, так как нет наслаждения-света без желания, кли, то есть невозможно дать человеку какую-либо вещь, если он не желает ее. И поэтому говорил Творец: «Если Я спрошу сынов Израиля, что вы хотите, чтобы Я дал вам, то, конечно, они ответят, что мы ничего не хотим от Тебя, а наоборот, все, к чему мы стремимся – это отдать все Тебе, а не чтобы Ты нам дал». И как они могут получить все то добро и наслаждения, называемые «огромным имуществом»? И это называется, что Творец желает дать им ступень нефеш, руах, нешама, хая, ехида (НаРаН-ХаЙ), но у них нет желания к этому.

Поэтому желал Творец, чтобы они взяли себе желания, келим, египтян, но не на самом деле, чтобы взяли эти желания, а только в долг. Это означает, чтобы взяли эти желания для того, чтобы вознуждались в наполнении того, чего им недостает. Но с таким условием, чтобы эти желания, келим, не остались навсегда у них, так как эти желания и помыслы не относятся к народу Израиля, а являются временным явлением, с тем, чтобы затем возвратить их египтянам обратно.

И смысл этого заключается в том, что получили наполнение того, что выпрашивали, ведь именно с помощью этого и есть возможность дать им желаемое. И это похоже на то, как будто они получили света, соответствующие их желаниям, являющимся «желанием получить ради себя». Но сразу же избавились от этих желаний, келим, и начали пользоваться наслаждениями с альтруистическим намерением доставить удовольствие Творцу.

И это похоже на то, как объяснял рабби Йехуда Ашлаг по поводу Амана и Мордехая в Мегилат Эстер: «Мы видим, что в тот момент, когда Ахашверош хотел оказать почесть Мордехаю, как написано (Мегилат Эстер 6, 3): «И сказал царь: «Что сделано для Мордехая в знак уважения и почета?» ...И сказал ему Царь: «Что бы сделать для того человека, которому Царь желает оказать почет?» ...И сказал Аман Царю: «Облачить его в царские одежды...»».

И вследствие этого спрашивал рабби Йехуда Ашлаг: «Как такое могло быть, что если Царь желает оказать почет и уважение Мордехаю, то почему при этом спрашивает Амана, что сделать для того человека, которому Царь желает оказать почет?».

И объяснял, что тут намекается на порядок нисхождения наслаждения к низшим ступеням. Так как, безусловно, Творец желает оказать почет и уважение праведнику, как говорят, «праведник Мордехай», но если Царь спросит у этого праведника, что тот желает получить, то праведник ответит, что он не желает ничего получать, а наоборот желает все отдать Царю.

Поэтому должен был обратиться к той части души Мордехая, которая называется Аман: «Что стоит брать?». И после этого сказал: «И сделай так Мордехаю, йехуди...», – то есть, чтобы получил почет и уважение не в желания, келим, Амана, называемые «получать ради себя», а в желания «получать ради отдачи».

И в таком же виде можно объяснить здесь случай с выпрашиванием вещей, келим, у Египтян, где Творец сказал Моше, чтобы тот просил народ Израиля, чтобы они выпросили себе вещей, келим, у Египтян. Почему должен был Творец просить это? И почему народ Израиля не захотел взять эти вещи?

И ответ заключается в том, что в тот момент, когда Моше и Аарон пришли к народу Израиля с поручением от Творца вывести их из изгнания, то, как написано: «И поверил народ, и послушал…» (верой выше знания) и не нуждались более ни в чем, то есть не было у них никакого желания в более высоких ступенях, а было им достаточно того, что могли выполнять Тору и Заповеди без всякого вмешательства со стороны египтян.

И это похоже на то, о чем мы говорили выше, где сказано, что если Царь спросит праведника Мордехая, что тот желает, чтобы Царь дал ему, то, безусловно, он ответит, что не хочет ничего получить от Царя, а наоборот, желает все отдать Ему. И поэтому царь спросил у Амана: «Что сделать тому человеку, которому Царь желает оказать уважение и почет?». И Аман знал, что просить, отвечая: «Пусть принесут одеяние царское, которое надевал Царь, и приведут коня, на котором ездил Царь, а на голову пусть возложат ему царский венец». И поэтому нуждался Царь в желаниях, келим, Амана, потому что Аман понимает в том, что должны получить от Царя.

Поэтому должен был Творец обратиться с просьбой к Моше, чтобы тот просил одолжения у народа Израиля, чтобы те выпросили у египтян вещи, келим, в долг, то есть временно, чтобы было у них желание и стремление для наполнения того, чего им недостает, то есть того наполнения, которого требуют египтяне. И Моше вынужден был просить их, потому что народу Израиля было достаточно того, что имели и всегда бежали от мыслей и желаний египтян. А сейчас говорят ему внимать вопросам и требованиям египтян?

Ведь Творец обещал Аврааму, что «затем выйдут с большим имуществом», и поэтому он нуждался в том, чтобы взяли вещи, келим, египтян в долг, а затем вернуть им обратно, так как эти вещи, келим, не имеют никакого отношения к народу Израиля, и они взяли их временно, то есть, чтобы смогли получить огромное наслаждение, называемое «наследие Земли Исраэля», которую завещал Творец Аврааму.

И из вышесказанного поймем сейчас, о чем спрашивали: «Как обратилось с одной крайности на другую то, о чем написано: «и опротивели египтянам сыны Исраэля…», – то есть были в их глазах, как колючки. А затем: «и дал Творец милость народу Исраэля в глазах египтян…», – то есть в том, что видели египтяне, что сыны Исраэля желают слушаться их советов, и это позволило им думать, что сыны Исраэля хотят идти по их пути.

«И дал Творец милость…» – в том, что повелел им выпросить у египтян их вещи, келим, потому что египтяне хотели это.

Молитва общества
Статья 15, 1986

Сказано в Зоар: «Я нахожусь среди своего народа». Что это означает? Ответ таков: «В час, когда суд правит над миром, не отделится человек от общества, так как те, о ком известно, что отделились, даже несмотря на то, что это праведники, они попадают под суд первыми. И, поэтому, не должен человек отделять себя от общества никогда, так как милость Творца постоянно на всем народе вместе. И потому сказано: «В своем народе Я нахожусь, и не хочу отделяться от них».

Закон, распространяющийся на мир – это желание получить, эгоизм, и с такой природой родились все творения, что является следствием желания Творца насладить свои творения. Поскольку у творения было желание уподобиться по свойствам Творцу, чтобы оно не испытывало чувства стыда, был установлен закон, запрещающий использовать желание получить ради самонаслаждения, а только зная, что будет достаточно сил придать альтруистическое намерение получению – «ради отдачи». И только тогда разрешено ему использовать желание получать.

И отсюда следует объяснение: в то время, когда закон правит над миром, а весь мир погружен в свой эгоизм, то тьма распространяется в мире, так как нет в нем места, чтобы свет-наслаждение проник вниз к созданиям по причине различия свойств света и творений, получающих этот свет-наслаждение. И на это различие свойств распространяется закон, в соответствии с которым наслаждение не может ощущаться в эгоистических желаниях.

И потому, когда человек пробуждается и хочет, чтобы Творец приблизил его – дал ему альтруистические желания, келим, – это называется «приближение». И человек просит Творца помочь ему. Но известно, что помощь, приходящая от Творца, называется «Высший свет» и определяется именем «душа». Написано в Зоар, что помощь, получаемая сверху, заключается в том, что дается новая «чистая душа».

Когда человек приходит просить у Творца, чтобы приблизил его к Себе, то ему кажется, что он один такой, то есть он считает, что Творец должен приблизить только его одного. Но почему он думает, что остальные могут оставаться в своем нынешнем положении, и только с ним Творец должен обходиться по-другому? Это происходит потому, что человеку представляется, что он обладает хорошими качествами, которых нет в других. И поскольку это люди, отделенные от общества тем, что считают, что им положено приближение к Творцу больше, чем другим, и потому считающие себя праведниками, они-то и попадают первыми, так как суд, то есть эгоизм, распространяется на них в большей мере, чем на остальное общество. И они становятся еще более испорченными со стороны своего эгоизма.

И это происходит с человеком, если он думает, что положено ему больше, чем всем остальным людям. Им достаточно того, что есть у них в настоящее время, но, посмотрев на себя, он считает, что положено ему больше, чем остальным. Мысль эта – свойство настоящего эгоизма, стопроцентного самонаслаждения. Мы видим, что эгоизм начал развиваться у него больше, чем у других.

Из сказанного следует, что он действует все время для самонаслаждения. Но в своих глазах он себя видит праведником, ведь он хочет действовать, как отдающий, и говорит себе, что его просьба к Творцу, чтобы приблизил его – это форма праведности, так как он просит Творца дать ему сил выполнять Тору и Заповеди ради Него, и какой еще недостаток может быть, ведь он хочет служить Царю.

И этим можно объяснить сказанное в Зоар, где дается совет людям, у которых есть требование, идущее изнутри, и которые не могут смириться со своим положением. И не видят никакого продвижения в духовной работе, и они верят в написанное (Дварим 30; 20): «И возлюби Творца и исполняй волю Его, и соединись с Ним, ведь Он жизнь твоя и долголетие твое...». Но они видят, что не хватает им любви и слияния с Творцом, и не чувствуют жизни в Торе, и не могут применить эти советы к себе, чтобы достичь явных ощущений сказанного в Торе.

А совет заключается в том, чтобы просить за все общество в целом, а именно, просить все то, что чувствует, как недостающее ему, и невозможно тогда про него сказать, что он отделяет себя от общества, считая, что положено ему больше, чем есть у всех. Сказано: «В своем народе Я нахожусь». И я прошу за все общество, потому что хочу прийти к состоянию, когда буду беспокоиться не ради себя, а чтобы доставить радость Творцу. А тогда мне не важно, эта радость Творцу идет от меня, или то же самое Он может получить от других.

Это значит, что человек просит у Творца дать ему осознание того, что называется «ради Творца», то есть, что он уверен в себе и не обманывает себя, что хочет отдавать Творцу. Ведь, может быть, на самом деле он думает о собственной выгоде, о том, чтобы почувствовать удовольствие и наслаждение.

Поэтому он просит за все общество. Ведь если есть несколько человек, которые могут достичь Цели творения – соединиться с Творцом – тем самым они доставят Творцу большую радость, чем, если бы только он один достиг этой Цели. И он отказывается от себя и хочет, чтобы Творец помог им, так как они доставят Творцу удовольствие большее, чем может быть от его личной работы. И поэтому он просит за все общество, чтобы Творец помог всему обществу, и дал бы ему чувство удовлетворение от того, что может отдать Творцу, чтобы доставить Ему радость.

Так в каждом случае просьба должна идти от самого человека, а помощь со стороны Творца получат другие, те, о которых человек знает, что Ему будет от этого больше пользы.

Находим, что если есть у него силы просить это, так наверняка будет у него истинная проверка, согласен ли он с этой просьбой. Но если он знает, что это только пустые слова, то, что же он может сделать в то время, когда видит, что тело не согласно на такую просьбу, чтобы была действительно полная отдача без примеси получения.

И на это есть только один совет – просить Творца и верить выше знания, что Он может помочь ему и всему обществу в целом. И не обращать внимание на то, что много раз уже просил и не получал ответа, и это приводит человека к отчаянию, что его эгоизм смеется над ним и говорит: «Неужели ты не видишь, что ты не способен ни на что и нет у тебя никакой надежды, а сейчас просишь у Творца удовлетворить твои желания, непонятные обычным людям».

И эгоизм требует тогда наоборот: скажи мне, кто из благочестивых и порядочных людей хочет, чтобы Творец дал им вещь, которую их сознание не переносит. И еще, разве ты не видишь, даже вещи гораздо меньшие, чем те, о которых ты просишь помощи у Творца сейчас, еще не выполнены, хотя просил у Него о помощи. И сейчас ты говоришь, что хочешь просить у Творца выполнить твое требование на большую вещь, то есть на очень важную вещь, несмотря на то, что нет в мире много подобных требований к Творцу, чтобы Он дал силы совершать поступки ради общества, а именно, чтобы все общество получило удовольствия и наслаждения посредством твоих усилий, что называется полной и чистой отдачей без примеси личной заинтересованности.

И ты думаешь, что твои просьбы о небольших вещах не примутся, и, наоборот, о вещах больших и важных, самых главных в мире – будут приняты. Скажем, например, что стоит прийти к какому-то человеку, у которого есть в доме особенные вещи, самые важные в мире – нужно обойти весь мир, пока сможешь найти такие вещи, находящиеся только у единиц во всем мире. Приходит один невзрачный, средний человек, у которого не всегда есть и самые обычные вещи, принятые в доме, и вдруг приходит к нему мысль, что он должен тоже попытаться добыть те вещи, находящиеся у избранных. И конечно, кто услышит – посмеется над ним.

И как написано у нас, во время, что человек не богат знанием, а находится ниже среднего, и он хочет просить у Творца, чтобы дал ему «желания избранных мира», тут сам эгоизм смеется от этого и говорит ему: «Глупец! Как пришло тебе в голову по собственному желанию просить у Творца то, чего нет даже у богатых знанием людей! Поэтому, как я могу дать тебе силы на такие глупости?».

И здесь начинается настоящая работа, то есть работа человека в этом мире заключается в том, чтобы выйти из-под власти своего эгоизма, называющегося получением ради себя. И захочет ли он, чтобы Творец помог ему идти путем чистого альтруизма без всякой примеси эгоизма.

Работа эта совершается против самого эгоизма, который не хочет оставлять никакие свои владения. Но человек устремляется сейчас не только к тому, чтобы работать и в будущем не для личной выгоды, но он просит Творца даже то, что ранее сделал эгоистически, перевести в альтруизм, во владения Творца.

И, значит, сейчас он обращается к Творцу, чтобы дал ему силы совершить **раскаяние**. То есть, чтобы Творец дал ему силы обратить все действия ради себя в отдачу – во владения Творца – как в прошлом, так и в будущем. Об этом писал РАМБАМ, что раскаяние должно быть и за прошлое. И объяснял далее, что раскаяние означает, что «оставит грешник свой грех и запретит в мыслях, и завершит в сердце, что не сделает более, как сказано, «и оставит злодей свой путь», и раскается о прошлом». Сказано: «И после вернется раскаяние мое и засвидетельствует Знающий тайны, что не вернется к этому греху более никогда».

Из этого понятно, насколько важна молитва многих, как написано: «В своем народе Я нахожусь», и Зоар говорит: «Поэтому не должен человек отделяться от народа никогда, так как милость Творца находится всегда на всем народе вместе». И в Зоар объясняется, что если человек просит Творца, чтобы дал ему альтруистические намерения (сказано мудрецами: «Как Творец милосерден, так и ты будь милосерден»), то он должен просить за все общество, потому что тогда видно, что его желание состоит в том, чтобы Творец дал ему чистые альтруистические намерения, как сказано выше: «Милость Творца находится всегда на всем народе вместе». И как сказано далее: «Свыше не разделяют...», – то есть когда Творец дает наслаждение, оно предназначается для всего общества в целом.

И потому человек должен просить за все общество, так как все наслаждение, приходящее сверху, дается всегда всему народу. В сказанном «милость Творца находится всегда на всем народе» есть два значения: для достижения чистого альтруизма было бы достаточно, чтобы молился только за одного человека кроме себя. Но есть здесь еще одна сторона: человек должен просить только о совершенном, потому что в духовном существует закон – от Творца исходят только совершенные действия, а все различия, как известно, лишь со стороны получающих. И поэтому человек должен просить только за все общество в целом.

Поскольку наслаждение приходит для всего общества в целом, то человек, просящий за это общество, тоже получает наслаждение, так как существует правило, что нет наслаждения без желания к нему. И по этому поводу говорили мудрецы: «Каждый, просящий милость за друга, удостаивается ответа вначале, так как ему нужно то же самое».

Наслаждение дается всему обществу в целом, но не хватает пока всем желания к этому наслаждению. То есть этого наслаждения от Творца достаточно для всего народа, но когда нет желания, то есть ощущения недостатка в получении этого наслаждения, то общество не получает его. Но тот, у кого есть ощущение недостатка, он удостаивается получения вначале.

Потому что избран Яаков
Статья 16, 1986

В Зоар (гл. «Трума») объясняет рабби Хия сказанное **«потому что избран Яаков Творцом»**: «Настолько любимы сыны Израиля перед Всевышним, что Он пожелал соединиться с ними и сделал их народом единственным в мире, как написано: «И кто как народ твой Израиль – народ один на земле»; и сыны Израиля захотели соединиться с Творцом, как написано: «Так как Яаков избрал себе Всевышнего». И написано также: «Потому что Творец с ним. И дал остальным народам министров и правителей над ними, а себе взял народ Израиля»».

И нужно понять сказанное рабби Хия:
1. Когда он начинает объяснять высказывание: «потому что избран Яаков Творцом», – то говорит, что Творец выбрал Яакова, то есть пожелал их взять себе и соединиться с ними. А потом он объясняет наоборот и говорит: «И сыны Израиля пожелали соединиться с Творцом».
2. Как объяснить сказанное: «и сделал их народом единственным в мире», как написано: «и кто, как народ твой, Израиль, народ один на земле». Ведь это народ, находящийся в

окружении 70 народов мира, а тогда, что за объяснение – «один народ», что имеется в виду, что сделано, что он будет единственным народом?
3. Как объяснить сказанное: «так как Творец с ними»? Имеется в виду, что остальным народам дал Творец министров и правителей над ними, а в Свой надел взял Израиль. И нужно понять, что означает, что дал другим народам царей и правителей, тогда как народ Израиля взял Себе?

Известно, что есть два вида управления:
1. частное управление;
2. управление посредством наказания и вознаграждения.

И одно противоречит другому. И объяснил Бааль Сулам, что не в состоянии человек понять это своим разумом, а только тогда, когда достигнет своего совершенного духовного состояния, – только тогда сможет понять это.

А в духовной работе человека это означает, что дана нам работа на Творца посредством управления наказанием и вознаграждением. Поэтому запрещено человеку говорить: «Я буду ждать, чтобы Творец дал мне желание заниматься Торой и Заповедями. И тогда, когда почувствую себя хорошо, тогда я буду соблюдать Заповеди Торы». И нельзя говорить так, поскольку мы подобны материалу в руках ваятеля и находимся в руках Творца. И чем может помочь нам работа по преодолению желаний нашего тела? И потому нам говорят, чтобы человек не обращал внимания на свое тело, на его требования удовлетворить его желания, а наоборот, нужно приучить и убедить тело, чтобы шло по законам Торы, согласно оно на это, или нет.

Мы должны верить в наказание и вознаграждение, в то, что все зависит от наших поступков, от того, насколько мы заставляем свое тело идти по законам Торы. И мудрецы говорили об этом: «По величине страданий – вознаграждение». И Бааль Сулам говорил, что нужно выполнять эти два руководства следующим образом: **перед действием**, то есть при подготовке, когда человек собирается выполнять Заповеди Торы, он должен верить в управление наказанием и вознаграждением, тогда «все, что в твоих силах – сделай». То есть на данном этапе все зависит от работы человека: по мере его усилий в Торе и заповедях он получит вознаграждение.

Но после сделанного он должен сказать, что верит в частное управление по отношению к себе. Но после многих усилий, которые человек приложил, ему трудно сказать потом, что все сделанное – результат частного управления. Выходит, что и потом он работает ради вознаграждения. Иными словами, если он постарается поверить, что это было частное управление, он получает за это вознаграждение. А если не может поверить в частное управление – получается, что получает наказание за то, что не хочет поверить в частное управление.

И за веру в частное управление, за то, что ничего не зависит от его действий, а лишь Творец выбрал его, за это он должен благодарить и восхвалять Творца. И это действует на каждом этапе. То есть даже за небольшое действие в духовном мире, которое удостоился совершить, он также должен благодарить Творца – благодарить за то, что тот дал ему мысль и желание совершить это действие.

И стоит приучить себя к этой работе. Например, когда человек встает в ранний час, под утро, самостоятельно ли, или будильник будит его, или его друзья будят его, и он встал, – он должен верить, что даже то, что он преодолел свою лень и встал с кровати с большим усилием, за что, конечно, положено ему большое вознаграждение (за это тяжелое усилие), он все равно должен верить, что это Творец дал ему желание преодолеть все мешающие мысли, которые были у него в то время, когда вставал с кровати.

И тогда получается противоположное тому, что человек думает, то есть что Творцу полагается благодарность за то, что дал ему силы преодолеть все мешающие ему мысли и желания.

Выходит, что с одной стороны, «Творец выбрал его», то есть частное управление, а с другой стороны, «Яаков избрал Творца», то есть управление посредством вознаграждения и наказания.

И сейчас разберемся в том, о чем спрашивали: какой смысл в том, что сказано «и сделал их одним народом на земле», ведь в мире есть еще 70 народов. А написано: «А кто, как народ твой Израиль, – один народ на земле».

Известно, что единственное (число) и множественное (число) в духовном объясняется совпадением или несовпадением свойств. Как написано в Торе (Шмот, 19): «И **остановился** там Израиль против горы». И комментирует РАШИ: «Как один человек с единым желанием». Поэтому написано «остановился» в единственном числе. Но все остальные остановки были с разногласиями и спорами, и поэтому написано «и остановились» – во множественном числе. Поэтому получается, что один – имеется в виду совпадение свойств.

Из вышесказанного находим, что Творец сделал народ Израиля единым народом на земле, несмотря на то, что были многочисленны, как сказано (Брахот, 58): «Как их лица не похожи одно на другое, так и их мысли не похожи». То есть, несмотря на то, что были народом, то есть множественной формой, все равно были как один, что объясняется совпадением свойств. И это подобно тому, как были едины во время «Дарования Торы», к такому совершенству должен прийти народ Израиля, достичь ступени единства.

И сказано в книге «Матан Тора» (стр. 41): «Почему называет Тора народ Израиля в единственном числе: «...и остановился там народ Израиля против горы»?». И объясняли наши мудрецы, что были «как один человек с единым желанием», потому что каждый из народа изгнал из себя полностью свой эгоизм, и поэтому сплотились, слились вместе все отдельные единицы, из которых состоял народ, и стали, как один человек, и только тогда стали готовы получить Тору. Поэтому мы видим, что Творец сделал так, чтобы народ Израиль достиг своей целостности, дав им всем силы достичь совпадения свойств с Творцом, чтобы получили все то наслаждение, которое Он желает дать им.

И нужно еще выяснить вопрос, почему Творец другим народам дал министров и правителей, а в Свой надел взял Израиль. И языком духовной работы выясним это на примере одного человека. В то время, когда человек приписывает все, что делается в мире только Творцу, будучи уверенным, что только Творец совершает и будет совершать все действия, он тогда принадлежит наделу Творца, так как нет другой силы в мире. А в то время, когда он не приписывает все происходящее Творцу, а считает, что это следствие других сил, не относящихся к Творцу, то он находится среди «народов мира», и тогда есть над ним «правители и министры».

Порядок собрания
Статья 17, 1986

В Масэхет «Брахот» сказано: «Так будет всегда: человек прежде установит величие Творца, а затем воздаст Ему молитву». Бааль Сулам пояснил это: «Тот, кто хочет что-то попросить у кого-либо, попросить о каком-либо одолжении, должен знать наверняка:

1) что есть у него то, что просит – ведь если нет, что толку просить;
2) что дающий добр – ведь может быть и так, что есть у него необходимое тебе, но давать он не желает.

И поэтому прежде надо прийти к осознанию величия Творца, то есть должен человек поверить в то, что у Творца есть абсолютно все, что он просит, и, кроме того, Творец Добр и Милостив и каждому просящему дает все к добру.

И потому, когда собираются товарищи вместе, конечно же, собрание это преследует определенную цель. Ведь каждый уделяет этому часть своего времени, которое должен был использовать для личных нужд: он откладывает все свои дела и приходит участвовать в собрании. Значит, человек хочет что-то получить от этого. Если так, то нужно стараться, чтобы каждый, уходя домой после собрания, видел, с чем он пришел на собрание, что приобрел на нем, и с чем уходит он сейчас домой.

Но иногда, когда во время собрания группы каждый ощущает важность этого собрания, тогда не возникает даже такой мысли: а что приобрел я, с чем ухожу домой. То есть что конкретно есть у меня в руках такого, что приобрел я на собрании товарищей, и чего не было, пока я не пришел в группу? И тогда видит человек, что нет у него совершенно ничего.

И это похоже на то, о чем написано: «Когда придешь в виноградник ближнего своего и будешь есть вволю, но сосуды свои не наполнишь». То есть когда собираются товарищи (что и есть «виноградник ближнего»), когда сидят, едят и пьют вместе, разговаривают о том, о сем, тело наслаждается от самого процесса. И это подобно тому, как сказано: «И есть будешь плоды, сколько душе угодно».

Но когда расходятся по домам, то хотят увидеть, что же есть в келим, сосудах, такого, что сможет дать ощущение жизни – для дома. И когда покидают собрание и хотят видеть, что же осталось в келим, сосудах, от всего этого общения, то видят – «и в сосуды свои не возьмешь», – нет ничего в келим желаний для оживления души после собрания.

И человек должен обращать внимание на то, чтобы в то время, когда он прикладывает какое-либо усилие, не осталось оно без оплаты. Как мы просим в молитве: «Чтобы нам не трудиться впустую». Но когда человек идет на собрание, он должен получить там пищу, чтобы, отправляясь домой, имел возможность увидеть, что у него есть, что внести внутрь своих келим желаний. И тогда будет у него пища прокормить себя до следующей встречи, и за это время она будет у него приготовлена из того, что приобрел во время собрания товарищей.

Поэтому **должен прежде установить для себя важность собрания.** А затем смотреть, что можно приобрести из этого. Как приводилось выше сказанное мудрецами: «Всегда прежде установит человек величие Творца, а затем обратит к Нему молитву».

То есть в начале собрания, в речах, которыми оно открывается, надо говорить о важности группы. И каждый по очереди должен постараться объяснить смысл возвышенности и важности того, что есть внутри них. И не говорить ни о чем, кроме восхваления преимуществ группы до тех пор, пока не будет выявлена эта важность с помощью товарищей.

Тогда должны сказать, что закончили первую стадию собрания и перейти ко второй части. То есть нужно, чтобы каждый в отдельности сказал, что, по его мнению, можно сделать, какие действия совершить, чтобы у каждого в группе была возможность приобрести любовь товарищей. То есть, что каждый может сделать, чтобы обрести возможность в сердце своем возлюбить конкретно каждого в группе. И после того, как закончили второй этап, ответы, что сделать ради группы, начинается новая ступень – приведение к практическому осуществлению установленных товарищами решений, к тому, что именно необходимо сделать.

О том, что касается важности группы (общества, союза), смотри в книге «Матан Тора» (137 стр.). Там объясняется значение любви между членами группы, объясняется, что посредством соединения друзей можно прийти к величию Творца. Поскольку весь мир погружен в собственный эгоизм, а он хочет идти путем отдачи. И это против мирского понимания, поскольку такова природа, с которой мы родились в силу замысла творения – «желания Творца делать добро сотворенным Им».

И вся энергия, с которой мы можем пойти против своей природы, то есть произвести обратное действие, понимая, что недостаточно еще того, что мы не желаем получать ради личной выгоды, но мы еще желаем дать – то есть все наши действия будут только ради доставления радости создавшему нас — вся наша энергия истекает из силы, содержащейся в природе отдачи: когда человек дает кому-то, кто очень важен и дорог ему, он получает от этого наслаждение. Получается, что без получения наслаждения человек не в силах сделать ни малейшего действия, потому что это против нашей природы.

Но мы можем поменять источник наслаждения. То есть, вместо того, чтобы получать удовольствие от действия получения, мы желаем получать удовольствие от действия отдачи. Потому что это называется «сравнением свойств», когда мы должны сказать: также как Творец видит наслаждение в том, что Он дает творениям, так же и у нас должно быть наслаждение от того, что мы отдаем Творцу.

Иначе, если мы отдаем Творцу без радости и удовольствия, мы не достигаем сравнения свойств, как сказали мудрецы: «Не было радости пред Ним и в тот день, когда сотворены были небо и земля. И не было радости перед Творцом со дня сотворения мира, подобной той радости, которой будет радоваться с праведниками в грядущем мире» (Зоар, 1, 115).

Поэтому, если нет у нас радости в то время, когда мы выполняем заповеди Творца, то получается, что даже когда есть намерение ради отдачи, это не называется «сравнением свойств». Потому что не может человек радоваться нигде, кроме, как только в месте, где находит наслаждение.

Выходит, если нет у него наслаждения и радости оттого, что отдает Творцу, еще не называется это «сравнением свойств», когда было бы у него место для высшего наслаждения, потому что еще недостает ему наслаждения, которое есть у Творца во время отдачи творениям.

И отсюда следует, что вся база, на основании которой мы можем получить наслаждение и радость — это то, чем дозволено нам наслаждаться, и более того, большая заслуга наслаждаться от действия отдачи — это работать в одном направлении: ценить духовное. И это выражается в сосредоточении внимания на том, «к Кому я обращаюсь», «с Кем я разговариваю» и «Чьи Заповеди я выполняю», и «Чью Тору я изучаю», то есть необходимо выискивать возможности (советы, замыслы, способы действий) для того, чтобы оценить значимость Дающего Тору.

И поскольку человек, со своей стороны, прежде чем удостоился какого-либо свечения свыше, должен искать людей более или менее подобных себе, которые также ищут способы возвеличить важность духовного, быть хоть в каком-то контакте с Творцом (в каком бы то ни было виде), и поскольку уже многие осознают важность этого, то каждый может получить поддержку от своего друга.

И необходимо «самое малое количество — это двое». Это значит, что если двое товарищей сидят вместе и думают, как возвеличить важность Творца, уже есть у них сила получить усиление осознания величия Творца в качестве побуждения снизу, и на действие приходит затем побуждение сверху, когда они начинают чувствовать немного величие Творца.

И согласно написанному — «в многочисленности народа величие Царя» — получается, что чем больше количество, тем сила действует больше, то есть создается более насыщенная атмосфера величия и важности Творца. И тогда каждый своим телом чувствует, что все действия, которые он хочет выполнить ради духовного (что и называется «отдачей Творцу»), ценятся у него как несметные богатства оттого, что удостоился войти в круг людей, удостаивающихся служить Царю. Тогда от каждого малого действия он полон радости и удовольствия, что есть у него сейчас, чем услужить Царю.

И в той мере, в какой группа во время собрания думала о величии Творца, в каждом в своей мере это вызвало осознание величия Творца, и тогда он может находиться весь день в мире радости и веселья. И от каждой малости, когда он занят работой Творца, он наслаждается этим. Потому что, если даже вспомним на мгновение, что надо думать о духовном, тотчас он говорит: «Я уже благодарен и возвеличиваю, и восхваляю Творца», потому что он верит, что Творец призвал его сейчас и хочет говорить с ним.

И когда человек представит себе, что Царь обращается к нему и говорит ему, что хочет общаться с ним, какая радость была бы тогда у человека, и какое бы было настроение у него! И, несомненно, в таком приподнятом настроении не думал бы, конечно, о чем-то постороннем и только бы немного стеснялся того, что не знает законов и обычаев Царя, как вести себя, когда Царь обращается к нему.

И то, что он умеет делать для Царя, считалось бы у него за бесценное богатство. Потому что все-таки он знает немного законы, чтобы выполнять с их помощью заповеди Царя — тем, что учил в школе, когда был маленьким. И конечно теперь, когда он уже повзрослел и хочет служить Царю, несомненно, не хватает ему знаний законов Царя. Выходит, что заботы его лишь в том, что не знает, от чего будет больше радости у Царя — от какого действия или намерения. Но кроме этого, он живет в мире, который хорош всем. Об этом всем группа должна думать, когда собирается вместе. И говорить о важности группы, как уже сказано: «Всегда прежде человек установит величие Творца, а затем воздаст Ему молитву».

Также и в группе, если мы хотим попросить что-то необходимое от группы, что и называется «воздаст молитву», мы обязаны прежде установить для себя важность группы. «И лишь затем воздаст молитву». То есть просить у группы, чтобы дала ему то, что он желает получить от нее.

В таком случае он должен увидеть сначала, что есть у группы. Каким имуществом обладают ее члены, чтобы он мог получить от них посредством объединения с ними. А может быть, в том, чем они обладают, он не нуждается, а наоборот, избегает этого и не захочет приблизиться на расстояние выстрела из лука.

И потому человек должен всегда быть начеку, когда приходит на собрание группы, — а есть ли у товарищей та цель, которой он хочет достичь. И у каждого из них есть такая часть от этой цели. И он думает, что, несомненно, если объединиться всем вместе в движении к единой цели, то у каждого будет своя часть от нее. А также части всех товарищей группы. И получается тогда, что у каждого в группе будет сила, как у всей группы вместе.

Отсюда следует, что каждый отдельно взятый член группы должен уделить пристальное внимание цели собрания, и это должно привести к ощущению, что после собрания каждый приобрел что-то, что может вложить в свои келим желания. И чтобы они не остались в состоянии, о котором сказано: «А в сосуды свои не соберешь». И каждый должен принять в расчет, что если не сидит на собрании с особым вниманием, мало того, что потерян для самого себя, но еще и наносит ущерб всей группе.

И это подобно тому примеру, что приводится в Мидраше: «Двое пришли на судно, и один из них начал делать под собой отверстие в дне шхуны. Спросил его другой: «Зачем ты сверлишь дырку?» И тот отвечает: «Что ты беспокоишься, я ведь под собой сверлю, а не под тобой». И первый сказал ему: «Глупец, ведь мы оба погибнем на этой шхуне»».

После обсуждения на собрании важности и необходимости группы начинается определение порядка исправлений: как и в чем можно усилить группу, чтобы быть одной общностью, как сказано: «и встал там Израиль станом напротив горы», (Шмот 19) и что объясняется в комментарии: «все как один — единым сердцем». И порядок должен быть таким, чтобы каждый, у кого есть какой-то замысел, могущий принести пользу, мог обсудить его со всеми. **И решение должно быть принято всеми и каждым, чтобы не было никакого принуждения.**

До сих пор говорилось о связи между человеком и его товарищем, которая даст нам связь между человеком и Творцом, как написано в книге «Матан Тора» (стр.137). Соответственно этому, говоря о важности любви между товарищами, мы выяснили, что вся важность состоит в том, что это приведет нас к связи с Творцом. А значит, мы должны помнить, что понимание важности любви между товарищами должно привести нас к пониманию важности любви между человеком и Творцом.

Кто приводит к молитве
Статья 18, 1986

Сказано мудрецами (Брахот 32): «Сначала человек должен восхвалить Творца, а затем только молиться».

Из этого мы видим, что человек обязан верить, что если он находится в состоянии, когда ощущает недостаток в работе на Творца, ощущает, что нет у него той веры, которая ему необходима, то это означает, что со временем сможет поверить в то, что Творец добр и справедлив.

И ощущение это, что не в силах благодарить Творца и сказать во весь голос, одновременно устами и сердцем: «Благословен сказавший: да будет мир», – то есть что он наслаждается миром до такой степени, что благодарит Творца за то, что создал этот мир, и есть у него от чего наслаждаться. И если, не дай Бог, не ощущает тех благ и наслаждений, которые можно получить, то ему трудно тогда благодарить за это. И больно ему, что не в состоянии прославлять Творца за то, что создал мир и сказать: «Благословен сказавший: да будет мир», – в полный голос.

И недостаток этот приносит ему боль, то есть он говорит, что, конечно же, ощущение это идет от того, что он отдален от Творца, то есть погружен в любовь к себе. И это отделяет его от Создателя, то есть нет у него чувства величия Творца, так как Творец скрыт от него, и поэтому не в состоянии видеть правду, как написано: «Так как Он – жизнь твоя, Продлевающий дни твои». И поэтому он не в состоянии ощутить важности Торы, как написано: «Потому что Он есть ваша мудрость и ваш разум в глазах народов, которые, услышав все эти законы, скажут: «Как мудр и велик этот народ!»».

И когда человек проверяет себя: где это вдохновение, почему другие народы говорят о нас: «Как мудр и велик этот народ!», – благодаря силе Торы, благодаря тому, что мы выполняем написанное: «Храните и исполняйте, ибо Он есть ваша мудрость и ваш разум в глазах народов». Но почему же я не чувствую важность Торы и Заповедей?

И когда он глубже всматривается в свое состояние и ощущает, насколько он далек от понимания важности работы на Творца, начинает тогда пробуждаться и задумываться, что, конечно же, необходимо что-либо сделать, чтоб не остаться в этом низменном состоянии до конца дней своих. И тогда человек начинает молить Творца, чтоб приблизил его к себе и дал ему помощь сверху, как сказано у мудрецов: «приходящему очиститься, помогают».

То есть он просит, чтобы Творец снял с него сокрытие величия и важности духовного, чтобы смог тогда противостоять любым своим низменным мыслям и желаниям, исходящим из его эгоизма, и чтобы все его переживания и заботы были бы только о том, как и что еще сделать для святости, называемой «намерение дать радость Создателю», и которой, конечно же, можно достичь только в той мере, в какой есть у него вера в величие и важность Творца.

И если это так, то он просит у Творца, чтобы открыл ему глаза, чтобы мог увидеть и почувствовать величие и важность Творца, как написано: «Почему Творец оставил душу мою, скрыл лицо от меня». И только тогда это будет молитва из глубины сердца, когда человек желает, чтобы Творец излечил его сердце, как написано: «Исцеляет разбитые сердца и удаляет грусть».

И тогда, конечно же, человек думает, что пробуждение к молитве о том, чтобы Творец приблизил его к себе, исходит из его собственных усилий, и ждет помощи Творца, ждет, что Он ответит на его молитву и поможет ему тем, что приблизит к себе. А то, что он молится сейчас, то это по причине ощущения недостатка, которого ранее не было.

Другими словами, когда человек не получает от Творца то, что по его мнению, Творец обязан дать ему, то человек вопит, почему Творец не отвечает на его молитвы, как и всем остальным людям. Но ведь они, по его мнению, не получают ответа по причине, что нет у них желания к духовному. А он-то не похож на всех остальных, у которых отсутствует всякое желание к Творцу, и поэтому Творец не должен приближать их к себе.

И человек этот, который молит Творца, чтобы помог ему, приблизив к себе, думает: «Неужели Творец сам не видит, что он отличен от остальных людей и стоит выше остальных тем, что есть у него понятие смысла жизни, что он отдает себе отчет, для какой цели он создан и к чему должен прийти». Ну, а что касается остальной массы людей, то он видит их низменное состояние и то, что все их мысли и желания направлены на извлечение выгоды для себя. А он ощущает, что понимает по-другому, что его стандарты и его мысли намного возвышенней, чем у других.

И более того, иногда человек видит, что находится намного выше и важнее даже над теми, с кем состоит в дружеских отношениях. И он видит, что и они иногда задумываются о духовном, тогда как все его мысли и желания все время о духовном, и он постоянно желает выйти из состояния любви к себе, и все его просьбы к Творцу только о том, чтобы вывел его из этого состояния низменности, а у остальных он не видит настолько серьезных намерений.

Поэтому есть у него претензии к Творцу, почему Он не отвечает на его молитвы, на то, что он просит, и оставляет его в том состоянии, в котором он сейчас находится (как и все остальные), и не задумывается о нем, о том, что он молит от всего сердца. Или, не дай Бог, он видит в ответе сверху недостаток и задает сам себе вопрос о том, что сказано: «Так как Ты слышишь молитву всех уст» – значит, во весь голос все его тело молит и требует, чтобы Творец помог ему. И, напротив, остальные не получают ответа на свои молитвы, потому что они не во весь голос молят.

Пишут мудрецы: «Прежде чем позовешь – отвечу, прежде чем скажут – услышу». И объяснял это Бааль Сулам, что то, что человек ощущает недостаток в чем-либо и молит Творца об этом, не является настоящей причиной его молитвы, а причиной его молитвы на самом деле является то, что он нашел милость в глазах Творца, и поэтому Творец желает помочь ему.

Поэтому тогда Творец посылает ему ощущение недостатка – этим Он зовет его, чтобы приблизился и слился с Ним. Это означает, что Творец приближает его к себе тем, что дает ему желание обратиться к Себе, чтобы говорил с Творцом, значит, есть у Него уже ответ на молитву, прежде чем попросил. Это значит, что Творец приблизил человека к себе прежде, чем пришли ему в голову мысли о том, что необходимо молить Творца.

Но почему именно его выбрал Творец – на это нет ответа; этому нужно верить верой выше знания – это и называется «частным управлением». То есть запрещено человеку говорить, что подожду, пока мне дадут сверху желание, тогда и буду заниматься духовной работой. Поэтому Бааль Сулам говорил, что на будущее человек обязан верить в поощрение и наказание. То есть должен сказать: «Если не я для себя, то кто же, но если я для себя, то кто я, и если не сейчас, то когда?».

И если так, то запрещено человеку медлить даже на мгновение, а должен сказать себе, что если не сейчас – то когда? И нельзя ждать более подходящего времени, «что только тогда начну заниматься духовной работой».

Но после своего действия, должен человек верить в частное управление: не то, что человек взывает к Творцу, а напротив, Творец зовет человека к себе. Выходит, что причина сближения идет не со стороны человека, а со стороны Творца, и потому не вправе человек даже думать о том, что Творец не слышит его молитвы, ведь уже приблизил его прежде, чем человек попросил об этом.

И это называется, что «прежде, чем человек позовет, Творец ответит ему». Выходит, что если человек вдруг начнет ощущать низменное свое состояние, то это не исходит от него, а Творец послал ему это ощущение для того, чтоб попросил приблизить его. То есть сразу же, как только приходит к человеку мысль о том, что он отдален от Творца, и желает, чтоб приблизил его к Себе, **то не должен молиться об этом прежде, чем сначала не поблагодарит Творца за то, что позвал его, чтобы приблизить его к Себе.**

И Творец желает, чтобы человек молил Его. И когда человек задумывается, чего это вдруг он вспомнил о существовании духовного в мире и необходимо ему достичь чего-либо в духовном, то если же сразу скажет, что мысли эти послал ему Творец, то затем может уже молиться.

И это то, о чем сказали мудрецы: «Сначала должен человек восхвалить Творца». Это значит, что сразу, как только упал в своих мыслях о духовном состоянии, сразу же необходимо ему восхвалять и благодарить Творца за то, что дал ему эти мысли и желания к духовному. И затем, то есть после того, как он знает, что Творец зовет его, сразу же благодарит и восхваляет Его за то, что приблизил его, и только тогда он может молиться о своем состоянии. И поскольку видит, что не хватает ему Торы и совершенно не разбирается, где правда, а где ложь, поэтому молит Творца, чтобы показал ему правильный путь.

И из этого поймем то, о чем сказали мудрецы: «И ответил ему Творец...». Раби Леви привел пример о сыне Царя, который вел подкоп под домом отца, чтобы взять у него фунт золота. И был этот подкоп как изнутри, так и снаружи. Это значит, что и отец в свою очередь вел подкоп с желанием поскорее дать. «И был этот подкоп с двух сторон, чтобы ускорить получение».

И из того, что мы разобрали, видим, что причина, по которой человек желает приблизиться к Творцу, исходит от самого Создателя. И Творец не ждет, пока человек сам пробудится, а сам первым пробуждает его. И затем человек молится, чтобы Творец приблизил его к себе. И это видно из вышеприведенного примера, когда отец его, то есть Творец, вел подкоп изнутри, то есть Творец дал ему мысли и желания молить к Нему, а затем сын царский «подкапывал снаружи». Это означает, что народ Израиля – «сыны Царя», и находятся они «снаружи дворца», но пожелали приблизиться к Творцу, то есть войти во дворец. Но первым всегда начинает Творец.

Радость
Статья 19, 1986

В Мишне говорится (Таанит,26): «Приходит месяц ав – уменьшаем веселье, а приходит адар – увеличиваем веселье. И если есть у кого-то суд и разбирательства с идолопоклонниками, то будет судиться с ними в месяц адар». Нужно понять смысл сказанного: что такое увеличить веселье и уменьшить веселье. Потому что веселье – производное от некой причины, которая приводит к веселью, и не столь важно увеличение или уменьшение, как важны причины этого. Потому должны знать, какую причину задействовать, чтобы это привело нас к радости.

И, конечно же, мудрецы сказали нам увеличить радость, имея в виду радость духовную. И в связи с этим мы должны выяснить, к какой причине обратиться, чтобы вызвала она духовную радость. И также должны понять сказанное: «Если есть у кого-то суд и разбирательства с идолопоклонниками, то будет судиться с ними в месяц адар», – ведь мы находимся на Земле Израиля, и есть несколько городов, в которых не найти даже одного гоя. И даже, скажем, что есть в каком-то городе гой, почему должны быть судебные разбирательства с ним?

Согласно смыслу выглядит так, что «судить идолопоклонников в месяц адар» – это явление постоянное, а не случайное. Скажем, например, что если будет редкий случай, что должен быть у Израиля суд и разбирательства с гоем, то пойдет судиться с ним в месяц адар. И нужно понять, каких идолопоклонников имеют в виду, говоря о том, что есть с ними суд и разбирательства.

Мы видим, что порядок наших молитв делится на два типа:
1. последовательность воспеваний и восхвалений Творца;
2. последовательность молитв и просьб.

И мы видим, что два этих явления противоположны друг другу. Так заложено в природе, что если кто-то просит у кого-то некую вещь, чтобы товарищ дал ему то, как он будет просить, зависит от степени нужды в этой вещи. И если вещь, которую он просит у товарища, трогает его сердце и она ему очень необходима, то в мере необходимости он прикладывает максимум усилий, чтобы получить то, что просит.

И из этого следует, что, когда человек молит Творца, чтобы выполнил его просьбу, то должен видеть, что его молитва исходит из глубины сердца. То есть, чтобы почувствовал ощущение недостатка. И, согласно его чувству, может быть молитва настоящей в большей степени. То есть, чтобы не была его молитва поверхностной и торопливой, а чтобы исходила из глубины сердца.

И для того, чтобы почувствовал недостаток, он должен видеть истину. И тогда он видит, что ощущение недостатка его велико, и он – пустой сосуд во всем, что касается духовного. И когда он чувствует, что он хуже всех в мире, тогда он может сказать, что его молитва настоящая. Ввиду того, что он чувствует, что его ощущение недостатка самое большое в мире, и нет такого второго в мире, что могло бы быть ему образцом.

И в противоположность этому – вторая часть наших молитв, то есть «песни, воспевания и восхваления». Мы видим, как происходит в нашем мире: что благодарность, которую мы выражаем делающему добро товарищу, ее величина измеряется согласно той услуге, которую получил от товарища. Например, кто-то, кто помог кому-то другому в чем-то малом, в чем тот нуждался, получит также небольшую благодарность.

И мы видим ситуацию, в которой кто-то дает другому место работы в период, когда много безработных. Сначала человек ходит несколько месяцев без работы, влез в большие долги в продуктовом магазине, и хозяин магазина уже поставил его в известность, что вынужден прекратить снабжать его едой, и он уже устал искать ссуды на необходимую ему еду.

И вдруг он встречается с человеком, у которого хочет взять взаймы. А человек этот предлагает ему место работы с удобными условиями и говорит ему: «Зачем тебе искать ссуды – я дам тебе место работы, потому что слышал, что ты верный человек, и, несмотря на то, что есть у меня много работников, но нет среди них у меня верного человека. Я дам тебе хорошую зарплату, с помощью которой ты сможешь в короткое время выплатить все свои долги. И если так, то зачем тебе просить у меня взаймы?».

И только представим себе, какую благодарность он сейчас испытывает к этому человеку. И не надо произносить эту благодарность вслух, но всеми своими частями тела он выражает сейчас эту огромную благодарность. И это, как написано: «Все мои кости обращены к Творцу». Или представим себе человека, который находится в тюрьме и приговорен к пожизненному заключению. И появляется некто и выпускает его на свободу. Какую благодарность испытывает все его существо к человеку, который его освободил!

Следует из этого, что если человек хочет воздать огромную благодарность Творцу в мере сказанного: «Все мои кости обращены к Творцу, кто, как Ты, спасаешь бедного, крепнущего от Тебя», – то человек должен представить себя как человека, самого удовлетворенного в мире. В противном случае, если почувствует в чем-то недостаток и захочет, чтобы Творец помог ему, значит благодарность, которую обращает к Творцу, не может соответствовать тому уровню, когда «все мои кости обращены к Творцу».

В связи с этим мы видим две крайние противоположности в порядке наших молитв. И если так, то возникает, что человек может сделать во время, когда видит, как одно удалено от другого? И обычно мы видим, что порядок молитв содержит много граней:

Пример 1. Порядок свечения света в келим (сосудах). Известно, что есть обратная последовательность светов и сосудов (орот и келим). Келим проявляются сначала большие и более чистые: сначала – кли кетер, а в конце – сфира малхут. А относительно света наоборот, сначала проявляются маленькие: прежде – малхут, а в конце – кетер. Если мы рассматриваем процесс со стороны сосудов, то говорим, что порядок: кетер, хохма, бина, ЗОН; а если рассматриваем со стороны света, то говорим, что порядок – это НАРАНХАЙ.

Пример 2. Бааль Сулам сказал: «Мы видим в работе на Творца противоречие». С одной стороны, сказали мудрецы «Очень, очень унизится дух»; с другой стороны, сказали: «И возвысится сердце на пути к Творцу». Если действительно человек будет унижен перед каждым, то не сможет устоять перед издевательствами по отношению к нему на пути к Творцу, несмотря на то, что предварительно готовит себя ко всему. И тогда он должен сказать: «И возвысится сердце на пути к Творцу», и не попасть в зависимость ни от кого, и ни от того, что говорят ему: «Работа, которую ты взял на себя, подходит талантливым людям и людям со смелым сердцем, которые привыкли противостоять неудачам и получили хорошее воспитание. То есть, которые привыкли с детства к тому, что главное – это работа на Творца. Что касается тебя, то достаточно, если будешь главой дома. Но следи за тем, чтобы дети твои соблюдали Тору и были трудолюбивыми, и тогда ты будешь уважаемым главой семьи и получишь для своих дочерей женихов, идущих по пути Торы. И еще не находясь в зрелом возрасте, ты хочешь сейчас начать идти по пути работы, ведущей к Торе ради Творца, а не ради самого себя. Сойди с этого пути и не стремись к тому, что находится выше твоего уровня».

И тогда нет у него другого выхода, как не поддаваться их влиянию и выполнять то, что сказали мудрецы: «Не робей перед издевающимися». Поэтому он должен гордиться выбранным им путем. А с другой стороны, он должен выполнять: «очень, очень унизится дух». Хотя если учитывать правило «нет двух крайностей в одном явлении», то, как можно сочетать обе в одном человеке? И есть еще много примеров противоположностей в работе на Творца. Но могут быть две противоположности в одном явлении в разное время, то есть одно после другого.

В «Предисловии к Книге Зоар» (в пункте 10, 11) спрашивается: «Как возможно появление из чистоты Творца нечистой системы, ведь она крайне далека от Его чистоты, и как возможно, что Он наполняет и оживляет ее?».

И говорится там: «Желание получить, которое является сутью созданных душ, – это темные и нечистые силы. И это согласно закону несоответствия формы, которым души отделены от Творца. И для того, чтобы исправить это разделение с помощью душ, сотворил Творец все Миры, и разделил их на две системы, в которых – четыре чистых мира АБЕА и, в соответствии с этим, четыре нечистых мира АБЕА. И поместил желание отдавать в систему чистых миров, и отделил от него желание получать для себя, и отдал его в систему нечистых миров АБЕА».

И говорится там: «Для исправления этих двух вещей, которые находятся в несоответствии одна другой по форме, сотворен наш материальный мир, то есть место, в котором будет существовать тело и душа, а также время для порчи и исправления. Тело – желание получать для себя – исходит из своего корня, находящегося в Замысле творения, и проходит через систему нечистых миров и остается в подчинении этой системе до возраста 13 лет. И это время порчи. И после этого, после 13 лет, начинается время исправления. С помощью работы в Торе и заповедях, с целью доставить радость Создателю, он начинает очищать желание получать для себя, исправлять его, и понемногу переделывать его в желание отдавать».

И получается, что творение с момента рождения состоит из двух противоположностей: желания получать и желания отдавать.

И нет большей противоположности, чем между этими явлениями. И оба они появляются вместе, то есть одно после другого. И есть средняя линия, включающая в себя оба.

И средняя линия, сочетающая в себе оба, во время, когда желание получать соединено с желанием отдавать, называется «получение с целью отдачи». И получается, что средняя линия сочетает в себе две силы, то есть получение и отдачу вместе.

И, исходя из этого, спрашивается: как может быть в работе человека совершенство в конечном совершенном виде и недостаток в конечном совершенном виде в одном объекте? И ответ таков: что это может быть в два приема, то есть человек должен разделить порядок работы на два типа.

Первый тип работы будет в правой линии, называемой «совершенство», потому что человек, который начинает обращаться к Творцу, должен обратиться сначала «вправо», которое называется совершенством. А потом обратиться «влево». Потому что именно на двух ногах может человек идти, а на одной ноге идти вообще невозможно.

Понятие «правый» означает «совершенство». Как только человек приходит к тому, чтобы взять на себя работу «на Творца», то порядок таков, что нужно взять на себя все Высшее Управление, «как бык для упряжи и осел для поклажи». Под понятием «бык» имеется в виду «ум», называемый «бык», от сказанного «знает бык хозяина своего», где подразумевается вера выше знания.

Под понятием «осел» имеется в виду свойство «сердце», называемое «осел» от сказанного «осел, откормленный хозяином», где подразумевается любовь к самому себе. И поэтому, когда говорим «работать для того, чтобы доставить радость Создателю» – это упряжь, которую постоянно хочет сбросить с плеч. И все смотрят, что имеется поесть благодаря этой работе, то есть, какое наслаждение может наполнить его «желание получать».

И во время, когда берет на себя эту работу, человек говорит: «Конечно же, я должен следить за собой, то есть все время проверять себя, не обманываю ли я себя и действительно ли иду правильной дорогой, которая такова, как и должна быть. То есть выполнять Тору и Заповеди, как повеление Творца, а не по какой-нибудь другой причине. Но я соблюдаю сказанное мудрецами, что «обязательно человек должен заниматься Торой и Заповедями» даже с намерением «не ради Творца», потому что из работы «не ради Творца» он придет к намерению «ради Творца». И если так, что мне думать о себе, если я соблюдаю Тору и заповеди со всеми намерениями, чтобы все было «ради Творца».

Однако я удостоен большой чести тем, что Творец дал мне мысли и желания соблюдать хоть что-то в Торе и Заповедях. Потому что, согласно правилу, если что-то для нас важно, мы не обращаем внимания на количество – пусть даже количество будет небольшим. И если нам важно качество, то даже в малом количестве оно нам очень важно. Тора и Заповеди – это то, что Творец заповедал нам через Моше выполнять. И если я выполняю Заповеди Творца – неважно мне, сколько я могу. Даже пусть это будет с самыми плохими и низменными намерениями, пусть, в конце концов, на физическом уровне я выполняю столько, сколько мое тело позволяет мне.

И, несмотря на то, что я не в силах противостоять желаниям тела, я постоянно весел, потому что, в любом случае, у меня есть силы выполнять заповеди Творца хоть в какой-то мере. Так как я верю, что все подчинено Высшему управлению. То есть, что Творец дает мне мысли, желание и силы выполнять Тору и Заповеди. И я благодарен Ему за это. Потому что вижу, что не все удостоены такой чести – выполнять Заповеди Творца. И человек должен сказать, что нет в его руках возможности оценить величие и важность выполнения Заповедей даже без надлежащего намерения.

И это похоже на то, как если ребенок не хочет есть из-за отсутствия удовольствия от еды, то родители все равно дают ему кушать, вне зависимости от того, хочет он или нет. И даже если ребенок не получает никакого удовольствия от еды, то в конце концов, даже принуждение даст ему возможность существовать и расти. Конечно, лучше, если ребенок сам хочет кушать, то есть, что получает удовольствие от еды. Но даже без наслаждения, то есть полностью методом принуждения – тоже можно воздействовать на ребенка.

Это же можно сказать и о работе на Творца. Если человек выполняет Тору и Заповеди путем принуждения, то есть заставляет сам себя выполнять их, хотя тело сопротивляется всему, что касается духовного, то и тогда действие, которое он совершает, делает свое, то есть с помощью этих действий он может прийти к состоянию, когда у него появится желание выполнять. И тогда все выполняемые действия он не делает впустую, и все, что совершает, имеет отношение к духовному.

И это объясняет требование мудрецов «приблизить его к желанию Творца»: «Дайте учителям приблизить ученика, чтобы заставляли его». И написано: «к желанию его». Почему? – Заставляют его, пока не скажет: «Хочу я».

Это означает, что было тяжело мудрецам объяснить, почему написано «к его желанию, направленному к Творцу». То есть, все его действия, которые совершает, чтобы приблизиться к связи с Творцом, не называются «действие», если он не хочет совершить их ради Творца, что называется «желание, направленное к Творцу». Но если этот человек еще не в состоянии произвести действие ради Творца, то нет никакого значения у его действий. Как будто не сделал ничего, так как нет еще у него желания к Творцу.

Но написано «приблизь его», то есть учит тем, что заставляет его. То есть даже насильно, если не хочет выполнять ради Творца, тоже называется «приближающийся» (приносящий себя в жертву). Так как ему тяжело, потому что не хочет принести себя в жертву желанию Творца, и если так, то противоречит начало фразы концу ее.

И об этом сказано: «Заставляли его до тех пор, пока не сказал: хочу я». Объясняется, что это соответствует правилу, которое вывели мудрецы: «В любом случае пусть занимается человек Торой и Заповедями, даже не ради Творца, потому что из намерения «не ради Творца» придет к намерению «ради Творца» (Псахим, 50, 72). И смысл этого в том, чтобы обходить самого себя раз за разом, несмотря на то, что тело несогласно работать на Творца, так как если не видит пользы для себя, не в состоянии сделать ничего.

И во всех случаях не может человек руководить жалобами своего тела, и говорит ему: «Знай, что даже если тебя заставляют, ты выполняешь Заповеди Творца. И не поможет тебе никакое противодействие выполнению». Говорят, что в физическом выполнении заповедей есть спасение: оно приводит человека к работе ради Творца». И это объяснение фразы – «заставь его». Так он заставляет себя и не слушает не свой разум, не какое-либо объяснение, исходящее от его тела. Потому что сказано ему, что, в конце концов, он придет к работе ради Творца. И это объяснение слов « пока не сказал: хочу я». И таким образом, из работы «не ради Творца» приходит к работе «ради Творца», что и называется «хочу я».

Исходя из этого, каждый раз, когда он вспоминает, что совершил какое-то действие, относящееся к духовному, сразу пробуждается в нем огромная радость из-за того, что удостоился быть причастным к тому, что Творец заповедал делать. И даже зная о том, что все, что он делает, – не ради Творца, все равно в любом случае весел, потому мудрецы убеждают нас в том, что из «не ради Творца» придет к «ради Творца».

Мудрецы сказали: «У возвращающегося с любовью намеренные прегрешения становятся заслугами. А возвращающийся от страха – его прегрешения становятся, как ошибки». И получается, исходя из этого, что, когда он удостоится работать «ради Творца», то, конечно, все заповеди, которые выполнил «не ради Творца», войдут в духовное и будут важны, как будто выполнил их «ради Творца». Выходит, есть даже положительное в том, что работает «не ради Творца», а это важно ему, будто он выполняет «ради Творца». Поэтому делает для себя вывод, что все действия, которые он совершает, конечно же, более значимы, чем прегрешения, и наверняка исправятся в лучшую сторону. И конечно, каждое действие, которое он выполняет, даже нечто малое, представляется ему как большая заповедь. Как сказано у мудрецов: «И будь внимателен в легкой Заповеди, как в тяжелой, потому что не знаешь вознаграждения даруемого за выполнение Заповеди».

Исходя из этого, когда делает расчет по поводу выполняемых им действий, а также во время, когда произносит что-то из написанного в Торе, он говорит самому себе: «Чью Тору я учу». И во время, когда произносит какое-либо благословение «на получение наслаждения», как «...что все образовалось по слову Его» или «...взрастил хлеб из земли», он думает тогда: «К Кому я обращаюсь сейчас».

Получается, что он находится тогда в состоянии совершенства. И это совершенство порождает радость, потому что он в это время находится в слиянии с Творцом, так как сам утверждает, что обращается к Творцу, дающему добро и наслаждение. И взамен этого он получает радость, исходящую из самого корня, а корень всех творений – это Творец, называющийся «добрый и дающий наслаждение».

Как объяснили мудрецы: «Добр для меня и дающий наслаждение всем», и это означает, что тогда он может поверить, что Творец дает ему добро. И также дает наслаждение всем. То есть, тогда есть у него возможность верить выше разума, что это так и есть, несмотря на то, что отдает себе отчет согласно своему разуму, что еще не видит добро во всем его совершенстве.

Но теперь, с помощью проверки своих действий в Торе и Заповедях, показывающей, что он сейчас находится в слиянии с Творцом в какой-то мере, есть у него силы верить выше разума, что так оно и есть в действительности. И, само собою, «истина проявляется через него» оттого, что он думает, что говорит сейчас с Творцом, увеличивается веселье, как написано: «Величие и великолепие пред Ним, сила и радость на месте Его».

Нужно понять: относительно кого говорится, что присутствует радость на месте Его. Конечно же, все имена, которые мы произносим, все они в ощущении творения, в том, как творение чувствует. Но относительно самого Творца – говорят мудрецы, что «нет совершенно никакой возможности познать». А все говорится только относительно творения.

И тогда можно объяснить, что чувствуя, что находятся перед Творцом, они ощущают величие и великолепие. И также те, кто думают, что находятся на Его месте. Так как понятием «место» называется «совпадение свойств». И есть еще одно объяснение, как сказал Бааль Сулам, что в том месте, где находятся мысли человека, – там и он сам. И выходит, согласно этому, что если человек думает, что находится и разговаривает с Царем, то он находится на том месте, где находится Царь. Тогда он чувствует, как написано: «Сила и радость на месте Его».

И теперь понятен вопрос о сказанном мудрецами: «Как наступает адар – увеличиваем веселье». Что же это означает – увеличивать веселье? И если веселье – это результат, у которого есть какая-то причина, то, что это за причина, выявив которую можем получить для себя веселье?

В соответствии с вышесказанным, «увеличить» – имеется в виду идти в правой линии, называемой «совершенство». Человек находится в состоянии совершенства, и это называется «слияние». То есть совершенный – это человек, который пребывает в слиянии с совершенным, как написано: «Благословенный сливается с благословенным, и невозможно, чтобы проклятый слился с благословенным». Таким образом, если человек находится в состоянии самоанализа, называемого «левая линия», он находится в состоянии «проклятый» и, так или иначе, отделен от совершенства. И таким образом, он может ощущать только тьму, а не свет. Но радость приносит только свет.

Итак, можно понять, почему именно в месяц адар мы должны увеличивать веселье. И почему не можем идти весь год в «правой линии». По этому поводу следует вспомнить, что в месяц адар произошло чудо Пурима, когда светил свет конечного исправления, как написано в «Шаар акаванот» (ТАС, часть 15, стр. 1413): «Тогда в будущем все праздники отменятся, кроме Пурима». Поскольку никогда не будет чуда большего, чем это, – и не в субботы, и не в праздники.

И потому подготовкой к такому большому свету должно быть веселье, подобно подготовке к встрече уважаемого гостя, то есть света, который придет в будущем. Таким образом, с помощью подготовки путем «увеличения веселья» получим в будущем свет, называемый «дни застолья и веселья».

И это согласно правилу, указанному в Книге Зоар: «Работа снизу пробуждает работу сверху». Объяснение: соответственно действиям, которые производятся снизу, в той же мере возникают действия сверху. И значит, в то время, что нижние веселятся, в той же мере притягивают свет радости вниз. И об этом сказано в «Мегилат Эстер» (9, 21): «И напишет Мордехай, чтобы соблюдали эти дни, как время, в которое отдыхали евреи от своих врагов. И месяц, который превратился у них из скорби в радость, из траура в праздник, стал днями застолья и веселья». И с помощью этого вызвали на себя свет конечного исправления, который светил тогда.

Подчеркнем, что причина продолжения веселья заключается в том, что человек благодарит Творца за то, что приблизил его. И в то время, когда благодарит, он работает на отдачу, так как благодарит и возвеличивает Творца за то, что дал ему мысли и желание быть в некотором соприкосновении с духовным.

И сейчас он не хочет, чтобы Творец дал ему что-либо. Поэтому он ничего не просит у Творца. И вся цель его сейчас в том, чтобы благодарить Творца. И тогда происходит слияние с Творцом, потому что работает он на отдачу. А благодаря слиянию передается ему свойство радости и совершенства, потому что он сейчас соединен с совершенством. И суть в том, что таким образом мы увеличиваем веселье.

Но когда человек просит, когда молитва идет из глубины сердца, она полна ощущения недостатка. Потому что, чем больше ощущение недостатка, тем больше глубина молитвы. Получается, что в это время невозможно находиться в радости. Выходит, что причина радости открывается во время возвеличивания и благодарения, а не тогда, когда человек занимается выявлением недостатков.

И теперь сможем объяснить сказанное мудрецами: «И если есть у него суд и разбирательства с идолопоклонниками, пусть судится с ними в адар». Следует понять, что означает, что у народа Израиля есть суд и разбирательство с иноверцем. Как будто это в порядке вещей? Ведь речь идет о людях, занимающихся Торой и внутренней работой, а не трудом и торговлей.

И с точки зрения духовной работы, **имеются в виду идолопоклонники, которые есть во всем Израиле,** то есть в одном теле. И люди, которые хотят идти по пути Творца – тело их противится им. Это сказано мудрецами по поводу фразы «и не будет в тебе другого божества». Сказали: «Какое чуждое божество в теле человека? – это злое начало». И оно называется «идолопоклонники» – из-за того, что противится быть свойством «Израиль». И это называется, что «у него есть суд и разбирательство». И в месяц адар евреи удостоились чуда, и было тогда веселье и радость, потому что оставил евреев страх и обернулся тем, что стали они властвовать над своими врагами. И потому в этом месяце у человека есть возможность судиться с иноверцем, который внутри него. И конечно, это удастся ему в этом месяце, свойство которого «и перевернет он», как написано: «Потому что будут властвовать евреи над своими врагами».

И должны помнить, что суд и разбирательства человека со своим внутренним идолопоклонством – суть его в том, что каждый заявляет: «все мое». Исраэль заявляет, что тело сотворено только для того, чтобы быть в свойстве Исраэль и работать на Творца, а не для любви к себе. А «иноверец», что внутри него, тоже заявляет «все мое». То есть, что тело сотворено с желанием получить. Конечно же, это потому, что тело должно заботиться только об удовлетворении своего желания получить. И зачем ему думать о желании отдавать. И приводит еще ряд доказательств, что правда на его стороне, и народ так и ведет себя.

Поэтому «иноверец» говорит ему: «Иди и посмотри, как большинство ведет себя, есть ли кто-нибудь, кто станет заботиться о пользе общества в то время, когда еще не восполнил все свои нужды, то, что необходимо ему для самого себя. Но есть немного людей, небольшая горстка, которые после того, как удовлетворили свои нужды, начинают заботиться об обществе. Но и тогда они смотрят во все глаза, чтоб, не дай Бог, тот, кто заботится об обществе, не нанес ущерба своему эгоизму. А ты заявляешь: «все мое». То есть, чтобы вообще не думать о любви к себе. И все свое стремление ты хочешь использовать для нужд общества. И ты объясняешь мне, что то, что ты хочешь работать ради товарищей, называется «любовь к обществу». Ты говоришь мне, что это еще не все, и еще ты полагаешь, что, принося пользу обществу, ты сможешь прийти к любви к Творцу. То есть, что ты хочешь вообще аннулировать себя относительно Творца. И что тогда будет с телом, если ты хочешь потом все тело твое отдать Творцу? Аннулировать себя относительно Творца. Скажи сам, как я могу согласиться с утверждением, которое очень странно для того, чтобы быть понятым обычным человеческим разумом. Вдобавок к этому, я должен заявить «все мое» и не дать тебе сделать и шага вперед».

И это состояние жестокой войны. Так как каждый говорит, что справедливость с ним. Израиль, что внутри человека, заявляет: «Если Творец создал нас с намерением «доставить нам наслаждение», то, конечно же, знает, что хорошо для нас». И человек поймет, что только действие с намерением доставить радость Творцу даст силы достичь самых высоких ступеней, называемых «Величие Творца», и облачающихся во внутренние понимание и во внутреннее чувство, находящиеся в сердце. То есть только таким способом будет возможность получить все добро и наслаждение, которое Творец хочет дать творению.

С другой стороны, удовлетворение только своего желания получить приводит к разделению, а, кроме того, вынуждает довольствоваться малым. И мы должны верить тому, что написано в Книге Зоар, что есть маленькое свечение, которое светит в нечистые миры, чтобы поддерживать в них жизнь. То есть, все удовольствия, находящиеся в нашем мире – это только тонкий луч света из всего добра и наслаждения, находящегося в духовном мире.

Даже в маленькой ступеньке в духовном, например, в «нефеш де Асия», есть больше наслаждения, чем во всех наслаждениях нашего мира. И конечно, если бы человек получил изобилие посредством своего желания получить для себя, то был бы удовлетворен этим: свечение света «нефеш де Асия» было бы настолько достаточно для него, что не было бы нужды добавлять что-либо к удовольствиям, которые он получает.

Но когда обучают человека работать ради того, чтоб доставить радость Создателю, тогда человек не может сказать «достаточно мне того, что уже имею». Так как все, что он получает, – это ради Творца. И если так, то не может сказать: «Уже достаточно мне, так как доставил удовольствие Творцу тем, что получил немного высшего света, и я не хочу получить более».

Ввиду того, что нельзя так говорить, человек должен пытаться с каждым разом доставлять все больше и больше радости Творцу. Потому что каждое наслаждение наверху – поскольку высшая цель «насладить творения» – действительно достигает нижних, и это является наслаждением высших. И поэтому в месяц адар, когда наступает время чуда, как написано: «И станет наоборот, потому что будут управлять евреи ненавидящими их». Это время связано с тем, что приходит иноверец, как сказали мудрецы (Брахот, 5): «Навсегда почувствует человек превосходство доброго начала над злым». Как сказано: «И рассердятся, и не будут грешить». Как объясняет РАШИ: «рассердилось доброе начало и начало войну со злым началом».

И здесь имеется в виду, что в месяц адар есть больше возможностей победить злое начало. Потому что было тогда чудо свыше, как сказано у мудрецов (Шабат, 88): «Выполнили и получили». Выполнили то, что уже получили. И объясняет РАШИ, что поколение в дни Ахашвероша получило, благодаря любви, чудо, которое свершилось для них.

Что касается месяца ав, то в это время произошло разрушение Храма и должны скорбеть по этому поводу. Таким образом, проясняется то, почему сказали мудрецы «уменьшаем веселье», то есть это путь, на котором идет работа в месяц адар в правой линии, стоит обратить внимание на чудо, раскрывшееся в месяц адар, как сказали мудрецы «от любви к чуду выполнили и получили».

Что же касается месяца ав, то должны скорбеть о разрушении Храма, то есть работать в левой линии, то есть подвергнуть анализу действия, которые должны выполняться в духовном с целью отдачи, и понять, насколько человек отдален от сути отдачи.

И во время, когда человек думает об этом, он находится в состоянии отдаления от духовного и погружен в любовь к самому себе таким образом, что вся основа его занятий Торой и заповедями – все ради того, чтобы наполнить свое желание получить любым способом, которым только можно наполнить его.

Из этого вытекает, что во время, когда занят анализом своего падения, тогда есть у него возможность пробудить боль от разрушения Храма, которое есть внутри каждого. И тогда свершится: «каждый скорбящий о Иерусалиме, удостоится увидеть Иерусалим в утешении».

Да будет согрешивший
Статья 20, 1986

Сказано в Зоар (Ваикра, 82): «И будет: если согрешит и будет виновен». Почему вначале сказано «если согрешит», а в конце – «и будет виновен»? И отвечает: «Ведь мы изучали, что «когда согрешит» означает «из этих проступков рождается грех», как написано «из всех грехов человека». «И будет виновен» – это означает, что возвратится к Творцу. Понятие «виновен» предполагает необходимость исправиться. Следовательно, выражение «и будет: как согрешит...» – означает, что исправит свои прегрешения и вернет награбленное. Сказал рабби Йоси: «Сказанное «и вернет», имеется в виду от себя, по своей воле, так как «вернет» не написано в указательном склонении, а значит, вернет самостоятельно, по доброй воле».

Спрашивается, что означает сказанное: *«когда согрешит» означает «из этих проступков рождается грех», как написано «из всех грехов человека»*. Следует понять, что есть нарушения, которые не называются грехом, поэтому он приводит еще одно высказывание, уточняя *«из всех грехов человека»*. И потом объясняется то, что касается «грабежа», то есть отношений между людьми. Но что же происходит в отношениях между человеком и Творцом?

Объясним это на языке духовной работы. Известно, что в основе всех прегрешений лежит желание получать, являющееся природным свойством. Это свойство создано для реализации Цели творения, заключающейся в получении наслаждения от Творца. И после того, как возник запрет на получение ради себя, выраженный в исправлении сокращением, чтобы не допустить у творения чувства стыда от получения даром, вследствие этого исправления были созданы нечистые миры.

А вследствие прегрешения Адама у Древа познания образовались две системы чистых и нечистых миров – одна против другой.

И здесь находится корень всех прегрешений – в эгоистическом желании получать. Это желание изначально заложено в природе человека: все, что его беспокоит, – это личная выгода. И только с помощью изучения науки каббала возможно исправление на другое намерение – отдачу, желание дать наслаждение другим. Но прежде, чем человек удостоится этого исправления, называемого желанием отдавать Творцу, он хочет все получить для себя.

И это сформировало в нашем мире три понятия:

а) запрещенные и разрешенные действия;

б) в действиях разрешенных различаются два понятия: обязательные к выполнению Заповеди и добровольные;

в) намерение по отношению к запретительным действиям должно заключаться в том, чтобы не совершать их, так как это запретил Творец. А в разрешенных действиях, как в обязательных, так и в добровольных, намерение должно быть направлено на то, чтобы доставить наслаждение Творцу, а не ради самонаслаждения. И в меру веры человека в Творца он получает наслаждение от того, что выполняет действия, которые ему заповедал Творец. И в этом заключается намерение человека – выполнять все действия с намерением только ради Творца.

Из сказанного следует, что если человек получает удовольствие ради себя, то прегрешение его состоит в том, что он переносит усилия из владения Творца в свое. А он обязан всю свою деятельность направлять ради Творца и осознавать при этом, что он является только рабом Всевышнего, и нет у него ничего своего.

Однако в период, когда человек получает наслаждения, которые относятся к владениям Творца, представляется ему, что есть как бы два владения, и это называется, что взял из владения Творца, являющегося хозяином всего мира, и присвоил в свое личное владение.

И в этом действии, когда берет из владения другого в свое владение, также есть два различия:

а) когда никто не видит, как он присваивает себе – это называется воровством; в таких условиях у человека есть силы совершить кражу;

б) но бывает иногда, что человек берет имущество другого, даже если тот сопротивляется, и это называется грабежом. Он грабит другого, несмотря на то, что тот видит его действия. И нет у него смущения, когда тот кричит, что это грабеж, и он не позволит брать. Но у человека нет сил преодолеть свое стремление присвоить чужое, и он вынужден грабить, не смущаясь, что его видят.

А причина состоит в том, что желание получить уже развилось до огромных размеров. Разница между вором и разбойником состоит в том, что у разбойника желание получить намного больше, чем у вора. Если вор узнает, что хозяин наблюдает за ним, то стыд дает ему силы преодолеть себя и отказаться от кражи. У грабителя же желание получить настолько огромное, что нет такой вещи, которая может помешать и сдержать его: вследствие огромного желания и стремления завладеть чужим он не обращает внимания ни на что и осуществляет задуманное.

Из вышесказанного поймем сейчас, что здесь имеется в виду: «если согрешит...», то есть одним из нарушений, называемых грехом, ведь сказано: «и из всех грехов человека...», где «из всех» – имеется в виду корень всех прегрешений, то есть эгоизм, желание получать для себя, с которого начинаются все действия в мире и им же и заканчиваются все работы. Другими словами, дана нам работа по исправлению нашего эгоизма, чтобы превратить его в намерение ради отдачи. И когда заканчивается исправление, это будет называться «гмар тикун» – «конец исправления».

То есть все исправления, которые мы должны совершить с помощью Торы и Заповедей, не более, чем исправление намерения получать «ради себя» на намерение получать «ради отдачи», и тогда удостоимся слияния с Творцом и тем самым достигнем Цели творения, заключающейся в желании Творца дать безграничное наслаждение своим творениям.

Находим, что в конце исправления, когда все исправлено и не осталось ничего более исправлять, даже намеренные прегрешения должны исправиться и обратиться в заслуги. А иначе получится, что не достает части желания, что еще не все исправлено, и именно об этом сказано: «из всех грехов человека», то есть во всем, что выходит из этого корня.

Это значит, что мы должны понять, что нет ни одного прегрешения, которое не исходило бы из желания получить, являющегося, как известно, корнем всего созданного. Соответственно, если останется хотя бы одно прегрешение, выходящее из этого корня – желания получать – оно должно быть исправлено на желание отдавать.

А иначе будет недостаток в корне, то есть в первом сокращении источника желания получать, сокращении, произведенном для того, чтобы мы получили все, что есть в замысле творения. И замысел этот заключается в желании Творца дать наслаждение своим творениям, наполнить именно те желания, которые необходимо исправить на намерение отдавать.

Это можно понять на следующем примере: предположим, что желание Творца дать наслаждение творению, было рассчитано на сто килограммов наслаждения. Понятно, что необходимо подготовить сосуд, чтобы в нем была потребность в этих ста килограммах, иначе некуда поместить эти сто килограммов наслаждения, так как не может быть наполнения без потребности в нем.

Находим, в соответствии с этим, что если при наполнении этих сосудов, то есть желаний, часть их остается снаружи, то есть часть желаний, относящихся к этим ста килограммам наслаждения, еще не пригодны получить его, то и желание Творца дать наслаждение не исполнено в той же мере из-за непригодности этих сосудов, желаний.

Значит, все сосуды, созданные в процессе творения, должны быть исправлены и наполнены светом. И тогда понятно написанное в Книге Зоар: «В будущем ангел смерти станет святым ангелом». И это следует относить ко всему злу, заключенному в желании получить, созданном Творцом, которое совершило сокращение, называемое «исправление». И это относится к исправлению ста килограммов желания получать, превращению их в желание отдавать, как было сказано выше. Те желания, которые мы не в состоянии исправить перед окончательным исправлением, называются «клипот» – нечистые эгоистические желания. Но когда наступит конечное исправление, эти желания тоже обязаны пройти через исправление, иначе останется недостаток в желании Творца дать наслаждение, что невозможно.

Из сказанного теперь ясно, что источник всех прегрешений находится в его корне – желании получать. О чем написано: «если согрешит, и будет виновен», что означает – и будет исправлен и вернет награбленное, что награбил. Это относится к отношениям между человеком и его ближним.

И объяснение выражения, что корень всех грехов находится в желании получать ради себя, заключается в том, что человек получает от Творца наслаждение ради себя, что и называется грабежом. То есть он получает наслаждение ради себя, несмотря на то, что Тора и Заповеди запрещают это. Поэтому такой человек называется не вором, а грабителем, так как, несмотря на то, что Творец видит, что он получает для себя, но это его желание настолько сильно, что нет у него сил противостоять этому желанию, и поэтому называется не вором, а грабителем. И исправление этого заключается в том, что «возвратит награбленное», то есть исправит свои действия, придав им намерение не ради себя, а ради Творца.

И это объясняет сказанное: «и согрешит, и будет виновен», где слова «и будет виновен» означают – **исправит**.

И рабби Йоси добавляет и говорит: «Значение написанного «и вернет» в том, что вернет без указаний, а значит, вернет добровольно». Возвращение из страха, когда намеренные прегрешения оборачиваются в ненамеренные, происходит не по добровольному желанию, а потому что присутствует страх.

И это не называется вернуть награбленное по своему желанию, а называется вернуть по необходимости, когда нет другого выбора. И от такого возвращения еще не исправляется полностью прегрешение, так как эти намеренные прегрешения обращаются пока только в ненамеренные, случайные. Такие желания пока еще не пригодны для того, чтобы наполниться наслаждением от Творца, и остаются пока как недостаток в Цели творения, заключающейся в желании Творца дать наслаждение своим творениям.

И потому дано нам исправление, называемое «возвращение из любви». И тогда намеренные прегрешения обратятся в заслуги, и желания, которые были как «намеренные прегрешения», то есть желания получать ради себя, и которые должны были наполниться высшим наслаждением (в соответствии с Целью творения), но не наполнились, – теперь, когда эти желания обратились в заслуги, – они стали пригодными для получения всего наслаждения от Творца, осуществив, таким образом, Цель творения. И все маленькие исправленные части желания получать сейчас объединились в одно общее исправленное желание получать наслаждение ради Творца.

По частям исправить это желание легче, как объясняет Бааль Сулам на примере Царя, который хотел дать большую сумму денег своему сыну, но выяснилось, что все жители его страны являются ворами и некому доверить такую большую сумму. Что тогда он сделал? Разделил всю сумму на небольшие части и таким образом переправил всю сумму сыну. Если присоединять раз за разом небольшие части, то, в итоге, образуется единое целое, с помощью которого наступит окончательное исправление.

Вера выше знания
Статья 21, 1986

О понятии «выше знания». Следует пользоваться этим сосудом (кли) как в отношениях человека с товарищем, так и человека с Творцом. Но есть разница, поскольку между человеком и Творцом это отношение должно оставаться всегда. То есть никогда нельзя пренебрегать этим кли, называемым «вера выше знания». В отношении же к товарищу предпочтительнее, чтобы человек мог разумом оценить достоинства товарища.

Но природа тела такова, что человек, наоборот, видит недостатки товарища, а не преимущества. И поэтому сказали мудрецы: «Всякого человека старайся оправдать». То есть, несмотря на то, что разумом человек понимает, что товарищ его не прав, все-таки должен пытаться оправдать его. И это может оказаться выше понимания. Но, несмотря на то что умом понимает, что не в чем его оправдывать, все же идя выше своего понимания, может оправдать его.

А если может оправдать разумом – это, конечно, предпочтительнее. Представим себе теперь, что человек видит, что товарищи его стоят на ступень выше его, и осознает, насколько он низко находится по сравнению с ними. Он видит, что все его товарищи во время приходят на занятия и молитву и больше него интересуются происходящим среди них, чтобы помочь каждому, чем только возможно и все, что слышат о «работе Творца» на уроках, сразу же берут на себя, чтобы исполнить на деле.

Конечно, это влияет на него, давая ему силы преодолеть свою лень, когда будят его встать утром на занятия. И во время учебы тело его проявляет больший интерес к урокам, ведь иначе будет отстающим. И ко всему в духовном он вынужден относиться с большей серьезностью, поскольку тело не может вынести унижения. И более того, когда смотрит на остальных и видит, как они занимаются для достижения высшей цели, тело его тоже дает ему возможность работать ради отдачи.

А причина в том, что не готово тело выдержать унижения, потому что любое тело преисполнено гордостью за себя и не может выдержать, чтобы товарищ его был больше него. Получается, что когда видит, что товарищи стоят на ступень выше, это вызывает в нем стремление тоже быть на высоте.

И об этом сказано мудрецами: «Соперничество умножает мудрость». То есть, когда каждый смотрит на остальных – на каком высоком уровне они находятся, как мыслями, так и действиями, то, естественно, что каждый из них обязан подняться на ступень более высокую, чем позволяют силы и свойства его тела.

Это означает, что, хотя ему лично не свойственны сильные желания, и нет у него стремления к большим наслаждениям, и не склонен он страстно желать почета, все же в ходе соперничества может приобрести дополнительные силы, не присущие его природе с рождения. И ревность рождает в нем новые силы, которыми обладают его товарищи по группе, и с их помощью он приобретает новые качества и силы, не присущие ему от рождения.

Получается, что есть свойства, которые родители передали своим детям, и есть качества, приобретенные от группы. И это новое приобретение пришло к нему только от силы соединения с группой, из-за ревности к товарищам, когда он видит, что у них есть качества лучшие, чем у него. И это дает ему толчок взять их лучшие качества, которых нет у него, и потому он соперничает с ними.

И, таким образом, человек выигрывает новые качества, приобретенные им у группы. Он видит, что члены ее находятся выше него, и зависть толкает его к тому, что и он становится выше, чем в ситуации, когда не было у него этого окружения, потому что получил с их помощью новые силы.

Но это можно сказать только тогда, когда он, в самом деле, видит, что остальные на ступень выше него. Но когда проявляется в нем эгоистическое начало, оно показывает ему ничтожество его окружения, давая понять: «Пожалуй, эти люди, к которым ты хочешь присоединиться, не подходят тебе, поскольку находятся намного ниже тебя. И если так, то не то, что ты можешь что-то выиграть, но, наоборот, те незначительные силы, имеющиеся в тебе с рождения, можно сейчас потерять, ведь силы у них меньше, чем у тебя.

Значит, наоборот, ты должен держаться подальше от них. И если, несмотря на это, ты все же хочешь быть с ними, то позаботься, по крайней мере, чтобы они слушались тебя. Чтобы все делали в соответствии с тем, как ты это понимаешь: каким образом будут сидеть, когда собираться вместе, как будут учиться и молиться.

Чтобы были все серьезными, и чтоб насмешка не сорвалась с их уст, и чтобы не говорить о материальном: какой у другого заработок, легко или тяжело он ему достается, страдает ли от работодателей, с кем вместе работает, притесняют ли его из-за того, что он верующий – все это вещи незначительные и не стоит о них думать, поскольку они относятся к материальному.

Ты же участвуешь в собрании товарищей с высокой целью – стать работающим на Творца. И в то время, как ты хочешь забыть свои материальные заботы, хотя они тебя на самом деле очень беспокоят, но все-таки ты отказываешься и не хочешь вспоминать про них – твои товарищи начинают говорить о материальных заботах друг друга.

Но тебя сейчас это не интересует, тебе хочется духовного, и почему это вдруг товарищи путают твои мысли материальными проблемами, которые тебя совершенно не касаются. Для того ли ты хочешь забыть свои материальные заботы, чтоб думать о материальных проблемах товарищей? Разве это возможно? «Если так, – говорит ему тело, – послушайся моего совета и держись от них подальше и тогда преуспеешь, зачем же тебе забивать свою голову разными глупостями».

И что же он может ответить телу, показывающему, как низко находятся его товарищи, ведь оно пришло с претензиями праведника. То есть советует ему отдалиться не потому, что хочет сделать его нарушителем, но, наоборот, говорит ему: «Отдалившись от них, ты станешь праведным, будешь мыслями только в духовном, и лишь в момент настоящей необходимости – и в материальном тоже».

Поэтому, если человек верит, что без группы и товарищей он не может продвинуться в достижении любви к Творцу – поскольку это отправная точка для перехода из себялюбия к любви к Творцу – ничего не остается, кроме как идти выше разума. И это значит, что в них еще непостоянно стремление достичь любви к Творцу, как и у тебя, но так как ты – мое «тело», то в тебе я вижу качества более возвышенные, чем в «телах» товарищей, – ты хочешь работать на Творца, и именно потому советуешь мне оставить группу. Их низменность проявляется внешне, и нет у них сил скрыть свои непристойные свойства, ведь среди людей принято скрывать свой эгоизм от других, чтобы тебя уважали за твою благопристойность.

А здесь их плохие качества настолько сильны, что не могут их преодолеть и скрыть от другого. И поэтому они низки в моих глазах. Но без группы я ничего не выиграю, несмотря на все хорошее, что есть во мне. И выше моего понимания указание мудрецов, которое я выполняю (Авот, ч.4,4): «Будь в высшей степени смиренным». То есть я обязан идти выше своего понимания и верить, что они находятся выше меня. И в силу моей веры я могу получить поддержку и уверенность от группы, и получить от них все, что способна дать группа.

Получается, что человек принимает любовь товарищей выше разума – вынужденно, из-за отсутствия выбора, но разумом видит, что правда на его стороне. Но как раз в отношении товарищей понять разумом важнее, чем идти выше разума. Поскольку на самом деле человек, желающий приблизится к Творцу посредством своей работы, желая работать только ради отдачи, начинает открывать в себе плохие качества. И они не постигаются умом, а ощущаются в сердце.

То есть он должен почувствовать, что он самый плохой и самый низменный во всем мире. И если еще не достиг этого ощущения и кажется ему, что есть кто-то хуже его, то наверняка еще не достиг осознания зла. То есть зло, скрытое в сердце, ему еще не открылось. Поскольку не может видеть его, пока нет в нем хоть немного хорошего. Как, например, в темноте не видна грязь в доме. Но когда зажигают свет, то можно увидеть, что она там есть.

И также, если не совершает человек хороших поступков, то есть не занимается Торой и молитвой, и хочет приблизиться к Творцу, но нет у него, чем посветить в свое сердце, чтобы была возможность увидеть все зло, находящееся в нем.

Почему же он не видит, что в сердце его больше зла, чем у всех его товарищей? Это потому, что не достает ему еще свойств добра. Поэтому думает о себе, что свойства его лучше, чем у его товарища.

Из сказанного следует, что пока человек еще видит, что его товарищи хуже него, это значит, что нет в нем свойств света, чтобы увидеть зло внутри себя. И значит, все зло, находящееся в человеке, не называется злом. Потому что у всех есть это зло, называющееся «желание получать ради себя» или эгоизм.

Но все различие – в обнаружении зла. Человек не ощущает вреда от своего эгоизма, потому что не видит, что ему будет плохо от того, что занят лишь удовлетворением, наполнением своего эгоизма, своего себялюбия. Но когда он начинает выполнять духовную работу путем Истины, то есть хочет достичь слияния с Творцом, чтобы все его действия были ради отдачи, он получает каждый раз немного света, показывающего ему, что желание получать для себя – зло. И это происходит последовательно и постепенно, так, чтобы каждый раз видеть, что оно мешает достичь слияния с Творцом, и с каждым разом он видит все отчетливее, что его желание получать – постоянный враг его. Царь Шломо называл эгоистическое начало «смертельным врагом», как написано: «Если голоден враг твой, накорми его хлебом, потому что горящие угли сгребаешь ты на голове его».

Мы видим, что человек, на самом деле, должен почувствовать, что он хуже всех, потому что такова истина. И надо еще понять сказанное мудрецами: «Дух соперничества умножает мудрость». И это происходит как раз тогда, когда человек воспринимает все своим разумом. Но когда идет выше разума, то превосходство товарища ему не видно настолько, чтобы могла возникнуть зависть к нему, которая толкала бы его к труду и усилиям, поскольку дух соперничества с товарищами обязывает к этому.

Бааль Сулам объяснил высказывание рабби Йоханана: «Увидел Творец, что малочисленными становятся праведники, взял и поселил их в каждом поколении», как сказано, «потому что у Творца основы земные, и держится на них Вселенная». И объяснил: «Рассеял во всех поколениях», чтобы были основой и поддержкой и началом существования Вселенной. (Йома 88, 2. с). «Малочисленны» – означает, что их становится меньше и исчезают совсем. Поэтому, что Он сделал? – «Взял и поселил в каждом поколении». То есть посредством того, что поселил в каждом поколении, они умножатся. И надо понять, как посредством рассеяния во всех поколениях будут умножаться. То есть надо понять, в чем отличие: находятся ли все праведники в одном поколении или рассеяны во всех поколениях, как вытекает из сказанного РАШИ, что с помощью этого станет больше праведников.

И он (Бааль Сулам) сказал: «Благодаря тому, что будут праведники в каждом поколении, будет место тем, у кого нет от рождения подходящих свойств, чтобы достичь слияния с Творцом. Поэтому соединятся с этими праведниками и, благодаря тому, что будут связаны с ними, будут учиться их действиям и смогут приобрести новые свойства от этих праведников. Поэтому рассеял их в каждом поколении, чтобы таким образом умножались праведники». Как уже говорилось, также с помощью связи с товарищами можно получить новые свойства, обладая которыми, удостоятся достижения слияния с Творцом.

И только в случае, если человек видит преимущества товарищей, можно сказать, что он научится их действиям. Но когда видит себя выше них, тогда уже нечего ему взять от них.

Поэтому сказано, что, когда твой эгоизм указывает на то, что твои товарищи хуже и ниже тебя, ты должен идти выше своего разума. Но, конечно же, лучше и успешнее он продвигался бы, если бы понимал своим разумом, что товарищи выше него. И становится понятной молитва, составленная для нас рабби Элимелехом: «Дай нашему сердцу видеть в своих товарищах только лучшее, а не их недостатки».

Но в отношениях между человеком и Творцом все совершенно по-другому. Здесь лучше идти выше разума, и если человек ставит веру выше разума, значит, он находится на верном пути.

Но человек понимает по-другому, своим умом, то есть считает, что если бы Высшее управление стало открытым всем, тогда весь мир занимался бы Торой и Заповедями, и не осталось бы атеистов, и все бы были верующими. Но поскольку управление Его скрыто от низших, то должны верить, и это трудно, ведь Творец дал нам разум и понимание каждой вещи согласно тому, что предстает перед нашими глазами. Все отношения между людьми мы оцениваем нашим разумом и все познаем только умом, как сказано (Бава Батра, 131): «Судья выносит решение согласно тому, что видит воочию». И получается, что во всем мы следуем пониманию внутри нашего разума, но не выше него.

Поэтому, когда человек начинает работу Творца и должен следовать указанию «принять на себя веру выше знания», он начинает думать: «Разве я не вижу, что Творец дал нам разум судить обо всем согласно нашему пониманию, насколько наш разум осознает. И как я могу согласиться с чем-то, что идет против нашего разума». И очень трудно нашему телу понять, что стоит работать выше разума.

А выше разума должно быть как в уме, так и в сердце. И поэтому не каждый может включиться в работу ради отдачи – работу выше разума. Потому обучают приходящих заниматься каббалой в порядке, предложенном еще РАМБАМом: начинают в «ло лишма» – не ради Творца, пока не умножатся их знания и не приобретут дополнительную мудрость, тогда открывают им, что основа работы – ради отдачи, называемая работой ради Творца – «ли шма».

И надо понять, почему именно «ради отдачи» предпочтительнее. Ведь разум обязывает к обратному. Если бы работа Творца была понятна нашему разуму, больше людей хотели бы работать на Творца. Об этом Бааль Сулам сказал: «Чтоб не думал человек, что работа «выше разума», данная нам Творцом, – низкая ступень. Мы должны верить, что это очень высокая ступень, что именно с помощью этого есть у человека возможность достичь ступени «ради отдачи», а иначе вынужден будет работать «ради получения»».

Поэтому, если бы работа совершалась разумом, конечно, было бы больше работающих, но никогда не смогли бы прийти к слиянию с Творцом – к работе «ради отдачи». Поэтому, хотя работа и выполнялась бы с большим рвением, но не было бы никакой возможности прийти к состоянию, когда человек стал бы пригоден для получения добра и наслаждения, которые Творец хочет ему дать. Ведь известно: Его желание – делать добро творениям.

Но чтобы не было недостатка в полученном наслаждении (недостаток этот называется стыдом), произошло исправление сокращением, чтобы высшее наслаждение могло светить только в мере подобия свойств. Это значит, что создания получат наслаждения только в мере своего желания отдавать, а пока этих желаний нет, вынуждены оставаться во тьме, что называется, «умрут, не приобретя мудрости».

Но должны знать, что даже в состоянии «ло-лишма» есть свет Торы. Об этом сказали мудрецы: «Пусть постоянно занимается человек Торой и Заповедями «ло-лишма», потому что из «ло-лишма» приходят в «лишма», поскольку свет Торы возвращает к Источнику». Но затем должен достичь состояния «ради отдачи», то есть и умом, и сердцем работать выше разума.

Что же касается отношения к товарищу, то если может любить его, понимая это своим разумом, пытаясь увидеть, что товарищи находятся выше него в своей связи с духовным – такая работа предпочтительнее. То есть, если разумом понимает, что товарищи ближе него к слиянию с Творцом – в этом есть преимущество относительно состояния, когда должен верить выше разума. Когда же на самом-то деле он видит себя выше и видит низменное состояние своих товарищей, но верит выше своего разума, помня Заповедь, в соответствие с которой он должен верить, что они не такие, какими он их видит. Но, конечно, лучше, если он уже достиг осознания этого.

Подобным образом можем объяснить написанное (Шмуэль 16, 7): «Но сказал Творец Шмуэлю: «Не смотри на вид его и высокий рост его, ибо отверг Я его: ведь суть не в том, что видит человек, ибо человек видит глазами, а Творец видит то, что в сердце».

Мы видим, что когда Творец послал пророка Шмуэля помазать на царство одного из сыновей Ишая, Шмуэль понял согласно увиденному им воочию, что Элиав сын Ишая достоин быть царем Исраэля вместо царя Шауля. Творец не согласился с этим. И только в конце, когда привели к нему Давида, а он был «пастухом овец, румяный, с красивыми глазами и миловидный», сказал Творец: «Встань, помажь его, ибо это – он».

Чему нас это учит? Мы видим здесь две особенности:
1. Шмуэль, со своей стороны, увидел в Элиаве качества, достойные для царствования над Израилем.
2. Творец же сказал ему: «Нет, не иди согласно своему пониманию». Потому что в отношении к Творцу разум не может принести никакой пользы. Но выбери того, кого Творец пожелал провозгласить Царем. Это называется отношениями между человеком и Творцом, где нет места пониманию, «ибо Мои мысли – не ваши мысли, и Мои пути – не ваши пути». Поэтому сказал ему Творец: «Не то, что видит человек: ведь человек видит глазами, а Творец видит то, что в сердце».

И, согласно этому, можно объяснить сказанное: «ибо человек видит глазами» – это хорошо в отношениях человека к товарищу. Хорошо, когда может идти в соответствии со своим разумом, согласно тому, что предстает глазам человека. Вместе с тем – «...а Творец видит то, что в сердце». То есть, то, что касается человека и Творца – это выше разума, и не должен смотреть человек на видимое глазами, а выше этого. И надо понять:
1. в отношениях между человеком и Творцом предпочтительнее идти выше разума;
2. в отношениях между человеком и товарищем – лучше разумом.

Поэтому сказал ему Творец: «Не смотри на вид его». Ведь идти согласно увиденному хорошо по отношению к товарищу, если способен увидеть преимущества товарища. И если Я хочу помазать его на царство, это действие относится ко Мне – Я хочу, чтобы был Царем. Это относится к отношениям «между человеком и Творцом». И здесь именно работа «выше разума» является правильной работой, и как раз посредством нее человек может достичь намерения «ради отдачи», а иначе упадет в свой эгоизм, что является причиной отделения и отдаления от духовного.

Но здесь спрашивается: что происходит после того, как человек решил идти выше разума, не обращая внимания на вопросы, которые его «тело» представляет ему в виде возражений всего мира? Он отвечает на все эти вопросы и не хочет смотреть ни на что, идущее в противоречии с «разумом и сердцем», но решил идти только «выше разума». И тогда, после этого решения, приходят иногда к нему красивые объяснения, с которыми его тело вынуждено согласится. И если он видит, что идет сейчас «разумом», что он может предпринять, когда стал понимать посредством объяснений, которые получил свыше? И говорит себе: «Что же мне делать, когда нет у меня возможности работать выше разума. Ведь сейчас я понимаю, что именно так и должно быть, что я работаю ради отдачи. И нет у меня возражений против работы Творца, которые были, когда вынужденно работал выше разума. Но, поскольку, суть работы – выше знания, что можно предпринять в теперешнем своем состоянии?»

И Бааль Сулам сказал, что когда человек удостаивается какого-то откровения свыше, он чувствует тогда, что стоит работать на Творца. Получается, что до этого была у него работа выше разума, когда «тело» не соглашалось, и он должен был все время сосредотачивать усилия на преодолении сопротивления «тела» и нуждался в Творце, чтобы дал ему силу идти выше разума. Теперь же он уже не нуждается в помощи Творца, потому как чувствует, что есть у него основа, которая может стать фундаментом его здания: ему есть уже на что опереться.

В сравнении с предыдущим состоянием получается, что человек наносит ущерб вере, как бы говоря: «Наконец-то я избавился от бремени веры, которая была ярмом и тяжелым грузом. Сейчас уже можно опереться на разум, поскольку я получил побуждение свыше, и тело тоже согласно с целесообразностью выполнения Торы и Заповедей. И таким образом причиняется ущерб вере.

И поэтому сказал Бааль Сулам: «Теперь человек обязан сказать, что видит настоящий путь – идти именно выше разума. И доказательством тому служит, что получил свечение свыше именно как результат согласия идти выше разума. Потому и удостоился, чтобы Творец приблизил его немного к Себе и дал свыше стремление к духовному».

Это, полученное свыше, стремление и дает ему ответ на все трудности и свидетельствует о правильности пути «выше разума». Что же мне делать, чтобы продолжить идти тем же путем? Собрать только силу воли и начать искать возможности работать «выше разума».

Получается, что не навредил совсем вере, в которой находился перед получением свечения свыше, так как и сейчас не берет это свечение за основу, на которой выстроит все здание своей работы, но берет это свечение в качестве доказательства, что идет истинным путем – верой выше знания. И только в этой работе Творец приближает человека к Себе и дает ему место приблизится к Себе, потому что такое приближение не даст ему упасть в свой эгоизм, называемый «знание». Поскольку Творец видит, что он старается идти только выше знания.

Из сказанного следует, что в отношении пути «выше разума» есть разница, когда говорится об отношениях «между человеком и Творцом» или «между человеком и его товарищем».

Потому что умение понять своим разумом положительные качества товарища похвально. Но если человек видит только недостатки товарищей, нет у него выбора – только идти выше разума и сказать: «Все, что я вижу, слышу и чувствую – все это неверно и неправда. Потому что не может быть, что я ошибся, выбирая именно этих товарищей для соединения с ними. Не может быть, чтоб мой расчет был неверен, когда я думал, что они смогут обогатить меня духовно, поскольку есть в них достоинства, которых нет у меня. И потому, соединившись с ними, я смогу подняться на более высокий уровень – так мне казалось. Сейчас же я вижу, что на самом-то деле думаю иначе. Но я же слышал, что Бааль Сулам сказал: «Единственное, что может помочь человеку выйти из себялюбия и удостоиться любви Творца – это любовь к товарищам».

Поэтому нет у меня выбора: я должен соединиться с ними, несмотря на то, что вижу, что лучше бы мне отдалиться от них и не присоединяться к ним. Но ничего не поделаешь, я обязан верить, что на самом деле все мои товарищи находятся на ступеньку выше меня. А я не заслужил увидеть их достоинства. И поэтому должен верить «выше понимания». И если бы смог увидеть это своим разумом, то мог бы получить большую пользу от них. Но, к сожалению, выбирать не приходится».

В отношениях же «между человеком и Творцом» – всё по-другому. Потому что место, где может идти выше разума, предпочтительнее. И поэтому человек может получить поддержку в разуме, то есть если удостоился небольшого свечения свыше, то есть у него теперь возможность сказать: «Я вижу, что стоит быть работником Творца, ведь я чувствую вкус в работе».

Получается, что он взял это свое ощущение за основу, на которой строит свое единство с Творцом. И сейчас он понимает своим умом – стоит выполнять Тору и Заповеди. То есть все основание его опирается на это условие: когда есть вкус в работе, стоит слушаться голоса Творца. Выходит, в противном случае, когда нет вкуса к работе, – неспособен выполнять заповеди Творца.

Известно, что принятие Высшего Управления должно быть «всей душой и всем естеством», даже, когда забирают у него «душу». Значит, когда нет в нем никаких жизненных сил, нет ни малейшего желания, то и тогда должен работать на Творца и не выставлять Творцу условий, говоря: «Если Ты выполнишь мое желание (в том, чего мне не хватает, по моему разумению, в чем я ощущаю недостаток), если исполнишь его, я обещаю Тебе, что буду твоим работником. Если же не исполнишь все, что мне кажется необходимым, – не смогу принять на себя все то, что Ты заповедал мне через Моше Рабейну».

Но человек должен принять Высшее Управление на себя без всяких условий, выше разума. Более того, должен сказать, что необходимо работать выше разума не потому, что Творец не может нам дать разум, но потому, что надо верить, что это для нашей же пользы. Получается, что в отношениях человека с Творцом надо стараться быть выше разума. И если человек получает какое-то знание, то должен вести себя так, как объяснялось выше.

Женщина, когда зачнет...
Статья 22, 1986

Сказано в Книге Зоар (Тазриа, 3, 9): «Женщина, зачавшая первой, родит сына». Спрашивает рабби Аха: «То, что мы учили, что Творец решает: будет семя мужским или женским, – противоречит сказанному: «женщина, зачавшая первой, родит сына»». Если это так, то мы не нуждаемся в решении Творца?

И отвечает рабби Йоси: «Конечно, Творец сделал различие между мужским и женским семенем, поэтому решает, быть сыну или дочери». И объясняет это Бааль Сулам: «Трое участвуют в рождении человека: Творец, отец и мать. Отец дает от себя часть «лаван», мать дает от себя часть «адом», а Творец дает душу. И если семя мужское, то Творец дает душу мужскую, а если женское – то женскую душу. И то, что Творец решает о семени – быть ему мужской душой или женской – означает, что это находится в ведении Творца. И если бы не решил о семени, что быть ему мужской душой, то не родился бы сын». Из этого следует, что эти два высказывания не противоречат одно другому.

Рабби Аха сказал: «И родит сына...», – то есть зачала и родила, и это не зависит от срока беременности? Ведь должно было написано «женщина, когда забеременеет и родит сына»?

Сказал на это рабби Йоси: «Женщина со дня зачатия и до того, как родит, не в состоянии вымолвить слово, пока не родит сына». И надо понять смысл приведенного: что означает понятие «женщина, зачавшая первой...». И также о чем говорит нам то, что величие Творца проявляется в том, что Он умеет различать между мужским и женским семенем. Ведь величие Творца проявляется в том, что человек получает огромное воодушевление и вследствие этого становится рабом Творца.

И также надо понять, о чем спрашивает рабби Аха, говоря «женщина, которая зачнет и станет беременной...», и должен был добавить – «сыном».

И объясняет рабби Йоси: «Женщина со дня зачатия и до дня родов не в состоянии вымолвить слово, пока не родит сына». То есть она очень волнуется о том, чтобы у нее родился сын. Но что нам дает знание того, что она очень обеспокоена тем, чтобы у нее родился сын?

И чтобы понять это, рассмотрим написанное рабби Йехудой Ашлагом в статье «Введение в науку каббала (стр.129, пункт 57): «Сокращение, которое имело место в «бхине далет», было совершено с целью ее исправления: для того, чтобы не было в ней никакого отличия свойств при получении света Творца, и чтобы из этой «бхины далет» создать тело человека с тем, чтобы он, выполняя Тору и Заповеди с намерением доставить радость Творцу, обернул бы эгоистическое желание получать все только для себя в этой «бхине далет» в альтруистическое желание все отдавать Творцу, и тем самым стал бы полностью подобным своими свойствами Творцу. Таким образом, будет достигнуто конечное исправление, так как «бхина далет» снова станет получающей свет Творца и тем самым полностью сольется с этим светом без какого-либо различия свойств».

И, поэтому, человек должен включать в себя также свойства Творца, находящиеся выше «бхина далет», чтобы быть в состоянии совершать альтруистические действия, так как «бхина далет», которая должна была быть корнем человека, являлась пустым пространством без света и находилась в противоположном Высшему свету состоянии (по своим свойствам) и поэтому считалась «отделенной от него и мертвой». И если бы человек был создан из нее сейчас, то у него не было бы никакой возможности исправить свои действия, так как у него отсутствовал бы даже зачаток альтруистического желания.

С целью исправления этого состояния были соединены свойства милосердия и суда (строгости). На основе одного только свойства строгости мир существовать не может, как сказано: «И увидел, что не может мир существовать...». У человека, созданного из «бхина далет», не было никакой возможности совершать альтруистические действия, с помощью которых смог бы существовать мир в своем исправленном состоянии.

И посредством этого сочетания «бхинат далет», обладающая свойствами суда и ограничения, стала включать в себя также зачатки альтруистических свойств, полученных ею от бины. И посредством этого человек, созданный из «бхинат далет», получил способность совершать альтруистические действия с целью доставить радость Творцу. И это сочетание необходимо до момента, пока не обратит полностью свое свойство получать для себя на противоположное свойство только отдавать Творцу и, тем самым, приведет мир к своему полному и окончательному исправлению, для которого он и был создан.

И поэтому объясняет Бааль Сулам в своем комментарии к Зоар (пункт 95, стр. 31) по поводу «сочетания свойств милосердия и строгости»: «Известно, что в малхут существуют две точки: на одну из них распространяется запрет первого сокращения, и эта точка не соединена с биной, являющейся свойством милосердия. Вследствие этого запрета малхут не получает свет Творца, так как экран, стоящий перед ней, задерживает этот свет. А вторая точка внутри малхут соединена с биной, то есть свойством милосердия.

Поэтому малхут может получить свет, который приходит только из второй точки. И так как первая точка, то есть строгость в малхут, скрыта, а 2-я точка, то есть свойство милосердия, явна и властвует над первой, то вследствие этого малхут может получить свет Творца.

Малхут называется «древо познания добра и зла». И если человек своими добрыми делами удостоился того, что первая точка скрыта и только вторая раскрыта и властвует над ней, то получает свет Творца от малхут. Но если согрешил и не удостоился, то есть сила у «змея» раскрыть свойство первой точки, находящейся в малхут, которая не соединена с биной, милосердием, что определяется как зло».

И сказанное помогает объяснить, о чем говорится в Зоар: «женщина, которая зачнет и родит сына». И спрашивается, что мы должны понять из слов: «женщина, зачавшая первой, рожает сына»? Из сказанного в Зоар следует, что существуют две силы в человеке:
1. свойство строгости, являющееся женским началом и называемое малхут;
2. свойство милосердия, являющееся мужским началом – свойством отдавать, как написано: «как Творец милосерден, так и ты будь милосерден».

И эти две силы управляют человеком: иногда свойство строгости скрыто и управляет свойство милосердия, а иногда свойство милосердия скрыто и властвует свойство строгости.

Знай, что процесс зачатия подобен зерну, посаженному в землю и разложившемуся в ней. Только тогда могут произрасти из этого зерна колосья, пригодные в пищу. Землю смешивают с отбросами, чтобы колосья выросли сочными и красивыми. И из этого сможем сейчас объяснить сказанное: «женщина, когда зачнет…», – то есть если человек желает трудиться с целью единения с Творцом и желает получать наслаждения от «человеческой еды», а не от «пищи животного», то весь порядок его духовной работы должен быть таков, что вначале должно зародиться в нем «женское начало», называемое желанием получать для себя. Это означает, что он должен «бросить в землю» свое желание получать для себя, чтобы затем оно разложилось там и превратилось в прах. И насколько человек увеличивает количество отбросов, то есть старается понять и почувствовать, что его эгоистическое желание будет отвратительно ему, как отбросы, то есть насколько он старается увидеть низость своего эгоизма, настолько он желает, чтобы это эгоистическое желание разложилось и сгнило.

И это называется «женщина, когда зачнет…», то есть «женское начало» в человеке, являющееся желанием получать для себя, человек хоронит в земле, чтобы оно там разложилось и сгнило.

И тогда, вследствие этого, «рожает сына», то есть альтруистические желания, с помощью которых человек старается уничтожить свой эгоизм, и тогда удостаивается желания все отдавать Творцу. И это схоже с тем, как бросают семена в землю, чтобы они разложились в ней, а затем произросли и сделались пригодными в пищу человека, чтобы человек наслаждался этим. Другими словами, до того, как начал свою работу на Творца, человек наслаждался только эгоистическими наслаждениями. А сейчас он получает наслаждение от того, что все отдает Творцу. И это называется «едой человека», а не «пищей животного», то есть животными наслаждениями.

И это также означает, что человек удостоился, что свойство строгости, то есть желание получать для себя, скрыто и не властвует над ним, а альтруистическое желание, то есть свойство милосердия, раскрыто и управляет человеком.

И понятие «удостоился» – «заха» – означает, что человек желает «стать чистым» – «зах», то есть все отдавать только Творцу. А понятие «грубый» – «ав» – означает эгоистическое желание. И вследствие того, что человек желает достичь свойства милосердия, он удостаивается того, что его эгоистическое желание исчезает и не властвует в нем, а властвует в нем сейчас свойство милосердия, то есть желание отдавать Творцу, которое называется «мужским началом». И это называется «и родит сына…», то есть сын родился из-за того, что «женщина зачала». Это означает, что человек «похоронил в земле» свой эгоизм и желает получать сейчас наслаждения в свои альтруистические желания, то есть ради Творца. Но если «мужчина осеменит первым», то есть начало духовной работы человека будет заключаться в том, что сначала захочет похоронить свое альтруистическое желание, то есть «мужское начало», присутствующее в нем и являющееся корнем его исправления вследствие соединения свойств строгости и милосердия, то тогда «рождается дочь». И тогда раскрывается свойство строгости, присутствующее в человеке, и властвует над ним. А свойство милосердия, являющееся «мужским началом» исчезает, и нет тогда у человека сил совершать альтруистические действия. Тогда человек питается «животной пищей», то есть он, подобно животному полагается только на свой эгоизм.

Но если он «сажает в землю» свои эгоистические желания, называемые его «женским началом», то вырастает из этого «человеческая еда», то есть альтруистические желания.

Если же человек «хоронит в землю» свои альтруистические желания, то в таком случае «рожает дочь». Это означает, что все, что «вырастает из земли», человек получает ради своего эгоизма. И теперь можно понять ответ рабби Йоси на вопрос рабби Аха о том, что «Творец делает различие между мужским и женским семенем. И так как сделал различие между ними, то постановил – быть сыну или дочери». И мы спрашивали раньше, как мы должны понять это?

Мудрецами по этому поводу сказано: «Приходящему очиститься помогают». И спрашивает Зоар: «Чем помогают?». И отвечает: «Дают ему новую чистую душу». Из этого следует, что если «женщина зачнет первой», что означает, что духовная работа человека начинается с «зачатия», и человек желает «похоронить в земле» свое женское начало, то есть эгоистическое желание, и все помыслы направляет на то, чтобы избавиться от своего эгоизма и только об этом он и просит Творца, то Творец тогда решает, чтобы было «мужское семя». Это означает, что человек просит у Творца альтруистическое желание. Тогда Творец отвечает ему тем, что дает ему «мужскую душу». Это называется, что дает ему сверху «новую чистую душу», с помощью которой человек в состоянии начать совершать альтруистические действия. Но дается она ему при условии, что Творец видит, что намерением человека в его духовной работе является очищение себя от эгоизма.

Но если Творец решает: быть дочери (что означает «мужчина, который осеменит первым»), – значит, человек начинает свою духовную работу с целью увеличить свое эгоистическое желание, а так как корень его – «соединение свойств милосердия и строгости», то намерением всех его действий будет увеличение того, что имеет, как сказано в Зоар. Целью этого человека было увеличение уже приобретенного ради своего эгоизма. И потому человек «хоронит» свое свойство милосердия, а значит, это свойство, то есть альтруистическая сила, будет у него скрыто. И об этом также говорится, что «посеял семена в землю», и они скрыты в ней. То есть альтруистическое желание сейчас скрыто, а эгоизм раскрыт, и это называется «и родит дочь».

Слова рабби Йоси – «Творец решает о семени – быть сыну или дочери» – указывают нам, что не должен человек говорить, что он уже много времени учит Тору и выполняет Заповеди – «легкую, как тяжелую», но, несмотря на это, Творец не помогает ему подняться на духовную ступень. И человек спрашивает, где же та помощь Творца, о которой сказали мудрецы: «Приходящему очиститься помогают». И об этом говорит рабби Йоси, что «Творец решает о семени человека»: быть сыну, когда человек желает работать на Творца, все отдавая Ему, или быть дочери, если вся работа человека будет с целью получения вознаграждения (с намерением отдавать, но ради самонаслаждения, ради эгоизма).

Человек не должен говорить, что Творец не слышит его молитвы. Ведь на самом деле Творец слышит и знает, о чем человек молит Его, что на самом деле человек вообще не хочет «похоронить в земле» свой эгоизм. А как Творец может дать человеку то, к чему у него нет желания?

Известно, что существует правило: «нет света без желания к нему», то есть желанием называется то, что недостает человеку, а светом называется наполнение этого недостатка. И если нет у человека этого ощущения недостатка в свете и нет у него желания все отдавать Творцу, то это является главной причиной падения человека, и из-за этого он удален от Творца и не в состоянии удостоиться слияния с Ним. И это называется, что у человека отсутствует желание к свету Творца.

И по этому поводу говорил рабби Йоси, что «Творец решает по семени человека…», то есть в зависимости от того, какую душу человек желает получить от Творца. Другими словами, чтобы с помощью света Творца человек мог получить или альтруистические силы или эгоистические. Поэтому человек не может ни в чем обвинять Творца, ведь он получил то, что хотел.

И по этому поводу сказали мудрецы:

1. Творец дает человеку «мужскую душу», то есть свет, чтобы были у него силы все отдавать Творцу.

И этим Творец свидетельствует:

2. Давая человеку душу, Он уверен, что, начиная с сегодняшнего дня и далее, человек не будет больше работать на свой эгоизм, а, наоборот, на отдачу Творцу.

И это то, о чем было сказано в Зоар: «приходящему очиститься, помогают». И об этом же говорил рабби Йоси, что «Творец решает о семени – быть ему мужским или женским».

3. Но спрашивается: как человек может сам прийти к желанию «похоронить» свой эгоизм и тем самым получить на это желание ответ – свет от Творца, называемый «мужская душа?» Об этом сказано: «женщина, которая зачнет...». Ведь человеку очень тяжело при том, что он создан с раскрытым свойством строгости и свойством милосердия в скрытии, прийти самому к мысли об альтруистических действиях. Ведь, как сказано, «диким животным рождается человек», то есть свойство милосердия определяется у него, как черная точка, и поэтому человек не ощущает никакого неудобства от того, что у него отсутствует желание все отдавать Творцу. Наоборот, все его заботы сосредоточены только на том, как удовлетворить запросы своего эгоизма. И чем поможет ему Творец, наполнив его эгоистические желания, чтобы человек почувствовал себя самым счастливым в мире? И что ему еще будет не хватать? И кто же тогда сможет сказать человеку, что ему не хватает ощущения недостатка, то есть альтруистического желания? И человек впервые слышит, что ему не хватает этого ощущения недостатка, то есть не хватает самого желания и света-наполнения этого желания.

И для того, чтобы понять это, говорили мудрецы о молитве, называемой работой в сердце. Но почему говорится – «в сердце?» Ведь молитва произносится устами?

Необходимо пояснить здесь, что молитва также называется ощущением недостатка, который человек хочет наполнить. То есть человек должен ощутить недостаток в том, что ему недостает альтруистических желаний, а все имеющиеся у него сейчас желания – только эгоистические. Но как человек может просить что-либо, в чем у него нет никакой потребности, даже несмотря на то, что ему говорят, что именно этого только тебе и недостает? Если человек сам это не чувствует, что же ему тогда сделать для того, чтобы ощутить эту потребность?

И для этого дали нам мудрецы совет, называемый «молитва, что в сердце человека». В то время как человек произносит молитву своими устами, ему не хватает альтруистического желания: в сердце он ощущает обратное – что ему не хватает наполнения своего эгоизма и что он не должен заботиться об ощущении потребности в альтруистическом желании, а должен заботиться о том, как наполнить свой эгоизм.

Поэтому человек должен проделать огромную работу по исправлению желаний своего сердца, чтобы в результате у него появилось такое желание, которое идет вразрез с его эгоизмом. И в этом заключается вся сущность творения. Иногда сердце властвует в человеке, а иногда уста побеждают. Но они не равносильны в человеке, так как известно, что человеком управляют желания сердца.

Поэтому сказали мудрецы, что человек должен работать, прежде всего, над своим сердцем, чтобы оно согласилось просить у Творца ощущения недостатка, которое Творец наполнит. То есть это наполнение и является тем, что недостает человеку.

И это то, о чем сказано: «Творец наполнит ощущение недостатка», что означает, что само это ощущение недостатка и является наполнением. И из сказанного поймем, что единственным средством достичь желания все отдавать Творцу, является молитва, которая считается промежуточной ступенью между человеком и его ощущением недостатка. То есть человек должен молиться Творцу, чтобы дал ему то, в чем он не нуждается, но чтобы ему стало не хватать этого. Определим, что желанием называется ощущение человеком того, чего ему недостает, но в данный момент он не ощущает этого. И поэтому человек молится, чтобы Творец дал ему свет-наслаждение, являющийся наполнением его недостатка, то есть того, что недостает человеку. И нет у человека другого средства, только как молиться Творцу, чтобы дал ему ощущение недостатка. И это и является связью между желанием и наслаждением.

Об этом сказал рабби Йехуда Ашлаг со слов своего учителя рабби из Пурсова, объясняющего написанное в Зоар: «Быстрее всего должен поторопиться человек тогда, когда у него пустые карманы». И объясняет, что «карман» означает место, в которое кладут «деньги». Другими словами «карман» означает недостаток, а «деньги» – наполнение этого недостатка.

Поэтому, если у человека нет «кармана», то есть недостатка, это считается еще хуже, чем когда нет у него наполнения этого недостатка, так как такое состояние называется «бессознательное». Поэтому, когда нет у человека ощущения недостатка, то есть, нет у него желания отдавать Творцу, то он должен скорее «поторопить» себя. В чем? – В молитве, являющейся связующей ступенью между желанием и наполнением его светом. То есть человек должен почувствовать недостаток в том, что он не в состоянии работать на отдачу Творцу.

И сейчас вернемся к вопросу, который задавал рабби Аха, и к объяснению, которое дал рабби Йоси. Спрашивалось: «Женщина, когда зачнет и родит сына» – разве от срока беременности зависит это? Ведь должен был сказать «женщина, когда зачнет и станет беременной»?

И на это отвечал рабби Йоси: «Женщина со дня зачатия и до дня родов не вымолвит слова, пока не родится сын». И встает вопрос – чему это учит нас?

На языке духовной работы человека под словами – «женщина, когда зачнет...» – имеется в виду человек, который «закапывает» свой эгоизм в «землю», чтобы из нее вырос «сын», то есть альтруистическое желание.

Поэтому, как только человек начинает прикладывать усилия для того, чтобы достичь альтруистического желания – о чем сказано «женщина, когда зачнет...» – сразу же он говорит: «Дай Бог, чтобы у меня родился сын».

То есть человек сначала должен пройти стадию отвращения к своему эгоизму и почувствовать всю меру зла, которое он ему приносит.

Недостаточно того, что человек уже решил идти непривычным ему путем: ему должно стать ясно, какой ущерб причиняет ему его эгоизм. И тогда человек увидит, сколько он теряет, подчиняясь эгоизму, и сможет быть уверенным, что уже не пожалеет о содеянном.

И это схоже с примером, приведенном в Талмуде (Иевамот, 47) о нееврее, желающим принять еврейство. Там сказано: «Пришельца, решившего принять еврейство, спрашивают: «Что ты увидел, что пришел сюда принять еврейство? Неужели ты не видишь, что народ Израиля в страданиях, бедности, притесняем другими народами, и евреи выжаты до последней капли?» Если нееврей отвечает: «Я знаю и желаю этого», – то его немедленно принимают».

И объясняется далее, что так говорят ему потому, чтобы не сказал потом, что «если бы я знал это раньше, то не пришел бы принять еврейство».

И подобно этому примеру, человек желает выйти из своего эгоизма и начать работать на то, чтобы все отдавать Творцу. То есть, человек оставляет все, чем жил раньше и входит в такую область, которую раньше никогда не затрагивал. Для этого человек должен пройти стадии «зарождения и развития в утробе матери», пока не приобретет новые свойства, которые были чуждыми ему от рождения и до настоящего момента.

Ведь все те знания и взгляды на жизнь, которые человек получил ранее от своего окружения, где он рос и воспитывался, были основаны на эгоизме. И такой человек всегда стремился властвовать над другими, и там, где он считал, что может этого достичь, там он прикладывал усилия, потому что это приносило ему наслаждение. А другие люди из его окружения помогали ему в этом, и, таким образом, он получал от них их стремления и силы, так как видел, что все идут по тому же пути, что и он.

Его тело точно знало, что стоит приложить усилия, чтобы приобрести власть, почет или деньги. Это означает, что все желания человека были направлены лишь на одно – удовлетворить свой эгоизм.

Но сейчас, когда такой человек пришел «принять еврейство», то есть выйти из своего эгоизма, ему говорят, что вместо того, чтобы властвовать над другими, он должен приложить все усилия и старания для того, чтобы научиться властвовать над собой.

А также, вместо того, чтобы подсчитывать, сколько он заработал за день для своего эгоизма, человек должен сейчас подсчитывать, сколько он заработал за день для духовного мира, на пути любви к ближнему.

И из вышесказанного можно объяснить сейчас, о чем говорили пришедшему принять еврейство чужеземцу, то есть человеку, который был раньше, как чужеземец. Сказано об этом: «и перемешайтесь с чужеземцами и научитесь их занятиям». И также сказано в Зоар: «Каждый человек включает в себя целый мир», что означает, что в каждом человеке присутствует часть от 70-ти народов мира (что соответствует семи категориям, каждая из которых состоит из 10, поэтому они и называются «70 народов мира»). А часть «Исраэль, что в человеке» была в изгнании под властью этих чужих народов. Но теперь этот человек решает принять на себя власть Творца и выйти из изгнания и плена у чужих народов, где было нормой для него выполнять все их желания.

Теперь проснулась у него «точка в сердце», и поэтому он решает работать на Творца. Тогда говорят ему, что до этого момента «народы мира», присутствующие в тебе, не затрагивали и не унижали твое «свойство Исраэль», и поэтому твое тело не сопротивлялось работе на них. Но сейчас, поскольку ты желаешь стать «Исраэль», но еще не успел выйти из-под власти «чужих народов», они в состоянии унизить и отобрать твое «свойство Исраэль». Ведь твое тело не позволит тебе сейчас начать работать на Творца. Поэтому подумай хорошенько, прежде чем пожелаешь взять на себя эту огромную работу. Но, в конце концов, «народы мира», присутствующие в человеке, сдаются, но прежде, чем человек закончит свою работу, он обязан пройти все «стадии зарождения». То есть человеку не сообщают за один раз истинный смысл отказа от своего эгоизма, а он должен постигать это постепенно, раз за разом, что и называется «стадии зарождения».

Слова – «женщина, когда зачнет и родит сына» – объясняет рабби Аха, – это не так, как думает большинство людей, что как только «зачала», то есть, как только человек решил «похоронить» свой эгоизм, то сразу же «и родит сына». Но это еще также зависит от «стадии зарождения» (беременности), несмотря на то, что человек уже согласен «похоронить» свой эгоизм, хотя он даже не знает истинного смысла этого отказа. И познать его суть человек не в состоянии за один раз, так как эгоизм необходимо приспособить и сделать пригодным для того, чтобы появилась у человека еще и сила пренебречь вечными духовными наслаждениями (чтобы не получить их ради себя). Ведь у человека нет еще опыта, то есть он не приучает себя получать с каждым разом все большие и большие наслаждения.

И когда человек начинает работать на то, чтобы все отдавать ради Творца, то сначала с каждым разом увеличивают ему стремления к животным наслаждениям, чтобы, пренебрегая ими, человек научился принимать наслаждения только ради Творца.

И из сказанного теперь мы можем понять, о чем сказали мудрецы: «Грешникам их злое начало (эгоизм) кажется, как тонкий волосок, а праведникам – как огромная гора».

Поэтому, когда хотят подготовить человека к получению вечных духовных наслаждений ради Творца, то увеличивают ему с каждым разом стремления к низким, животным удовольствиям, чтобы он научился на примере использования своего эгоизма получать эти наслаждения с намерением «ради Творца», а иначе он не устоит перед огромными духовными наслаждениями.

Поэтому человек обязан пройти сначала период, называемый «девять месяцев беременности», в результате чего он приобретает с каждым разом силу, называемую «альтруистическое желание». Поэтому, если человек видит на своем пути что-либо мешающее его альтруистическому желанию, то есть у него тогда силы оттолкнуть эту помеху, и об этом говорится – «и родит сына». Но это лишь после того, как человек прошел все стадии «процесса зарождения», а не находится на полпути в своей работе, когда сразу же, в начале пути, желает увидеть конечный результат, то есть после того, что уже достиг силы отдавать Творцу.

А если не видит этого конечного результата, то недоволен и жалуется, что вот, он уже «посеял», но где же те плоды, которые он должен получить?

И поэтому, объясняет рабби Йоси, «женщина, как только зачнет, не в состоянии вымолвить слова, пока не родит сына», то есть, несмотря на то, что еще не родила, нет у нее терпения ждать, а как только зачала – сразу же хочет родить.

Трепет и радость
Статья 23, 1986

Сказано в Книге Зоар: «Служите Творцу в страхе и радуйтесь в трепете». И далее: «Служите Творцу с радостью, приходите к нему в ликовании». Эти высказывания противоречат друг другу. Однако мы учили, что служить Творцу нужно в страхе, потому что при любой работе, которую человек хочет выполнять перед своим Создателем, сначала нужен страх, а только затем удостоится с радостью выполнять Заповеди Торы. И об этом написано: «Что Творец спрашивает со своего народа только страх; и с его помощью **получит все**».

И нужно понять, что означает понятие страх, ведь мы видим, что страх и радость, это две противоположности, и как может быть, что страх станет причиной для радости, как сказано: «Из-за страха перед своим Создателем удостоится с радостью выполнять Заповеди Торы». Разве одно не противоречит другому?

И еще нужно понять, для чего хочет Творец, чтобы его боялись. Что Ему это дает? Не похоже ли это на человека, который войдет в курятник и скажет курам: «Если вы будете бояться меня, то я вам дам кушать и пить, и все, что вы хотите, я дам вам за то, что вы меня боитесь». И можно ли тогда сказать, что человеку важно, что куры будут его уважать?

И тем более творения относительно Творца. Какая ценность и важность в высказывании, что Творец нуждается в том, чтобы творения Его боялись настолько, что мудрецы сказали, что не должен человек ничего делать, только развивать в себе страх перед Творцом, как написано: «что Творец спрашивает со своего народа – только страх». И также написано: «Творец создал творение, чтобы его боялись», – что означает, что все, что создал Творец, создал только ради того, чтобы Его боялись.

Чтобы понять вышесказанное, нужно помнить о Цели творения, то есть для чего Творец создал творения. Как известно, причиной этого было желание Творца насладить свои творения. И для того, чтобы вышло в свет совершенство его действий, то есть, чтобы не было чувства стыда, сделал исправление, которое называется «сокращение и скрытие». А до того, как в человеке появляются альтруистические сосуды, желания, не могут творения видеть и ощущать присутствие Творца, называемое «познание Творца».

Это значит, что, несмотря на то, что мы говорим каждый день в молитве: «Вся земля полна Его славой», – все равно мы этого не чувствуем, а должны верить выше разума, что это так. И причина в том, что, несмотря на то, что свет постоянен и совершенно не изменяется, по правилу, – «в духовном ничего не пропадет», – однако есть изменения со стороны желаний, и они-то и ограничивают распространение света. И это потому, что именно в сосудах различается величина наслаждения в той мере, как они реагируют на это наслаждение. И если нет у человека сосудов, желаний, которые смогли бы быть пригодными для получения света, тогда свет не ощущается ими соответственно правилу «нет света без желания к нему». Другими словами, мы должны знать, что мы в состоянии говорить только о том, что ощущаем в наших чувствах.

И Бааль Сулам привел пример о принципе сокращения, что это похоже на человека, который прикрывает себя, чтобы его никто не увидел. Уместно ли говорить, что человек, который скрыл себя, чтобы другие его не видели, и сам себя не видит. Так же Творец, сделал сокращение и скрытие, чтобы творения не видели Его в то время, когда погружены в собственный эгоизм, который называется «получать ради получения», и это является причиной разъединения между дающим – Творцом – и получающими – творениями – вследствие различия их свойств.

И из-за того, что понятие «получать» не существует в нашем корне, то есть в Творце, то и человек, когда получает, он чувствует себя неудобно, испытывая при этом чувство стыда. И поэтому со стороны творений было сделано исправление, называемое «сокращение». Другими словами, именно творениям нужны сокращение и скрытие, потому что именно с помощью этого исправления смогут исправить суть получения, чтобы приложить к нему намерение ради отдачи. Но со стороны Творца нет никаких изменений, а все изменения только в подготовке наших сосудов, насколько они в состоянии получить ради отдачи.

Соответственно, поскольку свет наслаждения не светит в месте разлуки, то нет силы у человека прийти к абсолютной вере до того, как исправит собственный эгоизм. Как написано: «Существует закон, что не может творение получить зло напрямую от Творца, ведь это, не дай Бог, недостаток лично Творца, если творение постигнет Его как творящего зло, а это не соответствует совершенному Творцу. И поэтому, когда человек чувствует зло, в той же мере он отрицает присутствие Творца, и Творец скрывается от него».

И отсюда мы видим необходимость исправления, называемое «ради отдачи». Мы не только не можем получить добро и наслаждение, уготованное нам, но и есть тут аспект, отдаляющий нас от веры в Творца, а это самое плохое, что может быть.

И сейчас сможем понять, что означает страх, о котором спрашивали ранее, и для чего Творцу нужно, чтобы мы его боялись. И, соответственно сказанному Бааль Суламом, страх – это когда человек боится, что не сможет получить с намерением «ради отдачи», как должно быть, а получит «ради себя», а это служит причиной отделения не только от добра и наслаждения, которое он не может получить, но он боится, чтобы не упасть до состояние отрицания веры в Творца, тем самым попав во владение нечистых эгоистических сил.

И это является объяснением сказанного: «Творец создал творения, чтобы боялись Его», – и, благодаря этому страху, произойдет большое исправление:
1. будет у них вера в Творца;
2. смогут получить все то добро и наслаждение, которые Творец желает им дать.

А то, что Творец хочет, чтобы Его боялись, необходимо для того, чтобы у нас появились сосуды, желания, получить добро и наслаждение, вследствие чего у нас возникнет вера в Него. Как сказал Бааль Сулам: «Страх – это защита, чтобы мы не отдалились от веры в Творца».

И отсюда поймем сказанное: «Что Творец спрашивает у твоего народа? – Только страх». Это означает, что Он хочет дать нам все наилучшее, но преградой этому является различие свойств, ведь не может свет войти в эгоистические желания. И поэтому, если у человека есть страх, и он постоянно настороже из-за того, что хочет, чтобы его намерение всегда было ради отдачи, тогда Творец может дать ему добро и наслаждение, чтобы был в совершенстве, без всякого неудобства, не испытывая чувства стыда при получении.

И из этого выясняется наш вопрос: как страх может являться причиной для радости. Это может быть потому, что с помощью страха, то есть когда человек все время осторожен, дабы использовать лишь альтруистические желания. Тогда Творец уже может дать ему добро и наслаждение. И, конечно, тогда у него будет радость от наслаждения, которое получил ради Творца. Так мы видим, что страх порождает радость. И если нет у него вышеупомянутого страха, он отдален от всего.

Отличие милости от подарка
Статья 24, 1986

Сказано в Мишлей (15, 27): «И ненавидящий подарки – будет жить...». Выходит, получая подарки, человек обрекает себя на смерть? Как же тогда во всем мире принято дарить друг другу подарки? Вместе с этим тогда не ясно сказанное Творцом Моше: «Хороший подарок хранится в доме моем, и имя ему – Шабат. Я прошу тебя передать его народу Израиля. Иди и сообщи им это».

Мы видим, что один человек может попросить у другого подаяние, но никогда не видели, чтобы человек просил у другого подарок. Например, перед праздником Песах, человек должен приобрести себе мацу, вино и т.д. С этой целью он идет к старосте синагоги или к какому-то богатому человеку и просит помочь ему приобрести необходимые товары для Песаха, объясняя свое тяжелое положение, в котором он находится.

Но мы никогда не видели, чтобы человек просил подарить себе подарок. Но бывает, например, что если жена просит у мужа, чтобы тот купил ей на Песах кольцо с бриллиантом стоимостью не менее 200 долларов, то муж в таком случае идет к своему другу и рассказывает ему, что он находится сейчас в тяжелом положении и не имеет возможности купить жене такое кольцо. Поэтому он просит у друга, чтобы тот дал ему в подарок деньги, на которые он купит своей жене кольцо. Но мы никогда не слышали, чтобы в каком-нибудь городе был староста по выдаче подарков, то есть чтобы выдавал как подаяние, так и подарки.

Известно, что в мире принято подарки дарить, а не просить. Например, если один человек любит другого, то он желает сделать приятное ему и по этой причине дарит ему подарок. Но это не значит, что в городе должно быть специальное место, где выдают подарки.

А сейчас выясним настоящую причину того, почему подарки не просят, а подаяние принято просить. И почему принято в каждом городе помогать нуждающимся, чтобы у них было на что жить. Это принято так же в любом государстве, где существует специальное учреждение, заботящееся о нуждающихся.

Причина этого очень проста: существует различие между тем, что необходимо человеку, и тем, что является для него излишним.

Необходимым называется то, без чего человек не сможет прожить, то есть, если не получит требуемую помощь, то не сможет существовать. И об этом сказали мудрецы, что «тот, кто помогает существовать одной душе, как будто помогает существовать всему миру». (Санэдрин, 37). И здесь говорится о необходимом, потому что без него невозможно существовать. Поэтому человек, прося помощь, во всем уступает, так как «все, что есть у человека, он отдаст, чтобы спасти свою жизнь». Поэтому человек не стесняется просить подаяние, ведь речь идет о спасении его жизни в той или иной степени. И так же дающий подаяние понимает необходимость в том, что он дает.

Если же вопрос о спасении жизни стоит очень остро, и нуждающийся кричит во весь голос о помощи, то дающий также очень волнуется за него. А когда положение нуждающегося не самое плохое, то и дающий не очень-то волнуется за него. Поэтому все зависит от степени необходимости. Но, в отличие от этой ситуации, когда речь идет об излишке, то просящий стесняется просить, и дающий не слышит просящего лишнее. Поэтому мы различаем между тем, что необходимо, и тем, что является излишним.

Поэтому, только, если просят подаяние, то получают его. Отсюда вывод: подаяние дается, исходя из желания «нижнего», то есть просящего, который ощущает недостаток. Это означает, что когда просящий видит, что он не сможет существовать без помощи дающего, то он, не стесняясь, идет и унижается, прося подаяние, так как у него нет другого выбора.

И, наоборот, в отличие от подаяния, подарок дается по желанию дающего. То есть, если дающий желает раскрыть свою любовь тому, кого он любит, то он дарит ему подарок. **Отсюда вывод: подарок дается исходя из желания Высшего – дающего, а подаяние – по просьбе получающего.** Для этого получающий должен показать дающему, насколько он нуждается в подаянии, о котором просит. И в той мере, в какой получающий может показать дающему важность и необходимость помощи, в той же мере он может получить ее от дающего.

И основная причина, как мы учили, заключается в том, что если мы пользуемся тем, что не имеет места в корне, то ощущаем страдания, как сказано в «Талмуде Эсер Сфирот» (часть 1, пункт 19): «Природа каждой ветви стремится уподобить ее своему корню. Поэтому все, что находится в корне, воспринимается ветвью, как хорошее и доброе, и, наоборот, все, что не имеет места в корне, воспринимается ветвью, как неприятное, вызывая ощущение страдания, ненависти и побуждая ее отдалиться».

Исходя из этого, находим, что поскольку в корне нет стремления к получению, то человек, получая, ощущает стыд и страдания. Но когда речь идет о спасении жизни, и человек очень нуждается в получении помощи от своего друга, то это определяется как необходимое, так как у него нет другого выбора. Но спасение жизни также включает в себя несколько значений. И если какая-либо вещь необходима, человек вынужден терпеть стыд и просить помощь.

Однако, понятие необходимого у каждого человека свое, отличное, в той или иной степени, от другого. Так, если у одного что-то определяется как лишнее, то у другого то же самое считается необходимым, поэтому, всегда трудно точно отделить «лишнее» от «необходимого». Конечно, можно предположить, что если без какой-либо вещи человек может прожить, то такая вещь считается излишком, а если, наоборот, – не может прожить, то она необходима. Но проверить на все сто процентов это невозможно.

И по этому поводу приводится пример в Талмуде (Ктубот, 27): «Спросили как-то рабби Нехемия: «Чем ты питаешься?» Он ответил: «Жирным мясом и старым вином». Сказали ему: «Питайся, как все – чечевицей». Он стал питаться чечевицей и умер». Из этого примера мы видим, что жирное мясо и старое вино считалось у людей излишеством, но у рабби Нэхэмия это было необходимостью, так как без этого он не смог прожить. В дополнение можно привести еще пример из Торы (Дварим, 15), где сказано: «Дай по мере потребностей его, в чем он нуждаться будет...».

«Дай по мере потребностей его...» – означает: дай бедняку заработать необходимое ему.

«В чем он нуждаться будет...» – обеспечь необходимым обедневшего богача. Даже если потребуется для этого «посадить верхом на лошадь и дать раба, чтобы бежал перед ним». Рассказывал об этом мудрец Гилель, что он дал обедневшему Тувии лошадь и раба, который должен был бежать перед ним. Однажды случилось, что не оказалось раба на месте, и мудрец Гилель сам бежал вместо раба целых три мили.

Из вышеизложенного можно понять сказанное в Торе: «Дай по мере потребностей его, в чем он нуждаться будет». Это означает, что все зависит от величины ощущения того, чего не достает и не касается излишнего. Так в примере с обедневшим Тувией: то, что он получил, называется «подаяние», то есть необходимое, несмотря на то, что это была «лошадь и бегущий пред ним раб». Однако мы не можем провести границу и сказать, что вот до сих пор это называется «необходимое», а то, что сверх этого уже называется «излишество». Потому что один человек будет просить какую-то вещь, как подаяние, а у другого она будет считаться излишеством.

Другими словами, нуждающийся при прошении подаяния не испытывает стыда, так как считает это необходимостью. Но так как характеры у всех людей разные, мы не можем увидеть разницу между подаянием и подарком, считающимся излишеством. Потому что у каждого человека существует своя мера определения того, что у него считается необходимым, а что излишним, то есть без чего он может обойтись. И если он считает, что без этого он может прожить, тогда нет у него сил просить это у своего ближнего, так как это уже будет называться подарком, а он дается только, если дающий захочет этого. Но на самом деле определить, является ли просьба подаянием или подарком, может только Творец, так как Он на самом деле знает, в чем нуждается человек, то есть где грань между необходимым и» излишеством.

А теперь обсудим эти понятия на языке внутренней работы человека, когда человек молится Творцу, чтобы Он помог ему в его работе.

Например, человек просит у Творца подаяния, то есть просит самое необходимое, ощущая себя голым и лишенным всего, говоря Творцу, что нет у него никакого вкуса к жизни, а также к Торе и Заповедям. Вдобавок, он ощущает, что у него нет даже зачатка истины, и все его действия строятся на основе лжи и лицемерия. То есть основа всех его действий для достижения святости построена на эгоизме. Поэтому человек чувствует, что с каждым днем идет назад вместо продвижения вперед. И одновременно он видит, что в начале своей работы на Творца он ощущал больше смысла в Торе и в самой работе. И это было потому, что с помощью Торы и работы на Творца он хотел удалиться от суеты и ничтожности этого мира и слиться с Торой и Заповедями. И это сделало бы его счастливым и дало бы вкус в жизни. И стремление это было тогда очень сильным.

А сейчас он не понимает, откуда взялись тогда у него эти силы. И если бы сейчас, в его теперешнем состоянии, пришел бы к нему человек и сказал: «Удались от суеты этого мира и начни работать на Творца», — то, конечно, уже не смог бы слушать его голоса ни умом, ни сердцем. И сейчас он вынужден сказать себе, что тогда была у него вера и уверенность, а сейчас он удален от всего этого. И все то время, когда он прилагал усилия, необходимо было для того, чтобы он приблизился к правде, то есть к слиянию с Творцом, к которому он стремился. Но сейчас он находится в состоянии «последних 10 градусов», то есть сейчас ему не хватает воодушевления и ощущения важности Торы.

Вместе с тем, у него отсутствует сейчас и стремление молиться, потому что его тело спрашивает у него: «Что будет тебе от того, что ты будешь молиться? Неужели ты сам не видишь, что с каждым разом, когда ты хочешь приложить все больше и больше усилий, то падаешь все ниже, так зачем же нужна такая работа?».

Поэтому, как же может человек прикладывать усилия в том месте, где он видит, что невозможно продвинуться ни на шаг вперед? Мы знаем, что отдых приносит человеку наслаждение, и он не в состоянии поменять отдых на что-то другое, если только это другое не принесет ему еще большее наслаждение. То есть он может пренебречь отдыхом, но не задаром.

А в тот момент, когда он видит, что с помощью приложенных усилий не заработал ожидаемого, тотчас пропадают у него силы в его работе, и он не в состоянии ничего делать. Тогда человек смотрит на себя и говорит: «А что, если бы, пришел ко мне кто-нибудь и сказал: «Знай, что через некоторое время ты отчаешься, так как не продвинешься вперед, а, наоборот, с каждым годом будешь еще в более низком состоянии, чем сейчас. И, несмотря на это, ты все же хочешь работать на Творца, чтобы достичь Цели творения, для которой ты и был создан?

А я говорю тебе, что жаль всех твоих усилий, ведь я знаком со многими людьми, которые думали так же, как и ты: что если приложить немного усилий, то немедленно увидишь плоды своих действий по продвижению в работе на Творца»».

И тогда человек ответил бы ему, что он похож на «разведчиков», которые оклеветали землю Израиля, как объясняется в Книге Зоар (Шалах, 22): «И вернулись из земли Израиля...». «И вернулись» – означает, что вернулись к плохому, свернув с истинного пути, сказав: «Что мы получили на сегодня? Мы не видели ничего хорошего в мире: трудились над Торой, а наш дом пуст? Разве кто-нибудь способен удостоиться будущего мира? Лучше бы было, если бы не трудились так много. Ведь мы учились и работали на то, чтобы познать часть этого мира, как ты советовал нам. Мы познали из Торы, что Высший мир хорош, но кто в состоянии удостоится его?».

Это означает, что сейчас, по прошествии некоторого времени после того, как человек начал работать на Творца, он говорит, что если бы такие мысли пришли к нему в начале его пути, то есть тогда, когда он только принял на себя обязанность выйти из своего привычного состояния и находиться среди работающих на Творца, то он тогда бы ответил на эти мысли, что они похожи на тех «разведчиков», и они пришли ко мне, чтобы не дать мне войти в Святую Землю, называемую «работа на Творца», и поэтому не слушал бы их голоса. Но сейчас он ощущает эти жалобы «разведчиков», как свои собственные, и он чувствует, что все это является сейчас для него правдой.

И из вышесказанного возникает вопрос – что же такое правда? Разве в начале своей работы на Творца он находился на более высокой ступени, чем находится сейчас, несмотря на то, что уже много лет трудился и прикладывал усилия? Что же можно тогда сказать о таком состоянии, что вся его работа была впустую? Неужели он ничего не заработал и находится в том состоянии, в котором был до того, как начал свою работу на Творца?

Но на самом деле это неверно, так как сейчас он упал еще ниже по сравнению со своим предыдущим состоянием, и ему сейчас не хватает того стремления и ощущения важности Торы и Заповедей, а также той уверенности и энергии, которые у него были раньше. Поэтому человек сейчас смотрит на себя и видит, что его ничего не интересует, поэтому с первого взгляда он может решить, что упал еще ниже по сравнению со своим состоянием в начале работы на Творца.

Но все это не так, исходя из правила «не существует света без желания к нему», то есть Творец никогда не даст наслаждение творению, если у него не будет настоящего желания к этому, а не просто ощущения какого-то недостатка в том, чего у него нет.

В 6-й статье 1986 г. уже объяснялось это. Там говорилось о выборах президента в государстве, где были два кандидата на этот пост. У каждого из кандидатов были помощники, которые были заинтересованы, чтобы именно их кандидат победил на выборах и стал президентом.

И когда выборы закончились, стало возможным определить, у кого же было наиболее сильное желание стать президентом, ведь в итоге из всех кандидатов выбрали только одного.

В общем, можно сказать, что любой гражданин государства хотел бы стать президентом, но существует различие у разных людей в величине этого желания, то есть ощущения недостатка в том, что он не президент.

Обычный гражданин почти не ощущает недостатка в том, что он не стал президентом. Чего нельзя сказать уже о помощниках кандидатов в президенты, у которых уже гораздо сильнее ощущение недостатка и страдания, поскольку выбрали не того кандидата, на которого они работали. Но настоящие страдания ощущают именно кандидаты на пост президента. Ведь они вложили огромное количество усилий, чтобы победить на выборах, но, в итоге, выбрали одного из них. Понятно теперь, что у них было по-настоящему сильное желание и ощущение страдания от того, что его не выбрали. И чем больше он приложил усилий, тем сильнее ощущение страданий от безрезультатности этих усилий.

И из этого примера видим, что когда человек находился в начале своего пути в работе на Творца, и у него была уверенность, силы и ощущение важности его занятий Торой и молитвами, – так как видел красоту духовного мира и чувствовал важность своей работы на Творца, – то это еще не называлось ощущением недостатка, который Творец должен наполнить, чтобы слиться с Ним. И это было потому, что ощущение страдания и недостатка от того, что он еще не достиг слияния с Творцом, человеком не ощущалось, так как еще не приложил достаточного количества усилий для этого, поскольку находился только в начале своей работы. Но когда, наконец, прошло достаточное количество времени, и человек уже приложил много усилий, но, несмотря на это, еще ощущает недостаток, то именно тогда начинает он испытывать боль и страдания от того, что уже вложил много сил и все-таки не видит никакого продвижения в своей работе.

И тогда приходят к нему различные мысли: иногда он совсем теряет надежду достичь чего-либо, а иногда, наоборот, укрепляется в своей работе, но затем снова падает. И так происходит раз за разом до тех пор, пока не появится у него настоящее желание, достигнутое в результате этих подъемов и падений. Ведь эти подъемы и падения оставляют в человеке каждый раз ощущение боли и страдания от того, что он еще не удостоился слияния с Творцом.

И когда человек приходит к такому состоянию, что его ощущение недостатка, его желание, достигает полной величины, – это означает, что появилось в нем истинное желание – тогда Творец наполняет его желание.

А то, что сейчас человек ощущает, что он удаляется от духовного, было задумано Творцом изначально, чтобы человек почувствовал боль и горечь страданий от отсутствия слияния с Творцом. Поэтому человек каждый раз должен видеть, насколько он продвигается вперед по созданию у себя настоящего желания.

И величина этого недостатка определяется силой страданий, которые испытывает человек от того, что нет у него наполнения этого желания к слиянию с Творцом. Другими словами, чтобы все его стремления и помыслы были бы только с одной целью – доставить наслаждение Творцу. Но до того момента, как это ощущение недостатка достигнет своей полноты, невозможно, чтобы пришло его наполнение от Творца. Ведь известно, что со стороны Творца исходят только совершенные действия, поэтому и ощущение недостатка у человека тоже должно быть совершенным, то есть чтобы он ощущал недостаток и страдание от того, что ничего не имеет: нет ни Торы, ни работы, ни страха перед Творцом.

И также в своих действиях человек учит Тору, выполняет заповеди, встает рано утром на учебу. И если бы то же самое выполняли бы другие, то они выглядели бы в его глазах совершенными праведниками, а он чувствует себя лишенным всего этого.

Причина этого заключается в том, что этот человек желает удостоиться слияния с Творцом, а для этого у него должна быть только единственная мысль выполнять свои действия ради Творца, но сейчас пока он далек от этого.

Поэтому он спрашивает себя: что я заработал, занимаясь Торой и заповедями, чтобы с их помощью достичь слияния с Творцом? Ведь я не вижу ни малейшего продвижения в этом – и даже наоборот.

Находим, что на самом деле такой человек не просит у Творца излишнего, – а именно необходимого, то есть дать его душе немного возможности почувствовать духовный мир, а не быть все время погруженным в свой эгоизм.

Поэтому такой человек ощущает себя лишенным духовного, в отличие от остальных людей, которые не ощущают себя удаленными от духовного. Наоборот, если у них есть, например, возможность помолиться в миньяне, то это уже дает им ощущение собственного совершенства.

И если такие люди после работы, вдобавок к тому, еще приходят учить главу из Торы, то, несомненно, ощущают себя в самом совершенном состоянии. Вследствие этого у них нет никаких требований к Творцу, чтобы помог им идти по пути духовной работы, а, наоборот, они молят Творца, чтобы Он позволил им остаться в таком состоянии, так как они полностью довольны своей жизнью.

Поэтому эти «специалисты в Торе», конечно, чувствуют себя совершенными и восхваляют Творца за то, что Он дал им ум и желание, и «что нет у них участи легкомысленных людей». Вместе с тем, они также молятся Творцу, чтобы помог им выполнять Заповеди, как они слышали, «ради Творца», но это считается у них чем-то излишним. Ведь главное, что они учат Тору и выполняют Заповеди, но им не хватает выполнения их с намерением «ради Творца». И они признают, что надо выполнять Заповеди «ради Творца», но считают, что это не относится к ним, а только к особым единицам. Выходит, что, несмотря на то, что хотя они молятся Творцу, чтобы удостоил их учить Тору и выполнять Заповеди ради Него, это считается у них чем-то лишним, а не необходимым. Ведь они ощущают себя избранными из народа, и есть у них «свет Торы», и «Тора является их специальностью».

То же самое говорилось о двух людях, просящих Творца о выполнении их просьб. И они отличаются друг от друга не потому, как они молятся, а причиной, побудившей их молиться. Один из них хочет получить, потому что его душа желает излишнее. И это называется, что он просит подарок. Поэтому его просьба остается без ответа, так как подарки не просят, а они даются при условии, если дающий желает этого. Поэтому он спрашивает, почему же Творец не отвечает на его просьбу, ведь он весь день только и молится об этом подарке. Вследствие этого просящий делает вывод, что у Творца что-то не в порядке. Но Творец считает, что именно просящий не в порядке, так как он плачет, чтобы ему дали подарок. Ведь то, что, по его мнению, ему не хватает, на самом деле является излишним.

Поэтому, если он исправит себя, то на самом деле будет просить необходимое. А это уже называется подаяние, и его дают по просьбе получающего, как сказано «бедный просит». И по мере необходимости того, что он просит, он больше получает.

И это связано с рассказом о рабби Нехемия, который считал, что питаться мясом и пить вино – это необходимое условие, в отличие от других людей, которые считали это излишеством. Поэтому, когда ему предложили питаться только чечевицей, он умер.

Исходя из этого, поймем сейчас, почему человек после того, как приложил большое количество усилий для достижения слияния с Творцом, в конечном счете, ощущает, что стал еще хуже, чем был в начале своей работы по исправлению себя. То есть все его действия по исправлению себя не приносят ему никакого результата. И ответ на это заключается в том, что, на самом деле, такой человек продвинулся далеко вперед, но есть различие между продвижением к наслаждению-свету и продвижением к желанию, к наслаждению – кли.

И это потому, что в природе человека заложено ставить важнее всего стремление к наслаждению, свету. А то, в чем он не видит наслаждения, его просто не интересует. Ведь что дает ему наличие только сильного желания к наслаждению? По правилу: «человек стремится только к тому, что приносит ему наслаждение». Поэтому, когда человек хочет узнать, насколько он продвинулся, то, прежде всего, он смотрит, насколько близок к свету. Но на самом деле человек должен, прежде всего, смотреть, насколько он продвинулся к созданию у себя желания к свету, так как существует правило: «не существует света без желания к нему». И это называется продвижением к созданию у себя **ощущения недостатка** света. Но в начале своей работы у человека не было ощущения этого недостатка, и он просто стремился к наслаждению.

И это похоже на пример из обычной жизни людей: например, когда потеряется у кого-то важная вещь, стоящая столько, сколько человек зарабатывает за 1 час работы. Если он зарабатывает, например, 8 долларов в день, то меньше, чем за 1 доллар в час не будет работать, а предпочтет отдыхать. Но если он потеряет какую-то вещь, стоящую 1 доллар, то он способен искать ее даже 2 часа, пока не найдет. Спрашивается, почему он работает сейчас один час, чтобы заработать пол доллара?

И ответ заключается в том, что существует различие между «еще не заработанным» и «потерей уже приобретенного». И потому то, что уже побывало в руках человека, но затем было потеряно, даже если это незначительная вещь, это уже стало важным для него, так как побывало в его руках.

И наоборот, если человек еще не успел заработать какую-либо вещь, и именно важную вещь, ему стоит приложить побольше усилий, иначе он предпочтет покой достижению этой вещи.

И подобно этому можно сказать о человеке, у которого было желание слиться с Творцом, называемое «еще не заработанное», и у него есть сомнение, что, может быть, и не заработает. Поэтому он идет и начинает работать. Но это еще не называется «настоящее желание», пригодное для получения наслаждения от Творца.

Но если уже проработал несколько лет, и это считается, как «потеря уже приобретенного»: то есть потратил уже несколько лет работы и не заработал ничего, то именно такое ощущение недостатка и называется настоящим и рождает в человеке боль и страдание.

Поэтому мы видим, что человек, приложив уже большое количество усилий, начинает считать, что еще немного, и Творец поможет ему, и он удостоится слияния с Ним. И, таким образом, человек продвигается в усилении ощущения страдания от отсутствия слиянии с Творцом, так как приложил для этого уже много сил.

И в той мере, в какой он увеличивает усилия, в той же мере он видит, насколько его тело сопротивляется этой работе на Творца. И в результате человек начинает понимать, что он нуждается в помощи Творца.

Исходя из этого, считается, что такой человек не просит у Творца лишнее, а желает быть простым человеком, верящим в Творца, который называется «добрый и творящий добро». Поэтому человек желает восхвалять Творца и сказать Ему в простых словах без всяких высших постижений: «Благословен тот, по слову которого возник мир!», – таким образом благодаря Творца за то, что Он его создал.

Находим, что сейчас этот человек видит, что у него отсутствует стремление к Торе и к работе на Творца, которые были у него до того, как начал эту работу. Происходит это по двум причинам, являющимся, по сути, одной и той же: принятие человеком на себя власти Торы и Заповедей было построено на его желании получать все для себя, то есть на эгоизме. Поэтому его тело стремилось получить наслаждение, чувствуя, что в духовном есть еще большие наслаждения, чем оно ощущает сейчас.

Другими словами, у его эгоизма будет, чем себя наполнить, так как материальные наслаждения этого мира уже не дают ему удовлетворения в жизни. А теперь, когда он начинает работать на отдачу Творцу, его тело начинает сопротивляться этому. Ведь тело может прилагать усилия только там, где видит выгоду для себя. Но когда сейчас человеку указали выполнять Тору и Заповеди, с помощью которых он сможет противостоять своему телу, не дав ему наслаждения за его усилия, то тело начинает сопротивляться ему. Поэтому весь заработок человека будет заключаться в том, что, если удостоится, то сможет не дать телу награду за его усилия. Поэтому тело и сопротивляется, и у человека нет силы работать на Творца.

Но до того, как начал свою работу на Творца, тело было согласно прилагать усилия, так как предвкушало получить еще большие наслаждения, чем существуют в нашем мире. Поэтому у человека были силы работать, и не существовало никаких препятствий со стороны его тела, ожидающего получить для себя эти большие наслаждения.

Но необходимо знать, что не существует большего наслаждения для тела, чем работа на Творца. И по этому поводу было сказано мудрецами: «Пусть занимается человек Торой и Заповедями, даже «не ради Творца» (ло ли шма), потому что вследствие этого он придет к выполнению «ради Творца» (ли шма)».

Поэтому, в начале работы на Творца у человека все было хорошо – то есть он был вынужден обещать своему телу, что ни в коем случае не повредит его желанию все получать для себя, а даже, наоборот, с помощью выполнения Торы и Заповедей тело будет полностью довольно и получит огромное наслаждение, удовлетворяющее его желание получать, и будет ощущать себя самым счастливым в мире. Но после того, как человек начал работать на Творца и понял, что самое главное – это достичь слияния с Творцом – «все делать с целью только отдавать Творцу», – то тело сразу же начинает сопротивляться этому.

Но есть в этом сопротивлении огромная польза – с помощью него человек приобретает ощущение недостатка в том, что он удален от Творца, и как следствие этого он испытывает боль и страдание. И в той мере, в какой он сожалеет об этом, в этой мере он все более нуждается в помощи Творца. И тогда человек видит, что он сам не в состоянии выйти из своего эгоизма, а только с помощью Творца. И это человек не может осознать своим умом, а может только почувствовать.

Об этом сказано в Теилим (127): «Если Творец не построит дом, напрасно трудятся строящие его».

Из этого следует, что человек должен верить, что все то, что произошло с ним и привело его в нынешнее состояние, было необходимо для того, чтобы он смог вознести настоящую молитву из глубины сердца. Но тогда приходит эгоизм человека и внушает ему обратное. И если была у человека возможность вознести молитву Творцу от всей души и от всего сердца, – то есть всем разумом и чувствами он понимает и ощущает сейчас, что только Творец может помочь ему, – тогда приходит к нему его эгоизм и повергает его в отчаяние, как было уже сказано в примере с «разведчиками».

И тогда можно сказать: «Поскольку прямы пути Творца, праведники пойдут по ним, а грешники споткнуться на них».

И из вышесказанного поймем, о чем спрашивали в начале: «ненавидящий подарки будет жить». И это не означает, что человеку нельзя получать подарки, а означает, что он ненавидит получать их вследствие желания все отдавать только Творцу. Но человек вынужден получать подарки, потому что так желает Творец, и это называется «получать ради Творца». Тогда выходит, что такой человек не просит у Творца, чтобы дал ему излишнее, а просит о необходимом.

И не важно, если относительно другого это называется излишним. Ведь каждый работает, исходя из того, как он сам это ощущает, и ему нет никакого дела до другого. Но если Творец дает человеку подарок, то он принимает его ради Творца.

Поэтому, если человек просит у Творца, чтобы Он дал ему желание отдавать, то, в зависимости от типа и характера человека, у одного это определяется, как «излишнее», а у другого – как «необходимое».

Мера выполнения заповедей
Статья 25, 1986

Заповедано нам выполнить 613 заповедей **в действии**: даже без намерения, если только думает человек, что выполняет сейчас одну заповедь из тех, что заповедовал нам Творец, этого достаточно для ее выполнения, и не надо думать ни о каком намерении, а просто делать, и этим уже выполняется требуемое.

Но, конечно, надо выполнять все заповеди согласно условиям, которые есть в каждой. Человек, например, выполняет заповедь о цицит, как написано: «И делайте себе цицит на краях одежды». Но есть особенности: из какого материала сделан талит, длина и ширина талита, из какого материала сделаны цицит, из шерсти или льна и прочее.

Все эти условия, что в заповеди цицит, конечно, надо соблюдать, иначе выполнение заповеди несовершенно – это недостаток, с точки зрения исполнения. И надо также строго соблюдать множество тонкостей.

Это касается каждого исполнения заповедей: как в заповедях Торы и Талмуда, так и в заповедях, которые выполняются как обычай, ведь сказано мудрецами: «Обычаи Израиля Торой являются» (Минхот 20, 2), и «обычаи отцов наших Торой являются».

Критерий строгого соблюдения, то есть насколько мы должны остерегаться в исполнении заповедей, дан нам в заповеди запрета употребления «хамец» в Песах. Это пример, каким должно быть соблюдение. И дано это на Песах, поскольку «хамец» означает «эгоистическое начало». Поэтому мы обнаруживаем тут много строгостей и тонкостей. Дается это нам в пример — насколько должны беречься, чтобы не совершить на самом деле нарушение. Для этого даны нам детали, чтобы заставить нас отдалить нарушения, а также выполнить саму заповедь.

Но Бааль Шем Тов сказал: «Не преувеличивайте в деталях», — чтобы не отдавать все время и все чувства только этому. Поэтому, насколько возможно, должен человек соблюдать заповедь во всех деталях и подробностях, но не преувеличивать при этом. И может быть, поэтому не в каждой заповеди мы придерживаемся такого строгого и точного соблюдения, как в Песах. Потому что нам нужна наша энергия также для того, чтобы придать правильные намерения нашим действиям, в противном случае у нас не останется времени на намерение.

Это значит, что мы должны думать также о намерении, как написано: «Создал злое начало, и создал Тору для его исправления».

И если так, мы должны отдавать время и усилия также и на намерение. То есть видеть, насколько исправляется зло (наш эгоизм) посредством Торы и Заповедей. Это значит, что должен человек проверять свое желание, называемое «желанием получать»: прошел ли часть пути, чтобы не пользоваться желанием получать и отдалиться от него, и насколько входит в работу по отдаче. То есть должен человек каждый раз проверять себя, чтобы совершенно отчетливо знать величину ненависти, которую приобрел к своему эгоистическому желанию, и должен стремиться при этом к альтруистическим желаниям отдачи.

Поэтому, когда человек выполняет какую-то заповедь, ему надо убедиться, прежде всего, что делает это совершенно просто, что не думает сейчас ни о чем, только о ней, то есть, чтобы знал, что выполняет Заповедь Творца. И должен верить, что Творец наказал нам через Моше выполнять Его повеление.

Выполнение данных нам Творцом 613 заповедей, включая заповеди основоположников Талмуда, а также, соблюдение обычаев Израиля, что тоже является Торой, — все это должно делаться с намерением доставить радость Творцу, и осознанием того, что удостоили его свыше огромной заслугой — возможностью говорить с Творцом. Поэтому, когда он произносит благословение, как благословение за наслаждение, так и благословение заповеди, он должен знать и стараться осмысливать, Кого он благословляет и Кого благодарит.

Человек должен представить себе, как если бы предоставили ему возможность войти к самому важному в городе человеку, куда и не каждому позволяют войти, какое ощущение было бы у него от того, что вошел к нему и говорит с ним. Или если бы позволили войти к самому важному человеку в государстве — какое бы испытал чувство радости.

А если представить себе, что ему дали возможность обратиться к самому важному в мире человеку, который разговаривает только с несколькими избранными, какое чувство радости, какое приподнятое настроение были бы у него тогда, что удостоился такого большого почета, тогда как у других нет этой возможности. Ведь мы наблюдаем и в нашем материальном мире, что это приносит удовлетворение и дает жизненные силы.

И в связи с этим спрашивается: почему в духовном мы не можем сделать такой расчет и представить себе всю радость, которую испытывает человек, если ему оказывают особое уважение в материальном мире, дав возможность общения с кем-то очень почитаемым. В духовном же, когда мы обращаемся к Творцу, нет у нас этого ощущения, мы не можем почувствовать, к Кому мы обращаемся.

Так, чтобы сказать себе: «Посмотрите, сколько есть людей в мире, у которых нет права говорить с Правителем мира. А нам Сам Творец подарил мысль и желание войти к Нему и говорить с Ним». Разве не должен верить человек в сказанное мудрецами (Кидушин, 30): «И если бы Творец не помог ему, сам бы не справился»? Если так, надо сказать, что сейчас Творец обратился к нам тем, что помог нам. И почему мы не чувствуем Его, и сердце не в радости»?

Человек, когда произносит речения Торы и молится Творцу или когда благословляет, он должен вообразить, что обращается к великому человеку и Царю всего мира. И хорошо, если это поможет ему. И даже если представит себе, этого еще недостаточно для того, чтобы почувствовал так же сильно, как чувствует, когда обращается к какому-нибудь уважаемому человеку в нашем материальном мире, когда ощущение радости и значительности получает без всяких усилий. В духовном же должен приложить усилия и всевозможными способами использовать свое воображение, пока не почувствует хоть немного важность того, что обращается к Творцу.

Но это очень просто. Ведь в материальном мире он видит, как люди почитают важного человека. А так как уважение массы влияет на каждого в отдельности, то и он решает служить ему в меру той значимости, которую ему внушило общество, масса.

Что же касается Творца, то не может человек видеть в людях настоящую степень Его важности, поэтому все построено на вере. А там, где надо человеку верить, уже нужны усилия, поскольку рождаются сомнения и нужно решить: да или нет.

И поэтому нужна в духовном большая работа в то время, когда человек должен оценить важность Творца, отказавшись для этого от нескольких вещей, от которых тело получает удовольствие. И чувствует боль во время отказа от своих удовольствий. Все это ради того, чтобы обрести милость в глазах Творца, чтобы дал ему место войти к Нему и поговорить с Ним, чтоб дал возможность почувствовать, с Кем он говорит. Чтобы Творец открылся ему хоть немного, а не оставался бы настолько скрытым от человека.

И если бы мог человек получить ощущение значимости Творца от остальных людей, как это происходит в обыденной жизни, тогда не было бы у него никакой работы. Но в духовном есть особенное состояние, называемое «Шхина в изгнании» или «Шхина во прахе», указывающее на состояние умаления – противоположность возвеличиванию.

И поэтому нет у нас здесь шанса перенять это ощущение значимости от масс. Ведь мы видим, что нет в них осознания той редчайшей ценности и важности духовного, которое дает возможность получить основу и поддержку, дает возможность опереться на полученное ощущение важности, достаточной для отказа от жизни (желаний) этого мира, называемой материальной жизнью, и принять на себя работу на Творца ради отдачи, а не для собственной выгоды.

И это потому, что человек не видит в других, чтобы ценили они духовное настолько, что стоило бы отказаться ради него от себялюбия, потому что когда начинает смотреть на массы изучающих Тору и выполняющих Заповеди, не видит у них такого отношения, чтобы работали ради отдачи. И понятно, почему не получает осознания важности духовного, подобно тому, как получает в материальном мире, когда видит, что все почитают кого-то (и не важно при этом, кого или что они превозносят). И он находится под их влиянием.

Но в духовном не видит человек, что есть кто-нибудь, даже отдельные личности, ценящие духовное. И если так, то что он может сделать для того, чтобы обрести ощущение важности работы на отдачу?

Человеку предстоит большая работа, когда он должен постараться сделать все, что в его возможностях, чтобы духовное стало хоть немного ценным для него. Чтобы понял, что это огромная заслуга – удостоиться служить Творцу и выполнять Его Заповеди предельно просто, без всяких больших намерений, но при этом, чтобы получил человек радость и жизненные силы еще от того, что выполняет заповеданное нам Творцом.

Чтобы оценил, что выполняет сейчас желание Царя, и чтобы смог сказать, что «есть радость у Него от того, что я выполняю Его волю». И должен верить человек выше разума, что все его мысли и желания, ставшие причиной выполнения Заповедей, послал ему Творец. И дано это ему как побуждение свыше, то есть Творец зовет сейчас его: «Иди ко Мне, ведь Я хочу дать тебе службу в Моем Дворце». И когда таким образом размышляет про себя, сердце его, конечно же, приходит в волнение и наполняется радостью, чувствуя вдохновение.

Выходит, что неважно, какое действие выполняет человек, потому что все относится к одному, как написано: «Будь так же осторожен в исполнении легкой заповеди, как и тяжелой, потому что не знаешь, какова награда в них». Поэтому, если выполняет человек заповедь Творца, то не важно, какую из них выполняет, поскольку все мысли его – доставить радость Создателю.

И даже из небольшого действия может человек извлечь большую радость, ведь главное не в значимости самой Заповеди, а в ощущении величия и важности Того, Кто ее заповедал, то есть насколько человек возвеличивает Царя.

И когда человек проверяет себя, он видит, что обязан наполнить желание, чтобы у него было наполнение. Но один хочет наполнить **свое** желание тем, что его сердце просит. И это называется сладострастием. Другой должен наполнять желание **других**, то, что они требуют от него: одеваться, жить в квартире соответственно их запросам и т.п. И это уже определяется как почет. А наполнять желание Творца, то, что Творец требует, – это «выполнение Торы и Заповедей».

Но человек может спросить себя: «Настолько ли важна для меня работа ради Творца, чтобы я так уж чувствовал ее значимость? И почему после всех соображений я забываю все и оказываюсь в материальном мире, отключаясь от духовного, и тотчас же получаю работу по наполнению чужих желаний, а не желаний Творца? И это несмотря на уже принятое мной решение, что желание Творца настолько важно – важнее, чем наполнение мной своего желания.

Происходит это от того, что когда беспокоюсь я о наполнении моего желания – определяется это как страсть к наслаждениям, а когда стараюсь наполнить желания других – как желание почета. И то и другое основано на моем себялюбии. Но состояние, когда я хочу наполнить желания Творца – оно очень важно, поскольку я тогда выхожу из себялюбия – «животного» свойства – и называюсь тогда «человеком», как сказано мудрецами: «Вы зоветесь «человек», а не народы мира».

Если так, то когда выходит человек из состояния Торы и молитвы, тотчас он должен сказать, что самые минимальные занятия духовным ему важны настолько, что он находится в необычайной радости от того, что удостоился войти в духовные владения. Поэтому глупцом называется тот, кто желает выйти из состояния душевной удовлетворенности и вдохновения, в котором все время находился.

И, неожиданно, призван человек прийти к Царю и говорить с Ним. Смотрит тогда на самого себя и видит: насколько же все это время он был погружен в «желание насладиться» наслаждениями этого мира, как и все животные. А сейчас видит, что стал настоящим мужчиной и смотрит критически на свое окружение и на то, на каком безнадежно низком уровне оно находится. Настолько, что трудно стоять рядом с ними и говорить с ними, поскольку трудно ему унизить себя и говорить с людьми, в которых нет ничего духовного, и погружены они в себялюбие, и трудно ему их вынести.

И после всего этого, по прошествии некоторого времени, может, даже через мгновение после критического контроля, который провел над своим окружением, забывает все духовное, в котором находился, и входит в материальный мир со всеми его животными наслаждениями. И не помнит даже время выхода, то есть тот момент, когда вышел из духовного состояния в материальное, в котором сейчас уже находится.

Если так, то встает: когда находился в духовном состоянии и пребывал в радости от этого – это было самообманом или это было только во сне? Или, наоборот: прежнее состояние – это его настоящее состояние, а то, что чувствует сейчас, что погружен в животные наслаждения – это сон?

И правда в том, что человек должен верить, что, когда Творец ему немножко открывается, то он начинает чувствовать величие Царя и, таким образом, притягивается к Нему, становясь незаметным, как свеча на фоне факела. И если он продолжает возвеличивать значимость призыва, услышанного им свыше, то в соответствии с его способностью возвеличить этот призыв, растет в нем стремление к духовному. И начинает ощущать, как вышел из мира материального и вошел в мир, полный совершенства.

Но если забывает оценить важность этого призыва к Царю и обращается к Нему, но начинает наслаждаться и привносить имеющееся наслаждение в свое желание получать и не остерегается, воздав хвалу и благодарность за то, что приблизил его Создатель, – тотчас же выталкивают его вон из чертогов Царя.

И это происходит настолько быстро, что не успевает человек почувствовать, что выбросили его уже. И лишь спустя некоторое время приходит к осознанию этого и видит, что он выброшен. Но в то время, когда выбрасывали его, оставался без сознания. И потому не смог этого почувствовать.

И в нашем мире, если человек падает с верхнего этажа на землю, то когда спрашивают его, как он упал, отвечает, что ничего не запомнил. Только теперь он видит, что находится в больнице, но ничего не помнит. То есть, кто поднял его с земли, и кто доставил его в больницу – все забылось.

То же самое и в духовном. В тот момент, когда выбросили его из дворца Царя – он не помнит, кто его выбросил. То есть, не помнит, что послужило причиной того, что «упал» из своего состояния, в котором находился в полноте совершенства, когда был полон радости от этого состояния. И также не помнит человек то время, когда упал из возвышенного своего состояния на землю, чтобы была у него возможность сказать: «До сих пор я был в порядке и только в этот момент упал». Момент этот, когда выпал из своего состояния, он не способен запомнить. Но спустя некоторое время, он открывает свои глаза и начинает видеть и понимать, насколько он весь сейчас находится в мире материальном.

И восстановление это, то есть возвращение сознания и видения того, что он находится вне Дворца, может произойти через несколько часов или даже через несколько дней, когда вдруг увидит, что погружен в желания этого мира, и вспомнит тогда, что было у него однажды состояние подъема.

Но вернемся к тому, с чего начали. Какова степень различия между выполнением заповедей и речений Торы и молитвой в их обычном виде, без всяких намерений, только для изучения Торы (ведь вся Тора это Имена Творца), и осознанным изучением, когда понимает человек, какая связь есть у него с тем, что учит, то есть связь изучаемого материала с самим человеком?

И пусть не спрашивает он, чему это может его научить. Ведь каждое слово и выражение, что учит, очень важны для его «души». И хотя не понимает этого, но должен верить верой мудрецов, которые направляют нас таким образом.

Также и в молитве. Человек должен знать и верить, что каждое слово и выражение, порядок которых установили великие, – все сказано на языке духовного мира. И потому надо ценить каждое слово и то, что удостоился того, что Творец дал ему мысль и желание заниматься Его Заповедями. И воздать благодарность Творцу за это. И чтобы верил, что всего того, чем он занимается в духовном, у других людей нет. А Творец выбрал его, чтобы дать ему работу в служении Ему.

И человек должен давать себе отчет: его зовет Творец и дает хоть немного понимания хотя бы соблюдать Его Заповеди, чтобы было у человека пусть и небольшое, но сближение с Ним. И, насколько может, пусть представит себе величие Царя и извлечет из этого радость и вдохновение. Это и есть истинный путь.

То есть должны мы поверить в важность Творца, несмотря на то, что «тело» еще не вдохновилось настолько, как если бы прислуживало Царю из плоти и крови, когда массы возвеличивают Царя, и человек подвержен их влиянию. А в духовном человек не может видеть то, как почитают Творца, и то, что стоит аннулировать себя по отношению к Нему – это скрыто от нас. Но мы должны верить, что это так. И это называется «правая линия». Без всяких намерений. Но даже если занят человек самой незначительной деталью, это должно быть важно для него, будто выполняет большую службу.

Как сказали мудрецы (Авот, ч.2, м.1): «Будь также осторожен в исполнении малой заповеди, как и большой, потому что не знаешь ты, какова награда за них». Это означает, что неважно, что мы делаем для Творца, какой именно службой доставляем ему радость. Но важно, чтобы была при этом одна мысль – что этим я доставляю Ему радость.

Если так, то не важно – работа почетная или нет, потому что не считается человек с собой. Поэтому работа может быть не настолько почетной, что все хватают ее, но он хочет делать ее потому, что она нужнее той работы, на которую есть много желающих.

Но спрашивается: почему сразу же, уже в начале ее выполнения не может человек почувствовать свет, что скрыт в Торе и Заповедях. Но должен верить, что есть там скрытый свет, а он не может его увидеть. Ведь было бы лучше, если бы все-таки всем открылось величие Торы, тогда бы у всех была возможность выполнять Тору и Заповеди.

И почему произошло исчезновение и скрытие настолько, что каждый должен работать, прикладывать усилия и делать всевозможные действия, чтобы мог сказать, что весь материальный мир не стоит Торы и Заповедей, как сказали мудрецы (Авот, ч.4, 22): «Прекраснее один час возвращения и добрых дел в этом мире, чем вся жизнь будущего мира. Прекраснее один час наслаждения в будущем мире, чем вся жизнь этого мира».

Дано нам скрытие для того, чтобы была у человека возможность, работая, сделать выбор, то есть, чтобы была у него возможность работать в Торе и Заповедях не для себя, а ради отдачи. Иначе, если бы открылся скрытый свет Торы и Заповедей, работал бы только из себялюбия. И тогда не было бы у человека никакой возможности проверить себя: в чем его намерение – отдавать или получить личную выгоду.

А когда дано нам выполнять Тору и Заповеди в состоянии скрытия, человек может просто выполнять их. И сказать: «Если мое намерение ради отдачи, какое имеет значение вкус, который я ощущаю». Поэтому, если человек хочет удостоиться чего-либо, должен принять на себя выполнение Торы и Заповедей крайне просто, как уже говорилось.

Близкий и дальний пути
Статья 26, 1986

В главе **«Вешалах»** мы находим такие строки: «...и не повел Творец через землю плиштим, потому что путь этот короткий, чтобы не убоялся народ при виде надвигающейся войны и не вернулся в Египет». Если так, то выходит, что кратчайшая дорога – не самая лучшая. А по поводу второго Песаха говорится: «Обратись к сынам Израилевым и скажи: «Тот человек, который будет нечист, либо тот, который в дальней дороге – да проведет праздник Песах ради Творца на второй месяц». Выходит, если путь далек, человек не может провести Песах в назначенное время.

Мы видим, в главе «Вешалах» говорится, что кратчайший путь нехорош – лучше длинная дорога, но в другой главе написано, что тому, кто в дальней дороге, отодвигается праздник на второй Песах, а это означает, что дальняя дорога хуже короткой.

Прежде всего, мы должны знать, что понятие «путь», о котором говорит Тора, – явный намек на длинную и короткую дорогу к полнейшему достижению Цели творения. В таком случае тяжело понять, почему же кратчайший путь плох? То есть Тора дана нам затем, чтобы «при виде надвигающейся угрозы войны не вернулись в Египет». Но ближайший означает близкий к Творцу, так чего же им «бояться и возвращаться в Египет»? Наоборот, если бы народ отступил на дорогу дальнюю от Творца, тогда правильнее было бы сказать «чтобы не отступил от задуманного народ и не вернулся в Египет при виде надвигающейся войны».

В главе «Рээ» (п. 5) говорится: «И удлинится твоя дорога, потому что будет тебе невыносима, так как будет удаляться от тебя место, избранное Творцом для Своего присутствия там». Бааль Сулам, комментируя это, спрашивает: «Какой смысл в том, что Тора вводит понятие «удлинится твой путь, потому что не сможешь выдержать»?» И отвечает: «Потому что человек должен принять на себя «бремя» власти Творца и должен стать «как бык под ярмо и осел, несущий свой груз», и это не готов выдержать человек, то есть невыносимо ему это бремя». Таков смысл «не может нести это», поэтому удаляется его путь.

Вместе с тем, если бы человек действительно принял на себя власть Творца, то увидел бы, что все близко ему. Это говорит о том, что человек видит, насколько далеко от него «место, избираемое Творцом для Своего присутствия». Как сказано, «создайте Мне особое место и буду присутствовать среди вас». Это место далеко от человека, от возможности создать в его сердце место присутствия Шхины, он далек от понимания этого. У человека должны быть силы создать место в своем сердце для присутствия Шхины. Он не сможет вынести это, потому что не хочет встать на эту тяжелую дорогу.

Из вышесказанного следует, что человек должен направить все свои силы только на это, то есть постоянно думать о том, чтобы принять на себя это бремя и всю свою работу сконцентрировать на этом. Действуя согласно Заповедям Торы, человек должен стремиться к тому, чтобы эти действия привели его к принятию на себя власти Творца не ради получения вознаграждения, а потому, что это место названо Именем Творца и Он присутствует там.

Известно, что в каббале понятием «Имя» называется малхут или «Шхина», как сказано в Зоар: «Он – Шохен, она – Шхина», – как комментирует Бааль Сулам: «Место, в котором раскрывается Творец, называется «Шхина», а Творец называется «Шохен». Однако когда Он называется «Шохен»? – Только в месте, где есть тот, кто постигает Творца». Тогда говорится: «Шохен и Шхина – это не разные вещи, это одно целое, то есть **Шохен – это свет без сосуда для его получения, а Шхина – место, где раскрывается Творец.** Что же находится в том месте, в котором раскрывается Творец? – Только Творец и ничто иное. Это свет и сосуд, потому что есть сосуд, наполняемый этим светом.

Исходя из этого, спрашивается, что же это за место, которое избрал Творец, чтобы «находиться в нем»? Мы учим, что нам надо исправить наше эгоистическое желание так, чтобы в нем было намерение доставить радость Творцу. Это приводит к совпадению свойств, и тогда в этом месте раскрывается Творец. И, напротив, как можно говорить о кратчайшем пути, о котором сказано: «и не смиловался Творец..., потому что близок Он». Ведь смысл дальней дороги, как пишется по поводу второго Песаха, в том, что тому, кто в дальней дороге, отодвигается на второй месяц исполнение Песаха. Как сказано в главе «Рээ» (п. 5): «И удлинится твой путь, поскольку не сможешь вынести это». И согласно комментарию Бааль Сулама, принцип удаления места следует по причине, что «не сможешь вынести это», то есть не сможешь терпеть бремя власти Творца. Иначе, как же дальняя дорога будет лучше ближней?

В масехет «Ирувим» (стр. 53, ст. 2) говорится от имени рабби Йехошуа бен Ханания: «Однажды я шел по дороге и повстречал ребенка, сидевшего на перепутье. Я обратился к нему: «Какой дорогой идут в город, сынок?» Он ответил мне: «Эта – длинна и коротка, а эта – коротка и длинна». Пошел по краткой и длинной и на подходе к городу увидел окружавшие его сады и плантации. Вернулся назад. Сказал ему: «Сынок, неверно ты сказал мне, что это кратчайшая дорога». Ответил мне: «Рабби, не так я сказал тебе, а «краткая и длинная...» Выходит, есть разница между «близкая и дальняя» и «дальняя и близкая»».

В главе «Нецавим» (п. 6) записано: «Эта заповедь, которую заповедую тебе сегодня, не далека она для тебя, а близка тебе – в своих устах и сердце создай ее». Следовательно, «ближайший» – это хороший путь, как говорится «в устах и сердце своем сотвори «, а не как указано выше в главе «Вешалах».

И чтобы понять это, надо разъяснить порядок начала духовной работы. Потому что есть понятие «работа в действии» и «работа в намерении», то есть, что человек должен работать и над своими намерениями. Это значит, чтобы во время исполнения заповеди было у него хорошее намерение, то есть с каким намерением он выполняет заповедь, какая причина толкает его к этому.

Другими словами, действия должны совершаться не ради получения вознаграждения. Но так как человек рожден с желанием получать ради себя, то невозможно для него сделать малейшее движение без получения вознаграждения за это, так как это заложено в нашей природе: мы не пошевелим пальцем, если не увидим пользы от этого движения, то есть если не будем уверены, что получим большее наслаждение, нарушив свой покой.

То есть мы пренебрегаем состоянием, в котором находимся, ради получения большего наслаждения, нежели то, которое уже есть, и совершаем следующее действие, конечно же? важное, потому что посредством него получим большее наслаждение.

Если так, выходит, что человек обязан соблюдать и исполнять Заповеди Торы не потому, что Творец желает, чтобы мы их исполняли (и мы хотим делать по Его желанию, чтобы доставить Ему наслаждение тем, что послушны Ему), а потому, что Он обещает нам большую награду за то, что мы будем послушны Ему, и поэтому мы стараемся исполнять все, что Он требует от нас, поскольку мы смотрим на огромное вознаграждение, которое Он даст нам за эту работу.

Это подобно людям, работающим на фабрике у хозяина. Они работают по 8 часов, и благодаря их работе, хозяин получает прибыль. Тем самым хозяин получает удовольствие от того, что есть у него работники, исполняющие его волю. И вот несколько из работников видят, как хозяин страдает от того, что пообещал кому-то поставить в указанный срок определенное количество продукции. И они видят, что, согласно темпу работ, выполняемых рабочими за 8 часов, он не сможет выполнить условия договора, чтобы доставить товары к назначенному сроку. Поэтому они соглашаются поработать у него дополнительные часы, несмотря на то, что торопятся домой сразу после работы, потому что им надо позаботиться о детях, а у одного из них к тому же болеет жена – поэтому они должны мчаться домой сразу же. Однако, несмотря ни на что, поскольку они видят страдания хозяина, они все же согласны остаться работать у него дополнительные часы.

И, конечно же, хозяин видит преданность таких рабочих, которые не могут терпеть то, что тягостно ему, и поэтому согласны работать дополнительные часы, поскольку знают, что хозяин связан обязательством соблюдать договор. Он обещал покупателю поставить продукцию в конкретный срок, а, согласно выработке в восьмичасовую смену, у него нет никакой возможности выполнить то, что пообещал.

А с другой стороны, сердечное чувство по отношению к дающему работу не дает им покоя, подталкивая их сделать что-либо полезное хозяину. Поэтому они согласны прилагать усилия выше собственных сил, то есть, как сказано, несмотря на то, что рабочий день закончен, а у них многодетные семьи, а у одного из них жена больна, и он должен заниматься домашним хозяйством — все равно совесть не позволяет им оставить хозяина в трудную минуту.

Поэтому они подошли к нему и сказали: «Мы пришли к решению, что ради тебя поработаем дополнительные часы». И когда хозяин услышал о такой преданности рабочих, то начал смотреть на них по-новому — ведь эти рабочие пришли показать, что они сочувствуют ему в беде, а он думал, что все работники внутренне бесчувственные и бессовестные и работают у него, а не у другого, только потому, что он платит более высокую зарплату, чем другие. Однако сейчас он видит, что ошибался, оценивая своих рабочих.

Но затем говорят они ему: «Ты должен знать, что за дополнительную работу ночью мы хотим, чтобы ты заплатил нам в двукратном размере по сравнению с оплатой в обычные часы работы днем».

Тогда хозяин вновь начинает думать, что они хотят работать дополнительные часы и говорят, что хотят вызволить меня из затруднений, но, несмотря на это, они требуют от меня огромную сумму за дополнительные часы, потому что знают, что у меня нет выбора. Поэтому они дают понять, чтобы я знал, что должен дать им, сколько они хотят. И они говорят ему о его тяжелом положении, чтобы он знал, что им известна его ситуация и поэтому хотят надавить на него, чтобы заплатил столько, сколько они требуют.

Этот рассказ мы можем использовать в качестве примера в нашей работе по исполнению заповедей Творца, то есть разделять между действием и намерением. Действием в каббале называется намерение сделать это действие, заповеданное нам через Моше Рабейну — исполнять Тору и Заповеди со всей точностью и тщательностью, с намерением, что, совершая Заповедь, тем самым исполняем Его волю.

Намерение, которое должно быть у человека — чтобы все наши действия были ради исполнения воли Творца. И это называется правильным намерением — сделать так, как указано нам через Моше Рабейну. Например, закон трубить в шофар. Если трубил, чтобы научиться или исполнить мелодию, а не ради выполнения Заповеди — считается, что не выполнил свою обязанность. Поэтому, когда говорят: «Заповеди нуждаются в намерении», — имеется в виду, что действие должно быть с намерением исполнить волю Творца. Разумеется, действие должно быть согласно установленному мудрецами порядку исполнения Торы и Заповедей.

К примеру, «Сукка»: есть свод законов о том, в каком виде она должна быть, а иначе проявится недостаток в исполнении. Или взять изучение Торы. В части запретительных Заповедей есть множество законов. И если человек не следит за четким выполнением их, то будут недостатки в исполнении Заповедей. И даже если механически он делает все верно, согласно указаниям мудрецов, в любом случае он обязан делать это с намерением, что выполняет эту Заповедь, так как таково желание Творца.

И все это лишь **«механическое выполнение Заповедей»,** а не «кавана» — намерение. Потому что все, о чем думает человек — о выполнении действия, указанного нам Творцом, а все наши усилия, которые мы прикладываем в Торе и Заповедях — такие же, как и у остальных людей в мире, которые работают и трудятся за вознаграждение — и не более того.

Поэтому надо особо обратить внимание на то, что когда мы говорим, что вся работа заключается в исполнении Заповедей, то смысл в том, что усилие заключается в действии и совершенно не имеется в виду работа за вознаграждение. Но когда мы трудимся ради того, чтобы получить вознаграждение, мы видим совершенно другую картину. Поскольку причиной того, что мы прилагаем усилия и готовы поступиться многими удовольствиями, в том, что мы смотрим только на вознаграждение, и только последующая награда заставляет нас тяжело трудиться, не обращая внимания ни на условия труда, ни на время работы — все определяет вознаграждение.

Если так, то надо разобраться, что это значит, что работа над намерением подразумевает работу за оплату. Как же это можно назвать работой? Дело в том, что когда человек выполняет

Тору и Заповеди и хочет, чтобы оплатой ему было то, чтобы Творец вселил в него мысль и желание работать не ради награды, – его эгоизм с этим не согласен, потому что всегда за работу получают что-то взамен. Выходит, работа заключается в отказе от потребностей эгоизма, которые доставляют ему удовольствие. Тогда взамен он получит наслаждения большие, нежели ему положено. К примеру, отказывается от отдыха и даже иногда от сна – и за это он получает еще большие наслаждения.

Однако в то время, когда он отказывается от наслаждений (а делается это путем насилия, так как эгоизм с этим не согласен и хочет вознаграждение за то, что все же согласится отказаться от определенных наслаждений), то находим, что работа – это действия на отдачу, и вознаграждением будет намерение отдавать без получения взамен. За это намерение, полученное в качестве вознаграждения, человек должен совершить большую работу.

А она тяжелее, чем простое действие, так как для намерения о вознаграждении не нужно совершать других действий и тратить дополнительное время. Но действие, которое он делает, и того времени, выделяемого им на совершение действия, вполне достаточно и не нужно дополнительных действий, а лишь мысль и намерение.

Какое намерение? **Чтобы мысль и желание его совпадали с действием.**

Это значит, что так же как он выполняет действие, поскольку Творец заповедал это, так и намерение будет таким, чтобы самому исполнить Заповедь Творца без получения чего-либо взамен. И от человека не требуется ничего другого, кроме того, чтобы, когда он выполняет действие, являющееся волей Творца, его намерением было бы исполнить Заповедь Творца, не обращая внимания на вознаграждение. И это заставляет его работать день и ночь. Человек выполняет сказанное мудрецами: «Изучай Ее (Тору) день и ночь», не– потому, что видит вознаграждение, заставляющее его трудиться день и ночь, а потому, что его желанием является доставить радость Творцу, и поэтому он прилагает усилия в работе.

И это подобно сказанному в предыдущем примере, когда рабочие соглашались работать у хозяина дополнительные часы ночью, но потребовали двойную оплату вместо обычной. Мы видим, какая огромная пропасть между работой за вознаграждение и работой не ради оплаты. Никто бы не сказал, что работники верны хозяину и потому согласны работать у него днем и ночью, – напротив, говорят о них: поскольку хозяин нуждается в их работе, так они пользуются этим и хотят, чтобы он платил им вдвойне.

Так и в духовной работе. Пусть даже пока работа не ради Творца, и нечего добавить к выполнению действий, тем не менее важно намерение. Имеется в виду намерение, с которым они работают – ради собственной пользы или ради Творца.

И это большая и трудная работа, чтобы тело (эгоизм) согласилось работать на Творца. То есть сказать телу: я стремлюсь получить от Творца за то, что я заставляю тебя так тяжело работать, вознаграждение, которое заключается в том, чтобы ты (тело) не смогло помешать мне, когда я хочу делать все ради отдачи Творцу.

Само собой, тогда его тело кричит во весь голос и делает все, что в его руках, дабы не потерять свою власть. Поэтому не позволяет производить даже простейшие действия, так как боится, а вдруг посредством этого действия человек достигнет ступени «ради Творца», и тогда не удастся эгоизму получить хоть частичку для себя.

Поэтому мы видим, что людям, которые хотят исполнять Тору и заповеди с намерением ради Творца, малейшая вещь стоит огромных усилий, поскольку их эгоизм в каждом действии опасается, как бы человек не перешел в состояние «ради Творца», и тогда вся власть эгоизма над человеком пропадет. Это и называется работой над вознаграждением – какую награду выберет человек за исполнение Торы и заповедей: будет ли награда принадлежать эгоизму или только Творцу, и не захочет он отдать эгоизму ничего из своей работы. Человек постоянно ждет, когда же он удостоится, чтобы его желанием было только доставить радость Творцу!

Теперь мы сможем понять то, что спрашивали — как может быть ближайшая дорога нехорошей? Как сказано: «и не пошел Творец, поскольку близок...». Это можно понять из того, что сказал ребенок рабби Йехошуа бен Ханания, что есть дорога далекая и близкая, и близкая и далекая, то есть короткая, но длинная. Это значит, что **хоть и близка она, однако далека от цели.**

Как известно, Рамбам сказал, что принцип «ради Творца» невозможно раскрывать сразу. Вот его слова: «И сказали мудрецы: «Всегда должен человек заниматься Торой, пусть даже не ради Нее. От занятий не ради Нее придет к занятию Торой во имя Творца. Поэтому, когда обучают детей, женщин и простонародье, учат их заниматься из страха и ради получения награды, пока не умножатся их знания и не станут достаточно мудры. Тогда постепенно можно приоткрывать им эту тайну и приучать к этому, пока не постигнут, и будут работать на Творца из любви к Нему».

Смысл слов РАМБАМа в том, что есть близкая дорога, то есть дорога, близкая сердцу человека — ради получения вознаграждения. И называется близкой потому, что близка сердцу человека. Есть еще одно объяснение «близкой дороги». Каждый раз человек видит, что приближается к цели, а целью является вознаграждение, и он надеется, что когда будет у него определенное количество выполненных заповедей, тотчас получит плату за свою работу, ведь известно, что зарплата платится лишь в конце.

Поэтому он верит, что когда закончит работу в этом мире, то получит оплату в мире будущем, кроме того, есть заповеди, вознаграждение за которые он получит в этом мире, как сказано: «Это дела, плоды которых человек вкушает в этом мире, и существует залог их в мире будущем».

Мы видим, что каждый день человек ощущает, что у него есть что-то в руках, как оплата рабочего дня, и дни складываются в год, а год прибавляется к году и т.д. К примеру, человек начинает исполнение Заповедей с возраста 13 лет, и по достижении 20 лет он радуется — на его счету записано уже 7 лет работы. А к тридцати годам он еще более рад — на его «книжке» значатся 17 лет работы. Исходя из этого, каждый день, когда он работает, он может быть доволен, поскольку его заработок растет изо дня в день. Такая работа называется «близкой сердцу», поскольку он уверен во все растущем вознаграждении. И потому это называется «близкой дорогой», так как эта работа — по сердцу человеку.

Если человек видит продвижение в пути, по которому он идет, тогда этот путь ему по сердцу, потому что есть ориентиры, по которым он двигается. Глядя на выполняемые действия, он видит конкретное количество «рабочих часов» в Торе и Заповедях, ежедневно «записываемых ему на книжку». Об этом так сказано (Пиркей Авот, 3): «Рабби Акива говорил, что все дано под гарантию, лавка открыта, любой может прийти и взять, что хочет. Но хозяин наблюдает за всем и все записывает в долговую книгу». Итак, человек доволен, видя большие накопления из собравшихся у него вознаграждений за работу изо дня в день, из года в год. И отсюда эта дорога называется «близкая».

И «короткая дорога» называется так по этой же причине, что не требуется много времени для того, чтобы человек понял, что имеет смысл идти этой дорогой, потому что она близка его сердцу.

Однако, это длинная дорога к достижению истины, то есть она очень далека от того, чтобы Тора и Заповеди привели его к состоянию, когда все его намерения будут ради отдачи Творцу. Потому что эта дорога противоположна пути к слиянию с Творцом, который весь — желание отдавать. А здесь человек начинает идти дорогой, на которой все его мысли только о получении награды. Однако цель, к которой должен прийти человек через усилия в Торе и Заповедях — альтруизм. Как сказали мудрецы, комментируя слова: «Творец создал дурное начало, но Он создал и Тору для его исправления» — человек должен видеть, что посредством Торы и Заповедей будет исправлено то плохое в нем, которое называется «получение ради себя», и появится у него возможность делать все ради Творца, а не ради собственной пользы. По этому поводу сказано мудрецами: «Тора может жить только в том, кто может умертвить себя ради Нее», – а не ради собственного эгоизма!

Это называется дорога «близкая и далекая». То есть близкая сердцу по двум указанным выше причинам, однако, далекая от истины. Рабам говорит: «Занимающийся ради любви Торой и заповедями и идущий по путям мудрости не ради чего-то в мире и не из страха перед злом, и не для того, чтобы досталось добро, служит истине, поскольку она – истинна».

Выходит, по словам Рамбама, что вышеупомянутая «близкая дорога» далека от истины. По этому принципу можно прокомментировать фразу «и не повел Творец по пути через землю плиштим, хотя и близок он, чтобы не передумал народ, видя войну, и не вернулся в Египет». «Видя войну» – означает, что хотя будут заниматься Торой не ради Творца, но свет, светящий им при этом, поможет достичь намерения ради Творца. А поскольку вначале работать будут ради себя, не захотят начинать войну с эгоизмом, так как будут бояться упасть со ступени, на которой уже находятся в своих занятиях Торой и Заповедями.

Такая дорога длинна. А Творец хотел тотчас идти с ними к горе Синай и дать им Тору. И поэтому сразу же сказал им, что нужно идти дальней дорогой. Неважно, что эта дорога дальняя от сердца, но ведь она ближе к истине, с помощью чего и удостоятся получить Тору на горе Синай.

С другой стороны, понятие «дорога длинная и короткая» можно объяснить так, что хотя она и длинная, но близкая, «дальняя от сердца», то есть что для этого требуется больше времени, чтобы дать возможность понять сердцу, пока не уяснит, что имеет смысл работать ради истинной цели, правильно исполнять Тору и Заповеди, как указано нам Творцом, то есть делать это, чтобы доставить Ему радость тем, что исполняем Его волю.

Находим, что источник и причина исполнения Торы и Заповедей – сам Творец, а не человек. Это значит, величие Творца заставляет человека приобрести желание и тягу служить Ему, доставляя Ему радость. Это называется «далекая дорога», потому что **удалена от сердца, но близка к истине.** Оттого, что раскрывают ему истину, человек ближе к ее достижению.

В то же время, «близкая и далекая» значит «короткая и длинная». Объяснить понятие «близкая сердцу» можно тем, что тело стремится к наслаждениям, и человек обещает ему, что за усилия в Торе и Заповедях оно получит оплату. Находим, что тело (эгоизм) – причина исполнения Заповедей. То есть, если бы мог получить большее наслаждение в другом месте, зачем же ему работать в месте, где получают маленькую зарплату. Дорога называется «близкая и короткая», потому что не требуется много времени, чтобы дать понять эгоизму, что нужно взять на себя бремя Торы и Заповедей.

Бааль Сулам так говорит об исполняющих Тору и Заповеди в своем «Предисловии к Книге Зоар» (стр. 175 п. 191):

а) боящийся Творца и хранящий Его Заповеди, чтобы продолжать род и уберечь от ущерба тело и богатство, то есть боящийся наказаний в этом мире;

б) боящийся также и наказания в аду.

Это два типа ненастоящего страха, поскольку боятся не из страха перед Заповедями Творца, а из боязни за собственную шкуру. Находим, что эгоизм – это корень, а боязнь – это ветвь и следствие эгоизма. Это называется «длинная и короткая», «дальняя и близкая».

Поэтому в главе Торы «Вешалах» и пишется: «...и не повел их Творец дорогой через земли плиштим, поскольку близка она».

Однако в другой главе по поводу второго Песаха пишется: «...или когда был в дальней дороге, отодвигается на второй Песах». Мы спрашивали: чем же дальняя дорога нехороша, что из-за этого он отодвигается на второй Песах? Объясняется это по принципу, рассмотренному ранее. Во время, когда человек идет по близкой дороге, то есть, близкой его сердцу, тогда он ощущает, что находится рядом с духовным, ближе других, идущих дальним путем, потому что каждый день он чувствует прибавление от занятий Торой и Заповедями.

Если так, то незачем ему исправлять себя, чтобы быть ближе к Творцу, ведь он видит собственными глазами (и нет ему нужды идти путем веры выше знания), что он поднимается по «духовным» ступеням, поскольку выполняет Тору и Заповеди со всей точностью и пунктуальностью, и потому ощущает себя настоящим праведником и смотрит, что еще можно прибавить в исполнении Торы и Заповедей».

Однако если он ощущает себя удаленным от Творца, то есть видит себя по-прежнему завязшим в болоте эгоизма и кричит к Творцу, чтобы вытащил его из эгоизма и привел к отдаче ради Творца, тогда есть у него надежда, будучи перенесенным на второй Песах, и поэтому позже, принеся жертву, все же приблизиться к Творцу.

Исходя из этого, необходимо различать два типа духовной работы: первый – те люди, которые еще относятся к работающим с намерением «не ради Творца», второй – те, которые работают ради Творца.

Эти два типа таковы, что не способны понимать один другого. Что и называется дорога «длинная и короткая», «далекая и близкая».

Творец и Израиль в изгнании
Статья 27, 1986

Сказано в Книге Зоар (Бехукотай): «...И накажу вас, даже Я пресыщен грехами вашими». И рассмотрим это. Высшая любовь Творца к Израилю подобна любви Царя к единственному сыну, прегрешившему перед Ним. И однажды согрешил сын еще раз. И сказал Царь: «Все эти дни учил Я тебя, но ты не понял. Но теперь увидишь, что сделаю тебе. Изгоню тебя из страны и подымутся на тебя медведи и волки в полях или убийцы и погубят тебя. Так и совершу. Но Я вместе с тобой выйду из страны. Вот, и Я тоже, как сказано, «Я и вы уйдем из Страны, то есть в изгнание, потому что приговорил вас к изгнанию. И если скажут, что оставил вас, так нет – Я с вами»».

И надо понять смысл выхода народа Израиля из страны за ее пределы, называющегося «рассеянием среди народов». Объясним это с точки зрения духовной работы, то есть что мы называем «Страной» и что означает «выход из Страны», а также, почему за прегрешения наказывают человека, уводя его в изгнание, чтобы был среди народов мира. В чем смысл и польза этого в духовной работе? Какое происходит исправление, когда народ уходит в изгнание и находится под властью народов мира?

И еще надо понять в чем смысл слов, что Творец выходит в изгнание с народом Израиля, ведь сказано «полна земля славой Его», и, как написано, «во всем царство Его» даже и нечистые оживляются Им. И как относиться к сказанному, что вышел в изгнание с народом Израиля и как бы не находится в Стране?

И чтобы понять вышесказанное, должны прежде знать, что такое **земля Израиля** и что такое **за пределами земли Израиля,** и что означает **рассеяние среди народов.** Понятно, что смысл изгнания в исправлении грехов. То есть, поскольку будут страдать в изгнании, то страдания заставят их обратиться к Творцу, и тогда смогут вернуться и в Страну. Однако написано «...и смешаются с народами, и обучатся их поступкам». Но какие же испытания они могут почувствовать, чтобы те стали причиной их возвращения в страну Израиля, к Творцу? То есть что он (народ) может знать хорошего о земле Израиля, чтобы возжелать ее, и земля эта станет причиной того, что будет обязан возвратиться к Всевышнему из-за прелести земли.

Известно, что земля называется «Малхут» – Царство, «Святая Шхина», «собрание Израиля», то есть включает все души Израиля, следовательно, она должна получить все наслаждение, которое заключено в Цели творения – наслаждении созданий.

Порядок нисхождения света таков: из мира Бесконечности в мир Сокращения, и после этого в линию, на которую облачаются пять парцуфим мира Адам Кадмон и после этого в пять парцуфим мира Ацилут. А затем Малхут мира Ацилут создала три мира: Брия, Ецира и Асия (БЕА). И после этого создан Первый Человек и внешнее «тело», подобное нашему физическому телу, создано из бины малхут мира Асия (как написано в «Талмуд Эсер а-сфирот».) А потом получил света «нефеш», «руах», «нешама» миров БЕА, а затем света «нефеш», «руах», «нешама» мира Ацилут.

В связи с этим находим, что Эрэц (землей) называется «малхут мира Ацилут», о мире Ацилут написано, что нет в нем зла совершенно, а только в мирах БЕА существует анализ добра и зла. Но именно в них раскрывается высшее наслаждение, задуманное Целью творения для душ. Как сказано мудрецами, что написанное «В начале сотворил Бог...» имеется в виду, что «начало всего – Исраэль» – все создано для Израиля, то есть для душ Израиля.

И Адам Ришон (Первый Человек) после прегрешения у Древа Познания был спущен из мира Ацилут в миры БЕА, и тогда начал исправлять содеянное. И благодаря этому был возвращен и помещен в Ган Эден то есть в мир Ацилут. А исправление заключалось в том, что изгнали его из Ган Эден, как написано: «И сказал Творец: «Не вздумай протянуть руку свою, и взять плод от Древа Жизни и вкусить от него, дабы не стал жить вечно. И отослал его Бог из Ган Эден работать на земле, от которой украл он».

И объясняют мудрецы, в чем состоит ужас прегрешения, из-за которого был изгнан Первый Человек из Ган Эден, как сказано «чтобы не вздумал протянуть руку свою и взять плод от Древа Жизни, и вкусить от него, дабы не стал жить вечно».

И сказано, так как согрешил человек у Древа Познания и получил наказание, то есть ощущает страдания из-за полученного наказания, то эти страдания заставляют его возвратиться к Творцу и исправить содеянное.

Однако, если не будет наказан и не почувствует страдания от своего прегрешения, то не постигнет необходимости в исправлении этого и не совершит «тшува» – возвращение к Творцу. Написано в Книге Зоар: «Плакал рабби Шимон: «Горе мне, если не скажу, и горе мне, если скажу. Если скажу, узнают грешники тайны творения».

То есть, он не может открыть сущность вещей во всей полноте, чтобы не позволить недостойным воспользоваться этим. И боится открыть, как прилепиться к Древу Жизни, но никогда не касаться и не пострадать от Древа Смерти, что позволено только тем, которые уже исправили (в себе) качество «Древо познания добра и зла». Однако грешникам, которые еще не исправили в себе прегрешение «Древа познания добра и зла», запрещено это знание, так как должны прежде много потрудиться, чтобы исправить грех Древа Познания, как сказано «чтобы не вздумал протянуть руку свою и взять плод от Древа Жизни и вкусить от него, дабы не стал жить вечно». После этого прегрешения удален был Первый Человек из Ган Эден из-за опасения, чтобы согрешивший не прилепился к Вечности без исправления.

И в связи с этим находим, что «изгонять из земли» – земли, имеется в виду «малхут шамаим», – означает, что нет у человека возможности почувствовать важность духовного состояния, в котором был прежде, и которое называлось «малхут шамаим». И «ввергнут в изгнание» означает, как сказано: «смешается с народами и научится их поступкам», что означает упасть до идолопоклонства, то есть все низменные страсти народов мира властвуют над Израилем в изгнании. И тогда нет у них никакого отношения к святости, разве только то, что привыкли выполнять по привычке, то и выполняют, однако не приходит им в голову, что кроме этого есть, что исправлять.

Находим в описанном, что в вопросе галута есть два состояния:

а) Вышли в изгнание под власть других народов. Когда находились в Стране, то есть в состоянии «малхут шамаим», всю мудрость и знание использовали только для того, чтобы выйти из эгоизма и проникнуться любовью к Творцу. А после прегрешения вышли в изгнание. Можно объяснить это работой личности, ведь, как известно, общее и частное тождественны. Это означает, что если, будучи в своей стране, согрешил, то есть, получил свет Творца и использовал его для себя, и возгордился, утверждая, что, поскольку почувствовал немного вкус в исполнении Торы и Заповедей, – нет у него сейчас никакой необходимости идти верой выше знания. **Это и является прегрешением**.

Поэтому удален из страны (духовной) и падает под власть низменных страстей, свойственных другим народам. А находясь в изгнании, тотчас начинает страдать потерей памяти, и не помнит, что был однажды в стране, то есть в состоянии «малхут шамаим» и думал только о том, как добиться слияния с Творцом, и хотел быть в этом состоянии всю свою жизнь. А сейчас думает и тревожится только о том, чтобы наполнить потребности тела и ничего более не интересует его.

И по прошествии некоторого времени предъявляется к каждому свой особый счет. И, оставаясь в изгнании, в конце концов, получает сверху свет Творца и начинает чувствовать, что находится в изгнании, и начинает вспоминать и ощущать себя «павшим с горних вершин до пугающей бездны».

И помнит, как, находясь в духовном, считал весь мир ненужной вещью и не понимал, для чего создал Творец грешников. И что за удовольствие они могут доставить Творцу. А сейчас, глядя на себя, находящегося в изгнании, не знает, что он может дать Творцу, чтобы доставить Ему удовольствие. И начинает страдать оттого, что упал с уровня «человек» на уровень «животное». То есть, его стремления животные, чего не было до изгнания.

И начинает всем сердцем стремиться к Творцу, чтобы приблизил его и вернул вновь в Страну и вызволил из животных страстей, и чтобы дал удовлетворение в наслаждениях, подобающих человеку, то есть в альтруистических стремлениях, а не в пище животных. Как написано: «в час, когда сказал Всевышний Первому Человеку: «Колючки и подорожная трава вырастут у тебя, и истекут слезами глаза, и скажешь: «Я и осел мой будем есть из одной кормушки...», – поскольку сказал ему Творец: «В поте лица своего будешь добывать свой хлеб», тотчас остудился разум его».

Из этого следует, будто Творец дает ему знание тем, что говорит: «Колючки и подорожная трава вырастут у тебя...». Но разве до того, как сказал ему это Творец, он не видел, что пища его – это колючки и сорная трава, то, чем питается скот? Это можно объяснить тем, что получает пробуждение свыше и вспоминает, что имел до прегрешения, на каких высоких духовных ступенях находился, а с момента изгнания его из Гана Эден все забылось.

Следовательно, обращение Творца к человеку означает, что Творец пробуждает человека, и тот вспоминает о том, что имел прежде. И начинает ощущать страдания из-за того, что изгнан из Гана Эден, и плачет: почему он находится на ступени «животное», то есть все его наслаждения – это наслаждения эгоизма и себялюбия, то есть то, что является «пищей животных». Это и имеется в виду, когда говорят, что «истекут слезами глаза твои, и скажешь: «Я и осел мой будем есть из одной кормушки...», – то есть будешь поддерживать свою жизнь тем же, чем и скотина, и не сможешь получить никакого удовольствия, кроме эгоистического».

Однако, сказал ему Творец: «В поте лица своего будешь добывать свой хлеб», – тотчас остудился разум его. Объясняет РАШИ – «в поте лица своего» – значит после множества трудов. Что значит «множества трудов»? Как мы учим, поскольку человек уже достиг ощущения, что находится на ступени, подобной животному, из этого следует, что ощущение приходит в момент, когда исполнится мера страданий, и «льются слезы из глаз его» от ощущения своего низкого падения и гадкого состояния.

А все страдания оттого, что уподобился животному, дают ему силы приложить множество усилий, чтобы вырваться из эгоизма, то есть любви к себе, так как состояние это – животное, и удостоится получения «еды человеческой», то есть сейчас уже способен наслаждаться отдачей.

И в связи с этим различаются два понятия о галуте:

1. Находится в галуте, однако не знает этого, и хорошо ему в этом состоянии. И старается увеличить количество денег, почестей и тому подобное. И нет знания, что был однажды на ступени человек, в «стране», которая называется «малхут шамаим». Это уже забыто сердцем его. И совсем не возникает в нем мысль, что пора изменить вознаграждение, и пища, что получает в свое эгоистическое кли (сосуд) – пища животного, и нет у человека ни мысли, ни желания изменить эгоистические желания на желание отдавать.

Находим, что источник насыщения человека в этом состоянии состоит только в том, что получает в эгоистическое кли и не желает ничего изменить, разве что, только формы этого насыщения, как например, нет у него удовлетворения от квартиры, где живет и желает другую. И мечтает заменить мебель на новую, тогда желание получать будет временно удовлетворено и т.д.

2. Однако, не меняет источник своего наслаждения. То есть желать, чтобы награда заключалась только в желании отдавать – это не приходит ему в голову. Потому что эгоист не представляет себе, как можно наслаждаться отдачей. А альтруист, наоборот, во время получения стыдится сам себя, так как считает это большим падением для себя. Но, воистину, стоит изменить источник вознаграждения, чтобы приходила награда не из клипы, но из святости, из Высших миров.

И, в соответствии с этими двумя различиями, возникает вопрос: кто тот, что заставляет человека почувствовать, что он находится в изгнании, и, благодаря этому, ощущает страдания и желание выйти из изгнания, как сказано «и возопили сыны Израиля от работы, и взмолились, и пришло избавление от Всевышнего»? Мы должны сказать, что пробуждение посылается нам Творцом, чтобы не оставались в изгнании, в состоянии забвения, поэтому посылает пробуждение.

Находим, в связи с этим, что они чувствуют духовное, но духовное находится в униженном состоянии, и поэтому болит их душа, почему «Шхина в изгнании» и почему духовное имеет вкус пепла. Это потому, что в то время, что хотел бы работать ради отдачи, не может проникнуться этим как должно, что сейчас работает на Творца, а не подобен животному.

Но, наоборот, когда работает на пользу себе, наслаждается, но в работе на Творца не чувствует удовольствия. Выполняя ту же работу, видит, что удовлетворение желания получить для себя приносит ему положительные ощущения, но если изменит намерение в той же работе и скажет себе, что работа эта не ради получения – тотчас почувствует свою слабость и неспособность к активному действию.

Находим, что Творец как бы приходит к человеку, показывая ему всю низость его падения, что он полностью уподоблен животному. И начинает страдать человек оттого, что нет в нем человеческих чувств, и больно ему оттого, что находится в изгнании под властью других народов, то есть чувствует низкие страсти, подобающие 70-и народам мира.

И прежде, чем открылось ему это и ощутил низость своего положения, он жил в мире, полном добра, то есть, не ощущал никакого недостатка в том, что находится в низком состоянии, так как даже не чувствовал этого. Более того, вел себя подобно остальным, все желание которых – страсти, почести, деньги и тому подобное. Однако сейчас, когда открылся ему Творец, трепещет, так как подобен животному, но не человеку, ощущает страдания, и если бы была возможность вырваться из изгнания, был бы рад этому.

И хотя ощущает себя в изгнании, не видит путей выхода из него. Выходит, что эти страдания лишают его устойчивости, он не знает, что предпринять. С одной стороны, он понимает, что видит сейчас истину – к какому сорту людей он относится. Есть люди, находящиеся на ступени «животное», и есть – на ступени «человек», а точнее, существует три типа людей:

1. люди, не имеющие никакого отношения к иудаизму;
2. люди, занятые Торой и Заповедями ради получения наград;
3. люди, работающие на Творца не ради награды.

Находим, что, с одной стороны, он должен быть счастлив, так как видит истину, к какому сорту людей он относится и к какой ступени должен стремиться. Однако вместе с тем ощущает боль и страдание в том, что видит как удален от Творца. То есть, не способен, буквально, ничего сделать для Творца и, напротив, во всем, что делает, желает награды, и нет у него никакой возможности заставить себя работать ради духовного.

И потому страстно желает пребывать во втором состоянии, когда были в нем силы работать на Творца, потому что свет немного светил ему, и казался себе близким к Творцу, когда по любому поводу обращался к Творцу и просил у Него вознаграждения за свою работу, чувствовал себя совершенным, и не было у него никаких недостатков, и был уверен в награде, так как исполнял заповеди Творца. И, конечно же, Творец видит, что существует совсем немного людей, желающих исполнять Его Заповеди. И человек искренне старается их выполнять и уверен, что Творец позаботиться о нем и даст ему за это вознаграждение и высокую плату.

После таких расчетов наполняется человек радостью и ощущает себя в облаках, в горних высотах, и, наблюдая за миром под собой, уверен, что «благодаря его заслугам в Торе существует мир». Ведь сказали мудрецы: «Не может мир существовать без Торы» – и видит, что был действительно счастливейшим из людей.

А сейчас, когда вышел из этого состояния, Творец высветил ему истину в том, что основа в духовной работе – альтруизм, в доставлении удовольствия Творцу, но не для личной выгоды. И видит, как удален от истины и чувствует себя по-другому. И вспоминает, что было в нем хорошее ощущение от того, что старался исполнять, насколько возможно, все Его указания и потому считал, что он и есть «работник Всевышнего», и был уверен, что награда, обещанная Творцом, ожидает его, и что еще можно пожелать!

И если начнет исполнять с альтруистическим намерением, тотчас ощутит духовный подъем. Однако сейчас, когда достиг ощущения истины, что главное – это работа ради Творца, должен, конечно же, радоваться тому, что вышел на истинный путь, ведущий прямо к Творцу, и потому должен всегда быть в приподнятом настроении, говоря, что видит как милостив к нему Творец и не дает трудиться напрасно, но все усилия его направлены сейчас к Цели – слиянию с Творцом.

Однако чувствует в себе обратное, то есть, нет в нем радости, с которой работал с намерением получить награду. По той причине, что видит, что нет ему сейчас помощи со стороны тела, ведь он как бы говорит ему: «Знай, что с сегодняшнего дня и далее ты не получишь никакой выгоды от работы, так сейчас я не работаю для своей пользы, потому что желаю работать только ради Творца. Но тело несогласно прилагать силы для этого. Поэтому человек находится в подавленном состоянии.

И, напротив, прежде чем открылась ему истина, был всегда в приподнятом настроении. Так как видел, как прибавляет каждый день и продвигается в своих делах, и награда гарантирована. Однако, сейчас время истины, и может вознести истинную молитву к Творцу, чтобы вывел из изгнания, чего не было прежде, пока не получил открытия сверху о своем истинном состоянии, что находится под властью эгоизма, и нет у него возможности выйти из изгнания, потому что пока не видит, что находится в изгнании, под властью народов мира, то есть под властью желания получить для себя. Поэтому не было в нем желания, чтобы Творец мог его исполнить, то есть вывести его из изгнания. Выходит, что Творец дает ему желание, кли, а потом наполняет его светом, но оба приходят сверху: и кли, и свет.

И этим можно объяснить, написанное в Зоар: «И сказал Творец: «Я наказал Вас изгнанием, но если скажете, что оставил Вас, то нет – Я с Вами». И также спрашивали, как это понять, что вышел Творец за пределы Страны, но «полна вся земля славой Его». Как вообще можно сказать, что Творец вышел за пределы Страны. И также был вопрос о смысле наказания изгнанием, ведь все, что бы ни делал Творец, Он делает только для пользы человека. В чем выигрывает человек, подпадая под влияние и власть других народов?

Итак, выражение «Полна вся земля славой Его» означает, что со стороны Творца нет никаких изменений в мире, как написано: «таков Ты до рождения мира, и такой же Ты после его рождения». А все изменения зависят от уровня получающих, то есть в соответствии с их отношением к работе ради Творца. И в той мере исчезает сокращение и раскрывается свет, сокрытый для нижних, и получают нижние добро и благо.

И это называется, что «народ Израиля находится в Стране», то есть ощущает Всевышнего как **«Эрец Исраэль»,** то есть Творец назван по имени своего действия, которым представляется созданиям, чтобы они узнали и ощутили Его тогда, когда будут способны к этому. Но если грешат и могут причинить вред, то есть получить божественное снисхождение света и перевести его в клипу, в эгоизм, в самонаслаждение, то обязаны выйти из страны Израиля, то есть вновь возвращается сокращение (цимцум), и исчезает свет.

И это называется выходом из земли – из места, называемого «Царство небесное» или «Шхина», и выходят в изгнание под власть других народов. И исправление выходом в изгнание состоит в следующем:

1. прежде всего, чтобы не навредить свету;
2. при нахождении в галуте не будут оставлены Творцом, как бывает иногда, что находится человек в изгнании, однако не знает об этом. Не ощущает, что надо бежать из этого состояния, оттуда, где получает оплату из места, называемого «любовь к себе», и более того – все страдания его оттого, что не может получить то, что требуют от него «другие народы», то есть не может получить наслаждения, относящиеся к эгоизму.

Об этом сказано в Зоар: «Если удалю тебя из земли, поднимутся на тебя медведи и волки в полях, и разбойники, и исчезнешь из этого мира», – то есть уведут тебя совершенно из духовного мира и оставят только в мире материальном, называемом любовью к себе – эгоизмом.

И чтобы не погибли в галуте, выходит с ними Творец, то есть **открывается им в виде изгнания**. То есть Имя Его означает здесь Его действие, Он вводит их сейчас в состояние «изгнание», чтобы ощутили, что находятся в изгнании, и это называется, что Творец выходит с ними в изгнание. Но для чего Он дает им это ощущение изгнания? Чтобы не пропали совершенно в галуте, так как не ощущают, что находятся в нем, что выброшены из земли и находятся сейчас под властью народов мира.

И сейчас поймем, в чем суть исправления изгнанием:
1. чтобы не разрушили того, что постигли. И объяснение в том, что, даже зная Творца, не может быть в состоянии, иначе, как только отдавая ради Творца (леашпия);
2. чтобы тем, что были в галуте, почувствовали бы необходимость быть в состоянии (ашпаа), чтобы удостоиться слияния с Творцом, чтобы страдания изгнания вернули бы их к Источнику. И выражение «Творец выходит с ними в изгнание» означает, что Творец дает народу ощутить вкус изгнания, поэтому написано, что Творец выходит из качества «земля желанная и добрая» и дает им ощутить противоположное качество для их же пользы.

Нет общины меньше десяти
Статья 28, 1986

Сказано в Книге Зоар (гл. «Насо», стр.31, 105): «Сказал рабби Элиэзер: «Почему Я пришел, но нет ни одного человека? Настолько любим Израиль Творцом, что в любом месте, где они пребывают, Творец находится среди них... Пусть сделают мне Храм, и поселюсь внутри них..., ибо любой бейт кнесет в мире называется Храм... И поселюсь в них, так как Шхина предваряет бейт кнесет. Счастлив человек, находящийся среди этих десяти первых в бейт кнесете, потому что они совершенны, то есть община не меньше десяти человек... И необходимо, чтобы в бейт кнесете находилось десятеро в одно время. И пусть не приходят помалу..., потому что все десять, как органы одного тела, и среди них присутствует Шхина. Ибо человека за один раз создал Творец и установил ему все органы вместе, как написано: «Он сделал тебя и устроил».

Необходимо разобрать приведенный отрывок.

1. Что означают слова «в любом месте, где пребывают сыны Израиля, Творец находится среди них»? Утверждается, что не нужно специального места. Но после этого он говорит: «Пусть сделают мне Храм, и поселюсь внутри них». Утверждается, именно в бейт кнесете.
2. Слова: «Пусть сделают мне Храм, и поселюсь внутри них». Утверждается, что сначала должна быть какая-то подготовка, то есть «создание Храма», после этого – «и поселюсь», а не просто так.
3. Что означает «Почему Я пришел, а нет ни одного человека?» Если говорится, что присутствие Творца опережает приход в бейт кнесет, то, разумеется, нет пока никого.
4. Трудно понять слова: «И необходимо, чтобы в бейт кнесете находились десятеро в одно время. И пусть не приходят помалу». Разве можно сказать, чтобы каждый приходящий в бейт кнесет стоял снаружи и не входил, пока не соберутся десять человек и лишь после этого войдут все вместе? Неужели можно так сказать? Никогда мы не видели такое. Но если так, то как же трактовать слова «и пусть не приходят помалу»?

Чтобы понять сказанное выше, исследуем его с точки зрения нашей работы. С чего начинается порядок работы по отдаче – то, что называется «не ради получения награды»?

Прежде всего, нужно запомнить два понятия – «отдача» и «получение». Это происходит из желания Творца дать наслаждение творениям. Он их сотворил лишь для того, чтобы получили добро и наслаждение, которое Творец хочет им дать. А получающий – это то, что Творец создал, это сосуд, называемый «желание получить удовольствие и наслаждение», в который получат добро и наслаждение.

И в соответствии с величиной стремления к чему-либо, он может насладиться от желаемого. Это означает, что сосуд для получения наслаждения называется «стремление». И эти сосуды мы соотносим с Творцом. Так вот, сосуд, первый раз получивший от Творца, называется «Малхут» или «четвертая стадия». Все его содержание в страстном желании получить благо и наслаждение. Это называется «сосуд для получения света прямо от Творца».

Этим сосудом пользовались до Сокращения. Еще одно его название «малхут мира Бесконечности». Затем произошло исправление, чтобы не было ощущения стыда, ибо в природе, созданной Творцом, есть правило, утверждающее, что ветвь стремится уподобиться корню. Почему же существует такая природа? На этот вопрос нет ответа, как сказано в Зоар: «Не могут творения постичь мысли Творца». И все, о чем мы говорим, лишь соответствует словам: «По Твоим действиям познаю Тебя», – то есть только по действиям, открывающимся нашим глазам. Это значит, что из того, что мы видим, можем делать какие-либо заключения и предположения. Но не до того, как действие было раскрыто нам. Поэтому, мы начинаем говорить только с начальной связи, которая существует между Творцом и творением, называемой «желание Творца насладить свои творения». А до этого невозможно говорить, так как нет у нас постижения сущности Творца. Поэтому мы видим только, что есть природа, что «ветвь желает стать подобной корню».

И чтобы исправить противоречие, смысл которого в том, что получающий хочет быть подобным по свойствам Творцу, (но если он будет получающим, то будет испытывать неприятное ощущение), произошло сокращение (цимцум), заключающееся в том, что творение «не хочет получать ради получения», а получать только, если оно может сделать это ради отдачи. Это является причиной того, что мы не можем получать наслаждение от Творца в эгоистические желания, а только в желания – келим, которые называются «отраженный свет».

Смысл сказанного: «прямым светом» (ор яшар, ОЯ) является то наслаждение, которое Творец дает творениям, а «отраженным светом» (ор хозэр, ОХ) – наоборот, то, что творения хотят дать Творцу. Поэтому ОЯ мы называем «сверху вниз», то есть Высший, дающий – Творец дает творениям, нижним. А ОХ называется «снизу вверх» – то, что нижний, получающий, хочет дать Творцу. Это желание называется «ради отдачи» и относится к творению, ибо творение создает его, чтобы исправить себя, чтобы уподобиться корню. Предмет нашего изучения заключается в том, что в мире Бесконечности свойство малхут получило в свои желания прямой свет от Творца, то есть в желание, созданное Творцом, тогда как желание для «отраженного света» творение должно создать само.

И когда произошло это исправление, заключающееся в том, что получают свет только в желания ОХ, то следствием его стало рождение множества миров и ступеней. Таким образом, развивается это желание со стороны творения и не может быть законченным за один раз, а последовательно, раз за разом, в соответствии с силами низших творений. И так как создалось множество разных желаний, потому и света разделились на много ступеней. Тогда как эгоистическое желание, которое мы относим к Творцу и называем «получение ради получения», было создано Творцом за один раз в полном совершенстве, и наполнял его один свет, простой, без различия ступеней.

Вот, как об этом написано АРИ в «Эц хаим» («Введение в «Талмуд Эсэр Сфирот», стр. 1):

«Знай, что прежде, чем были созданы создания и сотворены творения, Высший простой свет заполнял всю действительность ... Все это был один простой, равный один свет, и называется он Бесконечность». Это означает, что это желание, которое мы относим к Творцу, было закончено в своем предельном совершенстве. Потому получили один свет без различия ступеней.

Между тем желание, которое мы относим к творению, не может быть удовлетворено за один раз, а вся работа, которую мы должны совершить – это только одно: создать в себе желание, называемое «отраженный свет». То есть когда творение приходит к осознанию, что нет у него ни малейшего желания и стремления получать для себя, а хочет только доставить радость Творцу, тогда творение делает расчет: что же оно может дать Творцу, чтобы доставить Ему радость.

Тогда оно видит единственную вещь, которую может дать Творцу, чтобы Творец наслаждался ею. Так как цель Творца – дать добро и наслаждение творениям, то творение говорит: «Я хочу получить добро и наслаждение, потому что тем самым хочу доставить наслаждение Творцу». И чем больше наслаждение от Творца оно может получить, тем большее наслаждение чувствует, и тем больше Творец наслаждается этим.

И это подобно человеку, пригласившему к себе в гости важного гостя. Он сам и его домочадцы трудились весь день и всю ночь, чтобы важный гость получил удовольствие от угощения. И когда гость закончил трапезу, которая стоила хозяину большого труда, и все делалось, чтобы гость получил удовольствие от нее, в конце спрашивает хозяин гостя: «Что ты скажешь о нашем угощении, ощущал ли ты когда-нибудь такой вкус?». А гость отвечает ему: «Я скажу тебе правду: «Мне безразлично, что я ем, – я никогда не беру в расчет удовольствие, которое я могу получить от еды. Поэтому неважно было бы, если бы ты сделал трапезу попроще, (я слышу от тебя, что ты вложил в нее много труда)...»». Естественно, что за удовольствие хозяину слышать такое?

Находим, что если человек получает добро и наслаждение от Творца, потому что хочет доставить Ему радость тем, что помогает осуществить на деле Цель творения – то, что Творец желает насладить свои творения. И в то же время он говорит, что не чувствует никакого вкуса в том благе, которое получил от Творца, и ему все равно, то какое же наслаждение он доставляет этим Творцу?

Следовательно, если человек может постараться возвеличивать каждый раз получаемое от Творца и чувствовать важность подарка Царя, это и будет причиной того, что он сможет сказать: «Я получаю огромное удовольствие от Тебя, ибо знаю, что только этим могу доставить удовольствие Тебе, и потому я хочу как можно больше наслаждаться».

Но нужно помнить, что после греха «древа познания», совершенного Первым Человеком, приобрел человек «желание получать ради себя». Это исходит из нечистых миров АБЕА, как написано в «Предисловии к Книге Зоар» (пункт 25): «Возложено на человека, как награда за исполнение Торы и Заповедей, получение сил сверху, чтобы он приобрел желание отдавать, называемое свойством Исраэль, то есть яшар Эль (прямо к Творцу). Это означает, что все его мысли и все его желания направлены лишь на то, чтобы доставить наслаждение Творцу. Если же пока нет у него такого желания, считается, что человек находится в изгнании среди народов мира, которые порабощают его, заставляют работать только ради эгоизма. Это и называется «получением ради себя» – свойство нечистых сил, а не святости. Об этом написано: «Святыми будьте, ибо святой Я». Смысл сказанного в том, что поскольку Творец есть желание отдавать, так и вы должны получать лишь с намерением ради отдачи.

А противоположное Израилю свойство – если нет намерений «ради отдачи» – называется «прямо к народам мира», потому что по свойствам они противоположны Творцу, который желает только давать. Если же в каком-то месте находится свойство «яшар Эль», подобное свойству Творца, и нет там другой власти, то в этом месте появляется присутствие Творца, как написано: «В каждом месте, где Я вспомню Имя свое, приду к тебе и благословлю тебя». Смысл этих слов в том, что Творец говорит, если Я смогу сказать, что на этом месте пребывает только Имя мое, и нет там власти творения, так как населяющие его хотят только одного – отдавать Творцу, то «приду к тебе и благословлю», то есть Я поселюсь на этом месте. Теперь мы можем понять смысл сказанного в Зоар, что в каждом месте, где они пребывают, Творец находится среди них. То есть утверждается, что не требуется специального места. А после этого говорится: «Пусть сделают мне Храм, и поселюсь среди них». Этим утверждается, что, именно в Храме, а не в любом месте.

Выражение «в каждом месте, где они пребывают...» можно объяснить так: Исраэль переводится как «яшар Эль» – прямо к Творцу, что означает равные по свойствам Творцу желания, то есть также, как Творец отдает, так же и они хотят давать Творцу. А поскольку есть совпадение свойств, то в той же мере исчезает сокращение, а значит, поселяется в этом месте Творец.

Это и называется «сделают мне Храм», или, как написано: «Святыми будьте, ибо святой Я, Творец». Получается, что свойство Исраэль и свойство «сделают мне Храм» – это одно и то же. Таким образом, в этих словах речь идет о подготовке и большой работе по созданию места или желания, как сказал Бааль Сулам, что местом в духовном называется желание отдавать, чтобы доставить наслаждение Творцу. Это и есть свойство Исра-Эль, то есть напрямую к Творцу.

Теперь выясним второй вопрос, о чем спрашивалось: «Почему я пришел, а нет ни одного человека?». Само собой разумеется, что если он говорит, что присутствие Творца всегда опережает приходящих в бейт кнесет, то, разумеется, нет там пока еще ни одного человека. Но если так, то в чем же смысл вопроса: «Почему же нет ни одного человека?»?

Прежде всего, нужно понять, что означает «человек». Можно объяснить это в соответствии со сказанным: «Счастлив человек, который не следовал советам грешников...». Существует понятие «человек» и есть понятие «животное», ибо «животным» называется тот, кто погряз в эгоизме и все его действия – животные. Выходит, что слова «почему пришел...» означают – успел прийти до вас. Однако и это требует разъяснения. Что значит – Творец спешил и пришел в бейт кнесет, как будто бы не «полна вся земля Его славой»? Что же означает, что Творец пришел в бейт кнесет раньше молящихся?

И это объяснял Бааль Сулам словами: «Прежде чем позовут, Я отвечу» – подразумевается, что человек идет молиться, потому что Творец дал ему эту мысль и желание молиться. Подобным же образом можно истолковать слова «Творец приблизился и вошел в бейт кнесет». Это означает: «Творец дал возможность человеку прийти в бейт кнесет, чтобы был «человеком», но, в конце концов, находит его в бейт кнесете молящимся, подобно животному, об удовлетворении своих эгоистических желаний. Следовательно, слова «почему пришел...» нужно понимать, как почему Творец дал ему желание идти в бэйт кнесет молиться о духовном – а это свойство Храма – чтобы стал по свойствам Исра-эль, а кончилось тем, что нет «человека», и Творец видит, что все молятся только о животных потребностях.

И теперь выясним то, что спрашивали о сказанном: «И необходимо, чтобы в бейт кнесете находились десятеро в одно время. И пусть не приходят помалу». Спрашивалось, разве необходимо, чтобы ни один не вошел в бейт кнесет, пока не соберутся десять человек, а затем войдут все вместе? Видели ли мы такое? И объясняли: «Ибо человека за один раз создал Творец...». Само это объяснение требует понимания.

Но чтобы истолковать это, мы должны сначала понять, почему именно десять человек должны находиться в бейт кнесете, иначе, как утверждается, Творец не может поселиться там. И указывается, что смысл в том, что «нет общины меньше десяти». Также и это нужно понять, почему именно десять – не больше и не меньше. Если есть там девять человек, это не называется общиной. И если есть одиннадцать – это не прибавляет ничего, как говорится по поводу общин: «Два, как сто, и сто, как двое» (Шавуот, стр.42), но именно десять, как говорили мудрецы (Сангедрин,39): «Во всем, где есть десять, пребывает Шхина».

Известно, что малхут называется «десятая». Также известно, что ощущение недостатка в получении называется именем сфиры малхут, которая является десятой сфирой, получающей Высший свет. Она называется также «желание получать», и все творения происходят только от нее. Вот поэтому нет общины меньше десяти, так как все материальные ветви исходят из высших корней. Согласно правилу: «Нет света, в котором бы не было десяти сфирот» – поэтому и в материальном мире подобно высшим ступеням не называется «община» и не считается важным, если нет там десятерых.

Теперь можно выяснить понятие «десять», когда Творец спрашивает: «Почему Я пришел, а нет ни одного человека?». В смысле «человек», а не «животное», как сказано выше. Имеется в виду свойство малхут, которая является десятой сфирой. И должны молиться об «освобождении Шхины из изгнания». Это состояние называется в Зоар «Шхина во прахе». Раз так, то толкование слов «если Творец не находит там десятерых» следующее: «Я приблизился и пробудил в вас желание прийти в бейт кнесет и просить в молитве об освобождении из изгнания Шхины, которая называется «десять» и является десятой сфирой, но Я не нашел ни одного человека, молящегося о десятой, а обнаружил, что все молятся о вещах, свойственных животным, а не людям».

Подобным образом можно истолковать слова: «И нужно, чтобы находились все сразу, а не приходили понемногу». Смысл этого в том, чтобы принятие на себя власти Творца произошло раз и навсегда, а не так, как говорят «сегодня я хочу принять на себя немножко власти Творца, то есть в то время, пока я нахожусь в бейт кнесете. Но после того, когда я вернусь домой, я хочу получать наслаждение от эгоизма».

Это значит, что он согласен немного времени работать ради отдачи, а не отдать все свое время ради Творца. Но когда человек принимает на себя власть Творца, он должен просить Творца, чтобы это было навеки, навсегда, а не только в то время, когда он находится в бейт кнесете. И это мы можем привести, как толкование слов о том, что должны десятеро находиться в бейт кнесете одновременно, а не приходить понемногу, то есть, чтобы не говорили «сейчас я принимаю на себя немножко власть Творца, а потом еще немножко». Но все принятие на себя власти Творца должно быть один раз на всю жизнь, а не сегодня немножко и завтра немножко.

Из этого следует, что если принятие на себя власти Творца – вещь совершенная, то, даже, когда после этого падает со своей ступени (но так как это принятие было в состоянии совершенства, называемом «десять в один раз» – где слово «один» означает «на всю его жизнь»), то все равно тогда «собирается капля к капле в большое количество», вплоть до того, что удостоится состояния «веры», которая и есть постоянное ощущение Творца.

Если же принятие на себя власти Творца было только «немножко», значит, оно было только на текущий момент, а не навсегда. Выходит, что в таком действии нет совершенства. И как же тогда соединится одно с другим в большое количество, чтобы удостоился постоянной веры? Отсюда следует, что когда человек принимает на себя власть Творца, он должен видеть в этом совершенное действие. Вот что означают слова: «Пусть находятся в бейт кнесете одновременно», – то есть Творец желает, чтобы приняли на себя Его власть навечно.

Разница между лишма и ло – лишма
Статья 29, 1986

Людей, выполняющих Тору и Заповеди, можно разделить на четыре типа.

Первый тип. Иногда человек соблюдает субботу, потому что его обязывает к этому хозяин на работе. Например, если у такого хозяина есть работник, не соблюдающий субботу, и он говорит этому работнику, что если он не прекратит ее нарушать, то уволит его, тогда такой работник должен сказать, что будет соблюдать субботу – иначе он лишится работы. Ведь если в том месте нет другой работы, то он просто вынужден пообещать хозяину, что будет выполнять субботние заповеди. Выходит, что он соблюдает субботу по принуждению хозяина.

Спрашивается тогда: чью же субботу он соблюдает? Ту ли субботу, которую Творец заповедал соблюдать? Выполняется им Заповедь Творца или заповедь своего хозяина по работе – то, что хозяин, под страхом лишения заработка ему приказал? Но все же в обоих случаях он называется соблюдающим субботу.

Так же и с остальными заповедями. Например, есть отец и сын. Отец знает, что если он скажет сыну, что тот обязан соблюдать Заповеди, а иначе лишится его поддержки, то тем самым вынудит сына их соблюдать. Потому что, если он не поддержит сына, то у того не будет заработка. И, конечно же, согласно закону Торы, отец обязан заботиться о том, чтобы сын соблюдал Заповеди.

Поэтому и здесь возникает, чью Тору такой сын изучает и чьи заповеди выполняет? Заповеди Творца, который дал нам их выполнять, или заповеди своего отца? Однако, так или иначе, он относится к людям, которые соблюдают Тору и Заповеди.

А вот что говорит РАМБАМ: «Тот, кто первым упрекал другого, не должен потом на него сетовать. Это относится к заповедям между человеком и его ближним. Но все, что касается Заповедей между человеком и Творцом, здесь уж, если человек сам не стал их выполнять, то все должны стыдить его, публично объявлять о его грехах, открыто посрамлять, позорить и проклинать его, пока он не начнет соблюдать заповеди».

И здесь стоит все тот же чьи заповеди такой человек выполняет: Заповеди Творца или презирающих его людей? Однако и он называется соблюдающим Тору и Заповеди.

Следовательно, если мы смотрим на его действие, то видим, что к нему нечего добавить. Вопрос только о намерении – какова причина, обязывающая его соблюдать Тору и Заповеди. Таким образом, мы разобрали первый вид выполнения Заповедей.

Второй тип – это те, кто родился в ортодоксальной религиозной среде и выполняет Заповеди благодаря своему воспитанию. Или же те, кто, хотя родился и в другой среде, однако, затем влился в религиозное окружение и оказался под его влиянием. Причиной, по которой такой человек выполняет Заповеди, являются те убеждения, которые дало ему его окружение. Убеждения эти состоят в том, что, благодаря выполнению Заповедей, у него будет лучшая жизнь – как в этом, так и в другом мире.

И он начинает видеть, как уважают людей, в точности соблюдающих все Заповеди, как их ценят. Он видит, насколько почтительно относятся к тем, кто воодушевленно молится, кто больше времени уделяет изучению Торы. И этот почет, оказываемый таким людям, дает ему толчок, служит ему энергией для того, чтобы и он начал молиться с большим воодушевлением, с большей точностью выполнять каждую Заповедь и каждое благое действие, дает ему силу для увеличения времени, посвящаемого изучению Торы.

И это второй вид соблюдающих Тору и Заповеди. Такой человек хочет сделать собственный выбор в пользу выполнения Заповедей, потому что понимает, что получит награду от Творца, если выполнит то, что Он заповедал. В дополнение к этому есть у него и другая причина соблюдения Заповедей – тот почет, который, как он видит, есть у тех, кто выполняет Заповеди с большим усердием, чем остальные люди. У тех, кто скрупулезно выполняет Заповеди, кроме почета, есть еще и другие причины, с помощью которых все остальные люди заставляют их больше работать в этом выполнении. Это могут быть деньги и еще много чего – не важно что. Главное – что есть у такого человека еще одна причина, ради которой он выполняет Заповеди.

Выходит, что второй вид выполнения Заповедей более возвышен, чем первый, потому что при этом человек выполняет Заповеди Творца, поскольку верит в Него. В то время как тот, кто относится к первому виду, не верит в Творца, а просто знает, что ему необходимо выполнять Заповеди, поскольку есть у него **осознание наказания**, то есть что хозяин хочет его уволить и т.д. Поэтому он принимает на себя соблюдение Заповедей.

Тогда как тот, кто относится ко второму виду, благодаря своему воспитанию соблюдает Заповеди и верит в Творца, в то, что Он заповедал нам их выполнение. И он не знает свои награды и наказания, а должен верить в то, что Творец воздаст ему. Как сказано у мудрецов: «Веришь ты в Хозяина, что заплатит тебе за труды твои. И знай, что оплата праведников ожидает их в будущем мире».

Выходит, что такой человек должен верить в награду и наказание, тогда как тот, кто относится к первому виду, – не должен в них верить. Потому что награда и наказание открыты для него: он знает, что если он не послушается хозяина и не будет соблюдать Заповеди, то, конечно же, получит наказание – увольнение с работы и лишение заработка.

То же самое и в отношении сказанного у РАМБАМа, что такого человека надо позорить... Он тоже не должен верить в награду и наказание, поскольку ощущает страдания от того, что его преследуют, заставляя принять на себя выполнение Торы и Заповедей. Такой человек выполняет заповеди заставляющих его, а не Заповеди Творца. Поэтому он и относится только к первому виду.

Относящийся же ко второму виду выполняет Заповеди Творца, однако совмещает с этим еще и другое: у него есть еще причина, дающая ему силу для выполнения заповедей. И об этом говорят мудрецы, что «всякий, совмещающий имя Творца с чем-либо другим, выкорчеван будет из мира, поскольку нет никого, кроме Творца».

Почему «совмещение чего-либо иного с Творцом» так наказуемо? Если у человека есть еще причина, обязывающая его выполнять Заповеди, то это называется, что он «выкорчеван из мира», поскольку только ради Творца должны соблюдаться Тора и Заповеди. То есть, человек должен выполнять заповеданное Творцом и не брать другие причины выполнения.

Отсюда следует, что главный недостаток второго вида выполнения Заповедей состоит в том, что человек делает это не для Творца. Заповеди же должны соблюдаться потому, что так указал Творец, потому что человек работает и служит Творцу. И когда он идет потом и просит Творца, чтобы Тот заплатил ему за его работу, тогда ему говорят: «Ведь ты работал и на других тоже, были у тебя и другие, кроме Творца, обязывающие работать на них. Вот и иди к ним. Пусть они заплатят тебе за работу, которую ты для них делал».

Это подобно тому, как если бы водитель автобуса фирмы «Дан» пошел просить зарплату у фирмы «Эгед», а они не желают ему платить, поскольку он у них не работал. И то же самое здесь, когда человек требует, чтобы Творец заплатил ему за его работу, то говорят ему: «Ведь ты работал для людей: ради их уважения, денег и т.д. Вот и иди к ним, чтобы они тебе заплатили». И те, в самом деле, ему платят согласно его работе, то есть уважают его и т.д.

Тем, что человек совмещает с Творцом еще и другие причины, то есть то, что еще и творения заставляют его работать, он наносит ущерб своей работе на Творца. Поэтому и относится такой человек только ко второму виду выполняющих Заповеди — к тем, чья работа не совершенна, не чиста, и не верна Творцу.

Третий тип. Это такой человек, который работает только на Творца, а не на творения. Его работа скромна, так что никто не знает, сколько времени он проводит в молитве и сколько тратит на учебу. Поэтому нельзя сказать, что он хоть в чем-то работает на людей вокруг себя, чтобы те дали ему что-то за его работу. Он работает только на Творца. Это означает, что все причины, заставляющие его соблюдать Тору и Заповеди, сводятся к его стремлению выполнить желание Творца.

Однако, он все-таки работает ради награды. Как это написано у РАМБАМа: «Чтобы не пришли к нему беды, и чтобы получить награду в этом мире». То есть, чтобы Творец дал ему здоровье, доход, радость от детей и т.д. или чтобы дал ему духовный мир. И это та причина, которая дает ему силу для духовной работы. И все-таки эта работа называется **работой для Творца**, поскольку причиной, вызывающей выполнение им Заповедей, является исключительно сам Творец, и ничего больше он с этим не совмещает.

То есть, нет у него другой причины, заставляющей его выполнять Заповеди. И поэтому он относится уже к третьему виду, поскольку нет у него никакого желания работать еще на кого-либо, кроме как на Творца. Хотя причина, заставляющая его выполнять Заповеди Творца, это все-таки страх наказания или любовь к награде.

Бааль Сулам в своих комментариях к «Предисловию к Книге Зоар» пишет так (п. 191): «Есть люди, которые трепещут перед Творцом, потому что не хотят смерти своим сыновьям, боятся телесных страданий или материального неблагополучия. И, поэтому, у такого человека есть постоянный страх перед Творцом. Но не этот свой страх перед Творцом он ставит первопричиной всего, а собственную выгоду. Именно она является для него исходным корнем, а страх перед Творцом — это только ее порождение. Он боится наказания в этом мире. Но то же самое касается и того, кто боится ада. То есть, оба вида этого страха: страх перед наказанием в этом мире и страх перед наказанием в будущем духовном мире — не являются главными в страхе перед Творцом».

И раз эти причины не являются главными в страхе перед Творцом, то работа такого человека относится только к третьему виду. Работа эта называется «для Творца», поскольку он работает только на Творца и больше ни на кого другого. То есть не работает на других, чтобы они оказали ему уважение и т.д.

Такой человек приходит с требованием к Творцу: «Поскольку я работал только у Тебя, и никто даже не знает, как я выполнял Заповеди, потому что я был скромен, то Ты должен законно заплатить мне за мой труд».

Поэтому сказано мудрецами: «Тот, кто дает милостыню ради того, чтобы жили его сыновья – он совершенный праведник». И это потому, что он выполняет Заповеди Творца. Сказал Творец давать милостыню – и он дает. Выходит, что со стороны отдачи здесь нет никакого ущерба, потому что он выполняет Заповедь Творца, и нет никого иного обязывающего его быть милостивым.

Однако он просит у Творца награды, чтобы Творец заплатил за Свою Заповедь, которую человек выполняет. И чтобы оплатил те усилия, которые человек сделал только лишь ради Творца и больше ни для кого другого. То есть, не как во втором случае, когда человек берет также окружающих его людей, чтобы и они служили причиной скрупулезного соблюдения им Заповедей.

Поэтому, как уже было сказано, «дающий милостыню ради того, чтобы жили сыновья его, или ради того, чтобы было продолжение у него в духовном мире, стоит на стороне совершенной праведности». Как объяснил РАШИ: «Он и есть совершенный праведник. И нельзя сказать, что он не для Творца работает. Он выполняет Заповедь Творца быть милостивым, имея в виду, правда, собственную выгоду, то, что он удостоится духовного мира, или что будут жить его сыновья и т.д.».

Отсюда следует, что, несмотря на то, что он требует платы за выполнение им Заповедей, он все равно называется праведником. Желание такого человека к духовному миру является таким же требованием награды, как и его пожелание жизни своим сыновьям. Написано в Зоар, что «желания получить награду за свою работу, как в этом, так и в духовном мирах, не являются главными в страхе перед Творцом», потому что собственная выгода является причиной выполнения Заповедей, а не Творец. И все-таки говорят мудрецы про такого человека, что «он – совершенный праведник». Как говорит РАШИ: «Раз он выполняет Заповеди Творца, заповедавшего нам быть милостивыми, то хотя его намерением и является собственная выгода, все же он – совершенный праведник».

И это, как мы уже объяснили, потому, что он выполняет указания Творца о выполнении Заповедей и занятии Торой, и нет более никого, кто бы его к этому обязывал. И это называется «для Творца». Действиям же «не ради Творца» мы уже приводили аналогию в нашем мире. Как, если бы, например, тот, кто работает у Реувена, пошел просить зарплату у Шимона.

Таким образом, у того, кто работает не только для Творца, но еще и на кого-то другого, его действия называются «не ради Творца», и также называются вторым видом выполнения Заповедей.

Я слышал, что иногда толкуют слова мудрецов, сказавших: «Тот, кто дает милостыню ради того, чтобы жили сыновья его, он совершенный праведник», – как если бы было написано, что он просто «делает большую милость» (на иврите у слов «совершенный праведник» и у слов «большая милость» есть одинаковая аббревиатура), поскольку он ставит условия своего выполнения Заповедей. То есть утверждается, что произошла ошибка в расшифровке аббревиатуры. Однако, это утверждение, очевидно, не является истинным, поскольку не объясняет вторую часть цитаты – его намерение при даче милостыни, чтобы было у него продолжение в духовном мире. Ведь это намерение является таким же эгоистическим, как и пожелание жизни своим сыновьям (то есть своему материальному продолжению).

Итак, третьим видом соблюдения Заповедей называется выполнение указаний Творца, переданных нам через Моше. Поэтому оплату нашему труду мы просим у Творца, поскольку работали только у Него, и только потому, что Он нам так заповедал, без какой-либо дополнительной причины. Такая работа называется «ради Творца», однако это только третий вид выполнения Заповедей.

Четвертый тип. К нему относится тот, кто выполняет Заповеди и занимается Торой не ради получения какого-либо вознаграждения. Как написано в Талмуде: «Праведник Шимон сказал Антигонусу из Сохо, что не надо уподобляться работникам, служащим своему Господину ради получения оплаты, а надо быть, как те, кто служит Ему не ради награды. У таких работников есть страх перед Творцом».

Выходит, что именно работа не ради награды является работой «ради Творца», как написано «есть у них страх перед Творцом». Следовательно, настоящий страх перед Творцом состоит в действиях «ради Творца» без какого-либо вознаграждения, то есть без какого-либо намерения насладиться. Все намерение должно состоять только в том, чтобы доставить радость Творцу. И это называется в чистом виде «ради Творца», без какой-либо примеси самонаслаждения. Это и есть четвертый вид.

Здесь возникает вопрос: разве же Творцу чего-то не хватает? Зачем Ему надо, чтобы творения работали только на Него и ни в коей мере не на себя, чтобы все было только для Него, без какой-либо примеси самонаслаждения? Если же они хотят еще и наслаждения от работы, то такая работа непригодна и не принимается Свыше как Заповедь, достойная предстать перед Творцом. Так какая же разница Творцу: пусть уж и человек насладится немного своей работой?

Ответ известен. Для того, чтобы не было скрытия, необходимо сравняться по свойствам с Творцом. Закон гласит, что ветвь должна уподобиться корню. Творец же только дает. Поэтому, в то время, когда человек должен получить от кого-либо, он испытывает неприятное ощущение. Выходит, что скрытие и сокращение нашего желания насладиться, благодаря которым нельзя работать ради получения награды, все это для нашей же пользы.

Иначе не существовало бы никакого выбора, и человек никогда бы не смог выполнять Заповеди и заниматься Торой ради отдачи. Потому что не было бы у человека возможности преодолеть наслаждение от вкушения Торы и Заповедей, если бы не было сокращения и скрытия желания получить. Поскольку, чем больше наслаждение, тем тяжелее от него отказаться.

Поэтому даны нам только материальные наслаждения, то есть чрезвычайно малый свет, называемый в Зоар «крошечной свечкой», упавшей в эгоизм во время так называемого «разбиения духовных желаний». И еще добавились к ней маленькие искорки во время грехопадения Адама. И вот за этими-то наслаждениями гоняются все творения, пытаясь их достичь. И все войны, убийства, разбои, какие только есть в мире, происходят из-за страстного влечения каждого к получению наслаждения.

Однако эти наслаждения даны нам преодолеть и получать их только ради Творца. При этом человек видит, насколько тяжело выйти из любви к самому себе и отказаться от маленьких удовольствий. Поэтому, если бы желание получить не было бы сокращено, и если бы были открыты нам настоящие наслаждения, которые есть в Торе и Заповедях, то не было бы у нас никакой возможности отказаться от этих наслаждений. И уж никак не смогли бы соблюдать Тору и Заповеди только из желания принести радость Творцу.

Но человек не может на это пойти, то есть не может выполнять Заповеди, не испытывая при этом никакого наслаждения. Потому что наша природа такова, что мы родились вместе с желанием получать наслаждение. А раз так, то как же можно работать без какой-либо награды?

Однако, дана человеку одна возможность, используя которую, мы можем работать без всякой награды. Пусть даже из-за сокращения нашего желания получить не находим мы никакого вкуса в выполнении Заповедей и в занятиях Торой. Несмотря на это, есть один совет, заключающийся в том, чтобы работать в ощущении величия Творца, считая огромной заслугой возможность Ему служить.

И это уже есть в нашей природе: простой человек может отречься перед тем, кто считается выдающимся в его поколении. И есть у него силы и энергия работать ради этого важного, признанного всем миром человека. И, соответственно его величию, простой человек получает наслаждение от сознания того, что служит великому. Подобное наслаждение позволено получать, поскольку наслаждение от «отдачи ради отдачи» не является «ради получения». Потому что отдача ради получения – это когда хотят получить награду за свои услуги.

Так, например, работающий на заводе знает, что хозяин завода радуется всему, что каждый его работник производит. Если же кто-то производит больше обычного, то и хозяин радуется больше. Поэтому такой работник старается сделать больше другого, чтобы больше обрадовать хозяина. Но после этого он хочет, чтобы хозяин заплатил ему за его старания порадовать. И это называется, что, с одной стороны, он отдает, а с другой стороны, хочет за это вознаграждение. И это называется «отдачей ради получения вознаграждения».

В то время, как, если человек служит Царю и говорит Ему: «Я не хочу никакого вознаграждения за свою службу, потому что я наслаждаюсь самой своей работой и не нужно мне никакой оплаты. Потому что все, что Ты дашь мне за мой труд, я чувствую, сделает мою службу ущербной. Я же хочу только саму службу, и ничего мне за нее не давай. В этом мое наслаждение. И это для меня великая милость – удостоиться служить Царю».

Конечно же, невозможно сказать, что такой человек отдает ради получения, ведь он не хочет ничего за это. Почему же он не хочет? Потому что есть у него большое наслаждение от того, что он служит Царю. И это называется отдача ради отдачи важному лицу. Важность же Царя измеряется у человека величиной его наслаждения службой Царю. Поскольку, чем важнее Царь, тем больше наслаждение человека. Тот, например, кто служит великому в его городе, совсем не похож на того, кто служит великому в его стране, и, тем более, не похож на того, кто служит величайшему во всем мире.

И это называется **«истинная отдача»,** когда есть у человека наслаждение от самой отдачи. Поскольку главным мотивом отдачи было единение свойствами с Творцом. То есть, подобно тому, как Творец дает, также и творения хотят быть дающими. Причем, Творец, конечно же, наслаждается своей отдачей.

Отсюда следует, что если творение отдает Творцу, но не наслаждается при этом, то отсутствует у них подобие свойств. Поскольку у Творца, в то время, как Он дает творениям наслаждение, есть наслаждение, идущее от самой отдачи. Если же человек должен что-либо получить за свои отдающие действия, и он наслаждается уже этой наградой, то такое получение является ущербом в его отдаче.

Однако, сама отдача несовершенна, если человек не наслаждается при этом. Поэтому, чтобы было совершенство, необходимо что-нибудь добавить, то есть получить немножко вознаграждения за свои действия, раз само действие, то есть сама отдача, не имеет значения для человека.

Истина же состоит в том, что если есть желание сделать какое-нибудь отдающее действие, то есть какое-либо действие ради Творца, то необходимо стараться получить при этом самое большое наслаждение. Потому что удовольствие от отдачи придает этому действию важность. Из всех же действий, которые человек хочет совершить, он отдает приоритет тому, что для него важнее всего. Самое же важное действие для человека то, от которого он получает больше всего наслаждения.

Выходит, что если человек хочет придать важность своим действиям по отношению к Творцу, то он может сделать это только благодаря получению при этом наивысшего наслаждения. Значит, если у человека есть возможность стараться, чтобы его наслаждение было больше в то время, когда он ради Творца выполняет Его Заповеди, то отсюда он может знать, что приносит сейчас радость Творцу.

Иногда есть у человека желание принести радость Творцу, но он не знает, что Творцу может доставить радость, что Ему дать. Поэтому Творец открыл, что Он дал нам Тору и Заповеди, и если мы их выполняем, то это и дает Ему радость. И, конечно же, мы радуемся оттого, что знаем сейчас, что делать для Него. И еще мы видим, что Он дал нам благословение на выполнение Заповедей и занятие Торой. Поэтому мы говорим: «Благословен Творец, дающий Тору».

Мы благодарим Творца за то, что Он дал нам Заповеди, например, заповедь строить шалаш в праздник Суккот, и радуемся тому, что Он указывает нам, что делать, какие действия приносят ему радость. Поэтому не надо нам ходить и искать: что бы сделать такое, чтобы принести радость Творцу? И весь вопрос в том, как нам суметь увеличить наше наслаждение во время выполнения Заповедей.

Только один совет есть на это – **стараться постичь величие Творца**, то есть, чтобы единственной наградой за все наши занятия Торой и выполнение Заповедей было ощущение величия Творца. И все наши молитвы должны быть о «поднятии Шхины из пепла», то есть нашей общей души (а душа – это и есть раскрытие Творца), поскольку Творец скрыт от нас из-за произошедшего сокращения желания получить, и не можем мы оценить Его величие и важность.

Поэтому мы просим Творца, чтобы Он снял с нас свое сокрытие и чтобы возвеличил Тору, как написано в молитве «Шмона эсре», произносимой на Новый год: «И удостой народ Твой», – то есть чтобы Он дал народу (желаниям человека) возможность почитать Творца, чтобы они ощутили Его величие.

И, поэтому, человек должен стараться не забывать свою цель во время изучения Торы, не забывать, чего он хочет от занятий Торой, чтобы эта цель была всегда у него перед глазами. Чтобы занятие принесло ему ощущение величия и важности Творца. И во время выполнения Заповедей тоже нужно не забывать свое намерение. Не забывать, что благодаря их выполнению Творец снимет с нас свое сокрытие – скрытие духовного, и мы получим ощущение величия Творца.

Однако, работа по соблюдению Заповедей и занятие Торой с намерением удостоиться приближения к Творцу, постичь Его величие, чтобы суметь доставить Ему радость, почувствовав Его важность, чтобы это было всей наградой человека, и чтобы не было у него никакого стремления к другой награде за его работу – такая работа очень трудна, и тело не согласно трудиться с таким намерением.

Зоар («Насо», ст.30, «Сулам», п.п.102 – 104) говорит так: «Ходят воины из города в город, и нет у них привала. Множество сброда (то есть желания, которые пока еще не исправлены) презирает их между собой, и во многих местах дают им только нищенское подаяние, чтобы не поднялись они из их низости, и чтобы не было им жизни даже на короткое время. Мудрецы, воины и боящиеся греха – все в бедах, в скорби и в нужде, и обращаются с ними, как с собаками. Они – бесценные сыны, а считаются самыми отвратительными во всей округе бездельниками. В то время как всякий сброд – богатые, счастливые и радостные, без проблем и совершенно не опечаленные – все они воры и взяточники, они же судьи и предводители народа».

Мы видим, что Зоар различает между мудрецами, воинами и боящимися греха с одной стороны, и предводителями народа и судьями – они же «множество сброда» – с другой стороны. И говорит, что мудрецы, воины и боящиеся греха – все в бедах, все отвержены и т.д., в то время как судьи и предводители народа – богатые, счастливые и радостные. Почему? Потому что относятся к сброду.

Надо разобраться, что означает это множество сброда, почему относящиеся к сброду находятся в радости и благоденствии. И еще: когда Яаков и Эсав спорили, то Эсав сказал: «У меня есть много», а Яаков ответил: «У меня есть все». Здесь необходимо разобраться, в чем разница между «много» и «все».

Известно, что сфира Есод называется «все» и является уровнем праведности, как сказано в молитве: «Тебе, Творец, – и Хесед, и Гвура, и Тиферет, и Нэцах, и Ход – сфирот, стоящие выше сфиры Есод». Праведник, называемый «Есод», только дает, как написано в Зоар, что сфира Есод дает сфире Малхут. То есть уровень Есод – это праведность, когда он не берет ничего себе, и все его действия направлены только на отдачу.

Когда человек начинает свою работу, чтобы выйти на уровень праведности, то есть чтобы не получать для себя никакой награды, а работать только ради доставления радости своему Создателю, тогда эгоизм человека, не соглашаясь с этим, начинает строить ему помехи. И делает все, что только может, чтобы помешать человеку в его работе.

Такой человек всегда расстроен, поскольку то состояние, в котором он находится, не дает ему покоя, потому что он видит, что еще не способен отдавать Творцу. И во всех своих действиях еще не видит намерения делать их ради отдачи.

И поэтому он всегда в печали, в печали Шхины – нашей общей души, находящейся в отрыве от Творца. И болит у человека: почему в том, что касается любви к самому себе, есть у него силы работать, а там, где он видит, что его желание получить ничем не будет наполнено, там ленится он что-либо сделать.

Выходит, что каждый раз, когда он вкладывает усилия в работу, а затем хочет видеть хоть какое-нибудь приближение к Творцу, то все больше и больше чувствует свою правду. Что на самом деле он очень далек от слияния с Творцом, что свойства его не совпадают со свойствами Творца – «как Он милосердный, так и ты будь милосердным», а противоположны им. Раньше человек думал, что он хочет принести радость Творцу, и что будет ему от этого тоже немного наслаждения. И надеялся на награду за свою работу – награду материальную и награду духовную. А сейчас он видит, что нет у него никаких сил что-либо сделать ради Творца, что все он делает только ради себя самого и ничего не отдает.

От этого он видит себя гораздо хуже, чем во время начала работы, когда только приступил к ней, относясь к третьему виду, когда были у него радость и удовлетворение. Потому что тогда он знал и верил, что каждый день его заслуги прибавляются к большому счету, потому что каждый день он вершит добрые дела, и также каждый день записывается на его счет награда за каждую заповедь. И эта вера, конечно же, доставляла ему радость и удовлетворение, поскольку он видел себя продвигающимся в работе, а свои заслуги – увеличивающимися каждый день.

В то время как сейчас, когда он перешел из третьего вида выполняющих заповеди, ко входу в начало работы четвертого вида, то есть работы «не ради получения награды», он находится в печали и в напряжении, потому что проверяет себя на желание отдавать – сколько этого желания он уже приобрел.

И теперь он видит, что каждый день, когда он вкладывает силы и хочет удостоиться приближения Творца, то есть, чтобы было у него желание отдавать, то на самом деле происходит все наоборот, и он становится все дальше и дальше от Него. Но почему человек видит себя все более и более отдаляющимся, ведь он каждый день совершает добрые дела и занимается Торой, которые должны были бы приблизить его к Творцу, как сказано у мудрецов «создал Я эгоизм, создал и Тору для его исправления». Так почему тот, кто начинает работать ради отдачи, видит, как каждый день становится все ужаснее?

И вот Бааль Сулам сказал, что это неверно, что на самом деле такой человек не отодвигается каждый день назад, как он думает, на самом деле он идет вперед. А то, что он видит, что стал хуже, так это потому, что вначале человек должен увидеть ложь и зло, и только после этого станет возможным их исправить.

Так, например, когда человек собирается заделать пролом в каком-нибудь здании, думая, что дыра от пролома размером в двадцать сантиметров, он работает, прикладывает усилия и, в конце концов, видит, что есть еще двадцать сантиметров, которые он должен заделать. Выходит, что все время, пока он не видел настоящей проблемы, он работал зря и ничего не починил.

То же самое, когда человек думает, что у него есть эгоизм, скажем, один килограмм, и он хочет исправить его. Начинает исправлять и тут видит, что есть еще килограмм. Выходит, что он ничего не исправил. Если же человек видит все зло, сидящее в нем, то его исправление является законченным.

Поэтому Бааль Сулам сказал, что тот, кто занимается работой ради отдачи, каждый день все более приближается к правде, то есть все больше видит величину зла, сидящего в нем. Потому что в темном доме не видно грязи и мусора, когда же включают свет, то видят, что на самом деле они есть.

Поэтому, когда человек начинает альтруистически заниматься Торой и выполнять заповеди, то они с каждым разом светят ему все больше и больше, и он видит правду: сколько зла в нем сидит. Получается, что каждый день он продвигается вперед, пока не постигает все зло, находящееся в нем. И затем, когда окончательно завершит исправление этого зла, он может наполнить свои желания всем тем добром и наслаждением, которые задумал Творец дать творениям. Как написано, что Цель творения – насладить все создания.

Это то, что называется выходом евреев из Египта. Как писал АРИ: «Народ Израиля (стремления человека к Творцу) в момент своего выхода из Египта (эгоизма) дошел до сорок девятого уровня скверны, пока не открылся им Царь всех царей и спас их». Затрудняются здесь толкователи: разве возможно, чтобы народ Израиля был таким? Ведь они слышали из уст Моше и Аарона (желания исправиться) послание Творца, направившего их вывести народ из египетского изгнания. Как написал Ари, что **«изгнание называется египетским, если есть в нем осознание духовности»**. Моше и Аарон обещают народу Израиля, что по выходе из изгнания они обретают духовность. Как мы читаем в молитве «Шма Исраэль»: «Я – Творец ваш, выведший вас из земли египетской, чтобы быть вам Творцом».

Поэтому, согласно логике, они должны были подниматься каждый день по ступеням праведности, в особенности, когда увидели десять египетских казней. И, тем не менее, АРИ говорит, что при выходе из Египта был Израиль на сорок девятом уровне скверны.

В действительности же они каждый день поднимались по ступеням истины, все более приближаясь к осознанию величины зла, которое есть в желаниях получить. Пока не пришли Моше и Аарон, чтобы сказать им, что нужно выйти из египетского изгнания, которое есть не что иное, как нечистые желания, присосавшиеся к духовности. И тогда, как пишет АРИ, народ Израиля стал отдаляться от нечистых желаний Египта, а те стали воевать с Израилем во всю мощь своей силы.

Так, например, Египет дал понять Израилю, что не стоит уходить от желания насладиться. А в отношении желания отдавать дал понять, что это очень трудно, и не стоит зря работать, что, так или иначе, вы не удостоитесь этого, потому что необходимы особые силы. И как только народ Израиля получал силы от Моше и Аарона, так приходили нечистые желания Египта и ослабляли их.

Так каждый раз Израиль преодолевал возражения нечистых желаний, которые приходили ему в голову, потому что они хотели, **чтобы он воспринял их не как египетские утверждения, а как собственные мысли**. И это называется: «у превосходящего товарища и зло его также больше».

То есть, по мере того, как усиливается человек в своем стремлении к духовности, против него сильнее выступают его же неисправленные желания. И чем больше хочет человек убежать от них, в той же степени они вынуждены прилагать все большие силы, чтобы удержать его в своей власти, чтобы не убежал.

Выходит, что, действительно, народ Израиля с каждым днем все с большей силой стремился к духовности и все ближе становился к ней, а находились они на сорок девятом уровне эгоизма из-за того, что уже поднялись на сорок девятый уровень духовности, против которой обязан быть настолько же сильный эгоизм.

Однако пока человек не заканчивает свою предварительную работу и не выходит из-под власти неисправленных желаний, до тех пор он не видит, насколько уже вошел в духовный мир. Наоборот, он видит себя с каждым разом все дальше от духовности, поскольку по мере вхождения в духовность обнаруживает он скрытое в себе зло. И пока не приходит духовный свет, не может человек увидеть свое зло в его истинной форме. Потому что только там, где есть свет, именно там можно разглядеть грязь, находящуюся в доме.

Из сказанного следует, что не может человек знать, какое состояние является хорошим для него. Иногда человек чувствует, что находится в упадке, то есть видит, что нет у него никакого желания выполнять Заповеди и заниматься Торой, и видит, что сегодня его любовь к самому себе стала еще больше, чем вчера. Такой человек, конечно же, скажет, что вчера, когда он смотрел на людей, которые заботятся о своей материальной жизни, стремясь удовлетворить свои желания насладиться, он удалялся от них, чтобы не быть в такой же низости. И не мог он тогда смотреть на то, как взрослые, разумные люди унижают себя. А сейчас этот человек видит, что и он — один из них, и совсем ему не стыдно ощущать свою низость. Она для него — привычное дело, как будто никогда он даже и не думал о духовном.

Чтобы лучше разобраться в этом, рассмотрим пример. Человек должен встать под утро, и вот, будит его будильник или другой человек, и он чувствует, что должен встать, чтобы работать на Творца. Он начинает чувствовать важность этого, и, поскольку ощущение важности работы на Творца придает ему силы, он немедленно встает.

Конечно же, в этом случае он находится в состоянии подъема, поскольку не материальные заботы и радости дают ему силу для работы, а духовность, то, что он чувствует, что сейчас будет у него связь с Творцом в какой-либо форме. И этого ему достаточно, чтобы получить силы для работы. И тогда он не думает больше ни о чем ином, а только о Творце. И чувствует, что сейчас он называется живым, в то время как без духовного он считается мертвым. И, конечно же, он чувствует, что находится в состоянии подъема.

Но на самом деле человек не может определить свое состояние. Если он, желающий идти дорогой отдачи, чувствует свое отдаление, то он должен понять, что сверху обращаются с ним по-особому. То есть, опускают его из предыдущего состояния, чтобы он по-настоящему задумался о Цели, о том, чего от него хотят, и что он сам хочет, чтобы Творец дал ему. В то время как, если человек находится в состоянии подъема, и есть у него желание к Торе и Заповедям, тогда нет у него никакой нужды заботиться о духовном. И хочет он тогда на все дни своей жизни остаться в таком состоянии, поскольку ему так хорошо.

Выходит, что то падение, которое он получил, — для его же пользы. Это о нем свыше заботятся по-особому, опуская из предыдущего состояния, в котором казалось ему, что есть у него немного от совершенства, о чем говорит его согласие оставаться в таком виде во все дни своей жизни.

Тогда как сейчас, видя, что отдален от духовного, он начинает думать: «Чего же, в самом деле, от меня хотят? Что на меня возложено сделать? К какой цели я должен прийти?» И видит человек, что нет у него никакой силы для работы, что находится он между небом и землей. И лишь тогда может человек укрепиться в осознании того, что только Творец может ему помочь. Сам же по себе — он потерян.

Про это сказано: «Надеющиеся на Творца обновят свою силу». То есть те, кто видят, что, кроме Творца, в мире нет ничего другого, что помогло бы им, — такие люди каждый момент возобновляют свою силу. Выходит, что само падение как раз и является подъемом, поскольку именно оно позволяет им поднять свой уровень, так как нет желаемого наслаждения без предварительного желания.

Получается, что когда ощущал он себя в состоянии подъема, то не было у него никакого чувства недостатка и желания, чтобы Творец ему что-нибудь дал. Его сосуды – желания – были полны, и потому больше ничего не могло в них войти. В то время как сейчас, когда он чувствует, что находится в состоянии упадка, он начинает видеть свои недостатки и главные причины, мешающие ему достичь слияния с Творцом. И теперь он знает, что нужно просить у Творца, чтобы Он помог ему. Потому что видит теперь истину, видит свою настоящую помеху.

Выходит, согласно сказанному, человек не может сказать, что Творец отдалил его от духовной работы. Доказательство тому – то, что он находится в состоянии упадка. То есть не верно, что Творец отбросил его и не хочет, чтобы человек для Него работал. Наоборот, Творец желает приблизить его, но не может этого сделать в то время, когда человек чувствует, что находится в состоянии подъема, не желая ничего.

Поэтому для того, чтобы дать человеку желания, вынужден Творец вывести человека из его настоящего состояния и ввести в другое, в котором тот сам почувствует свои недостатки. И тогда Творец сможет оказать ему помощь. Как сказано у мудрецов: «Приходящему очиститься помогают». И спрашивает Зоар: «Чем помогают? – и отвечает: «Тем, что дают святую душу». То есть дают ему почувствовать, что душа – это часть Творца. И тогда он входит в духовный мир и может идти от ступени к ступени, пока не приведет свою душу к совершенству, исправляя все то, что возложено на нее.

Из сказанного выходит:
1. **первый тип** людей, выполняющих заповеди Творца, – причиной выполнения Заповедей и занятия Торой являются **окружающие люди**;
2. **второй тип – Творец вместе с окружающими людьми** обязывает человека к занятиям Торой и исполнению Заповедей;
3. **третий тип – только Творец** обязывает человека к выполнению Заповедей и к занятиям Торой, и нет никого больше, кто бы обязывал человека к этому. Однако **сам человек – он тоже** является причиной их соблюдения;
4. **четвертый тип – только Творец** является причиной соблюдения Торы и Заповедей. **И нет больше никакого соучастника,** который бы тоже обязывал человека к этому. И тогда «**нет никого кроме Творца»,** и все желания человека включены в духовное.

Клипа предшествует плоду
Статья 30, 1986

Зоар в главе «Балак» («Сулам» 8, п. 15) говорит: «И если сказать, что Творец пожелал дать первородство Израилю, но ведь это незаконно. Эйсав олицетворял собой эгоистическое начало, клипа. Известно, что кожура предшествует сердцевине, поэтому он появился на свет первым. И поскольку вышла клипа и ушла, появилась сердцевина. Крайняя плоть, Эйсав, находится снаружи. Поэтому и вышел первым. И заветное, самое дорогое, то есть Яаков, появился уже вслед за ним. Поэтому опережение Эйсавом не считается первородством, клипа и крайняя плоть он, нет в нем ничего ценного, и нельзя его сравнивать с дорогим, с сердцевиной. И захотел выйти первым по той же причине, ведь клипа предшествует плоду».

И следует понять, зачем Зоар объясняет нам это. Этот вопрос объяснил РАШИ в начале главы «Берешит»: «Сказал рабби Ицхак: «Тору надо было начать со слов «с этого месяца вам...», так как это первая Заповедь, заповеданная Израилю. И в чем смысл, что Тора начата со слова «В начале сотворения Богом неба и земли...» И объясняет: поскольку, силу действий Своих поведал народу Своему, дав им в наследие землю семи народов? и что если народы мира обвиняют Израиль, говоря: «Грабители вы, завоевали земли чужих народов», – чтоб ответили им: «Вся земля – собственность Творца, Он создал ее и дал тому, кто прям в Его глазах, и по Своему желанию сначала дал этим народам, и по Своему желанию затем забрал у них и дал нам»».

Если так, то и с первородством то же самое: вначале отдал его Эйсаву, затем забрал у Эйсава и дал Яакову.

И неправильно сказать, что первородство и земля – не то же самое, поскольку землю можно продать и можно подарить, а первородство – свершившийся факт: родившийся первым называется первенцем, и изменить ничего нельзя. Но мы же видим, что первородство тоже можно продать и можно взять от одного и дать другому, иначе как Яаков мог бы купить первородство у Эйсава, как написано «и продал свое первородство Яакову».

Отсюда видно, что первородство, подобно земле, разрешено передавать. Если так – что подразумевается, когда говорится, что ввиду того, что клипа предшествует плоду, не считается это первородством (то, что родился первым).

И, чтобы понять это, первым делом надо выяснить, что означают понятия: клипа, сердцевина, крайняя плоть – то, что называется «Эйсав», и что такое «брит», «завет», «имя», которым называют Яакова. Но сначала объясним, в чем заключается Цель творения, а затем сможем выяснить, что главное, а что второстепенное, чтобы знать, что значит плод и клипа, которая обязательно предшествует ему, в чем необходимость этого, то есть что иначе быть не может.

Цель творения – дать творениям все добро. Поэтому создал Творец «что-то из ничего» («еш ми айн») – творение, которое может получить все добро и наслаждение, которое Он хочет ему дать. И творение это называется «желанием получать ради получения». Выходит, что мы можем говорить только о чем-то, в чем есть желание получать, иначе оно не называется творением и не о чем говорить. Потому что творение называется «кли» (сосуд) и «нет света без кли». Это означает, что **просто о свете мы не можем говорить, а только о свете, который одевается в кли (сосуд).**

Но этот сосуд, называемый желанием получать наслаждение, не может получать после того, как было сделано исправление, называемое сравнением по свойствам – сделано для того, чтобы творение не испытывало чувства стыда. Известно, что стыд возникает, когда человек должен от кого-то что-то получить, как объяснили мудрецы высказывание «позор унижения человеку», что когда должен человек что-либо принять от людей, «меняется он в лице». Поэтому произошло исправление, называемое «сокращение и скрытие», после которого творение не может получать никакого наслаждения, если у него нет намерения «ради отдачи». И получается, что нам надо различать здесь следующее.

Главное – это кли (сосуд), называемый «желание получить добро и наслаждение». И если его нет – не о чем говорить. Но из этого свойства берут начало нечистые силы и клипот. Порядок образования миров является причиной образования всего зла, как пишет АРИ: «Сокращение – корень ограничения», – что означает: по причине сокращения произошло ограничение – не получать ради получения, а только ради отдачи.

И порядок, как разъясняется в первой части «Талмуда Эсэр Сфирот» таков, что вначале сокращение было добровольным, то есть еще не было запрета на получение. Потом возник запрет на получение, но еще не было желающих получить ради себя, то есть не было желающих нарушить запрет сокращения. Но в результате второго сокращения родилось новое состояние, то есть появился уже кто-то, желающий получить ради получения, но еще не образовались клипот. После разбиения сосудов, произошедшего в мире Некудим, рождаются клипот, и они называются именем «вав и некуда». Но они еще не выстроились в миры, и только после прегрешения Первого Человека, с нарушением запрета есть плоды с Древа познания добра и зла, когда одеяния упали в клипот, образовалась у клипот структура из четырех миров по примеру духовных, и называется эта структура «четыре нечистых мира АБЕА.

В «Предисловии к Книге Зоар» (п.29) сказано: «И знай, что наша работа в течение 70 лет нашей жизни делится на четыре части:

1. Постичь наше безграничное желание получать во всей мере его испорченности, когда находится под воздействием четырех нечистых миров АБЕА. Поскольку, если не будет в нас этого испорченного желания, – не будет что исправлять. Поэтому не только недостаточно того желания, которое находится в теле со дня появления на свет, но должно произойти образование сложной системы нечистых сил в течение не менее чем 13 лет. Чтобы находился под их властью и получал от их свечения, которое бы все время растило его желание получать, потому что наполнения они не дают, но увеличивают желание и оставляют требования его ненаполненными. И если не может справиться с ним при помощи Торы и Заповедей, желание получить в нем растет в течение отведенных для жизни лет...

2. С 13 лет и далее получает силу «точка в сердце», и это тайна «обратной стороны чистой души», облаченной в желание получать, возникающая в момент рождения, но начинающая проявляться только после 13 лет. И тогда начинает входить под воздействие системы чистых миров в меру его занятий Торой и Заповедями. И основная цель этого периода – достичь духовного желания, получить и развить его. И поэтому вторая ступень после 13 лет относится уже к духовному. И это тайна – «чистая служанка, прислуживающая своей госпоже», называемой «Шхина акдуша». Поскольку служанка приводит его к отдаче и удостаивается «присутствия Шхины». И конечная стадия этой ступени – когда возгорится до такой степени страстная любовь его к Творцу, «что не дает мне заснуть».

Из сказанного можно понять, что такое чистое – «кдуша» и нечистое – «клипа». «Кдуша» объясняется из выражения «посвященное Творцу», означающее, что не принадлежит нам, то есть не принадлежит нашей собственности, но мы посвящаем это Творцу. То есть извлекаем из своего обычного обладания и вносим в духовное владение. Но нельзя было бы сказать, что он внес в достояние духовного, если это не было прежде его собственностью, поскольку только в этом случае можно сказать, что берет от себя и вносит в духовное достояние.

Поэтому необходимо человеку находиться во власти клипот 13 лет, как сказано выше, в «Предисловии к Книге Зоар», когда чувствует уже, что есть у него своя собственность, поскольку «клипа» называется «желанием получать для себя», и это «изменение свойств» отделяет его от Творца. Желание получать, приобретенное им в течение 13 лет нахождения под властью клипот, дает ему ощутить себя хозяином, во власти которого делать все, что пожелает, потому что не чувствует никакой собственности, кроме своей личной.

И поэтому, когда говорят ему по истечении 13 лет, что настало время, когда ты должен отменить свою личную собственность и сказать, что нет никакой собственности, кроме собственности Творца, тогда он начинает думать и размышлять: «Ради чего я должен отменить свою собственность и сказать, что Творец – Хозяин, а я раб Его, и нет у меня ничего своего, но как сказали мудрецы: «Все, принадлежащее рабу, принадлежит его Хозяину», – то есть я должен прислуживать Творцу, доставляя ему радость».

Тогда тело человека, называемое «желание получать», предъявляет свои претензии: «Прежде всего, я должно верить, что есть у Творца связь с творениями, а затем я должно видеть, что стоит верить в то, что Творец – Хозяин. Но почему я должен отменить свою собственность и беспокоиться только о доставлении радости Творцу? Что мне от этого?» Но человек уже верит, что есть у Творца связь с творениями, то есть верит, что все Его желание – делать добро творениям. Он видит при этом, как Творец не более чем обслуживает его. То есть Творец – раб, а человек – хозяин и господин в доме, и на Творца возложено обслуживать его, как раб своего господина.

Но когда говорят человеку, что ему следует знать, что на самом деле Творец – Хозяин, а мы, творения, ни на что в мире не влияем. И принимаем ли мы Его правление или не принимаем, как неверующие, ничего не поможет, поскольку Он делает все по своему желанию, а творения поневоле должны выполнять его указания. Как сказано мудрецами (Авот, гл.3,20): «И взыскивают с человека, желает он того или нет».

Получается, что даже если человек не согласен с тем, что говорят ему, и не хочет верить, – это ничего не меняет в действительности, то есть Творец является Хозяином и делает то, что Он хочет. Но человек не способен видеть истину, и потому люди не хотят верить. Но если человек в это не верит, он не может согласиться быть рабом Творца, то есть верить, что Творец – Господин, а мы его рабы. И только верящие могут возложить это на себя.

Но есть вера не истинная: есть люди, которые верят, что Он – Творец, и Он создал мир с целью «делать Добро творениям», и верят также, что Творец заповедал нам через Моше Рабейну выполнить Тору и Заповеди, – но могут верить, только видя свою выгоду, что Он наградит их за их усилия в выполнении Торы и Заповедей. И могут положиться на сказанное мудрецами (Авот, гл.2, 16): «Если ты много занимался изучением Торы, велика награда, получаемая за это, и верен Давший тебе твою работу в выплате награды за нее. И знай, что праведники получат награду в будущем мире».

Мы видим, что тут есть вера в Творца и в Тору Его и строго выполняют как легкие, так и трудные Заповеди. Но все измеряется выгодой для получения награды и называется это «ради себя» – «ло ли шма». Но надо помнить сказанное мудрецами, что из «ло ли шма» приходят к «ли шма». Если так, то и это уже определяется как духовное. Но когда говорят человеку, что настало время, и ты должен отменить личную собственность и сказать, что нет в мире никакого достояния, и ты не больше, чем раб, прислуживающий Творцу не ради награды, то тогда тело восстает против этого. И тогда начинается основная работа, поскольку это против нашей природы. Поэтому надо верить выше разума и сказать телу, что «ты должно знать, что неспособно работать ради доставления радости Творцу, ничего взамен не получая, и природа наша дана нам, как необходимость. Ведь все творение, как известно, – это только желание получать, ощущение «недостатка» и стремление получить наслаждение. И называется это желание – творением, «созданным из ничего».

Мы называемся творениями именно по величине желания получить, и его можно назвать именем «творение». И желание это находится на всех ступенях духовных миров. Но в духовном это желание получать исправлено намерением ради отдачи. Получается, что главное – это желание получать. А разница между святым и нечистым, между жизнью и смертью только в намерении.

И объясняется это так: получение ради отдачи называется духовным, поскольку в нем есть подобие свойств с Творцом, а подобие свойств называется слиянием, как сказали мудрецы – «и слиться в Нем». Сказано: «Достигни свойств Его: насколько Он милосерден, будь и ты милосерден». И благодаря этому человек соединится с Дающим жизнь. Получается, что дается ему жизнь свыше.

И если не может выполнять действие с намерением ради отдачи, отличается от Творца, ведь Он дает, а творения хотят получить, потому отделяются от Источника жизни. И нет у них ничего, кроме смерти. Это называется «клипа», хотя и берет начало из сути творения, но если нет желания получать, вообще не о чем говорить, а вместе с тем, если оно не исправлено на «получение ради отдачи», то называется «клипа», «эгоизм», «ангел смерти...».

Мы видим, согласно установленному порядку исправления, что сначала должно быть желание и стремление получить наслаждение и вслед за тем необходимо узнать, что запрещено получать с эгоистическим намерением. И хотя есть сильное желание получить наслаждение, обязаны все-таки преодолеть его, так, чтобы захотеть получать наслаждение только при условии, что можно исправить намерение: то есть получать теперь лишь потому, что Творец желает этого, и человек хочет получить наслаждение, доставив тем самым удовольствие Творцу.

Находим, что личную заинтересованность он уже отменил, то есть ничего не хочет получать ради себя. Но поскольку Творец желает, чтобы он получил, он говорит: «Сейчас я хочу насладиться и получить удовольствие, потому что таково желание Творца, и я хочу выполнить его», — поэтому получает теперь добро и наслаждение.

Но чтобы человек достиг этой ступени, называемой «желанием только доставить радость Творцу», должна начаться настоящая работа, две особенности которой надо отметить.

Это действие, когда трудно человеку отказаться от наслаждения, неважно от какого: скажем, к примеру, наслаждение от отдыха. Когда в нашем мире человек должен работать, чтобы получить материальное вознаграждение, и идет, скажем, работать на стройку или на завод. Конечно, трудно ему отказаться от наслаждения покоем, но поскольку будет больше страдать, если останется без еды, он отказывается от удовольствия остаться в покое и прикладывает усилия, чтобы получить большее наслаждение. И чем же оно больше? Тем, что этим он выигрывает вдвойне: во-первых, избегает страданий оттого, что нечего есть, и стыда от того, что нечего одеть.

Во-вторых, он насладится пищей и получит удовольствие от почета. И поэтому, хотя он отказывается от отдыха, ощущения страдания от отсутствия покоя он не чувствует. Когда же он отказывается от сна, он ощущает страдание, кроме того, что не получает наслаждения от сна. И когда работает, кроме того, что отказывает себе в удовольствии отдохнуть, еще страдает от необходимости находиться все время в движении. И в то время, когда человек выполняет физическую работу, он страдает, но эти страдания несравнимы с теми, которые испытывает от голода, или когда должен находиться среди людей, отмечающих какое-нибудь радостное событие — брит-мила или свадьбу, а у него нечего надеть. Поэтому легче отказаться от отдыха и предпочесть ему труд и усилия. И все поступают таким образом: отказываются от покоя и идут работать. Это подтверждает то, что страдания лишения тяжелее остальных.

И то же самое происходит, когда говорят человеку: «Откажись от покоя и начни работать в Торе и Заповедях». Тогда он тотчас спрашивает, как принято у людей: «Если я откажусь от покоя, в чем мой выигрыш? Я хочу видеть выгоду для себя!».

На это Рамбам отвечает: «Награда твоя как в этом мире, так и в будущем мире, и спасен будешь от всех бедствий и всего дурного». Тогда он может поверить в то, что говорят ему, и выполнять Тору и Заповеди, как действие во имя высшей Цели. То есть его намерение в том, что выполняет Тору и Заповеди, заповеданные нам Творцом через Моше Рабейну, прилагая большие усилия, отказываясь от множества наслаждений, запрещенных нам Торой, чтобы получить награду за это, как если бы работал за деньги на производственном предприятии или на стройке.

Подобно этому в духовном мы также работаем на Хозяина, только не хозяина завода, а Хозяина всего мира, говоря себе: «Откажись от работы в компании, где ты работаешь, с ее ограниченными возможностями и зарплатой, и работай на главного Хозяина, владеющего всем миром».

Но спрашивается, почему же, в таком случае, все не спешат работать на Творца? Ответ прост: поскольку не видят награду тут же на месте, но должны верить, что получат ее по окончании работы. Но не каждый способен верить в награду. И поскольку сомневаются, хотя и должны верить, что, в конце концов, получат ее, — нет большого количества желающих на такую работу. И поскольку принято работать с уверенностью получить заработанное, а не сомневаться в получении заработка, есть большая разница в желающих работать в материальном и в духовном. Но следует знать, что вся разница заключается в том, что в духовном награда вручается не сразу же и поэтому надо верить — в этом все различие.

Но мы видим, что приходят люди и хотят заниматься Торой и Заповедями, несмотря на то, что до прихода были неверующими. Приходят и говорят, что хотят вернуться в веру. И когда спрашивают у них, в чем причина их решения изменить свой жизненный путь, отвечают, что не видят смысла в своей жизни, то есть в эгоистическом времяпрепровождении. Поскольку им нечего получить для удовлетворения эгоистических желаний, нечем питать свое самолюбие, поэтому хотят выполнять Тору и Заповеди. Они слышали, что есть наслаждения в Торе и Заповедях, и таким образом можно будет наполнить свое желание получить. Значит, пока видят возможность наполнять свои эгоистические потребности материальными наслаждениями, им не нужно менять свой путь. Но если слышат, что есть Вера, есть Правящий миром, и Он создал мир не просто так, а с определенной целью и цель эта – «насладить свои творения».

И когда человек слышит это, а он к тому же не получает удовлетворения от материальных наслаждений, поскольку не находит в них смысла жизни, чтобы ради них стоило жить и страдать (а страдает каждый), когда слышит, что есть место, где что-то светит в жизни, тогда может выйти из мира материальных наслаждений, несмотря на то, что, как уже говорилось, в них не надо верить. А в духовном надо верить, а он-то как раз сомневается, что «конец – всему делу венец», то есть в завершение всего он получит награду. Но, поскольку материальное лишено наслаждений для него, он может перейти к духовному и выполнять Тору и Заповеди.

Но когда человек охвачен страстью к материальному и находит в нем удовольствие, хотя бы и временное, а затем видит, что, в итоге, не получил удовольствия – в таком состоянии он подобен младенцу, попавшему в руки идолопоклонников, и нет у него сил вырваться из-под их власти.

Но даже после того, как такие люди взяли на себя бремя выполнения Торы и Заповедей, пробуждается иногда в них снова страсть к материальному, и тогда трудно продолжать работу. Но должны знать, что их страсть и стремления пробудились, потому что начали ощущать в них вкус, которого ранее не ощущали. И это подобно сказанному мудрецами (Санедрин, 75, 20): «Со дня разрушения Храма удовольствие от плотских наслаждений осталось только у грешников».

Объяснение: «со дня разрушения Храма…», то есть с момента, когда духовное в сердце человека уподобилось развалинам после разрушения; «…удовольствия от плотских наслаждений…» – удовольствия, включающие в себя все наслаждения; «…осталось только у грешников…» – удивительно, почему дано совершающим грех чувствовать большее удовольствие в плотских наслаждениях, чем не грешащим, как будто получают награду за совершение греха тем, что чувствуют большее удовольствие, чем остальные?

И чтобы это понять, надо посмотреть, как это происходит в нашем мире. Если, например, работодатель может устроить так, что человек будет работать у него за малую плату, он не заплатит ему больше. Поэтому каждый старается взять работника, чтобы делал у него все, что от него требуется, за минимальную плату, но никогда хозяин не заплатит больше, чем требует сам работник. И в духовной работе, когда «злое начало» приходит к человеку и говорит: «Преступи заповедь Торы!», – то человек спрашивает: «А что ты мне дашь за это?» Ему говорят: «За то, что послушаешься голоса моего, дам я тебе, скажем, к примеру, двести грамм наслаждений». Человек говорит: «За двести грамм наслаждений не могу я нарушить Заповедь Творца». Тогда «дурное начало» обязано добавить ему еще сто грамм, пока человек уже не сможет отказаться от такого количества наслаждений и вынужден будет слушаться его.

Отсюда видим: **какую цену дает человек за грех, настолько трудно ему нарушить Заповедь.** И поскольку трудно совершить это действие – преступить заповедь Творца, существует правило, что за трудную работу больше платят. Поэтому в меру того, насколько трудно человеку нарушить, «злое начало» вынуждено дать ему большее вознаграждение, то есть большее наслаждение за нарушение. Но когда нетрудно ему нарушить Заповедь Творца, «дурное начало» не обязано давать ему большое наслаждение.

Выходит, что неверующие, которые вообще не занимаются Торой и Заповедями, не чувствуют, что преступают что-то запретное, как сказали мудрецы (Йома, 86, 20): «Нарушил и не почувствовал, стало ненужным ему». Поэтому «злому началу» не надо давать ощутить вкус нарушения, поскольку ему нарушить что-либо не тяжело, и незачем оплачивать ему нарушение Заповедей. Эгоизм постоянно находит желающих работать на него, и, таким образом, не должен вознаграждать их большим наслаждением.

А нежелающему нарушать в момент, когда он чувствует, что идет на преступление, трудно это сделать. Поэтому «злое начало» вынуждено дать ему почувствовать вкус наслаждения в прегрешении, иначе не захочет слушать и выполнять его указания. И обязано платить ему большим наслаждением.

И этим можно объяснить слова: «С момента разрушением Храма», – то есть, когда нет святого в сердце человека, вообще «отсутствует вкус» в наслаждениях, и он «имеется только у совершающих нарушение», что означает, что в то время, когда человек чувствует совершение нарушения, ощущает вкус в нем. Но «нарушил и не почувствовал, стало ненужным ему» – это значит, что «злое начало» не дает ему наслаждений, поскольку он и так работает на него без всякого вознаграждения, поскольку не чувствует тяжести нарушения.

И ошибаются религиозные, думая, что светские люди чувствуют больше материальных наслаждений. Ведь они выполняют все, что требует их эгоизм, не прося ничего взамен, потому что вся их жизненная установка в том, что они против религии, и нет у них наслаждений, как думают религиозные, потому что «дурное начало» не дает вознаграждение даром.

И неудивительно, что, когда человек начал работу по отдаче, он чувствует, что и желания материальных удовольствий увеличились. И не потому, что упал в эгоистические желания, а наоборот: сейчас он не желает получать ради собственного удовольствия и хочет только отдавать, и поэтому «дурное начало», его эгоизм, когда приходит помешать ему, дает ему большой вкус в обычных наслаждениях, чтобы слушался его и не мог ему противиться.

Вместе с тем, прежде чем начал работать на Творца, когда был еще погружен в земные страсти, не чувствовал такого стремления к ним, поскольку еще не было в них заключено большого наслаждения. Теперь же, если не почувствует большого наслаждения, нечего его «дурному началу» делать – конечно же, он не будет его слушаться. Получается, что чем больше отдаляется человек от себялюбия, тем больший вкус чувствует в эгоистических желаниях, иначе не послушается их голоса.

Вытекает из сказанного, что человек не должен пугаться, если в середине работы почувствовал стремление к плотским наслаждениям, и прежние его желания не идут ни в какое сравнение с этим. Но теперь, когда он должен каждый раз исправлять свои эгоистические желания, то чем большее в них заключено наслаждение, тем и желание получать будет большим. И, исправляя желание, то есть, преодолевая его, он каждый раз выявляет желание, называемое «кли», тем, что извлекает его из клипот и присоединяет к духовному. И поэтому дают ему каждый раз все большее и большее желание к наслаждениям.

Но каждый раз он должен молиться, чтобы дали ему свыше силы противостоять этому желанию к наслаждениям.

И это называется **исправление желаний корня его души.** И исправление их начинает с желаний получить наслаждения этого мира и достигает, в конце концов, исправления желаний получить наслаждения мира духовного.

И на каждое такое желание он должен просить у Творца, чтобы дал ему силу преодолеть и исправить его, как сказано мудрецами: «Пришедшему очиститься – помогают».

И разъясним сейчас то, о чем спрашивали:

а) в Зоар спрашивается о том, что первородство отдано Яакову, но разве Эйсав не родился первым? И объясняется, что Эйсав – это клипа, неисправленное желание, поэтому вышел вначале. А затем уже вышел Яаков, потому что клипа предшествует плоду. И есть уже объяснение РАШИ в начале главы «Берешит», где написано: «Силу действий Своих передал Его народу..., и если скажут другие народы: «Грабители вы....», ответят им: «Вся земля – удел Творца, Он создал ее и дал тому, кто прям в Его глазах, по Его желанию забрана у них и передана нам». Почему же тогда в Зоар есть еще одно объяснение?

б) Зачем необходимо, чтобы «клипа предшествовала плоду»? И объяснили просто: ведь Творец создал мир, и творение – это только желание. Известно, что свет не называется творением, а называется «вышедшим из существующего». Поэтому нельзя сказать, что прежде чем появилось что исправлять, должно было быть создано исправление. Объяснение: прежде создал «кли», называемое «желание получать», затем сделано исправление на него, называемое «сокращение и скрытие». И лишь тогда были получены творениями свойства «народов мира» – получать для себя, что является неисправленным желанием, называемым «клипа».

Выходит, что по-другому не может быть, нельзя исправить то, что еще не родилось. Получается, что говорят: «Он создал землю», – означает, что создал мир в принятом порядке: сначала появился недостаток, и лишь затем можно исправить его. И поэтому, согласно правилу «корня и ветви», должен выйти сначала получающий для себя – свойство, противоположное Творцу, называемое «народы мира», как сказано в Зоар: «Все, что делается народами мира, делается только ради себя».

И это называется «клипа предшествует плоду», то есть клипой называется то, что нельзя употреблять в пищу, поскольку наслаждения не входят в эгоистические желания после исправления сокращением. Но наполняют их после исправления, называемого «ради отдачи» – свойств Яакова. И это называется плодом, потому что желание получить исправлено теперь намерением доставить радость Творцу и становится «плодами, пригодными в пищу», поскольку есть соответствие в нем свойствам света. Тогда желание удостаивается «плодов». А об эгоизме сказано в Зоар: «Идол оскопится и станет бесплодным». И сказано, что Яаков называется «союзом», «заветом» (брит). И значит, будут едины, как написано: «Знак заключения союза между Мной и сынами Израиля – знак навеки».

Выходит, объяснение того, что «силу действий Своих дал народу Его», это объяснение создания такого порядка, когда «клипа предшествует плоду». И по закону «корня и ветви» сначала должна быть создана клипа – эгоистическое желание получать только ради себя, а затем исправление его, называемое Исраэль или Яаков. А «взята у них и отдана нам» – это исправление, потому что таков порядок.

Время зарождения и вскармливания
Статья 31, 1986

Ибур, еника и «мохин – это три ступени духовного развития. После того, как удостоился человек войти в духовное, он начинает постигать их: нефеш – в ибур, руах – в еника и нешама – в мохин. Но это происходит и на подготовительной стадии духовной работы, еще до того, как удостоился постоянно находиться в духовном мире.

Ибур – зарождение – так называется стадия, когда человек отменяет свое «я» на некоторое время и говорит: «Сейчас я не хочу думать ни о чем, связанном с собственной выгодой, не хочу пользоваться своим умом, хотя он для меня самое важное: ведь я не могу делать ничего того, что не понимаю, то есть я могу делать все, но должен осознать, насколько это выгодно». И все-таки он говорит: «Я способен иногда сказать, что на данное время принимаю на себя обязанность не пользоваться своим разумом, но верить выше разума, верой мудрецов, что есть Правитель и каждый находится под Его личным наблюдением. Но почему я должен в это верить, а не чувствовать, что это так. Ведь разум говорит о том, что если бы я чувствовал существование Творца, то конечно, смог бы работать на Творца и стремился бы служить Ему. Для чего же мне скрытие в таком случае? Что выигрывает Творец, скрыв Себя от творения?»

И он не ищет объяснений и на этот вопрос отвечает выше разума, говоря: «Если бы Творцу было известно, что творениям было бы лучше, если бы не было скрытия, конечно, не делал бы его». Получается, что на все возникающие в его мозгу вопросы отвечает, что идет выше разума, закрыв глаза, только веря.

Бааль Сулам сказал, комментируя один из текстов Псалмов (68, 32): «Куш побежит с дарами в руках своих к Творцу»: «Если человек может сказать «куш» – от слова «кушия» (вопрос), то есть его вопросы – сами по себе объяснение, то есть он не нуждается в объяснении, но в самом вопросе – ответ. Значит, он говорит: Теперь, когда есть у меня трудно разрешимый вопрос, я могу идти выше разума»».

Тогда «руки его – к Творцу». «Руки его» – его желания получить – к Творцу, и тогда человек в полном согласии с Творцом. Поэтому начало вхождения в духовное подобно зарождению, то есть, отменяя свою сущность, зарождается в «утробе матери», как написано: «Слушай сын мой наставление отца твоего и не забывай учения матери твоей». Как сказано: «Потому что матерью называется «бина». То есть он отменяет любовь к себе, называемую «малхут», эгоистическое желание, и входит в альтруистическое желание, называемое свойством «бина» – мать».

Человек должен верить, что до рождения, то есть прежде, чем душа спустилась в тело, она была соединена с Творцом. И сейчас он стремится снова вернуться и слиться с Ним воедино. Хотя сердце подсказывает ему, что он только теперь согласен на отмену своего «я», но потом пожалеет об этом.

И на это было сказано: «Не беспокойся о завтрашнем дне». И «завтра» не означает день, следующий за «сегодня», но «сегодня» и «завтра» могут быть настоящим и будущим, и разница между ними может быть в час. Мудрецами сказано (Сота, 48): «Если человек беспокоится о пропитании на завтра, хотя сегодня пища есть, – это из-за недостатка веры».

И следует объяснить сказанное^ «если есть пища сегодня». Это означает, что сейчас он готов принять на себя веру выше разума, но только думает, что будет потом. Значит, есть уже в нем воспоминание о состояниях, когда думал, что останется в возвышенном состоянии навсегда. Но вслед за этим опять падал вниз – в «место отбросов», куда выкидывают весь мусор.

Это означает, что во время подъема думал, будто весь эгоизм – всего лишь мусор, который стоит выбросить в отхожее место, то есть чувствовал никчемность желания получать. А сейчас сам опустился в это место, чтобы кормиться оттуда, подобно котам, копошащимся в мусоре в поисках чего-нибудь съестного, чтобы выжить. И он во время падения похож на котов, а не на избалованных людей, выбирающих всегда, что стоит есть, а что – нет. И это то, что мы произносим (в молитве «Алель»): «Поднимающий из праха бедного, и Возносящий из отбросов нищего».

Когда человек может аннулировать свое «я» на некоторое время, говоря: «Я хочу отменить себя самого ради духовного, он не находится в эгоистических мыслях». И он хочет сейчас доставить радость Творцу, веря выше разума, несмотря на то, что ничего не ощущает, верит, что Творец «слышит молитву, исходящую из уст каждого», и перед ним большой и малый равны, и как может он спасти самого великого, так может помочь самому ничтожному. И это называется свойством **зарождения (ибур), то есть он переходит (овер) из самостоятельности во власть Творца.**

Но это только временно, так как на самом деле он хочет навсегда аннулировать свое «я», но не может поверить, что сейчас это произойдет навсегда. Ведь уже много раз так было, когда он думал, что это случится. Но затем низко падал со своего уровня в «место отбросов». И все-таки он не должен беспокоиться о том, «что будет есть назавтра», то есть, конечно же, он упадет затем со своего уровня, и только из-за недостатка веры.

Но пока верит, что «спасение Творца приходит в мгновение ока». И поскольку хотел на какое-то время отменить свое «я» и желал остаться в этом состоянии навсегда, значит, он находится в процессе зарождения. Но на самом деле человек должен верить, что его желание войти в духовный мир и аннулировать свою сущность – это призыв свыше, а не сознательное решение самого человека.

И доказательство в том, что каждый раз, когда он хотел что-то сделать для отдачи, все противоречия, а их было у него много, возникали вновь, и тело его противилось и не могло понять, есть ли вообще в мире человек, способный отменит свое «я» перед Творцом и не беспокоиться о собственной выгоде. И оно всегда внушало страх перед попытками аннулировать себя перед Творцом. И сейчас он видит, что все противоречия, все мысли и сомнения сожжены окончательно. И ощущает огромное наслаждение, если может аннулировать себя перед Творцом.

Разве не видит теперь, что все его знание ничего не стоит, хотя и думал раньше, что нет в мире никого, способного убедить его отменить свое «эго», говоря, что это трудная работа, и не каждый способен выполнить ее.

А теперь видит, что ничто не мешает ему аннулировать себя и соединиться с Творцом. Но это потому, что получил немного света свыше и все препятствия отступили пред ним, то есть те, кто раньше приходил предъявлять «претензии лазутчиков», исчезли из поля зрения. Как написано (Теилим 103, 16): «Ветер подхватил его – и не стало, и неизвестно, где место его».

«Ветер подхватил его...» – когда человек получает вдохновение свыше, все мешающее ему исчезает и даже «место их неизвестно». Во время духовного подъема, который получил свыше, он не может даже понять, как в нем самом может быть место грешникам, влияющим на него своими претензиями.

Получается, что выкидыш во время беременности происходит, если младенец родился до истечения времени, необходимого для рождения. Так и в нашем мире, если есть во внутриутробном периоде какие-то нарушения, это приводит к выкидышу, когда младенец выходит наружу раньше времени, не может выжить и умирает. И в духовном, если имеется какая-нибудь слабость, человек выходит из внутриутробного состояния в пространство «этого мира», и все мысли этого мира обрушиваются на него, и все желания этого мира преследуют его, и это называется, что «зародыш мертв».

В 9-ой части ТЭС (п. 83) написано так: «Должно быть у матери свойство «двери», чтобы, закрывая ее, задержать младенца там внутри, чтобы не вышел наружу, пока не сформируется окончательно. И еще необходимо, чтобы была в ней сила, формирующая младенца».

Бааль Сулам объясняет, что в процессе зарождения действуют две силы:

1. Сила формирующая. Форма младенца – «катнут» – малое состояние, для достижения которого тоже существует порядок. Оно является подготовительным этапом большого состояния – «гадлут». Если нет ступени «катнут», то нет и «гадлут». И все время, пока он в «катнут», означает, что еще не достиг совершенства. И в любом месте, где не хватает духовного, содержится нечистая эгоистическая сила, способная испортить зарождение, чтобы зародыш не смог получить полноту, совершенство. И это толкает его к молитве, то есть он рождается прежде окончания внутриутробного периода.

2. Сила сдерживающая. В зарождении есть двадцать пять парцуфим, то есть НАРАНХАЙ – пять ступеней, в каждой из которых есть тоже НАРАНХАЙ. Поэтому должна быть сдерживающая сила, чтобы он был цельным даже в малом состоянии. И это он получает от матери, то есть хотя младенец сам по себе не имеет правильных желаний, чтобы получить большое состояние «гадлут» ради отдачи, все-таки посредством аннулирования себя

внутри матери он может получить желания «гадлут» от желаний матери, что называется «зародыш в теле матери кормится тем же, чем и мать его питается».

Но у него самого нет выбора, то есть он ест только ту пищу, о которой матери известно, что ее можно употреблять. То есть он отменил свой личный выбор, дающий возможность решать, что – хорошо, а что – плохо. Но все за счет матери, что называется «в теле матери», и это означает, что он не имеет собственного имени.

В ТЭС говорится о высших светах. Но то же самое имеет место и во время подготовки, когда человек только еще желает войти в духовный мир – все происходит по тем же правилам. Потому что, как и на высших ступенях есть много свойств, и рождение не происходит сразу же, но говорят, что есть там девять месяцев зарождения, пока постигнет двадцать пять парцуфим, так и в подготовительной стадии есть много изменений свойств, пока за время подготовки человек не достигнет полностью свойств «ибур». Поэтому имеет место также множество подъемов и падений. И иногда внутриутробное развитие идет неправильно, что называется «выкидыш», и необходимо начать работу заново.

А сейчас выясним, что означает формирующая сила, которая имеет место во время подготовки. «Зародыш» – это форма малого состояния, характеризующегося желаниями отдачи. То есть, когда человек занимается Торой и Заповедями, он может мысленно настроиться, что делает все с намерением «ради отдачи». Другими словами, что занимается сейчас Торой и Заповедями, потому что верит в Творца и в величие Его.

И он решает для себя, что с сегодняшнего дня и далее все наслаждение его будет состоять лишь в том, что у него есть желание служить Царю. И это приравнивается к тому, что словно он заработал огромные богатства. И весь мир смотрит на него, завидуя ему в том, что удостоился подняться на высочайший уровень, и никто другой не заслужил этого.

И поэтому он весел и радостен, и не чувствует в мире ничего плохого, а видит только хорошее. И все его наслаждение и гордость – в том, что он отдает, что он хочет дать Творцу. И весь день он проводит с одной мыслью: «Что сделать, какое совершить действие, чтобы я смог порадовать этим Творца».

С одной стороны, мы говорим, что человек должен работать не ради награды, а только ради Творца. А с другой стороны, говорим, что человек должен получать наслаждение и представлять себе, как получить наслаждение. То есть он должен мысленно представить величие и важность в глазах общества почитания великих людей и правителей.

И затем надо научиться у простых людей тому, как они получают наслаждение от того, что служат великим мира сего, и воспользоваться этим для возвеличивания Творца. И служа Творцу, он должен чувствовать такое же наслаждение, как и они на службе у великих людей. Потому что, если нет наслаждения от занятий Торой и Заповедями, это признак того, что нет у него того почтения к Творцу, как у тех, которые получают наслаждение и радость от своей службы великим мира сего.

И в момент, когда он обращается к Творцу, должен прежде представить себе: «К **Кому** я обращаюсь, с каким почтением и страхом я обращаюсь к Нему, и Он при этом слушает и смотрит на меня».

К примеру, когда человек ест какой-нибудь пирог или фрукт, мы знаем, что надо верить, что Творец создал все это, и мы получаем наслаждение от того, что Он нам подготовил. И за это мы обращаемся к Нему, и воздаем Ему благодарность, говоря: «Мы благодарим и восхваляем Тебя за это наслаждение и говорим: «Благословен Ты, Творец, создающий плод дерева».

И человек должен проверить себя, когда обращался к Творцу, насколько он испытывал при этом страх и почтение, и что он почувствовал после этого: какое впечатление и воодушевление оставило в нем это обращение к Творцу. Если, в самом деле, он верит, что говорил с Царем, где же полнота чувств и радость, как написано: «Если Отец Я – где почитающие Меня? И если Господин Я – где боящиеся меня?»

И если рассматривать это детально, надо различать в этом действии две особенности:
1. Человек наслаждается фруктом, который вкушает, и наслаждение это относится к животному желанию получать. Ведь животные тоже получают наслаждение от еды и питья. И не обязательно быть человеком, чтобы получать такое наслаждение, и поэтому оно называется «животное наслаждение».
2. Но в благословении и благодарности, возданных Творцу за это наслаждение, надо различать несколько особенностей. Получается, что вторая особенность этого действия относится именно к человеку и не имеет места у животных. И здесь есть много особенностей, поскольку действие это относится к человеку, а у человека есть много состояний.

К примеру, надо различать силу веры человека, насколько он верит в то, что все наслаждения исходят от Творца. А уже в этом надо различать: насколько он верит, обращаясь к Творцу, что говорит именно Ему. По силе веры в величие и значительность Творца люди, конечно, отличаются друг от друга. И также в соответствии с состоянием, в котором человек находится в данное время, есть различия. Ведь человек находится в «движении» и может, таким образом находиться в состояниях «подъемов и падений». Поэтому в одном и том же человеке различают несколько состояний.

Отсюда следует, что в желании получать наслаждение, относящемся к животному свойству, нельзя выделить ничего особенного, ведь это обычное наслаждение. Но в наслаждении, свойственном человеку, существует огромное количество особенностей.

Получается, что в свойственном человеку желании получить наслаждение, основа получения этого наслаждения не относится к эгоистическому получению, но присуща свойству отдачи, будучи построенной на свойствах Творца. То есть вся движущая сила, от которой он берет желание «работать», зависит от величия Творца, а не от наслаждения человека самим «плодом».

Это объясняется тем, что сила наслаждения человека зависит от того, насколько он возвеличивает Творца, а не от того, какое значение он придает «плоду». И это называется «наслаждением, не напрямую приходящим к человеку», поскольку желание его направлено на отдачу Творцу. И, в соответствии с этим, он представляет себе величие Царя, и по той же причине находится в радости оттого, что доставляет удовольствие Ему, тем самым получая от этого наслаждение.

Выходит, что получение наслаждения допускается только таким образом. Потому что он не намеревается наслаждаться в то время, когда служит Царю, но **величие** Царя обязывает его к службе. Выходит, что все стремление его – доставить наслаждение Царю, чтобы Царь был радостен. И таким образом, человек сам тоже наслаждается. Такое наслаждение допустимо, поскольку нет в нем, как в эгоистическом наслаждении, стеснения, называемого «стыдом получения», поскольку наслаждение его от отдачи, а не от того, что получил напрямую от Царя и удовлетворился этим.

Это называется, что наслаждение приходит напрямую от Дающего, и также называется «светом хохма», приходящим прямо к получающему, то есть получающий наслаждается от принятого им. И это требует исправления, называемого «намерение ради отдачи».

Но если наслаждение его от отдачи Творцу, в том, что служит Ему, оно называется непрямое получение, потому что он хочет доставить радость Царю и не ждет удовольствия и наслаждения для себя. И об этом сказано: «Работайте на Творца в радости», – то есть радость приходит к человеку от того, что он работает на Творца.

Но если работает без радости – это от недостатка веры в величие и важность Творца, иначе бы обязательно радовался и был в приподнятом настроении без всякой подготовки к этому. То есть человек не должен беспокоиться о том, чтобы была у него радость от работы, но должен позаботиться о подготовке себя, чтобы знать, для Кого он работает, насколько Он важен. И тогда будет радость, как следствие этого. Надо сказать себе, что если нет радости в работе, это признак того, что еще нет представления о важности Творца. И тогда должен работать над своей верой в величие Творца.

Это означает, что **он не должен работать над тем, чтобы была у него радость от того, что работает на Творца, но должен прикладывать усилия: как постичь величие и важность Творца.** То есть все, что он делает: учится, выполняет Заповеди – все это с целью удостоиться понимания величия и важности Творца. И в мере приобретения им ощущения величия Творца, он сможет естественным образом аннулировать себя по отношению к Нему, и будет у него желание и стремление служить Ему.

Все, о чем говорилось до этого, называется зарождением, поскольку человек должен верить, что все – от Творца, что именно Он дал ему сейчас мысль и желание аннулировать себя по отношению к Нему. И в то же время должен посмотреть на себя со стороны: как он реагирует на такое «пробуждение», и тогда, конечно же, найдет там недостатки для исправления.

Но когда видит, чего там недостает, не может быть в радости, потому что любой недостаток порождает страдание. К тому же, нехорошо настолько чувствовать недостатки, согласно правилу, «в том месте, где не достает очищения, присутствует скверна», и он может упасть со ступени и ослабнет от этого в работе.

Потому полагается человеку видеть себя совершенным, то есть, что нет в нем никакого недостатка. И поэтому видит себя счастливым в этой жизни и получает удовольствие от того, что есть еще очень много подобных ему людей, которые не наслаждаются жизнью, как он. И если бы они могли почувствовать это его наслаждение, как бы они ему завидовали!

Скажем, к примеру, люди, сидящие в тюрьме, ни одному из которых не позволяют выйти из стен тюрьмы подышать снаружи воздухом. А один человек понравился начальнику тюрьмы, но никому об этом не известно, и он позволяет ему на час в день выходить на свободу. И тогда он отправляется осмотреть свой дом. Но затем снова возвращается в место заключения. И насколько же счастлив этот человек: во-первых, он осмотрел свой дом, во-вторых, когда он смотрит на других заключенных, сидящих в тюрьме, которым не дана эта свобода, какое наслаждение и удовольствие он получает от этого. То есть, кроме того, что есть у него собственное наслаждение, он еще получает наслаждение от того, что вне его – оттого, что видит, что у него есть то, чего нет у других. То есть наслаждение это приходит извне, от того, что он наблюдает вокруг себя, видя, как страдают и как тяжело другим от того, что не получают свободы, которая у него есть, и которой он наслаждается.

Согласно вышесказанному следует:
1. Человек получает удовольствие тем, что сам наслаждается.
2. Он получает удовольствие от того, что у других нет того, что есть у него. Это называется, что получает удовольствие извне.

И значит, поскольку мы находимся в тюрьме, подобно тому, что мы произносим в молитве на Йом Кипур: «Люди, сидящие во тьме, в тени смерти, испытывающие страдания, освобождаются от тьмы и страха смерти». И за наши грехи Творец отдал нас в «заключение», где находятся все узники, грешащие перед Царем, не видящие никакого света и наказанные пожизненным заключением.

И они оторваны от родителей, называемых «праотцы мира», как было сказано мудрецами: «Когда действия мои достигнут действий отцов моих?». То есть в том месте, где есть связь с «отцами», когда он знает добрые поступки «отцов», можно сказать, что он просит: «Когда действия мои сравняются с действиями «отцов»!?». То есть что и у него тоже будет возможность совершать добрые поступки, подобно «отцам». Но за грехи, как сказано: «И за прегрешения наши изгнаны мы из земли нашей», – отданы мы в место заключения, и нет у нас никакой связи с Творцом, чтобы могли сказать, что мы желаем совершать поступки, с помощью которых сможем соединиться с Творцом.

Получается, что люди, осужденные на пожизненное заключение, не видят света всю свою жизнь, соглашаются с состоянием, в котором находятся и приучают себя наслаждаться только тем, что дает им начальник тюрьмы. И эта привычка приводит к тому, что сердце забывает о том, что была однажды жизнь вне тюрьмы, что там они наслаждались жизнью, которую выбрали себе сами и не должны были получать пропитание на тюремных условиях. Но это все сейчас забыто.

Выходит, человек должен радоваться, что начальник тюрьмы любит его и потому предоставляет ему каждый день немного свободы, чтобы мог выйти из места заключения и насладиться тем, чем наслаждаются свободные люди. И словно бы он сейчас, как человек, который никогда не грешил перед Царем и идет домой и общается со своей семьей, с любимыми и близкими. Но затем снова должен возвратиться в тюрьму. И так каждый день.

Когда приходят к человеку желание и мысль прийти в бейт кнесет и немного поучиться и помолиться, он должен немного прочувствовать, что существует духовная жизнь и что, в конце концов, он верит в это. Эта вера называется: «Небольшое ощущение духовного, получаемого малым свечением издалека».

Он далек еще от подобия свойств с Творцом, и поэтому и грешил, используя свой эгоизм, называемый «противоположность свойств», и суд решил пожизненно заключить его в тюрьму. «Тюрьма» – потому что нет там духовной жизни, и это место для преступников, которые грешили перед Царем. Но он понравился начальнику тюрьмы, и потому он дает ему мысль и желание насладиться «жизнью свободных людей» – свойством, называемым «человек», как написано: «Вы называетесь людьми, а не народы мира называются людьми, потому что наслаждаетесь пищей людей, называемой «духовная жизнь», потому что связаны с Царем, возвышенным над всеми царями, то есть вы чувствуете, что обращаетесь к Царю».

И когда представляет себе человек, что понравился начальнику тюрьмы, и он дает ему на какое-то время свободу, то он хотя и знает, что упадет в низкое состояние и будет вынужден вернуться в тюрьму, несмотря на это, даже когда находится в тюрьме, рад, потому что помнит из прошлого, что бывают подъемы и падения.

Поэтому, даже когда возвращают его в заключение, он все-таки знает, что иногда обретает милость в глазах начальника тюрьмы, и когда предоставит ему на какое-то время свободу, в этот короткий промежуток времени он сможет видеть своих близких и пытаться добиться у них, чтобы они освободили его совсем.

Это значит, что даже в низком состоянии иногда приходят ему мысли, что он уже привык, когда вытягивают его из желаний грешников, погруженных в свой эгоизм. И затем, когда получает призыв свыше, во что он верит, то мысли и желания его низкого состояния вызывают в нем чувство, что нет никакой возможности выйти когда-нибудь из эгоизма, потому что видит сопротивление своего тела.

И каждый раз сопротивление это облачается в другие формы, так что одна претензия не похожа на другую. Но одно в них одинаково – все они дают ему понять, что очень трудно и практически невозможно человеку в этом мире освободиться от них.

Но все-таки видит, что когда приходит к нему помощь свыше, он забывает все их претензии, как будто их никогда и не было в мире, и он хочет сейчас только одного: аннулировать себя по отношению к Творцу, и именно теперь чувствует в этом наслаждение.

И поэтому, если человек хотя бы немного ощущает духовное, он может радоваться и быть уверенным по двум причинам:

1. От того, что вышел на свободу и наслаждается тем, что вышел из тюрьмы.

2. И потому, что он наслаждается, видя, что все находятся в тюрьме. И он смотрит на них с жалостью. И иногда он хочет попросить помилование им, чтобы Творец дал им разрешение выйти из заключения.

И из сказанного поймем, что во время зарождения, когда он находится только в малом состоянии и с трудом может выполнять Тору и Заповеди, хоть с каким-то намерением, он должен верить, что есть в этом величайшая важность в том, что Творец дал ему возможность выйти из всей общей массы людей в мире, у которых нет никакой связи с духовным, и все их стремления только к животным наслаждениям, и тем, чем живут и питаются животные, удовлетворяются и они.

А их отношение к духовному состоит в том, что они гордятся, что не настолько глупы, как верующие, говорящие, что духовная жизнь существует, но знают четко и непоколебимо, что правда на их стороне и говорят себе: «Мы самые умные в поколении по причине, что не верим в духовное, но цель всей нашей жизни – только материальное».

И знают на все сто процентов, что нет ничего духовного в мире, верят в это настолько, что хотят повлиять на верующих, чтобы и они тоже знали, что ясность ума проявляется в осознании того, что нет духовного, а только материальное – точно как и все животное.

А есть еще большие «умники», пришедшие к заключению, что раз нет другой жизни в мире, кроме животной, поэтому запрещено употреблять в пищу живые существа, поскольку нет у человечества более высокой цели, чем у всего живого. И если это так, почему же мы едим их, ведь мы с ними на одном уровне и цель у нас одна.

Из этого следует, что, с одной стороны, человек должен ценить мысль и желание выполнять простые действия без осознания и понимания их, но делать все выше своего разума. И верить, что желание – это хоть немножко выполнять Тору и Заповеди, его тоже дал ему Творец, поскольку он понравился Ему. И он не знает, чем он достойнее остальных, которых Творец оставил погруженными в материальную жизнь, а его вытащил из общей массы людей, как приводилось выше в примере с тюрьмой.

И это должно принести ему чувство радости и совершенства. И поскольку он чувствует совершенство, может высказать еще большую благодарность за это Творцу. И как сказал Бааль Сулам: «В меру благодарности человека Творцу за то, что немного приближает его, в меру этого тотчас же получает помощь свыше».

И это можно объяснить: если человек понимает, что надо благодарить Творца не потому, что Творец нуждается в том, чтобы Его благодарили, как обычного человека, настолько он в начале обдумывает: «Какова мера благодарности, которую я Ему должен воздать». Поскольку существует правило: «насколько ценят полученное, настолько и благодарят за это».

Например, если человек помог кому-то, у кого не было места работы, чтобы прокормиться, а он бегал и очень старался для него и нашел ему место работы, конечно, благодарность того человека велика. Но скажем, человек совершил какое-то преступление против правительства, и судья приговорил его к двадцати годам заключения, и он вынужден оставить свою семью, дочерей и сыновей, которых надо женить. И он только что купил завод, на который должен принять сотню рабочих, а пока принял только пятьдесят. И вот за нарушение, на котором поймало его правительство, должен отправиться сейчас в тюрьму на двадцать лет. И он беспокоится, что будет со всеми его планами и всей его семьей, когда будет отделен от мира. И говорит тогда в сердцах: «Лучше умереть, чем так жить – находиться в тюрьме и обо всем беспокоится».

И вот пришел к нему один человек и помог ему советами, с помощью которых он вышел на свободу, и оправдали его от всех обвинений. Конечно, он начинает думать «Чем я могу отплатить этому человеку, спасшему мне жизнь». И конечно, есть тогда у него только одна забота: каким образом я могу прийти к этому человеку, открыть ему свое сердце – насколько весь я благодарен ему и восхваляю его, как написано: «Вся сущность моя вознесет песнопения и восславления этому человеку».

Получается, что необходимость отблагодарить приводит его к тому, что начинает взвешивать: насколько велико данное мне им избавление, чтобы знать, как отблагодарить его.

И значит, оттого, как благодарит человек Творца, зависит, насколько важно ему, чтобы вытащили его на мгновение из «заключения», чтобы «вдохнул немного свежего воздуха» из духовного мира.

Выходит из сказанного, что дали человеку упасть в такое состояние, поскольку не ценил приближение к Творцу. А неумение ценить привело его к потере близости, как сказано мудрецами: «Кто глупец? – Теряющий то, что дали ему». Это значит, что нет у него ума оценить меру приближения к Торе и Заповедям. То есть человек должен верить, что даже небольшая часть в Торе и Заповедях крайне важна, несмотря на то, что он не чувствует еще ее важности.

Получается, что верит в то, чего не может почувствовать и постичь. Тогда должен верить в сказанное нам каббалистами, верить, «что это именно так». То есть верить в то, что Учителя говорят, а не в то, что мы чувствуем. Поскольку еще не настолько развиты наши чувства, чтобы все время чувствовать, что все обращено к Царю, что все просто, когда знает, что обращается к Царю, и нет никакой необходимости готовиться, чтобы почувствовать важность Царя. Потому что это в нашей природе, и нет надобности над этим работать.

В чем же причина того, что нет трепета у человека, когда произносит слова Торы, хотя верит, что она дана Творцом? А причина в том, что нет у него еще полной веры – такой, чтобы она была подобна четкому пониманию. Недостает еще ему веры. И должен работать над ней, над тем, как обращается он к великому Творцу. А чувство – это то, что приходит само собой. Оно – только следствие чего-то нового, ощущаемого человеком. Выходит, что главное – работа над верой, чтобы поверил в величие Творца.

И это то, что сказано в Книге Зоар, что человек должен молиться о «Шхине, находящейся в изгнании». А мы не осознаем важности того, Кому мы молимся и обращаемся со словами благодарности. И не задумываемся над тем, чтобы оценить – чьи Заповеди мы выполняем. И все это называется «Шхина в изгнании». И потому мы не ощущаем вкуса в выполнении Торы и Заповедей, поскольку есть правило: «Незначительный человек не приводит в волнение».

Из сказанного вытекает, что человек должен работать на Творца с радостью. То есть в каком бы положении ни находился, даже в самом своем низком состоянии, не чувствуя при этом никакого вкуса в изучении Торы и Заповедей, все равно должен представить себе, что сейчас выполняет Заповедь, ставя веру выше знания. Это значит, что несмотря на то, что тело показывает ему его низменное состояние, все-таки он может собраться с силами и сказать: «То, что я могу выполнять Тору и Заповеди без всякого намерения, это уже само по себе очень важно». На самом деле он выполняет все в действии, но ему недостает намерения. А если бы было у него также и хорошее намерение, тело было бы удовлетворено, и он чувствовал бы себя совершенным человеком.

А сейчас тело еще не может наслаждаться Торой и Заповедями. Если так, чего же здесь не достает? – Только наслаждения тела. И поскольку человек хочет работать не ради себя, а во имя высшей Цели, получается, что именно **теперь, когда тело не наслаждается, он может наиболее полно работать ради отдачи**. И если он верит выше своего разума, что это так, такое преодоление называется «пробуждением снизу». И вслед за этим он обязан получить жизненные силы, ведь теперь он по-настоящему слился с Творцом и желает работать на Творца без получения чего-либо взамен.

Но если не может идти выше знания, то приходят к нему два стражника и заключают его в тюрьму вместе со всеми, грешившими перед Царем. И два стражника эти – **разум и сердце**. И тогда его осуждают на определенный срок, а затем выпускают немного на свободу и смотрят, как он себя ведет. И так все это происходит, пока не помилуют его свыше и не выпустят его из тюрьмы на свободу насовсем.

Выходит, что необходимы два условия:
1. сила образующая, то есть малое состояние;
2. сила сдерживающая, чтобы не было выкидыша, то есть чтобы не нарушить процесс зарождения.

Сила образующая нужна, потому что есть правило «нет света без сосуда – кли, то есть нет наполнения без недостатка». Поэтому, если нет малого состояния, никогда не будет и большого.

Но нужны силы, чтобы выдержать страдания, так как ему больно оттого, что нет у него ощущения совершенства. И известно, что трудно терпеть страдания. И когда не видит конца этим страданиям, то бежит с поля боя. Выходит, что нужно дать ему ощущение совершенства, чтобы мог держаться и не бежать от борьбы за существование. Но сказать ему неправду нельзя, чтобы он мог обманывать себя, говоря, что он непорочен, потому что «говорящий ложь не предстанет пред очи Мои «.

Поэтому говорят человеку, мол, видишь, все сидят в тюрьме и забывают даже, что есть у них родители и близкие – люди, занимающиеся Торой и Заповедями. И все ими забыто, и думают, что нет в мире других людей, кроме сидящих в заключении, и начальник тюрьмы властвует над ними, – то есть наказаны тем, что находятся под властью зла. И поступающие против их разума принимаются ими за сумасшедших, потому что оставляют материальную жизнь в тюрьме с ее наслаждениями и идут просить что-то выше знания, то есть верят, что есть еще большее наслаждение, чем наслаждения от материальной жизни.

И он подводит итог и видит, что удостоился большой заслуги тем, что понравился Творцу. И Творец приподнял его на определенное время над материальной жизнью и дал подышать немного «духовным воздухом». Как счастлив должен он быть в это время, когда смотрит на всех вниз, сравнивая с собой. И такое состояние называется «истинным совершенством». Ведь в обыденной жизни как ценим мы временную свободу, сколько радости доставляет человеку то, что он видит, что обрел милость в глазах начальника тюрьмы, а все заключенные не удостоились этого.

И это помимо того, что совершенство это, на самом деле, истинно, но человек все равно должен затратить большие усилия, чтобы оценить это. И необходимо возвысить, поднять уровень важности этой работы, хотя бы тем, что оценить даже небольшую предоставленную возможность служить духовному, и тогда удостоится увеличения ощущения важности этой работы. Пока не скажет человек: «Нет у меня никакой возможности по-настоящему оценить важность служения Царю». И это называется «зарождение».

А зарождением называется потому, что инициатива исходит от Высшего. Но в предварительной стадии подготовки, прежде чем человек удостаивается войти в замок Царя (и в нем называется «зарождение», в результате которого он удостаивается света НАРАНХАЙ де нефеш), есть много подъемов и падений. Но все это относится к свойству зародыша, то есть все идет от Высшего.

Вскармливание – «еника» – в подготовительной стадии называется этап, когда человек сам пробуждается и хочет получить «питание» через Учителя и Книги, когда он «питается» чем-то духовным, чтоб оживлять свою душу духовной жизнью. И когда он занимается Торой и Заповедями, то стремится извлечь из них источник света Торы, и это возвращает его к этому источнику, как сказали мудрецы: «Я создал злое начало, Я создал и Тору для его исправления».

Но чтобы извлечь свет Торы, надо обладать верой, как написано в «Предисловии к Книге Зоар». Потому что, когда верит в Творца и Его Тору, хочет соединиться с Ним. Но человек видит, что это невозможно по причине зла в нем – желания получать, свойства, приводящего к отдалению его от Творца.

И поэтому его вера тоже непостоянна, как писал Бааль Сулам: «Не может свет веры находиться постоянно в человеке, потому что человек не находится постоянно в страхе от того, что может и не будет у него этой возможности – направить свои действия на отдачу, но возникнет желание получить для себя, являющееся отличным от свойств Творца».

Следовательно, не может быть в нем вера находиться постоянно, если нет слияния, называемого «совпадением свойств». Но как воспользоваться этой силой, чтобы стало возможным преодолеть свою природу, которая противоположна по свойствам Творцу. На это сказали мудрецы (Псахим, 50): «Пусть всегда занимается человек Торой и Заповедями, даже пока еще «не ради Нее», потому что из этого придет к «ради Нее», поскольку свечение Ее возвращает его к источнику».

Выходит, свечение, заключенное в Торе, это то, что возвращает человека к Творцу. Но сказано это о том, кому действительно необходимо это свечение, чтобы вернуло его к Творцу. То есть, чтобы мог направить свои действия на отдачу. Это означает, что когда будет у него неразрывная связь с Творцом, тогда удостоится постоянной веры.

Но если человек, который не беспокоится о том, что нет у него полной веры, и изучает Тору ни для чего другого, а только для возможности извлечь из этого наслаждение, удовлетворяя свои эгоистические желания, и не беспокоится об отдаче. Такому человеку нет надобности в свечении Торы, дающем возможность вернуться к Творцу, дающем силы исправить свои действия, чтобы они были направлены только для доставления радости Создателю, что и называется слиянием с Творцом, посредством которого удостаивается постоянства веры.

Но если нет у него недостатка в постоянстве веры, и нет у него потребности к соединению, а только к тому, чего он сам ожидает удостоиться от света, и не потому, что свет Торы идет от Высшего, и есть в этом свечении добро и наслаждение – значит, он стремится к свету не для того, чтобы получить помощь в превращении своего желания получать в желание отдавать, а хочет, чтобы свет произвел действие, обратное своему предназначению. Потому что свет приходит, чтобы вернуть к своему источнику, как написано (Теилим 45): «Прониклось мое сердце добром... Все действия мои ради Творца!». То есть добром называется то, посредством чего человек удостаивается желаний отдавать.

Но если человек хочет получить свет, чтобы насладиться им ради себя, то свет еще больше увеличит его эгоизм. И получится такое действие, которое, на самом деле, обратно тому, что должен дать свет. И потому свет не придет к нему.

В «Предисловии к Талмуду Десяти Сфирот» (п.16) написано так: «Нечего человеку надеяться, что занятия Торой и Заповедями «не ради нее» (ло ли шма) приведут его к «ради нее» (ли шма). Только тогда, когда он познает душой, что удостоился веры в Творца и Тору Его, как подобает, тогда лишь свечение, присутствующее в ней, вернет его к Творцу, и удостоится он «дня Творца», который весь – свет. Потому что вера просветляет глаза человека, чтобы насладились светом Его, пока свет, заключенный в Торе, не возвратит к его Источнику... А не обретшие – ослепляются глаза их светом Творца».

И надо пояснить, что свет веры открывается тем, у кого есть вера. И согласно тому, что мы выяснили: те, кто удостоились постоянства веры – есть уже у них все добро. Объясняет рабби Йехуда Ашлаг написанное: «Дающий умным мудрость». Ведь это непонятно: «дающий глупым мудрость» – надо бы сказать. И он объяснил: «Поскольку нет света без исправленного желания, нельзя дать мудрость глупцам, поскольку нет у них потребности. «Дающий мудрость умным» – то есть тому, у кого есть **желание стать мудрым**, когда есть у него кли, сосуд, он может получить наполнение, потому что нет наполнения без недостатка.

Соответственно этому, мы должны объяснять и то, что относится к вере. Человек нуждается в вере, потому что видит, что нет ее, а есть лишь частичная вера, как сказано в Предисловии к ТЭС (п.16): «Тот, кто стремится, чтобы была его вера полной, называется уже обладающим верой». Это означает, что есть у него желание и необходимость в свете веры. **Именно этим людям, ищущим веру, открывается свет Торы.** Об этом написано: «Вера очищает глаза человека, чтобы насладились светом Творца, пока свет, заключенный в Торе не возвращает его к Творцу».

Из сказанного следует, что свойством зарождения называется то состояние, когда человек получает возбуждение свыше. И как в материальном зачатие зависит от родителей, так же и здесь зарождение зависит от призыва свыше, когда зовут человека вернуться к своему корню. И тогда начинает думать и мыслить по-другому. И все желания, бывшие в нем до призыва, уничтожились и не вспоминаются.

А свойством «вскармливание» называется состояние, когда он сам начинает искать, какую «пищу» получать от книг и учителей, и хочет впитать в себя свет, чтобы появилась возможность слиться с Творцом и удостоиться полной веры.

Что означает в молитве «должен выпрямить свои ноги и должен покрыть голову»
Статья 32, 1986

В Книге Зоар (Вээтханан, стр.3, п. 10) написано: «Тот, кто произносит молитву, должен выпрямить свои ноги и должен покрыть голову, подобно тому, кто стоит пред лицом Царя, и должен прикрыть глаза, чтобы не созерцать Шхину». И далее спрашивает: «Ты говоришь «тот, кто созерцает Шхину в час молитвы» – как может созерцать Шхину?». И отвечает: «Но чтобы знать, что, конечно, Шхина находится пред ним в час молитвы. И поэтому запрещено ему открыть глаза».

И надо понять, на что указывает нам условие, чтобы выпрямили ноги в молитве, и что в этом заключен важный смысл. Еще надо понять, что означает, что надо покрыть голову во время молитвы. И здесь не имеется в виду, что надо покрыть голову талитом во время молитвы, потому что это говорится только об утренней молитве. Но в минху и вечернюю молитву, когда мы молимся без талита – что там означает покрытие головы, на что же это указывает? И что значит прикрыть глаза?

Обычно, во время произношения молитвы «Шма Исраэль», мы прикрываем глаза. А тут сказано, что и в остальной молитве необходимо прикрыть глаза. Итак, нужно знать, на что эти понятия указывают. И надо понять ответ Зоар, дающий объяснение на вопрос, каким же образом можно созерцать Шхину.

И объясняется: «А для того, чтобы знать, что, конечно, Шхина находится пред ним в час молитвы». Но объяснение непонятно: в чем связь между прикрытием глаз и знанием, что Шхина находится пред ним? И чтобы понять все вышесказанное, необходимо выяснить, в чем заключается Цель творения, и какого уровня творение в итоге должно достичь.

Известно, что Цель творения – доставить наслаждение творениям. И здесь напрашивается известный вопрос, почему же тогда не чувствует наслаждение и удовольствие каждое из творений, а мы видим обратное, что весь мир терпит беды и страдания, пока достигают немного наслаждения и удовольствия. И обычно, когда человек анализирует свою жизнь, то говорит подобно тому, как сказали мудрецы: «Лучше бы ему было вообще не родиться, чем так жить» (Ирувин, 13).

Ответ в том, что для того, чтобы не было ощущения стыда, испытываемого от получения «дармового хлеба», дано нам исправление, называемое «сравнение свойств», и смысл его в том, что все, от чего человек получает наслаждение и удовольствие, имело бы намерение «ради отдачи». И чтобы была возможность у человека приучить себя получать наслаждение ради отдачи, возникло сокращение и скрытие. То есть, чтобы не получать за один раз огромные наслаждения, скрытые в Торе и заповедях.

Поэтому мы можем учиться порядку работы ради отдачи на вещах материальных, в которых находятся лишь мелкие наслаждения, называемые языком Зоар «слабое свечение», что означает очень слабый свет. Духовные искры упали в нечистые эгоистические желания, чтобы они могли существовать. И на этом маленьком свете, содержащемся в материальных наслаждениях, мы можем научиться, как принимают их ради отдачи. Ведь на малых наслаждениях легче научиться и приучить себя совершать действия с намерением ради отдачи. Тогда легче сказать, что, если я не могу направить их ради отдачи, я отказываюсь от них и не могу получать эти наслаждения, потому что они отдаляют меня от Творца.

Известно, что желание Творца – только отдавать, а творение хочет именно получить. Если так – нет тут совпадения свойств. Он же желает быть связан с Творцом, а это действие получения отделяет его от ощущения Творца по причине сокращения и скрытия, произошедших для того, чтобы была возможность приучить себя выполнять действия, направленные ради отдачи. Но если бы проявилось управление Творца, то были бы добро и наслаждение открыты, и не было бы никакой возможности у человека противостоять своему желанию получать.

И тем самым поймем сказанное мудрецами, что человек во время молитвы должен выпрямить ноги. Слово «ноги» (реглаим) в иврите происходят от того же корня, что и слово «разведчики» (мераглим), о которых сказано в Торе, что они убеждали народ Израиля не прикладывать усилия, чтобы войти в святую Эрэц Исраэль, приводя два аргумента:

1. Что может выиграть эгоизм человека, если пойдет по этому пути, ведущему только к Царю? Если будет прикладывать усилия, работая ради Царя, то желание получить не выиграет, а только потеряет. И только желание отдавать выиграет. А что же будет с желанием получать, ведь оно основа творения?
2. И даже если скажем, что стоит все-таки работать на Царя, потому что это приносит человеку большое наслаждение, то конечно, не каждый человек способен на это. И, несомненно, для этого требуются особые условия – и это для людей, родившихся с большими способностями и храбрым сердцем, которые могут преодолеть все препятствия, возникающие на пути к духовному.

А нам достаточно быть на одном уровне со всем остальным народом, и незачем искать ступени, более высокие, чем все. И я не должен быть исключением, и достаточно мне, если я смогу выполнять Тору и Заповеди без всяких намерений. И конечно, эта работа будет более легкой, потому что она ближе нашему желанию получать.

И зачем мне смотреть на несколько людей, говорящих, что главное – работать ради Творца. Конечно же, все работают ради Творца, и я буду как один из них. И это называется «разведчиками».

На это сказано, что во время молитвы надо выпрямлять ноги, то есть что человек должен сказать то, что «разведчики» показывают ему, что та дорога, о которой только горстка людей говорит, что нужно по ней идти, что только эта дорога истинна, а ни какие-то другие пути.

Об этом сказали мудрецы: «Всегда пусть человек занимается Торой и Заповедями с намерением даже «не ради Творца», потому что вследствие этого придет к намерению «ради Творца». И, несомненно, то, что сказали мудрецы, – истина. И надо пытаться идти по этому пути, приводящему прямо к Творцу, называемому «истина в основе своей». То есть, на слова «разведчиков», что он делает неправильно, он должен ответить: «Я иду сейчас просить у Творца, чтобы помог мне идти моей дорогой, ту, что я выбрал сейчас и сказал, что только этот путь прямой».

И это объяснение, зачем надо выпрямлять ноги во время молитвы. Выходит, молитва, с которой он идет к Творцу, о том, чего ему недостает. Потому что, если нет недостатка, не о чем просить и молиться. И в чем же мой недостаток? В том, что я вижу, что «разведчики» не дают мне покоя, а я не хочу идти их путем. Но тогда я вижу, что все мои мысли и желания направлены лишь на собственную выгоду, и я вижу, что сделать что-нибудь во имя Творца я не в состоянии.

Получается, что недостает мне – и об этом надо просить у Творца – чтобы дал мне только кли, сосуд, называемый «желание». **Потому что мне не хватает желания служить Царю**. И мне надо, чтобы это было всем моим стремлением и желанием. И не беспокоиться больше ни о чем, что не касается этого.

Но истинная причина, почему человек не стремится служить Царю, не та, что у него нет желания служить Ему, а та, о которой сказал Бааль Сулам: «Причина в том, что он не верит, что стоит перед лицом Царя. Но в то время, когда он чувствует, что стоит перед Царем, то лишается возможности выбора и самоаннулируется, «как свеча на фоне факела»».

И поэтому, **главное, что человек должен добиваться в своей работе, – это только удостоиться веры, то есть, ощущения, что существует Творец**, как сказали мудрецы (Пиркей Авот): «Око всевидящее и ухо внемлющее». Пока распространяется на человека скрытие – прежде, чем он выйдет из своего эгоизма – он находится под воздействием сокращения, сделанного для того, чтобы там, где есть желание получать ради себя, была тьма без света, называемая «пространство, освобожденное от высшего света».

И поэтому он просит у Творца, чтобы открыл ему глаза, чтобы он почувствовал, что стоит перед Царем. И все это ему необходимо не потому, что хочет насладиться тем, что стоит перед Творцом, но потому что хочет отдавать Творцу, но пока он не чувствует величия Творца, не в его силах сделать это. Когда он воодушевляется в своих мыслях сделать что-то во имя Творца и не думать о собственной выгоде, то «мир оборачивается тьмой для него», то есть, кажется ему, будто отстранился и ушел из этого мира.

Другими словами, он начинает чувствовать, что вся реальность превращается в ничто, и он уже ничего не стоит. И поэтому в начале вхождения в это состояние он сразу же хочет избежать его, потому что чувствует неприятие, которое это состояние у него вызывает. И нет у него возможности продолжить идти этим путем, потому что думает, что если он начнет идти по пути «только для Творца», то, несомненно, должен испытывать счастье и наполненность жизнью. И внезапно он видит обратное. Спрашивается, почему это так?

И ответ в том, что в этом состоянии он может почувствовать, что означает «Шхина во прахе». То есть, он чувствует, что упал так низко, что унизился до праха. И после того, как он почувствовал это состояние, уже может молиться Творцу и совершать хорошие поступки, чтобы Творец «поднял Шхину из праха».

Приняв на себя власть Творца, решив работать только ради Творца, а не ради собственной выгоды, он тут же ощущает вкус праха и просит, чтобы Творец убрал от него скрытие, и тогда он удостоится увидеть, что «Шхина называется Земля Жизни». Именно благодаря желанию делать все во имя Творца, а не для себя, именно отсюда удостаиваются **истинной жизни,** и это объяснение понятия «Земля Жизни» – из этой земли произрастает вся жизнь. Вместе с тем, земля эгоистической силы называется «землей, пожирающих своих жителей».

Известно, что получение ведет к отделению от духовного. И поэтому «грешники еще при жизни своей называются мертвыми». Вместе с тем отдача называется «слияние», как написано: «И вы, слившиеся с Творцом, живете все сегодня». Это значит, что человек хочет, чтобы Творец открыл глаза его, и тогда удостоится веры, то есть почувствует реальность Его существования. И это не означает, что стремится насладиться от того, что стоит перед Царем, но стремится не быть грешником из-за того, что не желает выполнять заповеди любви к Творцу, и хотя не может быть любовь без наслаждения, но дело в том, что человек желает ее получить напрямую.

Например, человек любит своих детей, потому что это дает ему наслаждение. И нельзя сказать, что он любит что-либо и не чувствует в этом наслаждение, потому что там, где человек ощущает страдания, нет места для любви. Лишь иногда бывает, что мы говорим, что рады страданиям. И только тогда, когда что-то выигрываем посредством страданий. Как, например, человек, делающий себе операцию в больнице и платящий врачу много денег. Он не говорит, что любит это, но он рад, что выиграет что-то важное, то есть свою жизнь.

Но мы не можем сказать, что человек хочет любить своих детей и работать для них, чтобы получить за это наслаждение. Это естественная любовь, с которой он создан, и нет у него никакого отношения к наслаждению. Но оттого, что он любит их, он также получает наслаждение. Таким образом, наслаждение, исходящее от любви к детям, приходит не напрямую.

Подобно этому, когда человек просит у Творца, чтобы приблизил его и дал ему возможность ощутить существование Творца, тогда он аннулирует себя по отношению к Творцу. И, конечно, тогда он получает наслаждение. Но не этого он ожидает, а, как указано выше, намерение его в том, чтобы Творец приблизил его, потому что он видит себя грешником и не может ничего сделать, кроме как ради своей выгоды. Если так, то он хочет, в самом деле, выйти из себялюбия.

Выходит, что намерение его — выйти из себялюбия, а не желание получить еще большее наслаждение. Его просьба связана не с тем, что материальные наслаждения не удовлетворяют его, и он ставит себе цель получать большее наслаждение, чтобы его эгоизм выиграл еще больше. Но буквально наоборот: он вообще хочет выйти из своего эгоизма.

И единственная причина, по которой он хочет просить Творца, чтобы вывел его из эгоизма и дал ему свет веры, состоит в том, что он — йехуди и обязан выполнять Тору и Заповеди, потому что Творец заповедал нам выполнять Его желание. И он видит, что нет у него желания отдавать Творцу, и все заботы его, как и у всех народов мира, — только любовь к себе. И это дало ему толчок просить возможность быть йехуди, а не одним из народов мира.

Но надо помнить, как указывается выше, что невозможно почувствовать существование Творца без того, чтобы человек ощутил наслаждение. Но наслаждение это, которое приходит к нему, приходит не напрямую. То есть, у него не было намерения получить его, но оно пришло к нему и так: ведь это естественно, что, когда он чувствует, что стоит перед Царем, он ощущает величие Царя, и в этой мере он получает наслаждение.

Из вышесказанного следует, что не может быть, чтобы человек стоял перед Царем и желал аннулировать себя по отношению к Нему и, вместе с тем, ощущал бы неприязнь. Если человек видит, что, когда он начинает работать ради отдачи и чувствует, что из-за отмены себя по отношению к Творцу он ощущает неприязнь, он должен сказать, что это не свойство Творца, но это ощущение пришло к нему, чтобы узнать, что значит «Шхина в изгнании» или «Шхина во прахе».

И это подходящее время для молитвы Творцу, чтобы приблизил его, потому что иначе он видит, что нет у него никакой возможности своими силами выйти в духовное. Он чувствует, что все органы тела сопротивляются его намерению служить Царю и отменить собственную сущность, настолько, чтобы все стремления были направлены лишь к одному — служить Царю. И тогда он называется «нуждающийся», когда нет никого в мире, кто бы мог помочь ему, кроме Творца.

Но что касается недостатка, надо различать в нем несколько особенностей, чтобы он был достоин наполнения, когда человек молится Творцу о помощи:

1. Человеку чего-то не достает, но он не чувствует этого недостатка. Например, глава семьи из шести человек живет в двухкомнатной квартире. А его друзья с такими же большими семьями живут в трехкомнатных квартирах. Но он довольствуется тем, что у него есть, и не чувствует недостатка, не прикладывает усилий, чтобы получить еще одну комнату. На такой недостаток нет места молитве, и нет места ответу на такую молитву — по правилу «нет света без желания к нему, как нет наполнения без недостатка».

2. Человек чувствует недостаток и пытается заполнить его, но после некоторого потраченного на удовлетворение своих нужд времени, он видит, что не может достичь нужного так уж легко. Он приходит в отчаяние и сам себя уговаривает, что нет ему нужды быть среди самых уважаемых в народе людей, и достаточно ему того, что есть у него. А приро-

да человека такова, что лень помогает ему оправдать недостаток приложенных усилий. И поэтому он сейчас спокоен, и нет у него никаких забот, потому что он не желает сейчас ничего.

Но ведь прежде, чем прийти к полному отчаянию, он вкладывал много усилий, чтобы достичь необходимого. Таким образом, ему каждый раз приходят мысли о том, чего ему недоставало и от чего ожидал получить наполнение. И сколько вложил сил, чтобы достичь желаемого, словно само наполнение побуждает его сейчас вернуться и начать работу сначала.

Тогда приходит человек к такому состоянию, что просит у Творца забрать у него все мысли, побуждающие его испытывать недостаток и прикладывать усилия. Он молится Творцу, чтобы не появлялось никакой неудовлетворенности в его мыслях, и что все, чего он желает сейчас достичь – это состояния, чтобы все было у него хорошо, то есть чтобы не чувствовал никакого недостатка.

Получается, что наполнение, которого он ожидает, – чтобы не было ощущения недостатка. И это все, чего он хочет – насладиться от отсутствия ощущения недостатка. И он надеется сейчас, что это будет у него самое лучшее состояние в его жизни.

То есть, если друг придет к нему и спросит его: «Чего тебе не хватает? Я постараюсь наполнить твое желание». То он отвечает ему: «Поверь мне, что я нахожусь сейчас в таком состоянии, что не испытываю недостатка ни в чем и хочу сейчас только покоя, чтобы не беспокоиться ни о чем. И я только стесняюсь тебе сказать, ведь ты, несомненно, пришел, чтобы доставить мне наслаждение, но я скажу тебе правду: ты тоже мешаешь моему покою тем, что я должен прикладывать усилия и думать, как говорить с тобой. Таким образом, я скажу тебе по правде: уйди отсюда и сделай мне одолжение – передай всем нашим друзьям, чтобы не приходили навещать меня. Если они видят, что я не нахожусь среди них, то это по причине, что все хорошее, что я чувствую в своей жизни – это покой от всех забот».

И конечно, когда человек молится о таком недостатке, чтобы Творец наполнил его, как он может получить наполнение на подобную молитву, построенную на отчаянии и лени. Ведь он хочет, чтобы Творец помог ему, дав возможность пребывать в лености. Такой недостаток не может быть наполнен, так как из этого ничего невозможно выстроить. А все молитвы должны быть только на созидание, а не наоборот. Мы должны просить об исправлении мира, а ленью его не исправишь.

в) Человек чувствует свой недостаток, и все его мысли о лени и отчаянии не могут наполнить его, а поэтому он пытается найти способы, как достичь требуемого. Выходит, что он молится Творцу о заполнении недостатка, потому что желает исправления мира. Он видит, что в состоянии, в котором он находится, все его строения подобны построенным из кубиков играющими маленькими детьми, которые они затем разбрасывают и строят еще раз. И от каждого построения они получают удовольствие.

Подобно этому он смотрит на материальную жизнь. То есть, как из детских игрушек невозможно построить мир, так же и из материальных наслаждений не будет созидания мира, который, конечно, сотворен для какой-то цели, а не создан для маленьких детей. Если так – как может он согласиться оставаться в обществе детей?

И поэтому дети смеются над ним, что он не хочет играть с ними, и они не понимают его. Почему? Они думают о нем: «Наверное, нет в нем ощущения жизни, и он не знает, что жизнь дана нам, чтобы наслаждаться. А он не от мира сего и словно хочет устраниться от жизни и уйти в пустыню».

Но он не может им ответить ничего, потому что нет у него общего языка с ними. Но вместе с тем он страдает от своего недостатка, от того, что хочет удостоиться духовной жизни. И из сказанного следует, что только в случае третьего недостатка надо сказать, что просьба его называется молитвой, потому что он просит наполнения с целью исправления мира, чтобы была возможность достигнуть цели Творения, которая заключается в желании Творца насладить свои творения. И он верит, что причина скрытия и незнания, существующего в мире, в том, что нет у нас келим, соответствующих желанию, исходящему от Творца, – желанию отдавать.

И поэтому он просит у Творца, чтобы дал ему желание отдавать, а это можно достичь посредством ощущения величия и важности Царя. Вместе с тем, если «Шхина в изгнании», то есть когда он ощущает вкус праха в работе на отдачу, как можно продолжить эту работу? И потому молитва в таком виде принимается.

И из сказанного можно выяснить вопрос из Зоар: «Что подразумевается, когда говорят, что необходимо покрыть голову и закрыть глаза, словно стоишь перед лицом Царя». Известно, что головой называется разум человека. И глаза тоже считаются качеством разума, как написано «глаза общества», что означает «мудрецы общества».

А покрытие и скрытие означают, что не следует обращать внимание на то, что говорит разум. И когда человек стоит в молитве, он должен верить, будто стоит перед Царем, и, даже, когда он еще не ощущает Царя, он должен молиться, чтобы Творец дал ему силу веры, чтобы почувствовать, что он стоит перед Царем. Он хочет такую силу веры, чтобы была похожа на знание, чтобы тело получило такое ощущение веры, словно он видел Царя и восторгался Им. Именно о такой вере он молится.

И запрещено открывать глаза во время молитвы, потому что запрещено созерцать Шхину. И спрашивает Зоар: «А как можно созерцать Шхину?». И отвечает: «Чтобы знать, что, несомненно, Шхина стоит перед ним во время его молитвы, и потому запрещено ему открывать глаза».

И спрашивалось: «Так каков же ответ?». Дело в том, как указано выше, что вера, которой верит человек, должна быть в такой мере, словно он видит Шхину, иначе, если не достигла его вера такого уровня, не называется она истинной верой. И о такой вере должен человек молиться, то есть вера должна быть такая, как будто он видит все своими глазами.

Заповеди, которыми человек пренебрегает
Статья 33, 1986

В главе «Экев» написано: «И будет, за то, что станете слушать Заповеди эти, и хранить и исполнять их, будет Творец, Господин твой, хранить для тебя союз и милость, о которых Он клялся отцам твоим». И объясняет РАШИ: «И будет за то, что будете слушать...» – легкие заповеди, которыми пренебрегает человек, «то хранить будет Творец» – сохранит Творец Свое обещание».

И надо понять это условие, поставленное Творцом: если будете выполнять легкие Заповеди, то Я выполню обещания, данные отцам, в противном случае – не могу выполнить. Поскольку, конечно, те условия, которые угодны Творцу, не похожи на условия царя из плоти и крови, когда условия, которые он выдвигает, выгодны дающему, но здесь, конечно, они на благо творениям. То есть, по-другому, они не могут получить обещанное Им. И если так, надо понять, что это за условие выполнения легких Заповедей.

И чтобы понять это условие, нужно, прежде всего, выяснить, что же это за обещание, данное Творцом праотцам? Конечно, не имеется в виду материальное, а, несомненно, смысл обещания был в том, что Творец позволит народу Израиля удостоиться цели Творения, называемой «доставлять наслаждение творениям», которое заключается в том, чтобы души постигли Источник, свой корень, определяемый пятью частями души, называемыми НАРАНХАЙ.

И для того, чтобы души получили наслаждение, уготованное им, и вместе с получением этого наслаждения не почувствовали стыда, дана нам работа, называемая «работой на отдачу». Это значит, что, прежде всего, человек должен приучить себя к этой работе. И чтобы было место выбору – выбору намерения, с которым он выполняет Тору и заповеди, – обязано было произойти Сокращение и скрытие – только тогда есть место выбору.

Но если бы наслаждение не было скрыто, вынужден бы был выполнять Тору и Заповеди ради себя. И чтобы не делал, все было бы для наполнения своего эгоизма, так как в таком случае нельзя сказать, что все делает ради отдачи. Поскольку, когда раскрывается свет, наслаждение от него несравненно больше, чем от всех материальных наслаждений нашего мира.

Так же и в материальном мире существует правило: чем меньше наслаждение, тем меньше усилий надо приложить, чтобы отказаться от него. И ведь нельзя сказать, что намерение, с которым человек получает наслаждение – только отдавать, коль скоро он не может отказаться от наслаждения. Он должен быть уверен в себе: если он не может изменить свое намерение на «ради отдачи», то он готов отказаться от наслаждения. Поэтому, чем меньше наслаждение, тем легче отказаться от него.

Потому дано нам скрытие на наслаждение от Торы и Заповедей. И дано ощущать вкус материальных наслаждений. И мы должны верить сказанному в Зоар, что каждое удовольствие и наслаждение, находящееся в материальном, всего лишь как «тоненькая свечка», что означает очень слабый свет в сравнении со светом наслаждения, заключенного в Торе и Заповедях. И, поэтому, устроено так, чтобы человек испытал себя в получении материальных наслаждений, а затем он уже может выйти из-под запрета сокращения и скрытия в той мере, в какой есть у него возможность выбрать и сказать, что он получает это наслаждение и удовольствие, потому что хочет доставить этим радость Творцу.

И затем, если он выдерживает испытание и приобретает эту малую ступень, которую достиг в работе на Творца, дают ему еще большую ступень, чтобы направить на нее свое действие ради отдачи. И так он идет от ступени к ступени, пока не постигает весь НАРАНХАЙ корня своей души. И смысл НАРАНХАЙ, который человек постигает, это свойство 613 частей Торы, состоящей из 613 Заповедей Торы и 7 Заповедей мудрецов Талмуда, что в гематрии – тарах (620) Имен, данных человеку для постижения.

И посмотри, в книге «Прихахам» (4.2, ст.65), где сказано: «И это то, что написано в «Эц Хаим», что созданы миры только с одной целью – раскрыть созданиям Имена Творца. И поскольку спустилась душа и оделась в материальное тело, то не может вернуться в свой мир и слиться со своим Корнем, где находилась до прихода в этот мир. Но она должна увеличить свой уровень в 620 раз по сравнению с тем, какой была прежде в корне, который является тайной всего совершенства, весь НАРАНХАЙ до Йехида. Потому называется Йехида именем Кетэр, чтобы указать на число тарах (620)».

И из сказанного мы можем видеть, что это за обещание, данное Творцом нашим праотцам, и как возможно настолько постичь совершенство. И в этом вопросе есть две стороны:

1. Необходимость столь большого совершенства, потому что известно, что «нет света без кли, сосуда, для его получения, то есть нет наполнения без недостатка». И тогда встает вопрос, каким образом можно получить это ощущение, что недостает нам постижения НАРАНХАЙ? И выяснилось, что все материальные наслаждения, за которыми гоняется весь мир, не более чем маленькая искорка в сравнении с наслаждениями в духовном, и, конечно, когда человек удостоится получить даже небольшое духовное свечение, он почувствует огромное наслаждение. И кто тогда подскажет ему, что этого недостаточно, что, пока не достигнет свойства света Йехида, он еще не считается пришедшим к своему совершенству?

2. Каким образом появится у человека возможность противостоять таким большим наслаждениям и сказать, если он не сможет направить получение этих наслаждений во имя высшей Цели: «Я отказываюсь от наслаждений». Откуда он возьмет такие силы? Разве мы не видим, как трудно противостоять даже материальным наслаждениям, а ведь мы

говорим, что они только слабое свечение, искры, упавшие в эгоистические желания. Как трудно сказать, что он отказывается от этих наслаждений, если не может думать об отдаче.

Ведь как материальные наслаждения делятся на большие наслаждения и малые, так тем более и в духовном есть множество ступеней и различий, и встает вопрос, откуда возьмет человек такие большие силы на преодоление?

Собственно, надо выяснить два вопроса:
1. откуда приобретет необходимость достичь большого состояния;
2. откуда возьмет силы выдержать отказ от наслаждений, чтобы быть уверенным в том, что получает наслаждения только с целью доставить радость своему Создателю.

И чтобы понять это, вначале приведем сказанное мудрецами (Кидушин 30): «Эгоизм человека восстает на него каждый день и требует умертвить его, – о чем сказано: «поджидает злодей праведника и просит убить его, и если бы Творец не помогал ему, сам бы никогда не справился», – о чем сказано: «Творец не оставит праведника»».

И спрашивали, что здесь дважды непонятно:
1. Если дан человеку его эгоизм, почему же не в его силах противостоять ему, но обязательно Творец должен ему помочь. Разве выбор не означает, что от человека зависит удержаться. А отсюда следует, что нет у человека выбора, чтобы мог выстоять, но только с помощью Творца? А собственными силами ему не справиться? Спрашивается, почему Творец не дал силу человеку, чтобы он мог справиться со злом?
2. Если не в силах человека справиться, почему тогда написано, что Творец помогает ему? То есть, что человек должен начать сопротивляться, а когда видит, что он не может справиться, тогда Творец помогает ему. И почему Творец не оказывает ему помощь тотчас, когда приходит зло к нему? Что это добавляет нам, что когда человек начинает работу, то так или иначе не в его силах справиться.

Если так, почему Творец должен ждать, пока не начнет человек работу, а только затем приходит помощь? И в чем польза от потери времени, то есть от того, что Творец ждет, чтобы человек начал свою работу? Кто тут выигрывает от этой потери времени? Разве не сразу же, когда приходит зло человеку, должен был бы Творец оказать помощь, прежде чем человек начинает работу?

Но дело в том (как уже говорилось в предыдущих статьях), что сокращение и скрытие были даны для исправления мира. Иначе не могло бы существовать никакой действительности, чтобы была у человека возможность даже начать работу по преодолению своего эгоизма. Потому что в природе человека – во всем следовать желаниям своего эгоизма, который является основой полярной удаленности творения от Творца, а то, что происходит вслед за этим, – только исправление эгоистического желания.

Получается, что желание получать является основой, а остальное, приходящее вслед за этим, только для исправления его. Выходит, что желание получать осталось, только добавились исправления на него. Но кто он, получающий все исправления? Конечно, не кто иной, как желание получить Известно, что даже когда мы говорим о ступени, характеризующейся желанием отдавать, это означает, что эгоизмом, существующим на этой ступени, она не пользуется, а преодолевает его и превращает в альтруизм. Выходит, согласно этому, что исправления, которые должен произвести человек, связаны только с его желанием получить, то есть придать ему намерение ради отдачи. И чем больше наслаждение, тем труднее отказаться от него и сказать, что если не может изменить намерение на «ради отдачи», то он тогда не хочет получать наслаждение.

Исходя из этого, прежде всего, требуется исправить желание получать (авиют), чтобы оно не было слишком большим – настолько, что невозможно человеку с ним справиться. Поэтому вынуждены дать ему желание к наслаждениям послабее. И затем, когда видят, что может справиться с малым наслаждением, дают ему большее и т.д.

Поэтому дана человеку работа идти верой выше знания. И работа эта кажется легкой человеку – от слова «легкомыслие», и человек не ценит эту работу, считая потерей времени состояние, когда он вынужден использовать веру. Он считает, что такая работа подходит женщинам и детям, но не ему, обладающему мышлением и острым умом.

Ведь он должен понять все, что видит, все, что творится в мире, и чтобы все это было ему по вкусу. И необходимость делать что-то, не видя, что это идет на пользу – как же можно согласиться выполнять эти действия, подходящие глупцам, то есть людям, не контролирующим ни свои мысли, ни свои поступки.

И поэтому люди всегда стараются этого избежать. И если иногда соглашаются все-таки начать работу выше знания, то только за неимением выбора. Ведь у человека нет даже малейшего понятия, но он все время желает одного, говоря: «Когда же я смогу избавиться от подобных состояний, ведь не пристало мне находиться между небом и землей, когда разум не понимает ничего, не видит необходимости в том, что приходится делать». И чего же он тогда желает достичь? Он желает достичь такого уровня, чтобы быть выше обычных людей.

Когда он смотрит на массы, как они занимаются Торой и Заповедями – без всякой самопроверки, то он говорит о них, что они могут выполнять все с воодушевлением и строго соблюдать все детали и тонкости по причине отсутствия у них чувства самоконтроля. Потому способны идти так, с закрытыми глазами. Ведь если бы было у них хоть немного ума, тоже были бы, как я. Я выполняю Тору и Заповеди и хотя вижу, что работа эта не по мне, но нет выхода: иначе не будет у меня никакой связи с духовным, и поэтому я делаю все вынужденно и без желания.

И на время, когда я забываю, что иду выше разума, я способен все делать, как и все. Но когда приходят мысли о том, на чем построена моя духовность, и я должен ответить своему телу, что ни на чем она не основана, то можно только справиться с этим и сказать, что суть основ духовного построена именно на свойстве веры выше знания. И как раз теперь я могу выполнить Заповедь веры, потому что сейчас я вижу, что нет у меня никакой основы. Но обычно человек падает и под тяжестью этих вопросов не может подняться.

Ведь на самом деле, это вопрос Фараона, царя Египта, сказавшего: «Кто такой Творец, чтобы я слушался Его голоса». И поэтому этот человек говорит, что путь веры, данный Творцом, чтобы нам идти этой дорогой, путь этот никогда не будет успешным. И если бы Творец послушался его голоса, должен был бы позволить нам работать на основе знания, а не веры. И, конечно, тогда бы добавились много людей, выполняющих Тору и Заповеди. Но и на пути веры тоже есть много людей, начавших эту работу, но затем «бегущих с поля боя».

И на это сказал Бааль Сулам: «То, что Творец избрал, чтобы мы шли по пути веры, это не потому, что человек находится на такой ступени, и потому невозможно вести его по-другому, а только дорогой веры, но потому, что путь этот – самый успешный. Поэтому выбрал Творец этот путь, чтобы мы приняли на себя этот порядок своей работы, чтобы посредством него была у нас возможность достичь цели, называемой «желание Творца насладить свои творения», чтобы получили добро и наслаждение, и быть в полном единстве, то есть равными Творцу. И хотя творения не понимают этого, но это так».

И вытекает из сказанного, что хотя вера и воспринимается нами, как унижение и легкомыслие, то есть считается не важной в наших глазах, все-таки она является путем, по которому можно прийти к Цели.

И из этого поймем сказанное РАШИ: «Если Заповедь, которой человек пренебрегает, легкая, то тогда – послушайте». И здесь подразумевается вера, которой человек пренебрегает, и следует «послушаться», в результате чего появятся у человека желания, с помощью которых он придет к Цели творения.

И продолжал РАШИ: «И бережно храни Его обещание». Это значит, что условие поставлено не для выгоды Творца — выгода свойственна только «плоти и крови», когда дает что-либо на условиях, выгодных дающему. Но, в отношении Творца, условие «если будет соблюдать легкие Заповеди» направлено на пользу человеку. Именно посредством этого человек может прийти к совершенству и удостоиться уготованного ему в замысле Творения.

И из сказанного выясним то, что спрашивали:

1. Почему Творец не оказывает помощи человеку, когда зло преобладает в нем, но ждет, пока человек сам начнет работу по преодолению его, и потом оказывает Свою помощь, как сказали мудрецы: «Если бы Творец не помог». Например, когда человек несет тяжелую ношу, и нет у него больше силы нести, то он просит помощи, и приходят люди и помогают ему. Но когда не просит — ни один не придет ему на помощь.
2. Что означает, что не дал ему Творец силы, чтобы сам мог справиться, но словно сказал ему: «Я дал тебе выбор победить зло». Конечно, надо сказать, что Творец дал ему силы преодолеть зло. И вместе с тем говорится, что без помощи Творца не способен человек победить его. Если так, то одно противоречит другому.

И два этих вопроса разберем вместе с двумя предыдущими.

Первый вопрос.

Когда человек удостаивается самой малой ступени в духовном, он чувствует в этом наслаждение большее, чем все земные наслаждения вместе взятые. Как сказано у АРИ: «Все наслаждения, которые мы получаем в нашем мире, исходят из духовного, так как в результате разбиения сосудов и грехопадения Адама упали искры духовного в нечистые эгоистические желания — клипот». И это является сейчас источником всех земных наслаждений, называемый в Зоар «тонкой свечой», светящей в эгоистические желания. И самая малая ступень в духовном, где заключена сама сущность света, несет в себе совершенное наслаждение и полное удовлетворение. Поэтому нет никакой потребности в дальнейшем росте. Если так, кто же скажет человеку, что ему необходимо расти и продвигаться дальше в духовном?

Откуда тогда возьмет такие большие силы, чтобы стало возможным ему получить такие большие наслаждения ради отдачи, и чтобы в противном случае был готов отказаться от них? И говорилось, что ведь «нет света без кли, то есть нет наполнения без недостатка». И потому обязан человек начать работу, и, когда он хочет преодолеть зло и не может, тогда и возникает у него недостаток. И когда видит, что не способен он справиться, тогда просит помощи у Творца, и тогда Творец может дать ему наполнение, ведь есть в нем уже сосуд для получения этого наполнения.

И смысл того, что Творец не дал ему силы справиться самому, в том, что человек, когда есть какое-нибудь наполнение, удовлетворяется этим. Получается, что нет необходимости у человека удостоиться НАРАНХАЙ света нешама, и посредством того, что Творец помогает ему, как написано в Зоар: «Пришедшему очиститься - помогают». И спрашивает: «Чем помогают? — Чистой душой». И удостоился — дается ему «нефеш», и еще большего удостоился — дается «руах».

Значит, посредством того, что получает помощь свыше, он вызывает в себе необходимость продолжить получение своего НАРАНХАЙ. То есть каждый раз, когда он хочет преодолеть свое зло и не может, тогда Творец помогает ему чистой душой. А если бы человек мог сам справиться, откуда было бы тогда в нем желание и необходимость просить у Творца, чтобы дал ему какую-нибудь ступень выше той, на которой находится?

А теперь, когда он просит у Творца, чтобы оказал ему помощь, он не просит высших духовных ступеней, но просто просит у Творца возможность избавиться от власти своего эгоизма. Выходит, человек хочет, чтобы Творец дал ему силы направить свои действия на отдачу и не находиться под влиянием нечистых эгоистических сил. Он хочет быть под воздействием чистоты, что означает, что все его стремление будет — только отдавать Творцу, и только этого ему недостает, а не каких-то высоких степеней, а только просто, совершенно просто, быть работником Творца, а не работать на себя. Это сила, которую он просит у Творца, и Творец помогает ему тем, что, как говорит Зоар, «дает ему чистую душу». То есть каждый раз помощь заключается в том, что Творец дает новую чистую душу. И таким образом он проходит ступень за ступенью, пока не достигает цельности своей души, называемой НАРАНХАЙ.

И отсюда понятно высказывание мудрецов: «Эгоизм человека усиливается каждый день». Возникает вопрос, для чего должно быть каждый день усиление эгоизма, если уже получил поддержку от Творца и победил его. Для чего он должен каждый раз приходить к человеку, и для какой пользы он приходит каждый день.

И понятно из сказанного, что поскольку посредством помощи, получаемой от Творца, каждый раз обретает новое свойство души, значит, **в каждом сопротивлении, когда человек хочет устоять и стать чище, он обретает с помощью этого новое свойство души.** И в этих преодолениях – причина того, что человек может постичь свойство НАРАНХАЙ своей души.

А второй вопрос.

Откуда он возьмет силы справиться? – Это происходит не своими силами, но это помощь, которую дает Творец, чтобы мог справиться, и тем самым есть сразу два исправления.

Судьи и стражники
Статья 34, 1986

Сказано: «Судей и надзирателей поставь себе во всех вратах твоих, которые Творец дал тебе...». И понять это необходимо как общее правило, что Тора вечна и управляет во всех поколениях, а потому необходимо разъяснение в наше время. Каждое слово в этом выражении требует самостоятельного исследования.

1. Что такое судья.
2. Что означает надзиратель, надсмотрщик.
3. «Поставь себе» – в единственном числе, то есть каждый должен выставить судей и надсмотрщиков; возможно ли, чтобы каждый смог сделать это.
4. «Во всех вратах твоих». Значит, должны понимать, что означает в нашем поколении «врата», на что намекает «во всех вратах твоих», что похоже на то, что как только найдешь врата, тотчас постарайся выставить там судей и надсмотрщиков.
5. На что намекает сказанное: «Что Творец твой дает тебе». Как-будто есть кто-то другой, кто дает народу Израиля, кроме Творца.

И чтобы понять это, необходимо изложить сказанное в предыдущих статьях о том, что такое Цель творения со стороны Творца, и что такое цель нашей работы в исполнении Торы и Заповедей. То есть, какую ступень мы должны достичь посредством этой работы.

Известно, что Целью творения является желание Творца насладить свои создания, чтобы они получили от Творца бесконечное добро и наслаждение. Однако в связи с желанием Творца достичь совершенства во всех Его проявлениях, и для того, чтобы не было чувства стыда у творения, произошло сокращение и скрытие. Это означает, что нет никакого проявления света Творца в сосудах с эгоистическими свойствами получать для себя. Но только после того, как сосуд, называемый желанием получить, сделает исправление и изменит свое желание на противоположное, то есть на бескорыстную альтруистическую потребность отдавать, делать добро другому, только тогда в соответствии с размером этого свойства, которое сможет направить ради отдачи, в этой мере обнаружится раскрытие Создателя. Но прежде этого мы видим обратное раскрытию, чувствуем только исчезновение и сокрытие Его.

Находим, в связи с этим, что только после того, как сделано сокращение, начинается работа снизу, и цель должна быть в том, чтобы наши желания и мысли были устремлены в одном направлении, в стремлении к желанию отдавать.

Однако возникает вопрос, как возможно такое? Откуда человек может взять силы и возможности справиться со своей природой, с которой он родился, то есть с желанием получать для себя. Для этого и дана нам работа по соблюдению Торы и Заповедей, чтобы человек обязан был направить все свои деяния на то, что принесет ему силы согласиться изменить все свои интересы и желания, кроме одного — как и в чем он может служить Создателю.

Прежде, до осознания необходимости работать с намерением отдавать, он думал, что соблюдая Тору и Заповеди, удостоится удачи, благословения и телесных наслаждений, и, как награду за соблюдение Торы, получит как этот, так и будущий миры. В этом была основа и база его понятий, и основы эти являлись для него причиной соблюдения Торы и Заповедей, и это заставляло его исполнять их во всей полноте и в мельчайших частностях. И были силы преодолеть леность тела, чтобы добиться награды.

Люди, работающие в нашем мире за кусок хлеба, знают, что даже этой работе тело противится, то есть предпочитает отдых труду. Но если видит, что награда за это пойдет на пользу ему, то есть телу, сразу находятся у него силы (при виде награды), и потому тело не противится работе.

Тело всегда предпочитает отдых, но готово поступиться этим наслаждением взамен на большее, но только для себя одного. И это новое наслаждение должно быть больше того, которое получает от покоя. Действуя в этом мире, реализовывая свои интересы, можно получить большие наслаждения, и вот на эти интересы есть силы в теле, иначе оно вообще не сможет существовать. И чтобы человек смог преодолеть себя и отказаться от небольших удовольствий, он должен знать, что достигнет большего вознаграждения своей работой. То есть он должен компенсировать вознаграждением все уступки, которые требовал от тела, чтобы ему было еще лучше в предвкушении этих больших будущих наслаждений.

Но если требуют от тела альтруистической работы, чтобы исполнением Торы и Заповедей доставить радость Творцу, оно противится и не уступает ни в чем, когда говорят человеку: устранись, откажись от эгоистической любви к себе. И какова замена тому, что Творец получит удовлетворение от работы человека в Торе и Заповедях? Тотчас тело вопрошает и жалуется: что и как? Что я приобрету от работы на Творца? И как это вообще возможно работать без оплаты? То есть тело говорит, что готово работать как все, но только не на таких условиях — отменить любовь к себе, работать, услаждая Творца..., а что будет ему взамен такой работы?

И когда человек преодолевает все жалобы и требования тела и уверен, что в его силах преодолеть природу тела, и что сейчас появилось ощущение, что способен сосредоточить все свои мысли только на альтруистической работе, вдруг появляются новые претензии со стороны тела. «Это верно с твоей стороны, что ты желаешь работать на Творца, а не по пути большинства ожидающих награды. Но это было бы хорошо, если бы после определенного периода вложения сил получил бы силы сверху, чтобы мог идти по духовному пути. Но видишь сам, сколько усилий вкладываешь, но не сдвинулся с места, и понятно тебе, что не способен продолжать в этом направлении и жаль твоих напрасных усилий. Потому уйди с этого пути, беги от этого порядка».

И если преодолеет человек эти претензии тела, то появятся новые, на которые уже нет у человека никакого ответа, и этим тело захочет отвратить человека от всей его работы. И говорит ему тело: «Известно, что если начинает человек изучать какую-нибудь науку, то каждый раз он продвигается в своих успехах в зависимости от способностей — чем их меньше, тем с большими проблемами. И когда видит человек, что не продвигается в постижении, говорят ему: «Эта наука не для тебя, ты должен идти изучать какую-нибудь профессию, потому что нет у тебя способностей изучать науки». И мы видим, что правит миром получение знаний.

«И ты видишь сам, – жалуется тело, – по сравнению с тем, что вложил в духовную работу, ты не продвинулся ни на шаг. И даже наоборот». Это значит, что прежде, чем человек начал продвигаться в своей духовной работе, он не ощущал свой эгоизм в полной мере. Однако теперь, пытаясь преодолеть его, ощущает его возросшую силу и чувствует, что гораздо больше погружен в него.

В этой работе есть периоды, когда представляется, что мы отброшены назад, а не продвигаемся. И видит это человек по своим знаниям и реальным ощущениям. То есть в том самом месте, которому не придавал значения и думал о нем, как о незначительном препятствии (любовь к себе, эгоизм), и считал, что не стоит даже думать об этом – сейчас это его главная тревога. Как выйти из объятий эгоизма? А ведь прежде, когда начинал, все усилия и тревоги, и беспокойства были лишь о том, как найти и удостоиться духовного, как найти верную дорогу к «покоям Царя», удостоиться и достигнуть цели, ради которой рожден человек.

И вот сейчас пришло состояние, которого никогда и не представлял себе – что эгоизм станет камнем преткновения в продвижении к истине. Ведь был всегда уверен, что готов приблизиться к ней, а сейчас упал на десять уровней вниз, то есть совершенно не способен устранить эгоизм в себе ради духовного. И когда сваливаются на него жалобы и претензии тела, подобные этим, то он находится в состоянии отчаяния, «согнувшись под своей ношей», и в лености. И желает бежать с пути, что избрал, то есть видит сейчас, что все претензии тела обоснованны и справедливы.

И потому сказано неоднократно, что прежде чем начинает человек в духовном продвижении, он удален от истины в размере своего ощущения собственного зла. Однако по мере усилий в преодолении эгоизма, он продвигается к истине и видит теперь, что погружен во зло с головы до ног. Но надо понять, к чему все это, то есть почему, когда начинал альтруистическую работу, не было у него скверных ощущений в таком размере? После вложения больших усилий появилось у него болезненное ощущение зла, но почему это не проявилось все сразу?

И причина заключается в том, чтобы этап за этапом понемногу мог исправить зло в себе, чтобы порядок в преодолении соответствовал ступени, где находится, чтобы готовил себя к поднятию тяжестей, начиная, к примеру, с пятидесяти килограмм и прибавляя понемногу за счет тренировок. Так же и в духовной работе, потому и не дают ему в начале сильных ощущений от собственного эгоизма, так как тогда точно не преодолеет его, но все время добавляют в соответствии с оценкой его работы. То есть в соответствии с тем, что он способен преодолеть, добавляют ему наслаждений в эгоизм, чтобы дать возможность работать над его преодолением. И в этом смысл сказанного мудрецами: «Каждый, кто выше другого, и зло в нем больше».

И проясним, почему это так. Да просто потому, что начинающему духовную работу, не имеющему сил на преодоление зла в себе – не дают ему вкуса к эгоизму. А когда научится преодолевать, то ему с каждым разом все больше и больше прибавляют вкус к наслаждениям, чтобы мог сказать, что все что получает только ради отдачи.

Находим, что с каждым разом становится ему все труднее преодолевать эгоизм, так как добавляют ему еще большие эгоистические желания, чтобы было, над чем работать. И важно понять, что это добавляют сверху затем, чтобы труднее было преодолеть их, и все для того, чтобы не удовлетворился материальным и желал, и смог войти в духовную работу. И почему должна быть эта работа даром – в преодолении материальных наслаждений? И для чего это нужно идти по пути увеличения трудностей?

А потому что исправление это огромное. Ведь известно, что все множество удовольствий в материальном – только маленькая свечка по сравнению с наслаждениями духовными. Из этого выходит, что даже, если человек прошел испытания материальными наслаждениями, которые может получить только ради отдачи, то это испытание небольшими удовольствиями и желаниями, которые он способен преодолеть. И потому другой вывод: **невозможно получить человеку**

духовные наслаждения, которые гораздо сильнее материальных, ради получения. И потому вынужден прежде пройти подготовку в наслаждениях материальных, где этап за этапом ему их прибавляют. И по мере того, как входит в духовную работу, то есть, если желает удостоиться духовного, то добавляют ему наслаждения самые сильные из тех, что есть в материальном мире, так как это состояние подготовки для того, чтобы быть устойчивым в преодолении великих наслаждений, находящихся в духовном.

Из сказанного видим, что это дают тем, кто хочет работать в духовном, то есть добавляют больше вкуса и ощущений в эгоизме, то, чего нет у тех, которых не интересуют пути ради отдачи, альтруизма в служении Творцу. И это для того, чтобы привыкли, приучились в преодолении множества наслаждений в духовном, чтобы не удовлетворялись наслаждениями материальными, так как нет в них постоянства, а потому и прибавляют к ним все больше ощущений и вкуса, чтобы приучиться их преодолевать.

И после этого сможем понять то, что написано: «Судей и надсмотрщиков поставь себе во всех вратах твоих». И как это проявляется в наше время – поставить судей и надсмотрщиков. И в случае, когда хочет человек войти в духовную работу, необходимо различать два этапа:
1. Понятие «насильно». То есть, прежде всего, составить себе план – что делать, а что нет, то есть выяснить и разделить между добром и злом, и то, что делается через усилие, называется «судья» в нем, который решает, что делать.
2. После этого должен использовать в действии, принять к исполнению решения. И действие это называется «надсмотрщик».

И быть может, работа эта не на один день, а каждодневно должен с каждым разом все больше прикладывать усилий в работе, и потому сказано во множественном числе «судьи и надзиратели».

И в том, что сказано «сделай себе» означает, что это работа индивидуальная и относится к каждому в отдельности.

И то, о чем сказано «во всех вратах твоих», по простому смыслу ворота – место входа. И объяснение в том, что прежде, чем захочет человек войти в духовную работу ради Творца, должен упорядочить процесс по двум направлениям: **в усилии и действии,** что является состоянием **«судей и надсмотрщиков».**

Что же касается понятия «во всех вратах твоих», то смысл в том, что надо разделить в этой работе два вида существования:
1. Жизнь материальная.
2. Жизнь духовная.

Из этого следует, что есть в нас двое ворот:
1. Ворота, подобные воротам тюрьмы. И об этом сказано: «Сидящие во мраке среди заключенных нищих» и объясняется: люди, сидящие во мраке, и закованы они, и пытают их железными орудиями.
2. Ворота, подобные воротам Царя, как написано: «И Мордехай сидит возле царских ворот», и в каждых воротах есть стражники, стоящие на охране. Но есть у каждого стражника противоположная по действию работа. То есть стражники тюрьмы наблюдают, чтобы никто из заключенных не покинул тюрьму, в то время как охраняющие ворота царские следят, чтобы никто не вошел в них.

И смысл в том, чтобы люди, погруженные в эгоизм и в материальные наслаждения, у которых нет никаких других понятий и ощущений, называются «сидящими в тюрьме», и надсмотрщики не дают им выйти. Какой же силой удерживают и не дают выйти? Когда страж видит, что кто-то хочет выйти из эгоизма и войти в духовное, тут же добавляют им больше эгоистических наслаждений и этим связывают их, как железными цепями, чтобы не могли выйти оттуда.

И после всех испытаний, то есть когда видят надсмотрщики, что заключенные все же желают вырваться из эгоизма и начать работу на Творца, тотчас добавляют им еще больше удовольствия в таком размере, что никогда не думал человек, что это так здорово и важно для него, и, действительно, стоит оставаться в любви к самонаслаждению, в своем эгоизме, как написано: «Каждый, кто больше другого, и злое начало в нем больше». И в этом сила охранников, чтобы следили и не давали никому бежать из темницы.

Но задача стражников, стоящих у Царских ворот, заключается в том, чтобы не дать никому войти в них, и сила их в том, чтобы не пропустить желающих прорваться в Царский дворец. И об этом сказано в «Предисловии к Талмуду Эсер Сфирот»: «Это подобно Царю, желающему выбрать самых верных и любящих его в стране и ввести их во дворец. И что он делает: объявляет указ по стране о том, чтобы каждый желающий, как малый, так и взрослый, пришел к нему служить во дворец. Однако выставил множество стражников у входа и приказал им запутывать и лукавить со всеми, приближающимся ко дворцу. И, конечно, все жители страны кинулись к дворцу, однако были отвергнуты стражниками. Но многие преодолели их, и удалось им достигнуть ворот дворца. Но стражники у входа были сильнее и всякого приближающегося к входу грубо отталкивали, да так, что остались немногие из пришедших. И только самые стойкие из них **с большим терпением** устояли против стражников и победили, и открыли ворота, и тотчас увидали Царя. И назначил каждого на должность».

Находим, что стражники, стоящие у царских ворот, уговаривали их всякими способами – «что это не для тебя» – не входить во дворец. И каждому они советовали отказаться, чтобы люди эти поняли, что не стоит напрасно трудиться, чтобы благодаря всем этим жалобам и причинам отстранить их. И в этом объяснение «во всех вратах твоих», то есть вратах тюрьмы или вратах Царя.

А сейчас разберем окончание этой фразы: «...которые Творец твой дает тебе» и спрашивали, в чем значение этого? Известно, что все исходит от Творца, и как объяснялось выше, человек, желающий спастись от всех этих надсмотрщиков, должен жить верой выше знания. Все, что говорят стражники верно и справедливо на самом деле. Но Творец, «Он Милосердный и Милующий, и слышит молитву каждого и дает силу преодолеть любые препятствия».

Однако есть закон, когда человек должен сказать себе: «Если не я себе, то кто мне». То есть не надо ему ждать, чтобы Творец помог ему, но должен самостоятельно пересилить себя, и сделать все, что в его силах сделать. И только просить Творца, чтобы помог ему в его усилиях, то есть просить поддержки. И если человек старается изо всех сил, то должен просить Творца, чтобы усилия его принесли плоды. Однако не в праве человек сказать, что Творец работал для него, но что Творец помог ему в работе и что он удостоился оценить это добро.

И в связи с этим понятно, что человек совершает работу, а Творец только помогает ему. И человек подводит итоги, почему именно он удостоился приблизиться к Творцу более остальных. Потому, что остальные не были способны приложить усилия во имя веры выше знания и не обращать внимания на жалобы тела, в то время как он все время прибавлял в усилиях и в работе, и никогда не обращал внимания на мысли отчаяния и горечи, которыми тело хотело затормозить его. И тогда можно сказать: «Преуспел в этом благодаря своей силе».

И добавить: «Которую дал тебе Творец твой» – означает, что нашлись в тебе силы выставить судей и стражников во всех вратах твоих – в этом надо видеть лишь только одно – дар Творца человеку.

Пятнадцатое ава
Статья 35, 1986

Сказано в Мишне (Таанит 26,2): «Говорили мудрецы, что не было еще таких хороших дней у Израиля, как Пятнадцатое ава и Йом Кипур, когда выходили дочери Иерусалима в белых одеждах, взятых взаймы, чтобы не стеснять тех, у кого таких одежд нет... И дочери Иерусалима выходили веселиться в виноградниках и говорили: «Юноша, обрати свой взор на нас и смотри, что ты выбираешь себе? Не обращай внимания на украшения, а смотри на семью...»».

И далее, учили мудрецы: «У того, у кого нет жены, пусть обратится туда».

И продолжается далее: «Красавицы, которые среди них, что говорили? – «Обратите свой взор на нашу красоту, ведь жена создана для красоты». Знатные, которые среди них, что говорили? – «Обратите свой взор на семью. Ведь жена создана для детей». Богатые, которые среди них, говорили: «Обратите свой взор на тех, у кого много богатства». Уродливые, которые среди них, говорили: «Возьмите нас во Имя Небес и увенчайте золотыми украшениями»».

И надо выяснить, что это за хорошие дни были у дочерей Иерусалима, когда они выходили и веселились в виноградниках? и обращались к юношам. А также, с точки зрения сватовства, разве это скромно? В чем заключается смысл того, что хорошие дни, которые были у народа Израиля, приводили к тому, что дочери Иерусалима выходили и веселились в виноградниках? И надо выяснить связь одного с другим.

Мы знаем, что малхут называется дочерью. И в этой малхут мы выделяем 4-е ступени: хохма, бина, зэир анпин и малхут, называемые четырьмя ступенями авиюта – силами желания. Таким образом, первая ступень, то есть хохма, называется «красота», так как хохма определяется так же, как «красивая для глаз».

Бина, то есть вторая ступень, определяется как «мать своим сыновьям», и она рождает ЗОН. Свойство бины – это желание быть подобной своими свойствами Творцу, то есть все отдавать так же, как Он. И потому самое высокое, что есть в бине – это то, что мы относим ее к «кетер», то есть что она желает стать подобной «кетер», свойство которого подобно свойству Творца – отдавать.

А зэир анпин, то есть третья ступень, называется «богатым», как сказано в Зоар (Ки Тиса 2,4): «Богатый – не прибавит...» – это говорится о центральной фигуре, то есть о зэир анпине, чтобы не прибавил к «юд», и он желает свет хасадим и не нуждается в свете хохма, и поэтому называется «богатый».

А малхут, то есть «малхут де малхут», определяется как бедная и нищая, как написано, что «она сама ничего не имеет, а все, что у нее есть – от ее мужа».

Известно, что малхут также называется «вера». И об этом сказано: «и поверил Авраам Творцу, и засчиталось это ему пожертвованием», – то есть вера также называется «пожертвованием». И это схоже с тем, когда дают пожертвование бедному и не требуют ничего взамен. Другими словами, это называется верой выше знания, когда ничего не требуют взамен, а только все отдают Творцу. Находим, что вера также называется «нищая», потому что похожа на бедняка, которому дают пожертвование, не требуя ничего взамен.

И, исходя из вышесказанного, объясним сейчас то, что говорилось выше о дочерях Иерусалима. Известно, что хорошими днями называется возвышение миров и их раскрытие. И когда приходит такое раскрытие, то «дочери Иерусалима выходят...», то есть выходят из скрытия к раскрытию, и каждая сфира показывает свою значимость.

Известно, что существуют четыре стадии распространения прямого света Творца. И в самой малхут, включенной в этот прямой свет и являющейся желанием все получать для себя, в ней самой существуют также четыре ступени.

И, как сказано во «Введении в науку Каббала»: четыре ступени желания получать, имеющиеся в самой малхут, называются сокращенно «КАХАБТУМ» (кетер, хохма, бина, тиферет и малхут). И до того, как было сокращение на малхут, то есть на желание получать для себя от десяти сфирот прямого света Творца, было «Творец и Имя Его едины»; и определено теперь, что каждая из десяти сфирот, имеющихся в малхут, одевается на соответствующую ей сфиру из десяти сфирот высшего света Творца. И эти сфирот раскрываются в «хорошие дни», то есть каждая сфира показывает свою высоту, соответствующую ступени, на которой она находится.

И порядок этот таков: первая ступень, называемая хохма, говорит: «Юноша!» – то есть тому, кто способен быть юношей из народа, эта ступень показывает свою высоту, называемую «красота». И о ней же сказано, что она называется «красивой для глаз», как написано: «глаза общины», – подразумеваются мудрецы общины. Поэтому ступень «хохма» называется «красавицей», и поэтому было сказано выше, что «жена создана для красоты...».

Другими словами, желание получать было создано желанием Творца дать наслаждение своим творениям, чтобы они получили всё то добро, что он желает дать им, то есть «свет хохма». И, поэтому, «жена» называется желанием получать этот свет хохма.

«Знатные, что среди них, что говорили?». Знатными – называются те, у кого есть важные корни. Например, говорят, что «он внук очень большого человека», то есть что корень его очень важный.

Сфира бина, называемая второй ступенью, тоже показывает свою высоту, свое стремление стать подобной своими свойствами Творцу, чтобы прийти к слиянию со своим корнем, то есть Творцом, называемым кетер.

Отсюда видно, что бина показывает, что она слита со своим корнем, и это называется «знатность семьи». Это означает, что сыновья, рожденные ею, будут такой же природы, что и ее свойство подобия с корнем.

И поэтому написано: «Знатные, что среди них, что говорили? – «Обратите свой взор на семью, ведь жена создана для сыновей»». Это означает, что «жена» (так называется желание получать) должна постараться родить сыновей, и чтобы эти сыновья были «важными». И об этом сказано: «Обратите свой взор на семью», – то есть на знатность. Бина показывает свою высоту, означающую, что она достигла слияния со своим корнем, что называется подобием свойств. А корнем бины является кетер или желание дать наслаждение. Другими словами, можно сказать, что ее высота определяется тем, что она может передать силу отдачи своим сыновьям, которых родила.

«Богатые, что среди них, что говорили? – «Обратите свой взор на тех, у кого много богатства». Третья ступень зэир анпин называется «богатый», потому что у него есть свет хасадим. Он называется богатым, потому что счастлив имеющимся у него и не желает еще и света хохма. Но, не смотря на это, у него есть небольшой свет хохма. В основном, он желает свет хасадим, и этим он похож на бину, являющуюся источником света хасадим, происходящего из своего корня в кетер.

Но в отличие от бины, у зэир анпина есть небольшой свет хохма. И об этом сказано в Зоар (Ки Тиса, 4): «Богатый не прибавит...» – это говорится о центральной фигуре, то есть зэир анпине, чтобы не прибавил к «юд». И он желает свет хасадим и не нуждается в свете хохма, поэтому называется «богатый». «Чтобы не прибавил к юд...» – означает, чтобы принял свет хасадим с небольшим количеством света хохма.

И поэтому сказано: «Богатые, что среди них». Это означает, что третья ступень зэир анпина называется «свет хасадим с небольшим свечением света хохма». И поэтому зэир анпин называется «богатый», то есть эта сфира, которая находится в малхут, раскрывает высоту своей ступени. И об этом сказано: «Обратите свой взор на богатых».

И наконец, «уродливые, что среди них» – то есть сама сущность малхут, называемая «малхут дэ-малхут», на которую было сделано сокращение, и поэтому она называется «нищая и бедная», как сказано в Зоар, так как у нее самой ничего нет и все, что она получает – это от ее мужа».

Известно, власть небес мы должны принимать на себя, ставя веру выше знания, и это называется «вера» – вера в Творца, несмотря ни на какие жалобы и претензии своего тела. Поэтому должны сказать: «Глаза не увидят, и уши не услышат», – и принимать все, ставя веру выше знания и причины. И, более того, это мы должны получать, как пожертвование, как сказано: «И поверил Авраам в Творца, и засчиталось это ему пожертвованием».

А причина в том, что так же, как дают пожертвование бедному, не требуя ничего взамен, так как бедному нечего отдать, так должны принимать на себя власть Творца, ничего не требуя взамен, а желая все только отдавать Творцу, как будто нет ничего у Творца, чтобы возвратить человеку обратно за его усилие в работе на Него.

И спрашивается: почему вера должна идти именно по этому пути? Потому что на желание получать был наложен запрет, чтобы освободилось место для приложения усилий, и с их помощью прийти к подобию свойств с Творцом, называемому «слияние». И именно в эти аннулированные желания получать для себя и получают затем альтруистические желания, чтобы мог человек все свои действия совершать только ради Творца. И именно в эти желания человек получает затем все то добро и наслаждение, которое задумал Творец дать своим творениям.

Но когда этим творениям, созданным с желанием получать для себя, говорят, что они должны все делать, ставя веру выше знания, то такие действия считаются неважными в их глазах, потому что человеку, обладающему знанием, не пристало совершать действия, с которыми его разум не согласен.

И подобно этому объяснял рабби Йехуда Ашлаг сказанное в Торе (Шмот, 5): «И сказал ему Творец: «Что у тебя в руке?» И ответил: «Посох». И сказал ему Творец: «Брось его на землю и он превратится в змея». И пал Моше пред ним…». И объяснял рабби Йехуда Ашлаг, что руками у Моше называется «вера», и это также определяется, как неважное, не имеющее значения, потому что человек всегда стремится к знанию, и когда он видит, что его разум не может постичь того, что он желает, то тогда нет у него никакой возможности достичь этого, ведь он считает, что уже достаточно много приложил усилий, чтобы все его действия были только во Имя Небес, а сейчас даже не может сдвинуться с места «ни в малейшей мере». Поэтому его тело говорит ему, чтобы устранился от этой цели, и даже чтобы не смел думать, что когда-либо сможет достичь ее. И тогда сказал ему Творец: «Брось на землю…», – то есть сделай так перед народом Израиля, который хочет «знать», ведь Фараон и Египет являются свойствами, которые в сердце человека.

«Превратиться в змея» – значит, что как только оставляют веру, сразу падают в нечистые желания – эгоизм. И только ставя веру выше знания, могут удостоиться прийти к совершенству.

И из сказанного выходит, что главный момент в работе человека – именно тогда, когда нет у него никакой поддержки со стороны его разума и, как следствие этого, человек не видит никакой выгоды для себя. И тогда пропадают у него силы и желания что-либо делать, и становится, как кусок дерева, без всяких сил и желаний.

И только тогда может человек увидеть – идет ли он по истинному пути, ставя веру выше знания. Чтобы смог ответить своему телу, приходящему к нему со своими «справедливыми» и «разумными» претензиями и жалобами и говорящему: «Не достойнее ли увидеть, что на самом деле нет у тебя никакой возможности продвигаться по пути, который ты избрал? И скажи мне, сколько же еще фактов не хватает тебе, чтобы ты, наконец, послушался меня. Подними же свои руки вверх и провозгласи, наконец: «Вот я уже пришел к своей конечной цели и не стоит мне трудиться ради Творца, так как это не для меня. А для кого – я не знаю»».

А мудрецы сказали иначе: «Каждый должен сказать себе: «Для меня создан мир» (Санэдрин, 37). Но что же мне делать, если я вижу всю эту действительность и не в состоянии совершать свои действия во имя Творца? И тогда такое неверие называется работой, не имеющей значения.

И исходя из вышесказанного, объясним сейчас то, что говорили «уродливые» девушки: «Возьмите нас во Имя Небес и увенчайте золотыми украшениями...». И это является четвертой ступенью в малхут, называемой «нищая и бедная». И такая работа выглядит уродливой в глазах человека, так как не видно здесь «красоты», которая есть в духовном, «знатности», что существует в духовном, и «богатства», а есть здесь только такие вещи, которые разум человека не может выносить. И это похоже на уродливую вещь, от которой человек старается удалиться, как сказано: «Удались от уродливого и подобного ему...» (Хулин, 44).

И что могут сказать такие девушки юношам из народа Израиля, кроме как «возьмите нас во Имя Небес». Это значит, что они не могут обещать получение какой-либо выгоды, но если эти юноши хотят быть «юношами из народа», то они обязаны взять их во Имя Небес. То есть если они согласны с таким условием, то могут взять их, иначе не о чем здесь говорить. Но даже этого им не достаточно, так как они хотят, чтобы юноши «увенчали их золотыми украшениями».

И объяснял это РАШИ, что после свадьбы должны обеспечить их красивыми одеждами и украшениями.

Рабби Йегуда Ашлаг говорил по этому поводу, что, несмотря на то, что человек уже согласен взять эту девушку во Имя Небес, даже, несмотря на то, что она уродлива, и не обращая ни на что внимание, то есть такую, какая она есть на самом деле, она также требует, чтобы он дал ей свет Торы, то есть, чтобы постарался ощутить вкус Торы и Заповедей, а иначе она не согласна, так как «если не знаешь, что требует от тебя твой Господин, то, как будешь служить Ему?».

И это то, о чем сказано: «И только увенчайте нас золотыми украшениями», – то есть должен поставить веру выше знания и затем притянуть для нее свет Торы.

В сказанном мы видим две противоположности: с одной стороны, вера должна быть выше знания без всякой основы, а с другой стороны, должны почувствовать «вкус Торы и Заповедей».

И об этом сказал рабби Йегуда Ашлаг, приводя благословение: «...Который создал его с многочисленными отверстиями и полостями..., и если откроется одно из них или закроется одно из них, то невозможно будет существовать и стоять перед Тобою...».

И объяснял, что «закрыто» – это говорится о вере, которая должна быть скрыта. И это выводится из сказанного «если откроется» – то есть необходимо, чтобы вера была в скрытии.

А если «закроется» – это говорится о «вкусе Торы и Заповедей», то есть вера должна остаться выше знания, а вкус Торы и Заповедей будут раскрыты.

Подготовка к покаянию
Статья 36, 1986

Известно, что для достижения желаемого необходимо сначала подготовить средства к его достижению. А что должен подготовить человек, чтобы получить прощение?

В нашем материальном мире мы видим, что человек говорит другому «прости» только тогда, когда он своими действиями нанес ему какой-либо ущерб в деньгах или унизил, или доставил телесные страдания, о чем он сожалеет. Тогда можно сказать, что один просит у другого прощение, чтобы тот простил его за его прегрешение. В этих обстоятельствах следует различать две ситуации:

1. Если первый не сделал ничего дурного и просит у второго прощение, второй недоумевает и смотрит на него, как на умалишенного. Представим себе такую картину: идет человек по улице и говорит каждому встречному: «Прости, прости...». Что бы мы сказали

о нем? Конечно, что он сумасшедший. Потому что прощение следует просить только за какую-то вину.

2. Если человек нанес другому очень большой ущерб, а просит извинение, как будто речь идет о чем-то незначительном, естественно, у него мало шансов получить прощение. То есть человек измеряет степень ущерба, нанесенного товарищу, и в соответствии с величиной этого ущерба ищет средства, чтобы товарищ согласился простить его.

Такой же порядок существует и в отношениях человека с Творцом. Это означает, что если человек идет просить прощение у Творца за свои прегрешения, возникают те же две особенности. Главное в том, что если человек просит прощение за грех, который он совершил против Творца, он должен думать о своей вине.

Если же человек не чувствует никакого греха и просит прощения, то он, как бы издеваясь, кричит, плачет и говорит: «Прости», – в то время как сам не чувствует, что сделал что-то дурное против Творца.

Поэтому сказано (Сукка, 52), что злодеям их грехи представляются ничтожными, как волос, а праведникам их грехи кажутся высокой горой. А что же в действительности – как истинно измерить грехи человека?

Дело в том, что когда человек не обращает внимания на то, против кого он согрешил, он не чувствует значения и величия Творца. Это означает недостаток веры.

Некоторые начинает задумываться: сейчас, перед Йом Кипур (Днем Искупления) – принято считать, что это время милосердия – стоит просить у Творца стереть грехи. Поэтому трубят в рог, чтобы сердце человека прониклось размышлением об ответе за грехи. Тогда человек верит, что, конечно, и он грешил, и должен просить прощение у Творца.

Но какова величина ущерба? Человек может почувствовать и оценить ущерб, нанесенный своими грехами, только в соответствии со своей верой в величие Творца. Тогда он отличается от всех тех, которые просят о прощении без всякой подготовки, без размышления. За что же они просят прощение? Это равносильно стандартному «извини», хотя сделал вещи ужасные, о которых должно быть истинное раскаяние, а он не наполняет слова просьбы настоящим значением, как того требует настоящий грех.

Из сказанного следует, что прежде чем человек идет просить Творца, он должен сделать в своей душе расчет: в чем же суть этого греха, какой же ущерб причиняет этот грех.

Причина всех грехов в том, что человек не старается, чтобы его вера была постоянной, а удовлетворяется частичной верой. Сказано в «Предисловие к Талмуду Эсэр Сфирот» (книга 6 п.14), что если бы была у человека постоянная вера, она не дала бы ему грешить.

Это означает, что если человек просит прощение у Творца, значит, он видит истинную причину всех грехов. А если отсутствует у него полная вера, он просит, чтобы Творец дал ему силу обрести веру в сердце.

Для чего? Не для собственной выгоды, а потому что тогда он не станет грешить, пренебрегать Творцом, ведь обретет чувство величия Творца. Потому он просит прощение у Творца, чтобы тот помог ему и дал ему силу самому принять на себя власть Творца верой выше знания.

Отсюда все различие между тем, кто обрел веру, а потому называется Исраэль, и тем, кто не обрел веру, а потому называется гой. Постигающий постоянную веру видит отличие этих двух ступеней духовного развития человека, и он, перейдя со ступени «гой» на ступень «Исраэль», может благословить Творца: «Благодарю тебя, Творец мой, за то, что не сотворил меня гоем!»

А после того, как уже известна эта разница, он должен проверить себя – какова степень его веры в Творца, насколько он готов положиться на веру в Творца. Тогда у него появится возможность видеть истину – готов ли он выполнять действия только на благо Творца, а не для собственной пользы.

После этой Заповеди мы можем выполнять другие Заповеди. Ибо именно на выполнение этой Заповеди человек получает помехи, его тело вдруг становится проницательным, начинает исследовать важность достижения духовного и ни в коем случае не дает человеку принять на себя Заповедь веры.

Человек приходит в замешательство от того, что нет у него силы преодолеть эти жалобы тела. И эти вопросы действительно непостижимы, но человек не обязан давать ответы телу на его вопросы, которые оно задает из своего знания, ибо заповедь веры построена на «вере выше знания».

Разум человека исходит из знаний этого мира и потому не в состоянии постичь возможность веры вопреки знанию. И поэтому ты не должен давать ответы на его непостижимые вопросы. Просто человек должен верить, что все вопросы задаются телом не для того, чтобы давать на них хитроумные ответы, а наоборот, эти вопросы приходят к человеку, чтобы было у него место для веры выше (вопреки) разума.

Ведь если бы тело поняло своим разумом желание человека работать ради Творца – это было бы внутри знания. И тогда это называлось бы познанием, а не верой. То есть именно в той точке, где человек понимает, что не в состоянии постичь разумом, именно там, где он все же пытается преодолеть эту помеху, там появляется основа для приобретения веры выше знания. То есть только желанием, исходящим из сердца, можно преодолеть все помехи.

Однако понятие «выше разума» нужно хорошо уяснить. Состоянием «выше знания» называется такое состояние человека, когда он готов исполнять Тору и Заповеди, как если бы его разум понял, что стоит заниматься этим, будто он уже чувствует вкус, который есть в каждой Заповеди.

Ибо человек должен верить, что, как есть в каждом из земных удовольствий собственный вкус, отличающийся от других, так и в каждой Заповеди есть свой особый вкус. И если бы он ощутил эти оттенки вкусов во время занятий Торой и Заповедями, какое бы воодушевление и жизнь он нашел бы в них!

Тогда разум заставил бы его принять занятие Торой и Заповедями как единственно необходимое, а все мешающее этому оценивалось бы им как клипа, нечистота.

Так вот картину, подобную той, какая бы возникла в его разуме, он должен нарисовать себе «выше разума» (знания), то есть, несмотря на то, что нет у него никакого чувства, которое бы поставляли ему знание и разум и заставили бы его работать, он все равно будет трудиться, будто есть у него это большое знание и сильное чувство. И когда он сделает так, это и будет называться работой выше разума.

Однако если он чувствует, что при наличии у него знания и ощущения в теле, он бы выполнял работу Творца с большим желанием, с большим прилежанием – это означает, что пока он работает «внутри знания». Но когда исчезает эта разница – работа называется «выше знания».

1987 ГОД

Добрый, творящий добро
Статья 1, 1987

Мы говорим, «верим в доброго, творящего добро и злым, и добрым». В духовной работе следует понимать, что те, кто желают приблизиться к Творцу, называют это «добром» и стремятся только к слиянию с Творцом. Далее следует объяснить – «и добрым, и злым». А именно: почему они называются «злыми», если мы говорим о человеке, желающем достичь добра, называемого у нас слиянием с Творцом, что определяется, как уровень «добра».

Прежде надо понять цель творения, о которой известно, что она состоит в наслаждении созданий; отсюда следует то, что мы говорим «верим в доброго, творящего добро». Имеется ввиду сказанное мудрецами – «от доброго – к творящему добро». Следовательно, мы верим, что он – «творящий добро и добрым, и злым». То есть, и злые получат добро и благо.

В простом значении нужно сказать, что «злыми» называются люди, делающие зло другим, то есть, думающие только о личной выгоде, а не об отдаче. А «добрыми» называются те люди, которые любят делать добро другим, и такие люди называются «добрыми». На этом основано значение «добрый». А «творящий добро и злым, и добрым» означает, что и злые люди, погруженные в любовь к себе, также получат добро и благо.

Мы изучаем правило, согласно которому на келим получения ради получения было сокращение (цимцум) и скрытие, и свет не светит более в этом месте, и остается пустое пространство без света. Это сокращение называется первым сокращением (цимцум алеф), которые никогда не отменится. Лишь второе сокращение (цимцум бет) отменится, но получения ради получения никогда произойдет. В таком случае, как он может быть «творящим добро и злым, и добрым», ведь нет у них кли для получения высшего света, называемого «насладить свои создания».

Мой отец и учитель говорил, что у человека есть два вида келим: первый – келим отдачи; второй – келим получения; на языке каббалы они называются «келим де-паним» – это келим отдачи, и «келим де-ахораим» – это келим получения. Келим отдачи называются хорошими келим, и есть люди, которые могут исправить себя только в келим отдачи, то есть, только в келим отдачи они могут реализовать свое намерение ради отдачи. И не более того. А есть люди, которые удостаиваются большей ступени, где и келим получения они могут обратить ради отдачи.

Исходя из сказанного, следует объяснить понятие «добрый, творящий добро и злым, и добрым». Человек должен верить, что Творец дает помощь свыше, как сказали мудрецы, «приходящему очиститься – помогают». Поэтому просит у Творца дать ему силы, чтобы смог придать своим действиям намерение ради отдачи и попросить в полной молитве, что означает, чтобы Творец помог ему, чтобы были у него силы преодоления ради отдачи также и на его келим получения, чтобы они стали ради отдачи. И это называется – «и злым», – то есть, келим получения; «и добрым», – келим отдачи. И у обоих будет намерение ради отдачи.

Из сказанного поймем то, что мы спрашивали: если человек желает, чтобы Творец приблизил его к своей работе, где он смог бы обратить свои действия ради отдачи, то как можно сказать, что его действия являются злыми. Отсюда следует объяснение: они хотят, чтобы келим получения, называемые «злыми келим», также приблизились к Творцу. Эти келим мы называем «злыми». Таким образом, мы говорим о злых келим которые исправляются ради отдачи. И это более высокая ступень, чем хорошие, потому что хорошие келим означает, что человек хочет, чтобы Творец дал ему силы преодолеть их и обратить намерение ради отдачи.

О злом начале и добром начале сказал мой отец и учитель: «начало» (רצי) происходит от слова «образ». Иногда у человека возникает хороший образ выполнения Торы и заповедей ради отдачи, когда он начинает чувствовать добро и благо в том, что удостоится слияния с Творцом и будет слит с корнем, сотворившим все создания, и намерением Творца было насладить свои создания.

И тогда этот образ приводит человека к сильному желанию оставить все материальные дела, так как чувствует, что у всех этих вещей нет права на существование, и все они исчезнут. И глядя на материальные вещи, он говорит, что не стоит ради обретения этих бесполезных вещей тратить свою жизнь. И он чувствует, что ему стоит отказаться от всего, чтобы прийти к слиянию с Творцом и достигнуть единения с душами, которые были в этом мире и удостоились жизни в будущем мире, и удостоится войти в собрания, как написано в Зоар: «Собрание Рашби, собрание (ангела) Матата». И когда духовное приобретает хороший образ, это вызывает в человеке отдаление от наслаждений тела и приближение к наслаждениям душ, так как он стремится, по сказанному мудрецами: «Мир твой увидишь при жизни, а остаток твой – для жизни мира грядущего», и это доброе начало.

А иногда приходит к человеку плохой образ, показывающий, что будет, если человек примет на себя работу ради Творца не ради собственной выгоды, и вся его работа будет в преданности Творцу. И ему начинает казаться, что он теряет мир, полный благ жизни, а свою семью, к которой он всегда был крепко привязан, – вдруг он оставляет ее. И если раньше он стремился к достижению всего этого, думал, что чего-то достиг, а чего-то – нет, то сейчас он сразу теряет все, и чувствует, что мир потемнел для него, и не находит в себе никакого желания и устремления к тому, чтобы смог преодолеть все образы, которые получает сейчас в материальном мире.

И более того, человек удивляется, что никогда раньше не чувствовал такой важности материального мира, как теперь, хотя в прошлом уже много раз соглашался преданно работать ради пользы Творцу, а не ради личной выгоды. Но ни разу не ощущал такого вкуса к материальной жизни, как видится ему сейчас, в состоянии, когда получил такие плохие образы духовного и хорошие образы материального. И это называется – злое начало.

Из сказанного следует объяснить написанное в молитве: «За грех, которым согрешили перед Тобой вольно и невольно», а затем говорят: «За грех, которым согрешили перед Тобой в злом начале». И все спрашивают, разве прошлые грехи были в добром начале, а не в злом, ведь все прегрешения идут только от злого начала.

Отсюда следует пояснение того, что мы слышим от плохих образов, которые говорят нам о духовном. Это означает, что с одной стороны, мы погружены во все материальные грехи, и кроме того, мы получаем плохие образы духовного от злого начала, так можно объяснить «за грех, которым согрешили перед тобой в злом начале», – в плохих образах о духовном.

Важность осознания зла
Статья 2, 1987

В Книге Зоар, гл. Брейшит написано: «Да стекутся воды под небесами в одно место и появится суша». «Стекутся воды» – означает, что Тора называется «воды». «В одно место» – означает Исраэль. Как написано, «да стекутся воды в одно место»; «воды» – означает Тора, а «одно место» – означает Исраэль, получающие Тору. А народы мира не захотели получить Тору, поэтому осталась земля безводной и иссушенной. Тора – это мироздание, в нем она существует. А народы мира, не принявшие Тору, остались безводными и иссушенными».

Следует понять слова Зоар, объясняющие общее правило Исраэля и народов мира. Но как это происходит в человеке, соединяющем Исраэль и народы мира в одном теле? Известно, что Зоар говорит: «Каждый человек – это маленький мир сам по себе», который включает в себя все 70 народов и Исраэль.

В трактате «Пиркей авот» раби Яаков сказал: «Этот мир подобен порогу в будущий мир. Исправь себя не пороге, чтобы войти в трапезную». Ясно, что нельзя исправить вещь, в которой нет никакого изъяна. Наставники духовной работы обучают идти путем совершенства. Это означает, что в обществе есть много отдельных людей, и каждый отличается от другого, как сказано: «Как лики их различны между собой, так и мнения их различны между собой».

И по этой причине следует обучать массы народа таким образом, чтобы это обучение было для всех и для каждого. Другими словами, чтобы каждый держался за Тору и заповеди. И это соответствует сказанному мудрецами: «И сказал раби Ами, из слов раби Йоси мы учим: «Даже если человек прочитал лишь молитвы Шахарит и Аравит – этим выполнил заповедь «да не отступит книга Торы эта от уст твоих». И сказал раби Йоханан, со слов раби Шимона Бар Йохая: «Даже если прочитал человек всего лишь молитвы Криат Шма, Шахарит и Аравит, – этим выполнил заповедь «не отступит». И это запрещено говорить простолюдинам, а Раба сказал, что говорить это простолюдинам считается заповедью».

Отсюда мы видим, что существует много видов соблюдения Торы в обществе. И так происходит по причине того, что один человек не подобен другому. Но несмотря на это, нельзя заставлять человека соблюдать заповедь «да не отступит книга Торы эта от уст твоих», а каждый – в соответствии со своей способностью. И поскольку вся масса народа считается единым телом, из этого следует, в целом, что каждый связан с обществом. Из этого следует, что в обществе есть много Торы, что означает, – много Торы выучено всем обществом в целом. Следовательно, прочитавший «Криат Шма», «Шахарит» и «Аравит», по мнению Раби Шимона Бар-Йохая, считается выполнившим заповедь «и размышляй о ней днем и ночью».

И в этом новое слово раби Шимона бар Йохая, о котором сказано: «Многие делали, как раби Ишмаэль – и добились, а многие делали, как РАШБИ, и не добились. Раби Ишмаэль говорит, «и собрал хлеб свой»; о чем говорит Талмуд, как сказано, «Да не отступит книга Торы эта от уст твоих». И говорит Талмуд, по написанному, «и собрал хлеб свой, чтобы следовать путем земли, – по словам раби Ишмаэля. РАШБИ говорит, «человек пашет в час вспашки, сеет в час посева, жнет в час покоса, мелет в час обмолота, сеет в час ветра. Тора – что будет с ней?».

Следует понять, о чем говорит раби Йоханан от имени РАШБИ (в трактате «Масехет макот», п. 99): «Даже если прочитал человек всего лишь молитвы Криат Шма, Шахарит и Аравит, – этим выполнил заповедь «да не отступит книга Торы эта от уст твоих». Есть объяснение, что вся масса народа называется обывателями, а «частным» называются те люди, которые руководствуются мнением Торы.

Мнение обывателей заключается в том, что в мире принято, если кто-то покупает дом, то говорят, что этот дом принадлежит такому-то, то есть, этот дом не принадлежит никому другому, а именно этому некто. Если покупает даже малую вещь – то же самое: если спрашивают друг друга, кому принадлежит эта вещь? – она принадлежит такому-то, он приобрел ее путем усилия, которое приложил ради этой вещи, чтобы вещь стала его. И именем человека называется вещь.

Так же в духовной работе: когда человек прилагает усилие и хочет получить вознаграждение за свое усилие, то вознаграждение, которое он хочет получить, называется его именем. И он хочет приобрести вознаграждение этого мира, и вознаграждение будущего мира, с тем, чтобы все вошло в его владение, и он – владелец всех этих вещей, которые приобрел посредством своего усилия.

Такие люди называются обывателями, так как их мнение, которого они придерживаются, состоит в том, чтобы не делать ничего, что не для собственной выгоды, то есть, делать все, чтобы обладать вещами, которые они могут обрести через усилие. А если они не видят, что могут обрести что-то для собственной выгоды, то нет у них сил работать и прилагать усилия, если они не видят, что здесь есть возможность извлечь личную выгоду, которая называется любовью к себе. И это называется «общность», состоящая из обывателей.

При этом «частное» называется мнением Торы. Это означает, что все те люди, которые относятся к частному, руководствуются мнением Торы. То есть, человек хочет отменить себя, как нечто отдельное, чтобы не вести замкнутое в себе существование, потому что он не хочет возвышения своего имени. Это значит, что он не хочет ничем владеть, по причине того, что он хочет выйти из любви к себе и не заботиться о себе ни в чем, а только отмениться перед Творцом. И в этом заключается вся его цель – отменить себя. И он хочет, чтобы была только власть Единого – власть Творца. То есть, он не хочет, чтобы было две власти, а лишь власть Единого.

Когда читают Криат Шма, в момент произнесения «Слушай, Израиль, Творец Всесильный, Творец Один!», их намерения направлены на то, чтобы в мире существовало лишь одно владение, а их собственную власть они хотят отменить, и чтобы не было ничего, кроме единого Творца. И это называется «мнение Торы», как говорили мудрецы (трактат Брахот, 63): «Слова Торы могут существовать только в том, кто готов пожертвовать собой ради нее», что означает – жертвует самим собой, то есть – любовью к себе.

Отсюда следует, что понятия «частное» и «мнение Торы» – это одно целое. Это значит, что нужно прийти к состоянию слияния, так же называемому подобием свойств и отменой любви к себе, и вся его цель – отменить себя перед Творцом. А пока человек чувствует, что погружен в любовь к себе, при том, что в точности выполняет Тору и заповеди, не может видеть себя совершенным в своей работе и сказать, что его работа совершенна. Ведь он видит, что все, что делает, он хочет, чтобы было в его владении, называемом «мнение обывателей», и его не волнует то, что у него есть две власти. Но сердцем он не принимает то, что у него есть две власти.

Тогда он способен на истинную молитву из глубин сердца, чтобы Творец избавил его от власти самого себя, и поместил его под власть Творца. Чтобы почувствовал, что в мире есть только одна власть и все подчинено Творцу. Поэтому есть особое воспитание для масс и особое воспитание для относящихся к частному.

Следует понять, почему воспитывают массы народа путем совершенства, то есть все, что они делают – совершенно, и даже Рашби, который более доскональен, чем раби Ишмаэль, спрашивает: «Человек может пахать в час вспашки, а Тора – что будет с ней?». При этом он говорит: «Даже если человек прочитал лишь молитвы Шахарит и Аравит – этим выполнил заповедь «да не отступит книга Торы эта от уст твоих», как будто выполнил заповедь «и размышляй о ней днем и ночью».

При этом массы народа должны придерживаться Торы и заповедей, и мы видим в мире закон, что человек не может делать что–либо, если он не видит результатов своих действий. Массам народа присуще мнение обывателей, и если скажут им, что есть мнение Торы, то они даже не поймут, о чем с ними говорят.

Это подобно человеку, говорящему только на иврите, и если к нему обратиться по–английски, то он наверняка не поймет ни слова. Так же и мнение обывателей, которые понимают только язык любви к себе, наверняка не поймут другого языка, а именно – языка отдачи.

Поэтому, для того, чтобы массы народа могли придерживаться Торы и заповедей, что необходимо для их благополучия, есть в массе совершенство, обусловленное количеством. А если им скажут, что нет совершенства в их работе, то обязательно перестанут выполнять Тору и заповеди. И нет никакой лжи в том, что им не говорят правду. Ибо каждое обращение к Торе и заповедям имеет очень большое значение, когда грош к грошу скапливается в большой капитал, потому что Исраэль поручены друг за друга. При этом вся работа отдельного человека присоединяется к работе каждого из массы народа.

Об этом сказал мой отец и учитель [Бааль Сулам], что есть сила в количестве и сила в качестве. Силой в качестве обладает лев, а силой в количестве обладает саранча, и у обоих есть сила, которую тяжело преодолеть. При этом, нам требуется общество, сильное количеством. Поэтому говорят, что, когда молятся, даже не понимая значения слов, это имеет большое значение, потому что в святых словах есть большая сгула (чудесное свойство), которая светит человеку снаружи, хотя он и не чувствует ее внутри.

Но не говорят так человеку, если он видит слова и знает немного значение слов, и видит, что тело не согласно с тем, что он произносит. Тогда говорят ему, что это не имеет к тебе отношения, не обращай внимания на посторонние мысли о том, что тело говорит тебе, что ты не согласен с ним. Тебе воздастся по достоинству. Когда ты будешь произносить слова, составленные нашими мудрецами, чтобы мы говорили их во время молитвы, не обращай на это внимания. То есть, не следует тебе считаться с претензиями тела о том, что ты говоришь ложь. Иначе говоря, то, что ты произносишь устами – полная ложь. То есть, ты просишь о чем-то, но на самом деле, тебе самому твоя просьба не важна.

Например, ты говоришь: «Верни нас, Отец наш, к Торе Твоей», и ты даже не думаешь о том, что просишь, потому что твои потребности, – то, в чем ты чувствуешь недостаток, – это слава, деньги и тому подобное. Если же тело предъявляет истинные требования, тогда говорят ему, что не нужно тебе смотреть на требования тела, потому что оно не требует, чтобы ты действительно вернулся к ответу, а хочет сбить тебя с пути, чтобы ты не молился, поэтому оно обращается к тебе с праведными требованиями. Но это посторонние мысли, не смотри на них вообще.

Причина, по которой его приучают находить во всем, что он делает, цельность, – в том, что человек не может делать какое-либо дело, не видя в нем продвижения. По примеру порядка вещей в материальном мире. Например, когда человек начинает изучать профессию столяра, и видит, что не продвигается в этом, то ему говорят, что это дело не для тебя, учи другую профессию. Если же и в другой профессии не может продвинуться, то ему говорят, что ты не можешь больше продолжать заниматься этим, потому что ты не продвигаешься в учебе; значит он не может быть специалистом, а может быть простым рабочим.

Также и здесь, в духовной работе, если хотят, чтобы он продолжал работать, а в духовном все, что делается, есть совершенство с точки зрения большинства, то нельзя указывать на какой-либо недостаток в его работе. Вместо того ему говорят: все, что ты делаешь – совершенно, ибо грош к грошу скапливается в большой капитал и никакое действие в духовном не исчезает бесследно, и когда придет время конца исправления, тогда все действия исправятся.

Это не означает ни в коем случае, что ему говорят неправду, но для него достаточно этой работы, потому что он не способен работать на частном уровне, где человека обучают критическому отношению, а именно – действительно ли он способен реализовать то, о чем он просит. Это означает – либо его уста и сердце говорят об одном, когда он просит Творца, либо он видит, что его тело не согласно с тем, что он просит. И всегда нужно видеть его истинное состояние.

Причину того, что есть два вида обучения, мы находим в источниках (Трактат «Ктовот», 17) в споре между школой Шамая и школой Гилеля «Как танцевать перед невестой». В школе Шамая говорят: «Невеста как она есть», то есть, следует говорить ей истину напрямую. А в школе Гилеля говорят: «Невеста благообразна и миловидна». Говорит школа Шамая школе Гилеля: «Даже если она хрома или слепа, говорят ей – невеста благообразна и миловидна». (Объясняет РАШИ: миловидна – означает, что нить милосердия тянется к ней). А Тора говорит: «От слова лжи отдались». Говорит школа Гилеля школе Шамая: «По-вашему, того, кто совершил неудачную сделку, следует хвалить по делам его, или порицать по делам его?» Следует сказать – «хвалить по делам его». И потому сказали мудрецы: «Да будет мнение человека определяться мнением общества, дабы поступали люди по обоюдному желанию».

Эта вещь требует выяснения. Допустим, что клиент, который не разбирается в домах или алмазах, берет с собой человека, который является профессионалом в этих вопросах. Если клиент хочет купить квартиру, которая понравилась ему, или алмаз, который понравился ему, а человек, которого он взял с собой, как профессионала, видит, что они плохи, может ли он сказать клиенту, что это плохая сделка? Очевидно, что да. Но согласно толкованию РАШИ, – «Да будет мнение человека определяться мнением общества, дабы поступали люди по обоюдному желанию», – если он видит, что клиент хочет совершить эту сделку, пусть скажет ему, что это хорошая сделка.

Здесь нужно указать на различие. Когда человек совершает плохую сделку, но может ее исправить, то есть, не совершать ее, тогда обязательно нужно сказать ему правду. А если совершает плохую сделку и уже не может ничего исправить, тогда нельзя говорить ему правду, ведь какая выгода ему от того, что узнает правду? Только будут ему лишние страдания.

Следует сказать, как объясняет РАШИ, – «дабы поступали люди по обоюдному желанию». А именно, желание каждого человека – испытывать наслаждение. Известно, что если сказать ему правду, то он будет страдать, следовательно, нельзя говорить ему правду, поскольку это против его желания, ведь человек желает наслаждаться жизнью, ибо такова цель творения. А если сказать ему правду, то он будет страдать. Но если он еще не совершил покупку, тогда пусть скажут ему правду, и он будет доволен этим, потому что сейчас, когда он знает правду, он не совершит плохую сделку, а совершит хорошую сделку, как советует ему профессионал, и заплатит требуемую цену за хорошую сделку.

Так же и в духовной работе. Большинство людей не понимают иного языка, кроме языка любви к себе, и, если сказать такому человеку, что его работа не совершенна, – это подобно сказанному мудрецами о совершающем плохую сделку, которую он не может исправить, и тогда нельзя говорить ему, что это плохая сделка. Следует «хвалить его по делам его». Как объясняет РАШИ о сказанном мудрецами: «Да будет мнение человека определяться мнением общества», то есть, чтобы поступали люди по обоюдному желанию. Что означает, если желание человека только о любви к себе, то нужно сказать, что эта работа, которую он делает «ло лишма», благообразна и миловидна. Но как можно сказать две противоположные вещи одновременно: хотя твоя работа «ло лишма», вместе с тем, работа совершенная и хорошая?

При этом он начинает понимать сам, что не способен работать «лишма». А так как все остальные работают только «ло лишма», то он говорит, что я не хуже, чем остальное большинство. А то что написано во всех местах, что человек должен работать «лишма», – эта работа только для избранных единиц в поколении, а не для большинства, потому что «лишма» – тяжелая работа. Поэтому обучают его в соответствии с его желанием.

А люди, относящиеся к частному, имеющие внутреннее побуждение, не испытывают удовлетворения от работы масс народа. У них есть стремление к истине, и они не способны понять противоположные ей вещи. Такой человек говорит себе: либо я работаю ради Творца, либо я работаю ради себя. То есть, он не готов идти на компромиссы, он говорит: либо я всецело ради Творца и не ради себя, либо ради себя и не ради Творца. Как сказали мудрецы (Трактат «Сукка», п. 45): «Тот, кто совмещает имя небес с другой вещью, искореняется из мира», что означает: тот, кто хочет работать ради Творца и немного ради себя – искореняется из вечного мира.

Отсюда следует, что желание такого человека – увидеть истину. Поэтому приучают его досконально проверять свои действия. А именно – действительно ли его уста и сердце говорят об одном. Если нет, то он должен приложить усилия, чтобы выработать намерение ради отдачи. Но происходит наоборот: тело убеждает его в том, что он выше народа, и он не равен остальным людям. Они относятся к массе народа, а он относится к восходящим по ступеням возвышения избранным единицам в поколении.

И если Творец не отвечает сразу на его просьбу, тотчас гневается человек и говорит: «Когда остальные люди, относящиеся к массе народа, требуют от Тебя, чтобы Ты заполнил их материальные потребности, то есть потребности любви к себе, а Ты не отвечаешь им – здесь я могу понять, что не следует Тебе выполнять их запросы. Но когда я прошу у Тебя духовных вещей – то это ради Твоего блага. Ведь чего я хочу: работать ради Тебя, служить только Тебе, а для себя я не требую ничего, – так почему же Ты не помогаешь мне здесь и сейчас? При том, что я уже длительное время прошу у Тебя работать ради Тебя, лишь мое тело не позволяет мне работать, и я прошу у тебя помощи, – так почему ты не помогаешь мне?

Получается, что его претензии справедливы. И следует понять, почему на самом деле ему не отвечают. Причина проста: из-за того, что он настаивает на своей правоте. И возникает вопрос, – в чем его правота? Он считает, что в мире принято, если один хочет сделать добро другому, то есть порядок, при котором тот, кто получает это добро, должен прислушиваться к голосу дающего.

А значит и здесь, в духовной работе, когда он хочет работать для Творца, Творец получает добро, а человек дает. Поэтому он гневается на Творца, почему тот не слышит его.

Но в духовной работе существует порядок противоположный тому, как думает человек. Это подобно сказанному мудрецами в трактате «Кидушин», где говорится о законе посвящения женщины в жены. И написано: «даст ей в руку», – когда муж обязан дать свадебное серебро. Но если он человек важный, тогда она дает свадебное серебро, а он говорит: «вот ты посвящаешься мне». Смысл в том, что отдать важному человеку означает получить от него, и это так же важно, как если бы он дал.

Из сказанного следует, что, если человек хочет все отдать Творцу, он считается получающим. То есть, Если Творец получит его работу, это будет считаться, что человек получил, а не дал, как он думает.

Таким образом, когда человек хочет что-то дать Творцу, это считается, что Творец дает человеку. Тогда свыше смотрят, стоит ли давать человеку наслаждение тем, что Творец получает от него. Поэтому молитва не принимается тотчас, как думает человек, который считает, что он дает. От дающего подарок не требуют никаких условий, наоборот, – возможно, что получающий должен выполнить условия, которые поставит перед ним дающий.

Поэтому, как в случае с важным человеком, дающий становится получающим, и важный человек может поставить перед дающим условия, иначе он не получит от него. Также и в духовной работе, Творец требует от человека, который хочет дать ему свою работу ради Него, определенных вещей, иначе Творец не захочет получать от человека то, что тот хочет ему дать. Именно поэтому человек должен много просить у Творца, чтобы Он захотел получить от человека.

Только после того, как Творец видит, что человек уже способен и достоин того, чтобы Творец получил от него то, что человек хочет дать Ему, – тогда Творец помогает тем, что дает возможность делать все ради отдачи. А до того он не получит помощи в том виде, чтобы мог напрямую видеть, что Творец помогает ему. Он все равно получает помощь, пока станет достойным делать все ради отдачи, и здесь без помощи Творца ничего не произойдет, но человек не способен увидеть это напрямую.

По этой причине человек, который хочет, чтобы Творец помог ему иметь возможность действовать, как сказали мудрецы (трактат «Авот» 2:12): «все твои действия будут во имя небес», обязан прежде ощутить важность Творца, чтобы ценил отдачу Ему, как в случае с важным человеком. Тогда будет знать, что то, что он хочет дать, будет считаться сейчас получением от Творца. Ибо когда важный человек получает от кого-либо, отдача ему считается получением.

Поэтому следует человеку прежде всего ценить важность Творца, и находить способы, как постичь величие Творца. Это означает, что каждое выполнение им заповедей будет с намерением постичь величие и важность Творца.

Об этом написано в Зоар: «Известен во вратах муж ее». Говорит Зоар: «Каждый, насколько отмеряет в сердце своем». И только тогда, согласно важности и величию Творца, начинает ощущать, что он хочет направить все свои действия, чтобы были ради Творца, ибо хочет получить наслаждение тем, что Творец получает от него то, что человек хочет ему дать. Как в случае с важным человеком.

А поскольку получение наслаждения, как свойство, заложено в человеке, то, как только человек чувствует важность и величие Творца, также как есть наслаждение в том, что важный человек получает от него, так и здесь – в человеке естественно возникает желание делать все ради Творца. То есть, все, что есть у него, он хочет отдать Творцу, в силу наслаждения, которое человек получает, когда отдает Творцу.

Однако это не называется «отдает ради получения». Поскольку «отдает ради получения» означает, как в торговле, что покупатель дает продавцу деньги, и это выглядит так, что покупатель отдает продавцу ради того, чтобы продавец дал ему что–либо взамен на его отдачу.

Итак, здесь есть две вещи:
1. Деньги, которые дает покупатель;
2. Продавец дает ему в обмен на это какую–то вещь.

При этом, в духовной работе, когда маленький дает большому какую–то вещь, и не хочет ничего взамен, то это уже иное действие. И в нем следует различать два противоположных намерения:

Первое: человек дает, и дающий намеревается получить наслаждение от отдачи;

Второе: получающий вещь важный человек намеревается дать наслаждение дающему. Из этого следует, что дающий называется получающим, а получающий называется дающим.

Из сказанного следует, что наслаждение, которое ощущает человек тем, что дает Творцу, обусловлено важностью. А именно, нам дан путь исправления через совпадение свойств, называемое «слияние», как сказали мудрецы: «И слиться с Ним». Следует сказать, что смысл этого – «как Он милосерден», – у Него есть наслаждение тем, что дает творениям, – «так и ты милосерден», – означает, что у человека есть наслаждение тем, что дает Творцу. Следовательно, когда человек дает Творцу и не испытывает наслаждения, это значит, что есть недостаток в совпадении свойств.

А именно, если он наслаждается тем, что дает Творцу, тогда следует сказать, что здесь есть совпадение свойств. Но как человек может достигнуть такого уровня, чтобы наслаждаться тем, что дает Творцу? Это возможно только тогда, когда чувствует величие и важность Творца. Тогда есть естественное наслаждение, как в случае с важным человеком. Здесь человек может получить наслаждение от отдачи, потому что эта отдача приводит его к получению наслаждения. И вместо получения человек способен работать.

Но здесь возникает вопрос: как достигнуть ощущения величия Творца? Об этом сказал мой отец и учитель, что есть понятие веры выше знания. Иногда возникает представление, когда человек ощущает кого–то, выделяющегося из массы народа своими самыми важными в мире свойствами. А в мудрости своей он самый великий мудрец в мире. И это первая стадия.

Вторая стадия, – это когда он не чувствует его величие и важность, а верит верой выше знания, что у него есть всевозможные достоинства. И если его вера сильна на сто процентов, это подобно постижению в знании. А в вере выше знания следует также различать две стадии:
1. У него нет способа, как постигнуть его важность и величие, поэтому он верит, что этот человек самый важный в мире.
2. У него есть способ постигнуть и ощутить важность и величие этого человека, но из уважения к нему, чтобы не было изъяна, он не будет проверять истину. Подобно человеку, который просит у другого взаймы, и обещает ему, что вернет вовремя. А дающий взаймы выясняет у окружающих, действительно ли тому человеку можно доверять. Иногда случается, что берущий взаймы узнает об этом и это его оскорбляет, потому что он важный в обществе человек. Поэтому, из уважения он верит верой выше знания, даже если у него есть другой способ.

Отсюда следует, что если человек хочет поступать, как сказано, «из уважения перед Творцом скрыта вещь», то он хочет верить в Творца, даже если у него есть способ, как постигнуть и познать важность Творца. При этом он не слушает свое тело, которое говорит ему: «Зачем тебе нужно идти верой выше знания, когда у тебя есть способ, как постичь все внутри знания». На этой ступени находятся те, кто уже немного удостоились духовного постижения, когда несмотря на то, что у них есть способ постигнуть величие Творца, они хотят идти выше знания.

То же самое происходит в духовной работе, при подготовке к вхождению в настоящий духовный мир. Когда он принимает на себя веру в Творца выше знания, он должен согласиться с тем, что он хочет идти именно верой выше знания; даже если ему дадут знание, как видеть величие Творца внутри знания, он выбирает в пользу веры выше знания. Потому что «из уважения перед Творцом скрыта вещь».

И это называется, что он хочет идти выше знания. И именно тогда он способен получить духовный мир, когда он ни в чем не заботится о себе, а все его намерения только об отдаче Творцу. И потому нет уже страха, что если ему дадут какое-то свечение, то оно уйдет в кли получения. Потому как он постоянно старается выйти из любви к себе.

Мой отец и учитель сказал, что поскольку желание получать хочет только получать и не отдавать, то вместо того, чтобы говорить ему «работать выше знания», называют это «отдавать и не получать», потому что человек страдает, когда ему нужно идти верой выше знания. Доказывается это тем, что тело всегда заботится о получении блага и наслаждения от всего, что оно делает, а там, где человек должен работать в вере выше знания, тело ощущает неудовлетворение. Поэтому, когда обучают человека идти по пути веры выше знания, он начинает работать на отдачу. Из этого следует, что, когда человек предпочитает идти путем выше знания, это удерживает его на верном пути, ведущем к слиянию с Творцом.

Их сказанного нужно всегда помнить значение «выше знания», когда человек, до того, как обретает свойство выше знания, должен представить себе, что такое внутри знания, то есть, что его знание говорит ему о причинах, ради которых стоит работать ради небес. И человек должен представлять себе, каким образом и в каком случае он бы согласился работать ради отдачи.

Вместе с тем мы видим в обычной жизни, что маленький, делая что-то для большого, испытывает удовольствие и наслаждение. Мы видим, что даже есть люди, которые платят деньги за возможность делать что-то для большого. А когда человек знает и чувствует величие важного человека, тогда ему не нужно делать усилие, чтобы тело захотело служить ему, потому что Творец заложил в природу человека наслаждение от работы для большого, и он отменяет себя перед ним, как свеча перед факелом, именно, когда тело чувствует величие и важность большого человека. Поэтому всегда нужно думать, как постигнуть величие и важность Творца.

Здесь следует выяснить слова Зоар относительно фразы: «Да стекутся воды в одно место и появится суша». Ранее мы выяснили, что есть частное и общее. А общее – это «мнение обывателей», называемое любовью к себе, то есть они хотят получить все в свое владение. Это означает, они верят в Творца, что Он – владыка всего мира, и все называется Его именем, и вместе с тем, когда занимаются Торой и Заповедями, они хотят извлечь выгоду у Творца от своих занятий Торой и Заповедями. И это называется «переносить из одного владения в другое», то есть, – переносить из владения Единого во владение многих. Это означает, что они хотят, чтобы было две власти: власть людей и власть Творца.

В то же время частное относится к «мнению Торы», что означает – отмена владения, как сказали мудрецы (Брахот, 63:72): «Тора существует в том, кто жертвует собой ради нее». Как сказано: «Вот Тора, да умрет человек в шатре». Смысл этого в том, что человек отменяет свое «я», что означает «любовь к себе», и хочет делать все ради небес, чтобы в мире было только одно владение – владение Единого.

Тогда он может удостоиться Торы, потому что находится в равенстве по свойствам, называемом «слияние». И тогда он называется именем «Исраэль», потому что удостоился того, что каждая его мысль, речь и действие есть «Иcра-Эль» («прямо к Творцу»), – когда все их устремления – лишь к достижению уровня свойства отдачи, называемом совпадением по свойствам, ввиду того, что он отменяет себя перед Творцом, что называется – владение Единого, а не два владения. То есть, у них также имеется желание любви к себе.

Но есть правило, согласно которому большинство сильно влияет на отдельного человека, а поскольку большинство чувствует достаток в духовной работе, то мнение большинства передается отдельному человеку. И даже если отдельный человек не хочет идти путем большинства, оно все же ослабляет человека, чтобы тот не чувствовал сильной потребности в духовном. И человек слабеет в своей работе.

А именно, тело говорит ему: «Верно, что ты несовершенен в работе на Творца, но это не настолько страшно, чтобы об этом сожалеть и молиться из глубины сердца. То есть, ты вроде бы обязан говорить, что, если ты не удостоишься уровня отдачи ради Творца, ты скажешь «лучше мне смерть, чем жизнь». Это тебе не обязательно. Ты же видишь, что большинство идет по пути обывателей. Конечно, было бы лучше, если бы ты мог делать все ради отдачи. Об этом ты должен попросить Творца, чтобы помог тебе. Но ты пока еще не получил помощи от Творца, а так обеспокоен, что говоришь «лучше мне смерть, чем жизнь». Это не так страшно, посмотри на большинство.

Так отдельный человек подчиняется большинству. Что означает, что оно ослабляет человека в действиях, которые он может сделать, чтобы получить помощь от Творца, чтобы дал ему силы, позволяющие делать все ради отдачи, как требует человек.

И когда человек начинает чувствовать цельность в работе вместе с большинством, тогда он не может видеть истину, поскольку на каждую потребность в духовном, которую он раскрывает в себе, он сразу же находит возражение, которое оправдывает его, настолько, что он уже не чувствует, что находится сейчас под властью большинства.

Поэтому, чтобы ясно видеть перед собой состояние работы и не попадать под влияние большинства, Зоар дает нам совет: человеку следует собрать все, что он делает в Торе и заповедях в одном месте, чтобы это место было владением Единого, и не было двух владений.

Тогда он может сказать: «Слушай, Израиль, Творец Всесильный, Творец Один». И это мнение Торы. Иначе, по мнению обывателей, должно быть два владения: первое – владение Творца, второе – владение человека. И когда человек проверяет себя в работе, то он видит, что он не имеет никакого отношения к слиянию с Творцом, называемому совпадением свойств. И неизбежно он отделяется от источника жизни и становится подобным народам мира, которые не захотели получать Тору, а «Тора» следует понимать, как «мнение Торы». Вместо этого они хотят мнение обывателей. Но так мир не может существовать. И тем, что он испытывает трепет и проверяет себя, он может видеть свое истинное состояние на пути Творца и не ограничиваться цельностью большинства, которое хочет утвердить мнение обывателей.

Об этом говорит Зоар: «Да стекутся воды в одно место». «Воды» – это Тора; «соберутся в одном месте» – означает, что два владения, существующие в мире, станут одним владением, и это называется «мнение Торы». «А Тора – это мироздание, в нем она существует, а те, кто не приняли ее, остались безводными и иссушенными».

У всего Исраэля есть доля в будущем мире
Статья 3, 1987

В Книге Зоар, в главе Ноах (комм. Сулам, п. 2) сказано: «Выйди и посмотри: у всего Исраэля есть доля в будущем мире. И [Зоар] спрашивает: Почему? И отвечает: Потому что они хранят союз, на котором держится мир, как сказано: «Если бы не союз Мой днем и ночью, не утвердил бы Я законов неба и земли». ... Поэтому у Исраэля, хранящих союз, так как они обязались хранить его, есть доля в будущем мире».

И нужно понять, ведь вначале [Зоар] говорит: «У всего Исраэля есть доля». То есть каждый, кто будет называться именем «Исраэль», без всяких предварительных условий имеет долю в будущем мире. А потом он объясняет, что не весь Исраэль, а он ставит условия – что только те, кто хранят союз. И приводит подтверждение из Писания, что имеются в виду хранящие союз, как сказано: «Если бы не союз Мой днем и ночью, не утвердил бы Я законов неба и земли» (Ирмияу, 33:25). И еще надо понять, что следует из стиха: «Если бы не союз (брит) Мой днем и ночью», что имеется в виду обрезание (брит).

А в трактате Псахим (68:2) написано: «И так сказал рабби Элазар: Если бы не Тора, не существовали бы небо и земля, как сказано: Если бы не союз Мой днем и ночью, не утвердил бы Я законов неба и земли». И Раши объясняет: «Если бы не союз Мой днем и ночью, то есть изучение Торы, о котором сказано: И размышляй о ней днем и ночью». В таком случае, отсюда следует, что союзом назыется Тора. А тут Книга Зоар объясняет, «что союз – это союз обрезания (брит мила), когда хранят союз».

А по поводу заключения союза, который был у Авраама, сказано: «И заключил Ты с ним союз» (Нехемия, 9:8), – и объяснили мудрецы, «что Творец помог заключению союза, ибо не мог он самостоятельно заключить союз, но Творец помог ему ». Следует понять в отношении духовной работы, что означает, что не мог он заключить союз, вплоть до того, что нуждался в помощи от Творца.

Об Аврааме и Авимелехе сказано (Берешит, 21:27): «И заключили оба они союз». И Бааль Сулам спросил: Если оба понимают, что стоило бы, чтобы оба они любили друг друга, зачем мне нужно заключать союз? Чем это поможет, если мы произведем действие, как будто бы мы заключили договор? И что это даст нам? И он говорит: Это дает, что то, что мы заключили союз, имеется в виду, что поскольку может статься, что появится нечто, что способно разделить нас, они заключают союз сейчас, ведь, как они понимают сейчас, когда между ними царит любовь и взаимное подобие, этот союз должен соблюдаться, даже если потом появятся вещи, ведущие к разделению, в любом случае, связь, которую они строят сейчас, будет вечной.

И согласно этому надо сказать, что если потом появятся вещи, которые в самом деле должны разделить их, надо сказать, что каждый должен идти выше знания, говоря, что они не смотрят на то, что видят внутри знания, а идут выше знания. И только так может соблюдаться союз, и чтобы между ними не было разделения.

И отсюда следует, что говорится ли, что союз – это Тора, или говорится, что союз – это обрезание, это не означает, что только лишь это одно приводит к такому союзу с Творцом, когда договор о союзе не распадется, то есть что сердце его будет в согласии с Творцом. Но как Тора, так и обрезание, оба призваны соблюдать договор о союзе, – то, что сердце человека должно быть в согласии с Творцом, и он должен прилепиться к Нему, как к вечной незыблемой опоре. Как сказано: «Если бы не союз Мой днем и ночью, не утвердил бы Я законов неба и земли», – ведь сотворение неба и земли имело своим намерением творить добро Своим созданиям. А творения не могут получать благо и наслаждение без совпадения по свойствам, что называется, что все действия его будут «ради отдачи», иначе между творениями и Творцом будет разделение.

И для этого дано нам два союза, то есть союз обрезания и союз Торы, чтобы с их помощью мы могли бы прийти к заключению союза с Творцом в вере выше знания, так, чтобы мы могли делать все ради отдачи.

И это означает «Если бы не союз Мой». То есть, если бы Я не создал советов, как прийти к подобию свойств, не было бы возможности получать благо и наслаждение, в чем и состоит вся цель творения «нести добро Своим созданиям». А если бы я не приготовил путей, по которым можно прийти к подобию свойств, Мне не следовало было бы создавать небо и землю, поскольку невозможно было бы получить ничего хорошего от творения, и все творение было бы без толку, ведь не было бы никого, кто мог бы наслаждаться им. И для этого союза, когда он заключил союз, [как] вечную незыблемую опору, Аврааму была нужна помощь Творца. И это называется, что Творец должен помочь ему. И это: «И заключил Ты с ним союз», – что Творец помог ему, чтобы у него была способность идти выше знания.

А в работе выше знания следует различать 3 вида.
1. Что человек не чувствует никакого недостатка в своей работе, чтобы у него была потребность идти выше знания.
2. Что он чувствует свой недостаток, но относится к свойству «некева» (женщина), то есть «истощилась сила его, как у женщины» (трактат Брахот, 32:1), то есть у него нет сил преодолевать, чтобы идти выше знания.
3. Он считается в свойстве «захар» (мужчины). То есть у него есть сила преодоления, чтобы идти выше знания.

1) Например, когда человек хочет встать затемно, а, когда его будят, чтобы он встал, иногда бывает, что человек слышит, но не обращает никакого внимания и продолжает спать. И тогда некому ощутить его недостаток, потому что он тут же заснул, и, как бы то ни было, у него не было времени подумать о своем недостатке. Поэтому он пока еще не подходит под определение человека, чтобы можно было различать между мужчиной и женщиной. Ведь человек (адам) происходит от выражения «муж земли» (иш адама), то есть что он обрабатывает землю, чтобы она приносила зерно и фрукты, и давала людям жизнь.

И это можно сказать только о том, кто чувствует свой недостаток. Он начинает работать, то есть исправлять свой недостаток. Тогда как, если он не чувствует своего недостатка, не о ком говорить. То есть даже если ему расскажут о его недостатке, он не услышит. Ведь у него есть множество оправданий по любому поводу. И в любом случае, у него нет места для молитвы, чтобы Творец помог ему, чтобы у него появилась способность выйти из приходящих к нему помех.

2) Когда его разбудили, он начинает думать: Это верно, что я сказал товарищу разбудить меня, но когда я сказал ему, что хочу встать затемно, это было потому что у меня было небольшое желание встать и учиться, и я страстно желал того наслаждения, которое я получу от Торы. И допустим, даже если я не думал, что получу большое наслаждение от изучения Торы, в любом случае, у меня не было страданий от того, что я должен встать с постели и отказаться от наслаждения отдыха. Ведь, когда я говорил с товарищем о том, чтобы он разбудил меня, я думал только о наслаждении, которое я смогу взять от изучения Торы. И поэтому я сказал ему [об этом].

Тогда как сейчас, когда я лежу в постели под одеялом, и, если на улице дождь и ветер, я безусловно чувствую сейчас наслаждение от отдыха. А мне надо вставать. Откуда мне знать, что я получу больше наслаждения от изучения Торы? И поэтому мне выгоднее быть в свойстве «сиди и ничего не делай»[1]. Ведь «сомнительное не может быть противопоставлено верному»[2], так как от отдыха у меня безусловно есть наслаждение, а изучение Торы не светит мне наслаждением.

Однако потом у него возникают мысли: но ведь мы учили, что нужно идти выше знания. То есть не смотреть, сколько у меня будет наслаждения, и это будет моим критерием, а нужно работать ради небес. В таком случае, почему же я делаю расчет относительно себя – то есть сколько я заработаю от этого. Ведь, на самом деле, мне нужно делать расчет, выполняю ли я тем действием, которое совершаю, заповедь Творца, и Творец наслаждается этим – от того, что я слушаюсь Его голоса. И почему же у меня есть другие мысли, основанные на эгоистической любви? Но что же я могу сделать сейчас, когда я не могу перебороть свои мысли? Получается, что он все же называется работником Творца и хочет преодолеть чуждые мысли, то есть такие

---
1 Понятие, используемое в Талмуде и еврейском законе.
2 Один из принципов построения еврейского закона (Галахи).

мысли, которые чужды пути Торы. И это называется, что он относится к свойству «некева», то есть «истощилась сила его, как у женщины», то есть ему недостает силы преодоления.

3) Это свойство «захар» (мужчина), то есть у человека есть сила преодоления. То есть когда его будят, если у него возникают мысли: зачем тебе вставать, отрываясь от отдыха, которым ты наслаждаешься, и ты, наверняка, думаешь, что когда ты встанешь с постели и пойдешь учиться, у тебя будет больше наслаждения, чем сейчас, – откуда ты знаешь, что это будет именно так? И [тело] тут же дает ему совет, чтобы он проверил, действительно ли это так. И оно говорит ему: какой вкус есть у тебя в учебе сейчас, который ты собираешься получить потом? И у него сейчас же возникают такие вкусы, что в глазах становится темно. То есть у него возникают образы скрытия, то есть [тело] скрывает от него жизненную силу Торы. И тело спрашивает его: скажи правду, разве это состояния, которых ты жаждешь?

И если он настоящий мужчина, то есть воин, он говорит своему телу: Все верно, что ты говоришь, то есть по-твоему ты прав, однако та основа, на которой я строю свои занятия Торой и заповедями, называется «выше знания». То есть знание означает, что желание получать удовольствие и наслаждение решает, стоит работать или нет. А выше знания означает, что человек работает ради отдачи. То есть желание получать не должно соглашаться с этим, а решающим является желание отдавать. То есть, если он верит, что от этого будет наслаждение Творцу, – от того действия, которое он хочет сейчас совершить, – он сейчас же готов совершить это без всякого отлагательства. И хотя тело против и утверждает обратное, в любом случае, у него есть силы перебороть его. И это называется «захар» (мужчина).

Однако, после того как человек закончил три эти стадии в работе:

1) что он еще не ощущает своего недостатка, чтобы мог просить у Творца, чтобы Он помог ему,

2) он уже ощущает свой недостаток, но у него нет сил преодоления, и это называется стадия «некева» (женщина),

3) называемое стадией «захар» (мужчина) и свойством воина, то есть он уже может преодолеть свой недостаток,

он приходит к стадии «Шаббат» (суббота), то есть к этапу отдыха от работы, что называется: «Шесть дней работай, а в седьмой день прекрати труды» (Шмот, 32:21).

И отсюда можно понять [стих]: «Вот порождение Ноаха, мужа праведного» (Берешит, 6:9). Ноах означает «покой» (арам: «найха»), как сказано в Книге Зоар. И поэтому он называется «праведник», потому что есть в нем «покой». Ибо, как говорит Зоар, «бе-атар де-ит тирха таман ит Ситра Ахра». То есть что «в том месте, где есть труды, там присутствует Ситра Ахра». Значит, в любом случае, если человек – праведник, не может быть, чтобы у него были труды. И, как сказал Бааль Сулам, в том месте, где светит святость, человек отменяется, как свеча перед факелом, и неуместно говорить там о том, что у тела есть труды, ибо святость является источником блага и наслаждения.

Однако, когда у человека есть соединение с Ситрой Ахрой, которая облачается у человека в любовь к самому себе, называемую получение ради получения, и на это свойство действует сокращение и скрытие, и святость не может раскрыться там, а только скрытие пребывает в этом месте, то есть там не светит благо и наслаждение, а наоборот.

А слова: «И они жизнь наша и долголетие наше, и ими наслаждаться будем днем и ночью» (из Вечерней молитвы в субботу), или, когда мы говорим, «Они желаннее золота, золота червонного; они слаще меда, текущего из сотов» (Псалмы, 19:11), – это когда у человека есть пригодные для этого келим, называемые «отдающие келим», которые дают нам уподобление по свойствам, и тогда получение наслаждений происходит ради отдачи. Иначе, то есть если бы свет и благо светили бы в получающие келим, получатели становились бы дальше от Творца. А цель – в том, чтобы слиться с Творцом, как сказано: «А вы, слитые с Творцом, Всесильным вашим, живы все вы сегодня» (Дварим, 4:4).

Из сказанного получается, что, если человек – праведник, нет там места для Ситры Ахры, а есть там место для наслаждения (арам: «найха де-руха», букв: отдохновение духа). И это называется «шабат», как сказано: И в тот [седьмой] день – прекратил работать (шабат) и отдыхал (Шмот, 31:17), – ибо из-за святости субботы нет сейчас места для работы.

Однако наши мудрецы сказали (трактат Авода Зара, 3:1): «Сказал им Творец: Неразумные мира! Трудившийся в канун субботы, будет есть в субботу; тот, кто не трудился в канун субботы, откуда будет он есть в субботу? «.

Это означает, что тот, у кого были труды, то есть у него была работа и усилия с Ситрой Ахрой, которая мешала ему идти путем «лишма «, то есть во время работы он чувствовал, что не может справиться со своим злом, поскольку еще не удостоился войти в духовное, но он верит, что когда войдет в духовное, Ситра Ахра безусловно отменится, как свеча перед факелом, и нет у него тогда никакой связи с Ситрой Ахрой – получается, что он знает, что ему не хватает лишь одного: чтобы Творец помог ему и дал ему достичь некоторой святости. И так или иначе, все придет на свое место в мире и совершенстве.

И поэтому во время работы он молится из глубины сердца, чтобы Творец помог ему, и он чувствует в это время, что без помощи от Творца, он не достигнет ничего. И это его ощущение, что Творец может помочь ему, делает человеку кли для получения помощи от Творца, поскольку потребность (хисарон) называется сосудом для получения наполнения. И поэтому эта вера, которой он верит в Творца, как сказано: «Ведь ты слышишь молитву всяких уст» (из 16 благословения, молитва 18 благословений), – делает кли для получения помощи.

И отсюда поймем, что такое «тот, кто не трудился в канун субботы», то есть не работал с самим собой, чтобы поработать ради отдачи и увидеть, что он не может победить в одиночку без помощи Творца, и, как бы то ни было, у него нет места для молитвы, которая является сосудом (кли) для получения помощи Творца. А есть правило, что нет света без кли, поэтому мы нуждаемся в подготовке, чтобы у человека было, что есть в субботу, ведь «шесть рабочих дней» – это подготовка для получения света субботы. А субботой называется свет, притягиваемый для наполнения пустых келим, которые ждут помощи Творца.

И это, как сказано: «Свет в ней возвращает к источнику»[3]. Как сказано о субботе: «И все суды устраняются из нее ...и нет другого правления во всех мирах, кроме нее»[4] (отрывок из Зоар «Кегавна», читаемый при наступлении субботы), потому что после трудов с Ситрой Ахрой, когда ощущается хисарон, называемый кли, можно принять свойство субботы, называемое прекращение работы и отдых.

А теперь мы можем понять то, что мы спросили. Зоар говорит там: «У всего Исраэля есть доля в будущем мире, без всяких условий». А потом он говорит, что только у тех, кто соблюдал союз, а не у всего Исраэля.

И из сказанного можно объяснить слово «Исраэль», что это «Яшар-Эль» (Прямо к Творцу), то есть имеется в виду, что во всем, что он делает, он желает, чтобы все дела его были бы прямо к Творцу, а не ради собственной выгоды. И это, как мы объяснили по поводу стиха: «Не будет у тебя бога чужого, и не будешь ты поклоняться богу чужеземному! «[5].

Мудрецы объясняют (трактат Шабат, 105:2): «Что такое чужой бог в теле человека? Надо сказать, что это злое начало».

И следует понять это, ведь и доброе начало находится в теле человека, как сказано (Зоар, гл. Лех леха, стр. 35, Сулам, п. 86): «Потому что люди-братья мы», – злое начало и доброе на-

---

3 Мидраш Раба, Эйха
4 Зоар, комм. Сулам, гл. Трума, п. 165.
5 Псалмы, 81:10.

чало близки друг другу: одно справа от человека, другое слева от него. Злое начало – слева, а доброе – справа».

Как мы видим, доброе начало тоже находится в теле человека. В таком случае, что же означают слова мудрецов, что злое начало находится в теле человека? И нужно объяснить это по нашему обыкновению, что злое начало заботится и стремится, чтобы все, что делает человек, вошло бы в его тело. Имеется в виду: чтобы все было ради собственной выгоды, и это называется «в его тело». Тогда как доброе начало стремится к тому, чтобы все дела его были бы вне его тела, и это называется, что все его стремление – прийти к тому, чтобы все дела его были бы ради небес, а не ради собственной выгоды. И отсюда можно объяснить, что «Исраэль» означает «Яшар-Эль»: чтобы все дела его были бы только ради небес.

Подобное этому приводится в объяснении наших мудрецов (Иерусалимский Талмуд, трактат Брахот, ч. 1, алаха 5): «Сказал рабби Леви: сердце и глаз – два сводника греха, как сказано (Притчи, 23:26): «Дай мне, сын мой, сердце твое, и глаза твои да соблюдают пути мои», – сказал Творец: Раз дал ты Мне сердце свое и глаза, знаю Я, что ты – Мой».

Отсюда следует, что то, что мы говорим: «Выбирающий народ Свой, Исраэль»[6], – когда называется, что человек принадлежит народу Творца? Когда он обращает [букв: дает] глаза свои и сердце свое туда, то есть все, на что он смотрит, и чего желает сердце, он старается, чтобы все это было на благо и на пользу Творца, а не ради своей выгоды. Это называется «ты – Мой», что означает, что ты принадлежишь Мне, – и тогда он включается в народ Его «Яшар-Эль».

И отсюда можно объяснить, что значит: «У всего Исраэля есть доля в будущем мире». А далее Зоар объясняет, кто называется Исраэль, и говорит, что только тот, кто хранит союз, на котором держится мир, называется именем «Исраэль». В противном случае, то есть тот, кто не хранит союз, благодаря которому сможет существовать мир, не относится к свойству Исраэль, а принадлежит народам мира.

А что это за союз, на котором держится мир? Это как сказано выше, то есть что человек заключает союз с Творцом, что все дела его будут только ради пользы Творца, что называется «ради отдачи», и именно благодаря этому будет существовать мир. То есть мир был создан, «чтобы нести добро Своим творениям». И до тех пор, пока нет совпадения по свойствам, благо и наслаждение не могут облачиться в творения.

Получается, что все сотворение мира, которое было, «чтобы нести добро Своим творениям», было напрасным, поскольку некому получать это благо и наслаждение. Тогда как, благодаря союзу с Творцом, творения будут способны получать благо и наслаждение, а для того чтобы прийти к этому союзу существует Тора и обрезание, то есть все, что мы делаем, мы должны направлять так, чтобы благодаря этому мы удостоились заключить вечный союз с Творцом. А главное, надо верить, что Творец слышит молитву всяких уст, и благодаря этому мы будем спасены.

Нельзя слушать хорошее от плохого человека
Статья 4, 1987

Сказано (Берешит, 13:8-9): «И сказал Аврам Лоту: «Пусть не будет ссоры между мною и тобою и между моими пастухами и твоими пастухами, потому что люди-братья мы! Ведь вся земля пред тобой! Отделись же от меня, если ты – налево, я – направо, а если ты – направо, я – налево».

И нужно понять слова его: «Потому что люди-братья мы». Ведь они же не были братьями!

А в Книге Зоар (гл. Лех леха, комм. Сулам, п. 86) объясняется так: «Потому что люди-братья мы», – злое начало и доброе начало близки друг другу: одно справа от человека, другое слева

---

6   Второе благословение из «Шма».

от него. Злое начало – слева, а доброе – справа». И согласно этому получается, что «люди-братья» – имеется в виду, что говорится в одном теле, а ссора – между добрым началом и злым началом, которые называются братьями.

Это непонятно. Можно допустить, что доброе начало говорит злому началу: «Если ты – налево, то есть ты говоришь мне идти по левому пути, то есть по пути злого начала, ибо оно всегда находится слева, как сказано в Книге Зоар, что «злое начало – слева от него». И доброе начало говорит ему, что я не пойду твоим путем, а я пойду по правому пути, то есть по пути доброго начала, которое всегда находится справа. Это мы можем понять. Но то, что он говорит: «А если ты направо», – то есть если злое начало пойдет по правому пути, то есть по пути доброго начала, – почему же доброе начало говорит ему: «Я – налево»? То есть доброе начало пойдет по левому пути, то есть по пути злого начала. Это понять тяжело.

А Бааль Сулам спрашивает, почему, когда у Яакова был спор с Лаваном, сказано (Берешит, 31:43): «И отвечал Лаван и сказал Яакову: «Дочери – мои дочери, а дети – мои дети, и скот – мой скот, и все, что ты видишь, мое оно». То есть Лаван-грешник утверждал, что все – его, то есть что у Яакова нет никакой собственности, а все принадлежит Лавану-грешнику.

И почему, когда Яаков давал дары Эсаву, сказано (Берешит, 33:39): «И сказал Эсав: Есть у меня много, брат мой. Пусть будет тебе то, что у тебя». И не захотел брать у него все, что он хотел дать ему. Тогда как Лаван утверждал обратное: что все – его.

И сказал [Бааль Сулам], что тут дело в порядке работы – как вести себя в работе со злым началом, когда оно является к человеку со своими справедливыми аргументами, чтобы помешать ему прийти к слиянию с Творцом.

«И сказал Лаван» – называется, что он приходит с аргументом праведника, говоря человеку, когда он желает молиться и хочет немного удлинить свою молитву. Или другой пример, что человек хочет пойти поучиться в дом учения, и мысль его была стать на деле сильным, как лев, и перебороть свою лень. Злое начало является и говорит: Верно, что ты хочешь перебороть [себя] и исполнить волю Отца твоего в небесах, как сказано (трактат Авот, мишна, 5:20): «Йеуда бен Тейма говорит: будь стремителен, как леопард, и легок, как орел, скор, как газель, и силен, как лев, чтобы исполнять волю Отца твоего в небесах».

Но я-то знаю, что у тебя нет желания исполнять волю Отца твоего в небесах. Однако, на самом деле, я знаю, что ты работаешь только ради любви к себе, и нет у тебя любви к Творцу, чтобы мог ты сказать, что то, что ты собираешься сейчас сделать некое действие, это исходит из «ради небес». А все, что делаешь ты, это для меня, то есть для Ситры Ахры, а не ради святости.

В таком случае, в чем же это преодоление? То есть если ты работаешь для меня, я советую тебе: Сиди спокойно и получай наслаждение, ведь все, что ты хочешь сделать – для меня. Поэтому, я сжаливаюсь над тобой, чтобы не делал ты больших усилий и наслаждался покоем. И это то, что сказал Лаван. То есть оно облачается в одежды Лавана. То есть что [злое начало] говорит: «Дочери – мои дочери, и все, что ты видишь, мое оно».

А Яаков в противоположность ему утверждал: Неправда это, а, на самом деле, я работаю ради небес. В таком случае, мне все же стоит преодолевать свою лень, и исполнять волю Творца. И не хочу я слушать твои аргументы, которые ты приводишь, как аргументы праведника.

А Эсав-грешник был наоборот. Ибо когда Яаков приходит к нему и хочет дать ему свое обретение в Торе и заповедях, Эсав сказал ему: «Есть у меня много». То есть у меня есть много Торы и заповедей от других людей, которые все работают на меня, а не ради небес. Однако ты – праведник. Ты не работаешь на меня, а работаешь ради небес. В таком случае, у меня нет никакой доли в твоих Торе и работе. Поэтому я не хочу принимать это и помещать в свое владение. Ведь праведник ты и работаешь только ради небес.

И спросил об этом Бааль Сулам: Все же, на самом деле, кто из них приводит истинные аргументы, то есть Лаван или Эсав? И сказал он, что, на самом деле, оба они говорят истину, удобную для Ситры Ахры, ибо они мешают человеку прийти к совершенству. И разница в их аргументах, приводятся ли они до совершения действия или после его совершения. То есть до совершения действия человек хочет преодолеть и сделать что-нибудь в святости, ради Творца. Тогда злое начало облачается в аргументы праведника и говорит ему, что ты не способен сделать хоть что-нибудь для пользы святости, а все, что ни делаешь ты, все это для меня. И это называется: «Все, что ты видишь, мое оно». То есть что ты делаешь – все для Ситры Ахры. В таком случае, лучше, чтобы ты был «сиди и ничего не делай». И зачем же стараться и преодолевать свою лень? И так оно принуждает человека не заниматься Торой и заповедями. И это аргументы Лавана.

А аргументы Эсава – после совершения действия. То есть если человек в конце концов преодолел аргументы Лавана и пошел путем Яакова, является к нему Эсав и говорит: Видишь, какой ты герой и воин, не такой, как твои товарищи; они лентяи, а ты настоящий мужчина. Кто сравнится с тобой? – И ввергают его в гордыню. И об этом сказали наши мудрецы (трактат Сота, 5:2): «Сказал рав Хисда, и также Мар Укба: «Всякий, в ком есть высокомерие, – сказал Творец, – не можем он и Я пребывать в [одном] мире».

И потому Яаков выступает против этого и говорит ему: Неправда! Все, что делал я, было лишь для тебя, то есть для пользы самого себя, а это – желание получать, относящееся к Ситре Ахре. И сейчас я должен начать работать по новой – так, чтобы все было ради небес, а не для тебя. Но до сих пор я работал только для тебя. И это то, что Яаков дал Эсаву как подарок, а Эсав не хотел принимать у него, утверждая, наоборот, что Яаков – праведник, и все делает ради небес, а не ради себя

И отсюда мы сможем понять то, что спросили – как можно сказать, что доброе начало сказало злому началу: Если ты пойдешь по правому пути, я пойду налево? Ведь левый путь относится к Ситре Ахре, а не к стороне святости

И из вышесказанного мы можем понять, что доброе начало сказало злому, что ты должно знать, что ты не сможешь обмануть меня, ибо я знаю одно: что ты хочешь помешать мне дойти до уровня работника Творца, то есть чтобы все мысли мои были бы ради отдачи, а ты, исходя из своей задачи, стараешься оставить меня в эгоистической любви

В таком случае, как же я могу слушаться твоего правого пути? То есть того, что ты являешься ко мне, облачившись в аргументы праведника, то есть что ты советуешь мне быть праведником и работать ради небес. Этого не может быть, поскольку это не соответствует твоей задаче, а ты наверняка хочешь тут своими советами помешать мне достичь цели. И потому ты являешься аргументами правой линии, называемой Лаван. Что же я должно делать в таком случае? – Лишь бы не слушать твоего голоса и делать ровно обратное твоему мнению. Как сказано: «А если ты – направо, я – налево».

И отсюда вытекает, что человек всегда должен быть на страже, чтобы не попасть в сеть злого начала, когда оно является к нему с аргументами праведника, и не слушать голоса его. И хотя оно дает нам понять, что сейчас мы не идем по прямому пути, ибо то, что мы хотим сейчас сделать, это заповедь, основанная на преступлении. Этими словами оно [злое начало] связывает нас, и мы попадаем в ловушку и в сеть, ибо оно хочет управлять нами праведностью своих речей.

И от имени Бааль Шем Това говорят так. Чтобы узнать, является ли это советом злого начала или нет, нужно провести выяснение. Если то, что оно сказало ему, приводит к усилиям, это относится к доброму началу. А если, послушав его голоса, человек не будет должен прилагать усилие, это признак злого начала. И так можно распознать, является ли это советом доброго начала или злого.

Например, если у него возникает мысль, что не всякий должен вставать затемно; это работа для людей, дело жизни которых – изучение Торы, и не может простой еврей сравнивать себя с мудрецами, которые должны соблюдать стих: «И Тору Его изучает он днем и ночью» (Псалмы,

1:2). Но просто еврей? И приводит ему свидетельство из слов мудрецов, подтверждающее его аргументы: из того что сказал р. Йоханан от имени р. Шимона бар Йохая (трактат Минхот, 99:2): даже если человек читал только «Шма» утренней молитвы и вечерней молитвы, он исполнил «Да не отойдет эта книга Торы от уст твоих». В таком случае оно убеждает его, что лучше, чтобы ты вставал утром, как все, и ты не будешь весь день усталым и сможешь молиться с лучшим намерением, чем, если бы ты молился, вставая затемно.

И известно из всех хасидских книг, что главное – это молитва, поскольку в молитве человек не думает ни о чем, кроме как о том, чтобы Творец услышал его молитву. И молитва – это время, когда легче построить намерение и почувствовать, перед кем ты стоишь. Иначе во время изучения Торы, хотя и сказано (трактат Пеа, мишна 1:1): «А изучение Торы против всего».

Еще объясняют, что это означает, что Тора приводит человека к важности и величию Творца. Получается, что Тора – это только средство, приводящее человека к тому, чтобы он мог молиться и чувствовать выражение: «Пред кем стоишь ты», что это средство, как прийти к слиянию, то есть чтобы, когда человек молится Творцу, он мог знать, с кем говорит он, и по какому этикету он говорит перед Творцом, и тогда это время, когда он может отменить себя перед Творцом, а это главное – отменить свою собственную власть. И он должен прийти к ощущению, что нет ничего другого в мире, кроме Творца. И человек хочет слиться с Ним и отменить собственную власть.

И еще больше того сказали мудрецы, что все добрые дела, совершаемые человеком, как Тора, так и все остальные действия в святости, – все это человек может видеть, в порядке ли они, по своему ощущению в молитве. Согласно этому выходит, что главное – это молитва. А если ты встанешь затемно, все равно все испортится! Что же ты, в таком случае, выиграешь? И нет сомнения, что оно приводит аргументы праведника. И тогда человек может выяснить: если послушается он голоса его, и будет у него больше усилий – он может знать, что это аргументы доброго начала. А если он послушается его совета, и у него будет меньше усилий, это признак того, что сейчас с ним говорит злое начало, и оно только облачается в аргументы праведника и этим ставит ему ловушку, чтобы он упал в сеть, скрытую от него, из-за того, что оно говорит с ним устами праведника. Но, по правде говоря, всегда нужен учитель, который знает, как научить человека, чтобы он знал, что есть истина и что есть ложь, ведь сам человек не в состоянии выяснить это.

И из сказанного, – что злое начало является с аргументами правдника, то есть что оно хочет дать человеку совет, как он может войти в духовное, – мы сможем объяснить слова мудрецов (трактат Бава Батра, 98:1): «Тот, кто хвалится облачением мудреца, но не является мудрецом, – того не пускают в покои Творца».

И надо понять, почему это такой большой грех, если человек хвалится облачением мудреца. То есть он очень ценит облачение мудреца – до такой степени, что похваляется этим. Ведь он не совершал такого большого преступления, до того, чтобы ему дали такое большое наказание, до такой степени, что его не пускают в покои Творца. Получается, что говорится о человеке, достойном войти в покои Творца, однако этому греху, – что он похваляется облачением мудреца, – положено такое большое наказание.

Но тут следует объяснить, что имеется в виду, когда злое начало является к человеку и похваляется облачением мудреца, то есть говорит с человеком как мудрец, разговаривающий с простолюдином, и советует ему стать мудрецом. И это, как спрашивает Бааль Сулам: что такое мудрец (талмид хахам, букв.: ученик мудреца)? И почему не говорят просто «мудрец» (хахам)? Дело в том, что это указывает нам, чтобы мы знали, что мудрецом называется Творец, желание которого отдавать своим творениям. А тот, кто учится у Творца этому свойству «быть дающим», называется учеником мудреца. То есть он научился у Творца быть дающим.

И отсюда следует объяснить, что злое начало является к человеку и дает ему советы, как прийти к слиянию с Творцом, то есть чтобы он был в покоях Творца. И оно на самом деле не является учеником мудреца, то есть злое начало не собирается привести его к слиянию [с Творцом], а, наоборот, — к разделению. Но оно разговаривает как ученик мудреца, потому что хочет поставить ему ловушку, чтобы сбить его с правильного пути.

И если человек не обращает внимания и не проверяет, кто говорит с ним, доброе начало или злое, а слышит только, что оно говорит из облачения мудреца, оно похваляется этим, то есть дает понять важность мудреца, но, вместе с тем, замышляет вывести его на другую дорогу, в «различие по свойствам». Тогда человеку говорят, чтоб он знал, что если послушаешь ты его совета, человека, послушавшего его совета, не пускают в покои Творца, а совсем наоборот. Поэтому следует очень остерегаться и не считаться с тем, что оно говорит. То есть даже если оно говорит хорошее, все равно нельзя слушать его. Отсюда получается, что от недостойного человека нельзя слушать даже достойные речи.

В чем ценность работы относительно вознаграждения
Статья 5, 1986/7

Раши объясняет стих «И раскрылся ему Творец»[7]: «Раскрыл шатер — чтобы видеть, нет ли прохожих, чтобы пригласить их к себе в дом. В полуденную жару — Творец извлек солнце из его вместилища, чтобы не обременять его [Авраама] гостями. Но когда Он увидел, как огорчен он, что гости не приходят, привел Он к нему ангелов в образе людей».

И надо понять:

1. Что значит: «Но, когда Он увидел, как огорчен он, что гости не приходят, привел Он к нему ангелов в образе людей». Неужели же Творец не знал заранее, что он будет огорчен тем, что у него нет гостей. В таком случае, зачем же извлек Он солнце из вместилища его?
2. Неужели у Творца не было другого способа послать ему гостей, кроме как обманом, то есть Он обманывает его, чтобы он думал, что это люди? Ведь у Него была простая возможность снова вложить солнце в его вместилище, и тогда автоматически появилась бы вероятность, что люди придут к нему в гости.

Наши мудрецы сказали (в мидраше), что «сказал Авраам: пока я не совершил обрезание, заходили ко мне прохожие. Скажи: [Почему,] с тех пор как я совершил обрезание, не заходят они ко мне?.. Сказал ему Творец: пока ты не совершил обрезание, к тебе заходили необрезанные. А сейчас Я и сопровождающие Меня заходят к тебе»[8].

Это тоже непонятно:

1) Что это за ответ на вопрос, который задал [Авраам]: «Почему сейчас не заходят гости»? На это ответил Он: «Раньше необрезанные заходили к тебе, а сейчас — Я и сопровождающие Меня». Однако, почему же не заходят гости, Он так и не ответил ему.

2) Что это за вопрос, почему они не заходят? Это ясно: из-за полуденного зноя — поэтому гости не могут заходить.

3) И вообще, что это за ответ, данный ему Творцом, как будто сейчас ты находишься в большем и более важном состоянии, чем раньше, когда заходили необрезанные. Ведь мудрецы сказали: «Прием гостей больше, чем встреча лика Шхины»[9]. И согласно этому, претензии Авраама — справедливые, ибо Авраам понял, что, после того как он сам совершил обрезание, он

---

7 Берешит, 18:1. И раскрылся ему Творец в Элоне-Мамре; а он сидел при входе в шатер в полуденную жару.
8 Берешит Раба, 47:10; 48:9.
9 Трактат Шабат, 126:2.

несомненно должен прийти на более значительную ступень, но он видит, что это не так, а он получил падение, то есть он потерял большую вещь, а именно, прием гостей.

Однако и это тоже следует понять: почему прием гостей важнее, чем встреча лика Шхины?

Ведь мудрецы сказали (трактат Швуот, 35:2): «Как сказал рав Иеуда: сказал Рав: Прием гостей больше, чем встреча лика Шхины». А «больше» означает «важнее».

И мы видим в реальности, в этом мире, что важные в мире вещи присутствуют только у избранных, а не у просто людей. И это лишь маленькая горстка. Однако вещи, меньшие по своему достоинству, есть у большего числа людей, чем важные вещи. И согласно этому правилу в мире должно было быть много людей, удостоившихся встретить лик Шхины, и мало людей, удостоившихся приема гостей.

Но в реальности мы видим обратное, то есть что в мире есть больше людей, принимающих гостей, чем людей, удостоившихся встретить лик Шхины. До такой степени, что мы даже не можем узнать их, сколько их в мире, удостоившихся встретить лик Шхины. И еще более того – что мы обязаны верить, что в мире есть такая реальность, что есть удостоившиеся встретить лик Шхины, хотя мы и не знаем, кто это. Однако мудрецы сказали: «Нет такого поколения, в котором не было бы 36 праведников» (трактат Сукка, 45:2), но кто же знает их?

Однако мы должны верить, что они присутствуют в мире. И о них сказано, что прием гостей важнее встречи лика Шхины. А согласно логике, должно было быть наоборот, как и есть в реальности – что эту важную вещь найти тяжелее, чем вещи не столь важные.

И также таким же образом следует понять, что сказали мудрецы (трактат Брахот, 8:1): «Велик наслаждающийся от своего труда больше, чем от страха небесного», – что означает, что у наслаждающегося от тяжкого труда нет страха перед небесами. А если имеется в виду, что у наслаждающегося от тяжкого труда есть страх небесный, в чем же состоит величие? Нет сомнения, что тот, у кого есть страх небесный, и кроме того, у него есть еще одно достоинство: что он наслаждается от тяжкого труда, – конечно, он важнее. Но надо сказать, что имеется в виду, что у него есть только одно, то есть только тяжкий труд, и это важнее, чем страх небесный. И это тоже нужно понять, потому что это противоположно [нашей] действительности.

Ведь в действительности мы видим, что существует много людей, наслаждающихся от тяжкого труда. Но мы не видим, чтобы было много людей, у которых был бы страх перед небесами. А если бы наслаждающиеся от тяжкого труда были бы важнее, чем обладающие страхом небесным, должно было бы быть множество людей, имеющих страх перед небесами, а наслаждающихся от тяжкого труда должно было бы быть малая доля из всех.

И чтобы понять вышесказанное, объясним это путем духовной работы, путем, который ведет человека ко входу в Царский чертог и который называется путем Торы. И это относится именно к служащим Творцу, а не к мнению обывателей, как мы говорили об этом в прошлых статьях.

Однако надо понять, что это за работа, которую дал [Он] человеку, чтобы он прилагал усилия, как сказали наши мудрецы (трактат Мегила, 6:2): «Приложил усилия и не нашел – не верь. Не приложил усилия и нашел – не верь. Приложил усилия и нашел – верь». Однако нужно понять, зачем мне нужны эти усилия.

И надо еще раз объяснить то, о чем мы говорили в предыдущих статьях: что известно, что целью творения было, что Творец создал творение из-за своего желания нести добро своим созданиям. Как сказали мудрецы (Берешит Раба, 88) о сотворении мира: [В час когда пожелал Творец сотворить мир, сказали ангелы пред Ним:] «Что [есть] человек, что Ты помнишь его, и сын человеческий, что Ты вспоминаешь о нем[10] – зачем Тебе эта проблема?». Сказал им Творец: В таком случае, «весь мелкий и крупный скот»[11] – зачем он? Чему это можно уподобить? Царю, у которого был дворец, полный всех благ, но нет у него гостей. Что это за наслаждение для царя,

---

10   Псалмы, 8:5
11   Псалмы, 8:8.

хоть и полон он? – Тотчас же сказали они пред Ним: «Творец, Господин наш, как велико имя Твое по всей земле! Делай то, что нравится Тебе!»

Однако, в таком случае, почему же творения не получают благо и наслаждение, которые хотел дать им Творец? И ответ известен: чтобы не было хлеба стыда. Он дал нам Тору и заповеди, чтобы, исполняя их, мы смогли бы получить благо и наслаждение, не ощущая при этом хлеба стыда.

Но это непонятно, ведь есть недвусмысленная мишна [поучение] (трактат Авот, гл. 1, мишна 3): «Он говорил: Не уподобляйтесь рабам, служащим своему господину для получения награды. А будьте подобны рабам, служащим своему господину не для получения награды». В таком случае, как же можно работать и прилагать усилия в Торе и заповедях, чтобы мы могли получить оплату за эти усилия, поскольку только так возникает возможность получения блага и наслаждения без какого-либо стыда?

И как приводится в Предисловии к Учению десяти сфирот, объяснение следующее. Поскольку в нас заложено желание получать наслаждения, которое называется «любовь к самим себе», и нет у нас никакого понимания любви к ближнему, а когда нам говорят, что надо сделать что-то ради ближнего, наше тело тут же спрашивает, что нам будет от того, что мы будем работать для других. И поэтому, когда нам велят исполнять Тору и заповеди, тело сразу же спрашивает: Что это за работа у вас? То есть что такое мы заработаем, для чего мы должны прилагать усилия в Торе и заповедях? Поэтому мы говорим ему, что благодаря этому будет тебе хорошо в этом мире, и кроме этого будет у тебя будущий мир. То есть без вознаграждения работать невозможно. Получается, что всё общество обучают исполнять Тору и заповеди, чтобы получать вознаграждение, а иначе никто не захочет заниматься Торой и заповедями.

А Рамбам (Законы возвращения, гл. 10, [закон 5]) пишет так: «Сказали мудрецы: Обязан человек всегда заниматься Торой даже в «ло лишма», ибо из «ло лишма» придет в «лишма». Поэтому, когда обучают малолетних, женщин, и всю неграмотную массу, их обучают только работать из страха и для получения оплаты, пока не умножится знание их и не преисполнятся они большей мудростью, им приоткрывают тайну эту очень постепенно, приучая их к этому без давления».

И из слов Рамбама выясняется, что есть разница между обществом (кляль) и индивидом (прат). То есть что только избранным можно раскрывать путь Творца, то есть как сказано выше – путь, ведущий к чертогу Царя. То есть на этом пути можно прийти к слиянию с Творцом, как сказано: «и слиться с Ним», – то есть что он приходит к подобию свойств, что означает, как сказали мудрецы: «Как Он милосерден, так и ты милосерден».

И в этом разница между мнением Торы и мнением обывателей. Ведь мнение обывателей – что что бы он ни делал, он знает, что должен заработать и получить всю прибыль в свою власть, то есть он чувствует, что у него есть своя собственная власть, и он владелец своей собственности.

Тогда как мнение Торы – что у него нет своей собственной власти. И это, как сказали мудрецы (трактат Брахот, 63:2): «Как сказал Рейш Лакиш: Почему мы говорим, что слова Торы осуществляются только в том, кто умерщвляет себя ради нее? Потому что сказано: «Вот Тора, человек да умрет в шатре»[12].

Однако, надо понять высказывание мудрецов, сказавших: «Тора осуществляется только в том, кто умерщвляет себя ради нее».

1. Зачем мне нужна эта смерть? Почему человек должен умертвить себя, для того чтобы собой исполнить Тору?

---

12 Бемидбар, 19:14. «Вот учение: если человек умрет в шатре, то всякий вошедший в шатер и все, что в шатре, нечисто будет семь дней».

2. Какова мера смерти, необходимая для этого? И не надо говорить о настоящей смерти, ведь сказано: «Ибо они [слова Торы и заповеди] жизнь наша и долголетие наше»[13]. А это обратно смерти.
3. И нельзя сказать, что человек должен посвятить много времени изучению Торы и понять ее, и это называется «смерть». Ведь мы видим, что и те, кто хотят вкладывать свои силы только в светскую учебу, а не в святые тексты, потому что хотят получить степень доктора по какой-нибудь науке, тоже сидят и день, и ночь, предаваясь своей учебе. И, кроме этого, мы видим, что есть и такие, кто уже получил степень доктора, и тем не менее продолжает учебу и хочет получить звание профессора. А есть еще люди, которые уже получили звание профессора, но не прекращают своей учебы и хотят вкладывать все свои силы и энергию в исследования, и быть учеными с мировым именем. И всё же о них не говорят, что мудрость осуществится в них, только если они придут к свойству смерти, как сказали наши мудрецы, что осуществляется Тора. Получается, что у светской учебы таких условий нет. В таком случае, что же означает: «Тора осуществляется только в том, кто умерщвляет себя ради нее»? Что это за смерть?
4. И, кроме этого, надо понять слова мудрецов: «Тора осуществляется». Что это за осуществление? И если мы поймем, что осуществлением называется, что он будет знать и помнить то, что он учил, – что это называется «Тора осуществляется», – и для этого человек должен умертвить себя согласно этому выходит, что тот, кто родился талантливым и обладает острым умом, и он подобен сейфу, в котором не пропадет ни копейки, и всё, что он учит, остается в его памяти – возникает вопрос: для чего ему умерщвлять себя, чтобы Тора осуществилась у него?

И чтобы понять сказанное выше, вернемся к тому, что мы начали выяснять по поводу цели творения – что она «чтобы нести добро Своим творениям». И как он [Бааль Сулам] выясняет там (в Предисловии к Учению десяти сфирот), тот факт, что все творения называются творениями – это из-за того, что тут было сотворено нечто новое, чего не было до сотворения миров. И это – **свойство хисарона и стремления получать благо и наслаждение**, – [ведь] как известно, мера удовольствия от наслаждения зависит от стремления и жажды, которые испытывает человек к этому предмету. Именно в этой мере он может наслаждаться. Подобно тому как тот, кто не голоден, не может наслаждаться от поданной ему трапезы.

Однако здесь из-за желания получать наслаждение, заложенного в творениях, – это привело к разделению и разнице по свойствам между Творцом и творениями – а, как известно, разница по свойствам в духовном разделяет надвое. И согласно их различию – в этой мере они отдаляются друг от друга, и потому творения отделились от Творца и стали двумя властями, ведь человек говорит, что он тоже хозяин, а не гость, поскольку он обладает собственной властью.

Но следует знать, что это желание получать и есть то зло, которое существует в мире, как объясняется там (в Предисловии к Учению десяти сфирот). То есть все кражи, и убийства, и войны, которые есть в мире, и также все дурные качества, то есть гнев, и гордыня, и т.п. – всё это происходит от этого желания получать, которое всеми силами хочет наполнить свою эгоистическую любовь, насколько может. И тем, от чего оно видит, что сможет получить наслаждение, оно сейчас же готово наполнить себя.

И даже лень, когда человек ничего не делает, тоже вытекает из эгоистической любви. Он выбирает сейчас ничего не делать, потому что сейчас чувствует, что тело стремится получать наслаждение от отдыха. И поэтому он отказывается от других наслаждений, ведь сейчас он видит и чувствует, что от этого будет наслаждаться больше, чем от других вещей. Таким образом, ленивым называется тот, кто получает слишком большое наслаждение от отдыха. Однако всё это является частью эгоистической любви, что является тем злом, от которого страдает весь мир.

---

13 Из вечерней молитвы (Аравит) в субботу.

И чтобы исправить это зло, называемое злым началом, вызывающее у нас разделение, из-за которого мы не можем получить благо и наслаждение, которое Творец хочет дать нам, – это произойдет, если мы выйдем из эгоистический любви и отменим свою собственную власть, и всё наше желание будет – чтобы доставить наслаждение Творцу, и это называется «отмена власти», поскольку мы не заботимся о том, чтобы у нас было удовольствие и наслаждение, а всё наше устремление будет направлено только лишь на пользу Творца, а не на собственную выгоду.

И тогда человек приходит к ощущению, чем он может насладить Творца, то есть **что** человек может назвать, чтобы от этого у Творца было наслаждение, ведь нет ни в чем недостатка в царском дворце! И тогда человек находит одно, от чего он может сказать, что Творец будет наслаждаться. Ведь цель творения была – «чтобы насладить Свои создания». И поэтому человек идет и ищет, как достичь наслаждений, чтобы насладить Творца.

И оттого, что он хочет доставить наслаждение Творцу, у нас получается нечто новое – что он и в самом деле получает наслаждение, иначе это называется ложью. То есть он предоставляет Творцу место для реализации Его желания – в том, что Он хочет, чтобы творения наслаждались. А если он не наслаждается, но говорит, что на самом деле наслаждается, получается, что он обманывает Творца. Но он действительно получает благо и наслаждение.

А **вся разница в намерении**, то есть наслаждение, которое он получает, – результат того, что этого желает Творец. А со своей собственной стороны, несмотря на то что у него есть желание и стремление наслаждаться, он как бы то ни было пересиливает свое желание и идет против него, и не желает получать. И это называется получение ради отдачи.

И отсюда мы видим, что, хотя, с точки зрения действия, они равны, то есть оба наслаждаются, в любом случае, есть разница с точки зрения намерения. Получающий наслаждение из-за эгоистической любви, выходит, что идет по совету злого начала. А тот, кто, с точки зрения эгоистической любви, отказывается от наслаждения, а то, что он наслаждается – это из-за заповеди Творца, желание которого творить добро, и поэтому он принимает это наслаждение, – такой человек называется, что идет по совету доброго начала.

Подобно этому мы находим в словах мудрецов (трактат Назир, 23:1): «Сказал Раба [бар] Бар-Хана, сказал рабби Йоханан: Почему сказано, что прямы пути Творца, и праведники пройдут, а грешники споткнутся? Притча о двух людях, которые жарили свою пасхальную жертву. Один из-за заповеди, а другой ел ее ради грубой еды. Тот, кто ел ее из-за заповеди, – «и праведники пройдут». А тот, кто ел ради грубой еды – «а грешники споткнутся». Сказал ему Рейш Лакиш: Это ты называешь грешником?! Пусть он не выполнил заповедь наилучшим образом, но ведь заповедь пасхальной жертвы он всё же исполнил!».

Отсюда следует, что есть разница в намерении, хотя в отношении действия они равны. Хотя Рейш Лакиш и говорит, что он не называется грешником, потому что в любом случае заповедь он исполнил, хотя и не наилучшим образом. Могут сказать, что именно по поводу заповеди мудрецы говорят, что это называется заповедь, но не «наилучшим образом». И это, потому что сказали мудрецы (трактат Назир, 23:2): «И сказал рав Йеуда, сказал Рав: Должен человек всегда заниматься заповедями, даже если в «ло лишма», ибо из «ло лишма» придет к «лишма»».

Однако там, где есть выбор, нет никакого сомнения, что есть разница между тем, что он получает наслаждение, потому что так заповедано Творцом, желание которого «творить добро Своим творениям», а иначе – то есть [если бы это было] из-за эгоистической любви – он отказался бы от этого удовольствия. Но по поводу заповеди говорят, что даже если у человека нет намерения, это всё равно считается заповедью (как сказано выше по поводу всего общества в целом, – *клаль*, – их обучают исполнять Тору и заповеди в «ло лишма», как говорит Рамбам).

И отсюда нужно объяснить, что значит, что человек должен умертвить себя. И мы спросили, что означает «смерть»? Теперь мы поймем, что смерть – это отмена своей собственной власти.

И он говорит, что нет никакой другой власти в мире, кроме власти Творца. И это называется «**власть Единого**». И это, как мы говорим: «Слушай, Исраэль, Творец – Всесильный наш, **Творец – един**». Что есть только одна власть в мире, и она отменяет его эгоистическую любовь.

И отсюда поймем, что говорит Ари, что во время произнесения «Шма, Исраэль» нужно принять на себя свойство «самопожертвования» – что имеется в виду то, о чем говорилось выше, то есть отмена эгоистической любви. А после этого можно сказать: «Возлюби Творца, Всесильного твоего, всем сердцем своим, и всей душою своей, и всем существом своим»[14], – поскольку его собственное существование – не для него самого, ибо все мысли его – только ради небес. И это называется «умерщвляет себя ради нее».

И из сказанного поймем, почему Тора осуществляется только в том, кто умерщвляет себя ради нее. Мы спрашивали, что значит осуществление Торы, – так, что без умерщвления ради нее, она не может осуществиться. И нужно объяснить понятие «осуществляется» – **что** имеется в виду, что Тора обещает нам, как сказано: «Ибо они жизнь наша и долголетие наше». И также, как сказано: «Они желаннее золота, золота червонного; они слаще меда, текущего из сотов»[15], – и другое подобное, что Тора обещает нам.

И это, как сказано выше, что все эти вещи заключены в цели творения, называемой «желание Творца творить добро своим созданиям». И всё это не может дойти до творений по вышеназванной причине, то есть из-за отличия от Творца по свойствам, ибо Его желание – отдавать, а желание творений – получать в свою власть, а это в духовном называется разделением. И отсюда вытекает у нас понятие «хлеб стыда».

И поэтому обязано быть скрытие, то есть высшее благо, заключенное в цели творения, не может светить [нам]. И смысл этого в том, чтобы было место выбора. И отсюда следует то, что мы наблюдаем скрытие лика. И это, как сказал царь Давид: «Вот, эти грешники живут в вечном благе, достигают успеха!»[16].

Однако, когда человек уже пришел к свойству «умерщвляющий себя ради нее», то есть он умерщвляет свое «я», или эгоистическую любовь, и нет у него никакой заботы о себе, а все заботы его – только о преумножении славы небес в мире, как сказано: «Да возвеличится и освятится имя Его великое!»[17], – ибо тогда, когда человек хочет доставить наслаждение Творцу, что называется: «И прилепиться к Нему – как Он милосерден, так и ты милосерден»[18], – тогда мы можем удостоиться того, что всё, что Тора обещала нам, осуществится.

И отсюда можно понять слова мудрецов: «Тора осуществляется только в том, кто умерщвляет себя ради нее». Получается, что это означает: «Тора осуществляется», как [Он] обещал нам, только после того как человек умертвил ради нее свое «я».

А теперь выясним, что мы спросили о словах наших мудрецов: «Приложил усилия и не нашел». И мы спросили, зачем мне нужны эти усилия. Однако тут есть известная проблема: разве находка не предполагает отсутствие предварительной подготовки? То есть что с человеком произошел случай, когда он нашел что-то, но без предварительной подготовки. Однако здесь, с Торой, есть условие, предваряющее находку, – что требуются большие усилия, для того чтобы прийти к находке. И согласно этому, следовало бы сказать: «Приложил усилия и обрел».

А мой господин, отец и учитель [Бааль Сулам] объяснил, что имеется в виду, что, если человек вначале сам делал усилия в Торе, он удостаивается найти милость в глазах Творца, и тогда Творец дает ему Тору в подарок. И это означает «приложил усилия и нашел».

---

14 Из молитвы «Шма, Исраэль».
15 Псалмы, 19:11.
16 Псалмы, 73:12.
17 Из молитвы «Кадиш».
18 Комментарий Раши на Дварим, 11:22.

И из сказанного выше поймем, почему Творец не хочет давать Тору в подарок, до того, как человек вначале сам не прилагает усилия. И кроме того, что такое эти усилия. И ответ, как сказано выше (в Предисловии к ТЭС): поскольку человек создан с желанием получать для себя, и поэтому он отделился от Творца, и чтобы он прилепился к Творцу, должно быть подобие по свойствам, «как Он милосерден, так и ты милосерден», иначе, если он получит настоящее наслаждение от Торы, он будет дальше от Творца.

Поэтому, когда он хочет прийти к свойству «чтобы все дела твои были ради небес», желание получать в его теле противится этому. И это и есть настоящие усилия со стороны творений, ведь они должны идти против той природы, с которой они родились. **Получается, что усилия – то, что нужно идти против своей природы.** А зачем нужны эти усилия? Чтобы прийти к свойству «и слиться с Ним», чтобы, как сказано, была власть Единого.

И отсюда у нас выходит, что следует различать общую работу (клаль) и индивидуальную работу (прат). То есть всё общество обучают и воспитывают работать в «ло лишма», то есть ради получения оплаты. И они называются: «подобны рабам, служащим своему господину для получения награды».

Тогда как работающему в индивидуальной работе (прат) говорят: «Будьте подобны рабам, служащим своему господину не для получения награды. И будет страх небесный над вами»[19]. И Книга Зоар объясняет (Предисловие Книги Зоар, л. 185, комм. Сулам, п. 191): «Ира, де-иу икара – Страх, являющийся основой, – когда человек испытывает страх перед Господином своим потому, что Он велик и правит всем». Он [Бааль Сулам] учит нас, что есть три вида страха перед Творцом, и только один из них считается истинным страхом.

1. Когда испытывает страх перед Творцом и соблюдает заповеди Его для того, чтобы жили сыновья его, и он сам он был бы защищен от телесного и денежного наказания. То есть это страх перед наказаниями этого мира.
2. Когда боится также и наказаний ада.

И эти два вида не являются истинным страхом, ведь он испытывает страх не из-за заповеди Творца, а из-за собственной выгоды. Получается, что собственная выгода является корнем, а страх – ветвью, исходящей из собственной выгоды.

3. «Однако страх, являющийся основой», – это когда человек испытывает страх перед Творцом потому, что Он велик, поскольку Он – корень.

Отсюда получается, что главные усилия производятся теми людьми, которые хотят идти по индивидуальному пути, то есть по мнению Торы, в котором главное – отмена власти многих, поскольку они хотят, чтобы была только власть Единого, как сказано выше. То есть всё общество ожидает оплаты, как сказано в Зоар: «Как вознаграждения этого мира, так и вознаграждения будущего мира».

Тогда как идущие по индивидуальному пути, отменяющие свою власть, все заботы которых – лишь о том, как насладить Творца, а всё устремление – только работа и усилия, а не вознаграждение, – ведь они хотят служить господину не для получения награды; выходит, что для них не важен ни этот мир, ни будущий мир, а всё желание их – одна лишь работа.

А когда они жаждут работы, они уверены в себе и не обманывают себя в том, что они работают ради небес. Тогда как, когда он смотрит на вознаграждение, хоть он и может сказать, что всё намерение его – ради небес, как бы то ни было, кто знает, действительно ли это так? Поэтому главное, что есть у них, – это, что у них есть место для работы в «ради неполучения никакого вознаграждения».

И из сказанного сможем понять слова мудрецов в мидраше, что сказал Авраам: «Пока я не совершил обрезание, заходили ко мне прохожие. Скажи: [Почему,] с тех пор как я совершил об-

---

19   Трактат Авот, гл. 1, мишна 3.

резание, не заходят они ко мне? ... Сказал ему Творец: пока ты не совершил обрезание, к тебе заходили необрезанные. А сейчас Я и сопровождающие Меня заходят к тебе»[20].

И мы спросили, как ответить на его вопрос, почему он не может исполнять заповедь приема гостей. Ответ: что теперь у него есть бо́льшая ступень, то есть встреча лика Шхины. Как сказал Творец: «Сейчас Я и сопровождающие Меня приходят к тебе». Но разве до этого у него была не бо́льшая ступень, то есть прием гостей? «И прием гостей больше, чем встреча лика Шхины»[21]. В таком случае, в чем же состоит ответ Творца?

Однако и это надо понять. Это же противоречит [обычной] логике! Ведь в мире принято, что для людей большая честь, когда к ним приходит важный человек. И в зависимости от важности человека, важна подготовка к его встрече. Например, к нему должен прийти самый важный человек в городе, или самый важный в стране, или самый важный в мире.

А тут мы говорим, что он удостоился встретить лик Шхины, – вещь, которую вообще невозможно оценить по важности, и невозможно даже представить себе, что это такое, встреча лика Шхины, – как приводится во всех книгах, что постичь это невозможно, иначе как, если человек удостоился этого. И нет сомнения в том, кто удостаивается этого – конечно же, величайшие праведники поколения. И даже, кто эти праведники, даже этого мы не можем постичь. Кроме как верой, когда мы верим, что есть такие люди; сказано об этом, что прием гостей больше этого. И на это безусловно есть ответы в простом понимании.

Объясним это в отношении духовной работы. Так как есть **усилия в Торе и знание Торы**, усилия в Торе – поскольку человек желает служить Творцу не ради получения награды, и поэтому он смотрит только на усилия, а если будет думать о знании Торы, он как будто ожидает оплаты. Ведь мы должны верить, что нет оплаты важнее, чем знание Торы, как сказано в Книге Зоар: «И вся Тора – это имена Творца»[22]. А человек называется совершенным, если он уже удостоился свойства «Тора, Творец и Исраэль едины». В таком случае, нет сомнения, что встреча лика Шхины – это очень важно, ведь цель и заключается в том, чтобы человек дошел до этого уровня.

Однако, чтобы прийти к встрече лика Шхины, этому должна предшествовать подготовка, чтобы человек был готов к этому. И это называется словами мудрецов «как Он милосерден, так и ты милосерден». Ведь они объяснили стих «И слиться с Ним» – «слейся с его свойствами», что означает, как объяснено в книге «Дарование Торы», что, только работая в любви к ближнему, он может прийти к слиянию с Творцом. И у этого есть много названий: присутствие Шхины, постижение Торы, встреча лика Шхины и тому подобное.

И главное в подготовке, называемой «усилия», – что нужно подготовить себя отменить свою собственную власть, то есть свое «я», как сказано выше. А это можно назвать приемом гостей, то есть что человек отменяет мнение обывателей и жаждет мнения Торы, что называется отменой власти. И, как бы то ни было, он становится гостем Творца, который является хозяином всего мира.

И поскольку тут есть подъемы и падения, то есть много раз случается, что тело дает ему понять, что оно тоже – хозяин, то есть что оно может делать, что пожелает, и не подчиняется Хозяину, то есть Творцу. И в любом случае оно хочет делать, что ему вздумается. Но затем человек пересиливает мысли и желания тела, и принимает на себя, что он – гость, а Творец – хозяин, и у человека нет никакой власти, а он только проезжий гость в этом мире.

И эти вещи, то есть эти подъемы и падения, повторяются снова и снова. Получается, что человек постоянно время от времени впускает гостей к себе в тело. То есть, что человек все время ходит с мыслями, что он – гость. И это можно назвать приемом гостей, то есть каждый раз он

---

20   Берешит Раба, 47:10; 48:9.

21   Трактат Шабат, 126:2.

22   Зоар, Берешит, комм. Сулам, п. 263.

впускает к себе в тело мысли гостей. Однако это большие усилия, так как это противоречит природе [его] тела.

А потом он удостаивается оплаты, называемой «встреча лика Шхины». Поэтому, чтобы человек не обманывал себя, что он не заботится об оплате, называемой «ради получения награды», а желает работать не ради получения награды. – Поэтому величие человека можно признать, если он говорит: «Прием гостей больше, чем встреча лика Шхины». Тогда можно признать, что у человека установилось ясное знание, что он смотрит не на оплату, а на работу и усилия, которыми он может служить Творцу, и в этом все его желание.

И можно понять это через притчу. Два человека были большими друзьями и беззаветно любили друг друга. Случилось, что одному из них срочно понадобилось пять тысяч долларов, и он сказал другу: «Вот, я прошу у тебя сейчас о большой услуге – чтобы ты одолжил мне означенную сумму, и хотя я знаю, что у тебя нет таких денег, но я знаю, что у тебя есть друзья и знакомые, и ты можешь одолжить у двадцати человек, у каждого по двести пятьдесят долларов, и тогда у тебя будет нужная мне сумма, а через две недели, я, с божьей помощью, верну тебе».

Этот человек не знает, что ему делать. Он должен сейчас идти к двадцати человекам, чтобы занять у них денег на условии, что он вернет их им через две недели. А может быть у него не будет денег, чтобы вернуть мне вовремя, как он пообещал мне. И что я буду делать? Как я буду смотреть им в глаза, если не выполню своего обещания?

Однако потом он думает по-другому. Ведь он мой друг, и он, конечно же, меня любит, и если бы не было на 100% известно, что у него будут деньги вернуть вовремя, он бы не стал меня огорчать. А потом у него возникает другая мысль. Это правда, что он не просил бы у меня взаймы, если бы не знал на 100%, что у него будут деньги вернуть, однако, возможно, в его расчеты вкралась ошибка, то есть из тех мест, из которых он надеялся получить означенную сумму, расчет его был не совсем точен – в таком случае, что же будет, если он не вернет мне ее вовремя? А потом у него возникает другая мысль. Поскольку, как я люблю его, точно так же и он любит меня, я должен сказать, что он думал ни один раз, прежде чем попросил у меня, чтобы я дал ему взаймы. И мысли его гуляют туда и сюда.

И в конце концов он решает выше знания, то есть несмотря на то что знание ввергает меня в сомнения, вернет ли он деньги в срок, но я иду верой выше знания, и говорю себе: так как между нами существует товарищеская любовь, я хочу оказать ему дружескую услугу, чтобы таким образом показать ту любовь, которую я испытываю к нему.

Но когда он принес ему пять тысяч долларов, друг достал из кармана два чека, которые он должен получить от правительства – один через неделю, а другой – через две. В такой ситуации человек стоит перед дилеммой:

1. Что он скажет товарищу: «Почему же ты не показал мне два этих чека, когда просил у меня взаймы. Только сейчас, когда я принес тебе деньги, ты показываешь их мне?!» А он говорит: «Какая разница?». И тут он говорит: «Я не мог заснуть две ночи, из-за того, что думал, что мне делать, если ты не сможешь вернуть мне деньги в срок. А сейчас камень упал с моей души, ведь сейчас я уверен, что смогу остаться приличным человеком в глазах тех двадцати человек, у которых я взял в долг».
2. Что он скажет ему: «Зачем ты показал два этих чека? Ведь если бы ты не показал их мне сейчас, я мог бы в течение целых двух недель работать с самим собой в отношении любви к товарищам выше знания. И тогда у меня был бы большой выигрыш в любви к товарищам, а это для меня – великая вещь. А тем, что ты показал мне сейчас эти чеки, ты как будто бы забрал у меня место для работы».

И из этой притчи мы сможем понять слова мидраша о том, что Авраам, после того как удостоился заключения союза с Творцом, как сказано: «И заключил Ты с ним союз»[23], удостоился

---
23 Нехемия, 9:8.

встречи лика Шхины. И тогда он получил постоянное свойство веры, без подъёмов и падений, и увидел оплату за свою работу, и почувствовал, что не в состоянии сейчас прилагать усилия. И он думал, что сейчас вся его работа в «ради получения», а это эгоистическая любовь. А он жаждал работы, потому что тут он мог точно знать, что его намерение – не получение чего-то взамен, а он хочет работать не для получения награды. Тогда как теперь, после того как он прошел обрезание, у него нет подъемов и падений, и нет места для преодоления в духовной работе.

Поэтому он предъявляет претензии к Творцу, говоря: «Пока я не совершил обрезание, заходили ко мне прохожие [букв: проходящие и возвращающиеся]». То есть иногда я видел, что я преступаю [«прохожу»] слова Торы и не соблюдаю их так, как нужно соблюдать Тору Творца, а потом я перебарывал [себя]. «И возвращающиеся» – то есть я совершал возвращение. А потом снова «преступающие» – у меня снова было падение состояния, а потом я опять перебарывал себя и совершал возвращение, что называется «возвращающиеся». И так по кругу.

Получается, что я чувствую, что я делаю что-то пред Тобой. А сейчас, совершив обрезание, когда я удостоился заключить с Тобой союз, я ничего не делаю пред Тобой, а я жажду как-то послужить Тебе, чтобы я мог сказать, что это не ради получения награды. И это у меня пропало. В таком случае, претензии Авраама были справедливыми.

Однако Творец ответил ему: «Пока ты не совершил обрезание, к тебе заходили необрезанные», – но в конце концов ты был в свойстве «необрезанного», хотя ты и получал некоторый подъем, но как бы то ни было ты был необрезанным. Тогда как сейчас ты удостоился встречи лика Шхины, и это, о чем сказал ему Творец: «А сейчас Я и сопровождающие Меня заходят к тебе». Так что же ты сердишься на Меня?

Теперь надо узнать, в чем заключается истина. То есть чье утверждение более истинное. И ответ – что оба они истинные, как следует из притчи. То есть дающий взаймы, после того как берущий в долг показал ему два чека на пять тысяч долларов, потому что берущий хотел, чтобы товарищ не переживал, что, может быть, он не сможет вернуть ему деньги вовремя –

И дающий сердится на товарища, потому что он потерял место для работы, то есть если бы товарищ не показал ему, откуда он собирается возвращать долг, он все две недели ходил бы в работе, то есть он работал бы с самим собой – что я должен прилепиться к товарищеской любви и верить своему товарищу, что он подумал несколько раз, если он просит у меня что-нибудь, что это, не дай то бог, не принесет мне страданий. **А тело все время приводит ему доказательства обратного, ибо оно хочет вселить в мое сердце ненависть к товарищам**. И как бы то ни было, у меня есть подъемы и падения, и я наслаждаюсь от того, что работаю с самим собой. И сейчас, от того, что ты хотел оказать мне услугу, я проиграл. Из этой притчи мы видим, что оба они правы. Иначе говоря, благодаря тому, что каждый из них утверждает, что хочет показать другому свою любовь, любовь устанавливается навечно.

Так же и здесь: Творец показал Аврааму Свою любовь тем, что явился ему через заключение союза, которое произошло между ними, как сказано: «И заключил Ты с ним союз»[24]. И также Авраам в своих претензиях к Творцу показал свою любовь к Нему – что он хочет служить Ему не для получения награды. И поэтому Авраам жаждал работы, которая называется «прием гостей», как мы объяснили выше по поводу приема гостей.

А теперь объясним то, что мы спросили по поводу комментария Раши: «В полуденную жару – Творец извлек солнце из его вместилища, чтобы не обременять его [Авраама] гостями. Но когда Он увидел, как огорчен он, что гости не приходят, привел Он к нему ангелов в образе людей»[25]. Мы спросили, неужели Творец не знал, что он будет огорчен тем, что к нему не приходят гости. В таком случае, зачем же он извлек солнце из его вместилища? И еще мы спросили, зачем нужно было посылать к нему ангелов в образе людей, ведь кажется, как будто тут присутствует некий

---

24 Нехемия, 9:8.
25 Берешит, 18:1, комм. Раши.

обман. У Него была простая возможность снова вложить солнце в его вместилище, и тогда автоматически появилась бы вероятность, что люди придут к нему в гости.

И надо понять, что означает «извлечение солнце из его вместилища» в смысле духовной работы. Свет Творца называется днем или солнцем. «Вместилище» называется – как меч, укрытый в ножнах. Когда он хочет сказать, что свет Творца покрыт, он говорит: солнце скрыто во вместилище, так что оно не ощущается.

А во время работы, то есть до того как человек вышел из своей эгоистической любви, он должен работать в состоянии скрытия. То есть, хотя он еще не чувствует вкус в Торе и молитве, он должен прилагать усилия в Торе и молитве. И пусть не говорит, что когда у меня будет вкус в Торе и молитве, тогда я буду молиться и тогда я буду учиться. А если человек не думает о себе, а [только] хочет служить Царю, какая разница, какой вкус он ощущает? Но он должен сказать: я выполняю сейчас заповедь Творца, и желаю доставить Ему наслаждение тем, что выполняю Его заповеди, и смотреть надо не на меня, а только на то, от чего Творцу будет большее наслаждение.

Однако, когда Творец видит, что человек уже готов получать всё ради отдачи, он удостаивается раскрытия лика Творца. И это называется «извлечение солнца из вместилища» – когда скрытие лика Творца уходит от него и на его место приходит раскрытие лика.

И это, как сказали мудрецы (трактат Авот, гл. 6, мишна 1): «Рабби Меир говорит: всякий занимающийся Торой лишма удостаивается многого и раскрывают ему тайны Торы». Объяснение. Если он занимается лишма, то есть не для собственной выгоды, а всё его намерение в выполнении Торы и заповедей – только ради небес, и этим он становится способным получать благо, поскольку тут есть совпадение по свойствам, называемое слиянием, которое означает, что как Творец желает давать Своим творениям, так и человек желает давать Творцу –

Тогда скрытие автоматически убирается со своего места, ведь всё скрытие было для исправления хлеба стыда. А теперь, когда он пришел к такому уровню, когда он хочет отдавать, уже нет места стыду, ведь всё, что он сейчас получает, не ради собственной выгоды, а потому что Творец желает этого. И это называется «извлечение солнца из его вместилища», что означает, что Он извлек высшее благо из его скрытия, в котором оно пребывало было до сих пор.

И отсюда выходит, что нет места вопросу, почему Творец извлек солнце из его вместилища, если Он знал заранее, что Авраам будет опечален этим, ведь нет у него более гостей, называемых «проходящие и возвращающиеся», то есть подъемы и падения, как сказано выше. Потому что Он вложил солнце в его вместилище, то есть сделал скрытие, только для того чтобы у человека было место, где он мог бы прийти к «ради небес».

То есть хотя он и не видит никакой оплаты за ту работу в которой совершает усилия, – прийти к Торе «лишма», а не для получения награды. Тогда как теперь, когда Авраам пришел к этому, вне всякого сомнения нет смысла для скрытия, но скрытие автоматически уходит с того места, которое принадлежит Творцу. Как сказано: «На всяком месте, где упомяну имя Мое, Я приду к тебе и благословлю тебя»[26] (мафтир гл. Мишатим).

И проблема тут, что нужно было бы сказать: «где упомянешь», – то есть что, если человек упомянет имя Творца, тогда «Я приду к тебе и благословлю тебя». А «упомяну» означает, что Творец упомянет имя Свое. И нужно понять это, как сказано выше: если человек отменяет себя, как мы выяснили – согласно мнению Торы, то есть он исполняет «умертвляет себя за нее», что является отменой власти, и тут есть только власть Единого, то есть власть Творца, – тогда Творец может сказать: «На всяком месте, где упомяну». Почему могу Я упоминать имя Мое? Потому что человек отменил это место ради Творца. Тогда исполнится: «Я приду к тебе и благословлю тебя». И поэтому он приходит к состоянию, когда Творец извлек солнце из его вместилища, что означает встреча лика Шхины.

---

26 Шмот, 20:21.

И автоматически нет места для вопроса: когда увидел Творец, что он огорчен, пусть бы Он вложил обратно солнце в его вместилище. Ведь это идет против цели! Поскольку цель творения, как сказано: «И сделают Мне Святилище, и буду Я пребывать среди них»[27]. А не удаляться, не дай то бог! До тех пор, пока есть место совпадения по свойствам, то есть когда он хочет отдавать, Творец тоже являет себя в том же месте. Только там, где грешат, то есть из-за какого-либо греха снова падают в получение ради получения, благо удаляется из-за прегрешений, и это называется разрушением Храма.

И поэтому Он не мог дать ему состояние приема гостей, ибо это состояние еще не является святостью, ведь там есть подъемы и падения, как сказано выше. Но Он послал ангелов, которые являются совершенной святостью, ибо уже не может быть иначе, ведь он заключил с Творцом вечный союз. Однако в образе людей, то есть он должен раскрыть это состояние – что это только на первый взгляд. То есть чтобы у него было место для самопроверки, направлено ли его намерение на вознаграждение, то есть на встречу лика Шхины, или же он стремится служить Господину не для получения награды.

И тогда, если он рад тому, что удостоился принять гостей, – хотя впоследствии ему стало известно, что это ангелы, – однако самопроверку, в которой он хотел увидеть, не обманывает ли он себя, думая об оплате, а не о работе, он уже получил за счёт того, что был рад, что может сейчас снова принимать гостей, то есть что у него будет место для работы. Тогда ему стало ясно, что он работает не для получения награды.

И это в том же духе, как мой господин, отец и учитель [Бааль Сулам] объясняет вечную проблему стиха: «И сказал Он: Не простирай руки твоей к отроку, и не делай ему ничего. Ибо теперь узнал Я, что боишься Всесильного ты»[28]. И вопрос тут, неужели же Творец не знал [этого] заранее, до испытания?

И сказал он [Бааль Сулам], что «ибо теперь узнал Я» означает, что ты знаешь, что боишься Всесильного ты. Что имеется в виду, что Авраам хотел узнать, идет ли он путем одного лишь Творца, когда сам он не принимается в расчет. И поэтому Творец послал ему испытание, чтобы Авраам узнал, что он сможет выдержать его. А причина, почему он хочет знать, всё ли с ним в порядке, – потому что тогда он не будет бояться притягивать вниз высшее благо, ведь теперь ему будет ясно, что он не нанесет ему вреда. Так как он видит, что всё желание его только на отдачу и никак не на собственную выгоду, и это называется получение ради отдачи.

И отсюда можно объяснить заданный нами вопрос по поводу слов мудрецов: «Велик наслаждающийся от своего труда больше, чем от страха небесного»[29]. И мы спросили, как это может быть? Разве это возможно?

Известно, что есть усилия в Торе и изучение Торы. **Изучением Торы** называется то, что Тора учит нас исполнять заповеди Творца действием и намерением. Как мы видим, есть два благословения:
1. «Благословен Ты, Творец [заповедовавший] заниматься словами Торы»;
2. «Благословен Ты, Творец, обучающий Торе народ Свой Исраэль»[30].

То есть мы воздаем благодарность Творцу за то, что Он дал нам место заниматься словами Торы, где имеются в виду усилия, которые мы можем прилагать, то есть занятия Торой. А кроме этого, мы воздаем благодарность Творцу за изучение Торы, то есть что мы удостоились того, что Творец обучает нас, и это называется **знанием Торы**, которому Тора обучает нас.

---

27 Шмот, 25:8.
28 Берешит, 22:12.
29 Трактат Брахот, 8:1.
30 Из благословений перед чтением и изучением Торы.

И нам нужно и то, и другое – и усилия и знание, ибо, как мы учим, «нет света без кли», что означает, что нет наполнения без хисарона. Подобно тому, как человек не может наслаждаться отдыхом, если до этого у него не было трудов и усилий.

Однако здесь, в духовной работе, есть два вида хисарона:
1. Что человек стремится к наслаждениям, и это первое свойство кли, называемое «хисарон», то есть что он чувствует, что ему недостает этого наслаждения.
2. Чтобы наполнить хисарон существует условие – что он должен заплатить чем-то за это наслаждение. Например, в материальном, если человек зашел в лавку и увидел там красивый предмет, который он пожелал и захотел иметь, называется, что сейчас у него пробудился хисарон к этой вещи.

А второй хисарон состоит в том, что у него есть хисарон, то есть он желает получить этот предмет, но ему не дают его без оплаты. И дело в том, что он должен заплатить хозяину, тогда ему дадут его. И то, что надо заплатить считается усилиями. И это считается хисароном, потому что человек думает, что, если бы ему дали это без оплаты, у него не было бы хисарона. То есть у него нет денег, чтобы заплатить за этот предмет, а именно это – та оплата, которую от него требуют, и у него нет возможности ее дать.

Теперь получается, что у него есть два хисарона:
1. Что он желает это;
2. У него нет возможности заплатить.

Получается, что стремление к этому предмету вызвало у него еще один хисарон, и теперь он знает, что он не может внести оплату за этот предмет. Выходит, тут, в духовной работе, что тот, у кого душа стремится прилепиться к Творцу, – в нем рождается новый хисарон. Но кто вызывает у него этот хисарон, чтобы он стремился к Творцу? Это приходит свыше. И это называется пробуждением свыше, когда человека призывают войти в святость, как сказано: «Святы будьте, ибо свят Я, Творец»[31]. И внезапно человек начинает чувствовать, насколько он далек от Творца, то есть до этого призыва он заботился о других потребностях, а сейчас он видит, что ему не хватает только духовного.

А потом он начинает думать, в чем состоит истинная причина того, что у него нет духовности. И тогда он решает, что это только из-за отсутствия совпадения по свойствам, как сказано: «Как Он милосерден, так и ты милосерден».

Получается, что первый хисарон – что он чувствует, что ему не достает духовности, это хисарон номер один из описанных выше. А то, что он должен сейчас работать в уподоблении свойств и видит, что не в состоянии, – это второй хисарон. И это как сказали мудрецы: «Злое начало человека пересиливает его каждый день, и если бы Творец не помогал ему, он бы не справился» (трактат Сукка, 52:2).

Однако и этот второй хисарон тоже приходит свыше. То есть из того, что Творец специально сделал так, чтобы человек был не в силах одолеть его (по причине, о которой мы уже говорили) иначе, как с помощью Творца, получается, что этот хисарон тоже приходит свыше. Отсюда вытекает, что главные усилия – во втором хисароне, который называется, что ему нечем заплатить цену, требуемую за изучение Торы.

То есть чтобы удостоиться Торы, требуется заплатить большую цену, а именно совпадение по свойствам, – как сказано выше, чтобы не было «хлеба стыда». И это, как мы объяснили слова мудрецов: «Тора осуществляется только в том, кто умерщвляет себя ради нее», – и это и есть настоящие усилия. И на этот хисарон потом приходит наполнение, которое его заполняет. И это встреча лика Шхины или тайны Торы и тому подобное.

А главное, здесь начинается настоящее разделение между усилиями и оплатой. То есть, есть такие, кто хочет прилагать усилия без оплаты, потому что они хотят относиться к такому типу

---
31   Ваикра, 19:2.

работников, которые служат господину не ради получения награды. Или же они работают ради получения награды, то есть оплаты за усилия, то есть они смотрят на то, чего они смогут удостоиться за свои усилия, называемые **Торой**, в том смысле, что **вся Тора – это имена Творца**, и это называется: «И узнаете вы, что Я – Творец Всесильный ваш»[32].

И как сказали мудрецы в своем объяснении (трактат Брахот, 38:1): «Когда Я выведу вас, Я сделаю вам то, что покажет вам, чтобы знали вы, что это Я вывел вас из Египта» (как упомянуто в 13 статье 1986 г.), и там я сказал, что имеется в виду, что Творец, кроме того, что Он вывел их из египетской клипы, сделал так, чтобы они удостоились знания Творца, то есть знания Торы, в смысле «Тора, Исраэль и Творец едины».

И чтобы понять разницу между усилиями в Торе и знаниями в Торе – то есть что он хочет лишь служить своему Господину не ради получения награды, без оплаты, называемой знанием Торы. А поскольку желание Творца – раскрыть Тору, как сказано: «Творец желал ради правды Своей возвеличить Тору и прославить»[33], – то человек говорит: я согласен прилагать усилия в Торе несколько часов, чтобы мог я знать Тору. И если мне хотят дать оплату за мои усилия, я согласен, чтобы эту оплату дали кому-нибудь другому. То есть что я буду прилагать усилия в Торе, а другой получит оплату, то есть знание Торы, которое должно раскрыться за те усилия, которые он приложил.

И это и есть настоящие усилия, ведь он желает только лишь усилий, а не оплаты, хотя эта оплаты для него и очень важна, он, тем не менее, отказывается от нее, поскольку желает служить Господину не ради получения награды. А поскольку желание Творца – чтобы Тора раскрылась Его творениям, человек хочет, чтобы его товарищ удостоился знания Торы, а сам он хочет продолжать усилия в Торе. И это действительно настоящие усилия, поскольку он жаждет знания Торы. И доказательство этого – то, что только он прилагает усилия, а не товарищ. Но поскольку он желает, чтобы его работа была ради небес, он желает оставаться в состоянии усилий.

Однако есть люди, идущие путем «будьте подобны рабам, служащим своему господину ради получения награды». И поэтому всё стремление их – в знании Торы, а не в усилиях. И как сказали мудрецы (Мидраш Раба, гл. «И это благословение»): «Сказал Творец Исраэлю: Клянусь! Вся мудрость и вся Тора — это вещь легкая. Всякий боящийся Меня и соблюдающий слова Торы, вся мудрость и вся Тора в сердце его».

И чтобы достичь оплаты без усилий, и поскольку через страх небесный можно с легкостью и без всяких усилий получить мудрость и Тору, как сказано в мидраше, – поэтому они хотят быть в страхе небесном, чтобы получить оплату, называемую «мудрость и Тора». Выходит, что его страх небесный построен на платформе эгоистической любви, то есть что он служит Творцу ради получения награды, что называется не «лишма», а для получения награды, и это называется «мнение обывателей», как сказано выше. И как говорит Рамбам: «Пока не умножится знание их и не преисполнятся они большей мудростью», обучают их, чтобы занимались они Торой и заповедями не в «лишма», а для получения оплаты.

И отсюда мы сможем объяснить, что мы спрашивали по поводу слов мудрецов: «Велик наслаждающийся от своего труда больше, чем от страха небесного». И мы спросили, как же такое может быть. И из вышесказанного можно объяснить, что страх перед небесами – это когда он хочет получить мудрость и Тору с легкостью, без усилий. То есть он ожидает оплаты, а не усилий, что означает, что он не желает служить своему Господину не ради получения награды. А он хочет оплаты, а не служения, называемого усилиями, что и называется не лишма, а для получения награды.

---

32 Шмот, 6:7, «И возьму Я вас народом Себе, и буду вам Всесильным, *и узнаете вы, что Я – Творец, Всесильный ваш*, выводящий вас из-под ига Египта».

33 Йешаяу, 42:41.

Тогда как наслаждающийся от тяжкого труда, то есть от усилий в Торе, и думающий не об оплате, а о том, что благодаря усилиям он удостоится кли, то есть того места, куда сможет облачиться Шхина, поскольку тут есть совпадение по свойствам между светом и кли, и всё желание его — только лишь доставить наслаждение Творцу, а не ради собственной выгоды, как сказано выше (по поводу того, что прием гостей важнее встречи лика Шхины), нет сомнения, что эта ступень наслаждающегося от своего труда важнее, чем страх небесный, ведь страх небесный имеет намерением «ло лишма», тогда как наслаждающийся от своего труда думает только «лишма», то есть у него нет другого намерения, кроме отдачи.

Но нет вопроса по поводу мидраша, который говорит: «Сказал Творец Исраэлю: Клянусь! Вся мудрость и вся Тора — это вещь легкая. Всякий боящийся Меня и соблюдающий слова Торы, вся мудрость и вся Тора в сердце его». Согласно сказанному выше это называется «ло лишма». И как же он может удостоиться мудрости и Торы? А Творец говорит, что через страх на самом деле можно удостоиться мудрости и Торы!

Это можно объяснить так же, как заданный мной извечный вопрос о стихе (гл. Матот, второй): «И говорил Творец Моше так: Соверши возмездие сынов Исраэля над мидьянитянами; И говорил Моше народу так: [Пусть снарядятся из вас мужи в войско,] и будут они против Мидьяна, чтобы совершить возмездие Творца над Мидьяном»[34]. И вопрос, почему Моше изменил то, что сказал ему Творец, ведь Творец сказал: «Соверши возмездие за сынов Исраэля», – а Моше сказал народу: «возмездие Творца над Мидьяном».

А дело в том, что Творец создал мир с целью насладить Свои творения, то есть чтобы творения получили благо и наслаждение. И чтобы не было неприятного чувства, называемого «хлеб стыда», в наслаждениях, которые получат творения, было произведено исправление – чтобы творения получали благо и наслаждение лишь при условии, что они способны получать ради отдачи. И это называется слиянием, совпадением по свойствам.

И это, как сказали наши мудрецы (трактат Хагига, 7:1): «Как Я бескорыстно, так и ты[35] – бескорыстно». Объяснение: как Я хочу дать вам удовольствие и наслаждение без всякой оплаты, а Я желаю, чтобы вы наслаждались, так же, «так и ты – бескорыстно», то есть чтобы ваше служение Мне было бы бескорыстным, без всякой оплаты за вашу работу, и это называется совпадением по свойствам.

И поэтому можно объяснить: Творец говорит: это вещь легкая, вся мудрость и вся Тора пребывают в сердце его, – но человек должен сказать: Я не желаю того наслаждения, которое Ты хочешь дать мне, которое, как сказано, называется «ибо оно – долголетие твое» и «желаннее золота, золота червонного; слаще меда, текущего из сотов». И он отказывается от этого, несмотря на то, что душа его страстно желала всех этих благих вещей. И всё же, поскольку все эти вещи входят в келим эгоистической любви, а эгоистическая любовь отделяет его от Творца из-за различия по свойствам, а он желает подобия свойств, – поэтому он отказывается.

Однако именно те, кто желает подобия свойств и хочет быть среди служащих Господину не для получения награды, именно они – те люди, у которых есть кли для присутствия высшего света, у которого есть много имен. Оно может называться присутствием Шхины, встречей лика Шхины или тайнами Торы, или светом Торы, и тогда исполнится цель творения, то есть «нести добро Своим творениям».

И отсюда мы сможем объяснить слова мудрецов о том, что «велик наслаждающийся от своего труда больше, чем от страха небесного». Однако по поводу страха небесного сказано: «Счастлив человек, боящийся Творца»[36], – а по поводу наслаждающегося от своего труда сказано: «Когда ешь ты [от] плодов труда рук твоих, счастлив ты и хорошо тебе – счастлив ты в этом

---

34 Бемидбар, 31:1-3.
35 Неточная цитата. В Талмуде: «вы».
36 Псалмы, 112:1.

мире, и хорошо тебе – в будущем мире»[37]. А по поводу страха небесного, не сказано о нем: «и хорошо тебе».

«Этот мир» следует понимать, как время работы, а будущим миром называется время оплаты, которую он должен получить после этой работы. Как сказано: «Сегодня исполнять их, а завтра получать за них оплату»[38]. Таким образом, что касается страха небесного – главным для человека тут является оплата, – то что он потом с легкостью удостоится мудрости и Торы, как сказано выше; и это называется «будущий мир». Это то, чего он ожидает удостоиться впоследствии – «хорошего». Поэтому об этом написано один раз, ведь написано о нем [о страхе] – только лишь «счастлив ты», то есть оплаты, которая будет в будущем мире, – этого он ожидает. А от этого мира, называемого временем усилий, он не счастлив, и каждый проходящий день он все время ждет, когда я удостоюсь оплаты, называемой мудрость и Тора.

Иначе с наслаждающимся от своего труда. Выходит, что ему хорошо во время работы, потому что только лишь этого желает он, ведь он хочет служить Господину не для получения награды. Получается, что он наслаждается в этом мире, называемом понятием «сегодня исполнять их», и также удостаивается будущего мира, называемого «а завтра получить за них оплату».

И отсюда можно объяснить то, что мы спросили о выражении мудрецов «приложил усилия и нашел». Ведь находка должна быть без всякой подготовки. И следовало бы сказать: «Приложил усилия и обрел». То есть что усилия служили подготовкой к приобретению. Тогда как находка происходит не специально. Но из сказанного выше, можно согласиться с этим. Ведь когда усилия являются целью, поскольку он хочет служить Господину не для получения награды, и как я сказал выше, он согласен, чтобы знаний Торы, которые раскроются вследствие его усилий, удостоился его товарищ, а так как Тора раскрывается только в результате усилий, – что считается светом и кли, то есть хисароном и наполнением, – а сейчас, после того как он дает кли и хисарон, он согласен, чтобы наполнения удостоился его товарищ.

Согласно этому выходит, что во время работы он совершенно не думает об оплате. В таком случае, его усилия не были подготовкой к находке, то есть к знанию Торы, поскольку не в этом было его намерение во время его работы. Ведь он страстно желал быть среди рабов, служащих Господину не для получения награды. Поэтому усилия и не были подготовкой к приобретению. А Тора называется приобретением (трактат Авот, гл. 6). Поэтому оно сказали: приложил усилия и нашел. Ведь то, что он удостоился знания Торы, пришло к нему не специально, без всякой подготовки к этому, и в любом случае называется «находка».

И отсюда поймем, что мы говорили об Аврааме, что даже после того как он удостоился встречи лика Шхины, он всё еще страстно желал принимать гостей, поскольку хотел, чтобы было ясно, что его намерение – не в вознаграждении, а в том, чтобы служить Господину не ради получения награды. Поймем, как объяснял мой господин, отец и учитель [Бааль Сулам] извечную проблему – что сказано: «И увидел Исраэль»[39], – а потом: «и поверили». Отсюда следует, что до того, как они увидели, они, не дай Бог, не верили. И он объясняет, что это означает, что даже после того как они удостоились свойства «увидеть», они стремились к свойству веры. Как сказано выше.

И отсюда видна ценность, которая есть в работе, больше, чем ожидается от вознаграждения.

---

37 Рамбам, Законы изучения Торы. (Комментарий Рамбама на Псалмы, 128:2)
38 Трактат Эрувин, 22:1.
39 Шмот, 14:31. «**И увидел Исраэль** силу великую, которую проявил Творец на египтянах, и устрашился народ Творца, **и поверили** в Творца и в Моше, раба его».

Важность веры, которая присутствует всегда
Статья 6, 1986/7

В Книге Зоар (Ваеце, л. 38, комм. Сулам, п. 75) задается вопрос: «Сказал рабби Йеуда: После того, как Творец обещал ему [Яакову] все это, сказав: «Вот, Я с тобою и сохраню тебя везде, куда ты ни пойдешь»[40], – почему же он не поверил, а сказал: «Если будет Господь со мною»[41]? И он отвечает: дело в том, что Яаков сказал: «Мне снился сон, а сны бывают правдивые и бывают не правдивые. Если он сбудется, я буду знать, что это правдивый сон». И потому он сказал: «Если будет Господь со мною, как мне снилось, то будет Творец мне Господом»[42].

И [надо] понять вопрос и также ответ на него в смысле духовной работы, имеющей к нам непосредственное отношение: что такое сон? И что это за обещание, которое дал Творец? И что это за условие, как сказал Яаков: «Если будет Господь со мною, как мне снилось, то будет Творец мне Господом», – тогда исполнит он обет?

И чтобы выяснить все [это] в смысле духовной работы, нужно начать с цели творения, которое создал Творец, – а это нести добро Своим творениям. И это называется, что Творец обещал дать творениям все блага. И, безусловно, надо понимать, что то, что Он обещал творениям дать им все блага, конечно же, имеется в виду, что Он даст людям только те блага, которые подходят им.

К примеру, мы видим, что такое благо для кошек – что, когда они ловят мышей и едят их, это для них благо. И мы не можем сказать, чтобы то благо, которое Он дает гадам и пресмыкающимся, Он дал бы людям. И в категории говорящих, называемой «человек», среди них тоже есть такие, у которых нет большего понятия, чем то, что называется благом у неживых, растительных и животных. И уж конечно, животным, например, дано то благо, которое соответствует им. А если бы им было дано другое благо, это называлось бы злом, ведь у них нет келим, которые могли бы ощутить в этом вкус. И аналогично с растительными и неживыми. То есть в самой категории говорящих следует различать неживых, растительных, животных.

И это, как сказано в Предисловии к Книге Зоар (п. 33): «И надо, чтобы ты знал, что все наслаждение нашего Создателя в наслаждении Своих творений – в той мере, в которой творения будут чувствовать Его, что он – тот, кто дает, и он – тот, кто наслаждает их, и тогда есть у Него с ними большое веселье, как у отца, который играет с милым его сердцу сыном – в той мере, в которой сын чувствует и признает величие и достоинство отца, а отец показывает ему все сокровища, которые он приготовил для него».

И из сказанного мы видим, что цель творения «нести добро Своим созданиям» заключается в том, чтобы они достигли раскрытия божественности. И не имелись в виду материальные наслаждения, ведь все материальные наслаждения, от которых творения питаются до того, как они пришли к обретению отдающих келим, это только, как сказано в Книге Зоар, «тонкое свечение» от того, что искры святости упали в клипот. В этом вся их жизненная сила. Тогда как главное благо и наслаждение облачено в Тору и заповеди.

Однако, чтобы наслаждение, которое Творец желает дать творениям, было бы полным, произошло исправление сокращением, и это скрытие блага и наслаждения, заключенного в Торе и заповедях. (Но для того чтобы мир мог существовать до того, как они смогли получить благо, пусть они пока наслаждаются тонким свечением, упавшим в клипот. И от этого питаются <u>обитающие в</u> мире.)

---

40   Тора, Берешит, 28:15. **И вот, Я с тобою, и сохраню тебя везде, куда ни пойдешь**, и возвращу тебя в эту страну, ибо Я не оставлю тебя, пока не сделаю того, что говорил тебе.

41   Тора, Берешит, 28:20-21. И дал Яаков обет, сказав: "**Если будет Господь со мною** и сохранит меня на этом пути, которым я иду, и даст мне хлеб, чтобы есть, и одежду, чтобы одеться, и возвращусь с миром в дом отца моего, **то будет Творец мне Господом**".

42   Там же.

И благодаря скрытию существует место, где человек может приучить себя к тому, что все что он делает будет ради небес, поскольку он желает служить Царю безо всякой оплаты, так как он исполняет Тору и заповеди без какого-либо раскрытия света, которое называется истинным благом и наслаждением.

А после того как он приучится к тому, что все его намерение будет ради отдачи, и тогда, если он получит благо и наслаждение, в этом не будет «хлеба стыда», ведь он получает благо и наслаждение не для собственной выгоды, так как для самого себя он готов отказаться от наслаждений, а поскольку он желает насладить Творца, а сейчас он видит, что у Творца нет недостатка ни в чем, кроме одного, чего пока не достает, – то есть чтобы Он смог на практике реализовать Свою цель, то есть чтобы творения получали бы от Него. И поэтому он собирается сейчас получить благо, чтобы насладить Творца, ибо только лишь это Творец может получать от нижних, то есть чтобы они получили от Него благо и наслаждение. А поскольку Творец желает насладить творения, творения тоже должны наслаждать Творца, а это называется **«совпадение по форме»**.

Однако, чтобы прийти к совпадению по форме, называемому что все дела [человека] будут только ради небес, требуются большие усилия, поскольку это против природы, ведь человек создан с желанием получать наслаждение для себя. И человеку говорят, что он должен отменить это желание получать и должен обрести новое кли, называемое «желание отдавать». И не каждый человек удостаивается этого, то есть чтобы он смог обрести эти келим, подходящие для того, чтобы в них пребывал высший свет.

И чтобы человек мог прийти к желанию отдавать, сказали наши мудрецы (трактат Кидушин, 30:2): «Я создал злое начало, и создал Тору в приправу к нему». И именно благодаря Торе он может прийти к отдающим келим. И также существует высказывание мудрецов (трактат Сукка, 52:1-2): «Сказал рабби Шимон бен Леви[43]: Злое начало человека пересиливает его каждый день и ищет, как умертвить его, как сказано: «Выслеживает грешник праведника и ищет, как умертвить его»[44], – и, если бы Творец не помогал ему, не выдержал бы он, как сказано: «Творец не оставит его в руках его [грешника]»[45]. И имеется в виду это желание получать, поскольку оно отделено от Творца, ведь, как известно, в духовном различие формы разделяет духовный объект, деля его надвое.

И, как объясняется в Предисловии к Книге Зоар (п. 10): «Действительно, вначале следует понять, в чем состоит сущность скверны и клипот. И знай, что это то большое желание получать, о котором мы говорили… и отдал его (то есть желание получать) системе нечистых миров АБЕА, и из-за него получилось, что они отделены от Творца и от всех святых миров. И потому клипот называются мертвыми. И то же самое грешники, которые устремлены за ними». Как сказали наши мудрецы: «Грешники при жизни своей называются мертвыми»[46]. Ведь заложенное в них желание получать тем, что оно по своей форме противоположно святости Его, отделяет их от источника жизни, и они далеки от Него, как далеки друг от друга два полюса, ведь в Нем нет ничего от получения, а есть одна лишь отдача, а в клипот нет ничего от отдачи, а есть только получение для себя лишь ради собственного наслаждения. И не может быть противоположности, большей чем эта.

И из сказанного следует, что для того чтобы у человека было совпадение по форме, чтобы он мог получать благо и наслаждение от Творца, человеку требуются большие усилия и большая помощь свыше, чтобы он смог победить зло в себе самом, то есть желание получать, и чтобы у

---

43 Опечатка, в оригинале: бен Лакиш.
44 Псалмы, 37:32.
45 Псалмы, 37:33.
46 Трактат Брахот, 18:2.

него была способность использовать его с намерением на отдачу. И есть много людей, которые не удостаиваются этого. А тот, кто все же удостоился этого, – это просто из разряда чудес.

А теперь нужно выяснить наш вопрос о том, что написано по поводу Яакова, каким образом это учит нас пути Творца тем, что Тора рассказывает нам его сон и обет, который он дал, и также то, что обет этот был дан на [определенном] условии, как сказал он: «Если будет».

В Писании сказано: «И пробудился Яаков от сна своего... и взял камень, который он положил себе изголовьем»[47]. Известно, что «камень» называется малхут. А малхут называется верой. То есть то, что человек хочет понять, а понимание[48] называется «голова», и он берет то понимание, которое у него в голове, и кладет его под голову, то есть веру он помещает в голову, а свое понимание и знание он кладет под голову. Получается, что после такого расположения, вера – наверху, а знание – внизу.

И это называется «**вера выше знания**». И так можно объяснить слова: «И взял из камней этого места, и положил себе изголовьем»[49]. А слова: «И поставил его памятником»[50], – означают, что он сделал, чтобы «вера выше знания» была бы его состоянием. «Памятник» («мацева») от слова «состояние» («мацав»). То есть его состояние – что он хочет построить здание святости – будет в свойстве «вера выше знания».

И это, как сказано: «И дал Яаков обет, сказав: «Если будет Господь со мною... то будет Творец мне Господом»»[51].

А Книга Зоар спрашивает об этом: Почему не поверил он, а сказал: «Если будет»[52]? И отвечает: дело в том, что Яаков сказал: «Мне снился сон, а сны бывают правдивые и бывают не правдивые. Если он сбудется, я буду знать, что это правдивый сон»[53].

И надо объяснить, что такое этот мир и будущий мир в смысле духовной работы. Этот мир подобен сну, то есть как его толкуют, так он и сбывается, как сказали наши мудрецы (трактат Брахот, 55:2): «Все сны идут за устами», – как сказано: «Как он нам истолковал, так и сбылось»[54]. И на простом уровне понять это трудно – то есть что как люди толкуют его [то есть сон], так он и сбывается. И в таком случае, зачем же мне устраивать пост из-за дурного сна? Ведь есть простая идея, что можно пойти к друзьям, и они уж точно истолкуют сон к добру, как сказали мудрецы: «Все сны идут за устами». И без сомнения есть объяснения на простом уровне.

И объясним это в смысле духовной работы. Итак, Творец создал мир, чтобы нести добро своим творениям. И чтобы не было чувства стыда от блага и наслаждения, человек находится в этом мире, являющимся местом для работы, чтобы он смог обрести отдающие келим, благодаря которым он получит все ради отдачи, и благодаря этому тут не будет места для стыда, так как он получает все согласно заповеди, как сказано выше.

---

47   Берешит, 28:16-18. (16) **И пробудился Яаков от сна своего**, и сказал: истинно Творец присутствует на месте этом, а я не знал! (17) И убоялся, и сказал: как страшно место это! Это не иное что, как дом Творца, а это врата небесные. (18) И встал Яаков рано утром, **и взял камень, который он положил себе изголовьем**, и поставил его памятником; и возлил елей на верх его.

48   «Понимание» (ивр.: «авана») созвучно со словом «камень» (ивр.: «эвен»).

49   Берешит, 28:11.

50   Берешит, 28:18. И встал Яаков рано утром, и взял камень, который он положил себе изголовьем, **и поставил его памятником**; и возлил елей на верх его.

51   Тора, Берешит, 28:20-21. И дал Яаков обет, сказав: "**Если будет Господь со мною** и сохранит меня на этом пути, которым я иду, и даст мне хлеб, чтобы есть, и одежду, чтобы одеться, и возвращусь с миром в дом отца моего, **то будет Творец мне Господом**".

52   Там же.

53   Зоар, Ваеце,, комм. Сулам, п. 75.

54   Берешит, 41:13. И вот, как он нам истолковал, так и сбылось: меня возвратили на должность мою, а его повесили.

И это, как сказано в Книге Зоар: Творец обещал Яакову все блага. Но Он сказал это ему через сон, то есть в этом мире, подобном сну, то есть так, как человек истолковывает его, то есть если человек идет путем Торы (как сказано в 5-й статье 1986/7), выходит, что он дает хорошее толкование тому, что обещал Творец, создав мир с намерением нести добро Своим творениям. Однако это обещание определяется как сон, то есть тем, что человек истолкует обещание «нести добро» как то, что Творец хочет отдавать, он даст толкование, что как Творец – отдающий, так же и человек будет делать все только лишь на отдачу.

И это называется, что данное Творцом обещание «нести добро», – это при условии, что человек тоже даст это толкование, то есть нести добро, и это, как сказано выше, как сказали мудрецы: «Как Он милосерден, так и ты милосерден». Иначе получается, если человек не истолковывает сон как то, что обещание Творца было давать Своим творениям. А он хочет обратного, то есть желает получать ради получения.

Получается, что он толкует его ко злу. То есть, что добро, которое Творец хочет дать, не может исполниться, так как он не подготовил подходящих келим, в которые могли бы войти добро и наслаждение, то есть чтобы между ними не было разделения – ведь, как известно, различие формы разделяет духовные объекты надвое.

И отсюда поймем, почему сон идет за толкованием. Имеется в виду, что то, что Творец обещал нести добро Своим творениям, зависит от работы человека в этом мире, ибо этот мир похож на всего только сон, и все зависит от толкования, которое ему дается. То есть если толкование в этом мире – к добру, то есть все, что делает человек, несет добро, то есть на отдачу, тогда обещание, данное Творцом, исполнится. А если толкование – согласно злому началу, то сон – то есть работа в этом мире – о том, что Творец даст все блага, не может исполниться.

И отсюда можно понять слова мудрецов: «Все сны идут за устами». Имеется в виду, что, если человек произносит своими устами хорошие вещи, то есть всегда говорит, что нужно делать добрые дела, что все ради небес, а не для собственной выгоды, тогда сбудется хороший сон, то есть он удостаивается, как сказали мудрецы (трактат Брахот, 17:1): «Мир твой увидишь ты при жизни твоей, а конец твой – в жизни будущего мира».

Тогда как если уста его истолковали зло, то есть что он говорит, что надо заботиться о собственной выгоде, это дурной сон, поскольку он истолковал его ко злу. Отсюда получается, что обещание Творца дать благо и наслаждение Он дал в виде сна, то есть в виде этого мира, который подобен сну.

И теперь мы сможем понять условие и обет, и в чем важность этого обета, какое величие в нем заключено. Как сказал он [Яаков], что если Творец исполнит все, что Он обещал ему, что тогда произойдет? Он сделает нечто великое, как сказано: «А камень этот, который я поставил памятником, будет домом Господа»[55].

И отсюда получается, что слова «И взял из камней этого места»[56] означают, что он взял эти камни, то есть понимание, и знание, и мнение из этого места. Ведь у каждого есть свое собственное мнение. И в соответствии с пониманием всякого человека, он должен идти путями Творца только в том месте, где его обязывает разум, но не против своего знания. И говорят, что затем нам и дано знание, чтобы мы понимали, что делаем. А он увидел, что, несмотря на то что у каждого человека свой разум, но он увидел, что Творец, создав творения в природе желания получать, – тут есть только одно мнение, то есть любовь к себе, но каждый выражает свою эгоистическую любовь в [своем] особенном разуме. Однако одинаковое во всех них – это желание получать и не более того. Как сказано: «И взял камень – один камень»[57].

---

55 Берешит, 28:22.
56 Берешит, 28:11.
57 Мидраш Танхума, гл. Ваеце.

То есть, как сказано выше, знание, которое называется камнем, он «кладет себе под голову». А в голову он взял веру. **И знание – ниже веры**. А обет был: «Если будет Господь со мною», – то есть что он удостоится встречи лика Шхины, и, как сказано: «Будет Творец мне Господом»[58]. И в любом случае, я не возьму это как основу, а все здание моего дома Творца будет [основано] на свойстве веры выше знания. И это, как сказано: «А камень этот, который я поставил памятником», – как сказано выше, – «будет домом Господа»[59].

И теперь мы поймем важность обета, как сказал он, что, если Творец поможет ему в добром толковании, то есть что он обретет отдающие келим, подходящие к тому, чтобы в них облачилось высшее благо, и это называется встречей лика Шхины, в любом случае он желает пользоваться только тем камнем, который он взял вначале, и сделал его, чтобы он стал ему памятником. То есть камень, который был внизу в его изголовье. И тогда обет состоял в том, что несмотря на то что он удостоится того, что «Господь будет со мной, и будет Творец мне Господом», а тот камень, который поставил я памятником, будет домом Господа. То есть что он хочет оставаться в свойстве веры, даже когда у него будут все раскрытия. Получается, что вера есть и в катнуте, и в гадлуте. И отсюда мы видим важность веры, ведь обет состоял в том, что даже в гадлуте он не отойдет от нее.

Ханукальное чудо
Статья 7, 1986/7

В ханукальном гимне мы говорим: «Греки и т.д. [собрались против меня тогда, в дни Хашмонеев, и пробили стены моего дворца и осквернили все масло]. Но из оставшихся кувшинов совершилось чудо для роз [то есть для Исраэля]. Сыны бины [мудрецы] на восемь дней установили радость и веселье». Комментаторы спрашивают, почему было установлено восемь дней Хануки, ведь у них же было масло на одну ночь, а чудо состояло в том, что оно горело еще семь дней.

И объяснение этого – поскольку после первой ночи осталось что-то от того масла, которое должно было сгореть в первую ночь, значит, и в первую ночь тоже произошло чудо, состоящее в том, что сгорело не все масло, а, допустим, часть масла сгорела, а остальное осталось еще на семь дней.

Иными словами, то что они нашли кувшин с маслом, запечатанный печатью первосвященника, не определяется как чудо, хотя то, что греки не увидели этот кувшин с маслом, и было чудом. То есть считается, что **чудо – то, что было не естественно, и произошедшее сверх природы** считается чудом. Ведь кувшин масла существовал в мире, но они просто не видели его.

Иное дело с маслом. На ту меру, которая нужна для горения в течение одной ночи, сгорела только часть масла. Та малая часть, которая приняла благословение и горела дольше – это было не естественно. То есть в природе не может быть масла, которое горело бы дольше положенного. От того, что осталось после первой ночи, получается, что не все масло сгорело, – это называется «чудо», ведь такого в мире еще не было.

И согласно духовной работе, следует объяснить, что такое «греки» и что такое этот кувшин масла, и что такое 8 дней Хануки, которые определили именно, как 8 дней. То есть на что указывают восемь дней? То есть почему было не 9 дней или десять дней, а чудо длилось только лишь

---

58 Тора, Берешит, 28:20-21. И дал Яаков обет, сказав: "**Если будет Господь со мною** и сохранит меня на этом пути, которым я иду, и даст мне хлеб, чтобы есть, и одежду, чтобы одеться, и возвращусь с миром в дом отца моего, **то будет Творец мне Господом**".
59 Берешит, 28:22.

восемь дней? На простом уровне объясняют, и это приводится от имени Рокеаха[60], что причина того, что чудо длилось восемь дней, а не больше, была в том, что место, где росли оливы и откуда приносили масло, было четыре дня хода в одну сторону и четыре – в другую, то есть всего восемь дней. И это ответ, почему чудо не продолжилось больше восьми дней.

Известно, что наша работа, которую мы должны стараться выполнять всеми способами, заключается только лишь в достижении совпадения по форме, которое называется «слияние», ибо лишь тогда можно прийти к цели творения, то есть «насладить Свои создания», или к раскрытию.

Тогда как, до того, как творения достигают совпадающих по форме келим, цель творения не может быть раскрыта всем взорам и находится в скрытии. И мы обязаны лишь верить, что ее намерение – нести добро.

А то, что открыто всем взорам, противоречит добру. Ведь каждый человек всё время ощущает недостаток смысла в своей жизни и постоянно находится в обиде на высшее управление, и ему тяжело сказать, что он наслаждается своей жизнью, говоря каждый день: «Слава Богу!». То есть я воздам Тебе благодарение за то, что Ты относишься ко мне в свойстве «Добрый, Творящий добро».

Но человек постоянно находится в своей жизни, полной недостатков и страданий. И он всегда видит, что в его жизни нет смысла, – стоит ему лишь задуматься над целью жизни. То есть что же такое он выигрывает, испытывая страдания жизненной борьбы?

Иначе говоря, только лишь когда он чувствует [хотя бы] небольшое наслаждение, это наслаждение опьяняет его, и он теряет разум и способность мыслить, и перестает думать о смысле жизни. Но, когда то наслаждение, в котором он пребывал, уходит от него по целому ряду причин, он тут же начинает думать о смысле жизни.

Ибо, **только когда человеку нечем обеспечивать свое тело, чтобы у него было питание, то есть когда он не ощущает наслаждение, он тут же начинает думать о смысле жизни**. То есть человек спрашивает себя: «В чем смысл моей жизни? Зачем я родился на свет? Неужели же творение состояло в том, чтобы создания были сотворены для страдания и боли в этом мире?».

Это состояние, когда человек начинает давать себе отчет в смысле своей жизни: «Что он? и Зачем он?», – называется, что он поднимает голову над потоком жизни, в котором пребывают все творения, и у них нет времени задуматься, что они собой представляют. А они идут вместе с потоком, в котором течет вода. И никто из них не способен увидеть конец. То есть куда течет поток их жизни. Кроме него – из-за того, что недостаток наслаждений заставил его поднять голову вверх, чтобы взглянуть на цель жизни.

И тогда он видит и слышит, как бы призыв свыше, сообщающий ему, что мир был создан с намерением «творить добро Своим созданиям». Однако для того чтобы ощутить вкус этого блага, как утверждают каббалистические книги и их авторы, существуют условия, позволяющие достичь этого блага, называемого «цель творения». И условия эти, которые требует Творец, надо исполнить прежде, иначе Он не желает давать им благо и наслаждение.

Однако это не оттого, что Он нуждается в этих условиях, то есть что это во благо Творца – то, чего Творец требует от человека, – и без того, чтобы творения выполнили эти условия, Он не желает им давать. Это как с людьми – когда хотят, чтобы продавец дал покупателю какой-либо товар, продавец ставит покупателю условия, и если он исполнит их, продавец согласится дать. И эти условия – на благо продавца.

В то же время, Творец, боже упаси, не испытывает какого-либо недостатка, чтобы нуждаться в нижних, чтобы они исполнили те условия, которые от них требуются, как сказано: «И если

---

60   Рабби Элазар из Вормса (1165 – 1242), прозванный «Рокеах» (составитель благовоний) по названию его главной книги. Выдающийся мудрец и каббалист.

праведен будет он [человек], что даст он Тебе?»⁶¹. А эти условия, которые Творец ставит перед ними, – на благо человека.

И это можно понять так, что это подобно человеку, говорящему своему другу: «Я хочу дать тебе много серебра и золота, но я хочу, чтобы ты выполнил одно условие, иначе ты не получишь от меня ничего». И тогда друг спрашивает его: «Чего ты требуешь от меня, чтоб я тебе дал, с тем, чтобы после этого ты дал мне серебро и золото». А он говорит ему: «Принеси мне большие и малые мешки, которые ты сможешь наполнить серебром и золотом. Но знай, что с моей стороны нет никакого ограничения, сколько бы ты ни взял. А все количество серебра и золота зависит от твоего собственного ограничения. То есть сколько емкостей ты принесешь мне, я все их наполню, не больше и не меньше, а совершенно точно. И это условие, которое я тебе ставлю». И тут, конечно, нет никакого сомнения, что условия, исполнения которых требует от него друг, не в пользу дающего, а всё – в пользу получающего.

И здесь, в работе Творца, когда человек должен исполнить те требования, которые ставит Творец, они только на благо человека. Однако человек думает, что они – на благо Творца. А поскольку человек создан с желанием получать, которое не может понять ничего что нужно делать, если не видит, что это ему на пользу, а тут ему говорят, что Творец желает, чтобы мы работали для Него, а не для себя, – тело противится таким работам. И в этом и есть наша работа, то есть то, что мы должны идти против своей природы, это и называется «работа».

Тогда как, когда человек работает и чувствует оплату, получаемую от работы, которая направлена на его пользу, он не чувствует, что это называется «работа». То есть что он хотел бы избавиться от этой работы. Ведь в природе человека и то, что он не желает есть хлеб милости, поскольку наш корень ничего не получает и у него нет недостатка.

Поэтому, когда человек чувствует, что он получает, ничего не отдавая взамен, тут присутствует «хлеб стыда», и он стыдится получать. Поэтому у человека нет возмущения, почему он должен работать, но он может сожалеть, что ему дают оплату меньше, чем, как он думает, он стоит.

Получается, что если человек знает, что получит вознаграждение за свою работу, это не называется работой. Тогда как в работе Творца это в самом деле называется работой, и это потому что от него требуют, чтобы он работал без всякого вознаграждения, что называется «работать не ради получения награды». И этого нет в нашей природе. Поэтому это называется «работа». И поэтому тело противится подобным работам, и всегда есть обида на Творца, почему Он дал нам такую тяжелую работу, и мы должны работать против собственной природы.

И отсюда возникает вопрос, чего нам не хватает, чтобы мы могли работать ради отдачи. Только лишь одного – что, если мы поверим, хотя мы и не видим этого на месте, поскольку тело показывает нам обратное истине, поэтому если мы постараемся верить, что мы работаем ради отдачи, это нам же на пользу, то есть что нам нужны эти мешки, как приводится в примере, – ведь мешки, которые мы готовим, это все наши келим (емкости) для получения блага и наслаждения.

Получается, что всем нашим действием с намерением на отдачу мы сформировали часть кли, способного принять благо. А всякое действие присоединяется к целому счету, пока у нас не сформируется полное кли, способное принять свет. Однако тяжело верить и говорить себе, что именно то, что мы даем, и есть наше получающее кли, в которое мы получим наслаждение и удовольствие, заключенные в замысле творения нести добро Своим созданиям.

И из сказанного можно объяснить, что такое власть греков, которая противостоит пути иудейства. Что принцип греков состоит в том, что нужно идти только лишь внутри разума, как *в моха* (в голове), так и *в либа* (в сердце). И само собой понятно, что когда народ Исраэля хотел идти выше знания, не взирая на то, что требует внешний разум, он не мог этого сделать.

---

61   Молитва «Неила», читаемая в Йом Кипур.

И это называется **война с греками**, и тут и начинается настоящая работа, заключающаяся в том, что народ Исраэля всё больше желает встать на путь, ведущий к слиянию с Творцом. И этот путь называется «вера выше знания». А греки хотят властвовать над телом, не уступая ни в чем без согласия разума. И то одно пересиливает, то другое. И это вызывает у человека подъемы и падения.

И это, то есть знание (или разум), является поводом и причиной. Иными словами, после того как человек решил, что нужно идти в вере выше знания, и благодаря этому у него появилось пробуждение свыше, и он начал ощущать вкус в работе Творца, тут, согласно человеческой природе, из-за того, что он любит покой, он говорит: «Слава богу, теперь я не должен работать над собой и принимать работу Творца в свойстве веры, поскольку у меня уже есть приятное ощущение, и мой разум уже согласен принять на себя занятия Торой и заповедями, и так как сейчас я чувствую успокоение духа».

И он принимает это пробуждение в качестве основы и фундамента для работы Творца. То есть на основе того вкуса, который он сейчас ощущает, он строит всё свое иудейство. И согласно этому, выходит, что сейчас он наносит вред своей вере. И он говорит: «Как жаль, что это пробуждение не пришло ко мне сразу, когда я только начинал работать. Мне не нужно было бы идти выше знания, то есть против разумения тела. Мне нужно было только верить в общепринятые вещи из книг и от их авторов, что нужно принять ярмо высшей власти, хоть тело и не согласно, что это хорошо для меня, и верить, что только то состояние, когда тело не согласно, является для меня самым лучшим путем».

То есть он верит выше знания, что только путь работы в сердце и разуме является лучшим для него. То есть, что тогда он достигнет своего счастья, которое уготовил ему Творец. А верить в это очень тяжело. Тогда как теперь ему не нужно верить, что это так, ведь он ощущает, что соблюдение Торы и заповедей действительно приведут его к счастью. Ведь он чувствует, что это так. И ему не надо верить в это.

Получается, что это и есть настоящая причина, приводящая его впоследствии к падению. Ведь его фундамент построен на основе наслаждения, а не на основе отдачи. И если он останется на этой основе, он никогда не достигнет слияния с Творцом, поскольку сколько бы он ни прибавлял на этом пути, всё будет падать в клипот получения ради себя.

А мой господин, отец и учитель [Бааль Сулам] сказал, что когда к человеку приходят вкус и чувство свыше, и тело тоже начинает говорить, что стоит заниматься Торой и заповедями, человеку следует быть на страже и сказать, что он не возьмет эти вкус и чувство за основу и фундамент, «из-за которого я решил, что сейчас стоит работать, так как разум согласен на эту работу из-за того наслаждения, которое я сейчас испытываю».

А ему следует сказать: «Сейчас я вижу, что этот путь «выше знания» является истинным, ведь я вижу, что удостоившись сейчас милости в глазах Творца, когда Он приблизил меня, у меня сейчас появилась святость и в моих собственных глазах. И я ощущаю важность святости – что стоит работать только на пользу Творца. И поэтому что же мне делать сейчас? Укрепиться и идти только лишь этим путем, называемым «вера выше знания», и благодаря этому я удостоюсь вечного слияния с Творцом».

И из сказанного выходит, что именно благодаря тому, что они ощутили небольшой вкус в работе, они взяли от этого поддержку на пути веры. Получается, что основа веры укрепляется удовольствием и наслаждением, которые он сейчас ощущает в работе.

А сейчас выясним, что такое ханукальное чудо, когда они победили греков. То есть что удостоились свойства веры и ощутили вкус в этой работе, и не стали в тот момент брать удовольствие и наслаждение за основу и фундамент работы внутри знания, которая называется «греки». Но наоборот, они сказали, что то, что они удостоились вкуса в работе, свидетельствует о том, что путь веры – это истинный путь, не совпадающий со знанием греков.

А если бы они пошли по пути греков, то есть что удовольствие и наслаждение, начиная с этого момента стали бы для них основой и фундаментом, и это было бы опорой, на которой держалась бы их работа, они тут же упали бы со своей ступени, как сказано выше. И это главная причина того, что человек получает падения из своего состояния. И это ему на пользу, чтобы он не упал в греческую клипу. Получается, что это падение есть большое исправление, а иначе, что бы он ни прибавлял, он будет только лишь строить греческую клипу.

Поэтому, когда мы приходим в это состояние, называемое подъемом, есть два пути:

1. Сказать, что сейчас он уже свободен от ярма веры. То есть, что до сих пор он страдал от этого, поскольку всякий раз, когда он должен был принимать на себя ярмо высшей власти, тело всегда противилось этому.

Например, когда человек должен встать затемно, чтобы идти на свой постоянный урок, как только он открывает глаза и хочет встать, тут же безотлагательно тело приходит к нему и спрашивает: «Ведь ты же наслаждаешься покоем, и сейчас ты лежишь в постели, и тебе надо отказаться от этого наслаждения?».

Это, конечно, может иметь форму торговли. То есть можно отказаться от наслаждения от денег, чтобы получить то, что даст ему более необходимое ему наслаждение. То есть он достигнет наслаждения, которое больше денег. Как известно, все уровни наслаждения измеряются степенью потребности. Например, человек любит покой, но отказывается от него ради денег. Человек любит деньги, но отказывается от них ради еды и питья и тому подобное. Человек любит есть и пить, но иногда отказывается от этого, если знает, что это повредит его здоровью. Получается, что он отказывается от еды и питья, чтобы получить здоровье и т.д.

И поэтому тело спрашивает человека, когда он хочет встать затемно для духовной работы, говоря ему: «Что ты полагаешь выиграть сейчас, отказываясь от отдыха?». А когда он говорит: «Я хочу удостоиться будущего мира благодаря исполнению заповеди Царя», – тело отвечает ему: «Хорошо, но у тебя есть время встать утром, как все, и чего ради тебе спешить вставать раньше других, ведь весь день у тебя есть время для исполнения Торы и заповедей».

И тогда человек говорит телу: «Знай, что есть всё общество (кляль), которое называется «простой народ», и есть люди, которые не идут в потоке всего общества, а хотят быть исключением из общества, то есть желают удостоиться цели, ради которой они были созданы, называемой «слияние с Творцом» или «Тора лишма». А мудрецы сказали, что этого можно удостоиться изучение Торы после полуночи, как это объясняется в Книге Зоар. А кроме этого, это принято среди тех, кто хочет в своей жизни чего-то добиться».

Тогда тело вступает с серьезными аргументами, говоря ему: «Ты прав, если бы это было, как ты сказал, что у тебя в жизни есть возвышенная цель, и ты просишь меня о помощи тебе в твоей задаче. Однако же ты видишь, сколько труда и гигантских усилий ты вложил в эту работу, для того чтобы достичь работы «лишма».

И ты видишь, что ты не сдвинулся ни на йоту. То есть чтобы у тебя было сейчас большее желание работать на отдачу. И если ты дашь себе честный отчет, ты увидишь наоборот, что ты отступил назад на десять ступеней. То есть что у тебя сейчас есть желание получать большее, чем было до того, как ты вошел в работу на отдачу.

В таком случае, ты видишь, что ты не исключение из общества, а такой же, как все. А потому ты будешь больше наслаждаться от покоя, лежа сейчас в постели. И не говори мне глупостей, что ты лучше других».

И на такие заявления, которые являются справедливыми, – то есть если производить расчет с точки зрения разума, тело на 100% право, – ему нечего ответить. И тут у человека не всегда получается преодолевать верой выше знания, говоря телу: «Несмотря на то что ты право со своими заявлениями, и логика заставляет идти, как ты говоришь, – однако я иду выше знания».

И это большая работа, ведь человек в это время испытывает страдания тела, от того что тело жалит его своим злословием, направленным против работы выше знания. Поэтому, когда свыше к нему приходит небольшое пробуждение, и он начинает ощущать некоторый вкус в Торе и заповедях в то время, когда он чувствует некоторый подъем, –

Он говорит: «Слава Богу, сейчас я уже не должен идти путем веры выше знания, ведь разум тоже утверждает, что стоит исполнять Тору и заповеди». И сразу же, когда он наносит вред своей вере, то есть что он говорит: «Сейчас я свободен от ярма веры», – это является причиной того, что он моментально получает падение из своего состояния, так как он нанес вред вере.

2. А второй путь – сказать: «Теперь я вижу, что истинный путь – идти выше знания, и не принимать за основу что, из-за того, что я сейчас чувствую удовольствие и наслаждение, ради этого с сегодняшнего дня я беру на себя соблюдение Торы и заповедей. А я хочу работать без всякой основы в виде удовольствия и наслаждения. Ведь главное – прийти к работе, чтобы доставлять наслаждение Творцу. В таком случае, как же я могу взять за основу удовольствие и наслаждение, и построить на этом мое иудейство? Однако, что же мне делать, когда я чувствую вкус в работе?».

Тогда он должен сказать, как сказано выше, как говорил мой господин, отец и учитель [Бааль Сулам], что он может принять приятное для него ощущение не как основу, а как свидетельство. То есть сказать: «Теперь я вижу, что путь выше знания – это истинный путь, как Творец желает, чтобы служили Ему. И свидетельство этому в том, что я вижу, что он приблизил меня тем, что снял с меня Свое скрытие, и я удостоился ощутить Его благо и милость, ведь Он желает дать творениям благо и наслаждение, поскольку в этом состоит цель творения.

Однако, для того чтобы получение от Него блага и наслаждения не привело к разделению, поскольку получение наслаждения является отличием от Него по форме, Он сделал сокращение и скрытие. Тогда как, если мы идем путем веры выше знания, у тела нет никакого отношения к этому, и, наоборот, тело противится работе выше знания. И сейчас, когда я пошел выше знания, Он в определенной степени снял с меня Свое скрытие. В таком случае, начиная с сегодняшнего дня, я буду все больше укрепляться, чтобы идти только верой выше знания».

И благодаря этому он не попадет под власть получения ради себя, которое называется отделением от святости, а, наоборот, теперь он начнет с большей силой работать в свойстве разума и сердца. И как бы то ни было, Творец больше не отбросит его снова в ад преисподней, который называется получением ради получения, а он останется в состоянии подъема.

И наоборот, он поднимется на уровень большего раскрытия, поскольку он не наносит вреда вере, и это оберегает человека, чтобы он не упал в получающие келим.

Отсюда следует, что в состоянии подъема у него есть два пути. И как же человек может победить, пойдя по пути народа Исраэля, а не по пути греков, которые дают понять, что внутри знания они будут большими работниками, так как знание согласно идти этим путем, больше чем путем веры?

И мой господин, отец и учитель разъяснил спор, который произошел между пастухами стада Аврама и пастухами стада Лота (гл. Лех леха[62]). Он сказал, что стадом[63] называется собственность, ибо собственностью Аврама было только свойство веры, и это означает слово «**Ав-рам**», то есть свойство «отец» (ивр.: «ав»), что в небесах, вознесено высоко (ивр.: «рам») – выше знания. А «пастухи» означает, что он давал пропитание только своему обретению в вере. То есть он

---

62 Берешит, 13:7-9. (7) И был спор между пастухами стада Аврама и пастухами стада Лота, а кенаани и перизи тогда населяли землю. (8) И сказал Аврам Лоту: Пусть же не будет раздора между мною и между тобой, и между пастухами моими и пастухами твоими; ибо мужи-братья мы. (9) Ведь вся земля пред тобою, отделись же ты от меня: если налево, то я буду справа, а если направо, то я буду слева.

63 Слово «микне» (ивр.) означает и «стадо», и «приобретение, собственность».

все время искал пропитание, которое позволило бы ему напитать веру, чтобы она была сильной и мощной, и не споткнуться о свойство знания.

Иначе с пастухами стада Лота, ведь слово «Лот» Книга Зоар возводит к слову «де-итлатия»[64], то есть проклятие. Что означает, что пастухи стада Лота давали пропитание обретениям в знании и получении, а от этого не может быть благословения, поскольку это обратно отдаче. А благословение пребывает как раз в том месте, где занимаются отдачей.

То есть, как сказано выше, что келим, в которые можно получать высшее благо, это как раз отдающие келим. В эти келим можно получать. Тогда как в келим, которые желают получать – туда высшее благо не входит из-за различия по форме.

И из сказанного поймем два пути, которые есть у человека, когда он получил небольшой духовный подъем. Однако, чем же можно перевесить на сторону добра, называемую свойством веры, то есть чтобы быть в свойстве «пастухи стада Аврама», как сказано выше?

И мой господин, отец и учитель сказал от имени Бааль Шем-Това, что, когда у человека есть возможность сделать две вещи, противоположные друг другу, и он не может разрешить между ними, совет тут – посмотреть, в чем у него будут большие усилия, это он и должен выбрать для себя. Поскольку там, где есть усилия, то есть тело несогласно, это без сомнения и есть святость. И в этом следует поторопиться, и взять на себя для исполнения. Получается, что тут у него тоже есть два пути:

1. Путь веры;
2. Путь знания.

И он должен выбрать для себя путь веры, ведь тело не согласно на это, поскольку это [ведет] к святости, то есть к желанию отдавать. А тело желает ровно обратное этому. Поэтому, что же получается, что является решающим? То, что тело отталкивает, и что считается у него избыточным и лишним. То есть у него нет в этом необходимости, и оно вообще не знает, зачем это нужно. Поэтому оно всегда желает избавиться от этого, и это свойство веры, как сказано выше.

И отсюда получается, что чудо, являющееся человеку в том, что он может перевесить на сторону святости, происходит не в разуме, а как раз от того, что является лишним для тела, то есть от усилий, отвратительных для тела и считаемых им чем-то совершенно излишним. И именно от этих излишков, то есть от того, что человек оставляет и не хочет, и не желает, – от этого с ним произошло чудо, и он остался в святости.

И это смысл слов: «Из оставшихся кувшинов совершилось чудо для роз». Ведь «кувшин» означает, как сказано, что рабби Меир очищал гадов по 150[65] («кен») причинам[66], что означает, что по поводу любой вещи есть два противоположных мнения. И как же можно выяснить [истину]? По остатку. То есть по тому, что является лишним для тела, тому, что оно ни во что не ставит. И это свойство веры выше знания, благодаря которому только и можно спастись от падения в сети клипы.

И это называется «кувшин масла», который нашли запечатанным печатью Первосвященника (букв.: Великого коэна). «Коэн» называется хесед. «Великий» называется хесед, ставший хохмой. То есть благо типа хасадим, называемое свойством «коэн», ибо коэн это свойство хеседа, так как хесед свидетельствует о вере выше знания. И поэтому Авраам, являющийся свойством хесед, является отцом веры.

А свойство веры греки видеть не в состоянии, поскольку они видят только до даат (знания), но не выше знания. Поэтому, когда они пошли выше знания, греки уже не смогли властвовать. И это то, почему греки не видели кувшина с маслом.

---

64 «Де-итлатия» (арам.) – «относящееся к проклятию».
65 Слово «кувшин» (ивр. «канкан») пишется куф, нун, куф, нун. Численное значение сочетания куф, нун равняется 150.
66 Вавилонский талмуд, трактат Эрувин, 13:2 (неточная цитата).

А чудо свечения в течение восьми дней указывает на то, что светило свойство хасадим в бине. Ведь от бины до малхут – восемь сфирот. Однако хохма, что в хохме, не светила, и поэтому назначили восемь дней, поскольку было свечение только в свойстве восьми. Поэтому сказано: «Сыны бины на восемь дней установили радость и веселье».

Разница между милостью истинной и неистинной
Статья 8, 1986/7

Сказано: «И призвал он [Яаков] своего сына Йосефа и содеял мне милость истинную»[67].

Комментаторы спрашивают, почему он призвал именно Йосефа и сказал ему: «И содеял мне милость истинную»? По поводу «милости истинной» объясняет Раши: «Милость, которую оказывают умершим, – это милость истинная, потому что [в этом случае] человек не рассчитывает на вознаграждение»[68]. А слова «А я дал тебе долю одну сверх [того, что] братьям твоим»[69] Раши объяснил: «поскольку ты берешься заниматься моим погребением»[70].

И слова Раши противоречат сказанному здесь. Что он дает ему «долю одну сверх [того, что] братьям твоим» Раши объясняет – поскольку он хлопочет о моем погребении. В таком случае, это не «истинная милость». Ведь он [Яаков] платит ему за его труды тем, что дает ему одну долю сверх братьев твоих. А по поводу истинной милости Раши объясняет, что он не дает ему ничего за его труды по доставке его в страну Израиля, говоря, что «милость, которую оказывают умершим, – это... когда человек не рассчитывает на вознаграждение».

Наши мудрецы объясняют стих: «И послали к Йосефу сказать: Твой отец заповедал перед смертью своей»[71], – «исказили истину ради мира, ведь Яаков такого не заповедал, так как ни в чем не подозревал Йосефа»[72]. Хотя объяснение мудрецов и решает проблему, что мы не находим, чтобы Яаков «заповедовал перед смертью своей сказать, говоря», намек на это все же можно привести. То есть намеком он все же заповедал ему перед смертью своей. Однако в явном виде он не сказал ему, такого не было.

И чтобы понять вышесказанное, нужно вначале повторить то, о чем мы уже говорили много раз, то есть в чем состоит цель творения. И мы учили, что она заключается в том, чтобы «насладить Свои творения». Однако, чтобы не было «хлеба стыда», было установлено такое, благодаря чему в момент получения блага и наслаждения стыд отменяется. И это называется «построить намерение ради отдачи» во время получения наслаждения.

И тогда, поскольку намерение получающего – не ради собственной выгоды, а все, что он получает, этим он желает насладить Творца, поскольку таково было желание Его, ведь Он желает творить добро, и от этого уходит стыд, и потому выходили света из келим, когда у них терялось намерение ради отдачи, что называется в высших парцуфах «очищением экрана», и из-за этого у них исчезал отраженный свет.

А отраженный свет означает, что нижний желает вернуть наслаждение высшему. Что означает, что как высший свет приходит к нижнему чтобы «нести добро Своим творениям», так же и нижний теперь возвращает наслаждение высшему. То есть нижний желает насладить высшего тем, что принимает высшее благо.

---

67 Берешит, 47:29. И близились дни Исраэля к смерти, **и призвал он сына своего Йосефа**, и сказал он ему: О, если обрел бы я милость в твоих глазах, то положил бы ты руку твою под мое бедро и **содеял мне милость истинную**: не хорони же меня в Египте!
68 Комментарий Раши на Берешит, 47:29.
69 Берешит, 48:22.
70 Комментарий Раши на Берешит, 48:22.
71 Берешит, 50:16. И послали к Йосефу сказать: Твой отец заповедал перед смертью своей, говоря:
72 Комментарий Раши на Берешит, 50:16.

И кроме этого по этой же причине родились клипот, свойство которых – желание получать только для себя. И добро, и зло, которые мы ощущаем в этом нашем мире, тоже происходят от той же причины. И все неисправленности, и исправления вращаются только вокруг этой точки, называемой «желание получать наслаждение».

Но если бы получающее кли осталось бы таким, как оно родилось, то есть в получении ради получения, это привело бы к стыду – из-за различия по форме. Поэтому существует исправление, называемое «ради отдачи». И в этом, то есть в изменении желания получать на «ради отдачи», и состоит вся работа нижних. А в высших мирах это называется исторжением светов или распространением светов.

Иначе говоря, свойство «ради отдачи» является движущей силой всех миров. То есть если у нижнего есть сила отдачи, он получает высшее благо. И более того, мера величины блага, которую получает нижний, зависит от меры отдачи, которую нижний способен выдавать.

И мы уже говорили, что в этом желании получать, которое только и называется «новым творением», и также – сосудом, в который передается высшее благо, от которого достается и нижним творениям, в их желании получать следует различать 4 стадии:

1. Это весь мир, ведомый своими устремлениями, состоящими в получении удовольствия и наслаждения, поскольку эти люди желают насладить самих себя;
2. Те, кто на самом деле доставляют удовольствие и наслаждение другим; однако и тут следует различать два вида:
1. Если они дают удовольствие и наслаждение другим и получают за это деньги, это не называется, что они дают другим. Но это называется «обмен», когда каждый меняет то, что у него есть, а другой дает ему за это то, что есть у него.

Пример этого, человек, у которого есть ресторан или гостиница, и он предоставляет людям ночлег, или еду и питье. Никто не скажет, что этот человек занимается отдачей. И причина этого в том, что за свою работу он получает деньги. И, кроме того, он отмеряет цену, сколько денег взять за то, что он дает ему.

Или назовем в качестве примера официантов, которые обслуживают гостей. И хотя они не получают от гостей никакого вознаграждения, в любом случае, никто не скажет, что официанты – люди, занимающиеся отдачей. И это потому что хозяин гостиницы платит им деньги за то, что они обслуживают гостей.

2. Когда занимаются отдачей, как сказано выше, то есть дают людям еду и питье, и место для ночлега, но без денежного вознаграждения. Он только знает, что тем, что старается предоставлять другим свои услуги, он покупает себе доброе имя. И пусть весь город знает, что он – человек, заслуживающий всеобщего уважения, потому что он тратит свои силы и деньги на благо общества. Такой человек уже получает имя благодетеля, благотворителя, хлебосола и т.п. И хотя он и делает это ради уважения, никто не скажет, что совершаемые им поступки – все ради себя, то есть из-за того что он жаждет уважения.

И так принято в мире. Если человек так себя ведет, то есть делает добрые дела ради общества, это называется, что он работает для общества не ради получения вознаграждения. И, действительно, все уважают его за праведность и искренность.

А в духовной работе это свойство называется, что он отдает ради получения. Иначе говоря, **первой стадией** называется «получение ради получения». Тогда как этот вид, когда человек не желает денег за свою работу, называется «отдающий, однако ради получения». И это называется «ло лишма». Что означает, что действие [направлено] на отдачу, то есть он тратит свои силы и средства ради святости, однако желает вознаграждения. Поэтому это называется «отдающий ради получения». И это называется **второй стадией**.

Третья стадия называется, что он не хочет никакого вознаграждения за прикладываемые им усилия – ни в силах, ни в средствах. То есть в отношении ближнего он работает в скромности, а в отношении Творца, он говорит Ему: «Я приношу Тебе огромную благодарность за то, что Ты дал мне желание и стремление сделать что-то, наслаждающее Тебя. И это все мое вознаграждение в жизни – что я удостоился служить Тебе. И я прошу, чтобы Ты дал мне вознаграждение тем, что дашь мне еще желание и стремление, чтобы у меня не было никаких посторонних мыслей о том, чтобы сделать что-либо ради себя. А все мое желание и стремление будет только лишь работать ради небес. И я думаю, что нет ничего важнее в мире, чего человек может надеяться удостоиться в своей жизни, чтобы быть счастливым в [этом] мире. Ведь весь мир трудится ради богатства, и все хотят достичь этого. Однако они не знают, что такое счастье! Однако все равны в том, что хотят быть счастливыми. А я, на самом деле, знаю, что значит быть счастливым. То есть когда человек удостаивается служить Царю, и думать не о собственной выгоде, а о выгоде Царя, такой человек – самый счастливый в мире. А откуда я это знаю? Потому что я так чувствую. Итак, какого же вознаграждения я желаю? Только лишь этого!» Поэтому он говорит, чтобы Творец удостоил его преумножать деяния ради небес. И это как сказали наши мудрецы (трактат Авот, ч. 4, мишна 2): «Награда за заповедь – заповедь». И потому я ожидаю такого вознаграждения, и эта стадия называется «отдающий ради отдачи». И это свойство «лишма».

Четвертая стадия – когда он уже готов сказать: я хочу получать удовольствие и наслаждение не только от того что я отдаю, но я хочу получать удовольствие и наслаждение от того что я действительно получаю. Ведь он уже пришел к ступени «отдачи ради отдачи» и не заботится о собственной выгоде. И поэтому он начинает думать: разве не позволено мне сказать, что Творец наслаждается этим? Ведь Ему не нужно, чтобы Ему что-либо давали, поскольку Ему принадлежит весь мир. Как сказано: «И если праведен будет он [человек], что даст он Тебе?»[73].

Эта мысль приводит его к тому, что он начинает думать о цели творения. И он видит, что сказано, что цель творения – «творить добро Своим творениям». То есть Творец желает давать творениям благо и наслаждение. И потому он говорит сейчас Творцу: «Дай мне благо и наслаждение! И я желаю этого не для того, чтобы насладить себя, а я желаю насладить себя из-за того, что у Тебя есть наслаждение от того что наслаждаемся мы. И только с этим намерением я прошу Тебя, чтоб Ты дал мне благо и наслаждение. То есть во мне нет никакого желания ради собственной выгоды, а все, что я думаю и делаю, – все это для того чтобы доставить радость Тебе».

И когда человек хочет выйти из состояния «всего мира», то есть «получения ради получения», порядок таков, что входят во второе состояние, называемое «отдающий ради получения», и это называется «ло лишма». Ведь действие [направлено] на отдачу, однако он надеется благодаря этому получить оплату за то, что делает действия по отдаче. И тут тоже следует различать два аспекта:

1. Что он желает, чтобы люди дали ему вознаграждение. И это выглядит так, как будто он работает и делает добрые дела из-за того, что люди вынуждают его тем, что оказывают ему уважение и т. п. Получается, что кажется, что он исполняет Тору и заповеди из-за того, что люди заповедуют ему исполнять их, а не Творец вынуждает его.

2. Что он работает в скромности и не желает от людей никакого вознаграждения. Ведь он не показывает им ту работу, которую производит. И как бы то ни было, они не дают ему никакого вознаграждения, а он желает, чтобы Творец заплатил ему за исполнение Торы и заповедей.

И тут есть кардинальное отличие от состояния «ло лишма». Поскольку в этом состоянии Творец заповедует исполнять Тору и заповеди, а не люди вынуждают его исполнять их. Поэтому этот человек называется «служащим Творцу», ведь вся его работа [направлена] только на то, чтобы исполнить заповедь Творца, которую он нам заповедовал. Но что? Только то, что он желает за свою работу оплату, чтобы ему заплатил Творец, а не человек.

73   Молитва «Неила», читаемая в Йом Кипур.

Однако наши мудрецы сказали (трактат Псахим, 50:2): «Должен человек всегда заниматься Торой и заповедями, даже если в «ло лишма», ибо из «ло лишма» придет к «лишма»». И в работе в «ло лишма», когда человек хочет перейти от этого к ступени «лишма», здесь, в этом состоянии, человек главным образом и нуждается в особой осторожности и в глубоком понимании, и особенном руководстве, как выйти из состояния «ло лишма» и прийти к «лишма».

Ибо это очень сложное место, поскольку **человек не в состоянии выяснить истину**, то есть что является истиной, а что – ложью. Ведь в природе человека не видеть в самом себе никаких недостатков, потому что человек дорог самому себе, и потому подкуплен. А «подкуп ослепляет глаза мудрецов»[74].

И мало того, если даже он видит истину, что он не идет правильным путем, он должен изменить свой путь, то есть выйти из любви к себе, однако над телом властвует Египетская клипа, **и человек не способен выйти из-под этой власти без помощи свыше**. Как сказали наши мудрецы: «Злое начало человека пересиливает его каждый день, и если бы Творец не помогал ему, он бы не справился»[75]. И поэтому основная работа начинается во втором состоянии, которое называется «ло лишма».

И из сказанного следует, что основная работа с телом, которое противится и не дает человеку работать, происходит, когда человек работает в скромности, и не ожидает получить никакого вознаграждения от людей, а работает только ради Творца, то есть потому что Творец заповедовал нам исполнять Тору и заповеди, и он хочет выполнить желание Его. И это для него причина исполнения Торы и заповедей.

И чего ему единственно не хватает? Что он ждет за это компенсации. То есть он видит, что не способен работать не для получения вознаграждения, а должен обещать своему телу, что оно получит какую-то компенсацию за свои усилия. И в той мере, в которой тело верит этому, то есть что оно получит компенсацию, в этой мере он способен исполнять Тору и заповеди. Однако, когда он, не дай Бог, удовлетворен вознаграждением, у него нет топлива для работы.

И в таком состоянии, то есть когда человек желает быть работником Творца не ради получения награды, тело протестует изо всех сил и не дает ему покоя, когда он говорит ему [телу]: Я хочу исполнять Тору и заповеди без всякого вознаграждения, ибо я хочу исполнять заповедь веры, то есть верить в величие Творца, хоть тело и не ощущает величия и значимости Творца так, чтобы стоило послушаться Его голоса и исполнять Его заповеди во всех частностях и деталях.

По той причине, что этим я служу Ему. И я представляю себе картину что, если бы здесь нужно было служить мудрецу поколения, который не дает всем служить ему и выбрал маленькую горстку людей, и я попал в нее, какая радость была бы у меня тогда! Почему же здесь, служа Творцу, я не способен работать без всякой компенсации, а ожидаю того, что за мою работу мне дадут какую-либо оплату?

Это потому что там я вижу человека, которого все уважают и говорят мне, в чем состоит его величие. И я могу постичь его величие, о котором они говорят про него. В таком случае, я служу ему из-за его важности. Тогда как, что касается Творца, **мы должны верить** в Его величие и важность, и главным образом верить, что Он добрый, творящий добро. А ведь тело не желает верить, а хочет видеть воочию, что это так.

И поэтому, когда человек иногда пересиливает себя, [это происходит] в частичной вере, то есть на то, чтобы дать Ему малые части, человек верит, но так чтобы у него была полная вера, у него нет сил верить, как сказано в «Предисловии к ТЭС» (п. 14).

---

74 Дварим, 16:19. Не покриви судом, не лицеприятствуй и не бери мзды, **ибо мзда ослепляет глаза мудрецов** и искажает речи правые.
75 Трактат Сукка, 52:2.

И отсюда мы сможем понять, в чем причина того, что человек не может продвигаться в работе на отдачу. То есть в том месте, где он не видит, что у него будет компенсация за его работу, у него пропадает топливо, и тело ослабевает в работе.

Следует сказать, что это происходит только лишь по причине недостатка веры. И когда человек знает это, то есть когда он знает причину, вызывающую его слабость, так что у него нет сил работать, есть повод надеяться, что он будет способен исправить себя, став сильным и здоровым, чтобы у него была возможность идти и работать.

Тогда как если он не знает истинной причины, вызывающей его слабость, он может пойти и послушать нескольких человек, которые дадут ему советы, как выздороветь. Однако ему ничего не поможет, поскольку каждый говорит ему согласно своему пониманию, как по его мнению следует его лечить. И на время он получает от них какое-нибудь лекарство. И он начинает думать, что они что-то понимают, иначе он не слушался бы их.

И более того, им легче поверить в том, что они знают, что говорят, поскольку сами они считают себя большими специалистами. Кроме того, лекарства, которые они дают, не угрожают его эгоистической жизни.

И поэтому все на свете, когда ощущают какую-либо слабость в своей работе, идут к ним. И они дают им лекарства, которые являются успокоительными. То есть тот, кто чувствует определенные страдания в работе Творца от того, что видит, насколько он далек от истины и не желает обманывать себя, и поэтому идет просить какое-нибудь лекарство для излечения его слабости в работе.

А когда он принимает то лекарство, которое они дали, в этот момент — это истинное лекарство. То есть те страдания, которые он испытывал, исчезают у него благодаря их лекарству. То есть у него нет больше страданий от того, что он не идет истинным путем. То есть благодаря тому лекарству, которое он получил от них, у него больше нет требования истины. Получается, что те лекарства, которые он получил от них, – успокоительные, чтобы не чувствовать боли.

И это как человек, у которого болит голова, принимает успокоительные таблетки. И не то чтобы эти таблетки лечили его, а это только, чтобы успокоить его и не более. Так же и в нашем вопросе – что все советы, которые он получает от советчиков, **относящихся ко всему обществу (клаль)**, не могут посоветовать ему делать действия по отдаче.

И это только лишь успокоительное, не касающееся сути болезни, которая является главной причиной, приводящей к слабости человека.

Тогда как, когда он узнал в чем причина болезни, то есть что вся причина – в том, что ему не достает веры, чтобы верить в величие и важность Творца, и это на языке Книги Зоар называется «Шхина во прахе», а наша работа состоит в том, чтобы «поднять Шхину из праха», – это дает нам другой порядок в работе Творца.

Другими словами, человек должен знать, что есть **действие и намерение** в том, что нам дано практическое исполнение Торы и заповедей, в речи и в действии. Однако у всего этого, то есть как у Торы, так и у заповедей, есть еще и намерение, то есть настройка, чего я желаю за исполнение Торы и заповедей, что означает, как я должен строить свое намерение во время исполнения Торы и заповедей.

А главное, он должен знать, ради кого я должен исполнять их. Иными словами, что касается людей, относящихся к общей работе (клаль), нечего говорить, что они должны строить намерение, поскольку из «ло лишма» приходят к «лишма», и будет достаточно одних лишь действий. И потому нельзя заставлять их строить намерение.

А в том, как они исполняют Тору и заповеди в практическом смысле, что относится к заповедям, связанным с речью или действием, намерение тут не имеет значения. Поскольку даже если у них нет никакого намерения, а вся их настройка – в том, что сейчас они исполняют то, что Творец заповедовал нам делать, этого [уже] достаточно нам в отношении «ло лишма».

Однако, когда человек хочет прийти к «лишма», что означает, что он хочет исполнять Тору и заповеди «не ради получения награды», а он желает доставлять наслаждение Творцу, – для того, чтобы прийти к этому, тут нужно строить намерение. Другими словами, «та заповедь, которую я исполняю, с каким намерением я это делаю?».

А, как известно, без оплаты работа невозможна. В таком случае, что же можно сказать человеку, почему ему стоит работать не ради получения награды? Ведь ему нужна оплата! Ему можно сказать только одно, и это, что он удостоится служить Царю, и нет большего наслаждения, чем служение Царю. И какова мера величия Царя, так он и будет наслаждаться. То есть мера наслаждения от служения Царю зависит от важности Царя, в той мере, в которой он Его ценит.

И поскольку Шхина в изгнании, и также Шхина во прахе, в Книге Зоар приводится, что человек должен строить намерение, чтобы «поднять Шхину из праха». Ведь прах – это то низкое место, которое человек топчет своими пятками. То есть во всяком действии, которое человек совершает, исполняя Тору и заповеди, он должен строить намерение, чтобы благодаря этому удостоиться «поднять Шхину из праха». Что означает, что он желает оплату за свои усилия в Торе и заповедях в том, чтобы удостоиться почувствовать, что он служит великому Царю.

То есть, что во время своих усилий он чувствует, что у духовного, – то есть, когда он хочет работать ради отдачи, он чувствует во время работы вкус праха. И это потому что на духовное есть большое скрытие, то есть его важность не видна и не ощутима. И отсюда исходят все его помехи.

Тогда как, когда Творец снимет с него скрытие, и он почувствует величие Царя, в этом и будет все вознаграждение, которого он желает для себя в своей жизни. Ведь он желает служить Царю, как написано и как мы произносим в молитве «И придет для Циона»: «Благословен Творец наш, создавший нас во славу Себе»[76]. И человек хочет, чтобы у него была возможность воздать благодарение Творцу за то, что Он создал его во славу Себе. То есть служить Творцу, что означает, что человек согласится всеми своими органами, так чтобы «уста и сердце его были в согласии» с тем, что он воздает благодарение Творцу за то, что он создал человека во славу Себе, и что человек не был создан ради собственной выгоды, а для того чтобы все желание и стремление его были бы направлены только на то, чтобы доставить наслаждение Создателю.

И это намерение человек должен строить в каждом действии, которое он совершает. Чтобы благодаря совершаемому им действию, Творец дал ему намерение, чтобы все дела его были бы только лишь на отдачу, и чтобы Он отменил у него желание любить самого себя, поскольку он видит, что не может выйти из-под его власти и находится в изгнании у «народов мира», что у него в теле.

Известно, что, как говорит Книга Зоар, каждый человек – это маленький мир[77]. И как говорится, что в мире есть 70 народов и еще Исраэль, так же и в отдельно взятом человеке есть все 70 народов и также свойство Исраэль. И его свойство Исраэль находится в изгнании по властью 70 народов, которые у него в теле.

И это, как сказали мудрецы: «Пришедшему очиститься помогают» (трактат Шабат, 104:1). И следует объяснить, что означает «**пришедшему**». Можно сказать, что «**пришедшим**» называется «совершаемое им действие». И он хочет сделать это «лишма». И не может, поскольку находится в изгнании под властью народов мира, как сказано выше. «**Помогают ему свыше**» – то есть Творец избавляет его от изгнания среди народов, которые властвовали над ним.

Согласно этому выходит, что, когда человек совершает действие и хочет, чтобы оно было «лишма», а не из-за любви к самому себе, то есть чтобы получить какое-либо вознаграждение за это действие, то есть оплату в этом мире или в будущем. Главное, что он хочет что-то за действие, которое он совершает. Однако он хочет от Творца, чтобы совершаемое им действие дало

---

76   Часть молитвы «Неила» в Йом Кипур.

77   Зоар, Берешит 1, комм. Сулам, п. 121.

бы ему полное удовлетворение, и он почувствовал бы себя, что сейчас он самый счастливый человек в мире, оттого что он служит Царю.

Тогда как, если он получит еще что-то, кроме того служения, которое он исполняет, это наносит оскорбление служению Царю. И доказательство этого – что он хочет еще чего-нибудь. Но то, чего он действительно может требовать – почему у него нет воодушевления и истинного чувства, когда он говорит с Царем.

Например, он просит у Творца, что он хочет, когда совершает «благословение наслаждающихся», говоря: «Благословен Ты Творец, производящий хлеб из земли», – почему у него нет уважительного отношения, чтобы он стоял в страхе и трепете так, как стоят перед царем. Ведь он говорит с Творцом, и у него нет никакого воодушевления от ощущения, с кем он говорит.

И это больно ему. Ведь он не способен исправить самого себя и поэтому просит у Творца, чтобы Он помог ему, дал бы ему немного раскрытия, чтобы он почувствовал, перед кем он стоит – перед Царем царей. И почему же он не чувствует этого?

Об этом сказано в Книге Зоар: «Пришедшему очиститься помогают», – и Зоар спрашивает: «Чем?». И отвечает: «Святой душой»[78]. То есть свыше ему дают свет, называемый «нешама» (душа). И это помогает ему, давая ему возможность выйти из-под гнета изгнания эгоистической любви и войти в святость. То есть чтобы все его мысли были бы лишь о том, как доставить наслаждение Творцу.

Ведь благодаря душе, которую он получает, уходит скрытие и сокращение, и он ощущает величие Творца. И тогда тело покоряется, «как свеча перед факелом», перед светом Творца. И тогда человек чувствует, что он вышел из рабства на свободу. То есть вместо того, чтобы, когда он хотел служить одному лишь Творцу, тут же приходили бы вопросы 70-ти народов мира в его теле, и спрашивали, возможно ли отказаться от существования тела и не думать о нем ничего, а все силы и чувства вложить только лишь в «как найти советы, чтобы доставить наслаждение Творцу».

И вопросы их еще хуже тем, что человек не думает, что это вопросы не народа Исраэля, а 70-ти народов, а считает, что это его собственные мысли. То есть что это он сам задает эти вопросы, а как же человек может бороться с самим собой?

А мой господин, отец и учитель сказал, что человек должен знать, что эти мысли и желания, чуждые духу иудейства, не относятся к самому свойству Исраэль, а исходят от мыслей народов мира в общем и входят в частное свойство народов мира, присутствующее в каждом отдельном человеке. И когда человек верит, что это так, то есть что это не его мысли, с инородным телом он таки может бороться. Тогда как, когда он думает, что эти инородные мысли – его собственные, с самим собой человек бороться не в состоянии.

И отсюда следует, что нет другого совета, кроме как просить у Творца, чтобы помог ему выйти из этого горького изгнания только лишь с Его помощью. Как приводятся выше слова Зоар: **«Помощь, приходящая свыше, – это, что ему дают душу»**. А благодаря душе, которая показывает раскрытие величия Творца, – только тогда тело покоряется.

И отсюда можно объяснить, что написано об исходе из Египта (в Пасхальной Аггаде): «И над всеми божествами Египта творить буду суды, – Я Творец, Я это, а не посланец, Я Творец, Я это, и не кто иной».

И это значит, что только Творец может помочь выйти из плена изгнания у Фараона, царя египетского, который держит человека, чтобы он не вышел из эгоистической любви и делал бы только такие действия, которые принесут пользу его эгоистической любви к себе самому. И у него нет никакого способа получить возможность сделать что-нибудь ради Творца. И тут приходит помощь Творца.

---

78   Зоар, гл. Ноах, комм. Сулам, п. 63.

Однако мой господин, отец и учитель говорил: Когда человек может сказать, что у него нет никакого способа сделать что-либо ради Творца? Это как раз тогда, когда он со своей стороны уже сделал все, что было в его возможностях. То есть он со своей стороны уже испробовал все существующие в мире способы, которые он думал, что могут помочь ему. Тогда он может с уверенностью сказать: «Если Творец не поможет мне, я пропал. Ведь, что касается действий нижних, которые они могут совершать, я уже сделал все. И мне это не помогло».

И это подобно человеку, у которого дома кто-то заболел. Что делать? Надо идти к врачу, чтобы он был добрым посланцем Творца, и больной бы выздоровел. А если, не дай-то Бог, больной не вылечился, принято идти к профессору. И говорят, что он-то точно будет добрым посланником Творца и вылечит больного. А если и профессор не может помочь, созывают консилиум, может быть несколько профессоров вместе, посоветовавшись, придумают какое-нибудь лекарство для этого пациента. А если и это не помогает, принято обращаться к Творцу: «Властелин мира! Если Ты не поможешь мне, никто не сможет помочь нам. Ведь мы уже были у всех крупных врачей, являющихся Твоими посланцами, и никто не смог помочь мне, и мне не у кого больше просить о помощи, кроме Тебя!». И тогда, когда он выздоравливает, человек говорит, что только один лишь Творец собственной персоной помог ему, а не через посланца.

И это как сказано в пасхальной Аггаде, что исход из Египта произошел благодаря самому Творцу, а не через посланца. Как объяснили [мудрецы]: «И над всеми божествами Египта творить буду суды, – Я Творец, Я это, а не посланец, Я Творец, Я это, и не кто иной».

То есть когда все способы и уловки человек уже использовал, – и это подобно посланцам, как врачи в предыдущем примере, – и они не помогли, человек может вознести молитву из глубины сердца, ведь у него нет никакой возможности обратиться за помощью, поскольку он уже перепробовал все способы, о которых мог подумать.

И тут начинается ситуация «И застонали сыны Исраэля от работы, и возопили – и вознесся вопль их от работы к Творцу»[79]. И мы объяснили, что значит, что крик их был от работы, – что «от работы», то есть после того как уже сделали все, что можно сделать в плане работы из того, что относится к ним, и увидели, что отсюда нет никакой помощи после всей этой работы, и потому был вопль их из глубины сердца. То есть что они увидели, что никакой посланец не может помочь им, а только лишь сам Творец, как сказано: «Я это, а не посланец». И тогда были спасены они и вышли из Египта.

И отсюда поймем слова великого Ари, что народ Исраэля перед исходом из Египта пребывал в 49-ти вратах скверны, и тут раскрылся им Царь царей и спас их. И спрашивается, зачем Он ждал до этого момента, когда они будут на самом низком дне.

И из сказанного следует понять, что до того, как они увидели истинную низость своего состояния, что они вернулись назад и не смогли продвигаться в сторону духовности, – тут они поняли, что никакой посланец не может помочь им, как говорится в примере о врачах. И как бы то ни было, «и воскричали» они тогда к одному лишь Творцу, чтобы Он помог им. Поэтому сказано: «Я это, а не посланец».

А то, что сам Он спас их и вывел их из изгнания, означает, что постигли они, что нет в мире никакого посланца, а все делает Творец. Как сказано в Книге Зоар: Пришедшему очиститься помогают. И спрашивает: «Чем помогают ему?». – «Святой душой». То есть **что он получает раскрытие божественности Творца, называемой «душа». И этим он достигает своего корня. И тогда человек отменяется, «как свеча перед факелом», после того как получил душу, ведь теперь он чувствует, что он – божественная часть свыше.**

И отсюда поймем то, что мы спросили, почему он [Яаков] призвал именно Йосефа, а не других его братьев, чтобы сказать им, как сказал он Йосефу: «И содеял мне милость истинную»[80].

---

79 Шмот, 2:23.
80 Берешит, 47:29. И близились дни Исраэля к смерти, **и призвал он сына своего Йосефа**, и сказал он

И Раши объясняет, что «милость, которую оказывают умершим, – это милость истинная, потому что [в этом случае] человек не рассчитывает на вознаграждение»[81]. И это противоречит словам Раши в его объяснении стиха: «А я дал тебе долю одну сверх [того, что] братьям твоим»[82]. Он объясняет: «Поскольку ты берёшься заниматься моим погребением»[83]. И это непонятно в его объяснении, что Яаков сказал Йосефу, что он сделает с ним милость истинную, поскольку не ожидает вознаграждения. Ведь он же платит ему за хлопоты тем, что даёт ему долю одну сверх братьев твоих.

Дело в том, что здесь в неявном виде описан порядок духовной работы от начала и до конца. Как сказано, что Яаков заповедал сыну своему Йосефу, чтобы он делал милость истинную. Ведь начало работы состоит в том, что нужно прийти к «лишма», и это называется «отдача ради отдачи», и нельзя требовать никакой компенсации за эту работу. И это смысл того, что Раши объясняет, что милость, которую оказывают умершим, это когда человек не рассчитывает ни на какое вознаграждение. Когда делают только милость, то есть действия по отдаче ради отдачи, не ожидая за это оплаты.

И он имеет тут в виду – поскольку «грешники при жизни своей называются мёртвыми» (трактат Брахот, 18:2). А в «Предисловие к Книге Зоар» [Бааль Сулам] объясняет причину, по которой «грешники при жизни своей называются мёртвыми». Поскольку они погружены в любовь к самим себе, которая называется «желание получать только для себя». И этим они отделяются от источника жизни, поэтому они называются мёртвыми, ведь это, как мы сказали, свойство, называемое «получение ради получения».

И поскольку человек сотворён с желанием получать, происходящим из нечистых миров АБЕА, как сказано в «Предисловии к Книге Зоар» (п. 11), человек должен стараться оказывать истинную милость своему телу, которое называется свойством «мёртвый». То есть он должен научить его, как прийти к совершению действий по отдаче ради отдачи, ибо это называется «истинная милость», которую он оказывает своему телу, называемому «мёртвый». Чтобы оно пришло к уровню совершения действий по отдаче, а мёртвый не будет ожидать никакого вознаграждения. А когда оно достигнет этого уровня, называемого, что он достиг **третьего уровня**, который называется **«отдача ради отдачи»**, или свойство **«лишма»**. И это означает: и призвал сына своего Йосефа, и заповедал ему делать милость истинную, как сказано выше.

А затем идёт **четвёртый уровень**, называемый **«получение ради отдачи»**. То есть после того как он уже пришёл к уровню «лишма» в отдающих келим, теперь он должен научить его [то есть своё тело], что нужно получать. Но только, насколько будет в его силах построить намерение ради отдачи. И это, как объясняет Раши по поводу стиха: «А я дал тебе долю одну сверх [того, что] братьям твоим»[84] – «поскольку ты берёшься заниматься моим погребением»[85], – это свидетельствует о совершенстве, что после этого он уже способен получать ради отдачи.

А по поводу нашего вопроса, почему призвал он сына своего Йосефа, можно сказать, что он хотел указать ему, как сказано: «И послали к Йосефу сказать: Твой отец заповедал перед смертью своей»[86]. Ибо мудрецы объяснили, что мы не находим, что Яаков сказал ему так. И объяснили: исказили истину ради мира. И следует сказать, что тем, что он заповедал Йосефу оказывать истинную милость, имелось в виду, чтобы он занимался только отдачей, а не ради собственной выгоды. Можно найти тут намёк, чтобы у него не было никакой ненависти к бра-

---

ему: О, если обрёл бы я милость в твоих глазах, то положил бы ты руку твою под моё бедро и **содеял мне милость истинную**: не хорони же меня в Египте!

81   Комментарий Раши на Берешит, 47:29.
82   Берешит, 48:22.
83   Комментарий Раши на Берешит, 48:22.
84   Берешит, 48:22.
85   Комментарий Раши на Берешит, 48:22.
86   Берешит, 50:16. И послали к Йосефу сказать: Твой отец заповедал перед смертью своей, говоря:

тьям. Ибо о том, кто идет путем отдачи и не заботится о любви к себе, нельзя сказать, что у него есть ненависть к тому, кто его обидел.

И отсюда поймем разницу между истинной милостью и неистинной милостью. Мы объяснили, что в плане духовной работы милость, которую оказывают умершим, называется истинной милостью, поскольку человек не ожидает никакого вознаграждения. Пояснение этого. Человек совершает действия по отдаче, то есть Тору и заповеди, а также заповеди, только установленные мудрецами («де-рабанан») или обычаи Израиля, которые в общем называются «620 заповедей», называемые свойством «кетер», как объясняется в книге «Плоды мудрого» (ч. 1, стр. 65).

Тело называется свойство мертвого, поскольку оно происходит от нечистых миров АБЕА, поэтому оно называется «грешник и мертвый», ведь оно отделено от источника жизни. Нам говорят, что эта милость, которую оказывают телу, должна быть истинной. То есть чтобы намерение действительно было таким же, как действие. Иными словами, намерение тоже будет на отдачу. Тогда как если намерение не на отдачу, такая милость не называется истинной.

А если эта милость не истинная, она не исправляет его мертвого, который назывался грешником из-за своего желания получать, благодаря чему тело получило два эпитета: «грешник» и «мертвый». И чтобы исправить это, нужно совершить исправление, чтобы оно пошло в прямо противоположную сторону относительно того, как оно поступало до этого момента, когда оно шло путем получения, а не путем отдачи.

Получается, что если эта милость не истинная, и его намерение отличается от милостивого поступка, который он совершает, тело не получает от этого никакого существенного исправления. И хотя существует правило, что от «ло лишма» приходят к «лишма», но это только промежуточное звено. То есть невозможно прийти к истинной милости до того, как мы прошли первый этап, называемый «неистинная милость».

Однако главное – прийти к истине, как сказано выше, чтобы милость на самом деле была милостью. А не только, что снаружи мы видим, что это милость, то есть как это действие видно снаружи, однако в том, что скрыто, то есть в намерении, мы не можем видеть, что находится у человека в глубине сердца. И возможно, что внутри сердца, где находится намерение этого действия, у человека есть расчет, что он получит за ту милость, которую он сейчас оказывает, какую компенсацию, и это называется «отдача ради получения».

И так же можно объяснить слова «и скромно ходить с Творцом Всесильным твоим»[87]. Что «скромно ходить» означает, что другой не может видеть, что думает человек о [своем] действии. Ибо намерение находится в скрытии, и человек не может знать мысли своего товарища, и тут Писание говорит: «И скромно ходить». То, что у тебя в сердце, постарайся сделать, чтобы это было с Творцом Всесильным твоим. То есть отдавать, подобно тому, что открыто, и тогда это называется «уста и сердце его в согласии». И поэтому следует различать два вида:
1. Неистинная милость. И это «ло лишма», то есть отдача ради получения.
2. Истинная милость, то есть свойство «лишма», или отдача ради отдачи.

Однако есть главное свойство, являющееся целью творения. То есть чтобы нижний действительно получал благо и наслаждение, но при этом строил намерение ради отдачи. И на это свойство тоже есть указание в словах: «И содеял мне милость истинную». Что означает, что эта милость приведет его к истине. «Истинную» означает, как написано в ТЭС (ч. 13, п. 17), «что 7-ое исправление из 13-ти исправлений дикны – это «истинную», и оно называется «два святых яблока», и это два лика».

И [Бааль Сулам] объясняет там (в «Ор Пними»), что когда доходят до 7-го исправления, называемого «истинную», видят, что Творец действительно управляет творениями в свойстве «Добрый, творящий добро». То есть что до этого это управление было только в вере, а сейчас

---
87 Пророки, Миха, 6:8.

мы удостоились постижения и ощущения, что это действительно так. И тогда получают благо в свойстве «получение ради отдачи». И это и есть цель творения, то есть чтобы творения получили благо и наслаждение, ибо так реализуется цель творения.

И отсюда можно объяснить слова: «Близок Творец ко всем призывающим Его, ко всем, кто действительно призывает Его»[88], – тоже в двух видах:

1. «Близок Творец», – то есть слышит молитву всех тех, кто «действительно призывает Его». То есть тех, кто чувствует в тот момент, когда прилагает усилия, чтобы делать действия по отдаче. И как бы то ни было, они видят, что от намерения на отдачу они далеки. То есть они видят истину – какое огромное расстояние существует между действием и намерением, поскольку не могут они выйти из намерения эгоистической любви. И они молятся Творцу, чтобы Он вывел их из этого рабства. И в этом – все их желание и стремление. И только на это спасение уповают они.

   Ведь они верят, что до тех пор, пока человек пребывает в эгоистической любви, он отделен от источника жизни. И об этом говорит Писание: «Близок Творец ко всем призывающим Его», – чтобы Творец дал им истину, то есть чтобы они могли оказывать «истинную милость» и не удовлетворялись бы тем, что оказывают «неистинную милость», то есть в «ло лишма». И поскольку это молитва с просьбой об истине, Творец помогает им, и они получают от Него свойство истины.

2. Что они хотят удостоиться свойства истины, являющееся 7-ым исправлением 13-ти исправлений дикны, благодаря которому творениям раскрывается, что на самом деле все видят, как Творец управляет Своим миром как «Добрый, Творящий добро». И это называется «раскрытое милосердие» («хасадим мегулим»), то есть милосердие Творца раскрыто перед всеми, и это истина.

Уровень человека зависит от степени его веры в будущее
Статья 9, 1987

В Книге Зоар (гл. Бешалах, стр. 64, комм. Сулам, п. 216) сказано: «Тогда воспоет Моше»[1]. Следовало бы сказать: «Воспел Моше». И отвечает [Зоар]: Дело в том, что это зависит от далекого будущего[2], то есть он дополняет для того времени, дополняет для далекого будущего, ибо Исраэль должны будут возносить эту песнь в далеком будущем». ««Песнь эта» – в женском роде. Следовало сказать: «Гимн этот» – в мужском. И отвечает [Зоар]: «Это действительно песнь – ибо Госпожа восславляет Царя»[3]. «Сказал рабби Йеуда: Если это действительно песнь Госпожи Царю, почему же сказано: «Моше и сыны Исраэля»? Ведь должна восхвалять Госпожа? И [Зоар] отвечает: Потому что счастлив удел Моше и Исраэля, которые умеют восхвалять Царя за Госпожу надлежащим образом»[4].

И следует понять ответ, который он дает на то, что написано в будущем времени, что имеется в виду Гмар Тикун. Чему это учит нас в отношении духовной работы? Кроме того, следует понять ответ, который он дает, почему сказано «песнь», в женском роде, что он объясняет, что имеется в виду малхут, то есть что малхут восхваляет Царя. И об этом спрашивает рабби Йеуда: В таком случае, если имеется в виду малхут, почему же написано: «Моше и сыны Исраэля»? И поэтому он должен объяснить, что в отношении Моше и Исраэля имеется в виду, что они умеют восхвалять Царя за малхут. И это тоже следует понять, что означает, что Моше и Исраэль умеют восхвалять Царя за малхут. И почему они должны восхвалять Царя не за самих себя, а за малхут?

Известно, что Моше называется «верным пастырем». И мой господин, отец и учитель объяснял, что Моше поддерживал Исраэль свойством веры, а вера называется «малхут». То есть

---
88 Псалмы, 145:18.

он поселил страх небесный, называемый «небесная малхут», в народ Израиля. И потому Моше называется «райя нээмна»[5], «верный пастырь», по имени веры. Как сказано: «И поверили они в Творца и в Моше, раба Его».[6] Это о том, что Моше поселил в них веру в Творца.

Известно, что человек не может жить отрицательным, а может – [только] положительным. Ведь «заработок» называется то, что человек получил и наслаждается от того, что он получил. И это исходит из цели творения, называемой «творить добро Своим творениям». Поэтому человек обязан получать удовольствие и наслаждение, чтобы у него было, чем насладить свое тело. И это называется «положительное», то есть то наполнение, которым он наполняет свои потребности.

Но и в потребностях (хисароне) человек тоже нуждается. Иначе у него нет места, куда смог бы войти свет жизни. И хисарон называется сосудом (кли), то есть если у него нет келим (сосудов), он не может ничего получить. И хисарон называется желанием, то есть что у него есть желание чего-то, и он чувствует, что ему этого не хватает, и он хочет наполнить этот хисарон. И величина ощущения хисарона и потребность его наполнения служит мерой хисарона человека. То есть что называется «большой хисарон» или «маленький хисарон» зависит от величины ощущения потребности наполнить этот хисарон.

То есть если человек пришел к ощущению, что ему чего-то не достает, и он чувствует это ощущение во всех 248 органах, но у него нет сильного желания наполнить этот хисарон, тому что у нет большого желания наполнить этот хисарон есть много причин:

1. Что он рассказал своим товарищам, чего ему не достает, и он чувствует потребность в этом. Однако товарищи дали ему понять, что нет никакой возможности достичь то, чего ему не достает. Значит, повлияли на него своим мнением, что он должен смириться с той ситуацией, в которой он находится. Потому что они ослабили силу преодоления, позволяющую ему преодолевать препятствия, которые мешают ему достичь желаемого. И автоматически также и хисарон, и стремление ослабели из-за того, что он видит, что никогда не достигнет желаемого. И из-за этого, то есть поскольку он не видит никакой возможности наполнить свой хисарон, невозможность достижения цели вызывает ослабление его хисарона. Выходит, что большое желание уменьшилось из-за отчаяния.

2. А иногда, даже если он не рассказывал своим товарищам, чего он хочет, а только слышит от товарищей, как один говорит другому, а он слышит, что они уже пришли к отчаянию, и от этого он тоже подпадает под их влияние, то есть их отчаяние передается ему, и у него уже пропадает былое воодушевление от того, что он скорейшим образом придет к слиянию, и у него пропадает эта сила желания.

3. Иногда человек размышляет сам, без всяких внешних злых языков. И он видит, что всякий раз, когда он пытается приблизиться к святости и начинает критически анализировать происходящее, он видит, что наоборот, он идет назад, а не вперед. И поэтому у него пропадает сила, [позволяющая ему] работать.

Получается, что в этом случае он падает под своей ношей, потому что ему неоткуда получать подпитку, ведь он видит только негатив и тьму. Поэтому он теряет жизненную силу, когда у него как будто бы была некоторая подпитка, называемая «оживление души». А сейчас он ощущает себя мертвым в духовном смысле. То есть что он не может сделать ни одного движения в духовной работе, так как будто бы он и в самом деле умер.

То есть несмотря на то что сейчас он видит истину, то есть осознание зла, но это – негатив, от которого человек не может получить никакой жизни, **ибо питание тела происходит как раз от позитива**, как сказано выше. Поэтому человек должен идти в правой линии. По двум причинам:

1. Чтобы у него не ослабло желание, то есть от того, что он слышит злые языки.
2. Чтобы получить жизнь, что происходит именно от позитива. То есть это позитив, ибо тут есть совершенство.

Однако тяжело понять, как, когда он критически рассмотрел порядок своей работы и увидел истину, насколько он погряз в любви к самому себе, и видит, что это истина, как можно сказать ему, чтобы он шел в правой линии, называемой «совершенство». Ведь это полная ложь, как он видит после истинного анализа.

Известно, что общее и частное равны между собой. То есть порядок вещей, существующий в общем, имеет место быть также и в частном. А в отношении общего нам дана вера в приход Машиаха, как сказано (в молитве «Ани маамин»): «Я верю полной верой в приход Машиаха, и, несмотря на то, что он задерживается, я всё же буду ждать, что он придет»[7].

Поэтому человек не должен отчаиваться и говорить: «Я вижу, что не способен прийти к слиянию с Творцом», – которое [то есть слияние] называется, что он выходит из изгнания среди народов мира, называемого эгоистической любовью, и входит под власть святости, чтобы прийти к исправлению корня своей души и слиться с источником жизни.

И отсюда получается, что, если человек верит в Избавление, которое наступит в отношении общего (клаль), он должен верить, что избавление наступит у него и в отношении частного (прат). Получается, что человек должен принять на себя совершенство в смысле будущего. Так, что человек должен представлять себе меру блага, и наслаждения, и радости, которые он получит, когда получит наполнение на все свои хисароны. И нет сомнения, что это дает ему душевное удовлетворение и силы для работы, чтобы достичь той цели, которой он надеется достичь.

И отсюда выходит, что сначала человек должен представить себе, на что он надеется. Что если он достигнет этого, это даст ему счастье и радость от того, что он достиг того, чего ожидал. Но до этого человек должен как следует знать ту цель, которой он хочет достичь. А если человек не обращает пристального внимания и не сконцентрирован на том, чего он ожидает от своей жизни, пусть скажет себе: «Сейчас я пришел к решению, чего я желаю, проанализировав радость жизни, которой можно достичь в этом мире».

Если у него будет возможность достичь этого, у него будут силы и ум сказать: «Сейчас я могу воздать благодарение Создателю мира за то, что Он сотворил Свой мир». Просто теперь он может сказать всем сердцем: «Благословен Тот, кто сказал и появился мир»[8], – поскольку я чувствую благо и наслаждение, и действительно стоит мне и всем творениям, которые были созданы, получить то благо и наслаждение, которое я получил сейчас от цели творения, называемой «желание Его творить добро Своим созданиям».

И хотя он еще далек от достижения цели, всё же если он совершенно точно знает, от чего он может в будущем получать свое счастье. Как сказано: (трактат Авот, гл. 6, мишна 1): «Рабби Меир говорит: Всякий занимающийся Торой лишма, удостаивается многого. И мало того – весь мир становится для него осмысленным, и раскрывают ему тайны Торы, и становится он, как бьющий из земли ключ».

И когда он обращает на это внимание, то есть к чему он может прийти, то есть что он чувствует важность цели и представляет себе к какому счастью и совершенству он может прийти, и нет сомнения, что радость и ликование, которые будут у него в момент достижения этого, невозможно себе представить, как сказано выше.

Поэтому, согласно его вере в важность цели и в мере его веры в «несмотря на то, что он задерживается, я буду ждать, что он придет», он может получить наполнение светом жизни от грядущей цели. Как известно, есть внутренний свет и окружающий свет. И мой господин, отец и учитель объяснял, что внутренний свет означает то, что он получает в настоящем, а окружающий свет называется, то что должно светить в будущем, но пока он еще не получил этого света. Однако окружающий свет в определенной мере светит и в настоящем – в мере уверенности и веры человека, что он получит его.

И он сказал, что это подобно человеку, купившему на рынке товар. А из-за того, что было много людей, которые принесли этот товар на рынок, товар этот упал в цене, и все торговцы хотели продать его любой ценой. Однако не было покупателя, поскольку все боялись покупать, может, еще подешевеет.

И один человек скупил весь этот товар за бесценок. А когда пришел домой и рассказал домашним, что происходило на рынке, все посмеялись над ним: «Что же ты наделал? Ведь понятно, что все торговцы захотят продать весь этот товар, сколько у них залежалось на складе, и тогда всё будет еще дешевле. Получается, что ты проиграешь все свои деньги».

Однако он твердит одно, говоря: «Сейчас я рад, больше чем обычно, потому что сейчас я заработаю на этом товаре, не как обычно, когда я знал, что должен заработать на товаре 20%, а сейчас я заработаю 500%. Но я не стану продавать этот товар сейчас, а помещу его на склад и выставлю его на рынок через 3 года, потому что тогда этого товара уже не будет в стране. И тогда я получу цену, как я понимаю». Выходит, что в настоящем, то есть в этом году, когда он подведет итог, сколько он заработал, у него нет ничего. И это называется, что в настоящем у него ничего нет, чему можно бы радоваться.

И это пример о внутреннем свете, который светит в настоящем. Однако окружающим называется «свет, который светит именно в будущем». Однако он светит и в настоящем. И это согласно тому, насколько он верит в будущее, что тогда он получит вознаграждение, на которое надеется. И тогда радость его будет совершенной, а сейчас он получает радость и приподнятое настроение от того, что получит в будущем.

И об этом говорит этот пример, что этот торговец, над которым все смеются, что не следовало ему покупать на рынке именно тот товар, который потерял свое значение, поскольку никто не хотел покупать его. А он купил, только из-за того, что остальные оставили его, из-за того, что потерял цену. И он сейчас доволен и рад, от того что он верит на 100% и уверен, что через 3 года этого товара не будет, и тогда он разбогатеет. Выходит, что от того, что будет в будущем, он наслаждается в настоящем.

И отсюда следует, что в той мере, в которой он верит и не разочаровывается в будущем, которое наступит для него, как сказано выше: «несмотря на то, что он задерживается, я всё же буду ждать, что он придет», – он может наслаждаться в настоящем от всего, что должно наступить в будущем. Получается, согласно этому, когда человеку говорят, несмотря на то что он пошел в левой линии, то есть занимался критическим анализом, и видит, что находится на самом дне, и он видит эту истину, поскольку не желает обманывать себя и оправдывать свои мысли и дела, а он требует истины, и его не интересует, что она может быть горькой, ведь он стремится прийти к цели, для которой он был рожден, но из-за всей этой истины, он не может продолжать свое существование, поскольку нельзя жить без наслаждения, называемого «жизнь и жизненная сила», а для того чтобы жить, нужен свет, который оживляет человека, и если он будет жить, у него будет возможность работать и достичь цели, и потому тогда он должен перейти к правой линии, называемой «совершенство».

Однако то совершенство, от которого он сейчас получает жизненную силу, которой он питает свое тело, должно быть построено на «опорах истины». И возникает вопрос, как же он может получить совершенство, тогда как он видит истину – в каком низком состоянии он находится, погруженный в эгоистическую любовь с головы до пят, и нет в нем никакой искры отдачи.

На это он должен сказать: всё верно, что он видит, однако это так с точки зрения внутреннего света. Что означает, что в отношении настоящего он в низости, и ему неоткуда получать радость и жизнь. Однако с точки зрения окружающего света, то есть будущего, тем, что он, как сказано выше, верит в «несмотря на то, что он задерживается, я буду ждать, что он придет», выходит, благодаря окружающему свету, который светит в свойстве далекого будущего, он может притягивать его, чтобы он светил и в настоящем. И в мере веры и уверенности, которая есть у него в приход Машиаха в частном плане (прат), он может притягивать жизнь и радость, которые будут светить сейчас, в настоящем.

И получается, что сейчас, когда он идет в правой линии, чтобы получить совершенство, это настоящая истина. Поскольку окружающий свет светит в настоящем, как сказано выше. И кроме того, что это путь истины, поскольку он верит в приход Машиаха в частном плане, это большая сгула [то есть чудесное средство], ибо благодаря заповеди веры будущее приблизится у него к настоящему, что означает, что окружающий свет станет внутренним, что называется, что этот свет в самом деле облачается в настоящее, и это называется, что «должен будет окружающий стать внутренним».

И отсюда, то есть из свойства веры, что он верит, что в конце концов придет к цели, несмотря на то что с точки зрения разума он всякий раз видит, как он отдаляется от цели назад, а не вперед, он всё же преодолевает и идет верой выше знания. Или сама вера растет всякий раз в свойстве «монетка к монетке вырастает в большой счет». Пока не удостоится совершенной и постоянной веры, то есть получения света хасадим со свечением хохмы, как написано в комментарии Сулам.

И из сказанного поймем наш вопрос о том, как Зоар объясняет, почему сказано «воспоет» – в будущем времени. Что этим указывается на то, что Исраэль должны будут возносить эту песнь в далеком будущем. Чему эту учит нас в духовной работе? Что в отношении работы мы должны знать, что у нас есть сейчас, в настоящем. Знать, что нам нужно делать. В таком случае, чему мы можем научиться из того, что будет в далеком будущем?

И как мы объяснили, нужно идти в правой линии, которая является свойством совершенства, и получать от этого жизнь, ведь от негатива жить невозможно. Поэтому дается совет почувствовать совершенство из того, что будет в будущем. И это, как говорят праведники: «Песнь эта на далекое будущее». То есть что мы произносим сейчас, в настоящем, песнь о том, что они получат в будущем. Другими словами, насколько они представляют себе благо и наслаждение, которое они получат в будущем, [настолько] они могут ощутить это и в настоящем, если у них есть вера, что есть будущее, и что в будущем все получат исправление.

За это он уже может вознести благодарение Творцу в настоящем; в мере его ощущения мера восхваления, которую он может воздать в настоящем. И кроме того, что он получает сейчас жизнь, он обязательно выигрывает от того, что цель в общем смысле обретает у него важность, ведь теперь он обязан представлять себе, что такое благо и наслаждение, уготованное творениям для получения.

И всякий раз, когда он обращает на это свое внимание, он постепенно видит все лучше и лучше, что он сможет получить в будущем. То есть что уготовано нам в смысле цели творения. Хоть он и видит, что в том состоянии, в котором он находится, расстояние от него до цели пока еще велико, однако это зависит от величины его веры в цель, как в вышеописанном примере. И это согласно правилу: «Всё, что должно быть взыскано, как будто уже взыскано» (трактат Йевамот, 38:2).

И из сказанного поймем, почему Зоар объясняет, что «воспоет» сказано в будущем времени, чтобы указать на то, что Исраэль должны будут восхвалять эту песнь в далеком будущем. Поскольку нам надо знать об этом, чтобы мы могли сейчас получать радость и жизненную силу от того, что будет в далеком будущем. И благодаря этому мы можем произнести эту песнь сейчас, в настоящем, так, как будто бы мы получали сейчас, в настоящем, всё благо и наслаждение.

И это называется, что можно получать свечение окружающего света. То есть что окружающий свет светит издали во внутренний, то есть что, хотя человек пока еще далек от получения блага и наслаждения, так или иначе, он в состоянии притянуть свечение окружающего света также и в настоящее.

А сейчас мы проясним наш вопрос о том, как Книга Зоар объясняет, почему написано «Песнь эта» – в женском роде из-за того, что Моше и Исраэль способны восхвалять царя для Госпожи надлежащим образом. И мы спросили, почему Моше и Исраэль не восхваляют Царя для самих себя.

Однако до этого следует понять, в чем тут дело, и почему нужно восхвалять Царя. В материальном мы понимаем, что царь, состоящий из плоти и крови, нуждается в уважении, чтобы его почитали. И оттого, что народ воздает ему восхваления, Он получает наслаждение. Однако, что касается Творца, зачем Ему нужно, чтобы мы возносили ему восхваления и пели пред Ним песни и гимны?

Известно правило, что **всё, что мы говорим о Творце, говорится только в отношении «из действий Твоих познали мы Тебя». Однако в Нем самом у нас нет никакого постижения. А всё, что говорится, говорится только относительно постижения нижних.**

И поэтому нужно, чтобы человек воздал хвалу и благодарение Творцу. Ведь этим человек может измерить и оценить величину и важность подарка, который дал ему Творец. И таким образом человек может проверить себя – насколько он ощущает важность и величие Царя.

Ибо цель творения – нести добро Своим созданиям, чтобы создания насладились бы Им. **И в зависимости от величия дающего, именно в этой мере, мы ощущаем вкус и наслаждение от подарка, который дали человеку, чтобы насладить его.** И когда он старается воздать благодарение, у него есть возможность и причина пристально вглядеться и рассмотреть тот дар, который он получил, и от кого он получил его. То есть величину дара и величину дающего.

Получается, что благодарение, которое должен воздать нижний – не для того, чтобы наслаждался высший, а для того чтобы благодаря этому насладился нижний. Иначе это подобно примеру, приведенному моим господином, отцом и учителем о стихе: «[Кто] не носил зря души своей»⁹.

И он спросил, что означает, что человек носит зря, то есть попусту, душу свою, данную ему свыше. И сказал, что это, как если бы ребенку дали мешок золотых динаров, и он радуется и веселится этим динарам, потому что они красивые и притягивают взор. Однако какова ценность динаров, ребенок оценить не в состоянии.

Отсюда мы можем понять, что благодарность и восхваление, которое воздают Творцу, – только лишь ради творений. То есть ему есть, за что восхвалять Царя. Имеется в виду, что тот момент, когда он старается воздавать хвалу Творцу, это время, когда он способен почувствовать важность дара. И важность дающего дар. И поэтому главным образом надо обращать внимание на хвалу, которую воздают Царю. И это приводит к тому, что каждый раз можно будет давать ему новый дар. Иначе, если человек не может оценить царский подарок, ему ничего нельзя дать, потому что это попадает под определение: «Кто такой глупец? Тот, кто теряет то, что ему дали» (трактат Хагига, 4:1).

А в чем причина того, что глупец теряет то, что ему дали? И это ясно, ведь он глупец, не умеющий ценить важность предмета. Поэтому он не обращает внимания на то, чтобы оберегать подарок, который ему дали. И поэтому, какова важность подарка, так он и оберегает его. И как бы то ни было, человек может быть постоянно в состоянии вечного подъема, когда мы наблюдаем, что он не теряет то, что ему дали, так как умеет ценить это.

И отсюда получается, что у человека есть много падений по той причине, что он не может оценить царский дар. То есть не может оценить степень важности приближения, когда свыше ему дали мысль и желание, что стоит быть работником Творца. И поскольку он не может оценить важности предмета, то есть призыва, когда его призывают, чтобы он вошел служить Царю. И человек может еще и напортить, если будет находиться на службе Царя, не зная, как уберечь себя, чтобы в чем-нибудь не навредить. Тогда человека отбрасывают назад, в место мусора и грязи.

И он ест в этом состоянии, то есть он питается теми же отбросами, в которых ищут себе пищу кошки и собаки. Он тоже ищет там для себя пропитание, для того чтобы прокормить свое тело.

Ведь он не видит, чтобы у него был заработок из другого места. Это означает, что те вещи, о которых он говорил, что это отбросы, не годные в пищу человеку, а годные только на корм животным, сейчас, во время падения, он сам гонится за этим пропитанием, и у него совершенно нет стремления к человеческой пище, потому что он не находит в ней никакого вкуса.

И поэтому постоянство состояний подъема главным образом зависит от важности [подарка]. Поэтому главное определяется мерой благодарности и восхваления, которые он воздает за то, что он получает свыше. Ибо восхваления, которые он воздает Творцу, сами по себе увеличивают Его важность и значение. И это причина, по которой нам заповедано серьезное отношение к воздаянию благодарения. И есть три аспекта в воздаянии благодарения:

1. **Величина воздаяния**. То есть какова важность дара, такова и мера восхваления и благодарности, которые мы воздаем за этот дар;
2. **Величина дающего**. То есть является ли дающий важным человеком. Например, если царь дает кому-нибудь какой-нибудь подарок. Тогда, подарок может быть чем-то очень маленьким, но, в любом случае, это имеет огромную важность. То есть мера восхваления и благодарности не зависит от величины подарка, а измеряется величиной дающего. То есть один и тот же человек может давать двум разным людям, однако для одного из них он важнее, потому что он знает величие и значение дарителя. И нет сомнения, что он будет более благодарен, чем второй, который не так хорошо знает важность дарителя.
3. **Величина дающего, и не важно дает ли он**. То есть иногда бывает, что царь настолько велик в глазах человека, что человек стремится только поговорить с ним. И не потому что хочет поговорить с царем, чтобы он дал ему что-то, – он не желает ничего, – а всё его удовольствие только в том, что он удостоился поговорить с ним. Просто считается не приличным входить к царю и не просить у него о чем-нибудь.

И поэтому он ищет какую-нибудь просьбу, которую царь сможет исполнить. То есть он говорит, что хочет войти к царю ради чего-то, что царь даст ему. Но, на самом деле, то, что он говорит, что он хочет, чтобы царь дал ему что-то, – это просто слова. А в глубине сердца он ничего не хочет от царя. А то, что у него есть возможность поговорить с царем, этого ему достаточно, и для него не имеет значения, дал ли царь ему что-то или ничего не дал.

Люди, стоящие снаружи, которые видят, что он ничего не получил от царя и смотрят, как он выходит из царского дворца, радуясь и веселясь, и чувствуя подъем духа, смеются над ним и говорят ему: «Какой же ты глупец! У тебя нет ни ума, ни соображения. Ты же сам видишь: "Ни с чем пришел, ни с чем ушел"»[10]. То есть ты вошел к царю, чтобы попросить у него что-то, а вышел из царского дворца с пустыми руками. И чему же тут радоваться?»

И это мы сможем понять, если человек, когда молится Творцу, чтобы Он дал ему что-то – Тут следует различать:

1. Что человек молится Творцу, чтобы Он дал ему то, чего он требует у Творца. И если он получает требуемое, за принятую молитву, – то есть когда он получает то, что просил, – он готов воздать благодарение Творцу. И какова мера величины спасения, полученного от Творца, такова и мера радости и подъема душа, и воздаяния хвалы и благодарения, то есть **всё измеряется мерой величины спасения, которое он получил от Творца**.
2. **В мере величины дающего**. Имеется в виду, что, насколько он верит в величие Творца определяет у него, что он получает что-то от Творца. То есть даже если по мнению получающего это незначительная вещь, но так или иначе, он получил что-то от Творца, и у него уже есть повод быть в радости, и воздать хвалу и благодарность Творцу, поскольку для него важен Дающий, как в вышеприведенном примере.
3. **Согласно величию дающего, без подарка**. Тут у него тоже есть большая важность, как сказано выше, что царь так важен ему, настолько, что ему ничего не нужно от царя, а для него будет считаться великой честью и целым состоянием, если он сможет поговорить с

царем в нескольких словах, а то, что он пришел с какой-то просьбой, это лишь внешнее, из-за того, что «нельзя приходить к царю без какой-либо просьбы». Но он пришел не для того, чтобы царь исполнил его просьбу. А то, что он сказал, что требует чего-то, это только для внешних, которые не понимают, что говорить с царем и есть самый важный подарок, однако внешние этого не понимают.

И когда мы говорим «в одном теле», надо сказать, что «внешними» называются мысли, приходящие к человеку из внешнего мира. И у них нет понятия о внутреннем, и у них нет келим, чтобы понять, что важна именно внутренняя сторона Царя. А они ценят Царя только по тому, что приходит от Царя к ним, и это называется «внешняя сторона Царя». Однако о внутренней стороне Царя, то есть о самом Царе, а не о том, что исходит от Царя наружу, у них нет никакого понятия. Поэтому эти мысли смеются над человеком, когда он говорит: «Поскольку сейчас я говорил с Царем, не имеет значения, дает ли Он мне то, о чем я просил». А всё его желание – только лишь внутренняя часть Царя, а не то, что исходит от него.

Поэтому, если человек молился Творцу и не видит, что Творец дал ему что-то, но для него важна внутренняя сторона Творца, он может радоваться и веселиться тем, что удостоился говорить с Царем. Однако его внешние мысли хотят забрать у него эту радость, поскольку они смотрят только на получающие келим – что он получил от Царя в свои получающие келим. И он говорит им: «Я радуюсь и веселюсь, и воздаю хвалу и благодарение Царю только за то, что Он предоставил мне возможность говорить с Ним. Этого мне достаточно».

И он говорит своим внешним [мыслям] еще больше: «Знайте, что благодаря тому, что я ничего не желаю от Царя, кроме как воздать ему хвалу и благодарение, благодаря этому я сейчас слит с Царем. Поскольку я хочу отдавать Ему тем, что я восхваляю Его. А больше этого, мне нечего дать Ему. Поэтому получается, что теперь я называюсь «работником Творца», а не работающим для себя. И потому я не могу слушать то, что вы говорите мне: «Что ты выиграл? К примеру, весь год, в течение которого ты занимался Торой и молитвой, и соблюдал все заповеди, ты стоишь на той же ступени, что и год и два года назад. В таком случае, откуда у тебя такая радость, что ты воздаешь хвалу Творцу и говоришь: «Мой выигрыш в том, что я много раз говорил с Царем, а что еще мне нужно? То есть если бы Царь дал мне что-нибудь в руки, я, может быть, получил бы это ради получения. Тогда как сейчас, когда у меня в руках ничего нет, я радуюсь и воздаю благодарение Творцу, потому что мое намерение в работе было только ради отдачи»».

Однако, поскольку в этот момент человек говорит правду, у него возникает большое сопротивление со стороны внешних [мыслей], которые не могут терпеть того, кто идет путем истины, если всё намерение его – на отдачу. И в этом состоянии он находится в большой борьбе, и его радость хотят разрушить. И они дают ему понять, что всё наоборот. То есть, то, что они говорят ему, это истинный путь, а он обманывает себя и думает, что прав.

И, как правило, ложь в этом мире добивается успеха, поэтому в это время он нуждается в большом укреплении. И он должен сказать им: «Я иду путем истины, и сейчас я не хочу слышать никакой критики. А если в ваших словах есть истина, я прошу вас, чтобы вы пришли с вашими аргументами, чтобы показать мне, в чем истина, в то время, которое я определил для критики. И только в это время я готов слышать ваше мнение».

И из сказанного получается, что у человека нет недостатка радости в работе Творца, а не достает только веры. То есть в то время, когда он верит в величие Творца, ему не надо, чтобы Царь давал ему что-нибудь. Только возможность говорить с Царем, это всё, к чему он стремится. То есть говорить с Творцом, как сказано выше в третьем типе воздаяния хвалы.

А если он обратит большее внимание на восхваление Царя, на него автоматически низойдет высшее присутствие, поскольку он ничего не хочет от Царя. Это подобно сфире бина. Известно, что хохма в своем окончании не хочет получать свет хохма, а желает отдавать Создателю, подобно тому, как Создатель дает хохме. А она хочет совпадения по форме.

И тогда автоматически приходит наполнение, называемое «свет хасадим», по имени кли. То есть получающий хочет заниматься милостью (хесед). Поэтому это наполнение называется «светом хасадим». Подобно этому и здесь, когда человек ничего не хочет от Царя, а желает только давать Ему. И он обращает внимание на то, о чем он думает. Тогда к нему автоматически приходит высшее присутствие, согласно его подготовке, когда он занимается служением и восхвалением Царя.

А теперь поймем, почему Моше и Исраэль произносили хвалебную песнь Царю за Госпожу, а не сама Госпожа [за себя]. Известно, что всё, что говорится о высших мирах, говорится со стороны душ, где малхут называется «общностью души Исраэля» или «Собранием Исраэля» («Кнесет Исраэль»), как выясняется в ТЭС (16 ч.), что душа Адама Ришона была порождена внутренней частью миров Брия, Ецира, Асия, и оттуда он получил нефеш, руах, нешама. И все они вышли из малхут мира Ацилут, называемой Шхина. А Зеир Анпин, дающий в малхут, называется словом «Царь».

А поскольку малхут получает для душ, получается, что, когда малхут не может получить благо для народа Израиля, так как они [Исраэль] еще не готовы к тому, чтобы у них были отдающие келим, а иначе всё уйдет в Ситра Ахра, которая называется «мертвые», поскольку в них происходит получение ради получения, называемое «разделение и отдаление от Творца», который называется «источником жизни». И поэтому они называются «мертвыми».

И в Книге Зоар это называется, что человек должен сопереживать «страданию Шхины», и тут можно говорить о страдании, поскольку она не в состоянии получать наполнение для своих сыновей, то есть народа Израиля. И она называется «Кнесет Исраэль», потому что она собирает внутрь себя наполнение, которое она должна передать всей общности Исраэля. Поэтому, когда народ Израиля занимается уподоблением формы, у малхут есть возможность получать высшее благо от Царя, называемого «Дающий», и именем Зеир Анпин, для того чтобы давать народу Израиля.

И это называется, что малхут, называемая «Госпожа», восхваляет Царя за то благо, которое она получила от Него. И, как сказано выше, когда она не в состоянии получать от Царя благо для Исраэля, это называется «страдание Шхины». И так или иначе, когда она действительно в состоянии получать благо, она называется именем «мать, радующаяся детям»[11]. И она воздает хвалу Царю. Однако обо всем страдании и радости говорится только в отношении всего Исраэля в целом.

И это, как сказано в Книге Зоар, что Моше и Исраэль произносят песнь, воздавая хвалу Царю для Госпожи. И это означает, что Моше и Исраэль воздают хвалу Царю для Госпожи, имеется в виду, что то, что они исправили себя, чтобы произносить хвалу Царю за то, что Царь даст Моше и Исраэлю, было не для себя, а для малхут. То есть что они не могут терпеть страдания Шхины. И поэтому они занимаются уподоблением формы, чтобы у малхут была способность отдавать. Как сказано: «Счастлив удел Моше и Исраэля, которые умеют восхвалять Царя за Госпожу надлежащим образом»[12].

В чем тяжесть злословия и против кого оно направлено
Статья 10, 1986/7

В Книге Зоар (гл. Мецора, стр. 2, комм. Сулам, п. 4) сказано: «Та хези[89], приди и увидь. Тем злословием, с которым змей обратился к женщине, привел женщину и человека к тому, что

---

89 «Та, хези» — «Приди и увидь» (арам).

приговорены были к смерти они и весь мир. О злословии сказано: «Язык их – меч острый»[90]. И потому: «Побойтесь меча»[91] – то есть злословия. «Потому что гнев карает грехи мечом». Что значит: «Потому что гнев карает грехи мечом»? Это меч Творца, как мы учили, что у Творца есть меч, которым Он судит грешников. Как сказано: «Меч Творца полон крови»[92]. «Меч Мой пожирать будет плоть»[93], – это малхут со стороны суда в ней. И поэтому: «Побойтесь меча, потому что гнев карает грехи мечом, дабы знали вы, что есть суд»[94]. Сказано: «Что есть суд», – что означает: дабы знали вы, что так суждено. Ибо для каждого, у кого меч вместо языка, – то есть для того, кто злословит, – уготован все истребляющий меч, то есть малхут со стороны суда. Как сказано: «Да будет это законом о прокаженном»[95], – то есть малхут, называющаяся «эта»[96], судит прокаженного за то, что он злословил. Ибо из-за греха злословия появляются язвы».

И нужно понять: ведь Зоар говорит, что для всякого у кого меч вместо языка, то есть кто злословит, уготован все истребляющий меч, то есть малхут со стороны ее суда. И пойми это из того, что написано о змее, который злословил, обращаясь к женщине. Но там он злословил на Творца, почему же это доказательство того, что по отношению к ближнему это тоже настолько строго, что ведет к смерти, как он объясняет стих: «Язык их – меч острый»[97], – о злословии по отношению к ближнему?

То есть величина и тяжесть греха злословия по отношению к ближнему будут подобны злословию по отношению к Творцу. Возможно ли, чтобы злословящий на ближнего уподоблялся злословящему на Творца? Когда злословят на Творца, [еще] можно понять, что это ведет к смерти, ведь, злословя на Творца, он становится отделенным от Него. И поэтому, так как он отделен от источника жизни, он считается мертвым. Но почему же ведет к смерти злословие на ближнего?

Книга Зоар говорит, что из-за греха злословия появляются язвы. А наши мудрецы (трактат Арахин, 15:2) сказали: «На западе [то есть в Стране Израиля] говорят: третий язык убивает втройне – говорящего, внимающего и оговоренного». И Раши объясняет: ««третий язык» – это язык сплетен, являющийся третьим между людьми для раскрытия тайны»[98]. Там же: «Сказал рабби Йоханан от имени рабби Йоси бен Зимры: Всякий, кто злословит, как будто отрицает главное»[99][100]. «И сказал рав Хисда: сказал Мар Укба: Всякий, кто злословит, сказал Творец, не можем Я и он пребывать в [одном] мире»[101].

И, кроме этого, надо понять, почему запрет злословия настолько строг, что «как будто отрицает главное», или, как сказал Мар Укба, что Творец говорит: «Не можем Я и он пребывать в [одном] мире». Другими словами, если мы рассмотрим это на примере, когда Реувен рассказал Шимону сплетню о Леви, – что он сделал нечто плохое, – уже «не может Творец пребывать в мире» из-за злословия, поскольку Реувен рассказывал плохие вещи о Леви. Тогда как с остальными преступлениями, если Реувен совершил их, Творец может пребывать с ним в мире. Полу-

---

90   Писания, Псалмы, 57:5.
91   Иов, 19:29. Побойтесь меча, потому что гнев карает грехи мечом, дабы знали вы, что есть суд.
92   Пророки, Йешая, 34:6.
93   Дварим, 32:42.
94   Иов, 19:29.
95   Ваикра, 14:2. «Да будет это законом о прокаженном: в день очищения его следует привести его к коэну».
96   На иврите в этом стихе стоит слово «зот» (эта, ж.р.).
97   Писания, Псалмы, 57:5.
98   Комментарий Раши на трактат Арахин, 15:2.
99   Обычно переводится: «отрицает Творца».
100 Трактат Арахин, 15:2.
101 Там же.

чается, что это настолько серьезная вещь. В таком случае, следует понять, что такое злословие, если это настолько плохо.

И объясним это в отношении духовной работы. В книге «Дарование Торы» [Бааль Сулам] объясняет степень важности заповеди «Возлюби ближнего, как самого себя». «Рабби Акива говорит: Это великое общее правило Торы[102]. Это высказывание наших мудрецов нуждается в разъяснении, ведь слово «общее» указывает на сумму элементов, которые, собираясь вместе, образуют это общее. Получается, что, когда он говорит о заповеди «Возлюби ближнего, как самого себя», что это «великое общее правило Торы», мы должны понять, что остальные 612 заповедей Торы, со всеми ее стихами, – это не больше и не меньше, чем сумма элементов, которые входят в эту единственную заповедь «возлюби ближнего, как самого себя» и обусловлены ею. И это очень странно, ведь это может быть справедливо в плане заповедей, относящихся к ближнему, но как же может эта одна заповедь содержать и включать в себя все заповеди, относящиеся к Творцу? Ведь именно они являются первоосновой Торы, ее главной и основной частью»[103].

И, кроме этого, там сказано «о том гере, который пришел к Гилелю (трактат Шаббат, 31:1) и сказал ему: «Обучи меня всей Торе, пока я стою на одной ноге». А он сказал ему: «Все, что ты ненавидишь сам, не делай другому (перевод «Возлюби ближнего как самого себя»). А остальное – пояснения, иди и учись». Итак, перед нами ясное постановление, что ни одна из 612-ти заповедей и ни один из стихов Торы не важнее этой одной заповеди: «Возлюби ближнего как самого себя». Ведь он ясно сказал: «А остальное – пояснения, иди и учись». То есть вся остальная Тора – это пояснения этой одной заповеди, но невозможно завершить исполнение «Возлюби ближнего как самого себя» без них»[104].

И надо понять, почему, когда этот гер обратился к нему на святом языке [то есть на иврите]: «Обучи меня всей Торе, пока я стою на одной ноге», – как сказано, Гилель ответил ему не на святом языке, а на языке Таргума[105] [то есть на арамейском], сказав ему: «Все, что ты ненавидишь сам, не делай другому». И, кроме этого, следует понять, почему в Торе сказано: «Возлюби ближнего как самого себя» – что является исполнительной заповедью, а Гилель привел ее в виде запрета, ведь он сказал ему: «Все, что ты ненавидишь сам, не делай другому», – а это запрет.

В книге «Дарование Торы» [Бааль Сулам] выясняет значение и важность правила «Возлюби ближнего как самого себя» в том смысле, что цель творения – «нести добро Своим творениям», а чтобы при получении блага и наслаждения творения не ощущали никакого недостатка, ведь есть правило, что **всякая ветвь стремится уподобиться своему корню**, а нашим корнем является Творец, создавший все творения, а у Него ни в коем случае нет никакого недостатка, чтобы Ему нужно было получать что-либо.

Поэтому и творения, когда получают от кого-либо, ощущают стыд по отношению к дающим. Поэтому, для того чтобы, когда творения будут получать от Творца благо и наслаждение, в этом подарке не было элемента стыда, в высших мирах было установлено сокращение, и это привело нас к исчезновению и скрытию высшего наполнения, так что мы не ощущаем благо, спрятанное Творцом в Торе и заповедях, которые Он нам дал.

И хотя нам дана возможность верить, что материальные наслаждения, доступные нашему взору – чтобы почувствовать ее величие и благо, а весь мир, то есть все творения, находящиеся в этом мире, самоотверженно гоняются за наслаждениями, чтобы достичь их, и, тем не менее, в них заключен всего лишь тончайший свет, то есть малое свечение от того, чего можно достичь,

---

[102] Берешит Раба, 24:7.
[103] Бааль Сулам, Дарование Торы, п. 1.
[104] Там же, п. 2.
[105] Таргум – перевод Библии на арамейский язык.

исполняя Тору и заповеди, как сказано в Книге Зоар, что святость оживляет клипот, то есть если бы святость не давала клипот жизненную силу, они не могли бы существовать.

И это продолжается, потому что нужно, чтобы клипот существовали, ибо в конце концов все будет исправлено и все войдет в святость. И это дано творениям, чтобы они исправили это, поскольку для них существует понятие времени, и два объекта могут существовать в одном, несмотря на то что они противоречат друг другу. И как сказано (Предисловие к Книге Зоар), что раз существуют две системы, «святость» и «нечистые миры АБЕА», противостоящие друг другу, как же святость может исправить их?

Иначе с человеком, который сотворен в этом мире, где существует понятие **времени**, поэтому они (две эти системы) присутствуют **в одном человеке**, однако не одновременно. И тут уже существует возможность, чтобы святость исправила скверну, и до 13 лет человек постигает желание получать, относящееся к системе нечистых миров, а потом с помощью занятий Торой он начинает постигать «святую душу», то есть в это время он получает питание от системы святых миров.

Однако все наполнение, которое есть у клипот за счет того, что они получают от святости – не более, чем «тоненькое свечение», упавшее из-за разбиения келим и из-за греха Древа Познания, от которых возникли «нечистые миры АБЕА». Однако мы должны верить и представлять себе картину, и наблюдать, как все творения изо всех сил гоняются за тонюсеньким светом, и никто из них не скажет, что с него хватит того, что он получил, но каждый все время стремится добавить к тому, что у него есть. Как сказали наши мудрецы: «Тот, у кого есть сто, желает двести»[106].

И причина этого в том, что в них нет совершенства, потому что в них нет совершенства изначально. Иначе – в духовном, поскольку в любой духовный объект облачается высший свет, поэтому, если человек получает какое-либо свечение духовности, он не может отличить большую ступень от маленькой, поскольку в духовном, даже ступень «нефеш де-нефеш», являющаяся некоторой частью святости, и как вся духовность в целом является совершенством, так же и в ее части есть совершенство, по той причине, что категории «большой» и «маленький» в высшем свете зависят от величины получающего, то есть это зависит от того, насколько получающий способен постичь величие и важность света, но в самой сути света нет никакого изменения, как сказано: «**Я, АВАЯ, не менялся**»[107] (как объясняется в книге «Введение в науку каббала», п. 63).

Отсюда возникает вопрос, почему за маленьким светом, который светит в материальных наслаждениях, гоняется весь мир, а для духовных наслаждений, в которых заключено главное благо и наслаждение, мы не видим тех, кто хотел бы вкладывать такие большие силы, как вкладывают в материальное. А дело в том, как сказано выше, что на материальные наслаждения, находящиеся в нечистых мирах АБЕА, не было сокращения и скрытия. И это сделано преднамеренно, потому что иначе мир не смог бы существовать. Ведь без наслаждения жить невозможно.

И, кроме этого, это исходит из цели творения «нести добро Своим созданиям». Поэтому без наслаждения мир не может существовать. Выходит, что в них должны были раскрыться наслаждения. В то же время на добавку, то есть на получение блага и наслаждения больше, чем необходимо для оживления тела, что, собственно, и является настоящим наслаждением, на это есть «сокращение и скрытие», чтобы [творения] не могли видеть света жизни, облаченного в Тору и заповеди, до того, как человек приучил себя работать ради отдачи, что называется «уподоблением по форме». **Потому что, если бы свет, облаченный в Тору и заповеди, сейчас же раскрывался бы, не было бы никакой свободы выбора.**

---

106   Мидраш Раба на Коэлет, 1:32.
107   Малахи, 3:6.

То есть, там, где раскрывался бы свет, наслаждение, которое человек ощущал бы при исполнении Торы и заповедей было бы в «получении ради себя», и человек не мог бы сказать, что он исполняет Тору и заповеди из-за «заповеди Творца», а он должен был бы исполнять Тору и заповеди из-за наслаждения, которое он в них ощущает. И человек может дать себе отчет, что, когда он ощущает какое-либо наслаждение в каком-нибудь прегрешении, это наслаждение – лишь тоненький свет относительно настоящего вкуса, заключенного в Торе и заповедях. Насколько тяжело человеку преодолевать свою страсть, которая, чем больше, тем труднее устоять перед искушением!

Получается, что, если бы величина наслаждения в Торе и заповедях была явной, человек не мог бы сказать: «Я исполняю эту заповедь из-за желания Творца», – то есть что тем, что он исполняет заповеди Творца, он хочет доставить Ему наслаждение, ведь и без указания Творца он все равно исполнял бы Тору и заповеди из-за «эгоистической любви», а не потому что хочет отдавать Творцу. И поэтому на Тору и заповеди было сделано «сокращение и скрытие». И поэтому весь мир гоняется за материальными наслаждениями. А для наслаждений, заключенных в Торе и заповедях, нет сил ничего делать, поскольку это наслаждение, по указанной выше причине, не раскрыто явно.

И из сказанного вытекает, что «вера» означает, что мы должны принять на себя важность Торы и заповедей, и вообще верить в Творца, что Он управляет творениями, то есть что человек не может сказать, что он не исполняет Тору и заповеди из-за того, что не ощущает управления Творца – как Он дает благо [Своим] творениям, потому что и в это он тоже должен верить, даже если он этого не чувствует. Потому что, если у него есть ощущение, что управление Творца происходит в свойстве «добрый, творящий добро», тут уже нет места для «веры». Однако, зачем же Творец сделал так, чтобы мы служили Ему в свойстве веры? Ведь лучше было бы, если бы человек мог работать в свойстве знания!

Ответ, как сказал мой господин, отец и учитель: о желании Творца, чтобы мы служили Ему в свойстве «веры», человек не должен думать, что это из-за того, что Он не может светить ему свойством «знание», но Творец знает, что свойство «веры» – это более успешный для человека путь к цели, которая называется «слияние с Творцом», и это «уподобление по форме». Потому что благодаря этому у человека будут силы получить благо, и вместе с этим у него не будет «хлеба стыда», то есть свойства «стыда», поскольку все благо и наслаждение, которое он желает получить от Творца, это только, если он знает, что от этого у Творца будет наслаждение, и поэтому он хочет получить от Него это благо и наслаждение.

И отсюда мы видим, что главная работа, которую мы должны совершить, чтобы прийти к той цели, ради которой был создан мир, то есть «нести добро Своим творениям», заключается в том, чтобы **подготовить себя для получения отдающих келим**, что является исправлением, чтобы подарок Царя был в совершенстве, чтобы во время получения наслаждений мы не ощущали никакого стыда. И это все зло, которое отдаляет нас от того добра, которое мы должны получить.

И нам дано особое средство в виде Торы и заповедей, чтобы мы могли прийти к этим келим, – это, как сказали наши мудрецы (трактат Кидушин, 30:2), что Творец говорит: «Я создал злое начало и создал Тору в приправу к нему», – то есть благодаря ей он [человек] уничтожит в себе все искры эгоистической любви и удостоится того, что все его желание будет только лишь доставить наслаждение своему Создателю.

А в книге «Дарование Торы» (п. 13) он [то есть Бааль Сулам] говорит: «И хотя в Торе существуют две части:

1. Заповеди по отношению к Творцу,
2. Заповеди по отношению к другому человеку, –

обе они имеют в виду одно, а именно, привести творение к конечной цели, то есть к слиянию с Творцом. Мало того, даже практическая сторона их обеих – это на самом деле одно и то же, ведь по отношению к занятию Торой и заповедями «лишма» даже в практической стороне Торы человек не ощущает в этих двух частях Торы никакой разницы. Потому что, пока он не достиг в этом совершенства, всякое действие по отношению к ближнему, будь это по отношению к Творцу или по отношению к другим людям, обязательно ощущается у него пустым и бесполезным. А раз так, то существует мнение, что та часть Торы, которая определяет отношение к другому человеку, более способна привести человека к желаемой цели, так как работа в заповедях по отношению к Творцу постоянна и определена, и никто не предъявит претензии, и человек легко привыкает к ней, а все, что делается в силу привычки уже, как известно, не способно принести человеку пользу. Тогда как часть заповедей относительно другого человека не является ни постоянной, ни определенной, и предъявители претензий окружают человека, куда бы он ни посмотрел, поэтому действие этих заповедей надежней, а цель – ближе»[108].

И отсюда мы понимаем, почему рабби Акива сказал о фразе: «Возлюби ближнего как самого себя», – что «это великое правило Торы». Потому что главное – удостоиться «слияния с Творцом», что называется отдающими келим и является «уподоблением по форме». И для этого было дано специальное средство в виде Торы и заповедей, с помощью которых мы сможем выйти из эгоистической любви и достичь любви к ближнему, и первый этап тут – **любовь к другому человеку, а затем мы можем прийти к любви к Творцу**.

А сейчас мы сможем понять, что мы спросили выше – почему, когда тот гер пришел к Гилелю и сказал: «Обучи меня всей Торе, пока я стою на одной ноге», – Гилель ответил ему не на святом языке [то есть не на иврите], как он попросил: «Ламдени коль а-Тора аль регель ахат», – а на языке Таргума [то есть арамейском]: «Все, что ты ненавидишь сам, не делай другому» (перевод фразы «Возлюби ближнего как самого себя»). И, кроме того, надо понять: ведь в Торе сказано, что «Возлюби ближнего» – это **исполнительная заповедь**, а он ответил геру в форме запрета, ведь он сказал ему: «Все, что ты ненавидишь сам, не делай другому».

И как он [Бааль Сулам] выясняет важность заповеди «Возлюби ближнего как самого себя», объясняя слова рабби Акивы: «Возлюби ближнего как самого себя – это великое правило Торы» – именно в силе этой заповеди заключена наибольшая способность приводить к «Возлюби Творца». И поэтому, когда тот гер пришел к Гилелю и попросил его: «Обучи меня всей Торе, пока я стою на одной ноге», – он хотел рассказать ему правило «Возлюби ближнего как самого себя», как сказано в Торе, однако он хотел объяснить ему, что такое тяжелый грех, называемый **злословием**, который еще серьезнее, чем заповедь «Возлюби ближнего», поскольку заповедь «Возлюби ближнего» дает человеку силы преодоления, чтобы выйти из эгоистической любви, чтобы, выйдя из эгоистической любви, он смог достичь любви к Творцу, как сказано выше.

Выходит, что, если он не занимается заповедью «Возлюби ближнего как самого себя», а пребывает в «сиди и ничего не делай»[109] и не продвинулся в выходе из-под власти эгоистической любви, но и не отошел назад, то есть хотя он и не дал ближнему любви, однако и назад не отошел, то есть не сделал никакого действия, которое привело бы к ненависти к ближнему. Тогда как если он злословит на товарища, этим действием он «идет назад», то есть мало того, что он не занимался любовью к ближнему, он еще сделал обратное действие, то есть занимался делами, ведущими к «ненависти к ближнему», тем что злословил на своего товарища. Ведь в мире принято, что на того, кого ты любишь, не злословят, ибо это ведет к разделению сердец, поэтому на того, кого любят, не желают злословить, чтобы существующая между ними любовь не понесла ущерба, ибо злословие ведет к ненависти.

---

108 Бааль Сулам, Дарование Торы, пп. 13-14.
109 Талмудическое понятие, призывающее воздержаться от действия, которое может привести к преступлению.

Согласно этому выходит, что тяжесть греха злословия состоит в том, **что любовь к ближнему ведет к любви к Творцу, а ненависть к ближнему ведет к ненависти к Творцу**. А как может быть в мире что-то худшее, чем то, что ведет к ненависти к Творцу? Тогда как, когда человек совершает другие прегрешения и не может перебороть свое желание получать, так как он погружен в эгоистическую любовь к себе, этим он еще не становится «ненавидящим Творца». Поэтому об остальных прегрешениях сказано: «Я – Творец, пребывающий с ними в нечистоте их»[110]. Тогда как, совершив грех злословия, он из-за этого действия становится «ненавидящим Творца», и это действие прямо противоположно любви к ближнему.

И отсюда поймем высказывание рабби Йоханана от имени рабби Йоси бен Зимры: «Всякий, кто злословит, как будто отрицает главное»[111]. Как возможно, чтобы злословие привело человека к тому, чтобы он, не дай Бог, стал отрицать главное? Однако, как сказано выше, поскольку это ведет к тому, что он приходит к ненависти к Творцу, получается, что он отрицает главное в цели творения – что она «несет добро». И мы без сомнения видим, что тот, кто делает другому добро, раз за разом добавляя ему благо и наслаждение, наверняка любит его. А злословящий приводит человека к тому, чтобы он возненавидел Творца. Получается, что этот человек отрицает главное в цели творения – что она «несет добро».

И из сказанного поймем также то, что мы спросили о словах рава Хисды от имени Мар Укбы: «Всякий, кто злословит, сказал Творец, не можем Я и он пребывать в [одном] мире». Как может быть, чтобы злословие привело к тому, что Творец не может пребывать с ним в [том же] мире?

И из сказанного выходит, что злословящий, как выяснилось, становится ненавидящим Творца. И как в материальном человек может находиться в одном доме со множеством людей, и для него не важно, хорошие они или плохие, однако, когда он видит, что там находится его враг, он сейчас же бежит оттуда, поскольку не может находиться с врагом в одной комнате. Так же мы говорим, что тот, кто возненавидел Творца, – Творец не может пребывать с ним в [одном] мире.

И нет вопроса, что если кто-то украл что-то у товарища, он тоже привел к ненависти между товарищами, поскольку, когда обокраденному станет известно, что он вор, он увидит, что он его ненавидит, или, допустим, он никогда не узнает, кто его обокрал, однако сам вор вместо того, чтобы заниматься любовью к ближнему, занят сейчас противоположной деятельностью, то есть занимается ненавистью к людям, из-за чего он больше погружается в эгоистическую любовь, но мудрецы не сказали, что кража – это такой же тяжкий грех, как злоязычие. Так же и грабеж – тоже получается, что это не такой тяжкий грех, как злоязычие.

И нужно ответить, что тот, кто ворует или грабит, ворует у человека или грабит его не из ненависти к нему, а причина тут – в любви к деньгам или ценным предметам, и потому он грабит или ворует, а не, не дай Бог, из ненависти. Тогда как злословие вытекает не из любви к чему-либо, а только лишь из ненависти.

И это, как сказал Рейш Лакиш (трактат Арахин, 15:2): «Сказал Рейш Лакиш: почему сказано: «Если ужалит змей без шипения, нет преимущества у обладающего языком»?[112] В далеком будущем[113] все звери собираются и идут к змею, и говорят ему: Лев задрал и съел, волк загрыз и съел. А ты, в чем твое наслаждение? Говорит он им: А в чем преимущество у обладающего языком?». И объясняет Раши: «Лев задрал и съел – другими словами, всякому, кто вредит творениям, есть наслаждение, лев задрал и съел, то есть ест живую жертву. А когда волк загрызает, он вначале убивает жертву, а потом ест ее, у него есть наслаждение. Но ты, какое наслаждение у тебя, когда ты жалишь человека? Отвечает змей: «А в чем преимущество обладающего язы-

---

110 Шней Лухот а-Брит, трактат Псахим, комм. 3 о великой субботе, пришедшейся на гл. Мецора.
111 Трактат Арахин, 15:2.
112 Коэлет, 10:11.
113 То есть в Окончательном Исправлении (Гмар Тикуне).

ком?» – у выпускающего злой язык [то есть злословящего], какое наслаждение есть у него, так и у меня нет наслаждения от укуса, когда я жалю».

И отсюда мы видим, что есть разница в том, вредит ли он творениям из-за того, что у него есть от этого наслаждение, то есть по подобию льва или волка, у которых нет желания вредить из ненависти к творениям, а есть аппетит, то есть они получают наслаждение от творений. Получается, что единственная причина, заставляющая их вредить творениям, это аппетит.

Тогда как от злословия человек не получает ничего взамен, однако это действие, вызывающее ненависть между творениями. И так же, как пользуясь правилом «Возлюби ближнего как самого себя», от любви к творениям приходят к любви к Творцу, получается, что от ненависти к творениям можно прийти к ненависти к Творцу. И подобное мы находим [в другом месте] (трактат Брахот, 17:1): ««Начало мудрости – страх перед Творцом, разум добрый у всех исполняющих их [заповеди]»[114], – сказано не «у исполняющих», а «у исполняющих их» – у исполняющих «лишма», а не исполняющих «ло лишма». А исполняющий «ло лишма» – лучше бы не был сотворен». А в Тосафот[115] спрашивается: «А если скажешь ты: Ведь рав Йегуда сказал: сказал Рав: «Всегда обязан человек заниматься Торой и заповедями, даже если в «ло лишма», потому что из «ло лишма» приходят к «лишма»». Следует сказать, что здесь имеется в виду, что он учится, чтобы провоцировать своих товарищей, а там имеется в виду, что он учится, чтобы его уважали»[116].

И следует понять объяснение Тосафот, когда говорится, что надо различать «ло лишма» «с целью провоцировать» и «ло лишма» с целью, чтобы его уважали, то есть называли «рабби» и т.п. И надо понимать это согласно правилу, сформулированному рабби Акивой: «Возлюби ближнего как самого себя – это великое правило Торы». И как объяснил это [Бааль Сулам] в книге «Дарование Торы», это из-за того, что благодаря этой заповеди он приобретет любовь к ближнему, а от этого он потом придет к любви к Творцу.

Согласно этому получается, что человек должен стараться выйти из эгоистической любви, и тогда у него будет возможность заниматься Торой и заповедями «лишма», то есть ради отдачи, а не ради собственной выгоды. И это благодаря исполнению Торы и заповедей. Выходит, согласно этому, **до тех, пор пока человек не вышел из эгоистической любви, он не способен заниматься «лишма». Однако, несмотря на то что он занимается эгоистической любовью, в Торе и заповедях есть сила, позволяющая выйти из эгоистической любви и затем прийти от этого к любви к Творцу, и тогда он будет делать все ради небес.**

И это, то есть приход к «лишма», возможно только когда он занимается Торой и заповедями «ради уважения», то есть он учит, что у него пока еще нет возможности работать ради ближнего, поскольку он еще не обрел свойство «любви к ближнему». Потому занятие Торой и заповедями поможет ему прийти к свойству «любви к ближнему». Тогда как, когда он учится «ради провокаций», что является действием противоположным любви к ближнему, то есть он занимается сейчас исполнением Торы и заповедей для ненависти к ближнему, что называется «ради провокаций», как же могут две противоположности проявиться в одном предмете? То есть говорят, что Тора помогает прийти к любви к ближнему, если человек делает действия по отдаче, несмотря на то что его намерение получить право, Тора помогает ему настроить его, то есть, помимо этого, прийти к желанию отдавать. Однако тут он занят прямо противоположным, то есть ненавистью к ближнему, – как же это приведет к любви к ближнему?

И это как мы сказали о разнице между вором и грабителем, и злословящим. Что вор и грабитель любит серебро, золото и прочие ценности, но не имеет ничего личного к самому чело-

---

114 Псалмы, 111:10.
115 Тосафот – букв. «дополнения». Комментарии к Талмуду, составленные в XII – XIII вв. и являющиеся неотъемлемой частью всех изданий Талмуда.
116 Тосафот к трактату Брахот, 17:1.

веку. То есть у вора и грабителя нет никакой мысли и никакого расчета с самим человеком, а все его мысли – о том, где можно взять больше денег, и как сделать это легче всего, и чтобы полиции было труднее узнать, что он вор и грабитель, однако о самом человеке у него никогда не возникают никакие мысли, чтобы думать о чем-то в его связи.

Тогда как со злословием, у него нет никакого расчета с самим действием, то есть с тем, что он рассказывает сплетни, а весь расчет – как принизить товарища в глазах других людей. Получается, что весь его расчет – это одна лишь ненависть, ведь есть закон, что о том, кого любят, не злословят. Поэтому именно злословие ведет к ненависти к ближнему, а затем это ведет к ненависти к Творцу. И потому грех злословия настолько тяжек, что практически ведет к разрушению мира.

А сейчас мы выясним меру злословия – как и сколько называется злословием. Одно высказывание или одна фраза, сказанная о другом, уже называется злословием. Эту меру мы находим в ответе Гилеля, который сказал тому геру: «Все, что ты ненавидишь сам, не делай другому». Это означает, что любые слова, которые ты хочешь сказать о другом, – посмотри и подумай, и если, если бы эти слова были сказаны о тебе, ты ненавидел бы их, то есть не получил бы от них наслаждения, «не делай другому».

Получается, что, когда человек хочет сказать что-то о другом, он тут же должен произвести расчет, что если бы это было сказано о нем, и он бы ненавидел эти слова, «не делай другому», – и это то, что Гилель сказал тому геру. То есть отсюда мы можем научиться мере злословия, в которой уже есть запрет на произнесение.

И отсюда поймем, почему Гилель ответил геру на языке Таргума [то есть на арамейском], а не на святом языке, как сказал ему гер: «Ламдени коль а-Тора кула, кше-ани омед аль регель ахат». Ведь он ответил ему на языке Таргума, то есть он сказал ему: «Все, что ты ненавидишь сам, не делай другому», – что является переводом стиха: «Возлюби ближнего как самого себя».

Но вначале нам надо понять, на что указывает нам язык Таргума. Великий Ари говорит (ТЭС, ч. 15, стр. 1765) о словах: «И навел Творец дремоту»[117] – гиматрия «таргум»[118], что означает «ахораим»». То есть святой язык называется «паним» (лицевая сторона), а «таргум» называется «ахораим» (обратная сторона).

И «паним» называется «светящееся или совершенное», а «ахор» называется «не светящееся и не совершенное». И на святом языке, который называется «паним», сказано: «Возлюби ближнего как самого себя», – что является совершенством, потому что благодаря любви к ближнему человек придет к любви к Творцу, а это совершенство цели, ведь человек должен прийти к слиянию, как сказано: «И слейся с Ним»[119].

Тогда как по поводу перевода фразы «Возлюби ближнего как самого себя», который привел ему Гилель: «То, что ты ненавидишь сам, не делай другому», – следует сказать, что имеется в виду злословие, и поэтому это «запретительная заповедь», ведь злословие запрещено из-за того, что оно ведет к ненависти, а отсюда, не дай Бог, можно прийти к ненависти к Творцу, как сказано выше. Однако это еще не называется совершенством, потому что от того, что не злословят, еще не приходят к любви к ближнему, ведь от любви к ближнему человек придет к совершенству, называемому «слияние с Творцом».

Однако из-за этого, злословие более тяжкий грех, как сказано выше, ибо мало того, что он не занимается любовью к ближнему, он делает обратное действие, ибо занимается ненавистью к творениям. И поэтому, когда людей (кляль) обучают, с чего начинается работа, их прежде

---

117 Берешит, 2:21. И навел Господь Бог крепкий сон на человека; и, когда он уснул, взял одно из ребер его, и закрыл плотию то место.

118 Гиматрия, то есть сумма численных значений букв слова «тардема» («дремота») равна численному значению букв слова «таргум».

119 Дварим, 30:20.

всего учат не портить и не вредить людям, и это называется «запретительная заповедь», иначе ты вредишь людям, делая вещи, наносящие вред, и поэтому Гилель привел тому геру, который пришел к нему, только перевод «Возлюби ближнего»:

1. Поскольку больший вред наносится, когда злословят, ибо это ведет к ненависти, а это противоположно любви к ближнему;
2. Потому что это легче исполнить, ведь это относится только к разряду «Сиди и ничего не делай». **Тогда как «Возлюби ближнего» относится к разряду «Встань и делай»**[120] – **человек должен делать действия, чтобы реализовать любовь к товарищам**.

Однако потом существуют исключения из общей массы, и это отдельные люди, каждый из которых желает частным образом быть работником Творца. Человеку говорят, что «Возлюби ближнего», то есть правило, сформулированное рабби Акивой, как сказано выше, что «любовь к ближнему приведет его к любви к Творцу», – это и есть главная цель, то есть чтобы у человека появились отдающие келим, в которые он может получать благо и наслаждение, что является целью творения «Нести добро Своим созданиям».

И отсюда вытекают две методики воспитания:

1. Когда главное в обучении – не предаваться злословию, поскольку это самый тяжкий грех, как сказано выше;
2. Когда главное в воспитании – «Возлюби ближнего», поскольку это приводит человека к любви к ближнему, а от любви к ближнему он придет к любви к Творцу, а от любви к Творцу он может затем получить цель творения, то есть «нести добро Своим созданиям», ведь у него уже будут келим для получения высшего блага, поскольку у него уже будут отдающие келим, и он достиг этого благодаря любви к ближнему, и тогда нет места для злословия.

А по поводу злословия Книга Зоар говорит: «Тем злословием, с которым змей обратился к женщине, привел он женщину и человека к тому, что приговорены были к смерти они и весь мир»[121]. И говорится там, что «для каждого, у кого меч вместо языка, – то есть для того, кто злословит, – уготован все истребляющий меч»[122]. И Зоар завершает, что сказано: «Да будет *это* законом о прокаженном», – ибо из-за греха злословия появляются язвы. Получается, что он начинает со смерти и заканчивает язвами, что означает, что появляются только язвы, но не смерть. И наверняка есть объяснения на простом уровне.

А в смысле духовной работы следует объяснить, что язвы и смерть – это одно и то же, поскольку главная работа состоит в том, чтобы прийти к слиянию с Творцом, слиться с источником жизни, благодаря чему у нас будут келим, пригодные для получения блага и наслаждения, заключенного в замысле творения «Нести добро Своим созданиям». А из-за злословия человек начинает ненавидеть Творца, и не существует разделения большего, чем это, и из-за этого он без сомнения становится отделенным от источника жизни.

Отсюда получается, что вместо того, чтобы получать благо и наслаждение от Творца, он получает обратное, то есть вместо **наслаждения** (ивр.: «онэг») возникает сочетание букв «**язва**» (ивр: «нэга», те же буквы, что в слове «онэг»), что означает, что из-за злословия «появляются язвы вместо наслаждений», и это называется, что «грешники при жизни своей называются мертвыми»[123], поскольку отделены они от источника жизни. Выходит, что смерть и язвы – это одно и то же в отношении духовной работы. То есть если человек слит с источником жизни, он получает от него благо и наслаждение. А если, не дай Бог, наоборот, он становится отделенным от Творца, он полон язв, вместо того, как он должен быть – полным наслаждений.

---

120 Талмудическое понятие, призывающее к активному действию.
121 Зоар, гл. Мецора, стр. 2, комм. Сулам, п. 4.
122 Там же.
123 Трактат Брахот, 18:2.

И отсюда можно понять, что сказали мудрецы (трактат Арахин, 15:2): «На западе [то есть в Стране Израиля] говорят: третий язык убивает втройне – говорящего, внимающего и оговоренного». Известно, что мудрецы сказали: «Тора, Исраэль и Творец едины»[124], – что означает, как объясняется в книге «Плоды мудрости» (ч. 1, стр. 65), что Исраэлем называется тот, кто желает слиться с Творцом. А это приходит благодаря 613 заповедям Торы, и тогда он удостаивается свойства Торы, которая является именами Творца, и тогда все становится единым. И отсюда получается, что злословящий убивает троих:

1. Говорящего,
2. Внимающего,
3. И оговоренного.

И это в отношении человека к другому. И тут следует различать три аспекта.

Однако по отношению к Творцу тоже существует злословие, как сказано по поводу того, что «Тора, Исраэль и Творец едины». То есть когда человек смотрит в Тору и видит все те хорошие вещи, которые Творец обещал нам за исполнение Торы. Например, что сказано: «Ибо это жизнь ваша»[125], – а также сказано: «Они желаннее золота, золота червонного; они слаще меда, текущего из сотов»[126], и еще подобные фразы. А если человек не удостоился и не чувствует этого, это называется, что, не дай Бог, он злословит на Творца.

Получается, что здесь следует различать три аспекта:

1. Злословящего человека,
2. Тору,
3. Творца.

Когда человек смотрит в Тору, если он не удостоился, он не видит блага и наслаждения, которые облачены в святую Тору, и он прекращает изучение Торы по той причине, что он говорит, что не находит в ней вкуса. Получается, что он злословит Торе на Творца.

И таким образом, получается, что он наносит вред трем вещам: то есть свойству Торы и свойству Исраэль, и Творцу, – вместо того, чтобы человеку стараться делать единение «едины»[127], как сказано выше, то есть чтобы все они светили, что означает, что свойство Исраэль постигнет единение, и что вся Тора – это имена Творца, – злословием он приводит к их разделению. И это потому что человек должен верить выше знания, что то, что нам обещала Тора, это истина. Однако наш недостаток заключается в том, что пока еще мы неспособны получать благо и наслаждение, называемое «скрытый свет» или «вкусы Торы и заповедей», как сказано в Книге Зоар, что «вся Тора – это имена Творца»[128].

И чтобы прийти к этому, нужны отдающие келим, чтобы между светом и кли было уподобление по форме, а достичь отдающих келим можно с помощью любви к ближнему, как сказал рабби Акива: «Возлюби ближнего как самого себя – это великое правило Торы», – ибо с помощью этого приходят к любви к Творцу и к любви к Торе, ведь Тора называется «подарок», а подарки дают тем, кого любят. А обратное этому – злословие, которое ведет к ненависти к творениям и к ненависти к Творцу, как сказано выше.

И отсюда поймем, что сказали мудрецы по поводу злословия, что оно «убивает втройне – говорящего, внимающего и оговоренного». И объясняет Раши, что «из злобы, когда одни провоцируют других, они убивают друг друга». Это можно понять в отношении к другому человеку, но как же это толкуется в злословии по отношению к Творцу?

---

124   Зоар с комм. Сулам, Ахарей Мот, п. 299.
125   Дварим, 32:47.
126   Псалмы, 19:11.
127   В смысле: «Тора, Исраэль и Творец едины».
128   Зоар, Берешит 1, комм. Сулам, п. 263.

И из сказанного следует, что, когда человек смотрит в Тору и рассказывает Торе, что он не видит и не чувствует блага и наслаждения, о котором Творец сказал, что Он дает его народу Израиля, он злословит на Творца. И тут есть три аспекта: говорящий человек, и внимающий, то есть Тора, и оговоренный, то есть Творец. И поскольку, когда человек занимается любовью к ближнему, он приходит к любви к Творцу и к любви к Торе, в этом состоянии Творец дает ему жизнь, как сказано: «Потому что у Тебя источник жизни»[129], – и это со стороны слияния, как сказано: «А вы, слитые»[130], – и тогда удостаиваются они Торы жизни, а из-за злословия у него прекращается жизнь от Творца, которую он должен был получить. Это значит:

1. И прекращается у него жизнь от Торы, ибо он должен был ощутить Тору жизни,
2. И он сам сейчас безжизненен, и это называется «убили его»,
3. Что прекращается жизнь из 3 мест. А благодаря любви к ближнему, передается жизнь из 2 мест, и он получает жизнь.

Пурим, когда заповедано «ад де-ло яда»[131]
Статья 11, 1986/7

Наши мудрецы сказали (трактат Мегила, 7:2): «Обязан человек напиться в Пурим, пока не перестанет отличать [«ад де-ло яда»] «Проклят Аман» от «Благословен Мордехай»». Однако невозможно прийти к свойству «ад де-ло яда» до того, как человек находился в свойстве «яда» (отличать). А после этого можно сказать, что нужно прийти к большей ступени, называемой «де-ло яда» (не отличать). И это без сомнения бо́льшая ступень, чем свойство «яда». Ведь это мы можем исполнить только в Пурим, а не весь год, как сказали наши мудрецы: «Обязан человек», – а не весь год, и поэтому надо понять, что такое «яда» и «ло яда».

А кроме этого надо понять обязанность, указанную в Торе, читать недельную главу «Захор»[132]. Маген Авраам[133] пишет (Орах Хаим, п. 595): «Как мне кажется, для того чтобы упорядочить существующей обычай, потому что разве в Торе сказано, чтобы читали именно в эту субботу, – но мудрецы установили в эту субботу, поскольку многие приходят в синагогу, и перед Пуримом, чтобы связать дела Амалека с делами Амана».

Иначе говоря, правило «помни, что сделал тебе Амалек»[134] действует всегда, но было установлено читать его в субботу перед Пуримом, чтобы сблизить действия Амалека с действиями Амана. И эта причина близости главы «Захор» к Пуриму – чему это учит нас в отношении духовной работы? И для того чтобы понять все вышесказанное, нужно сначала понять цель творения. И отсюда мы узнаем, что такое «отличать (яда) «Проклят Аман» от «Благословен Мордехай»» и что такое «не отличать (ло яда) «Проклят Аман» от «Благословен Мордехай»».

Известно, что цель творения – нести добро Своим творениям. И для того чтобы в том благе, которое дает Творец, было совершенство, то есть чтобы во время получения блага [творения] не ощущали дискомфорта, причина которого в том, что есть правило, что любая ветвь желает быть подобной своему корню, а поскольку корень творений – желание Творца давать творениям, это приводит к тому, что когда творения получают от Него, они ощущают стыд, по той причине, что это противоположно корню.

---

129 Псалмы, 36:10. Потому что у Тебя источник жизни, в свете Твоем видим мы свет.
130 Дварим, 4:4. А вы, слитые с Творцом, Всесильным вашим, живы все вы сегодня.
131 «Ад де-ло яда» (арам.) – «Пока не перестанет отличать».
132 Эту недельную главу принято читать в субботу, предшествующую наступлению Пурима.
133 «Маген Авраам» (иврит. «Щит Авраама»), Авраам-Авли Гомбинер (1637 – 1683), выдающийся законоучитель и комментатор.
134 Дварим, 25:17.

И поэтому произошло исправление, называемое «сокращение и скрытие» изначального получающего кли, которое изначально было создано получающим ради получения, и на него было сделано исправление. Другими словами, от исправления через сокращение на это кли уже распространяется власть, означающая, что высшее благо не входит в кли, называемое «желание получать». И келим этого вида остались в состоянии, называемом «пустое пространство без света». И оно осталось во тьме.

И только когда на это кли, называемое «получение», могут построить намерение на отдачу, то есть несмотря на то что у него есть желание и огромное стремление получить благо, в любом случае, если он не уверен в себе, будет ли то что он получит от Творца из-за заповеди, то есть из-за того, что Творец хочет давать, как сказано выше, что желание Его – творить добро Своим творениям, он готов отказаться от наслаждения, которое он получает от Творца. А то что он все же хочет получать удовольствие и наслаждение, это только из-за цели творения.

И отсюда теперь мы можем понять разницу между «проклят Аман» и «благословен Мордехай». Ибо путь праведника Мордехая – работать ради отдачи Творцу, что называется свойством «отдачи». И этим путем впоследствии можно прийти к уровню совершенства, когда он приходит к ступени, где он уже может сказать Творцу: «Я хочу, чтобы Ты дал мне благо и наслаждение, потому что я хочу исполнить то, что Ты хочешь дать творениям благо и наслаждение, поскольку сам я знаю, что желаю получать это не из эгоистической любви, а только из отдачи».

И теперь, если намерение – на отдачу, получение царского подарка совершенно. То есть в нем нет элемента стыда, поскольку получение основано на желании человека помочь Творцу в раскрытии цели творения, чтобы все узнали, что цель творения – нести добро Своим созданиям.

А поскольку наши мудрецы сказали (трактат Кидушин, 40:2): «Исполнивший одну заповедь счастлив, что склонил себя и весь мир на чашу заслуг», – а он находится в состоянии, когда заботится не о любви к себе, а о благе ближнего, получается, что тем, что он желает получить от Творца благо и наслаждение, он хочет осуществить любовь к ближнему как относительно Творца, так и относительно товарища.

И это, как сказано в Книге Зоар (Предисловие к Книге Зоар, стр. 79, комм. Сулам, п. 67): ««И сказать Циону: Ты народ Мой («ами ата»)»[135]. «Ами ата» – читай не «ами ата» с айном, огласованным «патахом» (звук «а»), а «ими ата» (со Мной ты), с айном, огласованным «хириком» (звук «и»), что означает «быть Моим партнером». Счастливы вкладывающие свой труд в Тору».

И хотя там обсуждается отношения с Творцом, однако толкование насчет партнера можно применить также и в отношениях с товарищем. Ведь из этого потом следует, что и весь мир склонится на чашу заслуг. Получается, что он сделал доброе дело в отношении товарища тем, что способствовал тому, что весь мир придет к получению блага и наслаждения, заключенного в цели творения.

Получается, что он стал партнером Творца тем, что оказал помощь в том, чтобы впоследствии все приняли цель творения. Получается, что он стал партнером Творца, как сказано: «Я начал творение»[136], – тем, что желает дать благо и наслаждение, а Исраэль стараются, чтобы эта цель осуществилась тем, что делают, чтобы келим стали способны получить высшее благо без всякого вреда, называемого «хлеб стыда».

Но даже во время получения блага и наслаждения не прекратят слияния, называемого «подобие по форме». Ибо это было причиной сокращения. И это называется, что он знает путь Мордехая, а это путь, несущий благословение всему миру, как сказано выше: «Удостоился – склоняет себя и весь мир на чашу заслуг». И это называется «Благословен Мордехай».

---

135 Йешая, 51:16. И Я вложил слова Мои в уста твои, и в тени руки Своей укрыл тебя, чтобы устроить небеса, и основать землю, **и сказать Циону: «Ты народ Мой!»**.

136 Зоар, Берешит 1, п. 280.

Тогда как путь Амана — не смотреть на исправление в виде сокращения, которое произошло на получающие келим. А он говорит: «Ведь Творец создал мир, чтобы нести добро Своим творениям, а мы видим, что в нашей природе существует желание получать наслаждение и удовольствие. А чего ради Творец создал это желание? Чтобы им не пользоваться? Неужели же Он создал в нас желание и стремление получать наслаждение и велел не пользоваться им, а испытывать из-за него страдания и мучения?»

Согласно этому выходит, что это противоположный путь. Говорят, что Он создал мир, чтобы нести добро Своим творениям. А из того, что Мордехай-праведник говорит, что нельзя пользоваться этим желанием, получается, что Он создал мир, чтобы нести зло Своим творениям. Без сомнения, было бы лучше вообще не создавать желание получать наслаждение и удовольствие, чем создать желание и стремление получать наслаждение, а потом велеть не пользоваться им, а подвергать себя мучениям и оставаться не наполненными наслаждением.

Поэтому, как же можно согласиться на путь Мордехая и сказать, что нельзя пользоваться сосудами (келим), желающими наслаждаться? Ведь это истинное кли, созданное Творцом! Ведь это признает и Мордехай — то есть что Творец создал в мире желание получать наслаждение и удовольствие. В таком случае, Аман утверждает, что путь Мордехая — это не истинный путь.

А главное, что на его пути у него много сторонников, и весь мир говорит, что истинный путь в мире — как говорит Аман. Как сказано (Книга Эстер, 3): «И все служители царские у царских ворот становились на колени и падали ниц пред Аманом, ибо так повелел о нем царь»[137]. Имеется в виду, что Аман дал им понять, что так повелел царь. Объяснение, что Аман утверждал, что поскольку Царь, то есть Творец, создал желание получать, он без сомнения желает, чтобы получали и наслаждались. И все царские служители становились на колени, то есть подчинялись мнению Амана, как сказано выше, поскольку он выступал с утверждением, что ведь это желание получать, о котором Мордехай говорит, что им нельзя пользоваться, это неверно, потому что Творец создал его не просто так, а для того чтобы им пользовались. Однако Мордехай сказал: «Нет!», — как сказано: «А Мордехай не становился на колени и не падал ниц»[138]. Как сказано: «И говорили Мордехаю служители царские у царских ворот: почему ты преступаешь повеление царское?»[139].

А мой господин, отец и учитель сказал об этом, что это означает, что служители царские говорили Мордехаю: но ведь Аман говорит нам, что то, что он идет своим путем, а не путем Мордехая, — это потому что это истинный путь. И это означает, что они спрашивали Мордехая: «Почему ты преступаешь повеление царское?» Имеется в виду Творец, потому что Аман говорил, что так повелел о нем Царь, то есть Царь всех царей.

И объяснение этого, как сказано выше, поскольку желание получать и желать из любви к себе, — это Царь царей создал в творениях такую силу, — весь мир поддерживает мнение и рассуждение Амана. И мнение Амана написано в Торе. Как сказали наши мудрецы (трактат Хулин, 139:2): «Где в Торе упомянут Аман? «Не от[140] дерева ли, от которого Я велел тебе не есть, ты, ел?»[141] А вопрос греха Древа Познания выясняется в Предисловии к «Паним меирот».

И [Бааль Сулам] объясняет там (п. 18), что Адам Ришон был совершенно отделен от Ситры Ахры: «И уже выяснилось, что в строении Адама Ришона совершенно не было формы гадлута получения, которая происходит от пустого пространства, а он целиком происходил от системы

---

137 Книга Эстер, 3:2. И все служители царские у царских ворот становились на колени и падали ниц пред Аманом, ибо так повелел о нем царь; а Мордехай не становился на колени и не падал ниц.
138 Там же.
139 Книга Эстер, 3:3. И говорили Мордехаю служители царские у царских ворот: почему ты преступаешь повеление царское?
140 Словосочетание «Не от» пишется так же, как имя «Аман» — хей — мем — нун.
141 Берешит, 3:11. И сказал Он: Кто поведал тебе, что наг ты? Не от дерева ли, от которого Я велел тебе не есть, ты, ел?

святости, которая вся – на отдачу. И как сказано в Книге Зоар (гл. Кдошим): «Ибо у Адама Ришона ничего не было от этого мира». И потому ему было запрещено Древо Познания, как его корень и вся система святости, которые отделены от Ситры Ахры из-за их разности по форме». Получается, что дела Амана – это ввести использование большого желания получать ради получения, потому что в этом и состоял весь совет змея.

А еще там сказано, что змей сказал [Хаве]: «что Творец ел с этого дерева и сотворил мир. То есть что Он смотрел на это в смысле «конец действия в изначальном замысле», и потому сотворил мир»[142]. И это, как сказано выше, что змей заявлял, что есть с Древа Познания заповедано Творцом. Почему же Творец заповедовал Адаму Ришону не есть? На это змей привел Адаму и Хаве красивое объяснение. И главное – тем, что он советует им поесть с Древа Познания, он хочет исполнить волю Творца. И это, о чем говорится здесь в Книге Эстер, как сказано: «И все служители царские у царских ворот становились на колени и падали ниц пред Аманом»[143]. И это потому что «так повелел о нем царь»[144].

И отсюда поймем, что значит «Проклят Аман», и объяснение – что путь Амана, это проклятый путь, то есть путь проклятия. Как сказано: «И сказал Творец Всесильный змею: За то, что ты сделал это, проклят ты пред всяким скотом[145]. Жене сказал Он: Премного умножу муку твою[146]. А человеку [Адаму] сказал Он: и ел от дерева, проклята земля из-за тебя[147]».

И из сказанного мы понимаем, что человек должен прийти к уровню «ядá» (различения). То есть в чем великая разница между «Проклят Аман» и «Благословен Мордехай», являющаяся разницей между жизнью и смертью. Ведь путь Мордехая несет жизнь, и [идущие им] удостаиваются слияния с источником жизни. Тогда как путь Амана, он уже знает, что он несет в мир проклятие, ибо всю смерть в мире вызвало: «Не от дерева ли, от которого Я велел тебе не есть»[148].

И об этом говорит Писание: «проклята». И так происходит до Гмар Тикуна, то есть нужно остерегаться, чтобы не впасть в путь Амана. А в Гмар Тикуне все желание получать уже будет исправлено ради отдачи, ибо тогда «Уничтожит Он смерть навеки»[149]. И как говорит Книга Зоар: «В Гмар Тикуне Сам станет святым ангелом».

И отсюда поймем сближение с «искоренением Амалека», когда читают: «Помни, что сделал тебе Амалек»[150]. Потому что именно, когда мы знаем, к чему привел нас Амалек, то есть к смерти, вызванной им в мире, то есть своей властью – чтобы не идти путями отдачи, для того чтобы слиться с источником жизни, стараются стереть его с лица земли. Иначе, если человек еще не дошел до уровня «знания, что сделал нам Аман и Амалек», он не стремится стереть его.

Получается, что именно, когда человек дошел до ступени «яда (отличать) «Проклят Аман» и «Благословен Мордехай», возможно стереть Амалека. И поэтому перед Пуримом, когда на-

---

142 Бааль Сулам, Предисловие к Паним Меирот у-Масбирот, п. 18.

143 Книга Эстер, 3:2.

144 Там же.

145 Берешит, 3:14. **И сказал Творец Всесильный змею: За то, что ты сделал это, проклят ты пред всяким скотом** и пред всяким животным полевым; на чреве твоем будешь ходить и прах будешь есть во все дни жизни твоей.

146 Берешит, 3:16. **Жене сказал Он: Премного умножу муку твою** и беременность твою, в мучении будешь рождать детей. И к мужу твоему вожделение твое, он же будет властвовать над тобой.

147 Берешит, 3:17. **А человеку сказал Он**: За то, что послушал ты голоса жены твоей **и ел от дерева**, о котором Я повелел тебе так: Не ешь от него! - **проклята земля из-за тебя**, с мукою будешь есть от нее во все дни жизни твоей.

148 Берешит, 3:11. И сказал Он: Кто поведал тебе, что наг ты? Не от дерева ли, от которого Я велел тебе не есть, ты, ел?

149 Йешая, 25:8. Уничтожит Он смерть навеки, и отрет Творец Всесильный слезы со всех лиц, и позор народа Своего устранит Он на всей земле, ибо [так] сказал Творец.

150 Дварим, 25:17.

ступает время, когда нужно дойти до уровня «ад де-ло яда», нужно прийти к уровню «яда». И только тогда можно стереть Амалека. То есть, когда человек хочет исполнить [указание] «сотри память об Амалеке»[151], это признак того, что он уже удостоился свойства «яда́». Иначе человек не в состоянии прийти к стиранию Амалека. А он погружен в клипу Амалека и не желает исполнять [указание] «сотри память об Амалеке».

А теперь мы выясним, что означает сказанное мудрецами: «Обязан человек напиться в Пурим, пока не перестанет отличать [«ад де-ло яда»] «Проклят Аман» от «Благословен Мордехай»»[152]. И мы спросили, в чем величие этого, что только в Пурим можно сделать такое, то есть «ад де-ло яда». Великий Ари говорит (ТЭС, ч. 15, п. 220): «Поэтому в далеком будущем[153] все праздники будут отменены, кроме книги Эстер. И причина этого в том, что никогда не было такого великого чуда, ни в субботы и ни в праздники, чтобы проявилось такое свечение, даже после исторжения мохин из нуквы, как только лишь в дни Пурима, и в этом смысле у Пурима есть большое преимущество перед всеми другими днями, даже перед субботами и праздниками».

А в комментарии «Ор Пними» [Бааль Сулам] объясняет, что до Гмар Тикуна невозможно исправить все те искры и келим, которые были разбиты, а можно выяснить только 288 искр из 320, так чтобы в них вошла святость. И это тоже будет выясняться постепенно. И остается 32 искры из всего множества искр, которые выяснить нельзя. И это называется «каменное сердце[154]» («лев а-эвен»). И только благодаря выяснению 288 искр, когда они выяснятся окончательно, автоматически исправится также и «лев а-эвен», что называется: «И удалю из плоти вашей сердце каменное, и дам вам сердце из плоти»[155]. И тогда исчезнет смерть навеки, ибо все зло исправится на добро, и тогда тьма будет светить, как свет».

И поскольку эти света Пурима относятся к свойству Гмар Тикуна, ибо только благодаря чуду светили они, все праздники отменяются, кроме Пурима, ибо они [то есть света] относятся к свойству Гмар Тикуна. И тогда, когда все зло будет исправлено, в любом случае нет разницы между «Прклят Аман и благословен Мордехай», и Аман тоже будет исправлен на добро.

Что такое «половина шекеля» в духовной работе (1)
Статья 12, 1986/7

В Писании сказано: «Когда будешь вести поголовный счет сынам Исраэля по их счислениям, то дадут они каждый выкуп за душу свою Творцу при счислении их, и не будет мора среди них при счислении их. Это пусть дадут они: половину шекеля по [весу] шекеля священного. Богатый не более, а бедный не менее половины шекеля [должен] дать в возношение Творцу, чтобы искупить ваши души»[156].

---

151 Дварим, 25:19.
152 Трактат Мегила, 7:2.
153 Гмар Тикун
154 Численное значение слова «сердце» («лев») равняется 32.
155 Йехезкель, 26:36. И дам вам сердце новое и дух новый вложу в вас. И удалю из плоти вашей сердце каменное, и дам вам сердце из плоти.
156 Шмот, 30:12-13,15. Когда будешь вести поголовный счет сынам Исраэля по их счислениям, то дадут они каждый выкуп за душу свою Творцу при счислении их, и не будет мора среди них при счислении их. (13) Это пусть дадут они, всякий, переходящий к сочтенным: половину шекеля по [весу] шекеля священного; двадцать гер в шекеле, половина такого шекеля — возношение Творцу. (14) Всякий, переходящий к сочтенным, от двадцати лет и старше, пусть даст возношение Творцу. (15) Богатый не более, а бедный не менее половины шекеля [должен] дать в возношение Творцу, чтобы искупить ваши души.

И чтобы понять это в смысле духовной работы, нужно вначале привести высказывание наших мудрецов (трактат Нида, 31:1[157]): «Учили мудрецы: три участника есть в человеке – Творец, отец и мать. Отец сеет белое, мать сеет красное, а Творец дает ему дух (руах) и душу (нешама)».

Известно, что вся наша работа заключается только в том, чтобы прийти к слиянию с Творцом, называемому «уподобление по форме», ведь мы родились с желанием получать благо и наслаждение из любви к себе, что является противоположным Творцу, желание которого – давать Своим творениям.

И известно, что отличие по форме ведет к отделению. А когда творения отделены от источника жизни, они называются мертвыми. И поэтому, как известно, произошло исправление, называемое «сокращение и скрытие». До такой степени, что мы должны работать над свойством веры, чтобы верить в Творца, и в вознаграждение и наказание. Однако все скрытия – только лишь для того, чтобы у человека была способность заниматься Торой и заповедями ради отдачи, а не ради собственной выгоды.

Тогда как, если благо и наслаждение были бы раскрыты, и управление было бы явным, – то есть что Творец ведет себя с творениями в свойстве «Добрый, Творящий добро», – не было бы никакой способности и возможности, чтобы творения работали и исполняли Тору и заповеди ради отдачи, а они были бы должны работать ради получения, потому что у них не было бы никакого способа преодолеть наслаждения, ощущаемые ими в Торе и заповедях.

Другое дело, когда происходит скрытие, то есть благо и наслаждение в Торе и заповедях не является явным, а для того чтобы существовать в мире, чтобы у них была хоть какая-то жизненная сила, и чтобы они ощущали в своей жизни наслаждение, нам был дан свет и наслаждения, облаченные в материальные наслаждения, и в Книге Зоар сказано, что следует верить, что это лишь очень тонкий свет, называемый «тоненькое свечение», который был дан клипот, чтобы они могли существовать и питать человека, пока он не удостоился получить другие келим, называемые «отдающими», в которых только и возможно проявление высшего наполнения.

Поэтому начало работы человека заключается в том, чтобы верить выше знания по поводу всего, что он видит и чувствует, что это скрытие произошло нарочно во благо человеку, но истина не такова, как он видит и чувствует, а он должен сказать о себе: «Глаза у них, но не видят, уши у них, но не слышат»[158].

Иными словами, только через работу в преодолении разума и сердца («моха и либа») он может удостоиться отдающих келим, а именно в этих келим он может видеть и чувствовать Творца, как доброго, творящего добро.

Однако, что же должен делать человек, когда он видит, что нелегко преодолевать любовь к себе, чтобы у него была возможность прийти к уровню отдачи в «моха и либа»? В этом состоянии, когда человек начинает чувствовать, что у него есть зло, и он хочет выйти из-под его власти и чувствует, что не может выйти из-под нее, и что это не так-то просто, а для того, чтобы достичь отдающие келим, без сомнения, надо приложить большие усилия. И он готов прилагать усилия, но не знает, как ему выстроить свой путь, чтобы он точно знал, что это правильный путь, который приведет его в царский дворец. То есть, что он удостоится слияния с Творцом, как сказано (Дварим, 30:20): «Чтобы любить Творца Всесильного твоего, слушаться голоса Его и прилепляться к Нему, ведь Он жизнь твоя».

Порядок таков, что прежде всего он должен разделить путь своей работы на два противоположных подхода. То есть, есть путь, когда человек должен идти в совершенстве, и, хотя он и видит, что полон недостатков, все же есть свойство, называемое «счастье», когда он счастлив, что у него нет недостатков. Как сказали наши мудрецы: «Кто такой богач? Тот, кто доволен долей своей!» (трактат Авот, гл. 4, мишна 1). А это зависит от того, насколько он ценит важность Царя.

---

157   В оригинале ошибочно указан лист 31:2.
158   Псалмы, 115:5-6.

То есть видит ли он в том, что желает прилепиться к Творцу, важность этого, то есть что ему стоит отказаться от себя и принизить себя перед Ним. Как сказано в книге «Дарование Торы» (стр. 129), где [Бааль Сулам] приводит следующий пример: «что душа – это свечение, исходящее от Творца. Это свечение отделилось от Творца из-за того, что Творец облачил его в желание получать, поскольку тот замысел творения нести добро Своим созданиям создал в каждой душе желание получать наслаждение. И это различие желания получать по форме отделило то свечение от Самого Творца («Ацмуто») и сделало его отдельной от Него частью»[159].

А когда человек верит в это, то есть в то, что его душа исходит от «Ацмуто», однако из-за сотворения, то есть из-за заложенного в ней желания получать, она отделилась от Творца и получила самостоятельную власть, и он [Бааль Сулам] приводит на это пример: «И получается, что сейчас душа абсолютно подобна, скажем, органу, отсеченному от тела и отделенному о него, и хотя до отделения оба они – орган и весь организм в целом – были одним целым, и обменивались друг с другом мыслями и чувствами, после того как этот орган был отсечен от тела, тем самым образовались две власти. И они уже не знают мыслей друг друга. Тем более, после того как душа облачилась в тело этого мира, у нее прервались все связи, существовавшие до того, как она отделилась от Ацмуто»[160].

Поэтому, когда человек обращает внимание, какова важность того, что он занимается Торой и заповедями, что Творец дал нам возможность исполнять его повеления, и, исполняя его веления, мы удостаиваемся установления связи с Творцом. И хотя он еще не чувствует, что удостоился этого – это из-за недостаточной важности. Ведь в материальном мы видим, что когда у человека есть наслаждение от жизни, сколько времени в день он наслаждается от материального!? Ведь он ограничен в получении наслаждения! Однако у него есть определенные моменты, в которые он наслаждается.

То есть когда он ест, и пьет, и спит, и видит красивые вещи и т.п. или слышит красивую песню или красивый напев и т.п. Однако он не может есть, и пить, и смотреть, и слушать весь день, а удовлетворяется тем, что у него есть, и уже чувствует совершенство в своей материальной жизни и не говорит: Если я не могу наслаждаться всеми этими вещами весь день, я отказываюсь от них. И причина этого – в значении материального.

И из сказанного следует, что если человек обратит внимание на важность Царя, у него будет полное удовлетворение от того, что ему дано исполнять Тору и заповеди, насколько для него это возможно. Допустим даже, что он удостоился говорить с великим царем, к которому не каждому дано войти, чтобы поговорить с ним. И нужно очень постараться перед его приближенными, чтобы они дали ему возможность сказать царю несколько слов. Какое воодушевление было бы у этого человека, когда он видит, что есть много людей, которым не только не дают войти к царю, но даже не рассказывают, что царь находится здесь, в городе, и что есть люди, у которых есть возможность поговорить с ним.

А когда он видит, что в мире есть люди, не знающие, что в мире есть Царь, и в мире есть только очень маленькая горстка людей, которым дали мысль и желание верить, что в мире есть Царь. И даже те, кому уже дали знание о Царе, не знают, что существует возможность поговорить с Ним. А ему свыше дали знание, что он может войти и говорить с Царем, то есть он может верить.

И мы поймем это через притчу о том, как человек пошел попить воды, и ему сказали: Пойди, войди к царю и поговори с ним, и скажи ему: Я благодарю тебя за то, что ты дал мне пить, – и он произносит благословение «Благословен Ты, Творец». То есть благодарит Его и говорит Ему: Я благодарю Тебя за то, «что все возникло по слову Его»[161]. Получается, что если он верит в то,

---

159 Бааль Сулам, Изгнание и избавление.
160 Там же.
161 Самое общее благословение на все, без детализации предмета.

что говорит с Царем, как сказано: «Полна земля славой Его»[162], – какое же воодушевление он испытывает, веря, что говорит с Царем пусть даже мгновение!

И воодушевление от того, что он стоит сейчас перед Царем и говорит с Ним пусть даже мгновение, должно дать ему полное удовлетворение, и у него будут жизненные силы и радость в течение всего дня. И хотя он и не видит Царя, но ведь нам дана вера, чтобы мы верили, что полна земля славой Его, а также дано верить, «что Ты слышишь молитву всяких уст»[163].

А мой господин, отец и учитель сказал об этом: «всяких уст» – то есть даже уста самого низкого человека, всех слышит Творец. Получается, что в зависимости от веры человека, когда он говорит с Творцом, – будь то благодарность Творцу или просьба о чем-либо, – все слышит Творец. А человек, идущий этим путем, может весь день пребывать в радости вследствие того, что чувствует наслаждение от того, что говорит с Царем.

А в особенности во время молитвы, – как сильно он молится, – даже если человек не понимает смысла слов, это неважно, потому что то, что он молится и произносит написанное в молитвеннике, человек должен знать, что этот порядок установили царские сановники – что, когда входят к Царю, нужно произносить эти слова. В таком случае, неважно, знает ли он, что говорит, или нет. Ведь не этот человек установил эту молитву или благодарение. Ибо таков порядок для всех, ведь для каждого, кто войдет говорить с Царем, они установили это, а не [сам] он.

И на самом деле, то что просит человек, не написано в молитвах или благодарениях, которые он произносит. **Но молитвы, которые произносит сам человек, запечатлены и записаны на его сердце.** Другими словами, человек просит не то, что написано в молитвеннике, а то, что написано в его собственном сердце. Согласно этому выходит, что несмотря на то что все молятся по одному молитвеннику, каждый требует и молится, чтобы [Он] наполнил потребность его сердца.

Как сказано в благословении на новомесячье: «[И дай нам] жизнь, чтобы Творец исполнил желания сердца нашего на благо»[164]. То есть после всех молитв, которые мы произносим при благословении нового месяца, установленных нашими мудрецами, мы завершаем нашей молитвой, то есть тем, о чем молится сердце, и говорим: «Чтобы Творец исполнил желания сердца нашего на благо».

И надо понять, что значат произносимые нами слова: «Чтобы Творец исполнил желания сердца нашего на благо». Что означает, что мы добавляем «сердца нашего на благо»? И из сказанного выше понятно: ведь сердце человека – то, что он просит и молится, исходит от сердца. А кто знает, желает ли сердце хороших вещей? Ведь, может быть, не дай Бог, что сердце просит дурные вещи. Поэтому нам дается добавка: «желания сердца нашего на благо», – тогда как, когда мудрецы устанавливали эти молитвы, сердце их было в мире с Творцом, и нет сомнения, что всех их молитвы – хорошие, а другое дело – мы, поэтому нужно добавлять «на благо».

И отсюда получается, что человек должен радоваться и веселиться тому, что удостоился сказать Царю несколько слов. И это называется «правая линия». То есть правый путь, называемый совершенством. То есть что сам человек не ощущает никакого недостатка. И так следует объяснить слова наших мудрецов: «Три участника есть в человеке. Отец сеет белое». «Отец» называется «захар», то есть совершенный. Тогда как «мать» называется «некева» – обладающая недостатком. Поэтому они сказали: «Отец сеет белое», – от слова «белый», то есть в котором нет пятен, и он весь белый без какого-либо недостатка.

---

162   Йешая, 6:3.
163   Благословение, являющееся частью молитвы «Восемнадцать [благословений]».
164   Из благословения, произносимого в субботу перед новомесячьем перед молитвой Мусаф. Последняя фраза в перечислении того, какую жизнь мы желаем в новом месяце.

И это, как сказали наши мудрецы (трактат Йома[165], 17:2): «Все углы, к которым ты обращаешься, будут только через правую сторону», – что, как сказано, означает, что по порядку работы надо начинать справа, то есть со свойства совершенства, когда человек не видит в себе никакого недостатка (хисарона). И, как бы то ни было, тогда есть возможность воздать Царю благодарение за то, что Он дал ему совершенство. И тогда можно сказать: «Благословенный прилепляется к Благословенному»[166].

Другое дело, когда человек ощущает у себя недостаток (хисарон), об этом сказали мудрецы: «Не может проклятый прилепиться к Благословенному»[167]. И поэтому в этом состоянии он отделен [от Творца]. Поэтому человек должен идти в правой линии, называемой совершенством, ибо от этого он получает жизнь, поскольку он в определенной мере слит с источником жизни. А человек, до тех, пор пока он жив, может посмотреть на свои дела, хороши они или плохи, и исправить их.

Иное дело, если человек умер, то есть у него нет жизненных сил, то есть ему неоткуда получать жизнь, – тогда ему невозможно исправить свои дела, потому что в этом случае он считается мертвым. И все его жизненные силы – возможно, что если бы ему было можно уйти из жизни, которой он все еще живет в этом мире, и умереть физической смертью, или, во всяком случае, если бы он мог принять снотворное, чтобы проспать по крайней мере месяца три, и если бы он увидел такое снотворное, от этого он мог бы получить жизненные силы. Но что же ему делать, если пока что он ничего не желает, кроме как спать? А если он обязан что-то делать, когда он вспоминает, что скоро у него будет время поспать – от этого он пока что получает свои жизненные силы.

И потому первым основанием работы человек должен установить для себя идти в правой линии, являющейся линией совершенства безо всякого недостатка, как в разуме, так и в сердце. А мой господин, отец и учитель сказал по поводу сказанного в Книге Эстер: «И Мордехай узнал обо всем, что делалось, и разорвал Мордехай одежды свои, и возложил на себя вретище и пепел; и вышел, и закричал он криком великим и горестным. И дошел он до царских врат, так как нельзя было входить в царские врата во вретище»[168].

И объясняет это Ибн Эзра, что это путь неуважения к царству. И [Бааль Сулам] дал на это объяснение, что если человек занимается Торой и заповедями, когда он молится, это называется, что он стоит в царских вратах. И тут, если человек смотрит на себя и хочет увидеть, в порядке ли он, то есть что он не преступает, не дай Бог, царского повеления, – в этом действии выказывается неуважение к царю в том, что он видит, что есть люди, – и он один из них, – не желающие признать величие царя, которые не хотят принять на себя царскую власть, а наоборот, у них есть сила сказать, что они не признают правление царя.

Однако величие царя в том, что все признают его важность, и все хотят служить ему всем своим сердцем и душой. И прекрасно видеть, как все стоят и восхваляют, и говорят только во славу царя, как он заботится, чтобы у жителей страны были все блага. И это означает: «Так как нельзя было входить в царские врата во вретище»[169], – то есть в грязной одежде. Но когда приходят к царским вратам, нужно быть облаченными в одежды, подходящие для того чтобы сидеть в царских вратах. Иначе, то есть если он сидит, облаченный во вретище, это признак того, что он недоволен царем, а сидит и горюет о том, чего ему не достает в жизни, и нет у него душевного покоя. Получается, что он сидит и горюет, и это неуважение к царю [в претензии], что царь не жалеет его и не исполняет его просьбу.

---

165   В оригинале опечатка.
166   Берешит Раба, 59:9.
167   Там же.
168   Книга Эстер, 4:1-2.
169   Там же.

А дело в том, что когда человек занимается Торой и заповедями, он должен верить выше знания, что то, что у него есть, очень важно, и он не достоин большего, а должен удовлетворяться малым и радоваться своей доле, несмотря на небольшую меру связи с духовным, которая дана ему, – небольшую, как по качеству, так и по количеству.

И от всего этого человек должен быть в радости, то есть [радоваться] той мере связи с духовным, которая есть у него, и он верит, что это ему дали свыше, ибо и это «не силой моей и крепостью руки моей»[170], как бы то ни было, он может быть слит с Творцом в мере, называемой «благословенный прилепляется к Благословенному».

И это, как сказали мудрецы (трактат Шабат, 30:2): «что Шхина нисходит только лишь благодаря радости заповеди, как сказано: «А теперь приведите ко мне музыканта. И когда заиграл музыкант, была на нем [на Элише] рука Творца»[171]. Сказал рав Йеуда: И таков закон (алаха)». Имеется в виду, что слияние должно быть уподоблением по форме. Получается, что когда человек чувствует себя проклятым, нет возможности слияния. И нужно объяснить, что значит, что сказал рав Йеуда: «И таков закон». Как известно, закон (алаха) называется «невеста»[172], ведь он определяет прием малхут небес. То есть прием малхут небес, происходящий выше знания, называется «радостью заповеди».

И есть бо́льшая ступень, называемая присутствием Шхины. И все это проявляется в радости. Иначе у нас получится, как сказано, что именно «благословенный прилепляется к Благословенному», тогда как если он чувствует себя проклятым, он не может прилепиться к Благословенному, и в таком состоянии он естественным образом остается лишенным жизни.

И из сказанного получается, что когда мы говорим: «Благословен Ты, Творец, слышащий молитву»[173], – это означает, что мы воздаем Творцу благодарение за то, что Он слышит молитву. Однако, когда человек в данный момент пребывает в недостатке (хисароне), – а иначе у него нет места для молитвы, – в таком случае, сейчас он находится в свойстве «проклятый», и как же у него может быть слияние с Творцом во время молитвы? А кроме того, если он в недостатке, за что же он тогда воздает Ему благодарение?

А ответ на это – что от того, что мы верим, что Он слышит молитву, у нас уже есть радость, поскольку нет сомнения, что Он спасет нас.

Получается, что над молитвой, когда у него, кроме того, есть уверенность, следует работать выше знания, чтобы Творец помог ему, – [тогда] у него уже есть радость, и он тут же уже может удостоиться слияния, ведь уверенность сама по себе уже дает ему совершенство, и он уже называется «благословенным», а «благословенный прилепляется к Благословенному», как сказано выше.

Однако именно, когда человек просит у Творца, чтобы Он приблизил его к Себе, появляется Ситра Ахра и дает ему понять, что Творец не слышит его молитву, и не дает ему верить в Творца, что Он поможет ему. И она приводит ему много доказательств и говорит: «Посмотри назад, и ты увидишь, сколько раз ты уже возносил молитвы и думал, что Творец помогает тебе, а после этого снова оставался гол как сокол. И это повторяется с тобой всякий раз, и каждый раз ты говоришь: Сейчас уже точно Творец слышит меня, и я уже буду постоянно в соединении с духовностью. И скажи сам, что бывало потом – ты снова опускался до самого низа и снова входил в эгоистическую любовь в большей степени, чем был до того, как молился. А потому, откуда ты сейчас берешь бо́льшую уверенность, что сейчас Творец слышит тебя, и ты уже возносишь великое благодарение Творцу и говоришь: «Благословен Ты, Творец, слышащий молитву»?».

---

170   Дварим, 8:17.
171   Мелахим 2, 3:15.
172   Слово «закон» («алаха») состоит из перестановки тех же букв, что и слово невеста («кала») с определенным артиклем.
173   16-е благословение из молитвы «Шмонэ Эсрэ» («Восемнадцать благословений»).

А что человек может ответить телу, когда оно приводит ему доказательства из прошлого, что его молитва не принималась? И на каком основании человек хочет сказать ему, что это неверно, а я верю выше знания, ибо сейчас я уверен, что Творец в самом деле ответит мне на мою молитву?

Ответ – что так как весь фундамент основывается на вере выше знания, и человек должен исполнять эту заповедь, поэтому то, что ты приводишь мне доказательства из прошлого, что моя молитва не была принята, и потому нечего верить в Творца, что сейчас моя молитва все же будет принята, – на то, что ты приводишь мне доказательства из прошлого, чтобы ослабить во мне силу веры и уверенности, я говорю тебе, что как раз теперь я могу сказать, что верю и полагаюсь выше знания.

Ведь ты приводишь мне доказательства, исходя только из знания. И я говорю тебе большое спасибо за те вопросы, которые ты мне задаешь, и за доказательства, ибо ты даешь мне место, на котором я могу строить свойство «выше знания». В таком случае, я сейчас пребываю в великой радости от того, что у меня есть возможность исполнить заповедь веры и уверенности выше знания.

Отсюда получается, что из того места, откуда тело берет силы для ослабления у человека той радости, которая есть у него от молитвы в уверенности, что сейчас Творец ответит ему на молитву, а человек должен дать ему [телу] силы для веры выше знания. Иными словами, на месте знания сейчас есть возможность поставить над ним свойство «выше знания». А если знание не приносит ему обратное, как может он сказать, что он идет выше него?

Поэтому человек должен всегда говорить, что свыше ему всякий раз дают падения, чтобы у него была возможность идти выше знания, и тело, естественно, не может ослабить его в его вере и уверенности во время молитвы, когда оно противится тому, чтобы благодарить Творца, говоря: «Благословен Ты, Творец, слышащий молитву». А тело говорит: Откуда ты знаешь, что Творец ответит на твою молитву, что ты Его благодаришь?

И нельзя сказать, что он возносит Творцу благодарение за то, что Он отвечает другим. За это он возносит Ему благодарение, говоря: «Благословен Ты», – и обычно человек говорит о том, чего достиг он сам, а не то что он благодарит за других. И вообще, что человек знает о том, что на сердце у его товарища? Но человек возносит благодарение Творцу за себя, и телу он тоже говорит: Большое спасибо за то, что ты приходишь ко мне со справедливыми аргументами, ведь теперь у меня есть возможность работать выше знания, как сказано выше. И это называется «правая линия», совершенство. И это главное в пути, которым должен идти человек. Ведь отсюда человек черпает жизнь, как сказано выше, что тогда он находится на уровне «благословенный». И это называется «благословенный прилепляется к Благословенному».

Однако человек не может идти на одной ноге, называемой «правая нога» или совершенство. Ему нужна также и вторая, то есть левая нога, а левой называется то, что нуждается в исправлении, потому что там есть какой-то недостаток, который следует исправить. И как сказали наши мудрецы (трактат Сота, 47:1): «Учили мудрецы, левая [рука] всегда будет отталкивать, а правая – приближает».

И следует объяснить это, как у нас принято: правая, когда он работает в правой линии, приближает – то есть приближает его к святости, ибо он смотрит и видит, насколько он близок к духовному, и за каждую меру, когда он видит, что хоть немного приблизился к святости, он уже радуется и воздает за это благодарение Творцу. И он не смотрит на негатив.

А левая отталкивает – когда он идет на левой ноге, он смотрит только на отталкивания, то есть насколько он отвергнут и отдален от святости, как по количеству, так и по качеству. Другими словами, это два абсолютно, можно сказать, диаметрально, противоположных друг другу пути.

И поэтому правая называется «хесед» («милость»), ведь известно, что правая линия – хесед, и кроме того, она называется «день», как сказано: «Днем явит Творец милость Свою»[174].

А дело в том, что идущий в правой линии смотрит только на милость, с которой Творец обращается со всем обществом, и как он сам получает милость Творца. И за всякое получение милости он воздает благодарность Творцу, и он автоматически живет днем, целиком наполненным добром. Ведь он сам чувствует милость, совершаемую с ним Творцом, и потому он радуется и веселится, и у него есть, за что воздать благодарение Творцу.

Однако, когда он хочет идти также и на левой ноге, а про левую мы учили, что левая отталкивает, то есть когда он собирается критически рассмотреть свои дела, нужно ли что-либо исправить, – это время для того, чтобы видеть только отталкивания, то есть как его отталкивают от духовного, и все его «мысль, речь, действие» погрязли в эгоистической любви, и он не видит перед собой никакой возможности, как он сможет выйти из-под власти тела, господствующего над ним во всей своей силе.

И мало того, но даже когда он начинает думать, что не стоит оставаться в состоянии получения, тело сейчас же является к нему с более сильными аргументами, чем оно обычно приводило, когда он не желал его слушать, а желание его было работать на отдачу. Ведь теперь тело стало изощренней и задает более серьезные вопросы.

И он спрашивает себя: Почему до того, как я начал с большой силой и энергией работать в святости, тело не было настолько умным? А сейчас, когда я начал работать в святости, я [еще] мог бы понять, что добрая сторона человека должна была стать умнее, мудрее и энергичнее, ведь я занимался святой работой.

И согласно правилу «заповедь влечет за собой заповедь»[175] я понял [бы], что тело ослабело, иначе говоря, аргументы, которые у него были до сих пор, иссякли, и у него теперь нет сил спорить, ибо благодаря добрым делам святость укрепилась, ведь я все время занимался святой работой. А сейчас я вижу обратное: что тело стало умнее, и выдвигает более сильные и рациональные аргументы.

главное, что приводит его в отчаяние, что оно [то есть тело] говорит, что ему было бы лучше прекратить эту работу, называемую «работа ради отдачи», чтобы он поступал, как все общество («клаль»), и не искал бы как стать исключением, – то есть вернуться к общепринятому состоянию. То есть что нам достаточно исполнять Тору и заповеди без намерения. А все силы следует прилагать, чтобы исполнять Тору и заповеди с большей скрупулезностью, ведь это легче, чем намерение на отдачу. А главное, я вижу, что все общество, состоящее из тех, кто хочет быть отличными от общества, занимается Торой и заповедями с большей скрупулезностью, чем остальные люди. И за это они получают звания – один называется праведником, другой – благочестивым, третий – избранный из народа. Так зачем же мне становиться на путь «ради небес», а не ради собственной выгоды?

И в этом состоянии человек нуждается в великом милосердии, чтобы не сбежать с поля боя. И у него нет другого способа выйти из этого состояния, кроме веры выше знания, сказав: То, что тело сейчас стало очень умным, это потому что свыше ему [то есть человеку] дают ощущение, позволяющее познать, что такое знание, чтобы у него была сейчас возможность пойти выше знания.

Ведь, когда говорят «знание», имеется в виду знание, исходящее из внешнего разума, а внешним называется изначальное желание получать, в котором нет элемента отдачи. А внутренним знанием называется знание, облачающееся во внутренние келим, и это свойство бины, свойством которой изначально является отдача, и в ней нет никакого элемента получения, и поэтому внешний разум не понимает, что может существовать желание отдавать. Поэтому в тот

---

174 Псалмы, 42:9.
175 Трактат Авот, гл, 4, мишна 2.

момент, когда человек пробуждается, чтобы сделать что-либо ради отдачи, он [то есть внешний разум] сразу же просыпается и восстает против него, подобно хорошо обученному воину, и с великим искусством начинает побеждать человека.

И не надо спрашивать, что, дескать Писание говорит, что злое начало называется «царь старый и глупый». Как же мы говорим, что оно умное? И на это можно задать другой вопрос: как можно сказать об ангеле, являющемся духовным созданием, что он глуп? Как сказано в Книге Зоар о стихе: «Ибо ангелам велит охранять тебя на всех путях»[176]. И он [Зоар] объясняет: «ангелам», — то есть двум ангелам: доброму началу и злому началу. А если злое начало называется ангелом, как же оно может быть глупым? Но следует объяснить, что ангел называется по имени действия, как сказано (Судей, 13:18): «И сказал ему ангел Творца: Для чего тебе спрашивать о моем имени, ведь оно сокровенно!».

Что означает, что имя ангела меняется в зависимости от задачи – когда он посылается для совершения какого-либо действия, выходит, что имя его определяется по этому действию.

И потому можно сказать, что злое начало называется глупцом, обозначая, что оно старается, чтобы человек сделал глупость. А превратить человека в глупца – это оно делает с большим умом. Поэтому, когда человек начинает идти в преодолении, не желая его слушать, оно должно продемонстрировать человеку с еще большим умом, что оно право. А когда человек преодолевает аргументы злого начала, оно должно прийти к нему с более изощренными аргументами, и человек может победить его только лишь верой выше знания, сказав, что у знания нет никакой ценности, и он идет выше знания.

Однако если человек преодолевает внешнее знание, которое приводит справедливые аргументы, он выигрывает, ведь его вера всякий раз вырастает на бо́льшую ступень, относительно той, которая была у него до прихода злого начала с его рассуждениями, что не стоит выходить из эгоистической любви по той причине, что всякий раз, когда знание злого начала растет, если он хочет оставаться в святости, у него нет другого выхода, кроме как притянуть на себя большее свойство веры. Иными словами, получается, что всякий раз он нуждается в Творце, чтобы Он помог ему спастись от его собственного зла. То есть **человек должен молиться не о том, чтобы чужие мысли умерли, а о том, чтобы они «вернулись к ответу»**[177].

А это происходит именно благодаря тому, что он получает помощь свыше в смысле веры выше знания. Получается, что он не просит у Творца, чтобы эти мысли умерли, чтобы ему не нужно было их преодолевать, а он удовлетворится той верой в Творца, которая есть у него, то есть той верой, что есть у него до прихода злого начала с его справедливыми аргументами, которые нельзя разбить без помощи Творца, когда он получает силы идти выше знания.

Иное дело с тем, кто не идет путем истины, у кого вся работа будет строиться на основе разума и сердца («моха и либа»). Он просит у Творца, чтобы Он забрал у него эти мысли, чтобы они не мешали ему в его работе. Получается, что он остается на своем уровне, и у него нет возможности продвигаться, поскольку у него нет необходимости продвигаться, а он желает постоянно оставаться в теперешнем состоянии. И только этого он и ожидает, и нет у него потребности в больших вещах.

Хотя он и хочет более высоких ступеней, чем у остальных людей, то есть если он ученый («талмид хахам») и сам знает, что есть люди, которые ему в подметки не годятся, он конечно хочет и в работе быть избранным из народа, и потому желает подняться на более высокую ступень, чем та, на которой он чувствует себя в нынешнем состоянии.

Однако все это только как роскошь, а не как необходимость. А тот, кто молится о роскоши, эта молитва не может быть из глубины сердца, ведь он и сам знает, что его ситуация не такая уж плохая. И это потому что он видит людей, которые хуже него, но ему нужна только роскошь.

---

176   Псалмы, 91:11.

177   Идиома, обычно переводимая как «раскаяние».

А согласно правилу «нет света без кли», где **кли** означает потребность и недостаток (хисарон), и ему нужно наполнить этот хисарон. Тогда как роскошь в духовном еще не называется хисароном. И по этой причине человек остается в своем состоянии, и у него нет никакой возможности сдвинуться с него.

Однако человек, который хочет идти путем истины и желает работать в свойстве разума и сердца («моха и либа»), когда тело является к нему и начинает нападать на него, почему он хочет уйти от того, что принято в мире, где все занимаются отдачей ради получения, а всякий раз после того как он преодолевает его, оно является с более сильными аргументами, и в этой ситуации он не просит Творца, чтобы он убрал от него эти аргументы, а он просит у Творца, чтобы на все эти аргументы, приводимые злодеем, он «вернулся к ответу», то есть чтобы Творец дал ему силы идти выше знания.

Получается, что то, что он просит у Творца, чтобы Он дал ему бо́льшую силу, это не для роскоши, а просто потому что он хочет быть верующим в Творца иудеем. А оно [тело] приносит ему мысли, злословящие о пути Творца и обо всем, что относится к святости. То есть что бы он ни захотел сделать ради отдачи, оно сейчас же является к нему с доводами грешников, высмеивающих работников Творца, как сказано: «Не нам, Творец, не нам, но имени Твоему дай славу. Зачем спрашивать народам?»[178].

Поэтому, причина того, что он всякий раз хочет свыше бо́льшую силу, – это необходимость, ведь он просит о помощи, чтобы спастись от смерти и прийти к жизни, ибо «грешники при жизни своей называются мертвыми»[179]. А поскольку оно [тело] хочет своими аргументами привести его в стан грешников, получается, что он просит у Творца помощи, не чтобы Он дал ему роскошь, а просто для оживления своей души, то есть чтобы не стать грешником.

И отсюда получается, что от вопросов грешника человек всегда выигрывает из-за того, что у него есть место хисарона, чтобы просить у Творца, чтобы Он наполнил желания его сердца на благо, то есть чтобы было хорошо, и не было плохо. И такая молитва, называемая молитвой из глубины сердца, сейчас же принимается наверху, поскольку это называется молитвой бедняка, как сказано в Книге Зоар о стихе: «Молитва бедняка, когда он оборачивает себя»[180], – и Зоар говорит[181], что молитва бедняка задерживает все молитвы, так как его молитва принимается прежде всех молитв.

А причина этого, нужно сказать, как сказано выше, что для него это не роскошь, а он просто хочет жить, и не относиться к свойству «мертвый», ибо грешники при жизни своей называются мертвыми. И это, как сказано: «Близок Творец ко всякому, кто по-настоящему призывает Его»[182].

Следует объяснить, что Творец близок, чтобы спасти их – тех, кто просит, и хочет идти путем истины, называемым «ради небес».

Другими словами, они видят, что не в силах преодолеть эгоистическую любовь и работать ради отдачи, и просят у Творца, чтобы Он помог им, чтобы они смогли одолеть свое тело. То есть они просят у Творца лишь одного – чтобы у них была возможность делать что-нибудь ради небес, чтобы они могли без всякого колебания сказать: «Благословен Творец наш, создавший нас для славы Своей»[183], – а не для пользы тела.

И отсюда поймем слова мудрецов: «Три участника есть в человеке – Творец, отец и мать. Отец дает белое»[184].

---

178 Псалмы, 115:1-2. (1) **Не нам, Творец, не нам, но имени Твоему дай славу** – ради милости Твоей, ради верности Твоей. (2) **Зачем спрашивать народам**: «Где же Бог их?».
179 Трактат Брахот, 18:2.
180 Псалмы, 102:1.
181 Зоар с комм. Сулам, Балак, 186.
182 Псалмы, 145:18.
183 Из молитвы «И придет для Циона».
184 Трактат Нида, 31:1.

«**Белое**» называется правая линия, относящаяся к свойству **белого**, то есть там нет никаких пятен или изъянов, а есть одно лишь совершенство. Однако, как сказано выше, совершенство происходит от важности. Объяснение: несмотря на то что он видит, что у него есть недостатки (хисароны), – а откуда он знает, что у него есть хисароны? – это исходит от матери, называемой «левой линией», как сказано выше, что она является свойством «левая отталкивает», и это нуква, свойство недостатка.

Когда он смотрит на свое духовное состояние, он видит, что не все намерения желательны, то есть чтобы они были на отдачу. И он видит, насколько он погряз в эгоистической любви. И более того, он видит, что не в возможностях человека выйти из-под этой власти, и только Творец может вывести из изгнания, как это было во время спасения из Египта, как сказано: «Я – Творец». И мудрецы объяснили: «Я, а не посланец», – то есть как сказано выше, только Творец может вывести из рабства эгоистической любви, называемой страной Египетской, ибо «страна» («эрец») – от слова «желание» («рацон»). Другими словами, желание получать целиком устремлено на то, чтобы притеснять святость, и это называется «страна Египетская»[185].

И поэтому, то есть после того как он начал с правой линии, то есть совершенства, – а за то, что Творец дал ему совершенство, происходящее от важности, как сказано выше, он, без сомнения, должен благодарить и восхвалять Царя, как сказано: «И потому мы должны благодарить Тебя... воздавать хвалу и благодарение имени Твоему. Счастливы мы, как хороша доля наша!.. Счастливы мы, когда приходим утром и вечером в дома собрания и учения» (перед чтением «Шма де-курбанот»).

А потом мы переходим к левой линии, называемой свойством недостатка (хисарона). Другими словами, она называется «мать», свойство некевы, указывающее на недостатки. Иными словами, истинная мера, насколько он полон отторжения от желания отдавать, то есть он видит, как всякий раз, когда он хочет построить намерение ради отдачи на определенное действие, тело отталкивает его, и он не может его одолеть.

И в такой ситуации существует возможность вознести молитву, чтобы Творец помог ему, чтобы он смог одолеть [тело]. А потом он снова возвращается в правую линию. И он говорит, что находится в совершенстве и удостоился великой чести, по крайне мере, в отношении действия. Хотя это его служение Царю и исходит из намерения эгоистической любви, называемого «ло лишма», как бы то ни было, это служение очень важно для него, поскольку, в любом случае, он служит Царю в отношении действия.

А поскольку Царь важен для него, как сказано выше, он может радоваться от некоторой связи, которая есть у него, со святостью. Получается, что благодаря левой линии он получил сейчас возможность преодоления в правой линии и сказать, что он рад тому, что может ценить ту малую связь со святостью, которая есть у него. Иными словами, до того, как он вошел в левую линию, он думал, что у него в самом деле есть некое совершенство, только это не полное совершенство, в любом случае, у меня есть, за что восхвалять Царя. Однако сейчас, когда левая линия дала ему понять, насколько он далек от совершенства, получается, что он должен быть опечален, а не рад, – он все же преодолевает [это] и говорит: Поскольку Царь [для меня] очень важен, даже то, что у меня есть небольшая связь с духовностью, для меня важно.

И из сказанного получается, что левая линия всегда заставляет его обратить большее внимание на величие и важность Творца, иначе ему не за что восхвалять Царя, ведь у него нет ничего важного в духовном, за что ему следовало бы воздавать благодарение. И поэтому правая линия приводит его к тому, что левая линия становится у него всякий раз все больше. А левая линия приводит к тому, что правая должная вырасти, и таким образом его линии растут. А когда они достигают определенного уровня – такого что становится ясно, что эти две линии противостоят друг другу, – Творец дает [ему] душу, и он выходит из изгнания, и это называется: «Пришедше-

---

185   Слово «Египет» (ивр. «Мицраим») созвучно слову «притеснение» (ивр. «мейцар»).

му очиститься помогают»[186], – как сказано в Книге Зоар[187], что ему дают душу, и это и есть та помощь, которую он получает от Творца.

А сейчас мы выясним то, что мы спросили по поводу половины шекеля: на что это указывает нам в духовной работе? И следует объяснить: «Когда будешь вести поголовный счет»[188], – когда человек хочет в духовном быть свойством головы, а не хвоста, как мы говорим в ночь Новолетия (Рош а-Шана): «Да будет желание чтобы были мы головой, а не хвостом»[189]. Где хвостом называется тот, у кого нет никакого самостоятельного мнения, а он идет за большинством, и у него нет никакого критического отношения к тому, что он делает, то есть чтобы он хотел быть самостоятельным, чтобы он сам понял, в чем цель его действий, ведь после работы несомненно получают вознаграждение. Какое вознаграждение он ожидает получить за свою работу? Верно ли то, что он услышал от своих наставников, когда они объясняли ему, что стоит отказаться от отдыха, как от отдыха тела, так и от отдыха ума, и заниматься Торой и заповедями, что благодаря этому он получит вознаграждение? За что это вознаграждение? Они приводили ему много примеров вознаграждения, для получения которого, без сомнения, стоит приложить усилия. Или есть более высокое и благородное наслаждение, а те примеры вознаграждения, которые они приводили, это только потому что он только начинает работу, и если ему скажут, что есть вознаграждение выше, чем то, что ему сказали, он не поймет его блага, и это из-за малости его разумения, и поэтому сейчас он должен критически отнестись и посмотреть, действительно ли это то вознаграждение, о котором он слышал от них, или нужно пойти и спросить, каково настоящее вознаграждение, которое он должен получить за свою работу.

А еще больше этого он хочет теперь знать, каковы настоящие усилия, которые он должен произвести, иными словами – что такое усилия, то есть достаточно ли одного лишь действия, в том, что он исполняет Тору и заповеди в смысле одних лишь действий, или нужно еще намерение. То есть я должен знать, чего ради я совершаю это действие, и не по той причине, что я делаю эти действия, поскольку вижу, что другие тоже делают их, и они избранные из народа, и я тоже хочу делать, как они. А я хочу знать, существует ли возможность знать намерения Торы и заповедей, или нет никого в мире, у кого было бы хоть какое-то понятие, что такое Тора и заповеди, большее понимание и большее ощущение, чем у малых детей в тот момент, когда они принимают на себя ярмо Торы и заповедей, иными словами, хоть дети потом и становятся взрослыми и прославляются в величии Торы, но это только в явной Торе, то есть они знают больше, как и каким образом должны производиться явные действия, однако в Торе и заповедях по сути ее величия они нисколько не прибавляют.

И это значит, что все это величие только лишь во внешней стороне Торы и заповедей, однако, чтобы было хоть что-то внутреннее, нет ни одного человека в мире, у которого было бы хоть какое-нибудь понятие.

Или же есть люди, у которых прибавилось в Торе и заповедях в смысле ее внутренней части? А он хочет знать ее внутреннюю часть, то есть то, что в каждой заповеди заповедано некое особое намерение, и поскольку он слышал или видел, что сказано в Книге Зоар (комм. Сулам, ч. 1, стр. 242): «Заповеди Торы называются на языке Зоар шестьюстами тринадцатью «вложениями», а также они называются шестьюстами тринадцатью «советами». А разница между ними в том, что в каждом понятии есть «лицевая сторона» («паним») и «обратная сторона» («ахор»). И подготовка к чему-либо называется «обратная сторона», а постижение этого называется «лицевая сторона». Подобно этому, в Торе и заповедях есть свойство «сделаем» и свойство

---

186   Трактат Шабат, 104:1.

187   Зоар, гл. Ноах, комм. Сулам, п. 63.

188   Шмот, 30:12.

189   Из порядка трапезы в Рош а-Шана. «Да будет желание пред Тобой, Господь, Творец наш, и Творец отцов наших, чтобы были мы головой, а не хвостом».

«услышим». Как сказали наши мудрецы (трактат Шабат, 88:1): «Делающие по слову Его, чтобы услышать звук слова Его, сначала «делающие», и Он удостоил их «услышать»». Эти заповеди называются шестьюстами тринадцатью советами, и это подготовка, «обратная сторона». А когда удостаиваются «услышать звука слова Его», шестьсот тринадцать заповедей становятся «вложениями (пкудин)», от слова «пикадон (вклад)». Ведь есть шестьсот тринадцать заповедей, и в каждую заповедь вложен свет определенной ступени, соответствующей определенному органу из шестисот тринадцати органов и сухожилий души и тела»[190].

И так следует объяснить: «Когда будешь вести поголовный счет сынам Исраэля»[191]. То есть когда ты пробудишься, чтобы быть свойством головы, а не хвоста, как сказано выше, «сынам Исраэля» — что он захочет понять, что такое «Яшар-Эль» («прямо к Творцу»), «по их счислениям» («пкудим») — то есть заповеди в смысле «вложений (пкудин)». Как сказано выше, «то дадут они каждый выкуп за душу свою при счислении их». А «счисление» называется счет и подсчет, чтобы знать, сколько он понимает в намерении Торы и заповедей и меру, в которой он приближается к Творцу, благодаря исполнению Торы и заповедей. И тогда он может, не дай Бог, прийти к отчаянию и сбежать с поля боя, и это называется свойство тела, а чтобы исправить это, благословляли Исраэль вначале, а потом снова благословляют Исраэль в конце во второй раз, «и не было у них мора». Как сказано (Зоар, гл. Ки-тиса, комм. Сулам, п. 2): «Смотри, ведь установили, что высшее благословение не пребывает над тем, что исчислено. И получается, что сначала благословляют Исраэль при получении выкупа, а затем снова благословляют Исраэль».

А в п. 3 он [то есть Зоар] спрашивает: «Почему причиной мора может быть подсчет?» И отвечает: «Потому что благословение не пребывает над тем, что исчислено, а поскольку ушло благословение — над ним пребывает Ситра Ахра». И надо понять, почему благословение не пребывает над тем, что исчислено. И как мы объяснили выше, «благословенный прилепляется к Благословенному», и поэтому, когда человек начинает входить в левую линию, критически относиться к себе — понимает ли он уже все своим умом, то есть чувствует ли он уже, что он продвигается в духовной работе —

И если у него действительно есть вера и уверенность, что Творец поможет, чтобы он на самом деле удостоился духовности, а не оставался в своей ничтожности, а во время критического настроя ему приходят мысли и расчеты, обратные тому, что он хотел бы видеть, то есть когда он начинает думать о целесообразности той работы, которую он вложил, чтобы удостоиться хоть чего-нибудь в духовном, и если он идет истинным путем, он способен видеть истину лучше других людей и видит свое истинное состояние, насколько он на самом деле далек от святости, и начинает думать в плане «сомневающегося в первоосновах», то есть что он напрасно вложил свой труд, потому что согласно своему разуму сейчас он видит, что жаль напрасной траты времени.

То есть до того, как он начал идти путем истины, у него были лучшие мысли о духовном, и он не был таким приземленным, что означает, что он не ощущал такого приятного вкуса в материальных вещах, тогда как сейчас, когда он начал работать на отдачу, у него возникла большая жажда материальных страстей, поскольку он ощущает в них больший вкус наслаждения. Получается, что согласно этому расчету он «сомневается в первоосновах», то есть что он испытывает сейчас большое разочарование в теперешней работе, называемой «отдавать». От всей прошлой работы он отошел, то есть у него было удовлетворение от действия, а о намерении думать не надо, и на помощь ему приходит высказывание мудрецов, что «не учение главное, а действие»[192], — а в отношении действия он пребывал в совершенстве, и естественным образом

---

190 Предисловие Книги Зоар, Общее выяснение всех четырнадцати заповедей и как они соотносятся с семью днями начала творения, п. 1.
191 Шмот, 30:12.
192 Трактат Авот, ч. 1, мишна 17.

делал все в радости, потому что и сам чувствовал, что он совершенен, а если Творец захочет наказать его, он понимает, что возможно, что ему и полагается наказание, из-за того, что он не вложил большие силы в заповедь «увещевай ближнего своего»[193], как сказали наши мудрецы: «Тот, кто может противиться, и не противится, наказывается за это»[194], – и только в этом он чувствует, что ленился в этой заповеди.

И так он думал всегда. Тогда как сейчас, когда он начал работать на отдачу, он видит зло в себе более, чем всегда, а поэтому, зачем же ему продолжать дальше идти этим путем. И потому, сейчас он пребывает в свойстве «проклятый», а «проклятый не прилепляется к Благословенному». Получается, что сейчас он в свойстве «мертвый», поскольку он отделен от источника жизни, а это свойство «смерти», как сказано выше, называемой «мор».

И отсюда можно понять причину того, что над исчисленным не пребывает благословение, «а поскольку ушло благословение, над ним пребывает Ситра Ахра, которая может наносить вред»[195]. Ведь исчисленным называется, что человек начинает считать выгоду, заработанную им в духовном, и тогда он видит наоборот и чувствует, что у него есть только потери, как сказано выше, что Ситра Ахра всегда приводит ему доказательства, что ему лучше сбежать с поля боя, и жаль каждого дня, когда он вкладывал свои силы понапрасну, ибо путь этот не для него. Согласно этому выходит, что человек ничего не может сделать правильно. Получается, что в левой линии, называемой «подсчет», существует опасность смерти, как сказано выше.

А если идти по одной линии, то есть идти тем путем, которым он шел до того, как он выбрал для себя работу ради отдачи, когда он знал, что нужны только действия без намерения, поскольку свыше не требуют работы с намерением от каждого человека, а если он может исполнять заповеди в действии, для него это полное совершенство, и он не обязан думать о намерении. Однако отсюда он никогда не придет к истине, ведь истина в том, что любое действие должно быть ради небес.

Так же и в состоянии подсчета, когда он собирается считать, заработал ли он от тех усилий, которые приложил в работе Творца до этого момента, и желает видеть истину. Тут существует большая опасность, поскольку, когда он видит, что у него нет продвижения в работе, он может прийти к отходу от работы, и [тогда] он придет к состоянию, называемому «сомневающийся в первоосновах».

Поэтому Зоар говорит, что там было исправление, «и не делали они подсчета, пока не собрался весь выкуп и не был подсчитан. И получается, что сначала благословляют Исраэль при получении выкупа, а затем снова благословляют Исраэль. Таким образом, Исраэль получали благословение в начале и в конце, и не было среди них мора»[196].

И из сказанного в Книге Зоар поймем совет, который можно дать, когда хотят идти, чтобы удостоиться слияния с Творцом. И согласно правилу, что нет света без кли, поскольку нет наполнения без хисарона, а хисароном называется потребность, а потребность должна быть из глубины сердца, чтобы он чувствовал то, чего ему не достает, как необходимость, а не как роскошь, а когда человек чувствует хисарон, он находится в свойстве «проклятого», а проклятый не прилепляется к Благословенному, а когда человек находится в свойстве «благословенного», он чувствует, что у него есть совершенство, и нет у него никакого хисарона, иначе он не назывался бы совершенным. А если он в совершенстве, и у него нет хисарона, получается, что у него нет потребности, называемой сосудом (кли), чтобы Творец наполнил его потребность.

И ответ на это – что Исраэль благословляли до подсчета и после подсчета, и поэтому уже не было возможности мора среди Исраэля. А дело в том, что благословение означает, что порядок

---

193 Ваикра, 19:17. (В оригинале опечатка)
194 Трактат Авода Зара, 18:1. (В оригинале ошибочно указан трактат Шабат)
195 Зоар с комм. Сулам, Ки-тиса, п. 3.
196 Там же, п. 2.

вхождения человека в духовную работу начинается с правой линии, то есть что он должен ценить услугу, которую он оказывает Творцу, исполняя Его заповеди, и в той мере, в которой он ценит величие Творца в своем сердце, он радуется и веселится тому, что удостоился делать то, что заповедовал Творец. И это, то есть уважение к великому, заложено в нашей природе, ведь мы видим, что великой честью считается, если у кого-то [в родне] есть какой-нибудь выдающийся человек, которого все считают важной личностью, и все, как известно, хотят служить ему. Однако удовлетворение от этого служения зависит от величия и важности, которую придают этому выдающемуся человеку. И согласно этому получается, что когда человек чувствует и представляет себе, что он служит Творцу, он ощущает себя благословенным, и тогда вступает в действие правило, что благословенный прилепляется к Благословенному.

Выходит, что в этом состоянии человек чувствует себя самым счастливым в мире, и это время, когда он должен благодарить Творца за то, что Он дал ему хотя бы небольшую службу, которую он мог сослужить Ему. Выходит, что в этом состоянии он слит с Творцом благодаря тому, что у него есть радость, как сказали наши мудрецы: «Шхина нисходит только лишь благодаря радости»[197]. Однако вместе с этим у него нет другого кли, у которого был бы хисарон, чтобы Творец по-настоящему приблизил его, то есть чтобы все его намерение было бы только на отдачу, что называется «лишма», а чтобы прийти к лишма, человек должен видеть, что у него есть желание и потребность, а в правой линии, в которой он ощущает совершенство, нет места хисарону.

Поэтому он должен перейти к левой линии, называемой счет и расчет, чтобы с точки зрения своего здравого смысла посмотреть, действительно ли он хочет быть работником Творца, а не работать на себя, то есть что бы он ни делал, у него нет другой мысли, кроме собственной выгоды. И тогда он видит истину, как сказано выше, левая отталкивает, то есть он видит, насколько он не в состоянии сделать хоть что-либо ради небес. И насколько он чувствовал совершенство в правой линии, и чувствовал себя хорошо, и веселился и радовался тому, что он служит Творцу, настолько же он чувствует себя плохо, когда видит, что он в состоянии отдаления от работы Творца, то есть сейчас все черно до такой степени, что он не видит места надежде выйти из-под этой власти. Тогда у него есть место для молитвы, и он находится в состоянии, называемом «проклятый», и называется «мертвый», и называется «грешник», ведь он видит, что не способен работать ради пользы Творца.

А чтобы не было мора, как сказано выше, ибо с исчисленным «нет такого праведника на земле, который творил бы добро и не согрешил»[198], он всегда найдет недостатки, он должен перейти к правой линии, и тут он нуждается в еще большем преодолении в отношении величия Творца, чтобы в этот момент у него была возможность сказать, что он рад тому, что у него есть хоть какая-то связь с работой Творца, поскольку это очень важная вещь – служить Царю, и потому, несмотря на то что это самая маленькая связь, в любом случае, из-за важности это будет считаться у него большим, а то, что связь с духовным сейчас стала меньше, это из-за левой линии, ибо он увидел, как низко он находится, и потому сейчас ему тяжело сказать обратное – что у него есть совершенство, поскольку правда – когда он говорит, что у него есть совершенство только из-за важности величия Царя, согласно правилу: для того, в чем первостепенную роль играет качество, даже небольшое количество превосходного качества важнее большого количества низкого качества.

Согласно этому выходит, что всякий раз он должен увеличивать правую линию в плане «выше знания», и все время говорить, насколько он ценит величие и важность Творца и что стоит благодарить Его за небольшое количество, и он должен еще больше прославлять и восхва-

---

197 Трактат Шабат, 30:2.
198 Коэлет, 7:20.

лять Царя за то, что Он дал ему сослужить небольшую службу. Как сказано (в молитве «Нишмат коль хай»[199]): «Не можем мы достаточно отблагодарить тебя, Творец Всесильный наш».

Получается, что благодаря тому, что он возвращается в правую линию, в которой происходит работа в смысле совершенства, которая называется свойством «благословенный», а потом снова возвращается к счету и расчету, а потом обратно выше знания, где нет места рациональному расчету. Это называется, что было благословение перед счислением и благословение после счисления, и это исправление – для того чтобы среди них не было мора, чтобы он не оставался в состоянии низости и не пришел к отчаянию, навсегда сбежав с поля боя.

И это называется «половина шекеля по [весу] шекеля священного» – что означает, что, работая в святости, он должен взвесить свою работу, чтобы половину работу, называемую «правая линия», то есть свойство «благословенного», отдать как выкуп Творцу, сказав, что сейчас я целиком работаю на Творца, и нет у меня никакого недостатка, и я естественным образом могу воздать хвалу и благодарение Творцу, и я чувствую себя благословенным, прилепившимся к Благословенному. И это выкуп, чтобы он не оставался в низости левой линии, называемой свойством «проклятого» и отделением от Творца.

А вторая половина работы будет в свойстве левой линии, и это, как говорит Книга Зоар, что должно быть благословение перед счислением, то есть перед тем как он пойдет в левой линии, называемой «счисление», он должен быть в свойстве правой линии, называемой «благословенный». А потом все повторяется, и естественным образом «не будет мора при счислении их», – то есть когда он захочет удостоиться того, чтобы заповеди были у него как 613 вкладов (пкудин), как сказано выше. И это, как сказано: «Богатый не более, а бедный не менее половины шекеля»[200].

«Богатый» называется правой линией, когда он идет в совершенстве, и нет у него ни в чем недостатка, а сколько бы у него ни было, он радуется и веселится, поэтому называется: «богатый не более половины шекеля» – то есть чтобы он не шел все время в правой линии, а, как сказано выше, нужно переходить к левой линии, называемой «исчисление и расчет». «А бедный не менее» – бедный называется тот, у кого нет ничего, ибо когда он начинает считать и производить расчет своей работы, – делается ли она во благо Творца или ради собственной выгоды, – он видит, что у него нет ничего, о чем он мог бы сказать, что он делает это ради небес, поэтому называется «бедный не менее половины», – то есть нужно перейти в правую линию, то есть в свойство благословения и совершенства. Однако эта работа должна быть уравновешена, так чтобы эти две линии были равны, чтобы каждая из них увеличивала другую.

Как сказано: «Чтобы искупить ваши души»[201], – то есть именно благодаря этим двум противоположным друг другу [линиям] произойдет искупление, то есть душа выйдет из-под власти изгнания, когда народы мира властвуют над Исраэлем силой эгоистической любви, и благодаря этому они удостоятся стать головой святости и не будут хвостом, как сказано выше.

Как сказано: «Три участника есть в человеке… Отец сеет белое»[202], – то есть с правой стороны, называемой «отец», «захар», а мужское начало (захар) называется совершенством, и совершенство называется «белое без какой-либо грязи». А «мать, называемая нуквой, сеет красное», и тут видно, что это возможная опасность, нуждающаяся в исправлении. А потом «Творец дает душу», так как из двух названных линий получается кли, способное на то, чтобы в него передали благо, и тогда можно сказать, что он называется «пришедшим очиститься», и это после того как он идет по двум названным линиям, и после этого «помогают ему святой душой».

---

199 «Нишмат коль хай (Душа всего живого)» – песнь («пиют»), читаемая во время утренней молитвы в субботу и праздники.
200 Шмот, 30:15.
201 Там же.
202 Трактат Нида, 31:1.

Почему праздник мацот называется Песах
Статья 13, 1987

Миру сложно понять, почему праздничный день, называемый в Торе «Праздником мацот», мы называем «Песах». Объяснение: потому что сказано: «Я возлюбленному моему, а возлюбленный мой – мне»[203]. То есть, мы говорим хвалу Творцу, Творец говорит хвалу Исраэлю. В Торе этот праздничный день называется «Праздником мацот», будто Творец восхваляет Исраэль, то есть, Исраэль и мы называем этот праздничный день «Песах», как сказано: «И скажете вы: пасхальная жертва Творцу, который прошел мимо дома сынов Исраэля в Мицраиме, когда поразил Мицраим, а наши дома спас»[204].

В этой связи мы находим [упоминание] о войне с Мидьяном: «И говорил Творец Моше так: «Соверши возмездие сынов Исраэля над мидьянами». И говорил Моше народу так: «Пусть снарядятся из вас мужи в войско, и будут они против Мидьяна, чтобы совершить возмездие Творца над Мидьяном»[205]. И следует понять: почему Творец сказал Моше, что война с Мидьяном – это возмездие сынов Исраэля, а Моше сказал народу обратное тому, что сказал ему Творец. Он сказал, что война с Мидьяном – это возмездие Творца. И здесь следует разъяснить тем же образом, что Творец говорил хвалу Исраэлю, что это возмездие сынов Исраэля, а Моше говорил Исраэлю хвалу Творцу. А это были не те слова, которые сказал ему Творец.

Но и это следует понять, что означает, что Творец говорит хвалу Исраэлю, а народ Исраэля говорит хвалу Творцу. Мы говорим о людях из плоти и крови, которые оказывают друг другу уважение, но как можно подумать, что Творец нуждается в том, чтобы его уважали. И я приводил об этом пример, как человек заходит в курятник, и как он слышал сказанное мудрецами (Талмуд, Шабат 113:2): «Сказал раби Йоханан: «Когда человек надевает красивые одежды, его уважают». И поэтому, заходя в курятник, он хочет, чтобы куры уважали его, и надевает дорогие одежды. И наверняка, если кто-то увидит, что он так делает, будет смеяться над ним. Ведь какое уважение можно получить от кур.

В этой связи, как мы можем сказать, что Творец хочет, чтобы мы уважали Его и говорили хвалу Ему. Разумеется, что Творец не похож даже на наш случай, потому что расстояние между человеком и курицей – только одна ступень; куры называются животный уровень, а мы называемся говорящий уровень, но все это в материальном мире. Но какое расстояние есть между нами и Творцом, чтобы можно было сказать, что Творец впечатляется от наших восхвалений, и что ради этого Моше изменил слова Творца, когда вместо Его слов «возмездие сынов Исраэля» сказал «возмездие Творца».

Чтобы понять сказанное, нужно вспомнить цель творения, которая, как сказали мудрецы, в том, чтобы насладить творения. И для того, чтобы в благе, которое Он хочет дать, было совершенство, то есть, чтобы не было в нем стыда, сделано исправление, которое называется «скрытие и сокращение», в то время, как человек еще не способен делать все действия ради отдачи, и только когда он исправит свои действия и выйдет из любви к себе, в той же мере он выйдет из тьмы и войдет в свет, что называется – выходит из мрака в свет, потому что тогда все его получения только затем, чтобы дать наслаждение Творцу, тем, что он помогает Ему, чтобы смог раскрыть Его цель, – высшее благо без недостатков, – то есть, подарок без всякого стыда во время получения наслаждения от Творца.

---

203 Песнь Песней, 6:3.
204 Шемот, гл. Бо, 12:27.
205 Бемидбар, гл. Матот, 31:1,3.

Отсюда поймем то, что Творец говорит хвалу Исраэлю. То есть, Творец хочет насладить творения, поэтому Он говорит хвалу Исраэлю, имеется ввиду – насладить Исраэль. Отсюда возникает желание получать в творениях, которые хотят получать ради получения, это называется, что хотят получать из-за любви к себе, поскольку желание получать, которое Творец создал в творениях, [создает в них] стремление к получению блага, чтобы восполнить недостатки, создаваемые этим стремлением. Это причина того, что он получают. Это называется «ради получения».

Но из этого происходит отделение, по причине различия формы, как известно. По этой причине народ Израиля принимает на себя сокращение, чтобы не получали благо и наслаждение, хотя страстно желают, но все равно не хотят получать, но знают, что могут направить получение наслаждения ради отдачи. Это означает, что поскольку у Творца есть желание, что он хочет отдавать, поэтому они получают благо. Но ради собственной выгоды они отказываются от наслаждений. Выходит, что народ Израиля говорит во хвалу Творца. То есть, от собственных желаний они отказываются, и все внимание уделяют восхвалению царя, что означает, – то, что хочет царь, они выполняют.

По этой причине Моше изменил то, что сказал Творец «возмездие Исраэля», потому что, когда Творец говорит, чтобы Исраэль сделали что-либо, – это только во благо Исраэля. Но Моше изменил то, что сказал ему Творец. И это не называется, что изменил цель насладить творения, а причина изменения также была в том, чтобы насладить. И еще не потому, что нельзя, чтобы было благо народу Израиля, чтобы получили благо и наслаждение, если они не намереваются в своих действиях только на благо Творца, что называется, что все, что они делают, только ради восхваления Творца, то есть, из-за трепета от величия и важности царя.

Но следует понять то, что называют восхваление Творца словом «Песах», во имя того, что «прошел мимо Творец». И также написано: «И ешьте его с поспешностью, Песах это Творцу»[206]. **И объясняет Раши, что жертва называется Песах, потому что Творец пропустил и прошел мимо домов Исраэля среди домов Мицраима, и прошел от Мицри к Мицри а Исраэль посреди них укрылся.**

Следует понять, что означает «пропустил» и «прошел мимо» в духовной работе. Известно, что главное в нашей работе – это прийти к слиянию с Творцом в совпадении по форме, за счет этого приобретаем келим, пригодные для получения света. Известно, что наши келим происходят из разбиения келим. «Разбиение келим» называется, когда хотят использовать кли получения ради получения, а это отделение от Творца, которое было в высших мирах. А также из-за греха Древа познания, когда упали келим в клипот, а мы должны поднять их, потому что мы происходим из этих келим. И тем, что мы работаем с нашим желанием получать, обращая его в желание отдачи, за счет этого исправляется каждый раз часть этих келим, находящихся в клипот, и поднимаем их в святость, тем, что хотим использовать их только с намерением доставлять наслаждение Творцу.

И каждый раз каждый день постепенно выясняются части клипот, называемые «получает ради получения». И исправляем их, чтобы можно было использовать их ради отдачи. А скрытие в том, что поднимаем какую-то часть в святость, затем вновь спускаемся в состояние получения, и даже забываем, что есть состояние отдачи. Но затем вновь человек получает подъем, и вновь берет часть желания получать в себе, и преодолевает его, и вновь исправляет его ради отдачи. И так повторяется каждый раз, пока не соберется определенная мера получения, исправленная ради отдачи, и в этой мере будет место вхождения туда высшего света. И это кли образуется тем, что соединяются все подъемы, которые были у него, в одно кли, как сказано, «грош к грошу собирается на большой счет».

И отсюда поймем то, что мы спрашивали по поводу Песаха, что сказали мудрецы: «Миновал и прошел от Мицри к Мицри, а Исраэль среди них укрылся. Это означает, что каждое падение называется «Мицри» (египтянин), что означает, что получает все ради любви к себе. А Исраэль

[206] Шмот, гл. Бо, 12:11.

посреди – это подъем, когда преодолел и делает сейчас все ради отдачи, а не ради любви к себе. Такое состояние называется «Исраэль». Но затем он вновь падает. То есть, вновь падает в состояние «Мицри». И так повторяется, и Исраэль укрылся, то есть бежал из Мицраима и вошел в состояние Исраэль.

И для того, чтобы у человека было совершенное кли, чтобы был способен получить в него высший свет, Творец прошел от Мицри к Мицри, то есть, они принимает в расчет только свойство Исраэль, которое есть между Мицри и Мицри, и присоединяет его к большому счету. Это подобно тому, ка будто нет преграды между Исраэлем и Исраэлем. А миновал Мицри- означает, что нет Мицри в реальности, потому что весь Исраэль присоединяется к большому счету, пока не будет совершенное кли.

Из сказанного следует объяснить то, что написано там, что прошел мимо домов сынов Исраэля, и только Мицрим были убиты. Как объясняет Раши, прошел мимо – означает, что перепрыгивал от Мицри к Мицри, а Исраэль посреди них укрылся, – имеется ввиду, что все Мицрим были убиты, и только Исраэль, бывшие посреди между Мицри и Мицри, остались в живых; – в простом смысле, что все падения, которые были между подъемами, стерты. И остались только подъемы. Выходит, что у нас как будто никогда не было падений, потому что они стерты, что означает, что Мицрим были убиты. И сейчас есть место, где все подъемы, которые были у них, соединяются в одно состояние. И есть много видов желания получать, которое исправилось ради отдачи, и сейчас оно – одно совершенное кли для получения света избавления, называемого «выход из Мицраима», когда вышли на свободу из рабства Мицраима, называемого «клипа Мицраима», как сказано: «И вывел народ свой от них к свободе навеки».

Но если бы падения остались, то был разрыв между одним подъемом и другим. А когда падения исчезли из поля зрения, то следует смотреть только на подъемы, и тогда можно говорить о кли, которое будет пригодно для получения света избавления.

В этой связи мы учим, что человеку не нужно смотреть на падения, в которые он падает из своего духовного состояния, а следует ему смотреть на подъемы. И когда он видит, что находится в низменном состоянии, ему нельзя отчаиваться, а ему следует преодолеть [падение] верой выше знания, и вновь подниматься. И не нужно ему смотреть в прошлое и говорить, что раньше я думал, что я уже пришел к пониманию того, что не стоит смотреть на любовь к себе, а теперь он видит, что сразу же получает падение. И тогда человек спрашивает, в чем смысл того, что я каждый раз поднимаюсь, если я должен вновь упасть, и в чем смысл этого.

На это есть ответ: «И стенали сыны Исраэля от тяжелой работы, и поднялся их вопль к Творцу»[207], **то есть, было пробуждение снизу, и тогда убил Творец египтян, и остались израильтяне, и присоединились к большому счету все подъемы, которые были у них одно за другим, и потому было у них большое кли для получения в него света.**

Отсюда следует, что никакое доброе дело человека не пропадает. Поэтому не следует говорить – чем полезны мне подъемы, если я сразу же теряю их? Это [было бы] верно, если бы я мог впредь удержать их и не падать. Об этом сказано: «кто поднимется на гору Творца», – и это одно свойство. А второе свойство это «кто устоит на святом месте». На это есть ответ: «Тот, у кого чисты руки и непорочен сердцем[208]», что означает, – тот, кто уже удостоился чистых рук, и нет у него любви к себе, а все его намерение только на отдачу, и «непорочен сердцем», – означает, что его сердце с Творцом, постоянная вера в сердце его, у таких людей нет падений на самые низкие ступени, а все их подъемы и падения на духовных ступенях. Поэтому необходимо постичь ступени совершенства, называемые «Наранхай де-Нефеш» и «Наранхай де-Руах». Таким образом, все их подъемы и падения – в чертогах царя, и никогда не выходят из чертогов царя, и ни отбрасывают их вниз в место тьмы и мрака.

---

207 Шмот, 2: 23.
208 Псалмы, 24:4.

Но вместе с тем необходимо знать, что никакой подъем не пропадает, а «грош к грошу собирается на большой счет». Поэтому человек должен быть в радости, когда чувствует, что духовное привлекательно в его глазах, и надеется приблизиться к Творцу насколько возможно, и считает большой заслугой, если вдруг приходит к нему пробуждение свыше, и начинает смотреть на любовь к себе, как на отвратительную вещь, ради которой не стоит жить, и только к духовному начинает стремиться.

Но человек должен знать, что не следует говорить: «Когда у меня будет пробуждение свыше, тогда я займусь духовной работой». Но то, что человек помнит, что есть духовное, и даже если у него нет большого желания к нему, уже за это он должен благодарить Творца, за то, что он знает, что есть в мире духовность, и что у его нет стремления к работе. Это подобно великому царю, который пришел в город, и не рассказывают [об этом] всем людям, а только небольшой группе людей рассказали; и не всем позволено войти, а только некоторым, и те должны приложить большое старание, чтобы получить у придворных право войти.

И этому человеку лишь сообщили, что приходит царь, но право войти не дали ему. Как человеку отблагодарить тех, которые сообщили ему? Также и здесь, у него есть знание, что есть царь в мире, но он еще не получил разрешения войти и служить царю. Но знает и верит в известной мере, что есть Творец мира, но оставить свою работу и работать на благо царя еще не получил разрешения свыше, то есть, свыше еще не получил желание оставить материальные потребности и заниматься духовным. Человек должен радоваться этому знанию, тому, что есть немного веры в Творца. И если человек ценит это знание, хотя и не может преодолеть и заниматься работой на Творца, все же радуется тому, что вспомнил сейчас, что есть царь в мире, который в силах поднять его из низменного состояния и ввести его в работу, и будет у него желание преодолеть свое тело. И именно это [происходит], если человек обращает внимание и ценит это знание.

Это происходит из корня, как сказали мудрецы: «Шхина пребывает там, где есть радость от заповеди» (Шабат, 30). То есть, радость, которая есть у него в момент выполнения заповеди, ведет его к слиянию с Творцом, как сказано, «Благословенный сливается с благословенным». Потому что радость – это следствие совершенства. И поскольку он ценит дающего, его важность и величие, и есть правило, что, если дающий подарок – важный человек, даже если он дает маленькую вещь, это считается большой вещью. Поэтому, из знания, что он верит в то, что ему сообщили о приезде царя в город, при том, что ему не позволено войти к царю и беседовать с ним, все равно, когда видят, что он ценит знание о присутствии царя, сразу дают ему разрешение войти к царю, потому что видят, что он ценит царя, и считаются с ним, и дают ему силы преодолеть мысли и желания тела.

В этой связи можем сказать в пользу радости. То есть, чувство радости, когда он впечатляется от важности царя, вызывает свыше свечение, пребывающее в кли радости, которое он дает снизу, в виде пробуждения снизу, что вызывает пробуждение сверху, когда дают ему разрешение, то есть, дают ему желание и стремление преодолеть мысли тела.

Из сказанного следует, что «Песахом» называется то, что Творец миновал дома Исраэля и весь Исраэль остался в живых. Как известно, ничто не исчезает в духовном, и самая малая часть Исраэля продолжает жить, и ничто не теряется. Поэтому избавление Творцом Исраэля называется праздничным днем «Песах», по имени действий Творца.

А то, что мы спрашивали по поводу восхвалений – как можно сказать, что Творец хочет, чтобы его восхваляли, будто он впечатляется от восхвалений [людей из] плоти и крови? На это существует два ответа:

1. С точки зрения цели, желание насладить творения, то есть, все, что народ Израиля получает как благо и наслаждение, он направляет в момент получения во имя небес, что означает, что творец наслаждается этим, потому что он хочет, чтобы творения получили благо и наслаждение, поскольку они желают совпадения по форме, поэтому все, чем они

занимаются Торе и заповедях, они делают только потому, что хотят отдавать Творцу, а не по причине собственной выгоды. И это называется, что народ Израиля восхваляет Творца, когда в силу величия и важности царя мы стараемся доставить ему наслаждение.

А Творец восхваляет Исраэль, то есть он хочет дать благо и наслаждение, которое есть цель творения. И также хочет, чтобы не было стыда во время получения блага и наслаждения. Поэтому он хочет, чтобы работали ради отдачи. Выходит, что он восхваляет Исраэль, что означает, что Исраэль отказываются от любви к себе и хотят работать только на отдачу.

Поэтому Он смотрит всегда на их восхваление, то есть, Он ведет счет их работе ради отдачи, чтобы было у Него место давать свет и не было там ущерба от стыда. А о том, что они занимаются получением, он не рассказывает, это он хочет стереть с лица земли, как было сказано в выяснении названия «Песах» о том, что прошел, то есть, убил Мицри, который был между Исраэлем и Исраэлем, и оставил Исраэль посреди. И в таком случае мог видеть только хвалу Исраэля, то есть, подъемы, которые были у них, и это хвала Исраэля, а именно в том, что сделали пробуждение снизу при выпечке мацот.

И поэтому записан в Торе праздник мацот по имени Исраэля, то есть, Творец видел хвалу Исраэля в выпечке мацот ради Творца, а на остальные вещи не смотрел; это называется, что Мицри, который был там, убил, то есть, как будто вычеркнул его из реальности, за счет чего соединились все части Исраэля в одну большую ступень, которая уже была совершенной, чтобы стать кли для получения света. И это называется, что народ Израиля назвал это праздничный день «Песах».

2. Из сказанного поймем второй смысл, что народ Израиля называл его во хвалу Творца. Первый смысл в том, что Его желание насладить творения, а они не хотят получать по причине любви к себе, поэтому они получают благо и наслаждение, потому что Он хочет, чтобы получили. Это называется «ради отдачи» и это хвала Творцу.

Второй смысл, что говорим хвалу Творцу, потому что Он не учитывает падения, а смотрит только на подъемы, что называется «и прошел», что все подъемы они принял в расчет, а падения стер с лица земли. И это восхваление Песаха. И это называется, что восхваляем Творца.

И следует понять, что написано: «И ешьте его с поспешностью, Песах это Творцу». Почему Песах называется «поспешность»? Как объясняет Раши, Песах называется «поспешность», потому что Творец перепрыгивал и шел от Мицри к Мицри, а Исраэль посреди них укрылся. И мы видим, что перепрыгнул в конец [изгнания] и ускорил конец [изгнания], как будто еще не пришло время. И поскольку действовал поспешно, поэтому Песах называется «поспешность». И как будто должен был поспешить, чтобы не пробудились Мицрим, которые были посреди Исраэлим, а для них пока еще не наступило время исправления, поэтому действовал поспешно и спас то, что можно было спасти. То есть, только свойство Исраэль получило исправление, а не Мицраим. Поэтому это называется «поспешность».

А в Гмар Тикуне, как написано (Ишаяу, 52:12): «Ибо неторопливо выйдете, и не бегом уйдете, ибо впереди вас пойдет Творец, и стражем позади вас Господь Исраэля. Вот, преуспевать будет раб Мой, поднимется, и вознесется, и возвысится чрезвычайно». Ари объясняет, что что это будет в Гмар Тикуне, и даже [ангел] Сам станет святым ангелом, и лев эвен, который нельзя выяснять до Гмар Тикуна, потому что оставался в клипот, также и он выясняется в святости. И это называется «очень хорошо», «хорошо» – это ангел жизни, а «очень» – это ангел смерти, который тоже будет святым ангелом, что называется «поглотил смерть навеки». Так объясняет Ари.

Отсюда поймем сказанное: «Ибо неторопливо выйдете, и не бегом уйдете». Не как было в земле Египта, когда избавление было в поспешности, когда [Творец] перепрыгивал от Мицри к Мицри, а Исраэль посреди них укрылся. Это было потому, что должен быт стереть Мицраим, и только Исраэль остались в живых.

Но в Гмар Тикуне и ступень Мицраим получит исправление, и тогда уже не нужно быть в поспешности, потому что не нужно перепрыгивать от Мицри к Мицри, а Исраэль посреди остается в святости, и все Мицрим получают совершенное исправление. Поэтому не должно быть поспешности, то есть, прыжка, а все, что было в клипот – исправится, как сказано: «И удалю из плоти вашей сердце каменное, и дам вам сердце из плоти».

Поэтому, человек должен быть в радости. И с помощью радости он может выйти из низменного состояния, в котором находится. И если человек спросит, чему он может радоваться, видя себя в низменном состоянии, когда у него нет никакого желания заниматься Торой и заповедями, – тогда нужно получать радость от того, что он знает наверняка, что есть царь в мире. Одному лишь этому знанию он может радоваться, как в притче, что сообщили ему, что царь прибывает в город, и это дает ему силы подниматься.

Связь между Песахом, мацой и марором
Статья 14, 1987

Написано в пасхальной Агаде: **«В память о Храме мы делаем так же, как делал Гилель в то время, когда Храм существовал: он брал мясо пасхальной жертвы, мацу и марор, и складывал их («корех») и ел вместе, чтобы исполнить сказанное в Торе (Исход, 12:8): «На маце и мароре пусть едят его (Пасхального агнца)».**

И надо понять это относительно работы – на что указывает нам связь между этими тремя вещами, которые ел вместе.

И чтобы понять смысл пасхальной жертвы, которая была во время Исхода из Египта, когда вышли из-под порабощения, в котором находились в египетском изгнании, нужно прежде всего понять смысл египетского изгнания, от чего они там страдали.

О мароре написано в Агаде: **«Марор этот – в знак чего мы едим его? В знак того, что огорчали, делали горькой** («мерэру», ивр.) **египтяне жизнь отцов наших в Египте»**, как сказано (Исход, 1:14): **«И сделали горькой жизнь их тяжелой работой [над глиной и кирпичами и всяким трудом в поле], к которой принуждали их с жестокостью».**

И надо понять, что значит: **«И сделали горькой жизнь их тяжелой работой»** – что это в работе Творца? Ведь известно, что работа Творца, это когда работают на пользу Творцу, когда мы удостаиваемся быть слитыми с Истинной Жизнью, и именно во время, когда работаем на отдачу, тогда это время для получения Добра и Наслаждения, которые сотворил Творец, чтобы дать благо творениям Его, то есть, спасение Творца приходит к «келим де-hашпаа» (отдающим келим).

И в вопросе о наслаждении, приходящем в отдающие келим, надо различать два определения:
1. «изобилие» (свет) приходит, чтобы создать отдающие келим
2. свет приходит после того, как есть у него уже отдающие келим

То есть, во время, когда человек желает идти по пути доставления удовольствия своему Создателю, а не для собственной пользы, тогда тело сопротивляется со всей решительностью и не позволяет ему сделать никакого действия, и забирает у него все «топливо», от которого была бы у него какая-то сила работать ради высшего.

И в то время, как человек видит истину такой, какая она есть, то есть, видит, насколько он погружен в себялюбие, и нет у него никакой искры в теле, которая позволила бы ему сделать что-нибудь ради отдачи, и поскольку в этом состоянии человек уже дошел до истины, то есть, пришел к осознанию зла, когда нет у него никакой идеи, с помощью которой он мог бы помочь себе, а есть у него только один выход – кричать Творцу, чтобы помог ему, как написано: **«И застенали сыны Исраэля от работы и возопили, и поднялся вопль их к Творцу от этой работы»**.

И это то, о чем сказано: **«Приходящему очиститься – помогают»**. И спрашивает Зоар: **«Чем?»** И отвечает: **«Святой (чистой) душой»**.

Получается, что: **«И сделали горькой жизнь их »** – означает, что не давали им работать ради отдачи, что ведет к слиянию с Истинной Жизнью, а нечистая сила («клипа») – «Египет» и Фараон властвовали над сынами Исраэля властью самолюбия, когда не могли сделать что-либо против желаний египтян, и это было изгнанием, то есть, желали выйти из этого изгнания, но были не в силах.

И согласно этому будет объяснение написанному: **«И застенали сыны Исраэля от работы»** – о какой работе тут говорится?

Говорится о работе Творца, которая называется тяжелой работой, поскольку было трудно им работать ради отдачи, потому что египтяне и Фараон – царь Египетский – привнесли им свои мысли и желания. То есть, поскольку нечистая сила («клипа») Египта, она, в основном, любовь к самому себе, поэтому египтяне властвовали над народом Израиля, дабы и народ Израиля тоже пошел по их [египтян] пути, называемому «себялюбием», и было трудно Исраэлю одержать верх над этими мыслями, и это то, что написано: **«И застенали сыны Исраэля от работы»**.

То есть, в то время, когда ступали на путь египтян, который ради получения, тело давало им «топливо», и не было трудно им выполнять работу Творца – как известно, египтяне были работниками Творца, как написали мудрецы на написанное (Бешалах Танхума): **«И взял шестьсот колесниц»**, и, если спросим, откуда были животные у египтян, ведь сказано: **«И полег весь скот египтян»**; однако из боящихся речения Творца, как написано: **«Боящийся речения Творца из рабов Фараона, погнал рабов его и скот его к домам»**. И сказали отсюда: **«Боящийся слова Творца сделается преткновением Исраэлю»**.

И Раши приводит отсюда: **«Говорил рабби Шимон: «Самого подходящего среди египтян – убей, лучшей из змей – размозжи голову»**. И в сказанном получается, что тяжелая работа, которая была у них – работа в поле, потому что полем называется святая Шхина, как известно, что малхут называется «поле».

И было трудно им принять на себя бремя Высшего Правления ради отдачи, а египтяне хотели, чтобы выполняли святую работу ради получения и давали им понять, – что это называется «боящийся речения Творца».

Но отсюда, от этого свойства было преткновение у Исраэля, то есть у качества «прямо к Творцу» (Исраэль – от «яшар Эль»), а желали они [египтяне], чтобы все их [народа Израиля] действия были только к личной выгоде, и от этого вышло преткновение.

Это значит, что преткновение было в основном в то время, когда египтяне обращались к Исраэлю на языке трепета пред Небесами, и из этого языка выходят все помехи Исраэлю. Вместе с тем, если бы говорили с Исраэлем языком «светских» – конечно, народ Исраэля избегал бы их влияния, когда приходили бы к ним со своими мыслями и желаниями.

И сказанным надо объяснить написанное (Шмот): **«И стали египтяне порабощать сынов Израиля тяжкой работой (работой под гнетом)»** – и истолковали мудрецы - робкими (мягкими) устами («пэ-рах» - «мягкие уста» от «перех» - «гнет») и надо понять, что такое «робкие уста» («пэ рах») в работе Творца.

И как говорится выше, египтяне говорили с мыслями и желаниями, что необходимо работать на Творца, но чтобы это было ради получения, и это называется «мягкие уста», то есть, ради намерения получить тело скорее согласно выполнять святую работу, и нет необходимости намереваться ради отдачи.

Получается, своими разговорами вызвали то, чтобы была у Исраэля трудная работа во время принятия бремени высшего правления, и поэтому каждый из Исраэля говорил, что святая работа ради отдачи – дело очень трудное.

Поэтому, египтяне склоняли их к мыслям, что имеет больший смысл работать ради получения, этим путем они будут видеть, что день за днем они продвигаются в хороших действиях. Тогда как работая на ступени Исраэль, они сами видят, что это трудно, и доказательство тому, что не видят никакого продвижения в работе.

Выходит, что «мягкие уста» – означает, что дадут Исраэлю понять, что, если пойдут их [египтян] дорогой – эта работа будет легче, и это называется «мягкий», то есть, что легче будет продвигаться в духовной работе.

И с этими утверждениями египтяне огорчали жизнь их [Израиля] трудной работой, тем, что всегда объясняли Исраэлю, что работа Исраэля называется трудной работой и это – не для них, **«тяжелой работой над глиной и кирпичами».**

«Глиной» («бе-хомер») – означает, что египтяне объясняли Исраэлю строгость («хумра») отдачи, вместе с тем работа египтян будет всегда белой, то есть, не почувствуют никакой тьмы в работе, а тело согласится на эту работу. И это называется «кирпичами» («би-левеним» от «лаван» – белый), то есть, что в работе египтян они будут всегда «белыми», без пятна и загрязнения, будут всегда совершенными – и этим действительно вызывали то, что трудно было Исраэлю работать во имя высшего.

То есть, трудная работа исходила от того, что египтяне постоянно говорили им о трудности, которая имеется в работе ради отдачи, и «белизне», которая есть в работе трепета египтян.

Как сказано выше, что от трепета [египтян] пред Творцом исходило преткновение Исраэлю. То есть, отсюда исходила к ним трудная работа в поле, то есть в высшем правлении, которое хотели принять на себя и не могли.

И поэтому рабби Шимон говорит, из-за [того, что египтяне] трепещут пред словом Творца: **«Самого пригодного среди египтян - убей, лучшей из змей - размозжи голову».**

И надо объяснить слова рабби Шимона: **«Самого пригодного среди египтян – убей».** То есть, то, о чем египтяне говорят, что это пригодно – убей, потому что мудрецы сказали: **«Приходящего убить тебя, опереди, убив его».** То есть, тем, что египтяне говорят, что это пригодно, что путь этот годится, чтобы им идти, знай, что он хочет убить тебя, [отрезав] от духовной жизни, поэтому убей эти мысли.

«Лучшей из змей – размозжи голову» – означает, что, если этот змей – а это зло, которое в человеке,– советует тебе, что путь этот хорош для тебя, и дает тебе понять с большим пониманием и ясным умом, тем же способом, как змей пришел к Хаве,– не спорь с ним, но разбей ему мозг, то есть все умственные измышления, которыми он объясняет, разбей эти помыслы. Это означает, что нужно идти выше знания.

И теперь выясним, что значит **«маца».** С точки зрения работы следует объяснить, что под словом «маца» имеется в виду «ссора»: **«Потому что на испытание и ссору, и на спор сынов Исраэля, и на испытание ими Творца, говоря: «Так есть Творец среди нас или нет?»** (Башелах, седьмой).

О споре говорит Таргум (перевод на арамейский): **«О споре, которым спорили сыны Исраэля».** Получается, что «маца» от слова спор, то есть у народа Исраэля был спор с Творцом, почему Он делает так, чтоб было настолько трудно работать в отдаче, и почему несмотря на то, что они стараются выйти из-под власти египтян, все-таки не только не продвигаются, но еще видят, что движутся назад, а не вперед.

Это означает, что они пробуют вкус горечи в работе, это послужило причиной им, чтобы начали спорить с Творцом, а спор называется свойством «маца». И такого рода возражение мы видим, когда народ Исраэля спорит с Моше по этому поводу, то есть от того, что видели, что во время, когда начали работать во имя Творца, стало им хуже, как написано (Шмот, 7): **«И сказали им (Моше и Аврааму): «Взглянет на вас Творец и осудит – за то что сделали вы нас омерзительными в глазах Фараона».**

И от этих претензий, которые высказали Моше, сказал Моше Творцу, как написано: **«И вернулся Моше к Творцу и сказал: «Господин мой, зачем сделал Ты зло этому народу, зачем Ты послал меня? (5:23) Ведь с тех пор, как я пришел к Фараону говорить от имени Твоего, стало только хуже этому народу, а избавить – не избавил Ты народа Твоего!».**

Следует истолковать претензии эти, которые были у них к Моше, в которых сказали: **«Увидит и осудит»** – что означает, что оспаривают Моше, поскольку Моше сказал им, чтобы поверили Творцу, тогда они выйдут из власти тела, так как, в теле властвует Фараон царь Египта (Мицраим), который – притеснение («мейцар») святости, и они начали работу ума и сердца и увидели, что тело, т.е, ступень Фараон, начало властвовать над ними, то есть что бы они ни желали делать в работе Творца – тело сопротивляется все больше.

Прежде, чем начали идти дорогой Моше, были у них силы в работе, а сейчас все, что они ни делают – тело противится этому, и это то, что написано [в обращении] к Моше: **«за то, что сделали вы нас омерзительными в глазах Фараона»** (дословно: «что зловонным сделали вы дух наш в глазах Фараона»),– то есть тело наше делает противным дух наш в работе Творца, со времени, когда начали идти по пути отдачи.

А затем Моше пошел к Творцу с претензиями Исраэля, которые спорят с Моше о том, что принес им в послании от Творца. Как написано: **«Зачем сделал Ты зло этому народу, зачем Ты послал меня?»** – (то есть, в чем претензии) и сказал: **«Ведь с тех пор, как я пришел к Фараону говорить от имени Твоего, стало только хуже этому народу, а избавить – не избавил Ты народа Твоего!».**

«И с тех пор как пошел я к сыновьям Исраэля» – означает к телам их, называемым свойством Фараона, **«говорить именем Твоим»,** то есть, чтобы все начали работать во имя высшего, как написано – «именем Твоим», конечно, здравый смысл обязывает, поскольку каждый желает только истину, и разве есть глупец в мире, чтобы было у него желание идти путем лжи, а несомненно каждый желает истину, как повелось в мире, что если знают кого-то, говорящего ложь, то нет никого, кто хотел бы слушать слова его.

А здесь они говорили: **«Почему, когда пришел Моше и сказал нам, чтобы шли путем истины, тело, называемое Фараон, портит дух наш, во время, когда мы начинаем эту работу».**

И потому было у них возмущение Творцом – почему они стали теперь еще хуже, чем до прихода Моше к ним в качестве посланника Творца, желающего избавить их от изгнания («галута»), и почему они видят сейчас, что еще больше уходят в галут, что Фараон властвует над этими телами с большой силой, и с большими измышлениями ума, дает нам понять каждый раз другим утверждением.

Если так, в соответствии этому, было лучшим положение сыновей Исраэля в работе перед приходом Моше в качестве посланника от Творца. Однако теперь они видят, что тела их, являющиеся свойством Фараона, обладают совершенной властью над сынами Исраэля, то есть, в том месте, где должно быть приподнятое состояние духа, в то время, когда они знают, что идут путем истины – было же наоборот, ведь в глазах тела, называемого Фараон, какой дух был у них? – как написано: **«Что испортили дух наш в глазах Фараона»** – то есть, тело говорило им: «Какое состояние духа есть в работе ради отдачи?»

«Сделали зловонным» – означает плохой запах, который невозможно вытерпеть. То есть, не могут выдержать это состояние духа и хотели бы убежать, как убегают от вони. То есть, в том месте, где работа на пути истины, необходимо внести приподнятое состояние духа, то есть, чтобы человек захотел оставаться в таком состоянии духа неизменно, а здесь сделалось наоборот, то есть, от работы отдавать они получили состояние духа [подобное] вони, что значит, что хотят они убежать от этого состояния духа, что не могут выдержать его даже одно мгновение. Как объясняется выше, что сказали Моше: «Испортили дух наш», и возмущение Исраэля принес Моше Творцу, и спросил Моше: «Зачем же ты послал меня?»

И ответил Творец Моше, как написано: **«И сказал Творец Моше: «Вот теперь ты увидишь, что я сделаю Фараону, ибо сильной рукой моей принужденный, отошлет он вас».**

И ответ на вопрос, почему он делает, чтобы работа ради отдачи была настолько трудной: «Потому что Я хочу, чтобы проявилась рука сильная»,— как написано: **«Ибо сильной рукой моей принужденный, отошлет он вас и насильно изгонит вас из страны своей».** И в каком случае нужна сильная рука? Именно тогда, когда другой сопротивляется со всею силою, тогда можно сказать, что необходимо воспользоваться сильною рукой, но нельзя сказать так, если другой – человек слабый, что должны обходиться с ним сильною рукой.

Это как в примере, приведенном Бааль а-Суламом – что таков порядок в мире, когда два человека в ссоре, бывает иногда, что переходят к драке и тот, кто видит, что не может взять верх над другим, берет нож против него. А второй, когда видит, что есть у того нож, берет пистолет, и когда тот видит, что у другого есть револьвер, то берет ружье и т. д., пока другой не возьмет против него пулемет, а тот не возьмет танк Но никогда мы не слышали, чтобы если кто-нибудь возьмет палку, дабы ударить ей, то другой возьмет танк и будет воевать против того, который взял палку.

Так и в работе, нельзя сказать, что должны обходиться с Фараоном сильною рукой, если Фараон не показывает большого сопротивления. И поскольку Творец хотел бы проявить здесь руку сильную, поэтому должен был Творец, отягчить сердце Фараона, как написано: **«Я же ожесточу сердце Фараона, и сердца рабов его, ради двух этих знамений в среде его».**

Однако надо понять смысл написанного: означает, что Творец «ожесточил сердце Фараона», так как Творец хотел дать эти знамения, чтобы утвердилось имя Его. Разве Творец обладает недостатком, и не хватает Ему, чтобы узнали, что он способен сделать знаки и знамения? И еще – на что это указывает нам с точки зрения работы, что мы должны знать это из поколения в поколение?

И в соответствии со сказанным Бааль а-Суламом, о содержании вопроса, который задал Авраам после того, как Творец пообещал ему, как написано (Лех леха, 6): «И сказал ему: «Дать тебе эту землю, дабы унаследовал ее». И спросил: «Как узнаю, что унаследую ее?» И ответил Аврааму: «Знай, что пришельцем будет потомство твое в стране, что не для них. И порабощать их и притеснять их будут четыреста лет. И затем выйдут с огромным приобретением».

И спросил: «Каков ответ на вопрос, который задал Авраам: «Как узнаю, что унаследую ее?» То есть, каково объяснение того, что ответил ему Творец.

Ответ: **«Знай, что пришельцем будет потомство твое, и притеснять их будут, и после того выйдут с большим приобретением».** И спросил: [получается,] что из написанного следует, что был ответ достаточным, потому что больше не спрашивал Авраам. А мы видим, что обыкновение Авраама – спорить с Творцом, как мы находим, в [главе о] людях Сдома, когда Творец сказал Аврааму: «Вопль Сдома и Аморы, ибо умножился». А здесь, когда сказал ему, «знай», означает, что получил ответ с удовлетворением.

И сказал – поскольку Авраам видел величину наследия, которое обещал его сыновьям, то думал Авраам, согласно правилу, что нет света без кли-желания, то есть, нет наполнения без недостатка, а он не видел, что сыны Исраэля возвнуждаются в ступенях и постижениях столь больших в высших мирах, и потому спросил Творца: **«Как узнаю я, что унаследую ее?»** – ведь нет у них келим-желаний и необходимости к тому огромному наследию, которое Ты показываешь мне, что Ты дашь моим сыновьям, ведь нет у них нужды.

И на это ответил ему Творец: Я дам им необходимость к светам, так же, как и Я дам им света. То есть, Творец даст им свет и кли тоже – не думай, что только наслаждение! Я даю им как необходимость, называемую кли, так и наслаждение, называемое наполнением недостатка.

И посредством того, что народ Исраэля будет в египетском изгнании четыре столетия, а четыре это полный уровень из четырех «бхинот» (ступеней, свойств), и посредством того, что они будут в изгнании, в стране, которая не для них,– то есть, посредством того, что египтяне придадут Исраэлю желание получения ради себя, и это желание не относится к «кдуша» (святости), называемой «земля» («эрец») от слова «желание» («рацон»), и захотят они бежать от этого желания. И когда Я сделаю так, что не смогут уйти от этой власти собственными силами, но увидят, что только Творец может помочь им, и не будет у них другого выхода, как только просить помощи у Него.

И это, как сказали мудрецы: **«Приходящему очиститься – помогают».** И говорит Зоар, что эта помощь в том, что дают ему чистую душу, и посредством множества молитв, в которых попросят от Творца поддержки, будут получать каждый раз все большую ступень. И посредством этого будет у них потребность просить у Творца, и это приведет их просить у Творца и получить более высокую ступень. И после этого будет у Меня возможность дать им наследие.

Выходит, что Творец намеренно сначала делает так, чтобы были у них келим. Получается, что отягощение сердца, которое было сделано Фараону, оно для того, чтобы было место получить «хисарон», необходимость в высших светах. Вместе с тем, если не будет для них работа трудной, то не будет в них потребности к большим светам, как в примере, приводимом выше.

Потому что тот, кто идет воевать с другим, рукой или палкой – нет у второго необходимости брать против него танк или орудие. И поэтому, чтобы была у низших необходимость получать большие света, обязаны стоять против них мощные нечистые силы, и чтобы сломать их, человек обязан притянуть большие света, иначе удовлетворялся бы малым. Выходит, что власть Фараона способствует, посредством отягощения его сердца, тому, чтобы притянули большие света.

Таким образом, мы поймем то, что спрашивали: разве ради «двух знамений этих», то есть, чтобы стало известно среди народов, что Творец может делать знамения и чудеса, ради этого, то есть, чтобы почитали Его, ожесточил сердце [Фараона]? Разве Творец приходит обвинить Его творения, то есть, делает что-то, что не желательно творениям? Ведь вся цель творения – делать добро Его творениям, а здесь выходит обратное, то есть, якобы он отягощает сердце творениям, чтобы все увидели Его величие, что Он все может?

И из сказанного поймем все просто – поскольку под «Фараоном» и «Египтом» имеется ввиду власть над желанием получать, имеющаяся у творений. И чтобы творения вознуждались в получении больших ступеней, которые Творец заготовил для них, и как приводится выше в словах мудрецов, что с помощью того, что не будет у них возможности преодолеть свое желание получать, и в них будет побуждение к слиянию с Творцом, которое пришло к ним по праву праотцев, которым Творец пообещал, что сыновья их удостоятся добра и наслаждения, которые Он сотворил для Творений. Поэтому ожесточил их сердце, чтобы была у них необходимость попросить у Творца, дабы Он помог им. Помощь Его приходит, как говорится выше словами Зоар, посредством того, что дает им чистую душу. Получается, что все преодоление [в том, что] они притягивают небольшое свечение свыше, и посредством этого в конце концов, будут у них келим, то есть потребность в том наследии, которое обещал Творец праотцам.

Получается, согласно этому – то, что написано «ради двух этих знамений», это не на благо Творца, но на благо творениям, и значение сего в том, что с помощью отягчения сердца, которое Он делает Фараону, то есть, когда тело становится каждый раз более агрессивно и не дает человеку права выполнять действия ради отдачи, и поскольку человек стремится к слиянию с Творцом, поэтому он обязан стараться приложить всякий раз большие силы, иначе нет у него возможности победить его, и чтобы получить большие силы, нет другого выхода, как только молиться Творцу, ведь только Он может дать силы, подходящие для этого.

А сила Творца – это, как сказано выше: то, что Творец дает ему [человеку] всякий раз духовную силу, называемую душой – светом Торы. То есть, каждый раз соответственно преодолению, которое он должен совершить, он получает «буквы («отиет») Торы», и это называется «ради двух этих знамений («отот»)», то есть, чтобы открылись знаки Торы по отношению к Исраэлю, Он обязан создать им потребность, и это значит, что Творец «отягощает сердце» для блага творений.

И из сказанного поймем то, о чем говорилось выше: что нам необходим высший свет для создания келим, то есть, чтобы келим были пригодны к получению высшего света, и помощь эта называется светом, приходящим создать «келим де-кдуша» (келим святости), чтобы пожелали работать ради отдачи. Как указывалось выше: «Приходящему очиститься – помогают».

И после того, как уже достиг желаний, в которых хочет отдавать Творцу, тогда приходит наслаждение для наслаждения, а не чтобы создавать келим.

Так как, когда есть у него желание к Творцу, уже не требуется отягощение сердца, чтобы получил свет Торы, потому что, как правило, когда человек работает для собственной выгоды, приходит ему другая мысль, что также от этого, то есть от этого наслаждения, называемого наслаждение покоем, тоже не успокоится рука твоя.

Получается, что наслаждение покоем стало причиной ему, что нет у него необходимости к ступеням более высоким, а он удовлетворяется малым, и поэтому был Творец должен отяготить его сердце, чтобы он увидел, что не может делать ничего Творцу, то есть, что все то время, пока не подготовил свои келим ради отдачи, и пока еще находится в себялюбии, они дают ему удовлетворенность тем, что удостоился немного работать во имя высшего. Поскольку он чувствует сам, что он работает во имя высшего, есть у него от этого удовлетворенность и он не может стремиться к ступеням более возвышенным.

Выходит, согласно этому, что не было места проявлению знаков Торы. И поэтому, каждый раз, когда он получает какую-нибудь поддержку свыше и после этого он падает со своего уровня, и снова хочет войти в святость, он обязан получить помощь снова, как написано о Фараоне, в [главе о] поражении градом: **«И послал Фараон и позвал Моше: «Творец – праведен, а я и народ мой – грешны».** И затем написано: **«Иди к Фараону, потому что Я ожесточил его сердце, ради двух знамений этих в среде его».**

И порядок этот продолжается до тех пор, пока не исправит свои келим, относящиеся к его ступени, и тогда начинается порядок прихода светов.

Однако в то время, когда уже удостоился чистых желаний, как указано выше, что все его желание, это отдавать Создавшему его, нельзя сказать: «Сейчас я говорю, что уже дал Тебе много и хочу теперь немного отдохнуть, поскольку я должен получить и для собственной выгоды тоже»,– но у кого есть только желание отдавать, нет необходимости отягощать его сердце, как когда нужно создать потребность, в то время, когда он занимается созданием отдающих келим, как указывается выше, поскольку нет такого у того, кто удостоился уже желания отдавать, а желает лишь постоянно давать Творцу.

И из сказанного получается, что в то время, когда есть у человека только желание отдавать, и желает сделать удовольствие Творцу, то начинает думать, чего недостает Творцу, что он может дать Творцу, чего нет у Него, поэтому он приходит к решению, что нет в Творце никакого недостатка, кроме как в том, что сотворил мир с намерением дать добро творениям Его, чтобы творения получили от Него добро и наслаждение.

И поэтому он идет просить у Творца, чтобы дал ему это добро и наслаждение, потому что можно сказать, что не хватает Ему, чтобы низшие получили от Него эти большие света, уготованные для творений, и из этого можем сказать, что Творец наслаждается.

Вместе с тем, если не способны низшие получить свет Торы, называемый «буквы Торы», то как будто есть недостаток наверху, и это значение сказанного мудрецами (Санедрин 46): «**Во время, когда человек огорчается, Шхина каким языком говорит? – «Позор мне от головы моей, позор мне от десницы моей».** Отсюда выходит – когда есть удовольствие вверху? – Только в то время, когда есть у творений добро и наслаждение.

И поэтому нет тогда места для ужесточения сердца, но время, когда свыше должны отяготить сердце, оно только для необходимости создать отдающие келим, чтобы смогли получить добро и наслаждение, и это – ради «двух знамений», и надо объяснять, что имеются ввиду буквы, а буквами называются келим. То есть, чтобы была в человеке потребность, называемая «келим», – для этого нужно отягощение сердца, как написано: «Ради двух этих знамений», вместе с тем после того, как уже есть у него желания, нет необходимости в отягощении сердца.

И из сказанного поймем то, что спрашивали – в чем связь между Песахом, мацой и марором, как делал Гилель в то время, когда Храм существовал, и сказал выполнять то, о чем сказано: «**На мацот и мароре будет есть его**» – и спрашивали мы, на что это указывает нам в работе Творца.

И согласно вышеуказанному выходит, что основная цель работы – прийти к слиянию с Творцом. Потому что по причине отличия наших свойств в силу желания получить, заложенного в нас, посредством этого отдалились творения от Творца – и это основное, что возложено на нас исправить. Но вопрос в том, как это исправить.

Ведь сравнение свойств – означает отдавать, а не получать. Но как можно идти против природы, ведь у тела есть своя природа. И ответ: посредством Торы и Заповедей.

Однако, если бы творения получали силу отдачи с легкостью, удовлетворялись бы тогда этим, поскольку они уже чувствуют, что отдают и не было бы у них никакой потребности в открытии «букв Торы», как говорится выше: «ради двух знамений»,– т.е, Творец желает открыть им Тору в виде имен Творца, но откуда они возьмут потребность в этом, ведь после того, как преодолели желание получать, и желают сейчас отдавать Творцу, и уже есть у них слияние – чего не достает им еще? А как известно, нет света без желания, и нет наполнения без недостатка.

Что же сделал Творец? Отяготил сердце их, чтобы не было возможности у человека возобладать над злом самому, а только с помощью Творца, как указано выше: «Приходящему очиститься – помогают».

И вопрос о душе обсуждается в книге «При Хахам» (2 ч., 65 стр.): «Что есть в душе 5 свойств, называемых НаРаНХаЙ, и в НаРаНХаЙ, мы различаем два качества: а) света, б) келим. Келим НАРАНХАЙ достигают посредством выполнения ТАРЬЯГ (613) Заповедей Торы и семи Заповедей мудрецов.

И света НАРАНХАЙ – они суть Торы, а свет, одетый в Тору, он – бесконечность, и написано таким языком: «Получается, что Тора и душа, они – одно, но Творец, Он – бесконечность, одетая в свет Торы, содержащийся в ТАРАХ (620) Заповедях, упомянутых выше. И это тайна сказанного мудрецами: «**Вся Тора целиком – имена Творца**» – т.е, что Творец Он из всеобъемлющего, а ТАРАХ (620) имен – они детали и части. И детали эти они соответствуют шагам и ступеням души, которая не принимает свет свой за один раз, а только поступенчато, медленно, один за другим».

И отсюда мы видим, что Творец сделал так, чтобы не смог человек сам возобладать над злом, но будет нуждаться в Творце, чтобы помог ему. И есть промежуточное состояние, то есть, причина того, что этот человек пробует вкус горечи в работе, потому что тело не дает ему выполнять действия ради отдачи. И из-за этого у него возникает спор с Творцом – почему создал тело, чтобы было ему настолько плохо, до такой степени, что нет никакого места, чтоб мог выйти из-под власти зла, называемого желанием получить ради себя, как указывается выше. И когда заканчиваются все келим, которые человеку нужны для своего завершения, чтобы было кли, дабы содержать в нем благословение, то начинает чувствовать спасение Творца, то есть, чувствует в себе приближение Творца.

И из этого поймем связь между мацой, марором и пасхальной жертвой, поскольку посредством мацы и марора достигает настоящей потребности в буквах Торы, то есть, только посредством мацы и марора образуется в человеке потребность к помощи Творца, и помощь Его – посредством души, называемой «ступени Тора и Творец – едины», как говорится выше, как написано в книге «При Хахам».

И когда есть у него потребность, тогда Творец приближает этого человека, и это называется пасхальная жертва, когда Творец минует, пропускает («посеах» – поэтому называется «Песах») все его недостатки и приближает, дабы удостоился цели Творения.

Два свойства в святости
Статья 15, 1987

Есть святость вверху и есть святость внизу, как сказано: «святыми будьте». Таким образом есть святость внизу – это значит, что творения должны быть святыми. А далее сказано: «Ибо свят Я, Творец ваш всесильный». Это святость, которая вверху. И это является причиной и смыслом, почему должна быть святость внизу – потому, что вверху Он свят. Поэтому Он хочет, чтобы и внизу были святыми. Наши мудрецы объясняли смысл вышесказанного так: «Святыми будьте, отделенными будьте, ибо свят Я» – это означает, что, если вы освящаете себя, поднимаюсь Я над вами, как будто бы вы освятили меня».

И вроде бы это трудно понять, ведь получается, что не дай бог, нет святости вверху, а так как Творец хочет быть Святым, он говорит, что если вы освящаете себя, то Я поднимаюсь над вами, как будто вы освятили меня. И это необходимо понять. Ведь вроде бы, исходя из простого понимания, следует, что так как Творец свят, то Он говорит, что и его творения будут святыми, как сказано: «святыми будьте», по причине «Ибо свят Я, Творец ваш всесильный».

А из объяснения мудрецов выходит, что то, что творения должны быть святыми, нужно для того, чтобы они освятили Его – ведь объяснили, что сказанное: «Ибо свят Я, Творец ваш всесильный» означает, что если вы освящаете себя, поднимаюсь Я над вами, как будто вы освятили меня». Получается, будто творения должны быть святыми по причине того, чтобы была святость вверху.

Другое объяснение мудрецов (Мидраш Раба, Кдушим) гласит: «Святыми будьте. Может как Я? Сказано: свят Я и моя святость выше вашей святости». Это также трудно понять, как возможно допустить предположение, что Исраэль будут такими же, как Творец – как можно помыслить такое.

И чтобы понять вышесказанное, нужно понять, что означает сказанное мудрецами «Святыми будьте, отделенными будьте». То есть от чего должен человек отделить себя. А также необходимо понять причину, почему человек должен отделять себя. И из сказанного следует, что человек должен отделить себя из-за того, «что свят Я».

И это тоже нужно понять, ведь то, что Творец свят, мы можем понять. Но почему то, что Творец свят, будет причиной того, что также и человек будет святым,– почему? И возможно ли, чтобы человек каким-то образом стал подобным Творцу – возможно ли такое? И если да, нужно понять, что имеется ввиду, когда обязывают человека быть святым, как Творец.

Ведь получается, что это главное в том, каким должен быть человек. Иначе получается, что он будет противоположен святости, то есть в скверне, и будто бы нет ничего посередине, или, скажем, есть какое-то промежуточное состояние между святостью и скверной. Также и это необходимо понять, что означает «скверна» в духовной работе, и что означает «святость» в духовной работе.

И необходимо объяснить все эти вещи исходя из одного направления, то есть вернувшись к Цели Творения, вспомнить в чем она заключается. А также что является корнем всех неисправностей. И в чем заключаются исправления, которые мы должны исправить, чтобы Цель Творения смогла полностью осуществиться. А именно, чтобы творения получили добро и наслаждение, которое Творец хочет дать им, как сказано, что Его желание состоит в том, чтобы давать добро своим творениям.

И известно, что желание давать добро сотворило желание получать и стремление получить то добро, которое он хочет дать. И это желание получать называется «корень творения». И из этого желания получать развилось в дальнейшем множество свойств в этом желании получать. То есть когда это желание вышло и проявилось в первый раз, и получало по этому своему первичному свойству – такое состояние называется «Мир Бесконечности». Это значит, что это желание получать еще не установило ограничение на Высший свет, а принимало в это кли, получая добро и наслаждение. Поэтому было сделано исправление, чтобы получали высшее благо не ради получения, а ради отдачи. И благодаря этому не ощущали никакого стыда во время получения наслаждений. Из сказаного выходит, что в Мире Бесконечности было только одно желание. И только после того, как было сделано исправление сокращением, после которого нельзя получить что-либо, а только в мере способности получить с намерением ради отдачи, тогда разделилось это желание получать на множество свойств.

Потому, что в то время, когда Малхут получала в кли, которое мы относим к Творцу, сделавшему нечто новое, сущее из ничего, называемое «стремление к получению наслаждений», она могла получить все, что Творец хотел ей дать. Так как в той мере, в которой Он хотел давать, в той же мере сотворил желание получать. И соответственно могла Малхут получить все изобилие, которое имеется в желании Творца давать. Поэтому это считается одним желанием. Ведь известно, что свет невозможно разделить, а все разделения, которые мы различаем в светах, существуют только в мере получающих эти света. И поэтому, так как было только одно свойство в получающем кли, разумеется, что и свет, воспринимался как один, как указано выше, что одно кли считается одним желанием. Тогда как после исправления сокращением, необходимо придать желанию получать намерение ради отдачи. А так как намерение ради отдачи мы относим к творениям, то конечно же келим, которые должны сделать творения, не могут быть закончены за один раз. И поэтому должны получать каждый раз какую-то часть желания получать и исправлять ее намерением ради отдачи.

И в этом причина того, что созданное общее желание получать разделилось на несколько частей, по величине намерения желания отдавать, данное на них– в этой мере желание получает Свет, соответствующий ему, этому желанию, исправленному намерением ради отдачи.

И из вышесказанного исходит то, что объясняют «Святыми будьте, отделенными будьте». И на заданный выше вопрос: «От чего человек должен отделить себя?» Необходимо сказать, что человек должен отделить себя от любви к себе, то есть от получения ради себя, и заниматься только отдачей.

И это по причине «Ибо свят Я». То есть для того, чтобы вы были подготовлены получать добро и наслаждение. И благодеяние, которое вы получите, будет при этом без какого-либо стыда. И это может быть, только если вы будете пребывать в свойстве желания отдавать. Это приведет вас к равенству свойств, как указано нашими мудрецами, благославенна их память: «так же как Он милосерден, так и ты милосерден». И это то, что написано «святыми будьте» – будьте в свойстве желания отдавать. «Так как свят Я» – так как также и Я нахожусь только в отдаче». И поэтому должно быть равенство свойств, называемое «слияние».

И из сказанного поймем ответ на вопрос, что вроде бы получается, что причина того, что «будете святыми», это то, что Он свят. И тогда как объяснить сказанное мудрецами: «так как Я свят, то есть если вы освящаете себя, поднимаюсь я над вами, как будто вы освятили меня». И вроде как выходит наоборот, что вы должны быть святыми, чтобы якобы освятить Меня? И вообще трудно понять то, что народ Израиля должен освящать Творца. Как объяснить это?

Ведь мы всегда говорим: «Благословен ты, Творец, освящающий Израиль и времена», «Благословен ты, Творец, освящающий Израиль и день памяти». А также говорим во время Кидуша: «Ибо нас избрал Ты и нас освятил Ты из всех народов». И тогда как же объяснить «как будто освятили Меня»? То есть Творец нуждается, чтобы мы дали Ему что-то для Его блага, так как Он будто бы нуждается в нашей святости. И Он и не может достичь этого, кроме как через нас? Неужели можно сказать, что Он нуждается в творениях, чтобы давали ему что-либо для Него?

И как мы уже объяснили, «святой» означает «дающий». И для того, чтобы у творений были келим для получения Его изобилия, необходимо равенство свойств. То есть необходимо, чтобы также и у творений желание было только отдавать, а не получать. Иначе не ощущается, что Творец дает им изобилие.

Поэтому «говорит» Творец, что, если вы освящаете себя, то есть отделяете себя от получения ради себя, и занимаетесь только работой на отдачу, называемой святостью, «поднимаюсь Я над вами, как будто вы освятили меня». Иными словами, тем, что вы занимаетесь работой на отдачу, вы позволяете также и Мне давать вам все блага.

Исходя из этого мы находим, что смысл сказанного, что Творец нуждается в том, чтобы творения освятили Его посредством того, что они освящают себя, заключается в раскрытии Творца, как дающего, иначе Он вынужден пребывать в сокрытии по отношению к творениям. И не может давать им изобилие, так как получив Его изобилие, они погрузятся в кли получения ради себя сверх меры, получив лишнее.

Иными словами, раньше получали земные блага и наслаждения в кли получения, тогда как теперь, когда Он даст им Высшее изобилие, несущее истинное наслаждение, конечно же станут по настоящему получающими. Ведь, как известно, Свет создает кли. То есть наслаждение вызывает вожделение, как сказано: «Глаз видит и сердце желает».

И поймем из сказанного, что то, что Творцу нужно, чтобы творения освятили себя, это необходимо для блага самих творений. То есть тем, что они будут работать ради отдачи, они дадут возможность Творцу дать им изобилие. И при этом останутся в свойстве отдачи, а не в любви к себе, которая разделяет в духовном, как сказано выше.

И в этом смысл написанного: «Поднимаюсь Я над вами, как будто вы освятили меня». Иными словами, благодаря вам Я раскроюсь для всех как Святой. То есть раскроется, что Я даю всему миру благо и наслаждение, так как дающий называется «святым», как сказано выше.

И из сказаного поймем ответ на вопрос, что имели ввиду наши мудрецы, объясняя написанное: «Святыми будьте. Может как Я? Сказано: свят Я и моя святость выше вашей святости». И вопрос был, как возможно такое, чтобы кто-то мог подумать, что святость творений будет подобна святости Творца?

И из вышесказанного можно объяснить: то что Творец говорит «святыми будьте», означает, что будьте отделенными от кли получения, и будьте заниматься только келим отдачи. «Сможете так же как Я» – то есть также как Творец не использует получающие келим, ведь от кого получать? А все что мы можем сказать о Творце, только исходя из того, что получаем от Него, как написано: «Из действий Твоих познаю Тебя». И поэтому говорит Творец: «Не думай, что ты можешь быть как Я, то есть что вы сможете оставаться в свойстве отдачи ради отдачи, что означает «сможете также как Я». То есть также как Я только отдаю и ничего не получаю, также и вы останетесь в свойстве отдачи ради отдачи. Он «говорит» об этом: «Нет, вы должны прийти к свойству получения, то есть получать в буквальном смысле слова – вы должны использовать свои получающие келим. Только намерение должно быть ради отдачи. Так как Цель Творения – дать добро творениям, чтобы творения получали благо и наслаждение. И в этом смысл написанного – «Моя Святость выше вашей святости».

И из сказанного выходит, что мы должны различать «святость вверху» и «святость внизу». А то, что написано «святыми будьте», так как «Я свят, ваш Творец» означает, что вы будьте работать только ради отдачи, «также как я пребываю в отдаче», как сказано мудрецами: «так же как он милосерден, так и ты милосерден». Но в любом случае есть разница между «святостью вверху» и «святостью внизу». Так как «святость вверху» – она вся в отдаче, и никак не связана с получением. Тогда как «святость внизу» по-другому. **Ведь совершенство заключается именно в использовании получающих келим. А святость – в намерении.** То есть от творений требуется, чтобы они были святыми, чтобы были в отдаче, а не в получении, в этом главное – чтобы намерение было ради отдачи.

Однако относительно последовательности работы нужно разделять малое состояние святости и большое состояние святости. Так как последовательность работы всегда от простого к сложному. Поэтому необходимо сначала начать работать над тем, чтобы действия отдачи были ради отдачи, что означает, что все заповеди, которые человек выполняет, были с чистым намерением, а не для того, чтобы получить какое-либо вознаграждение за исполнение Торы и заповедей, чтобы были ради Творца (лишма), а не для собственной пользы, что называется «отдачей ради отдачи».

А потом уже приходит черед большого состояния, то есть когда уже начинаем работать с получающими келим с намерением ради отдачи, когда творения говорят: «мы хотим получать все благо и наслаждение, так как в этом состоит желание Творца, создавшего мир чтобы насладить Свои творения. Получается, что необходимо различать две святости:

1. Святость вверху, когда отдающий находится только в отдаче, не получая ничего.
2. Святость внизу, когда по действию он получает, но намерение его – ради отдачи.

Разница между общей и индивидуальной работой («клаль» и «прат»)
Статья 16, 1986/7

В Книге Зоар (гл. Эмор, стр. 20, комм. Сулам, п. 58) сказано: «Та хези[209], смотри: над человеком, который родился, не назначается сила свыше до тех пор, пока он не будет обрезан. После того, как он уже обрезан, над ним начинается пробуждение духа, то есть света нефеш, свыше. Удостоился заниматься Торой – тогда он становится совершенным человеком, совершенным во всем, – ведь он удостоился света хая. Однако, когда рождается животное, в момент рождения

---
209 «Та хези» (арам. «Выйди и посмотри») – формула, часто используемая в Книге Зоар в начале нового фрагмента.

оно уже обладает той силой, которая есть у него в конце. Поэтому сказано: «Когда родится бык, или овца, или коза»[210][211].

И следует понять, чему учит нас в духовной работе эта разница между животным и человеком. Прежде всего мы должны понять, что такое свойство «человека» в духовной работе и что такое свойство «животного». Что такое человек? Наши мудрецы объяснили (трактат Брахот, 6:2) стих: ««Послушаем всему заключенье: Творца бойся и заповеди Его соблюдай, ибо в этом – весь человек»[212]. Что значит «ибо в этом – весь человек»? Сказал рабби Элазар: «Сказал Творец: Весь мир был создан только ради этого»».

Это означает, что весь мир был создан ради трепета перед Творцом. И это то, как он ответил [на вопрос]: «Что значит «ибо в этом – весь человек»?». Отсюда получается, **что человеком называется тот, у кого есть трепет перед Творцом**. Тогда как тот, у кого нет трепета перед Творцом, не называется человеком.

И отсюда также становятся понятны слова наших мудрецов (трактат Евамот, 61:1) «А также рабби Шимон бен Йохай говорил…, как сказано: «И вы – овцы Мои, овцы паствы Моей, вы – человек»[213], – вы называетесь человеком, а идолопоклонники не называются человеком». И кроме того надо объяснить, что под человеком он имеет в виду, что у него есть трепет перед небесами. (Хотя с точки зрения закона это неважно, и он оскверняет[214] – несмотря на то что, у этого человека есть только лишь уровень животного, он оскверняет шатер, в любом случае, **в отношении духовной работы мы рассматриваем свойство Исраэль и свойство семидесяти народов мира в одном человеке**, как говорит Книга Зоар: «Каждый человек – это маленький мир»[215]. Поэтому, **с точки зрения практических заповедей, которые называются «явной частью [Торы]», все рассматривается отдельно. То есть идолопоклонники – отдельно, и Исраэль – отдельно**, то есть все рассматривается в разных телах. Поэтому закон определяет, что могилы идолопоклонников не оскверняют шатер, поскольку сказано об осквернении: «Если *человек*[216] умрет в шатре»[217]. Поэтому идолопоклонники не оскверняют шатер).

И из сказанного получается, что тот, у кого есть трепет перед Творцом, называется человеком, тогда как тот, у кого нет трепета перед Творцом относится к свойству животного, а не человека. Однако следует понять, какова мера трепета перед Творцом – ведь тут есть много аспектов.

В Книге Зоар сказано (Предисловие Книги Зоар, стр. 185, комм. Сулам, п. 190): «Страх делится на три вида. У двух из них нет настоящего корня, и [только] один является корнем страха. Бывает человек, который боится Творца, чтобы жили сыновья его и не умерли, или боится наказания тела, или наказания своим деньгам. И из-за этого он постоянно боится Его. Получается, что тот страх, которым он боится Творца, не является для него корнем, ведь корнем для него является собственная выгода, а страх является ее порождением. А бывает человек, боящийся Творца из-за того, что он боится наказания того мира и наказания ада. Два этих вида страха, то есть страх наказания этого мира и страх наказания будущего мира, не являются первоосновой страха и его корнем. [191] Страх, являющийся первоосновой, – это когда человек будет бояться своего Господина из-за того, что Он велик и правит всем…».

---

210 Ваикра, 22:27. **Когда родится бык, или овца, или коза**, то пробудет семь дней под матерью своей, а от восьмого дня и далее благоугоден будет для огнепалимой жертвы Творцу.
211 Зоар, Эмор, 58-59.
212 Коэлет, 12:13.
213 Йехезкель, 34:31.
214 В этом месте Талмуда разбирается, чья могила оскверняет, разбитый над ней шатер.
215 Зоар, Берешит 1, комм. Сулам, п. 121.
216 Курсив – переводчика.
217 Бамидбар, 19:14.

И согласно этим словам Зоар получается, что первооснова трепета перед Творцом – [трепет] из-за того, что Творец велик и правит всем. Именно это заставляет нас исполнять Его заповеди, ибо это называется, что он работает не для получения награды. Другими словами, не ради собственной выгоды, то есть что он получит какое-то вознаграждение за свою работу, а сама работа является вознаграждением, потому что он чувствует, что удостоился большой чести в том, что видит, что ему дали мысль и желание служить Царю, и этот великий подарок, которого он удостоился свыше, он считает огромным состоянием.

И отсюда получается, что человеком называется тот, кто идет по пути, ведущему к свойству, где все действия его будут с намерением ради небес, а не ради собственной выгоды. Тогда как, если у него нет намерения, а есть одно лишь действие, хотя это тоже великая вещь, но без намерения он называется «животным», как сказано (Притчи, 19:2): «И без знания душе не хорошо». «Без знания» – имеется в виду, что знанием называется намерение, как сказано: «Ты одаряешь человека знанием»[218].

И непонятно: ведь путь истины означает идти выше знания. В таком случае, почему же мы молимся, чтобы Он дал нам знание? И сказал мой господин, отец и учитель, что святым знанием называется «слияние», «подобие по форме». Отсюда следует объяснить «и без знания» – то есть душа без слияния, когда человек находится в свойстве животного, то есть он не идет путем, который благодаря Торе и заповедям приведет к тому, чтобы он смог построить намерение ради отдачи. Это называется «животное без знания [то есть разумения]», без подобия по форме. То есть во всех производимых им действиях у него нет иного намерения, кроме собственной выгоды, и это называется свойство «животного», и не относится к свойству «вы называетесь человеком, а не идолопоклонники», как сказано выше.

А теперь мы выясним то, что мы спросили – на что указывает нам разница между рождением животного и рождением человека. И Книга Зоар приводит нам доказательство приводимых ею слов: «Когда рождается животное, в момент рождения оно уже обладает той силой, которая есть у него в конце», – из Писания: «Когда родится бык, или овца, или коза»[219][220]. Ведь однодневный бык называется быком[221], ибо не сказано «Когда родится теленок». А в отношении духовной работы это учит нас знанию порядка развития человека и животного.

Прежде всего, когда мы говорим о духовной работе, мы должны знать, что такое «рождение». Иными словами, согласно правилу, мы учим, что как животное, так и человек, все это рассматривается в одном теле, ведь человек состоит из 70-ти народов, в таком случае он состоит из всего, что есть в мире, как сказано в Книге Зоар, что человек – это целый мир, в таком случае следует знать, что такое вообще рождение.

Известно, что главное, когда говорят о человеке, – это разум и сердце. То есть мысли мы приписываем разуму, а желания – сердцу. Поэтому, когда в разуме и сердце у него есть мысли, относящиеся к свойству животного, это называется, что родилось животное. А если в разуме и сердце есть мысли и желания, относящиеся к человеку, это называется, что родился человек. И так мы различаем человека и животное.

Однако внешне мы видим в материальном, что существует большая разница даже у животного между днем, когда оно родилось, и спустя какое-то время, когда оно развилось, как в длину, так и в ширину, и в высоту. Однако главный фактор, почему [мудрецы] сказали, что у животного нет разницы от дня его рождения и до конца, – что у него есть та же сила; имеется в виду внутреннее качество. И это указывает нам на порядок работы. И как они сказали: «Когда

---

218 Четвертое благословение молитвы Шмона-Эсре (Восемнадцать благословений)
219 Ваикра, 22:27. **Когда родится бык, или овца, или коза**, то пробудет семь дней под матерью своей, а от восьмого дня и далее благоугоден будет для огнепалимой жертвы Творцу.
220 Зоар, Эмор, 58-59.
221 Трактат Бава Кама, 65:2.

рождается животное», – имеется в виду, что на этой основе он начинает строить здание, в котором он будет жить все дни жизни своей.

И поэтому [наши мудрецы] сказали: «животное рождается» с той основой, на которой он строит свою работу в Торе и заповедях, то есть на свойстве животного, называемом **действием без намерения**. И в этом он хочет продолжать все дни жизни своей, то есть он думает своим умом, что это истинный путь, что те люди, которые хотят идти путем Творца достаточно, если он вкладывает всю свою энергию и силу, чтобы исполнять Тору и заповеди во всех частностях и деталях. И он настроен во время их исполнения на то, что он исполняет заповедь Творца. И чего же мне еще не хватает?

А главное, человек, родившийся в свойстве животного, утверждает, что он приведет доказательство своей правоты от всей общины Исраэля (клаль), как принято у них, то есть из чего они исходят. И ты, конечно, увидишь, что они идут в свойстве животного. То есть исполняя Тору и заповеди, и, кроме того, принимая на себя еще дополнительные строгости к тем заповедям, которые даны нам, они уже ощущают себя совершенными и не видят в себе никакого недостатка, который надлежало бы исправить. И он приводит доказательство своих слов от мудрецов, которые сказали (трактат Брахот, 45:1): «Выйди и посмотри, как принято в народе». Объяснение: если есть в чем-либо сомнение, пойди, выйди и узнай, как принято в обществе.

И на самом деле он прав. То есть тот, кто родился в свойстве животного, относится ко всему обществу (клаль) и должен идти его путем. Как пишет Рамбам, как сказано выше, объяснивший слова мудрецов: «Обязан человек всегда заниматься Торой даже в «ло лишма», ибо из «ло лишма» придет в «лишма». Поэтому, когда обучают малолетних, женщин, и всю неграмотную массу, их обучают только работать из страха и для получения оплаты, пока не умножится знание их и не преисполнятся они большей мудростью, им приоткрывают тайну эту очень постепенно, приучая их к этому без давления, пока не они не постигнут Его, и не познают Его, и не станут служить Ему из любви» (Законы возвращения, гл. 10, [закон 5]).

И вот мы выяснили, что это правильно, что тот, кто хочет идти путем всего общества (клаль), приводит для себя доказательство от всего общества. И это происходит с тем, кто родился в свойстве животного, как говорит Книга Зоар, что сила, которой он обладает в конце, есть у него сразу же в день его рождения. Как сказано: «Однодневный теленок называется быком», – другими словами, до [самого] конца у него не будет духовного знания больше, чем было в момент рождения, то есть от того, когда он начал идти путем работы в свойстве животного.

Однако следует понять слова Рамбама, когда он говорит: «Пока не умножится знание их и не преисполнятся они большей мудростью». И возникает вопрос, как мы можем знать, что их знание уже умножилось, и они уже обладают большей мудростью? И кроме этого, какова мера знания, которое уже называется, что «умножилось знание их»? А также, какова мера «большей мудрости», начиная с которой уже можно раскрывать им тайну «лишма», называемую «не ради получения вознаграждения»?

И из сказанного получается, что, **когда рождается «человек», это означает, что в его разум и сердце приходят мысли, что нужно быть человеком**, а человеком называется тот, кто хочет идти путем трепета перед Творцом, то есть все действия его будут ради небес, на отдачу, а не ради собственной выгоды, как у животного, у которого нет ощущения ближнего. А он хочет идти именно ради отдачи, хоть еще и не удостоился этого, ведь «рождением» называется, что он начал [строить] на человеческой основе, то есть хочет построить свою работу на основе трепета перед Творцом, называемого свойством человека, как сказано выше. И это начало называется «рождением».

И это – время, когда человек вдруг говорит, что хочет стать человеком, поскольку сейчас он родился в свойстве человека в своем сердце и разуме. Это называется: «Пока не умножится знание их и не преисполнятся они большей мудростью», – где имеется в виду, пока не родится у них в сердце их и разуме их мудрость и знание, что не стоит жить животной жизнью, называемой «ло лишма», как сказано: «И без знания душе не хорошо»[222]. Тогда можно раскрывать ему «лишма», называемое «боящийся Творца», а не занимающийся Торой и заповедями из-за того, что боится за собственную выгоду. Тогда как до того, как у него возникло свойство человека, нельзя раскрывать ему, как сказано у Рамбама.

И отсюда поймем, что говорит нам Книга Зоар, что есть отличие у того, кто родился в свойстве животного, ибо в этом случае сразу же, как он родился, то есть в начале его работы, у него уже сейчас же есть то совершенство, которое он постигнет потом, то есть тот же ум, который он получил, когда родился. Имеется в виду основа, когда он начал работать в свойстве животного, называемая «собственная выгода», и все, что он будет строить потом, будет [построено] на основе эгоистической любви. То есть он не получит никакой добавки. И хотя внешне он растет, подобно животному, которое после рождения растет в длину и в ширину, и в высоту и т.п., но оно не растет в своей внутренней части, другими словами, в отношении ума нет никакой разницы между днем его рождения и днем, когда оно уже выросло спустя несколько лет, ибо животное остается с тем же самым умом.

То же самое и с человеком, все здание и основа работы которого строится на свойстве животного, то есть «ло лишма». Тут тоже нет различия во внутреннем качестве, то есть в уме. Хотя внешне он, без сомнения, вырос, то есть в продолжении времени накопил и собрал много Торы и много заповедей, однако в смысле внутренней части он остался на том же уровне, и ум, являющийся внутренней частью, никак не отличается в конце.

И поэтому Зоар говорит: «Над человеком, который родился, не назначается сила свыше до тех пор, пока он не будет обрезан. После того, как он уже обрезан» он получает свет нефеш, пока он не удостаивается получить уровень хая, потому что он удостоился этих четырех ступеней, являющихся четырьмя мирами АБЕА[223]. И из сказанного у нас получается, что есть **работа, относящаяся ко всему обществу (клаль)**, и это **«ло лишма»**, называемое свойством **животного**, и что нельзя говорить ему, что надо работать в «лишма», потому что он в любом случае не поймет, ведь он рожден в свойстве животного, и он не может понять ничего другого. Поэтому с ним надо изучать только «ло лишма».

И согласно этому можно объяснить слова мудрецов (трактат Авода Зара, 19:1): «Сказал Раба: «Человек всегда будет учить Тору в том месте, которого желает сердце его»». И Раши объясняет: ««в том месте, которого желает сердце его» – учитель должен учить с ним тот трактат, который он желает, ведь если будет учить с ним другой трактат, не будет соблюдено «согласно желанию сердца его»»[224].

И это из-за того, что, если он родился в свойстве животного, другими словами, если разум и сердце понимают, что они должны идти согласно всему обществу (клаль), то есть вся [его] основа – в «ло лишма», нельзя давать ему понять, что нужно работать на отдачу, как объясняет Раши: «Ведь если будет учить с ним другой трактат, не будет соблюдено «согласно желанию сердца его»». Поэтому он приведет много оправданий того, что он не может идти в свойстве человека, которое, как сказано выше, называется «боящийся Творца», то есть ради отдачи, как сказано у Рамбама: «Пусть не говорит человек: Вот я исполняю заповеди Торы, чтобы получить написанные в ней благословения или чтобы удостоиться жизни в будущем мире. И так служат Творцу только неграмотные, женщины и малолетние, которых обучают работать из страха, пока не умножится знание их, и не станут они работать из любви»[225].

---

222   Притчи, 19:2.
223   Зоар, Эмор, п. 58.
224   Комментарий Раши на трактат Авода Зара, 19:1.
225   Рамбам, Законы возвращения, гл. 10, закон 1.

А слова «пока не умножится знание их» мы объясняли. Имеется в виду, пока он не родится в свойстве «человек», то есть пока в его разуме и сердце не появятся мысли и желания, что нужно работать в истинной работе, то есть ради отдачи, как пишет Рамбам, что нужно служить Творцу только в отдаче Ему. Он пишет: «А делает истину, потому что это истина»[226]. Ведь «истиной» называется «лишма», а не ради собственной выгоды. И эту истину, говорит он, не следует раскрывать всему обществу (клаль). И причина этого, как сказано выше, что они не поймут этого, как объясняет Раши: «согласно желанию сердца его», – поэтому он не может понять по-другому.

Однако, когда он рождается в свойстве человека, что означает, что в его разуме и сердце возникают мысли и желания стать человеком, то есть он понимает, что надо идти путем истины, хоть он еще и не может идти, потому что он сейчас [только] родился, то есть он начал сейчас эту работу, и только понимает, что нужно прийти к ней, то есть делать все ради отдачи, хотя в момент рождения и нет у него ничего, то есть как говорит Зоар: «над человеком, который родился, не назначается сила свыше до тех пор, пока он не будет обрезан»[227].

Это означает, что, когда он начал идти по линии отдачи, называемой «рождение», он все время видит все наоборот. То есть после каждого прилагаемого им усилия он видит, что у него нет никакого продвижения, а он все время видит, что идет назад. И таков порядок, то есть состояние **скрытия**, которое он ощущает, продолжается, пока он не удостаивается пройти обрезание. А после этого он идет вперед, пока не постигнет 4 ступени, называемые «хая, нешама, руах, нефеш», как сказано выше. И в этом разница между «клаль» (всем обществом) и «прат» (индивидуумом), а в материальном это подобно разнице между человеком и животным.

Суть важности запрета обучать Торе идолопоклонников
Статья 17, 1987

Сказали наши мудрецы (Талмуд, трактат Хагига, 13:1) «Сказал р. Ами: «Нельзя передавать слова Торы идолопоклонникам, как сказано: «Не сделал Он такого никакому народу, и законов не знают они»[228]. [Сказано] в трактате Санедрин (59:1) : «Сказал р. Йоханан: «Идолопоклонник, занимающийся Торой, повинен смерти, как сказано, «Тору заповедовал нам Моше в наследие»[229]. Нам в наследие, а не им».

Спрашивает Гмара: «Р. Меир говорил: «Откуда известно, что даже если идолопоклонник занимается Торой, то становится, как первосвященник; как сказано: «ибо сделал их человеком и жил в них»[230]? Не сказано – «Коэны, Левиты и Исраэль», а сказано – «человек». Из этого учим, что даже идолопоклонник, занимаясь Торой, становится как первосвященник».

В отношении духовной работы это следует понимать согласно правилу, что в духовной работе мы рассматриваем всю Тору в одном человеке. Так говорит Книга Зоар, что каждый человек – это маленький самостоятельный мир. То есть, он включает в себя 70 народов мира. Если так, то что называется «Исраэль» и что называется «идолопоклонник» в одном человеке?

Еще один вопрос о толковании р. Меира, который приводит доказательство из сказанного «ибо сделал их человеком и жил в них». При этом р. Шимон говорит: «Человек (адам) называется Исраэль»[231]. И приводит доказательство из сказанного: «Вы называетесь – адам, а не народы мира»[232]. Если так, то как р. Меир приводит в доказательство источник со словом адам», говоря

---

226 Там же, закон 2.
227 Зоар, Эмор, п. 58.
228 Псалмы, 147:20.
229 Дварим, 33:4.
230 Зоар, Ваикра, 18:5.
231 Зоар с комментарием Сулам, гл. Берешит, 1:121.
232 Талмуд, трактат Бава Меция, 114:2.

об идолопоклоннике? А в комментариях Тосфот к трактату Санедрин хочет объяснить, что есть различие между словами «адам» и «ха-адам» (с буквой «хей» в начале).

Раши объясняет, что нет сложности в понимании сказанного р. Шимоном «человек означает Исраэль». Из слов р. Шимона не следует, что человек означает именно Исраэль. Также надо понять большое различие между р. Йохананом и р. Меиром в том, что р. Йоханан говорит: «Идолопоклонник, занимающийся Торой, повинен смерти. А раби Меир уподобляет его не просто Исраэлю, а первосвященнику. Разве возможно, чтобы он был выше, чем просто Исраэль?

Книга Зоар говорит (стр. 103, комментарий Сулам, п. 298): «Р. Элазар спросил р. Шимона, отца своего. Написано: «Не сделал Он такого никакому народу». Но следует спросить: если написано «Изрекает слово Свое Яакову», то почему написано «законы Свои и суды Свои Исраэлю? Ведь это повторение одного и того же. Ибо Тора – это скрытое высшее писание, само Имя Его [Творца], поэтому вся Тора скрыта и раскрыта, там есть тайна и простой смысл, называемый «Имя Его».

Поэтому Исраэль находятся на двух ступенях: скрытой и раскрытой. Как мы учили, что есть три ступени, связанные друг с другом:

1. Творец;
2. Тора;
3. Исраэль.

Как сказано: «Изрекает слово Свое Яакову, законы Свои и суды Свои Исраэлю»[233]. Это две ступени. Одна раскрытая, – это ступень Яакова; другая скрытая, – это ступень Исраэля. Что означает написанное? Отвечает: «Каждый, кто обрезан и записан в святом имени, – дают ему от раскрытых вещей Торы. Об этом сказано: «Изрекает слово Свое Яакову».

Но «законы Свои и суды Свои Исраэлю» – это более высокая ступень, поэтому «законы Свои и суды Свои Исраэлю» – это тайны Торы. И законы Торы, и скрытые смыслы Торы, которые нельзя раскрывать никому, кроме тех, кто находится на соответствующей высшей ступени. Так и для Исраэля, которым не раскрывают Тору, кроме тех из них, кто находится на высшей ступени, а народам—идолопоклонникам тем более [не раскрывают].

В пункте 303[234] сказано: «Видишь первую вещь в Торе, которую дают младенцам - алфавит. Эта вещь, которую населяющие мир не могут передать своим сыновьям и сделать желаемой». Чтобы понять сказанное, нужно прежде всего знать, что означает «Исраэль» в духовной работе и что означает «идолопоклонники» в духовной работе.

Мудрецы объясняют сказанное в Талмуде (Шабат, 105, 72): Не будет у тебя бога иного, не поклоняйся богу чужому». Что есть чужой бог в теле человека? Говорится – это злое начало. Отсюда следует, что идолопоклонники называются «злое начало», то есть, если мы говорим об одном лице, то поклонение идолам, называемое «бог иной или бог чужой» происходит в человеке. Соответственно, следует различать в самом человеке свойство идолопоклонников – злое начало, и свойство Исраэль – доброе начало.

Нужно понять, почему это начало, которое соблазняет человека наслаждаться, чтобы чувствовать наслаждение от жизни, называется «зло». Разве оно не говорит человеку: «Слушай меня, тогда будешь наслаждаться жизнью»? Если так, то почему оно называется «злое начало»? А также «бог иной»? И какова связь между идолопоклонством и злым началом. И почему оно называется «духовное», когда служат ему и поклоняются ему, как происходит в идолопоклонстве?

Известно, что есть два царя в мире:
1. Царь царей;
2. царь старый и глупый, – имеется ввиду злое начало.

---

233   Псалмы, 147:19.
234   Зоар, гл. Ваикра

И это также называется «два владения»:
1. владение Творца;
2. владение человека.

«Когда человек рождается, – сказали мудрецы, – рождается сразу со злым началом, как сказано, «У входа грех лежит»[235]. Объясняется в Книге Зоар: «как только выходит из утробы, тотчас приходит к нему злое начало». Следует объяснить в значении духовной работы, что тотчас, как рождается человек, тотчас овладевает его сердцем и душой злое начало.

Известно, что злое начало – это желание получать в человеке, как сказано в Предисловии к Книге Зоар[236]. И у человека с рождения нет иной цели, кроме как обслуживать желание получать. То есть, все его чувства призваны обслуживать старого и глупого царя. Он также поклоняется ему. Это значит, что «поклонением» называется отмена своего разума и знания перед ним.

Это означает, что даже если он слышит иногда что нужно служить Царю царей, и даже иногда разум и знание обязывают к тому, что главное, для чего мы родились в мире – это не обслуживать желание получать; – все равно он отвергает это знание и говорит: «Хотя здравый смысл и подсказывает мне, что не следует работать и обслуживать всю свою жизнь желание получать, а следует служить Творцу, я все равно иду выше знания. Это означает, что тело говорит мне: «Оставь все, что ты получил от книг и учителей, что нужно служить Творцу, теперь не противься желанию получать, а работай на него всем сердцем и душой».

Так человек поклоняется желанию получать, потому что подавляет свое знание. Это называется «поклоняется». И это называется, что человек «работает на иного бога», который непричастен святости. И также называется «бог чужой», которому чужда святость.

А человек, который работает на него, называется «чужой» или «идолопоклонник». И это иной бог в теле человека. Это означает, что «бог чужой» – это не внешняя вещь, когда человек работает на что-то вне его тела. Считается, что именно это называется идолопоклонство. Наоборот, то, что он работает и обслуживает свое тело, называемое «желание получать», находящееся в теле человека, - это называется «идолопоклонство». Такой человек называется «чужой» или «идолопоклонник».

Причина в том, что что он не имеет никакого отношения к святости. Потому что «святой» называется Творец, как сказано: «Святы будете, ибо свят Я, Творец»[237]. Что означает, «воздержаны будете». Поскольку Творец - дающий, то для того, чтобы достигнуть слияния с Творцом, называемого «совпадение по форме», человек также должен быть дающим. И это называется «святость».

Отсюда следует, что тот, кто работает и обслуживает свое желание получать, и только ему хочет служить сердцем и душой, и во всем, что он делает, даже в действии отдачи, он никак не считается с действием отдачи, а лишь с тем, какое последует наслаждение для его желания получать, и ни в коем случае не упускает его из виду; и лишь следует своей вере в то, что только на него нужно работать, даже если знание убеждает его в том, что не следует работать на него, - все равно нет у него сил предать своего бога, на которого работает с первого дня жизни. Поэтому это называется «вера», так как работает на свое желание получать выше знания. И никакой разум в мире не может прервать и отделить его от слияния, в котором он находится с момента рождения. И это называется «чужестранец» или «чужой».

А «Исраэль» называется то, что противоположно «чужому богу», то есть «Яшар-Эль» («прямо к Творцу). Что означат, что все его намерение прямо к Творцу. То есть, все, что он думает и к чему стремится - достигнуть слияния с Творцом. И не хочет слушать голос желания получать.

---

235 Берешит, 4:7
236 Предисловие к Книге Зоар, п.9.
237 Талмуд, трактат Кдошим, 19:2.

И говорит, что имя, данное желанию получать - «злое начало» - подобает ему, потому что оно причиняет лишь зло.

А именно - чем больше он старается наполнить желание, чтобы не мешало ему в работе, где он хочет работать на Творца, - получается наоборот. То есть, [человек] старается каждый раз дать ему [желанию]все, что оно требует. И он дает ему, потому что думает, что так оно не будет ему мешать. Но выходит совсем наоборот, - получающий получает дополнительные силы от того, что обеспечивают ему его потребности, то есть, становится более злым.

И теперь он видит, как правы были мудрецы, говоря (Берешит Раба, 25:8): «Не делай добра злу, и зло не настигнет тебя», что означает - плохому человеку не делай добра. Также и у нас, если мы учим, что все в одном человеке, то это означает, что нельзя делать добро желанию получать - злому началу. Потому что любое добро, которое человек сделает ему, даст ему силы, чтобы потом навредить человеку. И оно называется «воздающий злом на добро». Это подобно двум каплям воды, а именно, - насколько человек обслуживает его, настолько есть у него [злого начала] силы делать ему зло.

При этом человек должен всегда помнить, какое зло получающий причиняет ему. Поэтому следует человеку всегда помнить о цели сотворения мира - насладить творения. И верить в то, что у Творца есть возможность давать добро и благо сверх меры, как сказано (Малахи, 3:10): «И испытайте Меня этим, - сказал Повелитель Воинств, - не открою ли вам окна небесные и не изолью ли на вас благословение сверх меры?»

Причина, по которой человек не чувствует добро и благо, которое Творец хочет дать, заключается, как известно, в различии по форме между Творцом, который отдает, и получающим. Это является причиной стыда во время получения добра и блага. И чтобы не было хлеба стыда, произошло исправление, называемое «сокращение», чтобы не получать [для себя], а только ради наслаждения Творца. И это называется «совпадение по форме», как сказали мудрецы, «как Он милосерден, так и ты милосерден»[238].

Смысл в том, что как Творец дающий, и нет у него ничего от получения, - ведь от кого получит? - так и человек должен стараться достигнуть этой ступени, чтобы не хотел для себя ничего, а все его мысли и желания были бы только о наслаждении Творца. И тогда он получит келим, достойные получить высший свет. Это общее определение для добра и блага, которые Творец хочет дать творениям. В общем свет делится на 5 частей, называемых «Наранхай». Иногда называется «Наран». Или называется просто «высшим светом» под названием «душа». А получающий душу называется «тело». Но это не постоянные названия, а все определяется конкретным смыслом.

Из сказанного следует: кто мешает получить добро и благо? - только желание получать мешает и не дает нам выйти из-под его власти, называемой «получение ради получения». На это было сокращение, чтобы исправить кли получения, чтобы было ради отдачи, и тогда будет подобно дающему. Здесь есть совпадение по форме, называемое «слияние». И тогда, благодаря слиянию с Творцом, человек называется «живой», потому что слит с «источником жизни». А из-за получающего в нем он отделяется от «источника жизни». И потому сказали мудрецы: «Грешники при жизни считаются мертвыми»[239].

В этой связи ясно, кто мешает получению нами жизни - это только получающий в нас. Это определяется вышесказанным расчетом. Таким образом, все беды и зло, от которых мы страдаем, вызывает он. Разумеется, что имя «злое начало» подобает ему, так как он причиняет нам все зло.

Представим себе больного человека, который хочет жить. Для спасения его жизни есть только одно лекарство, которое вернет его к жизни, иначе он обязательно умрет. И есть один

---

238 Рамбам, «Алахот Деот», 1:11.
239 Талмуд, трактат Брахот, 18:2.

человек, препятствующий ему получить лекарство. Конечно же такой человек называется злым человеком. То же самое у нас, - когда человек начинает понимать, что только с помощью желания отдачи он может удостоиться духовной жизни, где есть настоящие добро и благо, а это желание получать препятствует ему в получении [духовной жизни], то как мы должны на него смотреть. Конечно, на него нужно смотреть, как на ангела смерти. То есть, оно и есть то, из-за которого мы не удостаиваемся жизни.

И когда человек осознает, что наш получающий - это наше зло, то он хочет стать «Исраэль», то есть, не хочет поклоняться идолам, то есть - злому началу, находящемуся в теле человека. И хочет вернуться к ответу за то, что все время поклонялся идолам. И хочет стать работником Творца.

В таком состоянии, когда он хочет выйти из-под власти злого начала, что ему следует делать? На это есть ответ, как сказали мудрецы (Талмуд, трактат Кидушин, 30:2): «Так Творец сказал Исраэлю: «Сыны мои, Я создал злое начало и Я создал Тору ему в приправу. Если вы занимаетесь Торой, то не будете отданы ему, как сказано: «если будешь добро творить - простится тебе». А если вы не занимаетесь Торой, то будете отданы ему, как сказано: «у входа грех лежит». Это означает, что только в руке, занимающейся Торой, есть сгула (особая сила) выйти из-под власти злого начала и войти в святость».

Из сказанного следует, что тому, кто занимается Торой, как духовной работой, должна быть понятна цель духовной работы. То есть, какая причина побуждает его заниматься Торой. Ибо две противоположности есть в Торе, как сказали мудрецы (Талмуд, трактат Йома, 72:2): «Сказал р. Иешуа бен Леви: Написано, вот Тора, носящая имя Моше. Удостоился, - стала ему бальзамом жизни. Не удостоился, - стала ему ядом смерти. Поэтому, когда человек занимается Торой, нужно смотреть, чтобы Тора не привела его к смерти».

Но трудно понять, как может быть такое расстояние между «удостоился» и «не удостоился». Настолько, что сказано - если не удостоился, то занимается Торой, и она становится ему ядом смерти. Разве недостаточно было бы, чтобы не получал вознаграждения? Но почему он хуже того, кто вообще не занимался Торой? То есть, у человека, не занимавшегося Торой, нет яда смерти, а тот, кто занимался Торой, обрел в своей работе смерть. Как может быть такое?

Этот вопрос выясняется в Предисловии к ТЭС (п. 39): «Эти их слова нуждаются в разъяснении: надо понять, как и в чем становится для человека Тора смертельным ядом? Мало того, что трудится тщетно и напрасно, и нет ему никакой пользы от забот и стараний – к тому же сама Тора и работа превращается для него в смертельный яд. И это очень странно».

А в Предисловии к ТЭС в п. 101 [сказано]: «И потому сказано, что Творец скрывает Себя в Торе. Ведь по страданиям и мучениям, получаемым в период сокрытия лика, человек, который нарушает и преуменьшает Тору и заповеди, отличается от человека, приумножившего усилия в Торе и добрых делах. Первый из них наиболее подготовлен к тому, чтобы оправдать своего Владыку, то есть, решить, что страдания эти пришли к нему по причине нарушений и умаления Торы с его стороны».

Также и у нас. В то время, когда цель ясно видна, то есть, со стороны Высшего [проявляется] желание насладить творения, но, чтобы не было стыда, мы нуждаемся в келим отдачи. А поскольку мы рождены с желанием получать, которое считается «чужим богом», и мы работаем на него даже выше знания, и оно порабощает нас, и нет у нас сил выйти из-под его власти, но мы верим мудрецам, которые говорят: «Сказал Творец: «Я создал злое начало и Я создал Тору ему в приправу».

Это и есть причина, побуждающая человека заниматься Торой. Тогда Тора дает ему жизнь. То есть, с помощью Торы он выходит из-под власти злого начала и становится работником Творца. То есть, все его намерение будет в том, чтобы давать наслаждение Творцу и удостоится слияния с Творцом. То есть, чтобы слиться с источником жизни. И только в таком состоянии, когда человек учится ради этой цели, Тора называется «бальзам жизни», поскольку с помощью Торы он удостаивается жизни.

Но если не занимается Торой с этой целью, тогда, используя его Тору, желание получать укрепляется и получает больше силы держать человека под своей властью. Потому что получающий дает ему понять, что он не подобен остальным людям, потому что, слава Богу, он человек, наделенный Торой и совершающий благодеяния, и разумеется, что Творец должен поступать с ним не как с простыми людьми, а Творец должен знать, кто он.

А если он работает в скромности, то наверняка у него есть претензии к Творцу. Если он, не дай Бог, от чего-то страдает, то говорит Творцу: «Вот Тора, а вот вознаграждение». Поэтому постоянно испытывает негодование, называемое «сомневается в Шхине» - к Творцу. Тем самым отделяется от «источника жизни».

Иначе говоря, вместо того, чтобы стремиться к отмене себя пред Творцом, и всеми действиями служить Творцу, те, кто работают на получающего, хотят, чтобы Творец обслуживал их, и во всем, чего недостает их получающему, Творец должен восполнять. Получается, что они совершают действие, обратное тому, которое совершают желающие удостоиться жизни посредством занятия Торой.

Из сказанного поймем то, о чем мы спрашивали, - почему р. Ами говорит: «нельзя передавать слова Торы идолопоклонникам». Если говорится о духовной работе, то есть, об одном человеке, который находится в состоянии идолопоклонника, то причина будет в том, что [его] нельзя учить, так как это будет без пользы. Потому что в духовной работе нужно изучать Тору для того, чтобы выйти из-под власти злого начала. А если он не хочет выйти на свободу из плена злого начала, поработившего его, то зачем ему нужна Тора? Выходит, что, если будет передана ему Тора, это будет бесполезно. Если так, то жаль усилий, потраченных на изучение.

При этом р. Йоханан дополняет р. Ами и говорит, [что] кроме того, что эта вещь бесполезная, она навредит ему. И он обязуется своей душой, как идолопоклонник, то есть тот, кто учит Тору, с целью не выйти из-под власти злого начала, а остаться под его правлением и работать на него сердцем и душой; это называется «идолопоклонство».

И это, как написано, «чужой бог в теле человека», он принимает яд смерти. Поэтому говорит Раби Йоханан: «Идолопоклонник, занимающийся Торой, повинен смерти «. Это означает, что он обязуется своей душой, что Тора будет для него ядом смерти. Но как р. Меир говорил, откуда известно, что даже идолопоклонник, занимающийся Торой, повинен смерти, если он становится, как первосвященник, о чем сказано: «ибо сделал их человеком и жил в них». И мы спросили об этом:

1. Почему он говорит, что становится, как первосвященник? А просто священник не считается большой заслугой. И это настолько далеко от слов р. Йоханана, который говорит, что повинен смерти. Такое большое различие, - что он как первосвященник, - что оно означает?
2. Комментаторы спрашивают о доказательстве, которое приводит р. Меир, о том, что написано ха-адам (с буквой «хей»), ведь р. Шимон говорит, что «ха-адам» означает именно Исраэль, а не идолопоклонники.

Следует объяснить, что р. Шимон говорит «идолопоклонник, занимающийся Торой», - имеется ввиду то, что объяснялось выше, что р. Меир имеет ввиду человека, который пришел к осознанию того, что он идолопоклонник. Он видит, что со дня его рождения до сего дня он поклоняется идолам, иному богу, - имеется ввиду злое начало в теле человека. И видит, как он порабощен и находится под его властью, м не может возразить ему. И даже если часто бывает, что понимает разумом и знанием, что нет смысла работать на него, а наоборот - чтобы злое начало служило святости, - все равно он склоняет свое знание и служит ему, как если бы понимал, что стоит работать на него.

И когда человек приходит к такому осознанию, когда видит, что нет никакой силы в мире, способной помочь ему, и видит, что он безнадежен и отторгнут от жизни навсегда, и чтобы спасти себя от смерти, ибо «грешники при жизни считаются мертвыми», - в таком состоянии он верит словам мудрецов, говоривших: «Так сказал Творец: «Сыны мои, Я создал злое начало, и Я создал Тору ему в приправу. Если вы занимаетесь Торой, не будете отданы ему».

О таком идолопоклоннике говорит р. Меир, что он как первосвященник. И приводит доказательство, что сказано: «ибо сделал их человеком и жил в них». Он объясняет, что если человек приступает к занятию Торой по причине «и жил в них», то есть, причиной занятий Торой является то, что он хочет удостоиться состояния «жизни» и не быть в состоянии «грешника», поклоняющегося идолам, или чужому богу в теле человека, а все его намерение - удостоиться жизни; и написанное «И сделал их человеком и жил в них» - говорит о нем, то есть, если будет заниматься Торой, то будет как первосвященник. Не просто священник, а удостоившийся меры «хесед» (милосердие), - он называется священник, удостоившийся келим отдачи. И также удостоился состояния «гадлут», поэтому называется первосвященником.

Отсюда возникает вопрос о языке, - то, что р. Меир говорит «даже идолопоклонник». Как мы объяснили, действительно, такой идолопоклонник достоин быть первосвященником. Можно объяснить, что слово «даже» указывает на то, что даже человек, находящийся в таком низменном состоянии, где он видит, что поклоняется идолам, то есть, он видит, что сейчас у него нет никаких целей в жизни, кроме как служить злому началу.

Это означает, что все его мысли и желания были только в пользу получающего, и он не соприкасался с путем истины, то есть, чтобы иметь возможность верить в Творца верой выше знания. Но насколько знание получающего позволяло ему и давало ему понять, что только если будет работать на него, оно даст человеку силы для занятий Торой и заповедями.

Обращается р. Меир к такому человеку: «Не сожалей об этом низменном состоянии. Ты должен верить в то, что даже во время такого падения Творец может помочь тебе выйти из изгнания, где ты находился постоянно под властью [злого начала]. Смысл этого [низменного состояния] иной, таким же будет и понимание сказанного, которое даже соответствует общепринятому мнению.

На самом деле только сейчас есть необходимость в Торе. Только сейчас у тебя есть настоящие келим, то есть, настоящая потребность, чтобы Творец помог тебе, потому что ты подошел к точке истины, как сказали мудрецы, «злое начало человека восстает против него каждый день, и если бы не помощь Творца, то не смог бы [справиться с ним]. И сейчас он видит истину, что действительно нуждается в Творце».

Из сказанного сможем выяснить слова Книги Зоар, где говорится, как мы видим, говоря простыми словами, что есть три состояния:

1) состояние идолопоклонника;
2) состояние Яакова;
3) состояние Исраэль.

Различие между ними в том, что идолопоклонникам запрещено изучать даже простой смысл Торы. Это учится из написанного: «не сделал Он такого никакому народу». А если есть общее разрешение изучать простой смысл, то только из открытых частей. Это учится из написанного «Изрекает слово Свое Яакову», - это нижняя ступень, а когда он находится на высшей ступени, можно изучать тайный смысл Торы. Это учится из написанного: «уставы Свои и законы Свои Исраэлю».

В Книге Зоар в главе «Итро» (стр. 69, в комментарии «Сулам» стр. 265) сказано: «Так скажи дому Яакова, месту, подобающему их ступени, и поведай сынам Исраэля». Ибо Яаков и Исраэль это две ступени. Ибо Яаков это ступень ВАК, а Исраль это ступнь ГАР. Исраэль называется общее совершенство, что означает показать мудрость и говорить в духе мудрости».

В Книге Зоар (гл. Итро, п. 260) сказано: «Так скажи дому Яакова, то есть, «некевот» [женская часть кли]. И поведай сынам Исраэля, то есть, «захарим» [мужская часть кли]. В Книге Зоар в главе Итро (п. 261) сказано: «Так скажи дому Яакова, то есть, речением, то есть, со стороны дин [суда]. И поведай сынам Исраэля, то есть, захарим, и поведал им завет Свой, что предание это рахамим [милосердие] для сынов Исраэля, то есть, захарим, идущие со стороны рахамим. Поэтому было произнесено им предание».

1. Следует понять значение языка Книги Зоар, в том, что говорится в главе Ахарей, что Яаков и Исраэль - это две ступени:
1. Яаков внизу, когда изучают с ним простой смысл;
2. Исраэль — это высшая ступень, когда изучают с ним тайный смысл Торы.

В Книге Зоар в главе «Итро» (п. 260) сказано: «Яаков это уровень некевот, Исраэль захарим». А в п. 261: «Яаков со стороны суда, поэтому написано - «речение». А Исраэль это рахамим, ибо предание это рахамим». В п. 255: «Яаков это уровень ВАК, а Исраэль это стпкень ГАР. Об этом написано: «И скажи сынам Исраэля, что означает, показать мудрость и говорить в духе мудрости, ибо предание намек на мудрость».

Вначале выясним то, что объясняет Книга Зоар, что такое уровень Яаков:
1. Уровень ВАК;
2. Некевот;
3. Дин [суд];
4. Открытая ступень, являющееся самой нижней ступенью - уровень простого смысла.

Вот порядок работы, с которого человек должен начинать, чтобы достигнуть цели: знать, в каком состоянии он находится в работе Творца и какой цели он должен достигнуть. То есть, какого совершенства следует человеку достигнуть.

Первое состояние человека, - когда он знает, что поклоняется идолам, - называется «идолопоклонник», и это злое начало в теле человека, называемое «чужой бог» или «иной бог». Чтобы было понятно его состояние, в котором он находится действительно находится, а именно - в состоянии идолопоклонника.

Но человек должен приложить большое усилие, чтобы увидеть истину, поскольку невозможно постичь истину, кроме как при помощи Торы и работы. Как сказали мудрецы: «От ло лишма приходим к лишма». А в состоянии «ло лишма», когда человек прилагает силы в Торе и работе, тогда, в природе человека - смотреть на других людей в окружении, где он находится. И он видит, что нет людей, подобных ему, чтобы отдавали так много часов работе Творца.

И он чувствует себя тогда, что он выше народа. И это приводит к тому, что забывает о цели, - то есть, о том, что главное это прийти к лишма, - из-за того, что люди со стороны привели его к чувству совершенства. И это совершенство есть причина того, что не может почувствовать, что недостает ему главной цели - чтобы постигнуть лишма.

В особенности, если уважают его по причине того, что он работник Творца, разумеется, все люди, которые уважают его, привносят свои суждения, и он верит тому, что думают о нем: что он человек, исполненный достоинств, без недостатка в чем-либо. Если так, то как можно, чтобы человек сказал о себе, что он находится в состоянии «идолопоклонник» и пока еще не «обрезан». Выходит, что его слияние с массами, а именно - то, что они неотделимы от его Торы и работы и вызывают в нем совершенство. Это называется на языке работы, что есть примесь клипот (ахиза ле-хициониим).

В чем от проигрывает оттого, что есть их примесь? Ответ. Примесь - это причина того, что он не может видеть свое истинное состояние, что он пока еще в свойстве идолопоклонника, чтобы сделал попытку выйти из-под власти зла.

Второе состояние человека - когда он обрезает себя. «Обрезание» означает, что что отрезает «арла». Арла называется три нечистые клипы: «руах сеара» (ураганный ветер), «анан гадоль» (большое облако), «эш митлакахат» (пылающий огонь); из которых происходит желание получать.

Но не в силах человека отрезать эту клипу. Об этом сказал мой господин, отец и учитель [Бааль Сулам], что Творец должен помочь, чтобы человек отрезал арла. И это, как написано, «и заключил Ты с ним союз». Смысл «с ним» означает, что Творец помог ему, но человек должен начать.

Но если говорят, что не может обрезать себя сам, то что означает, что человек должен начать, если мы говорим, что он не может закончить. Если так, то его работа выглядит как будто впустую. Но дело в том, что, как известно, «нет света без кли». А «кли» называется хисарон. Потому что там, где нет хисарона, не может быть и наполнения.

В соответствии с этим будет и объяснение «человек должен начать»: имеется ввиду хисарон. Но это не означает, что человек должен начать с наполнения. А когда мы говорим «начало», - означает чтобы дал потребность и хисарон. И это называется «и заключил ты с Ним», - означает, что Творец помогает.

И это также считается правой линией, что означает «аба дает белое[240] т», как объясняется в ТЭС. Это значит, что высший свет, - свет хохма, - называется «аба»; когда он светит, тогда видна истина, что арла, - желание получать, - есть зло. И только тогда он [человек] приходит к осознанию, что следует отказаться от любви к себе. Это и есть помощь, которую человек получает от Творца, - в том, что приходит к осознанию зла.

Это означает, что до того, как человек придет к решению, что не следует использовать получающее [кли], человек не может использовать кли отдачи. Потому что одно противоречит другому. Поэтому человек должен обрезать себя, а затем он может принять на себя желание отдачи.

Таким образом, удаление арла, называемое «мила» [обрезание] происходит благодаря помощи свыше. То есть, именно в то время, когда светит высший свет он [человек] видит свою низость, что не может получить ничего вследствие различия свойств. И это называется в мирах, что «аба дает белое».

А после того, как приходит к осознанию зла, идет второе исправление, то есть, начинает работать ради отдачи. И на это нужна помощь свыше, что называется, - «има дает красное»[241]. В ТЭС объясняет, что имеется ввиду желание отдачи. Из этого следует, что и силу отмены желания получать, и силу, дающую возможность производить действия по отдаче дает высший. То есть, помощь приходит свыше. Вместе с тем, возникает вопрос: что дает нижний? Ведь говорят, что нижний должен начать. С чего ему начать, чтобы затем Творец дал ему необходимую помощь?

Из сказанного следует, что нижний не может дать Творцу ничего, кроме хисарона, для того, чтобы у Творца было место наполнения. То есть, на человека возложено, тот, кто хочет быть работником Творца, а не идолопоклонником, чтобы ощутил свою низость. И соответственно мере его ощущения, так возникает в нем постепенно боль, из-за того, что он настолько погружен в любовь к себе, точно, как животное, и он не имеет никакого отношения к уровню человека.

Но иногда бывает, что человек входит в такое состояние, что может видеть свою низость, и его не беспокоит то, что он погружен в любовь к себе, и не чувствует, что он настолько низок. Пока не станет нуждаться в Творце, который выведет его из низости.

Тогда человек должен сказать себе: «То, что меня не волнует то, что я подобен животному, что поступаю только, как животное, и все мои заботы в этом состоянии только о том, что я прошу Творца, чтобы дал мне ощутить больше вкуса к материальным наслаждениям, - кроме этого я не чувствую никакого хисарона». И в таком состоянии человек должен сказать себе, что он сейчас в бессознательном состоянии. И если нет у него возможности молиться Творцу, чтобы

---

240 ТЭС, ч. 11, п. 6, стр. 1013
241 ТЭС, ч. 11, стр. 1088.

помог ему, то у него есть только один совет, - присоединиться к людям, о которых он думает, что у них есть ощущение хисарона; как они, находясь в своей низости, просят у Творца, чтобы вывел их из беды к благу, их тьмы к свету, - те, кто еще не познали спасения Творца, приблизившего их.

Тогда он должен сказать: «Конечно, что пока еще кли их хисарона, называемое «нужно выйти из этого изгнания» еще не сформировалось в совершенстве на сто процентов. Но наверняка они прошли большую часть пути к ощущению истинной потребности». И с их помощью он тоже может перенять их ощущение, чтобы также и он ощутил боль оттого, что находится в низости. Но невозможно получить от общества влияние, если он не прилепился к обществу. То есть, ценит их. И в этой мере он может получить от них влияние без работы, лишь прилепившись к обществу.

Таким образом, во втором состоянии, то есть, когда он обрезан, как уже говорилось, он проходит два состояния:

1. удаление зла, то есть, отмена кли получния;
2. постижение кли отдачи. Это называется, что получает сейчас ступень ВАК, что считается половиной ступени. Потому что целой ступенью считается, что он может применять также келим получения ради отдачи.

А поскольку после того, как совершил обрезание, он постиг только келим отдачи, чтобы были ради отдачи, поэтому это считается только ступенью ВАК. И это называется «ступень Яакова». И также это называется «свойство некева» (женская часть), а именно - «иссякли силы его, как некева»[242], что означает, что нет у него сил преодолеть [келим получения] и направить их ради отдачи; а только в келим отдачи и не более того.

Эта ступень также называется свойством «суда», что означает, что пока еще действует здесь свойство суда над келим получения, что запрещает их использование, потому что не может намереваться ради отдачи. Также называется «раскрытая ступень», чтобы знать, что есть еще ступень, которая скрыта от него. И также называется «нижняя ступень», - [чтобы]знать, что есть высшая ступень. И это знание необходимо нам, чтобы знать, что есть еще, над чем работать, то есть, достичь более высокой ступени.

И также имеет эта ступень название «простой», потому что сейчас, когда совершил обрезание, он называется «просто еврей». То есть, до того, как совершил обрезание, он поклонялся идолам. А сейчас он просто в состоянии «еврей».

И называется сейчас в состоянии «Яаков». И это, как написано, «так скажи дому Яакова». То есть, речение легким языком, поскольку ступенью Яакова считается, что он работает с келим отдачи, которые являются чистыми келим. Поэтому им присуще имя «речение», что является легким языком.

Но не таково свойство «Исраэль». Книга Зоар объясняет, что Исраэль называется:

1. Ступень Гар, полное совершенство;
2. Захарим (мужские части);
3. Рахамим (милосердие);
4. Скрытая и высшая ступень, относящаяся к тайнам Торы.

И выясним поочередно:

1. Первое. Ступень Гар[243]. В каждой ступени есть десять сфирот, разделяемые на рош и гуф. Рош называется Гар, то есть, кетер хохма бина. А гуф называется Зат[244]. И это две половины ступени. Поэтому нижняя ступень называется Вак, а высшая ступень Гар. Известно, что, когда говорят о ступени Вак, это называется «половина ступени». И это признак того, что отсутствует Гар. Поэтому, когда говорят «ступень Гар, имеется ввиду, что здесь есть

---

242 Талмуд, трактат Брахот, 32:1.
243 Аббревиатура от ивр. «гимел ришонот» - три первых (сфиры).
244 Аббревиатура от ивр. «зайн тахтонот» - семь нижних (сфирот).

целая ступень, потому что есть правило, если есть две ступени вместе, то говорится о высшей. И она включает также и нижнюю. Поэтому Книга Зоар называет свойством Исраэль совершенство всего.

2. Ступень захарим. На каждой ступени есть два вида келим:
   Чистые – это келим отдачи;
   Грубые – это келим получения.

Использовать их можно только если передать им намерение ради отдачи. Но так как ради отдачи – это против природы, и требуется много сил для преодоления природы, то если могут преодолеть только чистые келим, то называется свойством «некева», как сказано, что «иссякли силы его, как у некевы».

Но если он может преодолеть также и келим получения, то он называется «гевер» (мужчина), «захар», «обладающий силой». И так как «исраэль», называемый свойство Гар, совершенство всего, использует также келим получения, то он называется «захарим».

3. Ступень рахамим. Означает, что на келим получения сделан цимцум и дин (суд), что запрещает использовать их, кроме как при условии, что могут намереваться ради отдачи. И поэтому, в то время, когда не может намереваться ради отдачи в келим получения, они находятся под цимцумом и судом, что запрещает их использование. Поэтому некева называется «дин».

В то время, как захар, который может преодолеть ради отдачи также и келим получения, и свойство суда отошло от них, и использует келим ради отдачи, это называется – рахамим.

Из сказанного следует, что захарим называются «рахамим», а не «дин», как сказано в Книге Зоар (п. 261): «Так скажи дому Яакова», то есть, речение со стороны суда. «И поведай сынам Исраэля», предание это рахамим.

И о написанном «так скажи дому Яакова», объясняет Раши: «Именем закона, тем женщинам, скажи им мягким языком, и поведай сынам Исраэля, захарим, словами твердыми, как жилы». И следует пояснить то, что написано: «женщинам [скажи] мягким языком», – как ранее говорилось, что в свойстве некевот нет особых сил преодоления, за исключением чистых келим, – это называется «мягкий». То есть, мягкий – который не так сложно преодолеть в келим отдачи.

При этом келим получения очень тяжело преодолеть. Поэтому захарим, то есть, людям, относящимся к свойству захарим, у которых есть сила преодоления, дан порядок работы с вещами твердыми, как жилы. Имеется ввиду – келим получения. То, что пишет Книга Зоар, что «захарим – это рахамим», но не говорит «твердый, как жилы». «Твердый» называется дин, а не рахамим. Поэтому, с одной стороны говорит, что захарим называются твердый, как жилы, а с другой стороны говорит, что они рахамим.

Следует объяснить это, что у захарим есть сила преодоления также на келим получения, которые тяжело преодолеть. И когда преодолевают келим получения, то называются «мера суда», что властвует над ними. Выходит, что сейчас властвует над этим местом свойство рахамим, а не дин. В то время, как некевот, у которых сет силы преодоления на келим получения, – над ними в любом случае властвует свойство дин, и нельзя использовать их.

4. Ступень закрытая и высшая, называемая «тайны Торы». «Закрытая» называется потому, что даже человек, совершивший обрезание и удостоившийся простого смысла, то есть, быть простым евреем, то есть, он пришел к состоянию, когда не поклоняется идолам, а является работником Творца – все равно пока еще скрыт от него свет хохма, проявляющийся в келим получения.

При этом тот, кто удостоился высшей ступени – это захар, у которого есть сила преодоления также на келим получения, – тогда проявляется в этих келим свет хохма, называемый «тайны Торы». Поэтому говорит Книга Зоар (п. 265) «поведай сынам Исраэля», что означает, проявить [свет] Хохма и говорить в духе хохма (мудрости), потому что предание указывает на Хохма, как написано: «И огласил Он вам Свой завет».

Из сказанного следует, то, что сказано, «нельзя обучать Торе идолопоклонников», в духовной работе следует объяснить, что невозможно обучать Торе идолопоклонников, как сказал мой господин, отец и учитель (Бааль Сулам), что, когда говорим о вопросах духовной работы, там, где написано «нельзя» означает «невозможно». Только после того, как совершил обрезание, есть две ступени – верхняя и нижняя, то есть, простой смысл и тайна.

Подготовка к получению Торы
Статья 18, 1987

Сказано: «И спустился Всевышний на гору Синай, на вершину горы». А о народе сказано: «Построились у подножия горы».

И надо понять, почему сказано о Всевышнем «спустился» – с принижением, преуменьшением – ведь было это время дарования Торы, время великой радости.

Объясняют мудрецы выражение «построились»: это говорит о том, что «нависла над ними гора, как лохань»; и было сказано: «Будет лучше, если примите Тору, или будете там погребены» (трактат «Шаббат»). И задали вопрос там же, в «Тосфот», о выражении «нависла над ними гора, как лохань» с точки зрения духовной работы. Чтобы понять это, необходимо помнить известное правило: нет света без сосуда. Что означает: не может быть наполнения без потребности. То есть невозможно насладиться чем-либо, если нет на это желания. И это страстное стремление к чему-либо называется подготовкой, то есть потребностью. И потребность в чем-либо определяет это стремление, а величина наслаждения измеряется величиной стремления.

Из сказанного вытекает, что прежде дарования Торы должна была быть подготовка к получению ее, иначе невозможна радость Торы - «Симхат-Тора». То есть должны были подготовить потребность к получению Торы, ибо потребность эта приводит к страстному желанию, как сказано выше. И в меру этого желания способны наслаждаться Торой; однако надо узнать, что такое, на самом деле, потребность к получению Торы.

Сказано мудрецами: «Создал Творец злое начало – создал ему приправу» (тр. «Бава-Батра»); и объяснил Раши: создал ему Тору в приправу, аннулирующую преступные помыслы, как сказано: «Если навредил тебе этот злодей – тяни его в бейт-мидраш» (тр. «Кидушин»). И там же, в тр. «Кидушин», сказано: «Так сказал Творец народу Израиля: «Я создал злое начало, и Я создал ему Тору в приправу, и если будете заниматься Торой – не будете переданы ему в руки". Поскольку сказано: «Ведь если будешь хорошо торговаться [со злым началом], и, если не занимаетесь Торой – переданы вы в руки его». Как сказано: «Возле греха лежишь».

Из сказанного видим, что Тора – это исправление, чтобы выйти из-под власти злого начала. Значит, тот, кто чувствует, что у него есть злое начало, то есть ощущает, что злое начало со всеми его советами человеку: брать от жизни все лучшее, наслаждаться ею – намеревается навредить человеку; то есть именно оно мешает человеку достичь истинного добра, называемого «слияние с Творцом»; и потому человек говорит о нем, что начало это злое, а не доброе.

Однако очень тяжело человеку сказать о нем такое, ведь это начало дает человеку понять, что стоит ему побеспокоиться о том, чтобы насладиться жизнью, чтобы ощутил наслаждение от совершаемых действий, то есть чтобы все его действия были только для его собственной пользы; оно дает понять человеку, чтобы тот знал правило, что за всеми его советами стоит одна мысль: собственная польза; и даже если иногда оно говорит сделать что-то на благо другому, оно не просто говорит работать на пользу другому, а с расчетом, что от этого действия он затем вырастет, и от этого будет польза ему самому. И потому как же может сказать человек о нем, что оно – злое начало, в то время как оно говорит ему, чтобы поверил, что нет у него иного намерения, кроме направленного на пользу этому человеку, а не кому-то другому.

И потому большая работа предстоит человеку, пока сможет ощутить, что его желание получать – зло, до такой степени, что будет совершенно точно знать, что нет у него большего ненавистника в мире, чем его желание получить. Мы видим, что царь Шломо, называл его ненавистником, как сказано: «Если голоден ненавистник твой – накорми его хлебом». И очень трудно человеку решить раз и навсегда, что оно – зло, желающее лишь увести человека с доброго пути, который совсем противоположен получению, ибо истинный путь – это только отдача, а получающий желает только получения. И получается, что здесь есть у человека выбор, возможность решить – назвать его хорошим или плохим.

И это – как сказали мудрецы, (тр. «Нида»): «Объяснил р.Ханина бар-Папа: ангел, отвечающий за беременность, зовется Лайла, берет каплю [семени] и представляет перед Творцом, и говорит Ему: «Владыка мира, что будет с каплей этой? Герой или слабый человек, мудрец или глупец, богач или бедняк? Однако «грешник или праведник?» – не говорит, а дано это избрать человеку».

И надо объяснить, что выбор этот заключается в принятии решения и определении, кто же он – получающий в человеке: действительно доброе начало, поскольку постоянно заботится о благе самого человека, не тратящий ни мгновения на посторонних, и потому стоит прислушиваться к нему, так как только он заботится о его благе, то есть чтобы ему было хорошо, и, конечно же, следует ему доверять и не уклоняться ни влево, ни вправо, исполняя все его предписания, не изменяя, упаси Бог, его указаний.

Но есть, однако, обратное предположение: сказать, что и в правду оно – зло, оттого что, прислушиваясь к его мнению и действуя только из любви к себе, отдаляемся от Творца, по причине несоответствия Его свойствам. И тогда, естественно, пребывает над человеком категория суда, созданная в силу исправления сокращением, сделанным на свет, наслаждающий Его творения – и потому имя Творца, называемого Добрым и несущим добро, не способно раскрыться в месте, где властвует любовь к самому себе. Потому возложено на человека определиться и решить раз и навсегда, что любовь к самому себе – это зло и истинный вредитель для человека.

Однако остается вопрос, откуда человеку черпать силы, дабы смог совершить выбор и назвать получение злом – настолько, чтобы сказать, что, начиная с сегодняшнего дня и далее, не станет прислушиваться к нему.

А истина в том, что также и для этого мы нуждаемся в поддержке Творца, чтобы показал человеку эту истину: что получение для себя – это зло, истинный ненавистник человека. И когда человек приходит к этому ощущению, то уже огражден от совершения греха, и само собой устраняются от него сокрытия и наказания – ведь если знаем, что какая-либо вещь смертоносна, то, конечно же, избегаем ее. И тогда наступает время проявления всего блага и наслаждения, заложенного в цели творения, и приходит человек к постижению Творца, называемого Добрый и несущий добро.

И в соответствии со сказанным следует объяснить написанное: «Сказал Всевышний в сердце Своем: «Не буду более проклинать землю из-за человека, ибо начало сердца человеческого – зло с юности его»". А Рамбан объясняет, что такое «в сердце Своем»: не открыл этого пророку в свое время; и дополняет Эвэн-Эзра: впоследствии открыл Свою тайну Ноаху.

И этот текст трудно понять: якобы только сейчас увидел Творец, что сердце человека зло с юности его – как будто раньше не видел?

С т.з. духовной работы следует объяснить, что именно сейчас открыл это Творец – после больших усилий, приложенных человеком для пробуждения к достижению истины, то есть чтобы действительно узнать, для чего рождается человек и к какой цели должен он прийти – и тогда открыл ему Творец, что природа человеческого сердца-получателя зла с его юности. То есть нельзя сказать, что теперь он видит, что эта природа стала злой – она зла с его юности, однако до сих пор человек не мог решить, что и вправду оно зло, и потому постоянно находился в состоянии подъемов и падений. То есть иногда прислушивался к злому началу, говоря потом: «С сегодняшнего дня и впредь буду знать, что оно – ненавистник мой, и все, что советует, – только во вред мне».

Однако затем подымает рога свои злое начало, и вновь слушается его человек и работает на него душой и сердцем – и все повторяется заново. И чувствует человек себя «собакой, возвращающейся к рвоте своей». То есть уже решил, что подобает ему прислушиваться к голосу злого начала, так как вся пища, которую оно дает ему, пригодна скотине, но не человеку – и вдруг вновь возвращается к скотской пище, забывая все свои прежние решения и мнения. А после, раскаявшись, видит, что нет у него никакого совета, кроме как если даст ему Творец понять, что это начало называется злым – а оно действительно зло – и тогда, после того, как Творец дал ему это познание, уже не вернется он к своему обыкновению, а просит Творца дать ему силы, дабы преодолевать злое начало всякий раз, когда оно пытается сбить человека – чтобы была у него сила преодолеть его.

Из сказанного следует, что Творцу необходимо дать человеку и кли, и свет: то есть и осознание, что это начало – действительно зло и необходимо выйти из-под его власти, и исправление этого состояния – Тору, как сказано: «Я создал злое начало – Я создал Тору в приправу». Находим из этого, что потребность в Торе дается Творцом и сама Тора дается Им же. И это означает, что «свет и сосуд даются Творцом».

Отсюда следует объяснить, что значит: «И сказал Всевышний в сердце Своем». И объясняют комментаторы, что «не раскрыл этого пророку» – означает «в Своем сердце». А затем раскрыл Свою тайну. Какова же тайна? – Природа сердца человеческого зла с юности его.

Из сказанного следует, что прежде необходимо человеку проверить своими силами и сделать выбор, установив, что имя началу, что в его сердце, – зло. А затем он видит, что нет у него возможности окончательно решить, что не передумает, не скажет потом, что это доброе начало и стоит прислушиваться к нему – и все вернется на круги своя. И в это время называется Творец «говорящим в сердце Своем», что природа сердца человеческого зла с юности его. Но человеку, находящемуся перед выбором, Творец еще не открыл эту тайну: что начало это называется злым, ибо зло оно; и это для того, чтобы было место для работы человека, чтобы делал выбор и решал, что оно зло. Но потом, когда человек видит, что не может сказать, что оно абсолютное зло, а всякий раз передумывает – тогда приходит состояние, когда воскричит к Творцу: «Помоги мне!». Об этом сказал Эвэн Эзра: «После этого открыл Свою тайну Ноаху», то есть стадией «Ноах», называется работающий на Творца; то есть когда Творец открывает человеку, что его начало зло с юности и это не новость, что злое начало – зло; «просто не сказал Я тебе; но теперь, когда Я раскрываю тебе эту тайну – что природа человеческого сердца зла – ты можешь уже быть уверен, что уже не прислушаешься к ее голосу. Ибо Я Сам раскрыл тебе это. И, конечно же, не буду более проклинать, поскольку не будет уже нужды в наказаниях, и все будет хорошо». И об этом сказано: «И не буду более бить все живое, как делал Я».

Имеется в виду, что прежде чем открыл Творец человеку, что природа человеческого сердца зла, необходимы были подъемы и падения. То есть когда ты начал работать, у тебя была жизненная сила. Но чтобы ты шел по правильному пути, Я должен был «убить все живое», то есть взял Я у тебя жизненную силу, которая была у тебя в работе; и оттуда ты вновь упал в состояние низменности – так как есть в тебе зло, злое начало. И тогда может осуществиться сказанное: «Создал Я злое начало – создал Тору в приправу». Однако только когда ощутит злое начало, почувствует он небходимость в Торе, и потому только после того как Творец открыл человеку тайну – что природа сердца человека зла – стало возможным дарование Торы, так как нет света без сосуда, ведь только туда, где есть потребность, можно передать все необходимое.

Но и то, что Творец открывает человеку, что природа человеческого сердца зла, также называется светом, то есть наполнением – а нет наполнения без потребности. Поэтому не может человек удостоиться того, чтобы Творец открыл ему зло, прежде чем у него будет потребность в этом; ведь есть правило, по которому не в обыкновении человека делать что-либо без необходимости, и уж конечно, Творец не совершает никакого действия без необходимости.

Но откуда человек может получить потребность в том, чтобы Творец открыл ему эту тайну? Значит, человеку необходимо начать работу, зная, что его «получатель» – это его зло и из-под его власти он должен убежать. И что бы ни делал: и в Торе, и в молитве, или исполняя заповедь – должен стараться, чтобы все эти его действия привели к осознанию зла; ведь ощущая зло и желая совершать поступки, связанные с отдачей, он начинает получать жизненную силу. А когда падает со своей ступени, то теряется его жизненная сила. Это делает с ним Творец – чтобы упал со своей ступени, так как еще не ощущает человек истинное зло в себе; но благодаря падениям, которые случаются с ним всякий раз, он просит Творца, чтобы Он открыл ему раз и навсегда, что желание получать – это зло, дабы не влачился он за ним. Получается, что падения человека приходят от Творца, как сказано: «И не буду более бить все живое», извлекая из него все жизненные силы, что есть в Торе и духовной работе – и останется тогда без всякой духовной жизни, так как человек уже смирился с необходимостью, чтобы Творец помог ему с постоянным осознанием зла, чтобы уже никогда вновь не пожелал прислушаться к голосу зла, поскольку человек приходит к необходимости в помощи Творца, ведь видит теперь, что нет никакой возможности самому, то есть своими силами, сделать так, чтобы природа его сердца не понравилась бы ему вновь – а тогда захочет ее слушаться, и всякий раз будет возвращаться к своему обыкновению, и нет этому конца. И в этом причина того, что нуждается теперь в Творце, чтобы помог ему узнать, что начало, находящее в нем – это его зло, и причина того, что не сможет прийти к благу и наслаждению, сотворенному Всевышним для своих созданий.

И в этом причина всех многочисленных падений человека – ведь тем самым формируется в нем желание устремиться к тому, чтобы Творец помог ему ощутить, что природа человеческого сердца зла.

И из сказанного поймем то, о чем спрашивали: что такое подготовка к получению Торы. А ответ: злое начало. Поскольку, когда человек знает, что в нем есть зло – а это происходит после того, как Творец сообщает ему, как сказано выше, – зарождается в нем теперь новая потребность: как победить его. А это может произойти только посредством Торы, как сказали наши мудрецы: «Создал Я злое начало – создал Я Тору в приправу». И в этом подготовка к получению Торы, то есть **потребность в Торе есть подготовка к получению Торы.**

Из этого поймем то, о чем спрашивали – что означает: «И спустился Всевышний на гору Синай, на вершину ее». Что означает «вершина горы», и как можно об этом сказать «спустился» применительно к Творцу? Известно, что в духовном имя получают согласно действию. Как сказано в разговоре Маноха с ангелом («Шофтим», 13:18): «Зачем ты спрашиваешь об имени моем?», но по действию; например, излечивающий ангел зовется Рэфаэль *(прим.: «рафа» - излечил)* и т.п.. Также и Творец: в то время, когда посылает излечение человеку, называется «Излечивающий больных». А согласно сказанному выше о том, что Творец должен раскрыть человеку, что природа сердца человека зла – другими словами, Творец раскрывает человеку, в каком низком состоянии тот родился, как сказано: «злой с юности своей». То есть с момента рождения называется Творец по своему действию, демонстрирующему человеку степень его падения. И называется это: «И спустился Творец на гору Синай».

Мы находим здесь в тексте два изречения: 1) О Творце написано: «И спустился на гору Синай». А о народе написано: «И выстроились у подножия горы». И нужно понять, что такое «гора». А гора *(ивр.: «hар»)* – от слова «размышления» *(ивр.: «hиhурим»)*, то есть разум человека. А то, что в разуме, называется «в потенциале» и может на самом деле распространиться, осуществиться в действии. Согласно этому мы можем объяснить фразу «И спустился Творец на гору Синай, на вершину горы» так: это мысль и разум человека, то есть Творец известил весь народ, чтобы узнали, что природа человеческого сердца зла с юности его. И после того как Творец известил их «потенциально», то есть на вершине горы – то, что было в потенциале распространяется в действии.

И потому пришел народ к действительному ощущению, и все теперь ощутили потребность в Торе, как было сказано выше: «Создал Я злое начало – создал Тору в приправу». И сказали они теперь, исходя из реального ощущения, что вынуждены получить Тору; то есть нет выбора, ведь видели, что если примут Тору, то будет им благо и наслаждение, «а если нет – здесь будете погребены». И согласно вышесказанному следует объяснить фразу: «Спустился Творец на вершину горы» – то есть после того как известил их Творец на горе, то есть в разуме, что зла природа человеческого сердца, и это уже утвердилось в их мозгу, то есть в их мысли и разуме – тотчас подействовало во всем, как сказано: «И выстроились у подножия горы», то есть уже воздействовал на них спуск, который был на вершине горы, и встали они у подножия горы, то есть уже овладел ими вышеописанный спуск.

Отсюда следует, что смысл выражения «нависла над ними гора, как лохань» в падении и осознании, которое они получили на горе. То есть дошло до них в мыслях, что непременно должны сейчас получить Тору, потому что эта гора, то есть вышеописанное падение, создала в них необходимость в получении Торы, чтобы смогли преодолеть зло в сердце своем.

А объяснение выражения «нависла над ними» таково: это причина, по которой они теперь вынуждены получить Тору, и нет у них никакого иного совета; и должны сказать, что гора – то есть осознание, которое получили в мысли и разуме о том, что пребывают в падении, так как у них есть зло в сердце – подобна лохани; то есть насильственно – нет у них выбора. И это называется «у подножия горы», то есть гора властвовала над ними.

В связи с этим возникает вопрос, в чем объяснение того, что, исходя из пуримского чуда, мудрецы выводят: «выполнили и получили». То есть до сих пор – насильственно, а далее – по желанию: «Сказал Раба: несмотря на это, поколение приняло его во дни Ахашвероша, ибо сказано: выполнили и приняли иудеи». И объясняет Раши: из любви к чуду, сотворенному для них.

И следует пояснить, как сказано в «Предисловии к ТЭС»: «Есть любовь, зависящая от чего-либо. То есть из-за наслаждения, которое ощущает в Торе и заповедях, он выполняет их; а есть – на более высокой ступени, называемой любовью, не зависящей ни от чего; но лишь из-за чуда приняли на себя выполнение Торы и заповедей без чего бы то ни было».

Скрытие и раскрытие в работе Творца
Статья 19, 1987

Сказано в Писании (Миха, 6:8): «Сказал тебе человек, что хорошо и что Творец требует от тебя: творил ли ты суд и любил ли благодеяние и был ли скромен с Творцом твоим?». Здесь в этом отрывке мы видим две вещи, которые открыты нашим глазам:
1. творил суд, видим, что он делает суд;
2. любил благодеяние, видим, что он любит благодеяние. Откуда мы видим это? Разве мы не видим, что он делает благодеяние? Разумеется, он любит это, иначе он бы не делал благодеяние. И об одной вещи написано здесь, которая скрыта: скромное поведение с Творцом твоим.

И нужно понять «скромное поведение», в чем его сущность? Через простое толкование объясняют, что вышеуказанные две вещи, То есть «делать суд» и «любить благодеяние» должны быть в скромности, чтобы ни один человек не увидел его добрые дела. Но что это означает в духовной работе?

Известно, что есть **действие** заповедей и **намерение** заповедей. И с точки зрения действия все равны, нет различия между большим праведником и простым человеком. То есть, о действиях заповедей сказано: «Не добавь и не убавь». Так, мы не говорим, что у праведника есть две мезузы, с правой стороны двери и с левой. А всё различие между большим и малым исключительно в намерении.

Но также в вопросе намерения нужно различать две особенности:
1. направить намерение на выполнение заповеди Творца сейчас;
2. направить намерение на причину, обязывающую соблюдать заповеди Творца.

Однако в этом подходе необходимо различать несколько состояний:
1. выполняет заповеди Творца, благодаря тому, что люди, находящиеся в его окружении, относятся к нему с уважением и т.п. Получается, что фактором, обязывающим его выполнять заповеди Творца, являются люди, а не Творец обязывает его; другими словами, если бы не было людей, находящихся в его окружении, он бы не выполнял заповеди Творца.

С этой точки зрения также нужно различать, делает ли он это по принуждению. Например, иногда встречается человек, нарушающий субботу, и он работает у религиозного человека. И закон таков: если тот может заставить его не нарушать субботу, то закон обязывает принудить его. Например, если он не будет соблюдать субботу, тот уволит его с работы. И в случае, если нет у него другого места работы, конечно, он пообещает тому, что не будет нарушать субботу. Получится, что он соблюдает заповеди своего хозяина. То есть он соблюдает заповеди своего работодателя. И нет у него никакой связи с Творцом. Но с точки зрения закона, мы видим, что и это называется «исполнять заповеди». В противном случае для чего ему нужно заставлять его, чтобы исполнял заповеди?

Выходит, что это работающий только по принуждению. Как мы говорили (Статья 29, 1985), что сказал Рамбам (Гилхот деот, часть 6): «Но в соблюдении духовных законов, если не согрешил тайно, позорят его публично, унижают и ругают его, пока не исправит себя». Выходит, что он выполняет заповеди по причине, что публично принуждают его.

И в причине людей, обязывающих его, нужно различать, доставляет ли та заповедь во время ее выполнения наслаждение ему, или нет. Поскольку в то время, когда он выполняет заповеди для того, чтобы уважали его и т.п., он наслаждается от выполнения заповедей. Тогда как, если он выполняет Тору и заповеди вследствие насилия, о чем говорилось выше, он постоянно страстно желает выйти из этого плена, чтобы не страдать из-за Торы и заповедей, которые у него в свойстве «Переступи через собственное желание и не убей», с помощью людей, обязывающих исполнять Тору и Заповеди.

Отсюда выходит, что тот, кто исполняет из соображений уважения людей и т.п., может исполнять Тору и заповеди в радости. Тогда как выполняющий вследствие насилия не может быть в радости. А он сидит и наблюдает, когда у него будет возможность убежать из этого галута. То есть то, что он исполняет заповеди Творца, это происходит не вследствие того, что он хочет выполнить то, что Творец сказал. А он вынужден выполнять то, что люди снаружи добиваются от него, а он не в состоянии терпеть еще большие страдания, чем страдания от выполнения Заповедей. Поэтому этот вариант хуже, чем первый.

Получается, что имеются две основы, вследствие которых он намерен исполнять Тору и заповеди:
1. из страха и по принуждению;
2. из любви, и есть у него радость во время выполнения Торы и заповедей.

И есть старая основа в намерении причины, обязывающей его выполнять Тору и заповеди, называемая «скромность», смысл которой в действиях, так что во всех действиях, которые он выполняет, нет ни одного человека, который видит, и нет ни одного человека, который слышит о добрых делах его, а всё он делает в скромности. И относительно намерения он, безусловно, исчезает из глаз всего живого. Но в этом намерении нужно различать две основы:

Что он исполняет Тору и заповеди и нет здесь, ни в коем случае, чего либо, зависящего от людей. Поскольку нет ни одного, знающего о его работе. А награда, которую Творец платит за то, что он слушает Его голос, эта награда является причиной, обязывающей исполнять Тору и заповеди. И этот вариант заключается в том, что он верит в Творца и верит в награду и наказание. В таком случае, награда и наказание являются причиной, обязывающей его заниматься Торой и заповедями. И этот вариант можно назвать «работающий ради Торы», т.е «ради небес», а не ради людей, чтобы они его уважали. И несомненно, это чистая работа, вся направленная ради Творца.

То есть, со стороны действия, когда ни один человек не видит его добрые дела, чтобы вознаградить его за них.

То есть, со стороны намерения, когда он не требует от людей, чтобы платили ему что-то за его работу в Торе и Заповедях, а он хочет, чтобы Творец заплатил ему вознаграждение за его работу.

Однако также и эта основа скромности пока не совершенна, хотя она стоит выше по важности двух предыдущих подходов, что были по причине, что люди обязывают его:

1. со стороны страха и насилия;
2. со стороны любви.

Тогда как здесь причина, что только Творец обязывает его. Но оказывается, что он хочет плату взамен своей работы. Получается, что из-за этого он сделался отделенным от Творца вследствие отличия формы. А в результате пока его работа не совершенна.

«Совершенной работой» называется такая работа, когда он работает в скромности перед Творцом, это подразумевает, что только Творец является причиной, обязывающей его трудиться в Торе и Заповедях, и нет ни у каких внешних людей представления о его работе. И вместе с тем он работает без вознаграждения, если оно не исходит исключительно от Творца. И это называется, что он хочет быть слит с Творцом в виде «как Он милосерден, так и ты милосерден».

Другими словами, вся его работа ради отдачи. И есть у него большое удовлетворение от того, что он удостоился служить Творцу. И от этого он получает наслаждение и радость. И нет у него никакой другой потребности, чтобы дали ему еще что-нибудь, но, когда он исполняет Тору и заповеди в предельной простоте и не может направить никакого намерения, он удовлетворяется этим, как будто он может обслуживать Царя в важной работе.

Например, один работает у царя в должности уборщика, а другой - министр царя и советует царю во всем, когда ему нужна его помощь. И, разумеется, имеется большое различие между уборщиком царя и министром царя как в зарплате, так и в почете.

Отсюда выходит, что конечно, есть разница между тем, кто обслуживает царя, когда он удостоился состояния «раскрывают ему тайны Торы и играет с Царем» и простым человеком, который исполняет Тору и заповеди без всякого понимания и разума Торы. Но он радуется тому, что удостоился исполнять заповеди Царя, которые он дал нам. И от этого он получает наслаждение большее, чем все удовольствия этого мира. Потому что все удовольствия этого мира выглядят в его глазах, как служители тела, относящиеся к свойству «плоть и кровь». Однако, когда он усердно трудится, когда это самая простая работа, как в примере уборщика в царском дворце, а он говорит: «В конце концов, кого я хочу насладить? Царя. И я не хочу обслуживать себя, потому что это называется «желанием получить для своей пользы», но мое намерение, чтобы Творец насладился моей работой».

Из сказанного вытекает, что человек должен получать удовольствие, потому что без удовольствия человек не в состоянии работать. И со стороны природы, созданной Творцом из соображений Замысла творения, каковым является желание сделать добро творениям, отчеканено в человеке желание и страсть получать удовольствие.

Однако разница очень большая, от чего человек способен получить удовольствие. Поэтому удовольствие называется «свет». Но «нет света без кли». Из этого выходит, что удовольствие, которое человек хочет получить, находится в каком-то кли. То есть, имеются удовольствия, облаченные в материальные удовольствия, как в страсть. Так же и в страсти должны различать несколько особенностей, как и в почете. так же, как бывают люди, получающие удовольствие от изучения наук, так каждый способен извлечь удовольствие из келим, называемых в общем **«страсть», «почет», и «знание»**.

Однако есть четвертая ступень, которой является **«работа Творца»**. Бааль Сулам говорит в Предисловии к Книге Зоар, что есть четыре уровня, называемые неживой, растительный, животный и говорящий:

1. «неживой» называется страсть,
2. «растительный» называется почет,
3. «животный» называется знание,
4. «говорящий» называется работа Творца.

Из сказанного понятно, что каждый обязан получать наслаждение, только существует различие, из какого одеяния человек способен извлечь удовольствие и наслаждение. И необходимо различать между уровнями. И отсюда ясно нам, что работа человека на пути истины начинается с достижения ступени «скромность с Творцом твоим».

Объяснение: когда он работает в «скромности с Творцом твоим», его работа в том, чтобы ни у одного человека не было никакого соприкосновения с его Торой и заповедями, по причине, что Он скрыт от людей. Однако имеется здесь еще нечто, чего требует «скромность с Творцом» в значении «слияние». Когда его работа должна быть в слиянии с его Творцом, а не быть отделенной. Потому что, именно, в то время, когда он работает, чтобы «не ради получения вознаграждения», а только ради отдачи, тогда есть у него подобие свойств, называемое «слияние с Творцом». Тогда как, если его намерение получить возмещение от Творца за его работу, тогда он находится в свойстве «получающий», а Творец - «отдающий», оказывается, что нет здесь слияния с Творцом, а наоборот, имеется здесь состояние отделения, когда он находится в противоположности свойств с Творцом.

И в этом мы поймем то, что спрашивали, каков смысл выражения «скромное поведение с Творцом твоим»? Прямое толкование будет таким, что здесь начало работы, называемой «работа ради Торы». Как сказал раби Меир: «Изучающий Тору с намерением «ради Торы» удостаивается многих вещей, и раскрывают ему тайны Торы, и он становится как беспрестанно обновляющийся родник».

Из сказанного выходит, что нам нужно различать между общей работой и работой частной.

Общая работа. То есть относящаяся к обществу Израиля. Изучают Тору с точки зрения действия, то есть практически. Есть в мире семьдесят народов, и есть люди добрые с хорошими качествами, и есть, наоборот, злодеи, и т.д. Другими словами, в общем мире есть много деталей. И там порядок работы в основном – это действие. И не дано управлять, тщательным соблюдением всех деталей в намерении, чтобы оно было ради Торы. А говорят им, что из «не ради Торы» приходят к «ради Торы».

И также их работа не обязана быть «в скромности». А порядок таков, что каждый рассказывает товарищу, о нескольких добрых делах, которые есть у него, и сколько времени он уделяет Торе и работе. И это в начальном намерении. И польза от этого двух видов:

Польза для рассказывающего. Потому что, когда он видит, что кто-то завидует ему, это дает ему силу для работы. Что есть в его руке есть сила работать для других, он думает, что, конечно, его товарищ будет уважать его за его работу. Получается, что он из этого берет горючее для работы.

А причина, как известно, в том, что каждый дающий некоторое усилие, должен взамен этого получить награду. Награда может быть деньгами или уважением. То есть иногда случается, что за то действие, которое он делает, люди начинают его уважать. Это уже называется «замена», как деньги. Другими словами, есть люди, работающие за уважение, и уважение относится именно к месту, где есть кто-нибудь, видящий его действия.

Но есть разница между деньгами и уважением для дающего. То есть в месте, где работают взамен денег, никого не интересует, кто тот, который платит деньги. Может быть тот, кто платит, простой человек. И если он платит цену выше, чем уважаемый человек, то не личность работодателя определяет ему выгодность места работы, а сумма денег определяет его место работы.

Однако, для того, кто работает за уважение, здесь, именно, дающий определяет. Если дающий уважаемый человек, то не так уж трудно работать за уважение. Это зависит от меры, в которой человек принят в обществе за человека важного.

Из сказанного выходит, что трудно выполнять работу Творца не ради получения награды. Ведь человек надеется на возмещение. И не достаточно человеку того, что он обслуживает Царя, вследствие того, что отсутствует у человека вера в величие Творца. Другая возможность, которая есть в природе, когда малый аннулируется относительно большого в то время, когда этот человек принят среди множества как большой.

Поэтому, когда человек еще не в состоянии почувствовать величие Творца, он вынужден работать не ради Торы. И это причина, по которой человек занимается Торой и Заповедями, чтобы люди стали уважать его. Но это только в месте, когда он находится в окружении, где уважают работников Творца. Но, конечно, человек, находящийся между светскими, работает в «скромности», чтобы не получить от них позор вместо почета.

Но после того, когда человек прошел этот этап «общей работы», и тогда, если человек возбуждается и хочет выйти из общества, пусть будет подчинен обществу в том, что общество говорит, это называется «работа Творца», он может выполнять.

Но, хотя это не принято в обществе, но он чувствует, что «общая работа» не «окончательное решение», и есть у него внутреннее убеждение, что есть в работе раздел, относящийся, именно, к частным людям, что каждая частность содержит общее, тогда начинают раскрывать ему раздел «ради Торы», как говорит Рамбам (конец законов покаяния): « когда возрастет их знание, и укрепится мудрость, постепенно раскрывают им эту тайну. И приучают их к этому делу спокойно. Пока постигнут Его и узнают Его, и станут работать для Него из любви».

Из всего сказанного следует, что имеется полнота действия и полнота намерения. И после того, когда человек уже выполняет действия в полноте, что относится ко всему обществу, тогда начинается работа полноты намерения, заключающаяся в том, что человек должен стараться, чтобы причиной, обязывающей его исполнять Тору и заповеди, был Творец, поскольку он хочет отдавать Творцу, по причине, что он верит в величие и важность Творца.

И поэтому большой заслугой будет считаться ему, если он решит служить Царю. И эта работа называется **«работой скрытой»**. Потому что здесь главная работа в намерении, что не раскрыто никому. Иными словами, ни один человек в мире не может знать причину, имеющуюся у товарища, которая обязывает его работать в Торе и заповедях.

Тогда как иначе обстоит дело в «общей работе», называемой «не ради Торы», это **«работа открытая»**, являющаяся частью действия, это означает», что их полнота относится к категории «действие». Но не дано им работать с намерениями. То есть намерение тоже будет соответствовать полноте, которая и есть «ради Торы». Но обучают их заниматься Торой и Заповедями «не ради Торы» по словам Рамбама, как говорилось выше.

И в Книге Зоар (гл. Наса, стр. 14),и в комментарии «Сулам», п. 50) сказано: «Скрытые вещи для Творца - это трепет и любовь, которые в разуме и сердце, на тайном языке это «юд-хэй». А открытые – для нас и для сыновей наших – это Тора и Заповедь, которые во внешнем – тело и голова, что на тайном языке «вав-хэй». И тайный смысл, конечно, такой, потому что, если человек боится Творца или любит Его, этого другой человек не знает, потому что эта вещь, которая не раскрывается иначе, как между ним и Творцом».

Но человек, занимающийся Торой и соблюдающий заповеди – «делай», – это доступно каждому человеку, посколку Творец сделал ему рот явным, чтобы заниматься Торой, и глаза, чтобы смотреть в нее, и уши, чтобы слушать ее. И сделал Творец человеку руки и ноги, и тело делать ими заповеди.

Известно, что имя АВАЯ включает пять миров, называемых «Ак и Абиа». Что верхний штрих на букве «юд» содержит Ак, который включает пять парцуфов, называемых: Гальгальта, Аб, Саг, Ма и Бон. И они включают пять сфирот: Кэтер, Хохма, Бина, Зеир Анпин и Малхут. То есть каждое свойство включается в одну букву имени АВАЯ.

О написанном «Это имя мое навсегда, и это памятование мое на все поколения», – говорит святой Зоар, «имя мое» с «юд-хэй» в числовом значении (гематрии) 365, что намекает на 365 заповедей – «не делай». «Памятование» с «вав-хэй», гематрия 248, намекает на заповеди – «делай».

Бааль Сулам объяснил, почему «юд-хэй», которые намекают на хохма-бина, подразумевают запретительные заповеди. А заповеди «Делай», что, безусловно, это вещи, которыми служат Творцу, находятся на ступени более низкой, так что в них намекается только на «вав-хэй». И сказал, что в Мире Исправления, дабы не было еще раз разбиения келим, так как причиной разбиения было то, что были света большими, а келим маленькими, произошло исправление, чтобы светили только малые света, называемые света «Вак». И потому запрещено продолжать света «Гар», а гар называются именем «юд-хэй», потому что это хохма и бина, но света «дэ-вак» необходимо продолжать. Потому на света «вак» намекают названием «вав-хэй». Поэтому заповеди «Делай» обозначаются «вав-хэй», и это «Вак». Тогда как света «Гар», которые запрещено продолжать, называются «не делай», следовательно, запрещено притягивать.

И из сказанного мы сможем выяснить вопрос АВАЯ, что включает в себя трепет и любовь, которые являются ступенью «юд-хэй», и Тору, и заповеди, которые являются ступенью «вав-хэй». И выясним это по порядку:

1. **Трепет.** Дело в том, что человек должен бояться, как бы не преуменьшить в создании радости Творцу, как написано в Предисловии Книги Зоар (с. 191 и в «Сулам» п. 203): «Однако эти первый трепет и второй трепет, ни в коем случае, не ради собственной пользы, а только из страха, как бы не уменьшить в создании радости Творцу».

И трепет – это первая Заповедь, так как невозможно на самом деле быть уверенным, что, ни в коем случае, не пойдет по пути неверия прежде, чем удостоился состояния «трепет». Как написано в Предисловии Книги Зоар (с. 138 и в «Сулам» п.138): «Посколку закон таков, что ни в коем случае, не может творение открыто получить зло от Творца, ибо это ущерб славе Творца, которого творения постигнут как действующего во зло. И потому в то время, когда человек чувствует зло, в той же мере поселяется в нем неверие в Его управление, и исчезает из него Благословенный, дающий изобилие».

Однако, в то время, когда человек производит все действия ради отдачи, келим способны получить благо и наслаждение, тогда поселяется в нем вера вследствие того, что он постигает в этом состоянии Творца в свойстве Добрый и Творящий добро. Как написано в комментарии «Сулам»: «И поэтому нет чуда в том, что мы не достойны еще получить Его совершенное добро, и потому было намеренно установлено нам Высшее управление в свойстве «Добро и Зло». Оказывается, это корень веры, с помощью которого мы можем удостоиться постоянной веры, как указывалось выше.

2. **Любовь.** Поскольку, благодаря трепету он удостаивается блага и наслаждения, то раскрывается в нем свойство «любовь». И также в любви, как написано в Предисловии к ТЭС, следует различать любовь, обусловленную чем-либо, и любовь, которая не обусловлена ничем.

3. **Тора.** Это продолжается от свойства «Трепет», потому что, именно, благодаря Торе, возможно прийти к желанию отдавать, как говорили мудрецы: «Свет, который в ней, возвращает к Источнику». Поэтому, именно благодаря Торе, мы можем прийти к страху и трепету: «Может быть я не смогу доставить радость Творцу».

И потому Тора — это раскрытие на страхе. Значит, если он, действительно изучает Тору так, чтобы это было истинно, а не ради знания, если его намерение в Торе достичь трепета, то порядок работы должен быть «снизу-вверх». Поэтому сначала Тора, которая является ступенью «вав» имени АВАЯ, а с ее помощью человек потом приходит к свойству «трепет».

Но тот, кто изучает Тору с другим намерением, не чтобы прийти к трепету перед небесами – это не называется свойством «Тора», а называется свойством «хохма» (мудрость). И это то, что сказали мудрецы, «Если скажет тебе человек: «Есть хохма у народов – верь, есть Тора у народов – не верь». Ибо Тора принадлежит тому, кто изучает, чтобы прийти к трепету перед небесами.

4. **Заповедь.** Ступень «хэй» имени АВАЯ. И она продолжается из свойства «любовь», являющейся ступенью первая «хэй» из АВАЯ. И потому деяние Заповедей должно быть в любви и в радости. Выполнять заповеди Царя также учимся снизу-вверх. И именно, благодаря тому, что человек старается исполнять заповеди Царя с любовью. Посредством пробуждения снизу вызывается пробуждение сверху, когда Творец раскрывает свою любовь к Израилю, как написано: «Любил нас и желал нас».

Выходит, с помощью Торы раскрывается трепет, а с помощью заповеди раскрывается любовь. Следовательно, человек должен начать порядок работы снизу-вверх:

1. Сначала Заповедь, являющаяся последней «хэй» имени АВАЯ.
2. Затем Тора, являющаяся «вав» имени АВАЯ.
3. Затем любовь, являющаяся первой «хэй» имени АВАЯ.
4. Затем трепет, являющийся «юд» имени АВАЯ.

Но порядок отдачи, приходящей сверху – раскрывается сначала свойство «трепет», затем «любовь», затем постигает человек «Тору», затем – «заповедь».

Однако, вопрос взаимовключения душ в имени АВАЯ находится, именно, в последней «хэй». Как говорит Ари, душа Первого человека из внутренней части БЕА, а БЕА вышли из Малхут Ацилута, называемой последняя «хэй» общности Ацилута. И потому называется Малхут «собрание Израиля», что содержит в себе общность душ.

И поэтому работа человека относится к Малхут. Именно, благодаря тому, что выполняют Тору и заповеди, они вызывают этим единство Творца и Шхины. Поскольку Малхут называется «кли получения Высшего света», а Творец называется «Дающим», то нет здесь единства, называемого «подобие свойств». Тогда как, если занимаются внизу делами отдачи, каждый порождает в корне своей души «подобие свойств», называемое «единство», по примеру Творца, который является отдающим.

И вот что написано в Книге Зоар (Насо, с.8 и в «Сулам», п. 29): «Буква «хэй» - это молитва раскаяния. Об этом сказано: «Возьмите с собой речения и возвратитесь к Творцу. Поскольку, когда человек грешит, он вызывает отдаление буквы «хэй» от «вав», потому что сын «йуд-хэй», то есть «вав», который включает «йуд-хэй-вав», отдалился от буквы «хэй». И поэтому был разрушен Храм, и Исраэль отдалились оттуда и оказались в изгнании среди народов. И поэтому каждый, совершающий возвращение, приводит к возвращению «хэй» к букве «вав». И избавление зависит от этого».

Что такое личная собственность человека
Статья 20, 1986/7

Книга Зоар (гл. Корах, стр. 2, комм. Сулам, п. 4) объясняет фразу: «И взял Корах»[245]. «[Зоар] спрашивает: Что значит: "И взял"? И отвечает: "Воспользовался[246] дурным советом: тот, кто гонится за чужим, оно ускользает от него. И мало того: и то, что есть у него, он тоже теряет. Корах погнался за чужим, свое потерял, а другого не заработал"».

И следует понять в отношении духовной работы, о чем можно сказать, что оно принадлежит человеку, — то есть можно сказать, что это его, — а о чем [авторы Зоара] хотят сказать, что это не принадлежит ему. Ведь Книга Зоар говорит о Корахе, который погнался за чужим и свое потерял. На что указывают нам эти вещи в духовной работе, чтобы человек мог уберечься от наказания Кораха?

Известно, что главный элемент новизны в творении — это желание получать, как сказано (ТЭС, Внутреннее созерцание, ч. 1): желание Его нести добро Своим творениям, что является связью между Творцом и творениями, ведь Он создал свойство хисарона, то есть желание и стремление, чтобы [человек] стремился получить наслаждение и удовольствие, — а иначе ни от чего невозможно наслаждаться.

Известно, что нельзя говорить о том, что было до творения. А все, о чем мы говорим, говорится лишь в плане «из действий Твоих познали мы Тебя»[247]. То есть о том, что есть в творениях, мы говорим, но почему Творец сделал так, — такую реальность, — ведь Он мог сделать иначе, об этом нам говорить нельзя.

И мы видим природу, заложенную в творении, что ничем нельзя наслаждаться, если нет стремления к этому. И более того, стремление к объекту определяет меру удовольствия от наслаждения, которое мы можем испытывать от того объекта, к которому стремимся.

И потому мы считаем, что это кли, называемое «желание получать удовольствие и наслаждение», — кли, созданное Творцом. И у нас нет ни власти, ни возможностей отменить это кли и испортить это желание получать. А после того как это кли было создано и получило то наполнение, которое Творец хотел дать ему, кли ощутило, что [его] корень является дающим, а кли — получающим, и тут нет соответствия форм. Поэтому кли пожелало быть дающим, подобно своему корню. И оно произвело сокращение на меру получения, когда кли будет получающим, а Создатель — дающим. А оно сказало, что оно будет получать только в мере, в которой оно может получать ради отдачи.

Это кли, которое получает только в виде «ради отдачи», мы относим к творению, поскольку это действие, обратное тому, что создал Творец. Творец создал так, чтобы нижний действительно получал, что является целью творения, называемой «Его желание нести добро Своим творениям», чтобы творения наслаждались. А нижний делает обратное действие, поскольку он хочет, чтобы Творец наслаждался. И это является его мерилом, и он не думает о себе, о том, чтобы он [сам] наслаждался. И в каждом действии он производит расчет, стоит ли ему сделать это действие или нет.

---

245 Бемидбар, 16:1. **И взял [на себя] Корах**, сын Ицхара, сына Кеата, сына Леви, и Датан и Авирам, сыны Элиава, и Он, сын Пелета, сыны Реувена
246 Букв.: «взял на себя».
247 Источник не найден.

То есть если от этого выйдет наслаждение Творцу, он сделает это. А если он не видит, что от этого выйдет наслаждение Творцу, он избегает делать это действие. То есть все расчеты, которые он производит перед каждым действием, основаны на той мере, в которой у него будет возможность насладить Творца.

И то высшее благо, которое распространяется на это кли, называемое «ради отдачи», называется «светом линии». Это означает, что этот свет светит согласно линии и мере, в которой получающий может построить намерение ради отдачи, что является уподоблением по форме. Однако на свое собственное наслаждение он не смотрит, поскольку он желает слияния. И поэтому отсюда следует, что все множество миров, и парцуфов, и сфирот произошло из-за получающих.

Это означает, что когда свет светил в кли Творца, называемое «желание получать ради получения», которое называется «малхут», у этого кли была способность получать благо и наслаждение, заложенное в замысле творения. Ведь нет сомнения, что согласно мере блага и наслаждения, которые Он хочет дать, Он и создал величину кли. И, как бы то ни было, оно получил весь свет, и был там только один простой свет, как сказано в книге «Древо жизни», что «до сокращения простой высший свет наполнял все мироздание»[248].

Другими словами, все благо, которое Он хотел дать, приняла малхут, называемая «желанием получать». Поскольку это кли исходит от Создателя, Он без сомнения сделал кли совершенным, способным получать все, что Он хочет дать. Иное дело потом, когда малхут сказала, что она не желает получать в кли, принадлежащее Творцу, а у нее есть собственное кли, то есть которое она создала сама. И поскольку нижний, то есть творение, не способен, как Творец, сделать кли мгновенно, будучи ограниченным в том, что он должен делать, это кли возникло очень постепенно. То есть в той мере, в которой мы можем построить намерение ради отдачи.

И отсюда у нас получается множество ступеней. Другими словами, свет светит согласно готовности келим нижних. И подобным же образом он [то есть Бааль Сулам] объясняет (ТЭС, ч. 1) то, что сказано в «Древе жизни», что свет распространился постепенно. Он спрашивает: «Как можно говорить «постепенно» о духовном, ведь там нет времени, а «постепенно» подразумевает фактор времени?» Он объясняет там в «Ор пними»[249], что «постепенно» имеется в виду, что свет распространяется не сразу, а по уровням ступеней, согласно тому, сколько нижние могут получить ради отдачи. Это определяется как «постепенно». И из сказанного получается, что у нас есть два кли:

1. Кли, которое мы относим к Творцу, и это кли, называемое «желание получать ради получения». И это кли было создано в совершенном виде, потому что от Творца у него есть совершенство.
2. Кли, которое мы относим к творению, и это желание отдавать. И это кли устанавливается постепенно, поскольку нижние не способны сделать это кли в один момент.

И следует знать, что вся наша работа опирается только на одну точку, то есть что Тора и заповеди, которые нам заповедано исполнять, [предназначены] чтобы мы могли достичь кли, которое мы должны сделать. И это кли можно сделать только благодаря Торе и заповедям. Как говорит рабби Ханания бен Акашия: «Захотел Творец очистить [также и удостоить] Исраэль, поэтому умножил им Тору и заповеди, как сказано: «Творец желал ради правды Своей возвеличить Тору и прославить»[250][251]. И как сказано во «Введении в науку каббала», «И известно, что чистота

---

248   Ари, Древо жизни, врата 1, раздел 1.
249   Букв.: «внутренний свет». Название части Талмуд Эсер Сфирот, являющейся комментарием Бааль Сулама на «Древо жизни» Ари.
250   Йешая, 42:21.
251   Трактат Авот, гл. 6, мишна 13.

[также и право] – от слова очищение. И это как сказали наши мудрецы, заповеди были даны, только чтобы очистить ими Исраэль»[252][253].

Получается, что нам нужно только сделать кли, которое называется «отдающее кли». А больше ни в чем недостатка у нас нет. И это как сказано: «И благословил тебя во всем, что ты будешь делать»[254]. Объяснение: что «делать» имеется в виду кли. И если мы сделаем кли, Творец наполнит нам его благословением, то есть высшим благом, называемым «желание Его нести добро Своим творениям».

А отдающее кли готово для нас, как в сердце, так и в разуме. И это из-за того, что Творец дал нам получающее кли. И поэтому у нас есть желание все понять своим умом. Ведь это желание дало нам жажду познать мудрость, а это вызывает у нас стремление понять Тору и заповеди. Но вместе с этим у нас есть стремление понять высшее управление, ибо человек дает себе отчет, как Творец ведет себя с ним в плане управления «доброго, несущего добро».

И тут нужно верить выше знания. И поскольку в теле заложено желание понять и познать, само собой понятно, что в человеке пробуждается желание понять пути Творца. Однако об этом желании понять и познать говорится в отношении Торы, а не в отношении высшего управления.

А мой господин, отец и учитель однажды объяснил на простом уровне то, что мы говорим в благословении «[Благословен Ты, Господь, Творец наш, Царь вселенной,] сотворивший человека [в мудрости] и создавший в нем полости и отверстия. Открыто и известно пред престолом славы Твоей, что если откроется одно из них или закроется одно из них, нельзя будет существовать и стоять пред Тобой [ни одного часа]»[255]. Он сказал, что разница между «отверстиями» и «полостями» в том, что отверстие надо закрыть, тогда как полость должна оставаться пустой.

Объяснение состоит в том, что есть категории «закона» и «правосудия». «Закон» называется, что нужно принять это в качестве закона выше знания. И это свойство веры, и принятие веры должно быть выше разума. Получается, что недостаток знания и понимания, и разумения предмета остаются как пустое пространство без знания. И всякий раз человек должен остерегаться, чтобы эта полость не наполнилась.

И это, как мы говорим в благословении «Сотворивший человека»: «…или закроется одно из них, нельзя будет существовать». Но полости, то есть месту недостатка знания нельзя наполняться, а все время следует идти выше знания. И это называется свойство «разума» («моха») [работать] на отдачу.

Тогда как свойство правосудия, или свойство Торы, – это как раз то место, где человек должен стараться сделать все, что в его возможностях, чтобы понять Тору. Ведь Тора называется «имена Творца». И мы обязаны понять [их] и постичь. И тут, то есть в Торе, тот недостаток, который называется «отверстием», следует закрыть. Другими словами, чтобы не было никакого недостатка (хисарона). «И тот, кто умножает, – это поощряется»[256].

И поэтому мы говорим, «что если откроется нельзя будет существовать». «Откроется» – имеется в виду, что откроется «отверстие», то есть отверстие и недостаток в понимании Торы. Тогда у человека нет существования и возможности стоять, и он должен сразу же следить, чтобы этот недостаток наполнился светом Торы, «ибо свет в ней возвращает к источнику», ведь это кли, способное принять высшее благо. И после этого к нему приходит свет, облаченный в Тору, называемый «613 вкладов», как сказано в Предисловии Книги Зоар (стр. 242).

252 Берешит Раба, 44:1.
253 Бааль Сулам, Введение в науку каббала, п. 1.
254 Измененная цитата из: Дварим, 15:18. В оригинале: «…и благословит тебя Господь, Творец твой, во всем, что будешь делать».
255 «Ашер яцар» («Сотворивший человека») – благословение, произносимое после отправления естественных надобностей.
256 Пасхальная агада, Заповедано нам рассказывать о выходе из Египта. И тот, кто умножает рассказ о Египте, – это поощряется.

Однако в мире принято наоборот. То есть бремя небесного правления, которое нужно принять выше знания, – именно тут каждый хочет понять, как Творец управляет творениями, и люди хотят понять это в знании. Тогда как в отношении Торы – тут согласны идти выше знания, не заостряя внимания на то, чтобы в достаточной мере понять ее.

В Книге Зоар (гл. Хукат, стр. 1, комм. Сулам, п. 2) сказано: «[Здесь написано:] «Это устав Торы»[257]. И написано: «И это Тора»[258], – без слова «устав». «Это устав Торы» сказано, чтобы указать на то, что все в одном единстве, и включить Кнесет Исраэль, то есть малхут, в Творца, то есть в зеир анпин, чтобы все стало единым и неделимым. «Ве-зот» («и это») – это общее и частное вместе, то есть захар и нуква вместе, ведь «вав» – это захар, или зеир анпин, то есть общее, а «зот» – нуква, или малхут, то есть частное. Но «зот» без добавления «вава» – это устав Торы, то есть это несомненно малхут, называемая «устав» и исходящая из зеир анпина, который называется «Тора», [и это] лишь суд Торы, решение Торы, то есть малхут».

И следует понять, что означает, что зеир анпин называется «Торой», и «общим», и «захаром», и «вавом». Тогда как малхут называется «судом Торы», и «решением Торы», и «частным», и она называется «нуквой», и «Кнессет Исраэль» («Собранием Исраэля»).

И из сказанного выше можно объяснить, что Творец называется зеир анпином, согласно тому, как говорит Ари, что управление миром происходит в свойстве зеир анпина и малхут, где зеир анпин называется «общим», то есть из него исходит все, однако получающий от него всегда берет только частные элементы. То есть всякий раз от него раскрывается лишь часть общего в качестве частных элементов. И поэтому малхут называется «Собрание Исраэля», ведь она всякий раз собирает в себе части Исраэля, который называется зеир анпином. И это из-за того, что малхут является получателем высшего блага от зеир анпина.

Однако есть другое объяснение: что малхут называется «Собранием Исраэля» из-за того, что она является общностью всех душ. И в этом смысле можно объяснить, что малхут берет благо от зеир анпина и передает душе Исраэля. Однако следует отличать **воздействие зеир анпина, называемое «Торой», от воздействия малхут, называемой «судом Торы» или «решением Торы», которая называется «уставом».**

Известно, что малхут называется «верой», то есть что небесное правление («малхут») нужно принимать в качестве закона выше знания. Ибо таково решение Торы, чтобы принимали веру выше знания. И это как сказано выше, то есть что она относится к свойству «разума» («моха»). В свойстве «либа» (сердца) тоже нужно быть выше знания, и не смотреть на то, как тело объясняет нам, что нам стоит делать, а что – нет. И все должно быть выше знания.

Тогда как Тора – это свойство «общего». То есть все происходит от нее, что означает свойство «нести добро Своим творениям», то есть благо и наслаждение, которое включается в Его воздействии. И также и сила, позволяющая принимать на себя выше знания, тоже включена в дающего. Иными словами, зеир анпин, который называется «Пресвятой Благословенный», должен давать эту силу так, чтобы у нижнего была сила преодолеть свое знание и идти выше знания. Ведь эта сила называется «светом», а любой свет исходит из высшего, и только кли относится к нижнему. А кли называется «хисарон» («потребность»), и хисарон принадлежит нижнему. Иными словами, **если нижний чувствует, что ему недостает этой силы, то есть что он хочет идти выше знания, но не может, это называется сосудом («кли»).** И об этом сказано: «Нет света без сосуда (кли)». Как известно, «нет наполнения без потребности».

В этом отношении можно назвать зеир анпин словом «общее» (кляль), поскольку он включает в себя все. То есть и свойство веры выше знания дает он, и свойство Торы, которая называется «имена Творца». И мы уже говорили о том, что «имена Пресвятого Благословенного»

---

257 Бемидбар, 19:2. Это устав Торы, которую заповедал Господь так: Говоря сынам Исраэля, чтобы взяли тебе телицу красную без изъяна, у которой нет увечья, на которой не было ярма.
258 Тора, Дварим, 4:44. И это Тора, которую изложил Моше пред сынами Исраэля.

означает «благо и наслаждение, раскрывающееся с помощью Торы», ибо общее имя Творца – «добрый, несущий добро». А в Торе выясняется, как в каждой букве Торы раскрывается особый свет. И это свойство называется «Тора, Исраэль и Творец едины».

И из сказанного нам понятно, почему зеир анпин называется словом «Тора». Это в смысле «имен Творца». И это называется «**письменной Торой**», в которой ничего не прибавишь и не убавишь. Ибо в Дающем, называемом «Пресвятой Благословенный» нет никакого постижения. И поэтому нечего прибавить или убавить. А все, что есть в Дающем, раскрывается в получающем. Другими словами, по получающему известно, что есть в Дающем.

Тем не менее, не все, что есть в дающем, раскрывается в получающем, однако всякий раз в получающем раскрывается еще один элемент. И поэтому малхут, являющееся получающим кли, называется «частное» («прат»), а зеир анпин называется «общим». И поэтому малхут называется «**устной Торой**», где «уста» называются раскрытием, когда он раскрывает, что есть в письменной Торе, называемой «зеир анпин».

Однако малхут называется «судом Торы». Что означает, что все свойство Торы, которое раскрывается в малхут, подчиняется [решению] суда о том, что можно раскрывать. Другими словами, поскольку малхут называется «получающим», а на получающее кли было [решение] суда, что получать можно только лишь при условии – сколько они могут построить намерение на отдачу. И поэтому в малхут происходят подъемы и падения.

И она называется «устав», поскольку с точки зрения веры, это закон без знания. А если мы спросим себя, почему вера должна быть свойством закона, ответ на это, что таково было решение Творца, чтобы мы служили Ему выше знания. И поэтому это закон.

И с этой точки зрения малхут называется «решение Торы», то есть Тора постановила, что таков будет порядок работы в отношении работы выше знания. И как объясняет Раши по поводу стиха: «Это устав Торы»[259], – «Как Сатан [обвинитель] и народы мира бросают Исраэлю вызов, говоря: «Что это за заповедь и какой в ней смысл?». Поэтому сказано о ней «устав» – это решение Мое, и не вправе ты сомневаться в нем»[260].

Поэтому и здесь тоже нет вопроса, почему Творец желает, чтобы мы служили Ему выше знания. Другими словами, и на этот вопрос ответ тоже, что это выше знания, поскольку простой ум подсказывает, что, если бы наша работа была внутри знания, то есть тело понимало бы пути управления Творца творениями, не было бы возможности, чтобы вероотступники и атеисты удалились от святости, а все были бы служителями Творца. И об этом сказано (Йешая, 55:8): «Ибо мысли Мои – не ваши мысли, и не ваши пути – пути Мои, – слово Творца».

И, как говорит Книга Зоар, что поэтому написано «И это» с буквой «вав» [то есть «и»], – чтобы указать, что все в одном единстве, и включить Кнесет Исраэль – малхут, в Творца – зеир анпин[261]. Следует объяснить, что известно, что единство – это уподобление по форме. И поэтому, когда нижние занимаются Торой и заповедями с намерением на отдачу, тем самым они приводят к тому, – каждый в корне своей души, то есть в малхут, – чтобы она была ради отдачи, в подобии зеир анпину, который называется захаром, то есть дающим.

И это, как сказано: «И включить Кнесет Исраэль, то есть малхут, в Творца, то есть зеир анпин», – и таким образом выясняется, что есть в общем («клаль»), то есть зеир анпин, передающий малхут, то есть получающей нукве. И благодаря единству в малхут всякий раз раскрывается частное («прат»). И поэтому малхут называется «частным».

И из сказанного поймем то, что мы спрашивали – что такое личная собственность, о которой можно сказать, что она принадлежит только этому человеку. И как мы объяснили, **у человека в мире есть только келим, которые он создал и которые называются «отдающие келим»**. И

---

259 Бемидбар, 19:2.
260 Комментарий Раши на Бемидбар, 19:2.
261 Зоар, Хукат, п. 2.

только это принадлежит человеку. Но то, что входит в получающие келим, не принадлежит человеку, поскольку это кли создал Творец. Поэтому все, что входит в эти келим, тоже не принадлежит человеку. И у человека есть только то, что он поместил в отдающие келим. Поэтому Корах, который хотел получить в чужие келим, то есть в получающие келим, и свои келим, то есть келим желания отдавать, которые были у него, тоже потерял.

Что такое грязные руки в духовной работе
Статья 21, 1986/7

Книга Зоар в главе «Балак» (л. 14, комм. Сулам, п. 32) говорит о стихе: «При входе своем в шатер собрания будут они омывать [руки свои] водою, и не умрут»[262]. Там сказано так: «Из этого стиха мы учим, что тот, кто об этом не заботится и предстает перед Царем с нечистыми руками, повинен смерти. Ведь руки человека пребывают на вершине мира». Как сказал [рабби Шмая-праведник]: «Всякая нечистота и грязь поднимаются в Ситру Ахру, ведь Ситра Ахра питается этой нечистотой и грязью»[263]. И потому сказал рабби Шмая-праведник: «А тот, кто благословляет нечистыми руками повинен смерти»[264].

И надо понять, в чем такая строгость этого запрета — до такой степени, что, казалось бы, благословляющий Творца делает хорошее дело, однако если у него грязные руки, он повинен смерти. Как такое может быть? То есть если бы он не благословлял Творца, не был бы повинен смерти. Тогда как, если он благословляет Творца, но только руки его нечисты, за это ему уже полагается смерть. И кроме того, надо понять, почему он говорит, что «руки человека пребывают на вершине мира». На что это указывает нам в духовной работе?

Известно, что наша главная цель в духовной работе — прийти к слиянию с Творцом, то есть к уподоблению Ему по форме. И как сказали наши мудрецы: «Как Он милосерден, так же и ты будь милосерден»[265]. И это все, над чем мы должны работать. Другими словами, все усилия, которые мы прилагаем в Торе и заповедях, — вознаграждение за них должно быть, что мы удостоимся отдающих келим, то есть келим слияния [с Творцом], как сказано выше. А все остальное дает Творец. Как известно, цель творения со стороны Творца — нести добро Своим творениям, то есть чтобы творения получили благо и наслаждение. Однако, чтобы благо и наслаждение, когда нижние получат их, у них было бы совершенство, и не было бы стыда, — чтобы исправить это, был установлен закон, что нельзя получать никакого наслаждения ради получения, а можно — только ради отдачи.

А поскольку от природы человек рождается с желанием получать ради получения, и известно, что идти против природы тяжело, это приводит к работе и усилиям, когда человек хочет идти путем отдачи и избегать любого получения в получающие келим, получая только в отдающие келим, что называется «получением ради отдачи».

И из сказанного следует, что для того чтобы келим были пригодны для получения высшего блага, они должны быть в подобии формы со светом. В противном случае есть закон, вытекающий из произошедшего сокращения, что это кли должно оставаться в [виде] пустого пространства. Поэтому все наши усилия сводятся к тому, чтобы обрести чистые келим, называемые «отраженным светом», что означает, что как Творец желает давать творениям, так же и творения желают давать Творцу. Другими словами, есть прямой свет, то есть благо, идущее от Творца к нижним, называемое «прямым», то есть в этом заключалось намерение творения нести добро

---

262 Шмот, 30:20.
263 Зоар, Балак, п. 35.
264 Там же, п. 31.
265 Рамбам, Мишне Тора, Законы о мнениях, гл. 1, закон 6.

Своим созданиям, и это называется «прямым светом». Однако малхут бесконечности, которая получила прямой свет, пожелала свойства слияния, называемое «подобие по форме». И по этой причине малхут не принимает прямой свет больше, чем у нее есть отраженного. То есть мерило, которым она измеряет, сколько блага принять, – она смотрит согласно тому, сколько она может построить намерение ради отдачи Творцу, что называется «**светом, отраженным к Творцу**».

И известно, что главное вознаграждение, которое мы надеемся получить за работу в Торе и заповедях, – это лишь получение этого отраженного света. Как говорит [Бааль Сулам] во Введении в книгу «Паним меирот у-масбирот» (п. 3): «Знай, что экран, находящийся в кли малхут, является источником тьмы из-за заключенной в этом экране задерживающей силы на высший свет, [предотвращающей] его распространение в бхину далет. И он также является источником усилий ради получения вознаграждения, поскольку усилия являются действием не по собственной воле, ведь работнику комфортно лишь в состоянии покоя, однако из-за того, что хозяин платит ему, он подчиняет свою волю желанию хозяина. И знай, что здесь, в этом мире, нет ни одного объекта или образа действия, которые не исходили бы из своего корня в высших мирах, откуда расходятся ветви в нижние миры. И получается, что величина задерживающей силы равна величине усилий. А вознаграждение, которое хозяин платит работнику, заложено в отраженном свете, который выходит благодаря зивугу де-акаа (ударному соитию). И благодаря тому, что экран стал источником отраженного света [малхут снова становится кетером десяти сфирот отраженного света и также – прямого]. И все это она [малхут] выиграла благодаря вышеупомянутой задержке»[266].

И из сказанного мы видим, что во всех усилиях, которые человек должен приложить для получения вознаграждения, на какое вознаграждение мы рассчитываем? Нет сомнения, что вознаграждение – в том, что мы обретем отдающие келим. То есть благодаря усилиям, являющимся источником экрана, мы сдерживаем себя от получения в наше желание получать, то есть ради собственной выгоды. А чего мы хотим за эту задержку? Мы хотим, чтобы Творец дал нам желание, чтобы мы захотели доставить наслаждение Творцу.

То есть мы даем Творцу наше желание и не хотим его использовать. А за это Он даст нам свое желание. То есть как Его желание – давать творениям, так же и нам Он даст желание доставлять Ему наслаждение. И в этом наше вознаграждение. То есть мы хотим, чтобы Он поменял наши келим, существующие у нас от природы и называемые «получение ради получения». Мы отказываемся от тех келим, которые у нас есть, и вместо них мы получим отдающие келим.

Как сказали наши мудрецы (трактат Авот, гл. 2, мишна 4), «отмени свое желание относительно Его желания, чтобы Он отменил желания других относительно твоего желания», – что означает, что человек должен отменить свое желание получать, что, как сказано выше, называется экраном, а, как мы говорили раньше, он является источником усилий, поскольку задерживает желание получать относительно желания отдавать. Ибо желание отдавать называется «желание Творца», и он отменяет желание собственной выгоды по отношению к пользе Творца.

Однако невозможно, чтобы у человека были силы идти против [своей] природы. И об этом сказали наши мудрецы: «Пришедшему очиститься помогают»[267], – для того, чтобы он отменил желания других, – то есть все желания, пробуждающиеся в теле и сопротивляющиеся тому, чтобы он обрел способность заниматься желанием отдавать – это делает Творец. То есть Творец делает так, чтобы у него была способность отменить их. Как сказано: «чтобы Он отменил желания других относительно твоего желания», – то, что ты хочешь заниматься отдающим желанием, но не можешь, и это будет твоим вознаграждением, которое ты получишь в виде помощи Творца.

---

266 Бааль Сулам, Общее введение в книгу «Паним меирот у-масбирот» («Птиха колелет»), п. 3.
267 Трактат Шабат, 104:1.

То есть чтобы Творец отменил желание других, – то есть желание получать, принадлежащее другим, а не святости, – человек должен первым начать эту работу, а потом Творец дает ему требуемую для этого помощь, и причина этого известна: что «нет света без кли». Это означает, что ничего не приходит свыше, если нет желания снизу, ибо **желанием** называется **потребность** в этом. Как сказали мудрецы: «Отмени свое желание», то есть желание получать, «относительно Его желания», то есть относительно желания Творца, а желание Творца – отдавать. И когда ты начнешь, в мере усилий, вкладываемых для отмены желания получать, образуется потребность просить Творца, чтобы Он помог тебе, и тогда ты получаешь желание и полную потребность в помощи Творца.

Как сказано, «отмени свое желание» – то есть человек должен начать отменять желание получать «относительно Его желания», то есть относительно желания отдавать, то есть желания Творца. «Чтобы Он отменил желания других относительно твоего желания», – что означает, что после того как у тебя есть желание и потребность в желании отдавать, и ты только не можешь отменить желание получать, приходит помощь свыше, то есть «чтобы Он отменил желания других», не принадлежащие святости, и имеется в виду желание получать. «Относительно твоего желания», – то есть сейчас твое желание состоит в том, что ты хочешь быть в святости, чтобы работа была ради отдачи. И эту силу человек теперь получает, то есть он выходит из-под власти желания других, то есть Ситры Ахры, которая только получает и не отдает, и он пользуется сейчас отдающими келим.

И из сказанного мы сможем объяснить то, что мы спросили по поводу слов Зоар: «Руки человека пребывают на вершине мира»[268], – на что это указывает в духовной работе? Известно, что «руки» указывают на получающие келим человека – согласно выражению: «если достанет рука»[269] (переносный смысл: «если достигнет достатка»). И как сказали мудрецы (трактат Ктубот, 83:1): «Рука моя отстранена от него», – что означает, что он самоустраняется от владения полем.

И они «пребывают на вершине мира» означает, что существование мира зависит от этих рук, ибо они – получающие келим человека. Другими словами, цель творения – нести добро Своим созданиям – должна быть получена в руки человека. Иначе говоря, если руки, то есть получающие келим человека, в порядке, то есть они чистые, и у них есть подобие по форме с Творцом, как сказано выше, что они – ради отдачи, – при таких условиях высшее благо распространяется к нижним. Однако если руки, то есть получающие келим, не чисты, следует прервать поступление высшего блага нижним, ибо получающие келим не принадлежат святости, принадлежа только клипот.

Известно, что все нижние ветви ведут себя согласно своим высшим корням. Поэтому и в материальном, когда человек хочет поместить что-либо в какой-нибудь сосуд, он чистит этот сосуд и моет его водой. А если этот сосуд слишком грязный, он использует для его очистки чистящие средства. Иначе, то, что он поместит в сосуд, испортит еду, или напитки, или одежду. Если он кладет дорогую одежду, он перед этим почистит даже чемодан. Все, чтобы не испортить вещи или еду. А если он нарушил правильный порядок, и поместил вещи или еду в грязные сосуды, все уйдет к внешним. То есть человек берет все это в руки и передает внешним, то есть выбрасывает, как еду, так и вещи, на улицу, не оставляя их дома.

Так же и на духовном пути – если руки человека не чисты, то есть они могут испортить высшее благо до такой степени, что он берет благо и передает его внешним, другими словами, если его келим запачканы желанием получать ради себя, а это противоположно святости по форме, высшее благо уходит в клипот. Потому что высшее благо, которое должно было пребывать в

---

268 Зоар, Балак, п. 32.
269 Ваикра, 25:47.

келим святости, то есть в отдающих келим, он передает в клипот, и из-за этого клипот очень сильно укрепляются.

И отсюда мы поймем слова [рабби Шмайи-праведника]: «Всякая нечистота и грязь поднимаются в Ситру Ахру, ведь Ситра Ахра питается этой нечистотой и грязью»[270]. И как мы объяснили, нечистота и грязь – это келим получения ради собственной выгоды, и нет у него намерения ради пользы Творца, это как раз и есть «Ситра Ахра», то есть «другая сторона», не относящаяся к святости, ведь святостью называется «отдача», как сказано: «Святы будьте, ибо свят Я»[271], – что означает, что как Творец – дающий, так же и творения должны быть заняты только отдачей.

Согласно этому выходит, что если человек работает ради получения, а не ради отдачи, [этим] он питает Ситру Ахру, ибо всё ее свойство – одно лишь получение без всякой отдачи. Как сказано: «Всякая нечистота и грязь поднимаются в Ситру Ахру», – ибо они получают питание только лишь от получающих келим.

И это, как он [Бааль Сулам] говорит в ТЭС (ч. 11, стр. 1028, Ор пними, п. 33): «Ибо даже в будни мелахим и клипот берут пропитание из Ацилута, в свойстве тонкого свечения, как известно, [но в будни] это происходит из-за грехов нижних, которые всегда приводят к тому, что света хасадим отделяются от свечения хохмы и опускаются в клипот, чтобы питать их, и даже, не дай Бог, больше, чем им [минимально] необходимо».

Там же он пишет: «Однако вся связь Ситры Ахры, которая возможна в субботу, поскольку, когда человек переводит из-под власти Единого во власть многих, он приводит к тому, что света хасадим распространяются из Ацилута в место БЕА, и они должны распространяться без свечения хохмы, и из-за этого они умирают, и отсюда возникает понятие «оскверняющие ее [субботу] будут преданы смерти»[272], поскольку из-за того, что они вызывают выход светов из-под власти Ацилута, чтобы они отделились от свечения хохмы [и умерли], таково и наказание их – чтобы умерли, и это называется «оскверняющие ее будут преданы смерти»»[273].

И из сказанного мы видим, что грехами [своими они] вызывают распространение святости в клипот, а все прегрешения происходят только от желания получать, и этим они вызывают смерть светов хасадим. Поэтому наказание в отношении работы – это смерть, как сказано выше, как сказано: «Оскверняющие ее будут преданы смерти». Поэтому сказали [мудрецы]: ««Тот, кто благословляет нечистыми руками»[274], – то есть тот, у кого получающие келим не чисты, а запачканы желанием получать «повинен смерти»», поскольку он вызвал смерть света хасадим.

Поэтому, когда человек благословляет Творца, – имеется в виду, что он хочет притянуть благословения, – но руки его запачканы желанием получать ради получения, так что то благо, которое он хочет притянуть, уйдет в клипот, называемые «мертвыми». И тогда человек относится к свойству «грешники при жизни своей называются мертвыми»[275]. Другими словами, хотя он и хочет притянуть жизнь, что называется «при жизни своей», однако он всё еще относится к «грешникам», то есть хочет работать не ради Творца, а для собственной выгоды, а это свойство отделения от святости. И грешники называются «мертвыми», из-за того, что приводят к тому, что высшее благо уходит в клипот, как сказано выше, – как он [Бааль Сулам] говорит о стихе: «Оскверняющие ее будут преданы смерти»[276].

И поэтому, когда человек хочет идти путем истины, то есть исполнять Тору и заповеди ради отдачи, – что он должен делать? Совет тут состоит в том, чтобы прежде всего перед каждым

---

270 Зоар, Балак, п. 35.
271 Ваикра, 19:2.
272 Шмот, 31:14. И соблюдайте субботу, ибо святыня она для вас. **Оскверняющие ее будут преданы смерти**; ибо всякий, выполняющий в этот [день] работу, искоренится та душа из среды своего народа.
273 Бааль Сулам, ТЭС, т. 4, ч. 11, стр. 1030, Ор Пними, п. 35.
274 Зоар, Балак, п. 31.
275 Трактат Брахот, 18:2.
276 Шмот, 31:14.

действием он строил намерение, какое вознаграждение он рассчитывает получить за те действия, которые он собирается совершить. И тут он должен сказать себе: раз я хочу служить Творцу, и раз я не могу, поскольку желание получать, заключенное внутри меня, не позволяет этого, благодаря действиям, которые я собираюсь совершить, Творец даст мне истинное желание доставить наслаждение Творцу, и я верю в мудрецов, сказавших: «Хотел Творец очистить Исраэль, поэтому умножил им Тору и заповеди»[277].

Какой подарок человек просит у Творца?
Статья 22, 1987

В Книге Зоар в гл. Пинхас (стр. 63) и в комментарии Сулам (стр. 180) сказано: «Обрадуй душу раба Твоего, ибо к Тебе, Всесильный, возношу душу свою». Три раза становился Давид рабом в этом псалме, соответственно трем разам, установленным авторами Мишны для человека, который должен быть в молитве. В первом благословении должен быть, как раб, воздающий хвалу Господину своему. Подобно рабу, просящему подарок у господина. В последних благословениях подобен рабу, который благодарит господина своего за подарок, который получил от него, и возвращается к себе».

Следует понять, почему уподобляют молитву человека рабу, получающему подарок от господина, а не как милостыню, или в другом виде. Чему это учит нас в духовной работе.

Известно, что со стороны Творца к нам идут напрямую две вещи:

1. Свет;
2. Кли, получающее свет.

Мы учили, что цель творения — это желание насладить творения. Отсюда выходит, что Творец со своей стороны без побуждения нижних хочет насладить создания, и пока что не созданы творения в мире, от которых Он поучил бы побуждение. При этом считается, что свет идет от Творца без участия со стороны творений.

Творец создал как сущее из ничего кли, называемое «желание и стремление получать удовольствие и наслаждение». Это означает, что мы видим «из Твоих действий познаю Тебя», то есть, мы говорим только о том, что видим в природе творения. И мы видим, что невозможно насладиться чем-либо, что бы это ни было, кроме как с сильным желанием к этой вещи. Из этого мы учили, что свет создал это кли, называемое «желание получать», в течение четырех стадий, то есть, четырех этапов, когда желание получать приобретает конечную форму сильного желания. И когда свет создал кли, оно получило благо и наслаждение, которые было в желании [Творца] дать.

Но затем родилась новая вещь, которую мы соотносим с Творцом, а не с творением, то есть, понятие отдачи мы соотносим с Творцом – дающим, потому что Его желание – насладить творения, дать творениям все благо и не получать от них ничего. Но затем была создана новая вещь, как сказано в Учении Десяти Сфирот (1 ч.) что первое получающее [желание], называемое «Малхут мира Бесконечности», пожелала иметь украшение, называемое «украшение в точке желания», чтобы было у нее равенство по форме, называемое «слияние». И по этой причине было сделано сокращение. То есть, с того момента из желания получать исчез свет.

И малхут создала новое кли, называемое «желание отдачи». То есть, чтобы не получать наслаждение и удовольствие по мере сильного желания к свету, а по мере желания отдачи [в кли]. То есть, Малхут сделала расчет, сколько процентов света она может получить с намерением отдачи. А ту часть, которую может получить с намерением ради получения, не будет получать.

---

277 Трактат Макот, 23:2.

Выходит, что это кли, которое дает нижний, мы соотносим с нижним. Потому что келим высшего, которые высший создает, чтобы у нижнего была возможность насладиться от света, – это только желание получать. И это кли никогда не отменится, потому что созданное Творцом должно существовать всегда.

А нижний может только дополнить кли Творца. Как сказано, «То, что создал Всесильный для действия». Что означает, Творец создал кли, называемое «желание получить наслаждение». И человек должен дополнить его исправлением, называемым «намерение ради отдачи», как говорилось, что Малхут мира бесконечности украсила себя в точке желания, что означает – украсила себя тем, что придала желанию получать намерение ради отдачи.

Там, в Малхут мира Бесконечности, был только корень, и оттуда перешло к нижним, что уже нельзя получать ради получения, согласно правилу «желание высшего становится обязательным законом для нижнего». Отсюда произошла и родилась «ситра ахра» (клипа), противоположность святости. Если в святости есть только желание отдачи, то те, кто хотят получать ради получения, становятся отдаленными и отделенными от источника жизни. Поэтому сказан в Книге Зоар: «Грешники при жизни называются мертвыми», как сказано, «милосердие народов – грех», говорится о грешниках: «все благо, что делают, во зло делают».

Из сказанного следует, что **прямым путем** Творец дает нам две вещи:
1. Благо и наслаждение;
2. Сильное желание к наслаждениям.

Но не прямым путем исходит от Творца ощущение стеснения, называемое «стыд». Это означает, что желание Творца – чтобы нижний получил наслаждение, а не страдание. Но не прямым путем: это означает что высший–дающий не хочет, чтобы нижний чувствовал стыд во время получения наслаждения.

Поэтому было произведено исправление сокращением, и по причине сокращения свет не приходит в келим, созданные Творцом, а лишь в то кли, в котором творение сделало исправление намерением ради отдачи. А если у человека нет такого кли, человек остается во тьме без света, и имя Доброго, творящего добро скрыто от него, потому что у него нет пригодных для получения света келим, называемых «равенство по форме».

Выходит, что обновление, сделанное после сокращения, заключается в том, что недостает только намерения ради отдачи, но две вещи, которые были до сокращения, не изменились. То есть, как в первой стадии – желании Творца насладить, не сделано изменений ни в коем случае. И после сокращения Он также хочет давать благо и наслаждение. Так и вторая стадия – желании получать, – также осталась без изменений. А как мы учим, в духовном нет изменений, а только дополнения; выходит, что после сокращения нельзя получить высший свет, если не дополняем желание получать намерением ради отдачи. И это вся наша работа в Торе и заповедях, чтобы удостоиться келим отдачи.

Об этом сказали мудрецы (Кидушин, 30): «Создал Я злое начало, создал Я Тору в приправу». Как известно, желание получать называется «злое начало», потому что оно вызывает отдаление от Творца, поскольку отличается от Него по форме. Намерение Творца – отдавать, в то время, как злое начало [желает] только лишь получать. И по этой причине все благо и наслаждение замысла творения скрыто от него.

Но как можно обрести эти келим, ведь это против нашей природы?

Ответ: для этого нам даны Тора и заповеди, и с их помощью мы можем обрести эти келим. Но почему не все удостаиваются с помощью Торы и заповедей келим отдачи? Причина в том, что как известно, нет света без кли. Выходит, что если человек не знает на сто процентов, что только этих келим недостает ему, то у него пока еще нет истинных келим, то есть, нет потребности в этих келим. Получается, что свет находится в Торе и заповедях, в которых есть сила помочь человеку обрести эти келим, но нет у него истинной потребности, чтобы дали ему эти келим.

Если посмотреть глубже, то есть, если сделать основательную проверку тех, кто соблюдает Тору и заповеди, хотят ли они, чтобы дали им келим отдачи в обмен на желание получать, то подавляющее большинство из них скажет, что они отказываются от этого, и хотят соблюдать Тору и заповеди ради получения. Выходит, что у них нет потребности в келим отдачи. Поэтому как можно сказать, что за их усердие в Торе и заповедях, им дадут в награду вещь, в которой у них нет потребности? Наоборот, они боятся лишиться кли получения, называемого «любовь к себе».

И это то, что говорит Рамбам (в конце трактата «Гилхот тшува»): «Сказали мудрецы, надлежит человеку всегда заниматься Торой даже ло лишма, потому что от ло лишма приходит к лишма. И поэтому, когда обучают детей, женщин и простолюдинов, их учат работать в трепете, чтобы получить вознаграждение. Пока не умножится их знание и не обретут бо́льшую мудрость, раскрывают им этот секрет понемногу, приучают их работать с удовольствием, до тех пор, пока не постигнут и станут работать в любви».

Из сказанного следует, что человек должен стремиться постичь келим отдачи. Вместе с тем, что он видит, что желание получать не согласно на это и не позволяет ему молиться, чтобы Творец дал ему эти келим, – **об этом человек также должен молиться Творцу, чтобы дал ему желание, чтобы понял необходимость в этих келим**, и просит у Творца сил преодолеть желание тела, которое хочет оставаться именно с келим получения. Более того, как только оно видит, что из этого может произрасти желание, из которого человек захочет потом обрести келим отдачи, – сразу же чувствует это и тут же начинает сопротивляться.

Но не легко человеку увидеть, что он не может работать ради отдачи. Человек думает, что сейчас у него еще нет желания отдачи, но, когда захочет работать ради отдачи, – выбор за ним, то есть, у него будет возможность работать ради отдачи. Это знание, когда он думает о нем, успокаивает его, чтобы не молился о том, что он не работает в отдаче, потому что [ему кажется], как только захочет, то сможет. И поэтому не беспокоится об этом.

Но истина в том, что это не во власти человека, потому что это против природы человека. Об этом сказали мудрецы: «Злое начало человека восстает против него каждый день, и, если бы не помощь Творца, не смог бы сам [справиться с ним]. Но для того, чтобы получить помощь, человек должен увидеть и постараться, чтобы у него была потребность в помощи Творца. Поэтом сказано: «приходящему очиститься» помогает Творец.

И мы спрашивали, почему человек должен начать работать, и только потом Творец дает ему помощь. Почему Творец сразу же не дает ему эту силу, то есть, пусть даже человек не просил помощи, Творец сразу же помог бы ему в начале духовной работы. Но как уже говорилось, «нет света без кли», поэтому человек должен начать. И когда человек видит, что не может, тогда у него есть потребность, чтобы Творец помог ему. Поэтому именно когда человек начинает работу, и видит, что не может в этом состоянии, тогда он получает кли, в которое Творец дает ему силу, называемую «желание отдачи».

Однако, как правило, когда человек приступает к работе по отдаче, и видит, что ему тяжело, и видит, что, по его мнению, он уже много раз просил у Творца, чтобы помог ему, и не получил никакой помощи, тогда человек бежит от борьбы и говорит, что эта работа не для него. Но на самом деле, именно в тот момент, когда приходит к решению, что это тяжело для него и только Творец может помочь, тогда он должен уповать на Творца, что Творец поможет ему, но пока что еще не готово кли, то есть потребность в помощи Творца, и всякий раз, когда просит помощи, хотя еще не чувствует помощи Творца, нужно верить выше знания, что Творец помогает, но человеку пока еще не дано видеть, – для того, чтобы раскрыл истинную потребность в этом.

Из сказанного следует объяснить, что написано: «Ибо верны пути Творца, праведники пойдут по ним, а грешники оступятся на них». Это означает, что именно в этой точке, если человек приходит к решению, что не в силах человека достичь келим отдачи, поскольку он видит, что ни один орган в теле человека не согласен с этим, то значит он пришел к точке истины. И ему нужно обратиться к Творцу с истинной молитвой, чтобы Он помог ему. И разумеется, что принял бы помощь от Творца; а Творец сидит и ждет, что человек даст ему кли, то есть, потребность в этом. И именно здесь человек бежит от этого состояния, хотя именно здесь находится место, где к нему может прийти помощь. А он бежит от борьбы и называется «злодеем».

В то время, как праведник не отчаивается, и именно сейчас он удостаивается келим отдачи. Выходит, что в том же месте, где «праведники пойдут», то есть, поднимутся на ступень, «грешники оступятся»; – именно в том месте, где должны были получить помощь, они оступаются и бегут от борьбы.

Их всего сказанного следует, что человек должен просить подарок от Творца, то есть, чтобы человек дал ему в подарок келим отдачи, также, как дал ему кли, называемое «желание получать». Это означает, что с одной стороны мы говорим, что Творец дал кли и дал свет, то есть, как желание и стремление получать наслаждения, так и само наслаждение. И лишь дополнение к кли, – желание отдачи, – мы соотносим с творениями, как сказано: «то, что создал Всесильный для действия»; при этом «то, что создал» – означает желание получать, называемое «создал», что является вещью «сущее из ничего», называемое «творение».

Но на самом деле также и это кли, называемое «дополнение», – и его Творец должен дать. А то, что мы говорим, что это относится к творениям, имеется ввиду, что человек должен просить у Творца, чтобы дал ему это кли, называемое «намерение на отдачу». То есть, только потребность (хисарон), что недостает ему желания отдачи, – нижний должен постараться, чтобы у него было. В то же время желание получать, – о нем не говорится, что в нем есть побуждение от нижних, поскольку если пока еще желания получать нет в мире, то кто попросит, чтобы дали ему желание получать наслаждения? Ведь нельзя сказать, что прежде, чем родился человек, он хочет что-либо. Поэтому говорят, что желание получать полностью относится к Творцу.

И лишь после того, как рождается желание получать наслаждения, тогда приходит время, что человек чувствует, что это желание получать без дополнений, в том виде, в котором оно существует по природе, является злом. Потому что в это желание он не может получать истинные наслаждения, а только «слабое свечение», которое Творец дал клипот, чтобы не отменились. И когда человек приходит к такому знанию, тогда он получает потребность, чтобы у него была возможность намереваться ради отдачи. И пока у него не будет такой потребности, невозможно дать ему кли, как было сказано, – «нет света без кли». А кли называется «потребность в хисароне», а хисарон проявляется только при условии, что он испытывает страдания и боль оттого, что нуждается в вещи, которой у него нет.

Обычный хисарон – это то, что человек видит, что у него нет вещи, которой, как он понимает, ему недостает. Но если он знает, что может прожить без нее, [о таком человеке] нельзя сказать, что у него есть истинный хисарон. А истинным хисароном называется, если он знает, без того, что он чувствует, что ему недостает, не может продолжать жить. Это называется «истинная потребность».

Также в духовной работе, зачастую человек знает и понимает, и чувствует, что недостает ему желания отдачи. И просит у Творца, чтобы дал ему способность преодолеть тело, называемое «желание получать». И он сам знает, что уже много раз просил у Творца, но Творец не хотел слушать его. И то, что он видит, что еще не получил силы от Творца, отталкивает его, и нет у него более сил еще раз просить у Творца, чтобы дал ему желаемое, поскольку он видит, что Творец не слышит его, и поэтому нет в нем более места, чтобы смог молиться Творцу.

Однако на самом деле нужно сказать, что пока еще нет у человека истинной потребности, чтобы Творец помог ему. Потому что потребность, которая есть у человека, когда он видит, что нет у него возможности намереваться ради отдачи, – это еще не называется истинная потребность. А как было сказано, истинной потребностью называется, что он видит, что если у него не будет того, чего ему недостает, то у него нет права на существование в мире. Это называется истинный хисарон.

Поэтому, когда человек приходит к осознанию, что если не постигнет желание получать, он отделяется от святости, и нет у него никакой надежды удостоиться когда-либо духовного, называемого «слияние с Творцом», а все время, пока он погружен в любовь к себе, у него нет шансов войти в святость, и он останется в клипот, и испытывает боль от этого, и говорит: «Если так, то лучше мне смерть, чем жизнь», – это называется истинной потребностью. И тогда, когда человек молится, чтобы Творец дал ему келим отдачи, это называется истинная потребность, и только это мы можем соотнести с нижними, то есть, хисарон в том, что недостает келим отдачи. Это называется «кли», то есть, потребность.

Наполнение этого, то есть, желание отдачи, относится к Творцу. То есть, как Творец дает первое кли, – «желание получать», – также он дает кли, называемое «желание отдачи». И все отличие между первым кли, называемым «желание получать», и кли, называемом «желание отдачи» в том, что первое кли было без побуждения нижнего, как уже говорилось, – до того, как родился, кто попросит? Но потом, когда родилось желание получать, тогда [человек] начал чувствовать, что желание получать делает ему. И по мере понимания необходимости в келим отдачи, пробуждается человек к ощущению потребности. И только потребность в келим отдачи соотносится с творениями.

Из сказанного сможем объяснить, что мы произносим и просим «И сокровищем бескорыстного дара благоволи мне». На первый взгляд, это трудно понять, ведь мы должны работать на Творца не ради получения награды, более того, не просить бескорыстный дар. Так почему написано (в молитве «Ихие рацон» перед чтением Псалмов): «И сокровищем бескорыстного дара благоволи мне»?

Это означает – «дай нам бескорыстный дар», благоволи нам. То есть, дай нам в подарок кли отдачи, как Ты дал нам кли желания получать. Мы просим Тебя, потому что чувствуем потребность в кли отдачи. А что есть кли отдачи? Чтобы смогли работать без оплаты и награды, и вся наша работа будет только ради отдачи. То есть, если в первом кли, называемом «желание получать», человек не мог работать иначе, как за награду, то это кли, называемое «кли отдачи», – это новое творение, то, чего не было в творении.

И сейчас дай нам кли, то есть – желание из Твоих сокровищ. А что есть желание отдачи? Оно было еще до того, как [Творец] создал желание получать, потому что желание отдачи – это причина желания получать. Желание отдачи называется «сущее из сущего», в то время, как желание получать называется «сущее из ничего», поскольку как известно, желание получать не относится к Творцу, «ведь кто получит?». Поэтому мы просим «сокровище бескорыстного дара», то есть, из Твоих сокровищ, где у Тебя есть желание отдачи, одари нас этим желанием, дай нам, чтобы и мы могли работать даром, без получения награды.

Отсюда поймем то, что мы спрашивали, как мы просим, чтобы Творец дал нам бескорыстный дар? Смысл в том, что мы просим у Творца, чтобы Он дал нам, чтобы мы смогли работать на Него даром. Это значит, что кли отдачи, которое человек получает, – это кли называется «бескорыстный дар. Следовательно, какой подарок человек должен просить у Творца, чтобы дал ему? И мы спрашивали, как можно вообще просить подарок? Известно, что просят милостыню, но подарок, – кто просит подарки? Обычно в мире принято, что тому, кого любят, дают подарки.

Ответ: поскольку человек хочет любить Творца, и поскольку желание получать мешает, поэтому человек просит этот подарок, называемый «кли отдачи», и с помощью этого подарка, полученного от Творца, человек удостоится любви к Творцу, а не любви к себе. Поэтому это называется «подарок», и об этом человеку следует просить.

И это то, что мы спрашивали: какой подарок человек должен просить у Творца, и об этом можно просить, и на этой просьбе основана наша работа в Торе и заповедях, и благодаря их выполнению мы получаем потребность в этой просьбе, и понимаем, что «это вся наша жизнь во все дни наши». Потребность в том, что нам недостает слияния с Творцом, называемого «равенство по форме», за счет этого можем быть слиты с источником жизни, и об этом сказано «грешники при жизни называются мертвыми», вследствие разделения между ними.

А в просьбе о подарке главное – это потребность в вещи. И посредством Торы и заповедей обретается потребность. И благодаря потребности есть место для просьбы об этом подарке, и это называется, чтобы дал нам кли, называемое «желание отдачи Творцу».

Об этом сказано (Талмуд, гл. Хагига, 7): «Как Я даром, так и вы даром», то есть, человек должен стараться работать ради отдачи и не получать ничего взамен. И там же, в Гмаре, дается одно объяснение, но также упоминается о том, что это называется «слияние».

Из сказанного можно объяснить то, что мы произносим в Благословении после еды, что даже в шабат, когда запрещено говорить о мирских делах, мы просим у Творца: «И не дай нам, Творец Всесильный наш, зависеть от даров [людей из] плоти и крови». Такую молитву следовало бы произносить в будние дни, когда просят о достатке, но не в шабат.

Нужно объяснить, что то, что мы просим в шабат «И не дай нам, Творец Всесильный наш, зависеть от даров [людей из] плоти и крови», – имеется ввиду келим людей из плоти и крови, а «плоть и кровь» означает келим получения. И просят у Творца, чтобы помог им, чтобы им не пришлось использовать их келим, а [чтобы использовали] келим Творца, то есть, келим отдачи, и об этих келим мы просим у Творца, и это келим **бескорыстного дара**.

Мир после ссоры лучше, чем, когда вообще нет ссоры
Статья 23, 1986/7

В трактате Укцин по поводу мира рабби Шимон бен Халафта говорит: «Не нашел Творец сосуда, способного удержать благословение для Исраэля, кроме мира. Как сказано: «Творец даст силу народу Своему, Творец благословит народ Свой миром»[278][279]. В Писании сказано: ««Мир, мир дальнему и ближнему», – сказал Творец, – и исцелю его»[280].

И надо понять его слова, как сказано: «Не нашел Творец сосуда, способного удержать благословение для Исраэля, кроме мира». Он говорит «благословение» и говорит «мир». Отсюда получается, что главное – это благословение, а мир только удерживает благословение. И кроме того следует понять слова: «Сосуд, способный удержать благословение для Исраэля». Получается: но для народов мира, для них мир, как будто, не является чем-то хорошим. Можно ли сказать, что есть такое место, где не хорошо, чтобы был мир? И также следует понять, что говорит Писание: «Мир, мир дальнему и ближнему». Ведь получается, что [раз] Творец дает мир дальнему, Он без сомнения дает мир и тому, кто близок к Творцу. В таком случае, что он хочет сказать нам, говоря: «Дальнему и ближнему»?

И чтобы понять это в отношении духовной работы, нужно понять, что такое цель творения и исправление творения, о чем мы говорили уже много раз. Что цель творения в том, чтобы человек удостоился блага и наслаждения, потому что для этого Он создал творения. И получается, что до тех пор, пока человек еще не удостоился этого, этот человек называется, что еще не пришел к своему совершенству, поскольку он далек от цели. Однако человек должен стараться удостоиться цели, то есть блага и наслаждения, ради которых он был создан.

---

278   Псалмы, 29:11.
279   Трактат Укцин, мишна, гл. 3, мишна 12.
280   Йешая, 57:19. Сотворю речение уст: «Мир, мир дальнему и ближнему», – сказал Творец, – и исцелю его.

Однако до того, как человек стал заниматься Торой и заповедями, чтобы с помощью этого прийти к цели, до этого он должен заниматься исправлением творения. Что означает – знать, как получать благо и наслаждение, чтобы у него была возможность насладиться ими. А если он не будет знать порядка исправления, он испортит высшее благо. И поэтому должен человек, до того, как он занялся целью творения, постараться научиться порядку исправлений. То есть знать, что ему нужно исправить, чтобы не испортить дар Творца, который Он вручит ему.

Известно, что все исправления происходят на свойство малхут, как сказано: «Исправить мир (олам) в царстве (малхут) Шадая, и все смертные воззовут имя Твое»[281]. А что означает эта малхут, которую нужно исправить? А дело в том, что поскольку желание Его было нести добро Своим творениям, Он создал, как сущее из ничего, свойство хисарона, называемое «желание получать наслаждение и удовольствие». И эта малхут распространяется вместе со своим желанием получать на несколько свойств.

Поскольку в духовном есть правило, что отличие по форме делит ступень надвое, после того, как эта малхут пожелала «украшения» в точке желания и захотела совпадения по форме с Творцом в смысле «как Он милосерден, так же и ты будь милосерден»[282], она пожелала быть дающей, так же как Творец является дающим.

И после этого произошло исправление, называемое «сокращение» («цимцум»), свойство суда, – что нельзя получать, кроме как, когда мы можем построить намерение ради отдачи. И этот суд стал корнем, от которого происходят клипот, обратные святости. Ведь святостью называется «отдача», как сказано: «Святы будьте»[283], – что означает: «Отделенными будьте». То есть чтобы они отделили себя от получения ради получения, а всё намерение должно быть только отдавать Творцу, подобно тому как Творец дает творениям.

Как сказано: «Ибо свят Я»[284]. То есть как Творец – дающий, так же и народ Исраэля должен быть дающим Творцу. А обратное этому, то есть обратное отдаче, называется обратным святости, и это скверна, или Ситра Ахра, или клипа. Поэтому из желания получать потом возникли клипот[285], которые хотят получать ради получения.

А в «Предисловии к Книге Зоар» (п. 10) сказано: «Действительно, сначала необходимо понять, в чем состоит суть скверны и клипот. Знай, что-то огромное желание получать, о котором мы сказали, что это и есть сущность душ по сути их сотворения, и поэтому они готовы получить всё наполнение, заложенное в замысле творения, не остается в этом своем виде в душах, поскольку если бы оно осталось в них, они обязаны были бы навсегда остаться отделенными от Творца. И чтобы исправить это отделение, наложенное на кли душ, создал Творец все миры и разделил их на 2 системы. То есть 4 мира святых мира АБЕА и против них 4 нечистых мира АБЕА. И Он вложил желание отдавать в систему святых миров АБЕА и забрал у них желание получать ради себя, и дал его системе нечистых миров АБЕА».

И из сказанного мы видим, какие исправления мы должны произвести. А именно, исправление получающих келим, чтобы у них было намерение ради отдачи, как он [Бааль Сулам] говорит там (в п. 11[286]): «И низошли миры до действительности этого мира, то есть до места, где сможет существовать тело и душа, а также время неисправленности и исправления. **Ведь тело, то есть желание получать ради себя,** исходит из своего корня в замысле творения, и, проходит через систему нечистых миров, как сказано: «Диким ослом рождается человек»[287], – и остается

281 Из молитвы «Алейну лешабеах».
282 Рамбам, Мишне Тора, Законы о мнениях, гл. 1, закон 6.
283 Ваикра, 19:2. Говори всей общине сынов Исраэля и скажи им: **Святы будьте**; ибо свят Я, Творец, Всесильный ваш.
284 Там же.
285 Мн.ч. от «клипа».
286   В оригинале ошибочно указан п. 10.
287 Иов, 11:12.

под властью этой системы до 13 лет. И это время неисправленности. А благодаря занятиям заповедями, начиная с 13 лет, направленным на то, чтобы доставить радость Создателю своему, он начинает очищать желание получать ради себя, заложенное в нем. И постепенно он изменяет его «ради отдачи». И так он продолжает всё больше обретать и постигать ступени святости, исходящие из замысла творения в Бесконечности, пока они не помогают человеку изменить заложенное в нем желание получать для себя, чтобы оно целиком стало получающим для доставления радости своему Создателю, и никоим образом не ради собственной выгоды».

И из сказанного мы видим, что всё наше занятие Торой и заповедями заключается в том, чтобы исправить малхут, которая от своего корня в прямом свете, от мира Бесконечности, называется «получающей ради себя». И отсюда следует порядок работы. И есть порядок работы для начинающих, и есть порядок работы другого рода для «продвинутых». И это, как сказал Рамбам: «Когда обучают малолетних, женщин, и всю неграмотную массу, их обучают **для получения вознаграждения**, пока не умножится знание их, и не преисполнятся они большей мудростью»[288]. Тогда их обучают «лишма», то есть не ради получения вознаграждения.

И отсюда мы видим, что есть порядок работы для всего общества (кляль), и есть порядок работы для отдельных людей, и этот порядок работы не предназначен для всего общества. И для общества, как мы говорили, есть **одна линия**, и это работа общества (кляль). И одна линия – выясняется, что есть выше и ниже. То есть выше по важности и ниже по важности. И человек всегда идет одним путем, то есть он не должен строить никаких намерений, занимаясь Торой и заповедями, кроме одного лишь намерения. То есть он должен построить намерение, что он сейчас исполняет Тору и заповеди, которые Творец заповедовал нам через Моше, и за это мы получим оплату в этом мире и в будущем.

И на этом пути, представляющим собой одну линию, мы видим, что всякий раз он все время выигрывает. Поскольку каждого совершаемое им действие обладает совершенством в отношении действия, и к нему нечего добавить, как сказано: «Не прибавь и не убавь»[289]. Получается, что у этого человека нет такого, чтобы он не выиграл, но иногда он выигрывает много, то есть когда он работает в Торе и заповедях много часов. А когда он работает меньше, он выигрывает меньше.

И из сказанного получается, что **«одна линия» называется, когда человек идет по пути Творца одним путем**. Тогда как, если он не занимается Торой и заповедями, у него нет никакой линии, то есть у него нет никакого пути в духовной работе. Но всё, о чем тут говорится, это когда он идет по пути Творца и исполняет Тору и заповеди, – это называется, что он идет в одной линии. И это называется так, потому что он работает только в отношении действия. То, что следует исполнять, он исполняет во всех тонкостях и деталях.

А те, кто хотят работать индивидуально («прат»), то есть хотят лично удостоиться свойства «Творец Всесильный твой», должны работать над намерением. То есть над тем, какая причина вынуждает его исполнять Тору и заповеди. То есть ради какого намерения он исполняет Тору и заповеди. Ведь нет действия без причины, поэтому человек должен выяснить для себя, какова истинная причина, ради которой он принимает на себя работать «как бык под ярмом и осел под поклажей»[290] и заниматься Торой и заповедями.

Но когда он смотрит на причину, побуждающую его заниматься Торой и заповедями, это критическое отношение к действиям считается у него **левой линией**. А действия, которые он производит, выходят сейчас из категории одной линии и называются по-новому, а именно, **правой линией**. Другими словами, когда есть только одна линия, нельзя сказать, что у него есть

---

288   Законы возвращения, гл. 10, закон 5.
289   Дварим, 13:1. Все то, что я заповедую вам, соблюдайте исполнить; не прибавь к тому и не убавь от того.
290   Трактат Авода Зара, 5:2.

правая линия, ведь у него есть только лишь одна линия. Тогда как, когда у него есть еще одна линия, можно сказать, что одна называется «правая», а другая – «левая».

Однако следует понимать, почему мы называем работу в практическом действии «правой линией», а работу в намерении – «левой линией». Дело в том, что есть правило: «Не нуждающееся в исправлении называется «правым», тогда как нуждающееся в исправлении называется «левым»».

Как сказали наши мудрецы (трактат Менахот, 37:1): Гмара спрашивает: «Накладывание на левую – откуда у него? (Откуда мы знаем, что накладывание ручных тфилин производится на левую руку, а не на правую?). Рав Аши сказал: От слова «руке твоей»[291], – тут сказано о слабой руке». И объясняет Раши: «Из того, что речь идет о слабой руке, то есть о женском роде, отсюда следует, что на левую, как он сказал, потому что у нее [у левой руки] нет силы, как у женщины». Поэтому всюду, где мы учим о слабой стороне или слабом пути, или слабом месте, мы называем это «левым». Другими словами, всё, что нуждается в исправлении, поскольку само по себе слабое, называется «левым».

И отсюда получается, что в отношении действия добавить нечего, как например, не говорят: «Сегодня я наложил тфилин на левую руку, а завтра наложу тфилин еще и на правую руку». Или: «Сегодня я прибил мезузу с правой стороны двери, а завтра постараюсь прибить мезузу еще и с левой стороны двери».

А как известно, о практических заповедях говорят: «Не прибавь и не убавь». Поэтому, те люди, которые занимаются только практическим исполнением, а всё намерение их – чтобы действие было в порядке, и они не думают о намерении, то есть какое вознаграждение они хотят получить в качестве оплаты за свою работу.

Другими словами, если человек работает и исполняет Тору и заповеди, нет сомнения, что должна быть какая-то причина, побуждающая его делать это. А поскольку причин много, – То есть страх наказания, или из любви, или чтобы получить наслаждения в этом мире и будущем, – они не входят в выяснение причин. То есть в выяснение истинной причины. То есть настоящей причины, означающей, что Творец хочет, чтобы они сделали работу, с тем чтобы достичь того, чего хочет Творец.

А в чем состоит причина, что можно сказать, что Творец желает, чтобы мы работали ради нее? Сначала надо понять, чего, можно сказать, недостает Творцу так, что благодаря нашей работе Он получит наслаждение от того, что мы дадим Ему то, что Ему нужно.

На это есть один ответ. То есть если мы посмотрим на цель творения, мы узнаем, чего Ему недостает. Ведь цель творения – «нести добро Своим созданиям», То есть Он создал творения, чтобы даровать им всё благо. А келим, в которые мы можем получить наслаждение и удовольствие, – это желание получать наслаждения. Как известно, тем, к чему нет страстного стремления, наслаждаться невозможно.

Поэтому у каждого творения есть страстное стремление к наслаждениям. Однако, чтобы не было свойства стыда, к желанию получать нужно добавить исправление, чтобы оно было на отдачу. А поскольку это исправление «не для получения», его относят к творениям, то есть что творения не хотят получать до того, как у них есть намерение ради отдачи.

В то же время к Творцу мы относим всё то, что Он на самом деле дает. А поскольку Творец хочет, чтобы во время получения наслаждений у творений не было бы никакого недостатка [в виде] стыда, мы говорим, что высший принял и согласился на сокращение, которое сделал

---

[291] Шмот, 13:16. И будет это знаком на **руке твоей** и налобной повязкой меж глазами твоими, ибо силою руки вывел нас Господь из Мицраима.
Здесь слово «рука твоя» («ядха») написано с лишней буквой «хэй», что дает возможность прочесть это как «яд кеha» («слабая рука»).

нижний. Другими словами, чтобы Он давал наполнение нижним только в соответствии с тем исправлением, которое сделала малхут бесконечности.

Получается, что главное исправление мы относим к нижнему. Но только в том, в чем высший, якобы, согласился с мнением нижнего. Поэтому нельзя получить никакую духовность, если там есть ограничения и сокращения, произведенные нижним. А высший дает согласно тому, что нижний может получить ради отдачи. И поэтому после нисхождения миров – ведь человек был создан после того как в мире раскрылись клипот – человек хочет получать в келим получения для себя, и у него нет связи с тем исправлением, которое произвела малхут святости.

Поэтому высший не может передавать наполнение вниз до того, как нижние приняли на себя, что будут пользоваться только отдающими келим, как сказано выше, что высший согласился с сокращением, которое произвела малхут бесконечности, называемая «корнем всех получающих», которые вышли после этого.

Поэтому высший ждет отдающих келим, которые нижний даст Творцу, чтобы была возможность дать ему благо и наслаждение в абсолютном совершенстве. То есть чтобы во время получения наполнения не было стыда.

Однако, как же человек может получить отдающие келим, коль скоро это против его природы, ведь он родился с желанием получать ради себя, поскольку появился, после того как вышла система клипот? И по этой причине, то есть чтобы у человека были отдающие келим, чтобы у Творца была возможность дать всё благо, как сказано выше, Он дал нам Тору и заповеди, как сказали мудрецы: «Хотел Творец очистить Исраэль, поэтому умножил им Тору и заповеди»[292], – как сказано: «Творец желал ради правды Своей возвеличить Тору и прославить»[293].

И отсюда получается, что **настоящая причина, побуждающая человека исполнять Тору и заповеди, состоит в том, что Торой и заповедями он очистит себя, чтобы выйти из своего эгоизма (авиюта), то есть получения ради себя, и получит отдающие келим**. Этих келим ждет Творец, ведь именно в отдающие келим человек способен получать удовольствие и наслаждение от святости.

Поэтому человек, желающий идти путем истины, должен перед совершением любого действия, как в Торе и в молитве, так и в добрых делах, проверять, чтобы причина, побуждающая его заниматься Торой и заповедями, была истинной, то есть что Тора и заповеди приведут его к цели, ради которой он трудится и делает то, что в его силах, чтобы достичь ее.

Однако следует знать, что, как в практическом исполнении заповедей есть работа, делать ли добрые дела или нет, то есть там существует выбор, – следует знать, что в намерении работа по выбору гораздо труднее. И причина этого в том, что **намерение – это работа человека** в свойстве «вы называетесь человеком, а не народы мира»[294]. И мы объясняли, что «человеком» называется дающий, и его численное значение МА[295], и он называется «захар»[296], то есть дающий. Тогда как «животное» называется свойство «некева»[297], ведь у животного численное значение БОН[298], и это свойство «получающая».

Выходит, что он сосредоточен на действии и не думает о намерении, в этом случае он исполняет Тору и заповеди по животной причине. То есть за вознаграждение, которое он надеется получить за свою работу, а это свойство получения, называемое «животное», а не «человек»,

---

292 Трактат Макот, 23:2.
293 Йешая, 42:21.
294 Трактат Евамот, 61:1.
295 МА (мем-хэй), 40+5, то же численное значение (гиматрия), как у слова «адам» (алеф-далет-мем, 1+4+40).
296 «Захар» – букв.: мужчина (мужское свойство).
297 «Некева» – букв.: женщина (женское свойство).
298 БОН (бет-нун), 2+50, то же численное значение, как у слова «беhема», «животное» (бет-хэй-мем-хэй, 2+5+40+5).

как говорит Книга Зоар по поводу стиха: «А милость[299] племен – порочность»[300], – что «всё благо делающих они делают ради себя»[301].

То есть в отношении духовной работы работа при получении вознаграждения называется «народы мира в человеке». И хотя и в практическом исполнении заниматься Торой и заповедями тоже тяжело, это называется «ло лишма», то есть ради собственной выгоды. Но следует знать, что это первая ступень, и с нее нужно начинать, ибо другого способа нет, как сказал Рамбам, как сказано выше.

И это уже свойство «человека», а не «животного». А то, что мы говорим, что это свойство «народов мира», – тем не менее, это свойство «народов мира» в человеке. И это свойство «животного в человеке». Тогда как те, у кого нет никакой связи даже в отношении практического действия, называются «народ подобный ослу»[302].

Поэтому следует знать, что ступень «ло лишма» является очень важной ступенью, и нет у нас разума, чтобы оценить важность Торы и заповедей в «ло лишма». А мой господин, отец и учитель сказал: «Насколько человек умеет ценить работу в «лишма», что она важна, он должен знать, что «ло лишма» еще важнее, чем [работа в] «лишма», которой человек отдал должное по важности. Ведь человек не способен оценить важность исполнения Торы и заповедей даже в «ло лишма». Однако нет сомнения, что совершенное исполнение Торы и заповедей должно быть в «лишма»»[303].

И из сказанного вытекает, что, несмотря на то что настоящая причина исполнения Торы и заповедей должна быть «чтобы очистить отдающие келим», потому что именно в эти келим у Творца есть возможность дать высший дар, ведь Творец желает, чтобы во время получения блага нижние чувствовали только наслаждение и никак ни стыд, поэтому Он ждет нашей работы в Торе и заповедях с намерением таким образом удостоиться отдающих келим.

Однако начало работы происходит именно в плане действия. И в этот момент не нужно думать и точно выяснять, какое вознаграждение он надеется получить от Творца за свою работу. Но он исполняет Тору и заповеди только потому что исполняет указание Творца. Это называется «работой достаточной для общей массы (кляль)». То есть что о намерении думать не надо, как сказано выше, а все свои мысли он посвящает тому, как исполнять Тору и заповеди в плане действия.

И, конечно, тут есть элемент выбора и борьбы со злым началом, которое не дает ему исполнять Тору и заповеди даже в свойстве «ло лишма». И нет сомнения, что его вознаграждение очень велико, как сказал Бааль Сулам, что «ло лишма» очень важно для Творца. Ведь исполнение Торы и заповедей даже в действии требует много сил. И человек должен пойти на большие уступки в материальных делах, чтобы у него появилась возможность исполнить то, что заповедовал Творец. Так или иначе, настоящая работа начинается, когда человек хочет выяснить намерение «лишма», то есть хочет работать не для получения вознаграждения.

А в работе в намерении, которое является настоящей причиной исполнения Торы и заповедей, начинается настоящая борьба между добром и злом. Ведь человек хочет работать ради Творца, ибо Творец называется «добрый, творящий добро», то есть дающий. И тут приходит тело, называемое «злом», и мешает ему. Ибо желание получать для себя называется «злом». Ведь на нем пребывает свойство суда, поскольку произошел суд и сокращение, чтобы оно оставалось во тьме. И оно не достойно получать какой-либо свет.

---

299   Слово «хесед» имеет два разных смысла: милость (иврит.), позор (арам.)
300   Притчи, 14:34. Праведность возвышает народ, а позор племен – порочность.
301   Тикуней Зоар, 73:2.
302   Трактат Нида, 17:1.
303   Точная цитата не найдена. В другом изложении эта мысль высказана Бааль Суламом в «Шамати», статье 64, «Из ло лишма приходят в лишма».

Ведь человек от природы рождается с желанием получать, и он должен работать против природы. В этом и есть настоящий конфликт, доходящий до того, что человек не в силах сам победить и покорить свое желание получать, чтобы у него была возможность работать ради небес, а не ради собственной выгоды.

И тут можно сказать, что они называются «две взаимно отрицающие друг друга вещи»[304]. Действительно, желание получать является противоположностью желания отдавать. И тут «появляется третий и разрешает их спор». Иными словами, пока не появляется Творец и не восстанавливает между ними мир. То есть человек дает ему подарок: желание отдавать. И тогда зло покоряется перед даром Творца, то есть получатель, о котором мы говорили [находится] под властью добра в человеке.

Иными словами, мы учим, что в теле есть две силы, то есть два вида желания. Однако, как сказано выше, желание отдавать начинает работать в человеке, только когда он хочет начать работать в намерении. Тогда как в работе всего общества (клаль) еще не заметно, что в теле есть желание и потребность строить намерение ради отдачи, и [нельзя] сказать об этом, что желание получать сопротивляется, потому что еще некому сопротивляться.

Но именно, когда человек начинает работать ради отдачи, и человек думает, что, если он желает работать ради отдачи, это в его силах, то есть это зависит только от его желания, однако, когда он начинает работать, он видит, что он не властен делать всё, что он хочет, а у него есть еще и другое мнение, то есть желание получать противится этому.

И в этом состоянии ощущается самая тяжелая работа. Ведь это еще тяжелее, чем работа по выбору, которую человек должен сделать в отношении практических заповедей, поскольку это действительно чистая работа ради небес, которую он хочет совершить, как сказано, что он хочет делать работу в святости, то есть ради отдачи.

Тут начинается настоящая борьба между добром и злом. Тогда как в отношении практического действия, телу еще не было ясно, что он [человек] хочет идти путем, чтобы не получать ничего для себя, а чтобы всё было ради небес, и оно думало, что всё будет для получателя.

Ведь это две силы в человеке, и желание получать возникает у человека сразу, как он рождается, как сказано в Книге Зоар (Ваешев, стр. 1, комм. Сулам, п. 4): ««Царь старый да глупый»[305]. «Царь» – это злое начало, которое называется царем и правителем в мире над людьми. «Старый да глупый» – конечно, старый, ведь с того дня, когда родился человек и появился на свет, он находится с человеком. И поэтому он – царь старый да глупый».

И еще оттуда же (п. 8): «Поэтому злое начало поспешило соединиться с человеком со дня его рождения, чтобы он верил ему. А когда потом приходит доброе начало, человек не может поверить ему, и слова его для него подобны [тяжкому] грузу».

Еще сказано там (п. 9): «И поскольку оно было первым и уже высказало человеку свои аргументы, когда после этого придет его соперник, то есть доброе начало, человеку плохо с ним, и он не может поднять головы, как будто бы он взвалил себе на плечи все тяжести мира».

Отсюда мы видим, что в человеке есть две силы, но сила зла больше, поскольку оно приходит со своими аргументами, почему надо заботиться о собственной выгоде. Поэтому его власть сильнее, ведь оно приходит раньше доброго начала. И это называется «прав первый в тяжбе»[306], как написано там (п. 10): «И поэтому судья, принимающий слова одной из сторон до того, как пришел ее противник, подобен принимающему чуждого бога, чтобы верить в него».

---

304 Сафра, гл. 1, мишна 7. «Два взаимно отрицающих друг друга стиха, пока не появляется третий и не разрешает их спор».

305 Коэлет, 4:13. Лучше мальчик бедный да умный, чем царь старый да глупый, не умеющий более остерегаться.

306 Притчи, 18:17. Прав первый в тяжбе, но приходит противник его и [тогда пусть] допросит его.

А еще там (п. 11) сказано: «Однако тот праведник, который страшится своего Господина, сколько бед терпит он в этом мире, чтобы не верить и не соучаствовать злому началу. И Творец спасает его от всех их. Как сказано: «Многочисленны беды праведника, и от всех их спасает его Творец»[307]. Что означает, что терпящий многочисленные беды – праведник, ибо Творец желает его. Ведь беды, которые он терпит, отдаляют его от злого начала, и потому Творец желает этого человека и спасает его от всех их».

И согласно словам Книги Зоар выходит – когда Творец спасает человека? Только когда человек терпит многочисленные беды. После этого появляется Творец и спасает его. И на первый взгляд непонятно, почему человек должен терпеть многочисленные несчастья, а потом Творец помогает ему. И чем плохо будет Творцу, если Он спасет праведника до того, как он перенес многочисленные беды?

А ответ – что известно, что «нет света без кли», как сказано выше, где «кли» называется потребность. А если человеку дают вещь, в которой у него нет потребности, он не убережет ее, и она потеряется. Поэтому, когда человек начинает работать в намерении на отдачу, а это против природы, тело сопротивляется, поскольку это против его свойства.

И тогда между ними начинается борьба. А поскольку, как сказано выше, получатель приходит к человеку первым, а «прав первый в тяжбе», как сказано выше, власть его очень сильна. И согласно усилию, вкладываемому человеком, чтобы одолеть своего получателя для себя, и он не в состоянии, он чувствует себя плохо. И всякий раз, когда он преодолевает, думая, что он уже на коне, и получатель уже покорился ему, – ведь его взору открыты потери, те несчастья, которые приносит ему получатель, не давая построить намерение ради небес, а сейчас он уже видит истину, – он вдруг снова попадает под его власть.

И он даже не чувствует того момента, когда вышел из святости в низкое состояние. А потом, спустя некоторое время, он осознает, что находится под властью получателя для себя со всей его низостью. Вплоть до того, что человек удивляется, как такое может быть.

Другими словами, известно, что любой предмет скатывается вниз по порядку и постепенно. А тут он видит, что в то время, когда он ощущал, что пребывает сейчас в небесной вышине, он вдруг видит, что упал на дно земное, и не было никакой промежуточной остановки. И осознание, что он упал, [пришло] не посреди падения, а уже когда он лежал на земле, сознание вернулось к нему, и он увидел, что находится на земле. И кроме того, нет постоянного интервала времени, сколько времени проходит от падения до осознания падения.

И в самом деле, надо понять, почему это так. Это означает, что таков порядок работы. А дело в том, как сказано выше, что благодаря подъемам и падениям у него образуется большая потребность в том, чтобы Творец спас его. Как сказано: «Многочисленны беды праведника»[308]. То есть тот, кто хочет стать праведником, а «праведником» называется свойство есода, а есод называется «дающий». То есть тот, кто хочет идти путем работы на отдачу, называется «желающим стать праведником», и он терпит многочисленные беды, то есть много падений, и каждое падение вызывает у него боль и страдание от того, что он находится под властью получателя.

И в мере «многочисленных бед», которые он ощущает, возникает потребность в Нем, называемая «кли», чтобы Творец помог ему и спас его, потому что он видит, что нет никакого способа освободиться от этой власти, и только Творец может ему помочь. Получается, что через те страдания, которые он испытывает, эти беды создают у него потребность, называемую «кли», чтобы Творец дал ему наполнение его хисарона (недостака).

Тогда как до того, как он страдал от того, что не может работать ради отдачи, если Творец даст ему некоторое свечение, возвращающее к источнику, он не оценит его из-за того, что у

---

307 Псалмы, 34:20.
308 Псалмы, 34:20.

него нет необходимости в этом. Хоть он и просил, чтобы ему дали желание отдавать, он тут же меняет свое мнение. Ведь потребность в этом еще не установилась в его сердце.

И это ответ, почему Творец не помогает ему сразу в том месте, где он молится. В особенности, если он молился Творцу несколько раз, и Творец не слышал его молитвы, человек сердится на Творца. А иногда к нему приходят мысли, что он в обиде на Творца, и он говорит: «Если бы я просил Творца, чтобы Он помог мне для моей выгоды, я мог бы понять, что я еще не достоин, чтобы Он услышал меня. Но когда я прихожу просить Творца, что я хочу, чтобы Он помог, потому что я хочу работать ради Его пользы, то есть ради пользы Творца, почему Он не хочет помочь мне?» И поэтому человек убегает с поля боя.

А теперь выясним заданный нами вопрос. Логика обязывает сказать, что место, где нет конфликта, без сомнения важнее, чем место, где есть конфликт. Даже если потом, кто-то вник в суть дела и примирил их. Следует сказать, что без сомнения было бы лучше, если конфликта не было бы, и не нужно было бы их примирять.

А в порядке работы мы видим наоборот, как сказали мудрецы (трактат Брахот, 5:1): «Всегда будет человек гневить [То есть злить] доброе начало на злое начало, как сказано: «Гневайтесь и не грешите»[309]«. И Раши объясняет: «Будет гневить доброе начало» – чтобы оно воевало со злым началом»»[310].

Это означает, что, хотя там и царит мир, то есть злое начало не мешает ему заниматься Торой и заповедями, в любом случае человек должен воевать с ним. А кроме того следует спросить: если оно не мешает ему заниматься Торой и заповедями, почему же оно называется «злым началом»? И еще нужно гневить. Почему нужно гневить его, если злое начало не делает ему ничего плохого?

И в отношении работы следует объяснить в простом понимании, что благодаря воспитанию он приучен исполнять Тору и заповеди во всех тонкостях и деталях, и ему нечего добавить к практическим действиям. Однако согласно порядку исправления творения, человек должен исправить получателя для себя, чтобы он работал на отдачу. Поэтому, когда человек начинает думать о намерении, как сказано выше, то есть начинает выстраивать для себя перед исполнением заповедей, по какой причине он собирается исполнять заповеди, и приходит к истинному намерению, то есть что Тора и заповеди были даны, чтобы очистить творения, то есть что, начиная с этого дня он надеется, что благодаря Торе и заповедям он не даст своему получателю ничего.

Этим он разгневает его, ведь он говорит телу, чтобы оно работало и исполняло Тору и заповеди, а вознаграждение за его работу будет, что он не даст ему ничего. И не так как это было до сих пор, что вся его мысль была только, как насладить своего получателя. А сейчас он говорит получателю: я прошу тебя заниматься Торой и заповедями с новым намерением, то есть что я не дам тебе ничего.

Разве такое не рассердит? Ведь справедливость на стороне злого начала. И разве такое бывает? Ведь это настоящая наглость, когда человеку говорят, что ты будешь работать на меня, а заработок за твою работу я дам другому. И еще хуже: я дам вознаграждение, полагающееся тебе за работу, тому, кто ненавидит тебя.

Об этом сказали наши мудрецы: «Всегда будет гневить доброе начало на злое начало». Как сказано в Книге Зоар, что Творец ненавидит тела (Ваешев, п. 28). Однако, как бы то ни было, то что человек гневит злое начало, это против логики. Ведь оно не делает ему ничего плохого, почему же оно заслуживает, чтобы его гневили?

---

309   Псалмы, 4:5. Гневайтесь и не грешите, размышляйте в сердце вашем, на ложе вашем – и молчите. Сэла!

310   Комментарий Раши на трактат Брахот, 5:1.

Царь Шломо называл злое начало «врагом», как сказано: «Если голоден враг твой, накорми его хлебом»[311]. И следует понять, чему это должно научить нас. Ведь обычно, если у кого-то есть плохой сосед, и он его ненавидит, враг и дурной человек будет доставлять соседям неприятности. А иногда бывает, что человек встречает товарища и спрашивает его, где он живет. Он говорит: в доме такого-то, и нас [в доме] только двое соседей. И он спрашивает: «Как ты ладишь со своим соседом, ведь я слышал, что это очень нехороший человек?» А он отвечает ему: «Я об этом не знаю, поскольку он ни разу не сделал мне ничего плохого». А тот говорит ему: «Как же это может быть?» И он спрашивает: «А как ты ведешь себя с ним?» И он рассказывает ему: «Каждое утро перед выходом из дома я спрашиваю его, что ему нужно. Даже то, что он не говорит мне, я все равно понимаю, что ему нужно. И в остальных вещах тоже, еще до того, как он просит меня, я сразу же исполняю его желание». И он ответил ему: «Теперь я понимаю, что это действительно плохой человек, но ему не за что делать тебе зло, поскольку он боится, что потеряет ту службу, которую ты ему служишь. Попробуй не обслуживать его, и ты увидишь его злобу, что на самом деле он ненавидит тебя, но не хочет прекращать ту службу, которую ты ему служишь».

Мораль, что пока всё, что мы делаем, будь то в Торе и заповедях или в материальных вещах, – всё это на благо получателя, он не обнаруживает своего зла. И только когда ему говорят: «До сих пор я работал для тебя, а начиная с этого момента я хочу работать на отдачу Творцу, и мало того, я еще хочу, чтобы ты тоже работал для святости, а не для скверны», – и когда он слышит все эти слова, он тут же гневается.

И отсюда поймем, почему наши мудрецы велели гневить его. Не имеется в виду, что нужно гневить его, если оно не доставляет нам никаких бед и несчастий. Но мы должны идти путем работы человека, то есть в намерении, настраивая его ради отдачи Творцу. И если человек хочет знать, действительно ли он хочет идти, начиная с этого момента, только ради небес, признак этого, что злое начало гневается. Это признак того, что человек хочет идти путем построения святости. И поэтому злое начало гневается.

Иными словами, гнев является результатом того, что человек хочет работать ради небес. Тогда как, если то, что человек говорит, что хочет работать ради небес, это пустая болтовня, злое начало не гневается от этого, потому что какое ему дело, если человек говорит и даже не знает, что он говорит. Другими словами, что человек не знает, что означает «ради небес».

И согласно этому выходит, что смысл этого – как сказал Раши, «будет гневить», то есть будет воевать с ним. И следует понять, что добавляет нам Раши, объясняя, что «будет воевать с ним». И ответ, как сказано выше, что «будет гневить» – имеется в виду, что будет воевать с ним. То есть не будет служить ему, а восстанет против него, говоря: «До сих пор я служил тебе всеми силами, а теперь я уже не дам тебе ничего, а, наоборот, я хочу поработить тебя, чтобы ты работало ради небес».

И из этого он увидит, что злое начало вступает в конфликт с добрым началом. И если ты ведешь войну, но не видишь, что злое начало гневается на тебя, это признак того, что ты даже не знаешь, что такое «ради небес». Ты только слышал, что в книгах написано, что надо делать всё ради небес. Ты говоришь, что тоже хочешь этого, но на самом деле, ты даже не знаешь, о чем идет речь.

И из сказанного получается, что на самом деле зло присутствует в человеке, но его не видно. И только благодаря конфликту оно проявляется. Поэтому, если человек будет с ним в мире, он безнадежно пропал. Потому что у него никогда не будет возможности прийти к цели творения, ведь у него нет отдающих келим, а есть только получающие, а эти келим не могут получать высшее наполнение из-за противоположности формы.

И человек не знает силы зла и не считает, что надо убегать от него, пока не почувствовал, что <u>зло делает ему</u>. И поэтому именно благодаря тем войнам, которые он ведет с ним, у него всякий

---

[311] Притчи, 25:21. Если голоден враг твой, накорми его хлебом; и если он жаждет, напои его водою.

раз есть падения и подъемы. И согласно ощущениям падений, когда ему больно, это приводит его к тому, что он ненавидит зло.

И это смысл слов: «Любящие Творца, ненавидьте зло! Хранит Он души праведников Своих, от руки грешников спасает их»[312]. Что тот, кто хочет быть любящим Творца, – То есть что всё его намерение в жизни, чтобы у него было только одно желание, чтобы он мог доставить наслаждение Творцу, – должен до этого возненавидеть зло. Потому что работать ради небес можно только, когда не работают ради собственной выгоды. А поскольку получатель, называемый «злым началом», мешает ему работать ради пользы Творца, это ведет к тому, что человек будет ненавидеть свое зло, называемое «собственной выгодой».

И это, как сказано выше, что именно, когда человек действительно старается работать ради небес и видит, что оно [То есть злое начало] мешает, это всякий раз вызывает у него [новую] меру ненависти к своему злу. Ведь тот, кто делает другому зло единожды, не похож на того, кто причиняет другому беды каждый день. Получается, что мера ненависти измеряется мерой зла, от которого он страдает. Поэтому сказали [мудрецы]: «Злое начало человека одолевает его каждый день и ищет, как умертвить его. И если Творец не помогал бы ему, он бы не выдержал. Как сказано: «Творец не оставит его [человека] в руке его [злого начала]»[313]« (трактат Кидушин, 30:2).

И отсюда мы поймем, зачем нужно, чтобы злое начало человека одолевало его каждый день, а потом Творец помогал бы ему. И почему Творец не помогает ему раз и навсегда. Зачем мне эта работа – каждый день одно и то же? И человек понимает, что каждый день он должен продвигаться, ибо таков порядок, что во всем, что человек хочет обрести, каждый день он продвигается, то меньше, то больше. А тут человек видит совершенно обратное, что мало того, что он не продвигается, но каждый раз он видит, что идет назад.

Однако истина в том, как сказал мой господин, отец и учитель, что каждый день человек, желающий идти путем истины, всё ближе приближается к истине, что означает, **что каждый день человек всё больше видит истину, что желание получать для себя – это зло**. То есть, как сказано выше, из-за того, что получатель причиняет ему беды, отдаляя его от работы ради пользы Творца, получается, что каждый день, когда человек получает беды и несчастья в том, что Творец не дает ему работать ради небес, выходит, что несчастья, которые человек получает от злого начала, приводят к тому, что человек ненавидит свое злое начало.

Как сказано: «Любящие Творца, ненавидьте зло!»[314]. Другими словами, любящие Творца должны сначала прийти к ненависти к злу. А это возникает у него из-за того, что зло причиняет ему беды. Это причина, по которой он должен его ненавидеть. И только тогда человек приходит к большому страху, что он останется под властью любви к самому себе и никогда не сможет освободиться от нее.

Тут возникает обещание, что Творец поможет ему. Как сказано: «Творец не оставит его в руке зла». Тогда как если человек еще не пришел к страху, он, может быть, останется «в руке зла» навсегда, ведь он видит, что он не боится, что останется в руках получателя, потому что ему всё еще не больно от ощущения бед и несчастий от того, что он ничего не может сделать ради небес. Получается, что у него пока еще нет потребности.

И как же Творец поможет ему? Ведь вещь, в которой нет необходимости, человек не ценит. И поэтому, если Творец даст ему помощь, он тут же ее потеряет. Ведь помощь Творца, это как

---

312 Псалмы, 97:10.
313 Псалмы, 37:33. Творец не оставит его [праведника] в руке его [нечестивого] и не [даст] обвинить его на суде его
314 Псалмы, 97:10.

сказано в Книге Зоар по поводу слов мудрецов: «"Пришедшему очиститься помогают"[315]. И [Зоар] спрашивает: Чем? И отвечает: Святой душой"»[316].

И если он получит это, а большой потребности у него нет, он не способен оценить высшее благо. И он потеряет это, а клипот возьмут у него. Ибо он не поймет значения святости, и что нужно оберегать ее от внешних [сил], то есть от тех, кто находится вне святости.

Но тут возникает вопрос: когда человек может почувствовать зло, то есть что желание получать называется «злом»? Ведь во время падения, когда человек упал в материальный мир, он вообще не думает о работе, так как он целиком и полностью погружен в одни лишь страсти этого мира. И в этом состоянии он раб господина получателя и любит его всем сердцем и душой. Как же он может почувствовать, что получатель называется «злом»? Ведь если бы он чувствовал, что получатель для себя называется «злом», он не служил бы ему всем сердцем и душой. В таком случае, когда же наступает время зла? То есть когда это время, когда человек чувствует, что получатель для себя называется «злом»?

А мой господин, отец и учитель сказал, что главный грех работающих духовно, которые хотят идти путем истины, случается именно во время подъема. И это время, когда человек может делать расчеты в отношении духовной работы. Тогда как во время падения говорить не с кем. Ведь в это время он не человек, а только животное, потому что в этот момент у него нет других забот, кроме животных желаний. Поэтому во время подъема, если человек не следит за тем, чтобы его работа была в правильном порядке, его выбрасывает наружу, и он падает в самый низ из-за того, что он не вел себя во время падения так, как нужно, и не обращал на это внимание.

Поэтому во время подъема человек должен сделать расчет, что он упустил во время падения. И чего он должен достичь и подняться по ступеням святости. И почему он не поднимается сейчас в состояние большего совершенства, чем то, где он находится сейчас. И кроме этого, надо посмотреть, может быть, он действительно сейчас на самой вершине, и нет никакой ступени выше того состояния, в котором он находится сейчас. И кроме того сделать расчет, какую ценность и важность он чувствует от того, что ощущает, что находится во время подъема. И что он должен делать далее. Удостоился ли он уже тайн Торы и надеется ли он вообще удостоиться этого, и тому подобное. Всё это он может думать только во время подъема.

Согласно этому получается, что только во время подъема, когда он делает расчет, что он должен выиграть и что проигрывает, находясь в рабстве желания получать, когда он не может выиграть и лишь проигрывает, – когда он производит этот расчет, он может почувствовать, насколько его злое начало причиняет ему беды.

И при каждом подъеме он должен произвести расчет, что он проиграл от падения. И таким образом он видит, что злое начало причиняет ему много бед. И чтобы он установил в своем сердце потребность в помощи Творца, это приходит к нему через многие беды, от которых он страдает, как сказано выше в словах Книги Зоар, которая объясняет фразу: «Многочисленны беды праведника»[317], – что праведник испытывает много бед от злого начала.

И как мы объяснили, нужно истолковать стих: «Многочисленны беды праведника». Иными словами, после того как праведник испытал много бед, – ведь «праведник» называется по будущему, то есть, тот, кто хочет быть праведником, то есть хочет работать ради небес, испытывает много бед, пока не накопится много бед. Как сказано: «И от всех их»[318], – То есть у него уже есть много бед, тогда «спасает его Творец». **Поскольку тогда у него есть истинная потребность, что-**

---

315 Трактат Шабат, 104:1.
316 Зоар, Ноах, п. 63.
317 Псалмы, 34:20. Многочисленны беды праведника, и от всех их спасает его Творец.
318 Там же.

бы Творец помог ему. И он уже будет знать, как ценить избавление Творца. И это потому что нет света без кли, как сказано выше.

А теперь выясним вопрос, который мы задали по поводу фразы: «Не нашел Творец сосуда, способного удержать благословение для Исраэля, кроме мира»[319]. Получается, что именно для Исраэля это то, что нужно. Тогда как для народов мира мир не является чем-то хорошим. Разве это может быть? Кому нехорош мир? Другими словами, отсюда получается, что для грешников ссора лучше мира. Как такое может быть?

И как мы объяснили выше, **«грешники» – имеется в виду зло в теле человека**, и эти грешники должны получить исправление. Как мы учили, что желание получать должно получить исправление, чтобы служило святости. И это называется: «И люби Творца Всесильного твоего всем сердцем твоим»[320] – двумя началами [То есть желаниями] твоими»[321]. А как злое начало может получить такое исправление? А это может произойти именно благодаря борьбе с добрым началом, как сказано выше, что доброе начало должно гневить его, то есть воевать с ним.

И благодаря этим войнам раскрывается зло, [скрытое] в нем. Другими словами, он ощущает беды, причиняемые ему злым началом. И тогда человек решает, что получатель для себя называется «злым началом». А если получатель для себя не чинит ему бед, тогда наоборот, человек полностью работает на него всем сердцем и душой, и все его заботы и мысли направлены только на благо получателя.

И как бы то ни было, всякий раз этот получатель, делающий много вещей против святости, называется получателем для себя во множественном числе, то есть «грешниками». И для этих грешников хорош не мир, а конфликт, как сказано выше, что благодаря конфликту они получают исправление. Как сказано (Ишая, 57:21): «Нет мира, – сказал Творец мой, – грешникам».

И из сказанного следует объяснить, что значит, что злодеяния стали для него, как заслуги[322] – как можно сказать такое по логике вещей? Другими словами, если злое начало каждый раз вызывает у него падения, так что он всякий раз должен снова опускаться до самого низа, а там он полностью отделяется от святости – что такие вещи и дела когда-нибудь станут заслугами.

И как сказано выше, благодаря многочисленным бедам, которые праведник испытывает от грешника, то есть оттого что злое начало всякий раз причиняет ему беды, – от этого он получает потребность, чтобы Творец помог ему, иначе он безнадежно пропал. И «от всех их», то есть когда накапливается много бед, пока человек не возносит молитву из глубины сердца, – и тогда Творец помогает ему.

И как сказано (Псалмы, 85:9): «Услышу, что скажет Всесильный, Творец, ибо мир обещает Он народу Своему и праведникам Своим, лишь бы не возвратились они к глупости». То есть чтобы не грешили они больше. Это были именно те беды и несчастья, когда грешники, что в нем, привели его к злодеяниям, и он уже дошел до самого низа, который только бывает в мире, как сказано выше: «Многочисленны беды праведников».

Как сказано в Книге Зоар: из-за того, что праведник терпит многочисленные беды. «Ведь беды, которые он терпит, отдаляют его от злого начала, и потому Творец желает этого человека и спасает его от всех их»[323]. То есть как сказано выше, что оттого что он терпит беды, он приходит к осознанию, что злое начало, то есть получатель для себя, – это зло.

---

[319] Трактат Укцин, мишна, гл. 3, мишна 12.
[320] Дварим, 6:5. И люби Творца Всесильного твоего всем сердцем твоим и всей душой твоей и всем достоянием твоим.
[321] Трактат Брахот, гл. 9, мишна 5.
[322] Трактат Йома, 86:2.
[323] Зоар, Ваешев, п. 11.

Получается, что страдание, которое он получает от злого начала, отдаляет его, чтобы он не хотел работать для него. И тогда у него есть потребность кричать к Творцу, чтобы он помог ему выйти из-под его власти. Выходит, почему Творец желает именно этого человека? Это потому что у этого человека есть потребность и кли, чтобы Творец помог ему, как сказано выше, нет света без кли.

Получается, что именно злодеяния, которые злое начало вызвало у него, явились причиной возникновения кли. А Творец даст ему в это кли свойство мира. И это называется, что «злодеяния стали для него, как заслуги»[324]. Ведь то, что он удостоился услышать от Творца мир, произошло благодаря этим злодеяниям. Поэтому они стали заслугами.

А теперь мы сможем понять то, что мы спросили о словах мудрецов: «Не нашел Творец сосуда (кли), способного удержать благословение для Исраэля, кроме мира»[325]. И мы спросили, что такое благословение и что такое мир. Следует понимать согласно правилу: «Нет света без кли». То есть ни у какого объекта не может быть существования, реализующегося без потребности в этом объекте. Если нет потребности, этот объект должен быть упразднен. Поэтому наши мудрецы сказали: «Кли, способное удержать благословение, это никакое другое кли, кроме мира». Иначе благословение обязано исчезнуть. Иначе говоря, **благословение – это свет, а мир – это кли**. Как сказано: «Кли, способное удержать благословение для Исраэля».

Однако следует понять, какое особое свойство есть у мира, что именно на мир может существовать благословение, а иначе оно обязано исчезнуть. Известно, что **свет называется благословением**. Потому что когда человек удостаивается света Творца, у него уже нет недостатка ни в чем, а он находится в абсолютном совершенстве. Ведь нельзя сказать, что этот человек совершенен, если ему чего-то не хватает.

И это, как сказано: «И Творец благословил Авраама во всем»[326]. Что значит: «Во всем»? Нужно сказать, что «во всем» значит, что у него нет недостатка ни в чем, иначе это не называется «благословением», если есть какой-то недостаток. И этот свет, чтобы он остался у человека и не ушел от него, нуждается в кли, в котором он мог бы существовать и не «испортиться». Иначе, когда, например, видят, что если вино останется в сосуде, оно испортится, его выливают из этого сосуда.

И мораль, что в духовном, поскольку свет – дающий, и чтобы благо оставалось в этом кли, кли тоже должно быть с намерением на отдачу, а иначе свет испортится. Это означает, что поскольку внешние, то есть клипот, хотят насладиться светом, и это называется, что «вино испортится», другими словами, это вино уже не годится для человека, в смысле «вы называетесь человек, а не народы мира»[327], и поэтому прежде, чем кли успело испортить вино, его выливают.

Точно так же, прежде чем кли успело повредить высшее благо, его забирают, и свет уходит. Как сказали мудрецы: «Человек не совершит преступления, если в него не вошел дух глупости» (трактат Сота, 3:1). И люди спрашивают об этом: в таком случае, почему же из человека уходит дух мудрости? Пусть не уходит, и тогда человек не согрешит.

И мой господин, отец и учитель объяснил. Известно, что «глаз видит, а сердце вожделеет»[328]. Это означает, что когда человек видит какой-либо предмет, это ви́дение, приводит его к тому, что потом он доходит до вожделения. А с ви́дением человек ничего не может сделать, ибо это не в его возможностях. А что касается видения – не обязательно к вожделению приходят, видя глазами, ведь видеть можно даже внутренним взором. То есть что к нему пришла какая-то мысль, приводящая его к вожделению.

---

324   Трактат Йома, 86:2.
325   Трактат Укцин, мишна, гл. 3, мишна 12
326   Берешит, 24:1.
327   Трактат Евамот, 61:1.
328   Комментарий Раши на Бемидбар, 15:39.

Поэтому, если человек не хочет прийти к вожделению, а вожделение – это уже грех, – совет тут совершить возвращение в ви́дении. И тогда он не придет к вожделению. Иначе он обязательно придет к вожделению, а вожделение – это уже грех.

Поэтому произошло исправление. Чтобы человек не повредил святости, сразу же после ви́дения, если он не совершил возвращения, свет хохмы уходит от него, и вместо него входит дух глупости, и, как бы то ни было, изъян не так уж велик. И это объяснение, почему дух мудрости (хохмы) уходит от него, а мудрецы сообщили нам, какое исправление произошло свыше для человека в том, что дух хохмы уходит от него.

А что касается наших вопросов, теперь мы поймем, почему нужно кли, способное удержать благословение, которое дано ему свыше, и чтобы не нужно было забирать его у него обратно. И это, как сказано выше, что то, что у него забирают дух хохмы, это чтобы он не навредил святости. Точно так же если человек удостоился благословения свыше, получив благо свыше, и, если человек не будет в порядке, то есть кли, в которое облачено благо, не будет в порядке, как сказано выше, что оно может испортить высшее благо, подобно вину, на это существует исправление свыше, что благословение забирается обратно.

Поэтому приходит рабби Шимон бен Халафта и говорит: «Не нашел Творец сосуда (кли), способного удержать благословение для Исраэля, кроме мира»[329]. И он дает нам совет, как благословение может быть постоянным и не прекращаться, и это мир. Но что такое мир? Нужно объяснить, как сказано выше, согласно стиху: «Услышу, что скажет Всесильный, Творец, ибо мир обещает Он народу Своему, лишь бы не возвратились они к глупости»[330].

Ведь мы объяснили выше, что в человеке должен быть конфликт, как сказано: «Всегда будет человек гневить доброе начало на злое начало»[331]. И как объяснил Раши: «Чтобы оно воевало с ним [со злым началом]». И именно благодаря этой войне раскроется заключенное в нем зло. И всякий раз, когда раскрывается зло, называется, что «раскрывается грешник». А благодаря многочисленным раскрытиям обнаруживается, что в человеке есть много грешников, как сказано выше в словах Книги Зоар: «Многочисленны беды праведника, и от всех их спасает его Творец»[332].

И эти грешники, раскрывающиеся в человеке, дают потребность, называемую «кли для помощи Творца». Как сказано: «Пришедшему очиститься помогают»[333]. И [Зоар] спрашивает: Чем? И отвечает: Святой душой [нешама]»[334]. То есть он удостаивается высшего света, называемого «нешама». И это возвращает его к источнику.

А теперь поймем, что такое **мир**, как сказано: «Ибо мир обещает Он, лишь бы не возвратились они к глупости»[335]. **То, что Творец помогает ему, давая ему душу в качестве помощи, чтобы он победил зло, – это называется «мир».** То есть что зло подчиняется добру и теперь служит святости, как сказано выше: «И люби Творца Всесильного твоего всем сердцем твоим…»[336] – двумя началами [То есть желаниями] твоими»[337]. Другими словами, и злое начало тоже становится любящим Творца. То есть теперь оно способно работать ради доставления наслаждения Творцу.

---

329   Трактат Укцин, мишна, гл. 3, мишна 12
330   Псалмы, 85:9.
331   Трактат Брахот, 5:1.
332   Псалмы, 34:20.
333   Трактат Шабат, 104:1.
334   Зоар, Ноах, п. 63.
335   Псалмы, 85:9.
336   Дварим, 6:5. И люби Творца Всесильного твоего всем сердцем твоим и всей душой твоей и всем достоянием твоим.
337   Трактат Брахот, гл. 9, мишна 5.

Мир этот, когда он устанавливается в человеке, он уже не возвращается к глупости. Это кли уже **оберегает** свет, чтобы он не прекратился. Ведь то, что мы сказали, что кли может повредить высшему благу, это может произойти, если в кли пробудится желание получать для себя, – тогда благо может быть притянуто в клипот. Поэтому высшее благо обязано исчезнуть. Тогда как, если Творец говорит ему: «Мир, что не вернется к глупости», – это кли, удерживающее благословение.

И отсюда поймем то, что мы спросили, если Творец говорит: «Мир дальнему», – он, безусловно, говорит: «Мир ближнему». В таком случае, что он хочет сказать нам, говоря: «Ближнему»? И из сказанного объяснение будет: когда Творец говорит «Мир»? Когда есть свойство «дальний». То есть зло уже раскрылось благодаря конфликту, и стало ясно, что получающий для себя отдаляет его от Творца, и это называется «дальний».

И нет сомнения, что это может происходить именно, когда есть желающий быть близким к Творцу, с которым он воюет. И он называется «близкий». И именно благодаря им обоим, то есть когда нужно примирить дальнего с ближним, Творец говорит: «Мир». Как сказано: «Мир, мир дальнему и ближнему»[338].

Что такое беспричинная ненависть в духовной работе
Статья 24, 1987

Сказали наши мудрецы (Йома 9, п.72): «Второй Храм, во времена которого занимались Торой, заповедями и благодеяниями, из-за чего был разрушен? Из-за того, что была в нем беспричинная ненависть». И нужно понять в чем тяжесть беспричинной ненависти. Причем до такой степени, что сказали мудрецы, что несмотря на то, что была там Тора, заповеди и благодеяния, но поскольку была беспричинная ненависть все это не имело значения и не помогло защитить Храм от разрушения.

И еще нужно понять, для чего было разрушать Храм? Если есть в нем все эти три составляющих, все же, если есть беспричинная ненависть, то уже нет места существованию Храма, и он должен быть разрушен.

В таком случае нужно понять, в чем связь между понятиями «беспричинная ненависть» и «Храм». И также, нужно понять, что значит из-за беспричинной ненависти, то есть если бы ненависть не была беспричинной, то запрет не был бы столь строгим и Храм мог бы существовать.

И написано в Торе (Кедушим, 3) «Не питай ненависти к брату твоему в сердце твоем». Смысл этого, как трактует Рамбам, «Если причинил он тебе зло». Если причинил он тебе зло, все равно нельзя ненавидеть его. Не говоря уже о том, что без причины безусловно нельзя. И это только запрет первого типа. А если этот запрет еще и был [нарушен] без причины, то уже нет у Храма права на существование. И не было другого выхода кроме разрушения. То есть если бы была там ненависть, но эта ненависть не была бы беспричинной, Храм не был бы разрушен. И вся причина разрушения Храма была только в том, что ненависть была беспричинной. Таким образом, нужно понять связь между беспричинной ненавистью и Храмом.

В молитве «Да будет воля», говорится перед чтением Псалмов: «И заслуга царя Давида, мир ему, защитит, дабы продлил Ты терпение Свое, пока не вернемся к Тебе в полном раскаянии, и от сокровища безвозмездного дара помилуй меня".

И нужно понять где тут связь, когда просят о полном раскаянии, имея в виду, что у нас нет недостатка ни в чем, и мы не просим ни о чем в мире, и после этого мы тут-же просим «от сокровища безвозмездного дара помилуй», то есть мы хотим чего-то еще кроме полного раска-

---

338   Йешая, 57:19. Сотворю речение уст: «Мир, мир дальнему и ближнему», – сказал Творец, – и исцелю его.

яния. И также, отсюда следует, что мы действительно хотим вознаграждения за свою работу, только по той причине, что мы - полны грехов и преступлений, и мы просим, чтобы Ты отпустил нам наши грехи и мы хотим полностью раскаяться. Поэтому мы не заслуживаем вознаграждения. И по этой причине не просим вознаграждения. И потому мы просим Тебя: «от сокровища безвозмездного дара помилуй».

И нужно понять, разве мы не хотим работать во имя небес и при этом не получать вознаграждение? И это мы просим у Него чтобы дал нам. И не можем сказать «дай нам вознаграждение», потому что нам не положено. Потому что мы грешим. Именно поэтому нам нужен безвозмездный дар. Но, тогда как можно просить, чтобы дал нам безвозмездно? Разве мы нуждаемся в чем-то ради себя, ведь все - ради Творца? Если так, то как-же мы просим, чтобы дал нам из «сокровища безвозмездного дара»? Потому что оттуда можно получить ради себя.

Однако, согласно тому, что мы учили, главное в нашей работе это, поскольку Творец сотворил сосуд (кли) получения добра и наслаждения называемый «желание получать ради себя», - без страстного желания мы не можем насладиться ничем, поскольку так устроено в нашей природе, поэтому исходное кли, которое может наслаждаться, называется «желание получать наслаждение».

Однако после этого было сделано исправление, называемое «подобие свойств», заключающееся в том, чтобы не пользоваться желанием получать ради себя, а только в той мере, в которой способен настроиться ради отдачи. То есть подобно Творцу, который сотворил мир, называемый «желание получать наслаждение", и это желание называется созданным из ничего, поскольку желание отдавать, которое есть в Творце сотворило нечто новое.

И чтобы не было чувства стыда, мы должны воссоздать желание отдавать которое было у Творца до того, как создал нас с желанием получать. И, поскольку, это желание отдавать противоположно нашей природе, поэтому мы просим у Него, чтобы также как дал нам желание получать, теперь пусть даст нам желание отдавать, которое есть у него и по причине которого сотворил в нас желание получать. Потому что нет у нас сил идти против природы. Но Творец, который дал нам эту природу, может дать нам вторую природу. То есть только Он может дать нам, и сделать так чтобы мы могли пользоваться сосудами (келим) отдачи.

И этим объясняется то, что мы просим «от сокровища безвозмездного дара помилуй», то есть у желания Творца, сотворившего мир, ставший безвозмездным даром. Поскольку кому Он был должен? И, также, мы просим Его чтобы дал нам из этого сокровища, называемого «безвозмездный дар». То есть чтобы и у нас были силы выполнять святую работу безвозмездно, то есть «не ради получения вознаграждения».

И отсюда поймем где связь между тем, что мы говорим «дабы продлил Ты терпение Свое, пока не вернемся к Тебе в полном раскаянии» и тем, что мы просим далее, чтобы дал нам из сокровища безвозмездного дара. Начинается с раскаяния, то есть только этого нам не хватает и тут же говорим «дай нам». Раскаяние значит, что мы хотим вернуться к корню, как написано об этом «раскаяние — значит повернуть «хэй» относительно «вав», это значит, что «хэй», называемое малхут, свойство получения, повернется к «вав», называемое «отдающий".

То есть, поскольку мы хотим сделать так, чтобы все наши действия были ради отдачи, мы способствуем тому, что и в корне души каждого, называемой малхут, будет все ради отдачи. И из этого следует, что раскаяние, о котором мы просим, заключается в том, что мы хотим делать только действия ради отдачи. И тут же мы говорим «дай», то есть мы просим «от сокровища безвозмездного дара помилуй меня».

И поясняемое выше становится толкованием «сокровища безвозмездного дара» и объяснением раскаяния. То есть о каком понятии раскаяния мы просим. Это мы тотчас поясним. Это значит, мы хотим, чтобы Ты дал нам желание отдавать, называемое «сокровище безвозмездного дара». То есть то желание, которым Ты сотворил мир, называемое «желание Его насладить творения», не требуя ничего взамен, а лишь безвозмездно, ведь, как известно, сотворение мира называется «в милости». Это желание дай нам. Выходит, что то, что мы просим «сокровище безвозмездного дара», проясняет то, какое раскаяние мы хотим, как сказано выше о написанном в Зоар «раскаяние называется повернуть «хэй» относительно «вав».

И из этого мы поймем сказанное мудрецами, что Второй Храм был разрушен несмотря на то, что были там Тора, заповеди, и благодеяния. И тем не менее, поскольку там была беспричинная ненависть, не мог он существовать. И у Торы, заповедей и благодеяний не было сил спасти Храм от разрушения.

И мы объяснили выше, что «безвозмездный дар» означает, что нужны такие келим, чтобы святость пребывала в них. Иначе святость вынуждена удалиться, из-за того, что нет подобия свойств между светом и кли. Потому что святость - это отдача. А если кли - ради получения, свет вынужден удалиться. И по этой причине мы просим «от сокровища безвозмездного дара помилуй меня».

А поскольку во Втором Храме была беспричинная ненависть, то есть они ненавидели понятие «безвозмездно», в смысле работать безвозмездно, не требуя ничего взамен, не для того чтобы получить вознаграждение, поэтому, даже занимаясь Торой, заповедями и благодеяниями, тем не менее, поскольку у них не было намерения ради отдачи - не было там места для святости, чтобы могла пребывать там, как сказано выше, из-за противоположности свойств в них, и, следовательно, Храм должен был быть разрушен.

Но порядок работы таков, что нам нужны Тора, заповеди и благодеяния для того чтобы это дало нам силы работать безвозмездно, то есть они лишь средство для достижения цели. А цель в том, чтобы достичь слияния с Творцом, подобия свойств, как написано «слиться с Ним», и как объясняют мудрецы «насколько милостив Творец, также будь милостив и ты».

И 613 заповедей в этом состоянии - это средство для достижения слияния. И они называются языком Зоар «613 советов (эйтин)», как написано в «Предисловии к Книге Зоар» (с.242, «Марот а-Сулам, п.1): «Заповеди Торы называются языком Зоар **«команды» (пкудин)**. Но также они называются и «613 **советов (эйтин)**». И разница между ними в том, что у каждой ступени есть лицевая и обратная сторона, и подготовка к ней называется **обратной стороной**, а постижение ее называется **лицевой стороной**. И когда выполняют Тору и Заповеди в свойстве **«исполнение слова Его»**, то есть до того, как удостаиваются услышать, называются заповеди «613 советов» и являются «обратной стороной». А когда удостаиваются свойства **«услышать голос Его»**, становятся 613 Заповедей «командами» (пкудин), от слова залог (пикадон). Поскольку **есть 613 заповедей, и в каждой заповеди заложен свет особенной ступени**.

И в сказанном выше объясняется нам, что порядок работы - во время подготовки, что нужно выполнять Тору и заповеди, это - совет, и благодаря им мы можем достичь слияния, называемое «подобие свойств». И только после этого, когда появятся келим, пригодные для получения высшего света, тогда переходят 613 заповедей в состояние залога (пикадон). То есть когда удостаиваются всех светов, подходящих под каждую заповедь по ее свойству.

И поскольку там была беспричинная ненависть, когда ненавидели безвозмездную работу, то есть у них не было ни малейшей потребности работать без получения вознаграждения, а Тора, заповеди и благодеяния - все это было ради получения награды, поэтому называется эта работа «если не удостоился она становится ядом смерти». И поэтому выполнение Торы, заповедей и благодеяний, которое было в дни Второго Храма, не могли спасти Храм от разрушения. Поскольку, чтобы удержать святость нужны келим отдачи, как сказано выше. А этого у них не было. Поэтому Храм был разрушен.

И из сказанного выходит, что человек рождается из кли, которое Творец дает ему, называемое «желание получать ради себя», и все, что человек работает и зарабатывает, все это относится к владению получающего, и больше нет ни у кого отношения к этому имуществу, которое человек обретает. Т.е и сам человек, и имущество - все относится к получению ради себя.

И об этом сказано (в Предисловии к Книге Зоар, п 11): «поскольку тело, то есть желание получать ради себя, происходит из корня, который в замысле творения и работает через систему нечистых миров (тума), он остается в подчинении этой системе до 13 лет».

Отсюда получается, что на самом деле все принадлежит получающему. Если так, то как же говорят ему: «после 13 лет знай, что, хотя до этого момента все принадлежало тебе, но теперь и далее, ты и все имущество которое ты видишь, все это нужно передать во владение Творца. А для тебя не остаются ничего, то есть до этого момента ты был в свойстве «другие народы», но теперь заберут все что есть у других народов и передадут во владения «Исраэля".

А что такое «владение Исраэля»? Это владение Творца, называемое «прямо к Творцу» (Яшар-Эль). Все, что есть у Исраэля, все входит во владение Единственного. Получается теперь, что все, что было во владении получающего, все имущество вместе взятое, называемые «народы мира», поскольку все принадлежит им, говорится им теперь, что от всего имущества получающего ради себя нужно отказаться и передать все во владение Исраэля. А что такое «владение Исраэля»? Как сказано выше: «Творец - это владение Исраэля», потому что у них нет никаких своих владений, и все они хотят уступить Творцу.

И из этого можно истолковать слова Раши, который объясняет сказанное в «Берешит»: «Сказал рабби Ицхак: нужно было начинать изучение Торы, со слов «этот месяц вам», поскольку это первая заповедь, которую получил народ Исраэля. Тогда почему начинается с «Берешит»? Для того чтобы показать силу деяний своих народу, передать ему наследие идолопоклонников. И если говорят идолопоклонники: «Вы - грабители, захватившие земли семи народов", они отвечают им: «Вся Земля - Творца. Он сотворил ее, и он отдал ее тем, кто праведен в глазах Его. По его желанию отдана им. И по его желанию изъята у них и отдана нам».

И это нужно рассматривать с точки зрения работы, чему это должно нас научить. Как мы объяснили, надо понимать это просто, что Творец сотворил мир с намерением насладить творения, то есть получающий ради себя – наслаждается. Но чтобы было слияние с Творцом, называемое «подобие свойств», произошло исправление - не работать ради получения себе, а только ради Творца, которое называется «ради отдачи».

И известно, что свойство ради отдачи называется «Исраэль», а свойство ради получения называется «народы мира». И поскольку существуют 7 мер святости, ХАГАТ НЕХИМ, точно также и в системе клипот есть 7 мер зла, которые называются «7 народов». И нужно изъять все из их владений и передать Исраэлю. То есть чтобы правообладателем 7 мер был Исраэль, а не народы мира, которые относятся к 7 народам, представляющих 7 клипот.

И как сказано там (в Предисловии) «До 13 лет человек находится во власти системы Клипот. А после этого он должен выйти из Клипот, из того периода, который называется «язычество». И войти в Святость, называемую «Исраэль». Тогда система Клипот приходит с жалобами: «разве Творец не создал нас, то есть желание получать ради себя? И разве не отдал вас нам в подчинение? И почему вы, через 13 лет, хотите выйти из-под нашего подчинения? Более того, вы хотите властвовать над нами». И в этом претензия тела человеку, когда тот хочет выйти из состояния «язычество», называемое «получение ради себя» и стать «Исраэлем», то есть делать все ради отдачи Творцу.

И об этом написано: «Вы – грабители, потому что захватили 7 народов. Они отвечают им: вся Земля принадлежит Творцу». То есть разве Он не является хозяином мира? Имеется в виду Творец, сотворивший мир чтобы насладить творения? Сначала Он создал так чтобы получающий ради себя получил от Него добро и наслаждение. Но после этого, чтобы творения не чувствовали никакого ущерба в момент получения добра и наслаждения, был введен закон, и свет удалился от получающего ради себя. И был отдан свет получающему ради отдачи. А получающий ради себя остался во тьме, без света.

И отсюда следует, что в сотворении душ в мире исправления есть 2 системы: миры АБЕА чистые (Кдуша) и миры АБЕА нечистые (Тума). И человек рождается и находится до 13 лет во власти нечистых АБЕА. А после этого, посредством Торы и Заповедей он выходит из-под их власти и забирает с собой все в святость.

По поводу того, что народы мира утверждают «вы – грабители, потому что захватили 7 народов». Имеется ввиду, что народы мира, которые внутри человека, говорят человеку: «что вы шумите на весь мир, разве ты не видишь, что Творец создал желание получать ради себя. И, конечно-же, он хочет, чтобы желание получать наслаждалось миром. А почему ты хочешь сделать наоборот? То есть удалить любые наслаждения из получения ради себя и отдать все свойству «Исраэль», называемое «ради отдачи". Если так, то ты хочешь быть вором. И ты говоришь, что Творец согласен с этим. Возможно ли такое?

И на это приходит ответ, как написано «краденая вода будет сладка» (Мишлей, 9), то есть посредством этой кражи будет сладка, когда забирают все у получающего ради себя, называемого «свойство идолопоклонника», которое ради себя свойством 7 народов. **Будет сладка**, означает, что именно в свойстве «Исраэль», когда отнимают части системы клипот и поднимают в Святость – это и будет их исправление. То есть только посредством кражи, когда они думают, что у них отнимают то, что у них есть, они получают исправление.

Потому что в их сосудах, то есть в свойстве идолопоклонников, являющимся свойством 7 народов, они хотят получать. И они на самом деле получают. Но это лишь состояние «тонюсенькой свечи» в сравнении с тем, что Творец хочет дать. Как написано: «Насладить творения во всей полноте, а не в очень узком свете, который дан им только для того чтоб могли существовать, чтобы существовали до тех пор, пока не получат поистине весь свет, который был в замысле творения. И в конце всех исправлений, говорит Книга Зоар: «Станет ангел смерти святым ангелом». И также говорит: «Станет самех-мэм ангелом святым».

Получается, что именно посредством кражи, когда народы мира говорят «вы – грабители», этим они получают подслащение, поскольку каждый раз их часть переходит в святость. И они получают этим исправление. И об этом написано «краденая вода будет сладка». Чему это писание учит нас работе? Чтобы мы знали – в той мере в которой мы можем отобрать имущество у «обратной стороны" и системы клипот, которые являются свойством получения, в этой мере мы подслащиваем зло, получающее полное исправление. И когда выйдут все состояния, упавшие в систему клипот и войдут в систему святости, тогда наступит конец исправления, и все придет к своему совершенству.

Что такое серьезность в духовной работе
Статья 25, 1986/7

Наши мудрецы сказали (трактат Брахот, 30:2): «Молиться можно только лишь со всей серьезностью».

А объяснение Раши: «Серьезность означает принижение себя»[339]. И еще оттуда же: «Учили мудрецы: «Нельзя молиться ни из уныния, и ни из легкомыслия»»[340]. И объяснение Раши: «Легкомыслие означает замену серьезности».

И следует понять, что, когда он [то есть Талмуд] говорит: «Только лишь со всей серьезностью», – имеется в виду, что, если у него нет серьезности, не следует молиться. А затем сказано:

---

339   Комментарий Раши на трактат Брахот, 30:2.
340   Трактат Брахот, 30:1.

«Нельзя молиться… и ни из легкомыслия». Это означает, что если там нет легкомыслия, уже можно молиться, и не нужно [доходить] до того, что у него будет серьезность.

Однако отсюда выходит, что, если у него нет легкомыслия, у него есть серьезность. И также наоборот: что, если у него нет серьезности, у него уже есть легкомыслие. Другими словами, нет ничего посередине между серьезностью и легкомыслием. И поэтому нет никакого противоречия между этими высказываниями. Однако следует понять, как это может быть, чтобы не было промежуточного свойства между серьезностью и легкомыслием.

И главным образом надо понять, что такое молитва, о которой они сказали: «Молиться можно только лишь» согласно условиям, названным мудрецами. Иными словами, что такое молитва, в которой обязаны соблюдаться эти условия, а иначе нельзя молиться?

Наши мудрецы сказали (трактат Таанит, 2:1): ««Чтобы любить Творца, Всесильного вашего, и работать для Него всем сердцем вашим»[341], — **что это за работа, которая в сердце? Следует сказать, что это молитва**».

И нужно понять, почему молитва называется «работой в сердце» больше, чем все остальные заповеди Торы. Разве изучение Торы не такая большая работа, как молитва?

И еще следует спросить, почему именно молитва называется «работой в сердце». И нельзя сказать, что только молитва относится к сердцу, а Тора — нет. Ведь и Тора тоже относится к сердцу, как сказал рабби Ибн Эзра (приведено в Предисловии к книге «Паним масбирот у-меирот»), «И знай, что Тора была дана лишь только мудрецам (букв.: «людям сердца»)»[342]. В таком случае следует понять:

1. Почему молитва называется «работой» более всех остальных заповедей;
2. Почему молитва называется именно работой сердца, а не работой разума. И о молитве, являющейся работой в сердце, мудрецы сказали нам: «Молиться можно только лишь со всей серьезностью», — что означает, что именно благодаря этому его молитва будет в порядке. В таком случае, следует понять, что такое «серьезность».

И чтобы понять вышесказанное, нужно сначала повторить известные вещи по поводу цели творения. Хотя это и понятно, но **стоит повторить, чтобы помнить о цели, ведь это является [верным] способом не упустить цель**. По поводу цели творения стоит говорить только о двух предметах:

1. О Творце, дающем [высшее благо];
2. О творениях, получающих высшее благо.

Ведь цель творения, — то есть «Его желания нести добро Своим созданиям», — создать творения, которые получат то, что Он хочет дать им. То есть они получат наслаждение, которое Он хочет дать им. Ибо это смысл слов «нести добро». Ведь невозможно сказать, что кто-то получает нечто хорошее [то есть доброе] и не наслаждается. Другими словами, если он не наслаждается от этого, почему же оно называется хорошим?

Однако мы видим, что человек наслаждается только от того, к чему он страстно стремится. И поэтому Он создал в творениях желание страстно стремиться получать наслаждения. И это называется «желание получать ради собственной выгоды». А в высших мирах желание получать ради собственной выгоды называется «**малхут**». А также это свойство называется «**авиютом**» [эгоизмом, букв.: «грубостью»], ведь желание получать для себя было отвергнуто, и этим кли нельзя пользоваться без исправлений.

Однако тут на желание получать произошло исправление, чтобы не пользоваться им так, как оно было создано от начала своего сотворения, то есть в первоначальном корне, когда оно

---

341 Дварим, 11:13. И будет, если внимать будете заповедям Моим, которые Я заповедую вам сегодня, **чтобы любить Творца, Всесильного вашего, и работать для Него всем сердцем вашим** и всей вашей душой.

342 Бааль Сулам, Предисловие к книге «Паним меирот у-масбирот», п. 10.

родилось, – из-за различия по форме между ним и Творцом, ведь Творец – дающий, а творения будут получающими.

И чтобы было подобие по форме, то есть чтобы и получающий тоже считался дающим, а иначе, если не будет подобия по форме, это приведет к тому, что во время получения блага и наслаждения творения будут чувствовать неприятное ощущение, называемое «стыдом». И чтобы избавить творения от этого стыда, произошло исправление, называемое «получением ради отдачи». Иными словами, хоть он и получает в кли, называемое «устремлением» –

То есть невозможно наслаждаться благом, если он не стремится получить это благо. Исправление же в том, что он должен построить намерение на это действие. Другими словами, он должен смотреть: несмотря на то что желание получить это в полной силе, если он не может построить намерение ради доставления наслаждения своему Создателю, он отказывается от этого наслаждения, хоть и очень стремится к нему.

И причина его отказа должна быть только в том, что он желает слияния с Творцом, называемого «подобием по форме», как сказали наши мудрецы: «Как он милосерден, так же и ты будь милосерден»[343]. И от этого исправления у нас происходит сокращение и скрытие. Другими словами, до того, как у нижних есть это намерение, чтобы они могли отказываться от самых больших наслаждений, если не могут настроиться «ради отдачи», в мире пребывает тьма.

Иными словами, Творец скрыт от творений, так что они не чувствуют Его. И следует верить выше знания, что у Него есть связь с творениями, которых Он создал, чтобы дать им благо и наслаждение. Тогда как то, что открыто нашему взору до того, как человек может построить намерение ради отдачи, находится под властью тьмы, и ничего духовное не светит, и в этот момент не раскрывается цель творения, то есть нести добро Своим созданиям, ибо в этот момент они видят только страдания и боль, и не видят управление Доброго, Несущего добро. И нам нужно только верить, что то, что цель творения – нести добро Своим созданиям, есть непреложная истина. А то, что мы этого не видим, происходит благодаря исправлению, [сделанному] для нас, которое называется «сокращением и скрытием лика».

И это как говорит [Бааль Сулам] (в статье «Введение в науку каббала», п.10): «И вот ты находишь, как эта душа, являющаяся светом жизни, облаченным в тело, рождается как сущее от сущего... и, проходя через четыре мира АБЕА, она так же всё больше удаляется от света лика Творца, пока не доходит до предназначенного ей кли, называемого «телом». И, хотя свет в ней тоже очень уменьшился, до такой степени, что нельзя узнать корня, из которого она исходит...»[344].

И это приводит нас к тому, что у нас есть работа в вере, поскольку по нашей душе уже нельзя узнать, что она исходит от Творца, но требуется особая работа, чтобы верить в Творца, что Он управляет всеми творениями. Согласно этому у нас выходит, что вся тяжесть, которую мы ощущаем в работе на отдачу, не связана с тем, что нам тяжело работать без компенсации в силу нашей природы, называемой «желание получать», а тут действует совершенно другая вещь. Ведь согласно правилу, сформулированному моим господином, отцом и учителем, в нашей природе заложен принцип, что любой нижний желает принизить себя перед высшим, который для него

---

343   Рамбам, Мишне Тора, Законы о мнениях, гл. 1, закон 6.
344   Бааль Сулам, Введение в науку каббала, п. 10. И вот ты находишь, как эта душа, являющаяся светом жизни, облаченным в тело, рождается как сущее от сущего прямо от самого Творца (ацмуто) и, проходя через четыре мира АБЕА, она так же всё больше удаляется от света лика Творца, пока не доходит до предназначенного ей кли, называемого «тело». И тогда кли считается завершением желаемой формы. И хотя свет в ней тоже очень уменьшился, до такой степени, что нельзя узнать корня, из которого она исходит, вместе с тем, благодаря занятиям Торой и заповедями для того чтобы доставить наслаждение своему Создателю, он постепенно очищает свое кли, называемое «телом», пока оно не становится пригодным для получения великого блага в полной мере, заключенной в замысле творения, когда Он сотворил его. Как сказал рабби Хананья бен Акашия: «Захотел Творец очистить Исраэль, поэтому умножил им Тору и заповеди».

важнее всего. И у простого человека есть наслаждение, когда он служит важному лицу, как объясняют мудрецы (трактат Кидушин, 7:1): «Что касается важного человека, дала она, и сказал он: «Вот эта посвящена» – поскольку его получение с тем, чтобы насладить дающую ему, считается абсолютной отдачей и подарком ей»[345].

И причина этого в том, что от природы есть наслаждение в том, что человек дарит и дает важному лицу. И отсюда возникает вопрос, почему нам так тяжело исполнять Тору и заповеди ради отдачи. А ответ, как сказано выше, что из-за исправления хлеба стыда произошло исправление, называемое «сокращением», «скрытием» и «тьмой», – что до тех пор, пока творения находятся под властью получения для себя, они настолько удалены от своего корня, что невозможно узнать источник, из которого они исходят, как сказано выше.

И нам дана работа в вере выше знания, то есть несмотря на то, что мы не видим и не чувствуем ничего духовного, мы должны совершать всю работу выше знания, и это вызывает у нас тяжесть в работе на отдачу. И из сказанного следует, что, когда мы хотим идти в работе по пути истины, мы должны просить Творца, чтобы Он дал нам силу веры.

И как сказано (в молитве рабби Элимелеха, называемой «Молитва, предваряющая молитву»): «**И установи веру Свою в сердце нашем навсегда без перерыва**». То есть, когда Творец даст нам силу веры, чтобы мы почувствовали, что служим Царю царей, наше тело без сомнения отменится «как свеча перед факелом».

Однако поскольку от природы мы родились такими, что у нас есть разумение и знание, являющееся нашими руководителем, то есть наставником на нашем пути, и оно говорит нам, что́ нам хорошо и что́ плохо, на всё, что оно не понимает своим разумом, оно говорит нам, что это нехорошо для нас.

В таком случае, когда нам дается работа в вере выше знания, приходит наше знание и дает нам понять, что идти этим путем не стоит. И оно приходит с аргументом: «Неужели же Творец дал нам разум просто так? Нет сомнения, что всё, что Он создал, создано нам во благо», – то есть чтобы мы радовались от этого. И оно приводит нам доказательство из Писания: «Хвалят человека по мере разума его»[346].

И вдруг человек заявляет телу: «Это верно, что до сих пор ты был моим наставником в пути. И я никогда не делал ничего против знания, то есть того, что ты приказывал мне делать. Однако начиная с этого момента, знай, что что бы ты ни говорил мне делать, я не буду слушаться тебя. А [я буду делать] только то, что я услышал из книг и от мудрецов. Я принимаю на себя бремя небесного правления выше знания, и я желаю служить Творцу, как положено перед великим Царем, и, начиная с этого момента, я не желаю ни в чем заботиться о тебе, а все мои мысли будут только о Твоем, Творец, благе».

И отсюда следует, что у человека нет недостатка ни в чем, чтобы получить возможность прийти к истине, кроме свойства веры выше знания. И на этом тело настаивает со всей силой и противится этому, и отсюда получается, что мы не продвигаемся в духовной работе. И это называется «серьезностью» (букв.: «тяжестью головы»), где «головой» называется свойство знания в человеке. А если человек идет согласно тому, как говорит ему знание, это называется **«легкомыслием», то есть что знанию это легко выдержать**, – когда человек будет делать действия, к которым побуждает его знание.

---

[345] Бааль Сулам, Предисловие к Книге Зоар, п. 11.
Речь идет о свадебном обряде. В обычном случае жених дает подарок невесте и произносит слова: «Вот ты посвящаешься мне». В случае важного лица подарок невесты жениху считается достаточным условием для заключения брака. – *прим. переводчика.*
[346] Притчи, 12:8.

Тогда как если человек хочет идти выше знания, это называется «тяжестью головы» (то есть серьезностью). Это означает, что знанию, то есть «голове», тяжело терпеть, когда человек хочет идти против знания, и это для него [тяжкое] бремя и груз. И это называется «серьезностью».

И отсюда следует объяснить слова: «Молиться можно только лишь со всей серьезностью»[347]. Другими словами, наши мудрецы советуют нам, зачем человеку нужно молиться. Они говорят нам: «Только лишь со всей серьезностью». Иными словами, прежде, чем молиться, человек должен посмотреть, чего ему недостает, так что об этом недостатке (хисароне) он молится, чтобы Творец наполнил его ему.

Поэтому стоит, чтобы до этого человек проверил себя, может ли он принять на себя идти верой выше знания, что и называется «серьезностью». И только тогда пусть приступает к молитве, чтобы Творец установил веру в его сердце. Потому что, если будет вера выше знания, у него уже есть всё, как сказано выше, что маленький отменяет себя перед большим.

И это как объяснил Раши, что серьезность – это принижение себя. А что такое принижение? Это когда человек принижает себя перед большим и слушает мнение большого. То есть если маленький ребенок что-то говорит взрослому человеку, и взрослый видит, что то, что говорит ему ребенок согласуется с логикой, взрослый, конечно, послушается его. Но это не значит, что взрослый принижает себя перед маленьким.

А что же называется принижением? Если человек приходит и просит совета большого человека, что ему делать, а большой говорит, что надо делать так-то и так-то, а человек видит, что это просто противоречит здравому смыслу. И если он спросит кого-нибудь, стоит ли слушаться того, что сказал ему большой человек, тот, конечно же, скажет ему, что это противоречит логике, и тебе нельзя слушаться его. И тем не менее, этот человек принижает себя, то есть он принижает свое мнение и также мнение всех людей в мире, которые не согласны с мнением большого человека, и слушается его. Это называется принижением – когда он слушается большого человека выше знания.

И это очень тяжело сделать, и это называется «тяжело исполнить это дело»[348]. А также это называется «тяжел на уста и тяжел на язык я»[349], как сказано о Моше. Ведь Моше называется «верным пастырем», поскольку свойство Моше называется «вера». А в вере нет «уст и языка», поскольку «уста и язык» означает, что он объясняет эти вещи с помощью разума и знания. А свойство Моше – это свойство **веры выше знания**.

И отсюда мы сможем понять, почему Раши объясняет, что «легкомыслие» означает замену «серьезности». Почему он не объясняет напрямую, а употребляет выражение «замена серьезности»? Это потому что он хочет объяснить, чтобы нам было яснее, что такое «серьезность» – что это вера выше знания. Поэтому он говорит нам о легкомыслии, которое является противоположностью свойству веры выше знания.

Другими словами, чтобы объяснить нам, что между ними нет промежуточного свойства. А есть вера выше знания, называемая «серьезностью», и вера «внутри знания», называемая «легкомыслием» (букв.: «легкостью головы»), поскольку в том, что согласуется с разумом и знанием, голове легко согласиться, чтобы человек исполнял эти действия, опирающиеся на основу, которую понимает внешний разум.

Тогда как если человеку говорят, чтобы он делал действия, противоречащие разуму и знанию, это серьезность (букв.: «тяжесть головы»). То есть это тяжесть бремени, которое разум

---

347 Трактат Брахот, 30:2
348 Шмот, 18:18. Падешь силами и ты, и этот народ, который с тобою, ибо [слишком] тяжело для тебя это дело, **не сможешь исполнить его один**.
349 Шмот, 4:10. И сказал Моше Творцу: Молю [Тебя], мой Господин! Я человек не речистый ни со вчерашнего, ни с третьего дня, ни с тех пор, как Ты говоришь с Твоим рабом, **ибо тяжел на уста и тяжел на язык я**.

должен вынести. Поэтому, когда человеку говорят, чтобы он принял на себя бремя небесного правления «как бык под ярмом и осел под поклажей»[350], он сопротивляется.

И отсюда поймем, почему мишна[351] говорит: «Молиться можно только лишь со всей серьезностью»[352]. Это означает, что, если у него нет серьезности, он не должен молиться. А гмара[353] говорит: «Нельзя молиться из легкомыслия».

И мы спросили, что отсюда получается, что, если у него нет легкомыслия, даже если у него нет серьезности, он уже может молиться. Получается, что тут нет промежуточной станции. И согласно сказанному выше, и в самом деле нет промежуточной станции, а или у него есть вера выше знания, называемая серьезностью, или у него есть вера внутри знания, называемая легкомыслием («легкостью головы») из-за того, что голове легко понять и согласиться, если разум заставляет его думать, что ему необходимо делать эти действия.

Но посередине нет ничего. Поэтому, нет сомнения, что тот, кто хочет молиться Творцу, у него, конечно, есть вера, а иначе он не молился бы. Однако:

1. Или он молится на основе веры внутри знания, называемой легкомыслием, как объясняет Раши, что у него нет принижения себя.
2. Или он молится серьезно, когда у него есть принижение себя. То есть он принижает свое мнение и не смотрит на него, как будто оно ничего не стоит, а вся его основа построена на вере выше знания.

А теперь мы сможем понять то, что мы спросили, почему молитва называется работой. И мало этого, она еще называется работой в сердце. Известно, что **работой** называется, если человек должен сделать что-то, и тело не наслаждается этим действием. Это называется работой. И поэтому человек не способен работать без вознаграждения. Тогда как если человек наслаждается от работы, это не считается усилием.

То есть действие, которое человек совершает, для того, кто не наслаждается от его совершения, называется усилием. А для другого, который действительно наслаждается от совершаемого им действия, для него это не считается усилием и работой. И как бы то ни было, он не должен получать за нее никакого вознаграждения, поскольку человек не в состоянии делать действие без наслаждения. И поэтому, когда он все же делает действие, не наслаждаясь от него, почему в этом случае он всё же делает это действие?

Ответ, что он ожидает, что от того усилия, которое он прилагает сейчас, он будет наслаждаться потом, то есть что он получит вознаграждение за свою работу и насладится. Получается, что когда человек делает какое-либо действие, не получая наслаждения, откуда он получает силы для работы? Однако мы должны сказать, что он смотрит на компенсацию. И от этого он получает энергию для работы.

К примеру, скажем, если Любавический ребе приезжает в аэропорт, и у него есть какая-то сумка, и он дает ее носильщику, носильщик, конечно работает и берет сумку, чтобы отнести ее в такси. А потом он потребует компенсацию за свою работу. И это из-за того, что он не знает важности ребе. Тогда как если ребе даст свою сумку одному из своих хасидов, и он захочет заплатить ему за его работу, хасид, конечно, не захочет принять это. Поскольку ведь он уже получил наслаждение во время самой работы. Ведь для него будет огромной ценностью то, что он служил ребе.

И как мы объяснили, молитва должна быть в серьезности. То есть когда человек сам чувствует, что нет веры выше знания. То есть, что знание не обязывает его работать на отдачу. И

---

350   Трактат Авода Зара, 5:2.
351   Основная часть Талмуда.
352   Трактат Брахот, 30:2.
353   Часть Талмуда, представляющая собой обсуждение и анализ мишны.

человек понимает, то главная цель должна быть «удостоиться слияния с Творцом». А поскольку знание сопротивляется этому, и он должен идти против знания, это очень большая работа.

Ведь он просит у Творца, чтоб Он дал ему то, чему противятся все его члены. Получается, что в каждой молитве, которую он возносит к Творцу, у него есть особенная работа. **Поэтому молитвой называется работа в сердце. То есть что он хочет идти против знания и разума, которые говорят ему прямо противоположное.**

И поэтому это не называется работой разума, потому что работой разума называется, когда человек прилагает усилие, чтобы понять что-либо своим разумом и знанием. Тогда как тут он не желает понять знанием, что нужно служить Творцу в свойстве «знание», а он хочет служить Творцу именно в вере выше знания. И поэтому эта молитва называется работой в сердце.

И согласно этому следует объяснить, [что значит:] «нельзя молиться». Ведь молитва — это потребность (хисарон), когда человеку не хватает чего-либо, и он не может самостоятельно достичь желаемого, он просит у других, чтобы они помогли ему. И поэтому, когда человек собирается молиться Творцу, чтобы Он помог ему, он должен сначала увидеть, чего ему на самом деле не хватает. Другими словами, если ему дадут желаемое, он уже совершенный человек, и нет у него ни в чем недостатка.

И это можно сказать именно о вере, потому что, когда человек удостаивается постоянной веры выше знания, он уже удостоился всего. Поэтому сказали [мудрецы]: «Молиться нужно только о недостатке серьезности». То есть чтобы Творец дал ему свет веры.

Что такое легкая заповедь
Статья 26, 1987

В Писании сказано: «И будет: за то, что будете слушать хранить будет Творец, Всесильный твой, для тебя союз, о котором Он клялся отцам твоим, и любить Он будет тебя и благословит тебя» (Дварим, 7:12-13). И Раши объясняет «И будет: за то, что (экев) будете слушать»: если незначительные заповеди, которые человек топчет своими пятками (экев) «будете слушать», «хранить будет» — будет хранить для тебя обещание Свое. Конец цитаты.

И следует понять, что значит: если легкие заповеди, которые человек топчет своими пятками, будете слушать, Творец может дать то, что он обещал праотцам. А если не будут они исполнять легкие заповеди, Творец не может дать то, что Он обещал нам?

И нельзя сказать, что имеется в виду, что даже легкие заповеди следует соблюдать. Следовало бы сказать просто, что если будет не доставать хотя бы одной заповеди из 613, вы не получите то, что обещал Он праотцам. Однако из слов «легкие заповеди» получается: поскольку это легкие заповеди. И из-за этого Творец не может дать благо и наслаждение. В таком случае, следует понять, почему именно легкие заповеди являются причиной — будто бы они задерживают дарование блага и наслаждения творениям.

Сказали наши мудрецы (трактат Авот, гл. 2, мишна 1): «И остерегайся с легкой заповедью, как со строгой, ибо не знаешь ты дарования оплаты заповедей». И это тоже надо понять: что называется легкой заповедью, а что называется строгой заповедью. Однако и причину, по которой следует остерегаться с легкой заповедью, как со строгой, тоже следует понять. Ведь здесь получается, что мы должны остерегаться с легкой заповедью, как со строгой, только из-за того, что что мы не знаем вознаграждения за заповеди. А если бы мы знали дарование оплаты за заповеди, можно было бы остерегаться по-разному. Разве можно сказать такое?

И чтобы понять вышесказанное, нужно прежде всего знать, что такое 613 заповедей, которые даны нам для соблюдения, — для кого они даны? Сказали наши мудрецы (трактат Авот, гл.

6, мишна 13): «Рабби Ханания бен Акашия говорит: «Хотел Творец удостоить (также: очистить) Исраэль, поэтому умножил им Тору и заповеди».

А в статье «Введние в науку каббала» (п. 1) Бааль Сулам объясняет, что значит «очистить Исраэль» – что это от слов «чистота» и «очищение», что означает, что благодаря Торе и заповедям мы придем к очищению. И он выясняет там, зачем нам надо очищаться. И он говорит, что поскольку мы от природы родились с желанием получать ради собственной выгоды, и это отделяет нас от Творца, так как в духовном отличие свойств приводит к отдалению и разделению. А чтобы было у нас уподобление по свойствам, называемое «сила отдачи», а это против нашей природы, поэтому [так] тяжело работать ради отдачи, по этой причине были даны нам Тора и заповеди, с помощью которых мы сможем получить силу преодоления и сможем работать ради отдачи.

И из сказанного можно объяснить: «хотел Творец очистить Исраэль», чтобы благодаря очищению они стали способны получить благо и наслаждение, которое желал Он дать нам, а у нас не было келим, соответствующих этому наполнению. Получается, что Тора и заповеди даны нам как подготовка, чтобы, благодаря тому, что мы очистим себя, мы смогли бы получить благо и наслаждение.

Отсюда вытекает, что соблюдение Торы и заповедей – нам во благо, то есть благодаря этому мы сможем получать благо и наслаждение. Получается согласно этому: когда человек может получить благо и наслаждение? Именно тогда, когда может работать без оплаты. Иначе говоря, именно когда он не заботится о собственной выгоде, и все действия, которые он производит, – только ради пользы Творца, именно тогда он способен получать благо. Поскольку у него есть уже уподобление по свойствам, и тогда считается, что у него есть келим, в которых наполнение может пребывать и не портиться, и это считается келим, очищенными от эгоистической любви. Ведь они исправлены в желании отдавать. Поэтому у них есть уподобление наполнению, которое приходит только благодаря Его желанию отдавать. И в таких келим наполнение может находиться.

И, на первый взгляд, получается, что тот, кто желает получать благо и наслаждение, наслаждаться этим миром, и чтобы была у него счастливая жизнь, – что ему надо делать? Достичь отдающих келим, чтобы затем он мог получать благо и наслаждение. Но таким образом, можно сказать, что он занимается отдачей, чтобы после этого достичь получения. А это подобно отдающему ради получения, что называется «ло лишма».

И ответ, что на самом деле человек должен стремиться слиться с Творцом, то есть прийти к ощущению в своих органах, что все наслаждение, которое он желает получить, будет согласно истине. А истина в том, что человек должен прийти к состоянию, когда у него будет возможность сказать с твердой уверенностью: «Благословен Творец наш, создавший нас во славу Свою!»

То есть человек воздает благодарение Творцу, за то, что Он создал его во славу Свою, то есть что преумножил Он славу Свою в мире, то есть чтобы все в мире увидели величие Его.

Это как сказано (Мидраш Раба, Берешит): «В час, когда пожелал Творец сотворить мир, сказали ангелы пред Ним: «Что [есть] человек, что Ты помнишь его, и сын человеческий, что Ты вспоминаешь о нем (Псалмы, 8:5) – зачем Тебе эта проблема?»». Чему это можно уподобить? Царю, у которого был дворец, полный всех благ, но нет у него гостей. Что это за наслаждение для царя, хоть и полон он? – Тотчас же сказали они пред Ним: «Делай то, что нравится Тебе!»

И нужно понять, чему учит нас этот спор, происходивший между Творцом и ангелами. Будто бы Творцу было нужно, чтобы они согласились с сотворением человека. И надо объяснить, что спор с ангелами учит нас, в чем состоит цель сотворения человека, то есть с какой целью был создан человек. И сказал им Творец: «В чем вопрос ваш: «Что есть человек, что Ты помнишь его?»».

Что означает, что ангелы спросили, что может получить человек от того, что Ты создал мир с целью насладить свои творения, заложив в нем желание получать благо и наслаждение. Ведь будет он отличен от Тебя по свойствам, и нет [у него] никакого слияния и соединения с Тобой — и как же будет он способен получить благо и наслаждение? На это Творец отвечает, что человек будет работать ради отдачи, а не ради получения, как думаете вы.

Однако они скажут: Вот ведь царь создал дворец, полный всех благ. И в чем же наслаждение производящего работу, если нет у него гостей? Согласно этой притче человек получит благо и наслаждение, то есть от своей выгоды человек отказывается, и не желает получать ничего, а желает быть в свойстве отдачи ради отдачи. Однако поскольку нет наслаждения царю, создавшему дворец полный благ, — поэтому они хотят получить благо и наслаждение.

И отсюда поймем ответ на вопрос, что, казалось бы, выходит, что то что человек работает, чтобы достичь отдающих келим, имеется в виду, что благодаря им у него появится возможность получать благо и наслаждение. И по-видимому, это, как если бы он отдавал ради получения, а это называется «ло лишма».

А ответ: после того как человек пришел к уровню лишма, то есть у него нет потребности получать благо и наслаждение для самого себя, поскольку он уже удостоился свойства лишма, тут вступает в действие притча, которую Творец привел в ответ ангелам: что это подобно царю, у которого есть дворец, полный всех благ, но нет гостей. Что за наслаждение для царя от того, что он создал дворец, полный всех благ?

С этим намерением человек сможет получать благо и наслаждение. И это называется, что он «получает благо и наслаждение ради отдачи». Ведь для того чтобы у Творца было наслаждение от того, что Он создал дворец, полный всех благ, и у Него были бы гости, человек старается быть среди этих гостей, которые получат благо и наслаждение, поскольку от этого будет наслаждение Творцу.

И это называется, что мы должны сказать: «Благословен Он, Всесильный наш, создавший нас во славу Свою». Иначе говоря, то, что мы получаем от Него благо и наслаждение, делается с намерением, чтобы мы могли сказать всем о славе Творца, [заключенной] в том, что они принимают цель творения, то есть желание Его насладить Свои творения, что называется «раскрытие божественности Творца Его творениям». И это та причина, по которой человек желает получать благо и наслаждение.

Отсюда получается, что в намерение нижнего не входит получение вознаграждения за его работу. А все, чего он желает и просит у Творца, чтобы Он помог ему, — только для того чтобы он смог доставить наслаждение Творцу. То есть поскольку все тело сопротивляется этому мнению, то есть чтобы он не делал ничего для собственной выгоды, а делал только то, из чего выйдет наслаждение Творца. И на этом он настаивает и просит у Творца, чтобы Он помог ему, чтобы смог он победить свое тело, и была бы у него сила преодолеть любовь к себе.

И из сказанного можно объяснить слова мудрецов: «И остерегайся с легкой заповедью, как со строгой, ибо не знаешь ты дарования оплаты заповедей». И мы спрашивали, что отсюда получается, что мы смотрим на оплату, ведь они сказали, что не знаешь ты дарования оплаты заповедей, — поэтому следует остерегаться с легкой заповедью, как со строгой. Но ведь они сказали: «Будьте подобны рабам, служащим своему господину не для получения награды» (Авот, гл. 1, мишна 3). В таком случае, что же означает, что «не знаешь ты дарования оплаты заповедей»?

Надо объяснить: поскольку цель творений — прийти к слиянию с Творцом, то есть делать все, чтобы было наслаждение Творцу, поэтому сказали они, что не знаешь ты — то есть что ты не желаешь знать — дарования оплаты заповедей, поскольку ты работаешь без оплаты. В таком случае, в чем же разница между легкой заповедью и строгой? Ведь в любом случае, ты не желаешь работать за оплату, а [работаешь] бескорыстно.

Однако человек не может знать, действительно ли он работает ради отдачи. Поэтому мудрецы дают нам место для проверки – что, если человек может остерегаться с легкой заповедью, как со строгой, и говорит себе: ведь я работаю не за оплату, а все действия мои направлены на отдачу Творцу, и потому даже с малой вещью я остерегаюсь, как с большой.

Поясним это на примере. Человек знает сам на сто процентов, что когда он разговаривает в синагоге, это не является преступлением. Ведь он наверняка не стал бы совершать преступление публично, так чтобы все видели, как много преступлений он совершает за один час. Но, на самом деле, разговаривать в синагоге во время молитвы и правда считается преступлением. Однако человек не считает это преступлением, и это называется, что «человек топчет своими пятками», из-за того, что не чувствует, что это настолько большое преступление, чтобы стоило так уж сильно остерегаться его.

Тем не менее, если человек дает себе отчет и говорит: какая мне разница, маленькое это преступление или большое. То есть если бы я работал за плату, я должен был бы отличать легкую заповедь от строгой. Однако я работаю без оплаты, и я работаю только для того чтобы служить Царю, в таком случае, какая мне разница, что я делаю, будь это легкая заповедь или строгая. А наоборот, я хочу остерегаться с легкой заповедью, как со строгой, чтобы самому знать, что я работаю только ради Высшего. А так я могу знать, смотрю ли я на оплату или на служение Царю. И если человек может вложить такие же силы в легкую заповедь, как в строгую, он уверен в себе, что его поступки в полном порядке.

А если он видит, что не в состоянии вкладывать такие же силы, как вкладывает в строгие заповеди, в легкие заповеди, – это признак того, что все намерение его направлено на оплату, а не на действия, которыми он хочет насладить Творца. А все – ради собственной выгоды.

А приведенный мной пример о разговаривающем во время молитвы в синагоге не означает, что заповедь эта легкая или строгая. Я только взял это для примера, потому что этим принято пренебрегать. Но что такое строгая или легкая заповедь – это личное дело каждого, ведь каждый решает для себя сам, что это дело строгое, а это – не строгое.

И из сказанного поймем ответ на то, что мы спросили, что получается, что Творец не может дать то, что Он обещал праотцам, как сказано: «хранить будет для тебя союз, о котором Он клялся отцам твоим, и любить Он будет тебя и благословит тебя», – потому что не будут они соблюдать легкие заповеди, которые человек топчет пятками своими.

Ответ: поскольку, чтобы получить благо и наслаждение, которые Он обещал праотцам, для этого света нужны подходящие ему келим, то есть отдающие келим, – поэтому, если у нас будут отдающие келим, Он сможет дать нам благо и наслаждение. Тогда как если у творений есть только келим получения для собственной пользы, невозможно, чтобы свет Творца пребывал там из-за различия по свойствам, как известно.

Как сказано: «И будет: за то, что будете слушать». Иначе говоря, легкие заповеди, которые человек топчет пятками, будете соблюдать, словно бы они были строгими из строгих. И это может быть, только когда человек не смотрит на оплату. Поэтому для него безразлично, является ли эта заповедь легкой или строгой, ведь он служит своему господину не для получения награды, а только лишь – ради отдачи. В таком случае, какая для него разница, что он делает для Царя, главное – что он доставляет Царю наслаждение. Получается, что именно по легким заповедям видно, что человек работает ради Высшего.

И отсюда выйдет объяснение, что условие в [стихе] «за то, что» не значит, что именно если будете слушать заповеди, которые человек топчет пятками, Он даст благо и наслаждение. А объяснение таково, что Творец дал нам признак, связанный с соблюдением Торы и заповедей, как мы сказали, что известно, что благодаря Торе и заповедям мы сможем достичь отдающих келим, в которые мы сможем получить наполнение. Писание учит нас, что, если мы будем соблюдать легкие заповеди, которые человек топчет своими пятками, это признак того, что мы идем по линии обретения отдающих келим.

Тогда как о выбирающем, какую заповедь соблюдать, говорят: Что выбирает он? То, за что он может больше заработать, это выбирает он. А это показывает, что нет у него намерения с помощью соблюдения Торы и заповедей удостоиться отдающих келим. А он занимается Торой и заповедями не во имя Творца (лишма), а для получения оплаты. Поэтому он смотрит на каждую заповедь, где оплата больше.

Например, мы видим, что мудрецы сказали: «Важно обрезание, равное всем заповедям Торы вместе» (Иерусалимский талмуд, трактат Недарим, 3:9), «Важнее благотворительность, чем милостыня» (трактат Сукка, 49:2). И есть еще много подобных примеров в словах мудрецов.

Выходит, что, когда человек говорит, я желаю сделать это, чтобы доставить наслаждение Творцу, и нет у него никакого расчета, связанного с оплатой, тут есть место, в которое Творец может дать все благословения, ведь тут есть место, называемое «отдающие келим». И это называется, как сказано: «На всяком месте, где помяну Я имя Мое, Я приду к тебе и благословлю тебя» (Шмот, 20:21).

И вопрос, ведь следовало сказать: «где ты помянешь», однако объяснение, как сказано выше, то есть если Творец может сказать, что место это – Его, потому что человек дал это место Творцу, а собственную власть отменил, поэтому Творец может «помянуть», то есть может сказать, что человек говорит, что это место – Творца.

Что такое проклятие и благословение в духовной работе
Статья 27, 1987

Сказано в Писании: «Смотри, Я даю вам сегодня благословение и проклятие. Благословение, чтобы внимали вы заповедям Творца Господа вашего, какие я заповедую вам сегодня. И проклятие, если внимать не будете заповедям» (Дварим, гл. Реэ, 11:26).

Следует понять:

1. Почему начинается в единственном числе – «смотри», а затем говорит во множественном числе – «вам»?

2. Почему сказано «сегодня»?

3. Благословение и проклятие. Но ведь сказано: «Не из уст ли Всевышнего исходят бедствия и блага?» (Эйха, 3:38). Если это так, то почему сказано «Я даю вам сегодня благословение и проклятие»?

4. Мы видим в материальном мире, что бывает место, где есть благословение. И бывает место, где нет благословения, но и проклятия нет там, и бывает место, где есть проклятие. Если это так, то есть среднее между благословение и проклятием. А здесь сказано: «Я даю вам сегодня благословение и проклятие». Это означает, что между ними нет ничего, а либо благословение, либо проклятие.

Толкователи Торы задают эти вопросы. Для того, чтобы понять все сказанное, нужно вернуться к тому, о чем мы говорили до сих пор. Нам следует увидеть, что нам следует знать, чтобы понять, что нам полагается делать в течение всего времени, пока мы находимся в этом мире. Известно, что что нам следует знать о двух целях:

1. Цель творения; мы изучаем, что она в том, чтобы насладить творения;
2. Цель творений; она в том, чтобы насладить Творца.

Нам следует знать, что цель Творца совершенна во всех отношениях, и мы должны верить, что Он управляет Миром, как Добрый, Творящий добро. Но наша цель, что мы должны насладжать Творца, является дополнением в Его цели. Поскольку наша цель является полной противоположностью цели Творца. И потому, что цель Творца должна быть достигнута, то есть, творения обязательно получать благо и наслаждение, как хочет Творец.

Поэтому [Творец] заложил в нас желание и стремление к получению наслаждений, и это постоянно существует в нас и не может быть отменено. Это означает, что не может человек существовать в мире, если не может наслаждаться в мире, и не важно, чем он наслаждается, но без наслаждения невозможно жить.

Вследствие этого, когда мы начинаем работать над нашей целью – наслаждать Творца, – и не использовать наше желание получать, это против природы, которую Творец дал нам, и у нас нет сил идти против природы. Поэтому, когда начинаем делать работу по отдаче, человек думает, что он способен отменить природу, но в конце концов приходит к осознанию, что не способен.

И для нас нет иного совета, кроме молитвы. Как сказали мудрецы, приходящему очиститься – помогают». И только через помощь свыше он может достичь цели творений, которые должны быть в равенстве по форме с Творцом. То есть, как Творец хочет насладить свои творения, так и у творений должно быть желание отдавать Творцу, что называется – «наслаждать Творца».

Порядок работы должен быть таким, что мы должны верить выше знания в важность и величие Творца. Потому что, когда ощущается величие царя, человек естественным образом отменяет себя перед царем. И для этого он не должен прилагать усилие. Потому что по природе вещей мы видим, что Творец дал силу малому отменять себя перед большим. И это потому, что малый, когда он служит большому, то чувствует в этом наслаждение. Выходит, что наслаждение, которое он чувствует во время службы для большого, не противоречит природе Творца, называемой «желание получать наслаждение», ведь он получает наслаждение, когда работает для большого.

Известен пример, когда приезжает один большой раввин. В аэропорт пришло много людей, чтобы встретить его. И он дает кому-то свой багаж, чтобы тот донес до такси. Разумеется, что если раби даст багаж какому-то носильщику, которому неизвестно о величии раввина, то конечно раввину нужно будет заплатить носильщику. Иногда бывает, что носильщик торгуется и хочет, чтобы раввин дал ему больше денег. Но если раввин даст багаж одному из своих хасидов, а потом захочет заплатить ему, то разумеется, хасид откажется от денег. Потому что есть правило, что человек не может совершить действие, если не чувствует в нем наслаждение. А работа, в которой нет наслаждения во время ее выполнения, называется «усилие». То есть, человек не сделал бы это действие, если бы не знал, что получит награду за усилие.

Выходит, что если он служит большому, и по природе вещей есть наслаждение, когда оказывает какие-то услуги большому, то тогда не нуждается в награде, потому что это и есть его награда. То есть, он получает награду, называемую «наслаждение», когда оказывает услуги. Отсюда следует, – чего нам недостает, чтобы мы могла работать ради отдачи? Только лишь осознания величия Творца и тогда тело само отменится перед Творцом.

Но поскольку было скрытие и исчезновение света Творца по необходимости исправления, и чтобы желание получать было ради отдачи, дана человеку работа в вере, верит в величие Творца, чтобы была возможность работать ради отдачи и не получать ничего взамен.

Выходит, что человек просит у Творца, чтобы снял с него скрытие и исчезновение. Если это так, то возникает вопрос: как человек может молиться Творцу, чтобы снял с него скрытие и исчезновение, ведь скрытие дано на благо человеку? То есть, – для того, чтобы исправить стыд, но как же он молится, чтобы [Творец] забрал у него скрытие?

Ответ заключается в том, скрытие произошло по причине, что человек родился с желанием получать ради себя; и нет большего наслаждения, чем быть во дворце у Царя, и как только он получит это наслаждение, это будет ради себя, это называется «различие по форме».

Поэтому было сделано скрытие. То есть, до того, как человек удостаивается келим отдачи, чтобы мог получить ради отдачи, человек чувствует только сокращение и скрытие Лика. Поэтому сейчас, хотя человек еще не удостоился келим отдачи, вся его работа в том, чтобы смог отдавать ради отдачи, и он не хочет получать ничего ради собственной выгоды, но не может, потому что тело порабощено любовью к себе.

Поэтому он просит у Творца, чтобы снял с него скрытие не для того, чтобы иметь возможность насладиться светом Творца, а наоборот – он хочет, чтобы Творец снял с него скрытие Лика для того, чтобы иметь возможность отдавать Творцу. Выходит, какое намерение он хочет, чтобы Творец дал ему? – только способность отдавать.

И у него нет намерения, чтобы Творец просветил ему глаза и дал ему раскрытие Лика, чтобы получать наслаждение ради себя. И только это называется «различие по форме». А он хочет, чтобы было наоборот, чтобы было у него равенство по форме. То есть, чтобы были у него силы отдавать Творцу, что называется «равенство по форме».

И после того, как человек удостоился получить келим отдачи, то есть, чтобы смог совершать действия, чтобы отдавать Творцу, начинается работа в келим получения. То есть, он говорит Творцу: «Я хочу получить сейчас наслаждение, потому что Твое желание насладить творения. Поэтому я хочу выполнить Твое желание, что Ты хочешь дать нам».

И об этом мы говорили в объяснении Мидраш Раба, гл. Берешит, в том, что Творец ответил ангелам, которые оспаривали создание человека. И сказано, на что это похоже? – На царя, у которого есть замок, наполненный всеми благами, но нет у него гостей. И по этой причине человек хочет получить благо и наслаждение от Творца, чтобы было наслаждение царю.

Этим мы можем объяснить третий вопрос, что сказано «Я даю вам сегодня благословение и проклятие». Разве не сказано «Не из уст ли Всевышнего исходят бедствия и блага?». И как мы учили, что цель творения насладить творения, и нет в этой цели добра и зла, а одно лишь добро. Но откуда возникают оба эти начала – добро и зло?

Это происходит из точки сокращения, которая является корнем суда. Так как Малхут мира Бесконечности, которая получила свет в кли получения, возжелала равенства по форме со светом. Поэтому сделала сокращение и не хотела больше получать в это кли. Выходит, что разграничение между светом и тьмой сделала Малхут, поэтому сокращение соотносят с нижним.

Как сказано (в комментарии «Паним Масбирот», стр. 29): «Нет никакой раскрытой силы со стороны Творца в виде ограничения. И этот свет, идущий к ним, называется «внутренний свет». Но это ограниченное свечение, определяемое самой точкой».

Объяснение: **ограничение, чтобы не получать, кроме как ради отдачи, это сама точка, являющаяся Малхут, называемая «кли получения для себя», – она создала добро, то есть, получение ради отдачи, и зло – не получать ради получения**. В силу этого желание высшего стало обязательным законом для нижнего, поэтому теперь ощущается категория зла и отрыва от источника жизни для того, кто хочет получать ради получения.

Выходит, что причина добра и зла находится в нижнем. То есть, нижний создает реальность добра и зла, как уже говорилось, из-за того, что Малхут пожелала равенства по форме, в мире произошло добро и зло. Это означает, если нижние пойдут по пути сокращения, а именно – захотят работать только ради отдачи, тогда у них будет благо и наслаждение; а если не пойдут по этой линии – чтобы определять каждую вещь в точности ради отдачи, у них будет тьма, а не свет.

Выходит, что в высшем, то есть – в свете, исходящем от высшего, было только благо. И не было никакого места для зла, как сказано (в начале книги «Эц Хаим»): «До сокращения был Он и имя Его едины». То есть, еще не было между светом, называемым «**Он**», и кли, называемым «**имя Его**». Но после сокращения желание получать образовало различие по форме.

Отсюда поймем четвертый вопрос, – почему сказано «благословение и проклятие». Это означает, что нет среднего между ними. В материальном мире мы видим, что бывает место, где есть благословение, или место, где есть проклятие. И бывает место, где нет благословения, но нет и проклятия.

По мнению большинства, человек, который занимается торговлей, или поселяется в каком-то городе, не обязательно ищет себе именно такое место, где будет благословение. Потому что в мире принято, что если там нет места проклятия, то таким место можно пользоваться. А из сказанного «Я даю вам сегодня благословение и проклятие» следует, что нет ничего посередине.

Ответ в том, что Добрый Дающий добро называется «жизнь», и если дают келим отдачи, то можно быть в слиянии с источником жизни. Выходит, что только таким образом человек может удостоиться блага и наслаждения, называемого «благословение».

Если же у человека есть только келим получения, он обязательно отделяется от источника жизни, и нет у него келим, чтобы получить благо и наслаждение. Выходит, что он находится во тьме и нет у него света, и нет у него духовной жизни. И не может быть проклятия большего, чем это.

В то же время в материальном мире мы видим, среднее между благословением и проклятием. По причине того, что согласно порядку духовной работы человек, который хочет приступить к работе ради Творца, должен начать с обычного состояния, то есть, он хочет выйти из проклятия, и войти в состояние благословения.

И поскольку по природе он находится в состоянии проклятия, то есть, на желание получать, с которым человек родился, было сокращение и скрытие, чтобы свет жизни не проник туда и не светил бы, и он хочет выйти оттуда, должно быть промежуточное состояние, называемое «ло лишма». Это означает, что действия, которые он делает, являются действиями отдачи. Как между человеком и Творцом, так и между человеком и его ближним. Но намерение отдачи у него пока еще нет.

И поскольку от «ло лишма» приходят к «лишма», это называется «середина», находящаяся между проклятием и благословением. Потому что недостает здесь, чтобы удостоиться благословения, только намерения отдачи. И поэтому этот мир называется «мир действия», то есть, место работы, поэтому согласно порядку работы, есть середина.

Но относительно цели нет двух вещей, а есть одна вещь. Это означает – либо удостаивается достичь цели, называемой «благословение», либо не удостаивается достичь цели. Выходит, что он остается под проклятием, которое является смертью, как сказано, «грешники при жизни называются мертвыми», поэтому здесь нет середины. А есть либо проклятие, либо благословение в том, что он удостоился слияния с Творцом.

Из сказанного поймем первый вопрос, где мы спрашивали, почему начинает в единственном числе «смотри», а затем говорит «вам» во множественном числе. Так как здесь есть дающий – Творец и получающий – народ Израиля. Известно, что в Творце нет различия по уровням. Как сказано: «Я Творец, не изменяюсь». А все изменения только со стороны получающих.

Поэтому, когда говорят относительно дающего, то Он говорит: «Я даю вам одну вещь». Поскольку со стороны дающего свет наслаждения творений называется «один простой свет», поэтому он обращается ко всему обществу и говорит: «Я даю вам одну вещь». Если же говорят относительно получающего, то у получающих есть много уровней, как сказали мудрецы: «Как лица их непохожи, так и мысли их непохожи» (трактат Брахот, 58).

Поэтому, когда обращаются к получающим, Он говорит «смотри» в единственном числе, потому что у каждого по отдельности есть свое видение. Поэтому слово в единственном числе «смотри» означает, что каждый увидит по-своему, и никто не может полагаться на видение ближнего, как сказал Ари, что человек не может исправить то, что исправляет другой и у каждого есть свое исправление.

Поэтому сказано «смотри», – имеется ввиду, что каждый из получающих получит свое собственное видение. А когда говорится о дающем, Он дает одну вещь на всех. Поэтому сказано «Я даю вам», – Он обращается ко всему обществу.

И теперь мы поймем то, что спрашивали, на что нам намекает «Я даю вам сегодня». Имеется ввиду, что благословение и проклятие происходит каждый день, и каждый день есть особые исправления, как сказал Ари (в книге Шаар Каванот в начале Каванот Шабат): «В будние дни есть большое различие между молитвой одного дня и молитвой следующего за ним. И нет у тебя ни одной молитвы со дня сотворения мира до конца мира, подобной другой молитве». Поэтому говорит «сегодня», что означает – каждый день.

Что значит «не прибавляйте и не убавляйте» в работе
Статья 28, 1987

Сказано в Писании (Ваэтханан, 1): **«Не прибавляйте к тому, что Я заповедую вам, и не убавляйте от того, дабы соблюдать заповеди Господа Бога вашего, которые Я заповедую вам».** И спрашивают толкователи – зачем в Торе должно быть сказано «не прибавляйте», чтобы никто не прибавлял? Следовало бы сказать, что желательно прибавлять, чтобы умножилась слава небес. В простом смысле, если Творец дал нам Тору и заповеди, то разумеется, нужно соблюдать их и не нарушать заповеди Творца. И у простого смысла есть множество толкований.

Чему это учит нас в духовной работе? Надо также понять, почему на самом деле нельзя добавлять. Разум подсказывает, что наоборот, следует добавлять в плане выполнения заповедей, и непосредственно в работе человек каждый раз добавляет.

Известно, что в порядке духовной работы есть понятие одной линии и есть две линии, которые называются правая и левая, и есть средняя линия, как это разъяснялось в предыдущих статьях. Это мы рассмотрим подробно. Так же необходимо знать, что существует правило – одно правило для всех, для всего народа Израиля, хотя в нем так же есть и отдельные индивидуумы.

Существуют люди, которые не могут быть подобны массам, то есть заниматься Торой и заповедями как все. Они понимают и чувствуют, что работа масс и их стремление, то есть того, что массы стремятся достичь с помощью выполнения Торы и заповедей, им недостаточно. Их влекут отличные от масс устремления и цели.

В любом случае, в вопросе выполнения Торы и заповедей говорится, что «Тора одна для всех" (Бэшалах 7), и нет разницы между законченным праведником и простым человеком. Однако это то, что касается действия, то есть все должны при выполнении заповедей иметь намерение выполнять их, как это указано нам через Моше, что означает «намерение при выполнении заповедей", и в этом все равны.

А то, что касается **намерения,** то есть для чего необходимо выполнять Тору и заповеди, или, что именно человек хочет взамен своей работы, когда он отказывается от всего остального, и все свое время и силы отдает Торе и заповедям, то в этом уже имеются различия. И в общем их можно назвать **ло лишма** или, когда у него уже появляется намерение **лишма**. А в частности существует много категорий, как в **ло лишма**, так и в **лишма**.

Что касается **ло лишма,** то все начинают с **ло лишма**. А впоследствии есть единицы, которые выходят из рамок **ло лишма** и восходят на ступень **лишма**. И тогда между ними надо различать с помощью линий.

То есть, все те, кто всегда согласны с уровнем **ло лишма**, в этом есть исправление, что означает, что они не могут видеть путь истины, пока не почувствуют, что идут путем истины. Иначе они не способны продолжать в Торе и заповедях. Принято, что человек должен иметь выгоду от своей работы. И если ло лишма – это не истина, тогда что такое истина, ведь **ло лишма** это очень важный период.

А поскольку не могут оценить **ло лишма**, поэтому существует такое исправление: пусть думают, что как будто бы делают всё **лишма**, дабы ценили свои действия. Но как можно выиграть от обмана?

Мой отец и учитель сказал, что надо верить, что в той мере, в которой человек рисует себе, что **лишма** – это важная вещь, он должен верить, что **ло лишма** еще важнее. И относительно важности **лишма** – не в силах человека оценить величие и важность этого периода.

А в работе масс есть только одна линия, то есть только действие. И это один путь. Здесь человек должен знать, что он продвигается с каждым выполняемым действием, монета присоединяется к монете, и у него накапливается большой счет. И это как в примере, когда человек получает оплату за квартиру от какого-то завода, сдает ее кому-то, и каждый год у него получается определенная сумма. И он уверен, что каждый год растет его богатство.

И это похоже на работу масс. Например, если человек достигает возраста 20 лет, у него уже есть капитал в 7 лет. А когда он достигнет возраста 40 лет, он знает, что у него будет капитал в 27 лет и так далее. Получается, что ему нечего волноваться, поскольку его награда ему обеспечена. И это на самом деле так, что и за **ло лишма** получают вознаграждение. И это называется одна линия или один путь. И здесь нет никакого противоречия с тем путем работы, которым он идет.

Однако в то время, когда человек хочет выйти из такого общего пути продвижения, и хочет начать работу **лишма**, то надо различать две линии:

Правая называется совершенством, когда у него нет никакого недостатка, и это может происходить двумя способами:

Один способ, который есть (при продвижении) в правой линии – это когда он подводит итоги и говорит, что все исходит сверху, и у человека нет никакого самостоятельного выбора. Поэтому он подводит итог и видит, сколько людей есть в мире, которым Творец не дал мысль и желание выполнять Свои заповеди, а он получил такую мысль и желание, чтобы у него была небольшая опора в Торе и заповедях.

И так же он видит, что есть люди, которые удостоились более высоких ступеней, как по количеству, так и по качеству, но все равно, когда он оглядывается назад, то видит, что есть люди, у которых нет никого ощущения духовного.

А всю свою жизнь они погружены в животные страсти, и не ощущают больше животных. Они не задумываются о каком-то предназначении, либо, что мир создан для какой-то цели. Они удовлетворяются тем, что могут наполнить какие-то свои желания, оставшиеся с детства, и если им удается это сделать, то уже считают себя достигшими счастья в жизни.

И он видит, что Творец дал ему разум и сознание быть не просто животным. Он знает, что он «человек», а уровень человека выше, чем уровень животного. Это значит, что есть у него связь с Творцом, и он может выполнить заповеди Творца. Он верит, что говорит с Творцом, восхваляя Его молитвой и благословляя за наслаждение, и благодарит Творца за то небольшое ощущение духовного, которым он обладает. Он испытывает радость и ощущение счастье в жизни, так как чувствует, что не похож на всех остальных людей, которые в своих жизненных устремлениях подобны малым детям, и нет у них никакого представления о духовном. Это называется **правой** линией, поскольку человек чувствует себя совершенным, и ни в чем у него нет недостатка.

Второй способ (продвижения), который имеется в правой линии заключается в том, как сказал мой отец и учитель, что человек должен верить верой выше знания, что он уже удостоился полной веры. Он должен представлять себе, как будто ощущает всеми своими органами, что Творец управляет всем миром, как «добрый и несущий добро», что весь мир получает от Него только благо, и он один из всех. Что должен чувствовать человек, который идет выше знания, когда как будто бы существует мир, полный добра, и ему остается только благодарить и восхвалять Творца за то, что удостоил его прикоснуться к добру и наслаждению? Это называется совершенством так же и со стороны правой линии.

И эта правая линия дает человеку возможность благодарить Творца за то благо, которое Он для него сделал и только в этом случае он называется совершенным и благословенным, ведь нет у него ни в чем недостатка. И в это время он может находиться в слиянии с Творцом, поскольку только «благословенный сливается с благословенным». Отсюда человек может получить жизненную силу, так как не может он существовать в отрицательном. Выходит, что с помощью правой линии он получает жизненную силу в работе Творца, ведь только в состоянии совершенства человек может ощущать радость, а жизнь без радости не называется жизнью.

И еще одно преимущество есть у правой линии. Если человек благодарит Творца за то, что он приблизил его к себе, несмотря на то, что есть у него только слабое представление о духовном, когда он благодарит за малое, это приводит к тому, что его цель, работа Творца, каждый раз приобретает для него все большую важность.

«Шхина в изгнании» или, как сказано «Шхина во прахе», это значит, что нет никакой важности в духовной работе, а важны только материальные вещи, которые превозносит общество. А человек подвержен влиянию общества, поэтому и для него материальное важнее духовного. Однако благодаря тому, что он идет в правой линии, то есть благодарит Творца за любое ощущение духовного, которое у него есть, за счет этого возрастает важность духовного.

И сказал мой отец и учитель, когда видят свыше, что человек придает важность всему духовному, о чем свидетельствует то, что он за все благодарит, это приводит к тому, что ему дают небольшое свечение свыше, поскольку видят, что он может его сохранить. И об этом сказано «какой глупец потеряет то, что дают ему?». И есть правило: то, что не очень важно, не боятся потерять и поэтому свыше не дают никакого свечения, если человек не способен его сохранить. Но если видят, что человек придает значение любой малости, относящейся к духовному, то он, конечно, сохранит то, что ему дадут. Выходит, что если человек старается воздать хвалу и благодарность Творцу за то, что дал ему разум и сознание, чтобы немного приблизить его к духовному, это приводит к тому, что свыше ему дают некое свечение.

Однако нужно идти также и в левой линии, а суть правой и левой линии в том, что это две противоположности, отрицающие друг друга. **Левой** линией называется то, что требует исправления, поскольку левая линия – это линия проверки. Человек должен видеть каково его истинное состояние в духовном, действительно ли он желает идти путем отдачи, или же обманывает себя или просто не уделяет этому внимания.

Известно, что главное – достичь слияния с Творцом, то есть думать только о том, что приводит к равенству свойств, а не наоборот. Это значит, что человек проверяет порядок своей работы – продвинулся ли он в работе, чтобы достичь цели. Либо наоборот, он движется в противоположном направлении – и тогда думать о том, что он должен делать, чтобы все его действия были совершенны. То есть он должен видеть, есть ли у него силы преодоления, и если нет, то что же он должен делать.

И тогда он видит, что только Творец может его спасти. Это значит, что у него появляется возможности выйти из состояния любви к себе и работать только ради Творца. То есть он видит, что только сам Творец может ему помочь, как сказано: **«Я – Бог, Всесильный твой, Который вывел тебя из страны египетской, из дома рабства».** Это означает, что сыны Израиля были порабощены египтянами, то есть находились под гнетом эгоистического желания, были рабами в Египте и не было у них никакого духовного постижения, ведь всем завладели «египтяне», то есть любовь к себе.

И это называется **«грешники при жизни своей называются мертвецами»** и **«бедный считается мертвым»**, ведь нечистая сила забирает все их достояние и ничто не попадает во владение святости до тех пор, пока не раскроется им царь всех царей и не спасет их. И это действует всегда, то есть **когда человек находится в изгнании и просит Творца, чтобы вывел его из изгнания, тогда Творец помогает ему.**

И в этом смысл сказанного **«пришедшему очиститься – помогают»**. Однако сам человек не может выйти из изгнания и любви к себе. Выходит, левая линия – это место, где он может простить Творца, чтобы вывел его из изгнания. А иначе, то есть без левой линии, он никогда не сможет узнать, что находится под влиянием любви к себе, поскольку в правой линии нельзя увидеть никакого недостатка и нечего исправлять.

И из сказанного поймем, почему молитва состоит из песнопения, благословения, восхваления, молитвы и просьбы. Как сказали мудрецы (Брахот, 32): **«Всегда будет человек сначала превозносить величие Творца, и только затем молиться Ему»**.

Спрашивается, если человек хочет что-то попросить у Творца, почему сначала он должен возвеличить Его? Если мы хотим попросить об одолжении человека из плоти и крови, сначала мы должны показать ему, что считаем его важным. Мы как будто подкупаем его, чтобы ему было приятно, а затем просим, чтобы он сделал нам одолжение. Как будто дающий тоже делает одолжение получающему, так же как получающий делает одолжение дающему, ведь он доставляет ему удовольствие тем, что восхваляет его. Но как можно сказать такое о Творце?

И как мы уже объяснили по поводу необходимости двух линий, правой и левой, следует понять, что, если человек хочет заниматься духовной работой, сначала он должен понять, о чем идет речь, то есть кому он собирается служить. Это значит, что сначала он должен оценить величие и важность Царя, если он хочет, чтобы Царь принял его в роли раба, то есть хочет достичь состояния **«раб, служащий господину не ради вознаграждения»**. Но кто дает ему желание служить Творцу без всякого вознаграждения? Только величие и важность Творца, может дать ему «топливо», чтобы он захотел работать без оплаты.

Поэтому сначала человек должен идти в правой линии, где вся его работа состоит в том, чтобы представлять себе величие Творца и благодарить Его за то, что дал ему желание и мысли приобщиться к духовному. И даже если он получит совсем немного, слабое ощущение духовного, для него это очень ценно и важно, как мы уже говорили, когда разбирали правую линию. Поэтому относительно второго значения правой линии, сказал Бааль Сулам, что правая линия — это значит «вера».

То есть он должен верить выше знания и представлять себе, как будто уже удостоился веры в Творца, ощущения Его в своих органах, и видит, и чувствует, что Творец управляет всем миром, как Добрый и Творящий добро. А также, когда человек смотрит внутри веры и видит обратное, он все-таки должен работать выше знания. И чтобы в его глазах это было подобно тому, как будто уже ощущается в его органах, что это действительно так, что Творец управляет всем миром, как Добрый и Творящий добро.

И здесь он обретает важность цели, и отсюда получает жизнь, То есть радость того, что есть сближение с Творцом. И есть у человека место, чтобы сказать, что Творец Добр и творит добро. И человек чувствует, что есть у него силы сказать Творцу: **«Ты избрал нас из всех народов, возлюбил нас и желал нас»,** потому что есть у него, за что возблагодарить Творца. И в соответствии с тем, насколько он чувствует важность духовного, он восхваляет Творца.

А после того, как человек приходит к ощущению важности, имеющейся в духовном, называемой: «Всегда сначала человек будет восхвалять Творца», то это время, когда он должен перейти в левую линию. То есть сделать проверку, как он ощущает действительно внутри знания важность Царя. Готов ли он на самом деле работать только ради Творца?

И когда он видит внутри знания, что наг и бессилен – это состояние, когда он ценит важность духовного, но все это не внутри, а выше знания. Этот расчет может породить в нем ощущение недостатка и боль от того, что он находится в низменных устремлениях, и у него есть возможность вознести истинную молитву из глубины сердца о том, что ему не хватает.

Вместе с тем, если нет правой линии, даже когда он молится Творцу, чтобы тот помог ему, это подобно просящему у Царя, чтобы сделал ему добро, спас его и смилостивился над ним. И так как Царь — Царь милосердный, то человек просит у него, чтобы тот дал денег купить себе буханку хлеба. И это в то время, когда человек не знает, что находится в заключении, среди тех, кто осужден на смерть, и есть у него сейчас возможность просить у Царя, чтобы спас его жизнь. То есть, чтобы помиловал его, и Царь сжалится над ним, чтобы была у него возможность жить счастливой жизнью. А он просит Царя, чтобы смилостивился над ним и дал ему буханку хлеба, и этим он уже удовлетворится. И это потому, что он находится так долго в тюрьме, что уже забыл все — забыл, что есть мир, в котором можно жить счастливо.

И в этом польза того, что человек должен сначала восхвалять Творца, а затем молиться. И смысл этого, как сказано, что после того, как осознал важность духовного, что это: «наша жизнь и долголетие», то молится, уже зная, что ему недостает, и в чем он должен просить милости у Творца, чтобы смилостивился над ним и дал ему жизнь. Выходит, что в то время, когда он находится в правой линии, то материальная жизнь им ощущается, как то, что «грешники при жизни считаются мертвыми».

Таким образом, поймем смысл сказанного, что сначала необходимо восхвалить величие Творца, а затем только молиться. Ведь, казалось бы, это подходит лишь обычному человеку из плоти и крови, которому нужно прежде воздать почести и славу, благодаря чему дающий становится дающим и милосердным, когда просящий говорит ему, что у него есть добрые качества. Но для чего нужно Творцу, чтобы Его восхваляли до молитвы?

И это объясняется просто: это нужно для того, чтобы человек знал, что ему не хватает, и тогда будет знать, о чем просить Творца. И это подобно притче, которую я когда-то рассказал: «К человеку, который был опасно болен, пришла группа врачей разобраться, чем он болен, обследовать его. Больной показал врачам, что есть у него небольшая рана на пальце, которая болит. Но врачи не хотели осматривать эту рану. И он спросил у врачей: «Почему вы не принимаете в расчет то, что я говорю вам? — ведь никто не хотел смотреть на рану?» И они отвечали ему: «Ведь ты находишься в опасности между жизнью и смертью, а просишь нас посмотреть на какой-то пустяк».

Так же и у нас: в то время, когда у человека нет никакого понятия, что ему недостает, он просит какую-то малость, подобно упомянутой ране, а истина в том, что он находится во власти нечистоты, в стадии «грешники при жизни называются мертвыми». И как же тогда будут смотреть на него свыше, в то время, когда он находится во власти мертвых и должен просить, чтобы дали ему жизнь, как сказано: «упомянуты для жизни». Но даже когда говорят «упомянуты для жизни», какой жизни он ожидает? Это вопрос!

Но после того как человек начинает движение в правой линии, он начинает осознавать, что ему недостает. То есть после того, как переходит в левую линию, у него имеется уже пример справа. Но это также приобретают не за один раз — это постоянная работа, как написано в ежедневной молитве, что сначала надо воспеть хвалу Творцу, а затем молиться.

Однако эти две линии должны быть уравновешены, то есть чтобы одна не была больше другой, всегда человек должен идти, как и в обычной жизни на двух ногах — правой и левой. И нельзя сказать, что он шагает одной ногой больше, чем другой. Да и ходьба на одной ноге не принимается в расчет. Поэтому те, кто хочет идти истинным путем и прийти к слиянию с Творцом, должны идти, как правой, так и левой, и чтобы не использовали одну ногу больше другой.

И этим можно объяснить то, о чем мы спрашивали, что означает «не добавляйте не убавляйте». И еще спросили, какое отношение имеет к работе, что запрещено добавлять в работе? С одной стороны, есть затруднение: «Не добавляйте» относится к тому, что приходит Тора сказать нам: «Не добавляйте». Но для чего приходит указание: «Не убавляйте»? У кого есть право думать, что можно убавить от 613 заповедей, но Тора должна сказать нам, что запрещено убавлять.

Согласно порядку работы, это можно объяснить в двух линиях. Сказано, что запрещено добавлять в правой линии, но так как человек должен желать идти путем истины, то должен отвести определенное время правой линии, а затем идти в левой линии. И об этом говорится, что запрещено добавлять к одному пути больше, чем к другому и не убавлять от линий. Это означает, что нельзя говорить: «Я хочу сегодня идти в правой линии» или наоборот: «Я хочу сегодня идти в левой линии». И об этом говорит указание: «Не прибавляйте и не убавляйте», а как сказали мудрецы: **«Всегда будет человек сначала превозносить величие Творца, и только затем молиться Ему»**.

Правая линия называется совершенством, когда человек может выразить большую благодарность Творцу. А затем он должен перейти в левую линию, и левая линия – это время увидеть свое истинное состояние, как видится человеку внутри разума. И тогда есть место для молитвы, потому что молитва как раз относится к месту, где есть ощущение недостатка. И чем больше это ощущение недостатка, тем больше сила молитвы из глубины сердца.

И об этом сказано: **«Из глубин воззвал я к тебе, Творец»**. Поэтому эти две линии должны быть уравновешены одна против другой, как сказано **«пока не придет третья и не уравновесит их»**. И тогда, после работы в двух линиях, человек удостаивается слияния с Творцом, и это называется «третья». То есть две линии относятся к работе человека, в отличие от средней линии, относящейся к Творцу. Это значит, что с помощью продвижения в двух линиях, из этих двух создается место, в котором Творец дает свое благословение. И это называется «пока не придет третья и не уравновесит их».

И из этого можно объяснить сказанное в Зоар (Пинхас, 118, Сулам, 421): «И еще ноги их – нога прямая. Сказали составители Мишны, что тот, кто молится, должен исправить свои ноги в молитве, подобно ангелам-служителям, чтобы ноги его были прямыми».

И нужно понять, что, если «ноги не прямые», не может быть принята его молитва. Смысл в том, что его ноги ассоциируют с тем, по причине чего во время молитвы он чувствует недостаток, и поэтому приходит к Творцу, дабы Он наполнил его, и поэтому ноги его должны быть выпрямлены.

И из сказанного будет понятна суть выражения «его ноги». Под «правой ногой» понимается правая линия или правый путь, который является местом хвалы и благодарения Творцу. А под «левой ногой» понимается левая линия или левый путь. И молитва не может быть принята прежде, чем обе линии будут прямыми, а не одна больше другой.

Что означает «По труду и награда»
Статья 29. 1987

Мы находим у наших мудрецов (Авот, Глава 5), такие слова: «Бен Га Га говорит: «в мере страдания – награда». И, нужно понять это условие, что именно нужно понять [в сказанном] «Согласно работе и оплата».

Как написано в стихе «Коль а-Микдаш»: «Вознаграждение его очень велико согласно деяниям его». Тогда нужно понять, что значит «в мере страдания будет и награда». Ведь нужно было сказать «в мере его работы будет награда». Так что же имеется в виду под сказанным «в мере его страдания – награда»?

И аналогично этому мы находим в Книге Зоар (гл. Ки Тицэ, стр.19 и в Сулам п.54): «Согласно этому будет избавление. Если удостоились – вышли в милосердии, как написано, прежде чем придет к ней в горе, и родила мальчика и вышли в милосердии. А если не предваряют милосердие выйдут в горе. И хорошо если предварит горем и правосудием чтобы продолжить милосердие. И поэтому постановили мудрецы, авторы Мишны, – по труду и награда, как сказано ранее. Но также и слова Книги Зоар требуют пояснения:

1. Почему чтобы продолжить милосердие должны предварить горем и правосудием, как написано: «И хорошо если предварит горем и правосудием чтобы продолжить милосердие»?
2. О том, что сказано «по труду и награда» означает – «по страданию будет и его вознаграждение». Ведь сказали мудрецы (Авот, ч.1): «Он говорил: не будьте подобно рабам, обслуживающим рава чтобы получить вознаграждение». Если так, то как можно работать ради вознаграждения? И они же сказали – «по труду и награда». Разве запрещено работать ради вознаграждения?

И чтобы понять это, нужно сначала узнать, что они называют «горе», «труд», «правосудие». И на какую награду они сказали «по мере горя будет и награда его». Известно, что «нет света без сосуда», то есть невозможно удовлетворить потребность там, где нет потребности. А только там, где есть потребность можно сказать что ее нужно удовлетворить. И поэтому создал Всевышний потребность, называемую «желание и страсть к наслаждениям».

И это свойство называется «Малхут мира Бесконечности», который называется «Брия». Который, как известно, называется «и сотворил тьму», чтобы дать ей свет и наслаждение. И мы учили, что это свойство называется «бесконечность», по причине того, что это свойство называется «желание получать», ради того, чтобы наполнить желание и вожделение к наслаждению, не создала границу (конец), то есть еще не сказала «я не хочу использовать этот сосуд», а получила благо и наслаждение.

А потом этот сосуд, получивший свет, сказал: «я не хочу быть получающим, но хочу я быть по примеру Творца, то есть тоже быть отдающим». Но как это возможно? То есть если мы говорим с точки зрения духовного, что он [сосуд] стремится быть в слиянии с Творцом, то как он может сказать «я не хочу получать»? Разве это не противоречит намерению Творца, ведь желание Творца – насладить творения Его? И как Малхут могла сказать: «я не хочу, чтобы намерение Творца осуществилось»? **Потому что желание Творца может осуществиться только тогда, когда нижний получает то что Он хочет дать**. И если нижний не получает никогда намерение Творца не реализуется.

И ответ таков: Малхут сказала, да я хочу получать, но я не хочу идти против воли Творца, который хочет отдавать, как сказано «желание Его насладить свои творения». Но я не хочу получать ради того, чтобы успокоить свое устремление. И даже если я чувствую сильную потребность и хочу наполнить свое желание высшим светом, в любом случае, по этой причине я не хочу получать. С этим намерением он [свет] придет, то есть ради желания получать которое есть во мне. И от него-то я и хочу отказаться, то есть чтобы оно осталось в пустом пространстве, без света. И поскольку Создатель хочет, чтобы нижний получил благо и наслаждение, ради этого я и получу. То есть я получу, потому что Творец хочет дать. Потому что его наслаждение в том, что он дающий. По этой причине я собираюсь получить. И это называется «получает ради отдачи». Потому что этим я отдаю Творцу, и таким образом его желание, которое называется «желание отдавать», реализуется.

И на языке Каббалы это называется, что создает экран на высший свет и не получает его до тех пор, пока не сделает расчет на этот свет, сколько процентов может получить ради отдачи – столько и получит. Остальное, если получит, будет ради получения, останется свободным, без света.

И согласно правилу «то, что хочет высший становится обязательным законом для низшего», выходит, что то, что Малхут сказала «я не хочу получать ради получения», и называемое «сокращением» (цимцум), повлекло за собой то, что от нее и ниже теперь существует запрет получать ради получения. А если хотят получить, то отделяются от Творца, поскольку он дающий, а получающий противоположен ему по форме (свойствам), а изменение формы (свойств) влечет за собой разделение в духовном. И здесь образуется место клипот, которые отделены от источника жизни, и они называются мертвыми.

И отсюда вышли потом две системы: кдуша (святость) и Клипа, И как об этом написано («Введение в Книгу Зоар, п.10): «Чтобы исправить это отделение, возложенное на сосуд душ (кли нешамот) создал Творец все миры и разделил их на две системы: 4 мира АБЕА чистых (кдуша) и относительно них 4 мира АБЕА нечистых (тума). И отпечатал желание отдавать в системе АБЕА Святости и удалил в них желание получать ради себя, которое отдал в систему АБЕА Скверны. И спустились вниз эти миры вплоть до реальности этого материального мира, то есть в то место, где будет в них реальность тела и души, а также, время порчи и исправления. потому что тело, которое является желанием получать ради себя исходит из корня, который в замысле творения, как говорилось выше, проходит через систему нечистых миров и остается в плену до 13 лет, и это – время порчи. И посредством выполнения заповедей начиная с 13 лет оно начинает очищать желание получать ради себя, отпечатанное в нем, и постепенно превращает его в желание отдавать. И так продолжается душа святости (нэфеш кдуша) из своего корня в замысле творения. И она проходит через систему чистых миров и облачается в тело. И это – время исправления.

И этот указанный выше порядок, говорит, что до 13 лет человек находится под властью нечистоты, то есть этот человек наполняет все свои потребности во всей полноте, и нет никого кто бы не прошел по этому пути времени порчи, поскольку этот путь – естественный. То есть все что он делает, он делает так, чтобы ни в коем случае не нанести ущерб своему желанию получать. Но по прошествии 13 лет, когда человек начинает выполнять Тору и заповеди с намерением выйти из-под власти нечистоты, и хочет работать наоборот, то есть чтобы сила Торы и заповедей, которые он выполняет дала ему возможность отменить желание получать, выходящее из системы нечистоты, то такая работа дается тяжело, потому что это противоестественно (а я, Михаэль Лайтман, слышал от своего учителя Рабаша, благословенна память его, что число 13 Бааль Сулам ввел, чтобы усложнить вопрос).

Поскольку человек рождается с желанием получать ради себя и вдруг он говорит своему телу – послушай, до этого момента ты работало в мыслях, на словах и на деле ради себя. Но с этого момента и далее, чтобы ты работало только ради Творца, то есть все действия, которые ты делаешь, чтобы все они были с намерением доставить наслаждение Творцу.

Когда тело слышит такие слова, оно сопротивляется всеми силами, в разуме и в сердце. И в мере преодоления человеком, он в той же мере слышит самые разные претензии, наподобие «разведчиков», которые рассказывали о Земле Израиля как пишет об этом Зоар («Шлах», с.20, п.69 в толковании Сулам): «Поднялись в Нэгев». То есть когда люди поднимаются в нее, в Нэгев, то есть в «ленивое сердце», подобно работающему даром, в сухости, который думает, что нет в этом награды, он видит, что теряет счастье мира ради этого, думая, что все пропадет.

Также сказано там (п.63) «и вернулись из Земли [Израиля]», то есть обратились в сторону зла и сошли с пути истины, когда сказали: «Что у нас вышло? До сегодняшнего дня мы не видели хорошего в мире. Мы прикладывали усилия в Торе, а дом пуст. И будем сидеть среди малоимущих из народа, и кто заслужит тот мир, кто войдет в него? Лучше бы мы так не старались. Хорош высший мир, но кто может удостоиться его?

И из сказанного мы видим, что жалоба «высматривавших Землю» приходит только после усилий, когда они уже начали работать ради отдачи, как написано в Книге Зоар: «До сегодняшнего дня мы не видели хорошего в мире. Мы прикладывали усилия в Торе». И еще сказали: «Лучше бы мы так не старались», что значит, что они уже приложили большие усилия чтобы достичь свойства ради отдачи, называемое «**Земля Израиля**», потому что «земля» (эрэц) называется «желание» (рацон). Израиль называется Яшар-Эль (прямо к Творцу), то есть когда их желание таково, чтобы все было прямо к Творцу, а не к клипот, власть которых – это желание получать ради себя как сказано выше.

Но сказали «высматривавшие Землю»: – «Хорош высший мир, но кто может удостоиться его?». Мы видим, что зло, которое в человеке, мешает ему ступить на путь истины, то есть работать только ради отдачи. Оно не раскрывается за один раз, а все развивается по принципу «одно относительно другого». По мере усиления намерения ради отдачи, в той же мере усиливается намерение ради получения.

И поэтому человек думает, что он идет назад, а не вперед. Но правда в том, что он действительно продвигается. И он может видеть, что чем больше он старается продвигаться в работе по отдаче, тем больше соблазна он получает от желания получать. То есть прежде чем приложил усилия идти путем отдачи – не было у него особой тяги к любви к себе. Таким образом, после того как занялся работой по отдаче, он видит, что вместо того чтобы его желание отдавать становилось сильнее, а желание получать слабее, он спрашивает – в чем же награда от моей работы по отдаче, поскольку желание получать стало сильней? То есть оно поднялось в нем на новый уровень, стало более важным, а желание отдавать ослабло, то есть опустилось на уровень ниже, после того как он начал работать над обретением сосудов (желания) отдачи.

Получается, что только когда занялся работой по отдаче приходят претензии «высматривающих Землю», то есть до того, как начал заниматься работой по отдаче и работа его была как у всех, он знал, что изучает Тору и выполняет заповеди и не было у него никакого горя во время его работы по выполнению Торы и заповедей. Однако после того как начал заниматься работой по отдаче, даже во время самой работы он чувствует горе и страдания.

И на самом деле, жалоба «высматривающих Землю», которая приходит ему в голову, [такова, что] он видит, что во всем, что они говорят – они правы. И это способствует тому что он «сомневается в основах», то есть он зол на того, кто привел его к работе на отдачу. Разве он не жил до этого в мире где все было хорошо? И действительно – чувствовал, что «счастлив ты в этом мире и хорошо будет тебе в мире будущем». А теперь он реально слышит от своего тела жалобы «высматривающих Землю»: «Мы трудились впустую, и кто может удостоиться высшего мира»?

И выходит, что он чувствует себя лишенным всего. То есть что сейчас он видит правду, то зло, которое в нем властвует над ним, и он не может изменить его речь и идти против желания и воли желания получать ради себя. И, в сущности, он чувствует, как он полностью отделен от святости, и он находится в обществе мертвецов, то есть в состоянии «злодеи при жизни зовутся мертвецами», потому что отделены они от «Источника Жизни», и теперь он это чувствует абсолютно реально.

А ведь до того, как занялся работой по отдаче, он говорил о себе что относится к обществу работников на Творца, и все мотивация, которая была у него раньше в работе, приносит ему горе и страдания в том, что он видит, что есть люди, которые не идут по пути Творца. Но о себе он точно думал, что более-менее он зовется «работник Творца».

А теперь он видит, что выпало на его долю от того, что ему советовали идти путями Творца, как сказано выше. Только горе и боль из-за того, что у него нет этого мира, то есть в этом мире он видит, что он не в ладах с Творцом, он чувствует, что хочет работать ради Творца, а «ради себя» не удовлетворяется этим. И хотя он не может выйти из «ради себя», но и наслаждения не испытывает в работе «ради в себя».

И теперь насчет будущего мира, как он может надеяться и сказать себе, что у него будет награда в будущем мире? Разве не видит он сейчас правду – что нет у него ни малейшего намерения работать ради Творца, чтобы смог сказать «мне положена награда за то, что я работал на Творца».

И из вышесказанного мы видим, что именно тогда, когда человек начинает идти путем отдачи, тогда и приходит он в состояние боли и страдания, и в ощущение усилий, которые надо прилагать в работе на Творца. То есть эти усилия начинают ощущаться тогда, когда начинают работать ради Творца. Что именно тогда приходят к нему жалобы «разведчиков», которые очень тяжело преодолеть. И есть много таких кто сбегает с поля боя, поддавшись жалобам «разведчиков».

А те, кто не хотят уходить, те, кто говорят «нам не к кому обращаться», эти страдают от того, что не всегда могут преодолеть их. И они находятся в состоянии подъемов и падений. И каждый раз, когда преодолевают, видят, что они отдалились от цели, которая выражается для них в желании удостоиться слияния с Творцом по подобию свойств.

А мера страданий, которые они должны терпеть, происходит, по правде говоря, от того, что человек не способен собственными силами выйти из-под власти получения ради себя, потому что такова природа, с которой Творец создал человека. И только сам Творец может ее изменить, то есть как он дал творениям желание получать, также он может дать им после этого желание отдавать.

Но согласно правилу «нет света без сосуда, нет наполнения без потребности», согласно этому должен человек сначала обрести потребность. То есть почувствовать, что ему недостает такого сосуда, называемого «желание отдавать». И по поводу ощущения – не может почувствовать никакой потребности, если он не знает, что он теряет от того, что у него нет такого сосуда, называемого «желание отдавать». Поэтому возложено на человека делать самоанализ – по какой причине нет у него желания отдавать.

И в меру ощущения убытка, в этой степени ощущает он горе и страдания. И когда у него есть настоящая потребность, то есть уже может молиться Творцу из глубины сердца о том, что у него нет сил работать ради Творца, то теперь, когда у него есть «сосуд», то есть настоящая потребность, это и есть тот момент, когда его молитва принимается. И получает помощь свыше как сказано у мудрецов: «Приходящему возвыситься помогают».

И отсюда становится понятно то, что мы спрашивали – что значит «по страданиям награда»? Смысл в том, что согласно потребности, которая есть у него, то есть в той мере, в которой он ощущает страдания от того, что не может выйти из-под власти зла, а «злом» называется то, что он ощущает, как зло, то есть видит какое зло желание получать причиняет ему, то тогда он чувствует плохо по-настоящему. И это порождает в нем необходимость того, чтобы Творец помог ему. И получает «награду», то есть вознаграждение за те страдания, которые были у него. И написано «по страданиям», то есть согласно полной мере страданий, которые ощущает, то есть по мере понимания потребности – «награда», тогда наступает момент, когда приходит вышеупомянутое вознаграждение, поскольку «нет света без кли».

И само собой становится понятным то, что сказали мудрецы: «не уподобляйся рабам, прислуживающим учителю чтобы получить награду». То есть нельзя работать ради получения вознаграждения. Это так, потому что, получая вознаграждение, он отделяется от Творца, который отдающий, а человек хочет получать.

Ответ таков: вознаграждение которое он просит за свои усилия – чтобы смог преодолеть желание получать и смог работать ради отдачи. Если таким будет вознаграждение – пожалуйста! Такое вознаграждение проведет его к слиянию с «Источником жизни». То есть вознаграждение которое он ожидает – чтобы ему дали силы работать без вознаграждения, которое ощущается в сосуде получения, который отделяет его, а вознаграждение, принимаемое в сосуд отдачи – приближает его к Творцу.

И из этого мы поймем то что спрашивали о смысле слов, которые мы поем в субботней песне: «вознаграждение его велико согласно деяниям его». Нужно понять, что:

1. Можно работать за вознаграждение, а иначе зачем же написано «вознаграждение его велико»

2. «Вознаграждение его велико согласно деяниям его» – в чем тут новая особенность? Не в том ли, что за все, что делает получает вознаграждение, если прикладывает больше усилий в работе? Так почему же «вознаграждение его велико»? Было бы понятно, если бы было сказано «Вознаграждение его велико даже если не приложил много усилий. В любом случае получает большое вознаграждение».

Из вышесказанного можно сделать вывод, что смысл слов «деяния его» не относится к работе в материальном. Потому что [в материальном.] человек получает оплату согласно продукции которую сделал, потому что продукция называется «принуждение», то есть существует то, что работник произвел и по количеству продукции он получает оплату.

Однако же здесь фраза «согласно деяниям его» означает за то, что он работал и прикладывал усилия, и не ощущал никакого принуждения в работе. Наоборот, каждый раз он видит все больше негативного в своей работе, то есть каждый раз он видит, что не хочет работать ради Творца. Тогда, как он может просить оплату, как сказано «велика оплата его согласно деяниям его», ведь не видит никакого продвижения? А наоборот, [видит, что] как будто каждый раз отступает назад, и все же он не сбегает с поля битвы и не проявляет халатность в работе, а работает так, будто бы продвигается. Получается, что «согласно деяниям его» означает что **согласно тому как преодолевает каждый раз, и величина горя [которое ощущает] и усилий, которые вкладывает в работу, способствует тому, что он сможет получить кли (сосуд, желание) и настоящую необходимость в том, чтобы Творец помог ему**.

Выходит, что это не похоже на работу в материальном, где получают оплату согласно продукции, то есть, есть на что посмотреть, на результат работы которую он сделал. А здесь все наоборот.

И еще. Почему здесь можно получать оплату? Как сказано выше, потому что оплата, которую он требует – это не та оплата, которая разъединит его и Творца. А вся оплата, которую он надеется получить – в том, чтобы у него была возможность отдавать Творцу, чтобы посредством этой оплаты он был связан (слит) с Творцом.

И как написано «хорошо если предварит горем и правосудием чтобы продолжить милосердие». И спрашивается, зачем нужны горе и правосудие если хотят милосердия? Смысл в том, как сказано выше, что горе – это кли (желание) и необходимость. Потому что нет света без кли (сосуда). А что такое свет? Это – милосердие. То есть как сказали мудрецы – «как милосерден Он, также милосерден и ты». То есть чтобы [Творец] дал ему [человеку] это [свойство].

Война за владение в духовной работе (1)
Статья 30, 1987

Раши объясняет сказанное: в Писании: «Когда пойдешь войной на врагов своих», – говорится о войне за владение. Затем сказано: «И отдаст их Творец Господь твой в руки тебе, и ты возьмешь их в плен, и увидишь в плену женщину, красивую видом, и возжелаешь ее, и возьмешь ее себе в жены, и приведешь ее в дом свой, и обреет она голову свою и острижет ногти свои».

Следует понять все это, что оно означает в духовной работе. Поскольку Тора вечна, следует понять сказанное:

1. Что такое война за владение;
2. Какой смысл для нас в том, что он говорит: «и отдаст их Творец Господь твой в руки тебе». Разумеется, каждый иудей верит, что в каждой войне можно победить только с помощью Творца;

3. Что означает в духовной работе «женщина, красивая видом»;
4. В чем суть исправлений и на что указывает нам в духовной работе «обреет она голову свою и острижет ногти свои».

Для того, чтобы понять все вышесказанное в духовной работе, прежде нужно знать, в чем сама работа. То есть, что называется «работой», когда идем по пути Творца. Какое вознаграждение мы надеемся получить за работу. Известно, что никто не способен работать без вознаграждения, поскольку наш корень находится в состоянии покоя. Поэтому мы не способы прилагать усилие, кроме как за вознаграждение, которое является наслаждением, постигаемым после усилия.

И поскольку без наслаждения невозможно существовать, а также в силу того, что наш корень – источник наслаждения, это приводит к тому, что мы нуждаемся в наслаждении. Есть еще одна причина того, что мы не способны существовать без наслаждения, – потому что Творец сотворил творения по причине того, что Его желание – насладить творения, – поэтому само собой заложено в творениях желание и стремление получать благо и наслаждение.

Следовательно, поскольку в нашем корне нет проявления усилия, то если мы должны делать что-то, чего нет в нашем корне, нам тяжело сделать это. Но все равно мы делаем работу, потому что без наслаждения невозможно существовать, и поэтому мы отказываемся от покоя и прилагаем усилие, чтобы достичь посредством него благо и наслаждение.

Известно, что есть две разновидности светов:
1. Свет, называемый «цель творения». Это то, что человек должен получить как благо и наслаждение, которое Творец хотел дать творениям, и по этой причине сотворил в творениях желание и стремление получать наслаждение. И для того, чтобы проявить совершенство своих действий, сделал скрытие и сокращение, и таким образом исправить состояние стыда во время получения наслаждения, которое возникает по причине различия по форме между дающим и получающим.
2. Свет исправления творения. То есть, исправление в том, чтобы нижний получал света ради отдачи, чтобы было равенство по форме, называемое «слияние с Творцом». И тогда исчезнет состояние стыда.

Выходит, что этот свет называется «свет хасадим», потому что он хочет сделать «хесед» (милость) Творцу, то есть, отдавать Творцу. С другой стороны, свет цели творения называется «свет хохма», или «свет жизни», - это свет, которым Творец хочет насладить творения.

Из сказанного выходит, что поскольку возник дин (закон, суд), что нельзя использовать кли, называемое «желание получать для себя», а также Творец создал это желание в творениях, то косвенным образом на творения влияет свойство стыда. И чтобы это исправить, человек должен отменить это кли, данное ему от природы, и это называется «работа», потому что это против природы. Так как природа такова, что мы должны получать наслаждение и не отказываться от наслаждения. А когда человек не получает наслаждение, это усилие, потому что это против природы. А почему он делает эту работу, – потому что хочет быть в слиянии, называемом «равенство по форме».

Но в этой работе, когда он отменяет наслаждение и не принимает его, – этим еще не создается равенство по форме. То есть, то, что он не хочет получать никакое наслаждение, еще не называется, что он достиг ступени равенства по форме, потому что Творец – дающий, и также человек – если он хочет достичь ступени равенства по форме, то человек должен быть дающим. То есть, достичь желания отдавать другим, как Творец – дающий.

Также следует сказать, что при том, что он уже работает в любви к ближнему, работает в отдаче, он еще не приходит к равенству по форме, если у него нет, когда он делает действия по отдаче и не получает ничего взамен. Причина этого в том, что у Творца есть наслаждение от того, что он дает творениям потому что Его желание – насладить Творения, как сказали мудрецы (Зоар, гл. Ваера, п. 399): «Сказал раби Иегуда, не было [такой] радости перед Творцом со дня сотворения мира».

Поэтому, если человек работает в отдаче и нет у него наслаждения, то разумеется, нет у него радости. Поэтому, если человек старается работать в отдаче, но не испытывает наслаждения от того, что работает в отдаче, то пока что недостает равенства по форме, потому что Творец, в то время, когда отдает, испытывает наслаждение. Отсюда следует, что человек. Когда он хочет удостоиться слияния, должен соблюдать три условия:
1. Не использовать желание получать ради себя.
2. Работать в действиях по отдаче.
3. Испытывать наслаждение, когда он отдает.

Но следует понять, кок человек может наслаждаться тем, что отдает все Творцу через силу. Можно сказать, что при том, что тело не согласно, чтобы работал ради Творца, то есть, что на все, что он делает, произвел прежде расчет, – действительно ли Творец насладится действиями, которые [человек] сделает для Него сейчас, ведь это против природы, и можно понять, что он делает это через силу, тем, что принуждает и усмиряет себя, чтобы сделать вещи, от которых насладится Творец.

Но в том, что делается через силу, нет наслаждения. На это есть пример, как человек ложится в больницу, и там ему делают операцию. Разумеется, он делает это через силу, – он сам идет в больницу, и никто не заставляет его. И также он платит приличную сумму врачу-хирургу. Но это тоже называется «через силу», потому что не наслаждается от этого, но за счет этого, когда идет на операцию, хотя это связано со страданиями и опасностью, все равно он знает, этим он может спасти свою жизнь. Но разумеется, он предпочел бы был быть здоровым и не идти на операцию.

Выходит, что, хотя само действие, которое он делает, не приносит ему удовлетворения, но все равно, то, что он знает, что это спасет ему жизнь, – от этого знания у него есть наслаждение, и он делает операцию. Поэтому следует понять, что он делает действие, от которого не наслаждается, а наоборот – испытывает страдание, но все равно, поскольку он смотрит на вознаграждение, на то, что сохранит свою жизнь, – это дает ему силы делать вещи не по желанию.

Так в материальном мире человек работает и прилагает усилия, при том, что работа не по его желанию, поскольку он хочет покоя, но все равно, когда он смотрит на вознаграждение, у него есть силы работать по желанию, и это не называется «работать через силу», поскольку он не говорит, что я отказываюсь от работы и пусть мне дадут вознаграждение даром. А вследствие стыда он соглашается на работу, но лишь с условием, чтобы у него было вознаграждение. В отличие от больного, который идет на операцию, который наверняка был бы более удовлетворен, если бы не было необходимости в этом действии.

Отсюда мы видим, что следует различать три вида работы человека в материальном мире:
1. Работа, когда человек прилагает усилия, чтобы получить вознаграждение, и тогда эта работа ему по желанию. То есть, он не говорит, что я отказываюсь от работы и хочу лишь одно вознаграждение. Это по причине того, что человек стыдится есть хлеб милостыни.
2. Человек работает, чтобы получить вознаграждение, но работа ему не по желанию. То есть, он был бы более удовлетворен, если бы не должен был заниматься работой, как говорилось в примере о человеке, который ложится в больницу на операцию. Вместе с тем он делает эту работу по желанию, и никто не принуждает его, и он делает это по соображениям вознаграждения или наказания. То есть, он сохраняет себе жизнь, или можно сказать, чтобы не умереть; это называется, что если он этого не сделает, то наказанием ему будет смерть.
3. Он выполняет работу ради ближнего. То есть, он не желает никакого вознаграждения, [а действует] только ради блага ближнего. Например, он устраивается работать в какое-то

место, а вознаграждение он раздает в милостыню. И здесь задается вопрос: откуда он берет топливо для этой работы – работать без всякого вознаграждения. Простой смысл таков: поскольку есть понятие почета, и он находится в окружении [людей], уважающих тех, кто работает ради ближнего, – эта причина и дает ему силы для работы.

Как сказано в книге «Дарование Торы» (статья «Мир, стр. 93): «Однако, когда вся работа по отдаче ближнему совершается лишь во имя общества – это шаткая основа: ведь кто и что заставит индивидуума выкладываться во имя общества?».

Но работать на общество ради почета – на это не каждый человек способен, работать ради почета, потому что это уже вторая ступень очищения. Как известно, есть четыре ступени природы человека называемые: неживое, растительное, животное, человек.

И как сказано во «Введении в Книгу Зоар» (п. 20): «И находим, что, получая от первого уровня – меры необходимого для существования, и от второго – уровня телесных наслаждений, превышающих меру необходимого для существования, человек получает и питается от низших по отношению к нему уровней неживой, растительный, животный. Но от третьего уровня, представляющего собой общественные желания, такие, как почести и власть, он получает и наполняется от равных себе. А от четвертого уровня – стремления к наукам, он получает наслаждение и наполняет себя от высшего по отношению к нему, то есть от сути мудрости и разума, представляющих собой понятия духовные».

Ведь человек не способен работать без вознаграждения. И даже ради почета не каждый человек способен работать, такие [люди] считаются более высокой ступенью, чем простой народ. Но иногда бывает, что человек может работать на ближнего из зависти. То есть, и от почета он отказывается, это означает, что он не способен работать и прилагать усилие, при том, что, если не будет работать и прилагать усилие, он не заработает почет. Но из зависти, видя людей, работающих ради почета, когда он видит, что их уважают, а на него никто не смотрит, то эти страдания, что у другого есть почет, доставляют ему боль. И по причине этих страданий становится реальным, что человек работает ради ближнего.

Но когда начинаем работать в духовном, то есть, соблюдать Тору и заповеди, здесь мы сталкиваемся со многими трудностями. Главная причина в том, что в духовном есть вопрос веры. То есть, человек должен верить в вознаграждение и наказание. А там, где требуется верить, тело не соглашается. Поскольку желание получать ради себя наслаждается, если видит выгоду чего-либо. Если же ему говорят, чтобы оно поверило, тогда начинается работа становится тяжелой. И это согласно правилу «Не подвергают сомнению несомненное». Это означает, что если есть усилие, то он видит, что несомненно должен отказаться от покоя, а вознаграждение для него под сомнением.

Поэтому также и в лишма трудно работать, потому что он должен прежде принять на себя веру выше знания и поверить в вознаграждение и наказание. И после того, как принял на себя веру в Малхут небес в общем, приходит время работать над частным. То есть, следует различать между частичной верой и совершенной верой, как сказано в «Предисловии к ТЭС» (п. 14): «Это похоже на то, как человек, доверяющий своему товарищу, одалживает ему деньги. Возможно, он верит ему только на один грош, а если тот попросит два гроша, то откажется одолжить. А может, он поверит ему на сто грошей, но не более. А может, поверит ему до такой степени, что одолжит половину своего состояния, но не все состояние целиком. А возможно и такое, что без тени страха доверит ему все состояние. Этот последний вариант считается полной верой, в то время как предыдущие случаи считаются верой не полной, а частичной, в большей или меньшей степени».

В этом состоит различие между духовной работой и материальной работой, потому что все вознаграждение основано на вере. А поскольку основа [духовной работы] иудаизма – вера, то у нас возникает множество различий:

Частичная вера – кроме того, что он задействует немного знания, то есть, вознаграждение в знании, и это может быть во время, когда он работает в ло лишма, когда ему дают деньги или почет. В деньги и почет он не должен верить, а он видит, что может получить деньги или почет, или избежать позора. Это подвигает его на работу и усилие. Либо дают ему почет и деньги напрямую. Поэтому здесь нет вопроса веры.

Выходит, что и в ло лишма есть два различия:

1. Когда выполняемая им работа против его желания, как в примере с человеком, идущим на операцию. То есть, тот, кто работает через силу, то его работа против его желания, потому что он предпочел бы, если бы не должен был работать. Это касается только тех, кто работает и соблюдает Тору и заповеди под страхом наказания. То есть, если он работает у набожного хозяина. И тот говорит ему: «Если ты не будешь соблюдать Тору и заповеди, я уволю тебя», и он лишится достатка. Выходит, что он соблюдать Тору и заповеди под страхом наказания. Поэтому он ждет того дня, когда у него будет возможность избавиться от соблюдения Торы и заповедей.

Также и тот, кто соблюдает, чтобы избежать позора. Например, обычно он изучал один лист [Талмуда] в день. Но [относительно] заповеди изучения Торы он сейчас в таком состоянии, что его вера слаба, и у него нет сил идти на урок по Талмуду. Но из стыда перед товарищами, которые будут презирать его, а не уважать, – по этой причине он идет учить Тору. Выходит, что эта работа против его желания, то есть, он предпочел бы, чтобы не было этой причины, из–за которой он обязан прилагать усилия.

2. Ло лишма, когда он учится, чтобы получить вознаграждение: почет, деньги, и т.п. И эта работа по его желанию. То есть, он не говорит, что хорошо бы, чтобы не нужно было работать. Так он не может сказать, потому что человек не хочет упускать выгоду.

Кроме того, есть стадия, называемая «лишма», то есть, там он работает в силу веры, а не потому, что люди заставляют его работать. А вера в Творца – это причина, по которой он соблюдает Тору и заповеди. И это называется «работает ради небес», а не ради творений (людей). И это очень важная ступень. Поэтому он делает все в скромности и нет никого в мире, кому известна мера его работы, и сколько сил он вкладывает в работу Творца, а только Творец знает.

Однако эта ступень, которая полностью ради небес, еще не называется «совершенной работой». Потому что совершенство работы в том, чтобы достичь слияния с Творцом, называемого «равенство по форме». Как сказали мудрецы, «как Он милосерден, так ты милосерден». То есть, человек должен работать не ради получения вознаграждения. А он хочет полностью отменить свое владение и хочет, чтобы было только одно владение в мире, а именно – чтобы владение Творца было в мире, а его владение он хочет, чтобы отменилось.

Из сказанного следует, что в войне за владение, которую ведет человек, бывает нескольких видов:

1. Война-заповедь, когда он ведет войну со злым началом, чтобы властвовать над злым началом, чтобы не мешало ему соблюдать заповеди. Либо это война за то, чтобы были у него силы преодолеть злое начало, совершать грехи. Это называется «война-заповедь», когда вся его война за выполнение Торы и заповедей.
2. Война за владение, когда человек сражается со злым началом за право владения. То есть злое начало утверждает, что существует два владения: 1) Творца; 2) человека. И объясняет это тем, что такова цель творения. То есть, чтобы получающие получили от Творца благо и наслаждение. Выходит, что владение творений должно остаться. Но почему ты хочешь отменить владение творений? И человек утверждает обратное.

И в этой работе, – борьбе за владение, – у человека нет никаких сил победить власть тела и перейти под власть Творца. И об этом сказано – «приходящему очиститься помогают». А поскольку отмена своего владения против природы человека, как потому как было сказано, тело утверждает, что разве Творец не создал мир для того, чтобы насладить творения? – поэтому впечатал в природу человека получать все в свое личное владение.

И об этом сказано: **«Когда пойдешь войной на врагов своих, и отдаст их Всесильный Творец твой в руки тебе»** (Дварим 21:10). И спрашивалось, о чем это нам говорит? Разве неизвестно, что все войны народа Израиля происходили только благодаря помощи Творца? И согласно этому становится понятно, что мы не в силах победить в войне за владение. Необходимо знать, что это спасает нас от отчаяния. Ведь человек после того, как приложил силы, чтобы завоевать это владение и войти в святость, видит, что напротив, стал еще хуже, чем до того, как начал эту войну. То есть когда занимался исполнением заповедей, как уже говорилось, он видел, как продвигался в работе, поскольку каждый день видел, что прибавляет в заповедях и добрых делах. Тогда как в войне за владение он идет назад, как ему кажется. **И это нам объясняет сказанное, что именно когда ты осознал, что не способен победить в этой войне, не беги от борьбы, ведь именно сейчас то время, когда человек способен взмолиться из глубины сердца, поскольку видит, что сам не способен сделать ничего.**

Получается, что заработал благодаря этой работе, в которую вкладывал сейчас, потребность в помощи Творца. А поскольку у него сейчас есть кли, называемое потребность, это на самом деле то время, когда свет может прийти и войти в это кли. И об этом сказано: **«и отдаст их Всесильный Творец твой в руки тебе»**, – означает, что только Творец может помочь тебе победить в войне за владение.

Получается, что это осознание настолько важно, что человеку трудно в это поверить, и он впадает в отчаяние. Но если человек верит в то, что именно сейчас это то время, когда Творец должен ему помочь, то разумеется он не убежит от борьбы, пойдет по пути истины, и сможет победить в этой войне за владение, выйти из-под власти клипот, и войти в святость.

Сказанным можно объяснить слова мудрецов (Санедрин, 97): «Три вещи приходят, минуя знание человека. Это Машиах, находка и скорпион». А «минуя знание» означает, что, следуя знанию, он каждый раз впадает в отчаяние, и уже отказался в своем знании от этого, то есть, уже помышлял много раз вывести владение из-под клипот и передать в святость – эта работа по войне за владение не для него. И он видит, что неспособен на это.

А причина этого очень проста. Он уже приложил много сил, и ему кажется, что он идет назад, а не вперед. И каждый раз он преодолевает это выше разума, и ничего ему не помогает. Поэтому сказано, что человеку необходимо знать, что он не должен смотреть на то, что видит, а сказать, что «Машиах» – означает, что он вызволит его из изгнания, где мы пребываем среди народов. Это означает владение, когда он во власти 70 народов, а Машиах освободит и выведет его из-под власти клипот, которые называются «70 народов мира», которые соответствуют 7 свойствам святости, называемым так же Хагат Нехим, и каждая сфира состоит из 10, а все вместе 70. И против них есть 7 клипот. И каждая состоит из 10, ведь это 70 народов. Свойство Исраэль находится в их власти, а Машиах освободит нас. И все, что есть в общем, так же верно относительно частного, и каждый должен удостоиться личного спасения.

И сказанным можно объяснить слова: «Не придет Бен Давид (Машиах), пока не закончится последний грош в кармане» (Санедрин 97:1). И надо понять, что означает «пока не закончится последний грош в кармане» в духовной работе. Деньги, как известно, означают то, с помощью чего можно купить что-то хорошее, необходимое человеку. И деньги – это плата за усилия. То есть, человек прилагает усилия в работе, и взамен этого получает деньги, на них он покупает то, что ему необходимо.

Согласно этому можно объяснить, что человек – то, что в его силах, уже сделал, и все усилия, которые мог, уже приложил, и ему уже нечего больше добавить. Это и означает – не придет Бен Давид (Машиах), то есть, освобождение, когда освобождается из-под власти клипот и входит под власть святости, не наступит, прежде, чем человек не приложит все свои силы, и у него уже не останется сил. Это означает, что у него уже совсем нет денег. Это значит, что у него уже не на что купить святость.

И тогда наступит время, когда свыше смилостивятся над ним, и дадут войти в святость, что означает Бен Давид, имеется в виду освобождение. И тогда исполнится, и отдаст их Всесильный Творец твой в руки тебе, и тогда придет спасение свыше. И об этом сказано: «И возьмешь у них пленных» (Дварим 21:11). Когда человек победил тело, которое пребывало под властью ситра ахра, злого начала, и человек правит теперь сам.

А теперь выясним третий вопрос, который мы задавали, что означает «женщина красивая видом» в духовной работе. Как сказано: «И увидишь между пленными женщину, красивую видом, и возжелаешь ее, и захочешь взять ее себе в жены» (Дварим 21: 11). В Трактате Авот, части 6, сказано: Раби Меир говорил: «Каждый, кто изучает Тору лишма, удостаивается многого, и раскрывают ему тайны Торы».

Известно, что Тора называется «жена», как сказано (Кидушин 30, стр. 2): ««Обучи его (сына) ремеслу», – это известно нам от Хизкии, который сказал: «Соедини жизнь с женщиной, которую возлюбишь. Да будет она матерью и женой. Как обязан женить (сына) на женщине, так обязан обучить его ремеслу. Мать – это Тора, как обязан обучать его (сына) Торе, так обязан обучить его ремеслу». И объясняют, что жена – это Тора.

Души исходят из Малхут, которая называется Рахель, что означает «раскрытый мир». Это значит, что Хохма, раскрываемая в ней, называется «красивая», как сказано, «Рахель была красива станом и красива видом» (Берешит 29:17). И мой господин, отец и учитель (Бааль Сулам) сказал о том, что где сказано «красивая», имеется ввиду Хохма, а Хохма означает красоту, как сказано – «красивая глазами»; глаза означают Хохму, как сказано, – «глаза свидетельствуют», ведь они свидетельствуют о мудрости. Это означает, что Тора называется «женщина, красивая видом», и так же души, исходящие из малхут, раскрытого мира (альма де-итгалья), называются «женщина, красивая видом».

Тем самым можно объяснить «и увидишь между пленными женщину, красивую видом», означает, что «после того, как Всесильный Творец твой предаст в руки твои» владение, которое было во власти клипот. И тогда, когда ты будешь заниматься Торой, это будет лишма. И тогда удостоишься тайн Торы. То есть, что Тора – это души Израиля, как сказано в Зоар: «Тора, Творец и Израиль – одно». И увидишь в плену душу Торы, и возжелаешь ее. То есть, тогда начнется **работа экранов**.

Это означает, что тогда человек начинает работать с желанием получать в духовном. Известно, что на каждой более высокой ступени необходимо начинать работу сначала, чтобы получать ради отдачи. И хотя уже удостоился учить лишма, но, когда поднимается на более высокую ступень, необходимы новые исправления, чтобы обрел ее не по причине желания, называемого желанием получать, а необходимо сделать исправления, называемые на языке каббалы «экраны» (масахим). Как мы изучаем, есть пять уровней экранов, как сказано во Введении в науку каббала (в Птихе), п. 17: «И эти исправления, говорит Тора, и обреет она голову свою и острижет ногти свои» (Дварим 21:13).

А теперь выясним 4-й вопрос, который мы задавали, что означает, «и обреет она голову свою и острижет ногти свои» в духовной работе. Известно, что волосы – это свойство судов (диним), как сказано в Зоар (гл. Насо, стр. 23, и в комментарии Сулам, п. 78): «Сказал раби Йегуда: «Волосы на голове женщины, которые открылись, приводят к раскрытию других волос, наносящих ей вред. И это силы ситра ахра, удерживающиеся в волосах. Поэтому к женщине предъявляется требование, чтобы даже перекрытия дома ее не увидели ни одного волоса на ее голове, а уж тем более внешние. И увидишь, сколько вреда приносят волосы женщины наверху и внизу».

Почему волосы приносят вред наверху и внизу? Надо понять, что такое волосы в духовном. Мы изучали, что «Вначале замыслом Творца было создать мир наделенным свойствами «дин» (суда). Но затем увидел Творец, что мир не может существовать, и смешал желания получать и отдавать». Известно, что суд (дин) означает получающие келим, то есть над ними был суд, что их запрещено использовать, если невозможно присоединить к ним намерение ради отдачи. И это очень сложно, – перейти из одной крайности в другую, то есть из желания получать и делать все ради отдачи. Поэтому добавил к нему свойство милосердия, что означает Бина, и благодаря этому проявится возможность чудесного средства Торы и заповедей изменить его на ради отдачи.

Как сказано во Введении в науку Каббала, п. 58: «Но потом Творец «увидел», что мир не может существовать, и смешал желания получать и отдавать». То есть, как сказано выше, в таком виде у человека не было никакой возможности освободиться из этой четвертой стадии, чтобы приучить себя к действиям на отдачу, чтобы благодаря этому мир выполнил необходимое исправление. Поэтому соединил свойство милосердия со свойством суда. Чтобы благодаря этому соединению образовалась стадия Далет, мера суда, включающая искры отдачи, тем самым образовалась бы связь с телом человека, исходящая из четвертой стадии, чтобы смог совершать добрые дела, дабы доставить наслаждение Творцу, и благодаря этому в мире было бы выполнено исправление, задуманное с самого начала его сотворения.

Из сказанного поймем значение волос, так как волосы – это получающие келим, исходящие из свойства суда, и относящиеся к мирам до исправления, где они еще не назывались волосы (сеарот). Но там это привело к разбиению тех келим, которые получили света. И поэтому было сделано исправление, чтобы не использовать эти келим. И поэтому, когда света с этими келим пришли в мир исправления, света исчезли. И эти келим получили там волосы (сеарот), от слова «сеара» (буря), потому что этим келим недоставало светов, которые были в них.

Как сказано в Учении Десяти Сфирот, ч. 13, стр. 1476, ответ 112: «И называются сеарот, волосы на языке автора, что бе сеара, волосами будет возмещено, что означает бурю. И называются здесь так по причине суровости судов, находящихся в них, поскольку исходят из Малхут Цимцум Алеф». То есть Малхут Цимцум Алеф означает свойство суда, и ее не используют в Мире Исправления.

Тем самым можно объяснить сказанное по поводу исправлений женщины, красивой видом «и обреет голову свою». Означает не использовать получающие келим, называемые свойством суда, когда свет светил в большом состоянии, что означает «и обреет голову свою», то есть волосы, – келим, исходящие от свойства суда. А использовать келим, исправленные свойством милосердия, что означает меньшую (более низкую) ступень. Поэтому ему будет легче создать намерение ради отдачи относительно тайн Торы, называемых «нешама». Но если получит так, как оно есть, выходит, что получит наслаждение света нешама по причине того, что и возжелал ее, а не по причине желания отдавать. Потому что у него не будет сил сделать намерение на келим в свойстве суда и получить свет ради отдачи. И об этом сказали мудрецы: «Но потом Творец увидел, что мир не может существовать, и смешал желания получать и отдавать».

Подобным образом можно объяснить второе исправление, как сказано – «и острижет ногти свои». И перевод Онкелоса объясняет «и острижет ногти свои» так, что «отрастит ногти свои». А Йонатан сын Узиеля объясняет, что «отрастить ногти» со стороны духовной работы означает, что ее гадлут (больше состояние) начнется с ногтей, а не с плоти пальцев.

И для того, чтобы понять значение пальцев, надо знать сказанное в Книге Зоар, (Берешит –1, т. 2, стр. 120 и в комментарии Сулам, п. 129, статья «Сияющие светила и огненные светила»): «Пальцы человека являются скрытыми свойствами ступеней и являются высшими свойствами. И есть в них «паним» (лицевая сторона) и ахораим (обратная сторона)». Тем самым поймем слова мудрецов (Талмуд, гл. Таанит 31): «В будущем Творец будет танцевать с праведниками, будет сидеть среди них в райском саду, и каждый будет указывать пальцем – вот это наш Творец, потому что пальцы означают мохин де-хохма, а мохин де-хохма означает видение и свет глаз, как известно, и поэтому сказано показывать пальцем, а обратная сторона пальцев – это их внешняя часть. И это намек на ногти пальцев. И поэтому у человека есть право смотреть на ногти на исходе субботы, ведь светят тогда от той же свечи, и светят от того же огня, чтобы властвовать в будние дни. И это означает сказанное, «ты увидишь Меня сзади, а лицо Мое не будет видимо», то есть, чтобы не смотрел человек на внутреннюю часть пальцев, когда благословляет на исходе субботы, создал сияющие светила, которые определяются как внутренние паним, о чем сказано – «а лицо Мое не будет видимо».

Получается, согласно этому, что понятие «ногти» в работе намекает на то, что свет, называемый сияющие светила, мы можем получить как видение, означающее свет хохма, только как ахораим, с обратной стороны, называемой ногти, что означает малое состояние (катнут), а не лицевую сторону, большое состояние (гадлут).

А запрет заключается в том, что на большей ступени, на которой есть больший свет, есть и большее желание, а поскольку это большее наслаждение, то его и труднее преодолеть. И об этом сказано – «и возжелаешь ее». Поэтому душа, которую постигает после покорения владения тела, называемого «любовь к себе», когда все его желание только в том, чтобы доставить наслаждение Творцу, все равно здесь присутствует понятие ступеней при получении света, чтобы у него была возможность все делать ради отдачи, и, как известно, есть 4 общие ступени.

1. **Получение ради получения.** Это означает естественное рождение человека. И он не может понять, как можно делать что-то без личной выгоды.
2. **Отдает, но при условии, что получает что-то взамен.** И это называется ло лишма.
3. **Отдает ради отдачи.** Это называется лишма.
4. Когда он уже может получать наслаждение, а намерение его будет ради отдачи.

Получается, что после победы в войне за владение, это [состояние] называется 3-я ступень, лишма. Как об этом сказал раби Меир: «Кто учит Тору лишма, удостаивается много, и раскрывают ему тайны Торы». И он должен тогда достичь 4-й ступени, когда получает наслаждение света нешама, что означает «женщину, красивую видом, и возжелал ее», тайны Торы облачаются в получающие келим, а лишма – это отдающие келим, выходит, что этот свет облачается в келим, получающие наслаждение, а не отдающие келим, которые являются дающими келим, а не получающими, тогда начинается порядок исправлений, благодаря чему у него появится возможность получать ради отдачи.

Об этом сказано «и увидишь между пленными», где вопрос видения означает раскрытие света нешама, как сказано выше. И об этом говорится «и острижет ногти свои», как объясняет перевод, что «отрастит ногти свои», что означает, что ее гадлут будет со стороны ахораим, называемх катнут (малое состояние), это свойство ногтей, как сказано выше словами Книги Зоар.

Из сказанного поймем, сказанное мудрецами (Брахот 63): «Слова Торы исполняются в том, кто умерщвляет себя ради нее». И возникает вопрос, если он умерщвляет себя ради нее, то кто выполняет Тору и заповеди? Разве не сказано – «среди мертвецов, свободный» (Псалмы 88:6)? И сказали мудрецы: «Поскольку человек умер, стал свободным от заповедей» (Иерусалимский Талмуд, гл. Килаим 9:3). И надо объяснить – умерщвляет себя ради нее, означает, что он должен отменить свою власть, когда он говорит, что для себя – это владение он должен отменить, и перевести во владение Творца. То есть сказать, что нет никакой иной власти в мире, кроме Творца, что означает отмену владений.

И тогда приходит время, когда Тора реализуется в нем. То есть все, что Тора обещала человеку, если будет исполнять Тору, что все эти вещи не смогут реализоваться в человеке до тех пор, пока у него не появится возможность получать ради отдачи. А возможность появляется только когда человек отменяет свою власть, означающую любовью к себе. И тогда он становится работником Творца. То есть он находится на ступени – «то, что обретает раб, обретает его господин». Означает, что у раба нет ничего, куда бы он смог получить благо и наслаждение, обещанные Торой. А все, то есть все благо и наслаждение, которые он получает, он отдает Творцу. И у человека нет иной власти в мире. И это означает, что «Тора исполняется только для того, кто умерщвляет себя ради Нее».

Тогда как мнение обывателей обратно мнению Торы. И все, что он видит, что стоит получить, он все хочет, чтобы называлось его именем, было бы в его владении, чтобы он владел всем. То есть, он хочет забрать из-под власти Творца, взяв себе. Тем самым поймем, что такое война за владения.

Что такое заключение союза в духовной работе
Статья 31, 1986/7

Писание говорит: «Чтобы вступить тебе в союз с Творцом, Всесильным твоим, и принять строгое заклятие его, которое Творец, Всесильный твой, заключает с тобой сегодня»[354]. И объяснение Раши: «Вступить тебе в союз [букв.: перейти через союз]» – посредством перехода. Так было принято делать при заключении союза – половина отсюда, половина оттуда, и проходят между ними»[355]. Еще Писание говорит там: «И не с вами одними заключаю я союз этот, но и с теми, кто здесь с нами стоит сегодня пред Творцом, Всесильным нашим, и с теми, кого нет здесь с нами сегодня»[356].

И следует понять:

1. Что такое «заключение союза» в духовной работе. То есть что дает нам заключение союза, благодаря которому у нас произойдет исправление в работе.
2. То, что объяснил Раши, что заключающие союз делали «половину отсюда» – на что это указывает нам в духовной работе.
3. На что указывает нам в работе: «С теми, кто здесь с нами стоит сегодня пред Творцом, Всесильным нашим, и с теми, кого нет здесь с нами сегодня». Что такое эти два времени в духовной работе?

Мой господин, отец и учитель сказал, в чем значение «заключения союза». Ведь на первый взгляд, это вещь лишняя. Ибо зачем им заключать между собой союз, ведь они пришли к общему мнению, что они должны любить друг друга? И в любом случае, если они любят друг друга, что добавляет нам заключение союза? И он сказал: поскольку иногда бывает, что можно прийти к ситуации, когда каждый видит у другого, что он не ведет себя с ним подобающим образом. В таком случае, он должен возненавидеть другого.

А когда он заключает с ним союз, имеется в виду, что даже если он увидит, что он не ведет себя с ним подобающим образом, он идет выше знания, говоря: «Поскольку я заключил с ним союз, я не нарушу своего союза».

---

[354] Дварим, 29:9-11. (9) Вы стоите сегодня все пред Творцом, Всесильным вашим: главы колен ваших, старейшины ваши и надсмотрщики ваши, каждый человек в Исраэле, (11) чтобы вступить тебе в союз с Творцом, Всесильным твоим, и принять строгое заклятие его, которое Творец, Всесильный твой, заключает с тобой сегодня.

[355] Комментарий Раши на Дварим, 29:12. Вступить тебе в союз [букв.: перейти через союз]» – посредством перехода. Так было принято делать при заключении союза – половина отсюда, половина оттуда, и проходят между ними. Как сказано: теленок, которого разрубили надвое и прошли между его частями.

[356] Дварим, 29:13-14.

Выходит, что союз относится не к настоящему, а к будущему. Ведь возможно, что любовь между ними охладеет, поэтому они заключают союз, чтобы и в будущем было, как сейчас в настоящем.

Известно, что главная работа в Торе и заповедях, – когда начинают идти по пути, ведущему к «лишма». То есть когда человек начинает работать, начинают с «ло лишма», как сказали наши мудрецы, «всегда обязан человек заниматься Торой и заповедями в «ло лишма», а из «ло лишма» приходят к «лишма»»[357].

И поэтому начало его работы было по желанию, из-за того, что он видел, что благодаря исполнению Торы и заповедей он придет к счастью в жизни. Иначе он бы не начинал. Поэтому в начале работы, – то есть когда он еще занимается в «ло лишма», то есть в течение всей своей работы он смотрит на вознаграждение, которое получит после работы, – у него есть силы работать.

Ведь, как и в материальном, человек привык работать в том месте, о котором известно, что он получит плату за свою работу. А иначе человек не способен работать впустую – если не ради собственной выгоды. И только когда он видит, что от этой работы выйдет польза для него самого, у него есть силы работать с желанием и стремлением. Ведь тогда он смотрит на вознаграждение, а не на работу.

Однако работа не идет в расчет, если человек понимает, что здесь, у этого хозяина, он получает в несколько раз больше, чем, когда он работал у прежнего хозяина, до того, как пришел в место работы, где платят в несколько раз больше. Другими словами, в мере величины вознаграждения, именно в этой мере, работа становится легче и меньше.

И отсюда следует объяснить в отношении духовной работы, что «заключение союза» означает, что когда человек принимает на себя работу, пусть даже в «ло лишма», он должен заключить союз с Творцом, чтобы служить ему вне зависимости от того, есть ли у него желание или нет.

Однако следует понять, от чего зависит это желание. Оно зависит только от оплаты. Другими словами, когда дают большое вознаграждение, желание работать не прекращается. И только когда оплата находится под сомнением, желание работать пропадает, и он переходит к отдыху. Иными словами, он ощущает больший вкус в отдыхе. До такой степени, что он говорит: «Я отказываюсь от работы. Эту работу может делать, кто хочет, потому что это не для меня».

А заключение союза [происходит,] когда он начал идти в работе, пусть даже в «ло лишма». И поскольку сейчас у него есть желание работать, – а иначе кто бы стал заставлять его войти в духовную работу? – человек должен заключить союз сейчас и сказать, что **даже если наступит время падения, то есть у него не будет желания работать, как бы то ни было, он принимает на себя не обращать внимания на свое желание, а работать как будто у него есть желание**. И это называется заключение союза.

Однако следует понять, какова причина того, что он приходит в состояние падения. Ведь в материальном мы видим, что человек работает для получения вознаграждения, и разве там бывают падения и подъемы? Почему же в работе Творца мы видим, что есть подъемы и падения? И это следует понимать в двух плоскостях:

1. Даже в состоянии «ло лишма», то есть когда он работает ради получения вознаграждения. Но вознаграждение можно понимать в смысле веры. Ведь «вознаграждения за заповедь в этом мире нет»[358]. Это означает, что вознаграждение за заповедь получают не в этом

---

357 Трактат Санедрин, 105:2.
358 Трактат Кидушин, 39:2.

мире, а он получит вознаграждение в будущем мире, как сказано: «"Сегодня исполнять их"³⁵⁹, а завтра получать вознаграждение»³⁶⁰, – то есть в будущем мире.

Ведь основа вознаграждения зависит от веры, как сказано (трактат Авот, гл. 2, мишна 16): «И надежен работодатель твой, что оплатит тебе труды твои, и знай, что вознаграждение праведников – в далеком будущем». И известно, что в отношении веры есть подъемы и падения, ведь вся вера – в том, чтобы верить выше знания.

Объяснение – что иногда у человека есть силы идти выше знания в том месте, где вера противоречит знанию. Скажем для примера, двадцать процентов веры против знания, и на двадцать процентов, которые против знания, он в состоянии преодолеть себя.

Однако иногда он видит, что сейчас произошло изменение, поскольку он видит, что вера противоречит [знанию] на тридцать процентов. А в такой степени он еще не укрепился, чтобы у него была сила преодолевать себя и идти в свойстве веры. И это вызывает у него падения и подъемы, ведь это зависит от его силы преодоления. Иное дело в материальном вознаграждении, где вера не связана с оплатой. Поэтому в материальном нельзя говорить, что у него есть падение в материальной работе, как сказано выше. И это потому, что оплата производится в этом мире и не нуждается в вере.

2. Состояние «лишма», где нет никакого вознаграждения за его работу. И причина падений – тоже та же, ведь он строит всю свою работу на основе веры. Однако есть различие – не в вознаграждении, а в хозяине. То есть в той мере в которой он верит в Работодателя, что он настолько важен, что стоит служить Ему. То есть что это великая честь – служить Царю царей, «что оплатит тебе труды твои».

То есть вознаграждение за работу зависит от степени веры в величие Творца. Ведь в природе творения заложено, что у человека есть большое наслаждение, когда он служит важному человеку. Как в известном примере, когда мы видим, что если приехал большой рав, и он хочет дать кому-нибудь донести его багаж до такси. Носильщик несомненно возьмет за это деньги. А если рав даст это ученику, ученик, без сомнения, не возьмет никакой платы за свои труды. Ведь служба, которую он служит своему раву, и есть его вознаграждение, и большего ему не надо.

Согласно этому выходит, что когда он верит, что Творец очень велик, его вознаграждение тоже очень велико. А если его вера в Творца не столь велика, автоматически и вознаграждение не столь велико. И согласно этому получается, что в «лишма» ли его работа или в «ло лишма», вся она основана только на вере. Однако разница в следующем:

В «**ло лишма**» вера касается вознаграждения, в «**лишма**» – вера в того, для кого мы работаем. Другими словами, величина наслаждения зависит от величия Творца. Как сказали наши мудрецы (трактат Авот, гл. 2, мишна 14): «Рабби Элазар говорит: И знай, на кого ты трудишься, и кто твой работодатель, что оплатит тебе труды твои».

И это, как сказано выше, что нужно верить в величие Работодателя. Ведь от этого зависит, «что оплатит тебе труды твои». То есть величина вознаграждения зависит от величия Работодателя, То есть Творца. То есть, есть разница в наслаждении – служить ли великому человеку города или служить великому человеку страны, или – великому человеку всего мира. И этим измеряется вознаграждение, то есть оно зависит от величия Царя.

И поскольку основа – это вера, тут есть подъемы и падения. И это оттого, что до тех пор, пока человек не удостоился постоянной веры, обязаны быть подъемы и падения. И из сказанного следует, что поскольку может наступить время, когда любовь между ними охладеет, сейчас, в начале своей работы, он принимает на себя ярмо высшего правления, пусть это будет через заключение союза – будет ли тело согласно работать на Творца или не будет, он всё принимает

---

359 Дварим, 7:11. И соблюдай заповедь, и законы и правопорядки, которые заповедую тебе: **сегодня исполнять их.**

360 Трактат Эрувин, 22:1.

на себя, чтобы не было никакой разницы. Но он скажет: «Один раз сказал я[361] и не поменяю. А я пойду выше знания, основываясь на том, что я принял на себя во время заключения союза в начале работы».

И отсюда поймем, как объяснил Раши: «Вступить тебе в союз [букв.: перейти через союз]» – посредством перехода. Так было принято делать при заключении союза – половина отсюда, половина оттуда, и проходят между ними»[362]. И это следует объяснить согласно сказанному выше, что таким образом заключающие союз намекали на то, что иногда наступает время, когда будет перегородка [также и половина[363]] отсюда, – то есть перегородка, отделяющая одного, – и перегородка оттуда, то есть и у другого тоже есть отделяющая его перегородка.

То есть даже если у них обоих будет перегородка, прерывающая существовавшую между ними любовь, в любом случае они принимают на себя сейчас не отделяться друг от друга, а вспомнить о заключенном между ними союзе. И так будет возможно, чтобы их союз не нарушался. «И проходят между ними» – это означает, что они переходят через возникшее между ними разъединение. И всё это благодаря заключению союза.

А в духовной работе объяснение будет, что человек обязан заключить союз с Творцом. Что как сейчас он начал духовную работу, и сейчас у него несомненно есть любовь к Творцу – иначе кто заставляет его принять на себя сейчас ярмо высшего правления? И он должен сейчас заключить союз с Творцом навечно. То есть даже если наступит время, когда он почувствует, что его любовь к Творцу охладела, он вспомнит союз, заключенный им с Творцом.

Однако в духовной работе следует помнить, что в союзе, заключенном между Творцом и человеком, может охладеть любовь только у человека к Творцу. Но как можно сказать, что охладеет любовь Творца? То есть раз заключение союза произошло между ними обоими, получается, что у обоих из них может произойти падение в отношении заключения союза. Однако, как же могут быть изменения или падение у Творца?

А мой господин, отец и учитель сказал, что у человека с Творцом действует принцип «Как вода – лицо к лицу, так и сердце человека к человеку»[364]. И он объяснял стих (КиТиса, четвертый): «И ныне, если обрел я милость в Твоих глазах, дай же познать мне Твои пути, и буду знать Тебя, чтобы обрести милость в Твоих глазах»[365].

И он спросил, откуда Моше знал, когда он сказал: «Если обрел я милость в Твоих глазах». И ответил: поскольку перед этим сказано: «А Ты сказал: Я знаю тебя по имени, а также ты обрел милость в Моих глазах»[366], – отсюда Моше знал, что обрел милость в глазах Творца, так как Творец обрел милость в глазах Моше, и это действует по правилу: «Как вода – лицо к лицу, так и сердце человека к человеку» (Притчи, 27:19).

И отсюда следует объяснить, что говорят, что любовь человека охладевает, и он чувствует, что находится в падении, – То есть то, что у него нет сейчас такой уж [сильной] любви к Творцу, как это было в начале работы, приводит к тому, что человек чувствует, что и Творец тоже не любит его и не слышит его молитвы о том, что человек просит у Творца. И это вызывает у человека еще большее падение. Ведь человек начинает сомневаться в том, что сказано: «Ведь ты слышишь молитву всяких уст»[367]. И он думает тогда, что у Творца нет никакой связи с творениями. И

---

361 Иов, 40:5. Один раз сказал я – не стану продолжать, дважды сказал – но больше не буду.
362 Комментарий Раши на Дварим, 29:11.
363 Слово «мехица» (ивр.) имеет два значения: «перегородка» и «половина».
364 Притчи, 27:19.
365 Шмот, 33:13.
366 Шмот, 33:12. И сказал Моше Творцу: Вот, Ты говоришь мне: Веди этот народ! – Но Ты не дал мне знать, что Ты пошлешь со мною. А Ты сказал: Я знаю тебя по имени, а также ты обрел милость в Моих глазах.
367 Молитва 18 благословений, 16 благословение.

это вызывает у него большие падения, ведь каждый раз он становится всё слабее в отношении веры.

Получается, что хотя в отношении Творца и нельзя говорить о каких-либо изменениях, однако человек ощущает их – по принципу «Как вода – лицо к лицу». И это подчиняется правилу: **все изменения, наблюдаемые в духовном, целиком зависят от получающих**.

И из сказанного поймем заданный нами вопрос, что означает в работе: «С теми, кто здесь с нами стоит сегодня пред Творцом»[368]. То есть заключение союза происходит и в случае, если он стоит сегодня пред Творцом, что происходит во время подъема. Но он принимает на себя, что даже, когда наступит время падения, называемое «и с теми, кого нет здесь с нами сегодня»[369] «пред Творцом нашим, Всесильным», – когда он не чувствует, что он стоит «пред Творцом нашим, Всесильным», – в любом случае, он принимает на себя выше знания, что не будет смотреть ни на что, а будет помнить заключение союза, чтобы был он нерушимым.

---

368   Дварим, 29:14.
369   Там же.

ИНФОРМАЦИЯ О МЕЖДУНАРОДНОЙ АКАДЕМИИ КАББАЛЫ

Международная академия каббалы
под руководством профессора Михаэля Лайтмана
http://www.kabacademy.com/

Крупнейший в мире учебно-образовательный интернет-ресурс, бесплатный и неограниченный источник получения достоверной информации о науке каббала.

Международная академия каббалы проводит в Израиле поездки по каббалистическим местам, курсы и семинары по всему Израилю.

Миллионы учеников во всем мире изучают науку каббала.

Выберите удобный для вас способ обучения на сайте.

Контакты:
тел.: 035419411
email: campuskabbalahrus@gmail.com
Facebook: https://www.facebook.com/campuskabbalah

Углубленное изучение каббалы – ежедневный урок
http://www.zoar.tv/

Каждое утро на сайте ведется прямая трансляция уроков каббалиста, профессора Михаэля Лайтмана для всех, кто занимается углубленным, ежедневным изучением науки каббала и исследованием каббалистических первоисточников. Занятия проводятся на иврите с синхронным переводом на 7 языков (русский, английский, немецкий, испанский, французский, итальянский, турецкий), есть возможность задавать вопросы в режиме реального времени.

Видеопортал Зоар.ТВ располагает уникальным контентом в виде бесплатных видео материалов, видеоклипов, ТВ онлайн, добрых фильмов онлайн, музыки.

Интернет-магазин каббалистической книги
http://66books.co.il/ru/

Международная академия каббалы издает учебные пособия и другие книги, предназначенные для самостоятельного изучения каббалы. Все учебные материалы Международной академией каббалы основаны на оригинальных текстах каббалистов, сопровождаемых комментариями руководителя академии, каббалиста, профессора Михаэля Лайтмана.

www.ingramcontent.com/pod-product-compliance
Lightning Source LLC
Chambersburg PA
CBHW081102080526
44587CB00021B/3413